教育部人文社会科学重点研究基地重大项目

理解中国农村

关键词的视角 （上）

刘金海 等著

中国社会科学出版社

图书在版编目(CIP)数据

理解中国农村：关键词的视角：全二册 / 刘金海等著 . 一北京：中国社会科学出版社，2020.9
ISBN 978-7-5203-5300-7

Ⅰ.①理… Ⅱ.①刘… Ⅲ.①农村—社会变迁—研究—中国
Ⅳ.①C912.82

中国版本图书馆 CIP 数据核字(2019)第 215286 号

出 版 人	赵剑英
责任编辑	冯春凤
责任校对	张爱华
责任印制	张雪娇

出　　版	中国社会科学出版社
社　　址	北京鼓楼西大街甲 158 号
邮　　编	100720
网　　址	http://www.csspw.cn
发 行 部	010 - 84083685
门 市 部	010 - 84029450
经　　销	新华书店及其他书店

印　　刷	北京君升印刷有限公司
装　　订	廊坊市广阳区广增装订厂
版　　次	2020 年 9 月第 1 版
印　　次	2020 年 9 月第 1 次印刷

开　　本	710×1000　1/16
印　　张	78.5
插　　页	2
字　　数	1284 千字
定　　价	438.00 元（全二册）

总 目 录

上 册

下　册

导　论

　　自中华人民共和国成立起至今，在中国五千年历史上只是挥手瞬间，然而，却发生了中国五千年历史上的亘古巨变：政治上，民族国家的建构基本完成，民主国家的建设逐步推进；经济上，自然经济已经终结，现代化的市场经济体系基本建成；社会上，从同一到分化，一个多元化的社会正在形成；思想上，经历了意识形态的洗礼，又正在经历着市场化和多元化的冲击。

　　与此相对应，作为基础的中国农村，也正在发生着中国历史上最为深刻的变化：政治上，确立了了自上而下的管理体制，其后，基层范围内的民主制度开始生根开花；经济上，自给自足式的小农经济解体，先是共产主义意义上的集体化运动，后又由于体制改革和市场化的冲击，开始进入到一个社会化的分工体系中；与此同时，农村内部分化加剧，思想上的多元化、异质性特征也越来越明显。究其原因，不仅仅是整体与部分的关系，更在于当代中国历史进程的特殊性。而这一点，又取决于当代中国面临的历史性任务，以及解决办法的特殊性。

　　从世界发展的历史进程来看，中国是一个后发现代化国家；与此同时，源于革命传统的新中国还面临着建设社会主义的任务；除此之外，还面临着所有新生政权面临着的同样任务，即如何获得人民群众的信任，以确保政权的合法性。正是基于历史与文化传统、革命道路、政权合法性以及外部环境的考虑，新中国的领导者在成立之初就倍觉艰难，如何建立一个社会主义的中国，就成为了摆在他们面前的历史性任务。

　　历史性的答案只有从历史中去寻找。首先，在于一个马克思主义的政党领导。作为一个马克思主义的政党，当然负有马克思主义的历史使命。正如当代中国历史所述，她不负使命。然而，如何建立一个社会主义的中国？这除了要借鉴苏联的经验外，还要考虑到中国的历史传统和现实情况。这个时候，当代中国发展道路的独特性就开始显现了；其次，在于一个中央集权的历史传统。作为一个历史悠久的大国领导者，建国者们不可能不受到历史传统的影响。而在中国的历史传统中，中央集权的传统则摆在了优先地位，为此，统治者可以采取多种手段和方式，并赋予其道德的合法性。秦、汉、唐、明、清等历史也证实了这一点。那么，如何确保中央集权的优势呢？首在控制资源，次在控制人口，于是，就有了革命中一直进行的土地政策和中华人民共和国成立后不久的户籍制度。然而，此二法古已有之，且不符合马克思主义的社会主义之义，怎么办？于是，在效法古代的土地改革之后，就有了快速启动的合作化道路；再次，在于一个"一穷二白"的现实基础。这一点既是马克思主义关于社会主义社会的短板，同时也是中国现代化建设的短板。怎么办？唯有趋势以避之，于是，就有了城乡之别和工农产品剪刀差。

在这三个最为主要的因素中，马克思主义政党领导是首要的，它不仅决定了新中国的社会主义性质，也决定了中国的发展道路和发展方向，而且，还与中央集权的历史传统一起，决定了当代中国发展和管治的方式和形式；薄弱基础的现实作用主要是制约意义上的，既为独特的发展道路提供了道德合法性，也为后来的改革和建设埋下了伏笔。正是在这些因素的耦合及作用下，形成了当代中国独特的发展道路，也导致了当代中国农村发展的阶段性进程。

一 当代中国农村发展的阶段性

当代中国农村发展历程的阶段性与中国共产党不同阶段面临的历史性任务结合在一起。随着中国共产党历史性任务的展开，当代中国农村依次经历了政权建设阶段、经济和文化建设阶段、体制改革阶段，目前正在进入一个全新的历史性阶段。

在以革命为目标的中国共产党成立之初，如何带领和引导民众，形成新的革命力量，推翻旧的王朝，建立新民主主义政权，成为当时的首要任务。这个时候，中国共产党在农村的努力主要表现为深入农村，发动农民群众，领导他们进行土地革命，并在农村建立起党的代表及组织，建立起新的党政基层体系。这些工作始于中国共产党成立之初，终于土地革命完成之时，现在我们称之为土地革命。对于当代社会主义中国的发展历程来说，它只是解决了过去遗留的问题，但又为随后的社会主义革命提供了制度基础，即在农村建立了国家意义上的基层政权体系。正是在此意义上，我们把它视作政权建设阶段。

土地革命让中国共产党取得了民众信任，并获得了国家政治领导的合法性，成为新中国的领导力量。不过，由于土地革命只是完成了新民主主义革命的任务，只是中国共产党领导中国革命的阶段性任务，其最终目标是建立共产主义社会，所以，在土地革命完成后不久，以毛泽东为首的中国共产党人就启动了社会主义革命。它与前一阶段的革命有着本质上的不同，是以共产主义为目标的革命；同时，它不仅是前一革命阶段的继续，更是中国共产党革命任务的应有之义，所以也称为继续革命阶段。在中国农村，这一继续革命阶段始于农业合作化运动，终于人民公社解体，主要内容包括经济的共产主义革命（农村的集体化运动和城市的国有化改造）和思想文化的社会主义革命（如社会主义教育运动和随后的四清运动）。在这个阶段中，中国共产党的领导虽然是主要的，但马克思主义的思想和理论则起着主导性的作用，特别是表现在经济与文化两个方面；并且，经由中国共产党领导的马克思主义理想实践，终于在农村建立起了共产主义的桥梁，并对农民和农村干部进行了一场彻底的社会主义教育。而这些，都是为着农村的社会主义目标而努力的，所以，我们把这一阶段称为农村的经济与文化建设阶段。现实中，这些都是以改造的名义进行的，如农业社会主义改造，农民的社会主义改造，所以，这一阶段也称之为改造阶段。

人民公社的解体预示着共产主义理想的失败，这有多方面的原因，如经验缺乏、建设速度过快、体制过于呆滞、集权过于严重等，但最主要的原因是与农村的现实情况不相符合，如生产力水平低下、经济基础薄弱、农民素质低下等。一句话，"一穷二白"的历史原因此时发生了决定性的作用。但是，农村社会并不因此停滞不前，农村社会还是要向前发展，靠什么来解决呢？革命不可能，只有改革了。改革什么呢？当然是农村社会中不适应农村实际情况的那些部分，如农村经济制度、政治制度、管理体制等，这才有了家庭经营承包责任制，这才有了村民自治，这才有了方方面面的体制改革。这一阶段始于 1978 年，目前仍在进行之中。

农村历史性的转折点发生在 2006 年。这一年，农业税成为历史；这一年，中共中央十六届五中全会召开，明确提出建设社会主义新农村。其中，废除农业税的同时，大力推行各项惠农政策，根本性地改变了城市与乡村、工业与农业、市民与农民的关系，而"社会主义新农村建设"意味着，国家和城市开始真正反哺农村，农村发展的国家主导战略开始转向农村本位战略，农村的社会主义现代化发展战略进入实质性阶段。与此同时，伴随着市场的影响及引导作用，农民、农业和农村也日益显现出它自身的行为逻辑和发展态势，开始走上自主化的发展道路。一句话，农村正在发生着前所未有的变化，农村正在改变着它的历史，国家对农民的束缚作用在弱化，支持和发展作用在增强，市场的优化功能和促进功能在深深地影响着农村的进程，农村正在成为市场、国家和社会的一个有机组成部分，农村正在沿着它自身的发展轨道向前迈进。

从中华人民共和国成立以来的农村发展历史来看，国家意志对农村的改革和建设是主要的，中国共产党的领导是主导性的，马克思主义思想是纲领性的，正是在这三者的耦合作用之下，中国农村发生了翻天覆地的变化。从土地改革、农业社会主义改造、社会主义教育运动、人民公社化运动、家庭联产承包责任制，一直到 21 世纪之初提出的社会主义新农村建设，国家在农村依次完成了政权建设、经济和文化建设、体制改革，目前正在进入新农村建设阶段。正是在此意义上我们说，当代的中国农村是国家建构的农村。

二 政策话语与关键词的梳理

在国家改造和建构农村的过程中，主要依靠的是政策，通过国家涉农政策的制订和在乡土社会的贯彻执行，国家意志和现代观念进入农村，并形成了特有的政策话语；与此同时，在政策执行的过程中，形成了一些影响和约束农民行为活动的特有话语；而且，农民在接受和执行政策的过程中，也形成了一些乡土社会特有的话语，相对于政策性的话语，这些话语不仅打上了国家意志的烙印，更是农民在现实生活和运动过程中的实际感受，并在特定时期成为他们社会行动的出发点，可以视为农民的关键性话语，简单的说法就是农民的"关键词"。依据当代农村发展的阶段性历史，分述如下。

在完成旧的历史任务的革命阶段，中国共产党的首要任务就是在全国范围内建立新政权，同时进行彻底的土地革命。这是一件事情的两个方面，而且是互相统一、互为促进的。在中华人民共和国建立之前，中国共产党已在有 1.2 亿农业人口（总人口 1.3 亿）的老解放区进行了土改，全国还有约 2.8 亿农业人口（总人口约 3.4 亿）的新解放区和即将解放的地区尚未进行土地改革。为了尽快取得全国范围内的革命胜利，发动全国农民，中共有必要采取激进的土改措施；同时，人民政权的建立也为土改采取激进措施准备了条件。

接下来，便是如何进行土地改革的问题。首先，中国共产党延续了一直使用的革命工作方式——派遣"工作队"，深入农村，"同吃同住同劳动"的同时，"访贫问穷"，发展党员，建立起党在农村的基层组织，并逐步建立农村基层政权体系；其次，始终抓住了动员农民问题的关键——土地问题，以"平均地权"为根本目的，发动农民参加到革命过程中来；再次，促进农民意识形态的转变。拥有了土地的农民未必就能认同中国共产党领导的革命，还必须对农民进行意识形态的渗透，为此，必须找到一种说服工具，这便是一些具有社会意义的"政策话语"，如从"诉苦"到"刨穷根""斗地主（富农）""分果实"，再到"动参、支前"等。在这个过程中，新的政权和政党体系开始深入农村，重构了当代中国农村的基层治理体系，建立起了延续至今的农村基层政治体系，如"行政村"便由此而来。

与此同时，还成功地实现了对农民的现代性改造。从政策话语的角度看，反映当代国家建构要素的话语，如"共产党""政党组织""党员""干部""人民代表大会""民兵组织""妇女协会""合作社""农会""党支部""土地改革""土地制度""选举""群众""知识分子""劳动英雄""社会主义""社会主体意识"等开始深入农村，深入农民心里；并且，反应革命要求的阶级观念成为农村社会的重要认知图景。其结果是，村庄的话语空间在土改中被重构，全新的革命话语取代了旧的基于习惯上的传统话语，成为弥漫在村庄社会生活中的主流话语，"言必称身份，行必看成分"是这一时期农民生活的现实写照。

然而，土地革命只是完成了中国共产党的初级任务，所以，在土地革命后不久，中国共产党人就开始了朝向最终革命理想的社会主义革命运动。这主要是由四个前后相继的运动组成的。首先，是农业的"合作化"运动和农村的"集体化"运动，它仍然是一个过渡性的阶段；其次，是农村的"人民公社化"运动，在农村初步实现了共产主义目标；再次，是思想文化领域的"社会主义教育"运动，以及随后的"四清运动"，解决了农民思想封建和传统的问题；最后，是农村经营管理体制变革的"农业学大寨"运动。随着四个运动的依次开展，国家依次在农村建立起了相应的组织、体制与机制。

首先，是在农村社会依次建立的社会主义意义上的组织体系。它源于个体私有财产基础上的"互助组"，经由隐性的财产剥夺过程，逐渐建立起了初级形态的"生产合作社"，随着大型生产工具的入股及分配标准的变化，逐渐发展到"高级合作社"。其后，随着革命进程速度的加快，在1958年10月份，"人民公社"在全国范围内普遍建立起来了，其下的组织单位包括"生产队"和"生产大队"两个层级。这个阶段对普遍意义上的"集体"有着决定性的作用，它不仅为现代的基层治理范围确定了基础，现在的基层治理单位基本上定型于此；并且，虽然基层组织的名称有了新的变化，但老一辈农民仍然经常津津乐道于"集体"时期，也就是那个时期的"生产大队"；而"生产队"又是基本的生产经营单位，它源于初级生产合作社，诸多情况下建立在自然村庄的基础上，所以现在，它相当于村组概念中的"组"。在政策意义上和现实过程中，人民公社不仅是经济控制组织，更是政权组织，为了继续弘扬革命传统，对阶级敌人实行彻底的革命。其后不久，建立起了生产与革命双重意义上的军事组织——"民兵"，同时，建立了农村基层新的权力组织——"贫下中农协会"，并在农村政治生活中开始居于主导性的地位。

其次，是保证组织体系有效运转的机制体系。主要体现在三个方面：一是"工分制"，它起源于互助组时期的"换工"，成形于生产合作社时期的工分制，在人民公社时期，它作为农业生产劳动计算的唯一方式存在着多种方式。由于它仍然无法科学且合理解决农民劳动过程及效果的问题，所以，对它的调整和优化一直伴随着历史的进程；二是"生产计划"，先由中央制定，并层层分解到最小的生产单位——"生产队"，内容广涉农业生产活动的方方面面，如"积肥计划""种子计划""种植计划""耕作计划""收割计划""销售计划"等。生产计划一旦制定，就必须严格执行，忽略了农业生产的实际情况，于是，在一些年景不好的年份，它带来了一个副产品，这就是为解决农民基本生活所需的"返销粮"等；三是"农业学大寨"及"大寨分"。这项运动基于现实的生产条件，也在一定程度上解决了农业生产劳动计量的问题，在兴起后不久，就在全国范围内掀起了学习的高潮。其结果是，"大寨村"在诸多地区诞生，"大寨分"成为了计算农民劳动成果的唯一方式。这三项机制不仅保证了农村基层组织的有效运转，还把它与宏观的经济体系结合起来，形成了一个上通下达的社会资源运转系统。

再次，是资源控制体系。当然，这是多方面的。如针对人力资源控制的"户籍制度"，也在这个阶段开始形成，成为规划当今农村发展的基本制度，成为影响当代中国农村发展进程的最重要因素。在此制度下，农民被登记为"农业户口"，只能在农村从事农业生产活动。由于此一时期的农村社会相对而言也是一个独立的社会系统，在农业生产活动之外，还配备了相应的支援体系，如教育和医疗体系，于是，就有一些有专业技能的农民转而化之为"民办教师"或者"赤脚医生"，他们与农民一样靠挣工分获得相应的社会资源。在针对资源的控制体系中，除了政治与经济功能合一的合作社与人民公社外，还有生产资料控制体系，这主要体现在"供销合作社"和"拖拉机站"上。前者控制着通过工业生产过程产生的适用于农业的生产资料；后者则控制着适用于农业生产活动的耕作技术。经过一段时间的发展与积累，农村社会也有了一定的经济积余，同时，作为农村经济发展活动的内在需求，一些农村开始举办"社办企业"，在1972年被统称为"社队企业"，后来延续称为"乡村工业"或者"乡镇企业"。它将农村的二三产业也纳入到了资源的控制体系之中。除此之外，国家通过一系列的政策下乡，严格地控制了农业产品的生产和销售，前者如生产计划，后者如"公粮""统购统销"政策。通过这些政策，农业生产活动成为国家经济活动的一个重要组成部分，在生产过程计划化的同时，实现了农产品的国家化和农民劳动的国家化。

最后，是思想文化体系。人民公社建立后，社员继续追求着家庭的利益，公社内部的离心倾向始终存在，很多地方刮起了"单干风"。对此，国家称之为农民的"自发资本主义倾向"，并推行了"社会主义教育"运动，从思想上对农民进行改造。在这种改造并没有起到很明显的效果的时候，便进入了三年困难时期，之后便出现了基层干部的离心倾向。这引起了国家的高度重视。为克服这种现象，国家发动了"四清"运动。"四清"运动过程中又出现了前紧后松的状况，最终成为"文化大革命"的一个重要诱因。期间，"革命话语"占领了农村阵地，如"斗私批修"；除此之外，一场与封建主义思想彻底决裂的"破四旧、立四新"活动在农村如火如荼展开；另外，农民每天生产活动前要"早请示"，生产完成后要"晚汇报"，劳动之余还要学跳"忠字舞"。从历史的角度看，这一时期的革命话语是被滥用的，很多概念（像"阶级""阶级斗争"）从一开始就是含糊不清的；而且，随着运动的发展，"革命话语"的表述性现实与客观性现实之间的分离达到了顶峰，每个人或团体的行为只有套上"革命话语"的外衣才变得可以言说；并且，这些"革命话语"主要以"口号""标语""大字报"的形式广泛地存在于乡村社会中。就是在如今的农村社会调研中，我们也经常在一些老旧的墙上欣赏到它们的墨迹。

当然，农民作为农村社会的主体，仍然占有它的一席之地。人民公社时期，农民不仅成为了人民公社的一分子——"社员"，而且成为了国家的公民，与国家权力之间建立了直接的社会关联。在国家权力约束和生产计划的指导下，农民的主要责任就是每天在"生产队长"的安排下，一起"上工""出工"，争取多"抢工分"，之后在队长的喇叭声中一起"放工"。还有一段时间他们不仅劳动在一起，而且还一起吃起了"大锅饭"。然而，此举仍然无法解决农民生产活动的投入与收入之间的矛盾，所以，农民经常性地选择了他们自身能够控制的抵抗方式，"偷懒耍滑"，让监工者身份的生产队长等无所适从；或者是，"集体地里磨洋工，自留地打冲锋"；更有甚者，如在浙江等地偷偷试行"大包干"，并且包得不亦乐乎；有些地区的农村"干部"们也是睁一只眼闭一只眼，搞起了一些诸如"瞒产私分"的活动。从当时的情况看，这些源于个体逻辑的私密活动不仅不利于同一集体的他人，也不利于集体，更与集体主义思想格格不入，很快地被置于批判的境地。但是，从历史的角度来看，它的存在在于共产主义理想与现实情况之间的差距太大了。于是，经历了20年的艰难历程之后，作为共产主义社会桥梁的人民公社还是解体了。

对农村而言，1978 年是一个历史性的转折点。这一年，在国家层面上开始了改革开放，在农村层面上开始了"家庭联产承包责任制"，也是我们现在经常称道的"大包干"，不仅农田再次分家到户，山林、草地、鱼塘等也逐步分到农户。由于家庭联产承包责任将经营的责任完全下放给农民，农民就有了耕作和管理的全部责任，这些田地和山林也就成了农民的"责任田"和"责任山"。其后，"以粮为主、多种经营"等政策顺利推行，一些经济实力比较发达的农村也开始将之承包到人，称为"乡镇企业"；一些经营加工、手工和零售的"个体户"开始出现。其结果是，农村中很快便崛起了一批懂经营、善生产的能人，"万元户"是其中之一。这一时期，农村经济活动得到了国家的重新重视，并迅速上升到最高层次，如 1982 年的"一号文件"，开创了连续五个事关"三农"的中央一号文件局面，并形成了"一号文件"特指关涉"三农"的政策传统。

与农村经济体制改革相伴随的是政治方面，主要是指自 1986 年开始实施的"村民自治"，它成为影响当今农民政治生活的重要制度。首先，它把"民主"送到农民家门口，让农民首次知道了什么是"民主"，什么是"自治"，什么是"选举""选票"和"秘密投票"。当然，农民也明白了什么是"指定"和"派选"，什么是"贿选"；其次，它使农民具有了实在的政治身份——"村民"，至少在村庄范围内具有发言权。二者合一的结果是，村民们不再仅仅关注于"民主选举"，而且还要参与到"民主管理""民主决策"和"民主监督"过程之中。于是，在"村民大会""村民代表大会"之外，又出现了"村民议事会""民主议事会""民主理财小组""民主监督小组"等。这些组织的建立，愈来愈在农村政治生活中发挥着重要的作用。

经济上的承包与政治上的自治带来的结果是，农村的事情农民管（典型的如"人民教育人民办，办好教育为人民"）。话虽在理，但事情繁多，于是，农村干部忙着征收农业税之余，更把精力花在了"三提五统"和"集资摊派"上；特别是在"分税制"及"压力型体制"的双重作用下，乡镇政府为摆脱自身的困境不得不多次重复向农民伸手"要钱""要粮"，以至于"农民负担"日趋加重，在一些地区甚至出现种植收益远远小于成本支出现象。其结果是，大面积的"撂荒"现象出现。不得已，农民只有外出"打工"，被称为"农民工"，以求能够满足基本的生活之需。更为严重的情况是，一些直接损害农民利益的情况时有发生，基层干群关系日趋紧张，到问题无法解决之时，农民选择了"上访"作为了他们反抗的直接形式，并有愈演愈烈之势。于是，农民的权利问题与农业生产问题、农村发展问题结合在一起，形成了中国特有的"三农问题"。

这一时期，农村人口管理的重要措施是实行"计划生育"政策，始于 20 世纪 80 年代中期，90 年代进入严格执行时期。虽然它有效地抑制了农村人口的快速增长，但负面效应也是显而易见的，如农村人口数量剧减，家庭代际关系日趋简单。同时，由于市场经济的冲击，农村大量劳动力外出务工，农村衰败的迹象越来越明显，一些"空心村"开始出现。后续的一些问题也开始显现，如"留守儿童"问题，一段时期成为农村教育的核心问题；与之相伴随的还有"留守老人"问题和"留守妇女"问题，合称为新时期的"三留"问题。除此之外，"三农"问题自身也有了新的发展，原因在于，传统的"三农问题"仅与农业生产有关，限制于狭义上的农业，而广义的农业应该还包括"林业""牧业""渔业"，随着市场经济的发展，这些产业的问题日益突出，成为新时期的"新三农"问题。

中共中央一直致力于解决"三农"问题，并逐渐把它提到战略决策的高度。具体表现就是，21 世纪之初，在"科学发展观"理念的指导下，提出了"统筹城乡发展"的战略决策。这标志着我国将由"城乡分割"的二元社会进入到城乡统筹的一体化社会。其中，实现"统筹城乡发展"战略的重要举措便是"建设社会主义新农村"。从此，中国广大乡村社会中出现了一些新的话语、词汇，如"城乡统筹""反哺农业""惠农政策""粮食直补""农民合作社""生产发展""生活宽裕""乡风文明""村容整洁""管理民主"等等。这些新型话语体系的背后，实质上是城市与农村将建立起平等统一的新型城乡关系，城乡之间互相吸收先进和健康的因素、摒弃落后因素，互相融合、协调发展；农业将获得与工业平等的发展机会和权利，并逐步成为接受"补助"的部门；农村将成为国家建设的重要内容之一，获得了独立建设和发展的机会；农民作为现代国民，对国家的认同主要建立在享有公平的国民待遇基础上；国家将采取一系列措施，公正地对待"农民工"，让进城的农民融入城市。只有这样，才能通过赋予每个人以平等国民的身份，构造公民（包括广大农村人口）对国家的认同，从而才能真正地改造农民，建设新农村。

以上便是当代中国农村发展过程中的政策话语和关键词梳理。从中可以看出，不仅它们各自自成体系；而且，通过这些话语和关键性的词汇，可以梳理出当代中国农村的发展进程，甚至从中还折射出当代中国的历史发展进程。正是在此基础上，我们设计了该项课题，并计划从话语的角度、国家的角度、农民的角度，以及历史的角度来探讨它。

三　研究的视角与主要内容

在解释学中，话语"是事件和意义的结合"①。知识考古学大师福柯提出，"话语虽由符号组成，但话语所做的要比用这些符号去指物来得更多。正是这个更多使得我们不能把话语归结为语言和言语，而我们正是要揭示和描述这个更多。"② 于此而言，政策话语无疑就带上了政治属性；关键性的话语在政治属性之外，还被赋予了历史属性，因为它起到了历史性的链接作用。不仅如此，由于这里考察的政策话语和关键词所指代的对象均是农民，因此，这里的政策话语和关键词也就赋有了农民的属性。基于政策话语和关键词的关系网络分析，我们这里在话语的本源之外，将着重考察它附属的政治意义、历史含义及现实意义，由此形成了本项研究的四个视角。

1. 话语视角，即本源视角，既适用于政策话语，也适用于关键词。

什么是政策话语呢？从已有研究成果来看，"话语"的含义相对明确，是指在特定的社会、文化、历史环境下具体的语言交际事件。而政策话语呢？至今没有权威的定义和解释。在这里，以话语分析中的话语为基础，将政策话语定义为"党和政府为实行自己的政策而形成的话语"；换句话说，"政策话语"是指现阶段党和政府为了实现国家意志，在制订各类政策形成相对固定的并且反映出权力改造社会的语言表达方式。

---

① 涂纪亮：《现代欧洲大陆语言哲学》，中国社会科学出版社 1994 年版，第 165 页。
② 福柯：《知识考古学》，生活·读书·新知三联书店 1998 年版，第 49 页。

对于政策话语中的一些关键词，其评价标准不能仅仅依据于政策，而应该以对农民的影响为评判标准。国家改造农村和塑造农民的意志必须转换为农民能够习之的话语，并最终成为他们思维与行为的出发点。因此，关键词与政策话语并不是完全重叠在一起的，而是政策话语中的一部分，反映农民阶段性变化的那部分政策话语可以成为关键词；政策话语中没有或者作用不明显，但由农民创造并影响他们行为活动及思维方式的一些乡土话语也将进入关键词的范畴。在此基础上，运用话语分析中的义素分析法，将"政策话语"和"关键词"回到它的社会功能本位，探讨它们的渊源、产生的时代背景、原始的含义。所以，在研究过程中，无论是政策话语，还是关键词，我们都会将它分解为更小单位的字或词，每个字或词都有独立的含义和社会意义。对每个字或词先进行分析式的解释，在此基础上，对政策话语和关键词进行整合式的语义分析。在实际研究过程中，依据不同类型的词汇，分别有类型、实体指向、属性，主体、方式、客体、因果关系，范围、规模、程度、形状等度量指标。

2. 国家视角，或者说是政治视角，主要适用于政策话语。

这是因为，对当代中国农村社会变迁来说，政策话语均与政治过程联系在一起。这是一个复杂的社会过程，包括政策制订、政策执行、政策接受、政策反馈、政策修订或取消等；与之对应的就是政策话语的形成、传递、接受、反馈、替代或消逝等过程。

当然，政策话语的形成不同于政策的制订，不过，它是以政策的制订为前提和基础的，在政策制订的基础上形成政策话语。但是，政策的制订是一个过程，并且有诸多因素影响。其中，最主要的因素是时代背景及发展主题。可以说，不同的时代背景和发展主题，必定须伴随着不同的政策话语。从现当代中国农村发展的历程来看，20 世纪 30—50 年代，中国发展的主题是革命，推翻旧制度，建立新国家，这一时期，革命性的政策话语就成为当时的主流；20 世纪 50—80 年代，中国面临着社会主义和现代化的双重任务，国家建设的重点就是建立社会主义制度，要做到这一点必然要对农民进行社会主义改造，因此，这一时期的话语主要就是改造话语和集体话语；改革开放之初，农村发展的重点是改革那些不适应农村和生产力发展的一些体制与制度，于是改革话语应运而生；进入 21 世纪，农村开始从客体和被动状态转变为主体和主动状态，农村开始进入一个新的建设时期，于是，建设性的政策话语就成为新时期的主流。

政策制订并进入执行过程之后，就进入政策话语的传递过程。这个时候考察的重点是政策话语传递路径和方式。现代信息传递的方式主要有纸张通讯传输如文件、报纸、期刊、杂志、书信等；有线通讯传输如有线电视、电话、传真、电报等；无线通讯传输如无线电视、移动电话、收音机等；数字通讯传输如 INTERNET 和电脑、数字电视等。当然，以往还有民间的口头传递，主要出现在有线电话和无线传媒产生推广以前，且是广大农村社会最有效的传递媒介。不同的传递工具，其传递的效率也各不相同。对现代社会而言，网络和电话的传递速度最快，效率最高，影响面最广，但是这并不是说，所有的政策话语传递都只能选择网络传媒。实际上，不同的传递媒介有不同的传递效率，并且适用于不同的政策话语传递；不同性质和类别的政策话语也可以根据其实际情况和需求选择不同的传递工具或媒介。与之相对应的是话语的传递模式。从已有的经验来看，主要有两种：一是科层级传递式，或中央——地方——民众传递模式。这种模式依赖于正式的国家权力体系和科层制体制，由国家或中央政府制订相应的政策，然后通过省——市——县——乡镇——村权力链，最后传递到农民群众那里；二是社会——国家互动反馈传递模式，政策话语首先产生于民间话语或乡土话语，或借鉴了民间话语或乡土话语，通过各种途径最后传递到中央政府，形成政策文件，成为正式的政策话语。

政策话语到达农民那里之后，他们是全盘吸收呢，还是选择性地吸收，或者是农民式的理解呢？这就事关政策话语的转化问题。从现实情况来看，有三种转化方式：一是语言表现形式上的转化，依据语言的表达方式，可以通过官话——民谚、普通话——方言、外来语——本地话之间的转换，使政策话语变成农民能够理解的政策话语；二是层级上的转化，由中央的政策话语转化为地方性的政策话语，再转化为民间性的政策话语；三是与乡土社会的传统文化相结合，转化为地域性的政策话语，或者是土话式的政策话语。

形成政策话语的目的在于能够实施，而评估其实施效果的机制是要形成有效的话语反馈机制。如针对不同的政策话语，是否建立了高效持久的反馈机制、是否形成统一的反馈体系或机制、其中包括哪些基本的要素、运转速度及效率如何、能否及时有效地将政策话语的反馈信息完整地反馈到国家层面、农民对其是否有清楚的认知和理解、农民是否有信息上的反馈等等。在此基础上，细分政策话语反馈的方式与途径，针对不同的政策话语，提供及时有效的反馈模式。

当然，政策话语是某一时期国家意志的语言表达，它具有时代性或阶段性的特征，在完成或达到了特定的任务之后，或者社会实际情况发生了巨大的变化，以及国家新的政策话语出台，某个时期的政策话语就完成了它的历史使命，被修订为新的政策话语，或者是被新的政策话语替代，或者是退出历史的舞台。这也是本项研究的内容之一。

镶嵌在政治视角中的永远是国家视角。这既与当代中国发展的主题相关，更与当代中国农村发展历程与国家意志之间的密切关联有关。且正是在后者的作用下，当代中国的农村是国家意志规划下的农村，于是，国家意志源源不断地进入中国农村，并时时影响和约束着当代中国农民的行为和思维，指导着当代中国农村的发展方向。如此，一些与国家有关的理论也就自然而然地成为了本项研究的视角，如国家建构理论、现代国家理论、国家与社会关系理论、国家与农民关系理论等。

3. 农民视角，或者说是受体视角，主要适用于关键词，次要适用于政策话语。

农民是政策话语的接受者，同时也是关键词的实践者，因此，农民不仅从知识层次，也从行为层次和心理层次实践着它们。

一是知识层次的农民表达，或者说，农民是如何理解政策话语和关键词的。实际上，政策话语的传递过程必然存在着信息和能量损失的问题，正如我们经常所言的"上有政策，下有对策"。这还仅仅是限制在行政体系内部。当它转换到农村地面，或者说是一种完全不同于行政体系的语言环境中时，农民最初一般都不怎么理解政策的真实含义，如土地革命时间的"成分"，最后都转化为简单的耕地拥有量、牲畜拥有量、是否雇人劳动及多少、生活资料自给率等一些农民能够理解的术语，而阶级斗争也转换成了"诉苦会"等，共产主义在某种意义上等同于"楼上楼下、电灯电话"及"吃饭不要钱"，家庭联产承包责任制在农民那里成了"大包干"等等。这说明，虽然农民被纳入到了国家政治体系之中，但千年以来形成的小农传统，以及基于简单生产的农民意识，使得他们在面对国家政策的时候，在某种程度上都能转换为他们的语言表达方式。

　　知识层次的表达也同样适用于关键性的词汇，并且有过之而无不及。这是因为，农民的知识体系自成一体，当政策话语进入他们的知识体系后，就成为他们知识体系中的一个有机组成部分，这个时候，农民很少是在政策的知识体系中理解关键词，而是在他们农民式的知识体系中来理解关键词。这正是我们这里要研究的重点。所以，我们将从多个角度、多种方式探讨农民对一些关键性词汇含义的表述。

　　二是行为层次的农民表现。这于政策话语和关键词而言，有不同的表现方式。对政策话语而言，农民的表现在于接受，并且能够起到规范、指导、改造、改变农民行为和思维的作用，从而改造和建设乡村社会。然而，针对不同的政策话语，接受的主体范围、主体接受的态度、接受的方式、接受的次序和接受的效力各不相同，对农民的思想和行为影响不一样，对改造和建设乡村社会的作用也不一样。因此，这里将分别考察：政策话语接受的主体及适用范围，特别是地域和年龄的层级性特征；政策话语接受的态度及动机，寻找接受动机与接受态度、接受方式之间的有效链接机制；政策话语接受的方式及效率，如正式方式与非正式方式、主动方式或被动方式等；政策话语接受的次序及优化，特别是国家传递政策话语的时机选择、次序、程度、方式等。

　　如果说，行为层次中农民对政策话语的表现主要是接受，那么，他们对关键词的行为表现主要是规制和行动。它源于"国家改造农村，话语改变农民"的内在逻辑，也基于话语基础上的规训引导。正如马克思理论的思想意识与行为之间的关系，也如康德的内在律令，即在一定的思维层次上，人们会按照内在的思想而自觉地行动。应用到农民那里，他们会在一些影响和铸造他们思想的关键词的暗示作用下，自觉从事一些社会活动，如看到土地革命首先想到的就是"分田地"，看到"阶级斗争"就想到了"敌人"，到了集体化时期就自觉地每天拼死拼活地"挣工分"，自觉地与"成分"高的人保持一定的距离，到了改革开放之初，更是一个"包"字了得，诸如此类等等。对于这类政策话语和关键词而言，它们已经与农民的思维和生活紧密地结合在一起，成为了他们日常行动的心理基础。

　　三是思维层次的农民展现，主要针对一些关键性的政策话语，探讨它们本身对农民的思维训练和引导作用，继之而来的是群体无意识的共同行为。与此同时，一些关键性的政策话语还反映了阶段性的时代信息，预示着社会的发展方向和未来趋势，所以，探讨农民对它们的认识和理解，也就可以预测农民的思想取向及他们的行动逻辑。

4. 历史视角，或者说是历史变迁的宏观视角，主要适用于关键词。

从历史的角度来理解关键词的作用，其不仅对现在及以后农村的发展和社会的进步，乃至对当代中国的发展都有影响。主要探讨三个方面：

一是认识功能。浓缩历史，了解现实。通过关键词的分析，不仅要"认知"历史和现实，更要"识"历史和现实，从历史的角度理解历史与现实；不能局限于单个的历史事实，而应该从"大历史"的角度分析、评判不同的关键词及其在农村发展中的作用与功能。

二是借鉴功能。"以古为镜，可以知兴替"。从当代中国农村发展的历史来看，疑似具有历史发展的一般性特征——螺旋式上升，同样的事情重复出现，但又不是完全的重复。因此，理解历史，了解传统，为人们的实践活动提供经验教训。当然，借鉴功能既有国家行动和政策导向意义上的，就此可以提供一些政策性的建议；也有个体行动意义上的，因为"思想的历史就是语言的历史，自然也是词语的历史"。

三是文化传承功能。通过关键词的研究探讨，把时代的信息和文化传递给下一代，对文化本身来说，可以起到促成该文化体系一致性和标准化的作用。

虽然关键词是时代的代名词，然而，随着时代的发展，关键词也面临着不同的历史命运。从历史发展的脉络来看，主要表现为两种形式：

一是消失。关键词是与时代潮流和发展主题紧密结合在一起的，随着时代的发展演进，从一个旧的传统的时代发展到了一个新的时代，旧的关键词将随着时代的消逝而消失。如洋火、语录、工分、四害、大集体、大食堂、自留地、赤脚医生、红小兵等。然而，过往的词语并不是一堆语言的垃圾，它们身上同样负载着特定时代的价值和信息。

二是生殖。社会政治经济的急剧变革，社会思想、生活的变化以及文化科技的快速发展，打破了原来关键词语与社会结构间的相对平衡状态。这种失衡是词语发展变化的催化剂，促进了农村关键词的生殖与发展，有的关键词被新生的关键词替代，如"集体"，最开始的含义是"互助组"，其后是"初级合作社""高级合作社"，最后发展到"人民公社"，人民公社解体后，则被视为"后集体主义时期"，现阶段则以"村民集体"取而代之。有的关键词随着国家的发展和社会的进步，其实体含义、信息承载量、社会解释上相应地增加，相应的关键词也就会在诸多方面升级。这个时候，就需要对任何影响时代的关键词进行一个来龙去脉的社会学调查，寻找其中的内在决定性因素及一致性表现。

当然，以上只是本项研究中的主要内容，并不能涵盖本项研究的全部。同时，由于本项研究是多人合作完成的结果，因而有其不足，但也扩展了研究视角，使得本项研究能够尽可能多角度反映当代中国农村社会变迁。随着时代的发展和观念的更新，重新回头审视当代中国农村的历史，是一项长期而持久的工作。

工作队：当代中国农村工作的特殊组织及形式

【导读】中国是以农民为主体的国家，中国社会的发展和进步，离不开农民主体的积极参与。正是认识到了这一点，中国共产党在领导中国人民进行民主革命、社会主义革命和建设的过程中，非常重视农村和农民工作，始终把调动农民的积极性作为各个时期的主要任务。在这个过程中，形成了中国特色的农村工作组织和方式，即根据不同时期的不同情况，紧紧围绕党在农村中的工作重心和主要任务，向农村派驻"工作队"——深入广大农村，组织农民，调动农民的积极性和主动性，贯彻落实党在农村的各项路线方针政策，促进农村社会的建设和发展。在民主革命时期是这样，在社会主义革命时期也是这样，在改革开放和社会主义新农村建设时期还是这样。由此，"工作队"是当代中国农村发展中的关键词汇，不仅具有时代意义，更具有实体含义。

"工作队"，名词，按照构词法是偏正结构。"队"是中心词，一般组词为"队伍"，在词义使用上是一个借来词语，它有两个基本含义：一种含义是原型意义上的，特指"军队队型"；另外一种含义是指"有组织的集体"。"工作"是修饰语，指"队"存在的外在表现及形式。组合在一起，一般意义上的解释是"工作（动词形态）的队伍"或"干工作（名词形态）的队伍"。

按照构词法的解释，"工作队"起码包含四个基本的要素：一是指由多个人员编制成的集体组织，并且集体的成员相互之间具有同质性；二是这个集合而成的组织具有特定的目标和任务，诸多情况下与军事行为有关（与"队"有关）；三是这个组织履行的目标或承担的任务是更高级组织的某项具体目标或子任务，即这个组织集体与更高级组织之间具有直接的领导被领导关系，并且与更高级组织的目标与任务之间有着整体部分的关系；四是这个组织的组建是常规状态下更高级组织机构无法正常发挥作用的产物，原因在于更高级组织所处的特殊时代性，也可能是政策的对象本身比较特殊。

关于"工作队"的含义，有两种解释：一种是 2000 年 5 月长城出版社出版的《军事大辞海·上》采用的，认为它是"中国人民解放军三大任务之一，即担负做群众工作任务的通称。"① 在这里，"工作队"既是中国人民解放军的一个指称名词，同时也是这个指称名词承载的社会活动；另一种是《新语词大词典》② 给出的解释，它采用的是《解放日报》1955年 11 月 9 日的词条："工作队，亦称工作组。由领导部门抽调专人组成，深入基层调查、监督指导工作的特别组织"。从词条解释内容来看，第一种解释偏重于构词法的第一、二个要素，兼顾第三、四个要素；而第二种解释偏重于构词法的第三、四个要素，兼顾第一、二个要素。从当代中国的"工作队"历史来看，它们分别对应中华人民共和国成立前的革命时期和中华人民共和国成立后两个时期。这种内容差异的形成与提供词语解释的工具有关，第一种解释由军事性的工具书提供，第二种解释是一般词语意义上的。我们主要采用后一种含义，兼顾前一种含义。

在当代中国农村发展史上，"工作队"有着特殊的含义。它是指，中国共产党通过政党组织和行政系统向农村派驻的、完成特定历史时期党的任务的工作组织。很明显，它是在中国共产党的领导下进行的，由中国共产党领导和组建的工作组织；人员的选择和构成必须经过党组织的考虑和审核，绝对保证无"政治问题"；它的工作地点是在农村，工作对象是农民，工作内容是农村工作并随着时代的变化而不断变化。

一　由来及历史

在中国，"工作队"的出现首先是原型意义上的，指"干工作的军

---

① 《军事大辞海·上》，长城出版社 2000 年 5 月版。

② 《新语词大词典》，黑龙江人民出版社 1991 年 7 月版。

队"。干什么工作呢？从当代中国历史来看，显然不是武力和军事性的战斗任务，而是与群众有关的工作。这首先反映在毛泽东的思想中。1927年底，毛泽东在总结红军攻占茶陵经验时就指出，部队必须执行打仗消灭敌人、打土豪筹款子、做群众工作三项任务。① 其中，第三项任务就是红军作为"工作队"身份的主要工作，并且是革命军队的三大任务之一。1929年12月，古田会议则更进一步明确提出，"红军决不是单纯打仗的，它除了打仗消灭敌人军事力量之外，还要负担宣传群众、组织群众、武装群众、帮助群众建立革命政权以至于建立共产党的组织等项重大的任务"。② 在这些思想的指导下，群众路线成为了人民军队的三大法宝之一，宣传、发动和组织群众，就成为了人民军队的重要工作。它带来的结果是，农民成为了中国革命的主力军，不同时期的武装力量——红军、八路军、新四军、中国人民解放军，绝大部分成员都是农民出身；而且，农民还是中国革命的依靠力量，除了正面战场上的军队外，还普遍组织并建立了自卫军，如"厦青团工作队""武汉民众战时工作队"等③，有一些地区还建立了民兵组织，并且农民还积极参与到后勤、保卫和服务等工作中。很明显，这一时期，"工作队"成为了人民军队的一个代名词。

解放战争后期特别是三大战役胜利后，中国共产党领导人特别是毛泽东认识到，严重的战争时期已经过去，共产党面临的新任务是如何"接收并管理大城市"，并且"除城市外，还有广大乡村的工作要你们（军队干部和战士们）去做"。因此这一时期，人民军队的主要任务应该由革命斗争转到城市管理和农村工作上来。基于此，毛泽东"及时地提出了人民解放军不但是一个战斗队，同时必须是一个工作队，而且在一定条件下主要地要担负工作队的任务"。这反映在1949年2月8日他为中共中央军事委员会写的回复第二野战军和第三野战军的电报《把军队变为工作队》

---

① 中共中央党史研究室：《中国共产党历史》第一卷（1921—1949）上册，中共党史出版社2011年版，第253页。

② 《毛泽东选集》第一卷，人民出版社1991年版，第86页。

③ 分别参见：（1）洪椰子：《发动群众武装保卫闽南——厦青团第二、第八工作队活动回忆》，《福建党史通讯》1986年第6期；（2）《武汉区民众战时工作队组织实施细则》，《武汉文史资料》1998年第3期。

中，"军队不但是一个战斗队，而且主要地是一个工作队"。① 这种认识上的转变意味着现实中的"工作队"在内含及内容方面将要发生变化。

这一转变在七届二中全会报告中得到了真实体现，并有所突破。毛泽东《在中国共产党第七届中央委员会第二次全体会议上的报告》中指出，"人民解放军永远是一个战斗队"，同时更为主要的是，"人民解放军又是一个工作队，特别是……随着战斗的逐步地减少，工作队的作用就增加了"。很明显，由于革命形势的转变，人民军队作为"工作队"的任务将上升到主要地位，而作为"战斗队"的任务将限制在一定的范围内。不仅如此，还"有一种可能的情况，即在不要很久的时间之内，将要使人民解放军全部地转化为工作队……我们必须准备把二百一十万野战军全部地化为工作队"②。解放战争后期随军南下的"南下工作队"证实了这一点。另外，随着土地改革运动的开展和深入，"土改工作队"的队伍也在不断壮大，工作队员的来源也日趋广泛。根据李里峰的研究，华北土改工作队员的来源大致有三种情形：一是各级党、政、军、群机构的脱产干部，二是已完成土改村庄的基层干部和积极分子，三是事业单位、民主团体中的知识分子。③

这导致了"工作队"含义的第一次变化。从历史可知，新民主主义革命时期的"工作队"是在原型意义上使用的，不仅包含有"有组织的集体"含义，更是直指具有军事性的组织——军队。而在土地改革时期，不仅工作队的来源发生了变化，而且"工作队"的主要任务是发动农民群众进行土地改革。我们知道，土地改革具有"社会革命"的属性，因此，这一时期的工作队就具有了"社会革命"的属性，并替代了原型意义上的"军事性"，不过"有组织的集体"的含义仍然保存了。

随后开展的"四清"运动进一步强化了工作队的"社会革命"属性。这是因为，"四清"运动的目的和性质直接决定了"四清"工作队的属性。根据1963年5月《中共中央关于目前农村工作中若干问题的决定（草案）》，社会主义教育的目的是"分清敌我矛盾，分清人民内部矛盾，

---

① 《毛泽东选集》第四卷，人民出版社1991年版，第1405页。

② 同上书，第1426页。

③ 李里峰：《工作队：一种国家权力的非常规运作机制》，《江苏社会科学》2010年第3期。

分清是非，以便团结百分之九十五以上的农民群众和农村干部，共同对付社会主义的敌人"①。1963 年 9 月《中共中央关于农村社会主义教育运动中一些具体政策的规定（草案）》明确，"这次农村社会主义教育运动，是一次深刻的社会主义革命运动"②。1964 年底的《农村社会主义教育运动中目前提出的一些问题》更是明确，这次运动的性质是"社会主义与资本主义的矛盾"③。因此，虽然"四清"工作队的任务既有经济方面的（包括"小四清"和"大四清"），也有组织方面的，还有思想方面的，但更重要的是"社会革命"方面的，是工作队"社会革命"属性的进一步发展。

改革开放以来，"工作队"在被注入新内容的同时，其属性又发生了根本性变化。这主要与改革开放后的农村形势有关。改革开放特别是实行家庭联产承包责任制以来，农村面临着一些急需解决的问题，如组织涣散、凝聚力不强；城乡差距扩大，西部和边远农村经济发展问题越来越突出；一些农村地区的教育、文化建设相对滞后等；特别是 21 世纪之初，中国共产党提出了农村发展的新战略——社会主义新农村建设，同样面临着组织群众、发动群众的重任。为了加强党组织建设，重建党组织在农村工作中的号召力和凝聚力，先后派驻了社教工作队④、党建工作队、"三个代表"工作队、先进性教育工作队等；为了搞好农村社会综合治理，先后派驻了村建工作队、依法治村工作队、综合治理工作队等；为了减轻农民负担，解决贫困问题，先后派遣了减负工作队⑤、扶贫工作队、温饱工程工作队、小康工作队等；为了实践社会主义新农村发展战略，各省市行政机关及事业单位均组建了新农村建设工作队或派员参加。因此这一时期，"工作队"在保留原型含义的基础上，发展到了"组织建设""经济发展""综合治理"等领域，"社会革命"的属性被改革、建设和发展等替代，"工作队"开始演变为一个综合性的中性词汇。

---

① 《建国以来重要文献选编》（第十六册），中央文献出版社 1997 年版，第 318 页。

② 《建国以来重要文献选编》（第十七册），中央文献出版社 1997 年版，第 386 页。

③ 《建国以来重要文献选编》（第十九册），中央文献出版社 1998 年版，第 528 页。

④ 指 1989 年下半年以来在浙江、湖北、山东、辽宁、河南、天津等省市开始组织的农村社会主义思想教育工作队。

⑤ 《襄阳千人工作队，包乡驻村抓减负》，《农村合作经济经营管理》1997 年第 6 期。

这个时候，"工作队"就不再仅仅是"人民军队"的代名词，而是指"工作（动词形态）的组织集体"或"干工作（名词形态）的组织集体"，并且主要是针对农村工作的。正在此意义上，这里把从事农村工作的"工作队"定义为：中国共产党通过政党组织和行政系统向农村派驻的，完成特定历史时期党的任务的工作组织。很明显，它是在中国共产党的领导下进行的，由中国共产党领导和组建的农村工作组织；它的人员选择和构成必须经过党组织的考虑和审核；它的工作地点是在农村，工作对象是农民，工作内容是农村工作。

二　组建形式

从"工作队"的词义解释来看，"工作队"这个组织的存在，是以更高级组织和更大范围内的目标为前提的。通俗的说法就是，"工作队"是由更高级组织组建和领导的组织。依据"工作队"与更高级组织特别是党组织的关系，以及"工作队"在农村工作的实际情况，可以把"工作队"的组建形式分为七种。

第一种：党—军模式，主要是指新民主主义时期的革命队伍。这种模式在土地革命时期就有了具体的含义。早在1927年，毛泽东在总结红军攻占茶陵县城经验时，就明确提出了革命部队是工作队的命题。他把部队的任务分解为三项，分别是打仗、筹款和做群众工作，其中第三项任务——"做群众工作"，即特指"工作队"意义上的部队。从这个角度来看，"工作队"即"革命部队"。而革命部队服务党的领导，形成了"党—军"的组建模式。当然，这种模式不是一种专门的组建模式，而是对人民军队的另外一种称谓。不过，在解放战争时期，情况发生了变化，中国人民解放军曾经派出大批干部战士组成工作队，协助地方党政机关发动群众，实行减租减息和土地改革，发展工农业生产，从政治上、经济上、军事上全面加强解放区战略后方建设。如1947年在太岳四纵十二旅基础上组建的南下工作队中，原八路军南下支队司令员王振任粮食会计，而队长则由旅部民运科长直接担任。[①] 其后，中国人民解放军遵照中共七

---

① 王振：《南下工作队亲历记》，《党史文汇》1997年第8期。

届二次全会的决定和中共中央军事委员会的部署，在向全国大进军中，更多地担负起工作队的任务，每解放一座城市，便派出大批干部战士参加接收和管理城市，开辟新区工作，建立起新区的政治架构。很明显，这种模式主要在革命时期和建国初期使用。

第二种：党—党、政模式。即，工作队的主要任务是党组织的工作或任务，但工作任务的完成不仅依赖于党组织自身建设，也依赖于政府组织的大力参与。根据实际情况可分为两类：一类为加强基层党组织建设的工作队，代表性的有 1961 年江苏省委派出的三整工作队①，1998 年河北省馆陶县委派出的党建工作队②，2001 年河南省委派出的"三个代表"工作队③；另一类为兼顾经济工作和基层组织建设工作，如 1994 年湖北省委组织的小康工作队④，2007 年云南省红河州委⑤和 2008 广西自治区委⑥派出的新农村建设工作队。这种模式还可扩展为"党—党、政、事"模式，在参加机构上将事业单位特别是高等院校纳入其中，但工作重心集中于基层党组织的建设工作，代表性的有 2001 年山东省平度市委组派的党建工作队⑦，2005 年河北省委组派的先进性教育工作队⑧，其目的是要借助高等院校的知识和文化资源进行党的组织建设和思想教育。从总体情况来看，"党—党、政"模式主要围绕基层党组织建设工作展开，或者在兼顾农村经济工作任务的同时强调基层组织建设的重要性。

第三种：党—党、政、军、企、事模式。这种情况也比较特殊，从目前来看，主要是指 20 世纪 60 年代的"四清"工作队。从当时的情况来

---

① 刘新煌：《青山一道同云雨——1961 年中央、省委工作队在湘阴工作实况》，《湖南党史月刊》1990 年第 6 期。

② 中共馆陶县委组织部：《馆陶县对党建工作队实行"三查"制度》，《探索与求是》1999 年第 8 期。

③ 《唤起民主向前——河南省委派驻尉氏县蜜蜂赵村工作队实践"三个代表"纪实》，《党建研究》2002 年第 2 期。

④ 王功平：《找准农村小康建设的着力点——湖北省长阳县直驻黄沿村小康工作队的作法与体会》，《乡镇经济研究》1995 年第 1 期。

⑤ 杨洪：《牢记使命，共谋发展，在新农村建设的伟大实践中建功立业——2007 年红河州新农村建设工作队工作综述》，《阵地与熔炉》2008 年第 1 期。

⑥ 阳秀琼、钏振：《驻村的日子很充实》，《当代广西》2009 年第 8 期。

⑦ 张登涛：《平度市：组派工作队整顿后进村》，《党建》2001 年第 3 期。

⑧ 马振华：《河北省选派宣讲工作队驻村宣传》，《农村工作通讯》2006 年第 1 期。

看，不仅国家部委、各省委、地委、县委、公社要组派工作队，而且，各个企事业单位、高等院校、科研机构也要派人参加，并且，军队干部、复员军人也要参加进来，甚至农村中的贫下中农积极分子、下乡知青也要参加工作队，涉及面非常广泛。① 1965 年在山东省劳动厅机械制造学校淄博分校任教的夏升山回忆说，参加"四清"工作队的除党政机关的领导及少数一般干部，有以王建安副司令员为首的从济南军区来的各级军官，还有不少从淄博六中、十九中、淄博工校等学校抽调的教师。②

第四种：党—事、企模式。这种情况也比较特殊，从获得的情况来看，1989 年下半年浙江、湖北、山东、辽宁、河南、天津等省市组织高校青年教师参加的农村社会主义思想教育工作队很有代表性。除了派遣时间和农村工作目标——建好一个党支部，理出一个经济发展的好思路（特殊之外），这次派遣社教工作队还有另外一个非常特殊的目标，即通过农村的社会主义教育活动，促使高校青年教师自身做好社会主义思想的再教育。另外比较有代表性的是 1994 年湖北省冶金工业总公司按照湖北省委"驻镇蹲村"要求组派的小康工作队，试图借助企业的力量，开启贫困山区脱贫致富奔小康的希望之门③；还有 2002 年河南郑州大学围绕河南省委提出的四项驻村任务而派出的驻村工作队，也力争充分发挥高等学校在教育、文化、科技、人才、卫生等方面的优势，开展卓有成效的驻村工作④。

第五种：党、政—政模式。这种模式的出现主要围绕农村两项工作或任务展开：一是农村经济工作，从目前情况来看主要是贫困问题没有得到解决，因此需要政府部门在党的领导下做出实质性的经济工作。代表性的有 1998 年山西省统计局派往万荣县的扶贫工作队⑤，2002 年河南省财政厅派往尉氏县韩佐村的扶贫工作队⑥，以及湖北省鄂州市直八家机关单位

① 刘彦文：《"四清"工作队队员人次考》，《当代中国史研究》2009 年第 3 期。

② 夏升山：《参加"四清"工作队的回忆》，《春秋》2007 年第 1 期。

③ 覃唯波：《启开村民的希望之门——记湖北省冶金工业总公司驻长阳高家堰镇周家山村小康工作队》，《山区开发》1995 年第 4 期。

④ 《高校驻村工作队在潍县》，《人民论坛》2003 年第 2 期。

⑤ 仝迅：《山西省统计局万荣县工作队工作有声有色》，《山西统计》1995 年第 8 期。

⑥ 武中宪：《洒汗筑就致富路——河南省财政厅工作队帮助农民脱贫致富纪实》，《农村·农业·农民》2003 年第 5 期。

2004 年组织的送政策、送科技、送信息等三送工作队①；另外一种是以经济工作为主兼顾基层组织建设工作，代表性的为 1994 年云南省为完成"九五计划"和"七七扶贫攻坚计划"组织的 16600 人的村建工作队②，其目标是开展基层组织建设与扶贫工作。这种模式可以扩展为"党、政—党、政"模式，仍然围绕农村贫困问题展开，如 1997 年湖北省襄阳区的减负工作队③。还可扩展为"党、政—政、事"模式，如广大贫困地区正在开展的扶贫工作，要求事业单位特别是高等院校积极参与；还可继续扩展为"党、政—党、政、事、企"模式，共同为贫困人口的脱贫致富贡献力量，代表性的为 2005 年河北省组织并开赴 500 个贫困村的扶贫工作队④。

第六种：党—党模式。这是一种非常特殊的模式，从目前的情况来看，仅限于河北省石家庄市 1998 年组建的"下访工作队"⑤。这种模式的组建与纪委的职责直接相关。根据《中国共产党党内监督条例》（试行）第八条，党的各级纪律检查委员会是党内监督的专门机关，主要履行党的纪律检查和行政监督两项职能。河北省石家庄市纪委组建的下访工作队也主要是针对违法违纪案件，以及由于执法执纪部门、个别领导干部办事不公、徇私枉法造成的冤假错案。很明显，这种模式是党内自我监督的一种方式，工作队员均由纪委内部的同志担任，如市纪委下访工作队队长为纪委副书记，市县两级成员均为纪委接访人员。虽然它涉及农村和农村工作，但工作对象是与违法违纪有关的事件或行政、领导干部自身，是农村工作队中非常特殊的一种类型。

第七种：政—政模式。即，由政府机关直接派出同级或下级政府机关组成农村工作队，代表性的有 1994 年青海省乐都县政府派出的依法治村

①　陈娟：《"三送"暖人心，支农见真情》，《今日湖北》2004 年第 6 期。

②　毕国光：《云南省首批"村建"工作队成绩斐然》，《民族工作》1996 年第 2 期。

③　《襄阳千人工作队，包乡驻村抓减负》，《农村合作经济经营管理》1997 年第 6 期。

④　《实施"四帮一"工程，集中力量啃硬骨头——河北扶贫工作队开赴五百贫困村》，《人民日报》2005 年 7 月 31 日第一版。

⑤　梁铁斌、康玮：《拳拳真情报民心——石家庄市纪委"下访工作队"纪实》，《秘书工作》1999 年第 8 期。人民日报 2006 年 4 月 9 日以专题《走村入户解民忧——石家庄市纪委下访工作队纪事》作了后续报道。

工作队①，1995 年河南省南部某县某山区乡综合治理办公室按照上级工作部署派出的综合治理工作队②。从时间来看，主要限于 20 世纪 90 年代中期，21 世纪以来基本上遗弃不用；且被派村庄的社会治安都比较差，因而主要工作围绕农村社会治安及综合治理展开。

在这七种模式中，第一、三种模式均是特殊时代的产物，随着时代的远去而只具有文献意义，共同之处是被派机构中有军队组织的参与。第七种模式也是出现在比较特殊的时代。第六种模式是党内组织自我监督和约束的有效工作形式，涉及农村农民只是它工作方式创新中的一个侧面，并且只是一个非常特殊的例子。第四种模式应该一分为二地看，其前一种类型显然也是特殊时代的产物，后一种类型由于企事业单位性质与农村工作性质之间的巨大差异，不可能持久，只能是阶段性的工作或者任务。

从现实情况来看，农村工作队组建的常用形式主要有第二、五这两种。其中，第二种模式主要是针对农村基层组织工作特别是党的组织建设，兼顾农村经济工作；而第五种模式主要是针对农村经济工作特别是贫困问题的，兼顾农村组织建设工作。这两者之间有着内在的一致性。从类型学的分析来看，只有当农村出现党组织建设问题或者经济问题的时候，党政系统才会考虑向农村派驻工作队。可能的原因是，农村经济发展是中国共产党农村工作的基础性任务或主要内容，而党的组织建设是中国共产党农村工作的关键性工作。

三　规模与构成

按照解释学的分析，"工作队"包含了"多个人员编制成的集体组织"含义，并且，"集体的成员相互之间具有同质性"。前者展现了工作队的外在表现形式，并且是从人员规模的角度来描述的；后者揭示了"工作队"的内部结构，表明组织内部各个成员之间的相互关系。同时，作为有"组织的集体"，"工作队"内部也有一个分工或者领导与被领导的关系，更准确的说法是，有一个"队长"与"队员"之间的分工问题。

---

① 《青海乐都县组建依法治村工作队逐村开展工作》，《党风与廉政》1994 年第 1 期。
② 熊辛运：《综合治理工作队为何被打走》，《河南公安学刊》1996 年第 3 期。

（一）规模

由于承担的任务不同，各类工作队组成人员的规模也各不相同。

1. 基层党组织建设之类的工作队，主要包括党建工作队、"三个代表"工作队、先进性教育工作队，一般在 3—4 人之间。从总体人数来看，河南省颇有代表性，2001 年河南省、市、县、乡四级机构共抽调 43000 人组织了约 10000 个工作队，每个工作队约 4 人。[①]

2. 村建工作队，以云南省首批（1994 年）为代表，共有 16600 名党政机关工作人员参加，平均每个队 3 人[②]。广东省深圳市宝安区的村建工作队也是 3 人，共有 57 人参加了 19 个村的建设工作[③]。湖北省 1999 年由省总工会、省药品监督管理局、省出入境检验检疫局、省环保局四家单位组成的村建工作队是个例外，这个队有 13 人，从掌握的情况来看，这样的工作队只出现一次。[④]

3. 社教工作队，总体来看，全国的四清工作队员不低于 300 万人；其中，河北、四川、湖南、广东、山东等省的工作队员人次较多，都在 20 万人次以上；而河北、四川竟达 40 万人次左右；江西、甘肃、广西、辽宁等省的工作队员人次也比较多，在 10 万人次以上；青海、宁夏这些地方，本身人数较少，派出的工作队员也相对较少。[⑤] 由于派出时间和农村情况不一，队员人数相差也比较大。从山东省劳动厅机械制造学校淄博分校教师夏升山的经历来看，一般为每个队 4—5 人，也有一个队 1 人的情况，但比较少见[⑥]。

为了配合社会主义教育运动，在 1960—1965 年间，北京、新疆、内蒙古、广西、青海、上海等省市还派出文化或文艺工作队，工作队员一般

---

① 《唤起民主共向前——河南省委派驻尉氏县蜜蜂赵村工作队实践"三个代表"纪实》，《党建研究》2002 年第 2 期。

② 毕国光：《云南省首批"村建"工作队成绩斐然》，《民族工作》1996 年第 2 期。

③ 周光明：《组派工作队是加强农村基层建设的一种好形式》，《广东社会科学》1995 年第 2 期。

④ 遥驰：《实施七大工程爱洒山乡人民》，《工友》2001 年第 12 期。

⑤ 刘彦文：《"四清"工作队队员人次考》，《当代中国史研究》2009 年第 3 期。

⑥ 夏升山：《参加"四清"工作队的回忆》，《春秋》2007 年第 1 期。

在 12—44 人之间。这主要是由文艺或文化工作的特殊性决定的。另外，四川省在 1963 年还派出 14 个美术工作队，平均每个队 3—6 人[①]。

4. 与农村经济工作或贫困问题有关的代表性的工作队主要有小康工作队。以湖北省红安县为代表，仅 1994 年就从县直机关中抽调 400 人组成 100 个工作队，分赴 100 个试点村，平均每个队 4 人[②]；另一个具有代表性的是扶贫工作队，这在中西部诸多省份都组派过，平均每个队 4 人，但 2001 年广西壮族自治区派出的工作队平均只有 3 人[③]，河北省 2005 年派出的人数更少，平均每个队只有 1 人[④]。

5. 近年来随着社会主义新农村发展战略的提出，各地党委和政府纷纷派出新农村建设工作队。从 2006 年河南省的情况来看，平均每个队 3 人[⑤]。从全国的情况来看，少的 1 人[⑥]，多的 6 人[⑦]。

6. 统称为驻村工作队的组织最早出现在 1995 年的文献中[⑧]，一直延续到现在。从人员规模来看，平均 2—5 人；从总体情况来看，以省为单位，2001 年河南省共派出 40000 余人[⑨]。由于地域关系，有的地方的驻村工作队队伍庞大，如 2001 年新疆米泉市派出的驻村工作队，平均约 13 人[⑩]。

另外，河北省石家庄市在市县两级组建了下访工作队，其中，市级下访工作队人数稳定在 14 人，而县级下访工作队的人数在 5—9 人

---

① 石群：《活跃在农村的美术工作队》，《美术》1996 年第 5 期。

② 夏和盛、王继权：《红安派出工作队建设小康村》，《老区建设》1994 年第 4 期。

③ 黄按金：《情注红土地瑶寨换新装——百色地区工作队驻凌云弄谷村扶贫攻坚纪实》，《广西电业》2002 年第 3 期。

④ 《实施"四帮一"工程，集中力量啃硬骨头——河北扶贫工作队开赴五百贫困村》，《人民日报》2005 年 7 月 31 日第 1 版。

⑤ 黄大龙、陈举涛、张俊峰：《乡村里唱起幸福歌》，《协商论坛》2008 年第 6 期。

⑥ 《牢记使命，共谋发展，在新农村建设的伟大实践中建功立业——2007 年红河州新农村建设工作队工作综述》，《大理日报》2008 年 1 月 29 日第 A02 版。

⑦ 阳秀琼、钟振：《驻村的日子很充实》，《当代广西》2009 年第 8 期。

⑧ 衡光义：《工作队的巨大作用》，《农村经济与科技》1995 年第 8 期。

⑨ 解鹏里、闫北方：《特色农业富乡村——来自三个代表驻村工作队的报告》，《改革与理论》2001 年第 8 期。

⑩ 刘心惠：《转变"油水关系"——新疆米泉千人工作队下乡驻村办实事》，《瞭望新闻周刊》2001 年第 48 期。

之间变动。①

从总体情况来看，排除一些非常特殊的情形②，绝大多数工作队的人数在2—5人之间。这个规律已经成为组建工作队的经验，在现实工作中非常多见，如2009年广西壮族自治区岑溪市林改办向梨木镇派出了34人林改工作队，深入17个行政村指导林改工作，平均每个队2人。

（二）组成或内部结构

工作队的组成或内部结构主要表现在两个方面：一是工作队长的人选，二是一般性工作人员的人选。

1. 在工作队长的人选上，除非特殊的情况，一般由派出机构的副职担任。如1963年河南医学院派出的农业学大寨工作队，队长为学校党核心小组副组长、学院革委会副主任③；自1998年开始组建的河北石家庄市的下访工作队，均由纪委副书记任队长，这种惯例一直延续至今④；2001年河南省公安厅派出的"三个代表"工作队，队长为副厅长⑤；各省直机关、高等院校派出的扶贫工作队、驻村工作队、新农村建设工作队等，队长人选基本上是该省直机关的副职。市县级机关派的各类工作队基本上同样遵循了这一规律。

也有比较特殊的情况，可以分为两类：一是所处时期和承担的任务非常特殊。如1961年中共中央会同湖南省委派往湘阴的三整工作队，队长分别由中央各部委厅长、工作组组长、处室处长担任⑥；1965年山东省劳动厅机构制造学校淄博分校派往周村区的"四清"工作队，队长分别为

---

① 梁铁斌、康玮：《拳拳真情报民心——石家庄市纪委"下访工作队"纪实》，《秘书工作》1999年第8期。

② 如1995年湖北省的村建工作队、1998年以来的河北省石家庄市下访工作队、2001年新疆米泉市的驻村工作队，以及20世纪60年代的文化、文艺工作队。

③ 《在毛主席三项重要指示指引下我院参加省委农业学大寨工作队首批干部奔赴战斗岗位》，《河南医学院学报》1975年第5期。

④ 《走村入户解民忧——石家庄市纪委下访工作队纪事》，《人民日报》2006年4月9日第1版。

⑤ 《唤起民主共向前——河南省委派驻尉氏县蜜蜂赵村工作队实践"三个代表"纪实》，《党建研究》2002年第2期。

⑥ 刘新煌：《青山一道同云雨——1961年中央、省委工作队在湘阴工作实况》，《湖南党史月刊》1990年第6期。

区委书记、副书记或者军区团级干部担任①；二是由派出机构处室处长担任工作队队长。不过，这种情况非常少见，仅见于 2002 年河南省财政厅派出的扶贫工作队，队长为财政厅金融贸易处处长②。

2. 工作队均是由党政机构"组建"或"派遣"，按照词典的解释，"组建"是指"组织并建立"③，主要是针对"工作队"的派出机构而言的；"派遣"是指"（政府、机关、团体等）派人到指定的地点进行某项工作"④，或"（政府、机关、团体等）派人到某处做某事"⑤，主要是针对被派的行为而言的。那么，这里被派的对象，即所"派"的"人"就应该首先是"主体"——"政府、机关、团体等"组织中的"个体"。这在"工作队"成员的遴选中得到了体现。

从"工作队"成员的选择来看，绝大多数的工作成员均为派出机构的正常工作人员，一般包括派出机构及下属机关或下下属机关的工作人员。例如，党建工作队、"三个代表"工作队、先进性教育工作队、村建工作队、依法治村工作队，下访工作队，为配合社会主义教育运动的文化、文艺工作队等，都严格遵循了这一原则。不仅工作队长由派出机构的副职担任，所有工作队成员均在派出机构内部产生。

但由于农村工作的复杂性，以及特殊时期的需要，有些工作队的成员选择范围被扩大了，特别表现在事业单位人员的参与。如"四清"工作队的参加人员除了党政直属机关人员外，还包括"各个机关企事业单位、高等院校、科研机构的工作人员，再到从农村吸收来的贫下中农积极分子、下乡知青、复员军人，涉及面非常广泛"⑥。各类驻村、扶贫和新农村建设工作队成员，不仅仅来自于派出机构内部，而且还有诸多事业单位的人员参与。如 2005 年河北省派出的扶贫工作队，工作队员不仅来自于 135 个省直机关单位，还来自于 101 个企事业单位、54 所大专院校，以及

---

① 夏升山：《参加"四清"工作队的回忆》，《春秋》2007 年第 1 期。

② 武中宪：《洒汗筑就致富路——河南省财政厅工作队帮助农民脱贫致富纪实》，《农村·农业·农民》2003 年第 5 期。

③ 《当代汉语词典》，中华书局 2009 年 10 月版。

④ 《学生同义词反义词辨析词典》，湖北辞书出版社 2004 年 1 月版。

⑤ 《当代汉语词典》，中华书局 2009 年 10 月版。

⑥ 刘彦文：《"四清"工作队队员人次考》，《当代中国史研究》2009 年第 3 期。

30 个经济强县①。另外，还有一些工作队的组建虽然是党和政府的旨意，但工作队成员均来自于事业单位，如 1989 年浙江、湖北、山东、辽宁、河南、天津等省市派出的社教工作队，主要成员则来自于高等院校的青年教师。②

工作队成员主要来自于派出机构或者事业单位，其目的在于保证成员与党的领导和农村政策的内在一致性，不仅要求他们在政治上成熟，而且还要求他们熟悉国家的农村政策和方针。如 20 世纪 60 年代的社教工作队，"它的成员必须经过严格的挑选和审查。凡是五反运动中暴露出有严重问题而没有认真交代和认真检查的人，都不能参加。……成员都必须认真学习毛泽东同志的指示，认真学习中央《关于目前农村工作中若干问题的决定（草案）》和本规定草案，以及中央其他有关文件"③。1995 年湖北省襄樊市派出的驻村工作队，在遴选队员时有严格的要求：必须是党员干部；有一定的政治政策理论水平，对邓小平同志建设有中国特色社会主义理论理解较深；党性强、作风硬、熟悉农村工作，有一定农村工作经验；有一定组织工作能力④。河北省安国市 2004 年春派出的"下派工作队"，被选派人员要求"农村经验丰富、工作能力强"。⑤ 另外，在扩大化的工作队员选择中，一般也是选择具有经验或者政治过硬、思想可靠的人员。

四 工作对象、工作内容与工作时间

（一） 工作对象

按照解释学的分析，"工作队"的组建及派遣是常规状态下更高级组织机构无法按照正常程序发挥有效作用的结果。原因可能包括三个方面：

---

① 《实施"四帮一"工程，集中力量啃硬骨头——河北扶贫工作队开赴五百贫困村》，《人民日报》2005 年 7 月 31 日第 1 版。

② 《积极参加农村社教，在"双向教育"中取得"双向收获"》，《中国高等教育》1992 年第 5 期。

③ 《农业集体化重要文件汇编（一九五八——一九八一）》，中共中央党校出版社 1981 年10 月版，第 698 页。

④ 衡光义：《工作队的巨大作用》，《农村经济与科技》1995 年第 8 期。

⑤ 《安国"下派工作队"夯实根基》，《人民日报》2004 年 9 月 7 日第 13 版。

一是组织自身的特殊历史使命；二是组织所处的特殊时代；三是基于前两者基础上的组织进行农村工作对象的特殊性。当然，也有可能是以上三种原因的集合。从前文的分析可知，"工作队"的派遣既与派出机构的历史使命和阶段性任务有关，又与组织机构所处的历史时代有着密切的关系。于是，在考察完前两个原因后，工作对象的特殊性就成为这里考察的重点。从派遣"工作队"的历史来看，各类工作队的派出均与当时的农村状况有着密切的关系。

从工作对象和任务来看，组织建设类工作队的工作对象主要是有"问题"的农村。如 1998 年河北省某县派出的党建工作队，主要任务是整顿后进党支部和老大难村①；2001 年山东省平度市委派出的党建工作队的工作对象是"50 个后进村"②；同年河南省委派出的"三个代表"工作队，主要针对班子软弱涣散、经济相对落后、社会治安较乱的 500 个乡镇10000 个村③。河北省安国市 2004 年春派出的"下派工作队"的工作对象是"21 个问题村、困难村和 20 个后进支部"④。

村庄治理工作队主要围绕社会治安状况差的村展开。如青海省乐都县派出的依法治村工作队的工作对象是"各乡镇确定的社会治安状况较差的村"⑤，而河南省某县派出的综合治理工作队进驻的是"治安状况混乱的某村"⑥。

经济建设特别是解决落后地区贫困问题的扶贫工作队，工作对象均为贫困县及贫困县下的贫困村。如 1994 年湖北省红安县委派的小康工作队按照省委"驻镇蹲村"的要求，工作地点选择在离镇最边缘、最贫穷、最闭塞的周家山村⑦；1999 年湖南省派出的 20 个扶贫工作队直接针对 20

① 白兴源、董京东：《迁西县兴城镇实行"一岗双职双责制度"》，《探索与求是》1999 年第 8 期。

② 张登涛：《平度市：组派工作队整顿后进村》，《党建》2001 年第 3 期。

③ 《唤起民主共向前——河南省委派驻尉氏县蜜蜂赵村工作队实践"三个代表"纪实》，《党建研究》2002 年第 2 期。

④ 《安国"下派工作队"夯实根基》，《人民日报》2004 年 9 月 7 日第 13 版。

⑤ 《青海乐都县组建依法治村工作队逐村开展工作》，《党风与廉政》1994 年第 1 期。

⑥ 熊辛运：《综合治理工作队为何被打走？》，《河南公安学刊》1996 年第 3 期。

⑦ 覃唯波：《启开村民的希望之门——记湖北省冶金工业总公司驻长阳高家堰镇周家山村小康工作队》，《山区开发》1995 年第 4 期。

个相对落后的乡镇①；2005 年河北省委、省政府联合派出所出的 52 个扶贫工作队，目标直指 500 个贫困村②。另外，21 世纪以来的新农村建设工作队的主要工作对象除了一些典型和示范村外，也包括一些贫困的村庄，如 2005 年湖北省派出的新农村建设工作队其中一支开赴湖北省红安县七里坪镇马岗村，而马岗村在当地是一个非常贫困的村庄③。

但是也有例外，如统称为驻村的工作队，其任务一般是综合性的，既针对贫困问题，也针对一些基层组织建设有问题的农村，有的还承担了相应的政策宣讲和宣传的任务。以河南省为代表。2001 年河南省委派驻吴庄自然村的驻村工作队，工作对象是"全县出了名的没人管、没人问、管不了、问不了的'独立王国'；村支部班子几乎瘫痪，村委班子形同虚设，社会治安混乱，遗留问题棘手，公粮拖欠达 5 年之久，拖欠乡政府各种款项近 60 万元"④。2002 年河南省直机关如林业厅⑤、审计厅⑥派出的工作队，工作对象既是贫困村，同时还负担有宣传"三个代表"思想，学习贯彻党的十六大精神，实践"三个代表"的任务；2003 年派出的驻村工作队的任务除了实践"三个代表"重要思想外，还要负责治穷、治瘫、治乱的任务⑦。

（二）工作内容

工作队的工作内容既与派出时间、派出机构有关，也与工作对象有着密切的关系。从现实来看，主要包括两个方面：一是与派出机构有关，主要任务是宣讲与传达党和国家的政策文件精神，或者是完成党在某个时期的特殊

---

① 颜石生：《抓乡带村，乡村并进，建整扶贫工作队下乡》，《人民论坛》1999 年第 9 期。

② 《实施"四帮一"工程，集中力量啃硬骨头——河北扶贫工作队开赴五百贫困村》，《人民日报》2005 年 7 月 31 日第 1 版。

③ 耿红元：《与民互动谋发展，为民致富办实事——记湖北省审计厅新农村建设工作队》，《审计月刊》2009 年第 10 期。

④ 《以民为本，循序渐进——驻睢县河集乡吴庄村工作队开展驻村工作成效显著》，《农业·农村·农民》2001 年第 9 期。

⑤ 《省林业厅驻村工作队一心为民办实事》，《河南林业》2003 年第 2 期。

⑥ 叶春风、张天运：《情系三农——河南省人事厅第二批驻村工作队工作纪实》，《人才瞭望》2003 年第 6 期。

⑦ 傅瑞禄、李军：《牢记党的重托，坚决完成任务——省审计厅第三批驻村工作队踏上征程》，《中州审计》2003 年第 6 期。

任务；二是为了解决工作对象面临的一些现实或者突出问题，如组织问题、经济问题、社会治安问题、违法犯罪问题等；或者是以上两个方面的结合。

从实际情况来看，工作内容直接指向派出机构的工作队主要有：先进性教育工作队，减负工作队，20世纪60年代的社教工作队、"四清"工作队、各类文化文艺美术工作队，20世纪90年代的社教工作队，科普工作队等。这类工作队的派出时间一般在党和国家的重大会议之后，或者党和国家涉农政策有重大调整的时候；工作内容主要是结合党的建设、农村社会主义改造、改革和建设的需要，宣讲党和国家的政策方针，落实有关农村的基本政策和实际任务，或者依据机构自身的特性和优势，向农村输入一些先进的、具有代表性的知识技术。因此，工作方法以政策宣传、学习实践为主，当然，也会利用政策宣讲和学习之机解决农村存在的一些突出问题。

工作内容直接指向工作对象的工作队主要有：党建工作队、"三个代表"工作队，村建工作队、依法治村工作队、综合治理工作队等。这类工作队的派出时间既与国家政策方针有关，但更与农村实际情况特别是一些突出社会问题有关；工作内容则直接针对农村存在的一些突出特殊问题，进行针对性的解决；在工作方法上主要以"调查研究—解决实际问题"为主要方式。一般而言，这类工作队能够切实解决农村中出现的一些突出、特殊且群众反映强烈的问题。

既是为了完成派出机构规定的任务，同时又是适应工作对象的特殊情况的工作队有：扶贫工作队、小康工作队、新农村建设工作队，以及统称的驻村工作队。这类工作队首先具有经济属性，但同时兼具综合属性，涉及农村工作的方方面面；这类工作队的派出一般与党和国家在农村发展政策上的战略性调整有关，一般通过"解决突出问题（特别是基础设施、教育等问题）——综合发展规划"的方式进行。另外，还包括只在少数地区出现的民族工作队、下访工作队、林改工作队等。很明显，这些工作队只与某些政府部门有关，且与工作对象之间存在着紧密的关联，即是说，工作队的工作对象即是这些政府部门的工作对象，工作队的派出只是这些政府部门为了加强一些突出性的农村工作而已。

（三）工作时间

由于工作对象特殊，工作内容各不相同，派驻时间有早有迟，因此，工作的时间也有各不相同。从实际情况来看，时间最短的是配合社会主义教育和"四清"运动而派出的文化、文艺、美术工作队，工作时间最短的 2 个月①，最长的 1 年②，一般在 4—6 个月之间③；基层组织建设类工作队绝大多数以 1 年为单位，如党建工作队、"三个代表"工作队、先进性教育工作队，以及村建工作队、新农村建设工作队；统称为驻村工作队的绝大多数也是 1 年，短的只有 6 个月④，长的达到 3 年⑤；经济建设特别是解决贫困问题的工作队如小康工作队基本上是 3 年，扶贫工作队一般也是 3 年，不过最长的达到 8 年⑥。

还有两种工作时间特别长的工作队。一是 1988 年云南省委省政府派出的民族工作队，按照当时的计划及后来的工作实践，达到了 10 年⑦；二是河北省石家庄市纪委组建的下访工作队自 1998 年成立一直坚持了最初的想法和计划，并且一直延续至今⑧。

按照工作队的性质及派驻时间的长短，排序为：文化文艺（4—6 个月）——组织及综合（1 年）——经济类（贫困与小康）（3 年）——特殊类（10 年及更长）。很明显，半年期一般为表演教育类；1 年期一般为整顿治理类；三年期一般是经济建设和发展类；更长时期一般为特殊地区的特殊任务，当然也只在一些比较特殊的地区和特殊的领域出现。

---

① 庄岷：《到农村去——介绍上海市农村文化工作队活动状况》，《上海戏剧》1964 年第 4 期。

② 茅匡平：《在农村文艺战线的前哨——北京市文艺工作队下乡散记》，《人民音乐》1965 年第 1 期。

③ 相关内容见《第二批中央农村文化工作队下乡》，《戏剧报》1963 年第 12 期；叶林：《把社会主义文艺给工农兵送上门去》，《人民音乐》1965 年第 2 期；苏明达、梁汝毅：《草原上的红色文化工作队——记内蒙古"乌兰牧骑"》，《中国民族》1965 年第 Z1 期。

④ 冯培海：《碑树民心中——省地税局第三批驻村工作队驻村纪实》，《河南税务》2003 年第 20 期。

⑤ 马祯：《矗立在群众心中的"碑"——记郾城县国土资源局驻村工作队》，《河南国土资源》2004 年第 6 期。

⑥ 如 1994 年广西壮族自治区派到 3700 个村的扶贫工作队。

⑦ 胡忠文：《艰苦奋斗的铁汉子各族群众的贴心人（上）——云南省民委民族工作队 10 年工作回顾》，《民族工作》1999 年第 1 期。

⑧ 梁铁斌、康玮：《拳拳真情报民心——石家庄市纪委"下访工作队"纪实》，《秘书工作》1999 年第 8 期。

五 历史成效

中国共产党向农村频繁派出工作队与两个历史背景高度相关：一是我们国家的社会主体背景。正如前文所言，我国是农民大国，国家的建设和发展都离不开农民的积极参与。同时，伴随着中国革命和建设的现代化转型，我国的农民在形态上也表现为由传统的小农向一种新的形态转变。在此背景下，如何改造传统的农民、改革小农基础上的传统农业，就成为当代中国社会革命和建设的主要工作；二是与 20 世纪中国面临的两大任务有关：现代化、中国现代国家建设。而这两大任务都与当代中国特殊的建设历程有关，即政党——国家建构模式。中国共产党成为中华人民共和国的缔造者，通过中国共产党这一政治组织，带领全国人民特别是农民参与到社会革命和建设之中，这才有了各个时期特别是面临一些主要矛盾和重要任务的时期，向农村派驻工作队组织的动机及形式，并形成了历史性的传统①。与此相对应，工作队的成效也主要体现在这两个方面：

一是改造传统农民，改革传统农业，建设社会主义的新农村。

其中着重于改造传统农民的代表性的工作队主要有：（1）土改工作队，用马克思主义的革命理论和思想教育农民，诸多"积极分子"不仅成为社会主义信念的坚持者，更成为广大农村地区的领头人；（2）20 世纪 60 年代"四清"工作队、社教工作队，虽然其旨在反修防修、防止和平演变，且存在打击面过大等问题，但是，它对农民特别是"干部"和"敌人"进行了一场彻底的社会主义思想教育，通过改造和教育，不少人成为社会主义的"新人"，并且还涌现出了许多"积极分子""好社员""好干部"和"模范"；（3）20 世纪 90 年代的社教工作队，肩负着"教育"和"受教育"的双重任务②，通过学习贯彻党的十三届八中全会精神，不仅工作队成员自己得到了社会主义的教育，更是使部分省区农村的农民得到了社会主义的思想教育。

---

① 龙泽巨：《派工作队领导方式的继承与革新》，《领导科学》1991 年第 7 期。
② 侯宗宾：《侯宗宾给河南农大驻方域县社教工作队 19 位同志的复信》，《中国高等教育》1992 年第 5 期。

着眼于改革传统农业的工作队，代表性的主要有：（1）20世纪70年代的农业学大寨工作队，主要学习农业生产和农民劳动管理的基本方法；（2）扶贫工作队和小康工作队，针对农村贫困的各种因素特别是农业生产方面的原因，因地制宜，因村施法，引进技术、资金、知识和人才；同时，加强基础设施建设，加大科技、管理、文化和资金的帮扶力度，加强同派出机构及相关机构的联系，努力提高贫困地区农民发展经济、应对市场的能力，提高农民的综合素质；（3）林改工作队，通过改革林地产权制度，改革传统的林业生产和管理方式，促进传统林业的发展。

立足于改造传统农村和建设新农村的工作队主要有：（1）土改工作队，彻底消灭了封建土地所有制，解放了农业生产力，进一步巩固了工农联盟，为国民经济的恢复和发展，为国家社会主义工业化和对农业社会主义改造创造了条件；（2）各种类型的驻村工作队，虽然其名称和任务多种多样，但都与农村建设和发展分不开，既包括组织建设，也包括经济发展，还有一些驻村工作队还负有特殊的使命，但目的都在促进农村的经济、社会、文化的整体性发展；（3）21世纪以来的社会主义新农村建设工作队，宣传、贯彻党的社会主义新农村建设战略和各项惠农支农强农政策，促进农村整体综合发展。经过"工作队"的努力工作，传统农村得到了发展和进步。如河南省临颍县皇帝庙乡商桥村，经过1年多的驻村工作，2006年被授予"河南省新农村建设先进村""河南省先进基层党组织""河南省历史文化名村""漯河市精神文明建设先进村"等荣誉称号。①

二是把农村整合进具有现代性的中国国家建设过程之中。可以分为三个阶段。

国家意志"下乡"阶段。主要是通过派遣土改工作队完成的。我们知道，土改工作队不仅承担着老区和新区的土地改革的重任，更重要的是，伴随着土改工作队和土地改革运动，反映当代中国国家建构的要素如共产党、政党组织、党员、干部、人民代表大会、民兵组织、妇女协会、合作社、农会、党支部、土地改革、土地制度、选举、群众、知识分子、劳动英雄、社会主义、社会主体意识等开始深入农村，深入到农民心里，并且在土地改革运动中取得了实际的成效。即是说，伴随着"政党下乡"

---

① 黄大龙、陈举涛、张俊峰：《乡村里唱起幸福歌》，《协商论坛》2008年第6期。

过程的，不仅有"政权下乡"，还有"组织下乡""文化下乡""科技下乡""国家意识下乡"等等。其后，在20世纪60年代派出的一些工作队更是延续了这一过程。

"改造"农村阶段。这主要是通过两个过程来完成的。第一个过程即是上一个阶段的展开，通过各种现代国家要素的"下乡"，对传统的农村进行改造和重建，改变传统的农村社会结构与状况；第二个过程是改造传统的农村领导者和农民，坚定他们走社会主义道路的信念，代表性的是20世纪60年代的"四清"工作队，以及后来统称的社教工作队，部分省区派出了文化、文艺工作队；这些工作队通过政治学习、思想教育、戏曲绘画、讲座宣传等各类活动，对基层干部和农民进行彻底的社会主义教育。另外，20世纪90年代一些省份派出的社教工作队也可归于此类，在排除一些农村地区出现的资产阶级自由化思想的同时，促使工作队成员自身和部分省区农民再次接受社会主义思想的教育。

"建设"和"发展"阶段。这个阶段包括的内容很广泛：既有基层党组织建设方面的，如党建工作队、"三个代表"工作队和先进性教育工作队，确保基层党组织能够与党中央的政策方针保持一致；也有基层治理方面的，如村建工作队、综合治理工作队，确保农村社会能够维持在一个稳定的秩序范围之内；还有经济建设和发展方面的，典型性的如温饱工程工作队、扶贫工作队、小康工作队，目的在于发现农村贫困的短板，通过内挖潜力，外引活力，促进农村的经济结构调整，扩大农民就业范围，增加农民收入，促进农村经济社会发展；更有综合性的，如各种类型的驻村工作队和社会主义新农村建设工作队，其任务均是综合性的，整体性的，目的在于通过工作队的努力，激发农村建设和发展的内部潜力，充分调动农民作为农村社会发展主体的积极性和创造性，建设社会主义的新农村。从目前情况来看，农村的建设和发展不仅已经与城市和市场融为一体，而且离不开当代中国的现代性的国家建构，并且正是因为有了现代性的国家建设，才有了当代中国农村的市场化、社会化转型。

六 结 语

综观20世纪以来的中国农村发展史，农村工作成为国家社会主义建设和发展的不可或缺的组成部分。而从农村工作的历史来看，除了正式且直接的行政领导和政策指导外，更是离不开特定时期派遣的具体负责某项任务的各种形式的临时性组织——工作队或工作组，从而形成了当代中国农村发展史上非常特殊的农村工作组织和形式。

作为特殊的农村工作组织，其特殊性主要表现为四个方面：一是出现于特殊的时期，呈现出很强的阶段性特征，并且与党的阶段性任务紧密结合在一起；二是组建形式及结构特殊。一般以党组织为发动者，通过党组织与行政组织并因特殊任务扩大到事业单位、经济组织等，并且一般由被派机构副职任队长，形成"党组织——被派机构——被派机构副职（工作队长）——被派机构一般工作人员（工作队一般成员）"的权力链；三是工作对象特殊。一般认为是有"问题"的农村或农民，或者是与党和国家的农村发展战略或政策存在矛盾或差距的农村；四是功能定位特殊。它的出现表明，正式的政治和行政体系不能满足当前农村工作的需要，因此，完全有必要组建和派出适应特殊需要的农村工作组织。

正是由于工作队的组织方式特殊，导致了其在工作方式上的独特性，也主要表现在四个方面：

一是"问题优先"的工作方式。工作队下到农村以后，首要解决的是农村中反映突出的热点或重点问题，而这些问题往往是农村中根本矛盾的反映。如土地改革以前的农村土地制度和社会关系、20世纪60年代中期的干群矛盾、改革开放以来的贫困问题，以及困扰着农村基层治理等等方面的问题。工作队的首要任务就是解决这些最紧急、最急需的问题，以此为基础，才能有效地开展工作，也才能贯彻党的路线方针政策。

二是以点带面，上下联动。这与工作队的组建形式密切相关，特别是派出机构副职就任工作队队长一职，更是将农村基层与被派出机构、派出机构的领导组织紧密地结合在一起。其中，被派机构及副职起到了承上启下、以点带面的作用："上"直接对领导组织和党的路线方针政策负责任，"下"直接领导本机构工作人员深入到最底层的农村；以其自身或其机构这个"点"带动相关单位及涉农机构这个"面"即共同做好农村工作。在诸多工作队的成绩汇报中，经常见到这样的描述：某某工作队或队长会同单位领导，或者联络相关单位，捐款捐物，或者申请到优惠政策或者贷款，为某某村解决了群众最急需解决的问题。

　　三是多管齐下。由于工作对象的特殊性，特别是其与党的阶段性任务，以及国家意志、方针政策之间存在着一定的矛盾和差距，且通过正常的方式难以在短时期内有效，就完全有必要调动一切可以调动的资源和政策，及时高效地解决或者完成交付的任务。在工作队的工作方式中，除了常见的捐款捐物、争取优惠政策和财政支持外，还有一些政治宣传、外出培训、交流学习、外请专家、内挖潜力、制定规划、直接指导等等方式，目的在于能够在最短的时期内最有效地解决需要解决的问题。

　　四是工作成效评估主要在派出机构内部。派出机构不仅组建了工作队，而且还都为工作队的工作成果设定了评估标准，以及相应的评估程序和奖惩措施。这在组织建设、经济发展类的工作队中表现得尤为明显。如 2004 年河北省安国市为确保"下派工作队"发挥作用，建立健全了 6 项工作制度，即工作日志制、双重管理制、工作例会制、定期督察制、责任追究制、考核评比制，切实加强了对干部下乡工作队的管理。① 另外，由于工作队的出现是弥补正常权力体系无法解决的农村问题，因此，工作队撤回后一般都有一个组织机构内部功能调整的问题。更有甚者，工作队这个临时性的农村工作组织成为派出机构的一个常设机构，如河北省石家庄市纪委的下访工作队。

　　历史地看，组派工作队是加强农村工作的一种有效形式，对于贯彻党的方针路线，促进农村发展经济，加强基层组织建设和精神文明建设，转变党政机关作风，帮助解决热点难点问题，推动农村经济社会的综合稳定协调发展，具有十分重要的作用。进入到 21 世纪，"三农问题"依然突出，农村工作依然是我党新时期各项工作的重中之重，在新一轮以"三农"甚至"四农"②"新三农"③ 为重点的工作中，仍然完全有必要依然发挥工作队的作用。

---

① 《安国"下派工作队"夯实根基》，《人民日报》2004 年 9 月 7 日第 13 版。
② 除传统的农业、农村和农民问题外，还应该包括"农民工"问题。
③ 传统的"三农问题"仅与农业生产有关，并且限制于狭隘意义上的农业。广义的农业应该还包括"林业""牧业""渔业"，随着市场经济的发展这些产业的问题日益突出，并成为新时期的"新三农"问题。华中师范大学中国农村问题研究中心主任徐勇教授首先提出这一观点。

阶级成分:农民身份的建构与
乡村秩序的重构

【导读】一百年来，中国政治不再仅仅是上层政治或高层政治，而是越来越广泛、深入地与基层社会和普通民众连接起来。为此，研究中国革命的学者经常会探究或追问的学术论题是，中国共产党如何从一个军事上、政治上的弱者逐步成长壮大并最终取得全国性政权？换言之，一个外在于农民生活空间的政治力量是如何将农民动员起来并建立起相应的"共同体意识"的？在身份政治的理论视角下，其关注点在于：具有明显阶级区分的阶级成分为什么以及如何会生成于中国共产党领导的革命运动？各个阶级成分在政策文本和实践过程中是如何确定的？各个阶级成分在土地改革、合作化运动和人民公社运动等历史进程中是如何演化、又是怎样走向消解的？阶级划分行动的历史使命体现在哪些方面？其历史评价如何？基于这些问题意识，本文以阶级成分为核心研究主题，梳理了阶级成分的基本类型、生成动因和政策实践过程，阐释了阶级成分的历史使命和命运，并评述了阶级成分的政治社会学意义。

对中国乡村社会来说，国家和上层政治精英对乡村的社会政治整合具有较强的规划性。尤其是 20 世纪下半期以来，外在的政治组织和政治势力越来越深地介入乡村社会和农民的日常生活，从而赋予农民的身份系统以更多的建构性特质。其中，农民身份的构建——阶级成分，是最重要一环。

一　为什么要划分？

作为一项重要的政治行动或革命行动，划分阶级成分成为中国共产党领导的政治运动和政治生活的基础性和前提性工作。而这一革命行动又立基于对阶级成分划分对象的阶级意识的颠覆性消解与重建，从而将其阶级意识凝聚到阶级成分划分所需要的状态和氛围之中。

中国共产党对乡村社会的阶级分析是以各个阶级占有土地状况为衡量指标的。事实上，当时乡村土地具有三种权利形式：一是田底权；二是田面权；三是实际耕作权。① 三种权利可以同时拥有，也可以仅仅拥有其中的一种或者两种权利。在三种权利同时拥有与只拥有一两种权利之间，土地的制度形式具有很大的伸缩空间和张力。而且，传统乡村中田底权、田面权和实际耕作权往往是相对分离的。② 以至于在乡村存在这样的现象，"地主"竟然不知道自己拥有土地的分布区域和具体方位，佃户们也不知土地的实际所有者（田底权的拥有者），而他们拥有的田面权不受田底权所有者的干涉，可以自由买卖。在这种情势之下，拥有田底权的并非一定是地主阶级，拥有田面权并部分出租的也可能是贫农等下层民众。拥有不同土地权利形式的阶层与共产党的"阶级"概念不具有一一对应的关系，"完全所有者、承租者以及佃户并没有形成轮廓清楚、严密的阶级"③。这就意味着，党的阶级分析框架和价值体系与农村实际状况之间存在着张力，并需要在事实叙述与理论分析之间弥补这一张力。

同时，土地改革阶级成分划分前乡村的社会分化与共产党所坚信的"阶级分化"相去甚远。村民们对地主的评判基本上都是依据地主个人的生活习惯、人格品性、为人处事甚至带有隐私性的个人特征，属于一种生

---

① 可参考费孝通、黄宗智和沈关宝的研究。费孝通：《江村经济——中国农民的生活》，江苏人民出版社 2001 年版，第 157 页；［美］黄宗智：《华北的小农经济与社会变迁》，中华书局 2000 年版；沈关宝：《解放前的江村经济与土地改革》，潘乃谷等主编：《社区研究与社会发展（上）》，天津人民出版社 1996 年版，第 323—329 页。

② 费孝通：《江村经济——中国农民的生活》，江苏人民出版社 2001 年版，第 157、162—163 页。

③ 同上书，第 167 页。

活化的社会分类方式①，与"阶级"分类方式所借助的"剥削与被剥削""压迫与被压迫"有着性质上的根本区别。换言之，村民们"并不是以生产关系中的定位来给地主定性，而是从他们的社会生活的关系入手，对本村地主阶层中的每一个成员进行审视并加以分类"②。

这在很大程度上与农民的政治性格、政治意识、阶级意识相一致。传统中国农村自给自足的自然经济形态和农民有限的生活范围导致了农民社会政治生活的封闭性，对外在世界持一种漠不关心甚至天然的排斥心理，久而久之就形成了政治上的保守性。这种政治保守性进一步导向农民"逆来顺受"的政治态度，对国家政权体系及其掌控者表现为政治顺从和服从，而非政治反抗和政治斗争。这就极大地限定了农民政治革命的爆发条件和演进路径。农民自发反抗的基础性条件是其自身利益的严重受损，重要外在条件是担任政治领导地位的新型政治精英的强力政治动员和政治控制，抑或具有较强政治合力的阶级联合的显现。当然，在某些外在政治势力和政治社会因素的促发下，农民也有采取政治反抗的可能性。但是，这种政治反抗一般很难演化为阶级反抗，即联合成一个具有明确的政治目标和政治纲领并建立较为完备的组织体系的阶级展开对另一个对抗性阶级的政治斗争。这种政治局面的欠缺根源于农民阶级意识淡薄甚至"无阶级意识"。

村庄有限度的阶级分化和农民低阶级意识甚至无阶级意识，使得农民的身份体系具有较强的自然性和社会性，其政治性较弱。在传统中国，乡村民众的身份体系主要是与所在的家庭、家族、宗族和乡村社区相关联，人们是作为家庭、家族、宗族和乡村社区的一位成员而存在的。农民身份体系的形成和存在也有一定的范围限制，很少超出乡村社区范围，与村庄之外更大的社会单位尤其是国家没有多少有机联系。农民身份基本上不具

---

① 相关研究参见郭于华、孙立平：《诉苦：一种农民国家观念形成的中介机制》，载杨念群、黄兴涛、毛丹主编：《新史学：多学科对话的图景》，中国人民大学出版社 2003 年版，第 503—526 页；杨懋春：《一个中国村庄：山东台头》，江苏人民出版社 2001 年版，第 129 页；[美] 周锡瑞：《一个封建堡垒中的革命：陕西米脂县杨家沟，1937—1948》，章可译，载复旦大学历史学系、复旦大学中外现代化进程研究中心编：《近代中国的乡村社会》，上海古籍出版社 2005 年版。

② 罗红光：《不等价交换：围绕财富的劳动与消费》，浙江人民出版社 2000 年版，第 52 页。

有政治含义，只具有经济和社会含义。农民只是限于家族和宗族成员或者村民，而不具有公民身份，其身份系统仅仅停留在地方性层次，没有推进到国家层面并与国家建立实质性关联。

这种状况与共产主义革命的阶级意识和党的阶级政策是完全相背离的。中国共产党是按照列宁主义的政党学说建立起来的，理所当然地采用马克思主义的阶级分析法观察与分析社会。自从中国共产党建立，尤其是成为中国社会中一支重要政治力量以来，它就采取"阶级"概念和观点看待整个社会和每一位社会成员，并力图将已有的社会分类图式和社会成员日常化、个体性的社会分类型式纳入新型的阶级分类框架。在共产党的早期阶段，共产党人就非常重视阶级分析、阶级斗争政策和阶级教育之于中国革命的重要性。1926 年，毛泽东为了反对党内存在的两种机会主义倾向撰写了《中国社会各阶级的分析》一文，对各个阶级的经济地位及其对革命的态度进行了详细分析，区分了革命的敌人和朋友。实际上，在前一年毛泽东担任国民党中央宣传部部长一职时，就开始注意到政治唤醒和阶级教育的重要性，并采取一系列创新性的改进措施实践这一政治理念。事实表明，他在唤醒民众的工作中发挥了较大的作用，而且这一工作对国民革命起到了很大的推进作用。① 其后，他对湖南和江西等地的农民运动进行了实地考察，并更加具体而细致地分析了农村社会各阶级。1933 年两个阶级分析文件②的出台更直接地显示了共产党明确的阶级意识和阶级政策。

农民是无法自发产生更不可能创造革命思想的。民众阶级意识的有限性与共产党自身的阶级特性及其阶级政策之间的巨大张力必然迫使共产党采取强力举措唤醒、激发并凝聚民众的阶级意识，并借助其不断强化和扩张的组织体系和党员网络对普通民众进行长期而持久的政治教育。在这些政治唤醒过程中，共产党采取了诸多具有复制性和再创造性的策略与技巧，并在革命斗争的区域性推进中不断从老解放区向新解放区覆盖和扩展。因此，老解放区的政治经验也获得了新的实验场和推广空间，其中屡

---

① ［澳］费约翰：《唤醒中国：国民革命中的政治、文化与阶级》，李恭忠、李里峰等译，生活·读书·新知三联书店 2004 年版，第 317—380 页。

② 即《怎样分析阶级》和《关于土地斗争中一些问题的决定》。

试不爽的策略性行动就超脱了地域性限制，获致了普适性和一般性价值，并成为新解放区不容置疑的仿效对象和行为依据。在解放战争时期的土地改革中，最具代表性的两大策略与方式是：一是讨论"谁养活谁"问题，并探求穷人穷和富人富的真正原因；二是算剥削账，寻找地主剥削农民的方式和过程。

在农民自发的意识中，一般的认识是地主养活农民而非农民养活地主，他们是从经济意义上来看待地主与农民的关系，而很少思考他们的政治关系。这一点在韩丁的张庄中更为明显。在减租减息运动中，"许多人认为，如果地主的土地是合法购置或祖上传下来的，就应当交付租子。他们说'要是地主不把土地租给我们，我们就得挨饿。'""也有不少人说：'我给地主干活，人家管我饭吃，年底还给工钱，这都是说好了的。要是年底不给工钱，或者不给饭吃，我可以告他。可是人家确实给钱了，也给饭吃了，那还有什么错处？'"① 正是由于存在这种混乱意识，土改工作队不得不召开了一次群众大会，讲解阶级关系的基本理论，启发村庄干部和普通农民的阶级觉悟并使其采取革命行动。不过，我们发现，想很快地改变农民根深蒂固的意识和日常生活逻辑其实是很艰难的，即使是在极具煽动性的政治积极分子的带动下也依然如此。最后，农会不得不对村中道德人品最差（"心眼儿最坏"）但并非最富裕的地主进行了清算斗争，并在大会前作了充分的前提准备，动员"苦大仇深的人"在日常交往中和会场上进行宣传。而且，在斗争大会召开前，还采取了实质性的阶级行动，逮捕地主并抄家，对其带有"阶级剥削"含义的粮食、食盐进行具有直观性、渲染性的实物展示。② 在阶级教育中，党及其代理人在改造农民之时也不得不变相承认农民自身的日常生活逻辑，通过示范、引导、推动以及威慑等多种方式将农民自发意识纳入到党的阶级框架之中，并一步步地使阶级意识和阶级感情掩盖和隐藏农民传统形态的意识和感情。

在算剥削账中，山东等地屡试不爽的"算地瓜账"的办法取得了很好的效果。"如以一亩地瓜地来算，一亩地瓜地花费（最低数）地瓜种30

---

① ［美］韩丁：《翻身——中国一个村庄的革命纪实》，韩倞等译，北京出版社1980年版，第144—145页。

② 同上书，第147—150页。

元，2 车粪 40 元，9 个工（种锄翻刨）每工 15 元，需 135 元，饭钱每天
10 元，需 90 元，共花费 295 元；一亩地瓜地的收获，起地瓜 1200 斤，平
分 600 斤，每斤值 3 角 5 分，共值 210 元；结果种一亩地瓜地，佃户赔上
（地主剥削）85 元。二五减租后，多分 75 斤，虽仍然赔钱，但每亩就可
多提 51 元 5 角，这样就更明显地揭露了地主的剥削关系，使佃户恍然大
悟。……经过以上的耐心教育，解决疑问，启发觉悟，有的就马上跳起
来，'谁不喊血他妈妈！'"① 在对农民地瓜种植的支出与收益进行权衡比
较后，就发现了一直没有为人所意识到的地主剥削问题。以这种贴近农民
日常生活的政治宣传形式，即使不能使农民很快或者完全地接受党的阶级
意识和阶级政策甚或采取阶级行动，但至少会迫使农民重新思考地主与农
民传统的关系形式和联结纽带，抑或促使地主与农民在私人感情、道德认
识、经济纠纷等非阶级剥削上的矛盾与不和谐转化为阶级冲突。

二　如何划分？

阶级划分对于土地改革来说具有重要意义，"将村民划分阶级是土改
过程中最重要的阶段"②，而且土改超越了经济含义的社会政治含义也集
中体现在阶级划分之上，即 "用阶级划分取代血缘辈分等级划分，用阶
级组织取代宗族组织，用马列主义的意识形态取代传统的村落宗族观
念"③，重新建构乡村政治权力结构、农民社会关系模式和社会价值体系。
中国共产党是马克思主义政党，阶级分析方法是其观察和分析社会的最基
本方法。在它成立前后就开始对包括农村在内的中国社会进行阶级分
析。④ 阶级分析就顺理成章地渗透到党和国家的政策领域。

作为政策的基本构成要件，原则具有总体性和导向性，居于首要位

---

① 中共莒南县委：《大店查减斗争总结》1944 年 11 月 5 日，载山东省档案局、中共山东省
委党史研究室编：《山东的减租减息》，中共党史出版社 1994 年版，第 213、233 页。

② ［美］R. 麦克法夸尔，费正清编：《剑桥中华人民共和国史——中国革命内部的革命
（1966—1982 年）》，中国社会科学出版社 1992 年版，第 654 页。

③ 张乐天、曹锦清、陈中亚：《当代浙北乡村的社会文化变迁》，上海远东出版社 2001 年
版，第 45 页。

④ 刘培平：《论中国共产党关于划分农村阶级标准的形成》，《山东大学学报》1992 年第 3
期。

置。阶级划分的原则建立于土地改革总路线基础之上。这一总路线将农村社会阶级总体上划分为四类：第一类是地主，属于"阶级敌人"，是打击和消灭对象；第二类是富农，曾经几乎等同于地主，后来成为中立对象；第三类是中农，具有革命的两面性，属于团结和联合的对象；第四类是贫农、雇农及其他革命群众，是革命最广大的动力和主力军。① 阶级划分的原则就是以上述各个社会阶级的革命性及其在革命中的地位和作用为评判基础的。

作为土地改革阶级划分正式指导文件的最早文献是 1933 年毛泽东写成的《怎样分析阶级》。在该文中毛泽东将农村划分为五大阶级：地主、富农、中农、贫农和工人（含雇农）。划分"阶级成分"的主要标准有两条：生产资料占有状况和参与生产劳动状况。② 同时颁发的《关于土地斗争中一些问题的决定》又进一步对阶级划分过程中的 20 个实际问题作出了更加详细的规定。③ 这两个文件是中共土地改革史上非常重要的文献，成为中国共产党对农村进行阶级分析的主要指导文件。

"五四指示"和《中国土地法大纲》的先后颁布并在解放区付诸实施，土地改革逐渐实现了广度上的扩展和深度上的推进。由于战争形势、政治局势的恶化和土改政策的激进化，以及基层干部和群众对阶级划分的陌生、误解甚至有意变通，阶级划分在实践过程中显现了诸多混乱甚至严重的错误。针对这一新情况，任弼时于 1948 年 1 月发表了《土地改革中的几个问题》的讲话，进一步指明了阶级划分的标准，并将划分标准具体化。④ 解放战争时期，对农村"阶级成分"划分标准、方式、程序作出最明确、详尽规定的文献恐怕要数 1948 年 2 月制定的《关于土地改革中

---

① 关于各阶级成分在中国革命中的地位和作用，可参见毛泽东：《中国革命和中国共产党》第二节、第四节，载《毛泽东选集》（第二卷），人民出版社 1966 年横排本。

② 《怎样分析阶级》，载中共中央党校党史教研室：《中共党史参考资料》（三），人民出版社 1979 年版，第 112—114 页。

③ 《苏维埃共和国中央政府关于土地斗争中一些问题的决定》，载中共中央党校党史教研室：《中共党史参考资料》（三），人民出版社 1979 年版，第 115—131 页。

④ 参见《中国共产党中央委员会关于一九三三年两个文件的决定》，载中央档案馆：《解放战争时期土地改革文件选编（一九四五——一九四九年）》（以下简称《土改文件》），中共中央党校出版社 1981 年版，第 325 页；任弼时：《土地改革中的几个问题》，载《土改文件》，第 107 页。

各社会阶级的划分及其待遇的规定（草案）》①了。文件再次明确了划分阶级成分的标准，详细说明了阶级成分决定的方法和程序。

总体上，解放战争时期在政策文本层面上关于阶级划分的标准越来越明确，程序从无到有并不断规范，方式日渐明晰，各"阶级成分"之间的区分也逐步细化与明确。新中国成立后，由于政治形势的新变化和土改实施区域的新特点，中央又出台了阶级划分的新政策，其中规定最为详细和明确的是《政务院关于划分农村阶级成分的决定》。该文件对五大基本阶级成分的内涵和区分，土地改革中的一些具体问题以及一些特殊群体、混合成分和成分的改变都作出了非常详细的规定。②

总而言之，1946—1953年土地改革时期，中央出台的一系列或专论性或附带性的政策文件对农村阶级划分的基本性问题作出了带有延续性和推进性的规定。阶级划分的基本精神来源于马克思主义的阶级分析理论和观点。马克思主义最为鲜明的理论特征就是对经济和阶级的强调，将经济关系作为其他一切社会政治关系的基础和决定者，将阶级作为分析一切社会现象和社会问题的基本视角，并将两者联结起来创建了阶级分析理论。马克思主义者认为，人们对于生产资料的关系即占有关系是阶级划分主要和根本的标准，正如马克思所言"在我们这个时代也有劳动和分工，因此也就有阶级，其中一个阶级占有全部生产工具和生活资料，另一个阶级只有出卖自己的劳动力才能生存"③。

然而，在实践运作层面，阶级划分的标准、方式、程序等与政策文本之间往往存在着一定的区分。事实上，与普通农民直接面对的阶级划分实践时间比较短促，其重心主要在于各个阶级成分尤其是地主与富农、富农与中农、中农与贫雇农之间的区分界限，地主成分的认定时间要长一些，其他成分的划分则较为简略。

前文已述，中国共产党试图引入乡村的阶级概念和阶级分析框架与农民的生活世界和政治意识之间存在着很大的张力。这种张力最为集中的体现之一就是阶级划分中标准的确定与实践，尤其是中华人民共和国成立后

① 《中共中央关于土地改革中各社会阶级的划分及其待遇的规定（草案）》，载《土改文件》，第172—227页。

② 《政务院关于划分农村阶级成分的决定》，载《建国文献》（第一册），第382—407页。

③ 《马克思恩格斯全集》第6卷，第221页。

阶级划分及其标准（尤为文本形态）走向规范化和精致化，在各个阶级成分的细微区分和具体细节问题的辨别以及政策文本向实践形态的转化上往往面临着几乎难以克服的困难。因此，在阶级划分实践过程中，标准的复杂性和模糊性是其常规性的特征。"在土改初期，决定谁是地主、富农……的官方标准是模糊不清的。即使后来一个详细规定如何划分阶级的细则取代了原来那个草略的大纲，大量模糊不清之处依然存在。"①

　　既然阶级划分理论形态的标准无法严格执行，村庄传统的社会分类标准就必然陆续登场，村落自身的社会关系网络、文化、习俗就成为重要的替代性标准。朱晓阳研究发现，"虽说划分阶级必须按照划分阶级成分的文件规定进行，但是小村在实际做的时候，仍然受到地方的社会关系和政治的影响。"② 事实上，在老解放区阶级划分中，这种对阶级划分正式标准的替代现象更为普遍，方式更为多样。其中最常见的替代形式就是将阶级划分标准与生活水平混淆起来，乡村民众一般是很少从生产资料占有、土地经营方式、剥削与否和分量等方面对一个人的社会地位进行评判，而更有可能的是观察与比较直观、实际的生活状态与水平。

　　实际上，中国的阶级划分实践与马克思主义的阶级观点存在着巨大的鸿沟。毫无疑问，生产关系尤其是人们对于生产资料的占有关系是阶级划分首要的和主要的标准，但是马克思主义并不主张阶级划分标准的唯一性。恩格斯曾经在论述经济因素的一般性地位和作用时指出："根据唯物史观，历史过程中的决定因素归根到底是现实生活的生产和再生产。无论马克思和我都从来没有肯定过比这更多的东西。如果有人在这里加以歪曲，说经济因素是唯一决定性的因素，那末他就是把这个命题变成毫无内容的、抽象的、荒诞无稽的空话。"③ 这一观点对唯物史观中的阶级分析理论也是适用的。他们主张阶级分析标准的多样性，认为阶级的形成是多种因素共同作用的结果，阶级存在着多面的维度。马克思恩格斯的阶级分析标准观点与中共的阶级划分政策缺乏对称性，却与农村阶级划分实践具

---

① ［美］R. 麦克法夸尔、费正清编：《剑桥中华人民共和国史——中国革命内部的革命（1966—1982 年）》，中国社会科学出版社 1992 年版，第 654 页。

② 朱晓阳：《罪过与惩罚：小村故事：1931～1997》，天津古籍出版社 2002 年版，第 110—111 页。

③ 《马克思恩格斯选集》第 4 卷，第 477 页。

有某种内在的共通性。中共试图在长期延续的"过密化"小农经济中强制性地制造两类对抗性及若干中间性的阶级类别，并一再重申阶级划分的生产资料标准，但在农村实践中却往往呈现事与愿违的状况。山东等老区阶级划分中标准的多样性体现的极为充分，"在滨海区，有的简单以土地占有数量的多少来确定阶级成分，如'直接以地亩册子来确定谁可入贫雇小组，谁家该封门'；有的看谁家生活水平高一些来决定，所谓'地主生活'等；更多的是'瘸子里拔将军'，无论有无剥削、剥削轻重，也不管土地多少，只要是在村中较富有者，占有土地超过本地平均数的定为地主、富农，低于平均数的定为贫农；有些地方查三代、查五代等，用追查历史的办法，把一些中农、贫农定地主、'破产地主''下坡地主'，甚至对一些工商业者定为'化形地主'等；有些地方把政治态度和思想表现也列为划分阶级成分的标准，对当过汉奸或是国民党员的，或干部中有腐化行为的，支前等不积极的所谓'老顽固'等，随意提升其阶级成分；有的仅由贫农团通过，或少数人决定，出现了乱划阶级成分的现象"[①]。

在阶级划分实践中，为了尽量弥补政策与实践之间的鸿沟，上级党政机构不得不通过下达各个阶级成分指标的方式对乡村基层的政策执行施加行政压力，以强行推进阶级划分工作。而且由于党试图将宏观的阶级理论运用于社会实践，转化为全国范围内每个村庄新型的阶级类别和每位农民实在的阶级身份，精确的阶级划分就不得不让位于简单的套用和普遍性的配额。阶级划分的指标化主要根源于党对各个阶级成分比例的过高估计。根据土地改革时期中央一级政策文件，一般认为地主占乡村户数的百分之三左右，富农占乡村户数的百分之五左右，地主和富农总共占乡村户数百分之八左右，占乡村人数的百分之十左右；而中农、贫农、雇农及其他人民共占乡村人口的百分之九十以上。这一脱离乡村实际并上升到一体化政策层面的估计，必然导致阶级划分标准部分地甚至完全地超越于文件标准之外，为阶级划分的组织者和参与者设定了变通的外在约束条件。晋察冀中央局在划分富农时就发现对阶级划分标准进行变通几乎是不可避免的，如果按照中央文件，剥削量应超过总收入百分之二十五才划为富农，但这

---

① 王友明：《解放区土地改革研究，1941—1948：以山东莒南县为个案》，上海社会科学院出版社 2006 年版，第 99 页。

样就找不到符合条件的富农，所以不得不采纳基层所发明的一项策略，即"关于剩余价值额之计算，只从雇工所生产的价值中，扣除工资，不扣饭钱"①，从而才满足了富农的划分条件，也才能在群众中通过。这种情况从乡村基层推进到行政系统中层最后到达中央决策层，可以预测的是，诸如此类的现象在阶级划分过程中绝对大量存在着。在长江三角洲华阳桥村，"没有一户符合《土地改革法》中地主和富农的标准，所有57户农民那时都仅是中农或贫农。但这里并没有像官方用词'和平土改'示意那么和平，意识形态的压力迫使 村干部寻找阶级敌人。结果曾经非法隐匿少量土地的中农陆关通被划为富农，成为阶级敌人。……另一个斗争对象是高永年，他按照任何标准都不可能被划为地主或富农，但由于他是个外来者而且脾气暴躁，于是成为村民的仇视对象。"② 在华北平原五公村阶级划分标准的变通方式更为离奇，"在北面的杨各庄，没有活着的地主，小孤女宋朵在阶级斗争的政治压力下，预先地成为地主，也就是说，村干部决定，等宋朵长大了，再正式将她定为地主，并在她的余生，一直被当作人民的敌人对待。"③ 在强大的行政压力、意识形态笼罩和政治运动氛围作用下，农村阶级成分的划分逐渐偏离于规范的文本标准。

三 哪些成分？

土地改革时期，阶级成分的划分主要是重新确定乡村民众的政治社会地位，但是之后对地主和富农经济财富的征收和没收以及在全体乡村成员中的重新调配导致各个阶级成分经济地位上颠倒性变化，从而引发农民经济地位与政治社会地位的不一致。从一定意义上言，阶级成分这一新型农民身份系统的表象与内核出现了裂痕，曾经具有一定实体性含义的阶级身份开始走向虚化、"标签化"和"符号化"。它日益成为农民社会政治经

---

① 《晋察冀中央局关于划分阶级和对地主、富农成分党员的处理问题的请示报告》，载《土改文件》，第247页。

② 黄宗智：《中国革命中的农村阶级斗争——从土改到"文革"时期的表达性现实与客观性现实》，载黄宗智主编：《中国乡村研究（第二辑）》，商务印书馆2003年版，第81页。

③ ［美］弗里曼、毕克伟、塞尔登：《中国乡村，社会主义国家》，陶鹤山译，社会科学文献出版社2002年版，第153页。

济地位、关系模式与交往规则以及日常生活世界的一个表征，但这一具有表达性的"符号"却比任何实体性的东西更为稳定。在土改后近30年的时间里，这一"符号化"的身份系统沿着农业合作化、人民公社化、"文化大革命"等时间线索越来越深地契入乡村社会生活的深处，镶嵌在农民的日常生活和心理世界之中，并借助于日渐强化的阶级政策和反复无常的政治运动延续并扩展着其政治社会功能。

（一）贫下中农

在农业合作化时期，农民的阶级身份得到延续并进一步扩展，主要体现在两个方面，一是在加入农业合作社的资格条件上具有明显的阶级区分；二是合作社社员与非合作社社员及其不同的合作社社员之间具有差异性的政治社会待遇。对于贫农和下中农来说，入社资格条件上的阶级政策是"依靠贫农（包括新中农）"，这一政策具有很强的连贯性，其资格条件最为宽松，也是此时期的主要依靠对象。

贫农从革命战争年代、土改时期直到合作化时期一直是党最为信任的阶级群体，自始至终作为党的依靠对象，始终处于各项政治活动的最前沿。当然在入社的资格条件方面最为宽松，而且这种景况一直是延续的。下中农是指老中农中间的下中农和原为贫农现上升为新中农中间的下中农两部分群体，它在毛泽东1955年《关于农业合作化问题》一文最早从中农阶级中分化出来，并被认为与贫农具有同等的经济地位、政治觉悟和对党的依赖性，因此与贫农享受同等的政治地位和政治社会待遇，也成为党的依靠对象和信任阶级。① 不过，在操作性的入社措施上，党和国家采取了依据政治觉悟分期分批加入的方式。② 但是，在实际运行中，关于贫下中农的入社资格和阶级政策也出现一些偏差，比较突出的就是排斥贫农，拒绝贫农入社现象。③

不同阶级成分的农民入社的资格条件严格与否、顺序先后本身就意味着社员与非社员、社员与社员之间政治社会待遇和地位的差异性。不可否

---

① 参见毛泽东：《关于农业合作化问题》、《农业合作化必须依靠党团员和贫农下中农》，载《毛泽东选集》（第五卷），人民出版社1977年版，第172、192页。
② 同上书，第177、192—193页。
③ 参见毛泽东：《关于农业合作化问题》，载《毛泽东选集》（第五卷），第169页。

认的是，合作社社员与非社员相比确实享有更多的权利。综合初级社和高级社主要有下列权利：参加社内的劳动，取得应得的报酬；提出有关社务的建议和批评，参加社务的讨论和表决，对社务进行监督；选举合作社的领导人员，被选举为合作社的领导人员，担任合作社的职务；在不妨碍合作社生产的条件下，经营家庭副业；享受合作社举办的各项公共事业和福利事业的利益。贫下中农最先进入合作社组织，享有更多的政治社会待遇，其政治地位自然也较高，"一切合作社是必须树立贫农和下中农的领导地位的"，他们在合作社领导机构中应占到三分之二左右①。但由于党在强调阶级成分之时也比较重视政治觉悟和与党政治上更密切的群体的作用，所以与政治忠诚和政治觉悟更高的党团员和积极分子相比，贫下中农的政治地位又有所下降。毛泽东主席的一份指示就是明证，他指出"首先应当依靠党团员……第二应当依靠非党群众中比较更积极一些的分子……第三才是依靠一般贫农和两部分下中农的广大群众"②。既然贫下中农的政治觉悟还存在许多欠缺，对其进行政治教育就显得非常重要，因此"必须十分注意挑选和培养贫农骨干，不断地提高他们的领导能力"。③

农业合作化运动中初级社转高级社就带有很强的急迫性，国家及其主要领导人在农业社升级中扮演着举足轻重的主导作用和推动作用。可以说，从这时起，农村经济的发展及其管理制度的变革就极大地受制于政治因素。而人民公社制度的兴起及在全国范围内的超速推进就更为明显地与政治因素联结在一起。为此，以阶级身份为标识的政治符号就成为人民公社制度推进和运行的核心基础和依托之一。其基本政治行动是，对起始于土改时期、推进于农业合作化时期的阶级身份作出进一步的强化，并将其转化为人民公社这一制度大厦的核心价值和行动基点。这些阶级区分集中体现在不同阶级成分的经济社会待遇上。在教育上，由于各种原因，地富

---

① 《农业合作化必须依靠党团员和贫农下中农》《〈长沙县高山乡武塘农业生产合作社是怎样从中农占优势转变为贫农占优势的〉一文按语》《〈福安县发生"中农社"和"贫农社"的教训〉一文按语》，载《毛泽东选集》（第五卷），第193、239—240、241页。

② 毛泽东：《农业合作化必须依靠党团员和贫农下中农》，载《毛泽东选集》（第五卷），第193—194页。

③ 《中共湖北省委农村工作部关于处理前段建社中的大社大组的通知》，载《湖北合作史料》（上），湖北人民出版社1985年版，第275页。

子女可能有更多的机会接受教育，但在新阶级政策下这种局面发生了根本性转变，贫下中农等的子女获得了更充分的就学机会。[①] 在经济待遇的处理上，阶级身份甚至也成为一个重要的影响因素。湖北省曾就欠款问题向中央的请示报告中将个人欠款豁免与否与阶级成分挂起钩来，建议"一九六一年以前对农民个人的贷款（银行信用社合计）以废百分之八十左右为好。一般贫下中农的欠款全废。"并得到中央的确认。[②]

然而，在"文化大革命"时期，以阶级身份为主要衡量标准确定阶级斗争对象和不同社员政治社会待遇的局面却发生了较大的扭转。阶级身份的重要性不断下降，个人行为开始凸显为国家对农民个体作出政治评判的主要依据。在一定意义上，"文化大革命"时期"人的行为被提到了极高的位置，是人的行为……区分出不同的阶级"，"行为成为备受关注的焦点，人的语言和行为被用来区分人的阶级立场，进一步区分人的阶级……但是，当语言和行为被用来辨析阶级立场的时候，农村阶级的界限变得模糊不清了"[③]。在"文化大革命"阶级斗争泛滥的岁月里，农民原有的阶级身份开始脱离其原有涵义和功能，日益走向泛化。当然，原有的阶级路线和阶级政策并没有彻底改变，贫下中农仍然是党最信任的阶级，地富反坏"四类分子"同样还是主要的"阶级敌人"，并受到丝毫没有减弱的政治斗争。

（二）中农

在农业合作化时期，对于中农来说，入社资格条件上的阶级政策是"巩固地团结中农"，这一政策在连贯性和严格与否上，处于中间状态，开始有所限制后来完全放开，不过在1957年强调阶级斗争时又受到一定程度的怀疑。

由于将新老中农中间的下中农归属到贫农阶级中，所以中农就只剩下

---

① 河北省许多地区就采取此类措施。参见《河北省三河、宝坻、香河、蓟县积极发动贫下中农子女入学》，载《建国文献》（十八），第543—550页。

② 《中共中央、国务院关于处理一九六一年以前农村四项欠款问题的通知》，载《建国文献》（二十），第107—110页。

③ 张乐天：《国家话语的接受与消解——公社视野中的"阶级"与"阶级斗争"》，《社会学研究》2001年第6期。

上中农，有时也被称为富裕中农。在合作化的阶级序列中，中农属于团结联合阶级，其政治态度和政治觉悟也处于中间层次。一般的政治判断是：中农基本上是拥护社会主义的，但在社会主义革命斗争中也有其犹豫动摇的一面，思想斗争是非常尖锐复杂的，富裕中农表现得更为突出。① 所以对于中农的入社资格条件是由紧到松的，1955 年规定"除开若干已经有了走社会主义道路的觉悟、真正自愿加入合作社的，可以吸收他们入社以外，其余暂时都不要吸收，不要勉强地把他们拉进来"，而"只有等到农村中大多数人都加入合作社了，或者合作社的单位面积产量提高到同这些富裕中农的单位面积产量相等甚至更高了"，即中农既有合作意愿也在外在不利制度环境下不得不加入的情景下才允许他们加入。② 不过在该年夏季后这一限制条件大大放松，不仅对除地主和富农外的其他一切阶级放松限制，还明文规定"不许排斥中农入社"。③ 1957 年阶级斗争局势恶化后这一宽松政策有所倒退，毛泽东于该年 7 月建议"向全体农村人口进行一次大规模的社会主义教育……其中的主要锋芒是向着动摇的富裕中农，对他们的资本主义思想进行一次说理斗争"。④ 一月后中央就发出了《关于向全体农村人口进行一次大规模的社会主义教育的指示》，指出，对于富裕中农的错误言论必须采取很好的态度加以解释和说服。⑤ 但是，从总体上看，在政策文本层面对中农的阶级政策还是比较宽松的。不过，在实践领域，由于（富裕）中农相对于贫下中农拥有更多的农具、耕畜、劳力等生产资料，在合作社内贫下中农往往产生低偿甚至无偿剥夺中农经济资源的念头，尽管各级政府文件多次强调初级社内应遵循互利原则并不得伤害中农利益。⑥

中农作为团结联合群体与贫下中农有着较强的政治联系，"现有的农

---

① 《中国共产党湖北省第五次代表会议关于当前农村工作的决议》，载中共湖北省委党史研究室编：《湖北农业合作化》，中共党史出版社 1999 年版，第 133—134 页。

② 参见毛泽东《关于农业合作化问题》，载《毛泽东选集》（第五卷），第 178 页。

③ 参见《农业生产合作社示范章程草案》，载《建国文献》（七），第 362 页。

④ 毛泽东：《一九五七年夏季的形势》，载《毛泽东选集》（第五卷），第 458 页。

⑤ 《中共中央关于向全体农村人口进行一次大规模的社会主义教育的指示》，载《建国文献》（十），第 530 页。

⑥ 参见中共湖北省委农村工作部《一九五三年秋季以来全省新建社和老社情况》，载《湖北合作史料》（上），第 293 页。

业生产合作社是贫农、中农自愿结合的经济联盟，社中贫农和中农的关系已同社外有所不同"，而且中农也是合作社领导机关的辅助力量，必须吸收老中农参加领导，中农应占十分之三或者三分之一左右。① 所以，党在处理富裕中农在合作社中领导地位的改变问题时就非常注意策略和方法，决定改变与否和程度大小主要依据其工作表现，所以"有的可以经过他作自我批评，改正错误，继续任原职，有些可以改为副职或者委员。至于本来干得好的，虽然是富裕中农，那当然不在撤换之列"②。这种灵活的变通方法与当时合作社领导干部选任和评价体系有着内在关联，即"在合作社的领导机构中，选择领导干部的条件是公道和能干，以能否贯彻党关于互助合作的各项政策和代表全体社员利益为衡量的标准"③。不过，中农一般只能担任合作社的非主要职务，湖北省就对此作出了详细规定："从组织上吸收中农参加领导，如在……合作社管委会，应有三分之一的中农，但主要骨干，如……社长最好为贫农（副社长可由中农担任）。"④

在人民公社尤其是"文化大革命"时期，富裕中农作为一贯的政治动摇分子在将任何形式、任何程度的"私有"因子作为资本主义"毒草"的集体化时期，显现为阶级斗争对象最重要的新来源，他们决不再是团结和联合对象，而是根据其行为与党所推崇的社会主义道路之间的距离决定阶级斗争的力度和深度。

（三）"四类分子"

在农业合作化时期，对于中农来说，入社资格条件上的阶级政策是"由逐步限制富农到最后消灭富农剥削"，这一政策在连贯性和严格与否

---

① 《中共中央批发中央农村工作部〈关于全国第四次互助合作会议的报告〉》，载《建国文献》（五），第732—733页；《〈长沙县高山乡武塘农业生产合作社是怎样从中农占优势转变为贫农占优势的〉一文按语、《〈福安县发生"中农社"和"贫农社"的教训〉一文按语，载《毛泽东选集》（第五卷），第239—240、241页。

② 《农业合作化的一场辩论和当前的阶级斗争》，载《毛泽东选集》（第五卷），第210—211页。

③ 《中共中央批发中央农村工作部〈关于全国第四次互助合作会议的报告〉》，载《建国文献》（五），第733页。

④ 参见王任重1955年2月21日在湖北省县委书记会议上的总结报告，载中共湖北省委党史研究室编：《湖北农业合作化》，第77—78页。

上，前后出现了较大的变动，开始几乎是严格限制加入甚至还附带受到激烈的阶级批判，在1955—1956年间放松限制，1957年又重新成为不信任阶级并回到"阶级敌人"的位置上，时时处于被监视和丧失社员资格的境地。

在土改期间，"敌对阶级"主要是指地主，富农的阶级地位比较模糊但还未跌落到"敌对阶级"中，反革命分子和坏分子还不太贴近农村社会生活，至少这四种阶级成分没有明确地合成为"四类分子"。但是，在合作化时期，由于富农与集体化过程相悖，他们选择"两条道路"中的资本主义道路，以至于"被当作反面角色。那些曾反对过征用他们牲口和田地（如摧残其牲口）、或曾经公开抱怨政策的富农经常在'批斗会'上被惩罚。从这时起，富农加入了地主、反革命分子和'坏分子'行列，称为'四类分子'。"[1] 反革命分子和坏分子也作为社会主义革命和建设的破坏者受到更多的政治批判。1956年中央曾公布了一个文件对反革命分子和坏分子作出了政策解释，指出反革命分子主要有十一类，对于乡村社会来说除了一些与旧有反动政权有着政治联系的分子外主要指土匪和恶霸，而坏分子的含义则更宽泛，不仅包括所有的反革命分子，还有政治骗子、叛变分子、流氓分子、品质极端恶劣的蜕化变质分子。[2] 可想而知，国家对"四类分子"加入合作社肯定要作出非常严格的限制。由于地主一直作为"敌对阶级"，所以在合作化的酝酿和兴起阶段，根本没有进入人们讨论的视野。更有甚者，连地主的后代和家属都不能加入合作社。华北平原曾经名声在外的耿长锁农业生产合作社就作出了这样的决定，"地主的儿子李茂修的入社请求却遭拒绝。这些被划为阶级敌人的人不准入社，李和他的一家都遭遗弃。"[3] 1955年毛泽东在中共第七届中央委员会扩大的第六次全体会议上作了一个带有征询意见性质的报告，主张放松对地主和富农的入社资格限制，建议在已经巩固了的合作社允许地富入社，

---

① ［美］R.麦克法夸尔、费正清编：《剑桥中华人民共和国史——中国革命内部的革命（1966—1982年）》，中国社会科学出版社1992年版，第665—666页。

② 《中共中央批准中央十人小组关于反革命分子和其它坏分子的解释及处理政策界限的暂行规定》。

③ ［美］弗里曼、毕克伟、塞尔登：《中国乡村，社会主义国家》，陶鹤山译，社会科学文献出版社2002年版，第171页。

采取分期分批的方法。① 一月后的《农业生产合作社示范章程草案》延续了这种政策。1956 年进入合作化高潮阶段后，对"四类分子"入社的资格条件越来越宽松。在高级社时期基本上延续了这种对"四类分子"较宽松的资格限制。②

但是，1957 年后又加大了限制条件，尤其是提出加强阶级警觉，认为"地主、富农正在被改造；其中，一部分人还在捣乱，必须对他们提高警惕"③，"对地主、富农、反革命分子和其他坏分子的反动的煽动言论必须即时地有力地给以反击"④。在党中央的另一个文件中甚至对其社员资格作出了更严格的直接规定，"合作社要分别情况加强教育和加强管理，并且要经常地教育社员和社外农民，提高警惕性，防止他们中间可能发生的破坏活动。已经成为社员的或者候补社员的过一六的地主分子、富农分子和反革命分子，如果表现不好，并且屡教不改，是社员的，可以分别降为候补社员或者监督生产；是候补社员的，可以降为监督生产。如果有破坏行为，还应当给予法律制裁。"⑤

在合作化时期，地、富、反、坏"四类分子"入社比贫下中农、中农要晚，而且有更多的限制条件，即使成为社员或候补社员，其享受权利与其他社员仍然有很大的区分，即没有被选举权，不能担任社内的任何重要职务，做候补社员的还没有表决权和选举权。⑥ 他们所享受的政治社会待遇最少，政治地位也较低。在没有加入合作社之前就无需奢谈这些问题了，即使成为社员或候补社员之后，他们享受的权利与其他社员仍然有很大的区分，即没有被选举权，不能担任社内的任何重要职务，做候补社员

---

① 《农业合作化的一场辩论和当前的阶级斗争》，载《毛泽东选集》（第五卷），第 211—212 页。

② 参见《高级农业生产合作社示范章程》，载《建国文献》（八），第 405—407 页。

③ 毛泽东：《一九五七年夏季的形势》，载《毛泽东选集》（第五卷），第 458 页。

④ 《中共中央关于向全体农村人口进行一次大规模的社会主义教育的指示》，载《建国文献》（十），第 530 页。

⑤ 《一九五六年到一九六七年全国农业发展纲要（修正草案）》，载《建国文献》（十），第 656 页。

⑥ 《农业生产合作社示范章程草案》，载《建国文献》（七），第 363—364 页；《高级农业生产合作社示范章程》，载《建国文献》（八），第 406 页。

的还没有表决权和选举权。① 不过，他们的劳动还是受到必要的尊重，即对于过去的地主富农分子和交合作社管制生产的反革命分子在社内的劳动，应当采取同工同酬的原则，给他们以应有的劳动所得。② 在党政机构中，对"四类分子"一直保持着非常警觉的政治敏感。

在人民公社时期，地、富、反、坏"四类分子"阶级身份得到极大的强化，甚至在一定程度上走向泛化。在作为人民公社建设试验首推者的遂平县嵖岈山卫星人民公社制定的《嵖岈山卫星人民公社试行简章（草稿）》中就已经对地、富、反等入社资格条件作出了歧视性规定："对于过去的地主、富农、反革命分子以及其他被剥夺了政治权利的人，允许他们入社做非正式社员"，而且他们被剥夺了部分政治权利：选举权、被选举权和表决权。③ 这一规定基本上延续了高级社的规定，因为此时党和国家试图将全社会成员都纳入人民公社之中，所以没有也不会将原有的"阶级敌人"完全排除于人民公社之外。在《中共中央关于在农村建立人民公社问题的决议》中，申明了并社和建立人民公社中的阶级路线和政策。④ 此时对入党同样作出了阶级成分的要求，入党的第一个条件就是"阶级成分好，立场明确坚定"，并对农村入党问题作出了更明确而严格的限制："在农村中接收党员，应该注意考察入党者的阶级成分，凡本人系上中农成分的，一般不得接收入党。"⑤ 可想而知，处于上中农之下的阶级群体诸如"四类分子"更不可能与入党有缘了。

1963 年阶级斗争形势进一步恶化，阶级身份受到更大程度的强化。1963 年 5 月中央下发了《关于目前农村工作中若干问题的决定（草案）》，继续沿用 1962 年 8 月北戴河中央工作会议和 9 月党的八届十中全

---

① 《农业合作化的一场辩论和当前的阶级斗争》，载《毛泽东选集》（第五卷），第 212 页；《农业生产合作社示范章程草案》，载《建国文献》（七），第 364 页；《一九五六年到一九六七年全国农业发展纲要（草案）》，载《建国文献》（八），第 48—49 页；《高级农业生产合作社示范章程》，载《建国文献》（八），第 406 页。

② 《一九五六年到一九六七年全国农业发展纲要（草案）》，载《建国文献》（八），第 48—49 页。

③ 《嵖岈山卫星人民公社试行简章（草稿）》，载《建国文献》（十一），第 387—388 页。

④ 《中共中央关于在农村建立人民公社问题的决议》，载《建国文献》（十一），第 447—448 页。

⑤ 《关于今后接收党员工作的意见》，载《建国文献》（十一），第 597 页。

会关于阶级斗争的判断和分析，并明确提出了强化阶级斗争的决定。文件指出当前社会中出现了严重的尖锐的阶级斗争，并根据湖南、河北、湖北、浙江等地上报的实际材料归纳出"四类分子"的九条阶级斗争事实。① 如果这个文件还只是对当前阶级情况和阶级形势的列举性分析，那么 9 月份中央下发的一个通知《关于农村社会主义教育运动中一些具体政策的规定（草案）》则明确将阶级斗争和社会主义教育运动付诸实践。该文件明确将阶级斗争作为农村社教运动的最基本方面，规定"地主、富农的子女，一律不能担任本地的基层领导干部，一般地也不宜负责会计员、记分员、保管员等重要职务""对同地主、富农子女结婚的党员、干部，要抓紧教育，使他们提高觉悟，划清政治界限，站稳阶级立场。教育对方，并且不受对方的坏影响。至于同地主分子或者富农分子结婚的人，则另当别论，一般地不要让他们做党员或者当干部"；对于"四类分子"，尤其是有复辟活动和破坏活动的，要发动群众，通过说理斗争制服他们，并对其进行一次评审，切实加强对他们的经常的监督和改造工作。② 可见，有节制的阶级斗争仍然是必要的，阶级身份成为人民公社社员的一个重要维度。

　　不过，从 1979 年开始，"四类分子"作为一个特殊的称呼开始渐渐淡出人们的日常生活，土地改革以来所划定的阶级身份开始走向终结。1979 年 1 月 11 日，中央公布《关于地主、富农分子摘帽问题和地、富子女成分问题的决定》，文件指出将原来对地主、富农及其子女的政策作出三点新的调整，即"除了极少数坚持反动立场、至今还没有改造好的以外，凡是多年来遵守政府法令、老实劳动、不做坏事的地主、富农分子以及反革命分子、坏分子，经过群众评审，县革命委员会批准，一律摘掉帽子，给予农村人民公社社员的待遇；地主、富农家庭出身的农村人民公社社民，他们本人的成分一律定为公社社员，享有同其他社员一样的待遇。今后，他们在入学、招工、参军、入团、入党和分配工作等方面，主要应看本人的政治表现，不得歧视；地主、富农家庭出身的

---

① 《中共中央关于印发〈中共中央关于目前农村工作中若干问题的决定（草案）〉的通知》，载《建国文献》（十六），第 309—329 页。

② 《中共中央关于农村社会主义教育运动中一些具体政策的规定（草案）》，载《建国文献》（十七），第 385—420 页。

社员的子女，他们的家庭出身应一律为社员，不应再作为地主、富农家庭出身。"

1979 年 1 月 17 日，中央批转统战部等六个部门《关于落实对国民党起义、投诚人员政策的请示报告》，要求对冤案要昭雪、假案要平反、错案要纠正；凡是因历史问题或主要因历史问题而被戴上历史反革命分子帽子或其他帽子的，一律摘掉；对其家属子女不得歧视。

1980 年 6 月 27 日，中共十一届六中全会通过了《关于建国以来党的若干历史问题的决议》。决议对地主和富农也作出了较为中肯的评价，指出"在'文化大革命'前已有很多地主、富农分子被陆续改变了成分。没有办理改变成分手续的，绝大多数也已成为守法的社会主义劳动者。即使在十年内乱期间，原来的地主、富农分子中坚持反动立场，进行破坏活动的，也只占极少数"。

1983 年 7 月 9 日，中央办公厅转发公安部党组《关于给四类分子摘除帽子的请示报告》，中央批示希望此项工作于 1983 年年底前结束。

到 1983 年底，全国最后一批"四类分子"79504 名摘帽工作顺利结束。这标志着自 1949 年以来国家对 2000 多万名"四类分子"进行改造的历史任务全面结束。

四 历史使命

作为一项历史产物，对于革命政党和新兴国家而言，阶级成分在其所生成和运作的历史时期发挥了不可或缺的作用，承担了诸多政治功能，在很大程度上也完成了其所应有的历史使命。当然，它在担负其所应有的历史使命之外，也引发了某些意外的历史后果和溢出效应。

其一，阶级成分的划分颠覆了农民旧的身份系统并建构了一套新型身份系统，实现了身份系统的根本转化，并使其获致了政治性、阶级性、建构性等特性。传统乡村社会的基本结构是以地主与佃农的租佃关系、家族关系、邻里互助关系、以集市为中心的经济交换关系等为基础的。这种交织在一起的多重关系架构了社会结构的基本形式，我们很难从中抽离出某一种关系模式作为主导性的乡村社会结构形式和社会关系模式。即使是后来党一直彰显的租佃关系也没有完全主导乡村社会生活，这种关系往往掺杂了其他关系形式或者深深嵌入其他关系形式之中。而且这种租佃关系没有也不可能导向共产党所主张的地主与佃农之间不可调和的阶级冲突和矛盾，这种关系一般来说仅仅停留在经济关系上，即使上升为政治社会上的等级关系也是有一定限度的。但是，土地改革在"耕者有其田"的政治口号下对包括土地在内的经济资源进行了重新再分配，使富人和穷人所拥有的经济资源发生了颠倒性置换。依据党自身的估计，土地等经济资源的再分配涉及乡村人口中近10%的地主、富农等"阶级敌人"和90%以上的贫农、雇农等"革命阶级"，地富所占有的占乡村总土地数70%—80%的土地也大部在乡村民众中实现了再分配①，"阶级敌人"所占有和富裕阶层多余的房屋、农具、耕畜等生产生活资料也发生了产权上的转移。乡村经济资源的再分配及农民经济地位的变动相应地引起人们社会地位的根本性变化。黄树民通过对林村的田野考察发现，土地改革后"村子里大部分家庭的社会地位都颠倒过来。地主和富农变得一无所有，再也抬不起头来。而以前做佃农、做长工人，现在变成了荣誉公民"②。弗里曼、毕克伟、塞尔登更进一步总结到，"家庭成分有着广泛的政治和社会内涵，他通过男性血统带给妻子和子孙。那些划为地主和富农的儿孙们面临着折磨和当替罪羊，而阶级成分越低微（贫农、雇农），则其新的政治和社会地位就越高"③。阶级划分中所建构起来的对立性阶级阵营及其成员社会地位的变化最终引发了乡村社会结构和社会关系的颠覆性变革。李里峰精当地指出，"共产党国家权力进入乡村社会之后的首要任务，就是用阶级身份、阶级利益、阶级矛盾、阶级冲突来取代各种旧的身份、利益、矛盾、冲突，乡村社会原有的亲友、邻里、派别、地域、经历和社会身份等形成的关系都直接或间接地受制于甚或等同于阶级关系，从而使乡村社会结构在根本上被重塑"④。

---

① 即使依据杜润生先生的估计，也涉及地主富农所占有的50%左右的土地。参见杜润生：《杜润生自述：中国农村体制变革重大决策纪实》，人民出版社2005年版，第18页。

② 黄树民：《林村的故事：一九四九年后的中国农村变革》，素兰、纳日碧力戈译，生活·读书·新知三联书店2002年版，第36页。

③ ［美］弗里曼、毕克伟、塞尔登：《中国乡村，社会主义国家》，陶鹤山译，社会科学文献出版社2002年版，第147页。

④ 李里峰：《变动中的国家、精英与民众——土地改革与华北乡村权力变迁（1945—1953）》，《南开大学历史学院博士后研究工作报告》，2004年6月，第75页。

农民的身份系统实现了颠覆性变化的体现之一就是其与政治的关联度从弱到强，其原有的社会文化含义不断削减而政治含义急剧增强。郭于华、孙立平通过口述史研究发现，农民生活世界中有三种分类方式，一是以土地和财富占有关系为标准的经济分类，将村民分为"财主""东家"和"受苦人"；二是以基于亲缘关系的"门头"、辈份、长幼、性别乃至孝与不孝为标准的社会分类；三是以农民的生活逻辑和生存伦理为标准的道德分类，将财主分为"恩德财主"和"黑皮、杂种"。① 这些经济分类、社会分类和道德分类实际上来源于农民自身长期共同生活和公共交往基础上的日常生活逻辑，是自然而然形成并稳固下来的，都不具有阶级分类的意义。村庄的社会分化主要体现在家庭之间的土地买卖、辛勤劳动和生活节俭上。在传统社会，乡村民众的社会关系模式和身份体系主要是与所在的家庭、家族、宗族和乡村社区相关联，有血缘、亲缘和地缘三种关系类型。如同费孝通先生所言的"差序格局"，村民个体以自我为中心向自我之外的家庭、家族、宗族和乡村社区推移，其身份也来自于所在的家庭、家族、宗族和乡村社区的界定。农民的社会身份带有较强的先赋性和自然性，与村庄之外更大的社会单位尤其是国家没有多少有机联系。换言之，国家及政党组织几乎与农民身份系统的形成、维续毫无干系。但是，自从共产党及其组织体系强有力地进入乡村社会，特别是将阶级分类方式引入乡村并对乡村民众进行实实在在的阶级划分之后，农民身份系统不再保持其原有的内向性和自在性，开始与外来的政治体系实现联结，中国共产党组织体系及其主导的政权体系越来越深地介入农民身份系统的生成与演变过程，并规制依附于身份之上的政治经济社会资源配置。阶级成分的划分不仅有从中央到地方多层次政策文本的支持，而且几乎动用了所有各个层次的党政组织体系，甚至直接下派工作队，创建新型村级组织贫农团和农会等。可以说，阶级成分的整个划分过程以及后来的部分变更直至完全取消都是在党和国家的主导下进行的。附着于身份系统之上的各种资源配置不仅有政策文件的正式规定，同样也进入了实践领域，在每个村民身上真实地进行着。

---

① 郭于华、孙立平：《诉苦：一种农民国家观念形成的中介机制》，载杨念群、黄兴涛、毛丹主编：《新史学：多学科对话的图景》，中国人民大学出版社 2003 年版，第 509—512 页。

其二，农民阶级身份的确立在很大程度上导向了乡村社会结构和社会关系模式的颠覆性变革。其中，最集中的体现是对作为乡村社会文化根基的家族制度的摧毁与打击，这一改造对乡村社会来说无异于是根本性的、基础性的。它意味着砍断了维系人们之间原有的社会关系和社会交往的存续空间与联结纽带，重新建构了一套新型的社会运行机制和规则。对家族制度的改造首先就在于组织机制的重建，土地改革和阶级划分过程中所建立的贫农团、农会、党在村庄的基层组织、村级政权组织以及后来不断增多的群团组织逐渐替代家族组织，成为村落基本的政治社会组织形式，并全面主导村民的社会政治生活甚至日常生活。这些"新型组织的组织原则是超家族体制的组织原则，……它把家族成员组织在以社会地位而非血缘地位为依据的组织之中"①，从而重组了乡村基层社会政治体系及其运作机制。

对家族制度改造的第二个表现形式就是农民身份系统和地位获得模式的转换。党彻底打破了"财主、二等户、中户、穷家主"这样的旧有阶层体系②以及经由家庭、家族、宗族、邻里和村落所确定的身份体系，依照人们在生产关系中的地位重新建构了一套新的阶级身份体系，将人们划分为具有强烈阶级对立、差别性的阶级成分，诸如"地主""富农""反革命分子""坏分子""中农""下中农""贫农""雇农"等等。由于小农经济内部经济分化的有限性，分家析产、诸子平分的家庭财产继承模式，天灾人祸、政治动荡等外部环境的强约束，以及科举制在理论层面为社会成员提供的社会流动通道，传统乡村民众之间的社会地位不仅在差距上不是很明显，而且在变动上呈现开放性和后滞性的特征。经济财富上、社会政治等级上的变动不一定频繁和剧烈，但这种变动的可能性却时时存在着。在这一意义上，土改前夕的社会地位分类模式与共产党的阶级分类模式并不具有必然的对应性和不容置疑的客观性。以至于李康指出，"地主支配地位并非世袭，这些精英分子及其子弟对其家庭财产管理的好坏将决定社会流动的方向。许多时候纯粹是上

---

① 王沪宁：《当代中国村落家族文化——对中国社会现代化的一项探索》，上海人民出版社1991年版，第52页。

② 李康：《西村十五年：从革命走向革命——1938—1952 冀东村庄基层组织机制变迁》，北京大学社会学系 1999 年博士学位论文，第56页。

代分家时兄弟的数目决定了土改时是富农、上中农还是下中农、贫农。"① 然而，阶级成分划分后农民的地位获得模式获致了新的特征。借用李小平对闽西苏区阶级划分之后社会结构重构的分析就是，农民地位获得模式显现了封闭性与先赋性的特征。封闭性是指各阶级既各自封闭又与其他阶级相互隔离，即阶级构成的非开放性，阶级成分划定后个人无法改变自己的阶级归属，阶级身份与个人的表现、觉悟都不再发生关系；先赋性是指各社会成员的社会地位不是凭自己的业绩获得，而是由他所属的阶级决定，即确定一个人社会地位的唯一标准是阶级。② 一个家庭或者个体的阶级成分一旦确定，就意味着被贴上了一个阶级标签或者被赋予了一种政治符号，这种标签和符号逐渐超离原有的实体而实现了象征化，促进人们形成某种几乎不可更改的刻板印象。

其三，农民身份系统向阶级性的根本转化进一步引发了国家对乡村社会政治整合机制的转型。在传统中国，主要有两套社会运行体系：一是自上而下的官治体系，借助于皇帝和官僚维持县以上正式行政系统的运转；二是乡村社会的自治体系，依托士绅实现乡村社会的自我运转。在常规状态下，两套体系自成一体，互不干涉，保持一种"超稳定"结构和状态。官治系统很少进入自治系统，乡村社会的管理体系从未实现行政化。但是，中国共产党却彻底地打破了这种格局。它通过一系列的政治运动深入地渗透到乡村社会，摧毁了乡村自治体制。在土地改革时期，党和国家主要是通过引入"阶级"分类框架颠覆和重建乡村社区的社会分化体系和农民的身份体系而实现的。

在实际运行层面，国家整合机制的转型主要借助于政治渗透、社会分类和组织重建等方式达成的。首先，政治渗透。国家要建构对乡村社会的新型整合方式，就必须改变以前国家与乡村社会、农民关系的松散状态，使其组织、机构和人员真正进入乡村社会。这种进入不是停留于"暴风骤雨"式的革命运动期间通过成立临时机构和下派工作队等方式所实施

---

① 李康：《西村十五年：从革命走向革命——1938—1952 冀东村庄基层组织机制变迁》，北京大学社会学系 1999 年博士学位论文，第 21 页。

② 李小平：《土地改革与闽西苏区社会结构的变化》，《中国社会经济史研究》2002 年第 4 期。

的运动型治理，而是在乡村社会建立正式的行政机构、组建条块结合的组织系统并配备依从行政规则的人员，从而实现国家权力及其制度体系的实质性下延，促使乡村走向行政化。由于中国特殊的党政关系，政治渗透不仅仅局限于政权和行政"下乡"，更重要的还有政党"下乡"[①]，即共产党通过在乡村建立自己的基层组织党支部以及吸纳农民党员而达至其进入乡村社会的政治意图。在党政体制的渗透努力中，干部和共产党员两类群体成为基本的依托，也显现为乡村新型精英。土改前后从中央到地方都出台过许多政策文件对干部和共产党员的行为、观念、立场等进行规范。其次，社会分类。阶级身份的重构本身就意味着社会的重新分类，这种新型社会类型主要有三个层次：一是"依靠对象"，主要指贫雇农，被界定为最革命阶级，从原来的低等阶层阶级划定后跃升为上等阶层；二是"打击对象"和"斗争对象"，主要是地主、富农等阶级敌人和革命对象，他们从昔日的上等阶层却跌落到社会底层；三是"团结对象"，主要是中农及其他中间阶层，其社会政治地位介于前两个阶级之间。阶级分类这种社会分类方式预示着国家整合方式在乡村社会的差异性，即对划分为不同阶级成分的个体和家庭采取具有不同政治涵义的国家整合方式和机制。对地富反坏等"阶级敌人"的整合方式更多地建立在政治斗争和政治打击的基础之上，是反面的和逆向的，并根据国内外政治形势的变化建构起与现有政治社会体制时而缓和时而激烈的对立关系。而对贫雇中农等"革命群体"的整合方式则建基于政治依靠、政治联合和政治团结之上的，是正面的和顺向的，其政治意图是重建并巩固现有政治体制的社会基础。最后，组织重建。乡村社会政治秩序的重建与维系必须借助于乡村社会政治组织的重建，组织重建对国家整合乡村社会具有结构性意义，组织是个体实现聚合并获取社会意义的重要纽带与机制，上述社会分类过程最终导向个体组织化进而被纳入国家的政治社会体系之中。在革命前后，乡村社会建立了各种类型、层次的新型政治社会组织，这些组织的资格限制和成员

---

① 相关研究可参考徐勇：《"政党下乡"：现代国家对乡土的整合》，《学术月刊》2007年第7期；徐勇：《"行政下乡"：动员、任务与命令——现代国家向乡土社会渗透的行政机制》，《华中师范大学学报》2007年第5期；徐勇：《政权下乡：现代国家对乡土社会的整合》《贵州社会科学》2007年第11期；徐勇：《"政策下乡"及对乡土社会的政策整合》《当代世界与社会主义》2008年第1期。

权利的区分主要基于阶级划分过程中所引入并最终深深嵌入乡村的阶级分类以及依附于阶级归属的阶级意识和阶级觉悟。新型组织主要有两种类型：一是带有更多国家和政党意志、具有较强稳固性的党政基层组织，主要是共产党和国家行政体系在村庄的基层组织——党支部和村公所；二是更为贴近农民、具有临时性的群众性组织，主要是贫农团和农会。村庄行政组织是上级党政组织与乡村民众之间的中介与纽带，为国家意志与农民愿望、要求的基本组织依托和沟通渠道。同时，由于共产党作为国家的政治领导政党在各级行政机构中位居领导地位，村级党组织同样需要在村庄范围内发挥政治领导和组织协调功能。不过，这一时期村级党政组织具有不稳固的特征，党政权力及其掌控者往往处于频繁更替的状态。在这种政治态势下，贫农团和农会成为村庄最活跃甚至最有权威的组织形式。

其四，阶级划分过程中政治要素和国家力量对农民日常生活的规划性乃至强制性，以及阶级身份上所蕴涵的差异性的政治经济意涵，促使农民的政治认同和国家观念的适应性转变。土改前后政治认同的转型首先基于社会特性的转变以及政治因素对社会体系作用程度的变化。土改前的乡村社会，家庭（家族）而非个人是社会结构的基本单元，乡村民众与政治体系的关联较弱，政治因素几乎不对乡村社会发生有意义的作用。因此，农民认同主要是一种社会认同或者文化认同，认同的政治性含义很弱，其认同对象也偏向于家庭、家族，而很少上升到政治共同体尤其是国家。但是，土地改革却极大地改变了这种政治社会格局和农民认同形式。以政党和国家为主体的政治体系前所未有地进入乡村社会，农民传统的认同对象家庭、家族及其制度体系都受到严重打击与摧残，认同类型开始从社会文化认同向政治认同转型，认同对象以各类政治体系为主，认同机制从社会文化机制转向政治机制。同时，由于党的阶级政策和阶级划分实践，乡村民众的政治认同和身份认同区分为两种类型：一种类型是合法性认同；另一种类型是抗拒性认同。党和国家对不同阶级属性的人群采取差异性的阶级政策，并将乡村民众划分为两类具有对抗性的社会群体："革命群众"和"阶级敌人"。"革命群众"属于"我们"和"朋友"阵营，采取合法性认同，他们在党持续性的政治动员和政治教育下逐渐获得了对党和国家及其政策体系的同一性、一致性认同，作为土改运动的受益者和党的阶级同盟者对新型政治社会体系采取了支持或默认的政治态度，其中原先处于社会底层的贫雇农在物质利益的强力诱惑和社会政治地位的急剧提升中对党和国家产生了强烈的感情上的依恋和政治归属意识。而"阶级敌人"作为"敌人"阵营，一般采取抗拒性认同，他们是经济上的被剥夺者和政治上的被打击者，属于现有政治社会体制的对立面和潜在的反抗者，即使不采取直接的对抗性政治行动，但是在政治心理和政治意识上也是抗拒性的，对党和国家阶级政策、阶级行动的服从也是被迫的。

这两种不同的政治认同方式的形成根源于党和国家在乡村社会的阶级划分行动，这自然引起了农民国家形象、国家观念和国家认知的转变。在很大程度上，这种转变是与国家与乡村社会、农民之间关系的变迁紧密相连的。以前，农民和村庄与国家很少发生实质性的关系，所谓"天高皇帝远"，农民的日常生活逻辑与国家的政治活动逻辑关联度极低。但中国共产党通过一系列超常规的手段，借助于农民日常生活框架之外的阶级框架将农民划分为具有不同政治、经济区分度的阶级成分，从而建立起国家与农民全新的政治联系。在党和国家的政治意志传递到乡村社会的同时，农民对国家的认知和感受也发生了翻天覆地的变化。土地改革过程中的分田、"斗地主"、清算、复查、纠偏等高强度的政治活动将农民深深地卷入政治的漩涡，农民也逐渐认识到国家这一外来政治力量的强大、无可抗拒，也前所未有地、近距离地接触到国家并持久、高强度地与国家勾连在一起。

农民国家形象的重新建构、国家观念的转变及对国家的再认知始终建基于差异性的阶级政策及其实践中的阶级划分，这一从政策文本推进到社会实践的阶级分类必然导向阶级群体之间在国家形象、国家观念和国家认知方面的差别。其中分析价值较大的差别存在于"斗争对象"和"革命群众"两类人群之中。对于"斗争对象"来说，国家所主导的以"革命恐怖"为基调的政策体系、话语体系、价值体系，经年累月所亲身经历的从肉体到精神的阶级斗争，以及最为直接的物质财富的剥夺与再分配，必然使其产生对国家的极度恐惧与敬畏，对国家机器及其政治社会体制的心理感受也是冷冰冰的与不可抗拒的。对于"革命群众"来说，"翻身"即经济利益的获取、政治和社会地位的上升都是在党和国家主导下实现的这一社会事实，使其确立了一种正面的国家形象和郭于华、孙立平所提出的"感恩型"国家观念。

五　简短评论

在传统中国，农民身份体系主要是与所在的家庭、家族、宗族和乡村社区相关联，有血缘、亲缘和地缘三种关系类型。而且，农民身份偏重于经济和社会含义，与村庄之外更大的社会政治单位没有多少有机联系，仅仅停留在地方性层次，没有推进到国家层面并与国家建立实质性关联。乡村民众之间的社会分化程度也比较有限并在内外因素的交互作用下更趋缩减，最重要的是，这种社会分化与后来土改时期所声称的"阶级分化"有着较大的张力。

中国共产党在政治舞台上的崛起根本性地改变了传统政治社会格局和农民身份体系，其独特的以乡村和农民为基点的革命形式和"农村包围城市"的革命路径促使党和国家与农民建立起了高强度的政治关联。这首先根源于党和国家对农民身份系统的颠覆与重构，将宏观层面的阶级划分理论运用于社会实践，在全国范围内为每位农民划分出一个新的阶级成分，从而在乡村社会建立了一套全新的身份体系。阶级身份的建构本身就意味着社会的重新分类，社会分层体系发生了根本转向。以前乡村社会自然演化的分层体系被彻底打破，实现了颠覆性转换，新型分层体系建基于农民阶级身份之上，主要有三个层次：一是"依靠对象"，主要指贫雇农，被界定为最革命阶级，从原来的低等阶层阶级划定后跃升为上等阶层；二是"打击对象"和"斗争对象"，主要是地主、富农等阶级敌人和革命对象，他们从昔日的上等阶层却跌落到社会底层；三是"团结对象"，主要是中农及其他中间阶层，其社会政治地位介于前两个阶级之间。

在土改后近30年的时间里，作为一种"符号"的身份沿着农业合作化、人民公社化、"文化大革命"等时间线索越来越深地契入乡村社会生活的深处，镶嵌在农民的日常生活和心理世界之中，并借助于日渐强化的阶级政策和反复无常的政治运动延续并扩展着其政治社会功能。农业合作化时期，阶级身份在加入合作社的时间顺序和资格条件方面得到了延续与深化，新老下中农从新老中农中分化出来并获致与贫农同等的政治地位，在入社方面具有较大的优势，中农（尤为富裕中农）和富农成为最重要的不信任群体，在入社方面受到诸多限制甚至歧视。在人民公社时期，阶级身份得到进一步强化，而且更多地与经济政治社会资源分配关联在一起，在"文化大革命"时期阶级身份走向泛化。由于贫下中农、中农和地、富、反、坏"四类分子"在政治社会待遇和地位上的巨大差异，原有的社会分层体系出现了细微变动。其后，在政治社会根本转型过程中，阶级身份最终走向终结，退出历史舞台。

毫无疑问，阶级成分是政治身份在土地改革伊始到改革开放这一历史时段的独特体现，它也具有一般意义上的身份的共通特性和面相。一般而言，身份既具有公共性（即社会性），也具有私人性（即个体性）。换言之，身份涉及到个人与其生活的外在社会环境之间的关联方式，即个人与社会之间的双向互动过程：一是社会对个人的地位和行为方式的界定，身份具有社会性，个人是在与他人的对照和互动中进行自我确认的；二是个人对社会性身份的自我认知，即自我的客体化，即"自我评价"的过程。作为一个分析工具，身份这一个概念是"一种在我们对世界的主体性的经验与这种微妙的主体性由以构成的文化历史设定之间相互作用的理解方式"①。

进入现代社会以后，国家成为民众身份系统最基本的影响者、确认者甚至直接的界定者，民众身份系统的形成、维续、转变与国家密切相关。对中国乡村社会来说，国家和上层政治精英对乡村的社会整合具有较强的规划性。尤其是20世纪以来，外在的政治组织和政治势力越来越深地介入乡村社会和农民的日常生活，从而赋予后者诸多建构性、非自然性特质。因此，乡村民众政治身份的演进更多地与国家整合联结在一起。国家整合是"通过国家的经济、政治、文化等力量将国家内部的各个部分和要素结合为一个有机的整体"②。笔者以为，现代国家整合乡村社会可以细分为三个层面：一是制度层面，即一体化的制度、政策、法律等；二是理念层面，即意识形态、价值取向、信仰等；三是符号层面，即话语、仪式、身份标识等。本文主要是在第三个层面展开的。从表层看，现代国家

① Paul Gilroy. Diaspora and the Detours of Identity. Identity and Difference. Ed. Kathryn Wood－ward：Sage Publications and Open University，1997. 301. 转引自钱超英《身份概念与身份意识》《深圳大学学报》2000年第2期，第90—91页。

② 徐勇：《国家整合与社会主义新农村建设》，《社会主义研究》2006年第1期。

渗透乡村社会主要借助政治精英、政治权力、政党组织、法律制度政策体系等政治实体来完成的；从深层看，则更多地依靠政治话语、政治身份、政治仪式等政治符号来实现，而且政治符号这一新机制具有更强的持久性和稳固性，它可以进入社会个体的内心世界和意识深处，一旦进入就很难更改。这可能就是中国共产党将"阶级"概念和阶级分析框架引入乡村后引发了深远的政治社会后果的奥妙所在。

翻身:土改中的乡村秩序重塑

【导读】"翻身"意指从压迫束缚中解脱、改变不利的处境。在中共领导的土地改革运动中,这一词汇被广泛传用。它通俗化地展现出农民打破封建制度枷锁、获得新生的形态,犹如一个人长久被踩在他人脚下终于摆脱凌辱站起来了。本文在美国学者韩丁的研究基础上重新审视山西省张庄的土改历程。共产党人面对政治上保守冷漠的农民,运用物质激励与思想教育相结合的动员技术号召农民响应土改运动,农民逐渐从被动翻身走向主动翻身,从物质翻身升华为精神上的翻身。与此同时,共产党人将政治权力深入乡土社会,树立起新的权威。"翻身"是共产党与农民携手重塑乡村社会秩序的代名词,"翻身"之后,农村中草根精英迅速崛起而传统精英被打入底层,各种群众组织蓬勃发展而传统组织机构纷纷被捣毁,民主进步思想在萌芽,封建落后思想受到唾弃,农民与国家、政党间的关系空前紧密。总之,"翻身"带领农民进入了一个全新的世界。

"翻身"在《辞海》中有三个释义,一是躺着翻转身体;二是比喻从受压迫、受剥削的状态中解放出来;三是喻意摆脱不利处境或改变落后面貌。后两种解释是从第一种释义衍生而来的,当前政治学与社会学领域所指的"翻身"多是这两种意思。"翻身"衍生喻意的使用最早可追溯到元朝,戏曲作家杨显之在《郑孔目风雪酷寒亭》中描述主人公陷入不利境地时写道:"虎着痛箭难舒爪,鱼遭密网怎翻身"。①

作为土地改革时期带有政治鼓动色彩的话语,"翻身"因其形象展现

---

① 杨显之:《郑孔目风雪酷寒亭》,第四折。

出农民打破封建枷锁、获得新生活而被广泛传用。国内外的学者对于"翻身"存在三种理解。

一是将其看做"土地改革"或"乡村革命"的同义语。季为曾对这一历史名词进行研究，他认为"翻身"的广泛使用与"土改运动"密切相关，土地是农民安身立命之根本，翻身就是要让农民拥有自己的土地，在属于自己的土地上劳作、收获。[①] 刘荣臻在探析华北农民向地主夺田过程中的心态变化时指出，翻身运动就是土地改革的运动。[②] 李放春在《北方土改中的"翻身"与"生产"》一文中阐述了"翻身"实践与"生产"实践是如何构成矛盾关系、又如何影响土改进程的，该文中作者将"翻身"与"革命"互换使用，他认为翻身是"通过阶级斗争的革命方式解决中国土地问题的政治隐喻"[③]。"翻身"是中国乡村革命的白话描述，是土改运动的政治代名词。

二是将"翻身"定义为乡村精英阶层的变更。土改运动的目的和结果之一是摧毁以地主为代表的旧权势，同时将乡村社会底层与边缘的贫农推进权利场域的中心。"翻身"用来概括以国共两党的政治更替为背景的村庄政治社会重构过程，也就是说随着共产主义意识形态合法化，村庄精英的构成和产生发生了根本变更。"翻身"意味着"乡村精英评价标准和精英群体的整体重建。"[④]

三是将"翻身"看作民主革命时期农民为变革乡村社会进行的一系列运动。韩丁在《翻身——中国一个村庄的革命纪实》中指出，"翻身"的意义不仅在于农民获得土地、牲畜、农具和房屋，它还意味着建立起破除迷信、扫除文盲、男女平等、民主选举的乡村新世界。作者以土改为主线索描绘出张庄人民在政治、经济、思想等多方面的变革历程。

这里所探讨的"翻身"采用第三种含义，主要基于当代中国农村和农民史的研究视角。几千年来，"皇权不下县"的政治统治模式形成了农村社

---

① 季为：《翻身》《档案天地》2008 年第 3 期。

② 刘荣臻：《艰难的转轨——1937—1949 年华北乡村农民翻身进程中的心路探析》《黑龙江史志》2009 年第 14 期。

③ 李放春：《北方土改中的"翻身"与"生产"—中国革命现代性的一个话语——历史矛盾溯考》。

④ 吴毅：《村治变迁中的权威与秩序——20 世纪川东双村的表达》，中国社会科学出版社 2005 年版，第 45 页。

会地域依附型的文化传统，农民对国家、政府、政党等政治实体认知度低，情感淡漠。如何动员具有保守政治心态的农民参与高风险的革命运动，成了共产党建立政权、取得革命胜利所面临的关键性问题。此时共产党通过"翻身"这一建构概念，培养农民的革命意识，让他们认识自己所受的苦难并不是命里注定，而是被封建统治镇压、地主阶级踩在脚下而动弹不得，由此唤起贫苦农民的抗争意识，进而配合共产党完成革命的历史任务。"翻身"一词的动员意图不言自明。土改过程中，农民反奸清算、组建农会、平分土地等等为"翻身"做出的努力，其重要后果就是摧毁旧乡村社会格局，并按照国家和政党意图生产新的社会秩序。作为"土改"时期的革命标语，"翻身"蕴涵着共产党政治动员和乡村社会秩序重塑的双重意义。

不难看出，"翻身"把共产党建立政权与农民改变命运联系在一起，它成为解读土地改革时期共产党与农民关系的一把钥匙。本文试图剖析这一时期农民如何实现翻身、如何在政党力量推动下变革农村社会秩序，进而重现党与农民互动关系的历史。此外，"翻身"后形成的乡村秩序影响至今，对这段历史的考察有助我们更深入了解当前的农村社会。

一　前　奏

美国学者裴宜理在考察淮北地区农民反抗运动时采用了社会生态学和环境学的研究方法，她认为地方环境是影响农民行为逻辑的重要因素，不稳定的生态系统使得农民更易于产生抗逆心理，生态危机常常成为农民革命暴动的导火索。中国历史上多次农民起义也都说明了在濒临破产、无法生存的境况下，一向逆来顺受的农民也会走上揭竿而起的不归路。频发的自然灾害、大规模饥荒、地主压迫、战乱侵扰、高额赋税使得农民长期生活在贫困中、挣扎在死亡线上，这些"无序干扰"[①] 即使没有直接导致抗争运动爆发，也已经成为革命乐章的前奏。

----

① ［美］马若孟：《中国农民经济：河北和山东的农业发展：1800—1949》，史建云译，江苏人民出版社 1999 年版，第 312 页。"无序干扰"借用马若孟的概念："这种农民经济特别容易受到4种重要的外部打击，农民不能预知也没有能力控制这些打击。我把这些打击称作无序干扰，因为它们与内部发展和周期性变化的一般模式无关，它们没有先兆，突然地发生，对农村的经济造成严重的后果。这些干扰是自然灾害、战争、税收增加和价格波动。"

张庄所属的山西省是自然灾害频发之地，干旱尤为严重。"根据史料记载，公元前1582年到公元1948年的3530年中，有干旱记载的609年，严重干旱或特旱年91年；发生连旱2年或以上的特旱年有45次。山西地处内陆山区，距海洋较远，境内东西侧南北延伸的太行山和吕梁山脉，在一定程度上阻挡了经由华北平原到达山西的夏季暖湿气流的深入，使东西山脉之间的盆地和吕梁山脉以西的黄河沿岸山区常年雨水偏少，全省各地降水量大多在370至650毫米之间，水资源不丰富，构成了山西易发生旱灾的大背景。"① 干旱灾害平均每年要使山西20%—24%的耕地面积遭受不同程度的损害，这在生产力水平极低的年代无疑是沉重的打击。历史上干旱给山西人民造成的灾难极为严重。如明成化二十年（公元1484年）"五月山西大旱，秋不雨，次年六月始雨，饿殍盈野，人相食，诸府州皆然"；明崇祯十三年（公元1640年）"山西连岁荒旱，南部尤甚，是年春不雨至夏六月，秋无禾，树皮草根食尽。"

20世纪以后的50年间，长治县记录在案的旱灾共19次。以下列举最为严重的几次旱灾。据《中国救荒史》记载，1920年，陕、豫、晋、冀、鲁五省大旱，灾区三百十七县，灾民二千万人，占全国五分之二，死亡五十万人。"山西黎城、屯留、长子、长治、平顺、壶关均大旱，麦歉收，秋禾枯萎，收成十之二三，粮价大涨，十室九空，饥民流离失所，成群乞讨，卖儿卖女，饿死甚多。"② 1929年山西全省连续干旱，临汾、运城、长治尤旱。此为20世纪最严重的旱灾年之一，据《中国农村经济资料》载："民国十七、十八年（1928年、1929年）山西大旱，农业无收，群众疾苦，遍地饿民载道，死亡日增……甚至人相屠食，惨不忍睹。某地一饥民倒地后，方未气绝，即有十数饥民操刀拥争割其肉煮食。"1942年长治、潞城大旱，"从上年冬始，雨雪很少，直到七月上旬，部分地区才落雨，但始终未透，夏收仅三四成。秋禾大多未抽穗，平均秋收仅二成左右，亩产二三斗。冬仍无雪，翌年大饥。人吃树叶、野菜、谷糠度日。树皮、野菜皆被吃尽，饿死者处处可见。"③ 1943年，"灾荒蔓延到太行全

① 《中国气象灾害大典·山西卷》，气象出版社2005年版，第11页。
② 《武乡县志》，山西人民出版社1986年6月版。
③ 《沁县县志》，山西人民出版社1999年8月版。

区，黎城、潞城、长治遭受了严重灾害。蝗虫又遮天蔽日袭来，疾病流行，有的人拍家卖产，以求一顿餐饱，有的人出卖青苗换粮吃，有的人出卖耕畜。七月二十八日（公历 8 月 28 日）下了小雨，八月四五日（公历 9 月 3、4 日）雨量增大，时已立秋，许多庄稼枯死，有的已无收成。"[1] 1945 年春、夏之际，"襄垣县、平顺县、长治县旱，无法下种，歉收四成……1946 年长治县大旱……1947 年春夏，襄垣县、长子县、长治县连旱，七个月未下透雨。"[2]

由上述资料可知，张庄在进行土改运动（1945 年）之前的 1941 年、1942 年、1943 年都遭受了旱灾，根据史料可以推断此时张庄农民也饱受饥馑之苦。大饥荒加剧了张庄所处社会生态环境的动荡不安。

有学者曾这样形容中国农民的处境，"在中国的许多乡村，翻身之前农民的处境就好比一个人站在齐颈深的河里，只要一个细浪就足以把他淹死。"[3] 如果说天灾战乱等无序侵扰是造成农民灭顶之灾的层层激浪，那么封建地主统治制度便是暗流汹涌的没颈之河。封建土地所有制在中国存续了几千年，辛亥革命虽然推翻了封建帝制，却没能彻底革除掉乡村社会中封建的土地所有制和生产关系。土地作为农民维持生计的命脉，牢牢掌控于少数地主手中，他们凭借土地及其附庸权利不断榨取农民的劳动果实。

根据刘少奇对土改前中国土地占有情况的分析，占乡村人口不到 10% 的地主和富农，拥有着农村中 70%—80% 的土地以及大部分生产工具；而占乡村人口 90% 的贫雇农、中农却总共只占有约 20%—30% 的土地。"乡村中 90% 的土地是中农、贫农及一部分雇农耕种的，但他们只对一部分土地有所有权，对大部分土地则没有所有权。"[4] 相对于这个普遍推算，张庄的土地集中程度要低得多。约 7% 的地主、富农直接拥有全村 18% 的土地，此外他们通过宗教和家族组织间接控制了 12% 的土地，这样一来掌控在他们手中的土地共达 30%；而占人口总数 47% 的贫农只占

---

① 《太行革命根据地史稿》，山西人民出版社 1987 年 1 月版。
② 《襄垣县志》，海潮出版社 1998 年 8 月版。
③ R. H. 托尼：《中国的土地与劳动》，第 77 页。又见埃德加·斯诺：《西行漫记》，纽约：现代丛书 1944 年版，第 83 页。
④ 刘少奇 1950 年 6 月 14 日在人民政协全国委员会第二次会议上《关于土地改革的报告》。

有全部土地的24%，雇农、佃农的比例约为7%，不占有土地。中农的人数比例最高，约为40%，拥有土地总面积的45%。

土改前张庄土地占有情况（除非特殊说明，均引自《翻身》，下同）

	户数（户）	户数比例（%）	人数（人）	人口比例（%）	所占土地（亩）	占地比例（%）	平均每人亩数
地主	7	2.8	39	4	680	12.2	17.4
富农	5	2.0	27	2.7	303	5.4	11.2
中农	81	32.2	395	40	2532.6	45.3	6.4
贫农	138	55	462	46.8	1386.7	24.8	3.0
雇农	19	7.6	59	6	—	—	—
佃农	1	0.4	5	0.5	—	—	—
教会等	—	—	—	—	686.2	12.3	—
总计	251	100	987	100	5588.2	100	

从表面上看，相对分散的地权、较高比例的中农阶层起到了缓解村庄矛盾的作用。但考虑到土地耕种条件和粮食产量的差异，农户的经济状况并不完全由土地占有量决定，村里平地良田多被地主霸占，贫农、中农的土地多为贫瘠荒田，各阶层农户间贫富差距实际上要大得多。若遇到天灾人祸，贫农甚至是中农手中的土地也难以保障其生存所需，他们很容易落入地主的剥削陷阱。并且除了地租外还有多种暗地里的剥削形式，土地作为重要经济收入来源和保障，让地主有资金从事高利贷、商业和手工业以攫取更多利润。经济上的优越性让地主获得高于其他家庭的政治、社会地位，他们能够担任村中要职，掌管宗教和宗族事务，从中贪污舞弊中饱私囊。张庄的贫苦农民仍是地主鱼肉宰割的对象，阶级矛盾根深蒂固。

▎1945年实行土地改革以前，张庄地主对农民的剥削压榨主要通过地租和高利贷两种方式。地租剥削又分为货币地租（又称钱租）、实物地租（又称粮租）、劳役地租。劳役地租的形式有三种，一是佃户为地主无偿做工，地主让佃户自种自收，不再另收租粮；二是地主雇佣农民为自己耕地，按比例让农民自收；三是地主雇佣雇工，雇工在地主家做苦力维持生计。

　　高利贷是地主剥削的又一重要形式。每逢青黄不接或天灾人祸、婚丧嫁娶等大事，佃农不得不向地主、富农求借钱粮。沉重的高利贷便随之强加在农民头上。放贷方式有多种，一是经营地主利用商业资本放贷，主要包括赊销、预购、抵押等，利息很高；二是部分富农用手工业、作坊利润发放贷款；三是地主、富农利用庙社、道观、会教资产放贷敛财，方式极为隐蔽。高利贷利息的算法也有多种，"驴打滚"又称"利滚利"，即月初借1元，月底还2元，当月无力偿还下月还4元；"臭虫利"一般为短期借款，以月计息，如月初借1元，日息5分，月底连本带利还2.5元。另外还有"剥皮借""回扣""倒装利"、债转典、粮食转借贷、借粮转地租等。日积月累的高利盘剥，致使贫苦农民终年为债务所累，不得翻身。

　　除了自然环境以及地主压迫等因素外，战争肆虐也是农民奋起反抗的一个重要推动力。1937年，日本侵华战争爆发，妄图实行"闪电战"的日军继占领东北后迅速向华北逼近。山西是西北的门户、华北之要塞，独特的地理位置和战略地位使其很快成为中日在华北战场上争夺的焦点。日军侵入山西后，奸淫掳掠，烧杀抢夺，无恶不作，社会经济遭受空前浩劫，人民群众生活在朝不保夕的巨大苦难中。与此同时，抗战运动在后方如火如荼发展起来，日军为保障在华北的既得利益，对隐匿在边区农村的游击队展开捕杀，并对这些村庄实行疯狂"扫荡"。太行山区的农村在这场战争中遭受了重大创伤。

　　1938年夏季张庄被日军占领。日军长期盘踞在这里征粮收税、搜刮抢掠以维持军需。据村民回忆，当年地里收成不好，许多村民打下的粮食还不够糊口，但日军仍是挨家挨户索要粮食，他们把装粮的口袋撂到农户家里，要是不给装满便会招来一顿毒打，家里没有口粮的人不得不逃走。居住在张庄南头的一户农民藏匿粮食被日军发现后，全家无一幸免被活活打死。军事工程和各种杂役也因战争所需而不断扩大，修公路铁路、建炮楼碉堡、运输打杂，这类劳务村民得无偿提供。1943年，日军强征民工到张庄北头修筑炮楼，村里所有男劳力都被拉去挖壕沟。有个叫武魁的村民因家里修建新房不愿停工，便雇了一个孩子顶替，被查出后，日军将他逮捕打断其胳膊和腿。服劳役时，村民如果迟到、干活慢或是出差错，都会遭到监工的毒打和虐待。侵略者的蛮横暴行罄竹难书，人们的仇恨情绪越积越深。

在民族矛盾如此激化的情况下,许多地主却直接或间接充当起日军的爪牙。日本人攻占村庄后为了维持统治、获取物资和情报,许诺不伤及地主乡绅的人身财产安全,以此为诱饵让掌控村庄大权的地主同他们合作。很多地主因此投入侵略者的怀抱。

上述种种侵扰使农民挣扎在破产和死亡的边缘,在生存受到威胁的情况下,农民有了改变现状的潜在要求,然而牢固的封建统治基础以及农民的局限性决定了他们无法依靠自身力量实现翻身。要在广大而分散的农村中形成翻身浪潮,还需要先进的组织领导力量来发动农民。此时中共领导的革命抗争运动为改变乡村社会格局提供了最佳契机,共产党人向贫苦农民伸出了橄榄枝。如巴林顿·摩尔所言,此时的中国农民像是"被装进了威力强大的火药桶中,一旦时机适宜,共产党就会点燃导火索"①。

共产党在早期就认识到农民问题的重要性,中国共产党成立后在浙江、广东、湖南一带开展了一系列农民运动,召开党的四大时,共产党人第一次将农民问题与无产阶级领导权结合起来。《关于农民问题的决议》中进一步强调了农民在中国民主革命中的地位,指出共产党要领导中国革命走向胜利,"必须尽可能系统地鼓动并组织各地农民逐渐从事经济和政治的斗争"。1926年9月,毛泽东在《国民革命与农民运动》一文中明确提出:农民问题是国民革命的中心问题,国民革命没有农民的拥护和参加就不会成功。农民运动必须首先推翻地主阶级的政权。那么共产党要取得革命胜利为什么定要改变乡村社会秩序、动员广大农民翻身呢?

首先,从革命的性质与任务来看,动员农民翻身是完成中国革命的必然要求。中国革命的任务就是要推翻帝国主义、封建主义,而他们的统治基础在农村。我们知道几千年来,地主阶级依靠封建制度稳固地统治着农村,帝国主义为掠夺中国也极力保持封建剥削制度,通过遍布广大乡村的地主阶级来推行自己的侵略政策。军阀和贪官污吏也都是地主阶级的首领和政治代表。"不法地主阶级,是几千年专制政治的基础,帝国主义、军

---

① [美] 巴林顿·摩尔:《民主与专制的社会起源》,拓夫、张东东译,华夏出版社1987年版,第169页。

阀、贪官污吏的墙角"[1]，"若无农民从乡村中奋起打倒宗法封建的地主阶级之特权，则军阀与帝国主义势力总不会根本倒塌"[2]。因此只有变革乡村社会秩序，帮助农民推翻地主阶级，共产党才能带领群众摧毁帝国主义、封建主义以及军阀和贪官污吏的根基，完成反帝反封建的革命任务。

其次，从战时需要来看，动员农民翻身能够增强共产党的革命力量。中国共产党成立初期兵力孱弱，面对民主革命时期复杂长久的战争局势，需要源源不断地补充兵源和其他战备物资。在总结革命实践经验后，共产党逐渐认识到农村才是积蓄实力的大后方。中国是一个农业大国，自给自足的生产方式使农村中存有大量粮食和物资，农民占全国总人口的80%，有着丰富的人力资源。但是作为革命政党而非执政党，共产党不能通过正式渠道扩充军队力量，他们要在农村中取得农民配合，帮助农民实现政治、经济、文化上的大翻身，这样才有利于共产党建立积极形象，争取其信任与支持。农民分得土地，利益诉求得到满足，自然会拥护共产党，为其提供革命所需的人力、物力和财力。解放战争时期，广大翻身农民普遍掀起了参军参战、支援前线的高潮，华北近 100 万人、东北 160 万人参军。1946—1948 年，山东有 580 万人、冀中有 480 万人随军出征。粮食也是战争最重要的资源，"从 1941 年到 1945 年间，共产党通过征购、征借等方式从农民手中得到的稻麦总量约为 4 亿石左右"[3]，有力保障了前方作战官兵的粮食供应。经历着翻身运动洗礼的张庄村民以极大的热情支援共产党。1945 年 12 月，八路军为加强山西长治和潞城地区的防御力量号召人们参军，张庄有 25 个青年到县城报名参加。此外，张庄还开办了军火原料厂，用草木灰生产制造炮弹用的硝酸钾，以满足共产党军队对炮弹的需求。

综上所述，政党为了实现特定的政治目标采取动员民众参与的措施。共产党号召广大农民起来翻身，能够实现党的多重目标，其一可以改善农民的生存状况，这也是共产党革命的题中之意；其二是取得农民的支持，从农村中获得人力、物力资源保障革命胜利；其三是摧毁维系国民党统治

---

① 《毛泽东选集》第 1 卷，人民出版社 1991 年版，第 15 页。
② 《毛泽东文集》第 3 卷，人民出版社 1993 年版，第 39 页。
③ 徐堪：《抗战时期粮政纪要》，《四川文献月刊》1963 年（11、12 期合刊）。

的乡村旧秩序，建立起共产党的权威合法性基础，重构有利于自身的村庄秩序。

实际上，大规模的农民翻身运动其实是农民与革命精英的双重要求，是革命精英以政治目标为导向用政治动员激发农民革命性的产物。恶劣的生存环境让农民具备了翻身的潜在要求和现实基础，但由于封建思想的束缚以及农民自身的局限性，他们或者没能认清这一诉求或者无力采取有效行动。中国共产党为了壮大自身力量、带领人民取得革命胜利，号召并引导广大农民翻身以赢得农民的支持，因此，共产党政治动员才是农民翻身的直接推动力。

二 如何"翻身"？

按照一般的逻辑推论，翻身运动会给农民带来经济利益，提升其社会地位，农民理应积极响应并参与其中。然而，从全国范围来看，许多地区的农民并未遵循这一逻辑而行动。例如，作为翻身重要标志的土改运动，在一些地方开展初期就没有取得理想效果，农民的反应较为冷淡。1947年6月，晋冀鲁豫边区总结一年来的土改运动，认为"许多农民没有被发动起来，他们受到命运思想的束缚，认为'外财不富命穷人''猪毛按不在羊身上'，因而缺乏斗争积极性"①。山东省桓台县后七里庄在开展土改的过程中也遇到了同样的阻力，工作队要求该村农会主任领导斗争，主任实在找不到愿意出面斗争的群众，只好买礼物请他人出面，批斗会后还跑到地主家去道歉，河北获鹿县农民也是"种地主的地，生活不十分苦，因此斗地主不积极"。②

1945年8月，张庄翻身运动在抗战结束后的反奸斗争中拉开了序幕。反奸运动之所以成为翻身的第一步，是因为张庄最主要的汉奸正是伪政府成员，他们的后台靠山又是地主，铲除汉奸动摇了旧有的乡村政治秩序，这是农民翻身的"热身运动"。从其他地方的经验看，反奸运动后来逐渐

---

① 《晋冀鲁豫边区土地改革运动的基本总结》（1947年6月），《华北解放区财政经济史资料选编》第1辑，中国财政经济出版社1996年版，第919页。

② 《获鹿县委土改初步总结》（1948/04/12），河北省档案馆藏，档号520-1、597-3。

发展成了对地主阶级和土地制度的进攻。日本投降后，张庄积极抗日的贫苦农民建立起新的人民政府，随即他们着手执行县政府的政策——批斗汉奸。当时的治安主任张天明满怀热情地主持了批斗汉奸的群众大会，不料却吃了"闭门羹"。他激动地号召人们揭发汉奸罪行，农民们在台下听着却没有什么反应，任张天明再三鼓动，"场内还是一片寂静""谁也没有动，谁也没有说话"。

其实在翻身运动之初，不只是农民因思想上的束缚困住了手脚，许多干部也存在一些疑虑。1946 年初山西省潞城县第五区召开了清算地主讨论会，在谈到土地制度时，不少村干部感到疑惑：如果地主的土地是合法购置或祖上传下来的，农民租种他们的土地有什么道理不交付租子呢？"我给地主干活，人家管我饭吃，年底还给工钱，这都是说好了的。要是年底不给工钱或者不给饭吃，我可以告他。可是人家确实给钱了，也给饭吃了，那还有什么错处……要是地主不把土地租给我们，我们就得挨饿。"①

即使是在土地改革进行到高潮的时候，还有一些"落后分子"没能坚定翻身的信念。由于革命形势起伏变化以及封建权威恫吓，张庄有几个胆小怕事的农民将已经分到手的财产偷偷送还给地主，甚至把减了的地租和利息补交上了。一个村主席的老婆竟然跑到地主家里当起了佣人，为的是让那家地主在势力恢复之后不对其打击报复并给予保护。农民群众的积极性没有被充分调动起来，翻身运动因此陷入了十分尴尬的境地。

农民对政治不感兴趣的一个原因是自身条件不足。普通农民长期挣扎在生存边缘，繁重的农业生产劳动以及沉重的家庭负担让农民无暇顾及政治问题。私塾学堂一般只有乡绅地主的子女才上得起，普通农民缺乏受教育的机会，不识字、没文化让许多农民没有信心和能力参与政治实践。

在革命形势尚未明朗的情况下，农民对共产党能否站住脚还存有疑虑，他们害怕"变天"，担心国民党及地主旧势力会卷土重来。张庄第一次群众运动失败后，村干部调查原因发现，许多农民担心装备简陋的八路军不能保住这个地区，阎锡山的军队还会回来，"变天"后旧秩序又得以

---

① 《翻身》，第 144 页。

恢复。"这个谁能知道呢？暂且消极的等待观望一会儿不好吗？"① 此外，生产生活上长期依附于地主，让农民对其产生敬畏心理和生活来源上的顾虑。农民也害怕得罪了地主，以后无地可种、无钱粮可借。在得知要实行"减租减息"政策时，很多农民担心"减了租明年地主不让种地吃什么！""减了息财主不借钱，不放粮给农民怎么办？""多少年来不敢触犯乡绅的心理，多少世代对于最终的失败与可怕的报复的恐惧记忆，好像乌云一般笼罩着他们心头。"②

此外，中国农村社会是典型的熟人社会，以血缘和地缘为基础的人情关系网覆盖于村庄，人与人之间多少存在着一些亲疏联系。而在血缘关系和地缘关系上形成的人情道德观是十分浓厚的，它深深影响着村民行为活动，并成为规范乡村社会秩序的重要因素。地主、伪村吏和农民生活在同一个村落里，大家都是抬头不见低头见的熟人、街坊邻里，甚至是亲戚朋友。响应翻身号召就意味着要和有着某种联系的地主、伪村吏撕破脸面，碍于"情理""面子"，农民不愿意采用激烈手段破坏这层人情关系。土改时期减租减息、批斗地主、平分土地，在一部分农民眼中便成了"违背情理""黑了良心"的事。1947 年冬晋绥边区河津县土改运动，农民"对地主富农拉不下面皮，他们认为大家都是同村，或同姓本家，实在是破不开情面"。③

不过，历经了 14 年抗战，广大农村地区的生产生活遭到重创，农民面临着十分严峻的生存问题。此时，共产党号召群众开展反奸清算运动，将没收的财产分配给农民，不但在一定程度上解决了农民生存所需，也使得他们在心理上产生了微妙变化。在物质利益的巨大诱惑下，一开始犹豫观望、积极性不高的人们逐渐萌生了翻身的念头。

（一）经济翻身：分配果实

反奸是"政治斗争与经济斗争相结合的一种斗争方式。它既是群众性打击日伪及其统治基础的政治运动，又是初步的土地斗争"。④ 为响应

---

① 《翻身》，第 128 页。
② 同上。
③ 崔秀峰：《河津县的土地改革运动》，太原《文史月刊》1996 年第 1 期，第 11 页。
④ 赵效民：《中国土地改革史 1921—1949》，人民出版社 1990 年版。

中共中央的号召，张庄所属县政府发布政策：公开控诉日伪、汉奸的罪行，没收其财产分配归农民所有；清算地主的剥削行为，并要求其赔偿。把斗争运动中查处的财产分发给农民就叫做"分配果实"。

张庄的反奸运动中，有 27 个汉奸被批斗并没收了财产。村干部决定将汉奸、恶霸家中查抄出的 100 袋粮食分还给农民。分配的方式是，农民在斗争大会上揭发汉奸罪行，根据农民因汉奸恶霸掠夺所受的损失进行补偿。这种分配方式产生的结果是，勇于站出来批斗汉奸的人分到了粮食，而选择沉默观望的农民就什么也得不到。这种带有"论功行赏"意味的分配方式，当时就有一个口号叫做"谁斗谁分"。"在经过几次分配之后，人们开始发现，那些在斗争中表现得最积极、最勇敢和最热情的农民，常常分到超过应有份额的果实。"① 将斗争会上的表现与"果实"分配量相挂钩，这让真正遭受侵害又积极参加翻身运动的农民得到应有补偿，同时也让其他村民红了眼、动了心，产生效仿效应。大家逐渐认识到"只要积极参加斗争，就可以实实在在地分到土地、房屋、衣服和粮食。""谁斗谁分"的分配方式愈演愈烈，甚至于村干部默许只要在大会上提意见、喊口号就能分到果实，群众美其名曰"提成金"。

另外一个表现与平分土地有关。抗战结束以后，为了不激化国内矛盾，中国共产党没有立即没收地主土地。毛泽东发表的《论联合政府》以及中共中央发出的《减租和生产是解放区的两件大事》明确了农村中应继续实行"减租减息"政策。然而张庄在"清算"运动中实际上已经突破了"双减"政策的限度，将被清算地主的土地和财产分给了农民。因为农民在减租减息之外，还要求退还以前多收的租息和过去用来抵债的土地财物，实际上经过这样清算，地主全部的财产也不够补偿给农民。因此，张庄早在清算运动中就实现了地权均分，村庄各阶层的土地占有情况有了很大调整，地主的土地占有量从 680 亩锐减至 18 亩，人均亩数从 17.4 亩降至 3 亩，一部分富农也遭到了打击，土地总占有量从 303 亩减少到 138 亩，人均亩数由 11.2 亩降低为 6.9 亩，而贫农拥有的土地由 1387 亩迅速扩大到 2841 亩，人均占有量不足 3 亩以及完全无地的雇农、佃农，如今人均亩数达到了 5 亩。这样一来，除了地主土地远低于其他农

---

① 《翻身》，第 172 页。

户，张庄的土地基本实现了均分。

通过"反奸"和"清算"，从汉奸、地主手中没收了1200多亩土地，约占全村土地的1/4；牲口26头，占全村总牲口数的一半多；房屋400间；粮食100多吨。按照当时的经济水平计算，这些斗争果实相当于全村人五年的收入总和。分得果实的农民生活上有了改善，摆脱了地租和债务，经济上翻了身。贫农申良发从前给地主申金河当长工，翻身之后感慨道："如今这光景比过去强多了，我有了地和房子，也有活干了，屋里有了粮食。只要出力干活，打下粮食全都归到自家屋里。早先可不这样……过去我是替别人干活，如今干活是为了自己，再也不用为旁人卖命受苦了。"①

不仅如此，实实在在的物质利益还强化了农民对共产党的认同感，这也有利于他们支持由后者发起的翻身运动。有农民说："这下我们算是悟开了，八路军真是给穷人撑腰的。人家办事不是光凭嘴皮，而且还有实干哩！"后来担任妇女主任的胡雪珍说："是共产党把我们从苦水里解放出来，带领我们翻了身……就说我吧，这会儿又有房子又有地……凭这我能忘记共产党和八路军的恩情吗？"②

这是利益满足式动员技术的实现。诚如马克思所说："人们奋斗所争取的一切，都同他们的利益有关。"③ 若要动员农民积极参与翻身斗争，应首先了解其利益需求所在，并将这种需求同翻身运动紧密联系。当时，饱受战乱、饥荒和剥削的广大农民面临严峻的生存考验，粮食、财物以及土地无疑是农民摆脱死亡和破产最急需的物资。无论是"减租减息"为农民减轻债务负担，还是"反奸清算"直接给农民分配果实，都在一定程度上满足了农民迫切的利益需求。农民切实感受到通过这些运动能够得到实在的好处，能够解决最棘手的生存难题，"参与翻身"成为实现个人利益的快速通道。照此逻辑，为了争取物质利益以维持生存的农民就会积极响应翻身号召，或者说他们更容易被动员起来。

用物质激励农民翻身最重要的动员资源当属土地，农民与土地之间有

---

① 《翻身》，第177页。

② 同上书，第201页。

③ 《马克思恩格斯全集》第一卷，人民出版社1972年版，第82页。

着密切联系和深厚感情，土地象征着财富、地位和归属感，更是农民最基本的谋生手段。圆了农民拥有土地的梦想，就赢得了农民的心。正如亨廷顿所说："农民既可能是现有秩序的坚固堡垒又可能是革命的突击部队。农民究竟会扮演什么角色这完全要看现有制度能在多大程度上按照他们的想法去满足他们切近的经济和物质利益而定，这些要求都集中在土地问题上。"① 因此，为农民争取有关土地的各种利益，尤其是平分地权，成为动员成功的最关键因素。

实际上，一直以来共产党都深谙利益与动员之间的关系，并明确指出重视群众利益、尽可能满足群众利益是发动群众的首要工作，而"一切脱离群众利益的政治鼓动都要减少动员的力量"。② 毛泽东曾就此写道："如果我们单单动员人民进行战争，一点别的工作也不做，能不能达到战胜敌人的目的呢？当然不能。我们要胜利，一定还要做很多的工作。领导农民的土地斗争，分土地给农民……解决群众的穿衣问题，吃饭问题，住房问题，柴米油盐问题，疾病卫生问题，婚姻问题。总之，一切群众的实际生活问题，都是我们应当注意的问题。假如我们对这些问题注意了，解决了，满足了群众的需要，我们就真正成了群众生活的组织者……"③ 要激起人民群众政治参与的主动性，就必须尊重他们的物质利益，并要积极地创造条件满足他们的需要。

在农民尚未领悟翻身运动的深远意义之时，运用物质激励的动员手段能够在短期取得良好效果，也使得农民对共产党产生感激之情，但是这种将"好处"与"参与"相挂钩的动员技术，更类似于建立条件反射式的联系。农民往往更注重参与带来的现实利益而忽略参与本身具有的深层意义。一旦停止物质资源供给，农民的政治参与热情便迅速消退，例如在张庄进行第三次针对地主的翻身运动，农民听到村干部召集开会也不情愿参加了，还说道："这何苦来？东西已经挖光，油水也榨完了。"农民因为再也找不到新的财源而感到失望，斗争也就此停止了。这种动员技术下农民虽然实现了经济上的翻身，但是他们的翻身意识还属于外界利益刺激的

---

① ［美］亨廷顿：《变动社会中的政治秩序》，华夏出版社 1988 年版，第 345 页。
② 《人民武装工作文件资料选编》（三），军事科学出版社 1993 年版，第 50 页。
③ 毛泽东：《在中国共产党第七届中央委员会第二次全体会议上的报告》，《毛泽东选集》合订本，人民出版社，第 122 页。

被动萌芽阶段。

（二）思想翻身：诉苦算账

共产党为重建乡村社会秩序而开展轰轰烈烈的翻身运动，他必然触及乡村社会的各个层面。经济上重新布局仅是"翻身"工程中的一个基础性工作，而要让农民真正理解新的社会关系和政治格局，并且参与建构、接纳拥护新秩序，还需要农民在思想上"翻身"。

1. 诉苦：动之以情

将仇恨情绪引向地主阶级，从而发动广大群众投入到翻身浪潮，这个过程中"诉苦"起到了关键性作用。

张庄开展反奸运动时，一位妇女讲了她的儿子是怎样被杀害的，当她讲到保安队长如何把她儿子捆绑起来塞住嘴巴扔到井里时，已经泣不成声。人们或者对这位母亲不幸的遭遇深感同情，或者联想到自己被汉奸恶霸欺辱的经历，不禁跟着她哭了起来。群众的仇恨情绪就这样被点燃了，人们纷纷要求将汉奸立即枪毙。

张庄的村干部在组织"清算运动"之前，先召集了村里最穷苦的 30 户人家开动员会议，目的是让这些人在吐苦水的过程中认识到苦难的制造者是谁，并在之后的清算大会上带动他人的斗争积极性。张贵才先诉说了自己的破产经过，他原本和叔叔住在一起，叔叔为了讨媳妇向财主借了 20 块大洋，结果利滚利一年之内欠债 300 多，他叔叔实在还不起，财主就霸占了他们的房子和土地，张贵才只好四处流浪，靠做零活为生。他的经历让贫农申天喜想起自己家的房子如何被地主申金河霸占，大洪家媳妇想到自己被卖给地主所受的折磨，人们一个接一个诉说着遭遇的不幸，到最后他们将矛头指向了村里的大地主，并决定团结一致"非把地主老财斗垮不可"。之后，这 30 个农户又分别到邻居亲友家去工作，最后发动了 100 多户人家加入农会并参与"清算运动"。"诉苦"在动员群众时所发挥的作用可见一斑。

批斗郭春旺的时候，在他家搜出几千斤粮食，有不少都发霉了。师福元冲他说道："闹荒那年，我哥给你家扛活，我们都挨着饿，没什么吃的，可你连管也不管。跟你借过几回粮食都没借成，你眼瞅着我们饿着，也没一点同情。"民兵黑胖说起自己向他租地的经过："有一年我交不起租，你就把我打下的粮食都拿走了。连衣服都拿走了，什么也没给剩下！"他说不下去了呜咽起来，人群中顿时跳出十几个人，群情激奋地喊道："你安的是什么心？你把东西搜刮干净是想把人全饿死吗？"大家看着发霉的粮食，想到因饥馑丢了性命的亲友，不由得满腔怒火。

除了诉苦和批斗大会，当时有专门为斗争不积极的"落后分子"开办的训练班，在那里学员们通过"忆苦"来认识封建制度和地主阶级。雇农张存喜，因为喜欢上地主家的儿媳妇，每次张庄斗地主的时候，他都不积极参与，后来被送进区里的训练班。听到同学们的遭遇与自己那么相似，张存喜不禁也回忆起来自己的辛酸往事，想起了闹饥荒那年自己在地主家做工，他母亲到地主家门前讨饭，他因为偷了一碗小米饭被毒打一顿，之后把又来讨饭的母亲轰走了。训练班的同学们都劝导存喜，过去地主的儿媳妇对待他像粪土一样，现在也不过利用他做挡箭牌。等张存喜明白过来，终于下定决心要摆脱她。回到村里他积极参加各项运动，不久以后入了党。

"诉苦""忆苦"，令农民感受到自己作为苦难群体中的一员，承受着和他人一样的痛，而他们共同的敌人就是地主和汉奸。诉说者用自己的悲惨经历感染倾听者的情绪，让有着相似命运的农民在心理上产生共鸣，并最终将矛头统一指向苦难的制造者。

2. 算账：晓之以理

1946 年 1 月 16 日，张庄隶属的第五区在李沟村召开干部大会。会议上主要探讨了三个问题：第一个问题是到底谁养活谁？第二个问题是穷人为什么穷，富人为什么富？第三个问题应不应该给地主交租？区领导给这些干部作了关于旧社会的经济基础报告，教他们计算出一个男劳力正常光景一年生产的粮食，又列出地主一般给予的工钱和粮食，而这中间的巨额差都落入地主的口袋。地主所使的"暗剥削"正是农民贫穷受苦的根源。通过三天开会讨论学习，干部们基本明确了地主完全是靠农民养活的，富人是通过剥削农民致富的，农民不应该给地主交租子。

其实这次会议就是通过讲理、算账，首先启发村干部的阶级观念，再让他们回到村里用阶级关系理论教育普通农民。关于"谁养活谁"的问题，一开始农民普遍认为地主的钱财土地都是"人家凭本事挣下的"，或是"祖上积德传下来的""地主不借钱、借粮、租地，咱们穷人咋过日子？""地主养活咱穷人，咱们才有了吃饭的路数"。经过村干部解释后，村民渐渐理出头绪。"地主会种地吗？地主会盖房吗？他们终日里甚都不做，吃的、住的都从哪里来？""难道他们家的土地能自己长出粮食？不是我们受苦做活，他们喝西北风！""土地能吃吗？不能。要是没有人劳动，土地不会自己长庄稼。所以只有劳动的人才有权吃饭。地主有什么权力说土地是他的？连锄头都不动一下，就伸手要一半收成？地租本来就是剥削。"村干部不停地问："这些都是为什么？我们为什么要受这样的苦？我们受苦是因为八字不好，还是因为土地制度，因为交租子？我们这会还不该跟地主老财算账，把旧世道给翻过来吗？"①

当时干部们还编了歌谣，口口相传，激发农民翻身斗志。

《翻身歌》②

地是谁们开，房是谁们盖？农民流血汗，受苦受出来，

莫说命里苦，莫说命里该，把身翻起来，有吃有穿戴。

地里的庄稼怎样长起来呀？地主们剥削，咱自己吃不开呀，

毛主席领导，咱斗争闹土改呀，到夜晚，全家人有铺又有盖呀。

农民们流血汗呀，受苦受出来。地主们压迫咱呀，头也不能抬。

要回咱房子地呀，把身翻起来。再也不用害怕呀，心里真痛快。

农民明白了没有自己的劳动，就没有地主土地的收获，因此地主是靠剥削穷人而生活的，"这可以理解为劳动价值论取代资本价值论的民间表述"③，这也正是"算账讲理"带来的农民精神世界的转变。

很显然，翻身过程中的诉苦具有特定的政治内涵："诉说自己被阶级敌人迫害、剥削的历史，因而激起别人的阶级仇恨，同时也坚定了自己的阶级立场，就叫做'诉苦'。"④ 倾诉自己不幸遭遇的过程中，农民不忘为自己的"苦"找出原罪，他们一遍遍强化是地主造成了种种苦难，从而

---

① 《翻身》，第 148 页。

② 《翻身歌》，见张庄档案第 6 盒第 36 卷（收藏于前任书记王金红家中）。

③ 李里峰：《土改中的诉苦：一种民众动员技术的微观分析》，《南京大学学报》2007 年第 5 期。

④ 陈北鸥：《人民学习辞典》，上海：广益书局 1952 年版，第 331 页。

产生两个阶级的对立感。由此一个直观的逻辑联系形成了——因为地主的压迫剥削，农民生活才如此悲惨，那么农民想要当家作主、想要过上好日子，就得推翻为虎作伥的地主老财们。农民把日常生活的苦难经历公之于众，以引起人们在情感上的共鸣，那些被地主欺压过的农民之间形成了一种新的联系，每个人都不再是单独受苦的个体，类似的苦楚让他们凝聚在一起，即使是胆小的人也能感受到这个新的集合体因仇恨愤怒而迸发的力量。这样一来"诉苦"不但引爆了农民对地主的仇恨情绪，使他们产生强烈的翻身愿望，同时通过"诉苦"找到集体归属感的农民也可以更大胆地将"翻身"付诸实践。"由倾诉生活中的苦到控诉地主的苦，将农民低级常态的苦提高到所属阶级受到的压迫，少数人的苦扩展为广大群众的苦，群众才能被发动起来，成为团结内部向封建阶级斗争的过程，这就是对群众进行阶级教育的过程"。①

农民在诉苦中更多表达的是"生存伦理"上的不满，是对地主欺负侮辱等单个而表象事件的控诉，还未触及封建制度和剥削关系等深层问题。要引导农民将对人对事的报复性目的上升为摧毁敌对阶级的革命志向，除了通过"吐苦水"煽动农民情绪，还需要为其翻身行动找到正义和道理支撑。干部带领农民算账，揭露了地主土地所有制下的种种欺骗勒索、巧取豪夺和残酷剥削。通过跟地主老财算旧账，帮助农民认清地主是靠剥削压榨农民才过上舒适的生活，地主向农民索要高额租息并非天经地义，让他们明白自己"造反有理"。

郭于华和孙立平认为，"在全国各地农村上演的诉苦、算账营造了一种非常仪式化的场景，或者说其本身就是政治仪式或革命仪式。而仪式在社会动员特别是在改变人们内心世界的过程中是最重要的机制之一。"②共产党正是在"诉苦""算账"等仪式化运动中，充分利用旧乡村社会秩序的负面形象和新秩序的美好前景作为动员资源，教育开导群众认识自己所受的压迫剥削，激发他们"翻身"的内在动力。

---

① 《地委关于土改工作的布置》，《李华林笔记本》，临沂市档案馆馆藏档案：5－1－9。

② 郭于华、孙立平：《诉苦：一种农民国家观念形成的中介机制》，载《中国学术》2003年第12期。

三 "翻身"过度

(一) 疯狂进攻

1. "割封建尾巴"和"打落水狗"

1946 年 4、5 月间，内战的炮火愈加猛烈，国民党军队对解放区大举进攻，全面内战一触即发。为了及时团结广大农民抵御国民党，首要任务是满足农民对土地的迫切需求，中共中央决定改变抗战时期的减租减息政策，彻底实现解放区"耕者有其田"。同年 5 月 4 日，中共中央公布了《关于土地问题的指示》，要求在解放区没收分配地主的土地给农民，即著名的"五四指示"。

"五四指示"传达到张庄所属县委政府时，当地正在进行一场激战，这种情况下实行"五四指示"实际上更为偏激。县委要求各地做到"三透、四有、五不留"。也就是说要揭发透、斗争透、翻身透，农民要有吃、有穿、有房、有地，村里不留一个贫农，不留一个问题，不留一个落后分子，不留一点封建思想，不留一个地主。这个口号在张庄掀起了贫农对地主富农的疯狂进攻。

对于张庄而言，"反奸清算"运动之时已经实现了平分土地，也瓜分了地主汉奸的其他财产，然而还是有很多农民缺少必要的生产、生活资料。按照县委要求，张庄农民翻身还不彻底，这就得找出更多的"果实"，斗争还得继续。一方面必须把地主藏匿的浮财挖干净；另一方面必须找出更多没收财产的对象。换句话说，斗争要深入，打击面要扩大。把地主重新批斗、没收财产后，村干部发出了"割封建尾巴"的号召。"封建尾巴"的定义是：某人占有的财产并不是靠自己或者父辈的劳动血汗获得的，而是继承了祖辈剥削他人的财物，这种人就叫做"封建尾巴"。也就是说不仅查近几年的剥削行为，还要追查上几代的剥削，把 1946 年小生产者的父亲一代乃至祖父一代，从贫雇农血汗中压榨的财富全都查出来。只要是从地主家庭里继承过财产的人就会被贴上"封建尾巴"的标签，被列为斗争目标，这样打击面就扩大了很多，因为在农村社会中子嗣继承财产是约定俗成的规矩，以血缘为纽带聚居的农民，不少人与地主、富农甚至是汉奸有亲缘关系。"割封建尾巴"的斗争持续了 20 多天，一些无辜的农民被卷入其中甚至丢了性命。富农王化南的母亲替地主藏了银元被发现后激怒了村民，王化南正好不在家，村民就将他的妻子和弟弟毒打了一顿，没过多久他们都死了。王化南家的财产也全部被没收。

1946 年秋，国民党军队对解放区进行了大规模反攻，反革命威胁与日俱增。张庄为了鼓舞农民翻身士气，消减人们担心"变天"的疑虑，开展了第三次针对地主的进攻。这次的口号是"不打落水狗，跑出来咬了手"。以前被斗农户家的成员又被拉出来批斗，并在威逼折磨下交出了最后一点点财产。因为此时已经没有更多的土地、房屋可以没收，地主的浮财成了斗争的主要目标。"每一次新发现都大大激怒了人们，斗争的热度一天比一天增高。"① 为了找到值钱的东西，一些斗争积极分子甚至掘开了地主大户家的祖坟。这次运动人们的情绪比以往更高涨，并且更多使用了暴力手段，激烈的程度超出了理性控制。

2. 农民非理性的斗争行为

"翻身"过程中的打骂抢杀现象十分普遍，为了逼迫地主说出藏匿地点，人们竟然使用了"烧铁棍烙肉"的酷刑。张庄在斗争运动中私自处决和逼死、打死的，仅记录在案就有十余人之多。

此外，斗争的打击面也在不合理地扩大。除了身份很明显的地主汉奸被斗垮，一些身份并不清晰的乡绅也受到了攻击。阔老财的儿子杨贵生平时也参加劳动，并无明显的剥削行为，可是全家都被赶出了张庄；以劏牲畜为生的兽医王常义，辛苦攒下的积蓄在张庄买了地，却被没收了 42 亩。还有那些较小的剥削者也没能幸免，凡是出租过小块土地，雇过劳力，放过少量高利贷的农户都被划定为富农，并遭到了不同程度的打击。"反奸清算"中有 22 户中等条件的家庭被部分或全部没收财产。

第五区张庄斗争打死登记表

姓名	年龄	成分	打死原因	何时何地打死	备注
李东盛	63	富农	恶霸剥削	减租时打死	斗争打死
周美生	49	富农	村长后台、贪污特务	反奸大会时不坦白，遭毒打，投井死	天主教徒

① 《翻身》，第 234 页。

续表

姓名	年龄	成分	打死原因	何时何地打死	备注
王生南	42	中农	汉奸恶霸、剥削	减租时打死	中央军
郭富奎	47	富农	地主剥削	减租时打死	
王永保	38	中农	特务恶霸	反奸时打死	特务、天主教
王永保妻	30	中农	特务妻子、不坦白	反奸时打死	
秦正义	65	中农	恶霸	减租时打死	天主教、好骂人
申金河母	76	富农	地主家属	减租时打死	
秦天兴	36	中农	汉奸	反奸时企图逃跑，被打死	天主教，逃到马厂，后打死
王恩保	34	中农	参与特务活动	反奸大会打死	国民党特工小组组长
王贵景		中农	剥削农民	反奸大会打死	进行会会长，特务王恩保之父
王小恩		中农	参与特务活动	反奸时被打死	特务王恩保之弟
郭福旺		富农	恶霸家属，不坦白	减租时被打死	恶霸郭春旺之弟
史腊明		地主	地主剥削	减租时被打死	
樊明喜		地主	国民党特务	减租时被打死	地主樊朴之之子

注：根据前任书记王金红家的档案第一盒第一卷以及《翻身》制表，减租即"清算运动"。

（二）政治动员过度

"翻身"运动是在特殊环境中发起的，共产党作为革命党不具备正式的政治权威和权力，他在农村建立的组织及政权时间尚短又常受到反革命分子威胁破坏，处于十分不稳定的状态，整个组织和政权运作的规范化、制度化程度较低。这时共产党对农民进行政治动员不是在一个稳定的、可控的秩序之内，很容易出现过度动员和过度参与的状况。一方面从动员者来看，受到革命形势的影响，一些地方干部为了尽快争取农民群众支持以抵抗国民党军队，情急之下对农民动员过度，例如县政府要求严格执行的"三透、四有、五不留"政策，推动了张庄政治运动扩大化；另一方面，从动员对象来看，斗争运动中有积极表现的农民因为害怕"变天"遭到报复，他们过度地、激进地参与后期运动，带着"赶尽杀绝"的心理而采取更为过激的斗争手段，从张庄村民第三次发起进攻时的口号——"不打落水狗，跑出来咬了手"——就可以看出这一点。

亨廷顿认为："社会动员和政治参与的速度偏高，政治组织化和制度化的速度偏低，其结果只能是政治不稳定和无秩序"。林尚立教授在分析以阶级斗争为基础的政治动员时也指出，非体制性、程序性的政治动员会形成疾风暴雨式的群众运动，很可能带来极具破坏性的后果，它会破坏正常的社会结构、社会关系和社会发展逻辑，甚至会破坏了合理的价值体系和信仰体系，使社会精神状态陷入一种非理性状态。① 张庄掀起的"翻身"高潮，实际上正是低水平的组织制度下政治动员、政治参与高速运作的产物，"割封建尾巴""打落水狗"标志着以阶级斗争为基础的政治动员进入扩大化阶段。过度的政治动员和政治参与产生了以下负效应。

首先是个人理性迷失。"翻身"之前，大多数农民固守"安全第一""多一事不如少一事"的理念，只要还能勉强生存就不愿用高风险行为改变生活现状，"翻身"运动一度受阻。到后来农民不仅积极参与斗争活动，更甚至于频频采用过激手段。强大的动员力量使许多农民无法再理性思考，被调动的仇恨情绪、对物质利益的渴望将农民吞没了。勒庞曾指出，单独的个体由于势单力薄不容易做出疯狂行动，但集体能够产生狂热的激情和魔力让身处其中的个体相互感染，失去个人理性。共产党通过政治动员将贫农团结在一起，构建出一种集体氛围，"人多势众"增强了农民内心的力量，消退了他们的恐惧感，也让他们容易受到积极分子的感染而采取非理性行为。在"翻身"斗争中，"群众的起哄看热闹的躁动情绪，极易演变成一种幸灾乐祸的变态心理，乃至互相影响，难以控制。一旦打斗成风，就会出于安全考虑，从众而展开施虐行为……称为一种粗野情绪的宣泄。"② 加上此时政治动员的制度性、程序性规约不足，单凭上级的口号引导和村干部组织实施，不可避免会呈现过度情绪化的

---

① 林尚立著：《当代中国政治形态研究》，天津人民出版社 2000 年版，第 286 页。

② 张一平：《地权变动与社会重构：苏南土地改革研究》，上海人民出版社 2009 年版，第 184 页。

色彩，进而演变成失控行为。农民在强大的政治动员推力下丧失理性和自控力。

其次，社会生活政治化。过度的政治动员占用了农民生产生活的时间以及大量精力，它将人们束缚于特定的政治目标和行为框架之中，由此政治运动成为农民生活的主旋律。这一时期内共产党通过政治动员掌握了农村的一切政治、经济、文化以及心理资源，农民生产与生活的方方面面都要受到政治斗争的巨大影响，或者要服从于政治生活的安排。社会生活呈现明显的政治化倾向，人们失去个体特性和自由，同时也会对过度的政治权力运作产生厌倦。在张庄，共产党动员农民翻身是从1945年秋季"反奸清算"开始的，1946年夏秋两季"割封建尾巴"和"打落水狗"进入扩大化阶段。频繁的政治运动耗费了劳动时间，人们将大量精力投入到搜寻"果实"上，希冀通过政治斗争改善生活却忽略了农业生产。所有的人都无法挣脱政治生活，农民因为躲避斗争或是被迫参与斗争弄得精疲力竭，社会关系紧张，时间久了，难免出现消极情绪。"打落水狗"运动开展的一天晚上，村民郭元龙正在干农活，听到村干部召集开会便发起牢骚："又开会！还有完没完？国民党的税多，共产党的会多。……如今我有了地，情愿多干一会。"[1] 许多农民此时都发觉把精力花在种地上面要比开群众大会得到的好处更大。越来越多的人对继续斗争都感到了厌倦。作为过度政治动员的副产物，社会生活政治化使农民承受着持久而高度的政治紧张感，并表现出政治心理上的疲倦和无所适从。

可见，政治动员是一把双刃剑，根据特定环境正确运用能够激发巨大的人力资源，而过度运用也会带来负面效应。

四 "翻身"后时代

(一) 农民："三十年河东，三十年河西"

农村长期处于半封闭、相对独立的状态，稳定的乡村内部秩序为精英代际再生产提供条件，精英阶层的循环更替仅限于拥有特定资源的上层圈

---

[1] 《翻身》，第252页。

子。翻身之前，贫苦农民通向上层精英阶层的渠道几乎是闭塞不通的。没有足够的财富、文化知识以及人脉关系，农民想要接近乡村权力中心无异于痴人说梦。而"翻身"运动引发乡村政治、经济领域的变革，乡村社会利益和资源重新分配，各阶层力量对比发生巨大变化，底层的贫苦农民在斗争运动中汲取了强大势力，从前的掌权者却被剥夺和驱逐。当农村社会中逐渐确立起新的意识形态，村庄精英阶层的结构、产生渠道也随之发生了巨大变化。"翻身"为贫苦农民进入精英阶层提供了机会。

张天明家境贫寒，到了 20 岁还没有娶上媳妇。他父亲早逝，母亲在闹灾荒的时候离家投靠其他亲戚了，剩下他只身一人留在张庄，除了种几亩土地，他还给地主帮工或做点木匠活养活自己，和其他的贫农一样生活穷困潦倒，勉强度日。偶然的机会通过亲戚关系，张天明接触到抗日政府的工作人员，得知共产党领导的抗日组织是为了解放像他这样的穷苦人，他便产生了强烈的革命热情，自愿加入了地下抗日组织。他主要负责收集敌军和伪村政府的情报，在解放张庄的过程中起到重要作用，立下汗马功劳。1945 年 7 月日军从张庄撤离，伪军 100 多人仍占据着炮楼，企图重新控制村子，张天明冒着生命危险混进炮楼里了解敌情，当他把敌军士气低落、粮食中断以及人数武器等情报带出来，八路军和民兵便有的放矢，迅速攻破炮楼，张庄得以解放。不仅如此，张庄的"反奸运动""清算地主"也都是由张天明带头组织的，他鼓舞动员贫苦农民起来斗争，在"翻身"运动中担任着领导人的角色。张天明凭借丰富而出色的革命工作经验成为村里第一个党员，也是张庄第一位支部书记，还兼任了村治安主任一职。张天明的成长经历是底层农民通过"翻身"进入乡村政治权力中心的典型例子，因为贫困产生革命的愿望，又因为革命中出色表现而得到群众的支持和上级领导重用。当村庄完全处于新政权的统治下，张天明自然进入村庄新的精英阶层。

后来担任农会主席的郭真宽，"翻身"之前靠给地主樊朴之做零工过活，自己没有半分地，家里穷得揭不开锅，他的老婆在荒年里饿死了，后来他被长治教堂雇佣去赶骡子。在"反奸运动"中，郭真宽展现了过人的领导才能。张庄天主教孙神父公开勾结日本人，由于他手下有 200 多名教徒，很多人在政治和宗教上拥护他，要鼓动群众斗争他并不容易。郭真宽帮助村干部把教徒召集起来，并带头揭发孙神父的种种罪行，他强有力的号召得到了群众积极响应，批斗大会控诉了孙神父 60 多条罪状。积极的斗争表现和出色的领导能力让他迅速进入村庄新政权体系，并最终当选为农会主席，掌握了村庄大权。

另一个例子是后来担任妇女主任的胡雪贞。在年轻的时候胡雪贞差点被父亲卖了抵债，16 岁时她被迫嫁给一个赌徒，等到家里所有的东西都被她丈夫压了赌注，她只好沦落为乞丐。她的大儿子被日本人害死，第二个孩子和第三个孩子都死于饥荒。她讨饭、给人做活、捡麦穗、挖野菜，严冬季节没有棉被盖，就用一堆麦秸秆御寒，这样挣扎着存活下来。"翻身"运动将她从死亡边缘拉了回来，因此村庄会议她都要参加并支持那些积极分子，后来经过思想教育她克服了胆怯心理，自己也加入斗争行列。没多久她被推选为妇女会的小组长，还成为张庄妇女中第一批入党的成员。

这些草根精英的经历各不相同，但都有两个共同之处，即穷困的生活背景和参与革命的积极性。贫穷坎坷的生活经历使其更具革命性，他们投靠新的政权力量并能够坚决维护其信仰、执行其指令，因此得到新政权的倚重，从乡村社会的边缘进入权力中心。"革命的意识形态彻底颠覆了关于村庄精英的传统评价标准，阶级斗争则以现实的运动实现了乡村精英的整体性更替。"① 新的意识形态要取得合法、稳固的地位，必须铲除维护原有意识形态的精英群体，他们被打入社会底层的同时，新政治的意识形态又按自身需要重新筛选和塑造村庄精英。从张庄草根精英崛起的例子能够看出，跻身乡村精英阶层不再以财富和文化作为基本标尺，新兴村庄精英最重要的两个特征是革命和贫困。

一方面，这是共产党有意塑造的精英标准，作为翻身重要运动之一的土改，其总路线是：依靠贫农、雇农，团结中农，中立富农，有步骤地分别消灭封建剥削制度，发展农业生产。可以看出，土改主要依靠的力量集中于贫雇农，他们已经具有了政治上的优势，因此他们能够成为村庄干部和精英的主要来源；另一方面，贫穷和革命有着天然的联系，古语云，凡人之情穷则思变，那些最穷苦的人有着最强烈的变革欲望。生活在社会最

---

① 吴毅：《村治变迁中的权威与秩序——20 世纪川东双村的表达》，中国社会科学出版社 2005 年版。

底层的农民，在死亡线上拼命挣扎，这时给他一根救命稻草他便会紧紧握住以求生机，而共产党发起的"翻身"就是这样的机遇。同时，这部分人也是农村中受压迫最深的，他们或者因地主恶霸的欺压而沦落至此，或者本身就很贫穷不得不投送上门任由地主剥削。这样一来他们与地主间的仇恨矛盾更大，革命积极性也更强。

正如有的学者所认为的那样："在共产党乡村变革中，基层政治精英的生成机制与传统时代相比发生了实质性的变化。传统时代的乡村精英主要依靠自身拥有的财富知识声望等资本在村庄社区中发生作用，而共产党基层政治精英大多来自过去的贫困阶层，并不具备上述各种资本，其精英身份主要来自党—国家权力的授权认可，而为他们获得这种授权的，又主要是其阶级身份和政治表现。"①

昔日因贫困潦倒而被忽略、唾弃的乡村边缘人，却一跃成为村庄新的掌权者，这个地位上的巨大转变最能够体现"翻身"的意味。草根精英的迅速崛起为群众树立了标杆，鼓舞了人们翻身的勇气和信心，同时也大大增强了"翻身"的感觉。普通农民在讶异之余，也深刻认识到这一转变的缔造者——共产党，所拥有的强大权力。培植了新的村庄掌权者，意味着共产党成功迈出将政权深入农村基层的步伐。新兴的村庄精英坚决拥护党的信仰、价值观和各项政策决议，有力保障了党在农村的各项工作顺利开展，成为共产党将农村纳入政权运作体系重要的基层渠道。

而那些普通的农民，他们也能够挺直腰杆做人。经过翻身分配果实，那些生活窘困的农户发现自己已经生活在一个新的世界中。他们一共分到1400多亩土地，比原来的土地占有量增加了一倍。很多农户还拥有了从前不敢奢望的财产，如房屋、牲口、农具以及家具等等。这些物资使他们从濒临饿死的境地，变得能够维持一定的生活水平。经济上的翻身使农民在思想上产生了巨大转变，"他们生平第一次感觉到多少能够掌握自己的命运了。他们睡在自己的房屋里，走在自己的土地上，撒着自己的种子，盼望着自己的收成。他们不欠任何人的粮食，也不欠任何人钱，这也许算

---

① 李立峰：《变动中的国家、精英与民众——土地改革与华北乡村权力变迁（1945—1953）》，南开大学历史学院博士后研究工作报告（未刊稿），2004年，第141页。

是最让人高兴的一件事了"。①

受到地主虐待的王从来媳妇说："那些年我当佣人，天天忙到下半夜，天不明又得爬起来。如今还是忙，可是忙的是为自己，心里也觉着痛快。自己挣钱自己花，再也没人来压迫了。如今分了房子，光景过得可不赖，有地种，有衣穿，也有权利说话了。早年谁敢张口说话啊！当初我给人家干活，只要出点差错，就算有时不打不骂，也得跟我吹胡子瞪眼的，吃人家的饭滋味不好受。住着自己的屋，吃着自己的饭，比什么都强呀！"② 有农民形容自己的心情像是由地狱进入了天堂。过去给地主做长工的申发良说："如今的光景比过去强多了……早先可不是这样，就算你部分晴天雨天，整天泡在地里，到头来打下粮食还是不归自己。好好的粮食全都送进人家的囤里，自己别说吃不上，好赖瞄一眼也不行呵！过去我是替别人干活，如今干活是为了自己，再也不用为旁人卖命受苦了。"③

与此相对应的是，传统精英的没落。吴毅认为，"翻身的确切含义是乡村精英评价标准和精英群体的整体重建。按照新的标准，富人是剥削者，穷人是被剥削者。剥夺剥削者，还历史的本来面目，便是翻身所要完成的历史使命。"④ 农民的斗争矛头直接指向汉奸、地主、伪村吏，这些过去掌控乡村权力，维持旧秩序的传统精英被一个个击倒。张庄的"翻身"运动也是从打击传统精英开始的。

1945 年 8 月张庄召开第一次群众斗争大会，伪村长郭德有被第一个拉上台。他帮着日军和国民党强行搜刮农民的粮食，对于不配合的农民就是一顿暴打。郭德有恶贯满盈，是村民公认的地主狗腿子、汉奸、刽子手，绝对的一村之霸。他任伪村长期间，仗着地主、国民党以及日军撑腰，随意欺凌百姓，利用公权贪污受贿。一方面人们对他满怀仇恨；另一方面作为伪政权的首要代表，斗争积极分子决定先从他开刀，剥夺其掌控村庄的权力。

周美生，敌伪时期担任村里的文书，他总有很多馊主意，人称

---

① 《翻身》，第 176 页。

② 同上书，第 177 页。

③ 同上。

④ 吴毅：《村治变迁中的权威与秩序——20 世纪川东双村的表达》，中国社会科学出版社 2005 年版。

"智多星"。他在食盐问题上激怒了群众：敌伪统治时期，食盐由伪政府垄断专卖，居民的食盐配给按人头算，食盐非常紧缺。而周美生从伪政府领回配给的食盐并不发放给农民，他利用手中的权力将食盐扣下以谋取暴利。他还乱征杂税，强行摊派劳役，人们对其行径怨声载道。群众斗争周美生时，把他所有的房子、土地、粮食都没收了，以偿还他所贪污的财产。

这两个人是旧政权庇护下权势阶层的典型代表，在激烈的反奸运动中伪村组织成员接连被赶下台，大部分人遭到群众控诉，处罚没收部分或全部财产，更甚者在群众运动中家破人亡。旧村吏失势倒台意味着国民党政权伸向农村的触角被斩断，通过旧村吏建立的一整套乡村管理秩序也随之土崩瓦解。

潞城县第五区张庄村伪组织成员登记表

姓名	年龄	成分	职位	任职时间	任职期限	好坏事实	备注
杨忠盛	45	中农	闾长	1944 年	1 年	平常	
郭毛兴	48	富农	闾长	1942 年 4 月	3 月	坏	
李东盛	69	富农	闾长	1942 年 4 月	1 月	坏	死亡
崔金	60	富农		1942 年 6 月	2 年	平常	死亡
裴和义	45	贫农	村长	1942 年 7 月	3 月	坏	
申金河	50	富农	闾长	1938 年 1 月	7 年	坏	逃跑
申金永	40	富农	闾长	1938 年 1 月	4 月	坏	逃跑
王来顺	68	富农	闾长	1941 年 5 月	1 年	坏	
郭富贵	51	中农	通信员	1938 年 3 月	6 月	坏	
甄忠喜	41	中农	闾长	1938 年 2 月	1 年	坏	
王生南	43	中农	村长	1941 年 2 月	1 年	坏	死亡
尚石头	45	中农	村长	1941 年 1 月	3 年	坏	死亡

姓名	年龄	成分	职位	任职时间	任职期限	好坏事实	备注
郭招成	43	富农	闾长	1940 年 3 月	4 年	坏	
樊呈	65	富农	闾长	1941 年 2 月	1 年	坏	
周美生	57	富农	文书	1938 年 1 月	8 年	坏	死亡
申喜旺	35	贫农	自卫队长	1944 年 4 月	5 月	平常	
郭德有	36	贫农	村长	1944 年	6 月	坏	
申记盛	26	中农	闾长	1945 年	1 月	坏	死亡
师保元	36	中农	闾长	1945 年	3 月	平常	
康天兴	26	中农	文书	1938 年	8 年	坏	死亡
王永保	38	中农	闾长	1942 年 6 月	6 月	坏	死亡
李同仁	35	中农	副村长	1942 年	1 年	坏	死亡
尹保金	37	贫农	村长	1942 年 6 月	6 月	坏	

注：根据前任书记王金红家收藏档案第一盒第一卷制表。

翻身斗争首先从郭德有、周美生这类人入手，铲除伪村头目，另一个方向是伪政权的后台支柱。事实上，伪村吏背后的大靠山——地主阶级才是翻身运动的重点整治对象。

申金河是张庄最富有也最具权势的地主，他拥有 140 多亩良田，雇佣几个长工和短工来料理，自己从不劳动。他的第二宗财富是牲畜，家里有两头牲口、成群的绵羊和几头猪。此外他还在村里开了一间酒坊，盈利颇丰。这些事业为申金河带来源源不断的收入，他将积攒下来的钱又投入到高利贷中。有了如此雄厚的财力，申金河的地位和声望也随之上升，加上不劳动有更多闲暇时间，接受过教育能识字管账，他便堂而皇之兼任了村里各种要职。例如张庄一个佛教团体组织"北老舍"，主要负责为社友提供保险金、贷款等救济活动，以及主办村里节日敬神仪式，很多村民都入了社并且捐款捐粮。申金河掌管着这个大型组织的款项，从中捞取油水。他还主管邻近 30 多个村庄的"孔圣道"组织，通过为道友做法事收取钱或粮食，这种法事欺骗人们能够同死去的亲友交谈，因为这个"本领"使申金河成了一个拥有神秘权力的人物。日军到来之前，申金河活跃在村庄的政治舞台上，他当了多年村长，利用收税、诉讼及其他公款中饱私囊。平日里被他欺负压榨、巧取豪夺的农民不在少数，但因其势力庞大都只能忍气吞声。"清算"地主的时候，积压在农民心中多年的怒火终于爆发，第一次斗争申金河的群众大会就揭发出 100 多条罪状，全村有多半的农户要跟他算账，申金河在会上被村民拳打脚踢，狠揍了几顿，差点给他上了"烙肉"的酷刑，他们家储存的粮食、钱财都被查抄，最后申金河丢下几十间房屋、上百亩土地逃离了张庄。

其他地主也遭到严厉的打击。地主王来顺在张庄是仅次于申金河的人物，因虐待自己的弟弟、弟媳，在斗争大会上被打了"足足有一顿饭功夫"，直到晕厥过去才被抬回了家。经过"清算"，王来顺所有的土地、房屋、钱财、衣物和其他器具都被没收，他的家人都离开张庄，只剩他和养母住在一间没人要的茅屋，以讨饭为生。地主李东盛因拒不交代所藏钱财而被毒打致死；史腊明在群众大会上被打死，他的儿媳妇被驱逐家门后也饿死了；樊朴之被赶出张庄，儿子在斗争大会遭到一顿恶打之后死了；地主郑林锁全家被赶出了村子。

同时，由地主豪绅所控制的组织机构，如"北老舍""孔圣道""进行会"等宗教、文化、家族组织也全被查抄清算，没收了粮食、钱财、房产以及土地。费孝通曾这样描述过农村的宗教团体："他在名义上是由公意推选出来的，但实际上这个职位是按照村里头面人物之间的意思，由他们自己轮流担任的。"[①] 这些组织不但为地主谋取钱财作了掩护，更是他们灌输封建伦理道德意识、钳制村民思想、操纵村庄社会秩序的工具。

这些高高在上的头号人物顷刻间被打入底层，他们掌控的组织机构被捣毁遣散，旧的权力权威再无栖身之地，原有的村庄政治、文化、经济秩序随着传统精英阶层倒台而摧枯拉朽般地打破了。正如张鸣所说："农村古老的社会权力结构，经过这场变动（土地改革）被全部颠倒了过来，没有人可以再凭借土地财富和对典籍文化的熟悉获得威权，原来的乡村精英几乎全盘瓦解，落到了社会最底层，从前所有的文化、能力、财富以及宗族等资源统统不算数了，社会价值整个颠倒过来了，土地改革第一次颠

---

① 费孝通、张之毅：《乡土中国》，芝加哥大学出版社 1947 年版，第 55 页。

覆了中国农村的千年老理……"①

（二）基层："一切权力归人民"

组织化是党在打乱了原有的社会秩序后，对社会重新组合的一种方式。土改期间，各种组织机构在党和国家的指导下蓬勃发展，农村社会的组织化程度迅速提升。"组织化解决的是一个非常重要的问题就是超越了由小农经济所决定的马铃薯式的分散的社会结构和无政府主义观念，使国家和社会形成一个有机的整体。"② 毛泽东认为，要实现中国社会的新发展必须改变长时期形成的散漫无组织状态，应努力将广大群众组织在政治、军事、经济、文化及其他各类组织里。因此，中国共产党一开始就非常强调组织建设。

1. 农会

在《晋冀鲁豫边区农会筹备委员会告农民书》中明确提出，土地改革一定要依靠贫农雇农组织农会，原因是"贫雇农占了乡村人口的百分之五十至七十，他们人数最多，常年劳动，地是他们种的，房是他们盖的，布是他们织的，但是他们常常没饭吃、没房住、没衣穿，他们生活的最苦、他们最受压迫、最受剥削、最为人所轻视，所以贫农雇农最革命，天生是革命阶级，他们天然是翻身运动的带头人。"③ 广大农民群众在夺取了地主权力后，建立起自己的革命政权，也就是农民协会，它原本是党领导下的以贫雇农为核心的农民群众组织，在革命时期，起到了农村革命政权的作用，它实际担负的任务和发挥的职能有两个方面，一是对封建地主阶级实行革命专政，毛主席曾指出农会代表着农民的绝对权力，不允许任何人恶意批评农会，不许地主说话，要把地主的威风扫光，剥夺地主的一切政治权利；二是改造旧农村、建设新农村，包括"清匪""普及政治宣传""废除苛捐""传播新文化""农民诸禁""修道路塘坝"等等。这两个职能都明确反映出，农会组织的成立在捣毁旧秩序、建立和维护新的乡村秩序中起到了重要作用。

----

① 张鸣：《乡村社会权利和文化结构的变迁（1903—1953）》，广西人民出版社 2001 年版，第 250 页。

② 林尚立：《当代中国政治形态研究》，天津人民出版社 2000 年版，第 147 页。

③ 《晋冀鲁豫边区农会筹备委员会告农民书》，1948 年 3 月。

1946 年初，为配合区政府下达的有关土地和地主的政策路线，张庄村干部着手组建了农民协会。这个组织代表着贫苦劳动者的利益，旨在为他们争取权益。它是当时解放区政府唯一承认的具有合法性的村级机构。它所承担的主要职责是执行土地政策，领导农民批斗地主恶霸，控诉其罪行并没收财产分给缺少生产生活资料的农民。村里普通的劳动者都可以加入农会，这包括贫农、雇农、中农以及小手工业者，首要条件是他们能够坚定拥护土改政策，同时经过农会委员会的批准认可，每年缴纳约一斤小米作为会费，就可以正式成为农会中的一员。农会运行依照明确的规章制度，每个会员都应当遵守规范，自觉贯彻落实农会的各项决议，会员也有权利表达个人意见，有选举、评议、撤换村干部和参加选举的权利。张庄成立农会是在村干部以及有经验的老解放区干部协助动员下组建而成的，他们先号召了村里最穷困的 30 户农民，通过相互诉苦、干部教育，这些人成为农会的第一批成员，又通过这 30 户农民动员身边亲朋好友，没多久张庄农民协会发展壮大到 100 多户。农会在清算运动中担当着主力军作用，批斗地主、诉苦清算、没收财产等，都是农会干部和成员打头阵。它是实现农民翻身的重要组织机构，这一时期乡村权力归农会，而农会是由农民群众组成并代表他们的利益，因此也可以说农会凝聚起来的庞大权力实际上是属于农民群众所有的。农民翻身要求摧毁封建地主手中的政权及其权威秩序，在农村中开展一场大变革，这必须要发动农民群众把地主的权力剥夺并归到农民自己手中，这样一来广大农民才能获得经济上、政治上、思想上的解放。

2. 村公所、民兵队

村公所和民兵队是伪政权统治时期遗留下来的，介于这两个机构所具备的职能仍然可用，因而翻身过程中并没有改变其组织形态。但是村公所和民兵队的组成人员以及存在意义已经彻底被改变了。从前，村公所的任职者以国民党政权作为靠山，效力于地主大户，成为他们搜刮欺压普通农民的统治工具。随着反奸清算运动开展，伪政权庇护下的村官一个个被打倒，旧村公所解散倒台，取而代之的是拥护新政权革命者。积极参加抗日活动的师福元担任村长，最早加入抗日组织并帮助张庄解放的村民张天明，担任村公所治安主任一职，还有积极拥护共产党、八路军的张贵才和张善庆分别担任副村长和财粮主任。这些村公所新干部既非选举产生，也并非上级委任的，他们因从事过地下抗日工作、对解放村子有贡献而取得了管理张庄的权力，村民们也因此尊敬他们，给予他们道义上的声援，新的村公所获得了合法基础。它成为一个为农民翻身而服务的行政机构，同时承担着村庄与上级政府间沟通联系的职责。新组建的民兵队是农民群众自己的武装力量，它不再是国民党、大地主的打手，它是树立新政权、运行新秩序的武力后盾，它是农民得以翻身、群众意志得以贯彻的重要保证。

3. 妇女会

维护封建地主统治的儒家学说被人们奉为社会规范和行为准则。儒家思想中倡导的"夫为妻纲""男尊女卑"思想在农村社会中根深蒂固。女人被当做是丈夫的私有财产，不具有完整、独立的人权，她们存在的意义仅限于生儿育女，服从丈夫和公婆。封建旧秩序中妇女是夫权压迫、家庭束缚、社会忽视的对象，解放前，张庄妇女的命运也是如此。

农民翻身的不仅仅体现在经济条件改善和获取政治权利，更重要的是帮助他们摒弃落后愚昧的旧观念，挣脱封建思想束缚，达到精神上的翻身和自由。崇尚"男女平等"，保护妇女权益，妇女的翻身解放斗争也是中共动员下乡村秩序重建的一个方面。

张庄的妇女会是在几个村干部妻子的带领下组建起来的，她们致力于宣传妇女平等思想，启发农村妇女的思想觉悟，带领妇女参加集会和社会活动，鼓励那些饱受苦难的姐妹们到妇女会控诉地主汉奸，诉苦忆苦，帮助她们进步并给予一定保护。这个组织受到广大农村妇女的拥护，通过妇女会可以调动起这一庞大群体的力量，她们纺纱织布、缝衣制鞋以支援前线，下地干活支援大生产，动员家中男丁报名参军，她们在革命中发挥自身作用。妇女们有了话语权，还能够参加选举，她们不再作为被压迫管制的弱势群体，而是以主人公的身份参与到翻身运动中。妇女会的存在向陈旧迂腐的乡村社会秩序发起挑战。

4. 基层党支部

孙中山曾指出，传统中国社会中，农民家族主义的意识远重于国族主义，乡村社会的团结力也更多限于家族范围。长期以来"皇权不下县"的治理模式让农民对政治、国家产生疏离感，他们像一个个相似而不相连的马铃薯散落在中国大地的各方角落，无法实现超越地域和家族限制的更高层次的联系，也没有畅通的渠道与国家产生紧密联系。翻身过程中建立的多种群众性组织，在一定程度上改善了这种状况，然而，群众性组织都代表着特定团体的利益，承担的功能也相应有局限性，农会主要是配合土改政策而组建起来的，村公所是一个解决群众日常问题的行政机构，民兵是村庄的武装力量，妇女会仅组织妇女群体关注她们的利益。这四个组织都难以将党和国家的意志全面而系统地贯彻落实，因此唯有将这些组织中的领导者和优秀分子吸纳到政党中，由他们组成基层党支部统领四个组织，才能保证各个团体间理顺关系，协调统一，也才能够保证组织起来的农民是在国家和政党体系内。基层党支部从农民群众中来，又和农民群众朝夕相处、为他们服务，这就加强了农民与国家、政党间的联系，农民不再是游离在政治体系之外的一盘散沙。诚如徐勇所言，"只有到了中国共产党将党的组织延伸到乡村社会，才使农民政治化、国家化"①。

当长治、潞城的军事形势稳定下来后，张庄隶属的潞城县第五区区委决定在村里建立党支部。首要任务是物色合适的党员候选人，此时张庄已经出现几个可靠的且有革命工作经验的干部，其中张天明最早参加了地下抗日活动，对后来解放村庄起了重要作用，他成为张庄第一个入党人员。张天明正式加入中国共产党后，第一件要务就是发展新党员、着手筹建村党支部。1946年4月，张庄党支部成立了，经过一年多的努力共吸纳30多个党员，其中有7位女性。这些党员中20%是自耕农，还有80%是贫雇农，无一人是地主或富农。入党的基本标准概括起来有三点：一是出身贫苦；二是积极参加革命斗争；三是在群众里有一定威信。党支部内设五个小组，各组有组长一名，由五个组长组成支部委员会，每当党支部需要做出重要决定之前，各小组首先商议讨论，提出意见，而后由支部委员会开会表决，特别重大的、难以决断的事件也可以召开支部大会。支部中有将近一半的党员在村里的其他组织中任职，他们通过这些承担具体职能的组织切实将党的方针政策落实到农村基层，保证了党和国家的意志有畅通的渠道渗入乡村中，党、国家与农民建立起紧密联系。其余的党员虽然没有担任别的领导工作，但也发挥着宣传动员、带头模范的作用，他们把党的要求、思想解释给农民群众，同时也把群众的要求和心声传达给党组

---

① 徐勇：《"政党下乡"：现代国家对乡土的整合》，《学术月刊》2007年第8期。

织。基层党支部按照党和国家的意志，统领着农村政治、经济、文化等各个方面的事务，是建立和维护乡村新秩序的领导核心。

5. 村人民代表大会

传统社会中，中央集权的统治制度决定了一切权力由皇帝掌控，封建帝制结束后权力又集中于独裁者手中。最高统治者任命下一级官员，他们再任命自己手下的官员，依次直到最低层级，每一层级的长官都由上一级委任，普通公民被动接受自上而下地建立起的统治秩序。随着共产党政权逐渐稳固，一个具有民主精神的四级代表大会制度将彻底颠覆前者。毛泽东在 1948 年提出，"现在时期乡村中可以而且应当依靠农民的要求，召集乡村农民大会选举乡村政府，召集区农民代表大会选举区政府……在将来，革命在全国胜利以后，中央和地方各级政府都应当由各级人民代表大会选举。"人民代表大会制度与专制主义中央集权完全不同，它实现的是一切权力归人民所有而非某个政治人物，各个层级的人民代表由下一级选举产生，各级政府干部由人民代表大会选举产生。村级人民代表大会是这个制度的基层组成部分，由村庄内的合法公民定期通过选举产生代表并成立委员会，代表大会或者委员会负责决议、管理村内的事务，它是全村最高的政权机构。这个代表大会有权草拟村里所有规章制度，处理村庄纠纷，任命村长、民兵队长和治安主任等村干部。这些村干部上任后以人民代表的名义各司其职，管理村庄事务，执行村人民代表大会的各项决定，定期向代表大会或委员会进行工作汇报，如果村干部不合格，代表大会有权力对其罢免。村人民代表大会所代表的利益团体范围更广，它面向的是所有在法律上享有公民权的人，既包括农民也包括其他从业者，既有贫农、雇农也有中农、富农，而其他的村级组织只代表某个阶层或团体，因此村人民代表大会及其委员会不同于这些群众组织和村党支部。

张庄土改基本完成后，仍有一些难以解决的问题，例如群众成分划分、财产分配以及针对干部党员的整风把关。这些重要而复杂的问题是任何一个仅代表部分阶层利益的组织都难以胜任的。张庄人民为解决这些问题花费了许多时间精力，但都没有得到一个令人满意、信服的结果，即使是上级派下来的有经验的工作队也没能很好解决。这时，建立人民代表大会被提上日程。但是一开始人民对这个机构存在的必要性还有质疑。张庄的阶级结构并不复杂，一般而言都可以囊括进农民阶层，而参与选举的人几乎也都是农民协会的会员，人们不解地问道：为什么不把农民协会直接挂牌改为人民代表大会呢？农民协会是具有排斥性的阶级组织，它不具有普遍性，不能满足广泛的人民群众利益诉求。张庄当时还有20多户不是农民协会的会员，他们虽然没资格进入农会，但也是享有选举权的合法公民。人民代表大会能够代表一切享有合法公民权的人，它的覆盖面更广泛更全面，它是共产党提出的国家政府体系的一个组成部分。根据1947年颁布的《中国土地法大纲》以及潞城县人民政府指示，张庄人民代表大会应尽快解决土改期间存留的问题。人民代表大会刚成立之时围绕土改承担了许多职能，第一对全村农户的阶级成分做最终裁定；第二是管理村庄的公共财产，包括从地主富农那没收的财产；第三，根据最终确定的成分对财产进行分配，包括土地、房屋、家具、牲畜等，并颁发土地证和房屋证。

1948年7月21日，张庄举行了首次村级人民代表大会选举活动。由于多数农民都是文盲，因此采用了简便易行的"丢豆选举法"，参加选举的候选者用一个碗当作投票箱，再给村民发几颗豆子作选票。大会共有35人当选，其中男性代表19人，女性代表16人，共产党员8人。再由这35名代表从内部选出了5人设立常务委员会，他们是农会主席郭真宽、党支部书记裴兴发、妇女会主任胡雪贞、妇女会副主任王恩凤、非党员代表老金堆。

张庄第一届人民代表中党员名单

姓名	性别	年龄	职务	政治面貌	文化程度	备注
郭真宽	男	40	农会主席	中共党员	初小	常委
裴兴发	男	42	党支部书记	中共党员	文盲	常委
赵大洪	男	27	民兵	中共党员	文盲	
孟福禄	男	39		中共党员	初小	
胡雪贞	女	33	妇女会主任	中共党员	文盲	常委
王恩凤	女	36	妇女会副主任	中共党员	文盲	常委
石秀梅	女	28		中共党员	文盲	
任荷菊	女	37		中共党员	文盲	

（三）社会："组织起来"

农民的生活来源依靠农业生产，农村社会正常运转离不开农业生产，对于着手重整乡村秩序的共产党人而言，把控生产秩序显得尤为重要。

毛泽东在《国民革命与农民运动》一文中强调，"党应在领导农民进行阶级斗争求得政治上翻身的同时，也要注意生产斗争，解放和发展农村生产力，使农民得到经济上的解放"。可见，共产党人领导农民翻身闹革命的意义并不仅仅为了在农村中变政易权，翻身所要达到的效果也不只是农民在政治身份和社会身份上的位移，农民更需要彻底改变贫穷落后的生活状况。斗争运动中没收地主富农的财产分给农民，确实在一定程度上改善了他们的生活，但"果实分配"毕竟是僧多粥少，多数农民的生活依然很艰难，他们觉得自己还没有真正翻身。要解决农民的温饱问题让他们在经济上翻身，根本出路是使回到人民手中的资产发挥最大效益，更好地发展农业生产。

1. 互助合作

中国的农村几千年来延续着自给自足的小农经济，农民以家庭为单位自行决定生产的内容和方式。但这并不是说各家各户都是完全独立的生产个体，传统农业社会生产力水平低下，就连原始的生产工具也严重短缺，这种条件下农业生产对人力的需求量较大，尤其到了农忙时节，农民不得不采取换工的形式集中劳动力，以保证生产、收获能及时完成。此时换工是建立在自愿基础上的，一般是关系较好的邻里、亲朋约定好，在某一家农活繁重的时候一起到这家帮忙，依次轮流实行。换工的规模有限，形式松散，没有严格的纪律约束，农业生产仍属于个体自由种植的方式。按照共产党人的思想，土地改革的重要目标之一就是解放生产力，以个体经济为基础的生产方式是落后的，只有大规模的集体经济、集体劳动才能迸发强大力量，才能增加农业产量、提高生产力水平。毛泽东多次强调组织生产的重要性，"在农民群众方面，几千年来都是个体经济，一家一户就是一个生产单位，这种分散的个体经济就是封建统治的经济基础，而使农民自己陷于永远的穷苦。克服这种状况的唯一办法，就是逐渐集体化；而达到集体化的唯一道路，依据列宁所说，就是经过合作社。"[1] 土改以前，封建租佃关系阻碍了大规模的互助、集体化，地主、富农占有大量土地、农具和牲口，一无所有的普通农民只可能成为他们的雇工，这种失衡关系决定了不存在互助合作、集体生产的基础。土改之后，生产资料实现均分化，每家拥有数量大致平均的土地、农具和牲畜，互助合作有了一定基础。

1947 年潞城县委号召农村组织起来搞生产，张庄的互助组开始大批涌现，规模也逐渐扩大。起初互助组的组织比较顺利，也多秉持自愿互利原则。这是因为生产资料不足，从个别地主、富农那没收的生产工具根本不够分给上百户人家，有的人得到骡子一条腿，有的人分得半张犁，大家必须合伙使用这些农具和牲口。这样一来互助合作就显得很有必要了。互助组的形式大概有三种，一是农民群众自发组织起来，遇到劳动力需求量大的农活，如下种、收割等，大家一起干，零散的活如除草锄地就单干；二是生产工具共用，农活各家干各家的；三是人力与畜力交换，拥有牲口但缺乏劳力的农户与没有牲口但拥有劳动力的农户相结合，弥补各自的不足。农民组织起来，生产上互助合作在当时起到了良好作用，首先在生产资料严重短缺的情况下充分利用现有生产工具和劳动力，最大化满足了农业生产所需，提高了粮食产量；其次，互助组代政府完成了一部分优抚照顾职能，例如将军属烈属、鳏寡孤独安排进互助组，他们的农活由几个互助组轮流帮忙做，或者由某个小组轮流完成，这些缺乏劳动力的农户给以报酬或者提供饭食、做家务、做衣服等；最后，互助组并不限于农业生产，还应用到发展副业，张庄妇女们成立了一个从事纺织的互助组，她们聚在一起纺线织布，互相学习经验，提高了生产效率。后期互助组出现了一些问题，如命令强迫农民互助、组织过于庞大、互助组职能和纪律过多。但总体而言，互助组改变了以往分散的个体生产，规模经济效益初现成效，明显推动了当时的生产发展，农村中快速确立起新的生产秩序。

2. 指导生产

除了推动农村互助组发展外，党和国家还直接指导农业生产。从前由农民自行决定种什么作物、什么时候种、怎么种，土改完成后，农民生产

---

① 《翻身》，第 238 页。

不再是个体的事情，它与国家政权建设紧密结合在一起。1948 年潞城县人民政府关于保卫秋收的工作布置下达张庄，"目前庄稼已经全部吐穗结实，接近成熟，这是群众辛苦一年换来的劳动果实，群众要求完整无损圆满收回家中入仓，但敌特反动分子、惯贼、报复分子以及自然灾害时刻在威胁着秋禾的圆满收回……有一个良好的秋收秩序成为群众当前主要的要求，组织民兵、鼓动群众保卫秋收已成为重要的政治任务，各村应在保委会的领导下积极进行这一工作，订出具体行动计划……"，同时要求"各村组织保秋委员会，由村长、民兵队长分任正副主任，吸收支书、公安员、指挥员、青年团书记、妇联会主席为委员。职责是指挥民兵，结合群众力量完成保秋任务，解决保秋中的困难。"① 对于春耕生产，县政府也下达了鼓动宣传书，"春分节到，清明也快来临，这是贯穿全年生产的一个紧要关头，为了真正开展一个大规模的生产运动，保证生产成绩上的胜利，必须根据目前群众思想情况，立即布置进行春耕生产的宣传动员工作。"② 县政府在宣传书中提出，当年的农业生产总目标是"要达到或部分超出去年的水平。要将农民群众动员起来，团结生产，向自然灾害作斗争，努力完成县里的生产目标。要让群众明白我们在建设一个新国家，要把农业国变成工业国，这就必须大力恢复和发展农业，把工农互助、城乡互助的道理解释给群众，调动起生产积极性……同时还要注意生产政策的宣传。在宣传播种经济作物时要结合收购政策进行，到县供销社区订合同，保证它的销路。"③ 县政府要求各村根据情况"介绍农业科学技术，要注意推广优良品种，提倡选种和种子消毒，提倡使用杀虫剂，强调精耕细作，增加肥料，讲究技术。抓紧季节及时下种，号召锄麦上追肥，争取麦田每亩增产三升。"④

五 结 语

恶劣的生存环境为农民"翻身"提供了重要的现实基础，但仅此一

---

① 《保卫秋收工作布置》，张庄家档案第 2 盒第 6 卷。
② 《怎样进行春耕生产的宣传动员》，张庄档案第 6 盒第 26 卷。
③ 同上。
④ 同上。

点尚不足以构成"翻身"的充要条件。固守"生存第一"理念的农民，只要能维持最低的生存需求就不愿意选择具有致命后果的高风险行为方案，哪怕这种方案将有利于他。因此，犹如散沙的农民不可能自发形成大规模的抗争运动，即使面对有军事力量支持的政党动员，小农身上顽固的劣根性也极大削减了他们政治参与的勇气和积极性。长期游离于政治场域使其形成政治冷漠感，革命形势变幻莫测也让其难以坚定立场，再加上强烈的传统道义命理思想束缚，这些都可能成为农民翻身之路上的绊脚石。

那么，急需取得农民支持的共产党是如何铲除重重障碍，将农民动员起来的呢？其一，采用利益满足式的动员技术调动积极性，大多数农民因缺少必要的生产、生活资料，濒临于破产死亡的边缘，此时共产党把地主汉奸的财产没收分配给群众，解决了许多贫困农民生存问题，从农民最迫切需要的物质资源入手，将农民的利益需求放在首位，极大鼓舞了农民翻身的积极性；其二，运用思想教育的动员技术启发"翻身"觉悟，通过"诉苦"放大并传播农民对地主的仇恨，通过"算账"让农民意识到地主剥削是其悲惨生活的根源所在，这样"动之以情、晓之以理"强化了两个阶级间的对立矛盾，于情于理农民都该反抗地主压迫翻身做主。物质激励和思想开导双管齐下，共产党成功将不具政治意识的农民吸引到"翻身"浪潮中。

从农民翻身的曲折过程不难看出，政治动员起到了主要推动作用。一贯对政治冷眼旁观又谨言慎行的农民，在共产党强大的动员攻势下终于放开手脚，积极翻身。可以说，翻身是政治动员下的翻身。农民从一开始对政治冷漠、顾虑重重到后来积极参与甚至迷失理性，都是政治动员改变了其思想和行为，它是"翻身"得以实现的关键。

通过土改闹翻身，"彻底推翻乡村的旧秩序，使中国借以完成20世纪的历史任务：'重组基层'，使上层和下层、中央和地方整合在一起。使中央政府获得巨大组织和动员能力，以及政令统一通行等诸多好处。这对于一个向来被视为'一盘散沙'的农业大国来说，其意义尤为重大"①。

---

① 杜润生：《杜润生自述：中国农村体制变革重大决策纪实》，人民出版社2005年版。

翻身过程中共产党人强调动员群众、组织群众，由此"把分散的农民组织起来，使其成为政党组织网络中的成员；使无政治的农民具有政治意识，并被动员到党的目标之下，将一个传统的乡绅社会，改造成为一个现代政党领导和组织下的政治社会"①。

---

① 徐勇：《"政党下乡"：现代国家对乡土的整合》，《学术月刊》2007 年第 8 期。

"行政村":乡土社会的国家化治理

【导读】行政村是中国共产党在解放区所设立的一级政权机构，在1949—1954年作为中华人民共和国成立后国家在农村设立的一级政权机构。其后不久，"五四宪法"撤销了行政村的建制，"行政村"的意义发生了变化，治理单位发生了区域和实体的分离，但"行政村"仍然沿用至今，并作为一个非正式的用语来指代当前农村基层组织。

行政村是中国共产党在解放区所设立的一级政权机构，在1949—1954年作为中华人民共和国成立后国家在农村设立的一级政权机构，而基层政权机构设置是不断变迁的，其管辖的人口、地域以及性质都会发生变化。虽然在"五四宪法"中撤销了行政村的建制，但"行政村"仍然沿用至今，并作为一个非正式的用语来指代当前农村基层组织。

"行政村"出现在中国乡村治理中，有着属于关键词本身的生命周期，因而，必须从历史与现实两个层面对"行政村"界定：一是指在自然村的基础上划分的由一定区域、人口和地理环境构成的生活单位与区域单位；二是指农村革命过程中，曾作为中国共产党在乡村设立的一级政权机构；三是指现在国家在农村划定的具有行政建制性的治理区域，一般包括若干村民小组。

由此可见，"行政村"是指国家基于乡村治理的需要，对乡村实行的条块化与区域化的划分，具有行政建制性的治理单位。治理单位包括治理实体与治理区域。治理实体是指由治理组织、治理者以及治理活动构成的治理存在；治理区域是指按照地域标准划分的治理区域范围，它是由一定数量的人口、土地及其他环境条件所构成的、有确定边界的区域。1949

年前后，行政村作为国家一级政权组织，在治理实体与治理区域上是同一的。后由于国家发展策略的变迁，行政村也发生了变迁，治理实体与治理单位出现了分离。本文的研究也将从治理的区域和治理实体两个层面来对"行政村"进行剖析。在分析中，笔者将建国初期具有国家政权特征的建制村、人民公社时期由行政村转换而来的生产大队以及实行村民自治后的村委会都纳入"行政村"概念分析范畴内，凡是泛指以上不同实体的"行政村"都会加上引号加以区别。

由于行政村只是在 1949—1954 年作为我国农村基层政权机构，因而从行政管理的角度研究村级政权运作的很少，只是作为地方行政设置被提及到。提及较多是近些年来对"行政村"一词使用上的争论。在《人民日报》上多人曾撰文要求停止使用"行政村"，如蔡维藩的《如今已无"行政村"》（2004 年 7 月 28 日《人民日报》）；徐振汉的《"行政村"的说法何时才能消除》（2004 年 9 月 15 日的《人民日报》）；刘国莹的《"行政村"的说法为何难消除》（2004 年 11 月 10 日《人民日报》）；《"行政村"的说法消除不了吗》（2004 年 11 月 24 日的《人民日报》）。大都认为"行政村"在 1954 年后就已经取消，不应再继续出现在报纸文章中。且根据"八二宪法"第三章第 111 条规定："城市和农村按居民居住地区设立的居民委员会或者村民委员会是基层群众性自治组织。"因而，"行政村"的提法不妥，应该统一使用村委会。此外，持相同观点的还有李在藻（《行政村的概念不适用与现行村体制》）、金怀圣（《不能把村委会称为"行政村"》）、王彬（《谈谈"村委会"与"行政村"的区别》）、方孜行（《"行政村"不应继续采用》）、顾盛彬（《"行政村"何以不绝于耳》）等人。

尽管词语的使用存在诸多的争论，但是一个不可否认的事实是，它反复出现在人们日常用语和文字表述中，用来表达乡村的治理实体和区域。在 1949—2006 年《人民日报》所有报道篇名中出现"行政村"的记录为 68 篇。中国期刊全文数据库中，以"行政村"作为篇名进行精确搜索，1949—1979 年共出现 24 条记录，1980—2009 年共出现 247 条记录。无论在文字表述中还是在人们的话语中，"行政村"作为村级组织的指代仍在继续使用。

一 "村"及村制

根据文献记载，"村"字最早出现在东汉中后期，在南北朝时期使用开始泛化，聚落的一种或聚落的统称。至唐朝时期，"村"才成为乡村基层组织单位，并出现村正一职。但在我国古代乡村的治理单位沿革中，"村"的使用并不占据主流。回顾我国乡村治理单位的历史沿革，有乡—里—什—伍，党族—闾/里—邻，乡—里—保—邻，都保—大保—保，保—甲—牌，乡/镇—村—保—甲。历朝历代的乡村治理单位不仅层级不一，而且所编的户数变化也较为明显。单位编制间采用的倍制也不一，如一倍制，二倍制，五倍制和十倍制。在古代，乡村基层治理单位可以说是一种编户制度，也即"编户而治"，按照户数而不是按照区域范围来划分治理单位，在不同的治理层级上配置不同的管理职务，用以完成乡村的赋税、徭役、征兵及社会教化功能。

（一）何谓"村"？

村并非一开始就存在，在村之前，自然居住地皆称为"聚"。村成为制度化的村治单位是在唐朝正式确立的，所以，对于"村"的由来，可以从两个角度出发，一是"村"的由来和使用；二是"村"制的形成。

在《说文解字》中并没有"村"字的记录，只有"村"字的原形"邨"字的记录，"邨：地名，从邑，屯声。"① "邨"应为"村"的最早使用。"邨"与"村"本是两个独立字，"邨"的使用缘于屯兵制，是军队的编制，先秦就存在并一直延续下来，如军队中基层领导职务"屯长"，服役的"屯卒"等。军队在某一地区的长期驻扎就会形成以"屯"为名的聚落。这些"屯"因为长期存在而成为固定的聚落，人们或根据造字的一般习惯，为"屯"加上"邑"，形成"邨"来表示聚落……②据学者们对古代文献记载的考查，"村"字出现在东汉后期，如"得长生，居仙村"（魏伯阳《周易参同契》）；村口有古大冢（葛洪《抱朴子内

---

① 许慎撰，段玉裁注：《说文解字注》，上海古籍出版社1983年版。
② 黄宽重主编：《中国史新论·基层社会分册》，"中研院"2009年版，第166页。

篇》）；"村里有凡人谓良善，用时，或赍酒肴候洪，虽非俦匹，亦不拒也。"（葛洪《抱朴子外篇》）；"村落绝缘，酤酒无处"（崔豹《古今注》卷下）。"村"在正史中的记载见于《三国志》卷16《郑浑传》："入魏郡界，村落齐整如一，民得财足用饶。"

学术界对于"村"作为自然聚落名称的使用存在着较多的争论。侯旭东在《中国史新论·基层社会分册》的《汉魏六朝的自然聚落——兼论"邨"、"村"关系与"村"的通称化》一章中对"村"的起源的争论进行了总结①：一是强调汉末出现的"村"是在汉代"聚"的基础上发展起来的；二是认为汉代、三国的屯田所形成的聚落发展为"村"；三是认为汉末动乱中形成的"坞"与"坞壁"之类自卫性集团是村落，特别是北方村落的来源。还有认为是汉代的聚，经过十六国的坞壁发展成北方的村落；四是认为村来源于汉代城内外的里，另有在无人之地新设立的村；五是认为村的早期形态还有庐与丘。对于"村"出现的解释，赵秀玲在《中国乡里制度》也提供一种解释："这一段历史时期，社会动荡不定，乡里百姓多背井离乡，四处逃难，这样，原来的'里'就多有废弛者。随着新地的开发，也随着人数的不断增加，久而久之，就形成了新的聚落，这些新的区域往往与原来的'里'不同，就冠以'村'名。"②

村之前的自然村落的称谓有庐、丘、聚等。庐的出现较早，指的是城外农民的临时性的住所。"在野曰庐，在邑曰里""是以圣王域民，筑城郭以居之，制庐井以均之"。③ 丘指的是城邑之外的"野人"居住的聚落。《玉篇》云："丘……虚也，聚也。"《汉书》卷二十三《刑法志第三》记载：故四井为邑，四邑为丘。丘，十六井也。《汉书》卷四十五《蒯伍江息夫传第十五》记载：躬归国，未有第宅，寄居丘亭。聚是村之前的聚居形态，聚小于乡。《说文解字》卷9："聚，会也……邑落云聚。""一年而所居成聚，二年成邑，三年成都。"④ 由此可见，在古代自然聚落的称谓中，村并不没有广泛而统一的使用，还有其他相伴的多种称谓的存在。

---

① 黄宽重主编：《中国史新论·基层社会分册》，"中研院"2009年版，第130—131页。
② 赵秀玲：《中国乡里制度》，社会科学文献出版社1998年版，第19页。
③ 《汉书》卷24上，《食货志第四上》。
④ 《史记》卷1，《五帝本纪第一》。

（二）"村"制的形成

早在黄帝时期，自然聚落的治理就有了较为完善的设置。古代乡村治理的单位在历史继承中不断发生新的变革，但是基本上按照户数来分级，采用"编户而治"，并选拔相应的治理者，承担一定的职责。

先秦时期。史书记载，黄帝置八家为井，井一为邻，邻三为朋，朋三为里，里五为邑，邑十为都，都十为师，师七为州。商朝时，开始出现"里君"、"族尹"、"里尹"等基层官吏，"里，邑也"①，古代居民在聚居地筑起防御的围墙称为"邑"。西周以国都为界划分"国""野"和"都""鄙"，前者为贵族和平民的居住区，后者为奴隶的居住区。"国"是指国都地区，国都之外就成为"野"。西周在"国"与"野"的基层治理上也分别设置不同制度，在"国"中行乡制，在"野"中行遂制，王室有六乡、六遂，而诸侯为三乡、三遂。所谓的六遂就是指："五家为邻，五邻为里，四里为酂，五酂为鄙，五鄙为县，五县为遂"；分设邻长、里宰、酂长、鄙师、县正、遂大夫。同时，遂组织与军事组织又相结合，分别对应着伍、两（联）、卒、旅、师、军；伍长、两（联）司马、卒长、旅帅、师帅、军帅。

春秋时期基本延续着西周的基层治理模式，基层组织和军事组织联系紧密，以应付战争所需。公元前 635 年齐桓公任用管仲推行改革，行"国鄙制"，即郊内、郊外分治。在乡村地区，五家为轨，六轨为邑，即三十家为邑，十邑为率，十率为乡，三乡为县，十县为属。军事上"乃制五家以为轨，轨为之长；十轨为里，里有司；四里为连，连为之长；十连为乡，乡有良人，以为军令"②。战国时期，各国普遍实行郡县制，县下行乡里制，在县之下设乡、里、什、伍。居民按什伍编制，五家为伍，二伍为什，什伍实行连坐制度。十什为里，里有里典，十里为乡，乡有三老、廷掾、乡师等。

秦汉在县之下设立乡亭里三级制，里之下为什伍组织。"大率十里为一亭，亭有亭长，十亭为一乡，乡有三老、有秩、啬夫、游徼。三老掌教

---

① 《尔雅》，《释言第二》。
② 《管子》卷 8，《小匡第二十》。

化，啬夫职听讼、收赋税，游徼徼循、禁盗贼。县大率方百里，其民稠则减，稀则旷，乡、亭如之。皆秦制也。"[1] 乡设有秩（大乡）或啬夫（小乡），三老，乡佐和游徼；里设里正或里魁，什伍设什长和伍长。亭设亭长、亭佐、亭父、求盗、亭侯、亭掾、亭卒等。[2]

由于三国至隋统一前，社会动荡，乡里制度也错综复杂，各有不同。晋制，"县（户）五百以上置乡，三千以上置二乡，五千以上置三乡，万人以上置四乡，乡置啬夫一人，正一人；五千五百以上置吏一人，佐二人。县率百户置里吏一人，其土广人稀，亭随宜置里吏，限不得减五十户，户千以上，置校官掾一人"。[3]

五胡十六国时期，为逃避抢掠，百姓逃往山林深处，建立坞壁，据险而守。其建立的乡里坞壁属乡村组织，坞壁有邬主，较大的坞壁设邑里之类的基层组织。对于单位层级的规模则难以考证，据出土的《鸣沙石室佚书》记录："永嘉大乱，中夏残荒。保壁大帅数不盈四十。多者不过四五千家，少者千家五百家。"

到南朝宋代时，以五家为伍，伍长主之；二伍为什，什长主之；十什为里，里魁主之；十里为亭，亭长主之，十亭为乡，乡设乡佐，三老，有秩，游徼各一人。[4] 基本与秦汉相同。

北朝时北魏孝文帝改革，在基层设"三长制"，"五家立一邻长，五邻立一里长，五里立一党长，长取乡人强谨者。邻长复一夫，里长二，党长三。"[5] 职责包括检查和审定户口、征发赋役、办理一般民事诉讼。到东魏时期，三长制有所变动，以五家为邻，二十家为闾里，百家为党族。北齐时"令人居十家为邻比，五十家为闾里，百家为族党。一党之内，则有党族一人，副党一人，闾正二人，邻长十人，合十有四人，共领百家而已"。[6] 北周时发展为邻、里、党、族。

① 《汉书》卷19上，《百官公卿表第七上》。
② 部分学者认为，亭并非是一级行政机构而是县的治安派出机构，与乡平级，听命于县尉，"主求捕盗贼，承望都尉"。
③ 《晋书》卷24，《职官志》。
④ 《宋书》卷40，《百官志下》。
⑤ 《魏书》卷110，《食货志》。
⑥ 《文献通考》卷12，《职役考一》。

隋初规定县下为保、间、族。五家为保，设保长一；五保为间，设间正一，四间为族，设族长一。同时有畿内、畿外之分，畿外置里正，相当于间正，党长相当于族正。畿为王都所辖地区，畿外为王都之外的都城，相对于现在的省。也就是说在地方上治理上设立保、里、党三级。后隋文帝时，"令五百家而置乡正，百家而置里长，以治其辞讼"。① 改三级制为"乡、里"二级制，设乡正、里长各一。

唐朝对乡里组织进一步完善，县下的行政分为：乡、里、村（坊）、保、邻。对城区、郊区采取不同的方法进行编户而治。"百户为里，五里为乡。两京及州县之郭内，分为坊，郊外为村。里及坊村皆有正，以司督察。四家为邻，五邻为保。保有长，以相禁约。"②③

北宋王安石变法之前，基本沿袭唐代乡里制度。王安石变法后，为加强兵政，增加财赋收入，乡里制度就转为保甲制。"及诏畿内之民，十家为一保，选主户有干力者一人为保长，五十家为一大保，选一人为大保长；十大保为一都保，选为众人服者为都保正，又以一人为之副。"④ 在实际执行过程中，保甲制又有所变动，以五户为一小保，五小保为一大保，五大保一都保。宋神宗七年，"司农寺乞废户长、坊正，令州县坊郭择相邻户三二十家，排比成甲，选为甲头，督输税赋苗役，一税一替"⑤。由于保甲制和原有的坊里组织在职能上的重叠，在变法失败后，乡里或行保甲，或行坊里，保甲和坊里不再同时设置。南宋时期，保甲已经日益军事化，"保甲，建炎后乡兵，建炎后砦兵"。⑥

元朝的里甲制度承接于金朝，金朝又遵从唐制，以五家为邻、五邻为保。实行城乡分治，城外乡村设村社，与乡里制共存。后元改乡里为都图制。以乡统都；乡设里正，都设主首。世祖至元七年（公元1279年），颁布农村立社法令，在自然村基础上建立社。"县邑所属村疃，凡五十家

---

① 《读通鉴论》卷19，《隋文帝》。
② 《旧唐书》卷43，《职官二》。
③ "四家为邻，五家为保"是指相邻的住户中，各以与自家相邻的四户为"邻"，加上自家就是五户，便为一保。
④ 《宋史》卷192，《兵六（乡兵三）》。
⑤ 《宋史》卷177，《食货上五（役法上）》。
⑥ 《宋史》卷192，《兵六（乡兵三）》。

立一社，择高年晓事者一人为之长，增至百家者，别设社长一员。不及五十家者，与近村合为一社。地远人稀，不能相合，各自为社者听，其合为社者，仍择数村之中，立社长官司长以教督农民为事。"① 社的主要职能是劝农、教化、治安和教化。

明代推行的为里甲制度，以十户为一甲，设甲长一人（一甲 11 户）；一百一十户为一里，设里长一人。以地方富户充任之，以黄册登记全国户口。"洪武十四年诏天下编赋役黄册，以一百十户为一里，推丁粮多者十户为长，余百户为十甲，甲凡十人。岁役里长一人，甲首一人，董一里一甲之事。"② 里甲在城中叫坊，近城称厢。设坊长、厢长，职位与里长相同。清初在基层设立牌甲保三级，"世祖入关，有编置户口牌甲之令。其法，州县城乡十户立一牌长，十牌立一甲长，十甲立一保长。"③

村治单位的历史沿革

单位（户）／朝代	一级	二级	三级	四级
黄帝	邑	里（尹）	朋	邻
	360	72	24	8
西周	鄙（师）	酂（长）	里（宰）	邻（长）
	500	100	25	5
春秋	乡（良人）	连（长）	里（司）	轨（长）
	2000	200	50	5
战国	乡（三老、廷掾、乡师）	里（司）	什（长）	伍（长）
	1000	100	10	5
秦汉	乡（有秩/啬夫、三老、游徼）	里（典/魁）	什（长）	伍（长）
	1000	100	10	5

① 《元史》卷93，《食货一》。
② 《明史》卷77，《食货一》。
③ 《清史稿（上）》卷120，《食货一》。

续表

单位（户）／朝代	一级	二级	三级	四级
北魏		党（长）	里（长）	邻（长）
		125	25	5
东魏		党族	闾里	邻
		100	20	5
北齐		党（族）	闾（正）	邻（长）
		100	50	10
唐	乡	里/村（正）		保（长）
	500	100		5
北宋		都保（长）	大保（长）	小保（长）
		125	25	5
明			里（长）	甲（长）
			110	11
清		保（长）	甲（长）	牌（长）
		1000	100	10

　　城郊的分治模式，形成了古代城乡分治的格局，古代都城的发展使这一治理模式延续下来，因此，村制的出现是古代城乡分治下的产物。古代乡村治理大都采取"编户而治"，但随着人口的不断增加，战乱和自然灾害的频发，在城郭之外的乡野地区，出现过多散居的人口，在"行政聚落"之外存在着大量的自然聚落。这些自然聚落难以纳入行政聚落，也难以按照户数多少进行编制，只能按照地域范围来划分。"村"指的就是城郭之外的自然聚落，因此，村的出现一开始就具有地域意义，但这些自然聚落并没有完全独立在乡里制度之外。至唐朝时，城乡分治日渐成熟，就在城郭之外实行村制，进一步强化了对城外自然聚落的管理。"在田野者为村，村别置村正一人，其村满百家增置一人，掌同坊正。其村居如满

十家，隶入大村，不得别置村正。"①"村"制的形成意味着，乡村治理形成了按地域范围来划分治理单位的模式。宫崎市定根据他一贯倡导的都市国家理论，认为"村"的出现意味着古代帝国的崩溃和城市与村落对立的出现，这种对立是中世纪的特点。因此，村制的成立是从古代迈向中世纪的划时代变革的一个重要标志。②

唐以后历朝历代中，村制依然没有作为一级治理单位而延续下来，这说明村并不具有古代治理单位的属性。村更多的是指居住的地理区域范围，在区域范围内，帝国基于统治的需要，通过里社保甲来对居民进行编排。因而，乡村治理层级系统仍是按照居住人口数量来划定，但建立在村域范围的治理也是存在的。如元朝村社制，就是在自然村落之上建立社，从各地方县志的记载中也可以发现，乡村的治理层级单位与村之间的关系。如郎溪县，雍正九年（1731）全县东南西北四乡933村，共设87保，平均11个村落的范围内划定一个保。③

回顾我国古代村落治理的历史演变可以看出，村落之上一直有国家通过制度设立的治理实体，并非完全放任自治。乡村治理组织的单位是不断变迁且又有一定的承接，治理单位既有三级也有两级，治理单位的划分是按照户数作为标准，各级管辖的人口户数不一，单位之间采取一倍制、二倍制、五倍制或十倍制。既然建立了如此完善的治理单位，传统的乡村治理是官治还是自治呢？有学者就对"皇权不下县、县下皆自治"之说产生了怀疑。张新光认为，县以下的乡里制度和什伍编制，皇权的以县政为依托，对乡土社会影响无所不在。与其说古代中国社会是"皇权不下县，县下皆自治"，还不如说是"国家的公共服务职能不下县"更加准确一些。④许多学者认为，古代乡村治理可以分为两个阶段两种治理，秦汉到隋唐为乡官制，宋至明清为职役制。乡官的地位较高，履行着行政职能，

---

① 《通典卷第三》，《食货三（乡党）》。

② 宫崎市定：《中国村制的成立——古代帝国崩坏的一面》，中国科学院历史研究所翻译组编译：《宫崎市定论文选集》（上卷），商务印书馆1963年版，第49页。转引自黄宽重主编：《中国史新论·基层社会分册》，"中研院"2009年版，第132页。

③ 郎溪县地方志编纂委员会：《郎溪县志》，方志出版社1998年版，第58页。

④ 张新光：《质疑古代中国社会"皇权不下县、县下皆自治"之说》，《学习与实践》2007年第4期。

而职役制下的保长、甲长，地位相对有所降低，职权和责任亦有所减少。那么，判断乡土社会自治与官治的标准是什么呢？

从村治的历史沿革来看，各级治理单位包括户数、治理者、职能体系。在帝国颁布的正式文本中，治理的户数有明确的规定，治理者有什伍长、保甲长，职能范围包括赋税的征收、徭役征兵以及社会教化等。从表征上看，乡村治理并没有离开帝国的规范。但是从本质来看，治理的户数只是帝国的官方规定，而在地方实施却是五花八门，甚至明朝村落延续的是唐朝的治理单位。"唐代，县分七乡三十都，前于村隶属嘉兴乡十六都。宋、元、明三代，承唐制未变。"① "清代乡都隅仍旧，惟改里为图，图下设甲，每图十甲，形成乡辖都，都辖图，图辖甲的行政建制。甲的户数不等，或一姓分数甲，或数姓合充一甲。"② 县以下的治理者是由胥吏、差役及里甲、乡地、保甲组成的非正式行政人员，一方面，这些治理者并未经过官方任命，唐朝时期，"诸里正，县司选勋官六品以下白丁清平强干者充。……其村正取白丁充，无人处，里正等并通取十八以上中男、残疾等充。"③ 宋朝时"选为众人服者为都保正"，明朝时"以一百一十户为里，推丁粮多者十户为长"。他们除了为官方效力，更多是为乡村社会提供公共服务，调节乡土社会各种关系，有着较强的约束力。而且他们的服务报酬不纳入国家财政，而是从乡村内部获取，来源渠道各异，如公地给村长种，村长田地由全村耕种等，治理者要靠富足大户来充任。乡里制度下的治理者来源于符合特定条件的群体，而非帝国任命。在治理活动内容上，农民与国家的关系是单向的，治理单位设置只为帝国获取税赋，而对于乡村公共服务都是自给自足，如教育、教化、治安、民事调解、公共基础设施、社会救济和保障等则由士绅、宗族承担。

综上所述，传统小农社会，乡土社会是宗族长老与士绅势力主导下的乡村自治。国权不下县，县下惟宗族，宗族皆自治，自治靠伦理，伦理造乡绅。④ 乡土社会延续着自治，并形成了一套非正式的治理体系与帝国的政权体系并行不悖。因而，传统时期的乡村治理，从表征上看，具有官治

---

① 浦江县前于村志编纂委员会：《前于村志》，方志出版社 2004 年版，第 37 页。

② 泾县地方志编纂委员会编：《泾县志》，方志出版社 1996 年版，第 52 页。

③ 《通典》卷 3，《食货三》乡党条。

④ 秦晖：《传统十论——本土社会的制度、文化及变革》，复旦大学出版社 2004 年版。

的特征，而实质上仍属于乡土自治。

二 "村治"的行政化

村治的行政化是将村落从国家政治与行政系统之外的自治状态转入到国家正式的政治与行政系统，从而实现对乡土社会的政治整合与行政化治理。有效治理包含四个要素：组织、区域、人员及经费和活动。村治的行政化过程，就是这四大要素的行政化过程。从晚清、民国时期推行的地方自治到中国共产党领导下的农村革命，都在围绕着如何改变这四大要素的属性。村治的行政化目的就是要达到这样的状态：自上而下的治理层级单位、清晰化的行政区域、制度化的人员配备及经费支持、代表国家意志的行政活动。

（一）晚清与民国时期的地方自治

19世纪末20世纪初，清朝保甲制度走向衰弱，代表国家权力对乡土社会控制的保甲制反而成为乡村权力的附属，为了增强国家在乡村的权力控制，晚清政府在新政改革中，推行地方自治。地方自治分为两级，上级为府、州、县的自治，下级为城、镇、乡的自治。1908年，清政府宪政编查馆拟定预备立宪《逐年筹备事宜清单》，对地方自治的施行制定了计划。1909年1月18日，清政府正式颁布由民政部拟定、宪政编查馆奏准的《城镇乡地方自治章程》和《城镇乡地方自治选举章程》，规定城镇乡为地方自治单位，组成自治公所，在城镇设立议事会和董事会，在乡设议事会和乡董，采取议事与执行相分离的原则。城董、董事、乡董及乡佐等职通过选举产生，可以连选连任。晚清地方自治并没有推行下去，也未深入到更为基层的保甲，但值得一提的是清末实行的警察制。警察制是清末宪政和地方自治运动中的产物，是国家权力进入乡村，对基层行政化的尝试。相比晚清政府推行的地方自治，警察制度在乡村的渗透则更为广泛。在警区划分上，打破了地缘和血缘构成的治理范围，警察被安插在县政上。如呼兰县，基层层级变成了县—警区—屯—户—口，全县分为4区13段695屯30433户。① 警察所长由县知事兼任，即使是专职所长亦由外籍人充任，遵

---

① 民国《呼兰县志》卷3，政治志。

循回避的原则。普通巡警按照"殷富之区，按五十户挑选巡警一名，穷僻之区，按百户挑巡警一名，责成村董各在本村挑选保充"①。在经费上，部分取之于地方。赵秉钧在天津经营警务，经费"以地方本有之青苗会支更费及赛会、演戏等一切无益有余之款，酌提充用"。在职能上，代替了传统的保甲组织在乡村维护治安、收税、户口管理等职能。

在北洋军政府时期，乡村治理仍然延续晚清的地方自治和警察制度。1914 年 12 月，袁世凯公布《地方自治实行条例》、《地方自治施行条例施行规则》。民国四年（1915）8 月，袁世凯公布《县治户口编查规则》，对县以下的乡村进行编户，以完善乡村的治理。规定编查区内设牌甲。以十户为一牌，十牌为一甲。编余之户，六户以上者，自成一牌；五户以下者，并入邻牌。编余之牌，六牌以上，自成一甲；五牌以下者并入邻甲。

1927 年 4 月 18 日，南京国民政府成立后，为了打破地方精英对国家权力下沉的阻碍，国民政府企图绕开地方乡绅对乡村进行重组，以弱化乡绅权力。1929 年颁布《县组织法》，规定县下为区，区下为村里，村里之下为闾邻。一个区辖 20 个以上的村或里，百户之上的乡村为村，百户以上的市镇为里。居民以每 25 户为闾，5 户为邻。以民国时期的河北获鹿县为例。获鹿县共有 2352 个闾，每个乡或镇平均 11 个闾。每个闾平均24.5 户（全县总计为 59726 个户），闾再细分为若干邻，每闾平均 5 个邻（全县共计 11661 个邻），每邻平均 5.1 户（《河北通志稿》：2889,2990）②，闾邻编制基本符合《县组织法》的规定。1930 年，国民政府对《县组织法》进行了修改后重新颁布，改村里为乡镇，乡镇设乡公所和镇公所，乡公所设正副乡长各一名，乡长取代了村正，镇公所设正副镇长各一名。凡 500 户以上乡、镇，则增设副乡长、副镇长一名，协助乡、镇长办理事务。乡（镇）设乡（镇）务会议，乡（镇）民大会，乡（镇）监察委员会，调解委员会。

1931 年 6 月，蒋介石为"围剿"工农红军的军事之需，草拟了《保

---

① 甘厚慈：《北洋公牍类纂》卷 9 警察 3。转引自王先明、常书红《传统与现代的交错，纠葛与重构——20 世纪前期中国乡村权力体制的历史变迁》，载《近代中国的乡村社会》，上海古籍出版社2005 年版。

② 转引自［美］李怀印：《华北村治——晚清和民国时期的国家与乡村》，中华书局 2008年版，第 252—253 页。

甲法规》，并在江西试行，1932 年，蒋介石为统一保甲编制，8 月公布了《剿匪区年各县编查保甲户口条例》，其第五条规定：保甲之编组，以户为单位，户设户长，十户为甲，甲设甲长；十甲为保，保设保长。划定管理区域，保甲按照户口及地方习惯、地势特点编组。"各保应就该管区域内原有乡镇界址编定，或并合数乡与镇编组一保，但不得分割本乡本镇之一部，编入他乡之保。"保长由甲长公推，甲长由各户户长公推；保甲经费，向保民征集，或从地方公款及财源中提取，对于战乱地区，可请求县财政补助。主要职能包括救护、防匪以及公共基础设施的维护和建设。1934 年，国民党中政会第 432 次会议做出决议，由行政院通令各省市办理地方保甲，同年 12 月通知各省，普遍推行保甲制度，保甲制度从"剿匪"区扩展至全国。

抗战期间，国民政府为了加强对乡村的控制，推行"新县制"，进一步强化了保甲制。1939 年 9 月国民政府公布《县各级组织纲要》，规定县为自治单位，调整县、区、联保、保、甲五级为县、乡镇两级。并且调整了编制间的倍制，先后颁布了《警察保甲及国民联系方法》和《各县保甲整编方法》，规定"甲之编制以十户为原则，不得少于六户，多于十五户""保之编制以十甲为原则，不得少于六甲，多于十五甲""乡（镇）之划分以十保为原则，不得少于六保，多于十五保"。保增设保办公处，有正副保长及干事 2—4 人，分管民政、警卫、经济、文化干事。设保务会议和保民大会，并在保甲之下分设小组，以便于行政层级配合。如民国时赣县七鲤乡，共辖 20 保，201 甲，保设正副保长 1 人，下设政治、经济、文化、警卫干事各 1 人；每甲设甲长 1 人，民教组员、财建组员各 1 人。每户设户长 1 人。保办公经费每月 7 元，由县政府发放（其保甲组织结构如 130 页图）。据川、康、滇、黔、桂、闽、浙、皖、赣、湘、鄂、陕、豫、甘、宁、青 16 省 1942 年底的统计，共调整县政府 1119 个，区、署 1853 个；建立乡（镇）公所 30470 个，保办公处 379681 个，甲4118413 个。[①] 据南京政府内政部民政司统计，到 1947 年 6 月底已经建立

---

① 章伯峰、庄建平主编，中国社会科学院近代史研究所、中国史学会编：中国近代史资料丛刊之十三《抗日战争》第 3 卷政治（上），四川大学出版社 1997 年版，第 421 页。转引自冉绵惠、李惠宇：《民国时期保甲制度研究》，四川大学出版社 2005 年版，第 73 页。

的保办公处 431870 个，甲数 4997345 个。

保甲制度在抗战时期的复兴和强化，一方面发挥着基层政权的一般作用，为抗战提供人力、物力和财力等方面起到积极作用，进而也为中华人民共和国成立后的国家政权建设以及全国的统一起到一定的积极作用；另一方面，它必然起到"反共、防共"的作用。保甲制度的复兴体现国家权力对乡土社会整合的强化，保甲被纳入了国家行政体系，执行着重要的职能，同时其活动的经费被纳入了国家行政体系，由县财政统筹，人员和经费实现制度化配备，在一定程度上冲击了传统的乡绅势力。但是，保甲制度在乡绅力量衰弱的情形下导致乡村治理日益腐败，名目繁多的税收科目、拉壮丁等等造成了国民党政权与农民的对立。不仅没有实现国家政权的乡土整合，反而出现国家政权的内卷化。①

（二）中国共产党领导下的农村组织建设

中国共产党在革命中，逐步认识到农村所蕴藏的巨大力量，他们深入乡村，发动群众，开展群众运动，建立农会、妇女、青年团等社团组织。在苏联的影响下，中国共产党在乡村的政权建设中，采用代表会议制来组建基层政权，基本上抛弃了"编户而治"的治理传统。革命对乡土社会的整合开始于中国共产党乡村组织的建立和活动的扩张。从农会、村苏维埃、村公所到行政村，贯穿村治行政化的整个过程。

1. 农会

农会是中国共产党深入乡村，进行群众动员和革命运动最有力的保障。中国共产党深入到群众中，输入革命思想，并与乡村地主劣绅进行斗争，其目的在于维护农民权益，更为重要的是为满足革命斗争的需要。农会有健全的组织和制度，依靠贫雇农，建立自己的武装，主要的斗争目标是土豪劣绅及不法地主。正基于此，中国共产党在革命运动中，始终重视农会的作用，依靠农会发动农民大众进行土地革命，依靠农民群众进行长期的武装斗争。

---

① 杜赞奇在《文化、权力与国家》一书中将国家政权内卷化定义为：国家机构不是靠提高旧有或新增（此处指人际或其他行政资源）机构的效益，而是复制或扩大旧有的国家与社会关系——如中国旧有的赢利型经纪体制——来扩大其行政职能。

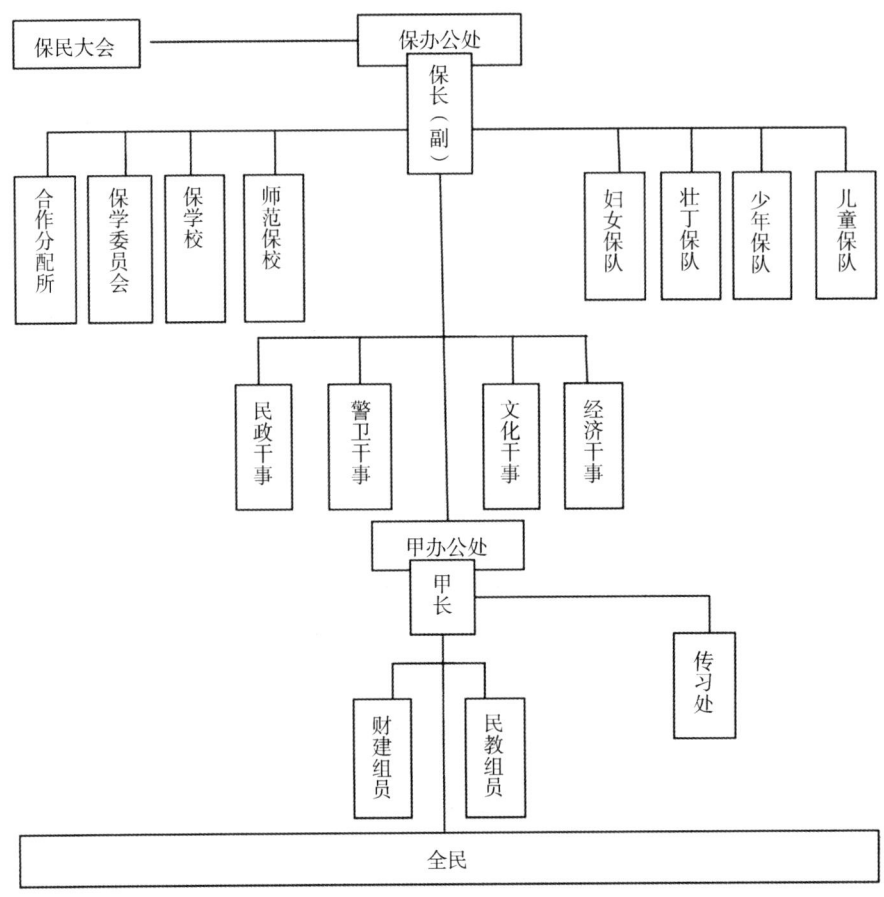

赣县七鲤示范乡组织系统图（略图）①

　　1921 年 9 月 27 日，浙江萧山衙前农民在本村东岳庙召开全村农民大会，成立衙前农民协会，大会确定 6 位领导人，起草《衙前农民协会宣言》和《衙前农民协会章程》，其主要的活动为抗租减租斗争。衙前农民协会是第一个建立的新型农会。与此同时，其他地区也相继建立了农会组织，如彭湃在广东海丰等地区建立了一批农会组织，并于 1923 年元旦成立海丰总农会；1923 年 9 月湖南共产党员刘东轩、谢怀德在其家乡衡山建立了岳北农工会等。国共第一次合作时期，全国各地农会组织发展迅

---

　　① 民国时期社会调查丛编（二编）：《乡村社会卷》，福建教育出版社 2009 年版，第 657 页。

速，从 1926 年 6 月全国农民协会及会员统计资料来看，全国共有 4 个省成立省农会，32 个县农会，294 个区农会，5023 个乡农会，会员人数达到 981442 人。[①] 第一次大革命失败后，农会的发展遭到巨大的挫折，中国共产党在创建革命根据地的同时，又着手重建农民组织。1927 年 7 月 20 日，中共中央发出了农字第 9 号通告，将农会定性为以穷苦农民为主干的乡村的政治联盟，农会具备部分政权的性质。"因为农民协会，事实上不仅团结了一般农民，包括手工业者、小学教师和小商人；就是一部分脱离大地主影响、而对农会表同情之小地主，也已经联合在农民协会之内。所以农民协会在现时就是乡村中的贫苦农民和其他小资产阶级的革命的政治联盟、农民政权。这是农村政权的一个正确形式。"1931 年 3 月，中共中央发出通知，要求各苏区必须在每个乡村将贫民团与雇农工会组织起来，贫民团成为苏区农民群众的团体组织。贫民团成员大都为佃农、雇农、自耕农和部分手工业者，其主要的活动是带领农民开展"五抗"斗争，即抗捐、抗租、抗税、抗债、抗夫；发展农业生产，开展互助合作，解决群众生活中的各种困难；同时，在农闲时开展文化教育活动，提高农民的思想文化素质。抗日战争时期及解放战争时期，农会在根据地和解放区广泛建立，成为中国共产党领导基层革命动员与阶级斗争的重要力量。"在一切权力归农会"的口号下，农会在中国共产党的整个革命过程中，始终作为发动农民群众革命的重要组织保障，有力地冲击了传统的乡村治理模式。中华人民共和国成立后，在部分地区的地方政权建设中，更是在农会的基础上直接转变而来。所以说，农会是中国共产党在农村基层政权的重要基础，为村治的行政化创造了条件。

2. 村苏维埃

自红色政权在中国大地建立起来，相应的组织机构和规章也随之建立。1927 年 11 月，在拟定的《苏维埃临时组织法》和 1929 年 8 月颁布的《苏维埃组织法》中明确规定，省、县、区、乡四级苏维埃的地方政权体系，在现实的实行中可以有所变动。例如湘赣根据地、鄂豫皖根据地、川陕根据地都实行省、县、区、乡、村五级政权；湘鄂赣根据地取消

[①] 数据来源：《农民运动》第 1 期，1926 年 8 月 1 日出版。转引自李永芳：《近代中国农会研究》，社会科学文献出版社 2008 年版，第 232 页。

了乡一级，将省以下定为县—区—村。各个革命根据地的村苏维埃的设置也各不一样，在鄂豫皖革命根据地，村苏维埃代表大会是全村最高权力机构，代表大会选举 5—7 人组成执行委员会，选举主席 1 人，执行委员会由青年委员、妇女委员、赤卫委员、土地委员、经济委员、组织委员、宣传委员、文化卫生委员和粮食委员组成。地方苏维埃政权层级普遍为五级，少数地区达到六级，村苏维埃成为一级政权机构。1931 年 11 月，中华苏维埃共和国临时中央政府成立后，颁布了《中华苏维埃共和国划分行政区域暂行条例》，规定重新划分县区乡的行政区域，废除了村与小组，乡以下不再设机构。

3. 村公所

抗日战争时期，各个根据地在乡村机构设置上各不相同，在晋察冀边区、晋冀鲁豫边区和晋绥边区的行政层级划分为：边区、县、村三级，村设村公所，作为边区基层政权。晋察冀边区村公所设村长 1 人、副村长 1 人、治安员 1 人、委员 3—5 人。村公所下辖若干闾，根据《县区村组织条例》规定："村公所为行政上之便利，得依照村民住区或街道划分全村为若干闾，闾设主任代表一人，由本闾公民代表互之。"[①] 晋冀鲁豫边区设权力机构村民大会，行政机构村公所，村公所设村长 1 人、副村长 1 人，同时设立民事、财经、生产、教育、锄奸等委员会，委员会设主任委员 1 人，委员 2—6 人，由村民选举产生。人口众多的村，可分设街，设街长 1 人。晋绥边区在村一级设权力机构村民大会，大会设主席、副主席各 1 人，设行政机构村公所。村公所设村长、副村长各 1 人，之下设自卫中队长，书记，各自然村设村主任 1 人，村公所之下的组织为闾。[②]

4. 行政村

1949 年前，在解放区行政组织形成了大区—省（行署、市）—专署（分区、市）—县—区—村（乡）。解放区的行政村为一级政府机关，设村人民代表会议和村政府委员会。在西北老区，乡对所辖的许多自然村划片管理，称行政村，作为乡政府的派出机构。在华北老区，设立村政府，

---

① 《晋察冀边区县区村组织条例》（1943 年 2 月 4 日），河北省社会科学院历史研究所，河北省档案馆等：《晋察冀抗日根据地史料选编》下册，河北人民出版社 1983 年版，第 324 页。

② 中国共产党在农村革命中，在部分地区保留了闾邻制。在村之下设立闾邻，闾邻各有长。

作为农村基层政府。如山西太原区。"解放后一年来建政是有相当成绩的。在太原区我已基本上打垮了阎匪的反动基层组织，初步建立了人民自己的政权。全区共行政村 3414 个，其中半老区 914 行政村，新区 1046 个行政村，已全部撤换了阎匪三人小组（即伪村长、指导员、同志会特派员），组成人民的政权。"[1] 行政村是在抗日战争和解放战争中形成的，一般规模较小，平均每个行政村不足 900 人，东北各省人数较多，平均每个村 1500 人左右。[2] 在行政村的建立过程中，人数过多就会带来管理的不便，如北平郊区的行政村一开始就在乡的区划基础上建立，致使一个村所辖户数多至 1000 户以上，后将行政的区划做出了调整："每一行政村所辖户数应为二百至八百之间，不能过多或过少，同一行政村内各自然村间的距离应不超过五里。"[3] 1950 年 12 月 8 日政务院第 62 次政务会议通过《乡（行政村）人民政府组织通则》和《乡（行政村）人民代表会议组织通则》，在全国范围内展开国家政权建设，各地都纷纷调整行政机关设置和区划，村政权也开始在全国范围内建立。

（三）行政村：乡村治理的初步国家化

村治的行政化经历漫长的过程，跟随中国共产党革命需要发生着变迁，经历了土地革命时期（1927—1937 年）的村苏维埃、抗日战争时期（1937—1945 年）的村公所、解放战争时期（1946—1949 年）的行政村。中华人民共和国成立初期，行政村又成为国家一级政权机构，标志着乡村治理初步国家化的完成，行政村正式成为一个独立的、完整的国家政权的组织部分，行使国家权力，执行行政职能。在治理层级上，根据《乡（行政村）人民政府组织通则》中的规定，最低一级的乡或行政村，隶属于区人民政府，在不设区人民政府的地区，受县人民政府领导及区公所的监督指导。同时在民主集中制基础上建立乡（行政村）人民大会，作为民主议事和决策机构。在行政区域划分上，一是在新的解放区，将民国时

---

[1] 《太原区两千个行政村普建人民政权，今后要继续发动群众加强》，《人民日报》1949 年 8 月 23 日（2）。

[2] 张厚安：《中国农村基层政权》，四川人民出版社 1988 年版，第 64 页。

[3] 《健全平郊区村政权调整行政村、审查村干部工作基本完成》，《人民日报》1949 年 9 月 10 日（4）。

期的行政管理区域直接转变过来，将保转为行政村，或是将小乡转为行政村；二是将中国共产党在农村基层组织设立的农会活动范围转为行政村的辖区。在人员配备上，行政村设立村长和委员若干。通过代表会议制，选举产生，规定任期。在职能规定上，《乡（行政村）人民政府组织通则》第四条对行政村职权做出了明确规定，行政执行职能是行政村首要职能。

乡与行政村是同行政级别的基层政权组织，只是在管辖的范围和人口上存在着一定的差别。行政村作为农村基层政权组织，完成了共和国成立初的基层政权建设。行政村的设立是乡土社会国家化的治理的初步阶段，其在全国的推行仍需要一段时间，特别是在新解放的地区以及偏远山区，行政村大都是直接从国民党统治下的保甲转换而来，但绝不是某些学者认为，村政权只限于华北、东北等地，在华中、华南、华东各县的县志中都可以看到相关的记录。如郎溪县，"解放后，实行新旧交替的县、区、乡、村（保）建制。1949 年 5 月，沿袭旧制，利用旧政权，全县设 5 区、2 镇 14 乡、149 保，保以下为甲。不久，保甲制改为村间制。区、乡、村都称人民政府。""1950 年调整区划，进行政权建设，撤销乡级建制，实行县、区、村三级政权，区直辖村（街）。全县共划 150 村（街），村称人民政府，村下设间。每个行政村十多间，每间十多户不等。"[1] 1950 年，（贵州息烽）县先后建立 2 个镇、8 个乡基层人民政府，分辖 84 个保。1951 年 2 月，将 84 个保改为 84 个行政村。1952 年 4 月，撤销乡、镇人民政府，将 84 个行政村合并设为 54 个行政村。[2] 在村级政权建设过程中，大多用行政村及行政小组替代了原有的保甲制度。

20 世纪以来，国家权力始终不曾放弃下沉的努力。自清末新政开始，推行地方自治，到国民政府推行保甲制度，对乡村加强控制同时起到"反共、防共"作用，然而，保甲制度弊端百出，导致权力下沉出现内卷化。中国共产党从革命运动的一开始就重视发动农村群众的力量，将农民组织起来，经过长期的革命斗争，进行自下而上的革命，不仅取得了革命的胜利，还建立一条有效的乡村整合路径。事实证明，当国家权力势能无法延伸到末梢时，自上而下的推行村落的行政化是注定要失败的。只有在

---

① 郎溪县地方志编纂委员会：《郎溪县志》，方志出版社 1998 年版，第 70 页。

② 贵州省息烽县地方志编纂委员会：《息烽县志》，贵州人民出版社 1993 年版，第 145 页。

自下而上的乡村革命运动中建立国家政权，才能在上下互动中实现对乡村治理的行政化。乡土社会行政化治理必须同时具备四个条件，即自上而下的治理层级单位、清晰化的行政区域、制度化的人员配备及经费支持、代表国家意志的行政活动，只有同时满足四个条件才能真正实现乡土社会的行政化治理。

三 "行政村"的变迁

1954 年，在颁布的《中华人民共和国宪法》和《中华人民共和国地方各级人民代表大会和各级人民委员会组织法》中，规定国家行政层级和区划设到县乡，撤销了行政村的建制，基层政府被乡、民族乡、镇政府替代。行政村作为共和国成立之初的基层政权的短暂历史结束了，失去政权性质的行政村设置一直延续到公社体制的建立。然而，国家基于乡村治理需要而对乡村所实行的条块和区域化的划分仍然存在，行政村作为治理单位，出现了治理实体和治理区域的分离。治理实体是指由治理组织、治理者以及治理活动所构成的治理存在；治理区域是指按照地域标准划分的治理区域范围，它是由一定数量的人口、土地及其他环境条件所构成的、有确定边界的区域。在既有的治理区域内，治理实体经历了公社时期的生产大队—生产队到村民自治时期的村委会—村民组。伴随"行政村"治理实体的变迁，"行政村"的区划、数量和职能体系也随之发生了变化。

（一）治理实体的变迁

实体是一个重要哲学概念，又作本体。在马克思主义唯物史观里，实体指的就是物质，物质是指不依赖于意识而又能为人的意识所反映的客观实在。治理实体是指有效治理所需的治理组织、治理者以及治理活动构成的治理存在。行政村在国家制度文本中消失，而在现实中，"行政村"的治理区域、治理者以及治理活动并没有就此消失，它仍在国家权力的框架下继续运作。

行政村建立途径和方式的不同决定了其变迁方向的不同，部分在旧乡制的基础上设立行政村后又转为建制乡，部分继续着行政村制，后改为村管理区。直到人民公社体制的建立，行政村全部转为生产大队，公社体制解体后又转为村民自治制下的村委会。乡土社会的治理经历了初步国家化到高度国家化，后转向初步民主化的变迁。

1. 生产大队时期

1952 年底，全国土改基本完成，彻底废除了农村几千年的封建剥削制度，伴随着农村阶级关系的调整，经济的恢复，行政管理组织的建立，国家对乡土社会整合力度和广度不断增强。从互助组、初级社、高级社到人民公社，农民组织化程度不断提高，国家对乡村的支配力和控制力达到了前所未有的强度。

1950 年 1 月 24 日，中共中央发出指示，开始在新解放区实行土改运动的准备工作。6 月 30 日，中央人民政府又公布《中华人民共和国土地改革法》。中共中央决定，从 1950 年冬季开始，在全国分期分批地完成土地改革。经过土地改革，调整乡村中的生产关系，农民分得了土地。1951 年 9 月，中共中央召开了第一次农业互助合作会议，总结了历史上开展互助合作的经验，制定了新中国成立后第一个《关于农业生产互助合作的决议（草案）》，文件于当年 12 月下发试行。1953 年 2 月 15 日中共中央通过，草案成为正式决议，并于 3 月公布实施。决议认为农民在土地改革基础上，激发了两个方面的积极性，一是个体经济的积极性；另一是劳动互助的积极性。决议提倡把农民"组织起来"，发挥农民互助合作的积极性，走农业集体化或社会主义化的道路。互助组主要有三种形式，第一种是临时性的、季节性的互助组；第二种是常年的互助组；第三种是以土地入股的农业生产合作社，又称为土地合作社。到 1952 年底，全国参加互助组的农户已占农户总数的 40%，但主要是临时性的互助组和常年的互助组两种形式。互助组的建立部分地改变了行政村设置，行政村以互助组代替原有的村小组，一个行政村下辖若干互助组。1953 年 12 月 16 日经中共中央通过《关于发展农业生产合作社的决议》，指明了合作社发展道路：临时互助组和常年互助组，扩展到实行土地入股、统一经营而有较多公共财产的农业生产合作社，再到集体农民公有制的更高级的农业生产合作社（也就是集体农庄）。决议指出相对于互助组农业生产合作社的种种优点，并对合作社的发展提出了规划：从 1953 年冬季到 1954 年秋收以前，全国农业生产合作社应由现有的 14000 多个发展到 35800 多个。到第一个五年计划末，即 1957 年，全国农业生产合作社应争取发展到 80 万个

左右，参加的农户应争取达到农村总农户数的 20% 左右。由于一些地区
出现急躁冒进，操之过急，合作社的发展势头大大超出了预期。1956 年 1
月，加入合作社的农户即达到全国总农户的 80.3%，基本上实现初级合
作化；5 月份，有一半的农户加入高级社；1956 年 6 月 30 日第一届全国
人民代表大会第三次会议通过《高级农业生产合作社示范章程》，到 1956
年底，加入合作社的农户达到全国农户总数的 96.3%，其中参加高级社
的农户占全国农户总数的 87.8%。该章程对乡村的治理实体再一次进行
了重构，确立了社员大会或者社员代表大会为最高管理机关，再通过社员
大会或者社员代表大会选出管理委员会、合作社主任、一个到几个副主任
协助主任进行工作。合作社主任、副主任兼管理委员会主任、副主任。同
时选举产生监察委员会，高级社的管理体制类似于"议行合一"的国家
体制。高级社下辖若干生产队或生产小组作为劳动组织的基本单位。但
是，这一管理体制并没有得到很好的贯彻，直到公社体制的建立，乡村的
治理实体彻底发生了变革，乡村才被统一纳入到高度集中的国家化治理
中。

高级社的完成和发展，为农村公社化发展提供了基础。中共八届三中
全会后，党内出现了"左"倾错误，并于 1958—1960 年轻率地发动了人
民公社化运动，农村公社化步伐不断加快。1958 年 8 月 29 日，中共中央
政治局在北戴河召开扩大会议，会议通过了《中共中央关于在农村建立
人民公社问题的决议》，决议指出："在目前形势下，建立农林牧副渔全
面发展、工农商学兵互相结合的人民公社，是指导农民加速社会主义建
设，提前建成社会主义并逐步过渡到共产主义所必须采取的基本方针。"
通过小社并大社，再转为人民公社，全国各地纷纷在原有的农业生产合作
社的基础上建立人民公社。"截至 8 月底，（河南省）全省农村在原有 38
473 个农业社、平均每社 260 户的基础上，已经建成大型的综合性的人民
公社 1378 个，平均每社 7200 多户。加入人民公社的农户已占全省农户总
数 99.98%。至此，全省建立人民公社的工作已告基本结束。"① 到 1958
年 10 月底全国 74 万多个农业生产合作社改组成 2.6 万多个人民公社，参

---

① 《数千万农民坚定地向共产主义过渡，河南农村实现人民公社化》，《人民日报》1958 年
9 月 2 日第 1 版。

加公社的农户有 1.2 亿户，占全国总农户的 99% 以上，全国农村基本上实现了人民公社化。公社化初期，公社下辖村管理区，村管理区下辖生产队。如（东锁簧村）1958 年 9 月成立人民公社，实行政社合一，分为公社、管理区、生产小队三级。东锁簧村管理区辖 11 个生产小队，设村长、副村长。1961 年东锁簧村管理区改为生产大队管理委员会，辖 11 个生产小队①。1962 年 9 月 24—27 日，中共八届十中全会通过了《农村人民公社工作条例（修正草案）》，对人民公社进行了定性，规定："农村人民公社是政社合一的组织，是我国社会主义社会在农村中的基层单位，又是我国社会主义政权在农村中的基层单位。"并对人民公社的组织体系进行了架构：

> 两级组织结构：公社——生产队
>
> 三级组织结构：公社——生产大队——生产队

人民公社的规模是一乡一社，公社的社长就是乡长。生产大队由行政村直接转换过去，生产队则在自然村落进行划分。生产大队设大队长和其他管理委员、监察委员；生产队是人民公社的核算单位，设队长、会计和其他管理委员、监察委员或者监察员。由社员大会选举，任期一年，可以连选连任。生产队和生产大队的干部有补贴，形式有定额补贴或者误工补贴，干部均不完全脱产。

1966 年 5 月"文化大革命"爆发，"文化大革命"的浪潮很快就席卷至乡村。1966 年 12 月 15 日，中共中央在《关于农村无产阶级"文化大革命"的指示（草案）》做出规定：领导农村"文化大革命"的权力机构，是贫下中农文化革命委员会，由贫下中农大会民主选举产生。乡村机构设置也随之发生了变化，公社管理委员会改为公社革命委员会；生产大队也建立大队革命委员或革命领导小组，设立正副主任。如山东潍坊市东关大队。在"文化大革命"初期，"大队改为'革命委员会'，设正副主任、会计、保管、治安主任、民兵连长等职"②。1971 年下半年，各地公社又恢复了原有的管理体制，取消"革委会"的设置，生产大队管理

---

① 东锁簧村志编纂委员会：《东锁簧村志》，齐鲁书社 2007 年版，第 50 页。

② 东光村志编纂委员会：《东光村志》，方志出版社 2002 年版，第 23 页。

体制也随即恢复了。

2. 村民委员会时期

随着家庭联产承包责任制的实行，公社体制已经难以继续下去，乡村治理面临抉择，即采用何种形式来组织分散的农民。此时，在广西宜州合寨村，村民们通过直接选举产生村委会，推行村务民主管理。农民在乡村治理上的创造性发挥受到中央的重视，并被制度化和规范化，在全国普遍推行。《八二宪法》第 111 条第一次出现村民委员会的概念，将村民委员会定性为基层群众性自治组织。1983 年 10 月 12 日，中共中央、国务院发出《关于实行政社分开，建立乡政府的通知》，规定在农村实行政社分开，建立乡人民政府。村民委员会也在原生产大队的基础上建立起来，村民委员会设主任、副主任和委员，由村民选举产生。截至 1985 年 2 月，这一改革全部完成。建乡前，全国共有生产大队 70 万个；建乡后，建立村民委员会 948600 多个。[①] 1987 年 11 月 24 日，第六届全国人民代表大会常务委员会第 23 次会议通过了《村民委员会组织法（试行）》，1998 年 11 月 4 日第九届全国人民代表大会常务委员会第五次会议通过《村民委员会组织法》，并开始实行。2010 年又对《村民委员会组织法》进行了修订并公布实施。根据新修订的《村民委员会组织法》规定，村委会是村民自我管理、自我教育、自我服务的基层群众性自治组织。村民委员会设主任、副主任和委员 3—7 人，由村民直接选举产生，每届任期三年，可以连选连任。村委会设人民调解、治安保卫、公共卫生与计划生育等委员会。村委会成员不脱产，报酬为误工补贴。村委会下设若干村民组，小组设组长，由村民小组会议推选，任期与村民委员会的任期相同，可以连选连任。

以江西省丰城市梅林村为例，该村下辖 10 个村小组，皆为自然型村落，小组大都以其主姓来命名。如吴家、范家、朱家、熊家、魏家。2008 年底，经过换届选举产生了第七届村两委，结果下页表 1。村委会成员共 7 人，分管村务不同方面。10 个村民组设有组长、会计和出纳，有的小组是 3 人，有的小组是 2 人，一人身兼两职。组长统管组务，召集组民开

---

① 舒瑜：《我国农村基层政权体制改革见成效，农村政社分开全部完成有力促进农村经济发展》，《人民日报》1986 年 11 月 14 日第 4 版。

会，共同商讨组内事宜，会计负责记账，出纳管理资金。小组长每年有一定的误工补助，由村委会发放，会计和出纳则根据小组集体资金给予一定的误工补贴。笔者在安徽省泾县巧峰村调查时，发现该村部分小组也设有会计和出纳。

表　　　　　　　　梅林村第七届两委换届选举结果

姓名	村党委职务	村委会职务	分管	年补助额（元）
吴相根	村支部副书记	会计	党群、财经管理	5320
刘国良	村支部副书记	副主任	协管党群工作、财经审批	5320
熊国荣	支委委员	副主任、团支部书记	青年团、纠纷调解	5200
吴贵发	支委委员	民兵营长、治保主任	民兵、治保调处工作	5200
刘圣保		主任	村委会全面工作、财经审核	6240
朱爱华		村委会委员	出纳、后勤工作、协管治保调处工作	5200
熊玉香		妇女主任、计生专干	妇女计生工作、协管调解工作	5200

（二）治理职能的变迁

一定的职能是由特定的实体组织来执行的，"行政村"治理实体发生变迁，治理职能也必然随之变迁，这是国家在乡村治理策略变迁的反映，因而，可以从国家需要的角度来作自上而下的归纳，总结出"行政村"治理职能变迁的路径。行政村从一开始设立就担任着基层政权建设和巩固的重要职能，行政村转为生产大队后，其职能以生产为主，转为村委会后，职能经历从经抽税到反哺的转变。现代国家建构下的"行政村"，在不同的历史阶段，执行着不同的行政职能。

1. 生产

农村政权得以重建，生产关系随之调整，农村的经济逐步恢复发展，这与整个国家的发展要求联系在一起，经历战火的中华人民共和国需要尽快恢复国民经济。城市工业建设离不开农业的支持，建国初期各大城市的粮食危机、购销脱节严重，城市工业亟待恢复发展等问题，使中央认识到孤立的、分散的小农经济与社会主义的工业化之间矛盾日益扩大。中央主张先改变生产关系，以提高生产力，由此便开始了农业生产的合作化。通过合作化生产，一方面保证低价征购足量的农副产品；另一方面保证农民基本生存需求及农业再生产。中央确立了农村支持城市、农业支持工业的发展策略，公社体制是保证策略实施的重要载体。随着合作化进程的不断加快，行政村很快就转为公社下辖的生产大队，由行政性组织转为生产性组织。农业生产变成一种集体行动，农村像是被组织进庞大的公共企业，这个公共企业分为若干生产大队，每个生产大队包括若干个生产队，农民有了统一的社员身份，社员在生产队长的带领下集体劳动，以此来获取工资——工分，来维持基本生存所需，而生产的剩余都要上交，以发展城市工业。这种将农民组织起来的方式，是中国共产党在长期革命斗争中的革命经验和政治经验再次运用或者说是它的继续，而这次运用的阵地是农村经济领域，农业生产仿佛成了革命性的斗争。

公社体制下的"行政村"的主要职能就是生产，生产足够的农副产品，满足城市工业发展的需要。"行政村"变成了生产大队，生产大队主要任务是管理生产队的生产工作，帮助生产队做好生产计划，组织好生产队之间的分工协作，经营好生产队所拥有的集体资源，如山林；投资建设农业生产的基础设施，管好、用好大型中型农业机具和运输工具。

生产队是直接与农民相联系的生产组织，又是公社中的基本核算单位，直接组织生产和收益分配。因此，土地、农具、牲畜等生产资料都归属生产队集体所有和使用。生产队对生产的经营管理和收益的分配有自主权，根据地区自然资源制定农业、林业、渔业、牧业、副业以及手工业的生产计划。同时，建立生产责任制，制定工分标准，实行按劳分配制度。公社体制下家庭仍然还是一个完整的结构，一个家庭里，除了小孩和不能劳动的老人，所有人都要参加生产劳动，获取工分，虽然不同的劳动力其劳动的工分不同，但是都实现了收益，创造着物质财富。把广大农村的全劳动力和半劳动力都组织进生产劳动中，达到了现有生产力水平下的最大产出。所有这一切的制度安排都只为了生产足够的农副产品，在保证社员的基本生存所需之外，更为重要的是完成国家规定的征购义务。"行政村"转为生产大队，其职能由政权建设转为农业生产。

2. 抽税

20 世纪 80 年代初，农村改革开始推进，人民公社解体，乡村治理转向村民自治。家庭联产承包责任制的推行，农民分散为独立经营户。从 1982—1986 年中央相继出台了五个涉农"一号文件"，推动一系列的农村改革：正式承认包产到户的合法性，放活农村工商业，疏通市场流通，取消统购统销，改统购为合同收购，改政府议购为市场收购。农村由集体生产转为分散经营，"行政村"又从生产大队转为村委会。治理实体的改变，并没有彻底改变农民与国家的关系，国家依然需要农村的支持来发展城市和工业，分配关系是"交够国家的、留足集体的、剩下都是自己的"。只是上交的形式发生了变化，农业税的最初形式以征收粮食为主，称为"公粮"，统购统销取消后，中央将农业税收由最初的粮食为主逐步转为货币税。1985 年 5 月 17 日；国务院批转财政部关于农业税改为按粮食"倒三七"比例价折征代金问题的请示，因为粮食收购价按"倒三七"比例计价收购，即三成按原统购价，七成按原超购价，所以农业税也应实行统一按"倒三七"比例价折征代金的办法。所谓折征代金的形式，就是把应征粮食数量，折算成货币金额进行征收，这是为了逐步将以粮食实物为形式的农业税转向货币税。

除了上交的税收，乡村两级的日常管理开支和公共服务等开支都需要向农户摊派，也就是所谓的"三提五统"，即为公积金、公益金和管理费的村级提留；乡村两级办学、计划生育、优抚、民兵训练、修建乡村道路款项的乡级统筹。由此，城市的建设、工业的发展和农村公共服务等方面的支出负担转向了农户，农民负担走上一个不断上涨的轨迹：1978—1988 年为农民负担凸现期，农村流通体制的疏通，农副产品征收价格的提高，使农民的收入有大幅度的增加，而且农业税较轻，占农业总产量的比例较小。但是乱收费现象不断增加，农民负担问题开始凸现。1989—1993 年，随着国家将改革的重心转向城市，政策上更倾向于城市，通过工农产品的"剪刀差"，压低农副产品价格的同时提高工业品的价格，造成农民增产不增收。而此时农民负担每年增长达 16.7%，高于农民人均收入增幅 7.2 个百分点。"三提五统"和其他收费占税费总额的 80%以上，以致于中央连续发布文件要求切实减轻农民负担。1994—2000 年，分税制改革，财权上收，事权下放，县乡财政吃紧，许多开支不得不转向农民，乱收费、乱罚款和乱摊派问题更加严重，导致农民负担膨胀。1994—2000 年间，农民税费总额由 958 亿元上升至 1 359 亿元，增长了 41.9%；农民人均税费负担由 112.0 元增长至 168.4 元，增长了 50.4%。

"行政村"失去了政权性质，乡镇政府成为完整的一级政权，政权的架构、人员的配备以及繁多的行政事务等导致乡镇政府机构膨胀、人员臃肿，其低效率的运作又会导致乡镇政府的财政压力过大。"行政村"转为群众性自治组织，不但没有消除其行政性，其运作仍在行政系统范围之内，承担许多行政任务，成为乡镇政府的附属。国家发展策略要求和县乡政府自上而下的压力输入，反而强化了其行政职能。这些压力表现为行政系统自上而下的政治压、政策压、经济压，综合起来又表现为名目繁多的指标压，各项指标当中税费及"三提五统"的征收完成额占据主要位置，它决定着乡镇政府压力的缓解和乡村干部的工资福利。于是，有的乡镇选择村干部的逻辑就演变成了"谁能收上税费谁就可以当干部，甚至就是好干部"，由此导致有的乡村社会中的"狠"人，甚至地痞流氓，就顺理成章地走上了公共权力的舞台。[1] 国家对农村财政投入的整体不足，导致县乡财政过分依赖农业税收，不断地增加农民负担，尽管农业税占国家财政的比例是逐步下降的，从农业各税占国家总税收的比重就可以看出[2]，1950 年农业各税占全国税收总收入的 39.00%，1971 年降到 9.87%，1980 年降到 4.84%，此后一直维持在 5% 以下，稳定在 3% 左右，2008 年为 3.12%。[3] 农业税征收而耗费的成本是巨大的，且容易导致基层干群的矛盾，农村税费改革成为现代国家对乡村整合的必然要求。

3. 反哺

为遏制农民负担恶性膨胀，缓和农村因税费负担过重导致的种种矛盾，2000 年 3 月 2 日，中共中央、国务院发出《关于进行农村税费改革试点工作的通知》，制定了"减轻，规范，稳定"六字指导方针，试点的主要内容是：取消乡统筹费、农村教育集资等专门面向农民征收的行政事

---

① 赵树凯：《乡村治理：组织和冲突》，《河北学刊》2003 年第 6 期。

② 2005 年以前农业各税包括农业税、牧业税、耕地占用税、农业特产税、契税和烟叶税；2006 年起只包括耕地占用税、契税和烟叶税。

③ 数据来源于国家统计局国民经济综合统计司编：《新中国六十年统计资料汇编》，中国统计出版社 2010 年版，第 19 页。

业性收费和政府性基金、集资；取消屠宰税；取消统一规定的劳动积累工和义务工；调整农业税和农业特产税政策；改革村提留征收使用办法。并确定在安徽省以省为单位和其他省、自治区、直辖市以县市为单位作为农村税费改革的试点。2002 年，税费改革试点范围扩大至全国 20 个省份，2004 年，财政部、农业部、国家税务总局出台《关于 2004 年降低农业税税率和在部分粮食主产区进行免征农业税改革试点有关问题的通知》，正式推行免征农业税费改革试点。2006 年 1 月 1 日，我国完全取消实行了两千多年的农业税。

长期以来，城市的发展都是依靠农村的支撑，国家与农民的关系是单向的索取为主，国家在农村的财政投入却相对不断下降。当前，我国正处于工业化中期，在总体上已到了以工促农、以城带乡的发展阶段。这个阶段是工业反哺农业、城市支持农村，实现工业与农业、城市与农村协调发展的阶段。自 2004 以来，国家连续出台八个以"三农"为主题的中央"一号文件"，一系列支农惠农政策陆续出台：新型合作医疗、农业直补（种粮补贴、良种补贴、农机购置补贴和农资综合补贴）、农村免费义务教育、最低生活保障、新型农村社会养老保险等等。税费时代结束，标志着国家与农民的关系发生了根本性转变。

传统农业社会里，国家与农民的关系表现为分散的刁农与强制的国家的关系。这种关系在政治上则表现为压迫与反抗、顺从与叛乱，或者说是"顺民与仁政""暴民与暴政"的循环往复。[①] 从经济角度看，传统的国家与农民的关系是索取与被索取的关系，农业是国家税收之本，呈现出国家对农民的追逐。农业税时代的结束，国家与农民的经济关系发生了变化：由国家追逐农民转为反哺时期农民追逐国家，国家对农民更多的是给予，是支农惠农。国家惠农支农补贴大部分是通过农村信用社的"一卡通"发放，农民直接接触的是国家和政府，不再是村级组织。基层资源分配权被部分上收，村级组织的角色不再是帮助乡镇政府完成税收、执行上级任务和指标。

随着现代信息技术的发展，农村基础设施的完善，国家与农民能够实

---

① 徐勇：《农民改变中国：基层社会与创造性政治——对农民政治行为经典模式的超越》，《学术月刊》2009 年第 5 期。

现多途径的直接对话和互动。"行政村"是农民、村庄与国家或者说是个体、集体与国家的互动平台，国家与农民关系的改变，尤其是乡镇政府社会管理和公共服务职能的增强，改变了三者互动的结果。"行政村"角色回归的同时，其职能也将转向帮助国家服务农民，帮助国家实施反哺，"行政村"将更多的是一个直接服务于农民的群众组织。

四　三重视角

（一）革命的视角

一直以来，乡村的治理都是按照人口数量来设定治理层级的，然而，此种"编户而治"在中国共产党控制的区域被彻底改变，开始按照村的区域范围来架构治理体制，使村不仅是地理区域范围，更是变成了治理层级单位。中国共产党在乡村的革命运动，首先就是要推翻传统的封建政权结构，这自然也包括保甲制度，可以从中国共产党革命运动的组织形式的特性中找到缘由。从最初的半政权性质的农会，采取组织形式是协会的形式，制定协会章程，有自己的活动方式和活动内容。农会采用会员制，与国统区的保甲制度相比，它是一个专门性组织。苏维埃，意思是"代表会议"或"会议"，是苏联无产阶级在革命运动中形成的政权组织形式。中华苏维埃政权建立，在乡村设立村苏维埃，政权建制下沉到村，组织成员由全村群众代表大会选举产生，建立工人、农民的政权。正是受到苏联的苏维埃制度的深刻影响，中国共产党在革命中建立的乡村政权基本上摒弃了中国乡村治理几千年的传统制度，乡村政权建设按照一定的区域范围内，通过代表会议制产生。村变成政权架构的最小区域单位，从村苏维埃、村公所到行政村，都表明中国共产党在自下而上的农村革命中，已将"村"这样大小的区域作为政权设立的基础，按照区域来设立行政层级。

在自下而上的农村革命中，中国共产党寻找到一条与传统截然不同的政权组建形式，一是通过党的组织以及妇女、青年等附属组织来实现广泛而深入的乡村动员，同时通过阶级斗争，颠倒农村社会阶级地位，打击了乡村里的宗族、士绅等传统势力；另一个就是采用代表会议的形式使民众可以参与到政权的建设当中，使政权具有很强的合法性。而在国统区，自上而下的政权系统将各种压力不断传送到乡村保甲，反而恶化了国家与农民的关系。国家政权在乡村的扩张只实现政权的部分现代化，更多的是内卷化，主要原因在于国家政权对乡村缺乏足够强的控制力，权力势能难以延伸至末梢，皇权难下县。20世纪的中国先是面临着西方列强的侵略，后又遭受日本的侵略，国家的政权建设断断续续难以广泛而又彻底地深入乡村，进程不断被打断，内外各种条件决定国民党政权对乡村的控制是脆弱的。历史实践证明，在国家权力势能无法延伸到末梢时，自上而下地推行村落的行政化是注定要失败的。而中国共产党将乡村组织起来，进行自下而上的革命，成功地走出了一条乡村整合的路径。

（二）现代国家建构的视角

传统时期的乡村治理，皇权不下县，在县之下为地方自治。帝国的权力所能驱动的只能是县级官府，县是帝国政权中的治理层级单位，有着清晰化的行政区域。帝王亲自选派县官到地方任职，县官领取朝廷的俸禄，代表天子意志从事行政活动。县治由来已久，早在秦孝公时期，任用商鞅进行变法，普行县制，将乡村聚落划定区域作为县。"并诸小乡聚，集为大县，县一令，四十一县。"① 汉承秦制，行县制，县令或县长均由朝廷任命，其下设长吏丞尉，丞辅助县政，尉统甲兵、捕盗，县各级官员的俸禄都有明确的规定。"县令、长，皆秦官，掌治其县。万户以上为令，秩千石至六百石。减万户为长，秩五百石至三百石。皆有丞，尉，秩四百石至三百石，是为长吏。百石以下有斗食，佐史之秩，是为少吏。"② 随着朝代的更迭，县始终作为最低一级的地方行政单位。然而，几千年来，帝国的法规制度并不能一以贯之的在乡村执行到底，行政权力始终没有突破县级到达乡村，乡村治理的演变也没有与上层政权机构变动保持相对一致，而是呈现出复杂多样的景象，村治的变革既承接前朝治理单位，又部分采用本朝新制。这是因为乡村游离于国家政权体制之边缘，有其自主把握变迁的空间和自由，因而，对帝国的政策法规有着自主调节的可能。在查阅地方县志时，乡村治理的沿革并没有呈现与朝代更迭相统一的变迁，

---

① 《史记》卷5，《秦本纪第五》。

② 《汉书》卷19上，《百官公卿表第七上》。

大多参差不齐。如郎溪县，明朝时期，全县共划 5 乡、27 都、20 保、18 村。① 都为元朝村治单位，保为宋代村治单位，村则始设于唐朝，只是作为村民居住的区域单位。再如丰城县，明嘉靖时期，全县辖 17 个乡，88 个都，368 个图，339 个里。至清代，图下改设甲。全县在乡以下设 89 个都，331 个图，3335 个甲。② 再如泾县，宋代，全县建 11 乡，乡辖里，全县划置 261 里，明代乡仍其旧。清代乡都隅仍旧，惟改里为图，图下设甲，每图十甲，形成乡辖都，都辖图，图辖甲的行政建制。③ 尽管县志的记载可能与事实有些许出入，但是乡村对于帝国设计的制度总会进行弹性调整，村治模式呈现了较强的稳定性且变动的周期较长。

村治的变迁和历史沿革与 1949 年以来村治的变迁相比，两者有着巨大的反差，前者稳定性强、周期长，后者稳定性弱、周期短；前者乡村自主性强，后者乡村自主性弱。现代国家建构下的村治变迁，变革的频次多、速度快、周期短，这是因为现代国家建构下的村治与传统的乡土自治相比发生了根本性的转变，国家意志和权威渗透进乡村，通过"政党下乡""政权下乡"完成国家权力对乡土社会的政治整合，国家的意志和权威开始驱动乡村的变迁与国家的发展需要相一致。因而，当国家基于治理需要而不断调整乡村治理实体时，当国家基于清晰化和简单化村治区域而不断调整"行政村"的区划和数量时，当国家要求乡村忠实地执行国家意志时，当国家的发展策略要求农村将生产剩余用来支持城市发展时，这些要求都可以较为顺利地在乡村得以实现。

村民自治自 20 世纪 80 年代诞生和推行以来已近 30 年，目的在于在乡村建立群众自治性组织，推行自我教育、自我管理、自我服务为主要目的的民主管理实践。然而，村民自治的自主性是有限的，国家权力在乡村的渗透必定会与村民自治权力相冲突。尽管近 30 年来，乡村治理实体未发生变革，但自治下的村治还是在不断调整，许多因素进入了乡村。新农村建设、城镇化的发展、大学生村官的选派等等，似乎是国家权力从乡村撤后的一种恋恋不舍的表现。现代国家建构下的村治仍会在国家意志和权

---

① 郎溪县地方志编纂委员会：《郎溪县志》，方志出版社 1998 年版，第 58 页。
② 丰城县县志编纂委员会：《丰城县志》，上海人民出版社 1989 年版，第 4 页。
③ 泾县地方志编纂委员会：《泾县志》，方志出版社 1996 年版，第 52 页。

威的规制下，沿着特定的路径，不断地发生变化。

（三） 民主化的视角

现代国家建设包含民族—国家建设与民主—国家建设两个相互关联的过程。在我国，民族—国家与民主—国家的建立并非同步进行，而是分两次完成的："第一次是由分散割裂的国家走向统一的民族国家，第二次是由少数人专断走向人民主权的民主—国家"①。前者称为国家化过程，后者称为民主化过程。村民自治是在现代国家建设的过程中生长发育的，是民主在乡村的实践，正如徐勇教授论述的，"中国的村民自治不是自然生成的，而是国家赋予的"。如果将国家化和民主化过程结合乡村治理来加以细分的话，又可以分为初步国家化（1949—1954 年），高度国家化（1958—1983 年），适度国家化与初步民主化（1983 年至今），未来发展的趋向是低度国家化与高度民主化，如下图所示。

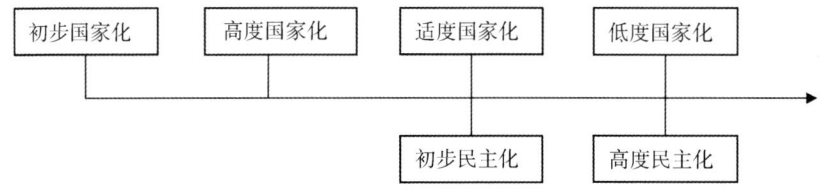

当前的村治还处在初步的民主化阶段，停留在选举型民主阶段，村民通过直接选举出村庄的管理者。选举的过程还存在许许多多的问题，干扰因素诸多，如拉票贿选，乡镇政府的干预等，特别是农村大部分劳动力外出务工，留下妇女、老人和小孩，最终参加投票的大部分是这些文化程度较低的人。而以村民会议、村民代表会议、村民议事为主要形式的民主决策实践也没有得到很好的实现，在很多村庄，村民会议因"撤村并组"导致村庄过大而从未召开过，村民议事会也只能在村民组实行。笔者在江西省丰城市梅林村调研中发现，在单一姓氏的家族村落基础上建立村民组，能获得广泛的认同而成为村民行动的单位，村民组设立组长、会计和出纳，村民也习惯性地称他们的组长为"村长"。村民组实现自我管理，

---

① 徐勇：《现代国家构建中的非均衡性和自主性分析》，《华中师范大学学报》（人文社会科学版）2003 年第 5 期。

在小组内部主持耕地调整、纠纷调解、公共设施建设以及与"上级"沟通。反而"行政村"难以有效整合村庄，获得村民的认同。在安徽省泾县巧峰村，村民与村民组的关系也更为紧密，当地一家采石场因开采造成了噪声和浮尘污染，向村民组给予88000元的补偿，在补偿款的分配上，村民的民主意识和权利意识很强，9位村民因对村民组长分配方案不满而将村民组告上了法庭。

一方面现代乡村的发展与变迁引发冲破行政化的冲动。根据各种已有的研究成果来看，一个完整的村落共同体，其实具有五种可以识别的边界：社会边界、文化边界、行政边界、自然边界、经济边界。[1] 行政边界是国家划定，自然边界是按照地域划定，在传统时期五种边界是重合，而走向开放和流动后，各种边界之间相互穿插、相互交重，"行政村"是按照地域划分，因而行政边界与自然边界仍然重合。而社会边界、文化边界和经济边界是按照村民的活动交往的范围来界定，其界限模糊且无边际，社会边界、文化边界和经济边界早已冲破行政边界，这就使得村民对行政边界的认同降低，行政边界的约束力和整合力下降。

另一方面，行政化也有不断强化的种种变现。传统时期，乡村的治理者多为地方士绅，国民政府推行的保甲制度，也只是削弱了乡村士绅阶层。而中国共产党的革命彻底摧毁了乡村士绅、地主阶层。但即使如此，乡村的治理者还是在乡村内部产生。大学生村官的出现，使乡村治理者产生发生了转变。"村官"与帝国王朝的县令存在着许多共同点：通过正规的考试选拔，工资福利财政统包，定期考核工作业绩等等，大学生村官以"官"的身份进入乡村，旨在加强农村治理者的科层化程度，这是国家对乡村治理进一步整合的表现。市场经济在农村的渗透，使得乡土整合的方式不得不从政治手段转向经济手段。从深层来看，政治手段退居次要并不意味着国家力量在乡村的式微，而是要通过经济手段来获取必要的政治认同和合法性。

村民自治从一开始的推行就充满质疑：为什么要在文化程度较低、经济欠发达的乡村搞起民主？"行政村"能否实现民主自治呢？民主化与国家化在乡村治理上相互碰撞呈现此消彼长，乡土治理要从初步民主化迈向

---

[1]　李培林：《村落的终结——羊城村的故事》，商务印书馆2004年版，第39页。

成熟的高度民主化，首先要实现适度的国家化向低度国家化转变，村民自治的成长、发育到成熟壮大需要足够的制度空间，空间释放的关键在于构建上下间的平衡机制，需要国家、村庄、农民关系的不断调整来达到一个微妙的平衡，更重要的是在横向上形成推动村治民主化的强大推动力。只有如此，"行政"与"村"才能走向分离，关键词"行政村"才能消失在人们的话语和文字中，最终在历史的浪潮中得以沉淀。

互助组:农民互助由民间行为到政府组织

【导读】互助组是中国农民在个体经济基础上组织起来的带有社会主义萌芽性质的集体劳动组织，经历了一个由传统的无组织、无制度的民间行为发展成为政府引导之下的组织性行为的过程。农民参加互助组的动机分为三类：已有换工传统、因贫困、因国家动员，在划分这三类组的边界时，大致与按亲缘、地缘、行政命令相一致，由此产生了互助组内部不同的绩效、组织紧凑程度与集体行动能力，甚至同一种互助机制在不同类型的互助组中也会产生截然不同的效果。易村的个案探讨显示，只有国家主导的互助组有效吸收了乡土传统文化中的连接机制，使国家制度框架和传统民间的互助习惯共同发挥作用，互助组才能产生最大的绩效。

在大革命时期，湘赣边界的苏维埃政府为了解决劳动力缺乏，"根据井冈山地区过去就有的农忙时换工的习惯，动员和组织群众实行劳力换工和耕牛互助，对军烈属的土地组织实行包耕、代耕"①。1930 年春，闽西根据地上杭县的才溪乡也组织了这种劳动互助的"耕田队"。6 月毛泽东到才溪调查，对"耕田队"大加赞赏，提出"耕田队应该提高一步叫互助组"②。此后在湘鄂赣、赣西南、鄂豫皖等苏区成立了类似的互助组织。之后出现了互助组、合作社等各种生产互助合作的组织形式。

首次对互助组作出定义和类型的判断是中央人民政府农业部农政司《1951 年上半年农民互助合作运动发展情况》报告，指出"随生产的恢复，互

---

① 《中央革命根据地财政经济史长编》上册，人民出版社 1980 年版，第 395 页。
② 同上书，第 396 页。

助的内容由过去单纯的劳畜力互助，逐渐发展到经济上、生产上的合作。劳力互助组（拨工组、变工组）可以分为三种：一种是在群众固有变工基础上组织起来的小型灵活季节性的劳畜力变工互助组，这是广大农民最易接受的初级形式；一种是比较长期定型的生产互助组，特点是小组固定，常年互助并有共同的发展生产计划，有一定的组织制度（如记工清工等），在互助内容上，亦由单纯的劳畜互助，进而到结合技术、结合副业与供销结合，这种形式目前在老解放区数量较多；一种是若干地区由于生产需要，及农民的要求，把若干互助组采取联队联组形式，但日常生产活动仍以小组为单位，这种组织，对于使用较大新式农具及相互调剂劳力有好处。"①

综上所述，互助组是中国劳动农民在个体经济基础上组织起来的带有社会主义萌芽性质的集体劳动组织。互助组一般由几户至十几户农民按自愿互助的原则组织起来，实行集体劳动，换工互助，以解决组员间因缺少劳动力、农具、耕畜等带来的生产上的困难。但互助组不触动生产资料的私有制，互助组组员的一切生产资料及收获的农产品仍归个人私有。互助组可分两种，一是农忙季节暂时组织起的换工互助的临时互助组；二是换工互助的常年互助组。在中华人民共和国成立前，老解放区互助组就已出现，中华人民共和国诞生后，随着土地改革的完成，贫苦农民分得了土地等生产资料，互助组大范围地推广。互助组功进一步的发展形式是农业生产合作社。

"互助组"是影响20世纪50年代整个中国的关键词汇，离不开政策文献的研究，正是对宏观政策文献的梳理，让笔者从整体上把握其发展脉络；同时，笔者也力求从微观个案村庄寻求突破。本文的研究方法除了文献法外，更重要的是个案研究法，选择湖北省襄阳市的易村作为描述对象，深入调研和访谈。

易村位于湖北省襄阳市南漳县东北部，距县城13.5公里，村民现居住较集中，共由6个小组组成：罗家湾，上罗家湾，易家湾，小易家湾，刘家湾，饶家冲。行政归属从历史的演变来看较为复杂。民国元年（1912）至民国22年（1933），南漳县设15个乡镇，易村隶属北平乡（今龙门）。

---

① 国家农业委员会办公厅编：《农业集体化重要文件汇编（1958—1981）》上，中共中央党校出版社1981年版，第45、46页。

民国23年（1934），推行保甲制，废乡镇。全县设八个区，下辖164个联保，942个保，9348个甲。易村属于第三区，第9保。中华人民共和国建国初期，实行区乡制。易村为第4区石门区，石门区下辖12个乡，此时乡域范围较小。易村此时分属于两个乡，村头的上罗家湾归属于和易乡，其他部分归属于永长乡。1953—1956年，初级生产合作社时期，村头三个小湾：上罗家湾、易家湾、小易家湾联合办了一个生产合作社——"永进初级生产合作社"，村尾三个小湾：下罗家湾、刘家湾、饶家冲联合办了一个初级生产合作社："联名初级生产合作社"；1956—1958年，石门区乡划归沐浴区，易村隶属龙门乡。1958年，实行社队制，即人民公社—管理区—生产大队—生产队。沐浴区划分为9个人民公社，此时"永进生产合作社"和"联名生产合作社"并为一个高级社，命名为"联名高级生产合作社"，隶属龙门公社；人民公社解体后，原来的联名高级生产合作社，1981年改名为易村。原来的龙门、石门是一个公社，为九集镇，龙门和石门并到九集，易村归龙门管，下辖6个小组。现今的格局由此而来。

一　互助如何成"组"？

易村从1953年开始办互助组，在村民的印象中是秋天，"穿着夹布衫的乡委员来村庄宣传互助"，即是在第三次全国互助合作会议之后。易村由于是山区，环山天然将这个小村庄与外面的世界隔离开来，在全国互助合作在经历了发展——整顿——再发展之后，才影响到这个小村庄。由是，这个村庄并没有受到前几次互助合作运动的冲击，仍然保存着农民互助成"组"的原始动机，为笔者的探索提供了丰富的原生态的材料。笔者所做的尝试性思考，所付诸的努力，在于重现一个村庄的村民进退互助组的选择依据、在互助中的分工与角色，探讨国家的宏观政策的落实在一个村庄中所引起的农民与国家的互动过程。

（一）动机

易村从1953年开始组建互助组，持续了三年之后，转入初级生产合作社。1953年的易村行政规划与当下有一定的差异。易村在当时分属于两个不同乡，村头的上罗家湾归属于和易乡，其他部分归属于永长乡。由于乡镇关于当年互助组的统计资料业已流失，我们只能从访谈中对当时的人口状况做一估算。当时一个湾湾是 24 户，共有 6 个湾湾。村庄跻身于狭窄的山谷中，规模不大。在健在的人中，年龄在 72 周岁以上老人共计48 人。笔者首先对这 48 人逐一进行了初步采访，进而从中择其记忆清晰、明事理的老人共计 12 位老人进行回访。最后，笔者从这 12 位老人中又寻取当年承担着特殊角色的 9 位老人，并对其再三回访。在不断的访问——整理——追问——讨论——思考中，笔者意识到，即使在这个人口不超过 200 人的小村庄，农民参加互助组的动机也各不相同。

1. 传统换工转组："换工早在先"

访谈对象：边经云，男，72 岁，现易村四组，互助组时期属于永长乡刘家湾。

互助是传统小农生产的民间习俗。孔子在《礼记·礼运篇》中的"人不独亲其亲，不独子其子"，孟子《滕文公·上》中"出入相友，守望相助，疾病相扶持"以及墨子的"兼爱"思想都是我国上古时代互助共济思想的最好临摹。互助也产生在人与器物、工具之间，或是说以器物为依托的人与人之间，正如《吕氏春秋》所言："况人之性，爪牙不足以自守卫，肌肤不足以捍寒暑，筋骨不足以从利避害，勇敢不足以却猛禁悍，然欲裁万物，制禽兽，服狡虫，暑湿燥弗能害，不唯先有其备而以群聚耶群之可聚也，相与之利也。"① 从传统的换工互助转换为政府组织的互助组，体现在这一过程见边经云老人的经历中。

抗日战争时期，这里的部分农民就有换工的习惯，以边经云老人为例，包括其在内，共 4 人进行换工：边经云，刘小国（边经云姐夫），李天旭（边经云邻居），刘启坤。从其换工的内容来看，主要是劳动力的交换与互助："农田集肥——山里砍渣子，抓叶子，农田薅草"（边经云老人口述）；从换工的频率来看，集中于农忙季节，其他时间单干；从换工互助的程序来看，通过熟人之间的口头协议，或是邀请来安排生产任务；从其合作中的监督来看，由于都是关系好的熟人，没有办法避免换工当中的搭便车行为。促使这四家换工互助的原因主要是季节性的劳动力欠缺，尤其是水稻插播和收割季节，劳动力明显不足，这四家各自有较为充足的

---

① 吕不韦：《吕氏春秋·恃君》，中国和平出版社 1991 年版，第 179 页。

生产工具，条件明显要好于一般的贫困家庭。他们的换工仍然遵循着熟人圈子的逻辑，靠相互之间的信任与关系好来维持合作。这种相互帮助的关系，更多地取决于个人之间的密切关系，而不是正式规定。①

1953 年易村才开始互助组的实践。刘家湾（现易村三组）所在的永长乡号召农民组织互助组，进行合作生产。边经云老人回忆了政策下来之后的情景——由于他们先前已经开始互助换工，并没有对政策感觉到陌生或是抵触。"没有搞互助组之前，大家都自愿换工。今天帮你做一天，明天帮他做一天，到后来合上脾气了，上面有号召说要组成互助组，一商量我们四户人家成立一个互助组吧，咱们来选个组长"②，原来一个"人好的"、松散的换工组合固定成了一个互助组，刘小国在大家的推举之下成了这一互助组的组长。

有了组长之后，成员的积极性、换工互助的效率明显提高。组员之间在相互磨合后"对上了脾气"，在大家共同商议之下建立互助组，使得这一组织十分紧凑，具有凝聚力。一方面，组员不断规范自己的行为，以保持自己在这一组织中的地位；另一方面，组长掌握着进退组的权力，原来换工时有人偷懒，都是熟人，大家都不好意思捅破，现在不同了，有了组长的监督，偷懒耍滑的现象明显减少。此外，互助的频率明显增加，原来季节性的、临时的换工成了常年的互助合作，什么事大家都一块做；但是互助的内容并没有增加，仅限于生产领域，没有任何形式的副业。

2. 因贫困办组："都是老弱病残幼"

访谈对象：罗守莲，女，73 岁，守寡，现易村五组，原永长乡下罗家湾人。颧骨高凸，枯瘦如柴，面容比实际年龄老一二十岁。父母早亡，3 岁出家为尼，15 岁还俗，16 岁结婚，婆家也穷，都是贫雇农。

访谈对象：罗家才，男，74 岁，现易村五组，原永长乡下罗家湾人。身体健康，双目炯炯有神，记忆清晰，思维有条理，与老伴由两个儿子分开赡养。

"互助组就是贫困户，老弱病残幼，在一起搞合作生产"③，罗家才老人在回忆互助组时如是解释，这也契合了学者"中国互助产生于穷"的

---

① 费孝通：《江村经济——中国农民的生活》，商务印书馆 2005 年版。

② 摘自易村边经云老人访谈。

③ 摘自易村互助组罗守才老人访谈。

感慨。土改后贫困户靠单家独户无法完成生产任务：其一，土改在分给农民土地的同时，打碎了传统中国的家族体制这一小农天然的风险保护屏障。新政权在建立之初，无力承担基层农民的风险保护角色，农民首次被赤裸裸地置于风险的曝晒之中，他们渴望组织起来抵御风险；其二，在当时的生活条件和医疗水平下，存在大量的地方疾病，农民随时面临着"痢疾""天花""脑膜炎"的病发，家中便瞬间丧失劳动力，本已贫苦不堪的家庭再加上病，更是无法生存。例如罗守莲老人，土改前家境一贫如洗，靠当尼姑乞讨勉强度日，土改后有了部分生产资料，却因一家人病的病，残的残，有地种不了，有粮食收不成。贫、病交加的农民希望组织起来，靠大家的力量度过难关；其三，土改翻身的贫雇农虽然分到了生产资料，仍然不足以开展生产。他们渴望组织起来，实现劳动工具的互济。

罗守莲、罗家才互助组构成

组别	罗守莲互助组	罗家才互助组
成组时间	1953 年	1953 年
参与人员	罗守莲（婆婆是瞎子，公公、我、我老头子 3 个劳动力） 许纯得（两个劳动力，两个老人） 刘定河（两个劳动力，老人不能干活，还一个小娃子） 戴学得（已死，两个劳动力，养 4 个老人） 罗正顺（已死，两个劳动力，娃子小，一丧失劳动力母亲）	姜开（2 个劳力） 查成义（2 个劳力） 周志友（2 个劳力） 罗兴山（三个劳力）、罗家才（未婚，两个劳力）
互助圈划定依据	自愿一起生产的，组组自愿 五户隔得近，人熟 穷都穷到一块（别人条件好的跟条件好的一起）	自愿无强迫 各是各的班，自己约住的近，做活好喊一些。
参组原因	缺耕牛 得同别人换工　搞互助组人多快一些	没有生产工具 热闹，提高生产积极性
耕牛状况	一个组一头牛	一个组一头牛
户均耕地	1.2 亩	1.2 亩
组织状况	无组长，商量做活，不记工分	没有头头，商量做活，不计工分

罗守莲、罗家才互助组构成

组别	罗守莲互助组	罗家才互助组
成组时间	1953 年	1953 年
生产内容	播种收割除草等农业生产，无副业生产	人老实，无副业生产 麦、豌豆、苞谷、稻谷等农作物
生产顺序	活出来了挨家子做	活出来了挨家子做
监督机制	没有人偷懒，都是熟人 相互敬奉，矛盾少	熟人矛盾少 "有矛盾还怎么合作"

上述表格罗列了两个因贫困而成立的互助组。在入组的动机上，首当其冲的是小农的贫困，这种贫困表现在两个方面：其一，劳动力的贫困。劳动力少，且家庭丧失劳动力的人口多，人口供养的负担重。平均每户两个劳动力要供养两个长辈老人，以及多个子女，负担沉重；其二，生产工具的贫乏。在这两个互助组中，每五户人家才能共有一头耕牛，这头耕牛不是农民家庭本身拥有的，而是土改中从地主家所分得的。小农分到了土地，既无劳力劳作，又无工具耕作，生存资料的获得遥遥无期，因而，农民不得不组织起来互助生产。这正如徐勇在《如何认识当今的农民、农民合作和农民组织》中所述，20 世纪 50 年代以来，中国农民总是处于"分分合合"之中，其背后的决定性因素不是少数人的意志，而是农民的"饥饿逻辑"和"过好日子的逻辑"。正是在摆脱饥饿，过好日子的冲动下，他们要求互助合作。① 因此，这部分组织起来的农民是因为生存的被迫，而并非某种自觉性。紧随其次的，是小农对生产效率的追求。即农民口中"人多干活快""人多热闹积极性大"，追求效率不仅是企业的生存之道，也是农业生产永远追求的目标。提高生产效率的途径有很多：改进工具，改良品种，提高技术，精耕细作。小农在极为贫弱的生产条件之下，靠少量的生产工具，更没有知识与能力改良品种，提高技术，唯有加

---

① 徐勇：《如何认识当今的农民、农民合作与农民组织》，《华中师范大学学报》2007 年 1 月。

大劳动力的投入，通过劳动力的投入来提高农业生产的效率。

3. 因动员办组："政策来了，谁敢不听"

访谈对象：曾凡春，现易村一组，互助组时期为上罗家湾。男，1930年出生，文盲，自幼给地主放牛，1949 年回家完婚，当年 19 岁，正遇土地改革，在乡里农会当乡委员，为当时乡里 19 个乡委员之一。互助组时期，当互助组小组长，同时兼任青年委员；高级生产合作社时，任生产队长。农业合作化结束之后，没有在村庄中担任任何职务。

随着学界对于历史研究态度日益中立，对既存历史事实做了更客观的研究，得出一些有价值的思考，例如土改前后中国农村社会贫富分化程度，土改后小农对组织起来的意愿等，也对笔者有所启发。笔者在易村的调研中发现，贫困和换工传统仍然无法解释农民参加互助组的所有动机，而大多数的农民参加互助组是由于国家的动员。

上罗家湾村民构成

成分	组员	合计（人）
贫农	杨绍清、杨世顺、罗道高、伍开方、杨厚春 曾凡春、彭国志、张文员、秦淮生	9
中农	罗正凡、罗正福、罗道显、罗正简、罗正喜、张传生、罗小休、罗道全、张教学、罗道超、罗德新、罗德福、罗中休、王学仲、罗道坤	15
地主	杨光普	1
富农	王明坤	1

1952 年秋天，当时归属于和易乡的上罗家湾，村长杨绍清和青年委员曾凡春将上罗家湾的贫下中农召集起来，和易乡乡长胡光权、主席邓昌云组织大家开"互助组"的动员大会。会上宣讲了国家关于互助组的政策和大致方针，号召大家组织起来生产。会上没有人表示异议。会议结束之后，杨绍清和曾凡春随即分头组织互助组，这样上罗家湾在杨绍清和曾凡春的领导之下，从中间的地域位置将上罗家湾分成了两个互助组，由胡光权乡长和邓昌云主席任命，杨绍清担任第一组的组长，曾凡春担任第二组组长。

上罗家湾互助组分组名单

组别	贫农	中农	耕牛数
一	杨绍清、杨世顺、张文员	罗正凡、罗正福、罗正简、罗道坤、罗道全、张传生、张教学、罗中休、罗小休	6
二	曾凡春、罗道高、伍开方、杨厚春、彭国志、秦淮生	罗德新、罗道超、王学仲、罗道显、罗正喜、罗德福	4

（附：一组罗正简、罗正福各 1 头牛，罗正凡、罗道坤各 2 头牛；二组罗德新、罗道超、王学仲各 1 头牛，后期曾凡春与彭国志合买 1 头牛）

互助组在短期之内迅速建立起来，强大的国家动员起着至关重要的作用。从上罗家湾的实践来看，首先，贫困并非是村民入组的首要原因。上表显示上罗家湾以中农为主，互助的不仅是贫雇农，中农也在互助组之列。从两个互助组对耕牛拥有量的统计显示，耕牛资源相对丰富，尤其是与下罗家湾的农民作比较，其资源优势更显突出。笔者走访中了解到，中农对参加互助，共享其生产工具持保留态度，他们认为自己"被揩油"了；其次，国家的号召是农民参组的主要原因。农民普遍感慨"政策来了，你不搞啊？你不听话？"[1] 面对国家政策，农民首要考虑的是不接受国家政策的后果而不是接受国家政策的好处。经历了土改的洗礼，这个封闭山村的农民前所未有地感受到国家的力量。不仅是上罗家湾，当时上罗家湾所在的和易乡，村民在胡光权乡长和邓永昌主席开会动员后，便迅速组织起来互助组，农民似乎没有对政策产生任何质疑，乡政府没有采取任何强迫动员的方式和手段。在全然不知互助组为何物的情况下一致参加，如此统一的行为，更令人深思。促使他们入组的不是入组之后的益处，而是对不入组后果的畏惧。东北富农能否参加互助组的争论之后，政策文件明确规定"地主不能参加互助组，富农有选择性的吸收"。在经历了土改的政治斗争之后，农民还保留着对成分划分的敏感性，却鲜有对国家政策走向的预期，农民担心不参加互助组会像地主一样被孤立。最后，农民参组出于对毛主

---

[1]　摘自易村农民访谈。

席的个人崇拜。在 75 岁以上的老人中，这种偏向特别明显。老人们甚至无法用言语表达毛主席带给他们生存的希望与转机。未经过历史洗礼的我们，很容易理解在家长制统治之下生活久了的人们，其政治心理的习惯思维，但是我们无法理解，农民对个人威信能力的期望会达到什么程度。曾凡春老人的一句话让我记忆深刻，"有了毛主席，我们都能开着门睡觉了"①。可知，在毛主席领导之下的国家政权带给人们的安全感。正是这种安全感，让土地改革打碎的家长式管理的权力威望得以重塑，农民仿佛又有了依靠。显然，政治心理作为一种长久的沉淀，不可能瞬间改变在这种依靠家长式威权的习惯心理之下，农民几乎没有质疑就走了互助合作的道路。综上所述，在"强大"的动员之下，小农对国家的政策全盘接受，上罗家湾，除了一个地主杨光普没有参加互助组的资格之外，其他人等无一例外地参加了互助组。

结合上文的分析，笔者将易村三种互助组的特征总结如下。

	因贫困办组	传统换工转组	因动员办组
组织规模	小	中	大
组合逻辑	穷到一块 生存要义	人好到一块 义气为重	不分经济、人情 出于行政要求
组织职能	奉献型互助	协商型互助	命令型互助
组织视角	向内	向内	向外
组织性质	政府组织的形式 传统互助的逻辑	现代化的组织因素主导 传统文化其润滑作用	现代化的组织因素缺失； 传统文化被割断
组织松紧	紧凑	张弛有度	松散
组织功能	较强	强	弱
组织效率	较高	高	低

---

① 摘自易村曾凡春老人的访谈。

　　因为贫困而办起来的互助组，规模较小，农民在求生存的逻辑之下，渴望合作互助以渡过难关。某种程度上"同病相连"的心理使得村民之间的互助呈现出一种奉献的本能，互助组中总有人或是在国家政策引导下或是在现实情况的感化下，承担着无私奉献者的角色。在其带动之下，互助组内的成员在不违背国家政策的前提下，视野向内，在大前提上与国家政策方向保持一致，不会按照政策设想实现资源互济，仍然按照传统熟人社会的扯平逻辑，只跟自己熟悉的人，在同一生活水平上的人换工互助。在这一条件下，越穷的人抱团越紧，越排外，组员在生存压力的迫使下，团结合作，少有矛盾，集中力量进行生产，有效规避了集体行动中的搭便车现象。组员生产积极性较高，在"吃饱肚子"的单一目标之下达到了高效的集体行动。这些贫苦的农民至今仍然赞扬互助组，"越组织越发展"。

　　在传统换工基础上建立起来的互助组，其规模较为灵活，因互助组组长在大家认可的情况之下，掌握着互助组的进退权，其规模能够根据互助合作中效率进行调节，因而从组织的松散程度上来讲，它是张弛有度的。从其组织起来的逻辑来看，是一种"人好的到一块"，在国家尚未倡导之前，农民已开始换工，其视角明显向内，时刻关注自组织内部的需求。由于其是在自愿基础上的自由结合，农民对组织有着极高的向心力，使这个组织显示出极强的集体行动能力。

　　因动员而建立起来的互助组规模较大，这种划组方式降低了办组的复杂度。人们不分经济水平，不分人际关系亲疏，在行政动员下，生硬地将农民组合在一起，显然其视角是向外的，关注的是村庄外部国家及上级乡政府对互助组这一政策的要求，而不关注组织内部农民的需求。这种类型的互助组，将农民组合起来容易，合作起来却寸步难行。一方面，乡政府一蹴而就的组织指导未能提供持久的帮助，使得能力有限的小农无法完成制度建设；另一方面，一刀切的组织界限划分，活生生地割断了小农间天然的联系，无形中将各种关系矛盾户强行组合在一起，因而，这类互助组既无现代化的组织制度支撑，又无传统熟人社会的交往逻辑作为补充，导致了一个组织松散，行动能力弱的组织实体，使得组织的效率十分低下。农民在回忆那段历史时，觉得参加互助组跟没参加没有什么区别，小农并没有感受到组织起来的好处。

某种程度上，正是因为事实上存在的三种不同类型的互助组，使得学者们形成了争议。笔者认为，将其做事实上的分类，有助于理性认识这种影响了 50 年代整个中国的组织形式。笔者将在最后一章中进一步阐述从各类互助组的实践中所获得的启示。

（二）标准与规模

易村在成立互助组的过程中，农民不仅在入组动机上存在差异，在互助组的划组标准和互助范围上也存在差异，并由此带来了不同的组合效应。

1. 按地缘："住的近，干活好喊"

地缘组合是农民划组最简单的方式，住的近的四五户组成一个互助组，罗守莲、罗家才所在的互助组都是跟前的四五户，相约成组，用罗家才老人的话"住的近，干活好喊"。按地缘划组能实现，客观上是因为下罗家湾的村民居住十分集中，正因为居住十分集中，邻里间鸡毛蒜皮的小事导致村民间摩擦不断，塑造了上罗家湾互助组规模小的特点，村民平时做事、交往都"各有各的班"。各个互助小组内部，农民之间都是知根知底，也正因此罗家才老人在被问及互助组内出现矛盾如何调解时，老人反问："大家一起干活，有什么矛盾呢？有矛盾还怎么合作"。事实上，全然没有矛盾是不可能的，只是这些小吵小闹被视为生活的正常组成部分，被"知根知底"所溶解；按地缘划组，也契合了农民合作间的交换逻辑，用罗守莲老人的话"穷都穷到一块"，换工的双方遵行一种基于信任基础上的心理契约，主家接受了"送工"之后今后还要以一定的方式还工，只要一方不遵循就会中断该次劳动交换，甚至此后也失去与其他家庭劳动交换的机会。[1] 同样，这种小型、住得近的农户组成的互助组，相互之间的熟悉使他们"心里有数"。

2. 按亲缘："人好的各有各的班"

地缘之外，还有一种按"亲"缘划分互助组的界限。这里的"亲"包含三种类型：第一种是差序格局之下的血缘之亲，以及由此推及的姻亲。以血缘为纽带，将家庭政治经济文化集为一体的单位，[2] 扩大其中的

---

[1] 朱建春等：《对陕南农村劳动交换的社会学解读》，《安徽农业科学》2009 年 26 期。

[2] 详见林耀华：《义序的宗族研究》，生活·读书·新知三联书店 2000 年版。

生产单位；第二种是农民通过仪式等扩大的亲缘，例如结拜，农民对与之
合得来的村民，构建一种人为的亲缘关系，最浓重的认可方式便是结拜；
第三种是村民间交往比较密切，但是关系稳定的程度要低于有血缘和虚拟
血缘的"人好"之亲。如边经云所在的互助组，最初由四户组成——刘
小国，李天旭，刘启坤，边经云，刘启坤之外的其他三个人是一个生产小
组，刘小国是边经云的四姐夫，李天旭和边经云是邻居，刘启坤和刘小国
是同一个宗族的弟兄，已是三代之外的宗亲。刘启坤与另外三家的住处并
不近，但是在互助组之前，四家的关系已经非常好。

　　这一扩大的亲缘划分标准，是对传统"家天下"小农的无意识改造。
首先，这一方式打破了血缘对互助范围的界限，是对传统宗族文化及行动
逻辑的改造，与国家打碎宗族机器构建小农与国家间的有机联系不谋而
合。项继权指出，"建国之后，我们摧毁了传统的以家族和血缘关系建立
起来的乡村基层社区或社会生活共同体，农村基层社区和共同体的基础发
生了重大而深刻的变化。其最显著的特点就是从主要是家族血缘或地缘认
同为基础的社会生活共同体转变为以集体产权或经济为基础的生产和经济
共同体；从一种自然或自发形成的社区共同体转变为由国家权力深度干预
和控制而形成的政治共同体"①。其次，这一方式突破血缘界限，使得资
源能够及时在充足与稀缺之间自由流动。"9 户农民共有 5 头耕牛，私养
公用，在互助组良好的发展势头之下，九户又集中资金购买了一头耕牛，
集中一个户喂养，给谁耕田都不计工"，较为丰富的生产工具显示了这一
类互助组调剂资源余缺的优势。很显然，这一组的农民并非都是因为贫困
才组织起来，"穷都穷的很，富也不是特别富。但是阶级路线划的可是特
别清。富农、地主都不跟他搞互助，不要他参加互助。跟地主说一句话都
还要批评你。"② 经济差异并不十分明显，但政治成分的划分却格外清晰。
在模糊的经济背景界限之下，小农通过自愿参与组织的形式实现了资源余
缺的调剂；最后，这种划分方式尊重了小农传统的有机联系，产生了极高
的互助效率，使得这类自由组织的互助组在范围上有限度地突破地缘的限

---

① 项继权：《中国农村社区及共同体的转型与重建》，《华中师范大学学报》（人文社科版）
2009 年第 3 期。

② 边经云老人访谈录。

制。1952 年底至 1953 年，边经云所在的互助组，人心齐，效率高，有一定的生产资料基础，其规模不断扩大。据其回忆，大家看哪个互助组搞得好，就跟组长说一声，"我到你们这个组"，组长同意就成为互助组的一个成员了。到 1953 年春耕的时候，这儿互助组的成员已经从原来的 4 户增加到 9 户：刘启坤、刘德亮、边经卓、边经维、边经云、李天旭、边经先、边世玉、刘小国，刘小国仍是组长。在逐渐的磨合中，这一互助组走向成熟。

按亲缘划分互助组的界限，有效地结合了国家政策与小农的传统习惯，形成了极强的集体行动能力。

3. 行政命令："一个湾湾，从中间撇"

在易村，强制行政命令办组、划组也是一种主要方式。现易村一组在互助组时期称之为上罗家湾，归属于和易乡管辖。上罗家湾分成了两个互助组。村民在回忆时都清晰记得自己归属于哪一个组，且能大致还原组员，至于为何是这些组员，村民只说是"上面"要求。通过对多份访谈材料的归纳总结，还原了当时两个组的组员，并得到曾凡春老人（第二互助组组长）的逐一确认，使笔者对当时行政命令如何发挥作用得以理清。

首先，乡主席动员"一个湾湾，从中间撇"。乡主席邓昌云召集上罗家湾村民开会，宣传这一政策后，与村中的两个干部，一个是村长杨绍清，一个是青年委员曾凡春，在没有任何其他人的参与下，邓昌云主席作出安排，由于村庄农户的住处沿公路两边呈两条平行线分布，决定村庄中间的位置为界，"一个湾湾，从中间撇"，上罗家湾就这样分成了两个互助组。这一划分并没有遭到大家的反抗，曾凡春老人回忆"那时候人都比现在忠实，没谁反对，反对还不要搞互助组的"①。这样形成了以杨绍清为组长的一组和以曾凡春为组长的二组。

其次，地主和富农除外，不分经济条件和劳力占有量，所有人必须参加。除富农、地主没有资格之外，上罗家湾 24 户人家分成了两个组，每组各 12 户。从组员的构成来看，这种划分方式不考虑参组农民的经济条件和意愿，也不考虑组内人员间的关系，将一些本身有矛盾的农户强制划

---

① 摘自易村曾凡春老人访谈录。

分在一个互助组之内，影响到日后的互助合作。

最后，一刀切，限制组员之间的流动。以上表中的农民成分及耕牛占有数量，显示出两个互助组的人力物力分配不均匀。一组的资源拥有量大大超过二组，在日后的互助合作中，更是显出资源占有的优势；二组在生产中，总是落后于一组，但是并没有人从二组退出，进入一组。在访谈中，农民透露到："不是不想，不敢去啊，政策不允许啊，都划死了"。这样，即使组与组之间形成了竞争的局面，也无法显现出竞争的激励效应，到最后反而是一方前进，另一方死马当活马医，人们敷衍、走形式的动机蔓延开来。

（三）互助组之外的单干户

1. 不需要互助的部分中农

访谈对象：张孝才，男，76岁，现易村4组，互助组时期居住在永长乡刘家湾。

宽松的政策之下，部分中农选择单干。上述笔者选择的个案在互助组时期分属于两个不同的乡，即使是相邻的乡之间，农民对互助组这一国家倡导的政策的理解也存在显著差异。在和易乡农民将国家的政策理解为强制性政策，将其全盘接受，而在永长乡，农民则是根据自己的实际情况有限度地接受了国家政策。同样的情况是，在和易乡，除了没人与地主互助之外，所有农民都参加了互助组，而在永长乡，则存在许多没有参加互助组的中农。

互助组时期，张孝才家里有3个劳动力，一头耕牛，其他各种工具也较为齐全，生活较为宽裕，没有互助的现实需要。老人回忆，国家政策是尊重农民自愿的原则，他们家不愿意参加，也没有遭到周围人的反对或是排斥。到了初级社时期，张孝才一家放弃了单干，参与了合作社，因为"政策强迫""不参加就不给田种"。可见，在政策宽松的情况之下，小农能根据自己的生产实际作出理性选择。

2. 被剔除出互助组的"牛仔伢"

因个人原因，被组织剔除的投机者。在三种类型的互助组中，只有永长乡的刘家湾——边经云所在的互助组，曾经剔除了一位懒汉，因其懒而屡不听劝告，自己不干活，不参加换工，却小偷小摸，窃取别人的劳动果实，最后大家忍无可忍，由组长出面，将其开除出互助组。离开互助组之后，此人因为缺少生产工具，加之小偷小摸的恶名，村中无人愿意与之亲近，无奈之下，只得举家搬迁。

正是因为该互助组组长持有对组员进出组的决定权，有效地警示了集体行动中的搭便车行为。而在其他两个组，却没有被剔除组员的情况。因为贫困而办的互助组，在生存的迫切愿望之下，大家普遍抱团较紧，极少出现这种危害团结的行为。而在因为动员而办起来的组中，其组织的实质较为松散，偷懒耍滑大有人在，组织之内没有规避投机的有效机制，大家只是迫于行政的压力，表面上维持简单的合作，而实质上各自想办法，偷工减料，偷懒耍滑，在组员的心中甚至期望被剔出互助组，自己单干。

3. 不被允许参加互助组的地主

地主在这一时期的地位极其尴尬。土地改革中，被迫将田地与生产资料出让；土改时期，上罗家湾农民贫富差距并不大，"穷也不到哪里去，富也富不了多少，大家都差不多"。这是当时村民的普遍回忆，迫于当时政策的要求，勉强划了一个地主，划地主的过程尤其戏剧化。

杨光普，刚从龙门搬迁至刘家湾，以前当过保长，有点田。"当时找不出别人来了，他又是搬来的，还当过保长"，当年参与划成分的曾凡春老人如此回忆。杨光普被划为地主之后，地被分了出去，自家也没有耕牛，由于其政治成份，湾里没有人敢接近他们一家。而不久，其母亲患病，一家的生活更是陷入困境。尽管如此，仍然没有改变其被孤立的地位。

杨光普被划为地主不仅仅是多数人决定的结果，也是一个村庄熟人抱团对陌生人的排斥。而他不参加互助组，不是出于自己自愿的选择，而是因为政治成份被国家抛弃。

综上所述，在土地改革初期，从农民的政治身份上讲，除了少数中农之外，贫雇农是渴望合作的，通过合作，他们可以公用生产资料；地主和富农也是渴望参加互助组的，经历了土地改革的洗礼，他们更愿意追随国家政策，改变被孤立和排斥的地位。从实际需求来看，有着互助传统和生产资料极其缺乏的贫苦农民对互助合作抱有良好的预期，渴望参加互助组。

二　如何互助？

（一）劳动力安排

1. 排工："自己约"和"组长派"

小农分散生产经营的背景下，劳动力的安排随季节而动，在不违农时的情况下，农民享有极大的自由。在互助组这一形式之下，分散的生产活动变成了临时的或者是永久性质的集体行动，如何安排劳动的顺序是首先要解决的问题。

组长牵线。农民普遍回忆，互助组之后，互助有领导是同以前的最大区别。在传统换工基础上建立起来的互助组，即边经云老人所在的互助组，就是一例。老人在回忆当年互助的情形时，老花镜后仍然是抑制不住的骄傲与留恋。农活出来了，组长牵个线，提前把大家约到一起，"明个要割谷了，今年先给老李家（李天旭）割了吧，弄完他儿子好结婚"。老李连忙接过话："那明天我接你们帮我做一天，要辛苦你们啊"。等到给大家给老李的谷子割完时，就会有另一户主动邀请大家："哎呀，明天我接你们帮我做一天"。"好好，我们跟你搞一天"。这样一天一家，由于边经云老人所在互助组生产工具和劳动力都比较充足，一般情况下，一天能做完一家，万一做不完的，统一留到最后，一起"揪尾巴"。通过组长牵线，互助生产有序展开。

村头到村尾依次排。曾凡春领导的互助组有 12 户农户，大家由于行政命令被强制安排在一个互助组内，各个家庭的互助意愿并不一致。曾凡春老人在回忆的时候，仍是一肚子苦水。农田的活出来了，"出工前一天通知大伙开会吧，叫不齐人，后来也就不开会了"。田里的稻谷黄的差不多了，按住房的排列顺序，从村头到村尾，一户一户依次收割。住在村尾的农户当然吃亏，从村头到村尾至少要等 6 到 7 天，眼看天气变化，季节过去，村尾的农民无奈之下，只能半夜去自己地里割谷。辛苦了大半夜的农民在白天还要参加互助组给别人田里割谷，往往赶不上大家的节奏，引起不满。大家都苦于这种生硬的派工方式，组长也是无可奈何，为了不得罪人，曾凡春往往也只是睁一只眼闭一只眼，"说谁呢？批评谁呢？人家田里的活出来了不做吗？上面又要这样搞"。

自己约。并不是所有的互助组都有组长。罗家才老人所在的互助组就没有组长，组内都是贫困农民，大家抱团较紧，农忙季节了约到一块商量着做活。稻谷要收割了，罗家才的田在堰塘的上方，田里的水干得快，稻子成熟的略早一些，同时泥土也干得快，方便收割一些，大家就一起先给罗家才收割。周志友家的田挨着罗家才，就接着收割周家的。姜开家的地最低，谷子黄的最慢最后收割。罗兴山家有三个劳动力，地也多一些，在给他家割谷时，第一天没有割完，而其他几乎一天就收割完，因此在其他几家收割完后，大家又折回来给罗兴山家收割，算是还他家一个多余的劳动力。谁家里要是有啥红白喜事，跟大伙说一声，方便他家农活先做。这个互助组由于户数少，可以照顾到作物成熟的不同速度，借工还工也比较方便。

2. 出工："天刚蒙蒙亮组长就在山腰等"

布置好劳动力互助的顺序之后，就是以组为单位，开始组织集体生产行动了。单家独户生产时，何时出工何时收工拥有绝对的自由，有的农户习惯赶早出工，做一早上活了回来吃早饭，再到10点左右就休息，另一些农户习惯吃完早饭再上工，中午再回来，还有部分农民则是希望早上多休息一下，中午宁愿晚一点放工，哪怕是天热，他们都能抗住。而互助组之下统一出工，对农民传统的生产习惯形成了极大的冲击，不同互助组对统一出工习惯的培养，使出不同招数。

"天刚蒙蒙亮组长就在山腰等"——边经云互助组。这一互助组大都是关系亲近，但居住不集中的农民，大家相互之间都有很强的面子观，有相互扶持照顾的"互助之心"[①]。边经云老人回忆，大家相互之间关系好，都是熟人，干起活来也很积极，要出工了，天还不亮，组长就牵着牛到山腰上等着，大家来齐了就上工。开始也很不习惯，有几户年轻人老是起不了床，大家坐山腰上等他们来，来了组长就开玩笑似："又迟到了啊，你这给别人干活迟到，等我们给你干活，我们也迟点去"。迟到的年轻人也很不好意思，面子上挂不住："今儿个真是不好意思睡过了，再不会了。"或"今天的确是有特殊情况，今天早上娃娃老吵，我逗了会，迟了"。果

---

① "互助心"边经云老人在访谈中提到的原话。

真是有特殊原因的乡亲们相互之间也能理解，不过年轻人"迟到是因为在家逗娃娃"的推辞，也成了大家的说笑，要是谁迟到了，尤其是没有娃娃的或是家里娃娃长大成人了的，都开玩笑："今个咋迟到了呢，在家里逗娃娃了啊？"在这个互助组，在向现代化的组织制度过渡之时，借助于村民之间相互信任与暗暗较劲的一种熟人社会的心理，有效地推动了集体行动的形成。

"一喊二敲三教育，人还是凑不齐"——曾凡春互助组。在易村，并非所有的互助组都如边经云所在互助组，能够轻松地促成集体行动。由行政命令划组的曾凡春互助组，就是一集体行动的"困难户"，作为互助组组长，曾凡春苦恼又无奈。为了促使大家统一出工，曾凡春每天早上站在大路中央喊大伙出工，好不容易稀稀疏疏出来几个人，总有一些人与互助对象关系不好的，或是本身就懒惰的，或是确有原因无法出工的，曾凡春又得一一去敲门，等将人凑的差不多齐整，太阳就老高了。这样，往往是给谁家互助，那家农户会赶早去地里，其他互助的人来了，帮帮忙，赶赶场。对于不积极出工的人，曾凡春回忆，队里也批评过，但没什么效果，因为互助组对他而言没有什么吸引力。张鸣指出："合作的产生至少需要两个条件：利害和条件。有利害才有合作的动机，人们通过合作以趋利避害，降低成本，增加收益；规避危害，减少损失。有条件才能实现合作，条件的重要组成部分是文化体系，因为合作需要起码的信任氛围，需要谈判，要有合适的沟通话语。"① 而这两个条件均不存在于曾凡春互助组，也没有什么可以惩罚的机制，又不能动手，教育又不听，将他剔除互助组吧，政策也不允许，剔一个人出去，其他人就会效仿他，这个组织就散了，对上面不好交代。

即使在一个小小的村庄里面，人们出工的意愿极为不一致，笔者对其背后的制约因素进行了探讨。首先，显而易见的是互助组组长在两个不同的组内威望不同，而互助组组长职位的来源直接影响到其权力，笔者将视角延伸到互助组的成立之初。

曾凡春互助组成立是因为政府行政命令划分，按照政府的文件，以农民有限的接受信息的能力将之落实到村庄。边经云互助组则是在传统的换

---

① 张鸣：《漫议论乡间合作发生的文化条件》，《华中师范大学学报》2004 年第 9 期。

工基础之上，表面上吸收了政府组织这一形式，在其背后则是传统乡民互助的习俗在维持互助的秩序。在农民印象中，互助组最大的不同是有了互助组组长统一安排、调度生产。在曾凡春互助组，组长是受任于乡政府的任命，没有经过任何民主形式的选举，在互助组成员心中，并没有认同其领导地位，并将其视为上级政府的代言人和政策的执行者，甚至是将曾凡春等同于乡政府人员。对于曾凡春个人来讲，这个经历了民国时期苦难的农民，迎来了"毛泽东的好时代"，希望能够翻身与世代为亲的乡亲们一起过上好日子，是其内心的呼声，但是被选为互助组组长，这一角色承担着重要的政治色彩，曾凡春坦言，"那个时候都相信毛主席，毛主席说的都是对的"，但在领导互助组的时候，他发现上面的政策并不一定适用于易村的实际情况，但是他仍然顺从上级乡政府的旨意，所以从内心，曾凡春是希望引导互助组跟大家一起过上好日子，其视角是向下，偏向自己的乡亲，但是迫于其政治角色，在行动方向是向上的，迎合于乡政府。这样造就了一个日益矛盾的互助组长，为了寻求一种中和，既要按照乡政府的要求办事，又要考虑乡亲的情绪，他就选择了中庸，对互助组内的事务睁一只眼闭一只眼。这种中庸进一步加剧了由于制度不健全而落下的监督漏洞，使得整个互助组的集体行动难以形成。

边经云互助组的组长刘小国，地位则来自于组员的推荐，从群众中来的领袖自然能获得组员打心底的认同。从组员的角度，会自觉跟随于自己推荐的领导，从组长的角度，刘小国在担任组长之后，并没有享受任何特权，或是特殊待遇，并且组内事无巨细，均由组员商议决定，组长只是行使最后的执行权。因而，在相对宽松的政策环境之下，组长的视角是向下的，与组员抱成一团，能够形成较强的集体行动能力。

3. 做工："你赶一斜阳我赶一抹亮"

互助生产展开之后，接下来面临的问题是生产什么，怎么生产的问题。

互助生产内容。其一，仅限于农业生产，对于易村来讲，即为：稻谷、小麦、玉米、蚕豆的种植、收割与田间管理，包括除草、灌溉、松土。其二，农业生产互助，副业单干。村民普遍回忆，易村的互助组只是比较单一的农业生产互助。没有副业其他方面的互助。一方面是当时统购统销，对市场管理严格，农民没有进入市场的机会，当时永长乡供销社的盐，需要靠人力背到供销社卖给农民，希望村民自愿去背盐，赚副业钱，背一包90斤，走山路一趟折回要一天的时间，供销社给2块钱的工钱，但是都没有人愿意去背；另一方面，村民回忆"那时候人都很忠实，胆小，不愿出去，即使穷也要穷死在家里"。其三，互助组只有农业生产互助，没有技术创新或是其他集体行动。当时全国互助组的发展中，已经出现了积肥、技术创新，但是在易村积肥从初级生产合作社才开始，所以从某种程度上，这一时期，既无肥料这一物资，也无积肥这一行动，村民都是到山上"砍渣子（一种植物）"放到田里，能不能起到肥田的作用，他们也不知道，更没有农田水利建设，硬件生产环境并没有在这一时期得到可观的改善，但是多数村民十分怀念当时的软件生产环境。

生产环境："你赶一斜阳我赶一抹亮"。边经云老人、罗守莲老人、罗家才等老人在回忆互助组时，不止一次说，"互助组没啥别的就是生产环境好"，一方面，大家在一起，人多力量大，"互助组薅草都是第二遍了，单干的第一遍就还没有薅完。做个什么事，我们人多一下子就完成了，生产热情高"；另一方面，搞互助组了，农户与农户之间，组与组之间都暗地里搞起了竞赛，比如"谁都希望给自己多做点，比如今天给我做，我就号召大家，晚上凉快，大家帮帮忙，打个晚工。明天要去给你家做，你提前就号召大家，早上凉快些，辛苦大家明个给我打个早工。这样你赶一斜阳我赶一抹亮，谁都不肯服输，劳动的时间就长了，效率自然就起来了。人多嘛，热热闹闹的也不觉得辛苦"[①]。

令村民所留恋的互助组良好的生产环境中，所产生的高效率，实质上是劳动量的增加，而非劳动质的提升。可想而知，在没有技术创新的情况之下，要得到更多的劳动果实，只能加大劳动量的投入，通过不断增长的劳动果实来吸引互助组成员的兴趣。这种劳动力的大量投入在小规模的组织之内，尤其是在生存线上下挣扎的农民组织，收获是十分可观的。对于内部十分紧凑的互助组来讲，劳动的辛苦度会被相互间的互助热情所掩盖。而对于规模较大的互助组，互助组内成员的经济状况各不相同，利益分化较为突出，心态各异甚至互相冲突，中农抱有很强的戒备心理，怕被贫农占便宜，这样，大家对于集体行动没有共同的利益追求，互助组甚至

[①] 摘自易村边经云老人访谈录。

无法动员农民以推动劳动量的增加，所以曾凡春所在的互助组，包括他本人，毫不掩饰地说"互助组没什么，大家在一起干活，走走形式，还不是喜欢各自搞各自的"①。

4. 收工："搭伙做事自家吃饭"

在互助生产结束之后，整个劳动力的安排调度结束，接着便是对劳动果实的分配，即"搭伙做事自家吃饭"，出自村民口中的这句朴实的话语道破其中一切。"饭"即为劳动分配的果实，大家通过互助组一起干活，所得的劳动果实，归小农家庭私人占有。可以肯定互助组时期，小农家庭的私有，并没有受到任何冲击。正是这一点，稳住了农民走向互助。其次，互助组只是"搭伙做事"，表明互助组作为生产性组织，农民在这一组织之下进行农田的生产活动，这一组织没有其他组织活动和组织文化，从其产生的源头来看，只是服务于生产调度，而不具备行政的性质。

（二）劳动力、工具的交换规则

互助组作为劳动力和劳动工具交换的组织，如何使交换在生产资料十分贫乏的农户间达到一种均衡，是互助组能够维持下去的关键。肖鸿麟指出，农业互助组内部关键的问题，就是等价交换的问题，主要就是困难较多的农民和生产条件较好的农民，劳力技术好的农民和劳力技术差的农民之间、有工具和无工具的农民之间的关系问题，所以实际上是贫雇农和中农的关系。②笔者在易村的调研中，了解到易村维持交换的均衡机制有其独特的方式。

1. 劳动力质的区分："人工牛工一个样"

出工一整天算作一个工。在易村开展互助组的三年期间，没有出现计工员这一角色，但是村民有着村庄公认的计工方式：一个成年人出工一整天算是一个工。碰上雨天，只干了半天或是大半天的活，只能算是半个工。未成年的小孩，年迈的老人参加互助换工的，根据情况，只能算是半个工。

男工女工无差别。在全国范围内，互助组到发展的后期，根据男女从

---

① 摘自易村曾凡春老人访谈录。
② 萧鸿麟：《中国农业生产互助合作》，中华书局1954年版，第100—102页。

事劳动轻重性质的差别，将男女分别计工。在易村的互助组三年的实践中，一直是男女不同工，但同酬。村民有自己的理由，且从未产生过质疑。边经云老人，面对我的质疑。用一案例将我说服。"我们就拿给棉花浇水来说，男的一担水挑来了，就放下扁担在田埂边上休息会，妇女就用瓢舀水浇棉花，你想想要一直弯着腰，很累的，一担水浇完了，男的去挑，这空当，妇女们还要弯下腰扯棉花行间的草。所以说嘛，男的虽然活重，但是休息的时间多，女的活轻，但是一直在做，没有休息。女的细枝末节的活比男的直去直来的重活还累人些，所以都是一样的。"① 边经云老人的解释道出了村民对男女不同工但同酬的看法，以村民的视角来看，男劳动力非但不吃亏，还占了便宜，这既是他们出于生理优势应该承担的责任，也是他们心照不宣的认同。而这种方式非但没有降低村民劳动的积极性，由于大家惺惺相惜反而增强一个组内的凝聚力。与此同时，在全国其他地区将男女劳动力作出质的区分，以激励劳动的积极性，笔者质疑，该做法不是农民自身的意愿，只是旁观的"领导者"认为的应该的合理的做法，他们的思维是按照现代企业的管理模式，将工人不同质的劳动报酬，位移到农民身上，却并没有考虑乡土社会本身的逻辑。

"人工牛工一个样"。在易村的互助中，不仅不同性别的劳动力没有质的差异，大型的劳动工具如耕牛，以及当时极为少见的水车和拖车（也称板车），与人的劳动力也没有质的区别。"人工牛工车工"一个样，出工一天，统计为一个工。为何大型的稀缺的生产工具记为一个工，而不是多于或者是少于一个呢？易村的村民也有充分的理由。一方面，大型稀有的生产工具只有中农才有，贫农没有，低于人工了，中农觉得吃亏了，不参加互助，那样农民就没有生产工具可用，互助组办不起来；另一方面，毛主席讲，人定胜天，人肯定是最有能力的，生产工具再重要，也不能"爬到人头上"。所以，最后形成一致的认同"人工牛工一个样"。

从上述村民对于劳动力质的划分中，笔者略见村民质朴的价值观，人是最世界上最重要的，最有能力的，但是人离不开工具的辅助，在利用生产工具的同时，又不能成为生产工具的俘虏。易村互助组之下的农民不仅重视人的价值，也关注人与人的关系，在他们无意识的行动中，表明现代

---

① 摘自边经云老人访谈。

化的生产组织制度在进入农村的过程中，与乡土社会存在的冲突与差异，一个有效率的集体行动能力强的互助组，不仅要制度健全，也要尊重农民的价值观和交往逻辑。

2. 劳动量的统计："组长组员两本账"

在易村，互助组时期没有计工员，村民在这一时期还不知道有计工员这一角色的存在，一方面，参加互助的主要是跟前的熟人；另一方面，除了农业生产换工之外，没有其他的集体活动，因而没必要有专门的人计工。但是，易村各个互助组的计工方式却不尽相同。

"各自心中落个数"——小规模的罗家才互助组。罗家才老人参加的互助组是跟前的几户人家因为贫困而成立的。"当时'大家都穷，一个比一个穷'，相互之间有怜爱与感恩之心，又都是熟人，互助时就这几户，帮完这个帮那个，没有必要有专门人计工，组员自己心里落个数，跟谁换过工，还欠谁的工。由于人数少，一般不会记错，在三年的互助合作中也很少因为忘了谁的工没还而发生矛盾。"① 显然村民说没有发生过什么矛盾是不可能的，只是村民平日相互间鸡毛蒜皮的争论、矛盾在村民看来是正常生活的部分，所以并不留意。加之，在这种因为贫困而办起来的互助组中，农民多为饥饿犯愁，注意力集中于口粮的获得，无暇顾他。

"心中落数，纸上落账"——规模最大的曾凡春互助组。组员各自心中落数，只能是在人数成员较少的互助组，在曾凡春这样规模大的互助组，由于强行编组，规模又大，村民间的利益分化较严重，总有很多人琢磨着搭便车，故意记不清，欠工不还，质问又不承认。这样村民心中隐性的记账方式就不能解决劳动力与工具的平等交换问题，于是形成"心中落数，纸上落账"。仍然不采用计工员，一个季度的换工结束之后，大家将各家的记账本拿出来，统一对账。然而，矛盾又来了，对于书面的记载，也是公说公有理，婆说婆有道。一个账本上记着另一家欠工未还，另一家账本上却没有这一记载。这样，虽然是书面记载了，有了对账的凭证，但各记各的账仍没有明晰的标准，而曾凡春作为互助组组长，无为的角色，进一步催化了这种矛盾的扩大化。

"组长、组员两本账"——规模较大的边经云互助组。与上述两个互

---

① 摘自易村罗家才老人的访谈。

助组显著的不同，一是适中的规模，由最初的 4 户发展到 9 户；二是自愿结合之下的强凝聚力；三是强有力的组长角色。记账的方式在这个组内采用"组长、组员两本账"，有效解决了搭便车以及不认账的问题。通过双层计工监督机制，减少集体行动中的搭便车问题。一方面是私人计工，当互助组的所有成员到甲农户来干活，甲农户自己要记清楚，乙农户来了几个劳动力或者牛工，丙农户来了几个劳动力以及几个牛工，以便换工的时候有个依据，保证各自公平，在纸面上的记载为："某某来工一个"，换工之后记为"某某去工一个"。这种计工方式不对劳动力分等级，男工、女工、牛工均为一个工，操作起来较为简便；另一方面，组长作为互助组的组织者，对组内的换工情况要落一笔账，形成清晰的文字记载，具体的记载方式为，一个农户一页，记载几月几日，到哪户做什么，去了几个工等。互助组长计工主要是监督换工是否公平，防止耍滑头的行为。双重计工体制涉及到的更多是劳动力换工的对等与公平，起到的是一种监督作用，并非像学界普遍认为的计工是一种分配体制。正是这种独特的简单而高效的监督体制减少了集体行动中的搭便车行为。

3. 劳动互助的均衡："欠工用钱或粮来还"

生产当时欠工，组内换工结束单独还。在村民通过互助组换工时，由于劳动力和劳动工具占有的多寡有别，总有欠工的现象。如甲家有 3 个劳动力，在互助组组织换工时，给乙家做了一天活，乙家只有两个劳动力，则在互助组内所有农户一轮换工结束之后，乙家单独去给甲家换工。而这种方式之下有很多种不同情形。

情形一：甲家 3 个劳动力参加互助，乙家及其他家庭均为 2 个劳动力参加。则在一轮互助换工结束之后，乙家及其他所有农户统一再到甲家做一天，以保持换工的均衡。但是此时问题又出现了，如果一轮结束之后，甲家的生产任务已经完成，不需要劳动力来换工。此为一种情形；情形二：各户劳动力均不相同。甲家 3 个劳动力参加互助，乙家 2 个劳动力，丙家 4 个劳动力。此为情形二；情形三：互助组成员在忙季突然生病，能否在这一季节参加互助，参加之后工怎么还。正是基于上述情形，换工互助的均衡时间由"生产当时"为单位得以延长至季节、年度。

季末欠工，劳力还。在每一个忙季结束之后，互助组长将大家召集起来，清算整个农忙季节的换工情况。如果成员间仍有没有还完的工，则由组长见证，由欠工方向被欠工方提供劳务。曾凡春在互助过程中欠了中农的牛工，没有时间和机会还，帮这家中农放了一个月的牛。

年末欠工"用钱或粮来还"。一般情况下，农民很不愿意欠债，尤其在腊月末了被人讨账，担心来年定会不吉利。因而在腊月前，各个互助组会召开会议，清算一年的欠工、还工情况。这时如果还有没有还完的工，就用谷子或者钱来补齐。一般的农民家庭都没有钱，而用谷来补齐。一个工两斗谷，当时一亩田在风调雨顺的情况下，一年也才能收获 30 斗谷，在极低的产量与欠工较高的粮食交换的刺激下，村民会尽早还清所欠的工。

（三）互助秩序的维护

劳动力与生产工具换工互助的规则形成之后，必须要有相应的执行监督机制。在易村的互助组中，按照监督的主体与发挥作用分为三个层次。

1. 自己自觉：相互"敬奉"的"互助之心"

当边经云老人与笔者畅谈互助组时期村民互助的热情时，让笔者向往又有怀疑。在笔者看来，人总是自私的，各个农户间有不同的利益需求，况且分散生产几千年，何以迅速适应互助合作生产这一形式，农民如何改造单独生产的习惯与思维，融入集体生产的氛围。边经云老人从个体的角度为我的疑惑提供了解释——通过"互助心"感化成员，提高集体行动的能力。在互助中，男女工作性质有差别，男重活女轻活，这种在外人看来不合理的计工制度会带来无效率的合作，但是在农民眼里，男性虽然活重，但持续的时间较短，女性活轻，但持续时间长，因而从长远来看基本对等。而男女的这种对等也是对村中女性尊重、宽容的一个表现，是农民眼中"互助心"的一个成分。除了分工中的平等，农民在生产中特意注重生产中由于不预期因素而导致的不平等，例如村民不幸遭遇、天灾人祸，给予这些不幸的组员以及时的人力物力支持，使人们在困难时感到组织的温暖，而形成一种强大的向心力，紧紧团结在组织周围。

"互助心"是在当时的历史背景之下农民自己的词汇，也是农民的心声。只能在当时较低的生产技术水平，特定的政治氛围以及封闭村庄中村民的思维认知才能理解这一颗"互助心"的含义。正是这颗大家心有灵犀的互助心，或者换言之应该是生成这颗互助之心的传统文化，不断强化着组织的凝聚力。

但是，这种互助之心并不存在于所有的互助组中。在规模大、由行政命令划分的曾凡春互助组显然没有这样一种氛围。硬生生的行政分割切断了农户间的有机联系。农户被当成组织的一个个部件，安插在政府认为应该安插的部位，只要旋转互助组组长这个命令发布的开关，互助组便被期望有效运转起来。实质上，组长与零部件组员之间并没有建立起有机的联系，集体行动也无法有效率的展开。这样靠互助组组员内部的联系无法促使组织运转，则将希望寄予外部的监督。

2. 熟人监督：矛盾意见定期开会"摊开讲"

互助组之下的生产，使农民的生产行为完全暴露于众人的视线中。令人匪夷所思的是，熟人监督这一机制在两种不同成因的互助组中表现出完全不同的监督效果。

在换工基础上发展起来的互助组（如边经云互助组）内，输给别人或是占小便宜，会被他人笑话，因而熟人监督之下，形成了一种你追我赶的良性竞争机制。而在曾凡春互助组，由于农民间的有机联系被行政命令割断，熟人之下的相互监督表现出一种反向力量：农民不争先反争后。在一个没有凝聚力的组织中，其较大的规模又无有效的监督机制，人们对于集体劳作没信心，偷懒耍滑是常有之事。如此大的规模有一个人偷懒，就会有人去效仿而不是制止，谁都不愿得罪人，这即是小农特殊的理性。"农民实际上不是根据自己得到的好处来'计'，而是根据与他人收益的比较来权衡自己的行动，这就形成了农民的一种特殊的行动逻辑：不在于我得到多少及失去多少，而在于其他人不能白白从我的行动中额外得到好处。"[1] 一个人偷懒，带动大家都去偷懒，不断侵蚀组织的集体行动能力。

因而，对于有机联系、组织紧凑的互助组，熟人监督是在个人自觉基础之上的监督机制的双保险，而对于凝聚力缺乏、组织生硬的互助组，熟人监督反而是一种瓦解合作的力量，进一步摧毁本已十分薄弱的个体监督效用。

3. 组织惩罚

上述个体自觉性与熟人监督，均是利用了乡土社会传统文化的力量，

---

[1] 吴理财：《对农民合作理性的一种解释》，《中国农村研究网》2010年5月4日。

而互助组组织机构并不完善，组织领导人员就只有一个——互助组组长，在易村的部分互助组中，组长担任着重要的监督角色。我们以边经云老人所在的互助组为例，探讨互助组长如何执行期监督的角色。首先，组长通过技术手段防止偷懒耍滑。偷懒耍滑是传统换工无法回避的问题，但是碍于熟人的面子，无人会将这一层窗户纸捅破，使得合作无法持久，互助组组长的出现有效解决了这一困境。组长利用其角色层层设限，防止农民偷懒，通过"称称""眼估"等技术手段，使小农在心中构建道德的底线，自觉克制体力劳动中的"缺斤少两"；其次，通过互助组长的口头提醒，向其明示对于其违背集体行动道义的最低容忍底线，纠正不良动机。人都有面子观点，尤其是合作发生在熟人社会，谁都怕丢脸，遭众人遗弃；最后，通过组长对参组权的把握，收回违背集体行动规则之人的参组权利。由于这一小组有着丰富的生产工具，因而能够参加这一互助组不仅仅是一种生存需求，更是一种荣耀，小农往往小心把握自己的行为，使自己的行为合乎集体行动的规则。

前文提到，并非所有互助组的组长都享有如此威望，曾凡春作为互助组的组长，其权能格外有限。曾凡春领导12户农民互助，如此般的规模，不可避免地在生产中产生矛盾，小组长反映除了好言相劝也别无他法，而让曾凡春苦恼的是组员根本不把说服教育当一回事，仍是我行我素。笔者尝试从曾凡春的角色获得思考缘由。首先，乡政府给予了曾互助组组长这一角色，但却没有赋予其农民认可的权能。据村民普遍回忆，乡政府主席在动员那天来过一次，确定互助组的组长之后便匆忙离开，再没有出现。之后乡政府有什么意见，则由曾凡春步行到乡政府，听取领导的意见回来做好传达。在当时，从上罗家湾到和易乡，要赤脚趟过一条河，寒冬腊月，曾凡春也得趟河过去开会，并由此落下了严重的关节炎，小腿抽筋、发麻并肿胀，一直折磨老人到现在，将近50多年。乡政府领导走之后，曾凡春和杨绍清就只能凭借自己的理解来进行互助组的制度建设。其次，因政府引导不力，这就带来了第二个问题，大字不识一箩筐的曾凡春无法展开制度建设。"互助组"这三个字怎么写，他至今仍然不知道，但在经历了几年的懵懂实践之后，他将之理解为"大家一起干活"。可想而知，政府没有帮助其建立起互助组组长威信，曾凡春个人能力更是无从实现，而要使这一角色发挥监督的作用更是无望。最后，从笔者与曾凡春老人的交谈中，可以看出老人性格平缓，待人温和，对待事物态度偏向于消极，事事不愿出头。这样，在乡政府引导无效，互助组组长个人能力欠缺以及性格特征限制的情况下，寄望于互助组组长的监督角色再次落空，组织惩罚更是无从谈起。

由此观之，在现代化的政府组织形式能够吸收传统民间力量的互助组，结构紧凑，拥有个体自觉、熟人监督、组织监督三重监督，极大地减少了集体行动中的搭便车行为，保证了组织的凝聚力和集体行动能力。而在被行政分割切断农民间天然联系的互助组，在极弱的凝聚力之下，农民个体自觉性差，熟人相互间的监督变成争相揩组织油的竞争，组织监督的功能更是无从发挥，使得这种互助组一步一步走向形式化和涣散化。

三　互助组的转换

在互助组发展较早的地区，如山西省、东三省等，山西省长治区1951年开始试办了十个农业生产合作社①。1953年3月14日，中央同意中南局关于纠正试办农业生产合作社中急躁倾向；同年，中央提出了过渡时期的总路线，原本在"相当长时间完成农业改造"被具体化为15年或是更多一点的时间；同年7月，一直提倡以互助合作为中心，但是到了十月份，毛泽东明确指出要发展农业生产合作社②。1953年底，根据毛泽东的决定，合作化的中心由发展互助组改为发展合作社，作出"新区一二三，老区翻一番"的发展设想。③ 1954年3月20日，中央正式批准各地建立农业生产合作社。"大部分地区购粮工作基本结束或是接近结束，办社工作由宣传酝酿极端转入具体建设。"④ 但仍然强调"办好合作社带动互助组发展"。之后进入农业生产合作社的全面发展时期。

在关于发展农业生产合作社的《决议》中，明确划定合作社与互助组的边界。"根据我国的经验，农民这种在生产上逐步联合起来的具体道

---

① 《农业集体化重要文件汇编（1958—1981）》，第86页。

② 杜润生：《杜润生自述：中国农村体制变革重大决策纪实》，人民出版社2005年版，第44页。

③ 《农业集体化重要文件汇编（1958—1981）》，第45页。

④ 同上书，第230页。

路，就是经过简单的共同劳动的临时互助组和共同劳动的基础上实行某些分工分业而有某些少量公共财产的少量互助组，到实行土地入股、统一经营而有较多公共财产的农业生产合作社，到实行完全的社会主义的集体农民公有制的更高级的农业生产合作社。"① 政策文件中以生产资料的所有制为界限划分互助组和生产合作社的边界。本质上，农业生产合作社以生产资料的集体所有和公共财产的积累为标志，区别于互助组；从其建立的方式上，行政动员取代小农的自由组合；从其进退权力上，农业生产合作社农民失去了进退的自由。

而在易村，这个与外界基本上隔绝的，封闭的小山村里，农业社取代互助组始于 1956 年。因其村庄的自身特点，使得这个村庄在由互助组向农业社转换的过程中，既有与全国普遍现象相一致的地方，也有与其他地方不同的地方。

（一）转入合作社

上文提到，在互助组时期，易村分属于两个乡，易村一组即互助组时期的上罗家湾，属于和易乡，其他五个小组属于永长乡。村庄有一条小河由一组的上罗家湾通往底下的六组，整个村庄的水利灌溉主要依赖于这条小河，对于河流两旁的稻谷是唯一的灌溉来源。1954 年夏，天气干旱，河流的水源不足，上游的一组上罗家湾将水源垄断，处于河流下游的永长乡的五个湾的村民无法取水灌溉，水田中的稻谷正是抽穗的季节，于是永长乡和和易乡的村民发生冲突，直至部分群众拳脚相加。在冲突发生后，和易乡和永长乡主要领导人开会解决争端，最后决定永长乡与和易乡合并，称为永长乡。1956 年，永长乡响应国家组织生产合作社的政策，上罗家湾、易家湾和小易家湾合办一个生产合作社，称为"永进初级生产合作社"；下面三个湾刘家湾、下罗家湾和饶家冲合办一个生产合作社，称为"联名初级生产合作社"。到了高级生产合作社时期，两个初级生产合作社合并为一个高级社"联名公社"。据当事人回忆，由于高级社时期大队的主要干部都在原联名生产合作社，因而高级社也以"联名"命名。

由互助组变成合作社之后，人们首要的认识是人多了。为何人会多起

---

① 高化民：《农业合作化运动始末》，中国青年出版社 1999 年版，第 139 页。

来呢？显而易见的原因是生产合作社的规模扩大了。导致其规模扩大的原因不难分辨：农民进退合作社的选择权被剥夺，不再像互助组时期，有参与或者不参与的自由，互助组时期部分拥有一定生产资料的中农选择单干，但是在农业生产合作社时期，却被迫加入了合作社，因"不参加合作社就不给你田种"①。伴随着耕地所有权的失去，农民对生产资料的使用权，生产计划的安排权，作物种植的选择权，产品自由分配权统统被收归集体，农民开始了像工厂一样的工作模式，服从集体的统一安排，只需付诸体力劳动，农业生产的整体性也遭分割。"千百年来，中国农民在对泥土的依恋中变成了泥土的附属品，他们的生活节奏乃至生理节奏，都和从泥土中生长出来的植物一样，在一种四季交替的循环时间中运转。"②

"计工"——"记工分"，所有的东西都要靠工分换了。"工分"这一工具的出现不仅解决了集体劳动的分配问题，同时解决了集体行动的监督问题。互助组时期计工，既没有质的区分，不分男女、轻重、缓急，在这样一种模糊的标准之下，计工的要求相对简单，不要求专门的记工员，农民自己记一下出工的天数即可。而工分这一衡量标准的出现，意味着对劳动力的质、量，重要劳动工具的质、量，作出明晰的区分。评分标准的复杂性，以及要形成在整个合作组织内的权威性，使得计工员这一职务出现。这样，为了获得工分，以换取生存资料，农民不得不配合集体行动，不断训练劳动的熟练程度，以求被认可为更高的劳动等级，以获得更高的工分；不得不持续强化劳动力的强度和累计时间，以获得更高的工分。工分这一载体的出现，使得农民自觉规避了诸多搭便车的行为，也瓦解了农民间惺惺相惜的互助之心，在大多数合作组织无法构建现代化的组织机制与传统文化有机联系的背景之下，人们只能越来越依赖于工厂化的、机械化的管理机制。

除了消除农民互助合作的负面因素，合作社也从正面付诸努力，创造农业生产的良好条件。其一，从提高农业技术入手，凸显集体组织的优越性。合作社时期，组织农民进行积肥，将枯草与干泥土末混合烧干，作为肥料；其二，组织农民进行农田水利建设，永进生产合作社组织农民新挖

---

① 摘自易村农民访谈录。

② 详见张柠《土地的黄昏》，东方出版社 2005 年版。

池塘积水，联名生产合作社组织村民将上游的河渠疏通，扩宽、筑堤，保证农田用水；其三，组织农民，发展副业。通过种种提高组织功能的努力，试图提高合作社的凝聚力。

（二）农民的态度

易村从1956年开始办初级社，在人们的印象中，乡里通知要办合作社，紧接着，村民接到通知，自己属于哪一个初级生产合作社，没收所有的耕地归集体，不参加合作社意味着没有土地耕种。因而，易村即当时的永长乡除了地主被排斥在合作社之外，所有人都参加了农业生产合作社。当笔者重返易村，想了解人们对互助组向合作社转变的意愿时，发现村民态度各异。笔者在困惑中，不断整理访谈材料，终于从中略有所得，农民对互助组向合作社转换的意愿跟其参加互助组的最初动因息息相关。

1. 拥护者——"越组织越发展"

持这种想法的农民多见于因贫困而参加互助组的农民，诸如罗家才和罗守莲所在互助组，贫苦的农民在组织之下获得了生产资料的补给。周晓虹等对贫农走集体化道路的热情做了详细的分析，"这种积极性固然同当时片面强调依靠贫苦农民积极分子的政策有关，同贫农因生产上的困难而对互助合作有需要有关，但也和许多贫农容易将合作化视为'合伙平产'的途径，视为实现绝对平均主义理想的'第二次土改'的心理倾向有关。因为土地改革尽管实现了'耕者有其田'，但它并没有实行符合农民绝对平均主义愿望的彻底均分的做法，这使得土改后贫农同富农、中农在土地和农具等方面的差距依然存在。这便造成了经济上的富裕者是中农、富农，而政治上的主导者是贫农这样一种情形，而这种政治与经济上的不平衡性必然会导致贫农依靠自己的政治优势从经济上向中农、富农'揩油'。"①

易村的个案却显示出另外一种解释途径。对互助组持拥护态度，仅仅存在于因为贫困而建立互助组中，对于按照国家行政规划成立的互助组，其中参组的贫困农民并不拥护互助组。以曾凡春老人互助组为例，由于其

---

① 周晓虹：《1951—1958：中国农业集体化的动力——国家与社会关系视野下的社会动员》，载《中国研究》2005年第1期。

按行政命令划分，组内农民经济状况相差悬殊，如果按照周晓红等教授的逻辑来看，在这些组内的贫苦农民应该感到高兴，因为他们可以揩中农的油，而去拥护互助组，而事实是上中农的油似乎不容易"揩"，各自消极抵抗互助组这一架空的形式，组织起来干活无精打采，互助组生产开展的空当则忙于干自家的农活。贫苦农民丝毫没有沾到组织的"光"，组内上上下下只是走过场。因而笔者认为，推动农民互助组织不断深化的动力，还是要回归传统农民交往逻辑与习惯。只有尊重了小农已有的交往习惯，保持相互间的天然联系，才会健康发展。

2. 无奈者——"不参加不给田种"

持这种态度有两类人，一是单干的中农；二是互助组发展较好的农民。笔者有幸访到互助组时期单干的张孝才等人。生产工具和劳动力较为充足的张孝才在合作社阶段很是无奈地加入了合作社，"不参加不行啊，政策要求啊""有明确的文件下来吗？""文件不知道，农民么，哪个会去看文件，有，干部也不会给你看。""那不参加合作社到底有什么后果呢？""后果？（苦笑）不参加他（指村）不给田你种，那时候把田都收上去了么"。在被没收了土地之后，张孝才等部分中农加入了合作社，走向了集体合作的道路。

而发展较好的互助组亦不愿意参加合作社，诸如边经云老人所在的互助组。一方面，这种类型的互助组，本身成员经济条件处于中等上下徘徊，通过高效率的集体劳动，集资不断增加耕牛、水车等大型的农用生产工具。而参加合作社意味着，他们辛苦积累的公共财产要归集体所有；另一方面，从其自身的发展逻辑来看，这类互助组也不可能像中央所预期的，农民通过互助组享受到集体合作的好处，从而不断要求提高组织程度，由互助组走向初级生产合作社再到高级农业生产合作社最后实现苏联集体农庄式的生产。因为，这种类型互助组得以平稳转组的根本原因在于，传统熟人社会的交往逻辑从中协调，互助组内的成员，视野是向内的，他们的互助圈只是会向熟人延伸，而不会向区域内的陌生人延伸，所以说这种类型的互助组是一种内向发展的互助组织，达不到生产合作社所要求的基本规模以及对地域划分的要求。因而，从农民的内心来讲，他们是不愿意参加合作社的，但是当时乡政府的视线已经不断同国家的动员和号召结合，为了迎合整个国家当时的形势，以行政命令强行将农民纳入生产合作社当中。

3. 茫然者——"谁晓得哪个好呢？反正都是上面的政策"

笔者大胆推测：对中国当时的大多数农民来讲，由于自身政治认知及文化水平的限制，他们对互助组转入生产合作社将要产生的结果和影响是茫然的。这种态度在易村也集中于由动员而办的互助组中，其本已较大的规模，较低的效率，让他们无所适从。在笔者对这些当事人的走访中，听到最多的回答是"哪个晓得呢""当时的人都很忠实，上面说怎么弄就怎么弄"，看似无厘头的回答其实是小农内心的真实写照。一方面，对国家政策的盲知使他们没有鉴别能力。生于20世纪初的这部分农民，读书识字的人少之又少，而该村庄的位置远离城镇，位于一座山峦的包围之中，与外界基本上隔绝，因而对政策既没有获知的途径，也没有理解的能力，上面说要办互助组，那就办互助组吧，政策忽而又说要办合作社，那就办吧，土地一没收，没有人敢提出异议；另一方面，对国家政策盲知的背后，是对合作社无信心的消极抵抗。没有合作经验的农民在没有政策指导的情况之下，草率办了没有相关制度支撑的互助组，使农民从中找到看得见的实惠，而他们也不会正面反抗，只是想方设法利用弱者的武器。当下面临互助组的更进一步组织化，农民的应对之策则是进一步利用弱者的武器武装自己。所以农业生产合作社中的种种偷懒耍滑的情况不足为奇。在动员的基础上建立起的互助组向合作社的转变时，以麻木的行动来掩饰内心的反抗。

综上所述，笔者认为，在互助组向合作社的转换中，国家对改变分散小农使其集中起来进行生产，以期提高生产效率，为国家工业化提供原材料的既定路线，并非当时中国农民的积极性与呼声。从农民来看，贫雇农是农业生产合作社的热情支持者，绝大多数农民在被收回了土地这一最根本的生产资料之后，农民随之缩回了自己的话语权，以麻木的行动来掩饰内心的反抗，弱者的武器被小农越来越熟练的操作，从这一点上，也可以窥见日后走集体化道路的艰辛；从国家来看，通过倡导组织互助组，小农得到一定程度的改造，但是在这种改造中，笔者观察到一股相互排斥的力量，越是对国家政策全盘接受的互助组，组织起来的效率却越低，如因动员而建立起来的互助组，而有效率的互助组，都是在实践中对国家政策得以有限度的改造，并借助于传统熟人社会的交往逻辑，使互助组获得了强大的集体行动能力，如在传统互助基础上建立起来的互助组。因而，笔者认为，一项国家政策到乡土社会能否取得预期效果，不仅仅在于国家顶层制度设计者体察乡土现实状况的能力，更在于农民自由选择的权力，以及农民自身对政策的改造和调试能力，使国家的政策真正能够扎根于乡土。农业生产合作社的开始，剥夺了农民自由选择和有限度调试的机会与能力，其预期让人无法乐观。

四　历史功绩

互助组是在政府的引导与推动之下建立起来的生产互助组织，它部分建立在传统农民互助习俗之上。首先，互助组的建立离不开政府引导。虽然在互助组之前，易村已经存在部分换工的传统，如果按照这类换工基础上的互助组织自由发展，其向内的视角，决定了它只会在熟人之间强化互助合作，不会外延至陌生人的范围，如果没有政府的引导与宣传，信息闭塞的易村村民无法获知并理解这一概念，也不会自愿或是不自愿的接受这一组织形式；其次，互助组的功能是生产性的组织，承担着生产中劳动力、劳动工具的调配与安排功能。学界的研究显示，互助组本身作为一经济性的生产组织，在后期发展中行政化的趋势非常明显。在易村的个案中，虽然这一组织在建立之初，受到了或强或弱的行政力量的影响，但是在其成立之后，仅仅是在承担生产性的角色，极少的乡、村之间承担政策或是任务上传下达的行政角色；最后，互助组是农民生产中的互助组织而非合作组织。这两个概念在笔者着手进行研究之初，也没有区分清楚，但是随着探讨的层层深入，笔者发现了其中的细微差异。从其合作形成的机制来看，"合作"的形成与持续，要求合作组织的成员之间有统一的利益目标与追求，且这个利益目标通常较为单一，大家通过集体行动来达到这一目标。

第一，"组"使得互助行为由民间行为成为政府组织之下的实践，在国家宏观政策与小农的行为动机不断互动与磨合中，对农村社会产生了极大的冲击，为农业合作化的展开奠定了基础，为完成农业的社会主义改造，推动新民主主义向社会主义的转变奠定基础。

首先，互助组尝试构建国家与农民间的有机联系。这一过程表现为三步措施。其一，"破"。预立则先废，土地改革的过程打碎了传统宗族机器，将小农从宗族这一或强或弱的大家族势力中，单立起来，成为独立的单位，将横亘于国家与农民之间的乡绅势力消灭，为现代化国家政权的下渗铺路；其二，"找"，在与国家政权疏离几千年的乡土社会，要想建立与农民间的有机联系，又不至于遭到其反抗，则从农民最需要的生活生产领域、农民最熟悉的生活生产方式寻找突破，因而，在国家农业集体化的宏大政策预期之下，"找"到了农民生产中的换工传统，在借鉴改造传统的过程中，自然而然构建国家与小农的联系；其三，"立"，通过行政力量建立国家与农民间的联系。互助传统普遍存在于全国各地，但是并不是一无二致的存在于每个省份的每个乡镇，在有限的舆论宣传，与客观事件（农民访苏联）的推动之下，互助组在全国俨然成了一种普遍的趋势，因而在那些没有互助传统的村庄，国家通过强制的行政力量，建立起与小农间的联系。

其次，互助组为农民创造了良好的生产环境，极大地提高了农民的积极性。互助组使农民生产由分散走向集中，村民首次被组织起来在统一的劳动决策之下，在同一块农田劳作，农民首次感觉到了集体的力量。"单干户搞三四天的活，我们一天就完成了"，劳动的速度大大超过了单干户，激起了农民互助生产的热情与积极性。此外，在长期固定的互助生产中，农民相互之间建立起一种扩大化的家人般的亲情，使之感受到组织的温暖。另外，易村的互助虽然没有农药、化肥等技术创新，以及新修水利等集体行动，但是却为技术创新以及集体行动不断积累着人力与社会资本。

最后，互助组重构了农民风险屏障。土地改革打碎了几千年以来的小农风险的屏障。互助组扶持老弱病残幼的宗旨，将弱势农民视为组织生产优先帮扶的对象。在生活水平极为有限的建国初期，农民因病而不能长期或是短期内务农，会使他们直接面临生存资料缺失的威胁。互助组的出现，将农民从生存危机中解救出来，作为国家认可的组织形式，在其承担的生产性功能的背后，扮演起了传统宗族组织对小农风险保护的角色，重构了小农规避风险的屏障。

正是通过以互助组为媒介，对小农生产和生活习惯的改变，让小农感受到了国家与集体的力量，为农业合作化的铺开奠定了基础。本文的研究显示，除了因贫困办起来的互助组有进一步组织化，向更高级的合作组织转变的倾向之外，大多数互助组的前景并不是农业生产合作社，按其自身的规律发展，并不一定会最终走向农业生产合作化，但是要引导农民走向集体化的道路，完成对农业的社会主义改造，离不开互助组对小农生产和生活习惯的改造。

第二，"组"这一形式，使得互助由传统民间行为转变成政府引导之下的组织实践，使互助这一行为由隐形到显性、由随机到日常固定，"组"的出现使互助的性质发生了质变。

首先，"组"使得互助的存在形态由隐性到显性。《华北的革命者与叛乱者》一书对封建社会之下统治者对拉帮结派的恐惧、憎恶与打压做了详细的描述，在王权力量有限的情况下，对底层的农村社会的控制无力，因而十分畏惧底层农民任何集体行动的形成，这也导致了对农民互助行为走向集体行动的心理恐惧，使小农间互助合作仅仅只能以一种潜伏的状态存在。而"组"的出现，从国家层面肯定了互助这一形式，使互助这一集体行动合法化，使得互助由隐性的民间行为转变成显性的政府组织行为。

其次，"组"使得互助行为具有了组织形态。一方面在村民眼里，互助组与换工最大的区别在于"有人领导了"。从易村互助组发展情况来看，其组织制度的建设是十分欠缺与薄弱的，没计工制度，没有独立的监督体系，整个组织内部只有互助组组长这一个管理、领导的角色。然而就是这一组织角色出现，使得互助的性质发生了质变。首当其冲的，互助组长承担起劳动力、生产工具的调度计划的制定，使得农民的互助在有秩序、有领导、可控制的范围之内。此一做法，不仅仅是改变了几千年来农民分散的状况，更是在国家允许之内，将农村中可能出现的群体行动保持在可控的范围之内，互助因而合法化；另一方面，互助组长使得互助行为形成了有效的监督。在农民自发的换工传统之下，偷懒耍滑的现象极为普遍，但由于相互之间都是熟人，谁也不好出面指责破坏集体行动的行为。互助组组长出现之后，有效地承担起了监督的角色，不必碍于熟人的"脸面"，及时指出组员中"搭便车"的行为，维护集体行动。

最后，"组"打破了传统互助的边界，实现了人力、生产工具在稀缺与盈余之间的调剂。传统社会的差序格局主导，使得松散、隐形的合作边界在农民心中自成清晰的界限，农民只会在与之熟悉的经济能力相当的亲戚、邻居之间选择互助对象。而那些资源丰富，经济条件优越的亲戚、邻居显然不在他们的备选对象之内，这样，资源的多寡并没有得到有效的调剂，农民的互助仍然是低效率的，对生产的促进作用可见一斑，对农民的吸引力也不能做乐观估计。"组"之下的互助边界一定程度上突破了传统血缘的限制，使得劳动力与劳动工具在更大的范围与空间实现余缺互济，提高互助的效率，使得互助得以产生质的飞跃发展。

第三，互助组有效运转的关键在于国家制度能否建立在农村传统之上，进一步言之，国家组织和制度框架能否吸收传统习惯作为其维持机制，共同发挥作用。

在易村个案的基础上，笔者根据上述已有的论述作出下述假设：互助组的建立可以通过以下三种方式，三种方式之间互不干涉：其一，互助组的建立依靠政府行政主导之下的组织建设和制度创新；其二，互助组完全建立在传统换工基础之上；其三，互助组建立在政府主导的现代化组织形式与农村传统的维持机制共同发挥作用基础之上。

单靠政府主导的组织建设和制度创新。农民会在政府的提倡和动员之下建立起互助组，这是极为可能，也是十分普遍的，但是互助组在建立之后开始面临真正的困难：互助组不能有效率地维持。即打江山容易，守江山难。这是因为，其一，政府制度供给跟不上。政府给定了农民的生产形式，却没有教会农民相关制度建设。最直接的影响是其计工制度，包括：（1）评分、记工制度；（2）记工、结账制度；（3）工资标准；（4）副业收益的分配制度等。此一时期的新中国刚刚成立，缺乏相关制度建设的经验，只能仿照他国的形式，却并没有考虑大相径庭的制度土壤，使得互助组在落实到乡土之后，其制度建设基本上处于空白状态；其二，政府管理人手供应不足。互助组时期，国家政权机构设施到乡一级，国家政权刚建立不久，尚处于探索阶段，各个层级的管理人手极为缺乏，上罗家湾建立互助组时期，永长乡乡镇干部仅在动员阶段到村一次，之后没有到过该村庄，再没有对互助组提供任何的帮助，建立起来之后的互助组的维持只有靠农民自己；其三，农民自身能力有限。互助组内唯一的组织者与领导者自身，往往斗大的字不识一箩筐，因而要完全靠农民去补缺制度的遗漏，则更显无望。最后导致的结果是，政府一蹴而就建立起来的互助组不是走向涣散乃至解体，就是走向形式化，走过场，鲜有组织效率的迹象。这一假设的证实正是由国家行政动员之下建立的互助组——曾凡春互助组的发展逻辑。

互助组全部在换工传统基础之上。正是换工的传统为国家组织农民互助合作生产提供了切入口，但是，全凭农民自身力量，无法使传统换工转换为现代性的组织互助，缘由如下。其一，农民不敢组"组"，在几千年的习惯思维之下，农民拿捏不准互助合作的生产性组织与拉帮结派的非法组织之间的边界。尤其是在土改之后，农民的行动更是小心翼翼，因而在当今的回忆中，互助组时期"那时候人都忠实的很，上面怎说就怎么做，没什么花花肠子"；其二，农民不懂"组"，在易村这样一个封闭、落后、贫穷的村庄，人们鲜有获知外界信息的渠道，在农民的意识里有"换工"这一说法，却没有任何"互助组"的信息捕捉；其三，传统换工自由发展的前景并非是互助组。换工不可能在经由农民的思维意识加工形成互助组。除了前述两个原因之外，差序格局主导的血缘互助圈阻碍现代化的合作组织的形成。邱梦华在《社会变迁视野中的差序格局与农民合作》做了详细说明："（1）差序格局的差等性使得农民之间不易建成平等的关系；（2）差序格局的自我主义，使得农民在待人处事时首先考虑的是自己及小家庭的幸福，这就不可避免造成了人与人之间的冲突与矛盾；（3）差序格局的特殊主义原则，说明传统时期人们处理人际关系以及人与团体关系时缺乏统一、明确的道德规范；（4）群己、公私关系的相对性使得农民合作的边界游移不定，不利于合作关系的建立。"① 除此之外，笔者认为，差序格局是以自我为中心，形成的一个不断内聚的松散的团体，而组织则要求是外向性的，差序格局的内向性也不利于形成现代性互助组织。

互助组建立在政府主导的现代化组织形式与农村传统的维持机制共同发挥作用基础之上。只有政府引导之下的组织制度建设与小农的生产习惯结合，才能促使互助组有效运转。首先，政府引导在保证其合法性的同时，担当起农民不可能承担的制度创新的角色，保证互助组建设的制度供给；其次，在制度供给不足的现实困境之下，借用传统乡土社会熟人交往间的习惯，增加组织的凝聚力，提高互助组织集体行动的效率；再次，利

---

① 邱梦华：《社会变迁视野中的差序格局与农民合作》，《社会科学论坛》2009 年第 3 期。

用熟人社会的脸面以及借助认同基础之上建立起来的互助组领导者的权威，发挥组织监督的功能，有效规避集体行动中的"搭便车"问题，规避各种偷懒耍滑的现象，不断提升组织的效率；最后，政府组织与农村传统的结合使得农民互助边界一定程度上突破血缘圈以及经济水平圈的限制，使得以"熟人"为媒介，实现地域间、不同经济水平间的资源余缺的互补。而在换工传统基础上建立起来的互助组——边经云老人互助组的蓬勃发展与有效运转正是证实了这一假设。但是要指出的是，互助组的有效运转的条件，并不是推动其向更高层次的合作组织转化（例如生产合作社）的有利条件，即互助并不必然推动农业集体化。

生产合作社:农民集体化的组织载体

【导读】20世纪50年代初,生产合作社作为农村集体化运动中最为重要的组织载体,不仅体现了国家改造小农,以实现国家工业化和农村现代化的意志,亦重构了乡村社会。甚至直至今天,其影响的余波依然存在着。本文选取了豫西一个普通的小村庄作为表述对象,探讨生产合作社的三个层面。首先,它是一个农业生产组织。生产合作社通过一整套组织系统以及生产计划的制定和安排以实现农业生产活动的有序进行。因而,计划下的合作逐渐取代了传统意义上的以劳动交换为基础的互助合作形态;其次,生产合作社由于掌握了附着于土地之上的农业生产,从而控制了农民的"饭碗"。生产合作社中任何一项活动都深刻影响着后续的产品分配;最后,在家庭逐渐失去生产功能之后,生产合作社随之成为了村民心中唯一的"组织保障"。也正是利用了这种认同资源,"集体"才得以在HD村构建完成。

20世纪50年代初,生产合作社作为农村集体化运动中最为重要的组织载体,不仅体现了国家改造小农,以实现国家工业化和农村现代化的意志,亦重构了乡村社会。甚至直至今天,其影响的余波依然存在着。从这一点来看,就不难理解为何众多学者会不遗余力地对生产合作社进行阐释。有意思的是,正是因为生产合作社的大规模建立是在集体化运动这样一个大的历史背景下,论者往往将关注点放在生产合作社以外,而非组织本身,给人的印象大多是特殊的历史事件导致了生产合作社的出现、发展甚至是再建构。从这个意义上讲,脱离组织本身而研究作为一种具有具体组织形态的生产合作社,是不恰当的,起码是不全面的。

从话语分析的角度关注生产合作社,必须解决三个问题。一是农业生产合作社作为国家规制下的具有某些韦伯式"科层组织"特征的组织，是如何一步步"嵌入"乡村社会中的；二是农业生产合作社在村庄是如何实现"生产合作"的，它的到来以及运行给乡村社会带来了何种变化；三是在农业生产合作社这样一个组织和"场域"中，国家、农村精英与农民是如何实现互动的，这种互动对农业生产合作社产生了何种影响。

本文的资料主要来源于正式的文本以及非正式的口述史。其中，正式文本包括涉及全国农业生产合作社的相关文件和回忆性材料，HD村所在县的县志，部分有关农业合作化运动的研究成果等；非正式的口述史主要来源于笔者对该村十位 70 岁以上老人以及邻村三位老人的访谈材料①。

一 前 奏

HD 村位于豫西，洛河北岸，地处半川半丘陵地区。从气候上来看，该地区具有明显的温带大陆性季风气候特征，四季分明且宜人。土质为两合土，年降水约 698 毫米，非常适合农作物的生长。从历史地理的角度来看，气候与土壤两种自然条件就天然地决定了该地区厚重的农业文明。适宜的气候不仅为农业生产提供了必要的前提，更为人类的繁衍提供了必要的基础。综观前现代时期的人口大国，大多是地处温带，这绝非是一种巧合。而肥沃的土壤不仅为农业生产提供了基础要素，更是在单位面积所供养的人口数量上天然地具备了更高的弹性。

HD 村是一个典型的家族性村庄。村民主要以"王"姓多主，"贾"

_____

① 其中，一个令笔者头疼的问题在于该村这十位老人对于当时农业生产合作社发展历程的某些叙述存在着矛盾之处。对于生命个体来讲，要清晰回忆起 60 年之前的事情已属难事，更遑论对于大多数当时还未成年的人。另外，对于一个存续期只有短短几年时间的组织来讲，这个词以及由它所附带的一些回忆，却是这十位老人的集体记忆中最为深刻的片段之一。这就给笔者前期的材料整理提出了两个重要的要求，一方面，笔者需要将这些材料反复比对，相互印证以争取材料的相对真实性；另一方面，不同的叙述可能恰恰是叙述者当时所处情景下的体验和判断，不同的叙述者所提出的回忆可能是分析和再现当时复杂环境的宝贵材料。这样的工作有些类似于历史研究者对于历史材料的把握和取舍。对于笔者来讲，这是一个不小的挑战。

姓占全村人口的很少的一部分，"王"姓和"贾"姓之间有着非常密切的血缘关系。HD村只有一个"王"姓的祠堂，它是村民家族认同和血缘认同的一个最为重要的象征符号。在祠堂里，族长通过祭祀获得了家族成员让渡的权力，而家族成员则在这样一个仪式下通过共同缅怀先辈以获得一种彼此之间的认同。这种认同在HD村是非常重要的。在传统时期，它既是村民实现合作的最为深层次的精神资源，更是勾连起村庄社会关系最为重要的纽带。

晚近以来，HD村似乎并没有出现像张鸣描述的那样，村庄的秩序开始混乱。[①] 相反，村庄的四周筑起了高高的土围墙，抵挡着外来的各种力量。不论是军阀混战，抑或是国民党时期的一党专政，都无法穿透这面墙而渗透入HD村庄的内部社会结构中。不过需要注意的是，这样的土围墙之所以能够筑造起并长时间的存在，村庄内部相对和谐的社会关系是一个非常重要的前提和保证。

换一个角度来看，一方面，高高的土围墙限制了村庄同外界的交流。土围墙不仅为当时的村庄划清了地理上的界限，更是在农民心中烙上了"我者与他者"的印记；另一方面，它还在空间上限制了HD村向外延伸的能力。新中国成立后土围墙被推倒，村庄的状况获得了根本性改变。

土围墙倒了，土改工作队来了。在工作队进驻村庄以后，HD村轰轰烈烈的土改就正式揭开序幕了。土改的首要任务是在HD村内划分阶级。据村民回忆，村庄内部的阶级划分全部都在工作队的指导之下完成的。有意思的是，HD村村民对于在村地主似乎并没有太大的仇恨，而对于那些不老实干活的贫、雇农，却也没有更多的"好感"。

尽管如此，农会、家族与工作队在划分阶级、查田定分、分地主浮财等阶段都还保持着较为和谐的关系，但是在对地主的处理上，工作队与农会发生了的分歧。农会主席王进（化名）认为，对于地主的处理不需要按照工作队提出的那样，斗的如你死我活一般。他更愿意对本村所谓的地主采取一种较为温和的处理方式。而工作队则坚决要求，HD村同其他村的代表一起去县里开大会批斗这些"十恶不赦"的地主们。也是因为这

---

① 张鸣：《乡村社会权力和文化结构的变迁（1903—1953）》，陕西人民出版社2008年版，第1—6页。

次的冲突，王进提出退出农会的要求，并获得了工作队的批准。宁愿放弃村庄的权力，也不愿意被村民"戳着脊梁骨"过日子，由此可见作为被农会和工作队所"遮蔽的家族权力"似乎还在发挥着它的作用和影响。而"退会事件"的发生，也标志着 HD 村的村庄权力正式由农会过渡到工作队手中。其后，工作队开始在 HD 村"物色"新的农会主席，而之后的几届主席因与王进存在着同样的担忧而不断被调整，直到王虎（化名）的出现。与前几届农会主席相比，王虎只有 20 岁左右的年纪，敢想敢干，充满了改造现实社会的热情。他乐于完成工作队所布置的任务，有时甚至表现出更为激进的做法。作为 20 世纪 50 年代 HD 村中两位主要精英之一，王虎开始带领着 HD 村村民向社会主义和共产主义的目标迈进。

关于土改的意义，最为重要的可能在于对乡村社会结构的"颠覆"。在此，笔者不愿赘述，因它并非为本文所要讨论的关键。而土改给乡村社会所带来的另外一个层面的意义却往往被研究者所忽视，即一整套新的话语体系的建构。它的目的在于重塑农民对于身份的自我认识。上文中已经提到，传统乡村小共同体维系的纽带在于身份的认同。因此，要打破这种小共同体，就必须在瓦解旧有的身份认同基础上重塑新的身份认同。而身份又是由一系列特殊的象征符号构成的。作为象征符号的载体，新的话语体系的构建就显得至关重要了。在 HD 村，土改工作队带来的这套新的话语体系使得农民开始认识到，贫农并非天生就应该是贫农，地主也并非像他们之前认识的那样好，尽管相互之间是亲戚，贫、雇农依然受到地主的剥削和压迫等等。这使得 HD 村开始出现阶级身份层面的分化。HD 村那些被视为身份不好的村民开始受到了其他农民的歧视和疏远。尽管在农民的回忆中，他们还是受到了些许的同情和怜悯。而如果将视角放大，HD村这套新的话语体系与当时全国其他村庄的并无太大的差别。这样一套统一的话语体系使得农民开始有了"国家的意识"，也因此在某种程度上带有了"国家农民"的色彩。据 HD 村村民讲，当时他们在认识这些新鲜词汇时，普遍觉得毛主席离他们并不远，甚至是就在他们的身边。另外，新政权则通过它巧妙地将自己和农民勾连起来，国家的话语和农民的话语在中国历史上第一次实现了交汇。而这，也是本文的逻辑起点和历史起点。

二　村里来了"合作社"

1952 年，伴随着土改的完成，HD 村又恢复了以往的平静。然而又有谁知道，一波更为宏大的运动正慢慢逼近这样一个小村庄。如果说上一波运动只是改变了一部分村民的生活状态，那么接下来的这一波运动将使得整个村庄发生地覆天翻的变化。分析和研究这场运动，还得从中华人民共和国建立之初国家的发展规划谈起。

（一）控制生产，完成计划收购

中华人民共和国成立之初，在苏联专家的指导下，"一五"计划正式公布并运行，依靠国家政权的力量进行工业化建设的道路由此展开。然而历史给共产党人开了一个不大不小的玩笑。1953 年和 1954 年恰遇农业粮食减产。一方面是大量农村劳动力进城支援城市和工业建设；另一方面是传统小农在遇到欠收时粮食惜售的行为选择。这使得当时的国家"计委"紧张不已。在比较了八项措施之后，国家领导层还是选择了"统购统销"这样一个对中华人民共和国发展产生巨大影响的政策。而当时的国家领导人也非常清楚，这样一种政策是会对农村社会产生巨大震荡的。当时主管经济的陈云甚至说，他肩上的扁担，一边放着"黑火药"，一边放着"黄火药"。不论哪一个火药爆炸，他都承受不了。①

对于"统购统销"，HD 村村民的回忆中都少不了村干部强制收粮的情景。村民们心里都明白，这些粮食是为了支持国家建设，为了打倒美帝国主义，但是他们不明白的是，都是社会主义的劳动者，为啥有的村干部比他们留的多、吃的多。而村庄内部这些不满情绪使得有些农民转而将粮食卖给当时还依然存在的乡村市场。有意思的是，中国的乡村市场是一个特殊的"场域"，它里面有着一套完善的话语体系，而在进入市场出售商品的农民则通过这套话语体系实现身份上的转换以及身份间的认同。乡土

---

① 高化民：《农业合作化运动始末》，中国青年出版社 1999 年版，第 112 页。

社会的外来者是很难认识和了解这套话语体系的。① 从这个意义上来讲，控制了流通领域的"统购统销"依然不能完整地控制农村经济，而唯有将政权伸向农业生产领域，才能够真正实现对农村经济的掌控。在这样一个背景之下，农业生产合作社才真正被国家领导者所重视。从国家的角度来看，尽管一个个大的合作社的建立能够有效地减少因统购统销而带来的巨大的制度成本，更为重要的可能在于这样一种组织能够保障统购统销的顺利进行。农业生产合作社从此被深刻地烙上了政治的印记。

那么，接下来需要解决的问题就是，为什么共产党选择了"生产合作社"，它所对应的组织形态又是如何被建构起来的。要回答第一个问题，就必须从语言学和语义学的角度开始分析。对"生产合作社"这个词语进行文字拆分，就能够获得不同的含义。如果将"生产"与"合作社"分开，则特指从事生产领域的合作社组织。这样就涉及到"合作社"这样一种特殊的经济形态。它发轫于工业化国家，强调在自由平等的基础上为实现某一共同的目标而形成的某种特定的组织形态。在它传入苏联之后，"合作社"所承载的组织形态发生了根本性的改变。由于政治的需要，"合作社"成为了苏联社会主义政权改造小农的重要工具。其中，自由平等的理念和前提被清扫的一干二净。共产党最早提出的"生产合作社"还在新中国建立之前，更多地表现为一种对农民自发组成的生产合作组织的理论概括，如一开始在解放区出现的"换工队""变工队"等。这样的含义更倾向于"生产合作""社"这种拆分方法所形成的认识。而不论是"生产合作"还是"社"，都是当时一般农民能够理解的词汇。回溯历史，我们很难判断说这就是一种策略。但可以肯定的是，"生产合作社"不仅使得农民自发组织的合作组织获得了共产党的肯定以及由此带来的合法性，更为重要的则是给身处艰难条件的共产党人带来了中国农村所固有的社会主义萌芽和希望。也正是由于词汇本身自出现之日始就已经与"社会主义"勾连在了一起，这样一种关系似乎在某种程度上也决定了它以后的发展轨迹。

1953 年，伴随着"社会主义"对"新民主主义"的取代，"生产合

---

① 张鸣：《农业合作化运动的发生学》，爱思想，http://www.aisixiang.com/data/21433.html。

作社"也开始与新民主主义时期所出现的农民自发形成的各种"换工"和"变工"等组织相剥离。新政权开始赋予其特定的含义以及较为明确的组织形态。这一点能够从当时的国家政策文本中找到些许的"蛛丝马迹"。至于说这样一种特定含义和组织形态是从何而来的，笔者认为，这时的"生产合作社"并非是国家领导人头脑中臆想出来的，它之所以能够被再定义，与全国第一个生产合作社——耿长锁生产合作社以及与此类似的其他生产合作社的组织实践有着密切的关系。同时，与来自苏联已完成的集体化的经验和教训也难以分开。正是对这些经验材料的把握和分析概括，才使得"生产合作社"不仅有了明确的含义，更有着与之相对应的具体的组织形态。在之后的国家政策文本中，为了强调其合法性，大多都在文本的开头将"生产合作社"与"社会主义"联系起来。这似乎就在某种程度上传递着这样一种信息，哪里搞生产合作社，哪里就是走社会主义道路；哪里不搞生产合作社，抑或搞的慢，就是在反对社会主义抑或拖社会主义建设的后腿。而这也是生产合作社能够在两年之间迅速推广的政治动因。

如果说以土地入股为主要特征的生产合作社已经是社会主义道路上的一个阶段的话，那么对以土地产权归"集体"为主要特点的新的组织形态如何定义，将是至关重要的。需要注意的是，两种组织形态的目标都是迈向社会主义，并且前一种组织形态又被视为是后一种的过渡。这里，共产党人巧妙地将"生产合作社"这一概念再细分，并冠以"初级"和"高级"以示两者的联系和区别。从一般逻辑来看，"初级"之后是"中级"，而"中级"之后才是"高级"。也许在当时的共产党人看来，土地和主要劳动工具的产权由农民转移到"村集体"，已经实现了其对社会主义的规划和目标，"中级"一词已经无需再被运用和表述了。然而历史就是这样出人意料。1958年在向共产主义"大跃进"的意识形态宣传下，"生产合作社"也迅速被"人民公社"这样一种新的词汇和组织形态所取代。

那么接下来，既然生产合作社已经取得了政权的认可并获得了合法性，那么它又是如何"嵌入"乡村社会的。这个过程中，生产合作社在国家话语、精英话语以及农民话语三个层面是否存在着一致性。这一系列问题将是下一节需要着重讨论和分析的。

（二） 贫农的热情与中农的彷徨

尽管 HD 村农业生产合作社是在 1955 年才正式建立起来，但在之前，HD 村更小范围的生产合作社已经出现。

1952 年伴随着 HD 村土改的完成，工作队也正式离开了 HD 村。作为 HD 村原农会主席的王虎，由于在土改工作中的积极表现，也获得了新政权的认可从而正式获得了 HD 村的领导权。村庄内部的结构建制也逐渐正规化。按照人口数量和地形分布，HD 村共划分为四个村民组。前街由于人口数量众多，被划分为两个村民组，大街和后街各一个小组。如果按照当时 HD 村一百多户，四百多口人的规模来计算，每个村民组大约有20—30 户。

为了响应政府关于在农村地区开展互助合作运动的号召，1952 年底 HD 村出现了"互助组"。HD 村第一个互助组是在后街，由五户贫农自发组成的。互助组的组长据称是一位生产经验丰富且具有一定威望的人。"互助组"的出现似乎并没有对 HD 村产生太大的影响，至今，被采访的这十位老人中大部分对于这样一个互助组的记忆依然十分模糊。据一位生活在后街的老人说，当时之所以决定成立这样一个互助组，主要是由于这五户贫农都缺乏必要的生产工具，特别是在农忙时如果家里有事，则可能影响到农业生产，并直接导致家庭的生计问题。另外一个重要原因则是这五户之间的关系都非常好，相互之间也经常帮忙。

然而，HD 村的互助组并没有如共产党的话语中所期望的那样，由季节性的互助发展成为常年性的互助，由传统的人情交换向具有某种现代性的组织方向发展。相反，HD 村的互助组似乎在人情交换这种组织形态上"戛然而止"。而令村庄领导者更为担心的是，这样的互助形态加深了组员对血缘和地缘的认同，尽管它已经将村庄整体进行了切割和细分。之后，村庄精英加强了对常年性互助组的宣传。他们一方面将互助组与农民身份联系起来，强调互助组成员是先进的，走社会主义道路的，如当时流传的一句顺口溜——"前面走着互助组，后面跟着单干户"；另外一方面，希望通过树立一两个常年性互助组的典型，使得村内的互助组都采用工分记工的办法。然而工分记工不仅对普通村民是一个新鲜事物，就是对当时的村庄领导人来说，将劳动数字化也是头一次。老实说，农业生产不同于标准化的工业生产，它的生产是人的劳动与自然相交换的过程。这样一个过程由于受到了多种因素的影响，很难断定人的劳动与产量之间有着一个固定的比例关系。在产品上，农业生产也远不能实现产品的标准化和严格的可测量性。这样就使得农业产品的产量和质量之间不具有某种直接的关系。更为重要的是，计分过程的过分随意性不能激励那些努力生产的农户，反而可能出现"三个和尚没水吃"的尴尬现象。据一位老人回忆，当时这样的互助组管理十分混乱，很多评工计分的档案甚至在当年都难以找到。这样的互助组也开始受到了村民的议论。

之后，HD 村出现了贾学林（化名）倡议成立、由前街不足十户组成的小型生产合作社。这在当时的 HD 村产生了巨大的"震荡"。特别是听到这样的生产合作社需要将土地和大型工具交给社里一起用，HD 村的其他村民都睁大眼睛看着这样一个新事物将何去何从。老实说，很多村民对这样一个合作社的发展前景还是以担忧为主。而这种担忧则反映出 HD 村民对于这样一种组织形态普遍的不信任。然而聪明的贾学林似乎早就明白，这样一种响应国家号召且敢为人先的行为，一定能够向上争取更多的资源支持。尽管依据现有的资料无法更多地认识这样一个生产合作社，但可以肯定的是，这样一个生产合作社自成立之日起，它的社员与村内其他成员的交流就已经开始减少。由此形成的神秘感和模糊感使得村民对这样一个合作社的认识只能从其成员的生活水平上判断。据一位老人的回忆称，这个合作社社员的生活水平似乎比村内的平均水平要高一些。且不论这个合作社真正的情况如何，贾学林通过合作社的发展在村庄内部的威望与日俱增。相比于王虎来讲，贾学林在普通农民心中似乎更能带领他们向社会主义的目标迈进。

然而典型毕竟是典型。从某种意义上来讲，典型从其产生之日起就注定了它的唯一性和特殊性。在贾学林成立生产合作社之后，HD 村的大街也出现了由十几户共同成立的生产合作社。但是，这个生产合作社的发展并不顺利，在完成对国家粮食生产任务之后，社里的劳动剩余已经不多，而为了争取更多的剩余，社员在工分和分配上争执不休。但不论如何，这样两个生产合作社都是在村民自愿，起码是能够接受的基础上成立的。而到了 1955 年，HD 村生产合作社在组建的过程中就显得更为复杂和艰难了。

据村民的回忆，HD 村的生产合作社是在乡干部和村干部的共同参与下成立的。但 HD 村的生产合作社并没有越过村界与外村联合，但乡干部的出现，甚至是直接领导就颇为耐人寻味。特别是对 HD 这样一个已经有了办社经验的村庄，村庄内部的"地方性知识"似乎比这些上级的干部要丰富得多。那么，可能存在的解释就在于仅仅依靠村庄内部的权威是很难实现这样一个目标的。而这样的困难不仅在于如何应对农民的反抗，更为重要的可能是 HD 村权力的再分配。后者将留在下一节具体分析。

从当时的国内舆论，特别是《人民日报》的宣传来看，农民对生产合作社的热情似乎非常高涨，尽管其中也存在着"拖社会主义后腿"的农民，但这些毕竟属于少数。然而在 HD 村，却并没有这样简单，特别是那些有土地，有劳动工具的中农，他们所期待只是"家有一亩三分地，老婆孩子热炕头"。对于生产合作社，他们并没有太大的兴趣。甚至在 HD 村的某些特别能干的贫农中间，他们对办社也是比较冷漠的。相反，那些在土改时期被认为是成分和出身不好的农民，以及村里某些好吃懒做的人，倒是没有太大的意见。

然而在强大的政治压力下，HD 村生产合作社还是"硬着头皮"办了起来。组织动员农民参加合作社的过程想必是非常惊心动魄的，这一点能够从 HD 村中农的回忆中感知到。遗憾的是政治敏感性使得这些农民在回忆时小心翼翼，很多具体的场景已经难以再现。笔者只能根据有限的回忆材料进行一个简单的概括。

一是树典型。贾学林的合作社被树立为生产合作社的典型，贾学林也被宣传为积极带领农民奔向社会主义的先进人物，甚至连合作社里的社员，也被称之为先进人物，因而在村庄里高人一等。这样一种身份上的优越性在某种意义上也对 HD 村的村民进行了切割，将其划分为先进和落后。而这两者之间的差别仅仅在于入社与否。

二是开大会。"开会"是共产党人一种非常重要的工作形式。然而这样一种正式的工作形式对于 HD 村村民来讲似乎并不是那么轻松和简单的。在他们的记忆中，开大会往往与激烈的批斗，甚至是身体伤害相联系。尽管对于大部分村民来讲，他们很难成为被批斗的对象。但是这样一种恐怖的历史记忆使得本已"中庸"的农民在大会中更加"沉默"。而这样一种态度也使得台上情绪激昂的演讲者丧气甚至是愤怒。据一位老人回忆，当时动员入社的会已经非常之多，难以准确的计算。起初，这样的会还相对比较温和，到后来的"花样"就比较多了，如不同意入社就不准离开会场等。值得注意的是，在这样的集体大会中，即使是那些对合作社存在好感的贫农，也因害怕中农的"报复"而不敢随意发表意见。从这一点来看，贫农到底在多大程度上实现了翻身，似乎还值得研究者投入更多的精力。但不论如何，中农这种"不合作"的态度使得村干部大为恼火。一场针对中农的运动即将拉开。

三是阶级的再细化。为了瓦解中农这样一个顽固的群体，村庄对中农这一阶级进行了再细化，具体分为老上中农，老下中农，新上中农，新下中农等。而划分的标准，仅仅在于他们对合作社的态度。村庄精英通过这样一种政治切割和身份细分的方式，不断地分化中农这一阶级，并成功地将大部分中农纳入合作化的组织体系中。

四是意识形态的高压。上文中已经提到，"生产合作社"自产生之日起就与"社会主义"勾连起来。这个词汇的背后其实承载着一种意识形态的合法性，以及由此所形成的一种"权力"，这是"生产合作社"在国家话语层面的一个面相。与此同时，作为具有明确实体指向的"生产合作社"，它的出现、传播以及改变都与它所指代的组织形态息息相关。而作为国家改造小农的工具，它的合法性又体现在组织的先进性，而评判的标准即在于农业增产和农民增收。由此来看，国家话语层面的"生产合作社"至少包含着两个面相，即组织的先进性和意识形态的先进性。而当"生产合作社"被当做一种政治任务进入乡村时，特别是这样一种组织在初始阶段难以被农民所接受时，村庄精英敏锐地发现并利用了"生产合作社"在意识形态上的"权力"，却可能无暇顾及组织建设这样一个至关重要的方面。这也是后来 HD 村生产合作社矛盾和问题重重的一个原因。据村民回忆，当时的形势下，参加合作社就是跟着毛主席走社会主义道路，否则就是走资本主义道路。当时一些农民因害怕被贴上走资本主义道路的"标签"而勉强参加了合作社。尽管如此，HD 村还是有两户农民自始至终都没有参加"初级社"。在日常生活中，他们受到了严格的孤立和排挤；在日常劳动中，这两户也决不能走在合作社社员的前面。可惜的是，笔者并没有找到更多关于这两户农民的资料。

五是暴力强制。在 HD 村，村民在谈到被强制入社时，往往不愿过多回忆其中具体的细节。这有政治上的担心，但也与人们的普遍性格有关。人们往往更愿意将过去痛苦的记忆刻意地磨灭，以获得心灵和身体的"减负"。而邻村的一位老人告诉笔者，他们村在当时的确出现了对某些拒不参加合作社的农户的身体伤害。

通过巧妙地将以上五种手段和方式结合起来，HD 村的精英成功地在当年完成了国家交付的任务。1955 年，HD 村生产合作社正式建立。然而，这仅仅是国家、村庄精英和农民互动的开始。接下来，在生产合作社这样一个组织和"场域"中，三者之间还将继续上演更加荡气回肠的故事。

（三）组长变社长

土改完成之后到农业生产合作社成立之前的这段时间，HD 村应该说是一个普通的村组建制村庄。作为村长的王虎，掌握着全村最高的行政权。表面上看起来，这与之前村庄的公共权并没有太大的区别。但如果对这种权力进行进一步的分析，则可以发现，王虎手中行政权的合法性来源不仅来自于上级的肯定，似乎还有土改过程中，所采取的一系列暴力手段给农民的记忆刻下的片段，这也就是老人的记忆中对他的恐惧。在土改完成之后，阶级的划分似乎也告一段落。由于普通村民不必再过多地担心身份上的变化，特别是那些被划定为贫、雇农的农民，更有挺直腰板过日子的劲头了。这样，在失去了第二种权力合法性来源之后，村庄的行政权唯有通过上级政府的肯定，才能够正常运转。也就是说，中华人民共和国的人民政府成功地实现了行政权入村的目标，这在中国的历史上还是第一次。

在 HD 村，大部分的农民在土改之后又恢复到了往常的生活当中。尽管一整套新的革命和阶级话语体系已经进入到了农民的日常生活中，但是在"远离革命"之后，这套话语系统似乎被视为历史的承载物而被农民疏远。农民日常交往的对象还是自己的亲戚。邻里往来，甚至是劳动互助的背后都还是传统的人情交往。而这样一个过程，似乎又在遵循和强化着血缘认同和地缘认同的行为逻辑。从这个意义上讲，HD 村传统的家族权力似乎并没有因土改而被完全摧毁。它只是"躲在了一个更为隐蔽的角落"，并依然在时时影响着 HD 村村民的生活和选择。这一点，在互助组发展的初始阶段得到了很好的印证。HD 村在互助组发展的初期，由于普遍采用自愿结合和自由选择的政策，所成立的互助组无一不是亲戚关系好或邻里关系密切的。然而如果承认这种组内的互助与传统的小农合作并无太大区别的话，那么它的有或者无似乎对 HD 村的村民并没有太大的影响。但事实并非如此，国家话语层面的互助组目的之一在于培养农民集体生活的一种方式。而 HD 村的村民则巧妙地将其转化为传统互助方式和人情交往的一层合法外衣。更为诡异的是，家族权力透过这样一层合法的外衣实现了自我的强化。这种"苗头"在土改时期亲手打击它的村干部看来，当然是难以容忍和接受的。由常年性的互助组取代临时性的互助组很快就被提到了村庄的议事日程上。

尽管常年性的互助组在 HD 村受到了村民普遍的厌恶，但是它所利用的工分却实实在在地进入到了农民的生产和生活中。且不论工分本身的合理性，仅仅是它对于人情交换的取代已经在某种程度上开始弱化组员之间的血缘认同和地缘认同。简单地说，工分是对劳动者付出劳动的数量化。它的本质是一种建立在个人感受和判断基础上的"算计"。我们知道，传统小农在性格上有着两个非常重要的面相，一是重亲情和伦理；二是爱"算计"，锱铢必较，斤斤计较。有意思的是，这样两个面相在小农的身上实现了某种程度的平衡。一方面，亲情和伦理限制了小农的逐利性，而"算计"也在亲疏远近上表现出程度上的差异。工分的出现在某种意义上可以说是打破了这种平衡关系，放大了农民性格中的第二个面相，弱化了第一个面相；另一方面，作为工具化的工分，在"先天发育不足"的情况下，使得合作社在劳动记工和产品分配中出现很多问题。而对于村庄社会结构来讲，常年性的互助组似乎在某种程度上开始了对村组制的消解。首先，常年性的互助组掌握了产品分配的权力，也就控制了"农民的吃饭"。这样，互助组就将权力伸向了农业生产领域，开始具有了传统家户经济的某些特征。这就使得有些互助组的组长比小组组长说话更"管用"；其次，互助组逐渐成为了农民日常交往的一个重要的"场域"。由于互助组在组建中并非依据地理划分，有些互助组的成员甚至是跨小组的。互助组成员之间的交往频率远远高于小组内部的，这就使得互助组成员之间的认同度和亲密关系要高于一般的小组。在此基础上，常年性的互助组逐渐替代小组成为了村庄与普通农民勾连的纽带。如果从逻辑关系进行继续推演的话，在这个时候，村庄的权力已经开始渗透到农民的生产领域。

从现代组织管理的角度来看，一个合理健康的组织内部是不能够出现第二套权力体系的。然而在当时的 HD 村，这样的特殊情况就存在过。贾学林的合作社内成立之后，村庄精英沮丧地发现，这样一个带有社会主义性质的组织能够不依靠村庄就实现了内部的自我发展和自我循环。社员逐渐将合作社中的身份作为他们首要扮演的角色。社员只听社长的，因为社长完全掌握了他们的农业生产和产品分配。而对于贾学林来讲，合作社的建立不仅为他带来了实实在在的权力，更是在与村庄其他组织的比较中，获得了身份和心理上的优越感。更为重要的是，本应作为带领农民奔向社会主义的村庄精英，开始被贾学林所取代。HD 村农民的日常话语中，贾学林和他的合作社成为了日渐频繁的"热词"。

然而很快，村庄精英的担心就被证明是多余的。HD 村的大多数农民对合作社似乎只是停留在怀疑和观察的阶段。村庄内部很长时间都没有自发组织新的合作社。尽管如此，当"社会主义"与"合作社"勾连在一起的时候，作为非合作社内的村庄精英，他们的心中似乎也有着一份对合作社的焦虑和冲动。特别是对于王虎来讲，一方面要妥善处理与贾学林的关系；另一方面，也开始认识到，小规模的生产合作社分解着村庄的权力。村庄精英的这份焦虑在 1955 年 HD 村的合作化运动中，成功地转化为了办整村合作社的强大动力。

三 "地合一块种"的初级社

在乡干部和村庄精英的共同努力下，HD 村生产合作社在 1955 年正式建立起来。也许当时的所有人都难以想象，这样风风光光建立起来的合作社，也只是存在了一年的时间。需要注意的是，本文中的"初级农业生产合作社"只是一种历史的对比和概括。在当时的 HD 村村民看来，这样的组织名称前面并没有"初级"二字，"它就是把农民的地合在一起一块劳动的组织""也是共产党带领农民向集体化发展的一个过程"。有意思的是，在 HD 村村民的话语中，"一块干"和"集体化"是两个出现频率最高的词汇。在一般农民的记忆中，生产合作社在农业生产方面给予他们的变化只是开始大伙"一块干"。从逻辑关系来看，"一块干"也可能包含着相互的分工和协作。但是如果从组织生产的角度进行深入分析，将会发现，这样的"一块干"更多地体现为"按照计划各干各的"。对于农户来讲，之所以能够出现这样的变化，其基础就在于土地使用权的让渡。

那么，既然要谈生产合作社，首先就必须认识和理解这样一个组织。现代的组织管理理论为我们理解组织提供了较为合理的方法。下面，笔者就试图从组织架构、组织成员、规则愿景和组织资本四个维度对生产合作社进行组织形态的剖析。

（一）一个社长前面走，四个队长跟着溜

HD村生产合作社的组织架构与村组制相类似，同为两级结构体系，即合作社和生产队。虽然在政策文本中明确规定生产合作社的最高权力机构是社员大会①，但是在HD村，社员同时也是村民，既然村长作为村庄权力的代表，那么也可以推演为是社员权力的代表。可以判断，合作社的最高权力既可以是社员大会，也可以在某种程度上被社长或村长所掌握。有意思的是，HD村生产合作社的社长并非之前被视为社会主义新带头人的贾学林，而是村长王虎。这样，HD村就避免了那些社长和村长不是同一人的村庄所可能出现的权力斗争。在HD村，社长拥有很强的权能。这样的权能贯穿着从人员分工、制定生产计划到产品分配的整个链条。有的村民开玩笑地说，当时社长想让哪个生产队过得好，就能成，给他分好点的土地，这产量一下就上去了。这也就使得当时出现了这样有意思的场面——"一个社长前面走，四个队长跟着溜"。

在生产队方面，HD村的做法也与国家的文本有些差异。在政策文本中，生产队的划分一般应注重数量、技术、领导能力以及居住区域等因素②。这样规定的目的主要在于能够使小规模的生产队通过有效地控制农业生产，以达到增产增收的目的。但是，这样的规定只是以一种建议的形式表现出来。而在HD村的具体实践中，由四个村民组直接转为四个生产队似乎更为简单易行。也就说，村庄精英只是关注合作社组建的目标，而

---

① 《农业集体化重要文件汇编》，第499页。
② 同上书，第492页。

忽视了合作社发展的目标。国家的话语在村庄精英那里，被实实在在地简化了。

除了社长和四个生产队之外，HD 村生产合作社中还有副社长、会计和保管员等。合作社中每一个职位都对应着一定的权力和责任。在 HD 村村民的记忆中，副社长是一个比较尴尬的位置。他似乎并没有给予社员深刻的印象。而这样的境况与之前的副村长相似。"会计是一个技术活，不是一般人就能干得成的"。这是村民话语中对于会计的基本认识。这种较高的评价之于传统的小农非常不同。以前被农民所"鄙视"的技术活开始成为人人羡慕的工作。这种变化不能仅仅归因于意识形态的改造，其更为现实的原因在于由于会计掌控了工分的核定权而获得了合作社生产剩余的直接分配权。社里的保管员也是一个非常重要的职位，它是合作社经济对于家户经济替代的直接产物。在之前一家一户的大型生产工具折价交易给合作社之后，这些"珍贵的东西"自然需要新的岗位进行负责。作为同样需要付出劳动的保管岗位，由于其工作量远远轻于一般的劳动岗而成为社员眼中的"一块肥肉"。对于社里人数最多的普通社员来讲，他们也有相应的权利和责任，而这种权利和责任的逻辑起点在于农民入社时交付的土地以及之后的劳动力。这样的情况被村民以一种轻松诙谐的话语表现了出来，"土地都交了，我们都成了为毛主席打工的农民了"。需要注意的是，这种以土地和劳动力入股的方式，其实质是首先将土地和劳动力资本化。而在当时的意识形态下，"资本"这个词是一个极其敏感的政治词语，它的这种身份使得"股权"成了同义表达下的替代词语。尽管如此，在具体的实践中，这样的做法依然在告诉着农民，土地的多少和劳动力的强弱都具有收益的能力。换句话讲，在这样一个具有社会主义色彩的组织里，劳动力并非是价值的唯一创造者，"地租"依然"鬼魅"的存在着。有意思的是，在 HD 村贫农的话语中，这样一种土地收益权使他们难以理解。他们觉得这样一种分配方式是变相地给地多的"交租"。更为难过的是，既然都社会主义了，为啥他们还欺负我们这些地少的。

"土地入股"作为初级社的两大特征之一，其实质就在于农民对于土地产权的权力束被分割。土地的使用权和部分收益权由农民转移到了合作社。那么接下来就必须弄清楚一个问题，土地是如何入社的。在国家的文本中，对于土地如何作股只是以建议的形式强调注意土地的数量和土地的优劣①，这样的规定完全符合土地资本化后收益能力的要求。不过在国家的文本中，对于初级社土地入股的想象是较为"轻松"的，因为初级社并没有完全占有土地的产权，而只是将土地的使用权从农民手中拿过来，并且还明确规定了农民退社自由。但是在 HD 村一般农民的心中，土地使用权的失去近乎于土地的"消失"。农民的话语中往往这样评价当时的土地入股，"土地（的使用权）都交给社里了，我们还能怎么样，想再拿回来，门都没有。比方说我入社时有块好地，那退的时候人家就给你换成块孬的，你能怎么样，跟社里对着干？找死"。当然，这里不排除农民话语中夸张的成分，但是千百年来的小农传统，使得农民更多地关注于自己是否有一块地能种，而非自己是否有一块地。也就是说，拥有一块土地的使用权是农民最为直接的安全来源。"尽管这块地是我的，但是它种啥，啥时候种，种多少，我自己又能得多少，自从进了合作社，这些都不是我自己能定的事了"。

既然这些事情都不是土地的所有者来定的话，那么又是由谁来定的呢？国家的文本中将其规定为合作社。但是合作社毕竟还只是一个组织，人是其中真正具有行为能力的。所谓的"统一经营"，在 HD 村往往是在社长和队长的安排下，统一生产和经营。

（二）土地交了社，男女都得跟着队长干

合作社的建立在某种程度上可以说是对传统小农经济的一种替代。从表面上来看，这样一种替代仅仅是将家庭生产放大为合作社计划和生产队生产，它并没有从根本上改变农村经济的兼业性。

尽管 HD 村生产合作社的干部们始终将主要精力放在抓农业生产方面，然而农业生产却始终不尽如人意。相反，副业却给予了他们一个意想不到的高收入。要理解这样一个现象，还要从 HD 村生产合作社如何计划和安排劳动谈起。

"生产计划"对于合作社的干部来讲，还是一个新鲜的文本和工作。表面上来看，生产计划是关于何人在何时从事何种劳动的表述，因其前置于生产劳动而被称之为"计划"。而如果深入分析，可以发现，"生产计

---

① 《农业集体化重要文件汇编》，第 484 页。

划"也是一种"权力"的表达。一旦计划制定完成，整个合作社就必须按照它的表述进行劳动和工作。然而计划也并非一成不变的，"计划赶不上变化"从来就是中国人对于计划灵活的认识。但是在 HD 村农业合作社里，社干部似乎并不情愿轻易就改变已经公布的生产计划。他们宁愿将重大事件的处理权交给下一级，也不愿在正式文本中作出修改。这从一个侧面反映出了，社干部在合作社这样一个组织内部行事的谨慎。

与此同时，生产队长也因此获得了更大的权力。在 HD 村村民的记忆中，他们与队长打交道是最为频繁的。在他们看来，很多生产上的麻烦事都能在队长那里得到直接的解决。相比于村小组时的组长，这样的队长在村民心中的权威更强。每天早晨铃声一响，队员们就开始集合跟着队长一起下地干活。至于去哪里干，干什么，干多久，这些全都由队长具体安排。生产队长也直接从事生产劳动。有的队长生产经验丰富，干的勤快，就能带起来整个生产队队员的干劲来。不过，也有生产队长将主要精力放在"晃悠"上的，而这样的生产队也往往比较涣散。

至于当时队里是如何进行日常生产的，农民的回忆往往是，接了队长分配下来的任务以后，大家各自干自己的。因为每个人的任务都在队长那里得到了细分，上工的时候，队长都是圈一块地，告诉你该做什么，而这些工作量在分工的时候都有明确的记录。一般来讲，每个人的活都是做不完的，哪还有时间帮助别人。每天上工的时候都是热热闹闹的，一到干起活来就各顾各的了。大家都忙着自己的生产任务，以前的我帮你，你帮我都没了。因此在 HD 村村民的记忆中，那时的生产合作社是只有生产，没有合作的。不光没有合作，争吵比以前单干要多多了。

种种迹象表明，这种只生产，无合作的生产形态是与当时的记工方式有关。既然农民在合作社里从事生产劳动，那么合作社就必须依照一定的标准为农民的劳动提供报酬。而如何将这些劳动数字化，HD 村的做法是完全按照国家文本中的要求，采用了工分制。在当时，男劳动力每天最高是八个工分，女劳动力则是六个工分。在农民入社时，社里就已经对每个社员的劳动能力进行了工分化。而社员每天所获得的工分则视个人所完成的农活情况进行再确定。社员劳动的目的不再是为了直接从劳动生产中获得物质剩余，而是为了那一个个的"数字"。这样的转变在笔者看来是非常重要的。如果说生产合作社中农民合作意愿的减少是因为剩余控制权由家庭转为合作社的话，那么这时，家庭在某种意义上说农业是拥有一定的剩余控制权的。因为家庭的基本形态还是比较完整的，家庭内部还拥有着一定的可支配资源。笔者认为，恰恰是劳动目标的转变，使得生产合作社内的互助合作变得十分困难，因为私人之间的互助合作并不能带来直接的工分。然而这种目标的转变所带来的影响并不仅限于此。我们知道，传统时期的小农生产是不需要监督的。原因有很多，其中一个比较重要的原因就在于农民通过劳动能够直接获得生存资料甚至是农业剩余。当农民的劳动被数字化之后，农民出工出力的目的就转变为工分的获取。而工分与生产剩余的关系仅仅是一个比例上的关联。当生产剩余不能再通过农民的个体劳动强度直接表现出来以后，农民通过各种手段获取足额的工分就成为了逻辑上的可能性。而对于合作社来讲，农民的劳动开始需要实实在在的监督了。而监督同样是需要成本的。这也就意味着，合作社里的生产剩余要以一部分补贴的形式交给这些并不直接从事劳动生产的社员手中。作为当时的社员来讲，谁来监督别人劳动，都是一件"美事"。然而监督工作本身又是一件难以被量化的工作，我们很难说一项工作完成的好就与监督有力存在着某种必然的联系。当然，如果某项工作做得不好，似乎也不能完全归因于监督的失职，特别是对于农业生产来讲。据 HD 村村民回忆，当时的生产队是"打游击"，社员也是"打游击"。生产队并不是自始至终在一块土地上劳动生产，而是根据社里的具体情况，"打一枪换一个地方"。劳动对象的不固定是劳动监督难的一大因素。此外，"下地干活"本身也是一件难以监督的工作。"地方那么大，谁能一直瞅着谁干啊。有的喊的特别高，有的动作特别大，这种人你去看吧，他们的地里基本都没怎么动"。至于当时的劳动效率如何，一位老人的话令笔者回味无穷，"下地干活得用心干，这庄稼地得用心照顾，像那会都是一哄而上的，大家的心气儿虽然高，可活不细，这地咋能种好呢"。但是不论如何，HD村村民还是强调说，"当时大家的生产积极性还是挺高的，因为大家都想赶紧看看社会主义是啥样的。当然，也有那些好吃懒做不干活的，但毕竟是少数，大家都瞧不起他。大家真正开始不那么起劲干活的，还是三年自然灾害那会。你想啊，人都吃不饱，哪有力气干活呢。那几年之后，大家的干劲就真的不如以前了"。因此，HD 村的经验似乎在告诉笔者，农业生产合作社效率问题可能不仅仅是由于失去退社权和监督劳动难所导致的偷懒耍滑，尽管这种行为并非不存在。更为重要的原因可能还在于组织管理的混乱。

需要注意的是，在合作社中，农村妇女开始加入到农业生产当中。这种男女共同参与劳动生产的形态打破了传统小农"男耕女织"的状态。借助于工分，女性的劳动得到了肯定和保护。这样的做法不能说与当时男女平等的思想宣传无关。但是这条争取平等的道路对一般农村妇女来讲却显得有些苦难。当时，她们不仅要照顾好自己的家庭，还得参与合作社的日常劳动，甚至有的还被要求像男人那样从事较为繁重的体力劳动。HD村的一位老奶奶甚至在回忆当时情景的时候，不自觉地流下了眼泪。在她看来，和男人从事一样的劳动并不代表女性的独立，家里真正说话算数的还是男人，甚至是在劳动生产时，她依然不敢随便跟别的男人说话。她虽然不想回到旧社会那种"小脚状态"，似乎也不大情愿地接受合作社所带给她的"独立"。而且家里的事情照顾不好，男人是要教训她的。

（三）干的少为啥工分不少，地多的为啥分粮多

在完成了一年的生产计划之后，HD 村的社员满心欢喜地迎来了"收获的季节"，合作社要"分红"了。"分红"这个词对当时 HD 村来说，还是一个新鲜和完全陌生的词语。"啥是分红，就是把东西堆一块大家分呗。当时就觉得这个词挺喜庆，红嘛。""这辛辛苦苦干活，不就为了这一天嘛"。很多时候，一些很专业的词汇用农民的语言表现出来不仅简单通俗，还是一语中的。

分红总得有标准，怎么分，凭什么分。这里需要注意的是，合作社在分红之前，要先将一部分的粮食交给国家。至于当时交了多少，保守的估算，至少交了总产量的三分之一。这样的情况即使是现在的一般老人，也是很难清楚具体的数字。可以想象，在当时，社里大多数农民是不知道交给了国家多少粮食的。不过交是肯定要交的，这样的做法被称之为"交公粮"。大家只清楚这些粮食是用来支援国家建设的，政府要带领我们奔向社会主义，这些粮食都是必须要交的。相比于之前一家一户挨个征收的方式，这样的合作社主动交粮显然更加让地方干部，特别是农村精英"省心省力"。更为重要的是，这样一种方式避免了因收粮而造成的干群矛盾甚至是冲突。不仅如此，村庄精英开始集政治性和经济性于一身，获

得了村庄的绝对权威。

交完了"公粮"，社里还要留一部分的剩余作为公积金和公益金。这"两金"对一般农民来讲，更是非常陌生。直到现在，很多老人甚至还不知道当时社里的分配中还有这样两项。这里，我们不能简单地推断农民不关心社务，相反，更有可能的是这"两金"并没有透明。一般来讲，农民在算账方面是非常精细的，特别是与自己切身利益高度相关的东西。公积金和公益金的分配额度直接关系到了农民所能分配到的剩余的多少。那么，这"两金"在国家的文本中主要是用来做什么的呢？"公积金"主要是为了合作社的发展提供积累，这些积累一般通过转化为资本等方式扩大合作社的资产规模。"公益金"主要是为合作社在社内做一些公益事业提供物质和资金帮助。① 按照现行的企业财务管理制度来讲，这样"两金"一般被要求在企业年度财务报表中呈现出来，并受到股东和社会大众的监督。为什么对这两者要有如此严格的规定，恐怕主要还在于两者的性质。从很大程度上讲，"公积金"体现了发展的权力。一个组织积累的多，那么它能够拿出来分配的自然就少。分配的少，股东当下能拿到的资本权益就少。而对大多数股东来讲，明天谁都不知道，只有今天的钱才是看得见摸得着的。所以，一般来讲，公积金的多少都要经过股东大会商讨后做出一个都能接受的标准。而"公益金"在现代企业制度中只是一个责任形象的代表，它能为一个组织带来较好的社会声誉，但是它也直接占用了组织内部的一部分剩余。从 HD 村村民的回忆来看，当时的合作社并没有太多"慈善"的行为。不过尽管如此，他们当时的心理还是比现在踏实多了。"当时虽然吃不饱，穿不暖的，但是穷着乐，每天心里踏实，不像现在，钱多了，人心散了。"这是一件非常有意思的事情。一般来讲，我们都认为安全感的多少与我们所拥有的成正比。但是从合作社来看，当时的社员并非像现在拥有如此丰富的物质财富，而之所以会拥有如此高的安全感，可能在于一个"不能退出"的组织，以及这样一个组织背后所承载的意识形态。

接下来就是用于分配后份额了。这个人的怎么分，当时的合作社是这样解决的。根据土地占百分之四十，劳动占百分之六十的额度，将每个人

① 《农业集体化重要文件汇编》，第 497 页。

的工分算出来，加总。然后用总剩余除以总工分，算出每个工分所应得的，再按照这样的比例将合作社的剩余分配完。这样的办法看似简单易行，但实际却在 HD 村引起了不小的风波。这主要表现在以下三个方面，首先，那些入社时劳动力较多而土地较少的家庭，他们不满意。这些人主要以贫农为主，他们认为，"既然是社会主义的合作社，为啥俺们这些干活的人还没那些不能干活的拿得少。这都不是旧社会了，为啥俺们还是受压迫，吃的比别人的少，干的比别人的多。"这样的"挑战"显然令同为贫农的村庄精英难以应对。其次，那些家庭人口较多而土地较少，且劳动能力较弱的家庭，往往由于分到的少而家庭困难。再次，那些从事较多副业的家庭往往得不到较多的剩余。这主要是由于合作社多将精力投入到农业生产中，而忽视了副业给合作社带来的巨大剩余。而这些人，恰恰也是那些加入合作社后家庭生活水平下降最快的群体。最后，入社后农民的生活水平普遍没有如之前所宣传的那样，通过集体生产实现家庭生活水平的快速提高。相反，这一时期农民的饥饿感似乎比之前更强了。HD 村农民对合作社的一个普遍记忆就是"吃不饱"。这当然与国家对合作社抽取的大量资源有关，但集体生产的效率似乎并没有直接的证据证明比"单干"要高。

运行了一年的合作社，在分配"果实"时，社员与合作社，社员与社员之间的矛盾日渐凸显。混乱的组织管理，"打游击式"的农业生产，"胡写乱划"的工分记录，怨声载道的分配方式使得合作社在社员的心中充满了"纠结"。按照一般逻辑来讲，如果一个组织在强大的意识形态宣传下建立，那么它的失败将可能导致"神话"的破灭。而有意思的是，尽管农民清楚"生产合作社"已经是"半社会主义"性质，大多数社员还是将合作社的种种问题归因于村庄精英的无能，而非怀疑社会主义。关于这一点，大多数研究均将其归因于当时强大的社会意识形态。这一点笔者自然也同意，但是仔细推敲之，则发现即使如改革开放的今天，农民在遇到种种不公时，依然有着类似与此的行为方式和话语。如，"国家的政策没问题，都是好政策，只是到了我们这就变了味，为啥，还不是那些干部"。在这里，意识形态到底在乡村社会有着多大的作用，笔者难以估算，但是是否可以将其作为农民抗争的一种聪明的策略选择，则可以通过其他调研和文章深入探讨之。

对于社员的普遍不满，合作社精英普遍感到压力重重。合作社不能不办，但是这样办下去，村庄哪还像个村庄的样子。更为重要的是，精英的权威将在农民的不断怀疑中逐渐流失，这样的结果是精英们难以接受的。他们渴望着上面能够重视这些问题，并帮助他们改变合作社的现状。对于社员来讲，他们同样希望改变目前的生产和生活状况。千百年来，小农的行为逻辑均是一种饥饿感驱使下的行为选择。这样的逻辑使得小农那种"爱算计、争小利"的性格在合作社中被放大。一方面，小农在严格遵守着合作社的各项文本规定，同时，他们也在私下里为自己多争取一些粮食。当大多数农民对于公平的追求逐渐被"争小利"所取代时，合作社的混乱局势正式由组织管理延伸到普通社员。大家一方面在通过各种制度缺口为自己争取更多的资源，同时又对这种村庄生态表现出了极大的不满。社员们也希望合作社能够有所改变。正是这种普遍的不满，成为之后的高级农业生产合作社很快就在 HD 村组建起来的重要原因。

"土地入股，统一经营"既是 HD 村初级农业生产合作社的主要特征。农民在失去了土地的使用权之后，已经成为了事实上的"无地农民"。他们只能依附于合作社，通过在合作社里的劳动生产以获得必要的物质资源。也就是说，土地入股是统一经营的逻辑前提。需要注意的是，生产合作社并不是一个单纯的经济组织，它自出现之日起就与"社会主义"密切联系了一起。在 HD 村村民的回忆中，他们不仅要在白天完成队上规定的生产计划，晚上也要开会评分学习，社员的绝大部分时间都是在生产合作社的框架下度过的。生产合作社通过对农民劳动的支配甚至获得了一种对人的控制权。可以推断，当时的社干部是很有权威的。在"压力政治"和"感恩政治"的逻辑下，社干部之于国家也是小心翼翼的。通过生产合作社这样一个"集体"，国家的权力延伸到了农民的日常生产和生活之中。然而有意思的是生产队长这样一个"节点"。在 HD 村民的话语中，他们普遍对生产队长都抱有非常大的"好感"。仔细分析之，"生产队长"的主要任务是带领整个生产队从事农业生产。与社长不同，生产队长往往是那些农业生产的"能手"。作为生产合作社里最为基本的生产单元，同一生产队内的队员在日常生活中的接触和交往应该说是最为频繁和密切的。这其中就难免会有些摩擦和矛盾。生产队长往往被争执的双方叫过来"评评理"。在这样的一个过程中，生产队长似乎又具有了之前家族族长的某些功能，"我们都服他，听他的话"。而生产队长似乎也乐意作为整个生产队的"保护伞"。由于发展时间较短，这一点在初级社表现的还不是非常突出，而在之后的高级社，生产队长的确带领着整个生产队"挖口子"以求获得更多的粮食。通过对生产队长的分析和把握，似乎能够看到集体的建构不仅是国家和乡村精英的力量，普通农民也在其中发挥着"隐蔽"的作用。

初级社在建立的过程中，其实还伴随着很多问题没有得到解决。且不论组织内部的各种问题，只是合作社的定位和产权就存在着很模糊的地方。从当时的政权体系来看，村长是一个村庄的权力代表。然而合作社的出现，通过对社员的控制已经在事实上获得了村庄的最高权力。那么它到底仅仅是一个生产性组织，还是一个集经济性和政治性于一身的组织，它与村庄已有的权力体系如何协调等等这一系列相伴而生的问题都没有在国家的文本中得到很明确的规定，因而在实践中极具"地方性知识"。更为重要的是，这时的合作社的资产仅仅是对土地和劳动力的使用权。从现代产权理论上来看，这样的产权构造是不稳定的，也不具有可持续性。如果承认"集体"是运动的产物，那么运动热情的"消退"则可能导致"集体"问题的逐渐暴露。面对这样的问题，中国共产党人选择了通过更为宏大的运动来解决。

四 "土地归集体"的高级社

1956 年，在国家"合作办大社"的号召下，HD 村以及邻近的两个村庄共同组建了一个高级农业生产合作社。与之前初级农业生产合作社组建的困难相比，这时的高级农业生产合作社似乎显得"顺风顺水"。这样的情况，令当时的领导层颇有些意外。相比于苏联建立集体农庄时所出现的一系列暴力事件，中国的小农在奔向社会主义的道路上似乎更显得坚定不移和热情高涨。然而事实却非如此之简单，之后高级社曲折的发展历程使得国家的领导层开始冷静地思考如何实现农村的现代化。

在 HD 村村民的话语中，高级社就是"土地和工具都给集体，大家就凭一双手吃饭"。不过在回忆起当时入社的情况是，大部分农民的语气中还是略显无奈。"土地倒无所谓，就是要亲手把牛、羊这些都交给集体，心里还是不舍得""但是不舍得又能怎么办，不舍得也得交啊，这是形势，由不得你""当时聪明点的，就把家里大的换成小的，小的有的不用交""有的思想不好的还把牲口宰了，不过是少数"。这些无声的抵抗尽管在 HD 村也存在着，但是这并不影响高级社风风光光的建立。

（一）社里来了陌生人

从组织结构的角度来看，高级农业生产合作社相比于之前的初级社明显复杂了。高级社是一个较为典型的三级架构组织。这当然与高级社所管理的地域范围以及人口数量有着明显的关系。而其中一个比较重要的因素在于，基本核算单位必须在村落利益共同体范围内这样一个组织层级的限制。

首先，高级社的最高一级是社务委员会。其中，社长作为整个组织的代表，掌握了高级社的最高权力。尽管在文本中，社员大会才是最高的权力机构①，但是人口数量上的众多，以及作为运动中被改造的对象，普通农民是无论如何都"碰不到"这样一种权力的。其次是副社长、会计和保管员等。在 HD 村农民的记忆中，他们对高级社的社务委员会的认识是非常模糊的。有的农民甚至在高级社的"历史片段"中，与社务委员会从没有打过交道，更遑论所谓的社员大会了。也就是说，高级社中的最高一级组织与普通农民的距离是非常远的。那么他们又是如何实现自上而下的工作布置和任务安排的呢？

这就需要涉及高级社的第二级组织——生产大队。生产大队基本接管了初级社的各项职能，只是在核算上，无需再进行土地收益的计算和分配。生产大队是一个非常有意思且值得研究的组织。它是仅次于生产队，在建国 30 年的农村发展史上生命历程较长的一个组织。而之所以拥有如此强大的生命力，可能就在于组织自身所具有的特殊性和稳定性。作为与村落利益共同体同构的组织，生产大队既可以单独"生长"，亦可以在更高的组织层级中起着勾连上下的作用。但是，一旦核算单位超越了村落共同体，那么农民之间相互认同的纽带将不复存在，各种因利益冲突而发生的矛盾将不可避免。从这一点来讲，不论是传统

---

① 《农业集体化重要文件汇编》，第 577 页。

小农，抑或是"奔向现代化"的小农，村落共同体都是他们最大的利益边界。生产大队正是在与村落利益共同体同构的前提下，获得了自身的稳定性。

生产大队之下，依然是生产队。"生产队"是由初级社转为高级社中唯一保留的组织名称。在"组织升级"的过程中，国家的文本中似乎在通过新概念的不断引入以改变农民在初级社中所形成的种种"刻板印象"，并以更高的"社会主义"这样一种意识形态的合法性进行强力推动。不过这时生产队的数量已经不再是初级社时的四个，它也伴随着人口数量的增加而得到了增长。不过每个生产队的规模相较于国家文本上的建议，还是略显较多。生产队长依然是队员选出来的生产能手。从这一点似乎也能看出来，大多数农民在入社之初还是想通过这样一种生产方式实现生活水平的提高。既然是队员们推举出来的生产队长，那么他自产生之日起就在队里获得了农民的认可以及某种形式的权威。这也是理解之后生产队长在国家正式文本与队员"吃饱饭"上如何选择的逻辑起点。

在高级社这样三个层级中，需要注意生产大队与生产队的关系。从语言学的角度来看两者，首先是都有"生产"两字。这两个字直接规定了组织的性质是从事农业生产。不过两者还有一字之差，那就是一个"大"字。这里的"大"，不仅体现了规模上的"大"，更是一种组织内部从属关系与权力关系的体现。生产队必须严格执行和完成生产大队所安排的各项生产任务。如果从词汇的逻辑关系上进行推敲，能够发现生产队与生产大队其实存在着一个逻辑上的跳跃。生产队与生产大队之间似乎还应该存在着一个"生产中队"。但不论是从组织层级的复杂性，以及组织内部资源的流动性来看，这样的"生产中队"都是不必要的。

HD村以及相邻的两个村庄共同建立起来的高级农业生产合作社，已经开始突破了村落共同体的界限。在HD村村民的回忆中，自从高级社以后，他们与周围两个村庄的关系更加密切了。村民被经常性地灌输这三个村庄也是"一家人""一个社"的思想。尽管如此，HD村村民还是与邻村保持着谨慎的距离感。村民们总是这样认为，他们跟我们不是一个大队的，分粮分钱的时候，他们多了，我们就少了。这里，需要注意两个方面的内容。高级社这样一种突破村落利益共同体共同进行生产劳动和产品分配的组织在乡村社会中还是第一次。它之所以能够实现，不仅由于当时的政治环境，可能还在于初级社时农民已经失去了对于土地的使用权。

可以说，高级社的出现和发展还是主要在国家的规制和推动下实现的。从这个意义上来讲，这样一种以将地域治理取代原有的血缘和地缘治理的高级社，揭开了具有现代性国家政权建设的序幕。然而这样一种区域治理的试验，并非是一帆风顺的。在 HD 村，这样的试验就不断地被村庄精英和农民所默默地改造着。

（二）交了牛和羊，家里只剩下锅和床

高级社不同于初级社的一个最大的特点就在于土地所有权的转移。[①]在高级社，土地的所有权已经完全从农民手中转移到了合作社里。基于此，高级社在收益分配上，取消了土地收益权，而只是按照劳动者的工分进行分配。除此之外，农民家中的大型农具，牲畜都将作价"卖给"合作社。实际上，在 HD 村，农具和牲畜的上交远远困难于土地所有权的转移。

据村民回忆，当时在计算农具和牲畜价格时，合作社往往估算的偏低，且多选择"分期付款"的方式。这等于暂时无偿使用农民的劳动和生产工具。而这些工具和牲畜的价款也多没有偿还给农民。在"上交"这些生产工具时，村民们显然是非常不满意的。但是在这样一种大的趋势下，每个农民都没有能力与之对抗。但是农民也不是那么"老实"地遵守着上面的安排。有的农民就在上交之前将自己家的牲畜廉价地与别人家的家畜交换。有些极端的，甚至将牲畜宰杀。"反正交了也没什么东西（拿），还不如杀了，能拿点实惠"。

传统的经典小农理论认为，土地在农民心中的地位是最重要的。农民的乡土性完全建立在农地的生产功能之上。但是为什么在高级社初期，土地所有权的转移会如此轻而易举地就实现了。这自然是一个非常大的问题，涉及到当时的具体形势。笔者在此只想通过村庄的视野，提出一些具有"地方性特点"的个人看法。首先，农民对于土地的深厚情感是建立

---

① 《农业集体化重要文件汇编》，第 480 页。

在日常的生产当中的。农民一般不会过多地纠结于土地的所有权，而多在乎是否拥有一块能够耕种的土地，也就是通常所说的土地使用权。初级社时期，农民在失去土地使用权之后，其实已经开始被集体化了。而这样的集体化又是一种大共同体构建下的个体"原子化"和"碎片化"。这样的个体农民也就逐渐失去了之前建立在"有机共同体"之上的集体行为能力。其次，农民的"原子化"和"碎片化"使得农民不得不寻找到一个大的共同体以提供生存上的保障和心理上的安全。这也是千百年来小农复杂性格的一个面相。而这种面相的产生又与传统小农时期单个农民难以生存和发展有着密切的关系。据 HD 村村民回忆，不论是初级社还是高级社，贫农的热情都是最高的。这样看来，贫农入社目标可能不仅仅是国家文本中所提出和批评的那样，"为了揩中农的油"。最后，意识形态以及政治高压所带来的"大形势"。在 HD 村村民的回忆中，高级社的建立往往被称之为"大形势"。他们认为这是一种必然会发生的趋势，反抗也没有用，顺势而为并在其中为自己争取更多的利益，才是当时 HD 村多数社员的行为逻辑。

当土地以及大型农具、牲畜都交给合作社以后，HD 村的村庄形态发生了前所未有的变化。传统小农的家庭兼业经济逐渐被国家化的集体经济所取代。家庭作为村庄最为基本的社会单元，在失去了生产和分配功能之后，逐渐丧失其所附着的教育和赡养功能。更为重要的是，家庭作为一个通过频繁的交往以加强血缘认同的重要"场域"，在家庭成员逐渐将大部分时间投入到集体生产中之后，开始变得不那么重要了。而 HD 村村民这种感受和判断的背后，其实是血缘和亲缘关系被破坏后所带来的"认同危机"。在这个过程中，农民的个体性被逐渐强化。

而对于高级社来讲，不论是有偿还是无偿，它都已经成为了土地、大型农具和牲畜的实际所有者。作为合作社的财产，这些都在高级社示范章程中获得了明确的保护。尽管章程中还是保留了农民对于入社财产的索取权，但是这种权利的申请只能在退社的情况下实现。[①] 而在当时的形势下，HD 村没有一个农民提出退社的请求。在两年的组织实践中，高级社已经拥有了这些资产的完整产权。

---

① 《农业集体化重要文件汇编》，第 566 页。

（三）听铃干活，干多干少一个样

高级社建立的初衷主要是通过集体计划生产这样一种方式以寻求农村现代化的目标。在国家的文本中，高级社的优越性不仅仅体现在社会主义的高级阶段，还以实践中更高的农业生产力为表征。[1] 而这两者之间也存在着某种微妙的关系，社会主义自开始就被宣传为优于以往社会生产形态，主要表现为生产力和生产关系上的协调。与此同时，唯有更高的生产力才能够体现出社会主义真正的优越性。

种种迹象表明，高级社在生产管理和内部控制等方面的确汲取了之前初级社的经验和教训。

首先，它将初级社"八分制工分"改为"十分制"。具有完整劳动能力的男劳动力每天的工分满分是十分，与之对应，女劳动力是八分。之后还有男半劳动力，女半劳动力等规定，分数依次递减。而对于如何评定这里面的劳动力等级，合作社采取了以年龄划线的办法。成年男子和女子一般都被视为是全劳动力，而未成年且有劳动能力的一般都被视为是半劳动力。每天劳动力所能获得的工分数与其是否按时按量出工有着密切的关系。如果一个劳动力在一天的早、中、下都按时出工，则可以获得满额的工分，否则将被扣除一定数量的工分。仔细分析之，能够发现这样一种内部管理和控制方法简单易行。对于管理者来讲，他们只需要明晰男劳动力、女劳动力、男半劳动力、女半劳动力这样四个层级的劳动分数即可，并且只需在每天监督和记录这些劳动力的出工与否即可完成一天的管理计划。对于普通社员来讲，他们也只需在出工时向会计或队长"招呼一声"，在每次出工结束后到会计或队长那里报一下，看一下自己的记录即可。然而，这样的制度安排也使得"出工不出力，上工不干活"等现象开始多了起来。据 HD 村村民的回忆，高级社刚开始的时候，大家的热情还挺高，队长安排的活一般都老老实实的干完。但是越往后，每天都吃不饱饭，干活的时候也没太多的力气，就想多休息会。但是当时大多数人还是比较认真地完成队长的安排。只有少数的，偷懒耍滑，不好好耕地。"你说这监督吧，当时也有，但是干农活那是个人的事，你想啊，这一锄

---

[1] 《农业集体化重要文件汇编》，第 565 页。

头砸下去，多大的坑是个准啊。所以，当时队里都是听着铃就出来干活，干什么样谁也不知道，反正拿到工分就行。"

其次，高级社取消了初级社时期复杂的分配制度，统一改为用工分的多少进行分配。需要注意的是，高级社所能支配也是在交够国家的"公粮"之后的剩余。在扣除掉社里的公积金和公益金之后，余下的才是用于社员之间分配的。据 HD 村村民的回忆，第一年分东西的时候矛盾还是比较少的。"工分都在那摆着，你多少，我多少，都很清楚，也没啥可争的。""但不知道为啥，当时就是吃不饱。特别是那些家里老人和小孩多的，就更不可能过得好了，他们连吃饭都是问题。"据 HD 村一位老会计讲，1956 年那年的产量其实并不低，交了公粮，留了集体的之后，农民分的也不少，但是那会人口增加的快啊，特别是那些家里劳动力少的，那光景看着就心疼。这样的家庭当时还不少，有时候队上给点帮助，多照顾点粮食，但大多数时候他们还是向粮食分的多的家庭帮忙干点活，挣口饭吃。这样的情况上面是不允许的，但是没办法啊，总不能看着人饿死，（生产）队里一般都是睁一只眼闭一只眼。

尽管高级社在生产管理和产品分配方面简化了制度上的安排，但是这样一种简化却带来了一系列更为严重的问题。首先，农业生产的效率似乎难以有所提高。社员上工的积极性很高，但是在产品结算时，却往往得不到一个满意的数字。这自然与上文中提到的"干多干少一个样"有关，但同时也与生产队的"瞒产私分"相联系。而后者的出现直接与农民的"饥饿"逻辑有关。据 HD 村村民讲，有时队里的确会留下点粮食，而这些粮食队里的成员都知道，大家也都赞同这样一种方式。因为只有有了它，队里那些吃不饱的家庭才有生存下去的希望。在问到具体的留存比例时，农民往往诡异的"笑而不语"。不过有一点可以确定，这些留下的粮食的确帮助了一部分家庭渡过了这样一个困难的时期。而这样一种默默地开着制度"口子"的做法，似乎也在某种程度上协调了组织内部的关系，稳定了这样一种组织形态。其次，农民的生活水平似乎并没有像之前宣传的那样，入社之后可以迅速进入社会主义。大部分农民的饥饿感还是非常强的。

这样的情况令当时的大队干部烦恼不已。在高级社建立之后，如果农民的生活水平还如初级社时的那样，那么他们依然有可能会被社员所批评，甚至被视为是坏了毛主席好政策的人。在经历了一年高级社运行之后的 HD 村，由此开始了静悄悄的制度变革。

（四）静悄悄的变革

在叙述这场变革之前，还是要先从一个更为宏观的视角，来看一看当时的乡村社会环境正发生着哪些变化。

1957 年，在高级社普遍试行了一年之后，由下而上反馈来的信息似乎并不能令领导层满意。如果说之前合作社出现的很多问题，还能够归因于那些对社会主义"图谋不轨"的"地富反坏"分子的话，那么如今，领导层似乎能够冷静地看到，合作社自身所存在着的诸多问题才是农业产量一直难以有所提高的根本原因。领导层随即采取了为合作社"松绑"的办法。"松绑"的具体做法大概有：少征粮食税，多为农业生产发展提供帮助和支持，给予农民在自留地和市场上更多的自由等。① 在这样一种大的背景下，HD 村开始了静悄悄的变革。

在农业生产方面，出现了包产到队甚至是包产到户的情况。"刚开始，大队还是比较忌讳这个的，但是毕竟包产到队就是比那些'干游击'的产量要高。大家都觉得这样干行，队里也就开始了定一块地给生产队去种，给你定好生产任务，交了这些任务粮之后，剩下的就是你们生产队自己的了。当时大伙都同意了，不过就是都不敢挑明了说，'打马虎眼'就这样过去了。""有的生产队更敢干，直接把包下来的土地再包给队员，跟大队包给生产队一模一样，等打了粮食，把队上那块交够了，剩下的就都是自己的了。""这样的办法好啊，这地就得靠着人细心照顾着，否则怎么能多打粮食。"据 HD 村村民的回忆，在打粮食的时候，那些包产到队的比那些没有包产的要好，那些包产到户的比那些没有包的要好。自从出现了包产到户，村里头生产的劲头比以前高多了，大家的精气神也比以前好了。这日子有了盼头，大家心里都挺美的。这是一方面，从另外一方面来看，集体生产在某种程度上可以说是压抑了农民的生产力。而这样的"控制"一旦

① ［美］莫里斯·迈斯纳：《毛泽东的中国与后毛泽东的中国——中华人民共和国史》，四川人民出版社 1990 年版，第 208 页。

"松了松绑"，农民的生产热情就从这样一个制度的"口子"里释放了出来。

这里还需要提到一点，干了两年社长的王虎因为"犯错误"被抓了起来，取而代之的是之前 HD 村第一个合作社的社长贾发林。种种迹象表明，他上任之后似乎将更多的精力放到了抓农业生产上面。这也是包产到户能够在 HD 村出现的一个原因。

"包产到户"的出现使得 HD 村的农业生产开始出现了欣欣向荣的局面。从大队干部，到普通社员，大家似乎都觉得这样的"创造"是正确的，因为它的的确确给队里，给农民带来了"实惠"。由于"包产到户"的大面积铺开，之前集体生产的场面不见了。HD 村的农民似乎又回到了土改刚结束时的那段"美好的时期"。队上的干部，普通社员似乎都在高级社这样的一个框架下享受着"小有产者"的状态。

然而，这样的"暧昧期"并没有存在多久。伴随着政府对"包产到户"的激烈批判，并将其与落后的社会制度和意识形态相联系，激烈而迅速的纠正工作很快就到达了 HD 村。"包产到队"和"包产到户"都被贴上了落后和反动的标签。尽管高级社很快就恢复到了以前的模样，农民集体生产的场面又重新回来了。但是在 HD 村村民的心里，始终闹不明白，既然社会主义是为了带领他们走向更好的生活，那为啥带给他们幸福生活的"包产到户"会被贴上落后的标签。既然高级社是社会主义的组织，那为啥在这样一个组织里，他们却没有像之前包产到户的那样，能吃饱饭。

如果当时的政府领导层已经得到了"包产到户"在农业生产中所带来的巨大推动力的信息，那么强制性地恢复之前高级社的集体生产就需要首先解决这样一个问题，即集体生产作为社会主义性质的生产方式是优于"包产到户"的。但之前那种集体生产的尴尬实践经验无不在证明着这样一种生产方式是难以超越"包产到户"的。怎么办？一个"偶然"的组织实践，似乎为这样的烦恼提供了一些可供思考和借鉴的思路。而与之相伴的是，一场更为轰轰烈烈的社会改造运动，正一步步地迫近着 HD 村这样一个被运动所裹挟着前行的小村庄。

五　结　语

土改之后，HD 村的农民在国家权力的帮助下获得了极大的独立性。不过由于土改并没有改变小农经济的生产形态，因而建立在其之上的农业生产和农民合作方式依然继续着。这样的情况在 HD 村农业生产合作社建立之后，才得到根本性的改变。而这也是本项研究的逻辑起点和时间起点。

（一）一个生产合作社的图式

HD 村生产合作社的建立是在全国农业集体化运动的背景下实现的。作为解决当时统购统销的一个临时性决定，农业集体化自出现之日起就带有了"运动"的特征。由此，论者往往将生产合作社建立的动力归于国家的意志和新的乡村政治精英迫于政治压力的"不得不为之"。但是在 HD 村，笔者却发现历史并非如此之简单。首先，HD 村的家族并没有在土改之后完全消失，反而以一种更加灵活和隐蔽的形式出现在村庄之中，并巧妙地利用意识形态所宣传的先进组织作为其"合法性外衣"。对于 HD 村新的政治精英来讲，这种现象显然是难以接受的。且不论他们对于"旧"的意识形态的态度，只是由于之前村中你死我活的斗争运动而担心的报复，就已经令他们忧虑不已。其次，HD 村生产合作社建立之前就已经出现了小范围小规模的生产合作社实践。对于村庄的政治精英来讲，他们沮丧地发现这些具有意识形态先进性的生产合作社正在一步步侵蚀着他们在村庄的权威资源。村庄权力体系二元化的趋势显然令他们难以接受。最后，"生产合作社"自产生起就被共产党人赋予了"社会主义"的性质。在合作化和集体化运动中，为了现实的需要，新政权也只能不断对它进行着再概念化。而作为具有意识形态先进性的组织，生产合作社由于与"社会主义"相勾连而带有了自我发展的权力。

HD 村生产合作社的成立过程充分体现了"运动"的特征。（初级）农业生产合作社的主要特征是"土地入股、统一经营"。而前者又是后者实现的基本前提。对于农地使用权入社这一规定，村民表现出了极大的抵制。HD 村生产合作社也正是在村庄精英的多种策略和运动式的手段下才得以建立。

在国家的正式文本中，（初级）农业生产合作社中"统一经营"的对象主要是土地。为了有效地使用土地并有序地开展农业生产，一整套组织系统以及分工与协作关系迅速在 HD 村生产合作社中建立起来。在农业生产中，合作社主要以计划安排和生产队管理为主要特征。在产品分配中，农地与劳动力均享受收益权。而两者之间的比例关系虽已在合作社建立之初就已经被确定和公布，但并没有得到广大社员的认可和理解。作为连接农业生产与产品分配的重要制度，工分制在 HD 村的具体实践中并没有完全发挥出区分劳动贡献以激励劳动生产的作用。在 HD 村生产合作社成立的第一个年头，它并没有实现增加农民收入的承诺，反而显得矛盾重重。

进一步分析，作为附着于农地生产之上的劳动力，村民在失去了农地的使用权之后，唯有服从合作社的生产计划和劳动安排，才能够拿到相应的粮食和少量货币。对于合作社来讲，它已经不仅仅是简单的农业生产组织，更是掌握了农民"口粮"以及发展状况的"权力组织"。家庭在失去生产功能之后，其对农民的凝聚力逐渐衰弱，而农民的个体性则逐渐显现出来。小农对于安全的需求使得他们不得不完全投身于合作社之中。更为重要的是，在工分制被确定之后，农民的农业生产均围绕着工分展开。当劳动主体失去了自身劳动的选择权之后，计划下的合作逐渐取代了传统意义上的以劳动交换为基础的互助合作形态。

在初级社向高级社转换的过程中，有两个层面的工作。首先是组织形态的选择。这里，共产党人巧妙地将"生产合作社"这一概念再细分，并冠以"初级"和"高级"以示两者的联系和区别。从一般逻辑来看，"初级"之后是"中级"，而"中级"之后才是"高级"。也许在当时的共产党人看来，土地和主要劳动工具的产权由农民转移到"村集体"，已经实现了其对社会主义的规划和目标，"中级"一词已经无需再被运用和表述了。

其次是组织形态的建立。以农地和其他主要生产资料的所有权入社为主要特征的高级农业生产合作社在 HD 村以及周边的村庄迅速建立起来。在组织建立的过程中，并没有出现像之前初级社那样寸步难行的工作状态，反而显得"顺风顺水"。不过在 HD 村，村民对于生产资料入社的抵制并非完全没有。需要注意的是，村民抵制的手段不同于斯科特式的

"弱者武器"，而更多地表现出传统小农中那精于算计的面相。相较于之前的初级社，高级社在组织架构上更为复杂，但却简化了农业生产的管理方式和内部控制。而这一系列制度安排均在于促进农业生产。高级社完全替代了家庭的生产功能，并开始承担起了教育和赡养等功能。在这个过程中，家庭之于村民的内聚力基本丧失。村民对于合作社的依赖性被极大的拔高。另外，由于合作社同之前的家族一样不能随意开除社员，因而为社员提供了强大的心理保障。在这两方面的共同作用下，HD 村村民形成了对合作社的认同。正是在这个意义上，以合作社为具体组织形态的"集体"才得以构建完成。

（二）未完的故事

1957 年，国家在放松了对农村资源的汲取之后，痛苦地发现某些城市工业建设不得不因资源的不足而暂停。[①] 从这一点来看，如何实现城市工业与乡村农业的协调发展，是一个必须要解决的问题。这时，国家的领导层开始关注和思考这样一个问题，农村现代化的根本动力在哪里。而最后得出的结论是通过发挥农村劳动力资源丰富的优势以实现农村的现代化。1958 年所出现的人民公社，它的发展手段和目标恰恰契合于当时领导层的意向。在这样的一个背景下，"一大二公""政社合一"的人民公社开始迅速地取代高级社，成为乡村社会最为重要的组织实体。

如同合作社与"社会主义"的相连一样，人民公社也在当时国家层面的话语中"刻意"与"共产主义"勾连。从这一点来看，不论是组织实体抑或是意识形态，人民公社都要高于合作社。1958 年底，在国家权力的推动下，HD 村所属的红旗社迅速建立起来。而生产合作社由于组织实体的消失，也逐渐淡出村民的生产和生活。

在 HD 村村民的记忆中，红旗社里的管理更加严格，如同军队一样。作为社员，他们必须服从上面安排的各项任务和工作。而 HD 村作为当时人民公社体制下的一个生产大队的缩影，能够从中窥探到公社体制在利用乡村劳动力资源方面的强大"力量"。自公社建立之日起，国家意图通过军事化的管理以实现农业生产效率的提升，并最终达到农村现代化目标的

---

① ［美］莫里斯·迈斯纳：《毛泽东的中国与后毛泽东的中国》，第 208—209 页。

实践就正式在 HD 村开始了。

从时间上来计算，生产合作社在 HD 村仅仅存在了三年多。然而就是这三年多的时间，村庄的生态发生了地覆天翻的变化。如果说土改之后村庄的社会组织被基本清扫之后，那么在集体生产替代传统的家庭兼业经济之后，村庄的经济组织则只剩下生产合作社。生产合作社框架下的集体生产自始至终似乎都更热衷于计划和命令，而少有合作和互助。而当这种计划和命令深入到农民的生产和生活之中时，农民就不再是传统家庭中的小农，而更多地体现出了个体性、"原子化"和"碎片化"。显然，脱离了传统血缘和地缘组织保护下的小农，更容易形成集体认同，服从集体的各项安排。这样，集体构建的时间起点、逻辑起点和组织起点都难以逃离生产合作社的"魅影"。

当"生产合作社"伴随着组织形态的消失而逐渐淡出 HD 村村民的话语中后，"集体"却依然在无时无刻不影响着农民的生产和生活。有意思的是，在某段时间与"集体"同构的"生产合作社"依然附着它的身上。在 HD 村村民的记忆中，每当提到集体化这段历史，都绕不开"生产合作社"。而这样一个概念，不仅有着两个不同的组织实体指向，更为重要的是，它是农民在国家政权带领下探索社会主义农村现代化道路的组织实践和共同记忆。

然而这样的记忆似乎也有着它的生命。这种共同记忆会伴随着一代人的退出而逐渐消失。从这个意义上来讲，作为记忆的文本，本文似乎也有了它的生命含义和价值。

供销合作社:工农产品交易的国家化

【导读】供销合作社最初是由国家倡导的，由农民入股组建的一种自我服务的合作经济组织。但随着计划经济特别是统购统销政策的实施，它的职责、合作内容及性质等都发生了变化，开始成为国家统治下的工农产品流通机构。国家通过供销合作社控制了工业产品在农村的销售，也控制了农产品及国家所需物质资料的收购，完成了统购统销的职能，积累了国家工业化建设所需的资源。同时，农民通过供销合作社获得了满足日常生活需要的基本生活资料。本文结合一个案例，描述了供销合作社在农村社会如何形成，以及它的内部结构及相互关系、基本职能等；在此基础上，描述和分析了它的工作内容及范围，并探讨了它与生产合作社之间合作的实际内容；最后，结合实际情况探讨了它在基层社会解体的原因及过程。

供销合作社作为计划经济时代的一个重要合作组织，代表那个时代的经济特征；供销合作社作为农村商品流通的一个重要机构，从中华人民共和国建立初期成立至今给人们留下了深刻的印象。对供销合作社最具有权威性的解释出现在 1951 年中共中央通过《关于农业生产互助合作的决议》中，"供销合作社应该与农业互助组和农业生产合作社建立推销、订购和贷款的合同关系，帮助他们克服生产方面（资金不足）和交换方面（市场隔离）的困难，使农业及副业的生产可能性和国内市场的交换可能性能够充分的而又可靠的联系起来"。[①] 1962 年 11 月 22 日《中共中央、国务院关于发展农村副业生产的决定》中规定：农村副业产品的购、销

---

① 《中国农业集体化文件汇编（1949—1957）》上册，第38页。

工作，应该主要由供销合作社负责经营，供销合作社要负责供应原料、材料、工具、劳保用品和其他设备，负责收购和推销各种副业产品。① 从这一系列的政策文件中，可以看出供销合作社是农民群众自愿联合、集资入股、国家扶助建立的合作商业，是我国集体经济组织的重要形式，农村商品流通的主渠道，城乡经济联系、商品交换的重要纽带。其基本职能是在国家的方针政策指导下，组织收购农副产品，为农民推销产品，供应生产资料和生活资料，提供生产服务、生活服务和技术服务。

不过，1981 年后，家庭承包责任制开始实施，随着粮食等其他经济作物的高产，"买难卖难"的局面形成，在完成国家的统购统销任务后，商品产生了剩余，而作为工农产品流通的唯一机构的供销合作社没有能力进行统一的分配和收购，不得不让位于私人经营的介入。私人经营的介入打破了供销合作社对工农产品供应和收购的垄断地位，开始面对市场的竞争。所谓"物竞天择，适者生存"，面对强大的市场压力，供销合作社不得不进行改革与转型，基层供销合作社在长期经营过程中积累了巨额负债，被迫走向了解体。县级以上供销合作社积极探索改革的道路，发展各种专业合作社，将合作社真正办成一个为民服务的综合服务组织，于是，供销合作社又成为了农民的合作经济组织。因此，从供销合作社由农民的合作组织发展成为国家的行政机构，再回到历史的原点，这是一个值得研究的过程。

本项研究以个案变迁为基线，展现它的历史演变过程。其中，个案——里程乡位于四川省三台县城西北处，主要以农业为主，兼营蚕桑及工副业，还产中药材麦冬；有里程、玉龙、泉水湾、狮嘴、回龙、石牛、川祖 7 个村。② 1951 年，三台县所在绵阳专区着手建立供销合作社的工作，并设立专门的合作科指导合作事业的开展。1953 年，合作科被撤销，设立四川省供销合作社筹备委员会绵阳专区办事处，简称"专合办"。1953 年，绵阳专合办抽调了大批的干部展开对供销合作社的宣传和试点工作，最后建立了里程乡供销合作社。合作社采取集体入股的方式，该社每股股金 3 元（已折合为新币），入社费一角，在缴清三元一角的入股费

---

① 《中国农业集体化文件汇编（1958—1981）》下册。

② 摘自《三台县县志》。

用后，社员可以领取合作社印发的股票和社员证。该社主要经营食盐、食糖、百货、布匹、铁锅、农具、小土杂等与农民日常生产和生活息息相关的商品。当时该社入股的人数达到 5000 多人，随着供销合作社的发展，入社人数也在不断增加。随着里程乡供销合作社的成立，纷纷在七个村设立了代购代销店，代销店的名称以村的名字命名。在 1953 年底，设立了里程、玉龙等七个村代购代销店。1958 年后，以乡为基础建立了人民公社，里程乡也被改为里程公社。里程乡供销合作社也被纳入里程公社进行统一的管理和经营，农民纷纷退社，人数将近 4000 人。1984 年，改公社为乡。人民公社解体后，里程乡供销合作社由于自身经营资不抵债，最后被迫解体。

一　何以形成？

中华人民共和国成立之前，具有供销合作社性质和基本特征的组织就已经出现了，然而，具有完整的组织形态以及在此基础上所形成的国家供销系统还是在 1953 年之后才出现。而这一时间点也是本文研究的时间起点和逻辑起点。从这个意义上来讲，要想弄清楚供销合作社产生的原因，就必须将研究的视线重新拉回至 1953 年的中国。

土地改革完成之后的中国，并非是共产党的意识形态所追求的那样，一步跨入社会主义。恰恰相反，当时的中国，特别是乡村社会，呈现出的是一番"小有产者与小生产者的乐园"。这样的现实情况被概括为"新民主主义道路"。在国家对新民主主义的设想中，市场是调节工农两大部类生产和交换的基本工具。而这一工具之所以能够发挥作用，主要还在于市场交易的主体之于各自生产的绝对自主权。简单来讲，当时的中国乡村社会还是小农经济的汪洋大海，而城市则主要是民族资本和不在村的地主资本。

然而，这样的发展思路很快被就现实需要所打破。伴随着抗美援朝战争的打响，国家需要掌握更多的资源以发展重工业和军事工业。而在新民主主义道路下，国家弱而市场强的经济形态显然不能满足重工业的发展需求。为了战争的需要，国家必须通过各种手段最大化地获取资源，以保障国家工业化的发展。在这样一个目标的指引下，国家工业化建设被提上了日程。如何通过政权的力量最大化地汲取全国的资源，在短期内实现国家的工业化和现代化，如何从分散而又"原子化"的小农经济中汲取资源，以支持国家工业化建设，是当时必须解决的一个最为重要的问题。

1953 年，国家层面的"一五计划"正式实施。伴随着城市中很多重工业项目的上马，大量农村青壮年劳动力进入城市，以帮助完成项目建设以及相关的基础设施建设。对于初次尝试国家计划经济的新中国来讲，这样的实践显然是激动而又谨慎的。尽管如此，大量人口进入城市意味着城市对于粮食的需求量迅速提高。而当农村中的粮食供应不能满足城市需求时，国家的工业建设就出现了被迫停止的危险。在这样的情况下，国家在对比了多项备选措施之后，还是选择了"统购统销"。而这也恰恰是之后城市与乡村逐渐割裂并在此基础上呈现出的城乡二元结构的根本原因所在。

"统购统销"① 简单来讲，就是将之前"新民主主义"中由市场调配资源转变为由国家通过计划的方式实现产品交易的平衡以及国民经济的发展。在具体的实践中，"统购统销"主要表现为以下几个方面。首先是计划生产。国家通过制定详细的生产计划，以控制城市中的工业品生产。而作为基本的生存资料以及工业品的原材料，农业产品的生产还并非完全由国家所掌控。国家只是通过计划收购的方式，以生产任务的形式通过政权系统下达到乡村中。对于村庄来讲，他们只需完成国家规定的生产任务即可，剩余的就可以归村庄和农民个人支配。不过这里需要注意两点，一是国家收购粮食的数量一般来讲比较大。农民在交够国家的之后，剩余的就不会很多。二是国家收购粮食的价值很低，应该说远远低于粮食的实际价值。而这样的制度设计显然是为了国家工业化的积累。其次是计划销售。这又体现在两个方面。第一个是工农两大部类交换的需要。对于城市工业来讲，他们只有将产品销售出去，才能够实现企业的存续和扩大再生产。而对于农村来讲，正值传统的小农经济向集体生产与集体分配的转换。当传统的小农兼业生产形态被计划生产与计划分配取代之后，以往那种自我封闭与自我满足的基础就不存在了。在这个基础上，农村集体具有了接纳

---

① 陈云：《实行粮食统购统销》（1953 年 10 月 19 日），《建国以来重要文献选编》第 4 册，中央文献出版社 1993 年版，第 461 页。

和吸收城市工业品的可能性。第二是农产品的返销。对于那些余粮不足以维持基本生存的农民来讲，国家还可以将一定的粮食返销到农村。不过这里需要注意，不论是城市向农村输出工业品，还是国家返销的粮食，其价格往往都比较高。也就是说，"计划收购"① 使得 "工农剪刀差" 成为了可能。

然而这种国家的意志要想得以实现，就必须通过一个特殊的组织来完成。从以上对当时国家意志的分析能够推断，这样的组织必带有 "供" 和 "销" 两个方面的任务。从这个意义上来讲，"供销合作社" 这样一个词汇将组织的基本目标和基本特征均概括了出来。也就是说，供销合作社作为国家控制农产品与工业品流通的重要组织，从产生之日起就肩负着实现产品供销以及供销平衡的任务。

供销合作社可以说是国家计划经济的产物，它的运作自然也就带有了极强的计划色彩。然而计划毕竟是一种产前的预期与安排，与具体的实践还是存在着难以逾越的鸿沟。当计划与生产和销售出现了矛盾时，就涉及到计划的再平衡问题。对于供销合作社来讲，不仅需要实现供销系统内部的产品平衡，还需与当时的农业生产组织相联系。

供销合作社的合作主体是劳动农民之间的合作，是农民群众在自愿基础上自己建立起来的合作组织。供销合作社是一个从基层到全国的多层次联合体，合作社的社员也被分为三个层次，即基层合作社社员和各级合作社联合社社员及合作社职工。基层合作社的社员是由广大劳动群众直接入股参社形成，也是合作社的基本组成单位，各级合作社联合社社员是参与合作社之间再合作的成员单位，也被称为 "社员社"，合作社的职工具有双重身份，他们既是合作社的社员，又是合作社的雇员，这些合作社的职工社员主要是由农民中的积极分子、委派人员和南下干部组成。组织委派人员包括土改干部、土改人员和各个大学分配的人员，这些大学生主要是供销合作社学校培养的人才。这些合作社的职工既是各级联合社的社员，同时也是各个供销合作社的职工，经营和管理供销合作社的日常工作和事物。

---

① 田锡权：《革命与乡村——国家、省、县与粮食统购统销制度：1953—1957》，上海社会科学院出版社 2006 年版，第 33 页。

那么，何为社员呢？"社员就是每个人要交三元一角的入股费，在年底可以得到分红"。① 从这段话我们可以看出，想要成为合作社的社员并不是无条件的，是有一定的条件限制的，但同时在成为社员后，社员也可以享受一定的优惠。首先，社员的入社条件是：农民想成为供销合作社的社员必须要缴纳一定的入社费和股金，只有两者都缴纳后，才可以取得社员资格，发放社员证。在当时，为了吸引更多的社员入社，在入社条件上也给予了一定的放宽政策，入社费可以分期进行缴纳，但不能超过三个月，实在没有能力缴纳入社费的农民可以以劳力入股，以人工费抵补入社费；其次，社员所享有的优惠。一方面，在购买物品时社员具有优先权，特别是紧缺的物品；另一方面在价格上，同种物品，对社员具有优惠。同时，对国家实行统购统销的物品，对社员拥有配售权，配售的主要产品为粮食、棉花、油料等统购统销产品。之后，随着粮食供应的紧缺，配售制度被逐步取消；最后，在年底的股金分红上，给社员免费发放火柴、盐、煤油、牙膏、牙刷等工业日用品，这些物品对于当时物资供应处于极度短缺状态下的农民来说，让他们感受到了供销合作社带来的极大利益。农民纷纷入股，在供销合作社成立之初，里程乡供销合作社的人数就达到了5000多人，基本上是每家每户都有入股。

什么是非社员呢？非社员是相对于社员而言的，为了动员农民加入合作社，在 1950 年，刘少奇在举行的全国合作社第一次业务工作会议上提出"不作非社员交易"。② 并对社员与非社员进行了具体的划分：凡是国家委托合作社代办的收购和放贷业务，对社员和非社员平等待遇；凡是合作社自办的业务，社员享有优先权；凡是合作社供应不足的货物，或者显著较市价低的货物，就限量卖给社员，不卖给非社员；在农产品的推销上，首先推销社员的产品，然后再推销非社员的产品。社员与非社员的区别对比，让农民深刻感受到了入社的实惠，在合作化初期，农民纷纷入社。

从以上成为社员的条件来看，尽管农民入股参社有一定的条件限制，但农民是自愿的。在合作化初期，供销合作社的建立是在农民自愿的基础

---

① 摘自笔者对里程乡一位 67 岁老人谢国荃的访谈。

② 《刘少奇论合作经济》，中国科技出版社 1987 年版，第 114 页。

上建立的，通过农民的集资入股进行经营，在年底定期为农民进行分红，为农民谋得了利益，是农民的合作经济组织。

然而随着"大跃进"和人民公社化运动的发动，建立了政社合一的政治体制，供销合作社被迫下放给人民公社，供销合作社的人、财、物也被收归为人民公社进行统一管理，供销合作社不再拥有独立的经营权，成为人民公社的供销部，人民公社也取消了对农民进行年底分红的制度。随着人民公社对供销合作社财产的无偿占有和对农民进行年底分红制度的取消，使供销合作社从一个农民合作的经济组织逐渐演变为一个为国家计划服务的行政机构，合作社的性质发生了根本的转变。随着供销合作社性质的转变，农民纷纷要求退股，入股人数逐渐减少，在 1959 年，里程乡供销合作社的入股人数减少了 3000 多人。

在 1981 年后，家庭联产承包责任制的实施，人民公社化运动的解体，供销合作社又恢复了集体主义的性质，成为为农民服务的机构，农民纷纷入股。在 1984 年，里程乡供销合作社的入股人数达到了最高峰，基本上是每家每户入股，但是由于私人经营的介入，面对市场竞争的压力，供销合作社的经营效益日渐下降，甚至出现亏损，农民又纷纷退股，最后，在 1998 年，里程乡供销合作社走向了解体。从以上内容可以看出，随着供销合作社性质的转变，入股的人数也一直处于流动的状态，但只要是为民服务的组织，就一定会得到农民的拥护。

二　组织、构成及职能

（一）组织结构

随着合作事业的发展，像手工业合作社、信用合作社、消费合作社等都被划归为有关部门进行管理，但是供销合作社却形成了一个比较独立完整的自上而下的合作组织系统体系。尽管这个系统在三次与国营商业的合并中受到了冲击和破坏，但这个体系事实上是始终存在的。供销合作社是多层次的经济联合体，由一定地区（如一个乡）范围内的农民直接参股或入股投劳自愿联合组织起来的供销合作社为基层供销社。1950 年 7 月《中华人民共和国合作社法（草案）》规定："以接近群众，并便于合理经营为原则，一般以集镇或较大村庄为中心，联合邻近村庄，合组一个基层社。每社一般以 500 人至 5000 人为标准。"① 所以，基层社大多建在大的集镇，处于农村经济中心。县联合社是一个县范围内的基层社自愿联合而成，属于省级联合社的派出机构；省联合社是在一个省范围内的县联合社自愿联合组成的，内部设有管理机构和业务经营机构；全国合作总社由各省联合社联合而成。这四个层次是相互联系，相互制约的，其中基层供销合作社是基础，各级供销合作社之间的关系是上级为下级服务，基层社为社员服务，这是供销合作社的宗旨，也是供销合作社的合作原则。基层供销合作社在工农产品的流通和城乡经济的交流中发挥着重要的作用。在农村商品流通中，基层供销合作社处于工农产品流通中的起点和终点的位置，处于城乡交流的结合部，农村的农副土特产品，很大一部分首先是由基层社收购，然后通过县或省等联社分散到全国，最后进入消费领域。城市销往农村的很大一部分日用工业品，是通过省、县各级供销社流向基层社，最后到达广大农民手中。供销合作社加强了农村和城市的联系，同时也改善了城乡人民的生活。

（二）内部关系

在供销合作社组织系统中，基层社是系统内最基本的细胞组织。它们在自愿基础上联合为各级联合社，构成一个有机整体。作为一个组织中的一员，在组织关系上，基层社与联合社，下级联合社与上级联合社之间，是纵向的隶属关系，接受上级社的领导，执行各级联合社所制定的决议，承担相应的义务。基层供销合作社，是由农民群众兴办起来的基层组织。它的基础是农民，与农民的关系最为密切和直接。在国外，基层社叫作直接合作社。各级供销社联合社，是在基层供销社基础上联合起来的社团组织，它叫作间接合作社。联合社的主要职能是在重大的政策、方针、制度上确保合作社运动发展的方向。基层社的主要职能就是直接为社员服务，帮助农民解决各种困难和问题。因此说，基层社是合作社宗旨的直接贯彻者，是服务的直接承担者。各级联合社的各项工作的最终目的和归宿点也在于此。上级社为下级社服务，归根结底，是为社员服务。可见，联合社与基层社在组织构成上和职能上有所不同，但它们的宗旨和目的是完全一

---

① 《四川省志·供销合作社社志》，方志出版社 1997 年版，第 174 页。

致的。

里程乡供销合作社属于基层供销合作社，它主要由七大公司构成。这七大公司分别为农业生产资料公司、农副土特产品公司、副食品公司、日杂公司、百货公司、棉花公司、废旧物资公司。七大公司的设立主要是根据经营业务的不同而设立的，各个部门各司其职，有利于供销合作社与各个村的代销店之间的沟通与协调，同时也有利于加强管理，便于国家分配计划任务的完成。因此，在这七大公司下面又分别设了各个门市部，各个门市部主要是根据经营的内容而划分，例如里程乡供销合作社的百货公司下设有化妆品门市部、衣服门市部、鞋子门市部等等。为了更好地将工业品供给农民和将农民生产的产品收购上来，各个基层供销合作社又在各个村设立了村经销店。村经销店以村的名字命名，什么村就是什么村经销店。经销店主要是经营食盐、火柴、煤油、糖等农民的日常生活必需品。农民生产的多余农副产品、废旧物资等也由村经销店进行收购。村经销店要对里程乡供销合作社负责，各个乡销合作社是村代销店进货的唯一渠道。同时，乡供销合作社要对三台县供销合作社负责，接受它的领导。总之，基层供销合作社处于中心位置，它的发展直接关系到整个供销合作社系统的连贯性。以下是供销合作社的组织结构图：

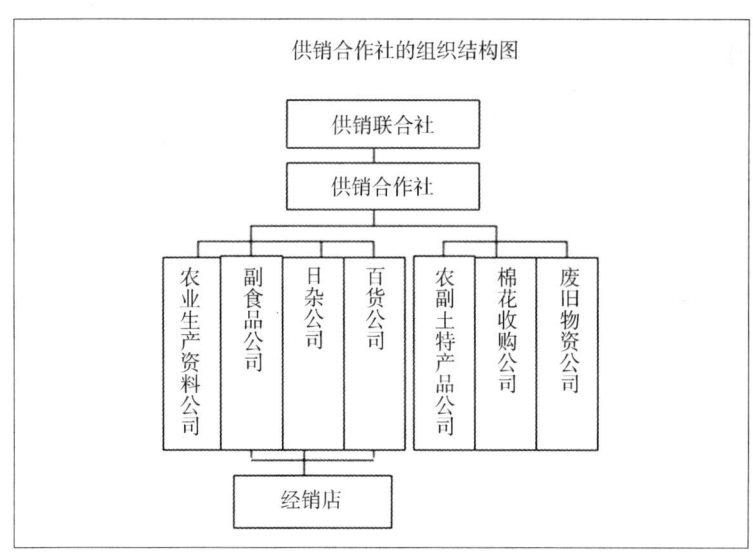

（三）两大职能

供销合作社是农民在自愿基础上组织起来的合作商业组织。其基本职能是组织城乡之间的交流，进行工农产品的交易，即向农民供应农业生产资料和日用工业消费品，推销农副产品和土特产品。通过购销活动，为农民生产及生活服务，为农村商品经济发展服务。因此，供销合作社具有流通和服务的功能。

流通职能。流通职能是供销合作社的基本职能。在商品交易中，要经过生产、流通、销售、分配等多个环节，其中流通处于中间环节，它联系着生产和销售，对农民生产和生活的改善起着重要的作用。农民自己生产出来的产品由供销合作社进行统一收购，然后经过自下而上的层层联合社分销到全国各地，同时供销合作社又将城市的日用工业消费品和农业生产资料通过自上而下的组织系统分配到各个基层社，最后由基层社配送给每个生产队和农户。供销合作社在整个城乡产品的交流中处于一个中枢系统，通过这个传导机制实现工农产品在全国各地之间的流通和交易，促进农村商品经济的发展。在中华人民共和国成立之前，由于长期的战乱，整个农村商品经济遭到了极大的破坏，甚至处于停滞的状态。农民与市场互动的唯一方式是定期的集市贸易。我国的集市贸易具有悠久的历史，但由于自身的封闭性，规模和交易的品种都受到了极大的限制。供销合作社将全国的商品组织到不同的地区进行流通，打破了地区间的限制，活跃了整个市场，也促进了各个地区集市贸易的发展，拓展了农民获取商品的渠道和种类，加大了农民在市场中的选择和谈判能力。供销合作社的流通职能加强了农民与市场的联系，增强了农民自身的购买力，促进了农村商品化市场的形成。

服务职能。服务职能是供销合作社流通职能之下的延伸职能。供销合作社是流通领域中的合作经济组织，它是农民群众在自愿合作的基础上建立起来的自我服务组织，其基本职能是组织商品流通，通过购销活动，为农民推销农副土特产品，实现产品价值；并根据农民生产和生活方面的需要，向农民供应生产资料和日用工业消费品。这是供销合作社流通职能，同时也是服务职能的体现。由于交通不便利，农民在卖出和买进产品上需要浪费很多的时间，而供销合作社直接提供上门服务，不仅减少了农民在市场交易中所受的剥削，同时也提高了农民生产的效率和效益。刘少奇在《关于合作社的若干问题》一文中，把供销合作社推销农产品，供应农业生产资料和生活资料作为三件大事，认为做好这三件事，"是农村供销合作社最基本的任务，是组织供销合作社的基本出发点，也是农民加入合作社的基本出发点和要求，是合作社在全部工作中一时也不能离开的基本目的"①。因此，购销服务是供销合作社最基本的职能，是其他一切业务活动的核心。但供销合作社的服务范围，又不能仅仅局限于购销方面，随着商品经济的发展，它的职能也在不断延伸和发展。供销合作社也称农村供销合作社，主要是国家为了更好地加强国家与农民的关系，发展农村经济而建立的，因此，为农服务也是它的宗旨和目标。

三　如何"供""销"？

供销合作社由最初的农民自主筹资创办，形成一个调剂余缺的公共机构，农民通过这个机构实现资源的互通有无与合作，在其成立的初期，给农民带来了极大的实惠，领到一张巴掌大小牛皮纸印的社员证，会让农民高兴得"手舞足蹈"。然而在若干年后，笔者重访四川省三台县里程乡，追寻朴实的村民对供销合作社历史的记忆，答案可谓是五花八门，但有一点却达成了共识："供销合作社就是一个商店。"② 20 世纪 50 年代，农业合作化的发展对中国乃至整个世界产生了极大的影响，"生产互助组""农业合作社""供销合作社""人民公社"等成为影响中国这一时期发展的关键词汇，农民在回忆这些历史事件时，"互助组、合作社、农业社、公社、供销社"是他们嘴边最频繁的词汇，"合作社"和"农业社"是农民对"农业生产合作社"的称呼，而"供销社"，则是农民眼中的"供销合作社"。供销合作社在国家力量逐渐强化的控制之下，边界日益清晰的供与销的职能，是农民对这一历史实践最深刻的记忆，而对于最初的合作社的具体内部运作，却是少有体会。

---

① 《刘少奇论合作经济》，中国科技出版社 1987 年版，第 107 页。
② 摘自笔者对里程乡村民的访谈。

（一）如何"供"？

1. 生产资料

在过渡时期总路线确定后，在一化三改的政策要求之下，里程乡供销合作社把供销社与农业、手工业和资本主义工商业结合起来，为社会主义工业化和农业、手工业和资本主义工商业的改造作出了积极贡献。与此同时，在供销合作社的帮助下，农业互助组在全国各地普遍发展起来，逐渐组织起来的农民，生产的积极性大为高涨，纷纷在互助组这一组织之下，寻求农业生产技术的提高。化肥、农具等生产资料的供应，渐渐紧张起来，为了使有限的生产资料在各个农业生产合作组织之内得到充分的利用，供销社通过与生产合作社和互助组签订合同，按照互助组或是生产合作社的计划，调剂和供应生产资料。1952年，中共中央决定将化肥的供应由合作社进行统一经营，实行重点供应。因肥料供不应求，在1954年9月召开的肥料座谈会上提出："化肥不能作为一般商品看待，要通过结合合同，优先供应和分配农业生产合作社和互助组。"[①] 化肥实行有计划的重点分配和供应，保证了集体生产资料的供应，同时也扩大了农民进行集体化生产的进程。供销合作社在与农民的互动中，逐渐由被动的地位走向主动，由一个主动去向村民提供各种生产资料服务的机构，转变为农民向其寻求生产资料的来源，各个生产合作组织，争相与供销合作社的员工建立友好的关系，以获得更多的生产物资来源。而供销合作社由服务性合作组织向管制型、计划分配功能的转变，最高峰是在人民公社时期。

在政社合一的公社体制之下，供销合作社集体所有制转变为全民所有制，基层供销社的人员和固定资产一律下放给公社，成立人民公社供销部，由人民公社直接领导。供销社按照公社的发展规划，配给生产资料的计划供应量，通过对生产资料的控制，将农民统一到公社体制之下，农民逐渐正式走上了集体化的道路，供销合作社由一个经济型合作组织，逐渐转化为一个行政执行组织，管理计划的职能替代了服务的角色。

1981年，实行家庭联产承包责任制改革，供应生产资料的经济职能逐渐恢复。分田到户后，生产资料由集体统一购置转变为分户购买，分到

---

① 杨德寿：《中国供销合作社发展史》，中国财政经济出版社1998年版，第440页。

田地的农民生产积极性空前高涨，对生产资料的需求空前旺盛，迫于自身供应渠道的局限，供销合作社不得不放开对化肥、农药等生产资料的垄断性经营，私人开始经营化肥、农药、种子等生产资料，出现了公、私双轨供应，供销合作社不可避免地走向市场竞争与改革的道路。

里程乡部分年份供应化肥、农药、农具、耕牛情况

年份	供应生产资料总值（万元）	化肥（吨）	化学农药（吨）	农具（万件）
1953	8.1	30	0.22	
1957	12.3	45	3.4	
1962	30.2	68	7.2	2.82
1965	49.7	102	10.6	5.49
1970	21.5	121	32.7	5.6
1978	96.2	255	27.9	4.71
1980	209.5	548	54.1	3.42
1982	240.8	720	57.3	3.57
1985	331.7	1058	65.8	4.04
1987	260.9	1162	82.5	3.86

资料来源：《里程乡乡志》

从以上表格可以看出，里程乡供销合作社在1953—1957年间，对生产资料的销售总量十分有限，此时农民还习惯于传统的生产方式，对农药、化肥等生产资料缺乏了解，自身购买能力不足，供销合作社只能通过职工主动走出供销社，向农民宣传推广新的生产资料和技术。在1958—1980年间，"大跃进"和人民公社运动以及三年自然灾害的影响，粮食等生活物资出现了极度的短缺，国家提出"以粮为纲，保障供给"，为了提高粮食等经济作物的产量，在统一计划生产之下，供销合作社不断扩大生产资料的供应职能，甚至替代市场，成为农民生产资料的唯一来源。但是受限于客观的物质生产条件和生产资料的供应能力，农业生产合作社生产资料的供应并不十分充足，因此，在这个阶段，里程乡供销合作社对生产资料的供应出现了一定的增长。在1980年后，里程乡实行了家庭联产承包责任制，分田到户极大地解放和发展了生产力，一方面供销合作社能提

供的生产资料从数量和质量上都得到极大提高；另一方面，农民对生产资料的需求在这一时期显著提高。再者，在市场经济才处于实践阶段，生产资料的其他供应主体尚未成熟，供销合作社成为农民生产资料来源的主要渠道，从上表可以看出，供销合作社向农民供应的各种物资成倍增长。

2. 生活资料

土地改革从根本上打碎了封建统治的政治根基，也瓦解了自给自足的自然经济，衣、食基本自给之外，对烟、酒、糖、毛巾、肥皂、牙刷等等日用工业品的需求与日俱增，农民不得不通过集市贸易，低价出卖自给的农产品，获得少量的货币，以购买城市高价的工业品，缓解生活之需。供销合作社这个经济合作组织正是体察到农民在集市交易的弱势地位，将农民组织起来，统一收购农产品，以固定的价格卖给城市，同时能以合理的价格统一购进工业生活用品，以较低的价格卖给合作社的社员。在这样的双重保护之下，农民可以享受到效益好的供销社年终分红，纷纷加入供销合作社。

建国初期，在紧张的国际形势之下，国家的安全成为政治决策的首要目标，在一片虎视眈眈的目光中，确定了国家工业化的发展策略，优先发展重工业，生活资料的生产和供应日益紧张，供销社越来越成为农民生产资料的唯一获得来源，与农民对生活资料日益增长的需求相对应的现实是，国家通过供销合作社对农民生活资料实行严格的限量供应。1952—1957 年，里程乡的人口由 5000 人增加到 8000 人，可是从供应的生活资料来看，棉布仅由 1 万米增加到 3 万米，毛线仅从 0.5 吨增加至 1.5 吨，肥皂仅由 2000 箱增加到 4000 箱，[①] 其他生活资料的供应总量增幅也十分有限，人均可得量极少。

以食糖为例。1952 年，食糖由百货公司统一经营批发，计划调拨。区乡供销合作社零售供应占 75%，当年里程乡所属的三台县，全县社会销售量 142 吨。1951—1957 年，年均销量 263 吨，人平均消费 0.25 公斤，红糖占 95%。1958 年 "大购大销"[②]，人平均年销量增至 0.49 公斤。1959 年，主要供应病人、产妇、哺乳婴儿等特殊需要和生产低糖食品供

---

① 摘自《里程乡乡志》，第 326 页。

② 杨德寿：《中国供销合作社发展史》，中国财政经济出版社 1998 年版，第 517 页。

应市场，定量凭证供应。1961 年，供应高价糕点糖果，范围扩大到城镇、农村。1962 年，又将部分白糖转入高价，每公斤古巴糖 8 元，白砂糖 9元，敞开供应。在"文化大革命"时期，食糖货源紧缺。1974 年，县建立糖厂，缓解了供求矛盾。1982 年，供销合作社敞开白糖的供应。

再以烟草为例。1953 年，县成立了烟草专卖管理所，里程乡供销合作社主要经营烟草的零售。此后，卷烟渐由城市流向农村，取代烟丝，销售量逐渐增加。1961 年，烟叶减产，供应紧张，香烟实行凭票供应。1962 年，部分香烟实行高价供应。1965 年除"中华"牌香烟外，其余皆敞开供应。"文化大革命"时期，卷烟再次凭票供应。1978 年后，烟叶生产逐年增加，市场销量增加，消费结构趋向多样化，供销合作社经营香烟的品种也不断增加，农村按计划分配到区，品种适当搭配，敞开供应。

生活资料供应的短缺在人民公社时期达到了极致，由于忽视"低、粗、小"和大众化产品的生产，再加上三年自然灾害的影响，对农民生活资料的供应出现极度的短缺，供销合作社对每个农户的家庭消费实行按人口定量的凭票供应，农民只能凭票才能购买到商品。在 1958—1961 年间，里程乡供销合作社分别对煤油、火柴、棉布、食糖、烟、酒等十多种日用工业品实行凭票供应。票证制度的实行，直接将农民生活资料的供应量固定化，市场上商品的流通量不是由生产决定，而是由国家的计划决定，供销合作社只是对生活资料进行统购统分，这样就割断了农民与私商的联系，从而将农民的生活纳入了国家计划的轨道。

家庭联产承包责任制改革之后，农民的生活资料再次恢复到计划和市场共同供给，供销合作社与其他私营商店成为统一起跑线上的竞争者，但在乡村市场，农民出于对政策走向的茫然和资金的缺乏，私营商店极为贫乏，供销合作社仍然是生活资料购买的主要来源。

（二）如何"销"？

供销合作社的职能范围被公认为是供应生产资料、生活资料，推销农副土特产品。从上一小节对其供应运行的讨论，反映了国家试图以计划代替市场，以农村合作组织取代市场组织，从而以建立国家和农民之间的直接联系取代农民——市场——国家这样一种间接的关系，这一过程除了使农民从外部获得生存资源外，更重要的是向外部尤其是工业发展输送农村多余的物资，为国家工业化最大限度的积累资源。

1. 以"订购"取代"助销"

建国前期，在当时生产条件之下，农民盈余的土特产品并不多，但是季节性的土特产品，例如开春的鸡蛋，农民舍不得吃，拿到集市上换点食品，改善生活，一家一户提上一二十个鸡蛋在集市上蹲一天，也未必能卖出去，耽误了农活，鸡蛋放久了又坏掉浪费，最终只能低价卖给那些小商贩，村民往往只能叹息"鲜肉卖个豆腐钱"，此时供销合作社以统一合理的价格收购鸡蛋，运往城里卖，收多少也不愁销路。供销合作社及时出现，沟通了生产与消费，给农民真正带来了实惠，农民越来越感觉到在供销合作社的保护和帮助之下，生产生活得到了极大的便利，对供销合作社的呼声越来越高。

供销合作社与村民的鱼水情渐淡化于国家工业化的发展战略。"一化三改"的大政方针确定后，为了配合国家工业化的整体发展规划，引导农村互助合作走向农业集体化，将生产和生活资料的流通控制的力度逐步加大，以使人力、物力最大限度地贡献于工业化建设。统购统销政策下发后，由于尚未在农村建立相应的粮油等重要物资的收购机构，暂由供销合作社代行其职能。供销合作社由原来的帮助农民销售农产品的农民经济合作组织，开始尝试代行国家行政机构的职务职能。历史发展的事实显示，在乡镇建立了国营粮油站之后，供销社仅仅是从粮油订购的职能上退出，而承担起其他农副产品的订购职能，尤其是棉花等大宗农副产品，供销合作社是其唯一的合法订购机构，供销合作社订购职能取代助销职能，其行政职能的性质逐渐强化。

在 1953 年，里程乡开展了办供销合作社的试点工作，经营的业务主要是为农民提供生活资料，其中主要包括食盐、食糖、煤油、火柴、棉布等生活必需品。在前期，里程乡供销合作社主要是开展"供"的业务。土地改革使农民的生产积极性大为高涨，生产出来的产品除去家庭的消费外，有了部分结余，为了换购生活必需品，在农民的要求下，1954 年里程乡供销合作社开始经营"销"的业务，主要是针对一些季节性产品，例如鸡蛋、核桃、土豆、花生等农副产品。为了排挤私商，供销合作社往往以高于私人商业的价格对农民所生产出来的农副产品进行收购，这个时期，供销合作社主要是帮助农民进行农副产品的销售。随着统购统销制度的建立，分别对粮、棉、油实行了计划供应和计划收购，里程乡供销合作社在国家政策方针的指导下，开始对部分农副产品实行订购，从此，里程乡对农副产品收购由帮助农民销售走上了"以销订购"的方式。国家通过"订购"保证了国家工业化建设的顺利进行，但这种方式也使农民逐渐丧失了自由购销的权力。

2. 订购范围不断扩大

棉花历来是里程地区的重要农副产品之一，1950年，棉花由国营纱布公司收购；到1952年，则由里程乡供销合作社开始经营棉花的收购业务。为了完成国家的收购任务，里程乡供销合作社又在村里设了7个代购点，负责棉花的收购；在1954年，棉花实行统购统销，农民所生产的棉花，除给棉农留适当数量的衣絮棉外，全部由供销合作社代国家收购，禁止私人或其他单位经营，不准集市交易，非农业人口用棉凭证供应。

供销合作社对棉花的收购，使国家对物质的控制从吃，逐渐地扩展到穿。从马斯洛的需求层次理论来看，吃和穿是满足人生存的最基本的需求，国家对穿的控制，从根本上控制了最主要的生活资源。国家对棉花实行计划订购，这无疑加强了国家对农民生活的控制，从而将农民的生活逐步纳入了国家计划的轨道。

1956年10月24日，国务院《关于放宽农村市场管理问题的指示》中指出：凡属国家统购的农产品，如粮食、棉花、油料，都必须继续统购。凡属由国营商业公司或者委托供销合作社统一收购的物资，如烤烟、黄麻、大麻、甘蔗、茶叶、若干中药材，都必须由国营商业公司或委托供销合作社统一收购。[①] 国家对农产品收购政策的规定，逐步扩大供销合作社的订购范围。

里程乡供销合作社部分年份农副产品收购量的统计表显示，1953年供销合作社开始对烟草实行代购；1957年增加鲜蛋、蓑草和草纸三种农副产品代购；1962年增加海椒和柑橘的代购；1970年开始，增加了竹编的代购。其中，鲜蛋、柑橘、海椒等农产品主要是提供给城市，满足城市的生活需要；蓑草、竹编、草纸等都分别提供给了地方工业，以满足工业

---

① 《中国供销合作社大事记与发展概况（1959—1985）》，中国财政经济出版社1988年版，第334页。

发展所需要的原料。

从下表的统计数据反映出，里程乡供销合作社代购的农副产品不断扩大，从战备物资——棉花，基本生存资料的猪肉，到生活资料的烟和鲜蛋，到城市建设发展相关的蓑草、竹编，到后来，改善生活的水果都成为了供销合作社订购的对象，供销社对农副产品订购的范围逐步扩大至农民收入来源的所有物资，从国家社会安全角度考虑而订购，到为城市发展提供生产资料和生活资料而订购，到限制农民的生活水准而订购，甚至是直接影响到农民的生活条件。国家订购范围的扩大，无形中加强了农业与工业、城市与乡村之间的联系，但是随着订购范围的不断扩大，甚至到农民生产什么，供销合作社就收购什么，这也极大损害了农民的利益，影响了农业生产的发展。

里程乡供销合作社部分年份的农副产品的收购量

（单位：吨、万头）

年份	棉花	晒烟	鲜蛋	柑橘	海椒	蓑草	草纸	竹编	废旧	猪
1950	8.3									2.5
1952	9.4	0.31								5.2
1955	12.8	0.23			1.8				34	8.3
1957	22.31	1.15	13.8			211	1.52		29	4.8
1962	16.1	0.25	14.6	1.7	1.5	225	1.35		26	7.8
1965	40.9	0.43	37.3	4.29	5.7	321	9.35		22	9.2
1970	44.3	0.55	7.7	4.8	8	164	0.86	5.3	22	6.5
1975	46.3	1.78	17.1	40.5	19.9	385	5.81	9.1	24	8
1978	60.35	4.38	21	44.8	25.4	351	19.7	22.6	42	9.3
1980	56.3	1.86	8.1	81.6	20.4	352	28	30.3	39	10.2
1984	68.1	2.46	34.6	95.2	18.8	313	28	24.1	58	12.3
1985	34.2		9	125.5	8.3	37	37	32	73	12.9
1987	25.1		6.1	66.7	3.6	47	47.9	39.9	90.11	17.6

资料来源：《里程乡乡志》

国家对农副产品订购范围的扩大化，使供销合作社逐渐占领了整个农村市场，商品流通的渠道也逐渐变窄，最后导致在1981年后，里程乡供销合作社不得不下放自己的垄断经营权，将部分农副产品的收购权给予私人经营。在以下的图表中显示，1980 年后，里程乡供销合作社对棉花、鲜蛋、海椒、蓑草、竹编等农副产品的收购量在不断减少，这充分说明了里程乡供销合作社不再是农产品流通的唯一机构，其经营业务中农村市场也逐渐萎缩。

除了农副产品之外，废旧物资的订购也是供销合作社的重要职能。1952 年，中财委《关于杂铜收购工作改为全国合作总社负责收购的通知》中指出："将购铜工作，改交合作社承办，并在全国范围内，组织收购杂铜工作。"[①] 此后，供销合作社开始废旧物资的收购，到"大跃进"时期，废旧物资的回收与利用在全国大规模展开，1958 年国务院发出《关于加强对废旧物品收购和利用工作的指示》指出：充分挖掘和利用废弃物品物资必须依靠群众力量和职工的积极性，把一切废弃物品广泛收集和充分利用起来，更好地支援工农业生产的发展。同年 7 月，周恩来题词"收购废品，变无用为有用"。[②] 为了完成国家对废旧物资的收购任务，供销合作社根据国家的计划，确定了计划收购量。为了完成计划收购量，废旧物资的范围也大大扩展，一些尚未废旧的物资也被强行收购，这一现象在公社化时期最为严重，公社的大量生产工具被作为"废旧物资上交"，支援国家工业化建设，以致出现"家无寸铁，公社无铜"[③]，严重影响到农业生产的开展。由于物资的紧缺，在三年自然灾害时期，废旧物资的收购业出现过断层，但总体可概括为在 1978 年以前，收购的主要物资有杂铜、废钢铁、废铝、铅、锌、橡胶、旧棉絮、废麻等，1979 年后，由于放宽限制，报废的机器设备、包装容器和边角下料等也纳入了收购的范围。

里程乡供销合作社部分年份农副产品收购量的统计表显示出，里程乡从 1955 年开始收购废旧，在开始收购废旧物资时，相对较为充裕，而到了"大跃进"和人民公社化时期，农民已有的废旧都交了，该卖的都卖了，所以收购逐年下降。1978 年，家庭联产承包责任制改革，废旧物质的收购出现了又一次高峰，并在以后的年代中呈现逐渐增长的趋势，家庭

---

① 杨德寿：《中国供销合作社发展史》，中国财政经济出版社 1998 年版，第 515 页。

② 《中国供销合作社大事记与发展概况（1949—1985）》，中国财政经济出版社 1988 年版，第 73 页。

③ 罗平汉：《"大跃进"的发动》，人民出版社 2009 年版，第 261 页。

承包责任制改革后，供销社的权力范围缩小，且逐渐与市场并行站立在同一片场域竞争，供销社订购的数量没有下降，反而不断增加，并在1987年达到最高，但是这种貌似不合常理的现象只是政策的迟滞效果。

供销合作社订购职能的扩大，除了表现在订购物资种类的不断扩大之外，订购的量与国家对农村控制的力度成同局变化趋势，订购数量和种类的增加在"大跃进"时期最为迅速，而在公社化时期达到极致。只是由于政策变动反映到农村基层存在着时滞，在里程乡供销合作社订购物资的统计中，与国家同一时间的统计数据并不一致，例如在里程乡的废旧物资的回收中，最高峰是在1984—1987年，这一时期人民公社体制在全国范围内瓦解，但是这一体制对于农村基层的影响仍然是根深蒂固的，一方面是生产力的极大解放，废旧物资的增加；另一方面是农民公社体制之下的习惯思维，对市场经济体制的认知缺乏和小农普遍的保守心态，让他们仍然将废旧物资卖给供销合作社，使供销合作社在这一时期的订购数量最大。

（三）"供"与"销"之间的均衡

供销合作社由一个农村经济合作组织逐步走向政策执行组织，又回归为经济合作组织，其主要的经济职能在经历了行政化的曲折发展之后，回归了正常发展的轨道，而价格则是调节经济交易的杠杆。在其发展初期，按照商品正常的价值规律制定交易价格，供销合作社在城市与农村中均享有极大的威望，一旦沦为政策的执行者，完全忽视价值规律，按国家计划定价，合作社与群众间的鱼水情荡然无存。家庭联产承包责任制之后，正常价格机制的回归，给供销合作社带来了生存的希望也带来了前所未有的挑战。习惯于国家力量保护的供销社，习惯于担当国家政策执行者这一行政角色的供销社，如何以价格为向导，在激烈的市场竞争中，点燃生机，成为关注的重点。

1. 生活资料：优待价格

优待价格在供销合作社的发展中，并不是一种"供"与"销"的流通媒介，只是国家为了推动供销合作社的发展，对商品流通的价格给予组织内的一定程度的优惠，类似于进入这个组织体系后，对于购买商品可以享受一定比例的折扣。

在里程乡供销合作社成立初期，为了扶持供销合作社的发展，逐步实现对私营工商业的改造，对供销合作社实行了优待价格。1953 年，里程乡供销合作社向三台县供销合作社进货，给予批发优待折扣，具体的优待率是：布 1%，细粮 2%，煤油 3%。同年 12 月，改为纱布、煤油 3%，植物油 2%，粗粮 4%，食盐 5%，煤炭 6%。这些商品给社员带来了极大的实惠，吸引了大批农民纷纷加入供销合作社，同时也排挤了私商，加快了对私营工商业的改造步伐，从整体上推动了农业集体化，促进了工业化建设。1953 年，县制定了《基层商业作价方案》，工业品除保足运杂费外，保持城乡差 0.5%—1.5%。农产品收购价格城乡差 1%—3%。大宗主要农副产品由县直接安排收购价格，三类农副产品运用行情指导，随销地市场价格灵活掌握定价，从而避免大涨大落，克服流通领域里的盲目性。随着工农业的发展和人民生活水平的提高，1955 年调高了部分零售商品优待率。

随着国家对主要物资的控制，国家逐步取消对合作社的这些优待。国家对粮食、棉花、油料等主要物资先后实行了统购统销，就意味着国家掌握了最重要的货源，在整个市场中，公私关系发生了根本的变化，私人商业逐渐被排挤出了市场，许多私人商业要么被合作商业所取代，要么就回家务农。有的私人埋怨："上辈子造的什么孽，这辈子用肩挑"。① 这种情况显示，供销合作社对社员实行价格优待的必要性已经消失，把零售价格提到国营商业牌价水平的可能性已经具备了。

2. 农副产品：议购议销

议购议销是供销合作社经营农副产品的一种重要形式。议购议销是指在国家的政策指导下，在完成国家的计划收购任务之后，根据市场的供求情况，按照议定的价格，进行商品的买卖交易。早在 1957 年以前，供销合作社经营的小宗农副土特产品就是实行议价收购、议价销售。在 1956 年，里程乡供销合作社开始收购蓑草、竹编制品、草帽辫等，这些都属于副业，供销合作社采取了议购议销方式对这些副业品进行收购，由农民和供销合作社进行协商定价收购，这种购销价格充分体现了农民在市场交易中的权力，同时也扩大了里程乡副业的发展，使农民的生产积极性得到了

---

① 《供销合作社怎样安排农村私商》，《人民日报》1955 年 5 月 17 日第 2 版。

提高。随着国家对农副产收购范围的扩大，议购议销的农副产品的收购方式也在不断变化。

1962 年，中共中央、国务院发布了《关于积极开展供销合作社自营业务和组织城市消费合作社的指示》后，各级供销合作社先后开展了自营业务，对农村社队完成统购、派购任务后的多余农副产品开展议价收购，并以低于集市价格在市场上议价销售。[①] 这一规定逐渐使议购议销的范围逐渐缩小，在"文化大革命"时期，"限制贸易，限制流通"，议购议销逐渐被计划价格所代替。从供销合作社发展的整体历程来看，在其发展的初期，除了粮油之外，其他均以议购议销为主要价格机制，二者有机的结合，及时保证了城市居民基本生活的稳定，也保证了农村居民的基本收入。而在"大跃进"和人民公社时期，随国家力量不断向乡村的渗透，对乡土资源控制力度的不断强化，采取了单一的计划价格机制，以方便从农村直接汲取工业化建设的资源。家庭联产承包责任制改革之后，计划价格随之走向解体，市场按资源稀缺程度形成的价格机制，逐渐发挥正常作用。

3. 经济作物：自主定价取代计划价格

在国家工业化的大政方针之下，农业和手工业的发展极为贫乏，粮油等基本生存物资的供应则显得更为重要，粮油等生存物资稍一涨价，城市居民的生产生活就将陷入困境，直接影响到工业化建设的进程。因而，在供销合作社的经营中，只要关系到国计民生的商品，都实行计划价格。即由国家统一规定价格，也称之为"牌价"。计划价格在中国的首次实践，深刻影响到中国的历史发展，时任农业部部长的陈云，对于这一当时特殊环境之下的应急政策，难免担忧"一挑担子两头炸药"。计划价格的实行以及逐渐扩大，逐渐割断了生产和市场交易的联系，中国的经济多年在一种前所未有的尝试中摸索。

在 1958 年后，随着"大跃进"和"人民公社化"的展开，供销合作社对物价的管理经历了"一放一收"的过程。1958 年，中共中央、国务院下达了《关于市场物价分级管理的规定》，除棉花、黄麻、苎麻、茶

---

① 《中共中央、国务院批转关于积极开展供销合作社自营业务和组织城市消费合作社的指示》，《人民日报》1962 年 5 月 18 日第 3 版。

叶、烤烟及主要化肥品种外，其他几十种农产品和农业生产资料均下放给地方管理。供销合作社对供应和收购的产品实行自主定价。由于价格管理权限的下放，整个市场的商品价格十分混乱，物价飞涨。在1961年，对部分工农业商品的不合理定价进行了调整。为了稳定物价，1963年4月国务院《关于物价管理的试行规定》中指出："物价的管理，必须贯彻执行统一领导、分级管理的原则"，收回以前下放给地方管理的物价权。①在"文化大革命"时期，由于整个社会秩序稳定度不够，物价管理更是混乱，国家直接冻结了商品的价格。

1980年以后，国家开始对物价管理进行改革，对某些商品实行由地方自主定价，这样也活跃了商品流通市场。随着国家下放物价管理的权力，由地方自主定价，里程乡供销合作社在县制定的价格下，先后对鸡蛋、生猪、蔬菜、水果等农副产品调高了收购价格，其中生猪提高了12.9%、鸡蛋提高了20%、蔬菜和水果分别调高了15%。在对生活资料的供应上，里程乡供销合作社对毛巾、棉布、化纤、火柴、肥皂、煤油等生活必需品取消了凭票供应，并降低了供应的价格，同时对手表、电视机、收音机等奢侈品的供应也实行了大幅度的降价。地方自主定价使工农产品交易的价格逐步趋于合理，同时加强了对市场的管理。

综上所述，供销社由商品交易活动的推动者，转变成为国家价格政策的落实者，其服务于农民的职能不再，服务于商品交易的职能不再，成为了为国家建设汲取农村资源最基层的单位，国家通过对购销产品价格的控制，直接控制了整个农村市场。由于计划价格的高度统一，对我国经济发展造成了长久的影响。在家庭联产承包责任制改革之后，尽管其职能恢复到供销社成立之初的农民经济合作组织的服务功能，但是在特殊历史条件下，供销合作社所承担的行政职能，是对农民生产生活控制的全面性和渗透性，是"公家供销社"，是国家机器控制农村的基层组织，为国家工业化建设汲取资源的触角渗入到农村社会的每一寸肌肤，从农村社会为城市的发展和建设源源不断的输送营养和血液，农民对其供销合作社职能的畏惧和服从的心理，延续到家庭联产承包责任制甚至是市场经济体制的建

---

① 《中国供销合作社大事记与发展概况（1949—1985）》，中国财政经济出版社1988年版，第95页。

立，里程乡供销合作社订购物资在 1984 年达到顶峰是一明显的例证。无怪乎，供销合作社在农民中被普遍称为"供销社"，而不是"合作社"，其成立之初，推动农民良性合作，保护农民利益，方便城市居民生活的宗旨，未被农民铭记和感怀，而由供销合作社这一最初农民合作的实践留下的历史记忆，不可避免会影响到农民对当下农村经济合作组织和专业协会的参与意愿与态度。

四　如何合作？

中华人民共和国成立初期，面对"一穷二白"的中国，国家选择将农民"组织起来"发展合作化组织。在农业合作化初期，供销合作社、农业生产合作社、信用合作社被称为"三驾马车"，是当时主要的合作社组织。供销合作社属于商品的流通机构，农业生产合作社是农民集体进行生产合作的机构，另一个是商业合作组织，一个是农业生产合作组织，他们之间是如何进行合作，如何实现工农体系下的工农产品的流通和运转，实现合作的升级逐渐控制整个农村市场的？

当然，我们首先要研究他们是如何合作的。合作不是凭空而生的，它是需要合作基础的。农业生产合作社进行生产，所需要的基本资料就是农业生产资料，生产资料该如何获得？只有找工业，工业怎样将自己所生产的产品输送给农业？这就需要一个流通机构，而供销合作社就是这样一个机构。它是适时而生的，主要的职能是工农产品的流通，将工业所生产出来的工业品供应给农民，再将农业所生产出来的农产品供应给工业。这样既解决了农业生产所面临的困难和问题，也解决了工业生产所需要的工业原料和生活资料的来源问题。

其次，就是如何进行合作的问题。如果两个合作社是彼此之间基于自由的合作，也许问题会少很多，可是在当时那个"时时谈计划，事事谈计划"的年代，物资极度短缺，又怎么可能实现两者的自由合作呢？谈合作可以，但是必须得有条件。供销合作社为农业生产合作社提供了资金、物质上的帮助，农业生产合作社必须将所生产出来的农产品按照一定的定留比例交给供销合作社，在由供销合作社提供给工业。作为生产者的农民不愿意将自己劳动再成果拿出来上交，于是就以彼此签订合同的方式进行合作。1951 年，中共中央通过《关于农业生产互助合作的决议》，指出："供销合作社应该与农业互助组和农业生产合作社建立推销、订购和贷款的合同关系，帮助他们克服生产方面（资金不足）和交换方面（市场隔离）的困难，使农业及副业的生产可能性和国内市场的交换可能性能够充分而又可靠地联系起来。"① 也许合同的方式是一个不错的选择。它可以及时地保证农业合作社进行生产所需要的生产资料和生活资料，同时，也可以使供销合作社完成国家对农产品的计划收购任务，实现工农产品的流通和交易。表面上看这是一个一举两得的事情，但是关键是如何定制合同呢？

如何使合同对两者来说都比较合理，对于供销合作社来说要完成国家的征购计划，对农业生产合作社来说在完成对国家的上交计划后，还能实现自身的生存与发展？经双方协定，采取定计划的方式，先定农业生产合作社的农业生产计划，再定供销合作社的业务经营计划。在计划的基础上，供销合作社根据农业生产合作社制定的农业生产计划及时地供应农业生产资料。在生产资料的供应上，农业生产合作社拥有优先权，供销合作社采取先供给集体，后供给个人的原则，保证农业生产合作社生产所需的农业生产资料。在农副产品的收购上，根据国家所指定的对农副产品的收购计划的标准，农业生产合作社将生产出来的农副产品要根据合同优先由供销合作社进行收购，完成国家收购之外的农产品农民可以自由进行议购议销。最初，供销合作社在收购的过程中采取以户为单位进行收购，由于收购程序过于烦琐，随后实行由集体进行收购，由每个农业生产合作社的负责人进行集体汇总登记，这样提高了供销合作社的工作效率。

通过分析供销合作社与农业生产合作社的整个合作过程，似乎很简单，两者在合作的过程中，都得到发展和壮大，但是合作的背后是一方面，供销合作社与农业生产合作社的合作实现了工农产品的流通与交易，使农业生产合作社的规模不断扩大，加强了国家与农民、工业与农业、城市与乡村之间的联系，扩大了农业集体化的进程；另一方面，供销合作社与农业生产合作社的整个合作过程中，无形中将农民的生产和生活纳入了

① 《中国农业集体化文件汇编（1949—1957）》上册，中共中央党校出版社 1981 年版，第 38 页。

国家计划的轨道，国家通过供销合作社逐渐占领了整个农村市场。究竟供销合作社与农业生产合作社是如何进行合作的，在实际过程中具体又是怎样运作的，这可能需要结合实际调查进行研究与探讨。以下是里程乡供销合作社与里程村农业生产合作社的合作过程。

（一）合作基础——生产资料

农业生产资料的供应是农业生存和发展的基础。在建国初期，农业生产资料极度缺乏，农业生产合作社将农民组织起来进行集体生产，供销合作社作为工业品流通的机构，主要的任务就是为农业生产合作社提供农业生产资料，从而缓解农业生产的压力。供销合作社为农业生产合作社提供生产资料，最大限度地将农民组织起来，使农业生产合作社的规模不断壮大，促进了集体化的发展。

在建国初期，里程乡共产党支部为了响应"组织起来"的号召，决定开展供销合作社，当时农民无钱入股，于是党支部就组织农民生产副业，这样就解决了农民缺少股金的问题，1953年，里程乡供销合作社成立。随着供销合作社的成立，里程村农业生产合作社在里程乡供销合作社的扶持下逐渐得到了恢复与发展。当时有八户参加，土地有181.4亩，36口人，其中有15人是供销合作社的社员，有18个劳动力，两头牲口（一牛、一骡）。

1954年，里程村农业生产合作社在成立之后，遇到了一系列的困难，生产工具、生产资金、生产种子都极其缺乏。在里程村农业生产合作社与里程乡供销合作社的多次沟通下，里程乡供销合作社先后贷给里程村农业生产合作社5万元的生产资金，帮助农业生产合作社购买了牲畜、铁犁等农业生产工具，同时购买了各种经济作物种籽600多斤。里程乡供销合作社对农业生产资料的供应，稳定了农民生产的情绪。当年，里程乡供销合作社在里程村完成了5000斤的棉花收购任务，保证了里程乡供销合作社对国家收购任务的完成。同时，里程村供销合作社为了扶持农业生产合作社的发展，在冬闲季节开展副业生产，为农业生产合作社增加了不少收入。在里程村农业生产合作社成立之初时，只有一骡、一牛，随着里程乡供销合作社对农业生产合作社的支持，农业生产合作社得到了快速的发展，到1955年初，农业生产合作社新增了一匹马、一头牛、两头驴，牲畜增加了三分之一。同时入社人数也不断增加。从以前的八户增加到十三户，农业生产合作社的数量也不断增加，将全村三分之二的劳动力组织了起来。

土改后，农民获得了土地，但对于缺乏农业生产资料的农民来说，仍然不能带来生产收入的增加。为了获取农业生产资料，农民自愿组织起来，通过共同使用生产资料进行集体生产，这种由农民自愿合作形成的组织称为互助组。供销合作社通过贷款的形式，将工业生产的农业生产资料提供给互助组，为农业生产提供生产资金，改善了农业生产的条件，使农业生产产量不断增加，同时供销合作社将农民生产的农副产品提供给工业。供销合作社通过为互助组提供农业生产资料，将大部分劳动力组织起来，随着劳动力人数的不断增加，互助组逐渐发展成为农业生产合作社。通过供销合作社与农业生产合作社合作，一方面保证了国家工业化建设所需要的生活资料和生产资料；另一方面，为我国农业生产的发展提供了生产资料和生活资料，加快了我国农业集体化的进程。

（二）合作方式——合同

供销合作社与农业生产合作社合作的方式是双方订立合同。合同对于双方都有约束力，这样一方面保证了国家计划收购任务的完成；另一方面也保证了农业生产资料的供应，有利于农业生产的发展。以下是里程乡供销合作社与里程村农业生产合作社订立合同的过程。

为了把里程乡供销合作社的经营计划和里程村农业生产合作社的生产、消费计划结合起来，并切实保证其实现，订立了"结合合同"。按照合同的规定，首先，该供销合作社要充分地廉价地供应农业生产合作社需要的生产和生活资料，其生产资料有肥料、种子、农业生产工具等，生活资料有毛巾、肥皂、煤油、火柴、食糖、食盐等。在供应这些生产资料和生活资料上，农业生产合作社具有优先权；其次，在对工业品的供应和农副产品收购的价格上，要严格以国家规定的工农交易的价格比差进行合理的定价，以合理的价格供应工业品和推销农民的农副产品；再次，在合同中，对货物的规格、质量、数量、交货地点和日期，都作了原则的规定。

具体的合同内容为：里程乡供销合作社在夏季六月份供应给里程村生

产资料类：尿素八百公斤、磷肥五百公斤、复合肥六百公斤，农药"六六六"粉二百一十公斤，棉籽二百五十公斤，谷种五百斤、玉米种一千公斤；生产工具类：镰刀二百把、单铧犁一百部、铁锹二百把、耕牛一百头；生活资料类：盐巴一千斤、食糖三百斤、酒一百公斤、火柴五百盒、煤油三百斤。以上是里程乡供销合作社和里程村农业生产合作社制定的供应计划合同。在合同中规定里程村农业生产合作社可以先赊购这些生产资料，但在年底的收购中要扣除其赊购物资的费用。十月底里程村农业生产合作社必须上缴给里程乡供销合作社棉花一千斤、稻谷五千斤、玉米六千斤，其他农副产品花生二千斤、红薯四千斤、麦冬二千斤、鸡蛋三千斤。在供应和收购的价格上，工农产品交易价格差维持在1%—3%之间，工业品的供应和农业品的收购都不准超过这个水平。工业品与农业品的交易中，双方都要保证自己产品的质量。在对农药、化肥的使用上，里程乡供销合作社派专业人员下村进行指导，现场教授化肥、农药的使用方法。在对新的生产工具使用上，里程乡供销合作社派职工下乡进行新式农具的推广，并教使用方法和维修方法。在农产品质量和规格上，要严格按照制定的各种作物的种植方法，使用新式的农具，按标准进行生产。

这种合同共有四份，除当事双方各持一份外，交上级社和村生产救灾防旱委员会各一份，以便在上级和有关机关的领导、监督下，彻底地实现这些合同。合同的方式划分了两者的权利和义务，有利于产、供、销一体化计划的执行。同时也保证了对农业生产资料的及时供应和国家采购计划的完成。

（三）合作内容——生产计划与业务计划

生产计划是指农业生产合作社根据国家的计划收购任务制定农业的生产、增产计划。业务计划是指供销合作社根据农业的生产计划制定的供应农业生产资料的计划，这两者之间是相辅相成，相互合作的关系。简而言之，供销合作社业务经营计划与农业生产合作社的业务计划是相互合作的，业务计划依据生产计划的制定而确立。

里程村农业生产合作社在1954年订立的生产计划如下：

在1952年，里程村农业生产合作社有十三户参加，共七十二口人；

男劳动力十五个，女劳动力有十三个，半劳动力有十二个。有牲畜六头，水田十八亩六分田，旱田二十一亩六分。在1954年，水田十八亩六分田的生产计划，争取每亩增产五十斤，产粮食五千二百斤。为了实现增产，里程乡农业生产合作社要做到：第一，要选种育苗；第二，每亩田平均使用农家肥超过十车；第三，不空地，不缺苗，尽可能扩大水田种植面积。旱田二十一亩六分的生产计划，种植花生五亩、玉米十二亩、红薯三亩、蔬菜一亩半，可生产花生一千五百斤，玉米八千斤，红薯四百斤，蔬菜主要是供社队自己食用。做到专人负责，实行计划耕作。副业生产的生产计划：竹编制品一千个，养猪十二头，在前半年增加八头，年末再增加十五头，共喂三十五头；自己吃八头，卖二十七头，增加收入一万五千元左右，全年副业收入增加大约二万八千元。农业生产合作社实行工分制，男、女、老、少有适当的分工。通过以上农业生产合作社的生产计划，里程村供销合作社的业务经营计划如下：

在里程乡供销合作社的支持下，农业生产合作社在1954年的基础上，继续巩固已有的农业生产合作社，再发展五个农业生产合作社，使里程村百分之八十的农户和百分之九十的劳动力组织起来。根据里程村农业生产合作社的生产计划，在种子的供应上，供应一百斤谷种，五十斤花生种，四百五十斤玉米种，除此之外，还供应车、耕牛、肥料、小农具等生产资料，保证每亩地增产五十斤粮食。在生活资料的供应上，根据社员的需要，货物品种由之前的十几种，扩大到20多种。在对农副产品的收购上，动员社员发展副业，争取在副业上增加五千元的收入。在对农副产品的收购上，从以户为单位进行收购改为以集体为单位进行收购，这样可以为农业生产合作社节约大约十个劳力。农业生产合作社的农业生产计划和供销合作社的业务计划的结合，确保了供销合作社供应农业生产资料的数量和生活资料的数量，同时也确定了为农民推销农副产品的数量，这样既可以防止用多定少，又可以减少投机取巧。

供销合作社与农业生产合作社的合作，进一步增强了对小农经济的具体领导，将个体农民组织起来进行生产，加快了我国进行集体化进程的道路。同时，也克服农业生产合作社或互助组生产的盲目性，增强生产的计划性，使农业生产能在国家经济计划范围内进行生产，使组织起来的农民既不发愁生产出来的东西卖不掉，也不发愁所需要的东西买不来，安心放手地积极发展生产。

为了使供销合作社经营计划和农业合作社生产计划结合，通过订立合同的方式，保证了业务计划的完成和生产计划的执行。在合同中规定了农民产品合乎规定的标准规格，农民需要采用新农具，不断提高耕作技术，改良作物品质。随着互助组、农业生产合作社和供销合作社的发展以及"结合合同"的推广，为进一步进行对私人工商业的改造打下了基础，加快了农业社会主义集体化的实现进程。同时，也进一步推动供销合作社在农村中更加有计划地为农业生产和农业生产合作社、互助组服务。也只有为农业生产和农业生产组织服务，供销合作社的业务才能迅速并有计划地发展起来。因为，在合同的约束下，固定了供销合作社采购对象和销售对象，根据固定的采购和销售对象的供销要求，供销合作社制定出完全切合实际的业务计划。然后，依照这种业务计划去经营，就可以增强业务经营上的计划性，使农村的集贸市场逐渐萎缩，私人商业逐渐地被迫纳入社会主义集体化的道路，从而使我国的工农产品的交流的渠道由"三"变为"一"。农民逐渐丧失了自由购销权，国家通过对供销合作社的控制，逐渐控制了整个农村市场。同时，供销合作社与农业生产合作社"结合合同"的制定，为我国集中进行工业化建设提供了动力，推动了我国工业化的发展。总之，农业生产合作社与供销合作社的合作加强了我国工业与农业、城市与乡村、国家与农民之间的关系。

（四）合作与互动

在前面的章节中，对供销合作社的组织结构进行了剖析，我们知道，供销合作社是多层次的经济联合体，如果按行政区来划分的话，可以分为全国供销合作社联社、省级供销合作社联社、市（地、州）级供销合作社、县（市、区）级供销合作社、基层供销合作社。其中基层供销合作社又可以分为以区为单位的区供销合作社、以乡为单位的乡供销合作社和以村为单位的代购代销店。基层供销合作社是整个供销合作社系统的基础，它占了整个供销合作社系统的百分之九十以上，它的发展与运作直接关系到整个供销合作社系统的运行。

在计划经济时期，物资极其短缺，国家为了限制商品的流通，对商品实行有计划的管理，成立了供销合作社，为此，供销合作社作为工农产品的流通机构代替了市场的职能实行有计划的供应和销售。但是，在整个过程中，供销合作社是如何供，如何销，供销合作社作为一个完整的系统，特别是联系农民最紧密的基层合作社之间是在怎样合作呢？供销合作社的合作原则是"上级为下级服务，基层社为农民服务"，可是具体的合作又是什么呢？供销合作社的主要职能是供应与销售，所以他们之间的合作也主要体现在供应和销售上。

首先，在供应上，可以分为对生产资料的供应和对生活资料的供应，供应的主要的对象是农业与农民。那么各级供销合作社是如何实现供应合作的呢？一方面，在供应数量上的合作，该怎样把生产资料和生活资料供应给农民，按什么依据来分，在数量上怎么进行分配，这些都需要进行合作，原因很简单，工业品的数量是有限的，作为基层的供销合作社被迫要与上级合作社进行合作，接受上级合作社的计划安排，处于合作系统中最终端的代购代销店只是被动的接受者。在对生产资料的供应上以田亩数和计划产量进行供应，但主要还是以国家的计划为主，一切服从于工业建设，这在人民公社化时期得到了体现；在对生活资料的供应上实行以人定量，表面上实现了平均主义，但也限制了农民实际的购买能力；另一方面，在商品供应种类上的合作，工业品极其有限，在商品的种类上也极其有限，商品经过一层层的分级，最后到达基层供销合作社。乡级供销合作社供应什么商品，代购代销店就经营什么商品。在对生产资料的供应品种上，乡级供销合作社直接与农业生产合作社建立合作，代购代销店主要经营农民日常所需的生活必需品，主要为火柴、煤油、食盐、食糖等物资，在人民公社化时期，由于物质极度紧缺，村级代购代销店连农民最需要的基本生活物质也无法保证供应，农民不得不凭票去乡级供销合作社进行购买。总之，在商品的供应上，主要是接受国家的计划安排，供销合作社只是国家对物质进行分配的一个机构，供销合作社之间实际是一种自上而下的被动合作。

其次，在收购上，主要是对农副产品的收购和废旧物资的收购。如何实现销，将农民所生产出来的农副产品收购上来，完成国家的收购计划，这也需要合作，在合作社系统中，这是一种自下而上的合作。各级供销合作社之间是如何合作的呢？也主要体现在两方面。一方面，在销售的数量上，首先由国家制定收购计划，各级供销合作社对收购计划进行分配，最后到达最终端的村级供销合作社，村级供销合作社在进行计划的收购。收购多少，按照计划进行执行，完全忽视了农民的实际生产所得，给农民留下的只是基本维持生存的量，在人民公社化时期，连基本的生存量也不能维持。各级供销合作社扮演的只是计划的执行者的角色，他们之间的合作也是迫于完成计划的变相合作。另一方面，就是在收购的农副产品的种类上，国家根据工业建设和城市发展的需要，制订计划，对农副产品进行计划收购。从满足人的最基本需求的粮食进行收购，在扩展到穿，产品的种类不断增加，农民对自己的产品没有自由处置的权力，完全按照国家的计划进行摊销，处于基层的村级代购代销店对产品种类也没有自由进行选择收购的权力，完全服从于上一级合作社——乡级合作社的计划安排。总之，在对农副产品的收购上，各级合作社之间是自下而上的被动合作的关系。

从以上的分析，可以看出，供销合作社只是国家实行商品计划流通的一个执行机构。无论在供应上，还是在收购上，一切服从于工业建设，在整个供销合作社系统的运作中，各级合作社之间是自下而上和自上而下的合作与被合作的关系，特别是处于最终端的村级代购代销店，它经营什么，经营多少，都由上一级合作社——乡级合作社进行计划安排，两者之间只是一种被动的合作关系。而村级代购代销店与农民的联系最为紧密，直接代表了农民的利益，农民在这种合作关系中逐渐丧失了市场赋予的购销权力，国家也从这种被动合作中将农民的生产和生活纳入了国家计划的轨道。

里程乡供销合作社成立于1953年，随后，里程乡在供销合作社在里程、玉龙、石牛、川祖、泉水湾、回龙、狮嘴7个村分别建立了村代购代销店，其中里程村代购代销店就是其中之一，也被称为"里程村经销店"。里程乡供销合作社和里程经销店都属于基层供销合作社，里程村经销店是里程乡供销合作社的分社。在经营上，两者之间是合作的关系。在对工业品的供应上，里程村经销店主要的进货渠道是里程乡供销合作社，同时在对农副土特产品的收购上，里程村经销店是里程乡供销合作社在基层设置的收购站，负责对农民生产出来的产品进行收购。他们的合作主要体现在两方面，一是在购销数量上的合作，二是在购销品种上的合作。以下是里程乡供销合作社与里程经销店之间的具体合作。

1. 以人定量

供销合作社经营的主要业务是供应工业品和收购农产品。在整个合作社系统中，供应量和收购量是有一定的条件限制的，特别是对于处于基层的供销合作社之间，它是合作社系统的基础环节，他们之间通过以人定量的方式调节工农产品的购销数量，实行有计划的合作。

在农业合作化初期，里程乡供销合作社与里程村经销店在购销数量上的合作并不是无条件的，里程经销店要获得一定数量的火柴、煤油、食盐、豆油等日常生活用品的经营，必须按照国家制定的计划完成一定的收购任务，它经营商品数量的多少是与计划的完成直接挂钩的。里程乡供销合作社根据里程村计划收购任务完成的情况，对其提供的商品的供应量。

1954 年，里程村总人口有一千多人。以下是里程村经销店在九月份，根据里程村总人口数，实行以人定量制作的一份一个月的消费计划表：胶鞋六十双，占总人数的 6%、盐巴五百斤，人均 0.5 斤、酒二百斤，人均 0.2 斤、面一千斤，人均 1 斤、豆油五百斤，人均 0.5 斤、食糖三百斤，人均 0.3 斤、卷烟十五箱，占总人口的 1.5%、毛巾一百条，占总人口的 10%、肥皂四十盒，占总人口的 4%。同时里程村经销店需要上交给里程乡供销合作社的商品数量：棉花五千斤、柑橘四千五百斤、蓑草二十吨、鲜蛋一千公斤、海椒一千五百公斤、晒烟五百公斤。以上是里程乡供销合作社为里程村经销店制定的计划收购任务。而里程村经销店实际的完成情况如下：棉花五千斤、柑橘三千斤、蓑草二十吨、鲜蛋八百公斤、海椒二千公斤、晒烟七百公斤。通过两组收购数据的对比，我们可以看出里程村的实际收购完成情况与计划收购任务之间存在一定的差距，实际的收购量明显少于计划的收购量。相应的里程乡供销合作社在实际的供应过程中也作了一定的变动，调整情况如下：胶鞋五十双，占总人口的 5%、盐巴500 斤，人均 0.5 斤、酒二百斤，人均 0.2 斤、面 850 斤，人均 0.85 斤、豆油三百斤，人均 0.3 斤、食糖 350 斤，人均 0.35 斤、卷烟 13 箱，占总人口 1.3%、毛巾 80 条，占总人口 8%、肥皂 30 盒，占总人口 13%。通过两组供应数据对比，里程村经销店由于没有完成国家的计划收购任务，导致在经营商品的数量上减少了，里程乡供销合作社与里程村经销店之间完全是一种计划的合作。里程村经销店在商品数量的经营上完全没有自主权，必须根据实际的收购计划以人定量来确定。

在人民公社化时期，物质极度短缺，基本上大多数商品都凭票供应，特别是与农民日常生活息息相关的商品，出现极度的供不应求。里程村经销店对火柴、煤油、卷烟、酒等物品供应量在不断减少，但其收购任务并没有减少，在蓑草、海椒、鲜蛋等商品的收购量上反而有所增长的趋势。在1981年后，随着家庭联产承包责任制的实行，工业品数量的增加，国家对食盐、卷烟、食糖等副食品实行敞开供应，里程村经销店在日常生活资料商品的经营量上不再受限制，农民也可以根据自己的需求无限制的购买，里程乡供销合作社不再是里程村经销店的唯一进货渠道，里程供销合作社与里程村经销店之间变为一种自由合作的关系。

2. 供应范围

在整个供销合作社系统中，各级供销合作社作为独立的经营主体，为了加强他们之间的合作，通过在供应范围上的控制来进行合作。

在经营范围上，里程营乡供销合作社与里程村经销店是分开的。里程乡供销合作社主要由四大部分组成，分别为生产资料部门、副杂部门、百货公司、废旧物资收购部门。这四大部门之间是相互独立的，各司其职。生产资料部门主要是经营化肥、农药、旧小农具、耕牛、种子等农业生产资料；副杂公司主要经营烟、酒、糖等副食品，还有锅、碗、瓢、盆等日杂产品；百货公司主要经营衣服、棉布、鞋子、化妆品等百货。里程村经销店经营的主要产品有食盐、煤油、火柴、卷烟、食糖、酒等与农民日常生活息息相关的商品，在农业合作化初期，大约有20个品种。

里程村对经营商品的品种没有自行选择的权力，一切根据里程乡供销合作社副杂部门经营的品种进行确定。在1956年6月，里程乡供销合作社供应给里程村经销店一批商品，包括肥皂、纸烟、牙刷、牙粉、信纸、信封等非生活必需品，而农民真正需要的盐、糖、酒等副食品却没有得到及时的供应，农民对村经销店极度失望，不得不去里程乡供销合作社去买生活必需品，最后，面对无人问津的商品，里程村不得不将商品退回去，根据农民的需要重新购回一些农民需要的商品。里程乡供销合作社对里程村经销店在基本生活资料上的供应，在里程村形成一种"小买小卖不出村，中买中卖到乡镇，大买大卖靠分配"[①]的场面。

---

① 摘自笔者对里程村一位73岁老村干部刘志才的访谈，曾担任过村书记。

然而在人民公社时期，三年自然灾害的影响，物资极度短缺，国家为了集中资源进行工业化建设，实行凭票供应。生活资料严重供不应求，里程村经销店对基本生活资料经营的品种不断减少。有农民回忆说："为了一包火柴，来回要折腾一天"，① 可见当时村经销店还是为农民提供了不少的方便。当时，里程村经销店经营的商品种类不超过十种。里程村经销店对生活资料经营的品种在减少，然而对农副产品的收购品种相反却在增加。国家对农副产品的品种进行分类管理，分别实行统购、派购与议购。统购的产品达到 38 种之多，派购的产品也达到了 120 多种。里程乡供销合作社根据实际情况，给每个村经销店分配任务，其中给里程村的分配的品种有鸡蛋、柑橘、桃子、花生、玉米、土豆、麦冬（一种中药材）、小麦、木耳、棉花、麻、蓑草、海椒等 28 个品种，基本上是"生产什么，就收购什么"。农民自身本来面临物资的缺乏，难以生存，但是为了换取基本的生活资料，不得不出让自己的劳动成果。这种合作对于农民来说是极不公平的。随着工业化的发展，工业品逐渐增加，在 1976 年后，工业品的供需矛盾逐渐地得到缓解，里程村经销店经营的生活资料的品种也不断增加，达到 30 多种。

在实行家庭联产承包责任制后，里程村经销店的经营品种不断增加，化肥、农药等部分农业生产资料也被纳入经营的范围，不过数量不是很大。里程乡供销合作社与里程村经销店在经营品种上的合作，逐渐从被动的合作变为自由的合作，里程村经销店在经营范围上不再受限制。

五 解 体

实行家庭联产承包责任制后，改变了过去"干多干少一个样"、"磨洋工"② 等生产方式，使农民的生产积极性显著提高，农村的生产力水平得到了迅速的发展和提高。农业产量节节攀升，不仅是粮食产量，其他的农副产品数量也逐渐增加，而面对这些高产，农民并没有表现出特别的兴

---

① 摘自笔者对里程村的一位 72 岁老人龚自才的访谈。

② 凌志军：《历史不再徘徊：人民公社在中国的兴起与失败》，湖北人民出版社 2008 年版，第 162 页。

奋。面对高产，农民是不用愁吃了，但另一个新的问题接踵而至，在当时的流通体制下如何将这些多余的产品卖出去，这成为农民发愁的一个问题。农民生产出来的产品在完成国家的统购、派购任务后，还产生了剩余，而在当时的农民市场中，只有供销合作社拥有对农产品和工业品买卖的权力，农民唯有把余下的产品继续出售给国家与农民之间的交易机构——供销合作社，但面对突然增加的大量农产品，供销合作社已经无法继续收购。因此，当时在乡镇上出现了很多农民排队等候卖农产品的身影。由于供销合作社设定的购销网点是有限的，农民为了将自己的农产品卖掉，经常要在供销合作社门口等上好几天。面对这种情况，供销合作社已经无法再对农产品进行统一的收购，最后没办法，只好让农民自行处理。农民有了多余的农产品，但卖不出去，不能增加收入，面对日益增加的工业品，农民的收入并没有显著的增加，又出现了"买难"的问题。"买难卖难"局面的形成，主要是由于农村市场的单一的流通体制导致的，供销合作社作为工农产品流通的唯一机构不得不进行新一轮的改革与转型。

里程乡在 1970—1987 年间部分年份的收购表

年份/品种	棉花（吨）	鲜蛋（吨）	海椒（吨）	废旧（万元）
1970	310.5	7.7	8	1.2
1975	324.2	17.1	19.9	1.3
1978	422.5	21	25.4	2.3
1980	392.2	8.1	20.4	2.1
1984	476.2	34.4	18.8	3.2
1985	238.5	9	8.3	4
1987	175.8	6.1	3.6	5

资料来源：《里程乡乡志》

通过以上数据，我们可以看出，1970—1978 年间的农副产品的收购量与 1980—1987 年间的收购量相比，棉花的收购量呈现大幅度的下降，鲜蛋、海椒的收购量也有所下降，但下降幅度相对于 1970 年初的水平，基本处于持平的状态。1981 年，家庭联产承包责任制实施，农副产品的产量都得到了极大的提高，特别是棉花，然而这种高产并没有带来高收购的状态，反而出现了"卖难"的困难，这极大了挫伤了农民生产的积极性，同时也阻碍了农村经济的发展与进步，同时，供销合作社的垄断地位开始面临挑战。

（一）自上而下的改革

农产品的"买难卖难"局面引起了中央的高度注意，中共中央派出了一批工作组下乡进行调研，研究这种局面形成的原因。最后一致认为是以供销合作社为主体的工农产品流通体系造成流通网点少、政府对私人商业管制太严、购销价格不合理等因素造成的。针对这些问题，中共中央于1982年1月1日批转的《全国农村工作会议纪要》中指出："农村供销合作社是城乡经济交流的一条主要渠道，同时也是促进农村经济联合的纽带。要恢复和加强供销社组织上的群众性、管理上的民主性、经营上的灵活性，使它在组织农村经济生活中发挥更大的作用"。[1] 这次会议奠定了供销合作社改革的基础。其具体的改革方式有：

1. 调整统购、派购品种和数量，扩大议购

为了解决农村市场上工农产品的流通，国家对统购和派购政策做了一系列的调整：减少统购、派购的品种和数量，扩大议购的范围。在1980年10月全国供销社主任会议讨论了调整农副产品收购政策的问题，开始调整为：减少二类农副产品的品种，将供销合作总社主管的大麻、猾皮、山羊毛、绵阳肠皮、红枣、黄花菜、八角、木炭、苇席、耕畜等由二类农副产品改为三类；根据各地不同的情况，合理确定二类农副产品的收购、调拨、出口基数或购留比例。凡留给农民部分，完全由农民自行处理。[2] 将以前收购的二类物资调整为三类物资，加大了农副产品议购的品种，同时农民对自留产品的处置权的规定表明供销合作社对农村市场的管理逐步放开。1984年，国务院发布《关于进一步做好农村商品流通工作的报告》，对农副产品购销政策提出进一步的调整意见：继续减少统购派

---

[1] 《关于中共中央批转全国农村工作会议纪要》，《人民日报》1982年12月13日第1版。
[2] 《中国供销合作社大事记与发展概况（1949—1985）》，中国财政经济出版社1988年版，第165页。

购品种，将商业部系统现行管理的一、二类农副产品由 21 种减为 12 种。① 国家对农副产品的统购、派购范围的缩小表明国家对农村市场的控制权逐步放松，国家将权力又一步步归还给自由市场。1985 年 1 月 1 日，中共中央、国务院《关于进一步活跃农村经济的十项政策》中提出：粮食、棉花取消统购，改为合同订购。② 对统购统销制度的取消，彻底改变了我国农村市场的流通体系，农副产品的生产、交换、销售等不再受以前供销合作社的经营分工的限制，农民逐渐掌握了对自己生产的农副产品的购销权。在国家统购、派购政策的调整下，供销合作社对农副产品的统一收购的品种逐渐减少，除了棉花进行统一收购外，其他的农副产品都被纳入了议购的范围。

2. 允许私人经营介入，拓展购销渠道

集市贸易的发展随着经济体制的变化也在不停的变化。在建国初，国家为了实现集体化的道路，对集市贸易进行了限制和改造，随着供销合作社的发展，国家取消了农民的自留地，实行"一切归公"，集市贸易被迫关闭，农村市场的流通渠道"合三为一"，供销合作社成为工农产品流通的唯一渠道。家庭联产承包责任制后，面临农副产品高产后的难题，国家不得不放开集市贸易，允许私人经营的介入。为了拓展农副产品的购销渠道，1982 年，中共中央《关于当前农村经济政策的若干问题》中指出：农副产品的统购统销的品种不宜过多，除关系到国计民生的少数重要农产品，继续实行统购派购外，对农民完成统购派购任务后的产品（包括粮食，不包括棉花）和非统购派购产品，允许多渠道经营。③ 国家鼓励发展多渠道经营，允许私人对农副产品经营权的介入，逐步使农村供销合作社的经营范围变窄，这就动摇了长期以来供销合作社对农村市场的垄断权。民间流传一句话"出门十件事，供销合作社就管了

---

① 《国务院批转国家体改委、商业部、农牧渔业部报告并发出通知进一步做好农村商品流通工作》，《人民日报》1984 年 7 月 25 日第 1 版。

② 中共中央文献研究室编：《十二大以来重要文献选编》（中），人民出版社 1986 年版，第 611 页。

③ 《中共中央批转关于当前农村经济政策的若干问题》，《人民日报》1982 年 12 月 31 日第 1 版。

九件"①，这足以说明供销合作社作为国家的权力的代言机构使国家的权力深入到每个家庭的生产和生活中的每个角落，但是随着农村购销渠道的拓展，供销合作社的权力不得不让步于自由市场。私人经营的介入加快了农村市场流通体制的改革，使"一潭死水"的农村市场逐渐变得活跃起来。

私人经营的介入使里程乡供销合作社的垄断经营权逐渐被分割。供销合作社不再是唯一的进货和销货渠道。供销合作社对农业生产资料的统购统销权逐渐被分割，私人也允许经营化肥、农药、生产工具等农业生产资料。日杂、副食、百货等公司也纷纷被私人经营所代替。私人经营的介入使农村商业异常活跃，供销合作社不再是农民进行交易活动的唯一机构。

（二）基层供销合作社的解体

供销合作社经过 40 年的曲折发展留下了一系列的问题，可谓是伤痕累累。在十一届三中全会后，中共中央发布了一系列关于深化供销合作社体制改革的文件，对供销合作社进行各方面的改革。但是供销合作社存在的问题不仅是流通领域的问题，也不是自身机构的问题，而是整个经济体制特别是农村经济体制改革的重要组成部分，涉及城市与乡村、工业与农业、生产与流通各方面的关系。供销合作社该如何应对市场经济的竞争性、开放性等特点，如何进行自身路径的选择，这直接关系到供销合作社自身的生存和发展。

改革开放后，国家的资金逐步退出了供销合作社，供销合作社的经营主要依靠私人入股支撑，在 1984 年，私人入股达到了最高峰，私人通过入股获取股金，从而获得收入。然而在允许私人经营介入后，面对市场竞争的压力，里程乡供销合作社的经营日益惨淡，年年亏损。为了维持供销合作社自身的运营，里程乡供销合作社只好将自己的商业纷纷承包给私人，私人向供销合作社缴纳一定的承包费用。在 1992 年，里程乡供销合作社为了偿还私人的股金，被迫将一些门市部转卖给私人，随着门市部的转卖，供销合作社的人员和机构也在不断精简。里程乡供销合作社在村里

---

① 摘自笔者对里程乡的一位供销合作社的营业员刘志新老人的访谈，他生于 1931 年，现龄 81 岁，以前是里程乡供销合作社的营业员，主要负责生产资料部门。

的代购代销点要么被私人经营所取代，要么被迫关门。在 1997 年，里程乡供销合作社的运营出现了严重的资不抵债，为了安置供销合作社的职工和运营时供销合作社欠下的债款，里程乡供销合作社纷纷变卖自己的仓库、厂房等固定资产。在供销合作社工作多年的职工根据工作年限，通过一年的工资以一个月的工资结算的方式，被最高以 6000 元，最低 1000 元的不等价格被买断，就这样，随着基层供销合作社一些固定产权的变卖，人员的解散，供销合作社实质上已经是名存实亡。在 1998 以后，里程乡供销合作社被撤销，供销合作社也被正式宣告解体。里程乡销合作社的解体是长期的计划经济体制中积累的恶果，在市场经济条件下出现了明显的不适应性，最后被迫解体。

回顾历史，在供销合作社的发展过程中，只有在农业合作化初期是供销合作社的"黄金时代"。它对农业生产和农民生活起了支持帮助作用。供销社也在支农中发展壮大了自己、农民和供销社有如鱼水关系。卖产品交给供销社卖，买东西找供销社买，赶集赶场都到供销社随便哪个门店喝杯水，歇歇脚。可是从"大跃进"开始，情况完全变了。供销社与国营分分合合，把供销社的财产刮来刮去，不但农民的股金不分红了，许多地方连股金登记本也不见了。随后，供销合作社又被政府强迫派购，农民买东西要凭证供给，他们不得不去供销合作社排队购买，这种凭证供给让农民不再自愿将农副产品卖给供销合作社，供销合作社为了收购更多的农产品，不得不提高其收购价格，在整个过程中，供销合作社无形之中就逐渐变成了国家与农民的交易机构。供销合作社在国家这个强有力的保护伞下，最终经不起市场经济浪潮的冲击，被迫走上解体。

六 结 语

在供销合作社的形成过程中，供销合作社成立之初，是由农民自愿入社参股，自由组织起来的农民合作经济组织。在 1953 年，统购统销制度的建立，国家对粮食实行计划供应和计划收购，随着统购统销品种和数量的扩大，供销合作社在国家的意志的主导下，逐渐发展成为国家对工农产品实行有计划流通的机构，供销合作社的性质发生了根本的转变。供销合作社性质的变化也反映了国家与农民、城市与乡村、工业与农业之间关系的发展与变化。

在供销合作社的运作过程中，供销合作社作为工农产品的流通机构，一方面将工业的农业生产资料和生活资料有计划的供应给农业和农民，另一方面在将农业生产的农副产品有计划的供应给工业和城市，通过对工农产品实行有计划的流通，国家逐步掌握了原本由市场进行社会资源配置的权力。在工农产品的交易中，价格不再反映商品的价值，它只是供销合作社进行供销平衡的一个计量工具。这种违背市场交易规律的流通体制，也为供销合作社的在以后的发展中埋下了隐患。

在供销合作社的合作过程中，一方面，供销合作社通过与农业生产合作社订立合同建立合作关系，将工业生产资料供应给农业生产合作社，实行计划生产，在将农业生产合作社生产的农产品供应给工业，这样既扩大了农业集体化生产的进程，将农民的生产纳入了国家集体化的轨道，同时也为国家工业化的发展汲取了资源和动力。另一方面，供销合作社通过自身内部的多层合作，在购销的数量和品种上进行限制，使供销合作社逐步占领了整个农村零售市场，从而也将农民的生活也纳入了国家计划的轨道。

供销合作社是计划经济的产物，在计划经济时期得到了快速的发展。然而在家庭联产承包责任制实施后，面对高产后的"买难卖难"问题的产生，供销合作社作为工农产品流通的唯一机构已不能满足工业与农业发展的需求，最后，供销合作社作出自上而下改革的决定，首先，缩小统购、派购范围，扩大议购；其次，拓展经营渠道，允许私人经营介入。供销合作社的改革动摇了供销合作社的垄断地位，经营范围不断变窄；最后，面对市场经济的开放性、竞争性的压力，基层供销合作社最终逃不过历史的选择而走向了解体。

通观对供销合作社的整个研究过程，供销合作社作为一个时代的代名词，在历史上发挥了重要的作用。在计划经济时期，它作为工农产品流通的唯一机构，一方面为我国的工业化建设作出了巨大的贡献；另一方面，它违背了市场价值规律，通过工农产品的计划流通将整个农村市场纳入国家计划的轨道，忽视了农民自由的购销权力，严重的挫伤了农民生产的积

268 理解中国农村——关键词的视角

极性，阻碍了我国农村经济的发展与进步，导致至今我国的城乡发展的差距仍在不断的扩大。

总体来看，供销合作社的历史是一部曲折的发展史，它的形成、发展、演变到最后的解体整个过程是值得我们深思和研究的。

生产大队：人民公社下的农村基层组织

【导读】 生产大队是人民公社体制下的基层组织，也是人民公社时期的特殊产物。伴随着人民公社的成立以及人民公社化运动的开展，生产大队的设立由无到有以及公社体制的逐步完善，在"队为基础，三级所有"的体制下，生产大队发挥着半行政性组织的角色，起到了连接生产队和公社的重要作用。本文以辽宁省辽阳县兴隆镇腰老窝村为个案，以生产大队为研究对象，深入剖析其由来与发展、消失、转换以及对现代农村的影响。通过对实证材料较为详尽的研究，展现腰老窝大队当年如何进行计划指导和上传下达，而国家又是如何通过这一半行政性组织将权力延伸至农村最底层，在这个过程中与公社、生产队以及社员间的关系如何。

"生产大队"出现于人民公社时期，这对于农村中很多经历过人民公社阶段的村民来说并不陌生。在中共十一届三中全会以前，国家在农村主导了一系列的集体化运动，像农业合作化、"大跃进"、人民公社化等等。村民委员会成立后，仍可以从中发现过去生产大队时期的影子，这主要体现在机构设置、干部设置，还有管理模式上。如今村中很多老一辈农民仍对大队历史记忆深刻，尽管目前已经建立了村民委员会，但他们仍称村委会为大队。由此可见，人民公社时期生产大队对于农村影响深远的程度。

生产大队并非自人民公社成立后就出现的组织，而是经历了组织名称上的变化，是在人民公社体制的逐步完善过程中才得以最终确定下来。要研究生产大队，需要考虑的主要是两个方面，一方面是生产大队在农村中对农业生产的计划化；另一个方面是农村中生产大队的组织军事化。之所以探究这两个方面，主要是由于人民公社是政社合一的组织，并且具有三化性质，即"组织军事化、生产集体化、劳动战斗化"，这些都决定了生产大队在农村的农业管理和组织性质。

自 1958 年农村人民公社在河南嵖岈山首先成立后，其他地方也开始合并农业合作社成立人民公社。生产大队作为公社的二级组织，起着连接公社和生产队的重要作用。生产大队从功能上来说主要是起到上传下达的作用和对农业生产进行计划化的指导管理，从组织形式上来说就是组织军事化。由于在名称上较为特殊，并且其发挥的功能也要远超过于合作化时期的初级社和高级社，也逐步脱离了农业生产，转向农村各方面的事务管理。生产大队之所以特殊，是因为一方面要执行公社的命令和任务；另一方面还要负责统筹农业生产大局，管理好生产队。并且，生产大队作为非正式的国家行政体系中的组织，扮演着半行政性的角色。如果从行政组织系统来说，人民公社才是基层政府，而生产大队则不是。

结合本文的个案，辽宁省辽阳县兴隆镇腰老窝村，以前称为腰老窝生产大队，目前辖三个自然村，以农业生产为主。在公社时期，腰老窝生产大队作为农村基层组织，起到了上传下达的作用，也通过农业生产、政治运动等将分散的农民聚集了起来。同时，通过党和国家行政的力量，将国家权力逐步渗透到农村中去，直至最底层。那么，在人民公社这个历史过程中，生产大队的性质是什么？是怎样管理整个大队的生产队和社员的？在公社时期的农村中扮演着什么样的角色？在公社时期生产大队具体做了哪些事情？而在行政工作过程中怎样体现出国家权力的逐步延伸从而实现乡村治理的国家化和行政化？撤社建乡后生产大队对新的乡村治理的影响是什么？这些都需要通过实证的案例研究来得以解答。因此，生产大队这个关键词就具有重要的现实意义，值得去研究。

一　何为生产大队？

"生产大队"这个词较早出现在 1949 年的《人民日报》第二版上，有一篇名为《改造乞丐，组织劳动生产大队》的短评。从短评内容中看到，该生产大队为北平市的劳动生产大队，这与人民公社时期的生产大队在性质和功能上都有本质的区别。此时的劳动生产大队，是为了组织社会闲散人员进行劳动生产和改造，短评中也谈到了"这种组织必须以劳动、改造、教育、团结为方针"①。从生产大队这个词本身来看，生产大队中的"大队"有些类似于部队中的一个层级，并且其中的"队"是一种军事组织建制单位。通常在部队才会有大队、中队、小队之分，而在农村基层建制的使用名称上，人民公社时期采用了生产大队这样的称谓，这与之前的农村基层建制的名称上完全不一样，在人民公社之前是行政村，民国时期的保甲制度则是乡里保甲，封建时期使用的名称也不同于人民公社时期的称谓。在李世源、孙力的《军事政治学视域中的人民公社探讨》一文中，从军事政治学角度对人民公社进行了分析，该论文主要侧重于"组织军事化"这一方面。"最早提出和实施'组织军事化、行动战斗化、生活集体化'的是河北省的徐水县，它按军队的团、营、连、排、班的编制组织社员各项活动。"②"这些连、营、团既是民兵组织，也是生产突击队，劳动力在全公社内统一调动。"③ 这也符合当时的国内发展要求，在经济较落后以及社会主义大发展时期，这样的集体行动方式能够有效利用人口众多的优势来建设社会主义。"该县在大搞农田水利建设中，将全县8万多名劳动力组成若干个大队、中队，在工地搭棚宿营，并组织随营食堂，吃住在工地。"④ 这样看来，生产大队的设置与军队的建制有一定的关联性，并且这种大兵团式作战的生产方式，也与军队的行军风格一致。河南省遂平县嵖岈山人民公社成立之初即是按照组织军事化来进行管理，"卫星集体农庄实行组织军事化，行动战斗化，生活集体化，社员按团、营、连、排、班进行组织，以生产大队为一个团设正副团长和正副团委，由原来的正副大队长和正副党支部书记担任；以一个中队（即生产大队）为一个营，营以下按村庄和作业组成立连、排、班。规定社员外出要报告，回家要请假，上下工要集体排队"⑤。

生产大队尽管是在过去农业合作化时期高级社的基础上建立的，但其

① 人民日报：《改造乞丐，组织劳动生产大队》，1949 年 5 月 26 日第 2 版。

② 李世源、孙力：《军事政治学视域中的人民公社探讨》，《南京航空航天大学学报》（社会科学版）2009 年 12 月第 4 期。

③ 罗平汉：《农村人民公社史》，福建人民出版社 2006 年版，第 67 页。

④ 李世源、孙力：《军事政治学视域中的人民公社探讨》，《南京航空航天大学学报》（社会科学版）2009 年 12 月第 4 期。

⑤ 遂平县卫星人民公社嵖岈山管理区委员会：《遂平县卫星人民公社嵖岈山管理区的组织军事化》1958 年 10 月 21 日。

所发挥的作用和本身的性质有很大的改变。生产大队逐步转化为半行政性的基层组织，负责管理农村的行政工作和农业生产工作，但不参与具体的农业生产劳作。从这一点上看，生产大队的"生产"，也就成了一种象征性的名称，失去了其本身代表的实质内容。生产队的"生产"则是实实在在的农业生产，也是其本身代表和应该发挥的职责。由此观之，生产大队这个词本身的字面意义在人民公社时期有所转变。如果将生产大队这个词拆分开，就是生产与大队。生产就是指人类从事创造社会财富的活动和过程，包括物质财富、精神财富的创造和人自身的生育，也称为社会生产。从狭义上来说，仅指创造物质财富的活动过程。而大队则是指（1）大批军队；（2）泛指许多人的队伍；（3）古代军队编制名称；（4）队伍编制，由若干中队组成；（5）特指中国少年先锋队基层最高一级组织；（7）共和国人民武装力量编制，在中国人民解放军当中相当于团一级单位，在人民武装警察中则相当于营一级单位①。

在本文的研究中，大队的意思取第四种解释，即队伍编制，由若干中队组成。生产大队之所以采取队伍编制的组织方式，上文中通过引用文献进行了一定的解释，基本上生产大队是按照军队的组织单位进行规模上的设置和安排。生产大队之所以采取这种称谓，一方面为了更好地进行集体化管理，另一方面是为了集中农村力量办大事，发挥集体的力量，从而加快社会主义农村经济的发展。生产大队的这种组织模式，采用军事化的方式，也有利于更好地管理原本处于分散状态的小农。另外，从英文翻译的角度来说，生产大队在英文中的翻译并不是"team"，而是"brigade"，也能从军事角度来说明。"team"是队、组、班的意思，一般是小队或者小组，范围上较小，对应的是公社中生产队中的"队"，但并不一定与军事组织有关联。生产大队在组织规模和建制上都不同于生产队，选用"team"这个单词很难准确表达出其内涵和意思。"brigade"则是指军队中的"队"，从以上的历史文献和相关分析中得出，生产大队在一定程度上是一种民兵组织，是一种大兵团的规模，类似于军队中一个层级，所以选择"brigade"更贴近于生产大队这个关键字所要表达的内容。

---

① 来源于百度百科词条解释，http://baike.baidu.com/view/853840.htm。

二　缘　起

生产大队的"前身"是农业合作化时期的高级社，主要是基于组织规模上的而非行政建制上的，生产大队在组织建制上和性质上与高级合作社有本质上的差别。从体制上来看，在行政建制上，生产大队的前身更准确地来说，应该是行政村。新中国成立后农业合作社时期是行政村体制确立的阶段，因为建国初，很多不稳定因素影响了村级组织建制的确立。为了进一步规范农村基层组织建设，1950 年 12 月，政务院颁发了《区各界人民代表会议组织通则》《区人民政府及区公所组织通则》、《乡（行政村）人民代表会议组织通则》和《乡（行政村）人民政府组织通则》，1951 年 4 月，政务院又发布了《关于人民民主政权建设工作的指示》，依据这些法律和法令，我国农村普遍建立了区、乡（行政村）人民政府①，但行政村仍然是附属于乡一级，并且直接受到乡政府的领导与支配。

辽宁省辽阳县腰老窝村在新中国建立后成立的行政村，是以腰老窝自然村作为一个行政村单位，并且与现在的行政村所辖三个自然村不同的是，其他两个即洪老窝和乌龙台也都是自然村，并不属于腰老窝村管辖。根据腰老窝公社时期大队书记白永芳的回忆，此时行政村里没有基层党组织，仅仅是作为农村的基层组织管理农村所有的事情。白永芳说："腰老窝、洪老窝，那时候没建设的时候，乌隆台就是乌隆台，洪老窝就是洪老窝。行政村有自个儿的村长和文书。那时候还没有党支部书记。"②

从腰老窝新中国建立后成立的行政村时期来看，国家对农村基层的控制，并非依靠于刚建立的乡和行政村，而是农村的一级组织，"也正是因为建国初期军管与土地改革的背景，国家政权力量一直延伸到农村最基层，农会组织实际上既是当时的基层政权组织，也是当时最基本的村级组织制度。"③ 腰老窝村从 1954—1957 年都是实行的行政村体制，在 1955 年以后乡、行政村都开始统称为乡。合作化运动开始后，腰老窝在县政府

---

① 梁开金：《村级组织制度安排与创新》，红旗出版社 1994 年版，第 50 页。

② 访谈记录：来源于录音 YLW – REC001，华中师范大学中国农村研究院"百村十年观察"项目数据库。

③ 梁开金：《村级组织制度安排与创新》，红旗出版社 1994 年版，第 50 页。

的组织领导下，开始建立合作社，在合作化时期，初级社高级社这些经济性组织逐步消融于村行政组织之中，而且成为了安排生产、收益分配等多方面功能的一个综合性载体，逐步具有越来越强的行政意义，并最终发展到了人民公社这样一种政社合一的组织①。

结合腰老窝村在合作化时期所在的辽阳县来看，从互助组到高级社，各方面建设都取得了较好的成果。1950 年辽阳县出现许多在自愿互利基础上组织起来的互助组，少则五七户，多则几十户。1954—1955 年，部分农户参加了初级农业生产合作社，而互助组减少②。1954 年，县、区试办的初级社增加到 47 个，出现 14 个自发社；1955 年，初级社 600 个，入社农户 2.67 万户；1956 年初级社减少到 462 个，入社者为 3.56 万户③；1953 年辽阳县开始办高级农业生产合作社，1954 年就有 3 个高级社，1954 年，出现农业化合作高潮。1956 年，成立以村为单位的高级社 240 个，入社农户 3.85 万户；1957 年，高级社达 435 个，入社农户 6.39 万户，占县内总农户的 98% 以上④。

在中华人民共和国成立后的乡辖行政村体制下，国家政权力量和政党力量，并未深入到农村的家家户户中，并且基本上也没有在农村建立党支部，党员也少，最多也就是到达了乡公所一级。与此同时，人民公社也并不仅仅是经济组织，而是通过对农村经济活动的全面掌管与干预，将国家权力逐步渗透到乡村的行政体制中，即经济组织消融到了行政组织中。

特别是，1958 年 7 月 1 日出版的《红旗》杂志上有一篇《全新的社会，全新的人》的文章，其主要介绍的是湖北省鄂城县一个合作社的经验，谈到了这个社是"既有农业又有工业的基层单位，实际上是农业和工业相结合的人民公社"，这也是党的机关刊物第一次使用"人民公社"一词。在各地大社并小社的潮流中，开始时名称各不相同，有的地方叫"集体农庄"，有的地方叫"社会主义大院"或者是"社会主义大家庭"，还有的叫"共产主义农场""国营农场""合作农场""红旗共产主义公社"，也有称之为"公社"的，但不久后这些大社都有了一个统一的称

---

① 梁开金：《村级组织制度安排与创新》，红旗出版社 1994 年版，第 57 页。
② 辽阳县志编纂委员会办公室：《辽阳县志》，新华出版社 1994 年版，第 174 页。
③ 同上书，第 175 页。
④ 同上。

谓——"人民公社"。人民公社化运动的速度之快，可以用一句话来形容就是"一天的人民公社化运动"①。人民公社的出现，不仅仅是合作社规模的扩大，更重要的是农村社会经济体制的深刻变革。

农业生产合作社时期，社下面一般设生产队，此时的农业合作社是农村的经济组织，实行的是乡社分设的体制，乡是农村基层政权。在公社时期，公社在管理体制上实行"政社合一"，具有农村基层政权组织与经济组织的双重功能。公社成立初期，全国各地公社的内部组织架构还没有形成统一的标准，毕竟是在高级合作社的基础上发展而来的，因此很多地方的公社在下级组织名称上也就各不相同。有的地方仍沿袭高级社时期的生产队，有的地方则称之为管理区，还有的地方称为作业区等等。嵖岈山人民公社在建设的时间、规划、机构设置、管理规定等等方面，都是全国学习的典范②。

在人民公社刚开始建立的阶段，也就是大公社时期，面临着很多问题。1958 年 9 月 10 日，《人民日报》公布了北戴河会议上通过的《建立人民公社的决议》，对于公社的名称、所有制、分配问题，进行了统一规定，大社统一定命名为人民公社。生产队在各地的规定中基本上都是属于组织生产的基本单位。生产大队的规模相当于合作化时期的高级合作社，但是没有生产资料所有权、生产经营自主权和产品处置权，原来的村级组织被取消了，其社会管理职能为生产大队所取代。1962 年 9 月 27 日，中共中央第八届委员会第十次全体会议通过了《农村人民公社工作条例修正草案》，规定"人民公社的基本核算单位是生产队。根据各个地方不同的情况，人民公社的组织，可以是两级，即公社和生产队；也可以是三级，即公社、生产大队、生产队"③。从全国各地的公社来看，基本上是设置了三级组织机构，即公社、大队、生产队。

1958 年 9 月，辽阳县成立了麻屯、甜水、隆昌、刘二堡、蓝家、沙

---

① 刘金海：《产权与政治——国家、集体与农民视角下的村庄经验》，中国社会科学出版社 2006 年版，第 44 页。

② 嵖岈山人民公社组织机构，分为四块：大队总支部、公社党委会、公社管委会、公社监委会。

③ 中共中央文献研究室：《建国以来重要文献选编》，人民出版社 1997 年版，第 15 册，第 616 页。

岭 6 个人民公社。公社下辖管理区（多为原来的乡）、作业区（原来的村，后改为生产大队）。不久撤管理区，公社辖生产大队，生产大队辖生产队①。辽阳县内人民公社的成立时间，说明了东北在人民公社的建立上，与中部的河南省基本上保持一致。在机构设置上，辽阳县的一些人民公社在一开始时并未像嵖岈山公社那样由公社管理生产大队，再由生产大队管理生产小队，而是过了一段时间才撤销了管理区。1961 年 4 月 22 日，辽阳市县分治，公社辖生产大队，生产大队辖生产队②。于是，此时腰老窝生产大队的名称、组织架构和干部组成才得以最终确定。

三　构　成

人民公社成立后，生产大队作为公社内上传下达的组织，发挥着重要的纽带作用。因此，要对生产大队进行研究，首先需要对大队的各个构成及其职能进行系统性的研究，这样才能够了解生产大队如何在农村开展管理与指导工作。

（一）"主干"：大队干部

由于人民公社是党组织、政权组织、经济组织高度重合的组织，党的书记处于全面负责并且居于领导核心地位。生产大队一般有两套班子，一是农村基层党组织的干部；二是直接管理生产队的大队干部。大队党支部由大队书记和支部委员组成，大队干部则设置了大队长、副队长、妇女主任等职位③。一般大队干部兼任大队党支部的干部，所以在干部任职上也就出现了职位重叠。尽管大队管理委员会设置了其他的机构，像妇联、民兵连等，但实际管理这些的实际掌权者还是大队党支部干部，"自从大队建立党支部以后，大队管理委员会、妇联、共青团、民兵连等组织都归党支部领导，这些组织的主要负责人都由党支部委员兼任，因此，在大队权

---

①　辽阳县志编纂委员会办公室：《辽阳县志》，新华出版社 1994 年版，第 176 页。

②　同上书，第 121 页。

③　嵖岈山卫星人民公社成立早期的生产大队干部设置上，有大队长 1 人、妇女大队长 1 人、副大队 2 人、治安主任 1 人、会计 1 人。

力结构中，这些组织都是次要的甚至无足轻重的"[1]。这些情况，从腰老窝生产大队的干部设置，以及各个干部所负责的内容来看，也印证了以上的观点。

辽阳县腰老窝生产大队在人民公社时期隶属于首山人民公社，直到2010年首山乡才改为了兴隆镇。腰老窝生产队的干部同样设置了两班人马，一是大队党支部书记和各委员；二是大队长和其他几位干部。腰老窝大队的干部性质与公社干部不一样，都是从生产队干部中选出来的。公社时期腰老窝生产大队党支部干部与大队干部的变动情况，如下表所示[2]：

姓名	职位	任职时间	所属村庄
王富贵	党支书	1956—1966 年	首山人民公社外派干部
王福明	党支书	1967—1973 年	首山人民公社外派干部
张成泉	党支书	1974—1976 年	乌龙台
白永芳	党支书	1977—1994 年	腰老窝

从上表中可以看到在1974年张成泉担任大队书记前，腰老窝大队的党支部书记是由公社选派的干部任职，而不是大队里的当地人。张成泉以后，大队里的干部都是来自于本村的当地人。从大队干部的变动来看，白永芳担任的时间较长，从公社时期一直到了家庭联产承包责任制时期。大队党支部的干部中，除了书记是单独任职外，很多的支部委员都是大队干部，出现了交叉重叠任职的现象。以下是在各大队书记担任期间大队干部组成人员，同时也能够看到，都是腰老窝生产大队的本地人。见下表[3]：

姓名	职位	时间	所属村庄
许世海		1956—1966 年	腰老窝
张成泉	大队长	1967—1973 年	乌龙台
许承一		1974—1976 年	洪老窝
洪恒亮		1977—1994 年	洪老窝

---

[1] 张乐天：《告别理想——人民公社制度研究》，上海人民出版社2005年版，第89页。

[2] 资料来源：腰老窝村历史资料档案室，华中师范大学中国农村研究院"百村十年观察"项目数据库，2011年。

[3] 同上。

姓名	职位	时间	所属村庄
范海明	大队会计	1956—1966 年	洪老窝
许朝虹		1967—1973 年	腰老窝
张振昌		1974—1976 年	腰老窝
张成泉		1977—1994 年	乌龙台
方玉珍	妇女大队长	1956—1966 年	乌龙台
张贵英		1967—1973 年	洪老窝
周维珍		1974—1976 年	腰老窝
周维珍	妇女主任	1967—1994 年	腰老窝
洪恒立	民兵连长	1956—1966 年	洪老窝
许承才		1967—1994 年	腰老窝

在大队干部中，基本上都是党员，并且也都是从担任生产队干部开始，逐步提拔到大队来当干部，这都可以从上面的两个表中看出来。腰老窝生产大队的干部，一方面是从外派逐步转向了土生土长的本地人；另一方面是很多干部基本上是从生产队干部中进行选拔。只有当了生产队的干部，才有资格担任大队干部，从而搞好整个大队的生产指导与行政管理工作。这种选拔和晋升机制，一方面有利于激励社员搞好生产；另一方面也能够刺激生产队干部做好各项具体的安排工作。

腰老窝生产大队干部的选拔经历了从外派到本地人的过程，之所以最后全部由本地人担任，原因就是这些本地人都是干农活的能手，对于大队里的农业生产和相关的人际关系也都较为了解和清楚，他们担任干部，更有利于团结本大队的社员们，也有利于更好地指导整个大队的工作，从而促进本大队的经济发展。在外派干部期间，据白永芳回忆，腰老窝大队的管理和各项事务都出现了或多或少的问题，因为外派的干部不了解大队的具体情况，对本大队的社员不是很熟悉和了解，加之所待的时间并不长，也就不了解大队里有些什么具体和深层次的问题。而作为本地人的大队干部，与其他社员同在一个大队，干农活上工以及政治运动等等过程中都是低头不见抬头见，交往也较为频繁，因此也就更为了解。白永芳担任书记期间，有的社员不及时交粮食，他下去亲自做工作后，还是很快就解决了这样的问题，这就是本地人在管理本大队社员和所有事务所占据的优势。

大队党支部书记与大队长的主要区别不是职位上的，而是职务上的。大队党支部书记是法定的"一把手"，而大队长则是法定的"二把手"。生产大队干部的工作安排不是依据大队党支部与管委会性质的不同，而是依据党支部书记与大队长职务上的差别，这种差别要求"一把手"管全面工作并在决策的最后阶段拍板，大队长则具体执行由书记拍板的决策①。大队书记主要负责整个大队的政治领导，也是作为大队的核心领导人物，是党在基层的代表者，也是党在基层的权威。尽管大队干部的分工明确，但在实际的操作过程中常出现相互代替和相互交叉的现象，就像大队书记白永芳所提到的，在夏季书记要组织社员去修干渠，这一部分的职能实际上应该也由民兵连长来执行。

大队干部作为生产大队这个组织的实际运作者和管理者，对于整个大队的建设与发展都起着极为重要的作用。大队党支部干部作为政党下乡过程中的一支重要力量，不断地将党的政治意识向下传达，并且通过发展党员的形式，将一部分优秀的农民纳入到了党的范畴内，这对于巩固共产党在农村的力量起到了非常重要的作用。作为大队干部，一方面体现了公社时期经济行政一体化的管理模式；另一方面则也起了连接公社与农民的重要纽带作用。

（二）"枝"：生产队

人民公社时期生产队是农业生产合作社劳动的基本组织单位，社员固定，田间生产队负责经营固定的土地，使用固定的耕畜和农具。副业生产小组或者副业生产队负责经营固定的副业生产，使用固定的副业工具②。人民公社时期的生产队是政社合一体制下的第三级组织，是人民公社中的基本核算单位，实行独立核算，自负盈亏，直接组织生产，组织收益的分配③。

全国各地公社规模有差异，因此在生产队数量的设置上也就有差别。

---

① 梁开金：《村级组织制度安排与创新》，红旗出版社 1999 年版，第 64 页。

② 中共中央文献研究室编：《建国以来重要文献选编》，人民出版社 1997 年版，第 8 册，第 414 页。

③ 同上书，第 15 册，第 625 页。

结合辽阳县腰老窝大队的情况来看，基本上是设置了6—7个生产队。在人民公社六十条中，对生产队的规模也有相应的规定，"生产队的规模，应该根据土地的数量和远近、居住的集中或分散、劳动力能够搭配得开、畜力和农具能够配套，有利发展多种经营等等条件确定。生产队的规模确定下来以后，长期不变"①。生产队的设置，根据实际情况也有差别，有的地方在生产队下面还设置了生产小队。

从其他的地方来看，大部分的还是设置了6—7个生产队，"当时，平均每个生产大队约有6—7个生产队，各队的自然条件、原有基础、劳动力强弱、队干部能力大小各不相同，而产品和收入在全大队范围内统一分配"②。生产队规模的设定，并没有统一的规定，也不可能做到一致化。公社成立之初，强调"大"，所以有些地方大队下的生产队也就较多，"L人民公社分成12个大队。L大队解散了食堂，把原属于大队的财产分给生产队。全大队分成14个生产队"③。这是浙北一个生产大队当时生产队的设置情况。

生产队直接负责农业生产和管理，接受生产大队的领导和指导。与生产大队一样，生产队也设置了几位负责的干部。生产队的干部有生产队长、副队长、妇女队长、会计等。生产队作为生产大队下的一个管理单位，在农村中其实也像一个微型的社会，需要有自己的"管理层"，所以干部设置上也比较全面。"生产队负责人设有队长、副队长1—2名，还有妇女队长，另外还有会计员、出纳员、饲养员使役员、保管员、技术员等，俗称'八大员'。由队长、会计、保管员等人组成的5—7人的'队委会'"④。腰老窝大队的生产队基本上也是队长、妇女组长、副队长、会计这些干部，与其他地方人民公社的生产队干部设置差异不是很大，基本上都有队长、副队长、会计这几个干部⑤。腰老窝大队下面生产队的干

---

① 中共中央文献研究室编：《建国以来重要文献选编》，人民出版社1997年版，第15册，第616—617页。

② 罗平汉：《农村人民公社史》，福建人民出版社2006年版，第242页。

③ 张乐天：《告别理想——人民公社制度研究》，上海人民出版社2005年版，第65页。

④ 季为：《生产队》，《历史的名词》2009年第7期。

⑤ 河南省遂平县嵖岈山人民公社，下面的生产队设置了生产队长1名人、妇女队长1人、副队长1人、统计员2人，出自贾艳敏：《大跃进时期乡村政治的典型》，知识产权出版社2006年版，第130页。

部，有的后来成为了大队的干部。

根据腰老窝会计账目和相关记录资料的显示，公社时期的生产队干部主要是由生产队长和会计组成。公社时期的大队书记白永芳对于生产队干部的回忆，与资料的显示吻合。白永芳说，生产队下面设有生产队长和会计。下面对公社时期生产队的一些干部进行了汇总整理，时间基本上是在1970—1976年期间，参见下表①。

生产队	姓名	职位	阶级成分	姓名	职位	阶级成分
一	许思利	队长	贫下中农	许云鹏	会计	贫下中农
二	许平奇	队长	贫下中农	许平鸿	会计	贫下中农
三	许承广	队长	贫下中农	王守清	会计	贫下中农
四	刘景荣	队长	贫下中农	刘桂琴	会计	贫下中农
五	夏秀华	队长	贫下中农	许荣华	会计	贫下中农
六	张成泉	队长	贫下中农	胡继斌 宋旭庆	会计	贫下中农
七	刘福生 贺永才	队长	贫下中农	洪坤珍	会计	贫下中农

对于上表，还需要进行一定的补充和解释。1970年之前第二生产队的队长是许承志。在1977年撤销了第一生产队，变为了六个生产队，相应的生产队干部也进行了调整。到1977年时还有第七生产队，队长为刘福生。由于第六生产队的会计胡继斌外出学习，由宋旭庆担任该队的会计。大队的现金出纳员是许佩英和石讫山。生产队长，主要是根据生产大队下达的公社生产计划，安排下一年的生产。在农业生产方面，组织社员每天早出工晚收工，并监督社员劳动。在政治运动时期，还要每天带领社员早请示晚汇报。在国家征购计划下达以后，还要将各户的征购任务通知到每位社员。对生产队长的考核，也主要是从农业生产、政治思想、社员出工情况等方面来考察。因此，有的生产队长也会抱怨生产队长难当。会计记录每天社员的劳动，并折合成一定的工分，另外还要对生产队的各种

---

① 资料来源：腰老窝村历史档案室，华中师范大学中国农村研究院"百村十年观察"项目数据库，2011年。

生产资料、劳动产品、社员收入支出进行登记。尽管生产队长和会计都是不脱产的干部，但他们所做的事情和发挥的作用却是极为重要的。

在《人民公社六十条》中，生产队的相关规定有十八大条，而生产大队的相关规定则只有两大条，这也说明了生产队的重要性。生产队作为与社员直接打交道的组织，将社员和国家、生产大队与公社联系在一起，从而纳入到整个社会主义集体化大建设时期的整个系统内。

（三）"叶"：社员

在大队的构成中，最基本的组成人员就是社员。农民成为社员，并非是一种自愿的过程，尽管声称是农民自发组织起来成立公社，但是一旦成立公社，就不允许社员退社。人民公社除了是经济组织外，更是政权组织，一旦社员成为这个经济组织的成员，也必然成为政权组织的一员，也即具有经济政治的双重身份。社员在公社内就必须受公社的管制，社员无权选择是否与公社发生关系[1]，必须被纳入到公社体制内，成为国家管制下的一员。通过这样的方式，社员成为了离不开公社的一员，而在这个过程中，国家和社会融为一体。

农业生产、水利建设、粮食征购等等，都需要通过社员的劳动才能实现。因此，社员作为农村最基层的群众，肩负着公社化过程中的巨大任务。一个生产队有多少社员，各个地方不一致，由于公社的特点是"一大二公"，所以很多地方在办公社的时候追求规模大，生产队的户数和人数也就很多。根据腰老窝生产大队的统计资料，对每个生产队的户数、人数、阶级成分都进行了登记，其中还对社员所从事的工作进行了统计。从这个方面来说，生产大队对全大队的人员资料掌握得很详细，而这些统计数据，一是对大队的具体情况有所了解；二是公社通过下页这样的统计资料上报至国家，而国家通过这些统计资料能够更清楚地了解农村人民公社的发展情况，社员的阶级成分和所从事的职业情况。所以，从这一点上来看，农村中时时处处都有国家的影响力和身影。通过下页1970年统计报

---

① 陈吉元、陈家骥，杨勋主编：《中国农村社会经济变迁（1949—1989）》，山西经济出版社1993年版，第317页。

表，能够清楚地看到当时腰老窝大队的社员情况[1]。

生产队	户数	贫下中农户数	人数	贫下中农人数	地、富、反、坏分子	男	女	农业劳动力人数
合计	347	289	1618	1323	6	314	341	620
1	47	42	213	174	3	37	49	86
2	49	38	202	155	2	40	50	80
3	54	50	250	217		53	57	110
4	46	36	225	173		40	45	75
5	47	34	218	161		49	38	87
6	44	32	225	178		40	62	102
7	60	57	285	265	1	55	40	80

由于 1970 年正值"文化大革命"的中间阶段，因此统计报表中也就特别对阶级成分的人数进行了统计。到了 1975 年的基本情况统计表中，就没有统计这一项。1975 年，腰老窝生产大队的总人数变为了 1785 人，比 1970 年多了 167 人。同样，各生产队的人口也有相应的增长，第一生产队变为了 48 户 212 人，比 1970 年少 1 人；第二生产队 53 户 229 人，比 1970 年多 27 人；第三生产队 59 户 286 人，比 1970 年多 36 人；第四生产队 54 户 246 人，比 1970 年多 21 人；第五生产队 55 户 242 人，比 1970 年多 24 人；第六生产队 52 户 246 人，比 1970 年多 21 人；第七生产队 65 户 324 人，比 1970 年多 39 人[2]。通过这些统计数据可以发现，经过五年的发展，腰老窝大队的农户数和人数的增长速度都较为缓慢，这对于发展生产也有一定的影响。另外，在腰老窝生产大队，"四类分子"一共只有 6 个，绝大部分都是贫下中农，这种标签化的区分，将社员从政治上进行了分类，也将社员的日常生活时时与政治成分挂上钩，通过大队间接与国家保持着紧密联系。

公社时期的社员，与合作化时期的社员不一样。在《中共中央关于

---

① 资料来源：腰老窝村历史资料档案室，华中师范大学中国农村研究院"百村十年观察"项目数据库，2011 年。

② 同上。

在农村建立人民公社问题的决议》中明确规定："人民公社是工农商学兵合一的、乡社合一的组织，农民只是其中的一分子，为统一称呼，把公社成员称为社员。"[①] 所以，在公社时期，几乎所有的农民都是社员。在人民公社六十条中，关于社员，有这样一些规定："人民公社社员，在社内享有政治、经济、文化、生活福利等方面一切应该享受的权利。人民公社的各级组织对于社员的一切权利，都必须尊重和保障"，"根据个人的情况不同，规定每人应该完成的基本劳动日数"[②]。1978 年 12 月 22 日，修改后的《农村人民公社工作条例（草案）》第三十五条规定，"要组织一切有劳动力的人参加劳动，民主评定每个男女全半劳动力全年应该完成的基本出勤日和投肥任务"[③]。社员的主要任务就在于出工劳作，至于农业生产的播种、种植、收割、收获等等都由生产队长来安排，农作物方面种什么、怎么种、种多少等等这类问题都由生产队长来负责，社员只需要每天按时出工按个手印签个到就可以了。可以说，公社时期的社员就是组成整个国家的"细胞"，担负着农村经济发展的重大责任和国家建设的历史使命。

四　角色与职责

在等级分明的行政组织体系中，每一个中间层次的组织对上和对下都是有着明显不同的特征。对上级而言，下级必须要服从上级的命令，因而下级是没有多少权力可言的[④]。生产大队就是公社体制下的二级中间组织，一方面要服从公社的领导；另一方面要领导好生产队。大队权力的运用也主要是指大队党支部权力的运用，因为基层党组织基本上固定在了大队这一级。

在大队的构成中，大队干部里掌握着核心权力的是大队党支部，尤其是大队书记。大队党支部不会直接干预生产队的所有事情，也不会直接干

①　国家农业委员会办公厅编：《农业集体化重要文件汇编（1949—1957）》上，中共中央党校出版社 1981 年版，第 71 页。

②　中共中央文献研究室编：《建国以来重要文献选编》，人民出版社 1997 年版，第 15 册，第 638 页。

③　刘金海：《农民的集体劳动缘由、规范及实施》，《中央党史研究》2010 年第 2 期。

④　张乐天：《告别理想——人民公社制度研究》，上海人民出版社 2005 年版，第 90 页。

预社员的生产生活，而是通过最高领导权的核心地位来进行管理。这一方面体现了在公社时期，"政党下乡"不仅开展顺利，而且党在农村的核心地位也得到了极大的强化。共产党通过建立公社，实行"三化"（即生活集体化、行动战斗化、组织军事化）原则后，更是将农村中分散的小农聚合在了一起。共产党改变了过去农民只有家族主义没有国族主义的状况，将党的组织延伸至乡村社会，使得农民政治化、国家化。

（一）农村"管理者"

1. 农业生产：计划和指导

一旦公社有任务或者命令下来，大队就会召集生产队及社员们开会，不同的季节有不同的农业生产安排计划。大队的生产计划，并不是由大队本身制定生产计划，而是传达公社的生产计划。在"文化大革命"以前，即在1966年之前，腰老窝生产大队一方面执行来自公社的生产任务；另一方面指导生产队的农业生产。此时，在上面大队干部的构成中谈到过，由于大部分的大队干部是从生产队干部中选拔出来，因此在农业生产方面肯定是行家里手，也都是实实在在的村里人，当然对于如何进行农业生产也就了如指掌。尽管国家下达了一年比一年重的粮食产量任务，但生产大队还是将这些任务布置下去，而生产队和社员们也就鼓足干劲来完成这些粮食生产任务。"文化大革命"以后，由于腰老窝生产大队仍坚持以农业生产为主而以政治运动为辅，所以在农业生产上面也没有出现大的减产或者完不成任务的情况。

根据大队书记白永芳的回忆，每次公社有任务下达后，大队就会召开会议，将所有的生产队长召集起来，然后公布每个生产队应该要完成的粮食上缴任务。整个公社时期，腰老窝生产大队在完成粮食生产计划任务方面没有出现完不成任务或者不达标的情况，腰老窝生产大队1975年征购任务下达表和油菜产购销落实情况表印证了上面的说法。下面是根据原始资料绘制的表格，制表时间是1975年12月，如下表①。

---

① 资料来源：腰老窝村历史资料档案室，华中师范大学中国农村研究院"百村十年观察"项目数据库，2011年。

腰老窝村 1975 年征购任务下达表 （1975. 12. 23） （单位：亩、市斤）

队别	总产	征购任务	预备	机动	口粮		
					人口	数量	每人平均
总计	15933000	534000	99000	15000	1665	740400	444
1	155000	37300	6600	1300	198	84800	428
2	179000	49200	9800	1500	213	92500	434
3	223200	59200	12800	2000	271	119200	440
4	265600	103700	253000	3200	232	104700	451
5	205600	58800	12400	1900	223	98700	442
6	293600	119100	23900	3800	233	113800	488
7	271300	106700	8200	1300	295	126700	429

首山公社 1975 年度油菜产、购、销任务落实（1975 年 8 月）

（单位：亩、市斤①）

生产队	总产			计划面积		余量	征购	自留
	面积	亩产	总产	亩数	数量			
合计	270	59	16012	500	750	15262	10690	4572
1	35	121	4235	80	120	4115	2880	1235
2	30	83	2767	70	105	2662	1860	802
3	40	40	1300	70	105	1195	840	355
4	40	75	3200	70	105	3095	2170	925
5	40	35	1600	70	105	1495	1050	445
6	45	14	630	70	105	525	370	155
7	40	57	2280	70	105	2175	1520	655

① 资料来源：腰老窝村历史资料档案室，华中师范大学中国农村研究院"百村十年观察"项目数据库，2011 年。

从上面的两张表中可以看到，国家征购的粮食任务量占到了总产量的1/3，加之预备和机动的一部分，而实际分配到农户手中的则只有总产的一半，也即后面的 740400 斤粮食。国家征购的油菜，占到了总产的一半以上。尽管国家计划和征购的任务超过了实际的一半，但是腰老窝大队各生产队的余量算比较多，并且根据村民的回忆，当时也很少出现因为粮食的原因而饿死的现象，从这一点上来看，腰老窝大队不仅完成了国家的征购计划，同时也基本上保证了本大队社员的口粮。

还有一份腰老窝生产大队各项任务下达表，也反映出了大队的计划与指导性。根据 1975 年腰老窝大队的历史资料，绘制以下图表①：

腰老大队各项任务下达指标　　（1975. 10. 25）

队别	征购任务		谷草	小油料
	合计	大豆		
合计	420000	65830	6200	1400
1	49000	5780	1000	200
2	43000	8775	1000	200
3	29000	11835	800	200
4	64000	12335	800	200
5	52000	7470	800	200
6	79000	8605	800	200
7	104000	12030	1000	200

从上表上可以看到，下达的任务量较大，在当时的生产条件下受到各种因素的影响，所以对于社员来说难度还是比较大。不过腰老窝大队的干部们在接到任务后，更多是想办法如何把这些任务都完成。要完成这些任务，就只能够更好地指导管理生产队以及社员的农业生产。

当然，对于作物的培育和管理，腰老窝大队也是投入了很多的精力，

---

① 资料来源：腰老窝村历史资料档案室，华中师范大学中国农村研究院"百村十年观察"项目数据库，2011 年。

但基本上都是通过在会议上传达给生产队长，通过他们的学习然后再去指导社员们种植。譬如每亩地种苞米，需要对种植间距、施肥等方面进行较为详细的讲解，同时，在引进新品种时要因地制宜的种植。刚开始大队引进了一些新品种苞米，然后发放给各个生产队，由于社员们并不懂得如何具体进行培育和种植，加之生产队长没有进行系统而全面的知识指导讲座，导致很多社员种植这种品种后，收成欠佳。各生产队的队长将这种问题反映到大队以后，大队干部及时召开会议，研究对策，并对生产队长进行了一定程度的批评。从这一点上来看，腰老窝大队的干部们对于农业生产的重视程度，如在出现问题后能够及时的和生产队干部沟通，从而减少因不了解如何种植而导致的农业生产损失。

对于种植过程中如何管理和培育作物，大队只是进行指导，基本上不干涉社员的具体工作，而是由生产队长和社员进行交流沟通，让他们与社员直接打交道。在具体的农活安排上，大队不直接插手，而是由生产队长根据社员的具体情况来进行分配，安排年轻力壮的劳动力去翻地，妇女则负责播种之类的活。到了收成的季节，生产队长要安排大量的男劳动力去收割，而女性劳动力则将收割好的粮食进行整理，譬如剥苞米，然后储存起来。有些年轻人在农活这方面没有经验，于是生产队长就安排老少搭配，这样有利于及时传授年轻人经验，也能够减少盲目劳作带来的损失。这些，都不是大队所管辖的范围，也不需要大队去做。从生产队安排生产来看，这些就是与大队的最大区别。

在实行"三级所有，队为基础"以后，腰老窝大队的权力受到了一定的限制，但其干预生产队生产的方式有所转变。如果说以前只是简单地贯彻公社和上级的意志，那么之后就是根据生产队自身的情况进行指导管理，而非一成不变的贯彻执行公社的命令。这也说明，腰老窝生产大队作为公社中间一级的组织，对上有服从的义务，对下有管理的责任，但在这个过程中却可以根据情况对上级的意志进行修正或者调整。1962 年确立"三级所有，队为基础"后，大队在农业生产方面的干涉减弱，但仍未完全放手让生产队自己指导与管理。

2. 农田水利建设：组织社员去上工

生产大队除了对农业生产进行计划指导以外，还需要进行农田水利建设。在《人民公社六十条》中，明确规定了生产大队："领导兴办和管理全大队范围的或者几个生产队共同的水利建设和其他农田基本建设"①。在这一点上，腰老窝大队在公社时期组织过几次水利建设，包括饮水、浇地、修干渠。腰老窝大队靠近鞍山钢铁，用水一直都有问题，而农业生产也需要一部分的水，所以农田水利建设，对于腰老窝大队来说也非常重要。

据白永芳回忆，公社时期，大队里还没有自来水，但是有几口洋井，大队的人基本上靠这几口井来吃水。由于农业生产需要水，于是开始从辽阳那引水过来，这需要修建大坝和干渠。那时候的玉米地需要水，鞍山那边的水质受到钢铁建设的影响，没有办法灌溉，就只能够通过引水的方式来浇地。为了响应上面的号召，大队组织搞农田水利建设，也修了灌溉渠，但后来由于天气太冷，温度低都结冰了。从后来的效果来看，这些沟渠也没有起到太大的作用。白永芳说，"从辽阳引水的话引不了那么远，浇地就成一件麻烦事。但是即使如此，大队还是组织了社员去修干渠"。

由于大队掌握了整个大队劳动力人口的数据，在需要调拨劳动力的时候，按照修干渠所需要的人数分配到各个生产队。生产队长根据大队规定的名额，再从队里挑选劳动力。当然，大队组织社员去修干渠，每天必须要给予工分，要记录到年终的收益分配里。对于调拨劳动力进行农田水利建设时给社员以收入，在首山人民公社的相关文件中有明确的规定。在一份《关于首山人民公社一九七五年秋收分配具体意见的通知》文件上，规定"各生产大队组织农田水利建设时，必须按照劳动情况给予工分，要在年终收益分配中进行核算，不允许划拨到来年或者以其他形式计入社员的收入中。"所以，大队组织社员去基建，必须要给予报酬，不能够随便调用和使用劳动力。下面是一份大队调用社员基建后给该生产队开出的计工图片证明。这份图证明的对象是腰老大队的第七生产队，这说明大队在进行基建的过程中并没有随意征调劳动力，并且也没有将工分直接划入到大队的记账簿中，而是转向了生产队，在一定程度上是按照大队和生产对各自的职权行事，而不是越权行事。

---

① 中共中央文献研究室：《建国以来重要文献选编》，人民出版社1997年版，第15册，第624页。

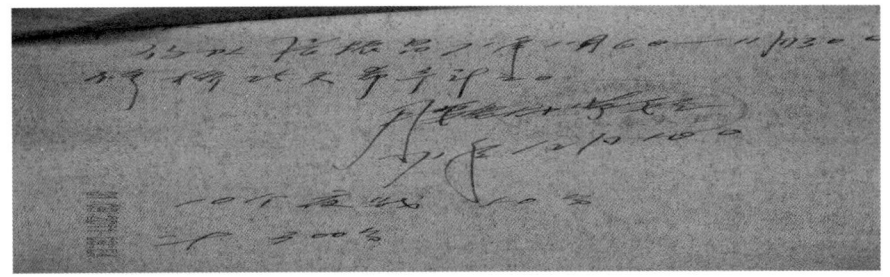

另外，腰老窝大队也有面临洪灾的时候，尽管没有大的河流经过或者湖泊类的水源聚集地，但是在腰老窝大队不远处有一条红河，在夏天雨季的时候容易泛滥。之所以叫红河，是因为鞍山钢铁洗过铁的矿水流入河中，该河水遭到了污染才呈鲜红色，故名红河。据白永芳回忆，在发洪水的时候，大队书记和大队长要组织生产队的社员去修坝，毕竟这关系到了腰老窝农业生产收成好坏的程度，必须要进行修坝拦截才能减少洪水对整个大队农作物的冲击。白永芳说："那边儿有红水河，到夏季时候没下雨，看到坝道哪不行了，派闲工，然后分段，一段段的，根据乡，按各个村，分成多少米，完事就到村里头，村里头就往各小组，就往生产队里分，一个生产对多少米。然后生产队组织劳动力上坝。""他那红水是鞍钢洗矿下来的水。怎么叫红水河呢，就是淌着的水是红色的"，另外，大队的民兵连长还要负责组织社员随时准备面对堤坝出问题的紧急情况。在夏季涨水的时候还要派社员去巡逻，以防止决堤。整个大队的农田基建情况，都有专门的登记报表，从 1975 年的腰老窝大队农田基本建设情况表中，可以看到该大队在那一年基建的总体概况，如下表[①]：

腰老窝大队　农田基本建设情况（二）（1975 年）

单位名称	完成农建人工（万工日）	完成土石方量（万立方米）	使用资金（元）	自筹资金（元）
合计	0.87	1.94	3450	3450
1	0.1	0.2	500	500

① 资料来源：腰老窝村历史资料档案室，华中师范大学中国农村研究院"百村十年观察"项目数据库，2011 年。

单位名称	完成农建人工 （万工日）	完成土石方量 （万立方米）	使用资金 （元）	自筹资金 （元）
2	0.12	0.24	500	500
3	0.1	0.3	500	500
4	0.15	0.3	500	500
5	0.1	0.3	500	500
6	0.15	0.3	450	450
7	0.15	0.3	500	500

腰老窝大队在 1975 年完成的总土石方量是 1.94 千立方米，而所使用的资金则全部来自于自筹，也就是说在基建过程中完全依靠大队的自有资金来建设，公社并没有下拨任何款项。腰老窝大队各个生产队完成的任务也是较为平均，除了第一二生产队相对有些少以外，总的来说基本上大队是按照平均分配的原则进行任务分配的。在农田水利基建过程中，大队起到的作用主要就是组织协调和安排任务，这也符合大队作为公社中间一级组织所应起到的作用。

3. 收入分配：统筹、汇总与登记

生产大队除了组织安排生产和基建外，最为重要的一点是要对生产队的各项收入进行统筹、登记和分配。基本核算单位下放到生产队以后，农业生产收益由生产队自己分配，大队无权干涉，但仍需要对这些情况进行汇总登记，将各种经济活动情况登记汇总以后上报至公社，从而有利于国家及时掌握农村经济发展状况。大队每年年底都要通知各个生产队队长和会计，将本生产队的会计账目和各种报表进行汇总上报至大队。腰老窝大队的会计账目资料中包括了这些汇总账本和报表：劳动公账、存款账、收入账、社员结算账、支出账、财产登记簿、固定资产明细分类账、会计凭证、社员预支结算账、库存物资账、收支账、劳动工章、资金平衡表、生产队收益分配表、人民公社收益分配年报表、实物收付账、现金出纳账等等。所有这些账本和报表反映除了生产大队作为主要统筹组织，并不参与具体的分配行为。从生产队的收益分配表中看到，有些生产队的社员还欠生产队的钱，至于出现这种情况的原因，也就是由于社员劳动有限与上级机构征购任务之间的矛盾所造成的。

由于基本核算单位下放至生产队以后，大队也就无权干涉具体的收益分配。白永芳任书记时，也谈到了这一点："小队都是单算，大队不干涉。"大队干部的收入分配由公社统一安排，大队干部按照脱产来算，平时去公社开会或者去生产队指导生产，都必须要算上工分，一年的工分书记大概是5000分，大队长是3000多分，兑换成现金的话还需要看当年的农业收成情况，收成好的话每一工分所能换取的钱也就比较多。白永芳说，"他一年的工资大概是四五千块钱，这对于他养家糊口算是绰绰有余了。"张成泉担任大队长时也谈到了大队干部收入问题，他说他的收入大概是3000多块钱，基本上够家里六七个人生活。从腰老窝生产队的年度收益分配决算表的相关资料来看，平均每个人的收入大概是110元至200元之间，如果家里劳动人口多的话，那么相对来说挣的钱也就较多。公社在收入分配这方面也进行了相应的规定，在《关于首山人民公社一九七五年秋收分配具体意见的通知》一文中对社员、生产队干部和大队干部的收入分配提出了具体要求。

关于首山人民公社1975年秋收分配具体意见通知①

各生产大队、生产队：

我公社根据沙岭区革命委员会生产组（1975）第10号文件"关于转发市革委会农业组关于一九七五年秋收分配几个问题的意见草稿通知"结合我公社具体情况，经公社党委讨论决定提出我公社秋收分配工作的具体意见：

一、关于集体积累和社员消费问题

1. 相对稳定社员收入

根据我公社目前生产发展程度和人民公社水平一般稳定在每人平均收入120元至150元。具体说去年每人平均收入不足120元，今年不能突破120元，增收部分做公共积累或生活储备基金。去年超过150元今年不得超过150元，多余部分做生活储备基金以丰补歉。

---

① 资料来源：腰老窝村历史资料档案室，华中师范大学中国农村研究院"百村十年观察"项目数据库，2011年。

2. 生产队提留公共积累比例划法……

3. 各项积累分配的比例……

4. 折旧基金提留……

5. 生产大队提留生产队积累问题……

6. 牲畜参加分配问题……

二、口粮与副产物分配

1. 口粮分配

口粮分配继续实行"以人定等，以等定量"劳动力补助办法。即一岁小孩吃平均口粮的百分之十，每增一岁增平均口粮的百分之十，七岁以上吃平均口粮。小孩节余部分再从总口粮拿出一些进行"按劳分配"，这部分粮占总口粮百分之十左右……

2. 副产物分配……

三、各尽职能按劳分配问题

1. 大队干部报酬问题

我公社的大队干部与昔阳、大寨干部比劳动还有很大差距，今年还要有确定干部报酬方法问题，大队干部实行定工生产和劳动补贴办法确定，根据参加集体生产劳动多少工作好坏，不超过同等劳动力的工分。大队干部的工分要由群众评定，党支部把关报党委批准，要防止出现高工分、高日值和挣职务分等不合理现象。大队干部的日值按本大队……日值差距过大，由公社具体确定。

其他大队干部和生产队长，一律实行因公误工补工办法，参加本生产队分配，不需增加脱产人员，更不许挣职务分与高工分。生产队长的工分要由大队党支部批准，报公社备案。

2. 大队企业分配问题……

3. 大队专属人员的报酬问题……

4. 关于三清一查问题……

5. 对军烈属、五保户、苦难户补助问题……

6. 加强分配工作的指导

各大队党支部要把秋收分配工作当成一件大事来抓，纳入工作日程切实抓好。要以学习无产阶级专政理论和评"水"批"宋"为动力带动分配工作，为明年进入大寨社搞好今年的分配工作。各大队要结合农村"三两"斗争实际，狠批分配中的资产阶级法权，狠批刘少奇、林彪散布的"分光吃净""国富民穷"的反革命修正主义路线，批判"顾一头""当年红"等资本主义倾向。广泛发动群众，认真学习毛主席对分配问题的一系列指示，梳理全局观点和加强政策观念、认真讨论和落实分配工作各项具体政策和措施……

首山人民公社革命委员会

一九七五年十二月五日

在这一份通知中，对公社各大队的秋收分配问题进行了较为详细的规定和说明，也可以看到对生产大队队长和生产队长的报酬有严格的规定，大队里不能够出现擅自多挣工分或者挣职位分的情况。从这一点上来看，公社的各项规定算是比较齐全。但从生产大队的具体执行来看，腰老窝大队干部仍然有"职位分"，并且是作为脱产干部进行分配，生产队长则是不脱产干部，具体的分配方案由生产大队决定。这在一定程度上使得大队干部有一定的权限去制定生产队干部的收入分配规定，在一定程度上也是公社权力的下放。因此，在这个过程中，腰老窝大队拥有一定的收益分配权力，并且能够通过收益分配的过程将生产队、生产队干部和社员紧紧联系起来。当然，大队党支部作为党在基层的领导者和管理者，作为国家的代理人，其所体现的自然也就是党和国家的意志，继而将国家与农民连接在一起。

（二）征购任务的"督促者"

1. 任务指派：大队传达，生产队安排

实行粮食统购统销，开始于1953—1992年底。粮食统购统销，就是通过借助国家政权的强制力量，使得农民将自己生产的粮食全部卖给国家，全社会所需要的粮食全部都由国家统一供应和分配，农民自己食用的数量以及种植的品种都得到国家的批准后才能够留下来。社会主义国家没有市场经济，就只能够借助于国家的力量来进行宏观调控，实行计划经济。粮食统购统销，就是国家权力的全面展开，使得每个农民都与国家挂上了钩，也无法逃脱国家的控制。因为每个农民都必须将自己种植的粮食

送到国家固定的收购地点，并且由粮食部门专门负责管理，如果社员不上缴粮食，那么就是违背了国家意志，就是与国家"作对"。

腰老窝生产大队，在国家统购统销政策下，也需要将粮食上交给国家。在东北，主要是生产大米和玉米。在腰老窝大队，基本上种植的都是玉米。在公社时期，社员每天都要按时进行农业耕作和生产。白永芳回忆，当年实行统购统销，国家下达给每个大队的征购任务是固定的，并且还分不同的粮食作物进行征购。当然，具体的数据白永芳老人已经无法记清。在腰老窝村委会的档案室中留存了40年的账本记录，其中就有关于国家统购统销是下达的征购任务记录。以下是根据1970年度粮食产、购、销最后落实情况的历史文档绘制的表格：

首山公社腰老大队一九七0年度粮食产、购、销最后落实情况[①] （1971年1月14日）

单位：（市斤）

生产队	集体产量			征购任务	大豆总产	三消安排		
	面积	亩产	总产			留种	征购	油酱豆
合计	4335	343	1487615	687028	173652	14685	135132	23835
1	582	296	172616	70640	22392	1875	17352	3765
2	569	335	190308	85950	24000	1800	19275	2925
3	572	466	209716	84961	25930	2055	20185	3690
4	586	366	210035	97616	26930	2250	21335	3345
5	602	315	190109	80296	28975	2475	23275	3225
6	621	330	206740	96868	24550	1950	19255	3345
7	803	383	308091	170697	20875	2280	14455	4140

以上的数据显示出当年国家不仅将征购任务通过公社传达到了每个生产大队，而且也具体到了每个生产队。根据计算，国家征购的粮食占腰老窝生产大队总产量的46%，这就将近有一半的粮食被国家征购。大豆的征购比重更大，达到了77.8%，只剩下了两成多的产量，这无疑说明了国家征购计划任务量大，而对于生产大队和生产队来说负担也就很重了。但据白永芳说，国家下达了任务，公社下达到大队，大队负责传达给生产

---

① 资料来源：腰老窝村历史资料档案室，华中师范大学中国农村研究院"百村十年观察"项目数据库，2011年。

队队长，由生产队长掌握情况后进行一年的粮食生产任务指派，再由社员根据自己的耕作情况上缴征购粮。

结合 1970 年腰老窝大队人口统计表的情况来看，整个大队每亩的产量大概是 300—500 斤左右，而人均产量约为 919.42 市斤①，从这点来看，腰老窝大队的亩产和人均产量都不算太高。通过征购任务计算，大队安排到每个生产队的征购任务占该生产队产量的比例分别为：第一生产队40.9% 、第二生产队 45.2% 、第三生产队 40.5% 、第四生产队 46.5% 、第五生产队 42.2% 、第六生产队 46.9% 、第七生产队 55.4% ，从中可以看出，每个生产队的征购任务超过了粮食产量的 40% ，第七生产队还超过了一半，这样看来每个生产队的征购任务仍比较重。

在粮食征购任务下达的过程中，大队只是负责传达国家安排给公社的任务，而具体的安排则在生产队。从国家粮食征购的任务量来看，占到了每个生产队的一半左右，而大豆的征购量却超过了 70% ，从而显示出了国家对于农副产品的征购力度，以及在这个过程中国家权力延伸至基层的深度，自然而然显示了国家权力在农村的延伸，也是一种国家化行为的体现。

2. 粮食上缴："大队督促，社员自己交"

这里谈到的大队督促和社员自己交粮食的时间，主要指在白永芳担任书记期间，也即从 1977 年到统购统销结束。由于"大跃进"、浮夸风、放卫星等等不符合实际的行为，蒙蔽了国家领导人根据实际情况做出正确决定的视线，这些让上层领导人似乎看到了社会主义的希望，但这却让底层的农民更加痛苦。究其原因是当时整个社会处于一种浮夸风、欺上瞒下的风气之下，很多地方都虚报粮食产量，更不顾及实际情况从而导致灾难性的后果。国家征购粮食的数量有规定，而地方政府为了虚报的数目，就不得不从农民那里征收更多的粮食，从而保住自己的"乌纱帽"。作为农民，生产了那么多粮食，相信社会主义公有制下的集体主义会有合理的分配和供应，结果很多农民饿的饿死，瘦的骨瘦如柴。在饥荒之年，甚至有人吃树皮吃泥土等等。而灾难的源泉就是那些不切实际的只顾形式主义的各种浮夸运动。

---

① 人均产量 = 总产量/总人数，919.42 ≈ 1487615/1618，市斤即斤。

　　腰老窝大队在完成国家粮食征购任务的同时，遇到了很多问题。尽管大队为了国家的任务而不惜一切代价，但在实际的生产过程中，又不得不面对各种困难。在与白永芳老人进行访谈的过程中，了解到腰老窝大队过去为了完成任务，除了给社员进行特别交代与安排外，在生产种植上也下了不少功夫。白永芳老人回忆道，国家规定过一亩地要打 600 斤粮食，而实际上连四五百斤都打不上。后来更甚者，全国各地放卫星，认为一亩地能打上千斤上万斤的粮食，而实际上有经验的农民都知道，就算技术和种子更新了，产量都达不到 800 斤，更何况是上千斤。但是，作为大队干部，虽然深知这一点，但也不得不执行上级的任务和命令。而最后，吃苦和吃亏的都是普通社员，不是挨饿就是吃不上饭。既然任务下达了，就要完成。对于统购统销的粮食征购任务，腰老窝大队也只能依靠所有社员自己解决，不仅仅是要靠自己生产完成规定的产量，而且还要靠自己的力量将粮食送到指定的粮食收购地点。根据 1970 年腰老窝大队人口统计表和征购任务落实情况表的计算来看，每户要交的粮食约为 1979.91 市斤[1]，而每人应上缴粮食量约为 424.62 市斤，这其中包括所有的社员，不管是劳动力还是非劳动力。在有的社员家庭，人口比较多，那么上缴的粮食量也就相对较多，负担也就更大。对于家里人口多，而劳动力少的家庭来说，粮食征购任务无疑是更重的负担。以下是腰老窝生产大队在 1970 年的农作物耕作面积和产量年报表，其中反映出了腰老窝大队农村五的品种和年产量情况[2]：

农作物耕作面积及产量年报表 　（一九七〇年度）

单位：（面积：市亩；产量：市斤）

农作物名称	播种面积	每亩产量	总产量	农作物名称	播种面积	每亩产量	总产量
总计	826			土豆	15	266	4000
一、粮食及大豆作物	803	383	308091	地瓜	5	193	968

---

　　[1]　根据本论文第二章第三节和第三章第二节的两个报表进行计算，每户征购量 = 总征购量/总户数 = 687028/347 ≈ 1979.91 市斤。

　　[2]　资料来源：腰老窝村历史资料档案室，华中师范大学中国农村研究院"百村十年观察"项目数据库，2011 年。

农作物名称	播种面积	每亩产量	总产量	农作物名称	播种面积	每亩产量	总产量
1. 粮食作物	651	438	287216	豌豆	11	296	3258
春小麦	20	108	2166	其他杂粮	9	76	684
谷子	60	305	18033	大豆	152	137	20875
苞米	261	466	121744	2. 经济作物			
高粱	270	505	136363	棉花	18	11	1980

补充资料：（1）粮食作物站用更低面积596市亩，耕地面积上粮食作物总产量287216市斤，每亩产量482市斤；（2）社员自营及其他类型粮食及大豆播种面积23市亩，总产量11178市斤；（3）年末实有集体储备粮6350市斤。另外社员欠：78985市斤。

从上表中可以看到，对于农作物耕种面积和产量都会形成年报上报至公社，大队掌握生产队和社员的具体耕种情况。至于粮食征购计划下达至生产队以后，大队书记主要负责督促，而大队长则需要在国家征购粮食的时间内通知到每个生产队按时交粮。当然，也有遇到不按时按量交粮的社员，生产队干部拿这些社员也没办法，最后就只能由书记和大队长亲自做工作，进行劝导。在腰老窝大队，大队干部并没有因为社员不按时交粮而进行处罚或者进行打击报复，而是通过做思想工作的方式进行，即使在"文化大革命"期间，大队干部并没有过多的利用政治高压对社员进行威胁打击。腰老窝大队里县城还有两三公里的路程，不仅距离较远而且那时的道路坑坑洼洼，这都给社员上缴粮食增添了不少麻烦，但所有的社员都必须在规定的时间和规定的地点上缴粮食。

问：你们那时候不是要统购统销吗？统购统销要交粮食，这个是由谁来负责的？

答：哦，交粮食这事……

问：嗯。

答：那就是任务下来了，按一亩地来交多少公粮。派到小队，根据小队地的亩数，一亩地抽多少，各小队就往粮库送。

问：送到哪里？

答：送到粮库，首山，辽阳。

问：是小队自己去还是大队？

答：小队自己送。

问：大队不管吗？

答：大队不管。

问：就是说把任务下达给你，说你得交多少多少。

答：交多少了，大队开完会回来，小队长开会。根据小队地的亩数，完事儿，应该产多少斤儿，得下到小队。小队自个，到时候，打完了自个弄车送过去。

问：哦……

答：那不归大队。完不成任务那时候，送多少粮给你票，到时候积累。

问：那完不成任务怎么办呢？

答：完不成就种呗。你任务完成了就拉倒。

问：就是说任务完不成也不关大队的事情吧。

答：不是，就是小队自个就得交多少。

问：这些都是由生产队来……

答：公粮必须得完成。

问：这个大队没有太多管理，是吧？就是不用太多插手，是吧？

答：嗯，那不用。

问：哦。只要统筹一下就行了吧。

答：对，那时就是大队督促，公粮交没交够，差多少斤儿，照任务赶紧完成。①

　　大队的作用，由此体现出来。从社员的角度来说，为了完成国家征购粮食的任务，就必须依靠自己的力量来完成，而大队干部和相关机构只是起到了一个中介和督促的作用，最后还是要社员自己想办法去县城交粮

---

① 访谈记录：来源于录音 YLW – REC001，华中师范大学中国农村研究院"百村十年观察"项目数据库。

食。在六七十年代的农村，交通不便利，交通工具不发达加之道路状况较差，这些都加大了农民去县城交粮的难度。不管什么样的情况，在当时的情形之下，一是有政治高压；二是有国家权力的管辖；三是有基层干部的监督和督促，而且党和国家提出了"备战，备荒，为人民"的口号，并且作为最高指示下达到每个公社和大队，这些都使得社员们不得不将粮食按时送至粮食收购部门。

（三）政治运动下的约束与引导

在集体政治运动中，农村没有城市那么激烈，但仍需要跟着国家的政治运动步伐前进。此处的政治运动主要是指"文化大革命"阶段的政治运动，也即1966—1976年期间。在这段时期内，一方面生产大队干部的权力受到来自国家上层的约束；另一方面生产大队则需要对生产队和社员进行管理和约束，在政治运动的过程中起到引导的作用。由于公社离大队还有一定的距离，不仅是地理上的而且还有管理范围上的，大队权力约束就成了问题，而国家下派工作队至农村，在一定程度上刚好起到这样的作用。在政治运动过程中，大队不仅要管好自己也即大队干部，而且需要对整个大队系统进行约束和管理。从这一点上可以看到，生产大队作为国家政权的边界，所处的位置和起到的作用是连接国家与基层农民，所以要接受来自国家和农村的双重监督。与此同时，大队在对生产队和社员进行约束和管理的过程中体现了大队的角色及与各方面的关系。因此，在下文中主要侧重两方面的约束，即大队本身的约束。

1. 工作队的到来

要了解"文化大革命"，就必须先提到"四清运动"。"四清"主要是指清政治、清经济、清组织、清思想，这是根据刘少奇的夫人王光美总结的桃园经验而提出的，后为中央在全国政治会议上认可。"四清运动"是在各级组织的领导下进行的，可以说是一场有序的"革命"。当然，腰老窝大队在四清"文化大革命"的大背景下，也经历了这一场席卷全国的政治运动。

国家下派工作队是在"四清运动"期间，是为了更好地清理大队以及大队干部的各种问题，这对于约束生产大队干部以及生产队干部的权力起到了较大的作用。工作队下派到生产大队，对农村社会产生了一定的影响。工作队从性质上来说，就是国家下派的干部，代表着国家，而在下派过程中清理大队中针对干部的一些问题，这也是一种肃清农村基层干部的政治运动。

腰老窝大队在四清时，也有工作队的人下来查问题，也确实查出了一些问题。在工作队的带领下，群众对于那些有问题的大队干部进行揭发检举，或者是单独召开所有村民的会议，将大队干部都排除在外，从而给干部们造成一种心理压力。而工作队的到来，也给原本平静的大队增添了一点紧张的躁动气氛，大队里干部和社员间的关系开始变得有些紧张。当有些社员得知工作队下到队里是为了查大队干部的问题时，他们既高兴又担心。高兴的是社员们可以为自己在队里受到的不公平待遇而"申冤"，同时揭发那些不认真搞生产而徇私枉法的大队干部，担心的是毕竟工作队在大队的调查时间有限，只是为了查问题而受国家委托下派过来，一旦查清楚后就会撤走，他们走后社员面对的仍是朝夕相处的大队干部们，如果自己在工作队面前"告了他们的状"，以后没有工作队"撑腰"了，他们就有可能会因此而受到某些大队干部的打击和排挤。

据张成泉的回忆，工作队到腰老窝大队的时候，大概待了三四个月的样子。工作队有七八个人，当时的年纪大概都在四五十岁左右。工作队的队长是以前沈阳轻工学院的副书记，叫陈振武。工作队下派到大队的仍是政党的干部，虽然是大学的副书记，但仍在党的系统内。工作队下派到队里后，群众对他们的印象也不错，毕竟是来查问题的，如果本身形象不行就会影响党和国家的形象。张成泉作为当时的大队会计，自然而然也就受到了工作队的调查，但他自己本身没什么大的问题，所以也就没有受到什么影响。另外，当了多年书记的白永芳，也受到了工作队的调查，由于本身遵纪守法，认真履行职责，所以也没有什么问题。

工作队下来，根据群众的揭发检举，查处了第二生产队的队长，据说他当时私自使用了100米，就被上面处理了，一是撤销队长之职；二是进行处罚；三是进行思想教育。当然，这是根据情节严重来进行处理。不过，这与后来的"文化大革命"相比较，工作队下派的方式还算是比较轻的，而且运动也没有那么激烈。工作队的下派，对于大队干部的行为起到了威慑作用，在一定程度上约束了大队干部的权力，也在一定的时间内起到了肃清农村干部的作用，而对于社员们来说，能够提出干部们的问题也就能够更好地监督干部的工作，更为重要的是国家能够通过这样的方式了解基层农村大队干部以及大队内部出现的问题，也能够及时掌握农村的基本现状。尽管工作队的下派时间短暂，却对大队以及广大社员带来了不小的影响。

2. 社员的管理

在八届十中全会公报中指出了关于阶级斗争的必要性。"八届十中全会指出，在无产阶级革命和无产阶级专政的整个历史时期，在由资本主义过渡到共产主义的整个历史时期存在着无产阶级和资产阶级之间的阶级斗争，存在着社会主义和资本主义两条道路的斗争……在这些情况下阶级斗争是不可避免的。"[①] 这些为开展阶级斗争提供了重要的理论依据。对于社员的管理来说，通过早请示晚汇报这样的方式来进行管理和约束无疑能够规范他们的行为举止，以及对于党和国家的忠诚。早请示晚汇报，也是为了更好地控制那些所谓的"四类分子"的言行举止，以防止他们"卷土重来"。

在"政治"强行侵入到日常生活的各个方面的"文化大革命"时期，"早请示晚汇报"是一定时间内农村中每天都要执行的一种政治活动。腰老窝大队经历的"文化大革命"，这种"早请示晚汇报"也不能例外。腰老窝大队的四类分子不是很多，在人口统计表中显示是 6 个。当时四类分子与普通社员待遇差别很大，由于涉及到政治成分，所以四类分子只能早请罪晚请罪，而不是早请示晚汇报。从这点上可以看出，对于不同阶级成分的社员，党和国家有不同的管理和约束方式，大队则按照不同的方式具体执行。这些人请罪一般是在毛泽东的头像前低头弯腰站着，保持着请罪的姿式，用别人给自己定的罪行、罪名大声诅咒自己。现在腰老窝村会计宋旭庆的父亲，以前在国民时期曾担任过该村的保长，中华人民共和国成立后则被定性为伪保长。"文化大革命"时期，由于宋旭庆的父亲以前是国民政府的伪保长，因此在政治成分上划入四类分子，并且每天都要"早请罪晚请罪"。

据宋旭庆的回忆，当时他的父亲年纪比较大，但每天都必须对着毛泽东的头像，低头向毛主席认罪，反省自己的过错。他年迈的父亲每天要像罪人一样，在毛主席的头像面前忏悔，那种场景让人听着就有些心酸。可

---

① 中共中央文献研究室编：《建国以来重要文献选编》，人民出版社 1997 年版，第 15 册，第653 页。

是当时的宋旭庆，年纪较小，只能够眼看着自己的父亲向毛主席"认罪"，却没有办法改变现状。由于父亲的这种身份，宋旭庆在后来的发展中受到了一定的影响。但比较好的一点是，宋旭庆的父亲只是请罪，而没有被拉去大街上批斗。宋旭庆尽管没有被推荐去当兵，但还是留在了村里当会计，直到现在他仍担任会计一职，这些都与腰老窝大队政治斗争氛围相对较宽松有关。腰老窝大队当时的这种政治斗争，相对于其他地方来说要轻一些，也要缓和一些。与过去大队书记白永芳的访谈中，也有关于宋旭庆的一些了解。在大队的历史档案中，也存留有关于宋旭庆担任大队会计的一些证明材料，这些都证明了宋旭庆当年留在村里当会计的事情。以下是与白永芳的访谈：

> 问：那时候……我记得现在的会计（宋旭庆），他跟我说他的父亲是伪保长，是吧？
>
> 答：嗯。
>
> 问：在政治斗争，在"文革"时期的时候，对他有没有一些什么对待呢？
>
> 答：那就，干啥呢，就是掌握这些政策，地主分四类。
>
> 问：四类分子？
>
> 答：嗯，四类分子。不必要再给他……不给他派下去，知道不。这属于政治问题，那时候。简单告诉上哪，不允许……
>
> 问：不允许乱跑。
>
> 答：嗯，不许乱动。他就是可以在生产队老老实实干活，干上。
>
> 问：政治生活上不允许他做些什么？
>
> 答：嗯，对。政治，那时候整得比较严，有几个在咱村都给调走了。那时候比较严重，过去有历史问题啦，不行，都给调到首山农场那边去了。
>
> 问：哦……集中进行教育吗？
>
> 答：嗯，后边不是纠偏吗，政策放宽了，就再回来。①

---

① 访谈记录：来源于录音 YLW－REC001，华中师范大学中国农村研究院"百村十年观察"项目数据库。

从这段访谈中了解到，腰老窝大队不仅将有"阶级成分问题"的社员进行集中劳动改造，还要进行思想上的教育和改造。没有政治问题的社员，则要每天早请示晚汇报。早上的时候各生产队长带领社员出工前，将《毛主席语录》放在胸前，面对毛主席的像站立，然后组成一个方阵，鞠躬行礼，手握语录高呼伟人万岁，紧接着就是唱《东方红》。这一切程序做完后，所有社员都去田地里劳作。

据白永芳回忆，首山机场建设时期，可以从大队中抽调社员去建设，但对于政治成分上有问题的"四类分子"则没有这样的资格和机会，因为这也算是公社时期一个能够挣钱养家糊口的方式。在腰老窝大队，除了进行阶级成分登记外，将有问题的社员送去劳动改造，每天出工前进行向伟人致敬的仪式，限制社员外出，对社员进行集中政治思想教育等等方式来进行约束和管理。在这个过程中，渗透的依然是社会主义意识形态和效忠国家的政治强制，更多的是对于广大社员进行社会主义思想改造，也是国家控制每个社员的一种手段。

3. 要文斗，不要武斗

"四清运动"尚未结束，"文化大革命"悄然开始，这是一场自上而下发动的"政治大革命"。"文化大革命"导火线是清华附中红卫兵的《炮打司令部——我的一张大字报》，该《大字报》得到了毛泽东的肯定。《大字报》中指出，从中央到地方的一些干部，"站在资产阶级反动立场上，开始实行资产阶级专政，试图将无产阶级轰轰烈烈的'文化大革命'打压下去，从而颠倒是非，混淆黑白，围剿革命派，压制那些不同意见，实行白色恐怖，自以为是，助长资产阶级威风，灭无产阶级志气。"[①] 以打倒资产阶级为目的的这场无产阶级"文化大革命"运动在造反派的推动下，全国各地的这种运动逐步开展起来。

1966 年 8 月开始，"文化大革命"以不可抵挡之势席卷整个中国。这一场革命，已经完全打破了国家与社会的界限，彻底破坏了农村过去的旧传统，而更深刻的是将革命深入到了每个农民的内心，继而留下了不可磨灭的记忆。农村公社下的生产大队，在革命轰轰烈烈进行的时刻，已然从

---

① 陈吉元、陈家骥、杨勋主编：《中国农村社会经济变迁（1949—1989）》，山西经济出版社 1993 年版，第 355 页。

过去的以生产为主，过渡到了以政治生活和阶级斗争为主的阶段。

腰老窝大队不管是在工作队下派时，还是"四清运动"过程中，亦或是"文化大革命"时期，并没有像其他地方那样过于激烈，而是以一种较为缓和的方式来进行。这场席卷全国上下的政治运动，城市和农村形成了鲜明对比，城市中较为激烈，而农村中则没有那么剧烈。"文化大革命"开始时候，各地的公社改为了革命委员会，首山人民公社相应的也就改为了首山公社革命委员会，腰老窝生产大队则改为了大队革命委员会。"文化大革命"期间，生产大队的书记由张成泉来担任。在担任大队书记期间，也曾经令他感到很为难。"文化大革命"是国家上层发起的政治运动，因此作为大队书记不得不执行上级命令和指示，但与此同时，又不希望看到同为一个大队的社员彼此间因为批斗整改而出现流血受伤的情况和局面。

腰老窝大队有 6 个四类分子，在群众开展阶级斗争时，就将那些政治成分上有问题的社员拉出来，批斗一下。而批斗的形式主要是通过群众性发言来例举过去该社员的种种"罪行"，而至于打斗等暴力方式，则较少。张成泉说："咱们这个场斗得不怎么太厉害，没有什么太大的剧烈运动。那阵，我是书记，可能是。那时候，咱们这个场运动不是怎么太激烈，不怎么打啊乱七八糟的，一般都没有那些现象，打个人乱七八糟的没有。"不过，在农村中还是有很一小部分人希望通过这次革命的机会来打击报复以前与自己有过节的人，那么打人等暴力方式也就难免会出现。张成泉作为大队书记，也是代表着党在基层的代理者，自然也就不希望社员之间因为批斗或者借由打倒资产阶级者而彼此间大打出手，因此也经常阻止类似这样的行为。张成泉回忆说："人家有错误不是，那阵也讲究要文斗不要武斗，不要打嘛。我就讲一讲，开开会，我就叫不要打人，打人没什么好处。都是同村人，你打完都不太好。"这些说明张成泉并不希望通过暴力来解决问题。

另外，通过对村民的了解，腰老窝大队过去尽管有十来个地主，而令人憎恨的地主在东北这块土地上并没有特别严重地盘剥农民。在韩丁的《翻身》一书中，那些苦难的农民受到地主的压榨和剥削，这些都让人对地主痛恨不已，但腰老窝大队的地主在过去也不至于像韩丁所描述的那样十恶不赦。从腰老窝的一位村民中了解到，他认为地主没有什么不好，自己有钱了就买地买房，也没有碍着其他人什么事。"那时候也像现在这政策呗。现在富人，那时候地主，有俩钱儿，种地，住着呗"，该村民用这样的话来形容地主，也是与现在的富人做了比较，这样一联系起来也让人觉得地主有钱人都是靠自己的努力得来的财富，何罪之有？之所以批斗那些地主，这是政治上的需要，是党在为了将社会主义的意识形态向基层渗透，通过这种方式来巩固国家在基层的权力。从会计的各种记账凭证来看，每一本账目的扉页都会有关于最高指示和毛主席语录，像"千万不要忘记阶级斗争""政治工作是一切经济工作的生命线"等等，这些都是作为政治意识形态灌输到了大队基层，甚至以这种形式来加强基层的阶级斗争意识。

五　终结与影响

1978 年，中共十一届三中全会召开，此次会议意义重大。在农村，以改革农村生产关系为基础，逐步实行家庭联产承包责任制，改变了过去由集体统一分配收益的方式。1978 年后，全国各地开始改变过去公社时期的集体经营体制，逐步转向了以农村家庭为主的联产承包制，而这种承包制将农田再次返还给农民，尽管土地所有权仍归集体，但农业生产安排、土地使用和收益分配夺自由权利则完全回归到农民手中，从而极大地提高了农民的积极性。国家通过将土地使用权和收益分配权归还至个体进而激发了农民个体为自己劳动的积极性的做法，使得农村改变了过去吃大锅饭时代混吃等喝现象，更是让农业经济的发展逐步走出了过去"共产风""浮夸风"的恶性循环。

与此同时，农村政治体制也在发生着改变。1983 年 10 月 12 日，中共中央、国务院颁发了关于实行政社分开建立乡政府的通知。《通知》中指出，随着农村经济体制的改革，现代农村政社合一的体制显得很不适应，宪法已明确规定在农村建立乡政府，政社必须分开①。于是，各地相继撤销人民公社，而重新成立了乡政府。与此同时，生产大队改为了村民委员会。《通知》中还指出："村民委员会是基层群众性自治组织，应按

---

① 　张乐天：《告别理想——人民公社制度研究》，上海人民出版社 2005 年版，第 428 页。

村民居住状况设立。村民委员会要积极办理本村的公共事务和公益事业，协助乡人民政府搞好本村的行政工作和生产建设工作。村民委员会主任、副主任和委员要由村民选举产生。"① 农村政治体制的改革带动了经济体制的改革，如此一来，不论是农民还是整个农村的经济发展，开始步入崭新的时代。

腰老窝生产大队，也在党和国家的改革大潮中，成立了村民委员会。腰老窝村民委员会成立后，受辽阳县首山乡管辖。1983 年 8 月，辽阳县撤销公社和生产队。至此，腰老窝生产大队退出了历史的大舞台，进入到新的农村行政体制建制阶段。尽管国家规定村民委员会是群众自治性组织，协助乡政府办事，但实际上村委会仍隶属于乡政府。与人民公社时期相比较，腰老窝村民委员会有了更大的自主权和管辖权，而国家的干预和行政命令就要相对少一些。公社时期，每个社员的生活都要与国家直接或间接打交道，还要面临政治运动所带来的压力，而到村民委员会成立后，则逐步转向了农业生产与家庭经济发展上，村民也有了更多的自主权和自由权。公社解体后，公社对农民人身的种种控制也就随之减弱和消失。

2009 年经过辽阳县政府批准，在兴隆村成立兴隆镇，腰老窝村划入到了兴隆镇，不再归首山乡管辖。腰老窝村为行政村，包括了三个自然村，即腰老窝、洪老窝和乌隆台这三个自然村。《通知》的出台和腰老窝村民委员会的成立，说明了国家权力从农村基层的逐步退出，从而减少了对农村各项工作的全盘管理，更多的是让村民自主管理，选举出为村民服务的干部。

农村中尽管成立了村民委员会，但在乡村治理道路的初期，仍未摆脱生产大队时期的"影子"。生产大队对于改革开放后农村发展的影响，体现在农村政治经济的方方面面，以下是对这种影响的综合性阐述。从农村行政建制的发展轨迹来看，每一次的改革不论是横向还是纵向，新的农村建制体制总是会与改革前的体制有联系。在此将中华人民共和国成立后辽阳县的乡镇体制进行纵向比较，从而较为清楚地看到各个时期间的差别以及彼此的影响。

---

① 张乐天：《告别理想——人民公社制度研究》，上海人民出版社 2005 年版，第 429 页。

阶段	1948 至人民公社前	人民公社时期	人民公社解体后
时间	1948 至 1958.8	1958.9 至 1983.8	1983.8 至今
体制	乡（行政村）制	人民公社制	乡镇制
特征	议行合一	政社合一	乡政村治①
区划	乡（行政村）、镇	人民公社、生产大队、生产队	镇、村、村民组
区划间关系	受县政府委托乡领导行政村。	公社领导管理大队，大队指导管理生产队。	镇与村无行政隶属关系，村为自治性群众组织。

从上表中可以看到，在乡镇行政体制的历史演变过程中，经历了乡（行政村）体制到人民公社体制，再到乡镇村的体制，尽管这个历程看起来是一个循环的变化，但却有本质上的差别。从生产大队到村民委员会，乡镇体制发生了改变，这主要体现在名称和性质上的改变。名称上的改变显而易见，而性质上的改变，则更为明显。生产大队必须服从公社的命令和指示，向下传达给生产队，而村民委员会在行政体制上并不隶属于乡镇政府，只是群众性自治组织，不在国家行政体制内。但相同的是，生产大队和村民委员会扮演的都是半行政性组织的角色，同时根据相关规定仍负责农村行政和生产事务。

结合本文的个案来看，首山人民公社撤销后，腰老窝生产大队也就不再存在，相应地成立了腰老窝村民委员会。从腰老窝生产大队到腰老窝村民委员会，不仅仅是名称上的改变，也有其他方面的保留和转换。从保留下来的方面来看，一是腰老窝村的管辖范围，仍然是三个自然村组成新的行政村，也即腰老窝、洪老窝、乌龙台，这与人民公社时期的腰老窝大队行政管辖范围一致；二是腰老窝村民委员会组织架构和干部名称设置上，很多干部职位与生产大队时期的仍一致，例如党支部书记、会计、妇女主任、民兵连长等等。

生产大队对农村的影响主要体现在两个方面，即村民委员会和村民。

---

① 张新光：《中国乡镇行政管理体制的历史沿革及其启示》，《南京师大学报》（社会科学版）2007 年第 1 期。

生产大队对村民委员的影响主要体现在两个方面，一是干部设置和名称；二是农村治理模式。在大队时期，大队干部主要有书记、大队长、会计、妇女主任和民兵连长，同样，在村民委员会的干部设置中仍沿袭了这种构成。在管理方式上，村民委员会仍未摆脱生产大队时期的思想和思路。公社时期，生产大队上传下达，接到指示命令后指导生产队，这是一种行政上的程序和任务。但村民自治时代的村民委员会由于是群众性自治组织，行政上不再听令于乡镇政府，只是协助乡政府，那么，这就要求村民委员会根据农村的实际情况自行处理各种问题和事情，而不是"等靠要"地被动行动。生产大队对于经历过那个时期的村民影响深远。一是体现在话语上，至今有很多的村民仍称呼村民委员会为大队，并且这种话语方式已经成为一种日常生活习惯，而不是一种刻意行为；二是生产大队时期受到过政治运动影响的村民，至今仍活在这种影响下，不管这种影响是好还是坏。这一点，从腰老窝生产大队会计宋旭庆的个人经历上可以看到。上面谈到的就是生产大队对于农村的影响，村民委员会与过去的生产大队还是有很多的不同之处，一方面体现在村民委员会的机构除了党委干部、村干部外，还有很多的村级组织，像民兵连组织、妇代会、治保委员会、调解委员会等等，这些都是村民委员会各项职能细化后设置的机构；另一方面体现在村民委员会的权力和治理上。

腰老窝村民委员会，与生产大队所扮演的角色类似，都是半行政性的农村基层组织。过去生产大队作为基层权力缓冲的一级，起到了连接基层农民与国家的作用，而如今的村民委员会，尽管是群众自治性基层组织，但所需要管辖的范围和职责仍类似于过去的生产大队。从村民委员会的干部设置和管理模式来看，生产大队的影响持久且深远。在以后的乡村治理中，村民自治对于村民委员会所提出的要求则会越来越高。要摆脱生产大队时期的影响，村民委员会和现代村民自治则需要有新的治理模式和管理方式。

1983年，国家开始撤乡建社，1987年第六届全国人大常委会第23次会议通过的《中华人民共和国村民委员会组织法（试行）》，明确指出由于农村家庭联产承包责任制的实行，需要在农村中建立新的基层组织形式。在该法第一条中明确规定其目的是"为了保障农村村民实行自治，有村民群众依法办理自己的事情，促进农村基层社会主义民主和农村社会主义物质文明、精神文明建设的发展"。[①] 村民自治作为农村政治体制改革的成果之一，实质上就是将由国家一手包揽的农村基层公共事务的部分管理权下放给农民，使农民有政治自主权。[②] 随着农村经济体制的改革，生产关系的重大突破，要调动农民的生产积极性，国家权力下放是必然的选择。邓小平说过"调动积极性，权力是下放的主要内容。我们农村改革之所以见效，就是因为给农民更多的自主权，调动了农民的积极性"[③]。农村中出现了众多的问题，如果不调动农民的积极性，仅仅倚靠干部等少数人，那么基层的问题就无法得到彻底的解决。

腰老窝村目前的村干部，得到了广大村民的好评，以下是村干部情况表[④]：

村委会干部				村党支部干部		
姓名	性别	年龄（2011 年）	职位	姓名	性别	职位
许承洪	男	58	村主任	许承光	男	书记
宋旭庆	男	58	会计	许承光	男	支部委员
许亚丽	女	37	妇女主任	洪尔振	男	支部委员

另外，在实行村民自治的过程中，腰老窝村委会还成立了其他的内部组织机构，像民兵连组织、调解委员会、妇代会、治保委员会、计生协会组织，以下是这些组织的成员构成表[⑤]：

民兵连组织		调解委员会		妇代会		治保委员会	
姓名	职位	许承洪	主任	许亚丽	主任	许志勇	主任
许承洪	连长	宋旭庆	委员	关春雷	委员	许承洪	委员
宋旭庆	副连长	许亚丽	委员	胜君	委员	宋旭庆	委员
许志勇	指导员			童来霞	委员	许亚丽	委员
洪尔振	一排长			张淑敏	委员		
许承光	二排长						

---

① 徐勇：《中国农村村民自治》，华中师范大学出版社 1997 年版，第 31 页。

② 同上书，第 32 页。

③ 邓小平：《邓小平文选》第 3 卷，人民出版社 1993 年版，第 242 页。

④ 资料来源：腰老窝村历史资料档案室，华中师范大学中国农村研究院"百村十年观察"项目数据库，2011 年。

⑤ 同上。

由此可以看出，腰老窝村在村民自治的大背景下，村委会的各种职能分工明细化，并且成立了相应的组织机构，这对于村中相关事宜的处理起到了重大的作用。

国家制定了《村委员会组织法》，也就是村民自治以法律条文的形式确定了下来，在制度层面上得到了保障，而且也进入到了制度化的运作阶段。但是，村民自治并非是一蹴而就，而是由点到面，通过树典型试点来进行推广并逐步建立的。腰老窝村，与全国其他所有村庄一样，实行村民自治，在探索基层民主的道路上不断前进，而腰老窝生产大队则渐渐淡出了村民们的记忆。

六　结束语

生产大队，作为公社组织架构下的二级中间组织，将农民与国家紧密联系在了一起。共产党最为伟大的并不仅仅是建立了新中国，而是将政党的势力和国家的权力建立和延伸至农村最基层，一改过去皇权不下县的历史。从以上的角度来说，人民公社对于巩固国家政权和政党力量，无疑是强力有效的。而从经济发展和社会发展来说，人民公社体制也有很多的漏洞和不足的地方。生产大队作为本文所要研究的关键词，以辽宁省辽阳县兴隆镇腰老窝村为个案进行了分析，而对于本文开篇所提出的一些问题，通过全文的分析后在此进行总结归纳。

首先，生产大队类似于村级组织，是集政党、行政、生产管理于一体的农村基层组织，是农村行政建制中半行政性质的组织。生产大队在公社体制下属于二级中间组织，起到上传达下和连接公社与生产队的作用。在生产大队设立后的人民公社时期，生产大队作为国家在农村的"代理人"，属于国家政权的边界。另外，生产大队的干部与生产队干部性质上完全不一样，生产大队干部是脱产干部，也即只负责农村日常管理工作，可以不用出工劳作，而生产队长则是不脱产却还要管生产的最底层"干部"，其待遇与农业生产的好坏直接挂钩，从一定程度上说不属于国家"编制内"的干部。

其次，在农村中，生产大队扮演着"管理者"、"督促者"和"引导者"的角色。生产大队要对农业生产进行计划指导，但不直接干预生产过程。在权力较为集中的时期，生产大队甚至有权力将农业生产搞得差的生产队撤销，直接牵涉到了生产队组织数量的确定，这在改革后的农村村民委员会是很难做到的。以腰老窝村来看，生产队数量的变更，体现出了大队作为国家在基层的"代理人"，对于不符合国家意志的行为所进行的调整和管理。生产大队书记，不仅仅是一个大队当家做主的人，更是党在农村基层的直接负责人。大队书记管理上的好与坏，直接影响着整个生产大队，并且要远远超过生产队长所负责的范围。除了农业生产，生产大队还必须要对相应的农田水利设施进行建设，而组织社员和管理好这些设施对于促进农业发展起到了极大的作用。最后，生产大队要对收益进行统筹分配，当然，在基本核算单位下划到生产队以后，就不能够直接进行干预而只是总体上的统筹分配和安排社员的收益，具体的分配则由生产队来执行。生产大队的工作还包括要汇总大队里所有的人口、农业生产情况、农业耕作等等，向公社上报大队里所有的信息和农业管理工作。

当国家统购统销的粮食征购任务下来后，生产大队作为"执行者"和"督促者"，主要是将任务下达给生产队，而各生产队则将粮食征购份额分配给社员，最后由社员自己想办法将粮食交到国家规定的收购地点。在这整个过程中，生产大队并不直接插手征购或者上缴的一些具体事务，对于不交或者迟交的社员以及相关的一些问题，则由大队和大队干部负责解决。当政治运动席卷全国后，农村也无法避免，生产大队在这个过程中，主要是起到了一个引导与协调的作用，同时其权力也受到了来自国家上层的整顿和监督压力。对于政治成分有问题的社员，大队干部则需要进行政治约束与管理，而对于阶级斗争这样的运动，大队则起到了缓和农村紧张政治气氛的作用。

最后，生产大队对于农村的影响主要包括两方面，一方面是形式上的；另一方面是实质上的。形式上的则主要是机构设置、干部设置等方面，现在村民委员会的组织建制和干部设置上依然仿照生产大队时期，譬如书记、妇女主任、民兵连长、会计等，与生产大队时期基本上一致。实质上的则包括了村民委员会的乡村治理方式和对村民话语的深远影响。在建立村民委员会后的村民自治的初期，管理模式仍照搬生产大队时期的那一套方式，村干部在工作过程中采取行政命令的方式，而与此同时村干部的权力也处于较为集中的状态，村民并没有真正实行自己应有的权利，这些影响在较长一段时间内都一直影响着农村。生产大队对于经历过那个阶段的村民的影响深远，主要是在生产大队时期的人经历的各种酸甜苦辣，并且这种影响是实质性的，以至于很多年纪较大的经历过大队时期的村民在话语和记忆上仍非常深刻。农村中有些村民在大队时期受到了政治运动和高压的影响，甚至有的村民至今都在这种影响之下生活着。对村民话语方面的深刻影响，至今很多村民仍称呼村民委员会为大队，尽管他们知道生产大队已经不复存在。

生产大队，作为逐渐消失的关键词，由其所造就的记忆已深深印刻在了历史的长河之中。而以个案作为对生产大队的研究对象，不仅展现了当年的生产大队时期的历史场景，也对农村行政建制的演变过程了解得更为清楚。了解农村生产大队时期的历史，则更有利于今后农村政治经济等各方面的发展与探索。

社队企业:国家发展逻辑在农村的延伸

【导读】 在人民公社体制下,以农村工副业为经营内容的社队企业,既是传统中国农村"农工结合"的延续,也是集体经济的重要组成部分。在高度集中的计划经济体制下,社队企业被纳入整个国家的宏观规划之中,服务和服从于现代化建设和社会主义理念,不享有独立发展的价值和空间。为了实现工业化、发展农业以及改善国民经济,国家不断鼓励和支持社队企业的发展。但是,迅速发展的社队企业势必与农业、城市工业竞争,超出国家许可的范围并影响国民经济秩序而被限制和压缩。所以,当国家的发展战略没有调整的情况下,对于社队企业的定位总是摇摆不定,直到"经济合理"原理的确立才基本清晰。

社队企业是随着人民公社体制的建立而在中国农村出现的经济组织形式,它前承社会主义改造后的手工业合作社和农业合作社中的副业组,后启乡镇体制重建后的乡镇企业。尽管20世纪80年代后的中国乡镇企业呈现出"异军突起"之势[1],但是,社队企业发展却起伏不定,对国民经济和农民生活的影响总体上并不高[2]。那么,在中国这样人多地少、素有"男耕女织"的农工结合传统的乡村社会,在需求结构和要素资源没有发生重大结构性变化的情况下,社队企业为何未能持续发展?无疑,除了微观的经营机制外,社队企业的这种发展轨迹是由国家宏观政策所决定的。

---

[1] 《邓小平文选》第三卷,人民出版社1993年版,第238页。

[2] 颜公平:《对1984年以前社队企业发展的历史考察与反思》,《当代中国史研究》2007年第2期。

直言之，在高度集中的计划经济体制下，社队企业面临的主要是政策空间问题，生存命脉直接由国家掌握。问题是，国家为什么对社队企业的定位变动不居进而实施不同的调控措施？这些调控措施又如何影响社队企业的发展？社队企业的发展状况反过来又如何影响国家的目标，从而促使新一轮政策的出台？厘清这些问题，对于揭示社队企业发展规律并反思国家的农村政策有着重要的意义。

在中华人民共和国成立之前的中国社会，由于商品经济的发展和列强的殖民入侵，传统农工结合自给自足的经济格局发生了巨大的变化，沿海地区和一些城市出现了现代工商业，但是，持续的外敌侵略和频繁的内战，使国家对国民经济发展的调控机制无法建立起来。尽管国民党政权可以运用诸如货币等工具影响经济，但整体而言，经济运行仍处于自然和自发状态，政府的作用范围和能力都非常有限。这种格局，对于刚刚夺取政权、建立中华人民共和国的共产党来说，显然是不适合的，必须尽快加以改变。因为无论是医治战争创伤，恢复和发展国民经济，还是对社会进行改造，建立社会主义，都需要国家有足够的能力去动员社会资源。所以，随着大规模战争的结束、社会秩序的稳定和经济的恢复，国家就着手建立对国民经济的调控体系。

首先，通过三大改造，建立起社会主义公有制。废除生产资料私有制，建立社会主义公有制，消灭剥削和阶级分化是中国共产党的基本目标和纲领。从中华人民共和国成立到1952年，国家完成了除新疆、西藏等部分少数民族地区外的大陆土地改革，而且通过没收官僚资本形成了社会主义国家经济。以此为基础，共产党在1953年提出了以"一化三改"为内容的过渡时期的总路线[1]，即"要在一个相当长的时期内，逐步实现国家的社会主义工业化，并逐步实现国家对农业、对工业和对资本主义工商业的社会主义改造。"[2] 党和国家通过《关于农业生产互助合作的决议》《关于发展农业生产合作社的决议》等文件，采取循序渐进的方式，经过互助组、初级农业合作社，最后在1956年实行以土地和其他主要农业生

---

① 薄一波：《若干重大决策与事件的回顾》（修订本）（上卷），人民出版社1997年版，第228页。

② 《毛泽东著作选读》（下卷），人民出版社1986年版，第704页。

产资料归合作社集体所有的高级农业合作社，全国大部分地区（87.8%
的农户）完成了农业的社会主义改造①。农业社会主义改造的完成和退社
单干道路的关闭，将汪洋大海般的个体小农改造为社会主义集体经济，个
人和家庭在公有制下丧失了生产经营自主权。伴随着农业合作化高潮，党
在七届六中（扩大）全会加快了对资本主义工商业改造的进程，依据
《中共中央关于资本主义工商业改造问题的决议（草案）》，通过加工订
货、经销代销、公私合营等一系列由低级到高级的改造形式②，到1956
年年底基本上完成了对资本主义工商业的社会主义改造。这种改造的完
成，不仅以和平赎买的方式"剥夺剥夺者"实现从国家资本主义向社会
主义过渡，而且顺利地将国家经济命脉的控制权从资本家手中转移到国家
手中。对手工业的社会主义改造，按照"采用说服、示范和国家援助的
方法"，根据手工业者的自愿和可能的接受程度③，经过手工业供销小组、
供销合作社、手工业生产合作社三个阶段，最终形成了合作工厂。到
1956年6月底，全国除少数边远地区外，基本上实现了手工业合作化，
组织起来的手工业者已占手工业者总数的90%④，手工业成为社会主义工
业化的一个组成部分，被纳入国家计划的轨道。对农业、资本主义商业和
手工业的社会主义改造的完成，实现了生产资料所有制形式和组织经营模
式的两重变革，国家可以利用全民所有制和集体所有制掌握的生产资料便
捷地对国民经济进行规划、调控和干预，苏联式的集中计划经济（命令
经济）制度建立起来。

其次，通过"统购统销"制度，国家直接控制了农村的主要产出。
突出的粮食供需矛盾，使国家以征收公粮和市场收购两个渠道获取粮食以
保证供给的措施难以从根本上解决问题。特别是到1953年，由于经济的
逐步恢复和大规模经济建设的开展，国家无法通过所能掌握的粮食来满足
必须负担的城乡粮食供应，中共中央在经过反复研究和斟酌之后，于
1953年作出了《关于实行粮食的计划收购与计划供应的决议》，同年政务
院颁布《关于实行粮食的计划收购和计划供应的命令》，由此便开始了粮

① 董辅礽：《中华人民共和国经济史》（上卷），经济科学出版社1999年版，第162页。
② 薄一波：《若干重大决策与事件的回顾》（修订本）（上卷），第422页。
③ 同上书，第453页。
④ 董辅礽：《中华人民共和国经济史》（上卷），第214页。

食的统购统销政策，即"所有收购量与供应量，收购标准与供应标准，收购价格与供应价格等，都必须由中央统一规定或经中央批准"。① 粮食统购统销政策的实质是国家控制粮食的流通，即在收购上由国家以统购价格直接向余粮户计划收购（统购）；在销售上由国家对城市和农村缺粮家庭计划供给（统销）；国家严格控制粮食市场，严禁私商自由经营粮食；中央统一管理调剂粮、出口粮、储备粮、全国机动粮、全国救灾粮等。后来，国家统购统销的范围不断扩大，除了粮、棉、油三种最重要的农产品之外，烤烟、生猪、羊毛、牛皮及部分中药材、水产品、废铜、废锡、废钢等几十种产品都被纳入统购统销的范围。在统购统销制度下，乡村农产品的自由交易事实上被取消，农民即使出售自己留用的农产品都必须到国家指定的商业部门。统购统销"是一种以国家权力为背景的强制性的经济政策，是国家对农村经济活动最为全面的干预"②。在这种政策下，国家不仅控制了农村的绝大部分产出，而且控制了非农产业发展所必需的生产要素，特别是原材料。

最后，通过人民公社化运动，建立起高效的基层调控体系。在1958年3月的成都会议上通过了《关于把小型的农业生产合作社适当地合并为大社的意见》，提出"在有条件的地方，把小型的农业生产合作社适当地合并为大型的合作社是必要的"③。随后，中国农村便出现了把小型农业合作社并为大社的热潮，这并受到毛泽东和中央其他主要负责同志的肯定和支持，将合并的大社定名为人民公社。中共中央在北戴河举行政治局扩大会议并作出《关于在农村建立人民公社问题的决议》后，人民公社就迅速在全国普遍建立起来。人民公社实行政社合一、工农商学兵相结合的原则，原高级社的土地、农具等生产资料和农牧副业产品全部归公社所有，实行公社一级核算，在全公社范围内搞平均主义分配。"公社就成了既是基层政权组织，又是农村集体经济组织，人、财、物大权集于一身，

---

① 中共中央党校党史教研室：《中共党史参考资料》第八册，人民出版社1979年版，第7页。

② 于建嵘：《人民公社动员体制利益机制和实现手段》，《中国农业大学学报》（社会科学版），2007年第3期。

③ 国家农委办公厅编：《农业集体化重要文件汇编》（下册），中共中央党校出版社1981年版，第15页。

工、农、商、党、兵样样齐全。"① 由于"大跃进"运动建立起来的"一大二公"人民公社脱离了农村的实际情况，在经过"三年困难时期"后，党中央于 1962 年 9 月举行的中共八届十中全会通过了"农业六十条"，对人民公社体制进行了调整，实行"三级所有，队为基础"，确定了以生产队为基本核算单位的制度。直到 1984 年乡镇政权的重建，人民公社便是我国农村的基本组织。人民公社体制使公社既具有政权性质及职能，又"带有若干全民所有制的成分"，国家可以名正言顺地向公社发号施令，用政权代替经济组织管理生产，公社一切活动的出发点和依据，是执行上级政权的命令②，给国家直接干预农村经济发展提供了制度性保障。

总之，新中国通过一系列的运动和措施，对经济体制和社会组织进行了彻底改造，将国家政权成功地嵌入到国民经济中，通过计划经济体制建立起有效的经济调控体系。在这种体系下，生产者已经失去经营自主权，既不能决定产品种类和数量，更无法自由获得生产要素和出售产品，所有的活动和要素都纳入国家的计划之中。这就是中国农村社队企业生存的宏观体制，也是社队企业发展的结构性约束。因此，国家政策的任何变化，都直接影响着社队企业的兴衰。

一 公社工业化"狂潮"

在国民经济恢复时期，国家为了医治战争创伤，解决物资供给短缺以及改善农民生活，对手工业采取鼓励和支持的政策，使农村手工业得到一定程度的恢复和发展。但是，此时国家对农村手工业的定位并不明确。1953 年党中央提出过渡时期总路线，指出党的基本任务是实现国家的工业化，这是党第一次将实现工业化作为其主要任务。1955 年 8 月，周恩来着手编制并在党的八大通过的《关于发展国民经济的第二个五年计划的建议》，进一步明确了党的主要任务是集中力量发展生产力，实现由农业国向工业国的转变。尽管后来在执行过程中出现了"左"倾冒进，但是实现国家的工业化这一目标被确定下来，并且成为党和国家的长期目

---

① 罗汉平：《农村人民公社史》，福建人民出版社 2003 年版，第 60 页。
② 陈文科：《"政社合一"的实质以政代社》，《经济问题探索》1980 年第 5 期。

标。为了迅速实现中国的工业化，在 1958 年 12 月的中共八届六中全会上通过了《关于人民公社若干问题的决议》，提出"广泛实现国家工业化、公社工业化"，认为这是逐步实现农村工业化的道路，将加快国家工业化的进程和缩小城乡差别，能够"促进全民所有制的实现"①。"公社工业化"的提出，将农村的工业纳入国家工业化目标，不再是附属于农业的副业，被国家作为一个相对独立的产业提出来，充分表明国家的重视程度。后来，《关于在农村建立人民公社问题的决议》指出人民公社是"农林牧副渔全面发展，工农商学兵互相结合"②，将发展工业的目标置于人民公社的重要位置。更为重要的是，在"大跃进"过程中为了完成国家规定的 1958 年生产 1070 万吨钢，全国各地大办钢铁，社队企业纳入到国家工业化的目标之中，受到高度重视。

当发展社队企业被作为实现中国工业化的途径之后，国家便采取相应的政策和措施支持社队企业的发展。首先，建立起相应的管理组织，不仅在人民公社党委专设工业书记，还在公社管理委员会中设置工业管理部门。专职管理岗位和机构的设置，强化了对社队企业的领导，便于实行政治挂帅。其次，规定了社队企业发展的基本原则，指出人民公社办工业必须同农业生产相结合，为发展农业和实现农业机械化、电气化服务；既要为满足社员日常生活需要服务，又要为国家的大工业和社会主义的市场服务。再次，制定了较为具体的产业发展方向，明确提出要有计划地发展化肥、农药、农具和农业机械、建筑建材、农产品加工和综合利用、制糖、纺织、造纸以及采矿、冶金、电力等轻重工业生产。最后，提出了具体的发展路径，公社工业"应当实行手工业和机械工业相结合、土法生产和洋法生产相结合"③，凡是原来有基础而又有发展前途的手工业，一定要继续发展，并且逐步进行必要的技术改革。党和国家的这些政策，将发展社队企业作为人民公社的重要任务并建立起相应的基层领导和管理机构，

---

① 转引自张毅：《对毛泽东关于农村工业化思想的研究》，《毛泽东与中国农业》，新华出版社 1995 年版，第 192 页。

② 中共中央文献研究室编：《建国以来重要文献选编》第 11 册，中央文献出版社 1996 年版，第 477 页。

③ 转引自张毅：《对毛泽东关于农村工业化思想的研究》，《毛泽东与中国农业》，第 193 页。

指明了社队企业发展目标和产业方向，明确社队企业循序渐进的发展路径，为社队企业的大发展提供了充分的政策支持。

"公社工业化"随着大跃进和大办钢铁在农村迅速展开，公社迅速组织了数千万农民群众投入到小高炉炼铁的运动中，全国范围内掀起社队企业发展的狂澜。在此期间，社队企业主要通过以下几种途径发展起来：一是以人民公社体制为依托，利用行政权力和行政手段，将原农业合作社办的工厂、作坊、副业生产组（队）的工业设施实行"共产"，无偿地"平调"为公社所有的工业企业；二是向社员个人集资，并将社员的家庭副业、家庭手工业以及家庭小工厂、私人作坊化为公有；三是将农村集镇的手工业系统管理的约 3.53 万个手工业（组）转为公社所有的企业[①]；四是对城市手工业大搞"转厂过渡"，将大约 25% 的城市手工业合作社（2.55 万个）及 127.5 万社员转到了公社工业[②]；五是部分国营工业部门利用资金和技术帮助人民公社办起了一大批本系统的工业企业，例如轻工业部提出"以大搞技术革命和在人民公社大办轻工业"作为轻工业大跃进的方向，下派干部并组织试点。另外，国家将在农村的商业、粮食、财政、银行等财贸部门的基层机构，除了为几个公社或更大范围服务的以外，全部下放到人民公社，资产也一律转归公社管理使用。通过这些措施，社队企业快速完成了"资本原始积累"，并且在短期内建立起一大批小型炼铁、小矿山、小煤窑、小农机修造、小水泥、食品加工和交通运输等企业。

1959 年 4 月，中央对人民公社进行了整顿和调整，将人民公社权力下放，实行"三级所有"（公社、生产大队和生产小队）、以"生产大队为基础"的人民公社体制。但是，生产大队工业企业（队办工业）却以公社退还的资金和财物为基础发展起来了。此次调整和整顿对社队企业发展有一定不利的影响，但是，由于毛泽东对社队企业寄予极大的希望，认为社办企业、队办企业是中国伟大、光明灿烂的希望，建议国家在 10 年内向公社投资几十亿元到百亿多元帮助公社发展工业和穷队

---

① 季龙：《当代中国的集体工业》，当代出版社 1991 年版，第 243 页。

② 胡必亮、郑红亮：《中国的乡镇企业与乡村发展》，山西经济出版社 1996 年版，第 38 页。

发展生产①，因此，社队企业仍表现出大发展的势头。据 1959 年年底统计结果显示，社队企业总数已达到 70 万个，总产值增加到了 100 亿元②，约占全国工业总产值的 10%③。

这一时期，国家将发展农村工业提高到实现"公社工业化"的战略高度，借助"大跃进"和"大办钢铁"的浪潮，利用"政社合一"的人民公社体制，通过无偿调拨、强制性集资、国有资产下放等形式，社队企业在农村迅猛发展起来，传统以种植为主的农村第一次使工业获得了巨大的发展，为进一步的发展奠定了基础。但是，在狂躁的"大跃进"背景下，"人民公社办工业"和"公社工业化"的定位与我国当时的经济条件以及农村的实际情况不相符合。因为，当时国民经济刚刚走出战争的阴影，尽管有所恢复和发展，但总体水平并不高，尤其是农业生产水平非常低下，农业剩余十分有限，而大力发展工业既需要从农业中提取剩余积累，又需要保证工业原材料和工人食物供给，这就要求农业高度发达并且拥有充裕的产品和要素剩余。"公社工业化"占用了大量的生产要素，减少了农业的劳动投入，必然带来工农业发展的比例失衡，从而导致农产品（特别是粮食）供给短缺。而且，通过行政方式实现社队企业发展的"资本原始积累"，直接剥夺了社员和合作社的财富而导致社会不公，进而影响生产者的积极性。与此同时，行政化的调拨和组织方式，必然形成以政府意志为核心的"瞎指挥"和无效率管理，导致生产资源和劳动力的浪费，加上社队企业的组织和技术都非常原始，发展自然难以持续。

二 "衰退"

"大跃进"和人民公社化运动的激进政策，直接给国家经济和人民生活造成巨大的困境甚至灾难。1958 年，全国上下"大办"各种非农产业，更由于行政化的人民公社带来的瞎指挥和浮夸风，严重影响农业正常生

---

① 毛泽东：《在郑州会议上的讲话》，《毛泽东与中国农业》，新华出版社 1995 年版，第 193 页。

② 张毅、张颂颂编著：《中国乡镇企业简史》，中国农业出版社 2001 年版，第 34 页。

③ 于驰前、黄海光：《当代中国的乡镇企业》，当代中国出版社 1991 年版，第 37 页。

产，以至成熟的粮食因缺乏劳动力无人收割而腐烂在田地里①。1959 年全国粮食减产 300 亿公斤，比上年减产 15%，加上自然灾害及其他原因，国民经济陷入极度困境。从 1957 年到 1962 年的 6 年间，全国按人口平均的主要生活资料的年消费量大幅度下降，粮食（贸易粮）由 406 斤降到 329 斤，食用植物油由 4.8 斤减至 2.2 斤，猪肉由 10.2 斤减至 4.4 斤，棉布由 19.5 尺减至 10.6 尺，日常生活必要的锅、碗、瓢、盆都缺少供应②。严重的经济困境和社会危机，促使中央和毛泽东决定对国民经济进行调整。国家清醒地认识到，"大跃进"运动"不仅没有注意农业，而且是挤了农业，挤了农业的人力、物力，工业战线过长，面过广"③。为此，中共中央 1960 年 8 月连续发出《关于全党动手，大办农业，大办粮食的指示》和《关于坚决认真地清理劳动力加强农业生产第一线的紧急指示》，指出"两年来社办企业事业的摊子铺得过多、过大，管理机构臃肿，人浮于事，劳动力的浪费非常严重"④，提出要精简社队企事业单位人员，加强农业生产。国家除了从社队企业发展本身分析存在的问题外，更多的是为了解决当时严重的农业发展困局。同年 11 月，中共中央发布《关于农村人民公社当前政策问题的紧急指示信》直接指出"保证农业生产第一线有足够的劳动力，是当前保证粮食生产的中心关键"⑤，要从各方面节约劳动力，加强农业生产第一线。由此，国家不再将工业化作为农村的首要任务，发展农业生产，保障农产品特别是粮食的供给，成为国家对农村的基本定位。为了保障农业生产，防止社队企业的扩张，在党的八届十中全会上修改通过的《农村人民公社工作条例》中规定，"公社管理委员会，在今后若干年内，一般地不办企业"⑥。随后，中共中央、国务院发布《关于发展农村副业生产的决定》，进一步强调"公社和生产大队一般

---

① 吴淼：《决裂：新农村的国家建构》，中国社会科学出版社 2007 年版，第 111 页。
② 薄一波：《若干重大决策与事件的回顾》（修订本）（下卷），人民出版社 1997 年版，第 1229 页。
③ 同上书，第 923 页。
④ 中共中央文献研究室编：《建国以来重要文献选编》第 12 册，中央文献出版社 1996 年版，第 483 页。
⑤ 同上书，第 13 册，第 188 页。
⑥ 同上书，第 15 册，中央文献出版社 1997 年版，第 621 页。

地不办企业，不设专业副业生产队"①。党和国家的这些文件，特别是作为人民公社管理"宪法"的《农村人民公社条件》，明确规定公社"一般不办企业"，表明在经历"三年困难时期"的教训之后，将农村定位于为全社会和国民经济提供农产品而不再承担工业化的任务。从此，"一般不办企业"是国家对农村的政策基调，也成为公社和大队发展企业的紧箍咒，社队企业生存空间被压缩和限制。

为了收缩和限制社队企业，将农村的生产要素投入到农业发展之中，国家采取了相应的政策。首先，限制社队企业的劳动力投入，要保证"农忙季节参加农业生产的至少达到农村劳动力总数的80%以上"，社队企业的劳动力"除了部分必须维持常年生产的外，一般都必须同农业生产季节相结合"②，以农业季节为中心安排社队企业的生产；其次，限定社队企业的经营范围，《关于城乡人民公社工业的情况和整顿意见的报告》指出，社办工业主要生产经营直接为农业生产服务的生产资料产品加工业、农副产品加工业、传统的手工业产品和出口商品，允许兴办采掘、冶炼、建材等产业，而与国营企业争原料、与农业争劳动力的纺织、皮革、日用化工等产业，则坚决不能办；再次，限制社队企业的举办单位，规定公社和生产大队一般不办企业，原来由公社和大队把生产队的副业集中起来的企业，要下放给生产队经营。公社和生产大队一般不办企业的规定，虽然避免了用行政手段平调财产和瞎指挥，但是，将需要集中人力、物力、财力的企业交由只有20—30户的生产队去承办，显然不利于企业的发展。

随着国民经济的调整和国家对农业的强调，农村社队企业也进行了治理整顿。首先，各地的社队企业及事业单位的劳动力返回到农业生产之中，以实现"全党动手，大办农业，大办粮食"。由于缺少劳动力，社队企业要么停办，要么缩小规模。其次，对"共产风"中被占用的财物进行退赔，以纠正"一平二调"的错误。从1960年冬开始，全国农村人民公社普遍开展了清理旧账、认真退赔的工作，公社和生产大队平调的原高级社经营的企业，按照新规定的管理体制予以相应退还实物，或者合理作

---

① 中共中央文献研究室编：《建国以来重要文献选编》第15册，第703页。
② 同上书，第13册，第518页。

价还款，或者建立合营企业；对于原手工业联社的企业转成公社工业的，仍按手工业来经营和管理；下放给公社管理的全民所有制企业，还原为全民所有制性质。对于公社平调生产大队和生产队的种植、养殖场，也一律退还。通过这些严厉的收缩和清退措施，社队企业在全国范围内急剧萎缩。据统计，1962 年社办工业企业的产值从 1961 年的 19.8 亿元下降到 7.9 亿元，而到了 1963 年全国仅存社队企业 1.1 万个，产值为 4.2 亿元，降到历史最低点[1]。

压缩和限制社队企业，将农村绝大部分生产要素投入到农业生产中，极大促进了农业的发展，农产品供求逐渐趋于平衡。然而，社队企业的下马和萎缩，直接导致农村副业产品供给不足，进而影响城乡生产和生活。更为重要的是，缺乏社队企业辅助的生产队没有现金收入来源，直接危及集体生产和社员生活。面对这种新的形势，国家对社队企业的政策进行了微调。中共中央和国务院在 1965 年 9 月下达了《关于大力发展农村副业生产的指示》，要求贯彻"以农为主，以副养农，综合经营"的方针[2]，以生产队（包括以大队为核算单位的大队）为单位大力发展集体副业，生产大队也可以直接兴办，但前提是不"平调"生产队的人、财、物。毛泽东在 1966 年 5 月也指出"在有条件的时候，……也要由集体办些小工厂"[3]。这些政策文件和领导人讲话，尽管没有触及《农村人民公社工作条例》限制社队企业发展禁令，也仍然强调要以生产队为经营单位，但是，在事实上却肯定了社队企业的功能和作用，都强调社队企业要有一定程度的发展。在当时强烈的政治高压下，这无疑给予了社队企业发展的合法性。在这种政策空间下，农村借助国民经济调整中返迁回农村的职工和"文化大革命"中下放到农村的干部、城市居民以及知识青年，利用他们的技术和社会关系网络，获得发展社队企业急需的设备、材料等，通过"厂队挂钩"、"城乡挂钩"的形式建立起社队企业和城镇企业的固定协作关系[4]，使社队企业在严密的计划经济体制下获得发展所需的技术、

① 于驰前、黄海光：《当代中国的乡镇企业》，第 42 页。

② 《建国以来重要文献选编》第 20 册，中央文献出版社 1998 年版，第 498 页。

③ 转引自张毅：《对毛泽东关于农村工业化思想的研究》，《毛泽东与中国农业》，第 198 页。

④ 胡必亮、郑红亮：《中国的乡镇企业与乡村发展》，第 45 页。

人才和物资。另外，"文化大革命"导致城镇生产的破坏和停滞，为社队企业提供难得的市场机会。因此，虽然在不断的政治运动中，社队企业持续受到"左倾"思想的干扰和破坏，但是，社队企业总体上得到了逐步恢复和持续发展。1965 年社办工业总数发展到 1.2 万个，产值回升至 5.3 亿元；到 1970 年社办工业企业已达到 4.5 万个，产值达 26.6 亿元，比 1965 年增长了 4 倍以上[①]。

三 "复苏"

在 20 世纪 60 年代中后期国家限制的放松使社队企业得到恢复和发展，然而，此时国家并没有对社队企业给予明确的发展目标和定位。而"文化大革命"和"农业学大寨"运动的开展，却意外地使国家认识到发展社队企业的重要性，并逐步改变相应的管理政策。"文化大革命"和"农业学大寨"共同特点都是"左"的思想在全国泛滥，在人民公社内追求核算单位的"穷过渡"，评"政治工分"，片面强调集体利益，"割资本主义尾巴"，其结果是挫伤了劳动者的生产积极性，打乱了农村正常生产秩序，粮食产量长期徘徊不前。1966 年到 1969 年这四年，全国粮食总产量两年减产、两年持平[②]。特别是在北方，一直靠"南粮北运"来保持最低水平的供需平衡。针对这种困境，国务院在 1970 年 8 月召开了北方地区农业工作会议，认为机械化水平不高是导致农业生产力低下的原因，这使得难以腾出劳动力加快工业建设。因此，必须大力提高农业机械化水平，提出 10 年内争取可机耕地面积的 50% 实现耕作机械化，排灌机械化水平达到 60% 左右。在具体实施方面，提出"两条腿"的方针，各地区通过发展"五小"工业（小钢铁、小煤窑、小水电、小机械修造、小水泥、小化肥），实现土洋并举、机械化与半机械化并举。随后，国务院专门召开了全国农业机械化会议，提出更加明确的农业机械化的目标，强调到 1980 年全国农、林、牧、副、渔的主要作业机械化水平要达到 70% 以上，耕地亩平施化肥 80 斤左右。这样，为了实现农业机械化，发展社队

① 张荐华、林珏：《乡镇企业的崛起与发展模式》，湖北教育出版社 1995 年版，第 15 页。
② 胡必亮、郑红亮：《中国的乡镇企业与乡村发展》，第 46 页。

企业成为农村的又一重要任务。而且，随着社队企业的发展，党和国家领导人逐渐认识到其价值的多面性，如时任国务院副总理的华国锋就指出，社队企业的发展强大了公社、大队两级的集体经济，有效帮助了穷队，促进了农业生产，支援了国家建设；要求各地党委应当采取积极态度和有力措施，推动社队企业更快更好地发展①。

当国家认识到社队企业对于推进农业机械化的重要意义后，就制定了配套的发展规划和支持性政策，并将发展社队企业作为一项任务要求各级政权落实。首先，要求各级部门管好社队企业，充分发挥其作用；其次，确定建立县、社、队三级农机修造网，以实现大修不出县，中修不出社，小修不出队；再次，发展地方"五小"工业，以解决农业机械化所需要的重要物质；第四，除了由社队自筹资金外，国家每年用于扶持人民公社的资金重点用于农业机械化。随着社队企业的发展，国家逐渐从单纯的农业机械化定位转向更大的目标来鼓励和支持社队企业。重提社队企业要"为农业生产服务，为人民生活服务，有条件时，为大工业，为出口服务"②，突破了前期单一宗旨。为此，国家放宽了社队企业的经营范围，指出农村要充分利用本地资源，发展种植、养殖、加工和采矿业等，不再局限于地方"五小"工业。更为重要的是，为了促进社队企业的有序发展，1976年国务院批准建立人民公社企业管理局，各省、市、自治区以及地、市、县一级相继建立人民公社企业管理局。从此，社队企业有了专门的管理系统进行规划和管理。

正是由于国家的重视和支持，社队企业在1970年至1978年间获得了快速的复苏。全国绝大多数县、人民公社办起了农机修理厂和农机修理站，许多大队设立了农机修理点。不少社队在修理厂（站）的基础上，借助发展"五小"工业的契机，积极实行多种经营，广开生产门路，大量生产非农机产品。同时，利用70年代城市工业向农村扩散的产品，社队企业建立起具备一定生产能力的非机械工厂。据统计，1974年社队工业产值已从1971年的77.9亿元上升到129亿元，增长66%，其中社办工业产值从39.1亿元上升到66.8亿元，增长71.2%，平均每个社办工业企

---

① 转引自于驰前、黄海光《当代中国的乡镇企业》，第55页。
② 转引自张毅、张颂颂编著《中国乡镇企业简史》，第52页。

业的产值由 7.3 万元提高到 10.3 万元，企业的规模逐步扩大，经济效益有了提高①。到 1978 年年底，全国已有近 95% 的公社和 78.7% 的大队共办起了 152.4 万个企业，社队企业总收入 431.4 亿元，占人民公社三级经济总收入的 29.7%；社队工业产值 385.3 亿元，安置农村劳动力 2826.5 万人，占农村总劳动力的 9.5%。②

在这个时期，国家为了实现"农业机械化"而对社队企业松绑并提供一定的支持，但是，社队企业仍然是作为手段被启用，自身并没有获得独立的价值。国家一方面采取鼓励发展的政策，另一方面从开始就为其设置了边界。首先，社队企业必须坚持社会主义方向。这个规定非常笼统，既能够为社队企业的发展提供空间，又可能成为社队企业被批判和限制的很好理由。其次，社队企业不能影响国家整体目标，不能与大工业争原料，不要破坏国家资源。显然，社队企业必须服务国家的整体部署，与大工业不处于平等竞争的地位。国家对社队企业的这些限制，在"文化大革命"和农业学大寨运动中就成为攻击社队企业的理由。社队企业被看作是"抓钱丢纲"的典型、"资本主义的老窝子""资产阶级法权的滋生地"，遭受批判和取缔，大批企业不得不关门或者被县级"平调"。其结果是，社队企业成为敏感的政治问题，各级政府不敢大力支持。

除了受到意识形态的束缚和冲击外，此时的社队企业还受到计划经济体制的约束。按照规定，社队企业只能"三就地"（就地取材、就地加工、就地销售）。但问题是，在严厉的"统购统销"的体制下，国家对绝大部分农副产品实行统购派购，完成国家任务后增产的部分也不允许社队自己加工。社队企业发展所需的产供销和运输，国家既不放开政策限制，也不予计划安排。结果是，社队企业在生产环节没有设备和原材料，在销售环节没有市场，只能通过有限的自由市场和社会关系去跑原材料和销售。但是，早在 1970 年中央就以《关于反对贪污盗窃、投机倒把的指示》明确规定，除了经过当地主管部门许可以外，任何单位一律不准到集市和农村社队自行采购物品，不准以协作为名以物易物，不准走"后门"。因此，社队企业的行为不具有合法性，只能在私下里进行。另外，

---

① 于驰前、黄海光：《当代中国的乡镇企业》，第 49—50 页。
② 张荐华、林珏：《乡镇企业的崛起与发展模式》，第 19 页。

国家过多地将社队企业的发展限制在实现"农业机械化",导致社队企业结构极不合理。据 1978 年的统计,全国社办机械工业总产值达 75.1 亿元,占社办工业总产值的 33.5%;农副产品加工总产值 11.3 亿元,占总产值的 5%;社队商业、服务业和交道运输业等第三产业收入只有 18.8 亿元,仅占社队企业总收入的 4.36%。① 社队企业不合理的产业结构,不仅导致其与城市工业争材料、争市场,而且重复建设,缺乏经济效率,农村中的资源不能被充分利用。

四 再次"突起"

不断的政治运动和阶级斗争,特别是"文化大革命"对国民经济和社会的全局性破坏,使党和国家不得不调整方针政策。1978 年 12 月召开的十一届三中全会,重新将实事求是确定为党的思想路线,决定将全党的工作重点转移到社会主义现代化建设上来,对长期以来国家在政治上和经济上的一些"左"的做法和认识作了纠正,提出解决国民经济比例失调的任务,要求全党必须集中主要精力把农业尽快搞上去。为此,中央颁发了《中共中央关于加快农业发展若干问题的决定(草案)》(以下简称《决定》)和《农村人民公社工作条例(试行草案)》(以下简称《条例》)两个重要文件。《决定》将发展社队企业作为中央采取的 25 项农业政策之一,要求"社队企业要有一个大发展,逐步提高社队企业的收入占公社三级经济收入中的比重",并且首先提出"凡是符合经济合理的原则,宜于农村加工的农副产品,要逐步由社队企业加工。"② 而《条例》则根据《决定》的精神,对 60 年代规定的"公社和大社一般不办企业"禁令进行了修正,指出"在保证搞好农业生产的前提下,有计划地积极兴办公社和大队企业"③。从此以后,农村发展社队企业再没有国家政策层面的禁令了。而且,"经济合理原则"被提出作为社队企业发展和评判的依

---

① 于驰前、黄海光:《当代中国的乡镇企业》,第 62—66 页。

② 中共中央文献研究室编:《三中全会以来重要文献选编》上册,人民出版社 1981 年版,第 191 页。

③ 中共中央党史研究室等编:《中国新时期农村的变革》中央卷(上),中央党史出版社 1998 年版,第 63 页。

据，客观上意味着经济效益标准为社队企业的生存找到了空间，为反击对非经济性的指责、限制提供了得力的武器。为了促进社队企业的发展，国务院制定了《关于发展社队企业若干问题的规定（试行草案）》，这是第一个专门指导社队企业发展的综合性文件。在这个文件中，指出社队企业的发展，有利于增加集体收入，提高社员生活水平，有利于加快工业发展进程。从这个评价可以看出，国家不再单纯从农业机械化甚至农业的方面来评价社队企业的功能，而是拓展到国民经济和社员生活等更大的层面上。由于社队企业快速发展产生问题后，1981 年国务院又制定了《关于社队企业贯彻国民经济调整方针的若干规定》，明确肯定了社队企业在发展商品经济、发展农村经济及增加国家财政收入方面的积极作用。国家对社队企业的肯定态度，奠定了对社队企业调整和整顿的基调和方向，明确了社队企业的地位和价值。从此以后，除了在具体的政策层面有些变化外，再也没有从整体上否定社队企业发展的价值，其生存的合法性终于得到国家认可。

为实现"社队企业要有一个大的发展"，国家采取了一系列鼓励和支持社队企业发展的政策和措施。首先，确立了社队企业发展的总体目标，要求到 1985 年社队企业总收入在人民公社三级经济总体中的比例由 1978 年的 29.7% 增加到 50% 左右。其次，放宽了社队企业经营范围和产业限制，规定只要符合经济合理的原则，宜于农村加工的农副产品要逐步由社队企业加工，社队企业可以因地制宜地发展种植业、养殖业、农副产品加工业、采矿业、建筑业、农机工业、运输业和其他工业。第三，将社队企业纳入到计划体制内，通过供产销合同的形式，将社队企业纳入到各级经济计划，没有纳入的部分允许自产自销；通过收购合同制度规定统购和派购的农副产品调拨基数，超过基数部分的产品社队可以自行销售或加工。第四，社队企业可以采取更加灵活的组织和管理形式，允许举办社与社、队与队和社队之间的联合企业。企业内容的管理，逐渐由"几定奖赔"经济责任制向多种形式的承包经营责任制转变。第五，要求国家各部门支持社队企业，切实解决社队企业发展中的各种问题。国家的计划、工业、交通、基建、商业、供销、物资、财政、银行、科技等部门，分别从资金、物资、设备和技术等各个方面积极扶持社队企业，并对社队企业实行低税或免税政策以减轻负担。最后，明确规定社队企业的财产受到保护，规定社队企业是社会主义集体所有制经济，社办社有，队办队有，任何单位和个人，不得无偿调用社队企业的资金、产品、设备、原材料，不得向社队企业借款，要尊重社队企业的自主权，不准把社队企业收归国有。

由于国家的鼓励和支持，经过不断调整，全国范围内出现了社队企业异军突起之势，而且社队企业内部产业结构逐渐趋于合理，经济效益不断提高。据统计，到 1980 年年底，尽管全国社队企业的数量比 1978 年减少了 9.9 万个，从业人员却增加了 173.1 万人，社队企业总产值增长 33.1%，工业总产值比上年增长 32.2%。[①] 在社队工业内部，产品结构发生了重大的变化。与 1978 年相比，机械工业产品产量比例大幅度下降，如金属切削机床产量下降 87.4%，农业用机械下降 63.2%，汽车配件下降 38.8%、机引农具下降 63.7%；而适销对路的消费品、农副加工产品及国家需要的矿产品等的产量大幅度增长，如水泥增长 102%，机制纸及纸板增长 85.3%，食用植物油增长 58.8%，原煤、黄金、铁矿石、砖瓦、小农具等的产量也有较大的增长[②]。在经过 1979 年到 1983 年的调整、整顿和改革后，社队企业的整体规模扩大了。到 1983 年，尽管社队企业的数量比 1978 年减少了 11.7%，但职工人数却净增加 408.1 万人，平均每年增加 81.6 万人，社队企业总收入也从 1978 年的 431.4 亿元增加到 928.7 亿元，增长了 115.3%，年递增率为 16.6%[③]，远超过全国社会总产值年平均递增 8% 的速度，更高于全国工农业总产值年平均递增 7.7% 的速度。与此同时，社队企业迅猛发展地区的数量急剧增加，全国社队企业总收入超亿元的县（区）从 1978 年的 59 个增加到 1983 年的 209 个，占到全国县（区）总数的 9.4%。另外，社队企业的固定资产（原值）也迅速增加，到 1983 年达到 475.6 亿元，平均每年增加 49.2 亿元[④]。总之，在这五年里，社队企业面貌发生了翻天覆地的变化，成为农村甚至整个国民经济不可或缺的重要部分，对促进农村生产和改善农民生活发挥了重要作用。

党的十一届三中全会后，在实事求是的思想路线指引下，"经济合理

---

① 张毅：《中国乡镇企业区划》，农业出版社 1990 年版，第 7 页。

② 于驰前、黄海光：《当代中国的乡镇企业》，第 89 页。

③ 张毅、张颂颂：《中国乡镇企业简史》，第 83 页。

④ 于驰前、黄海光：《当代中国的乡镇企业》，第 101—102 页。

原则"成为社队企业发展的护身符，但是，国家长期以来对社队企业的
定位和看法，以及社队企业对原有经济结构的冲击，都成为质疑、限制其
发展的理由。《决定》和《条例》重申了社队企业的服务地位，规定发展
社队企业，必须坚持社会主义方向，主要为农业生产服务，为人民生活服
务，也要为大工业、为出口服务。这一老调重弹的原则性规定，随着社队
企业的壮大和发展，围绕江苏省无锡县社队企业发展状况，成为批评、反
对社队企业发展的武器。社队企业被指责脱离了与农业的有机联系，冲击
了国家计划，挤占国营利润，减少了国家财政等。应该说，在当时经济管
理体制还没有理顺的情况下，这些问题无疑是客观存在的。但是，如何认
识并采取何种措施解决这些问题，直接关系到社队企业的存亡。国家机构
内部也出现了阻止社队企业发展的意见。在 1980 年 12 月召开的中共中央
工作会议上，就有些部门提出要砍掉社队企业十几个行业，理由是社队企
业的发展出现了一系列的问题：如低水平重复建设、重复生产，污染农村
环境等。这些问题都是技术层面的问题，理论上可以通过调整解决。但
是，机械工业部对社队企业"三挤"（以小挤大、以新厂挤老厂、以落后
挤先进）的责难，则在价值层面上否定了社队企业存在的合理性和必要
性。鉴于此，时任中央委员的陆定一给胡耀邦总书记写信，充分肯定社队
企业的发展及其重大作用，指出"打击社队工业，就是打击农业"[1]。随
后，组织了全国范围内的社队企业调查，对社队企业的作用和存在的问题
进行了全面分析。有了足够的事实作支撑，国家对社队企业的态度更加明
朗，在 1981 年 5 月国务院颁发的《关于社队企业贯彻国民经济调整方针
的若干规定》中，首先充分肯定了社队企业在国民经济中的地位和作用，
在此基础上指出了社队企业发展中存在着盲目性，要求认真调整和整顿，
但是，"凡不与现有大厂争原料，产品有销路，经营有盈利的企业，均不
应当强制关停。"[2] 尽管这个文件仍坚持社队企业不能与大厂竞争，但是，
却纠正了社会舆论对社队企业的偏见和责难，使社队企业避免了"一刀
切"的历史宿命，社队企业的独立价值逐渐确立起来，其功能再也未受

---

① 转引自于驰前、黄海光：《当代中国的乡镇企业》，第 86 页。

② 《国务院关于社队企业贯彻国民经济调整方针的若干规定》，《人民日报》1981 年 5 月 16
日第 4 版。

到广泛质疑。到 1984 年，随着人民公社体制的废除，"公社""大队"分别被"乡（镇）"及"村"所代替，"社队企业"更名为"乡镇企业"，农村工副业转入新的发展模式。

五 结 论

从 1958 年人民公社体制建立到 1984 年人民公社体制废除，社队企业曲折前行，跌宕起伏存续了 26 年。通过对这 26 年社队企业发展历程的研究，我们可以得出以下结论：首先，社队企业缺乏自主发展的空间，国家直接控制着社队企业的命脉。在国家建立起社会主义公有制和计划经济体制后，将绝大部分农产品统购统销，通过政社合一的人民公社体制组织农村生产，社队企业不再具备生存所需的要素和产品市场，因此，国家对社队企业价值定位的任何细微变化，都会导致政权体系的过度响应，进而直接影响社队企业的进退。其次，社队企业镶嵌在整个社会规划之中，国家从全局来确定社队企业的价值。尽管遭受各种政治运动的冲击，但总体而言，中国共产党领导的新中国都在致力于建设现代化的社会主义新中国。在这种情况下，国家将社队企业纳入到对整个社会的改造和建设之中，社队企业服务于国家的整体目标。因此，社队企业对国家整体布局的影响性质和程度，直接决定国家对社队企业的不同态度。再次，社队企业功能强大，成为国家解决经济困境的得力抓手。社队企业与农业、城镇工业存在着竞争性，而且，在高度集中的经济体制和不断反复的"左"倾思想下，国家不断以保障农业、发展城镇大工业、维护经济秩序以及巩固公有制等理由阻止社队企业的发展。但是，当国民经济出现困境，特别是农业出现问题时，又放宽甚至支持社队企业的发展。不过，社队企业的发展又会突破国家的以城市和大工业为中心的整体部署，并冲击固有的意识形态。因此，只有当国家最终承认"经济合理"原理后，社队企业才不再遭受整体的否定。另外，在政社合一的计划经济体制下，国家既可能是社队企业衰退的根源，也可能是其发展的源泉。随着人民公社体制的瓦解，国家不再直接控制以后，乡镇企业将面临严酷的市场竞争，发展更加曲折和不确定。

民兵:"民"与"兵"的一体化研究

【导读】 民兵是不脱离生产的群众武装组织，通常是国家或者政治集团武装力量的组成部分，是中国人民解放军的后备力量。人民公社时期除了政社合一、"一大二公"、工农商学兵结合等特点之外，还有就是全民武装，全民皆兵。他们既进行农业生产，又开展民兵训练，实现全民皆兵，劳武结合。这一转变使农民具有双重身份：民和兵。文章将作为宏观层面的国家行为，作为微观层面的民兵组织行为以及农民和民兵之间的身份转换一一陈列，对了解公社时期的民兵和人民公社制度都起到一定作用。

民兵，是指不脱离生产的群众性武装组织。通常是国家或政治集团的武装力量的组成部分，是正规军队的后备力量和助手。有的民兵是同预备役结合起来，既是武装力量的组成部分，也是预备役的一种组织形式。我们中国的民兵是中国共产党组织建立起来的群众武装力量，为群众服务，从群众中来，到群众中去，是正规军队的后备力量，是中华人民共和国武装力量的重要组成部分，是维护国家安定和巩固基层政权一支重要力量，是进行现代条件下人民战争的组织保障和武力保障。

一　大办民兵师

中国共产党在领导中国革命战争的实践中，历来重视群众武装力量的建设。早在第一次国内革命战争时期，中国共产党就把建立和扩大群众性的革命武装组织，作为发动和领导工农革命运动的一项重要任务。[①] 当

---

① 何立波：《大办民兵师运动始末》，《文史精华》2006 年第 4 期。

时，在工农革命运动蓬勃发展的广东、湖北、湖南、江西、福建、上海等省市，普遍建立了工人纠察队和农民自卫军。土地革命战争时期，中国共产党在努力扩大红军的同时，还组织了赤卫队和暴动队等群众武装，并明确规定，赤卫队和少年先锋队是红军"现成的后备军"。抗日战争时期，中国共产党领导下的群众武装迅速发展，在各个抗日根据地，几乎所有村镇都建立了自卫队和民兵组织。解放战争时期，民兵发展成为一支伟大的战略力量，不仅直接参加了对敌作战和对前线部队的支援，而且作为人民解放军的后备力量源源不断地为部队输送了大量兵员。

中华人民共和国成立前夕，中华人民共和国政治协商会议第一次会议提出并通过的《中国人民政治协商会议共同纲领》明确规定，"我国实行的广泛的民兵制度，维护了社会秩序稳定，建立了国家动员基础"，这就从法律上把民兵制度确定为国家的一项基本军事制度。中华人民共和国成立以来，民兵作为人民解放军的助手和强大后备力量，其建设不断得到加强。

随着新中国的成立，民兵建设进入了一个崭新的发展阶段。1950年6月30日，中共中央、中央军委决定成立中央军委人民武装部（1955年更名为总参谋部动员部），任命张经武为部长，负责对全国的民兵工作实行统一领导。[①] 同年10月，中央军委召开全国人民武装干部会议，分析了各地民兵工作的情况，研究了进一步加强民兵工作的意见。会议认为，在大陆已经统一，人民政权已经普遍建立，土地改革正在展开，人民群众觉悟日益提高的情况下，普遍建立民兵制度条件已经具备。因而迫切需要在民兵建设上有一个统一的指导思想，统一的方针政策，统一的规章制度，以利于工作的开展。

1951年5月中旬，中共中央军事委员会发出《关于加强民兵建设的指示》的决议，提出必须加强民兵建设工作，民兵的组织建设、政治教育和军事训练不能忽视。文件采纳了刘少奇在审阅文件草稿时加上的："过去自愿参加民兵组织的原则，现在适当的改变，即逐步的适当的改变为普遍的民兵制度。"随后，普遍民兵制在全国开始实施。所谓普遍的民兵制度，就是要求凡是符合一定年龄条件的男性公民，身无残疾或精神疾

---

① 韩怀志：《当代中国》之《当代中国民兵》，人民解放军出版社1984年版，第38页。

病者，都应参加民兵组织，也就是说，参加民兵，是符合一定条件的男性公民的权利和义务。

普遍民兵制的实行，有力促进了民兵建设。为了观测和实施普遍民兵制，全国从上到下建立了统一的人民武装工作领导体制和领导机构，中央到地方都要设立人民武装部，主要负责民兵工作，其隶属于军事系统。1952 年年底，中共中央对各级人民武装部有了新要求和规定，要求党的中央局、中央分局、省委、地委、县委、区委以及基层党支部，均须吸收有关部门的主要领导人参加，组成各级人民武装委员会，从而进一步健全了地方党委和军事系统对民兵工作的双重领导体制。同时，还从军队和地方有关部门抽调了大批干部充实人民武装部，统一了民兵的组织和名称，建立了有关的规章制度。在整顿组织的基础上，提高了广大民兵的素质，各地积极动员民兵参军参战，维护地方治安，有力保障了抗美援朝战争和巩固发展新生人民政权的需要。

1955 年 7 月，中华人民共和国成立以来的第一部中华人民共和国兵役法颁布实施。从此，新中国的兵役制度实现了从志愿兵向义务兵的转变，与此相适应，建立了预备役制度①。由于第一部兵役法在后备力量建设上，没有能够处理好民兵和预备役的关系，单纯采用建立预备役制度的办法积蓄后备民兵，取代了民兵制度在加强后备力量建设方面的作用。因此，使民兵工作一定程度受到削弱。为了理顺民兵和预备役的关系，1957 年 5 月召开的军委会议上指出，必须将民兵和预备役相结合，分为一般民兵和基干民兵，以便以复原军人为骨干训练基干民兵，积蓄后备兵员。民兵这样整改之后，在很多方面都有重大的积极作用，不管是在战争时代还是和平年代，不管是对于国家的经济建设还是军队建设都功不可没。但是，由于"大办民兵师"热潮的兴起，却使这一方针的贯彻中断。

1958 年全国大办民兵师。农民在人民公社模式下转换成民兵，带着两种身份的民兵如何在公社这个大单位和公社时期的各个小核算单位中活动，对他们有什么影响等，都是本项研究要考察的部分。

同时，为了使研究更加深入，本文选择了吉林省梨树县东南部的北老

---

① 张爱萍：《当代中国》之《中国人民解放军》，当代中国出版社 1989 年版，第 726 页。

壕村为研究对象。根据历史，1958 年，毛主席一声令下，三个月左右的时间，全国各个地方普遍建立成为公社模式，随着公社化的兴起，全民皆兵、全国大办民兵师的军事号令紧随其后。在此背景下，梨树乡改乡成社，北老壕村自然就成了一个单独的生产大队，梨树公社共有 14 个生产大队，118 个生产小队，即 118 个基本核算单位。我们所调研的北老壕大队有 11 个小队，按照每个小队建立一个排，大队一个连的标准建立。通过查阅资料可以看到，从民兵组织的建立一直到组织功能的转换和慢慢退化的过程中，北老壕的民兵组织一直是以 11 个排出现的，每个排有一个排长，每个连有一个连长，均归梨树公社武装部管辖。

二　组织构成

（一）领导班子

苏成玉是我们的调研对象，在谈到民兵组织的管理时，他说："县里有武装部，传达信息时，通过广播或者传达的方式把民兵连长叫过去，回归大队之后民兵连长召集民兵排长开会，排长再将信息传达给各个排的民兵。县武装部的领导有很多是党员，归根结底，梨树县的武装部是由党支部管的，也实现了党的一元化领导。"

谈到民兵的组织构成，首先可以了解一下其领导机构。为了观测和实施普遍民兵制，当时全国从上到下建立了统一的人民武装工作领导体制和领导机构，人民武装部要设立从中央到地方县区的一级政权组织，其隶属于军事系统领导。中共中央下达了《关于建立各级人民武装委员会的决定》[①]，要求党的中央局、中央分局、省委、地委、县委、区委以及基层党支部，均须吸收有关部门的主要领导人参加，组成各级人民武装委员会，从而进一步健全了地方党委和军事系统对民兵工作的双重领导体制。同时，还从军队和地方有关部门抽调了大批干部充实人民武装部。北老壕大队的领导班子在公社时期的结构没有很大的变动，大队构成一个单独的连部，从档案资料中我们只能查阅到 1977 年连部职务构成，可以借此了解一下[②]。

---

① 韩怀志：《当代中国》之《当代中国民兵》，人民解放军出版社 1984 年版，第 32 页。
② 资料来源于吉林省四平市梨树县北老壕村档案，1977 年。

连长 （党员）	副连长 （党员）	指导员	副指 导员	事务长	卫生员	司号员	通信员	理发员
李山	张喜山	刘鸣军	付久战	刘继和	刘光言	张连玉	蔡冰红	崔臣

在人民公社的各级生产组织中，建立了民兵组织，一个生产小队建立一个排，一个生产大队建立一个连。同时，各级民兵组织的领导干部，包括指导员、民兵排长、民兵连长、民兵营长和民兵团长，原则上是不能兼任相应级别的领导干部的，比如说公社主任、生产队长和小队队长。北老壕大队的干部主要有书记、总会计、大队长、妇女主任、团书记、治保主任、民兵连长，有时候治保主任和民兵连长是可以兼任的，每个小队配一个民兵排长；民兵排长不超过 39 岁，一般是选择年轻的、优秀的担任。排长是负责训练的，治保主任是负责一个大队的打架斗殴事件和调解民事纠纷的。这些民兵干部可以作为公社同级管理班子之一，受同级管理机构的管理，同时接受上级民兵指挥中心的调配和安排。

（二）组织方式

在重视粮食生产、"大跃进"的年代，北老壕大队的村民要从拿锄头的农民变成拿枪的民兵，从单纯的从事农业生产到既参加民兵训练和教育课程又不能耽误农业生产，在组织方式上需要非常巧妙地将这两点结合起来。因此，对于民兵编组工作，要求将生产和学习相结合进来，这样既有利于生产、工作、学习，又便于领导。

北老壕大队1959 年9 月开始征集民兵，政策要求，凡是年满16 周岁，能举起武器的男女公民都要组织到民兵队伍中去，对盲流人员也要编入民兵组织里，同样参加民兵活动，但是不得掌握民兵武器和担任民兵干部。[①] 民兵分为基干民兵和普通民兵，基干民兵是组织中的骨干，部队里的班长，而普通民兵是成员，部队里的士兵，因此，这两种民兵是分别编班的，档案资料中显示的基干民兵名单和普通民兵名单是分开的，同时基干民兵的资料齐全，包括姓名、年龄、家庭成分和政治面貌等，而普通民兵只有姓名和年龄两栏。农村民兵进行编制的时候得适应农村的劳动生产

---

① 资料来源于吉林省四平市梨树县北老壕村档案，1958 年。

和平时学习，据此，北老壕大队在每一个生产小队中选出符合条件的编成 11 个基干民兵排，少量普通民兵作为后备。这样农业生产时以小队出现，民兵组织出任务时可以以民兵排的形式出现。同时，民兵干部的头衔、基干民兵的指标和掌握武器的权利是放在绝对可靠的民兵手里的。梨树公社适应组织和配齐干部，结合党的方针，调整民兵干部，对不适应担任民兵干部的会及时更换。民兵队伍中要求配上忠于党忠于社会主义建设事业的优秀青年，在征集时会选拔复员军人担任干部，多配一些职位，特别是政治思想干部。

民兵开始组织编排的时候还有一种特殊的兵种，简称特种兵，包括炮、坦、空、防、化、通讯、卫生等。他们的编组是为了适应战时需要，各个部门的专业对口或半对口。特种兵的组织要贯彻平时为经济服务，战时为国防服务，军民两用的原则进行编组。笔者所调研的北佬壕村没有查阅到相关资料，调研对象对此也是很清楚，在这个村庄似乎没有特种兵的说法。

（三）民兵配备

民兵组织是人民公社时期一个不脱离群体的组织，从群众中来，到群众中去。在民兵的征集过程中，除了年龄、性别和身体状况等基本情况需要考虑之外，有几个指标是也必须考虑的，比如说本人成分是否是贫下中农，家庭劳动力是否充裕等。我们仍然可以查阅到的资料为教材了解一下民兵的基本情况，下表显示了 1964 年 12 月 17 日梨树公社北老壕大队的基干民兵配备情况[①]。

	一排	二排	三排	四排	五排	六排	七排	八排	九排	十排	十一排
人数	13	9	12	27	30	18	19	16	25	16	15
本人成分	学生农民	农民	学生农民			农民	学生农民				
家庭出生	贫农	贫中农				贫	贫中农				

---

① 资料来源于吉林省四平市梨树县北老壕村档案，1964 年。

由上表可以看出，1964年，北老壕大队有11个排，共有基干民兵200名。

本人成分一栏我们可以看到，民兵连里面除了有农民之外，还有学生。农民在农业生产方面比较擅长，而学生在学习方面比较突出，每一排的学生数和农民数都是有一定配比，比较均衡。

由家庭出生一栏可以看出，北老壕大队征选民兵时有严格的政治要求。贫下中农有资格，富农绝对不可以应征入伍，这样保证了枪杆子掌握在可靠的人员手中，这是中国共产党一贯坚持的原则。当然，为了保持民兵组织的纯洁性，除在民兵入队时掌握好政治条件外，还要做好经常性的政治审查工作。

民兵情况包括基干干部、普通干部、基干民兵、普通民兵四种类型。以基干民兵为主，由于普通民兵人数太多，我们所能查的档案资料里面基本只有基干民兵的登记表。在正式的基干民兵登记表中有是否是退伍复员军人这一栏，其显示的数值一般都是在民兵连中担任干部的，因为这一拨人的军事理论和实际操作经验相对比较丰富。

每一个排里面所设置的职务是不一样的。普通民兵在公社里面都是社员，除此之外，会设置一些干部职务，比如每一个小队中会有一个会计，另外，统计员、大队长和医生等职务会分散在各个不同的小队里面。除了这一年登记表中显示的数值，其他一些信息大队里面各个小队是比较类似的，比如民兵年龄是18—35岁之间，复员军人或者退伍军人年龄较大，文化程度一般是小学左右，也不乏有很多没有受过任何教育，这也限制了民兵培训的内容和方式。只有身体合格的青壮年才能够加入民兵队伍。

笔者呈现的是1964年的民兵配备的情况，事实上，民兵的年龄在人民公社时期不是一成不变的。1958年，在"左"的思想指导下，中央提出了全民皆兵的政策，是将全国范围内只要是能拿得起武器的男女公民全部组织起来，于是民兵的年龄条件被放宽到16到50岁[1]。1961年，根据实际情况需要，把男民兵的下线改到45岁，女民兵的下线改到35岁。1981年，在认真总结历史经验的基础上，对民兵组织进行了全面调整改革，规定参加民兵组织以男性公民为主，年龄条件改为18—35岁，基干

---

① 韩怀志：《当代中国》之《当代中国民兵》，人民解放军出版社1984年版，第57页。

民兵的年龄改为18—28岁，女民兵适当征集。北老壕大队的民兵也是在每年政策发生变化之后在民兵工作整组中进行调整。

（四）民兵整组

1962年，全民皆兵的政策实行已经有4个年头了，全国上下进行了一次系统的整组工作。由梨树公社档案资料可以看到，1962年5月召开了复查民兵整组工作，工作开展之前在四平市南杏山管理区召开了民兵队长（即武装队长）会议，各个支队管理区的民兵队长主要负责这项工作，如民兵队长因事或病不在家，必须由负责武装部的书记牵头。出席会议之前，民兵队长或者是书记要提前了解各自队里的以下情况[①]：

现有基干民兵数（分男女）包括外流的，其中年满16周岁新入队的民兵数；

现有普通民兵数（分男女）包括外流的；

现有男性18、19、20周岁的民兵姓名和其家庭人口等情况，包括外流的；

超龄普通民兵出队的人数（分男女）；

外流的基干和普通民兵数（分男女）及其原因何在；

经过整组清除的基干和普通民兵数和现有基干民兵数（包括外流）；

本年已经受过训练的人数（分男女）和尚未训练的人数（分男女）；

编成多少个班、排、连、营，都是根据什么情况编制的；

配备了多少个班、排、连、营干部，其中配备了多少连营的正式干部，都是什么职务；

政治审查工作是怎么样进行的，有何经验和问题，采取了何种宣传形式。

整组工作正式开展之前，民兵干部对民兵组织情况进行了一个总结和

---

① 资料来源于吉林省四平市梨树县北老壕村档案，1960年。

归纳。根据北老壕大队民兵在民兵组织中的行为表现和思想状况，可以将大队民兵大体划分为三种：第一种是适应组织，经常活动，发挥了民兵的作用，提高生产效果，在各项工作上，都能起到决定作用的群体，占比有30%；第二种组织基本适应，但是在民兵活动上不经常，民兵的作用没有得到充分发挥的群体，占比有50%；第三种民兵组织上不适应，没有充分发挥民兵作用，更不善于使用民兵组织，甚至有的地方根本不表现为民兵组织，且民兵内部还不纯洁的群体，占比有20%。不难看出，第一种和第三种是少数的，第二种是占大多数的。据此，根据县武装部的有关指示和大队干部特别是民兵干部确定了在今后民兵的整顿工作中的目标：巩固提高第一种，加强第二种，重点整顿第三种。

人民公社时期北老壕大队由11个屯子构成。笔者进村调研的时候村庄基本构成还是和以前一样，需要驾车于各个屯子之间。可以想象，对于当时的民兵干部来说，整组工作是量大且面广的。在公社党委的统一领导下，整组工作持续时间是从1962年11月至1963年4月中旬，具体做法如下。

培训干部[①]。梨树公社的武装部长李山开完工作会议回来之后，就在党委统一领导下，召开了公社武装委员会，到会的有公社武装委员、大队长和大队的支部武装委员、大队长共12人。会上主要传达上面的会议精神，学习民兵工作条例，并以条例为依据，结合社会主义教育进行了民兵整组工作。公社在召开干部会、训练社会主义教育宣传队伍时，一般会吸收有关人员参加，培养民兵工作骨干。1962年，公社共训练了党团员、生产队长和民兵班长以上干部121人，并以一天的时间，部署了民兵整组工作，贯彻了"条例"教育，强调了整组的重要意义，说明了目的要求，交代了具体做法。同时对公社、大队的武装委员和民兵连长也进行了具体分工，把任务真正落实到人。除此之外，还注意发挥了退伍军人、复员军人、生产队长和记工员的作用，形成了一个人人抓整组，各个讲民兵的局面。

出队入队。为了防止漏编，先由文书按民兵花名册和户口册，列出今年应当出队、入队、由基干转普通的名单，在连务会上向各排长公布，如

---

① 《人民公社民兵工作》，中国人民解放军总参谋部动员部编印，1963年6月，第8页。

有遗漏再行补充。文书查出应入队的 27 名，排长又补充了 3 名。为了保证队伍纯洁，党支部还对 30 名应入队人员逐个进行政治审查，将其中 3 名编入普通民兵。对由基干转入普通的民兵，支部也进行了研究，将需要保留的 4 名复退军人和 6 名老民兵骨干继续保留了下来。党支部审查确定后，连长召集应入队、出队、由基干转普通的人员开座谈会，说明出入队的意义和民兵条件，征求他们的意见，提高他们的认识，特别是提高新入队的民兵的光荣感和责任感，使他们有思想准备。上述准备工作做好后，在民兵大会上宣布新入队民兵，编入班排。在宣布时，全体民兵热烈鼓掌，表示欢迎。

改选干部。民兵干部是从民兵和原民兵干部中挑选出出身成分好、思想进步、工作积极、有一定威信的人担当，方法是先由支部提名，经民兵大会选举通过，并报公社武装委员会审查批准。从而保证了好干部连选连任，不好的淘汰落选，并做到官兵相识，有名有实。如有个班长候选人张民对民兵工作比较积极，但个人主义比较严重，对集体生产不太关心，选举时大家没有通过。

改进制度。在原有制度的基础上，先由支部研究、结合实际、去虚留实，后交民兵讨论通过，修订出比较可行的教育、会议、评比、武器保管擦拭和执勤制度。如会议制度，规定民兵干部和基本民兵每个月开一次会，普通民兵每季度开一次会；评比制度，一年两次，半年初评，年终总评；武器十天擦拭一次。特别是注重民兵政治思想的塑造和提高。

总结工作。在宣传教育中，还联系实际，总结去年的民兵工作的成绩，表扬好人好事。比如说，梨树公社主要总结了：（1）发挥民兵组织作用，促进生产的成绩。1962 年梨树公社民兵积极维护、坚持了集体，使公社实产 5006 担粮食，获得了比 1961 年增产 548 担的成绩，并提前完成了 927 担粮食的征集任务；（2）战备工作成绩。在战备和诉苦教育，思想觉悟提高的基础上，原有 398 名民兵，就有 267 名身强力壮的报名参军参战。北老壕有一位退伍军人报名后，立即带着母亲、妻子去看自己在山上开荒种的自留地，向她们做了交代，准备动身上前线；（3）战备训练成绩。梨树公社武装部分配给民兵训练任务 35 名，实训了 90 名，超额完成了任务，35 名民兵实弹射击取得了优秀成绩。在总结工作的同时，还评选出 24 名"五好"民兵进行了表扬奖励。

三　寓兵于民

笔者在文章中以"民兵"为关键词，而民兵在人民公社时期是有双重身份的，亦兵亦民。作为关键词的研究，笔者将用两章的篇幅将这一个词语分解，进行分解式的研究，分别研究民兵作为"民"和作为"兵"的身份出现在北老壕村的现实形态。具体来说，民兵的形态要从两个方面来展开：寓兵于民和寓民于兵。本章将主要描述民兵的军事功能，也就是民做兵的事情，表现为民兵训练、民兵教育和民兵职能。

（一）民兵训练

1958 年之前，民兵训练主要在农村进行。当时，训练的规模不大，时间不长，要求不高，开展的比较正常。随着 1958 年"大办民兵师"的兴起，民兵的训练工作也由农村开展到城市，在全国范围内掀起了第一个群众练兵高潮。1960 年，国民经济出现了严重困难，训练被迫停了下来。1962 年，东南沿海地区形势紧张，恢复了民兵军事训练。梨树公社的民兵训练经验摸索期主要集中于公社兴起的前三年，也就是 1958 年到 1960 年，1962 年之后恢复了军事训练。

1. 军队指导

人民公社时期的农民，文化程度相对比较低，在训练的时候依靠正规部队来进行渗透和学习。据北老壕村民刘有才回忆，1958 年冬季，农村陆续进行民兵训练，由于当时特殊的历史背景，他们理解的大办民兵师就是把民兵组织起来，和苏联打仗。抱着保卫祖国的崇高理想，大伙儿都在号召下有序的扛着枪训练和学习。民兵训练是正规部队给上课，当时上级从县武装部抽调大批干部，帮助北老壕进行训练民兵。在训练的过程中，正规部队干部与民兵同吃、同住、同劳动，对民兵影响很好。那会刘组长也跟着去训练，但是由于年龄还小，其还不能被正式纳入民兵序列。正规部队会教大家大炮、坦克的构造，学习如何打枪等。去训练的民兵公社的记分员给相应记工分。每一年的民兵训练持续一个冬季，各家需要铲地的时候就从训练点回来，一般是利用农闲的时候进行训练，在农村就是秋收之后。驻地的正规部队在北老壕待了两年，每年训一批，训练完了正规军

队就被抽回去了，今后的日子民兵可以在民兵连长和排长的带动下自行进
行训练。

2. 训练方式

从 1958 年到 1960 年的三年中，梨树公社每年都利用农闲季节展开民
兵军事训练。但是，民兵工作条例颁布之后，对于如何坚持小型、就地、
分散训练的方法还缺乏实际经验。1960 年 3 月，梨树大队民兵干部从摸
索、实验出发，采取了多种多样的训练形式，即：一种是以大队为单位集
中训练，一种是联队训练，还有一种是以生产队为单位就地组织训练。经
过实践，广大干部和群众一致反映说："联队训练比大队集中训练好，生
产队就地训练又比联队训练好。"

采取的第一种方法是大队集中训练，梨树公社共有 14 个大队，118
个小队。这种方法的具体做法是：每个生产队抽调三名优秀基干民兵参
加，集中吃饭，分散居住，全天训练，每期训练 8—9 天。训练中，七个
管教学（一个是民兵连长，一个是团支书，五个教员），四个人抓生活。
参加民兵训练每人每天自带红苕三斤外，生产队补助大米一斤，伙食费二
至四角，队里照评工分。以大队为单位集中训练地点在公社门口的空旷平
地上。

第二种训练方法是联队训练。梨树公社采取这种方法训练的共有 8 个
生产队。这种训练方式的具体做法是：以住地附近的二到三个生产队，基
本上是以原来的食堂为单位联合举办，大队统一领导，集中学习，分散居
住，分散吃饭，训练时间由生产队长和民兵排长一起共同安排研究。每次
参加训练在半天以上者，评给四分左右，但是不给粮食和钱的补助。比
如，北佬壕大队的 1 队和 4 队的地理位置比较近，就可以将这两个队联合
在一起进行训练。

第三种训练方式是生产队就地组织训练。公社里搞起了训练后，北佬
壕民兵普遍要求参加练武，但是公社和大队没有给该生产队分配训练任
务。为了满足民兵的要求，排长到公社里借来了两支步枪，经过与生产队
长和会计的商量后，就自发的干起来了。训练的第一天，生产队长召开了
民兵大会，由生产队长和民兵排长进行了训练动员，全队 30 个男女基干
民兵，当场就有 27 个报名参加。最后因为枪支太少，轮换不开，只确定
了 10 个男基干民兵和 5 个女基干民兵共 15 人参加训练。训练时间的安

排，主要是利用上午露水大不易干事和落雨天不能出工生产等空隙时间进行。这样，通过一个多月时间见缝插针训练，共进行了64个小时的学习。生产队就地组织训练民兵有六大优越性，第一是可以围绕生产见缝插针，充分地利用生产空隙进行训练，便于解决生产与训练在时间安排上的矛盾；第二是生产范围不大，训练人数不多，住地临近，方便群众，便于举办；第三是可以减少国家和集体开支，不花钱，多办事；第四是可以加强民兵班排活动，进一步巩固民兵组织；第五是可以培养与锻炼民兵基层干部，进一步加强对基层民兵工作的领导；第六是可以普及民兵训练，使广大民兵都有参加训练学习保卫祖国本领的机会，避免年年受训人员的重复。

3. 军事训练

军事训练是提高民兵基本军事技能和军事素质的必要手段，一般情况下，基干民兵是按照规定的时间内进行训练，普通农民是在劳动间隙时间进行训练。民兵队伍素质参差不齐，每个人的掌握程度都不一样，效果也不一样。训练的对象以民兵干部和基干民兵为重点，由于武器装备的限制，民兵训练在这各阶段受到限制，只能进行射击、投弹，以及利用地形和站岗放哨等简单的军事常识训练。到70年代初，随着武器装备的完善，各级人民武装干部素质的提高，民兵军事训练得到了改善。

代表武器——轻机枪[1]

民兵在进行军事训练的时候会接触相关武器，在这里我们就以轻机枪为代表来了解一下学习内容。轻机枪是民兵消灭敌人有生力量的主要自动武器，在800米以内能杀伤敌人的集团目标和重要的单个目标；在500米以内可以射击敌人的飞机和伞兵；在300米以内用穿甲弹、穿甲燃烧弹可以射击敌人的轻装甲目标。轻机枪的主要射击方法是短点射（3到6发），还可以实施长点射和连续射。

捷克式轻机枪是德国人发明的，在捷克的斯拉夫兵工厂制造，故名捷克式轻机枪。主要由以下几个机件构成：（1）枪管，赋予弹头的飞行方向；（2）瞄准具，用以瞄准。由转轮式表尺和准星组成；（3）机匣，用以容纳枪机和复进机，并保证枪机闭锁枪膛；（4）枪机，用以送弹、闭

---

[1]　广州部队政治部：《几种民兵常用武器知识》，《民兵生活》1973年第14期。

锁、击发和蜕壳。由机框、机体组成；（5）复进机，以复进簧的伸张力，使机枪回到前方位置。由复进杆、复进簧、套管组成；（6）击发机，与枪机互相作用，形成待发和击发；（7）枪托，便于操作的部位；（8）脚架，用以支撑枪身；（9）弹匣，用以容纳和托送子弹。附品，有通条、铳子、油壶和枪衣等。

据调查者回忆，曾经在训练时出现过这样一件事情。商贵林，梨树公社北老壕生产队 7 小队社员，家庭出生贫农，共青团员，1955 年 2 月应征入伍，1958 年 2 月服满役退伍还乡，在部队上是上等兵军衔。在 1959 年民兵训练中担当民兵连长。其借着当年民兵训练打靶担当成绩记录员和发弹员之机，将子弹窃取五颗，企图准备冬天打仗之用。待民兵训练结束后回家的第二天，商连长接到生产队通知民兵武器集中上缴到乡，便想到如果枪上缴之后，再打枪的机会就困难了，不如再打一枪听个响，于是便从房中将九七式步枪拿出上了一发子弹入膛，而后站在门前土堆上，立姿向北山坡鸣放一枪，不料子弹穿过山坡从一家住户玻璃进户穿入，将一名妇女腰部贯通枪伤。事故发生后，武装部立即派了两名助理员与市公安局、检察院的同志去现场调查。相关人员根据了解的事实情况判断完全是该社员无故鸣枪打伤的，因为受伤时间和鸣枪时间完全吻合，都是 8 月 24 日的午饭后，打枪方向和受伤者的居住方向也吻合，子弹型号也对，都是九七式子弹头，周边的群众也听到一声枪响。笔者从当年干部任职通知中查到相关信息：

副大队长	付书记兼九队队长	团总支书记	治保主任	民兵连长
徐有	苏成玉	张少凤	谢永成	商贵林

于是吉林省梨树县兵役局人民武装部呈送各民兵团、营、连一个文件，以儆效尤，文件内容大体如下[①]：民兵商贵林无故鸣放枪造成伤人事故的通报转发给各民兵连队，各单位接此通知后，应立即在民兵中进行深入的传达教育，特别是应结合本单位的实际情况进行必要的检查。因我县在今年民兵训练中，虽未形成严重的伤亡事故，但在实弹射击中，个别单位的少数民兵窃取子弹的现象一再发生，可见他们是与商贵林构成无故鸣

---

① 资料来源于吉林省四平市梨树县北老壕村档案，1960 年。

枪发生伤人事故的过程是一致的。因此，我们必须要提高警惕，吸取教训，一定要做好安全工作，将民兵窃取的子弹一律收回，以杜绝类似的事件重复发生。

（二）民兵教育

1. 政治教育

民兵的政治教育是随着国家政治、经济、军事形势的发展，紧紧围绕党的中心任务进行的。人民公社成立初期到60年代初，主要的政治教育方向是：通过党的总路线的教育，激励民兵热爱党、热爱集体、热爱劳动，调动民兵的生产积极性；通过开展学习毛泽东著作和学习雷锋的活动，使民兵树立全心全意为人民服务的新思想、新风尚；紧密结合国内外斗争的形势和贯彻民兵工作"三落实"，对民兵进行人民战争思想教育，使民兵热爱人民武装事业，继承发扬民兵的光荣传统，为保卫祖国做贡献。1978年改革开放开始以后，党和国家的工作重心慢慢转移，民兵的政治教育工作也有了新变化，开始强调抓好坚持四项基本原则的教育，共产主义理想、道德和人生观的教育，以及社会主义民主和法制教育。

梨树公社北佬壕大队在不同的时期也有不同的政治教育主题。比如说在60年代，大队对民兵的政治教育集中进行以粮食为中心的厉行节约运动和三八作风的教育，因为粮食是生产节约的中心问题，三八作风第一条是坚定正确的政治方向。在这个时期，不管是在人民日报还是在公社文件、大队标语、村里村外都可以看见类似的宣传。由北老壕档案资料我们可以看到类似的宣传话语，以激励民兵带头战胜自然界给我们带来的灾害[1]：

当前由于自然灾害给我们带来的困难，对我们的生活造成了极大的不便。但是，这个困难是暂时的，我们对比工农红军长征时没有吃的还能打仗，行军。我们有一定要发扬人民解放军的光荣优良传统，勤俭持家、节约粮食。同时广大民兵进行生产自救，瞄准正确的政治方向，抵制地富反坏右分子在这个时候造成破坏活动，维持社会治安，积极参加生产，保卫生产，使每个民兵都能养成平时战胜一切困难，战时召之即来、来者能打、打就能打胜仗、胜者能归来的作风。

---

[1] 资料来源于吉林省四平市梨树县北老壕村档案，1961年。

2. 卫生教育

民兵组织除了进行政治教育之外，还会进行卫生教育，每一个体系里面都会配有民兵卫生员。有了强壮的身体，才能更好的劳动，抵制外敌。1967 年左右，全国各地的广大民兵、民兵卫生员都广泛的开展了战伤救护训练。全国各地农村都在大量培训不脱离生产的卫生员，他们主要学习防治小伤、小病的知识和方法，其中多数人也是民兵卫生员。全国各地培训民兵卫生员的方式、方法、时间和学员方式不尽相同，笔者所调研的村庄北老壕村地处北方，有自己独特的方式和方法。

民兵卫生员和一般民兵必须掌握和学习的卫生知识包括人体的生理常识[1]，比如说运动系统、消化系统、呼吸系统、循环系统、神经系统；了解一下战时救护的知识，比如说如何正确对待战伤；民兵卫生员的救护任务，战时寻找、接近和隐蔽伤员和战伤救护技术；几种严重战伤的处理，有战伤休克、颅脑伤、开放性气胸等；另外，几种意外伤害的急救也是每个人必须熟悉的，包括中暑、冻伤、触电、溺水、毒蛇咬伤和食物中毒；人工呼吸法和体外心脏按摩术也是可以了解的，不管是在战场上还是农地里都有可能遇到这些情况；每一位民兵卫生员和有兴趣的民兵可以尝试了解化学、原子和细菌武器损伤的救护知识。

3. 防冻教育

由于我们所调研的吉林梨树公社北老壕大队位于东北三省，由于特殊的气候原因，一年会有半年左右的时间处于冬天，民兵工作相对南方来说多了一项艰巨的任务，那就是防冻工作。只有做好这一项工作，才能保证民兵在一个舒适的环境里面进行训练和农业生产。首先，东北民兵必须加强思想教育，严格行政管理，健全保温房制度；其次，积极开展耐寒锻炼，坚持冷水洗脸，做徒手体操等活动，着装掌握"迟穿袄、逐渐添、室内减、室外穿"的原则，不断提高耐寒能力；最后需要普及防冻知识，落实防冻"五个字"，要求民兵做到"七勤，五不要"。"五个字"分别是干：各种情况下，都要克服困难，保持鞋、袜和衣服干燥；炼：积极进行耐寒锻炼，做到以炼胜寒；动：掌握静中求动，以动防寒的原则；热：

---

① 中国人民解放军福州部队后勤部卫生部：《民兵卫生员课本》，人民卫生出版社 1960 年版。

保持取暖，饮食要保证饭菜汤三热；勤：勤准备和修补各种防寒物品。"七勤"是指勤准备防寒物品，勤烤换鞋、袜、鞋垫，勤用热水烫脚，勤互相检查、督促，勤擦搓面部耳鼻，勤活动手脚，勤进行耐寒锻炼。"五不要"是指不要穿潮湿和过小的鞋袜，不要长时间静止不动，不要在无防冻准备时单独外出，不要赤手接触金属，不要在冻伤后用火烤。

（三）阶级斗争

人民公社政社合一的体制使执政党深入到乡村，从组织上确保党对农民绝对的领导。一方面，他们通过不断的政治思想教育和乡村教育来维系秩序，另一方面，党采取政治上的高压，将阶级斗争扩大化，以政治运动来维系农民的政治热情①。民兵组织有自己独特的优势，在这一时期发挥了无可替代的作用，他们熟悉地形，与人民群众熟悉，无论多么奸猾的敌人，都可以识别出来，同时，他们有武器，可以起到强制威慑的作用。

首先，为"四清"运动提供组织保障。

北老壕的"四清"运动，是由"中共吉林省委梨树县工作团"领导开展的，但是在北老壕，普遍都说是"中央工作团"领导的，下到北佬壕大队的下派干部共有33人②，其中每个小队三人。工作队在入村之前，在四平市进行了短期的集训，学习了中央指导"四清"运动的"双十条"以及"六十条"（即农村人民公社工作条例修正草案）等。另外在学校、机关设立了各自的下派干部工作队，领导"四清"运动。同时建立了各级党组织，并明确了各级的职权，规定"梨树公社党委和公社管理委员会都由各工作大队党委领导"。工作队成了唯一的领导核心，它甚至代替了大队党支部的权利。民兵组织在这个时候也在其管辖范围之内。

四清运动中有很多积极分子，特别是一些"想出气"的农民，偷偷的与工作队接触，后来在工作队的培养之下成为了"四清干部"。这些人包括两类，一类人是在四清之前就受到北老壕大队党支部的重用，被支部作为培养对象，另一类人是在原来的社会政治结构中一点能力也没有，也

---

① 于建嵘：《人民公社的权利结构和乡村秩序》，《衡阳师范学院学报》（社会科学）2001年第10期。

② 资料来源于吉林省四平市梨树县北老壕村档案，1963年。

没有社会地位，而在四清中找到了机会，被工作队看中，成为村里的风云人物。就在这个时机，四清工作队建立了贫下中农协会，简称贫协。贫协成为了开展运动的主力军。与四清工作队的组织结构类似，北佬壕的贫协组织也分为小队贫协和以此为基础的大队贫协，行使的职能包括管理队里的生产、账目以及政治，具体来说就是代替之前的生产队干部管理农业生产，并协助工作队开展对干部以及突出表现为批斗会议上的诉苦主力军。这个组织对于生产队生产工作的接管，是在工作队的指导之下进行的，主要为监督社员按时上工，记录好每位社员的工分，按时发放生产资料以及管理好牲畜等工作。由于部分贫协会员平时很少接触这方面的工作，因此在管理过程中出现了许多问题，例如账目混淆、牲畜得病，另外，也存在一些包庇亲戚的不民主行为。因此，在贫协的领导下，北老壕各队的生产状况不仅没有得到改善，还使产量严重下降，社员们的收入大幅度减少，生活困窘，对贫协怨声载道。

除了贫协之外，工作队开展四清工作的过程中还有一个得力助手就是民兵组织。工作队作为至上的权力的象征，对民兵组织重新进行了整顿。首先，民兵组织的成员必须是贫下中农分子，且是四清运动中的积极分子，与有"四不清"干部关系扯不清的不允许加入民兵组织；其次，民兵的职能发生了很大的变化，除了日常工作巡逻、查夜和在平时搞好社队的生产和救灾工作之外，重点工作是协助贫协对四类分子进行询问、审查以及教育斗争活动，因此，民兵组织是四清运动顺利开展的一个组织保障。北老壕村民平时认为是苦劳力的民兵组织，这个时候大家就都喜欢赶时髦了，人人积极，个个踊跃，享受着拿着武器，威慑群众的快感。工作队进村，他们对北老壕的大、小队干部一律不相信，对认为其有问题的干部，每天都严加防范，派民兵监视其行动①。如经过调查，认为干部存在财务不清或者走资本主义的道路时就会进行批斗。批斗会的开展，全社社员、工作队成员、治保主任、贫协和民兵均要求参与。据口述者回忆，当年对1队队长颜大富进行批斗时，治保主任领着颜队长到公社的一片空地，在前面宣布颜队长错误事实。那时正值寒冬腊月，十分寒冷，十个民

---

① 《农业集体化重要文件汇编（1958—1981）》，中共中央党校出版社1981年版，第230页。

兵排成一排站在后面，其中一个民兵还拿着武器，非常严肃和正式，坐在下面的群众鸦雀无声，谁看见这样的情形都吓得不敢作声，即使没有犯错，也不敢反抗。在这样一种高压的政治氛围下，颜队长后来畏罪自杀。

其次，参加革委会。

"四清"运动摧毁了北老壕大队的正式的领导组织，刚刚形成的权力结构和内部平衡使大队内部秩序杂乱无章。1966年下半年，大队党支部在工作队的安排下重新搭建起来了。但是此时在内部出现了一些造反派，工作队对此束手无策，有关"资产阶级反动路线"的呼声日益高涨，曾经领导着这场革命的人正面临着被革命、被批判的威胁。工作队在上级的掩护之下偷偷撤离了。这一场革命的组织者就是红卫兵组织。红卫兵组织的成员不全是工作队未撤离之前的造反派，只是选择了一部分有组织能力、有革命意识的积极者。他们摒弃现有的一切东西，至少表面上是说按照毛主席党中央的"战略决策"办事，村庄处处都是红色革命的印记，处处都是革命的回声。"文化大革命"时期的矛盾一下变成了"横扫一切牛鬼蛇神"，四处都泛滥着革命的"红色恐怖"，民兵组织也在这个时期成了维护当权者利益的工具，在批斗一切不合时宜的人的时候都会站在最前方。同时，民兵建设在这个时期同全国其他各项事业一样，遭到严重的破坏。民兵组织坚持与"四人帮"做斗争，加强戒备，加强哨所工作，执行治安保卫工作。

从北老壕的村庄档案可以看出，"文化大革命"之前一些文件上的署名是北老壕人民政府，从1966年开始，署名就变成了北老壕革命委员会。继四清工作队的工作卓有成效，曾经独揽大权的党支部失去了权力，一批积极分子登上了舞台，构成了北老壕革委会。从革委会名单看到，北老壕革委会还是按照村庄原始的结构分成11个小革委会，每个小队有3—5个人，当年11个革委会小队共40人。在同年的资料中，笔者发现，1966年7月，民兵11个排，共45名，两份名单中人名多有重复，也就是说同一个人在北老壕是革委会中的成员，同时也是民兵组织的成员的情况多有发生。民兵组织在新的政权的整组之下人数少于以前，且是"文化大革命"的积极分子。在"文化大革命"期间，北老壕档案资料中有一份县武装部下传强调加强民兵工作的文件，文件内容几乎全是与革命相关，与政治相关①。

在中国，离开了武装斗争，就没有无产阶级利益的地位，没有共产党的地位，没有革命的胜利，特别是经过四清运动，各级党的组织由于认真的贯彻执行了中央军委和毛主席有关民兵工作的各项方针政策和指示，把民兵工作真正的纳入了党委，从而保证了毛主席关于民兵工作三落实的指示和党的民兵建设方针，政策在基层的贯彻执行。因此，在民兵建设上，积累了许多经验，取得了一定的成绩。但是，在当时看来，还是有部分党委和支部，对党管武装、抓军事工作还存在一些问题，一定要时刻增强战备观念，教育民兵在阶级斗争生产斗争，突出政治第一点，抓革命，促生产，坚决抵制新的"四不清"问题，生产队整顿提高"四上墙"建立与健全各种财务制度。民兵提高警惕，加强戒备，立足于早打、大打、打核战争、在几条战线上打，加强民兵军事训练中的政治思想工作、不断提高民兵的军事技术水平，平时领导民兵维护好社会治安，做好参军、参战和支前工作。阶级和阶级斗争观念进一步加强，克服私心杂念，一心为集体，一心为革命。

四　寓民于兵

随着大办人民公社、"大跃进"、四清运动、"文化大革命"等重重政治氛围熏染之后，国家对阶级斗争重新有了新的估计和政策，提出必须十分注意保持社会政治安定，否则社会主义农业的生产力和生产关系就会遭到破坏，农业的发展当然不可能快。民兵组织作为队务委员会一个必要的组织，其功能也随之发生变化，特别是十一届三中全会之后，其职能慢慢由人民公社建立初期的以军事功能为主转换成以非军事功能为主。民兵从社会阶级斗争的先锋转变为社会主义精神文明建设的榜样，由计划经济体制下集体劳动的主力军变成经济体制改革中勤劳致富的先锋，对社会风气的培养有良好的作用②。当然，民兵组织作为农民群体，还要从事其作为农民身份的基本事务——劳动生产。

---

① 资料来源于吉林省四平市梨树县北佬壕村档案，1968年。
② 张勇：《改革开放初期民兵工作转型原因探究》，《谈古论今》2012年第4期。

（一）治安保卫工作

改革开放初期，阶级意识已慢慢褪去，因为邓小平同志的一句"不管白猫还是黑猫，抓到老鼠就是好猫"，社员背着社员身份，开始尝试做一些活的买卖，比如说开小商店，经营一个卖肉摊等。民兵组织进行精简，保证了民兵的质量，避免旧时期的"父子兵、母子兵、全家兵"，公社民兵只是"墙上的名字、大队的册子和公社的数字"有名无实的现象。这个时期北老壕农村的生活也慢慢活起来了，不像公社前期那样死气沉沉，从衣食住行各方面都要受到约束。也正因为如此，更加需要民兵组织来协助管理好活的思想和活的行为。治安保卫工作分为两类，一类是治安工作，一类是保卫工作，北老壕的民兵组织就像当地一支军队，哪里需要维护秩序，哪里需要伸张正义，哪里需要维护权利，就会出现在哪里。在新的形势下，公社武装部开始正儿八经的组织民兵进行治安保卫工作，维护农村的安定团结，协助大队干部解决新时期的矛盾。组织民兵维护社会治安是稳定大局的需要，是一项长期的任务，民兵维护社会安定也成了国家法律赋予的一项积极措施。

据访谈对象回忆，1980 年 8 月，北老壕大队 4 小队老是发生盗窃事件。民兵排长知道这件事情之后马上告知民兵连长，联合其他小队的民兵，决定夜间安排两个专门的人巡查。据一位群众反映，该队一村民家里住着两个外地人，他们的行动有点奇怪，经常都是晚上出去，白天不怎么劳动，在家里休息。得知这个情况，该队排长带着两个民兵一起对其行动监视了整整两天。一天晚上 12 点左右，排长发现两人鬼鬼祟祟的背着两麻袋东西跑到家里。他们立即上去盘问明细，确定是小偷之后将其抓住。排长在两个嫌疑人面前打开麻袋，发现里面全是高档的香烟和酒，于是立即在这户人家家里进行搜查，前后共查处价值近 1000 元的东西。排长就将这两人交给四平派出所，经审问，原来这两个外地人是河北省的人，托熟人关系来到北老壕村，是惯偷。

治安保卫工作相对来说就琐碎一些，比如说社员在劳动生产时和队长产生矛盾，队长的安排社员不接受或者是顶撞队长。这个时候，民兵干部就会叫社员和队长一起聊聊情况，如果是因为社员的觉悟很低，想偷懒、磨洋工的行为而产生争执就要以教育社员为主。如果是队长因为分配任务时态度生硬或者有失公平就要以教育队长为主。

（二）大兵团作战

1. 修坝于北辽河

在笔者所调研的北老壕大队，随着市场的渐次开放，意识形态的淡化，民兵的职能逐步变化，由原来的劳动生产、阶级斗争到后期的一些非军事职能。调研中最值得一提的是那个时候民兵大兵团作战。大兵团作战具有得天独厚的优势。苏成宇，是我们调研中很重要的一个对象，其在北老壕大队的人民公社时期的身份是多重的，而且是非常关键的，给我们提供了很多宝贵的资料。此人在人民公社前期是民兵连长，1979 年开始担任村里的书记。下表显示了 1980 年支部干部任职情况[①]。当问及公社时期的民兵的情况，他骄傲的谈起了当年大兵团作战的光辉事迹。

书记	付书记	副书记	支委	支委	支委	支委	支委
刘晓军	张晓良	苏成玉	吕发	徐有	蔡清玉	刘生荣	于海

人民公社时期，但凡是符合年龄的，身体健康的都得当兵，党中央号召人人皆兵嘛，那个时期我身体合格，因为是独生子，当不了正式兵，因为征兵要求家里劳动力充裕的才可以去。但是民兵就没有这么严格的要求，那会一般都是民兵，满了 18 岁都是民兵，所以必然就选进了民兵队伍。村里有民兵连长，组织民兵活动，手上有一个表，小队里面哪些是民兵他们都知道，谁满了 22 岁就得退出。一般情况下，小队基本没什么活动，村里的民兵连长有活动，经常去县乡武装部里面训练。民兵组织从体质上来说比普通散沙觉悟高，所以在抢险，救灾，修水库大坝的时候会召唤民兵出兵，有一个专门的名称叫大兵团作战，而且只有拔尖的优秀的才能加入，人人皆兵人太多，必须选拔。

出大兵团是非常有气势的，军事化、组织化的，连车带人带马，出门就带一个红旗，红旗招展、士气鼓舞。有时候还喊着口号"召之即来，来者能战，战者能胜"，有时候还唱着军队的歌曲。民兵组织里面的成员都乐意参加，但是不是每一排的所有的民兵都可以前往，大家以每次出战

---

① 资料来源于吉林省四平市梨树县北佬壕村档案，1980 年。

被选上为荣誉。1974年夏天，县武装部安排北老壕大队的民兵去修北辽河的大坝，涨水的时候这条河水大淤清，甚是危险。北老壕大队被分配了32个指标，分摊到每一个小队里面，大概有两个到三个可以被选上，组织会选择身体好且军事训练中枪法好的民兵跟随。被选上的民兵一早按时到乡里指定地点集合，一般都是一早两点出发，去早了也不行，去晚了也不行，每个大队都要严格要求纪律，去早了要卧倒，就是做俯卧撑，像运动会一样，到点了武装部的干部就会召集集合。集合之后，团长就要求各个大队出操，也就是训练，像吃饭一样，每次都必经的步骤。紧接着各个大队先训练，走步，喊口号，民兵连长做的好的还是很有荣誉，哪个连走的好，齐刷，表现好，就会受到武装部领导的表扬。民兵们在民兵连长的组织下，训练完了就开始干活。梨树公社共300多个村，在大兵团作战中会评级和评优秀，县里面会根据情况分配任务，活干完了的大队就报捷，红旗向泥土里面一插。修北辽河这一次北老壕大队是做的最好的，于是县领导就拿着喇叭大喊："北老壕村，多少人，几个小时拿下了任务。"这样的行动像占小山头似的，等大家的活都干完了之后会有专门的腰鼓队敲锣打鼓，同时会被送上一面锦旗。像这样的大兵团作战时间上是可以控制的，一般都是农闲季节。

2. 抢险于刘家管子镇

大兵团作战是以民兵的形式出现，但凡在公社管辖区内遇到紧急任务，比如说防洪、抢险和救灾等，梨树公社武装部都会紧急下文要求出大兵团。文件中会明确指出要求各个大队出多少人，各个大队的民兵连长通过广播将重要消息传达下去，嚷道："各个小队注意啦，各个小队注意啦，现某某地方有紧急情况，请各队排长将民兵赶紧召集起来到公社集合！"那个时候每个大队都有大喇叭，喇叭是公社里主要的传播途径，迅速快捷且传播范围广。于是，这个消息会立刻引起排长的注意，北老壕屯子比较大，排长会在自己管理范围内找到能够最快召集的民兵，这个时候时间是最紧迫的，同时，排长会挑那些身强力壮而且政治觉悟比较高的民兵。1978年，梨树公社向前大队刘家管子镇发大洪水，那些年这个镇年年发大水，1978年水最大。同样是一个大队每个小队出几个人，党员和民兵干部一定出席。民兵排长带着自己小队的人到大队集合，然后再到武装部集合一起去刘家管子镇去筑坝防水，即使不去的村民每个家里也要每个人捐一个沙袋和一个杆。民兵连长接到任务之后，以最快的速度将民兵召集好集中于指定地点。那个时候一个村出一台车，只有二八式拖拉机，没有现在的大汽车什么的，而且是大队干部找其他生产队雇的。民兵们被安排在镇里发洪水的地方待两天，车上除的拉的民兵还拉有菜，茄子、豆角、饼子，还带鸡蛋等熟食，菜也是从各队收上来的。县里会给各队下达任务，每个大队负责多少米的长度。大家都用沙袋叠坝，水很大，有时候还很危险。像这些抢险突击队都是民兵冲在前面的。

（三）调解矛盾

在人民公社时期，大队队务会是引领整个大队的生产和生活的，也就是说，队务会不仅是负有整个生产队的责任，同时也是唯一的领导集体和核心权力机构。民兵组织作为一个单独组织，在执行任务离不开生产队队务会其他组织的协调和合作。北老壕大队的队务会至少由 7 人组成：正队长是生产队的"第一把手"，全面负责生产队的工作，农业队长主管农业生产，妇女队长处理与妇女有关的事务，会计是生产队的内当家，在农业生产中举足轻重，出纳管着生产队的现金，保管员管理生产队的财产；民兵连长有时候是治保主任兼任，管理民兵组织的工作和社会治安。在生产中，民兵是一把好手，身强力壮，永争第一，在保管员出现账实不符的时候，经过调查后发现物资被盗，民兵会帮助查找，同时，在民兵和这些组织协作时，会出现一些需要调解的问题。1962 年 6 月，北老壕大队第 2 生产小队民兵排长接民兵连长通知，打算抽几天时间对民兵进行一次军事训练。但生产队长不同意，他说眼前要中耕和备耕，军事训练等到农闲再搞也不迟。排长和队长的争论，反映了军事和生产的矛盾。他们只看到军事和生产在时间和劳力安排上有矛盾的一面，没有看到两者统一的一面，搞军训是为了练好本事，准备打仗，搞生产是为了打粮食，为了社会主义建设，两者都是为着巩固无产阶级专政这一个总目标服务的。两人认清楚这个现实情况之后，就平息了争吵。

五　调整改革

1983 年大包干进入北老壕村，生产大队便开始组织"分田""分家"。1984年，全国人民公社逐渐解体，在这样的大背景下，民兵组织也进行了很大的调整。

当被问及："公社快解体的时候，民兵是不是就没有了？"的时候，访谈者说："80年代初，民兵连长就没有了，被消化了，咱们也不训练了，也不经常开会了，地方上发洪水就直接找书记，书记下边还有支部主任可以负责，以前找民兵排长的事情现在直接找各队队长。"

从国家来看，中央有关民兵的政策在中共十一届三中全会以后发生了很大的变化，而且很快就已经落实到农村。为适应新的世界大战和国家工作中心转移的国内外新形势的需要，人民解放军进行精简整编，并开始解决健全后备力量体制和快速动员体制这个突出的问题①。从1981年开始的我国民兵组织的调整改革工作，通过调整改革，队伍精悍，质量提高，为战时动员打下了好的基础。这次民兵组织的调整改革，精干了民兵队伍，提高了民兵的质量。按照规定，各地将参加民兵的年龄，压缩为十八岁至三十五岁，将适合条件的女公民有重点地编入基干民兵组织，撤销了一些不太需要的民兵机构和分散小单位的民兵组织，做到去虚留实，使基层民兵组织更加扎实。特别是作为骨干力量的基干民兵，退伍军人和经过训练的民兵占了大多数，更加年轻力壮，具有一定的军政素质，这就更加适应战备和战时兵员动员的需要。

通过调整改革，初步解决了民兵与预备役相结合的问题，为进一步完善我国的预备役制度打下了基础。②调整中，各地普遍进行了预备役教育，在组建民兵的单位，都把符合预备役条件的人员编入民兵组织服预备役，并明确基干民兵为一类预备役，普通民兵为二类预备役。调整后的民兵组织，不仅是中华人民共和国武装力量的重要组成部分，又是正规军的预备役，这就初步改变了长期以来民兵与预备役相脱离的状况，有利于加强后备力量的建设和战时实施快速动员。

民兵组织调整改革后，由于民兵数量的减少和军事训练的改革，民兵活动占用人力、时间和牵动面相应减少，从而大大减轻了群众的负担，有利于国家的经济建设，也有利于民兵建设。

① 张希坡：《在中国共产党领导下的民兵的发展》，《教育与研究》1958年第10期。
② 毕文波、严高鸿：《当代军事战思维研究》，军事科学出版社2010年版，第18页。

六 "功""过"浅析

在上述章节中，笔者通过对北老壕村人民公社时期民兵的兴起，寓兵于民、寓民为兵两个方面的职责功能做了详细细致的描写，力争呈现一个真实的历史过程出来。在本章节中，笔者试图结合前面的描述浅析民兵在人民公社时期的功与过。

（一）过：计划经济体制下的武力保障

人民公社建立初期，其经济制度不否认家庭在经济活动中的重要性，社员仍然可以按照原来的消费习惯和生产方式进行生活。1958 年开始第一次计划管理体制下权力下放的时候，计划的强度是慢慢释放的，公社制度让人们保留原来的种植计划，仍然以"原耕"为基础，给人们一个接受过程，规定"凡是属于生产资料、公共积累、股份基金、基本建设的都要移交公社，包括自留地、房屋果树等。被子、家具、桌椅等生活资料归社员私有"，实行"生活集体化"，同时，按照大办民兵师的要求，实行"组织军事化、行动战斗化"[1]。然而，集体经济毕竟是不符合小农意识的，人们都偏爱在自己的小集体里面积极的劳动生产，自己做得多就多得，做得少就少得，自己的付出和自己的利益直接相关，因此这种经济制度内部还是缺少克服小农的自发倾向所必须的力量。这个时候，单纯靠经济是不行的，必须同时依赖于政治。到 60 年代初，公社制度有向传统村落后退的趋势，农民获得了相对的自由，他们顺着倒退的惯性有意或无意地扩大自己的地盘，于是，计划管理体制强化进入集中统一阶段。公社制度没有忽略农民的这一行为，接下来的革命斗争制止了农民的倒退行为。"四清"运动以及接踵而来的"文化大革命"对传统农民有了不可小觑的冲击力，这些都是外部政治强加在传统村庄上的。不管是当初土地改革中的四类分子，还是村庄干部抑或是普通农民都度过了一生难以忘记的十几年。阶级斗争重提，甚至是从未放下，农民的行为被不断的批斗会规范

---

[1] 于建嵘：《人民公社的权利结构和乡村秩序》，《衡阳师范学院学报》（社会科学）2001 年第 10 期。

着，而后在村落里面小心翼翼地生活着。1966—1978 年间，公社的社员是在超强的政治下生存的，但凡是背离集体经济的行为都会被批斗，被革命。

人民公社体制下政社合一，是国家权利和社会权利高度统一的基层政权组织形式。这种体制在构建中对军事手段和方法借鉴以进行权力集中，民兵组织就是军事化思想的体现，强化了人民公社的军事色彩。一方面，民兵组织既要种田务农，还要识字，参加军事活动，消灭了过去劳心和劳力的分裂线。由于时间上的分散，忽视专业的功能性，民兵的质量有待考察，基本素质有待提高，导致民兵组织有时候是有组织无实质；同时，党组织的力量不断扩大和下沉，下到最乡村的地方，甚至有的时候，党组织有权为乡村基层政权组织包括大队管理委员会、妇联、民兵连等制定大政方针，民兵组织在这个时候没有自己的思想，仅仅只是执行机构；另一方面，计划经济管理体制下限制重重，就像农民说的："公社什么都要管，从头管到脚，从生管到死。"[1] 强制实施也是某些场合必要的手段，这个时候必须用武力来保障，民兵是带有武器的武装力量，是最好的暴力威慑和武力保障。因此，国家主导下的人民公社政社合一体制，是一个重要的历史阶段，但是不符合乡村发展的自然规律和社会发展状况，不能为农村社会的发展提供永久的动力。通过行政方式来控制农民，增加了农民对国家的反抗，增加了国家对乡村的控制成本。国家基层政权建设需要探寻一种新的经济体制，在经济上既能够促进经济发展，又要获得广大人民的认同，在政治上要完成乡村社会的民主转型以实现国家乡村社会的动员[2]。

（二）功：政府推动下农民的双重身份

从 1958 年人民公社成立到 1984 年人民公社解体，中国农村在人民公社制度下度过了整整 26 年。毛泽东同志提出，将工农商学兵集中在公社中构成一个基本的社会单位，形成政社合一、五位一体的组织。其中，"工"是指工业，"农"是指农业，"商"是指交换，"学"是指文化教

---

① 张乐天：《告别理想——人民公社制度研究》，上海人民出版社 2012 年版，第 17 页。

② 李世源、孙力：《军事政治学视野中的人民公社探讨》，《南京航天航空大学学报》（社会科学版）2009 年第 12 期。

育，"兵"是指全民武装。工、农、商三者给社员们提供了物质生活资料，"学"提供了精神文化生活，而"兵"就保证了社员们的物质生活和精神生活的供应。在没有完全消灭剥削和阶级斗争仍然存在的历史阶段，民兵的存在有其必要性。民兵是武装起来的农民，劳武结合，既是民又是兵，既是生产队，学习队，又是工作队和战斗队。

人民公社时期民兵的保障作用既体现在平时，更体现在战时。在平时，民兵组织向大自然开战，不断提高生产水平，促进"大跃进"。他们以冲天的干劲和集体主义精神，大搞生产，带头劳动，在执行抢救、抢险、保护桥梁、村庄、仓库等战勤任务方面是一把好手。在战时，民兵组织为军队供给粮食，密切联系群众，对当地的地形、群众了如指掌，他们可以有力地镇压反革命分子，土匪特务等，抵制"地富反坏右"分子，巩固后方秩序，为前方的主力部队提供充足的物质资源和强力的精神支持，让他们没有后顾之忧，集中精力去保卫我国领土，抵制侵略者的入侵①。

在此笔者想重点提一下大协作、大突击的劳动组织形式，它是"大跃进"、公社化的产物，是公社时期组织军事化、行动战斗化、生活集体化的表现。大协作和"三化"结合在一起，形成了一支强大的产业军。民兵组织是这种组织形式中的主力军，这种劳动组织形式对于完成突击性、规模性的生产任务显示了其巨大的优越性。除了本文中提到的抢险修坝之外，在公社初期全国大炼钢铁，新修水利工程，大办工业，大办运输业等的时候都能及时的完成任务。同时，民兵组织有极强的纪律性和组织性，有助于改善几千年来农民残留的散漫和懒惰的特点。这种劳动组织形式和固定的劳动组织形式结合在一起，有利于执行公社时期的生产责任制，提高生产效率②，是公社制度得以维系不可或缺的组织保障。

---

① 李勋南：《谈民兵在我国人民革命中的战略地位——学习毛泽东军事思想的一点体会》，《安徽大学学报》1962年第1期。

② 李社南、张栋安：《试论人民公社劳动的组织与管理》，《西北农学院学报》1959年第3期。

贫协:政策导向与地方性的实践

【导读】20世纪60年代,中国农村出现了贫下中农协会这个农民的群众组织。一些省、自治区、直辖市先后建立了从生产队、生产大队、公社、县、地区到省一级的贫下中农协会。党的十一届三中全会后,全国各地贫协组织的活动大都处于半瘫痪状态,有些地方甚至解散了贫协组织,撤销了办事机构,贫协的专职干部由组织人事部门考察后另行安排工作;有些地方如湖北省的贫协,虽然也受到很大影响,一度准备撤销,但在省委的支持下,进行了将贫协组织发展为农会的实验工作。在取得初步经验后,湖北省在全国率先建立了各级农会组织。直到80年代中期,湖北省农会才消亡。全国各地的贫协组织也纷纷被撤销。弄清楚贫下中农协会由始而终的全貌,分析它产生和消亡的历史原由,是一个很有研究价值的课题。

目前,理论界在研究"三农"问题时,也有成立农民的群众组织的建言。实际上,我国早在20世纪60年代就开始在农村开始建立农民组织——贫下中农协会,并在农村发展进程中起到了重要作用。有鉴于此,认真研究贫下中农协会的历史,对于我们思考这个问题提供了有价值的参照。本文依据中共中央文献和湖北省档案馆所藏资料,以湖北省的贫协、农会为例,对贫协的历史进行初步的研究。

一 出现与成立

1959年庐山会议后,遵照中共中央的指示,各地农村开展了整风整社运动。在整风整社运动中,河南信阳地区出现了由贫农、下中农组成的社员代表会。代表会规定"代表的基本条件是：贫农、下中农，历史清楚，劳动积极和坏人没有联系，群众拥护"①。具体做法是，"大队暂时成立社员代表会，小队暂时成立代表小组，一切权力归代表会，废除过去的一切反动政策和规定"②。信阳地委在给河南省委并报中央、中南局的报告中说，不仅在整风整社运动中，需要组织代表会，"而且为了巩固发展人民公社，搞好社会主义建设，领导和监督干部，树立民主作风，充分发挥群众的主动性、积极性和创造性，还可以把代表会作为一种长期的制度坚持下去"③。中央很快将这个报告转批全党，指出："生产队成立社员代表会，一切权力归代表会，充分发挥代表会的作用，这是一个很好的经验。对一切的社、队，都有普遍的意义"。中央强调"要信任和依靠贫雇农和下中农"，并建议"一切公社和生产队都应该成立这样的代表会"④。在 1960 年 12 月 24 日召开的中央工作会议上，党中央再次肯定了河南信阳地区的经验，并要求各地在问题严重的社队，"组成贫农下中农委员会，在党的领导下主持整风整社，并且临时代行社队管理委员会的职权，领导生产，安排生活"⑤。

在整风整社运动中，山西、河北等地也出现了贫下中农委员会组织。华北局在给中央《关于华北区农村建立贫、下中农组织的情况汇报》中说："在一九六〇年冬至一九六一年春天的整风整社运动中，根据华北农村阶级斗争形势的调查分析，感到在许多农村中有建立贫、下中农组织的必要，因而，我们在若干地区开始进行了一些试办工作。"⑥ 这就是"把贫、下中农组织起来，以生产大队为单位（那时还是基本核算单位），建立贫、下中代表会议，并且组织委员会，作为农村贫农、下中农的阶级群众组织，也作为基层党组织的助手和依靠力量"⑦。根据试点取得的经

---

① 国家农业委员会办公厅编：《农业集体化重要文件汇编》下册，中共中央党校出版社1981 年版，第 426 页。

② 《农业集体化重要文件汇编》下册，第 424 页。

③ 同上书，第 427 页。

④ 同上书，第 418 页。

⑤ 同上书，第 433 页。

⑥ 中共中央文献研究室编《建国以来重要文献选编》第 16 册，中央文献出版社 1997 年版，第 263—264 页。

⑦ 《建国以来重要文献选编》第 16 册，第 264 页。

验，华北局工作组会同山西省委、晋南地委工作组等，拟定了一个贫下中农委员会组织条例（草稿），河北和山西省委也表示同意，并开始了有计划的试办。山西省在两年多时间里就建立了 4000 多个贫下中农委员会和 1.7 万多个贫下中农小组。河北省不少地方也建立了贫下中农委员会组织。党的八届十中全会后，各地迅速部署农村的社会主义教育运动，贫下中农组织纷纷建立起来。如河北保定地区 62% 的生产大队建立和健全了贫下中农委员会①；湖南零陵地区普遍建立了贫农、下中农代表小组，经中共湖南省委推广后，几个月内全省即有半数以上的生产队建立了贫农、下中农代表小组②。东北"有些地方已经开始建立贫、下中农的阶级组织"③。

1963 年 5 月 20 日，中共中央向全党发出《关于目前农村工作中若干问题的决定（草案）》（即《前十条》）。《决定》列举了中国社会出现的严重的阶级斗争情况，强调"不可忘记依靠贫农、下中农"，"依靠贫农、下中农是党要长期实行的阶级路线"，并指出："社会主义教育的工作，必须同农村的贫下中农的组织工作结合起来"，"为了巩固无产阶级专政，为了巩固集体经济，发展农业生产，在农村集体经济组织中建立贫下中农的组织，是完全必要的"。文件还就建立贫下中农组织的问题作了具体的规定，要求各地"要在阶级教育，社会主义教育的基础上，创造条件，有领导、有计划、分期分批地建立"贫下中农组织。④

1963 年 9 月，中共中央向全党发出《关于农村社会主义教育运动中一些具体政策的规定（草案）》（即《后十条》），这个文件中专列"关于贫、下中农组织"一部分，对建立贫、下中农组织的若干问题作了原则规定。考虑到建立贫下中农组织还缺乏经验，许多具体问题如组织名称、任务、权力及其与党委和管委会的关系等也还没有很好解决，中央一方面要求各地继续进行试验，同时责成中央主管农村工作的部门根据各地的经

① 《建国以来重要文献选编》第 16 册，第 261 页。

② 中共中央文献研究室编：《建国以来毛泽东文稿》第 10 册，中央文献出版社 1996 年版，第 289 页。

③ 《建国以来重要文献选编》第 16 册，第 297 页。

④ 同上书，第 316、317、319、320 页。

验，在 1964 年上半年，草拟出一个贫下中农组织章程。①

1964 年 5 月召开的中央工作会议，制定了《中华人民共和国贫农下中农协会组织条例（草案）》，同年 6 月印发全国。《条例（草案）》规定："贫农下中农协会，是在中国共产党领导下，由贫农、下中农自愿组成的，革命的群众性的阶级组织。"②《条例（草案）》还就这个组织的任务、会员、组织机构、领导成员，以及它同党的农村基层组织的关系，同社队组织的关系和经常工作等作了具体规定。关于协会的组织机构，《条例（草案）》指出："贫农下中农协会的全国领导机关，是中华全国贫农下中农协会。""贫农下中农协会的最高权力机关，是全国贫农下中农代表大会。全国贫农下中农代表大会选出中华全国贫农下中农协会委员会，作为常设机关。"③《条例（草案）》规定在省、直辖市、自治区和县成立贫农下中农协会作为地方组织，在人民公社、生产大队、生产队成立贫农下中农协会的基层组织。

《后十条》公布后，由中央和地方各级机关派出的干部组成大批工作队纷纷下乡，在部分县、社展开了大规模的社会主义教育运动。随着《中华人民共和国贫农下中农协会组织条例（草案）》的公布，全国各地开始筹备或正式建立贫农下中农协会。自 1965 年春起，许多省、市、自治区先后召开了贫下中农代表大会，成立贫下中农协会或贫协筹委会，并由党政主要领导兼任同级贫协主任。（注：例如：中共甘肃省委第一书记汪锋任甘肃省贫协主席；中共湖北省委第一书记王任重任湖北省贫协主任；中共安徽省委第一书记李葆华任安徽省贫协主席；中共辽宁省委第一书记黄火青任辽宁省贫协筹委会主任委员；中共湖南省委第一书记张平化任湖南省贫协主席；中共浙江省委第一书记江华任浙江省贫协主任。）与同时期其他群众团体的任职状况相比，这恐怕是绝无仅有的，可见党对贫协的重视程度。

"文化大革命"爆发后，中共中央陆续下发了几个关于农村"文化大革命"的指示，这些文件都强调要"坚定地依靠贫农、下中农"，却没有

---

① 《建国以来重要文献选编》第 17 册，第 400 页。
② 同上书，第 18 册，第 584 页。
③ 同上书，第 586 页。

提及贫下中农协会和要求它发挥作用，而是提出建立"贫下中农文化革命委员会"，作为"领导农村'文化大革命'的权力机构"①。事实上，各地贫协组织均受到冲击，其活动基本停止。一些省、市、自治区成立革命委员会后，曾组建工农青妇联合办公室，在革命委员会的领导下，负责群团组织的恢复和筹建工作。1973年，中共中央重新发表了毛泽东关于"依靠贫农、下中农是党要长期坚持的阶级路线"的指示后，各地开展了整顿和健全贫协组织的工作，各级贫协组织开始相继恢复。至1978年12月党的十一届三中全会前，贫协组织已遍及全国农村，只是在机构设置和干部配备上不尽一致。在当时全国29个省、自治区和直辖市中，生产队、大队有贫协组织而县以上无办事机构和专职干部的有16个，组织机构健全、且层层都有专职干部的有13个。至于拟议中的中华全国贫农下中农协会，则始终没有成立。

二 向农会发展

1978年12月党的十一届三中全会召开后，贫协组织存在的合理性问题就凸显出来。十一届三中全会的公报和会议发出的两个农业问题的文件都没有提到贫下中农协会和要求它发挥作用。对这样的反常做法，各地的贫协组织和贫协干部更为敏感，他们纷纷给中央有关部门写信，在表示深深的困惑和不安时，询问贫协组织还要不要继续存在。一些省、市、自治区也开始对贫协进行组织和人事调整，如山东、西藏等省区只保留贫协组织名称，撤销办事机构，原贫协干部被调到其他部门工作；四川等省区则是保留组织名称和办事机构，但专职干部大部分被调走。

针对各地反映的情况和意见，国家农委提出："依靠贫农、下中农，团结中农和所有社员的阶级路线……还要讲"，贫协组织"目前以继续不动为宜"②。中央同意国家农委的意见，并批转全党，要求各地"结合本地情况，参酌执行"。中央和国家农委的这个表态，虽然避开了贫协组织存废的问题，却也给那些躁动不安的贫协干部带来一些安慰。然而，人们

---

① 《农业集体化重要文件汇编》下册，第862页。

② 同上书，第1013页。

仍然对贫协的命运感到担忧，因为中央在提到"党在农村的阶级路线"时，没有用过去"长期坚持"的老说法，而只是说"还要讲"，贫协组织"目前继续不动"不等于说以后不动。

1979 年国庆期间，国家农委邀请参加党的十一届四中全会的部分中央委员、候补中央委员和几个省农业部门的负责人，召开了贫协问题座谈会。国家农委党组向中央呈送了《关于建议把贫下中农协会改为农民协会的请示报告》。《报告》肯定了贫协的"历史功绩"，同时明确指出："随着农村阶级关系的变化，党的工作着重点的转移，为了调动农村中的一切积极因素，团结全体社员同心同德地搞农业现代化建设，贫协这一组织的性质和原来所规定的任务，已经不适应当前客观形势的要求。因而，这一组织本身，亦无存在的必要。"《报告》提出，贫协撤销后，很有必要建立一个统一的农民群众组织。农民应该同工人、青年、妇女一样，有一个统一的组织。这个组织的名称，可以叫做农民协会。①

中共中央主席华国锋看了这个报告，并听取了国家农委第一副主任张平化的汇报。华国锋同意了把贫协改为农民协会的意见，指示先由各省开会改，自下而上，最后中央再开会成立全国性的农民协会。② 国家农委同时给中央副主席邓小平写信，建议撤销贫协，改建农民协会。邓小平赞成建立农民协会的意见，他说："农民协会这个名字比较好，现在中央要精简机构，是否需要成立全国农民协会，这个问题是否可以再考虑一下，从长计议一下。"③ 国家农委主任王任重还去中央党校看望了参加座谈会的湖北代表。他说，农民要个组织是肯定的，贫协不适应，要改农会。怎么搞？先在一个省里试点。他要求湖北省带头进行贫协改农会的试点工作，为成立全国性的农会组织探索经验。

11 月 28 日，全国农民教育工作会议在天津召开。其间，张平化主持召开了参加会议的各省、市、自治区贫协主任和有关人员座谈会，再次就贫协是否需要继续存在，是否需要成立一个新的农民组织等问题进行讨

---

① 国家农委党组：《关于建议把贫下中农协会改为农民协会的请示报告》（1979 年 10 月），湖北省档案馆：SZ－31－2－56。

② 湖北省档案馆：SZ－31－2－56。

③ 王任重：《在接见参加湖北省农会第一次代表大会的八省、区代表时的讲话》（1982 年 2 月 7 日），湖北省档案馆：SZ－31－2－82。

论。张平化在会上的讲话中，继续强调了建立全国农民协会的重要性，与会人员也一致要求尽快成立全国性的农民组织，并希望早日"把中国农民协会的牌子挂到北京城"①。

12月3日，中共中央办公厅转发了《部分中央委员对贫协问题的一些意见》，并指出："今后，各级贫下中农协会是否需要继续存在？是否需要建立一个新的农民组织？这是关系广大贫下中农和八亿农民切身利益的一个重要问题，又和今后还提不提党在农村的阶级路线有直接联系。正确而又稳妥地处理好这个问题，将有利于巩固和发展安定团结的政治局面，进一步调动农村各方面的积极因素，加快农业生产的发展，加速实现农业现代化。因此，要采取慎重态度。"中央办公厅要求各地仍应按"目前以继续不动为宜"的精神办，同时指出，各省市自治区如认为确有成立农民协会的必要，也可在一二个地区和县，进行将贫下中农协会改组为农民协会的试点。

根据中央和国家农委的指示精神，一些省、区相继开始了建立农会的试点工作。如湖北省在武昌县，湖南省在茶陵县，广东省在中山县，安徽省在太和、泾县和庐江3个县进行试点。据有关资料显示，至1980年5月，全国有十几个省、区开展了将贫协改组为农会的试点工作。

正当各地加紧进行农会的试点和筹建工作时，1980年5月6日，国家农委电话通知各省、市、自治区农委（农办）："第一，凡是已经开展试点的地方，要继续把试点工作搞好，告一段落后，总结经验"。"第二，鉴于今明两年人代会、党代会、劳模会这类大型活动很多，农业战线上生产任务极其繁重，为了集中力量搞好这些工作，各省、市、自治区凡是尚未正式开始试点的，可以停止试点，已试点的不再扩大。""第三，对于原来的各级贫协组织，一般仍维持现状。是否普遍建立农协需要经更长时间考虑，才能确定。"② 国家农委的这个电话通知使各试点地区的贫协组织感到茫然失措，在他们看来，贫协组织命运堪忧，建立农会的希望渺茫。湖北省贫协就有这样的议论：维持现状，工作无方向；不动为宜，为的啥目的？从长计议，等待到何期？长此下去，怎令人不急！

① 转引自张一魁：《在省委三级干部工作会议上的发言》，湖北省档案馆：SZ-31-2-56。
② 国家农委值班室张尔绩同志的电话，湖北省档案馆：SZ-31-2-73。

其实，中央对于贫协改农会的态度并未改变，一些地方的贫协组织是因为急于完成这一工作才把国家农委的通知视为一瓢冷水。据王任重后来讲，当时，中央没有正式决定在全国范围成立农会，也没有决定不准成立农会。他没有听说中央哪位领导反对成立农会。他还讲了这样一件事：当湖北省贫协主任饶兴礼向他反映了湖北省委支持建立农会的意见后，他请示了中共中央总书记胡耀邦，胡耀邦说："这个事情省委完全有权作主，反正你不增加编制，不要钱，你省委怎么没有权作主呢？你贫协改成农会，是顺当的事情嘛！是正确的事情嘛！省委决定搞，就可以搞嘛！"①

由上述可见，中央和国家农委对贫协改组为农会的态度是慎重的。一方面，考虑到全国和农村局势的稳定，中央指示贫协暂时不能撤销；另一方面，为适应党的工作重心转移后的新形势，中央支持贫协改组为农民协会，但是必须经过试点，不能一哄而上。也应看到，中共中央始终未通过发布正式文件的方式，支持在全国普遍建立农民协会，这又使那些习惯了以往政治生活，按常规办事的人们，在进行贫协改农会的工作时，多少有些底气不足。

三　农会的成立和撤销

正由于中共中央始终未发布正式文件支持建立农民协会，除湖北省外，全国其他地方的农会一直未建立起来。本文以较具代表性的湖北省来做一说明。

湖北省贫下中农协会成立于 1965 年 3 月。1966 年 3 月召开了湖北省第二次贫下中农代表大会，成立了省第二届贫下中农协会，均由当时的省委第一书记王任重兼任省贫协主任。不久，"文化大革命"爆发，贫协的活动基本停顿。1973 年 12 月，湖北省召开第三次贫下中农代表大会，成立第三届省贫下中农协会，全省各级贫协组织全面恢复并开展活动。

党的十一届三中全会后，湖北省的各级贫协组织相对比较稳定。从1979 年 10 月起，湖北省贫协派出了 4 个调研组，分赴全省 8 个地市的 26

---

① 王任重：《在接见参加湖北省农会第一次代表大会的八省、区代表时的讲话》（1982 年 2月 7 日），湖北省档案馆：SZ－31－2－84。

个县进行调查研究，为进行贫协改农会的试点做准备。中共湖北省委多次听取了省贫协的汇报，并决定在武昌县进行建立农会的试点工作。

1979 年 12 月 5 日，中共湖北省委向中央呈送了《关于建议成立农会的报告》，《报告》说，湖北省根据中央关于贫协组织"目前以继续不动为宜"的精神，保留了机构，稳定了干部，维持了现状。但贫协长期没有具体任务，无法开展工作，发挥不了作用，以致干部思想不安定，群众有意见，长此下去，不利于安定团结，有碍农业现代化建设。《报告》阐述了建立农民的群众组织的必要性后，建议"从中央到地方成立一个全国性的、统一的农民协会。……目前，中央可先成立一个建立农民协会的筹备小组，组织力量进行调查研究和筹建农协的各项准备工作。同时中央可发个文件，要求各省着手准备建立农民协会"。①《报告》还附上一份湖北省代拟的《中国农会章程（草案）》，供中央参考。

对于中共湖北省委的这个《报告》，中央没有批复。尽管如此，省委派出的工作队于 1980 年 2 月进驻武昌县，在全国率先开展了建立农会的试点工作。经过了一个多月的试点和筹备工作后，1980 年 4 月 6 日至 8日，武昌县农会第一次代表大会举行。会议通过了《武昌县农会章程》，选举了武昌县农会第一届委员会，由此宣告了湖北省暨全国第一个县级农会的成立。

按照原来的设想，武昌县的试点工作结束后，省内各地方再根据试点取得的经验，开展本地区建立农会的试点工作，然后在全省普遍建立农会。恰在此时，湖北省贫协收到了国家农委 5 月 6 日的电话通知，这个通知使省贫协由武昌县成立农会而带来的兴奋顿然消释，原打算在各地市展开的试点工作也不得不停止。6 月 5 日，省贫协向国家农委报告了武昌县建立农会的试点情况，建议国家农委召开农会试点工作经验交流会，就建立农会工作作出安排和部署。同时盼望中央早下决心，制定全国农会章程，成立全国总农会。6 月 24 日，省贫协又向中央呈送了《关于贫协组织问题的请示报告》，在倾诉了他们的困惑后，要求中央对是否撤销贫协和建立农会的问题能及早作出布置②。过了两个多月，在感到中央不可能

---

① 湖北省档案馆：SZ - 31 - 2 - 56。

② 同上。

"作出布置"后，9月10日，湖北省贫协党组向中共湖北省委呈上《关于撤销各级贫协组织办事机构的请示报告》，提出："从我省实际出发，可以采取保留各级贫协组织名称，撤销县以上办事机构，调动贫协专干工作，暂不免去他们担任的贫协职务的办法。"① 这个意见，不失为应对国家农委电话通知的两全之策。

中共湖北省委常委于10月6日开会决定，不同意撤销贫协办事机构的报告，同时作出了《关于筹备建立全省各级农会的决定》，成立了由省委书记黄知真担任组长的省委农会筹建领导小组。之后，湖北省贫协主任、省委农会筹建领导小组副组长兼办公室主任饶兴礼在北京旁听审判"四人帮"期间，与王震、王任重、张平化等谈及建立农会事宜，要求继续进行农会的试点和允许建立农会。王任重后来就此请示胡耀邦并得到了支持。

中共湖北省委对筹备建立农会始终持积极的态度。省委农会筹备领导小组多次召开会议，省委也向全省发文，要求全省各级党委切实加强对贫协发展为农会工作的领导，因地制宜地、分期分批地把各级农会建立起来。各地的试点和建立农会的工作迅速展开。到1981年11月底止，全省普遍建立了各级农会组织。加入农会的会员共2113万人，占应入会的96.1%。其中，原贫协会员有1190多万人，占会员总数的56.3%；新入会会员922万人，占43.7%。

1982年2月2日至7日，湖北省农会第一次代表大会在武昌举行，正式代表963人出席大会。广东、广西、安徽、宁夏、云南、四川、江苏、湖南等八省区贫下中农协会，也派代表参加了大会。中共中央书记处书记、中宣部部长王任重出席大会闭幕式并讲了话。会后，他接见了参加会议的八省区代表。他说，农会不是可有可无的。农民的要求是合理的，为什么工青妇都有组织，恰恰我们农民没有组织，这没有道理嘛！农民要个组织，看来是必要的、合理的、有好处的。至于全国成立农会，那当然由中央正式决定。他还说，凡是哪个省委赞成成立农协的，就成立，中央

---

① 湖北省档案馆：SZ-31-2-66。

是不会反对的。①

会议通过了《湖北省农会章程（试行草案）》、《在全省农村开展先进队、模范户和"五好社员"活动的倡议》等文件，选举产生了由 51 人组成的省农会第一届委员会，并配备了专职干部。湖北省农会是全国第一个省农会，也是机构最为健全的农会。

湖北省农会成立后，配合全省农村的中心工作开展了形式多样和内容丰富的活动，是最为活跃的群众组织之一。然而，随着改革开放的深入，湖北城乡体制变动和机构调整，一些县市撤销了农会机构，农会干部也另行安排工作。针对这个情况，中共湖北省委在 1985 年指示"农会机构不动"。1986 年 4 月 12 日，省委副书记赵富林在全省农会工作会议上讲话说："省委的态度是明确的，这就是农会机构保留不动，农会干部要安心工作，继续发挥农会组织的作用。"他还说："个别地方在机构改革中把农会撤了，但农会的工作必须有一个部门承担起来，已经合署办公的，应该牌子照挂，农会领导的职务不免，保留骨干。没有撤并的，再不要撤并了。……农会的工作只能加强不能削弱。"②

然而，湖北省农会的颓势并没有因此而扭转，各地农会的处境日渐困窘。有鉴于此，中共湖北省委常委会议于 1986 年 7 月 24 日决定，撤销省农会，现有干部根据工作需要，妥善予以安排。8 月 15 日，中共湖北省委发出《关于撤销省农会办事机构问题的通知》，《通知》肯定了农会成立以来的工作，同时指出："国家无农会领导机构，外省也无经验可借鉴，对农会办事机构究竟应否单独设立，近几年来工作实践中一直有不同意见，而一部分地、市、州、县已经撤销农会办事机构。根据这一实际情况，省委常委讨论，为理顺工作关系，精简机构，决定撤销省农会办事机构"。③ 省委文件下达后，全省各级农会机构被撤销。至此，湖北省农会在跌跌撞撞地走过了 4 年多后，进入了历史的博物馆。在此前后，全国各省、市、自治区也停止建立农会的试点和筹备工作，撤销了各级贫协机构和农会筹备机构，贫下中农协会的使命从此终结。

---

① 湖北省档案馆：SZ - 31 - 2 - 84。

② 湖北省档案馆：SZ - 31 - 2 - 224。

③ 中共湖北省委文件，鄂发〔1986〕27 号。

四 "贫协"昔与今

贫协组织自 20 世纪 60 年代问世，至 80 年代中期被撤销，在共和国历史上存在了 20 多年，以党的十一届三中全会为界，贫协的历史分为前后两个不同的时期，它在不同时期所起的作用也很不一样。本文前面已经提到，贫协组织是在强调"以阶级斗争为纲"的年代里普遍建立的，它一开始就被涂抹上浓厚的政治色彩。党在规定贫协的"革命的群众性的阶级组织"性质时，指出贫下中农协会的基本任务之一，是"同资本主义势力和封建势力进行坚决的斗争，防止被推翻的剥削阶级复辟"。在社会主义教育运动中，贫协就是党在农村"重新组织"的"革命的阶级队伍"。[①] 其最重要的使命就是"协助干部搞社会主义，监督干部不搞资本主义"。"文化大革命"时期，全国的群众组织大都被迫停止活动，虽然贫协也一度受到冲击，但在恢复活动后显得十分活跃。各省贫协都要求各级贫协组织明确自己所肩负的历史任务和树立贫下中农阶级优势的重要性，注意"分析党内走资派的特点，研究如何同党内走资派对着干，教育广大贫下中农树立同党内走资派长期作战的思想"。要解决"在党的一元化领导下，如何把贫协办成敢于同党内资产阶级作斗争的、有战斗力的群众性的阶级组织"。总之，贫协组织就像一根百变的魔棒，要时刻注意紧紧服务于"以阶级斗争为纲"的政治运动，成为名副其实的阶级斗争的工具。

作为政治工具的贫协组织，规定只有出身贫农、下中农的农民才有资格加入贫协，贫下中农的阶级身份变成了一种政治评价，贫协会员也成了一种政治荣誉，这是对人民公社其他出身的农民的一种政治歧视和感情伤害，不利于调动全体农民的积极性。这是贫协在阶级斗争扩大化错误得到纠正和党的工作重心转移后必然消亡的根本原因。

此外，省、市、地、县的贫协组织具有相当大的行政权力，是有"官阶"的准行政机构，在开始成立时，大都由党委第一书记兼任贫协主任。贫协也与同级政府所属行政机关级别相同，湖北省贫协就是厅局级，

---

① 《建国以来重要文献选编》第 18 册，第 584 页。

地、县贫协也分别享受县处级和科局级待遇。在整风整社和社会主义教育运动中，河南提出"一切权力归社员代表会"，湖南提出"一切权力归贫协"①，贫下中农组织独掌了"问题严重的地区"基层政权。按规定，人民公社还设有社员代表大会和社员大会，"人民公社各级贫农下中农组织，应该模范地执行社员代表大会和社员大会的决议，带头完成社员代表大会和社员大会提出的任务"②。但在实际工作中，贫协常有"越位"和包办之嫌，社员代表大会和社员大会形同虚设。贫协组织的行政化倾向，也是影响其发挥群众组织作用的重要原因。

同时也必须看到，党在强调贫协发挥政治功用时，也要求它"积极发挥生产中的骨干作用，努力发展集体生产"。在农村，由于阶级成分为贫农、下中农者居多，由他们组成的贫协包括了农民中的大部分。这样，贫协组织在客观上为克服当时国民经济的严重困难，改变农村面貌和促进农村经济与社会发展诸方面都发挥了重要作用。即使在"文化大革命"的大动乱年代里，我国农村社会是稳定的，农业经济受到的冲击相对也小一些。此外，由于贫协会员自身的农民身份和所处的农村社会环境，使贫协组织很难成为一种可以随意支配的政治工具。而它在维护占农民绝大多数的贫农、下中农的正当权益，监督和协助人民公社各级干部的工作等方面，在一定程度上也体现了作为群众组织的作用。

党的十一届三中全会后，贫协作为"阶级组织"的色彩开始消退，逐渐成为了广大农民的群众组织。各地贫协认识到："我国社会主义革命和建设已经进行了三十年，作为阶级的地主阶级、富农阶级已经消灭。小生产制度已经得到改造。绝大多数地富分子，由于贫下中农按照党的政策实行监督改造，已经给他们摘了帽子，成为自食其力的劳动者。我国农民已经是有二十多年历史的集体农民，农村的阶级状况发生了根本变化，阶级斗争已不再是我国社会的主要矛盾。今后贫协组织的任务和工作对象，不能一切照旧，处处照搬，要进一步解放思想，实事求是，……把贫协工作的重点迅速转移到四化建设上来。"各地贫协开始以经济建设为中心，以全体农民为工作对象开展工作。可以说，在新的历史时期，全国的贫协

---

① 《农业集体化重要文件汇编》下册，第782页。
② 同上书，第724页。

组织虽然未全面实现向农会的过渡，有些地方甚至撤销了贫协，但实际上保留下来的贫协从事了农会的工作。湖北省贫协改组为农会后，创办了湖北农村技术经济函授学校，培养农村各类专业人才；广泛开展了为农村孤寡老人义务送温暖活动；举办全省农民运动会；在广大农民中普及法律常识等。针对以往社员大会和社员代表大会制度不够完善的实际情况，湖北省委决定基层农会是社员大会和社员代表大会的办事机构，以加强农会同农民群众的直接联系，使农会成为农民之家，切实维护农民的合法权益。如全省各级农会都把接待农民来信来访当做一项重要工作，不少公社还建立了"农会接待日"制度，把问题解决在基层，减轻了上级信访部门的压力，也使党和政府多了一条听取农民意见和呼声的渠道。所有这些，都体现了农民群众组织的作用。

但是，三中全会后的各地贫协组织和湖北省农会，仍然有着明显的行政化倾向，此前的"行政级别"并未改变。湖北省农会成立后，省委组织部发文，规定省农会同此前的省贫协一样，属于厅局级单位。本来，群众组织应避免行政化倾向，不应该具有国家行政机关的职能。农会作为群众组织应在宪法和法律规定的范围内开展活动，真正以维护农民的合法权益作为自己的基本职责。然而实际情况却往往是这样：群众组织为"开展工作方便"总要求获得某些行政权力，或从党政领导机关寻求权力支持。湖北省农会沿袭旧制，在强化行政功能的同时，其"群众性"色彩则相对淡化。

同时，像农会这样的群众组织，只有同工会、妇联等一样被最高党政部门所承认才具有合法性，也才能长期存在。可是如本文已提及的那样，党的十一届三中全会后，中央既不准撤销贫协，又不让全面改建农会，中央始终未发表过建立农会的正式文件，这就使尚存的贫协和已建的农会均缺乏"法理"依据。湖北省第一次农代会召开时，不少代表"担心下面有龙（农）尾，上面无龙头，工作不好搞。他们希望中央早下决心，对全国贫协改农会的工作作出安排和部署，把工、青、妇、科、文、侨六大群团中，惟独空着的一个'农'字补起来"，"把农会的牌子挂到北京城"[①]。事实证明，代表们的这种担心不是多余的。虽然湖北省农会成立，

---

① 《关于全省建立农会组织的情况报告》，湖北省档案馆：SZ-31-2-101。

并受到湖北省委的支持，但在群众团体中始终处于一种弱势地位，加之全国独此一家，最终不得不因既无"尚方"依靠，又无同例可援而被撤销。其结局固然可哀，但依中国的政治习惯，确又在情理之中。

还需指出的是，无论贫协还是农会，在其存续期间，始终没有建立起牢固的群众基础。各地成立贫协时，大都一哄而上，湖北省各级农会成立时，原贫协会员自动转为农会会员。贫协或农会会员对自己的组织均缺乏全面了解和正确认识。贫协和农会因不能真正履行群众组织的职能而失去广大会员的拥护和支持，广大会员也因不能从贫协、农会获得帮助和支持而对其缺乏热情。这样，依靠行政的力量使贫协和农会一哄而上。同样，由于行政的干预又使贫协、农会一哄而散。"上"和"散"的必要性都是一种行政解释，会员们始终扮演着被动的角色。这种缺乏群众性的群众组织，注定是短命的。

全国的贫协组织和湖北省农会都成了历史，迄今为止，未见学术界对此进行研究。笔者提出上述看法，只是对贫协和农会进行初步探讨后的一孔之见。笔者认为，在中国这样一个农村人口众多，农民又是一支庞大的劳动者队伍的国家里，亟需建立一个农民的群众组织。当我们有一天把这一问题提到议事日程上时，从贫协和湖北省农会的历史命运中，可获得许多有益的启示。

有线广播:源自政治传播视野的分析

【导读】有线广播是广播中的一种重要形式，它将有声音的节目通过放音设备播出，转换成电信号之后，靠导线传送，把扬声器（即喇叭）接在专用导线上，即可将收听到广播台（站）传出的各类节目。在我国农村的革命和建设中，有线广播起到了重要的作用。这里从政治传播的视角，运用文献分析和实证研究方法，以建国以来乡村社会中非常重要的政治传播媒介——有线广播为考察对象，通过对乡村有线广播的设置背景、发展演进、管理体制、传播内容及传播特点等诸要素分析，揭示了建国以来乡村社会中政治传播的过程和模式，尤其对农村合作化时期以有线广播为重要媒介的乡村政治传播进行分析和考察，旨在总结改革开放前中国乡村政治传播的主要形式和特征，并对转型期中国乡村政治传播的有效机制进行尝试性思考和建构。

对于政治传播的界定，一直是政治传播学研究未能解决的问题，目前学术界尚没有提出一个完整的、令人信服的确切定义。只能在一些学者的著作中看到一些对政治传播的初步界定。到目前为止，邵培仁先生对政治传播的界定应该说是一种比较完整的界定。① 他认为，所谓政治传播是指政治传播者通过多通道、多媒体、多符号传播政治信息，以推动政治活动过程、影响受传者的态度与行为的一种对策。这个定义可以从以下几个方面理解：首先，政治传播是人的政治活动过程，具体表现为传播过程、行为过程及功能过程；其次，政治传播就是通过不同媒介或多种符号传播政

---

① 邵培仁：《政治传播学》，江苏人民出版社 1991 年版。

治信息。再次，政治传播的目的主要是通过信息来左右和影响受传者的态度和行为。最后，政治传播是人与人之间的一种传播对策，要有目的性和针对性，要遵循一定的社会规则和规范。

由于本文论题主要是关于乡村社会的政治传播，所以，这里还有必要对"乡村社会"做简单说明。在日常生活中，人们习惯把"农村"和"乡村"等同。但自近代工业化以来，产业结构的变化使"农村"概念带有较重的产业特色，"乡村"概念则具有更宽的兼容性，乡村是与城市相对照而言的，标志着社会活动方式的区域差别；农村是与工商业相对照而言的，标志着产业布局的区域差别。所谓乡村社会，这里主要是指村庄社区构成的社会生活范围。

本文是在马克思主义政治学基本理论指导下，运用政治学、传播学等相关学科的理论，主要是透过对以乡村有线广播为载体的乡村政治传播进行了较为系统的探讨。其基本思路是：深入考察和描述乡村有线广播这一目前学界较少关注的乡村政治传播媒介，系统分析其设置的背景、发展演进过程、传播内容和传播特点等乡村有线广播的相关状况，力图较为系统的勾勒出乡村有线广播这一乡村政治传播重要媒介的"学术肖像"。在此基础上探讨有线广播与乡村政治传播的关联性，分析有线广播在乡村政治传播中的特点、表现形式、作用、影响因素等，最后进行了理论性的总结和思考，对改革开放前中国乡村政治传播的形式和特征以及转型前后中国乡村政治传播和国家整合方式的转变进行了总结，对构建转型时期中国乡村政治传播的有效机制进行了尝试性思考。

本文运用的研究方法主要有：一是文献分析法。在写作过程中，本文查阅了大量有关有线广播和乡村政治传播等方面的著作和论文，并对收集的文献资料进行了归类、分析和整理。除此之外，笔者还通过查阅报刊、年鉴、地方志以及相关当事人的忆述材料等历史文献资料，增强对乡村有线广播的历史考察，收集归纳改革开放前后乡村政治传播的过程、内容、媒介等相关信息。主要通过这两种具体形式，为本文的写作积累了大量的资料，这也是本文重点采用的研究方法。二是实证调查法。笔者在山东省中西部的几个村庄和基层广播站所进行了调研，调查内容主要是重点对改革开放前乡村有线广播的管理使用状况进行走访了解，对这一政治传播媒介当时在村民社会政治生活中的影响和作用增强认识，并结合所收集的文献资料对其加深理解，力图更为准确地理解事实。

一　为什么要建？

首先，与面临的任务有关。广播是一种现代化的传播工具。以传播手段划分，可分为有线广播和无线广播两种，有线广播先于无线广播问世。一战后，英美和十月革命后的俄国先后创办无线广播。我国的无线广播自从清末洋务运动时就有所发展，随后的北洋军阀政府和国民政府也不断加强重视，规模不断发展。有线广播在我国的应用时间略晚于无线广播，应用规模也小于无线广播，据现有材料，20 世纪 30 年代，中国虽然在一些中小城市出现过有线广播，但却没有形成全国性的规模。

在革命战争年代，中国共产党也较早的注意到了广播这一传播媒介的巨大优势。1931 年为了培养通信人才，毛泽东和朱德共同签发《选调学生学无线电的命令》："我们成立无线电队有半个月了，在这半个月的考察当中，无线电收音机所收的敌人的电报，对于我们侦探到敌人的位置和行动确有不少帮助，我们现在正积极地准备扩充无线电队，这对各军团各军有以下必要：（一）使我们中央区与其他各特区，一、三军团与红军其他各军团的通讯灵便。（二）使我们容易得到外面的以至国外的政治消息。（三）使我们各军间的通讯更加密切。（四）使我们更能封锁敌军电台，侦察其行动。"[①] 据统计，到 1931 年年底，红军已有无线电台 16 部，电务人员 80 多人。1940 年 12 月 30 日，中国共产党领导下的第一座广播电台——延安新华广播电台开始播音。中共中央对延安广播一事非常重视，多次要求各地党组织按时收听延安台的广播。1941 年 5 月 15 日，中共中央书记处在关于出版《解放日报》和改进新华社工作的通知中要求"各地应注意收听延安的广播"。5 月 25 日，中共中央在关于统一各根据地内对外宣传的指示中又强调，"各地应经常接受延安新华社的广播，没有收音机的应不惜代价设立之"。[②]

抗日战争时期，延安广播台播音内容有：中共中央重要文件、《新中

---

① 中国人民解放军军事科学院：《朱德军事文选》，解放军出版社 1996 年版，第 30 页。
② 《中国共产党新闻工作文件汇编》（上册），新华出版社 1980 年版，第 99 页。

华报》《解放》周刊及《解放日报》的重要社论和文章、国际国内的时事
新闻、名人讲演、科学常识、革命故事等。此外，还有音乐戏曲节目，主
要内容是演播抗日歌曲。延安台开播初期还办起了日语广播。据中央军委
三局第一处《1941 年工作总结》记载，日语广播是 1941 年 12 月 3 日开
始广播的，每天半小时，大约在 1943 年春停播，前后断断续续播出了一
年多的时间，日语广播的对象主要是侵华日军。① 据当时了解，日军中可
以听到延安台的日语广播，当时已值太平洋战争爆发以后，日军士气低
落，集体投降的人不少，有的日本士兵就是因为听了延安广播，向八路军
投降的。

在从思想上瓦解日军的同时，延安广播台也有力回应了国民党的第二
次反共高潮，维护了抗日统一战线。延安台立足解放区，面向全中国，而
以国民党统治区的听众为主要对象。文章指出："XNCR（延安广播台的
呼号）的宗旨在于使得各位了解人民的党，人民军队和人民自己建立起
来的解放区的情况，了解它的主张和事业。"② 为了担负起上述任务，延
安台除了播出国内外时事新闻外，着重以新闻、通讯、言论和专题等不同
的节目形式来介绍中共及其领导下的人民军队和解放区情形。通过具体生
动的新闻报道和广播讲话，来驳斥国民党当局的造谣诬蔑。延安台在播出
的文章中说："各位听众：你们有什么话要 XNCR 替你们说的，有什么新
闻要 XNCR 报告的，请赶快告诉我们，我们就可以很快地播送出去。尤
其是大后方和收复区的听众，你们心里有很多话没有地方说，有很多新闻
没有地方登，你们想看民主进步的报纸不容易看到。那么就请你们多多要
XNCR 为你们服务。"③

解放战争时期，延安台迁入陕北建立陕北广播电台。1947 年 4 月至
1948 年 5 月期间，以陕北台为代表的解放区广播根据解放战争形势的发
展以及中共的战略方针和军事原则，把宣传重点确定为集中一切力量，加
强军事宣传和政治宣传来全面配合人民解放战争。在这期间，延安（陕
北）台和其他广播电台及时播送了中国共产党和地方政府的指示、文告，

---

① 赵玉明主编：《中国广播电视通史》，中国传媒大学出版社 2006 年版，第 86 页。

② 《介绍 XNCR》，《解放区广播历史资料选编》，中国广播电视出版社 1985 年版。

③ 《庆贺新年——XNCR 的自我介绍》，《解放区广播历史资料选编》，中国广播电视出版社
1985 年版。

前线的胜利消息，报道了解放区人民开展土地改革运动，农业生产活动，积极支援前线的活动。"陕北台在 1947 年 10 月 9 日起，在半个月里反复播送《中国人民解放军宣言》和《训令》，从此，'打倒蒋介石，解放全中国'的口号响遍中国大地，成为鼓舞全国人民争取解放战争胜利的强大动力。"①

解放区的广播不但成为南下解放军指战员和后方人民群众获得消息的重要来源，同时也为有效组织解放区军民的生产生活发挥了重要作用。1947 年春天，中共中央西北局发布了关于春耕问题的指示，由于战时交通阻隔，不能及时送达各地。当时，便将指示发到太行陕北台。5 月 9 日起，陕北台连续重复播出三天。在播出新华社社论《同打胜仗一样要紧的事情》时，专门加了一段前言："请各解放区党政军机关注意！特别请陕甘宁边区各地县委注意！本台在今天记录新闻时间，将播送中共中央西北局关于春耕问题的指示，请你们准备抄收。为了说明这个指示的重要意义，新华社发表了一篇社论，题目是《同打胜仗一样要紧的事情》。"② 可以说，广播的应用为中国共产党领导的抗日和革命战争的胜利发挥了显著的促进作用，也为日后更为有效地运用有线广播积累了丰富的经验。

其次，与面临的对象有关。"严重的问题是教育农民"，建国初期面临的形势和任务迫切要求继续对农村进行教育。对农村、农民的宣传和教育，党中央历来很重视。早在 30 年代，毛泽东同志就指出："农民在全国总人口中约百分之八十，是现时中国国民经济的主要力量。"这就是中国的国情。在战争年代是这样，进入社会主义建设时期，农业仍然是国民经济的基础，农民仍占总人口的百分之八十，是社会主义经济建设的主要力量之一。中华人民共和国成立后，在全国范围内完成了土地改革，农民在政治和经济上获得了独立。但是，小农经济的生产方式并没有根本改变，而且经过多年战争，国民经济濒临崩溃，国家面临着恢复和发展国民经济、进行农业社会主义改造的艰巨任务，这些都迫切要求继续对农村、农民进行宣传教育。因此，毛泽东同志指出："严重的问题是教育农民。"

建国初期，中国农民的文化水平非常低，文盲率很高，据不完全统

---

① 赵玉明主编：《中国广播电视通史》，中国传媒大学出版社 2006 年版，第 129 页。
② 《延安（陕北）新华广播电台广播稿选》，第 82 页。

计，全国总人口的文盲率就在 80% 以上①，农村地区文盲率显然更高。所以在当时，大众传媒中的报刊杂志、图书等对于农民影响是不大的，所以不受文化程度影响的广播就自然成为对农村教育的首要选择。当时我国的广播传播工具几乎完全集中在收音机和广播喇叭上②，这种制约从根本上决定了有线广播势必成为新中国进行政治传播、建构国家秩序不可或缺的手段。由于广播具有迅速及时、不受距离和文化程度的限制和巨大的群众性等无可比拟的优点，农村有线广播网的建设和发展，将大大改变对农村宣传工作的情况，使党和政府有可能在每一天向绝大部分村、社的农民进行宣传动员；而绝大部分村社的农民也有可能听到中央、省和县的党政机关领导人员对他们的讲话，及时知道国内发生的重大事件，这就大大加强了中央、地方党政领导机关和农村劳动人民之间的联系。

年份 \ 名称	收音机社会拥有量（万架）	电视机社会拥有量（万台）	广播喇叭（万只）
1949	100	——（表示无资料，下同）	0.09
1950	——	——	0.29
1951	——	——	0.69
1952	——	——	1.71
1953	——	——	3.61
1954	——	——	4.98
1955	150	——	8.78
1956	180	——	50.67
1957	250	——	94.12
1958	——	0.05	304.92

农村有线广播的建立和发展，为有效开展农村的社会主义改造及其他各项政治运动，以及后来的农村合作化运动中发挥了显著的动员推动作用，关于该点笔者将在下文中详细展开。

最后，还受到苏联建设的影响。

---

① 数据参见 "中国人权发展 50 年"，《人民日报》2000 年 2 月 18 日。
② 赵玉明主编：《中国广播电视通史》，中国传媒大学出版社 2006 年版，第 582 页。

苏联有线广播是从 1925 年开始建立的。建立之初，苏联就将有线广播作为一项基础设施来建设，政策规定在建设一座城市、一项建筑工程、公共建筑和居民住宅时，要像自来水、电、煤气等一样，把有线广播列入建设工程之中。这一政策使有线广播遍及苏联全国城乡。人民日报就曾对苏联有线广播的发展提出过高度评价："从 1923 年到现在的 30 多年间，苏联共产党始终重视农村广播网的建设工作。在第六个五年计划中，全苏喇叭将达到 3700 万只，其中 60% 在农村。在苏共中央和苏联部长会议 1954 年 5 月 4 日公布的《关于进一步发展农村无线电化的措施》的决议中，就曾清楚地指出 '农村的无线电话是对群众进行政治和文化教育以及宣传农业技术的最重要的工具。'"[①] 这一点在中国有线广播的发展中得到了印证，无论从设备安装设置还是管理体制甚至到广播内容都有明显的苏联印记。而且我国建国初期发展农村有线广播网的经验表明，有线广播可以经常向农民进行政治的和文化的教育，改善了农村的思想政治工作，提高了农民参与政治和从事农业生产的积极性，推广了农业生产的先进经验，活跃了农村的文化生活，还有在预报灾害性天气，保护农业生产方面有线广播的作用也十分显著。

二　建设历程

1952 年，吉林省九台县有线广播站的正式播音，揭开了我国农村有线广播发展的序幕，经过随后不断的发展，有线广播从借用电话线路到架设专线，从高音喇叭到入户小喇叭，经过了一个曲折的发展过程，最后形成了以县广播台站为中心，乡镇广播站（亦叫放大站）为基础，有条条线路连接千万只喇叭的农村有线广播网，成为我国广播电视网的重要组成部分。

总体说来，我国乡村有线广播的发展大体可以分为发展起步期、迅速成长期、发展普及期以及持续衰落期等四个阶段：

1. 发展起步期（1950—1956 年）

这一时期是有线广播发展的初级阶段，广播主要通过收音站和有线广

---

① 《发展农村广播网》，《人民日报社论》1955 年 12 月 30 日。

播站两种载体进行传播，并以前者为主。新中国成立之初，全国的收音机和报纸数量都很少，大约只有 100 万台（见表一统计），农村基本上没有，加之当时交通又不发达，向乡村社会进行信息传播变得十分困难。针对当时全国尤其是农村收音机数量极少、交通不方便等情况，1950 年 4 月政务院新闻总署发布了《关于建立广播收音网的决定》，要求在全国范围内普遍建立收音站，并为收音站规定了三项任务：抄收记录新闻、预告广播节目、组织群众收听。1955 年 3 月，国务院又发出《关于在农业、畜牧业、渔业生产合作社重点建立收音站的指示》和《在边远省份和少数民族地区建立收音站的通知》。随后，全国各地开始普遍建立收音站。"到 1955 年底，全国已建立了 28800 多个收音站"。① 这里还要简单介绍一下收音站，收音站是有线广播站的前身，主要是当时地县两级通过设置专门的收音员，配备收音机，由他们到不能收听广播的城乡地区，组织城乡居民进行收听；对一些非常重要的广播内容，收音员还要负责抄收记录，出版油印的收音小报，通过重复放音和发放油印收音小报等形式进行信息传播。当时收听广播在农村来讲属于新奇事物，常德地方志中就详细地记载过当时群众收听广播的情景："1951 年 6 月 30 日，津市收音站首次组织群众收听广播。他们在市文化馆门前电杆上安装了一个高音喇叭，扩音机和留声机放在电杆旁的方桌上。那天从晚上 6 时起向群众播放广播，并用留声机播放唱片，6 时 30 分收转中央人民广播电台庆祝中国共产党成立 30 周年的重要新闻和文艺节目。当时前来观看和听广播的，人山人海，一直持续到深夜，场面很壮观。消息传出后，第二天晚上来听广播的人更多。汉寿、安乡等县收音员有时还背收音机下乡，组织农民群众收听广播。有的乡村敲锣打鼓、燃放鞭炮迎接收音员，农民相互呼唤，成群结队地来听广播，在收音机周围，常常拥挤着几十上百人，一批走了又来一批。"② 中华人民共和国成立后建立的县级收音站除了组织收听这样的广播外，还有一项重要而且是必须做的任务就是收听和记录中央广播电台的新闻，有的地区还要求收听省电台的新闻播报，很多收音站将记录下来的新闻做成油印小报，分发给当地党政机关。

---

① 《当代中国的广播电视》，北京广播学院出版社 1987 年版，第 353 页。
② 《庆阳地区广播电视志》，甘肃庆阳地区广播电视志编辑组 1991 年版，第 137 页。

建国初期的相当长时间里，在全国分布的一个个县级广播收音站，就成了党和政府对广大乡村地区进行政治传播的重要手段。在抗美援朝、镇压反革命、土地改革以及农业互助合作等重大政治运动中，通过收音站有线广播对乡村社会进行了有效的政治动员。如，"1950 年 10 月抗美援朝战争开始后，河北省电台举办了《抗美援朝专题节目》，号召全省收音员立即开展下乡运动……广大收音员纷纷行动起来，有的挑起扁担，前筐装机器，后筐装电池，上山下乡；有的骑上自行车，身背机器，游乡串户；还有的骑上骏马，带上收音机奔走坝上草原。1951 年 4 月，仅 10 天的工夫，据 67 个县的统计，即有 116 部收音机下乡，组织收听 1355 次，听众达 31 万多人。"① 这一时期的乡村广播除了重点进行政治宣传动员以外，在安排农业生产，预防自然灾害，丰富乡村文化生活方面也发挥了重要作用。广播在当时来讲是新鲜事物，村民群众收听的积极性非常高。

1952 年，吉林省九台县第一个把收音站发展为乡村有线广播站。这种小型广播站和收音站相比，其优点显示在三个方面：一是收听范围扩大；二是时间、地点固定，每天都能听广播；三是既可转播无线广播电台的节目，又可通过有线传递本地消息，播放群众喜欢的节目。第一次全国广播工作会议肯定了九台县的经验，并决定向全国推广。1956 年 1 月，中共中央颁发的《全国农业发展纲要》第 32 条规定："从 1956 年开始，按照各地情况，分别在七年或者十二年内基本上普及农村广播网。""到 1956 年底，全国有线广播站发展到 1458 个，比 1952 年的 331 个增加 3.4 倍。广播喇叭达到 50.6 万只，比 1952 年的 1.7 万只增加了 28.5 倍"。② 由于收音站和有线广播站的建立和发展，广播开始进入了广大农村。

2. 迅速成长期（1956—1966 年）

这一时期是乡村有线广播迅速发展的阶段。1955 年，当时的中央广播事业局决定开始在全国逐步建立农村有线广播，并发布了《关于今明两年在全国有条件的省、区逐步建设农村有线广播的指示》，肯定了乡村有线广播"是教育农民和满足农民收听广播的最经济、最有效的工具"，

① 《中国的有线广播》，北京广播学院出版社 1988 年版，第 283 页。
② 《当代中国的广播电视》，北京广播学院出版社 1987 年版，第 35 页。

"是国家对广大农民进行政治宣传和文化教育工作的重要工具"。要求"把几年来试办农村有线广播的经验加以总结，在全国有条件的省和自治区内有计划地加以推广，并为今后大规模发展农村有线广播打下基础。"①1956 年 1 月中央政治局在《1956 年到 1967 年全国农业发展纲要》（草案）中又进一步提出农村广播的发展计划，准备"从 1956 年开始，按照各地情况，分别在 7 年或者 12 年内基本上普及农村广播网，要求各乡和大型的农业、林业、渔业、牧业、盐业和手工业的生产合作社都装置收听有线广播或者无线广播的工具。"② 从此，全国开始了乡村有线广播网的大规模建设。

在全国"大跃进"运动的整体氛围下，乡村有线广播网的建设进入高潮。山东省在 1958 年全国大跃进的形势下，召开全省第六次广播网工作会议，提出要全体动员，全面出击，搞好宣传，大力发展，一年实现十年广播网建设任务。"历城县北园人民公社，建起全省第一座人民公社广播站。1958 年底，全省各市、县都建起广播站，90% 的公社、80% 的大队、50% 的自然村通了广播，广播喇叭发展到 1.34 万只，架设专线 4900多公里。从数量上看，这一年农村有线广播网建设，比过去三年发展的总和还多 3.5 倍，基本上实现了中共山东省委提出的'社社通广播'的要求。到 1960 年底，建成公社广播站 1338 座，占全省公社总数的 93%，广播喇叭达到 62 万只，通广播的大队达到 0.6%。"③ 就全国有线广播网的发展来看，当时全国有 1747 个县（包括自治县和旗），1960 年建立广播站的有 1600 多个，1961 年有广播站 2 万多个（包括人民公社级）。广播喇叭 1957 年全国是 94 万多只，1958 年 304 万只，1959 年 469 万只，1960 年 604 万只。④ 在 60 年初期的国民经济困难阶段，乡村有线广播网的建设也出现了一段时期的整顿。有线广播站整顿后停办一部分，保留一

---

① 《广播电视史料选编之四：中国的有线广播》，北京广播学院出版社 1988 年版，第 43—44 页。

② 中共中央文献研究室编：《建国以来重要文献选编》第二册，中央文献出版社 1992 年版，第 57 页。

③ 山东省地方史志编纂委员会：《山东省志：广播电视志》，山东人民出版社 1993 年版，第 3 页。

④ 赵玉明主编：《中国广播电视通史》，中国传媒大学出版社 2006 年版，第 250 页。

部分。1960 年全国市县广播站有 2404 座，1962 年调整为 2029 座，同期广播喇叭有 604 万只减为 548 万只。但到 1966 年春，全国广播网的全面调整工作基本结束后，有线广播站的建设已恢复到 1962 年调整前的规模，并得到进一步发展，当时全国有县级广播站 2000 多座，放大站和公社广播站 8435 座，广播喇叭 872 万只，都超过了乡村有线广播以前的发展水平。乡村广播网的传输质量和收听效果也比过去有了显著的提高。有线广播喇叭普及到 77% 的人民公社、54% 的生产大队和 26% 的生产队。①

3. 发展普及期（1969 至 1982 年）

这一时期的乡村有线广播发展稳中求进，建设规模进一步扩大，是全国有线广播网的普及阶段。1969 年财政部和当时的中央广播事业局联合发出通知，明确规定了县广播站的日常经费列入国家财政预算，由国家拨款解决；公社放大站的日常事业经费由地方财政拨款。这就为农村广播网的进一步发展提供了经济条件。1970 年国家又在下达的国民经济计划中，把出版毛泽东著作、办好报纸、广播列为第一条。这样，乡村有线广播进入了又一个较快发展时期。

至 1976 年底，全国已建成县级有线广播站 2503 座，安装有线喇叭 11300 万只，95% 的生产大队和 91.4% 的生产队接通了有线广播，61.5% 的农户安装了广播喇叭。在边远地区和少数民族地区还建立了 15.4 万多个小片广播网。② 至此，全国有线广播已基本实现普及，这个时期的乡村有线广播建设规模也达到了历史最高水平。1978 年党的十一届三中全会以后，中国农村开始实行家庭联产承包责任制，在随后的五年里，乡村有线广播网也不断进行整顿、巩固、发展和提高，基本巩固和维持了前期的建设成果。

4. 持续衰落期（1983—2000 年）

1983 年以前，我国的广播电视事业建设主要实行四级办广播（中央、省、市三级办无线广播，县办有线广播）、两级办电视、分级覆盖的方针政策。这个方针存在不少弊端，限制了广播电视尤其是无线广播和电视的发展规模和速度。中国地域辽阔，地形复杂，由中央和省两级来实现广播

---

① 赵玉明主编：《中国广播电视通史》，中国传媒大学出版社 2006 年版，第 278 页。
② 同上书，第 317 页。

电视覆盖十分困难，特别是资金投入过大，单靠国家财力是远远无法满足需要的。而市县办广播电视的愿望很强烈，却又得不到决策部门的支持，相关政策控制很严。

1983 年召开的第十一次全国广播电视工作会议决定对广播电视的事业方针和技术政策作较大的调整和改革。其中最为重要的一条，就是提出实行"四级办广播、四级办电视、四级混合覆盖"的方针政策。从此我国进行广播电视建设的政策限制开始放开，无线广播和电视的发展规模不断扩大。除了中央和省一级可以办广播电台和电视台以外，凡是具备条件的省辖市（地、州、盟）、县（旗）都可以根据当地的需要开办广播电台和电视台。

随着国民经济的不断发展和技术条件的不断进步，农村广播电视网的建设也日趋多元化。村广播网已不再是单纯的有线广播网，而是逐步发展为有线、无线、调频、电视相结合的综合网络。在多元传播媒介的冲击下，乡村有线广播呈现不断萎缩的态势，到 1990 年全国共有市县广播台站 2466 个，乡镇广播站和村广播室 39.7 万多个，广播喇叭 8222 万只；村广播通播率和喇叭入户率已分别下降至 69.9% 和 37.3%。[①] 而同期的收音机和电视的社会拥有量已由 1978 年改革开放之初的 7546 万台和 304 万台分别上升至 1990 年的 25123 万台和 18546 万台。[②] 收音机和电视已逐渐成为乡村社会更受关注的传播媒介，有线广播正慢慢淡出人们的视野。从《中国广播电视年鉴》统计的数据来看，从 1995 年开始县乡有线广播站和广播喇叭的数量逐年下降，到 2000 年已很难看到关于这方面的统计数据了。从现在乡村社会的情况来看，大多数村庄只保留有形式上的村广播室和一个高音喇叭，平时已很少使用，偶尔村委会会用它来发布开会通知、计划生育工作通知等，还有村民有时会用其发布一些寻人寻物启事等等。总之，有线广播只能像这样偶尔在村庄内部发挥一些作用，相对于电视、收音机、手机甚至电脑等更为现代的传播工具，有线广播在乡村社会已被边缘化了。

---

① 赵玉明主编：《中国广播电视通史》，中国传媒大学出版社 2006 年版，第 398 页。

② 同上书，第 583 页。

三 管理体制

1. 经费管理体制

县乡有线广播站的经费一般分为日常经费（工资、办公费）、业务费和基本建设费（网路新建、维护、更新）。有线广播创建时期，国家为县广播站购置设备，提供用房；县至乡的传输干线当时还多是利用电话线路，实际上也是国家投资；由乡至村社的传输支线是由乡政府向村社队集体集资；村民使用的引线和喇叭由村民自己购买。这实际上是确立了国家、集体、村户三者共同负担的形式。经过发展时期和普及时期的实践，证明这是行之有效的办法。

1969年财政部和当时的中央广播事业局联合发文规定："县广播站（或相当于该级的广播部门）的日常经费，列入国家预算，公社广播站（或放大站）的日常事业经费由地方财政解决"，"在事业建设上县广播台站和县至乡的传输线路以及广播站设备由国家投资；乡广播站的部分设施和乡以下的传输线路由乡镇集体投资；用户引线和用户设备由用户负担"。[1] 这个规定正式确立了乡村有线广播经费由国家、集体和村户三者共同负担的原则。中共中央（1983）37号文件又一次肯定了国家、集体、村户三者负担的原则，并且规定向村户收取维护费（一只喇叭每年收取人民币一元），作为乡镇以下有线广播网络的维护费用和维护人员的报酬。这就使三者共同负担的原则更为完善。

2. 行政管理体制

1949年，中共中央决定将中央广播事业管理处改组为广播事业管理局，直属中央人民政府政务院新闻总署领导，领导全国的广播事业。其后，根据1956年国务院《关于农村广播网管理机构和领导关系的通知》[2]和第四次全国广播工作会议精神，各级地方广播电视系统先后成立了广播事业局或相应的管理机构。同时，按照国务院的规定，对中央广播事业局

---

① 《当代中国的广播电视》编辑部选编之《中国的有线广播》，北京广播学院出版社1988年版，第94页。

② 同上书，第23页。

同地方广播事业局的关系也作了调整。1956 年以前，地方广播事业的管理工作实行省、自治区、直辖市政府和中央广播事业局的双重领导，以广播事业局为主。省、自治区、直辖市负责编制、人员调配、财务、计划和一般行政业务，中央广播事业局负责广播业务宣传、广播技术、广播事业规划，经管中央和省两级经费。1957 年后，随着国家管理体制的逐步改革，地方广播事业管理工作改由以省、自治区、直辖市政府领导为主。随着事业的发展，逐步形成了从中央到省、市、县的四级管理机构，形成了条块结合、以块为主的管理体制。这样，县广播站就受县政府和县广播事业局的双重领导，并以县政府为主；公社（乡镇）广播站作为县广播站的派出机构，接受县广播站和公社（乡镇）的双重领导。1980 年，国务院又发出了 107 号文件《批转中央广播事业局关于加强地方广播事业管理工作的请示报告》①，进一步明确规定省、自治区、直辖市以及地（市、州、盟）、县（旗）的广播事业受各该级人民政府和上一级广播事业局双重领导，以同级政府领导为主。公社（乡镇）广播站是县广播站的组成部分，事业规划、建设和技术工作，由县（旗）广播事业局领导，政治思想、日常工作受公社（乡镇）领导。管理工作的各项内容和以前的规定基本一致。

中共中央（1983）37 号文件重申了地方广播事业管理体制实行"双重领导，以同级政府为主"的精神，特别提出要加强县广播电视机构。1983 年召开的第十一次全国广播电视工作会议基本延续了以往广播事业管理体制实行"双重领导，以同级政府为主"的精神，规定"各级广播电视机构之间的关系，应实行如下领导体制：省、自治区、直辖市广播电视厅（局）受该省、自治区、直辖市人民政府和广播电视部的双重领导，以同级政府领导为主。同时，省、自治区、直辖市广播电视厅（局）的宣传工作，受省、自治区、直辖市党委领导和广播电视部的领导；事业建设受省、自治区、直辖市人民政府和广播电视部的双重领导，以同级政府领导为主。上述原则，也适用于省、自治区、直辖市广播电视厅（局）

---

① 《当代中国的广播电视》编辑部选编之《中国的有线广播》，北京广播学院出版社 1988 年版，第 25 页。

于省辖市、县广播电视局之间的关系。"①

四　广播内容

在 20 世纪 80 年代以前，有线广播是党和政府尤其是基层党委和政府对乡村社会进行政治宣传动员、贯彻党和政府的方针政策、指导社会生产活动和丰富农村文化生活的非常重要的媒介；同时它也是村民群众获取信息，与外界进行交流的重要途径。综观有线广播在乡村社会中的传播内容，大体可以分为政治性广播、教育性广播、文艺性广播以及服务性广播等四个方面。

1. 政治性广播

政治性传播主要包括新闻广播和政治动员广播。其中，新闻广播是有线广播节目的主体，新闻来自两个主要渠道：一是完整的转播上级广播电台的主要新闻节目，如中央电台的《新闻和报纸摘要》和《各地人民广播电台联播》节目，本省电台的《全省广播电台和广播站联播》节目等；二是有线广播台站自己采编的本地新闻。在笔者调查过程中，至今仍有很多村民能够清楚地记得当时通过喇叭播放的《新闻和报纸摘要》节目，这个节目主要由国内外要闻和报纸上的重要言论组成。在每次节目开始的时候都要向听众问候"早晨好"，介绍日期和农历节气；凡遇党和国家以及具有世界性的重要纪念日和节日，全民传统节日，中外历史上特别是中国近代史、现代史上为人们所景仰的重要人物的诞辰或逝世周年纪念等，都在节目的开始语中，向听众作简要的介绍。将爱国主义、国际主义和革命传统教育有机结合了起来。

在遇到党和国家的一些重要事件和重大节日时，中央电台会进行实况广播，有线广播台站一般都会进行同时转播。如"五一""十一"进行的庆祝游行，全国人民代表大会等。村民们对当时转播的党的第八次全国代表大会、首都追悼毛主席逝世大会、首都庆祝粉碎"四人帮"大会、首都纪念中国共产党成立六十周年大会等重大历史事件都有较深刻的记忆。

---

① 赵玉明主编：《中国广播电视通史》，中国传媒大学出版社 2006 年版，第 387 页。

除了进行新闻报道，乡村有线广播的另一个非常重大的作用就是配合会议—文件系统向乡村社会传递政治信息，动员村民群众参与各种政治运动。举办广播大会就是其中一种"突击性的大规模动员的有力方法"，在"大跃进"年代，这种广播动员方式就被较多的运用。"仅从一九五九年三月二日到一九六零年四月二日这一年多的时间里，中央台同国务院有关部门合作，一共举行了十九次广播大会，平均每两个月三次，每次都有数百万人收听。"① "大跃进"期间，各县广播站都随当时政治形势，进行过"大鸣大放"和"反右"斗争的宣传。这些广播宣传在当时有力地宣传了党的建设社会主义总路线的方针政策，反映了人民群众要求摆脱贫困落后面貌的强烈愿望，热烈歌颂了人民群众在生产建设中的积极性和创造精神，可以说是非常有效地整合了整个乡村社会，统一了村民群众的思想，激发了他们开展农业生产的热情。但是，这种激进的社会动员方式是以强大的意识形态为支撑的，它已脱离了其赖以为基础的经济条件和社会条件，注定不能持久。

"文化大革命"时期是利用广播进行政治宣传动员的又一个高潮期。1967年，中共中央决定对地方广播电台实行军事管制，规定地方广播电台停止编辑和播放本地节目，只转播中央广播电台的节目，这个时期，县广播台站基本都是在转播中央和省台的节目。而中央广播电台的节目也作了大幅度调整，文艺节目和教育节目大量停播，政治新闻节目大量设置，新闻内容重复播出，几乎都是照搬"两报一刊"（即《人民日报》《解放军报》《红旗》杂志）上的报道和文章，多数情况下是全文照播。在"文革"初期，对毛泽东的个人崇拜充斥着整个广播，达到了无以复加的程度。

1966年"文革"开始以后，中央电台每天节目的开始曲由《代国歌》改为《东方红》，而且各次节目开始前也都播放一遍《东方红》。从此《东方红》的乐曲通过有线广播响遍整个乡村社会，村民们经常是伴着《东方红》的乐曲声起床、劳动、休息，这个乐曲已成为他们生活的一部分。而且据村民回忆，每次节目开始的称呼语也由过去的"各位听

---

① 《当代中国的广播电视》编辑部选编，《中国的广播节目》，北京广播学院出版社1987年版，第17页。

众……"改为"无产阶级革命派的战友们！革命的同志们！"接着是"伟大领袖毛主席教导我们……"。每天都要播出一段毛主席语录，每日广播三次，每次 10 分钟，每播出一条毛主席语录，都要以《大海航行靠舵手》为开始曲。每天都会有《毛主席著作选读》《老三篇天天读》《毛主席语录歌曲》等节目反复播放，甚至连《对人民公社社员广播》节目也改为《工农兵活学活用毛主席著作》节目。"三忠于""四无限""四个伟大"（三忠于是要求忠于毛主席、忠于毛泽东思想、忠于毛主席的革命路线；四无限是对毛泽东要无限热爱、无限信仰、无限忠诚、无限崇拜；四个伟大是毛泽东是伟大的导师、伟大的领袖、伟大的统帅、伟大的舵手）等歌颂毛泽东的语言每天都充斥于广播之中。

2. 教育性广播

重视对农村、农民的宣传教育是党和政府的优良传统，历来很受重视。村民群众通过有线广播听到的教育性广播多是转播中央台和省台的教育性节目，也有一些是县广播台站结合当地情况自办的教育节目。其中影响较大的一档节目是中央电台举办的《对农村广播》，这个节目的主要任务就是根据农业发展形势宣传党和政府的农业政策，讲授农业生产和管理技术。

《对农村广播》节目创办于 1955 年，对农业生产合作化等重大农业政策的实施起了重要的推动作用。1956 年全国开始掀起农业合作化高潮。在这种形势下，对农村着重宣传了勤俭办社，开展多种经营，推行按件计酬，反对乱记工分，做好收益分配和民主办社等问题。在怎样巩固和办好高级农业社问题方面，还请了一些全国农业劳动模范和农业社主任讲话，谈办社和发展生产等方面的经验，他们的讲话起了较好的作用。1957 年，《对农村广播》节目曾专门开辟了"农业发展纲要专题广播"时间，阐述"纲要"提出的各项主要任务，介绍实现"纲要"的典型经验和做法，由中央有关部门负责人讲解，很受村民群众欢迎。根据形势的发展，又举办过"怎样提高单位面积产量""怎样使小麦高产再高产""迎接人民公社化""怎样办好猪场""怎样把农村公共食堂办得更好"等专题广播。党的十一届三中全会以后，《对农村广播》节目有计划地宣传了党的三中全会以来的路线、方针和政策，宣传了农村出现的各种先进典型，播出了一系列的通俗讲话和讲座，如"农村经济政策通俗讲话""学习中央加快发展农业决定的通俗讲话""实践是检验真理的唯一标准""农业生产责任制通俗讲话""农业现代化问题通俗讲话"等。这些讲话，在农民（包括县、社干部）中产生了不小的影响，对于肃清"左"的思想错误，起了较好作用。

《农业科学技术》节目也是当时在农村影响较大的一档教育节目，县广播台站基本上都要转播，每次十五分钟，每周播出四次（包括重播两次），"广播对象以农村高小到初中程度的知识青年和农村基层干部，特别是以农业技术推广站、畜牧兽医站、种子站、植物保护站等干部为主，并兼顾社员。"① 当时，山东省台举办的《农村节目》《今日山东》《理论学习》等教育性节目也通过有线广播得到转播。

3. 文艺性广播

当时农村有线广播大多也转播或者自办文艺节目，听广播成为农民闲暇时的一项娱乐活动。通过有线广播传播的文艺节目当时大体有歌咏节目、戏曲小说节目以及革命故事节目三类。据山东省志记载，50年代建站初期，农民把广播喇叭称为"戏匣子"，农民文化娱乐生活主要是听有线广播。建国初期播出的优秀革命歌曲《解放区的天》《歌唱祖国》《咱们工人有力量》等，优秀歌剧《白毛女》《刘胡兰》《穆桂英挂帅》等，都是通过有线广播传进农村千家万户的。在当时"《教唱革命歌曲》是当时最受欢迎的节目。"② 戏曲节目，除播放精选的戏曲唱片外，主要是组织安排播出新编戏剧及新词曲艺，如新京剧《三打祝家庄》，歌剧《王贵与李香香》《王秀鸾》等。革命故事节目，主要是播放一些革命老前辈的斗争故事，曾播出过《朱总司令的故事》《彭副总司令的故事》《红军长征故事》以及抗日战争、解放战争中的英雄模范人物的故事等等。值得注意的是当时的文艺节目充满了意识形态色彩，潜移默化地起到塑造民众"普遍信念"的作用，这一定程度上比直接宣传的效果还要好。

4. 服务性广播

这类广播主要是为农村生产生活提供信息服务，其中对乡村社会影响

---

① 中央人民广播电台台史编写组：《中央人民广播电台台史资料汇编（1949—1984）》，第149页。

② 山东省地方史志编纂委员会：《山东省志：广播电视志》，山东人民出版社1993年版，第165页。

较大的是《天气预报》和《广播体操》两类节目。气象预报、水文公报和虫情测报（简称三报）与村民的生产生活息息相关，所以相对来讲，《天气预报》节目受到村民群众的更多关注。1956 年 6 月 11 日，中央广播事业局和中央气象局发出《关于在各地人民广播电台、有线广播站建立〈天气预报〉广播节目的联合通知》。通知指出，"过去几年来，各省气象台（局）和各人民广播电台合办的灾害性天气预报、警报广播，对人民群众和国民经济各部门的生产建设帮助很大，在预防自然灾害上起了很大作用。今后为进一步满足人民群众和农业生产及其他生产建设单位的需要，自六月份起逐步在全国各人民广播电台和有线广播站建立《天气预报》广播节目，每天定时广播天气预报。"[①] 县广播台站都要和当地的气象台、水文站、农技站保持紧密联系，及时发布三报。

广播体操是通过在广播中播放专门创作的乐曲来指挥、带领群众体育锻炼的一种徒手操。1952 年，中央台和各地方电台举办《广播体操》节目，播放专门为第一套广播体操配置的乐曲。从此以后，《广播体操》作为一个固定节目，每天播放两次，全国各地的许多机关、厂矿、企业、学校、军队和农村，通过扩音器转播电台的《广播体操》节目，组织本单位的群众做操，锻炼身体。

【案例】 有线广播与农村合作化运动

1957 年到 1960 年的中国农村的合作化运动，是以小农经济为基本结构的乡村系统逐步崩溃，以集体经济为基本结构的乡村系统逐步建构的过程，人民公社的全面建成标志着这一过程的最终完成。这一过程中，作为新的政治传播通道出现的农村有线广播逐步建成并开始发挥它的效力，配合会议系统—文件系统，有效地推动了合作化的进程。在人民公社的建立过程中，农村的有线广播也开始"大跃进"，一条条广播线路如同国家政权的一种象征逐步地伸向了每一个村庄，每一家农户。从农村合作化运动这个点，我们可以更为集中地看到以有线广播为通道的乡村政治传播过程。

[①] 中央人民广播电台台史编写组：《中央人民广播电台台史资料汇编（1949—1984）》，第475 页。

　　农村有线广播与农村合作化运动的发展是同步进行的，从 1952 年零星地区开始试点农村有线广播，1956 年国家正式发文发展农村有线广播，到 1958 年，在"大跃进"运动和"人民公社化"运动影响下，农村有线广播得到快速发展，这一过程与农村合作化运动过程非常的相似，都是呈现一种加速度的方式发展。从下面全国县级有线广播站的发展情况表中可以看出这一趋势。

　　在 1952 年到 1958 年之间，中国农村有线广播与农村合作化运动的发展趋势是相似的，有线广播在 1956 年和 1958 年的有两次较大的发展，这与 1956 年高级合作社的急速发展和 1958 年人民公社的迅速成立正好吻合。

全国县级有线广播站的发展情况表①

时间	1952 年	1953 年	1954 年	1955 年	1956 年	1957 年	1958 年
广播电台数量	72	63	61	58	58	61	91
有线广播站数量	331	501	547	750	1458	1698	2580

　　会议—文件系统和农村有线广播网共同构成了 50 年代农村合作化运动中的政治传播通道，有效地传递了与合作化相关的各种政治信息。大众媒介中的报纸、杂志等在合作化运动中也起到了重要的作用，但这种作用并不是直接作用于农民，因为当时的农民教育水平都很低，阅读困难，并且报纸、杂志等媒介普通农民也难以接触到，这些媒介的影响多是由基层干部通过会议系统或有线广播间接地传递给农民。在农村实地调查时，常听村民们谈起人民公社时期的情形，给他们留下的印象就是"天天开大会""广播响个不停"，虽然有些夸张，但也真实地反映了当时农村进行政治动员的情形。

　　"大跃进"和开展合作化期间，各县广播站都随当时政治形势，进行过"大鸣大放"和"反右"斗争的宣传。在"大跃进""人民公社化"

---

① 数据参见国家统计局编：《中国统计年鉴》（1981 年），中国统计出版社 1981 年版，第 460 页。

运动中举办过一些宣传"大跃进万岁""人民公社好"的专题节目，集中转播中央电台举办的《大跃进凯歌》《先进集体、先进人物》《三面红旗万万岁》等专题节目。围绕"大办人民公社""大炼钢铁"、"种高产田、放高产卫星"大造舆论。如在1958年以后，山东省根据第五次全国广播工作会议提出的任务，举办了《社会主义大跃进节目》专题广播，县广播站重点宣传了"鼓足干劲，力争上游，多快好省地建设社会主义"的总路线、大跃进和人民公社。"为了实现这些宣传任务，许多广播站办了大量的临时性专题节目或特别节目，如《大办粮食》《除四害讲卫生》《庆祝建国十周年》等。"[1] 县广播站自办节目中还有一项非常重要的内容就是"县、社党政领导利用有线广播召开广播大会，进行广播讲话，发布通知，宣传文件。"[2] 陕西省商洛地区"1956年到1965年，这个时期各县广播站相继建立。除了主要转播上级电台节目外，还围绕地、县党政领导机关的工作部署和中心任务，开设了自办节目。1957年到1958年，宣传工作主要内容是：整风反右、'三面红旗'（总路线、大跃进、人民公社化）、大炼钢铁运动等。山阳县站办了《跃进之花》、商县站办了《跃进战线》、镇安县站办了《大跃进节目》，都宣扬了许多脱离群众、脱离实际、盲目冒进的'先进'典型。"[3]

在合作化运动中，党和政府正是这样通过基层干部频繁地利用会议系统、有线广播向农村传播社会主义、共产主义的优越性，对农民进行社会主义教育的。周恩来曾说过："我们有六亿农民，他们的政治觉悟水平不是一般高，有先进、中间、落后。农民需要不断地教育、再教育，这是主席说的。教育农民是一个重大任务，农民究竟是农民，不是工人，他们现在已经摆脱了压迫。信任共产党、毛主席，信任国家对他们的好处，但他们中总有一部分几千年来农民生活习惯带来的旧社会习惯势力和影响，这种旧势力、旧影响是从前剥削阶级旧的统治者所传播的。因此，我们对他

---

① 山东省地方史志编纂委员会：《山东省志：广播电视志》，山东人民出版社1993年版，第168页。

② 《咸阳市广播电视志》，咸阳市印刷厂1990年版，第8—9页。

③ 《商洛地区广播电视志》，陕西省商洛地区广播电视局编，油印版，第13、20页。

们就要教育，再教育。"① 在广泛的宣传下，使得农民坚定了"共产主义是天堂，人民公社是桥梁"，公社生活是"楼上楼下，电灯电话"，"各尽所能，各取所需"。农民在潜移默化中认同了公有制、集体经济是社会主义的，是要拥护的，私有制、个体经济是资本主义的，是要批判的。他们的社会心理基础也得到一次次的强化，逐步形成了普遍的社会主义、共产主义的"信念"，"建立普遍信念的道路可谓困难重重，不过一旦它站稳了脚跟，它便会长期具有不可征服的力量，无论从哲学上看它多么荒谬，它都会进入最清醒的头脑。"而且"普遍信念有催眠作用，没有任何事情比这个事实更典型，也没有任何事情能更确切地表明，我们的理智有着令人汗颜的局限性。"②

在这场运动中，以有线广播为通道的乡村政治传播极大地加强了农民对于党的政权的政治认同，党和政府因此也获得了空前的政治合法性。可以说，乡村有线广播的逐步建立和完善大大增强了党和政府的沟通能力，党和政府向农村进行政治传播的能力大为扩展，有力推进了国家权力向乡村社会的延伸。中央的政治信息可以很有效率地传递到公社这一级，国家的政策、命令通过县干部和公社干部的推动可以很高效率的执行下去。有线广播已经成为国家对乡村社会进行政治传播的重要通道。

五　政治传播中的功能与作用

乡村有线广播作为一种传播媒介，在上世纪50—80年代曾是乡村社会政治传播的主要通道。总体来讲，有线广播在乡村政治传播中主要发挥宣传报道、组织动员、思想教育、社会控制等几种功能。

1. 宣传报道

宣传报道是政治传播的基本任务，此时政治传播的目的主要是告知和解释，就是将政治传播者的见解和主张、国家的方针政策传递给广大人民群众，告知人们一些政治上的事情和主张；并对一些政治事件、现象、政

---

① "周恩来同志1966年4月9日在第九次全国广播工作会议上讲话的摘录"，《中国的有线广播》，《当代中国的广播电视》编辑部选编，北京广播学院出版社1988年版，第5页。

② ［法］勒庞著：《乌合之众：大众心理研究》，中央编译出版社2000年版，第121页。

策等做出使人明确、令人信服的说明，帮助人们认清形势，坚定立场。有线广播中的新闻报道主要承担了这方面的功能，它向乡村社会传递已经发生的政治事实，正在发生的政治事件以及将要发生的政治动态。这样就可以及时地将党和政府的立场、态度和愿望及时地表达给村民群众。

乡村有线广播就是一个大规模的宣传报道网。在宣传党的方针政策，抗美援朝，镇压反革命，土地改革，农业互助合作等重大运动的宣传报道方面，发挥了不可替代的重大作用。如，1950 年 10 月抗美援朝战争开始后，河北省台举办了"抗美援朝专题节目"，号召全省收音员立即开展下乡运动。仅 10 天的工夫，据 67 个县的统计，即有 116 部收音机下乡，组织收听 1355 次，听众达 31 万多人。① 在宣传"大跃进"过程中，中央电台和地方电台普遍地通过广播大会来扩大宣传声势，通过有线广播的转播传遍整个乡村社会。如，1958 年 6 月 30 日，广东电台同广东省委联合举办报丰收、庆丰收广播大会，全省约有 1000 万农民和城市居民、机关干部收听了这次广播。同年 7 月 30 日，江西电台在星子县召开庆祝早稻空前丰收、夺取晚稻更大丰收现场广播大会。这一年，江西电台共举办广播大会 11 次，收听总人数达 250 万人次。② 党的十一届三中全会后，各县广播站在县委的领导下，逐步肃清"左"的影响，从党在农村的各项中心工作和任务出发，从听众需要出发，发展广播优势，克服"假、大、空"，努力改革，精办各种新闻快讯、农民专题节目和文艺节目，广大农民群众称赞广播线为"连心线"。如，1982 年春天，全国各地农村推行农业生产责任制时，不少干部怕犯"右"的错误，竭力限制"双包"。浙江省富阳县大青公社党委书记到栗园大队去"纠偏"，要一个已经实行"双包"的生产队重新把土地集中起来。生产队长理直气壮地说："你们不要搞瞎指挥！我床头装有小喇叭，天天都在听，中央允许搞包产到户！"结果，这个生产队坚持了"双包责任制"，生产搞得很出色。③

2. 组织动员

任何政治活动的开展都需要进行组织动员，此时政治传播的目的主要

---

① 《中国的有线广播》，北京广播学院出版社，第 283 页。

② 徐光春主编：《中华人民共和国广播电视简史》，中国广播电视出版社，第 98 页。

③ 《中国的有线广播》，北京广播学院出版社，第 382 页。

是劝服和激励，即通过政治传播让人们明辨是非，站稳立场，知道哪些事情该做，哪些事不该做，以及应该坚持什么、反对什么和改变什么。政治传播还经常为人们勾画美好前景，启发人们的思想觉悟，激励人们向着美好前景前进。从"过程——事件"的研究视角来看①，在人民公社时期，与集体化相关的整个社会动员是由一系列的事件组成的一个动态过程。这些事件中非常重要的一类就是以乡村有线广播为代表的各种宣传手段及其运用。国家能够便捷地使用各种行之有效的宣传手段，通过各种正规与非正规组织和渠道，将其所认定的合作社和人民公社的优越性以及合作化的方针、政策和方法，传达到每一村户。在这个过程中，国家通过有线广播大量运用了"树典型"、"开现场会"、"参观"甚至"攻碉堡"等手段。在整个宣传报道过程中，"树典型"起到了"先进"带动"落后"的效果；"开现场会"和"参观"不仅将原先口头描绘的美好前景"落地"，并且激发了村与村、社与社之间攀比的心态；而"攻碉堡"则既能够起到"杀一儆百"的警示作用，也能通过将"落后"农民组织动员起来，使人民公社运动覆及整个乡村。

3. 思想教育

思想教育是政治传播不可或缺的一部分，此时政治传播的目的主要是规范和引导，即明确告诉并促使人们在一定的方针、政策、法律、制度、规章以及伦理习惯容许的范围内活动，确立符合政治体系价值系统的思想和行为规范。如 20 世纪 60 年代中期，我国的广播电视对社会主义建设事业中涌现出来的先进集体和先进个人给予了充分的报道，雷锋、王杰、欧阳海、王进喜、焦裕禄等人的名字，大庆、大寨的生产劳动事迹通过有线广播传到千村万户。他们的先进事迹和崇高的思想境界对于教育鼓舞当时整个乡村社会克服困难，战胜自然灾害和建立社会主义的道德风尚起了重要的教育作用。刚刚推行家庭联产承包责任制的时候一些农民受"左"的思想影响，怕割"资本主义尾巴"，不敢富，不敢先富，针对这一思想，一些县乡广播站有目的地采写了《鸭司令当上了省劳模》、《个体户当了人民代表》等本地典型的稿件，较好地帮助农民澄清各种模糊认识，

---

① 参见孙立平：《"过程—事件分析"与当代中国国家—农民关系的实践形态》，《清华社会学评论》（特辑），鹭江出版社 2000 年版。

敢于走致富路。后来发现有的农民致富不讲文明，不择手段，又及时播出了《要守法致富》、《致富不能走歪门邪道》等评论，还搞了《面筋大王经营讲文明》、《个体户致富不赚黑心钱》等多个典型人物的新闻报道，引导农民走文明致富之路。①

4. 社会控制

社会控制是"通过社会力量使人们遵从社会规范，维持社会秩序的过程"，它"既指整个社会、或社会中的群体、组织对其成员行为指导、约束或制裁，也指社会成员间的相互影响、相互监督、相互批评"。② 控制的目标是使个人和集团的行为服从社会整体的利益，使个人和团体的自由与社会秩序实现对立的统一，通过控制过程及其手段完成社会成员的角色定位。政治传播的控制手段主要是通过对组织制度、权力、文化价值等主要社会控制形态进行宣传强化，为这些控制形态的运作提供条件，促使社会对政治体系的认同和国家意志的贯彻。

建立政权后的中国共产党本着对实现现代化和建立社会主义的期望，把对乡村社会的政治经济动员与控制整合放到了极其重要的位置。而且有了在革命战争时期在农村打下的政权、组织与制度基础，国家很快凭借自己的组织力量先后在农村发起了合作化运动和人民公社运动，达到了国家组织力量对基层农村社会的完全控制，这种控制与高度集中的计划经济体制以及身份制相结合，使改革前的中国农村社会呈现出"政社合一"的固化结构。在这种结构中，国家的组织边界实际达到了村社组织一级，或者说，村社组织的行政化使公社权力以前所未有的规模和深度直接渗入乡村社会的各个角落③，"不管是通过党支部还是生产队长，每个农民都直接感受到了国家的权力。"④ 政治权力对乡村的全面介入确保了政治体系对农村的政策输出，执政者的高合法性又保证了农村对这些政策的有效执行。人民公社时期，国家对农村进行政策输出的一个突出特征就是充分利

① 孙和林、夏竹林：《在农民思想政治工作中，有线广播有特殊优势》，《新闻战线》，1987 年。

② 费孝通主编：《社会学概论》，天津人民出版社 1984 年版，第 181 页。

③ ［美］费正清：《剑桥中华人民共和国史（1949—1956）》，上海人民出版社 1990 年版，第 72 页。

④ 陈吉元：《当代中国的村庄经济与村落文化》，山西经济出版社 1999 年版，第 212 页。

用有线广播将各种方针政策直接以文件、号召、党报社论甚至领袖指示的形式下达至基层，然后通过对农民组织与动员的方式贯彻落实，从而形成了这一时期政策输出、贯彻与执行所特有的程序。这一过程中，有线广播成为国家对乡村社会进行控制与整合的重要凭借与通道。

六 后续的历史

改革开放以后，我国乡村社会全面推行家庭联产承包责任制，农村家庭在经济上又还原成一个个独立的经济体，生产劳动不再需要集体统一组织和部署；同时人民公社制度也逐步解体，重新设立了乡镇建制，农村取消了生产大队和生产队，建立村民委员会和村民小组，这一工作到 1985 年基本结束，当时全国 5.6 万多个人民公社，改建为 91138 个乡镇（其中乡政府 83182 个，镇政府 7956 个），建立了 940560 个村民委员会。① 此后，从 1986 年开始，在全国范围内开始进行村民自治制度的试点工作。1998 年 11 月 4 日，第九届全国人民代表大会常务委员会第五次会议正式通过了《中华人民共和国村民委员会组织法》，并于同日颁布实施，从此，我国农村正式开始实施村民自治制度，"乡政村治"的治理体系逐步形成。

随着农村经济和政治体制改革的不断推进，乡村社会政治传播的方式也有了很大的改变。改革开放前，农村主要是以有线广播和会议——文件系统作为政治传播方式的。农村有线广播在合作化运动和人民公社时期曾起到过重要的政治传播作用，人民公社制度解体之后，它已不再是政治宣传和动员的主要工具了，只是农村村民内部播发通知的一般广播工具。从统计数据我们也可以看出，全国有线广播的发展特别是九十年代以后呈现出逐年式微的态势。

从下表（表三）中可以看出，1985 年至 1995 年间，农村有线广播还是比较稳定的，虽没有发展，但下降幅度也不大。因为这一时期，农村有线广播的经费来源有一定的保证。根据 1969 年财政部和中央广播事业局

---

① "全国农村基层组织情况"，《中国农村统计年鉴 1987 年》，中国统计出版社 1987 年版，第 3 页。

联合发文规定："县广播站（或相当于该级的广播部门）的日常事业经费，列入国家预算，公社广播站（或放大站）的日常事业经费由地方财政解决"，"在事业建设上，县广播台（站）和县至各乡传输线路以及广播站设备由国家投资；乡广播站部分设施和乡以下的传输线路由乡、镇集体投资；用户引线和用户设备由用户负担"。1983 年中共中央的 37 号文件又一次肯定了这一国家、地方、个人三级承担的经费来源原则，并且规定向用户收取维护费（一般一只喇叭一年一元），作为乡镇以下广播网路的维护费用和维护人员的报酬。

人民公社解体后农村有线广播发展①

年份	通广播的村数（个）	通广播村比重（%）	已装喇叭的农户（万户）	装喇叭农户比重（%）	入户喇叭数（万只）	其中可以响的（万只）
1985	554451	69.9	7851.8	42.1	7995.4	6622.1
1986	549712	71.9	7975.3	41.6	8024.1	6793.6
1987	546478	71	8025	41	8025	6947
1988	538678	71	7976	40	7925	6872
1989	526089	70	7997	38	7961	6789
1990	524639	70	7940	37	7933	6923
1991	529928	70	8295	38	8232	7290
1992	555512	72	8545	39	8553	7687
1993	534866	70.7	8393.6	38	8426.2	7295.7
1994	511806	68	7877.3	35.4	7842.3	6689.9
1995	493978	63.7	7526.8	33.5	7836.1	7466

但 1995 年之后，由于 1994 年开始实行分税制财政体制改革，乡镇财政收入大幅减少。而农村有线广播线路逐年老化损坏，而乡镇政府已无经费维护，这样恶性循环，农村有线广播逐渐衰败，只有少数村保留了本村内的有线广播局域网，利用高音喇叭播放通知。另外，从 20 世纪 80 年代末，电视开始普遍发展起来，县市一级开始大力发展电视事业，广播电视

---

① 数据参见国家统计局：《中国农村统计年鉴》（1987—2000）。

经费基本都投向无线电视和有线电视事业，很少有经费顾及农村的有线广播。有的地区还将乡镇广播站的人、财、物三权下放到各乡镇，县级财政只发放定额的人员经费。如咸宁市在1989年3月就实行了这样的改革。这样一来，随着乡镇财政的日益困难，农村有线广播的发展更是陷入举步维艰的地步。像咸宁市的乡镇广播站（表四），在1991年咸宁市有线电视台建台后，各乡镇的广播站也将全部经费和精力放在发展有线电视上面，农村有线广播在既无经费也无管理的情况下基本全部废弃。

1986—1995年咸安区（原咸宁市）有线广播基本情况一览表[①]

指标名称	单位	1986	1987	1988	1989	1990	1991	1992	1993	1994	1995
乡镇通播率	%	100	95	95	95	100	100	100	100	100	100
通广播村	个	203	202	181	145	110	107	83	58	58	30
村通播率	%	77	76.5	68.5	54.5	41.3	40	31.2	22	22	11
喇叭入户率	%	47.5	51	39.1	31	16.4	7.84	4.8	3.6	2.5	2.5

农村有线广播的发展情况在国家统计局的统计数据中也可看出。1999年之前的国家统计局农村统计年鉴中，有线广播都是作为一个专项列出，到2000年的农村统计年鉴中，就已经将有线广播这一项目给取消了。曾经在乡村政治传播中发挥重要作用的农村有线广播，逐步退出了人们的视野。

1983年，中国中央人民广播电台的调查表明，全国受众获取新闻的渠道分别为：53%听广播，34%读报，13%看电视；1988年同样的调查显示，电视跃居第一，广播退居第二，报纸位居第三。[②] 进入九十年代以后，由现代科技而发展起来的大众传媒如电视、电话、互联网更是得到迅

---

① 咸安区广电局：《咸宁市广播电视志1985—1995》，油印版。

② 张昆：《大众媒介的政治社会化功能》，武汉大学出版社2003年版，第88页。

猛发展，并极大影响了乡村社会。现在乡村社会的政治传播方式较之改革开放前已经有了非常大的变化。我们在前文讨论合作化运动时，农村的政治传播方式主要是有线广播和会议——文件系统。现在，农村经济组织的家庭化和治理组织的自治化已在很大程度上使会议——文件系统失去它的作用；农村的有线广播在九十年代也逐步退出了历史舞台，农村中过去常见的"群众大会""批斗会""学习班"等政治传播方式也消失不见，"大鸣大放"的"大字报"也早已成为历史。电视、收音机、互联网等大众传媒已逐渐成为现代农村最主要的政治信息传播通道，手机、电话逐渐成为现代农村中人际传播的信息通道，现代农村社会对于政治信息的获得主要是通过大众传播和人际传播获得，其中电视已成为农村最重要的政治传播方式。

统购统销:农产品资源供求的国家化

【导读】统购统销是我国计划经济时期的一项重要经济制度,一方面,国家为了社会稳定和经济建设的需要,通过农产品社会生产过程的国家化代替了市场对农产品资源进行配置;另一方面,通过对农村经济资源的强制性"掠夺",对城市进行保障性供应。同时,它也是一种社会控制工具,国家通过统购统销制度不仅把国家权力纵向地从中央、省、市县直接深入到乡镇、社队、组,甚至到农户家庭中,还横向地把权力延伸到社会的生产、分配、交换、流通和消费领域,完全控制了农产品社会生产整个过程。不可否认,当时该制度在维持社会稳定、促进重工业发展等方面起着重要的历史作用,但它也给社会经济发展尤其是农业发展和农民生活带来重要影响。随着生产力的发展,统购统销制度制约经济发展的弊端日益暴露,在底层社会民众强烈的发展要求和经济强劲发展态势影响下,国家最终不得不取消统购统销制度,并转变介入农产品资源供求的方式,改为以市场进行配置为主,国家调控为辅。

统购统销制度作为我国计划经济时期的一项重要经济制度,确立于1953年11月,该制度最初是由粮食统购统销开始实施,后来逐渐扩展到油料、棉花等农副产品,再到后来延伸到与民众生活极其相关的日用工业品。直到1985年,国家才把农副产品统购派购改为实行合同定购,至此,实行了32年的农副产品统购制度才退出历史舞台。随后,全国部分地区开始陆续取消凭票购买商品规定,到1993年,持续了40年的统销制度也离我们远去。如今,统购统销早已成为一个计划经济年代的缩影,是短缺经济的一个代名词。

统购统销制度从衍生到消亡历时三十多年，它的存废见证了计划经济时期我国社会经济发展状况的演变历程。那么它为何而立，因何而消亡呢？关于这两个问题，目前已有许多学者进行研究，但选择的研究视角和方法不同，导致研究结论也存在差异，对它的评价自然也褒贬不一。一方面，有学者肯定它为国家工业化建设提供积累资金，稳固了中国共产党在农村的社会政治基础。另一方面，有学者认为国家通过该制度实行工农产品的价格剪刀差来压低农产品价格，挫伤农民生产积极性，抑制了农业生产和发展；同时还以国家计划职能代替市场对经济资源进行配置，在政府职能失灵和市场功能缺失的情况下，导致中国经济发展徘徊不前。还有一些学者则认为，该制度造就城乡二元化格局，加大了城乡差距。本文拟在已有研究基础上，尝试把统购统销作为一个关键词进行研究，以农产品社会生产过程为研究视角，在国家与社会的分析框架下，利用政治经济和制度经济学的理论对统购统销政策从形成到消亡的过程进行阐述，着重分析统购统销在各个时期的政策表达、实体内容及影响功效。

统购统销制度给人们留下的不仅仅是物质奇缺、艰苦生活的回忆，它在政治、经济和社会建设方面也曾起到重要作用。统购统销制度是建国初期国家为了稳定社会、发展重工业经济的需要而实行的一项经济制度，国家通过该政策从农民手中获取廉价且足量的农产品资源，以降低工业生产成本，为发展重工业提供了必要的积累资金。此外，它还是一种社会控制工具，国家以该制度为机体，通过开展与该制度相关的各种政治活动，把国家权力横向地延伸到农村社会和纵向地伸入农民家庭生活和生产各个方面，进一步强化了农民对国家认识，巩固了国家在农村的社会政治基础。农产品资源的一统一销就把国家、集体和农民捆绑到一起，进一步促进他们间的沟通和交流，但有时也会有因"沟通不畅、理解不当"产生矛盾情形，当产生矛盾时他们是如何处理的？统购统销政策让他们形成何种关系，这种关系又是如何变化的？这些问题正是本文所要探讨的。"三农问题"作为当今中国的首要问题，因此，通过对统购统销制度下"国家与三农"关系的分析，对我们理解、解决当今社会的"三农问题"，分清和处理好在社会发展过程中国家与农民、工业与农业的关系，以及在发展市场经济过程中划分好国家与市场的职能界限等方面都具有重要的现实意义和提供历史借鉴。

一 词义辨析

中国汉语文字作为世界上最古老的文字之一，至今已有几千年历史，每一个文字的出现都有其历史根源，要么从形声要么从形象、形体等而来。随着历史发展，它们又会慢慢偏离原义，以致它们的解释越来越多。从词的结构看，统购统销是由统、购和销三个字或是统购与统销两个词组成的一个词语，单从字面上看，它属于一个名词。如果我们把这个词语拆解成三个单独的字或两个词进行释义，那么就更容易理解该词语的内涵。

在 2001 年商务印书馆出版的《新华字典》中，"统"有五种含义：①总起来、总括，②事物的连续性，③管辖，④呈筒状的衣服，⑤地层系统分类的第四级。其中第一种和第三种的解释说明"统"是个动词，该字属于形义字，在古代原义是丝的头绪。"购"有两种含义：①买，②悬赏征求，两种都是动词属性；从字形看，购字由贝和勾组成，说明购和财物有关；通过追溯"购"的字源可知，它源于古代官府为了捉拿罪犯而发出悬赏，即它原义是第二种解释——悬赏征求。"销"也有五种含义：①去掉、消除，②出售，③消费，④熔化，⑤销子、插销，其中前面四种都是"动词"属性；它属于形声字，是古代消熔金子发出"销"声引申而来，本义是熔化金属的意思。

既然已经对统、购、销分别作了单独解释，那么我们不妨再分别把统与购、销组成统购和统销两个词进行释义。首先看统购这个词，由统的五种解释与购的两种解释进行组合，可以发现"统"的前三种解释与"购"的两种解释组合才能符合逻辑推理。并由这些组合解释，我们可以知道统购是个动词，理解为管辖买或是总括购买这种市场行为活动。换言之，统销就是管辖或总括出售、消费这些市场行为活动。同样地，我们再把统购与统销组合起来，就可以把统购统销的字面含义解释为管辖或总括买、出售和消费这些市场行为活动。很显然，统购统销就是一个行为动词，是一个行为主体做出的管理行为，而这个行为主体属于决策者或拥有合法权力的执行者，而购销的内容则分为物质客体和主体对象。

统购统销作为中国计划经济时期的一项重要经济制度，它代表那个时代的一个社会经济特征，从它演变历程，我们可以了解到中国从 1953—

1985 年中各个时期的社会经济发展状况。由于它基本涉及当时社会诸多方面，只要人们提及或论述那个时期某一方面政策制度都不免要提及该制度，同时它还对当时社会经济产生的影响，给当时人们留下的深刻记忆，因而可以说它是那个年代的关键词，而至今它能广泛地受到学界的关注及深入研究，也证明了该词作为关键词及其研究意义。

二 形 成

从古到今，在农产品资源供求方面始终会有国家角色的出现，但各个时期国家农产品资源供求的介入方式、持续时间和深入程度却存在差异。比如在保证农产品资源正常生产和保障安全供给方面，国家会从多个方面对此介入，常见方式有制定"菜篮子"工程、制定农产品收购价最低、最高价等措施，而在某个时期会加强对某种农产品供求的监管，有时则完全由市场调配。就单个品种而言，粮食供求是国家介入持续时间最长、重视程度最高的。在 20 世纪中期，为了保证粮食供求稳定，国家实行了长达三十多年的粮食统购统销制度，而此前国内外也实行过类似的粮食购销制度。1953 年 10 月，陈云在中央政治局扩大会议上论证实行粮食征购的必要性时说："之前，有两个政府实行过征购，一个是伪满洲国政府，另一个是蒋介石国民政府，但我们要与他们有区别"；毛泽东则指出要与苏联粮食征集制度不同"。① 同年，在全国粮食会议上，陈云又指出："要使粮食配给有别于日伪搞的，那时油、盐、醋都实行配给，现在只是粮食，那种配给现在让人听到就头痛，配给量是吃不饱的，现在可以填饱肚子，我们与他们在种类、数量和性质上是有差别的"。② 由此可见，虽然统购统销与它们都有区别，但在政策出台过程中，还是受到其影响。

（一）背景与起因

每一项政策的出台或制度的产生都是由特定历史条件和社会背景决定

---

① 薄一波：《若干重大决策与事件的回顾》上卷，中共中央党校出版社 1991 年版，第 263 页。

② 陈云：《陈云文选》第二卷，人民出版社 1995 年版，第 209、214 页。

的。因此，要考察统购统销制度产生的原因及形成过程，就要必须分析当时中国所处的国内外社会环境，只有把那个历史背景了解清楚了，我们才能更容易地揭示该制度产生的深层原因。

1. 重工轻农的赶超战略。重工轻农赶超战略的历史可以追溯到 20 世纪 20 年代，当时前苏联农业经济比重很高，一些"重工业经济学派"通过争论鼓动政府积极发展重工业经济。在资金积累不足的情况下，国家可以通过工农产品价格剪刀差榨取农业收益，为发展重工业提取资金。它是一种通过扭曲产品和要素价格，以计划制度代替市场基础的制度安排，以求突破资源瓶颈，在国家强大权力的推动下，促使战略能在短期内得到迅速发展的经济建设战略。[①] 新中国成立初期，工业基础薄弱，农业和手工业占国内经济 90% 以上，但当时国家领导人想尽快摆脱过去落后挨打局面，希望在短期内能迅速发展国内经济，并赶超其他国家。这种经济发展思想和目标在中国的第一个五年经济发展计划中充分地体现出来。在"一五"计划中，工业建设投资占整个社会投资的四分之三，其中重工业建设投资占工业投资的 85%，占工农业基建投资的 72.9%。[②] 重工业具有建设周期长，资金投资多，见效慢的特点。当时一穷二白的新中国，最缺的就是生产建设资金。因此，如何压低生产要素价格和保证社会资金流向重工业建设部门，就成了当时国家领导人首要考虑的问题。而农业作为我国国民经济基础，在当时又占有很大比重，自然地工业建设的积累资金来源唯有依靠农业支持。

2. 内忧：粮食供求紧张。中华人民共和国建立初期，随着国内经济的恢复和工业建设的展开，非农业人口大量增加，粮食需求量迅速攀升。"1952 年全国粮食收购量比上年增长 11.6%，但销售量却增长 44.7%，粮食购销脱节矛盾显现；1953 年 10 月，全国粮食销售量比上年同期增长 31.3%，其中大米销售量增长 59.5%，而收购计划却远未能完成，1953 年 9 月，粮食收购只完成 80.1%。"[③] 粮食这种购少销多的状况，从 1952 年下半年就已经开始，并导致全国不少地方出现粮食抢购之风。在城镇，

[①] 张卓元：《政治经济学大辞典》，经济科学出版社 1998 年版，第 537 页。

[②] 陈云：《陈云文选》第二卷，人民出版社 1995 年版，第 232 页。

[③] 赵发生主编：《当代中国的粮食工作》，中国社会科学出版社 1988 年版，第 69—70 页。

居民连夜排长队在粮食门市店争购粮食。在农村，有些农民赶紧卖掉家中棉花、牲畜到粮食店购买粮食。粮食抢购浪潮造成了粮食购销价格严重脱节，许多粮商见利而入，故意囤积倒卖粮食，市场秩序极度混乱。这种形势一直持续发展到1953年上半年仍未得到缓解。

3. 外患：外国经济封锁。"二战"结束以后，为遏制新生的中国政权和经济建设，部分西方资本主义国家在经济上对中国实行"封锁、禁运"，在政治上采取孤立的打压政策。1949年11月，美国在巴黎向其他14个资本主义国家发起组织"向共产主义国家出口统筹委员会"，专门检查和管制他们与苏联及其他社会主义国家贸易。① 1950年朝鲜战争爆发以后，美国对中国的经济封锁禁运政策全面升级，在美国国内，多项有关中美贸易、运输的严禁政策出台，涉及范围从物资到资金方面。1951—1953年，在美国的号召和鼓动下，参与对中国实施"封锁禁运"的国家越来越多，除了西方资本主义强国，在东南亚也有不少国家参与其中，到1953年3月参与国家多达45个。② 为了全面封锁中国与外界的进出口贸易，美国甚至要求英国对香港实行严格的贸易管制，进一步断绝中国物资进口来源。那时中国进口贸易面临着"中断"困境，因此，当20世纪50年代初期国内粮食出现供求矛盾时候，进口粮食的办法已经不能成为缓解粮食供求危机之举了，国家自然就会把粮食来源指向国内市场或者说是农村。

（二）高层决策，政策出台

1. 危急形势中拟方案

民以食为天，国以民为本，可见粮食问题是关系国计民生的重要问题。自古以来，不论在国内还是在国外，粮食问题都是每个国家政府极其重视的问题之一，许多国家都会制定相关政策对粮食供求进行管制，以维护粮食安全。粮食作为一种特殊产品，具有双重属性。首先它具有商品属性，有使用价值和商品价值，能进行市场交换，是调节、稳定经济秩序的重要物资；其次粮食是人类赖以生存的必需品，属于公共物品，具有非竞争性和非排他性，因此，粮食供求问题也就成了国家公共安全问题，国家

---

① 周四成：《建国初期反封锁反禁运述论》，《北京党史》2002年第1期。
② 《中美关系资料汇编》第2辑上，世界知识出版社1960年版，第352页。

保证了粮食安全就等于解决了人们生存的首要问题。1952 年，在部分城市开始出现的粮食购销危机并迅速蔓延至全国，这些情况很快引起中央的高度重视。由于粮食问题关系国家社会稳定的重要问题，因而如何处理好这种局势就成了当时中央领导所要面对的一个迫切且重大的形势问题。正是在这种危机的社会状况下，中央高层领导开始拟定粮食购销方案，最后定出统购统销政策。

在《若干重大决策与事件的回顾》一书中，薄一波回忆道："在 1951 年底陈云就已酝酿过粮食统购问题并起草实施方案，并以他、李富春和陈云自己三人名义，在向中央做《1952 年财经工作的方针和任务》报告中指出征购粮食的必要性和提出试点试行征购的方案，而这时提出的'征购'就是后来所说的统购，但由于当时一些地方官员感觉这个问题事关重大，希望能从缓实行，所以在 1952 年实际上并没有试点实施"。① 1953 年 3 月，紧张的粮食购销形势依然未得到缓和，于是又有部门向中央建议征购，但中央担心民众难以接受并出乱子而没有批准。随着粮食购销矛盾不断恶化，毛泽东要求中财委（中央人民政府财政经济委员会）给出解决问题的具体方案。此时由于陈云因病在外地休养，薄一波负责主持该项工作，他组织粮食部和中财委人员进行研究方案，并草拟了几份粮食、粮市管理办法，这些方案办法一并于 6 月 15 日提交给全国财经会议粮食组进行讨论修改，但因各方意见不一，致使方案迟迟未定。

此前陈云曾对粮食购销问题有过深层思考，所以正当中央高层就如何解决粮食购销矛盾问题存在意见分歧时，周恩来给陈云发去电报，望他能提些建议，很快陈云也回电并给出自己的意见。7 月，陈云回京参加了后期的全国财经会议，他就会议中提出各种草案归纳为八种方案②：

（1）又征又购：农村征购，城市配给。

（2）只配不征：只在城市配给，农村不征购。

（3）只征不配：只在农村征购，城市不配给。

（4）原封不动：按照现在这样做下去，自由卖出、买进。

---

① 薄一波：《若干重大决策与事件的回顾》上卷，中共中央党校出版社 1991 年版，第 259 页。

② 陈云：《陈云文选》第二卷，人民出版社 1995 年版，第 208—210 页。

（5）临渴挖井：先自由购买，到实在没有办法的时候，再来抓大头，到占农村人口15%—20%的主要产粮区去征购。

（6）动员认购：中央控制一个数字交到省，再从省到县、区、支部，逐级下达，支部开一个会，号召大家认购，认购不足就不散会。

（7）合同认购：签订预购合同，按合同购粮。

（8）各行其是：这个地方实行这个办法，那个地方实行那个办法。

2. 权衡利弊后定政策

陈云对在全国财经会议上提出的八种方案逐一进行了利弊分析，在经过反复比较之后，他认为只有在农村实行征购，在城市实行定量供应，即"又征又配"，才能缓解当时严峻的粮食购销局势。随即，陈云向周恩来、邓小平和薄一波告知自己的想法，很快得到了他们的同意和支持。1953年10月1日晚，陈云又向毛泽东汇报了实行粮食征购配售的办法，并得到了他的赞许。10月10日至13日，全国粮食会议在北京召开，陈云在会上就当时粮食购销形势进行分析，并指出实行粮食征购配售的重要性、应注意的问题和已拟定方案。对于陈云的报告，中央领导以及华东、华北、中南、西北和东北局的负责人都参与讨论并交换意见。最初各方意见并不一致，如广东和广西两省表示反对，而湖南和湖北则拥护，河南和江西的态度不明确、动摇不定。最后经过多方讨论与论证，与会人员才一致同意中央提出的粮食征购配售政策。为了与日伪搞过的"征购配售"有所区别，使人们更容易接受，章乃器先生提出把"配售"改为"计划供应"，而陈云则建议把"征购"改为"计划征购"，简称"统购统销"。①

10月16日，中央政治局再次召开扩大会议通过了《关于实行粮食的计划收购与计划供应的决议》（以下简称《决议》）。11月19日，政务院第194次政务会议又通过了《粮食市场管理暂行办法》和《关于实行粮食的计划收购和计划供应的命令》（以下简称《命令》），并于23日对外公开发布。至此，粮食统购统销政策正式出台，主要内容包括四个方面②。

---

① 陈云：《陈云文集》第二卷，中央文献出版社2005年版，第457页。

② 赵发生主编：《当代中国的粮食工作》，中国社会科学出版社1988年版，第75—79页。

（1）对农村余粮户实行粮食计划收购（简称统购）的政策。

（2）对城市人民和农村缺粮人民实行粮食计划供应（简称统销）的政策。

（3）实行由国家严格控制粮食市场，严禁私商自由经营粮食的政策。

（4）实行在中央统一管理下，由中央与地方分工负责的粮食管理政策。

按照《决议》规定，城市粮食统销要早于农村统购，北京市成为第一实行粮食统销的城市，首先从面粉统销开始。11月全国除部分交通不便的偏远山区外，其余各地的大中城市都陆续开始实行粮食计划供应。

（三）扩展与延伸：吃一穿一用

著名的社会学家马斯诺指出人有五个层次的需求，分别是生理需求、安全需求、归属与爱的需求、尊重需求和自我实现需求，这些需求是依次由较低层次到较高层次排列的。他指出只有当前一个需求得到满足的情况，才会有欲望去追求更高一层次的需求。统购统销最初从粮食开始实施，随后扩展到与人们生活极其相关的日用工业品、市面紧缺的其他物质，从这个演化过程，我们不难发现这个过程是遵循一定逻辑的。在统购统销时期，人们首先要解决生存问题，其次才能去讲求温饱等其他问题。因此，国家首先从人们生存必备物资入手，如粮食、棉花、油料、蛋禽肉等。其次是人们生活生产用的物资，如生活用的火柴、煤油，生产用的工农器具等。最后是其他市面紧缺"高档物资"，这些物资的主要作用是在于提高人们生活质量，比如手表、自行车、缝纫机等。由此，我们可以看出统购统销的品种范围扩展与延伸也呈现出一定规律，国家是根据物质对人们生存、生活和生产的重要程度，从高到低层层依次递进实行统购统销的。统购统销品种扩展与延伸的过程遵循着这样一个逻辑：生存物资→生产与生活物资→发展物资，换言之，国家首先对人们生存物资进行统购统销，其次是扩展到生产与生活基本物资，最后延伸到与社会发展极其相关的市面紧缺物资。

新中国成立后，大规模经济建设导致非农业人口剧增，对食油的需求量迅速增加，供需形势发生变化，出现类似粮食的抢购之风。为了舒缓局势，中财委于11月13日向中央递交了《目前食油的产销情况及处理办法的报告》，15 日，中央同意了该份报告并发布《关于在全国实行计划收购油料的决定》。① 12 月 3 日，商业部、全国供销合作总社联合发布《对食油油脂的计划供应办法与市场管理办法的意见》；次年 6、7 月，有关部委又先后发布《关于船员及船舶乘客用食油供应办法》《关于餐车及铁路旅行服务事业营业单位以及铁路职工食堂用食油之供应办法的联合通知》等有关油料供应法规。② 这些办法规定的相继出台，表明油料也完全被纳入到国家统购统销的产品范围。

其实统购政策最早是从棉纱统购开始的。建国初期，棉纱曾一度出现过产销脱节情况，为了合理安排纱布的生产和供应，政务院于 1951 年 1 月 4 日发布《关于统购棉纱的决定》，对纱布实行统购和计划销售。1953 年棉花和棉布又发生了产销矛盾的情况，到次年情况仍未得到好转。1954 年 9 月 9 日，政务院第 224 次会议通过《关于实行棉布计划收购和计划供应的命令》和《关于实行棉花计划收购的命令》，并于 14 日对公发布。③ 两项命令规定，次日起在全国范围内开始实施棉布统购统销和棉花统购的政策。

1955 年国家实行生猪计划派购政策，次年实行猪肉凭票供应，每年由国家计划部门下达生猪生产、收购计划，由食品公司统一收购、销售和调运。随着农业合作化发展到后期，越来越多的农副产品也被纳入国家统购范畴，并实行分类管理，第一类为国家统购，第二类为国家派购，第三类由农民自行销售。在 1957 年国家公布的农产品上市分类管理目录中，被列入第一类国家统购、第二类国家派购的产品种类达 100 多种。国家对民众日用工业品实行凭票供应也是有一个循序渐进的过程的。在 "大跃进" 时期，工业品供给能力远不能满足社会需求，国家逐渐对肥皂、火柴、煤油、烟酒、牙膏等紧俏的日用工业品实行凭票定量供应，后来又慢慢扩展到社会需求量大但供应不足的其他产品，例如手表、自行车、缝纫机等。

从上文分析可以看出，统购统销制度的出台是由于当时中国所处的宏

---

① 北京农业大学经济法研究组：《农业经济法规资料汇编》，北京农业大学内部资料，1981 年版，第 178 页。

② 同上书，第 181 页。

③ 同上书，第 188 页。

观外部环境与微观内部矛盾之间作用结果。综合前文所述，下图清晰地勾
勒出统购统销制度衍生过程。在该图左半部分中，自上而下分别代表了统
购统销制度产生前的国内经济发展宏观形势、社会经济微观环境和粮食作
为特殊物资的深层原因，正是这三种背景原因的共同作用下，促使国家首
先对粮食实行统购统销。

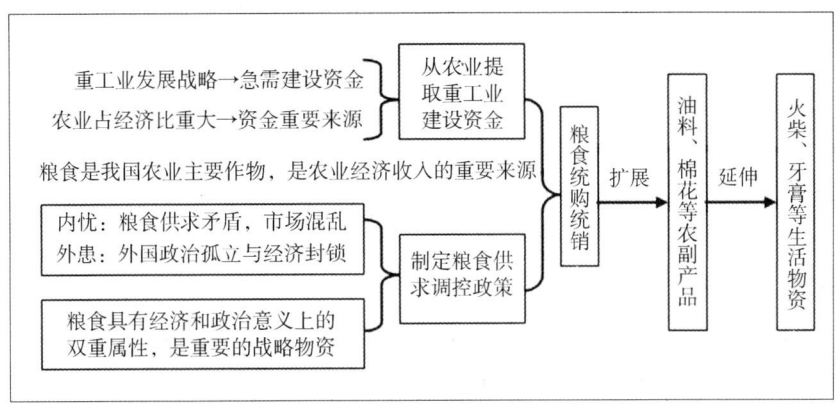

1949 年新中国成立以后，面临着西方列强的经济封锁和政治孤立
的强大外部压力。在当时的国家领导人看来，社会主义新中国的国力强
大与否，将会影响到国家的生死存亡。正是这种国际压力背景，迫使国
家领导人想要快速实现现代化，并决定了快速实现现代化的措施方针，
即以重工业为主导的"赶超战略"。重工业具有投资大，见效慢的特
点，然而当时的新中国无任何资金积累，同时又无法依靠市场机制解
决，国家唯独通过政府干预措施，从农业等其他领域吸取经济资源，来
为工业化建设提供积累资金。此外，建国初期国内粮食供应出现紧张，
后来这种情况混乱到酿成社会危机，严重地影响到了社会稳定。在外部
强大政治、经济压力和内部粮食危机的夹击下，国家出于政治和经济目
的做出了实施统购统销制度的决定。从这里我们不难发现，在生产力较
为低下、物质不丰富的年代，国家对农村粮油棉等主要农产品资源的供
销实行控制，主要是出于对乡村经济资源需求的动机。改革开放后，国
家生产力有了很大提高、丰富年代，国家逐渐放松对农产品资源的供销
管制，在经济上，国家对乡村社会从汲取资源型转变为向输血供给型
转变。

经济决定政治，政治对经济又具有反作用。20 世纪 50 年代初紧张的粮食供求形势引发社会混乱的抢购之风，如果对这种抢购态势不进行控制，最后势必会影响到社会稳定，甚至会威胁到新建立的国家政权，给反动分子可乘之机。因此，出于对混乱粮市的控制，平衡和满足社会对粮食的需求，国家必须要出台相关政策制度进行干预，而这个政策制度最终定为统购统销。统购统销作为一种政策制度，它是国家的上层建筑，属于政治范畴。根据前面的分析，可知它又是当时粮市混乱的产物，正是当时严峻的粮食供销形势催生了统购统销制度的产生，而粮食的供销属于经济范畴，所以我们也可以说统购统销是当时国家经济发展形势的产物。中华人民共和国成立初期，西方列强对中国实行政治上孤立和经济上封锁，近代历史被挨打的局面也让当时国家领导人意识到落后就要挨打的经验教训。因此，要想摆脱被挨打的局面就需使国家尽快发展强大，当时的国家领导人便选择了重工业发展战略，而该战略又需具备强大的资金积累，这些资金从何而来？在当时国家缺乏外援和生产力落后的情况下，国家把重工业发展的资金来源定在乡村，通过工农产品的剪刀差从乡村汲取经济资源，而统购统销便是国家从乡村汲取经济资源的制度保障。

三 运行与发展

统购统销作为一套完整的制度体系，国家通过它对农产品资源供求实行计划管理，完全控制了农产品从生产、交换、流通、分配到消费的过程全部。在生产过程上，农业生产合作化和人民公社制度又为统购统销的全面实施提供了组织基础和制度保障，国家通过这两项制度严格控制土地流动，从而抑制地租上涨带来农产品价格的提高；通过限制农村人口流动，消除农业生产劳动力工资上涨的机会成本；实行集体劳动，开展指令性生产计划，控制作物物种及其种植面积，让农民的生产服从于国家经济发展的需要。在交换过程上，国家严格管理集贸市场，限制城乡集市贸易，严禁私商贩运，开设国营公司和供销合作社垄断农产品和工业品的买卖活动，使农产品资源的流向完全在国家手中。在分配过程上，国家制定农村口粮标准，对农产品实行低价征购、派购，最大限度地降低征购成本和确保征购足额的农产品。在消费过程上，国家制定市镇居民消费标准，实行凭票供应，对市镇居民统销低价粮油，为工业供给低价原材料。在生产、交换（流通）、分配和消费四个环节上，国家实行衔接紧密的管理措施，使国家完全地控制了农产品资源的供求，并以此达到对社会控制的目的。

（一）生产的国家化：定产

1. 确定统购基础：查田定产

1953 年国家先后颁布的《决议》和《命令》都明确指出农村粮食征购是以农户余粮量为基础的，因此，如何确定农户的余粮量就成为了统购工作的第一步，同时也是关系到是否能完成统购任务关键环节。1952 年农业税实行依率计征，为了摸清土地数量和粮食产粮，国家开展了一场查田定产运动。1953 年 11 月农村粮食实行国家统一征购，按农户粮食产量扣除自留粮后，按比例征购。由于实施初期，执行经验不足，许多地方出现政策执行偏差，引致很多农民的抵制。1954 年国务院发出紧急指示要求各地纠正违法执行行为，并在商讨新的统购政策。1955 年国家出台"粮食三定"政策（定产、定购、定销），并且在正常年景下保持政策三年不变，其中定产就是确定粮食产量。定产是定购的前提，只有粮食产量确定后，定购和定销工作才能得以继续完成，因此，农村又开始了一场新的粮食查田定产运动。当时农村确定粮食产量的方法主要有三种：一是自报自评，辅之以查田定产；二是民主评议后由村评议小组审查；三是下田定产，分户计算。但在确定具体产量的执行方法上，各地不一致。粮食"三定"政策推行后，农民生产情绪得到稳定，国家与农民的关系得到缓和，完成国家征购任务也有了保障。

2. 确保统购数量：生产计划化

统购统销时期，在很长时间内，农产品的统购、派购价就一直低于市场价。根据商品市场价值的供求规律，如果农产品销售价格走低就意味着农民可获得的收益逐渐减少。作为理性经济人，农民就会缩小既有的农产品生产规模，并会逐渐将其中一些生产资源转移到其他获利较高的生产领域去，比如种植其他市场价值较高的经济作物。显然这是与国家当时的意图相违背的，也是政府不想看到的情形。因此，这就在政府面前摆着两个必须面对的问题：一个是如何保证低价征购足量的农副产品；二是怎样确保在低价收购，农业生产缺乏价格刺激的情况下得以继续维持并使其得到发展。[1]

为了解决以上两个问题，首先，国家对征购任务不得不实行摊派，即逐级往下分配任务，而为了保证完成征购计划，农业生产计划也就又不得不建立在摊派任务的基础进行安排。其次，在宏观政策方面，国家还采取了一系列措施，农业生产合作化正是其中一项重要政策。国家通过农业合作化把分散的农民结合为一体，并在后来慢慢发展成为人民公社。在农村国家以合作社和生产队为管理单位，生产工具和劳动力由国家支配，这给国家全面实施统购统销政策提供了微观基础和组织保证。而作为政社合一的人民公社，它在国家和农民的利益之间更是起到调节人和缓冲器的作用，同时也便于贯彻国家意识，使国家下达的征购任务和制定的生产计划得到落实。

农业合作社、生产队在接到上级下达的征购任务后，就会根据社队里的人口数量和国家规定的自留额度来计算出农户"三留"（口粮、种籽和饲料粮）、公粮及按国家征购计划下达的征购数量；然后再根据这些指标以及在"查田定产"基础算出的粮食亩产指标，来确定种粮面积。农户分摊粮食征购任务的计算公式：

$$农户粮食征购任务 = 农户耕地面积 \times \frac{社、队粮食征购任务}{社、队耕地总面积}$$

假设 A、B 两个生产队的耕地数量都为 X 亩，接到上级下达的粮食统购任务都为 Y 公斤，可能他们种植经济作物比种植粮食可获得的市场收益更高，但要完成上级下达的 Y 公斤征粮任务，他们就必须要种植粮食。而由于条件的差异，亩产也会不同，这又决定了种植比例。假如 A 生产条件比 B 好，亩产较高，那么 A 就可以用比 B 生产队较少的耕地来种植粮食，而腾出较多的耕地种植经济作物。由此可见，亩产不仅决定农作物物种的抉择，而且很大程度上还决定了种植面积比例和方式。农民做出这些抉择都是间接受到了统购统销政策的影响，这体现了国家权力已经深入到农村生产和农民生活领域，而统购统销政策正是国家权力向农村、农民生产生活内部延伸的路径之一。

---

[1] 高小蒙，向宁：《中国农业价格政策分析》，浙江人民出版社 1992 年版，第 24 页。

农民生产要服从于国家征购计划的规定还被写进了国家的农业发展纲要中。1956 年 1 月 23 日中共中央政治局提出《1956 年到 1967 年全国农业发展纲要（修正草案）》，其中一项写明："农民生产的粮食等主要农作物必须服从国家生产计划，要保证完成国家的收购计划"。① 在粮食征购任务由上往下摊派的体制下，很容易让地方政府形成"以粮为纲"的农业发展思想，为了完成上级下达的粮食征购任务、政绩，地方政府就会明文严格规定各种农作物的种植品种、面积比例。从实例来考察，也可以看出农民的生产决策权受统购统销政策影响而被间接剥夺的。第一种是农户迫于征购任务"自愿"放弃生产决策权的。在粮食主产区，农户征购任务往往会比其地区高很多，这时他们就不得不要考虑好粮食面积与其他作物的种植比例，为完成任务他们就必须"放弃"种植其他经济作物的权力。"河北省康保县西淖村地处坝上，有种植豆、谷类小杂粮的习惯，但由于实行粮食统购政策，人们怕完不成粮食征购任务，小杂粮越种越少，把大部土地用来种植小麦，逢年过节时候需要用杂粮时，不得不到外地去换、或到黑市高价购买。"② 第二种是农民的生产决策权被政府强行剥夺的。浙江省杭县农副业生产较为发达，但地方政府一味为了完成粮食征购任务，就必须改变原有的耕作制度和生产习惯。1954 年当地发生拔莩荠苗事件，1956 年春季又改变耕作习惯拔掉一万多亩的春花作物，因此有许多群众记者反映："1954 年拔莩荠苗的眼泪还没有干，现在又要拔油菜、拔蚕豆了"。③ 由此可见，面对强大的政府，弱小无权的农民唯有把生产的决策权拱手让给政府。

3. 削减统销负担："非转农"

粮食是人们生存的必需品，因此，只要国家完全地掌控粮食的供应，就等于实现了对人口的控制。在统购统销时期，为了控制农村人口过多地向城镇流动，减轻城镇粮食统销负担，国家除实行严格的城乡户籍管理制度外，还制定了一项更为有效的控制人口流动政策，就是实行粮食定量供给及由此衍生的票证制度。如果说户籍制度是一种寓意明显的控制人口流

---

① 《1956 年到 1967 年全国农业发展纲要（草案）》，《人民日报》1956 年 1 月 26 日第 2 版。

② 《西淖村在调整种植业结构上找出路》，《人民日报》1985 年 3 月 6 日第 2 版。

③ 杨成：《杭县的农副业总收入为什么逐年下降》，《人民日报》1956 年 9 月 14 日第 3 版。

动政策，那么粮食定量供应和票证制度则是一种更为隐晦的限制人口流动政策。

"农转非"是我国城乡二元社会经济结构下的产物，是户籍管理制度中的一个名词，系指由农业户口转为非农业户口。在统购统销前期，为了保障市镇粮食供应，国家从户籍和粮食供应方面入手，严格限制农村人口往城市流动，首先在1957年底至1958年初先后出台农村流动人口及户籍制度的相关规定，要求严格控制农村农业户口转为城镇户口。其次，通过粮食统销、凭票证供应制度，断绝了农村人口向城市流动的粮食来源。那时，如果能把自家的农业户口转为非农业户口是一件非常难且是值得炫耀的时期，那时的"农转非"意味着社会角色、身份及职业的转换，并获得了城镇居民享有的各种社会福利，其中最重要就是国家定量供应的口粮。

然而，在20世纪50—70年代，国内却曾出现过的"非转农"现象。这里的"非转农"与户籍管理制度中的"农转非"既有相同点又有一定的区别，前者主要是从户籍和从事职业两个角度同时进行考察，而后者虽然也带有职业转换的含义，但更多的是在于户籍制度和享有权利的角度。为了更好地掌控农产品的供求，严重打击投机倒把行为，国家从1954年开始关闭很多农村基层交易市场，严格管制商品交易活动，对粮食进行定量定向供应，这迫使原来很多靠从事手工业、小加工、小买卖等副业生产为生的农民不得不回家务农。"在河北省五公村杨各庄，长期以来，庄里人主要靠沙地里种花生出售以及从事加工面条这类副业维持生计。此外，庄里还有40多个村民从事当地的特长副业，即做游乡串户的劁猪师傅。随着国家实行统购统销政策，农村集市逐渐受到国家的严格管制，尤其是粮食市场完全受国家控制，为解决家里口粮问题，迫使这些劁猪师傅和其他在集市上做买卖的人不得不回家务农。"[①]

大规模的工业化建设促使工人不断增加，1960年非农业人口达到一亿三千多万，这就意味着要扩大城市粮食供给，同时增加农村统购数量。另一方面，1953—1961年间因灾或缺乏农村劳动力，粮食并没增产，粮

---

① ［美］弗里曼，毕克伟，赛尔登：《中国乡村，社会主义国家》，陶鹤山译，社会科学文献出版社2002年版，第243—244页。

食购销问题仍然严峻。对此，国家有关部门都商议怎么控制和减少城市口粮供应，最后制定了关于精简产业工人、安排部分城镇居民落户农村定居，从事农业生产的政策。1961 年 5 月 31 日，陈云在中央工作会议上就精简工人和城镇居民下乡问题做了讲话，他指出动员部分城市人口下乡是减少城市粮食供给必不可少的方法，并指出不这样做的严重后果，该次会议还制订了《关于减少城镇人口和压缩城镇粮食销量的九条办法》。① 1962 年 5 月，中央政治局常委召开会议决定实行进一步减少工业生产职工和城镇人口，安排城市人口下乡，保证农业生产和粮食市场供应。② 据统计，1961 年 1 月到 1963 年 6 月，全国职工减少 1887 万人，城镇人口减少 2600 万人，吃商品粮人数减少 2800 万人。③ 1952—1960 年，全国非农业人口急剧上升，在粮食没增产的情况下，出现粮食购销紧张局势迫使国家出台精简工人政策，因而在 1960—1963 年非农业人口与农业人口呈反向变动，表明国家精简城市人口政策取得成效。在"文化大革命"时期，为了让年轻人"接受贫下中农的再教育"，同时也为了解决城镇就业和粮食供给问题，中央发动了一场声势浩大的"上山下乡"运动，安排大批城镇青年到农村安家落户从事农业生产。

（二）交换的国家化：定交

统购统销制度在全国全面实施意味着计划经济完全替代"自由交换"的商品经济，国家替代市场行使对资源进行配置的职能。那个时期与民众生活极其相关的主要商品购销均由国营公司经营，实行计划收购和定量供应。在国家介入主要商品购销以后，集市贸易场所也完全受国家管制着，在不同时期呈现时开时关的状态，对交售对象的规定也表现出时紧时松的变化趋势，地区间余缺则完全由国家统一进行调剂，禁止私商贩运。这种格局直到改革开放后才逐渐被打破，最终被市场经济所取代。

1. 交售场所：时开时关

农产品购销活动要顺利完成就必须有一个交易场所，当然这是指国家

---

① 《陈云文选》第三卷，中央文献出版社 2005 年版，第 151—153 页。

② 同上书，第 154 页。

③ 同上书，第 155 页。

允许开设的市场。1953 年国务院颁布的《粮食市场暂行管理办法》(以下简称粮市暂行办法) 中第六条就明确规定："凡进行粮食交易者，均须入场交易，严禁场外成交"。也就是说如果国家掌握了这个交易场所的存废权即意味着向实现农产品资源供求国家化又迈进了一步。中华人民共和国成立伊始，集市贸易逐渐恢复，但后来为了稳定物价，调整商业的公私关系，国家在全国范围内开展了"三反五反"的市场整顿活动，此后国家集市政策一直都在不断调整变动之中，一些集贸市场在某个时期被国家允许开设，在另一个时期却又被国家强制关闭，集市网点随着国家政策的变动而发生增减变化。国家有关集市贸易政策的调整造就了集贸市场坎坷命运，在统购统销时期出现了四个时间段的起伏。

1953—1957 年，集贸市场政策的变动表现为从严格趋向放松、鼓励的过程。1953 年年底国家开始实施统购统销政策，限制私商经营，颁布多项市场管理办法，对市场进行整顿、取缔和关闭一些基层交易市场。粮棉油等农副产品被纳入统购统销范围后，村级市场更是没有生存空间，集市网点明显萎缩。由于国家对集市管制过死，农业生产缺乏价格刺激，严重挫伤农民生产积极性。1956 年 10 月，刘少奇在中共第八次全国代表大会上作政治报告时指出："我们应当取消对市场过严过死的限制，应当允许国家领导下的自由市场的存在和一定程度的发展，作为国家市场的补充"。① 1956 年 10 月 24 日，中央又发出《关于放宽农村市场管理问题的指示》，指出放宽市场管理的必要性，根据这一指示，各地先后恢复了部分已关闭的农村集市。② 1957 年 1 月，国家工商行政管理局在 12 省市工商行政局长会议上，要求各地对市场管理做到"管活不管死"；同年 9 月 18 日国务院发布《关于由国家计划收购(统购) 和统一收购的农产品和其他物资不准进入自由市场的规定》，再次重申了集市贸易应继续存在的重要性。③ 集贸市场网点又一次在国家政策的允许和鼓励下逐渐增多。

---

① 蔡平：《开放农村市场》，《人民日报》1956 年 10 月 11 日第 3 版。

② 《正确执行放宽农村市场管理的方针国务院发出指示提出了各地应该采取的办法》，《人民日报》1956 年 10 月 25 日第 4 版。

③ 甘肃省地方史志编纂委员会：《甘肃省志·商业志》，甘肃人民出版社 1993 年版，第 73 页。

1957 年国家发动了"大跃进"运动，并错误地认为农村集市物资的基础是自留地，在人民公社化后自留地已无存在的必要，因此，农村集市贸易也失去了存在的条件。此外，国家开始对紧俏日用工业品实行凭票供应，集市贸易慢慢走向萧条。1958 年，受"左"倾思想影响，国家还制定了各种限制、取缔集贸市场的措施，致使农村集市贸易进一步地走向低谷。但次年则出现了转机，1959 年 9 月 23 日国务院发布《关于组织农村集市贸易的指示》，受该指示影响，农村集市贸易有所好转；是年 11 月 3 日中共中央又颁布了《关于农村人民公社当前政策问题的紧急指示信》，明确指出各省市可以有领导地、有计划地组织集市贸易。① 以上这些规定极大地推动了农村集市贸易的恢复和发展。1961 年中央发布《关于农村人民公社工作条例》，规定："社员在搞好集体生产前提下，可利用空闲时间种好自留地、杂边地，允许上山采野果，下河摸鱼虾，发展家庭副业，参加集市贸易"。② 在国家接连颁布的几个利好政策的鼓励下，农村集市逐渐恢复，1961 年全国城乡集市点增加到 41437 个。

1962 年到"文化大革命"以前这个时期，中央有关部门认为农村集市贸易已经超出了农民之间调剂余缺的范围，指出要对农村集市贸易加强管理和限制，集市网点从 1962 年的 38666 个降到 1975 年的 37000 个。在"文化大革命"时期，在"割资本主义尾巴"的压力下，集市贸易遭到批判和限制，农村集市进一步萎缩，1976 年集市网点仅有 29227 个。

1978 年后，农副产业得到了长足的发展，国家还提高了农副产品的收购价，促使农民家庭收入和购买力都有很大提高，但由于过严的市场管理体制，致使农副产品卖难和工业品买难的现象出现。为此，国家又出台政策逐渐缩小统购统销产品范围，并鼓励发展农村商贸经济。从此，集市贸易走进了繁荣发展时期，集市网点快速攀升，1985 年达到 61337 个。

---

① 国家农业委员会办公厅编：《农业集体化重要文件汇编（1958—1981）》（下），中共中央党校出版社 1981 年版，第 381 页。

② 同上书，第 432 页。

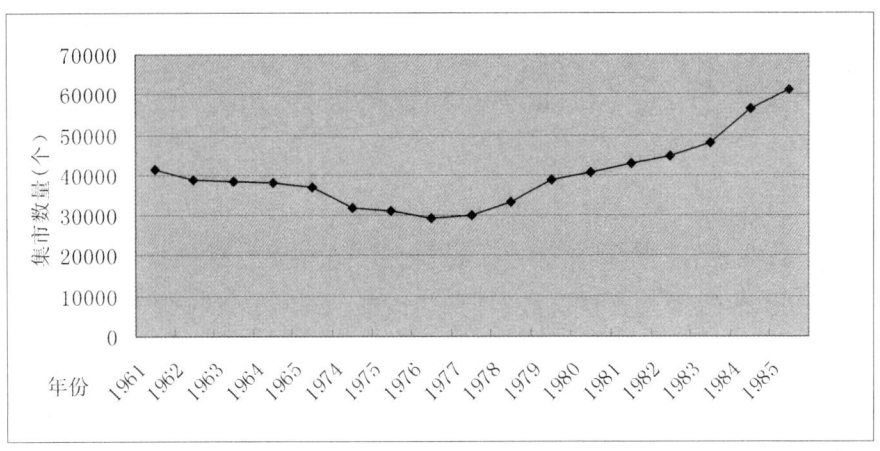

图 3.1 1961—1985 年全国集市数量变化情况

数据来源：中华人民共和国农业部计划司编：《中国农村经济统计大全》（1949—1986），农业出版社 1989 年版，第 428、434 页。

对地方集贸市场数量变化态势进行实证分析，同样可以印证国家有关集市政策的变迁过程。通过翻阅全国东中西部的部分县市方志也可以发现，在 1949—1985 年间，大部分县域境内集市数量经历了"缓慢增加—逐步减少—停滞不前—逐渐增加"的变化过程，这与国家集市政策变迁大体一致，表明地方政府严格执行了国家有关集市政策。在山东省微山县，1953 年全县有较大的集市 13 处；1958 年减少到只有 9 处，很多庙会、物资交流会、村级市场被禁止或关闭。1959 年又增加到 21 处，到 1963 年又发展到 34 处。在"文化大革命"时期，全县集贸市场不到 20 处。1970 至 1977 年，集市数量未有明显变化。1983 年有 37 处集贸市场，1987 年增加到 49 处。[①]

集市的开市时间同样受到了国家集市政策的影响。中央虽然没有发文明显规定集市日的时间间隔，但在基层，为了控制集市贸易的需要，地方政府限定集市开市时间，在时间间隔上呈现出"短—慢慢延长—长—慢慢缩短—短"的变迁过程，这又与国家有关集市政策变化态势基本一致。在山西省垣曲县古城镇，1953—1955 年基本还是沿袭 1949 年以前的集市日，1956 年后改为三、六、九（当地按传统习惯，根据阴历时间赶集）。

---

① 微山县志编纂委员会：《微山县志》，山东人民出版社 1997 年版，第 526 页。

在"大跃进"时期，集市日间隔延长，改为每月五、十。"文化大革命"开始后，除有段时间取消过集市外，在初期集市日定于每月十、二十、三十，后期先改为 6 天 1 集，随后又沿用以前大小集日，1978 年以后集市日间隔又逐步减少，改为二、五、八。①

起伏跌宕的集市发展历程表明市场的存废由国家完全掌控着。国家可以根据自己对乡村经济资源的需求、社会控制目的以及对当时社会形势判断来决定集市是开还是关闭的命运。当关闭集市已经严重影响到民众生产生活甚至生存的时候，国家会逐步选择退却；当国家认为集市贸易影响到自己政治基础和社会意识形态的时候，国家又会对集市进行严格管制。由此可见在整个统购统销时期，集市始终受到国家权力的支配，农产品资源并没有通过市场进行配置，而是完全被国家掌控着。

2. 交售对象：时紧时松

既然国家对农副产品实行统购，那么就会产生征购主体，即谁有权向农民征购农产品？或者说，在统购统销时期，农产品的出售对象是谁呢？农民自己有权选择出售对象吗？这正是本小节所要讨论的问题。为了控制农产品资源流通，国家对收购经营主体的管理自始至终保持着"严格"的旋律。国家首先通过"三大改造"来加大国有商业经济比例，设立国营公司、供销合作社来垄断主要农产品、工业品的收购和销售，统购统销时期市场经营主体大部分带有"国字号"，国有、集体商业单位完全占据着市场经营主体。

1953 年 11 月政务院颁布《粮市暂行办法》，其中有第二、三、五、七项都涉及粮食加工、销售、交换，对粮食收购、出售和交换的前提条件、经营主体和对象都作出严格规定。从这些规定，我们足以看出国家对粮食及其加工品管制极其严格，私商无权涉足，农民无权决定粮食出售对象，国家完全掌控了粮食从购到销的全部过程。除对粮食有严格规定外，国家对其他农副产品也有经营权限的管制。1957 年 7 月，中央多部门联合发出通知规定："除国营、合作社、公私合营商业以及有执照小商贩应按规定凭证供应外，其他任何商贩不得倒卖棉布及布制品"。② 同年 10

---

① 刘武经，李安义等：《古城镇志》，黄河水利出版社 2000 年版，第 199 页。

② 刘习玫：《加强棉布市场管理的通知》，《人民日报》1957 年 7 月 20 日第 4 版。

月，国务院批转了中央工商行政管理局《关于当前城市市场管理工作若干问题的报告》，规定："各个企业单位的工作人员在外出采购商品时，应持有本单位的证明或介绍信，经当地许可后方准采购"。①

在三年自然灾害之后，为了恢复国内经济，1961 年 7 月商业部、中央工商行政管理局联合召开的小商贩问题座谈会肯定个体经济作用，鼓励各地有秩序地恢复合作商店和个体商贩经营商品买卖活动。然而，随着国民经济好转，受阶级斗争、"左"倾思想的影响，个体商业再次受到冲击和限制。1967 年 2 月全国财贸系统发出紧急通告："对国家统购统销、派购农副产品，严禁私商插手经营，……坚决取缔无照商贩和弃农经商"。②十一届三中全会之后，国家逐步放松对个体工商户的经营范围、方式等方面的管制，但放松管制却带来部分商品市场的混乱。1981 年 1 月国务院发出指示："个人未经批准，不准贩卖工业品……机关、部队、学校等到农村社队采购农产品，要经工商行政管理部门批准……"③ 1983 年 9 月国家工商行政管理局规定："各地在没有完成收购任务前，任何单位和个人不许到产区抬价抢购农产品；采购已完成收购任务的，要到产地工商行政机关登记，经允许后方可采购"。④ 1984 年，中央制定放开搞活、发展多种经济形式和经营方式的经济政策，鼓励有能力的个人积极发展个体工商业。

以上管制政策的变迁过程，表明国家是根据不同时期社会形势变化而进行调整的，但他们都有一些共同点：经营主体主要是国有公司、供销合作社和集体或公私合营单位，也就是说，在大部分情况，农民只能把农产品出售给这些单位；私人经营的首要前提是在农民完成国家征购任务之后，并经过政府部门批准或由国有单位委托代理经营，方可向农民收购。作为农产品的生产者，农民却无权选择出售对象，表明"自由交换"的商品经济已经被国家计划经济所取代。

---

① 《国务院批转中央工商行政管理局的报告》，《人民日报》1957 年 10 月 26 日第 4 版。

② 《发出加强春节市场管理紧急通告》，《人民日报》1967 年 2 月 6 日第 3 版。

③ 《维护社会主义经济秩序国务院指示打击投机倒把和走私活动》，《人民日报》1981 年 1 月 6 日第 1 版。

④ 《国家工商行政管理局发出通知要求各地加强旺季市场管理》，《人民日报》1983 年 9 月 4 日第 2 版。

3. 区域余缺：国家调配

在计划经济时期，国家取消市场自由调节，当主要商品尤其是粮棉油等物资供应出现紧缺时，国家实行统一计划调拨。例如，当某地发生自然灾害需要救灾物资或某些商品出现供应不足时，国家就会从物质丰足地区调运物资来调剂地区间的余缺。国家对于物资的调运有统一管理制度，规定省际之间的余缺由国家进行调配，省内地市间的余缺由各省自行安排，地市安排辖区内县域间的调运。国营和集体单位作为市场经营主体，自然就成为了当时负责物资调运的主要机构。粮油等食品物资的调运主要由粮食部门负责，棉花则由棉纺织公司负责，肉禽蛋等肉食品归食品公司管理；对于日用百货、农副业生产用的工业品，则主要由国营百货公司和供销社负责调运经销。对于私商贩运，国家也一直进行严格限制。直到十一届三中全会以后，虽然国家鼓励发展多种经济和经营方式，但对私商贩运仍有诸多限制。1981 年 1 月国务院规定："在不影响国家收购任务完成的前提下，经社队同意，个人可以从事力所能及的（肩挑、手提、人拉、自行车驮）、允许上市的农副产品的贩运活动；但不允许私人购买汽车、拖拉机、机动船等大型运输工具从事贩运。"1983 年 9 月，国家工商行政管理局规定："贩运者要事先申请，经核准发证后才能经营；贩运者销售大宗或重要商品时，要到销地工商行政管理机关报到，经允许后才能销售"。①

（三）分配的国家化：定购

农产品征购涉及国家、集体和农民之间的利益分配，因此，处理好三者之间，尤其是国家与农民之间的利益关系，是在贯彻政策过程中必须遵循的重要原则。在坚持统购政策不变的前提下，随着社会形势的转变及经济建设的需要，国家对统购范围、对象、基数、价格、标准和计算方法等方面，先后经过多次调整，就是为了使在各个时期国家与农民的利益分配矛盾得到缓解。

1. 征购对象——主体与客体

国家对粮食的征购分为公粮征收和余粮统购。公粮作为一种农业税，

---

① 《国家工商行政管理局发出通知要求各地加强旺季市场管理》，《人民日报》1983 年 9 月 4 日第 2 版。

是每个农户都必须向国家缴纳的。1953 年政务院颁布《命令》，规定："生产粮食的农民应该按照国家规定的收购粮种、收购价格和计划收购的分配数量将余粮售给国家"。① 按这里表述，我们可以把余粮统购理解为在农户向国家缴纳公粮后，再按国家既定征购标准对在扣除口粮、种籽和饲料粮后的剩余粮食进行征购，也就是说余粮户就是国家统购的对象。进入农业合作化高潮后，农业生产由分户经营转变为合作化生产。1956 年10 月，国务院先后颁布《关于农业生产合作社粮食统购统销的规定》和《关于目前粮食销售和秋后粮食统购统销工作的指示》，两者都明确指出："不论高级社或初级社，一律以社为单位核定粮食'三定'数字"。② 自此，国家在农村经济核算中改为以合作社为基本单位，粮食征购任务分配也由以户改为按合作社分配。因此，在这个时期的余粮社就是国家统购的对象。1962 年 2 月中央发出《关于改变农村人民公社基本核算单位问题的指示》，正式确立生产队为基本核算单位，粮食征购任务由公社以原来合作社的征购任务为基础，将征购任务分配落实到各个生产队，这时有余粮的生产队就是成为了国家统购的对象。③

在植物油脂统购方面，统购对象的确定方法与粮食统购一样，即对扣除国家定额留存外有剩余的农户就是征购对象。在棉花统购方面则前两者有区别，国家规定农民种植的棉花 90% 以上要出售给国家，即使对农民自产的土棉布也作管制，规定其不能上市交易，因此几乎所有的棉农都成为了国家统购的对象。在其他农产品征购方面，只要农民生产的产品属于国家征购的范畴，这些农户就是国家征购的对象。

国家最先统购的产品是棉纱，但最终确立成一项制度却是对粮食实行统购统销，该项制度在长达三十多年的运行中，统购的产品种类经历了从少到多再变少直至全部取消的过程。1953 年年底到 1955 年，实行统购的农产品种类较少，仅有粮食、棉花、植物油脂、生猪等关系国计民生的重要品种。1956 年国家把烤烟、茶叶等十几种土特产也纳入统购范围，次

---

① 中国人民大学贸易经济系：《粮、棉、油统购统销政策法令文件选编》，中国人民大学贸易经济系资料室，1979 年版，第 21 页。

② 唐正芒等：《新中国粮食工作六十年》，湘潭大学出版社 2009 年版，第 98—99 页。

③ 中国人民大学贸易经济系：《粮、棉、油统购统销政策法令文件选编》，中国人民大学贸易经济系资料室，1979 年版，第 27 页。

年农副产品统购范围继续扩大，出口水果和38种中草药材也被列入其中。1957年9月18日国务院发布上市商品分类管理的办法及其分类目录。把粮油棉等关系国计民生和工业重要原材料的产品归为第一类，实行国家统购；第二类是生产较少但市场价值较高的产品，由国家派购，在完成国家派购任务前，农民不得上市交易；第三类则是除第一、二类之外的农副产品，农民可以卖给国家或上市交易。

2. 征购标准——确立与调整

（1）数量标准

统购任务是从中央到省、地方市再到农户逐级下达分配的，每年国家确定一个统购基数，然后根据各省生产条件再确定各省基数，各省再逐级往下分配。公粮每年都必须缴纳，且数量一般是固定的，因此，国家要想征购到更多余粮，就必须对农民自留粮进行限制。在公粮固定的前提下，农民自留粮标准越低，余粮就越多，国家就能征购到足量的粮食，也就是说，如果国家把统购基数定高，地方就必须降低农民自留粮标准，同时提高征购比重才能完成征购任务。由此可知，国家确定统购基数的高低将最终影响到农民统购任务的轻重。

由于各地生产和生活习惯条件的差异，国家对农户自留粮量并没有统一的数字标准，同时地方确定农户自留粮量的方法也不一致，所以在不同的省份或同一省份不同地区农户自留粮量有高有低。图3.2显示了1953—1985年全国以及河北、四川、甘肃、福建和河南省的农村人均留粮变化情况，从表可知，河南基本上在所有年份，河北在1973年以前的大部分年份及四川在1979年以前的农村人均留粮都低于全国平均水平，甘肃在1978年之后开始低于全国平均水平，福建与全国平均水平相比则时高时低。河南、河北和四川作为农业大省，也是人口大省，国家下达他们的统购基数一般会比边远省份高，在省内人口众多的情况下，为完成任务，只好压缩农村留粮标准。

在粮食统购初期，各地区都严格执行国家确定80%至90%的余粮征购比例，扩大征购面（被征购余粮户占总户数比例），因此第一个征购年度内超额完成国家任务，但部分地区在政策执行上出现偏差，屡屡发生与民抢粮、逼死农民的现象。1954年1月，中央发出指示要求各地纠正违法的征粮行为，处理好国家与农民利益关系，并对余粮实行累计进购，即对农民余粮部分按累进计购率进行征购，平均每人余粮越多，则征购比例越高。国家对累进计购标准只有大体的规定说明，各省市区根据该规定和省情确定各自标准。如表 3.1 所示，1954 年江西省划分 16 个征购等级进行余粮计购，最低统购比例为 65％，最高达 97％。

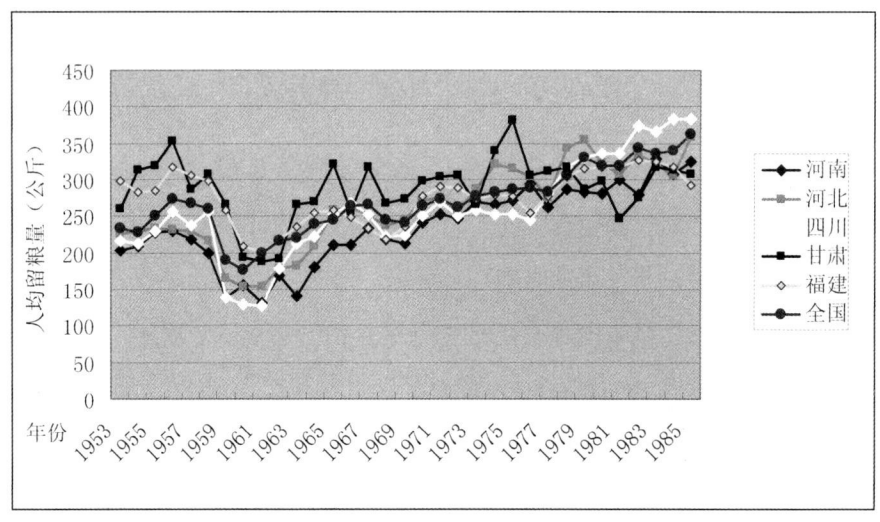

图 3.2　1953—1985 年全国及部分省份农村人均留粮量

说明：全国和四川的数据：周国璋：《四川农村粮食购销》，四川大学出版社 1993 年版，第 164—166 页；河北数据来源：河北省地方志编纂委员会：《河北省志·粮食志》，中国城市出版社 1994 年版，第 49 页；甘肃数据来源：甘肃省地方史志编撰委员会：《甘肃省志·粮食志》，甘肃文化出版社 1995 年版，第 167、170、173、176、180、183、185 页；福建数据来源：福建省地方志编纂委员会：《福建省志·粮食志》，福建人民出版社 1993 年版，第 57、60、63、65、67、68 页；河南数据来源：河南省地方史志编纂委员会：《河南省志（粮油贸易志）》，河南人民出版社 1993 年版。

表 3.1　　　　　　　1954 年江西省农村余粮累进统购比例　　　　（单位：公斤）

等级	平均每人余粮	统购比例（％）	等级	平均每人余粮	统购比例（％）
1	5—10	65	5	40.5—50	85
2	10.5—20	70	6	50.5—62.5	86
3	20.5—30	75	7	63—75	88
4	30.5—40	80	8	75.5—87.5	89

续表

等级	平均每人余粮	统购比例（％）	等级	平均每人余粮	统购比例（％）
9	88—100	90	13	145.5—160	94
10	100.5—115	91	14	160.5—180	95
11	115.5—130	92	15	180.5—200	96
12	130.5—145	93	16	200 公斤以上	97

资料来源：江西省粮食志编纂委员会：《江西省粮食志》，中共中央党校出版社1993 年版，第 20 页。

1954 年，由于国家确定的统购基数过大，不少地方为完成任务，出现征了"过头粮"的情况，农民缺粮挨饿，开始抵制统购政策。见此，中央经过调查研究后决定从 1955 年 3 月开始实行"粮食三定"政策，规定在核定农户的定购任务时，从定产数量中扣自留粮及公粮后，对余粮按 80%—90% 的比例定为定购任务，并在正常年景下 3 年不变，但在特殊情况下，国家可以在丰收地区实行增购，增购数量不超过农户当年增产部分的 40%。

在"大跃进"时期，各地不断夸大粮食实际产量，竞相"放卫星"。产量被夸大意味着农民被征购的粮食就越多，自留粮就越少。1959 年粮食征购比重高达 39.69%，人均征购量为 124 公斤，成为统购统销时期最高点。1959 年起国家发生了三年自然灾害，粮食产量急剧下降，但征购量并未减少，地方高估产带来高征购，农民人均留粮量在 1960 年降到历史谷点，仅有 176.5 公斤。以四川省为例，由表 3.2 可以看出，四川省这四年原估计粮食产量达到 1717 亿公斤，安排征购量为 1200 亿公斤，但后来经核实产量仅有 721 亿公斤，征购量比实际产量高出 479 亿公斤，征购量高估比例达 66.4%。因此，有研究学者认为在 1959—1961 年三年自然灾害时期，粮食的高估产高征购是导致四川、安徽等省份农村出现大量非正常死亡人口的重要原因。

1965 年 10 月中央吸取"大跃进"时期的经验教训，对统购基数和比例进行调整，规定当年核定的征购基数保持 3 年不变，即"一定三年"，该基数一直沿用到 1970 年。1971 年 8 月，国家又将统购基数由"一定三年"改为"一定五年"，省市附加机动数改为 5%。农村实行家庭联产承包责任制以后，粮食产量不断提高，为了减轻农民征购任务，从 1979 年到 1981 年国家连续 3 年大幅度地核减统购基数。图 3.3 描述了在粮食统购时期,农村人均粮食产量、征购量和自留粮量的变化情况。由图可知,当人均粮食产量提高,人均留粮量也随之增加,两者变化趋势基本一致。人均征购量则除在 1959 和 1983 年出现两次峰值外,其他年份都在比较平缓的水平内波动。1959 年由于"高估产高征购"导致人均征购量达到历史峰值,而人均粮食产量和人均留粮量都降到谷点。分别选取东中西部部分省份与全国进行对比。从图 3.4 可以看出,全国与地方变化趋势基本一致,都出现了 3 个峰期,其中在 1959 年达到峰值。在地方之间,农业大省和粮食主产区的统购比重较高,其中四川明显高于其他省份;在各个年份上,各省变化不一,有高有低,这是因为各地粮食产量的不同,确定农民自留粮方法存在差异造成的。在其他农副产品征购方面,国家都是根据产量高低和经济建设需要来调整征购计划,因此征购比重也是呈现时高时低的变化过程。食用油和棉花作为除粮食外关系国计民生的重要农产品,在很长时期内国家都是实行很高的征购率。食油和棉花的征购与粮食征购一样,都先确定农民自留量再对余量进行比例征购,但国家给予农民自留量往往很低。图 3.5 描述了 1953—1985 年农村食油、棉花征购比重变化情况,从图可以看出,1953—1960 年两者统购比重波动较大,但棉花统购比重明显高于食油比重。1961 年以后棉花征购比重上升,此后都在较小范围内波动,基本保持在 90% 以上的统购比例。食油征购则恰好相反,1961 年以后征购比重逐步减小,直到 1975 年实行超过加价和农产品奖售政策,农民种植油料作物和出售积极性明显提高,因此食油统购比重又开始上升。

表 3.2　　　　1958—1961 年四川省粮食"高估高征"情况 （单位：亿公斤）

年份	估计产量	安排征购	核实产量	高估产量	高估比%	最后核定
1958	450	390	246	144	58.5	224.5
1959	600	385	184	201	109.2	158
1960	435	230	161	69	42.8	133.9
1961	232	195	130	65	50	115.5
合计	1717	1200	721	479	66.4	631.9

资料来源：四川省地方志编纂委员会：《四川农村粮食购销》,四川大学出版社 1993 年版,第 37 页。

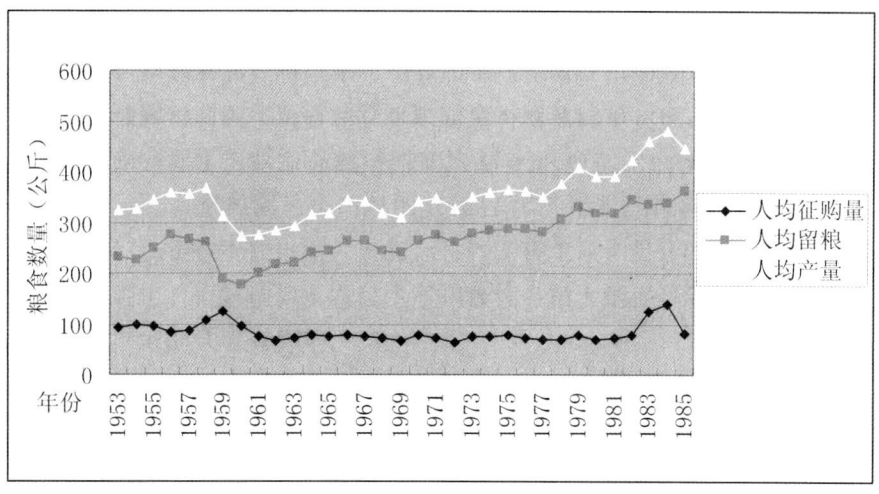

图 3.3　1953—1985 年全国人均留粮量、征购量及产量情况

资料来源：周国璋：《四川农村粮食购销》，四川大学出版社 1993 年版，第 164—
166 页。

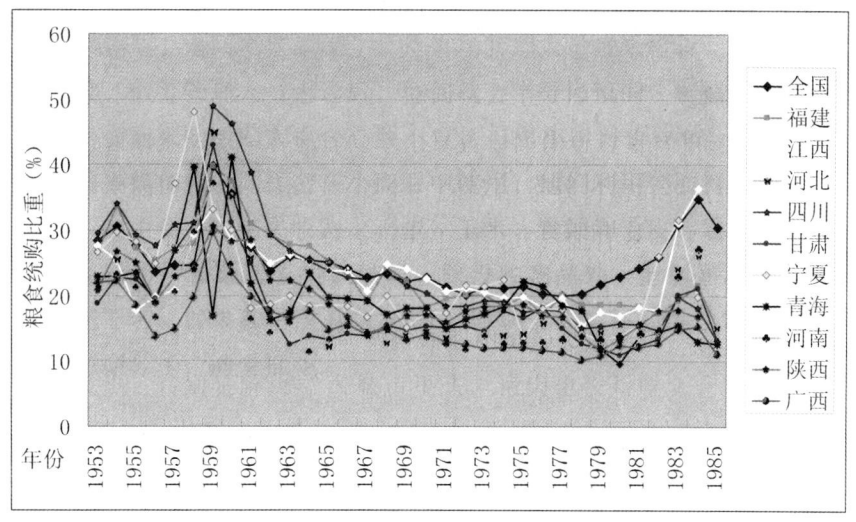

图 3.4　1953—1985 年全国及部分省份粮食统购比重

资料来源：全国数据：中华人民共和国农业部计划司编：《中国农村经济统计大
全》（1949—1986），农业出版社 1989 年版，第 410—411 页。福建省数据：福建省地
方志编纂委员会：《福建省志·粮食志》，福建人民出版社 1993 年版，第 57、60、63、
65、67、68 页。江西省数据：江西省粮食志编纂委员会：《江西省粮食志》，中共中
央党校出版社 1993 年版，第 24 页。河北省数据：河北省地方志编纂委员会：《河北

省志·粮食志》，中国城市出版社1994年版，第49页。四川省数据：四川省地方志编纂委员会：《四川省志·粮食志》，四川科学技术出版社1995年版，第319—320页。甘肃省数据：甘肃省地方史志编纂委员会：《甘肃省志·粮食志》，甘肃文化出版社1995年版，第167、170、173、176、180、183、185页；青海数据：青海粮食志编辑委员会：《青海粮食志》，青海人民出版社1993年版。以下省份数据来源于各省份省情（史志）官方网的电子版省志：河南数据：河南省地方史志编纂委员会：《河南省志（粮油贸易志）》，河南人民出版社1993年版。广西数据：广西地方史志编撰委员会《广西通志（粮食志）》，广西人民出版社1994年版；陕西数据：陕西粮食志编纂委员会：《陕西粮食志》，陕西旅游出版社1995年版。

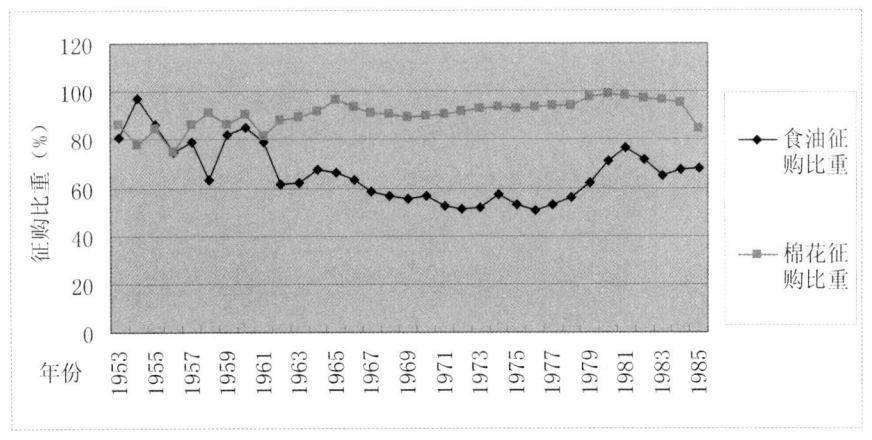

图3.5　1953—1985年全国食油及棉花征购比重

资料来源：《中国统计年鉴1984》，中国统计出版社1984年版，第371页；《中国统计年鉴1986》，中国统计出版社1986年版，第543页。

（2）价格标准

统购政策规定农民要按规定的品种、数量和价格把农产品出售给国家，什么样的品种对应何种统购价，即所谓的"牌价"。国家对农副产品统购价和统销价的管理有权限、分地区、分品种规定。1958年10月18日，国务院发布《关于市场物价分级管理的规定》，指出粮食棉、黄麻、茶叶、烤烟、生猪、林木等在国家掌握主要市场上的收购价由中央具体管理，这些品种在其地方市场及除上述品种外均由地方管理。①

---

① 《农业经济法规资料汇编》第四册，北京农业大学经济法研究组，1981年版，第1页。

在粮食统购统销中，主要出现过四种计价，即统购价、超购价、委托代购价、议购价。1953 年 11 月，国家按现行市场牌价对农村粮食进行征购，同时取消季节和批零差价。此后几年，统购价格平均每年提高 2% 左右，但仍保持着低统购价和高统销价，购销差价率基本在 10%—15% 前后徘徊。有学者认为，国家正是通过这种低价征购方式来保证城镇居民低价消费、降低工业生产成本，从而提高工业品价格，获得更多的工业建设资金。

表 3.5 　　 1953 年和 1955 年中央掌握市场主要粮种统购、统销价及差率

单位：百市斤、元

粮种	1953 年				1955 年			
	市场数	统购价	统销价	差率	市场数	统购价	统销价	差率
小麦	49	10.2812	11.3088	9.99	67	10.0216	11.4430	14.18
大米	57	10.9389	12.1637	11.2	62	10.8705	12.3103	13.25
小米	38	8.7595	9.7734	11.57	40	8.8238	10.0548	13.95
玉米	59	6.1393	6.7939	10.66	59	6.2629	7.0708	12.9
高粱	45	5.8407	10.9631	10.93	49	5.9547	6.7149	12.77

说明：各种粮种统购统销价为中央掌握 100 个市场中当年购销价格相同市场算术平均数。

资料来源：中华人民共和国粮食部编：《全国粮食价格资料汇编》（1953—1955 年），2008 年版，第 2 页。

1960 年国家推行粮食征购超购价，规定人均向国家交售的粮食超过一定数量标准，超过部分按统购价加 10%，统销价则不提或少提，购销差价逐年减小。由于在农村统销价低于收购价，购销价"倒挂"，导致国家赔钱。1963 年 3 月中共中央、国务院批转全国物价委员会《关于把农村的粮食销售价格提高到同收购价格相平的报告》，1965 年 2 月粮食部和全国物价委员会又联合发布《关于提高城镇粮食统销价格的通知》，以上两项政策的出台使粮食购销价格基本持平。[1] 为了鼓励农民节约用粮发展生产，1965 年中央制定超产超奖办法，规定除公粮和任务粮外，每超售

---

[1] 《农业经济法规资料汇编》第四册，北京农业大学经济法研究组 1981 年版，第 49—51 页。

百斤按统购价 20% 奖励，但不超过 40%。1966 年 6 月全国物价委员会和粮食部再次发出通知要求提高粮食统销价，购销差价又逐步拉开。根据十一届三中全会精神，1979 年国家在调减征购基数的同时提高统购价格 20%，超购加价提至 50%，但没有相应地提高统销价格，从此国家征购价高于统销价，出现购销价格"倒挂"，致使粮食部门亏损，增加国家财政负担。

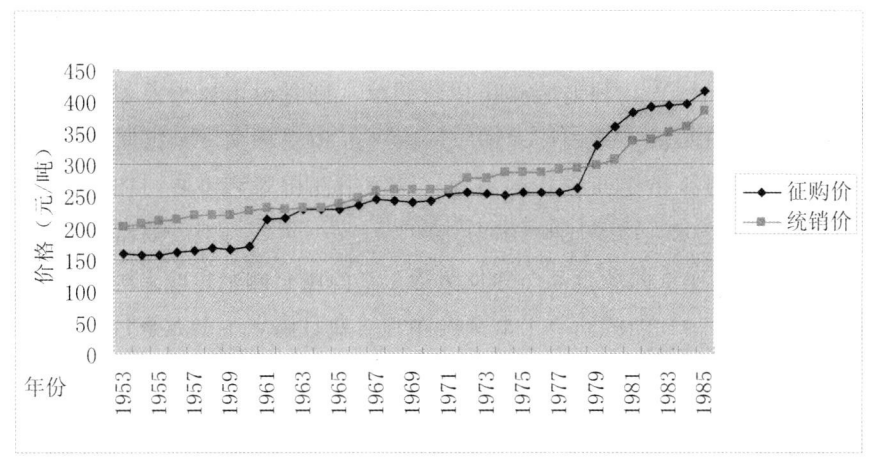

图 3.6　1953—1985 年全国粮食统购价与统销价情况

资料来源：1953—1982 年的数据来源于《中国统计年鉴 1983》，中国统计出版社 1983 年版，第 370 页；1983—1985 年的数据来源于《中国统计年鉴 1986》，中国统计出版社 1986 年版，第 542 页。

油料统购价格相对于其他经济作物而言明显偏低，不能刺激农民种植积极性。为此，1956 年 9 月国务院发布《关于提高油菜籽的收购价的指示》，决定适当提高油菜籽的收购价格。此后，国家又先后五次提高了花生仁、大豆等油料作物统购价格。为了减轻城镇居民生活负担，国家还利用财政补贴，在很长时间内使城市统销价低于农村统购价，导致出现购销价"倒挂"。1964 年 4 月国务院批转全国物价委员会和粮食部《关于提高食用植物油统销价格的报告》，把六种主要食用油统销价平均每百斤由 74.25 元提高到 79.48 元。[①] 1971 年 4 月国家计委发出通知，提高花生油、

---

① 《农业经济法规资料汇编》第四册，北京农业大学经济法研究组，1981 年版，第 64 页。

大豆油等收购价，取消省内地区差价，销售价则不变。1972 年国家对油料实行超购加价，但因为购销价"倒挂"，加重国家财政负担，同年国家加大统销价的提高幅度。1973 年统销价开始逐步高于统购价。1979 年 4 月，商业部和全国物价总局发出《关于调整粮食和油脂油料统购价格的通知》，对油料超购部分在提价基础上加价 50%。1983 年，油料统购按"倒四六"比例作价，即以 40% 统购价，60% 超购价计算。

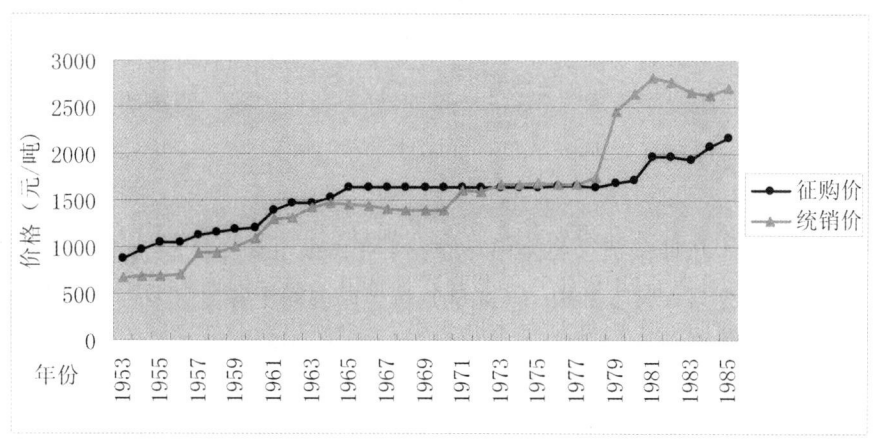

图 3.7　1953—1985 年全国食油征购价与统销价情况

资料来源：1953—1982 年的数据来源于《中国统计年鉴 1983》，中国统计出版社 1983 年版，第 371 页；1983—1985 年的数据来源于《中国统计年鉴 1986》，中国统计出版社 1986 年版，第 543 页。

为了解决粮棉比价过低的问题，1954 年 3 月中财委发出指示，提高棉粮比价。1957 至 1962 年期间，棉花主产区统购价提高 28%，粮食提高 25%，粮棉提价相近，致使棉粮比价仍很低。1963 年国务院批准全国物价委员会《关于提高棉花收购价格的报告》，把皮棉统购价从每斤 0.815 元提至 0.897 元，同时把上海、北京、天津等全国 16 个主要纺织基地的棉花供应价格由每百斤 94.52 元提至 197.37 元。① 1972 年棉花实行超购加价政策，并提高棉籽的收购价。1978 年以后，国家又多次对棉花统购价进行调整，如在 1979 年对 13 个主产区的大麻统购价由每担 87.54 元提

---

① 北京农业大学经济法研究组：《农业经济法规资料汇编》第四册，北京农业大学内部资料，1981 年版，第 58 页。

至 105.15 元，1980 年以后又先后两次提高黄麻、棉花和桑蚕茧的统购价格。

对于生猪、中草药材等其他农副产品的统购，国家都是根据社会经济形势变化来调整收购价或实行奖售政策。

3. 征购方式——更迭与转换

国家、集体和农民是农产品统购中的利益主体，他们各自利益目标和利益观念各不相同，即使是同一利益主体也会在不同时空、不同需求层面上产生不同的利益目标和利益观念。国家和集体主要以合法手段维护社会稳定，促进经济发展为最大利益目标。农民一般以合法或非法的方式实现个人利益为目标，在统购统销时期个人首要利益目标就是解决温饱问题，当然也存在有些人以实现集体利益、国家利益作为主要目标。正是因为他们三者的利益目标和实现方式差异，这就需要一种合理分配机制来调和他们间的利益分配问题。因此，当农产品征购对象和标准被确定之后，运用什么征购方式，采用怎样的利益分配机制就是国家面临的重要问题。

1953 年 11 月开始实施的粮食统购主要是余粮派购，即国家粮食统购任务，自上而下从中央、省、地方市到县、乡镇再到农户的逐级分配，这里的农户就是国家根据农户产量评定出来的余粮户。但由于国家在核定统购任务是在粮食收获之前，因此农民对向国家应该交售多少粮食，心中无底，加之部分地方政府为完成任务，导致征过头粮的现象。1955 年粮食"三定政策"的出台，让农民吃了定心丸，生产积极性也得到提高。1958年国家公布《全国农业发展纲要（修正草案）》，规定农民生产的粮食等农作物要服从国家生产计划，保证完成国家征购任务，指出对农业合作社实行"包产包购、三年不变"的办法。[①] 1961 年国家吸取三年困难时期的教训，下放粮食管理权限，实行调拨包干、包产包购办法，即每个省要先向中央保证产量和能征购数量，包购任务实行一年一定，待包购任务下来后，如果实际产量超过包产数量的，国家再实行增加征购，这种方法在1979 年以后同样被使用。

此外，国家对农户完成国家任务后仍有余粮的农户实行超产超购，这

---

① 甘肃省地方史志编撰委员会：《甘肃省志·粮食志》，甘肃文化出版社 1995 年版，第 21页。

种政策首先从 1955 年的"三定"政策开始，对超产部分征购不超过 40%。1962 年国家实行以工业品换购粮食的办法，并且继续实行超产增购。1971 年 8 月中央规定从 1971 年起对超产部分实行超产加价增购。在其他农副产品方面，也是实行类似粮食征购的方式。

国家在不同时期，根据社会变化情况对农产品征购方式进行调整和转换，主要征购方式有：派购、预购、随征代购、包干定购、换购、超购、议购和增加收购方式，当然不排除有些地方为了完成任务的方便，而制定适合地方情况的特殊征购方式。我们不难发现，在每个时期每一种征购方式的替代或转换背后都隐藏着一个利益问题，当一种征购方式使国家、集体与农民之间利益分配不均衡，使其中一方利益目标得不到满足时，转换新的征购方式就被提上议程，因此，国家在不同时期对农产品征购方式进行转换，其实是国家、集体与农民之间利益分配的协调结果。

（四）消费的国家化：定销与定消

统购统销政策第二项内容："对城市人口和农村缺粮人民，实行粮食计划供应的政策"。在这规定中，我们获取到几个信息：统销的区域范围是城市和部分农村；统销对象是城市人口和农村缺粮人民；统销的标准是定量。1955 年 8 月 25 日，国务院发布的《农村粮食统购统销暂行办法》（以下简称《农村暂行办法》）和《市镇粮食定量供应暂行办法》（以下简称《市镇暂行办法》）则明确提出具体的统销方式，即凭票证销售、消费。

1. 销售范围的固定化

统销政策主要是为城市消费设计的，因而该政策首先也是从城市开始实行。1953 年 11 月，按照中央部署，北京是第一个实行粮食统销的城市。《市镇暂行办法》第一章第二条规定："市镇包括县城和工矿区，除未实行粮食统销的地区外，均执行办法，不在市镇内的机关、企业、学校和基本建设工地等，经省、自治区人民委员会决定，亦适用办法"，[①] 实际上最后各省区对不在市镇内的国家企业事业单位都实行了统销政策。由

---

① 经济资料编辑委员会编：《农村粮食统购统销和市镇粮食定量供应》，财政经济出版社 1955 年版，第 36 页。

此可知，国家明确规定的粮食统销区域范围就是市镇和市镇外的国家机关企业事业单位，当然也包括部队单位。对统销对象的规定同样在该章第三条有写明："凡执行本办法的市镇，对市镇内居住的非农业人口、工商业和牲畜用粮实行定量供应"，[①] 即这三者就是国家在市镇内实行统销的对象。除此之外，国家对农村来城市的流动人口也有统销，但是对其有凭票证的规定。

在农村实行计划供应的农产品主要是粮食和食油。《农村暂行办法》第一章第二条规定在农村只对缺粮户实行统销。在农业合作化和人民公社时期，则是对缺粮、缺油社、队实行统销。遇到自然灾害时，国家也会调运粮油到灾区统销。此外，国家还对经济作物集中产区、林场、牧场、渔场等实行粮油计划供应。农村计划供应形式主要有统销、定销、借销三种，其中统销是按照国家统销计划安排，对农村灾区、缺粮地区、经济作物集中产区供应；定销是每年固定必须返销回农村用于解决缺粮油户问题的，如借销则是缺粮户，在粮食收获前提前向国家借用粮食，待收割后才返还给国家的方式。

2. 消费额度的标准化

统销政策除了规定销售对象和范围外，对消费额度也有严格规定。国家对于市镇人口的粮食、食油、棉布等消费额度的规定主要分为两个时期：一个是从 1953 年 11 月到 1955 年的试行摸索时期，另一个是从 1956 年 9 月到 1993 年 5 月的调整细化直至取消时期。

在粮食计划供应初期，中央尚未制定具体的定量供应办法之前，各地都是采取较为简易的供应方法，对城镇居民实行凭户口册附贴购粮登记卡定量供应；对机关团体单位用粮单位，凭单位购粮预算供应粮食。由于对供应流通缺乏有效管理，1954 年暴露出诸多问题，如个人和单位都趁乱多购粮，吃不完就挥霍浪费，或者有些人干脆把多购粮食拿到黑市上进行销售等等。由于对农村实行严格统购，许多农户缺粮，城镇统销则较为松散，以致引来大量农村人口流入城市和城市粮食向农村倒流，1954 年粮食销量反而比 1953 年还大，统销政策根本没有发挥控制粮食销量的作用。

---

① 经济资料编辑委员会编：《农村粮食统购统销和市镇粮食定量供应》，财政经济出版社 1955 年版，第 36 页。

这种情况很快引起中央政府重视，于是开始酝酿全面采取以人和各种行业的定量供应办法。1955 年 8 月 25 日，国务院发布《市镇暂行办法》规定市镇粮食实行分等定量供应。从表 3.4 可以看出，市镇居民口粮划分成以大米为主食区和以杂粮、面粉为主食的两种地区进行定量供应，并根据劳动差别即从事职业工种、年龄大小再具体划分成九个计量等级，对于每个供应等级，给予一个浮动幅度供各地区再制定各自的供应标准。对工商业用粮，国家按其实际需要量核定指标，给予计划供应。

表 3.4　　　　1955 年国务院规定市镇居民口粮定量供应等级及标准

单位：成品粮、市斤/人/月

供应等级	以大米为主食的地区		以杂粮、面粉为主食的地区	
	标准幅度	平均数不超过	标准幅度	平均数不超过
特殊重体力劳动者	45—55	50	50—60	55
重体力劳动者	35—44	40	40—49	44
轻体力劳动者	25—34	32	29—39	35
机关、团体工作人员、公私营企业职员、店员和其他脑力劳动者	24—29	28	27—32	31
大、中学生	26—33	32	29—36	35
一般居民和十岁以上儿童	22—26	25	24—28.5	27.5
六周岁以上不满十周岁	16—21	20	18—23	22
三周岁以上不满六周岁	11—16	13	12—17	14
不满三周岁的儿童	5—10	7	6—11	8

资料来源：根据 1955 年 8 月 25 日国务院颁布的《市镇粮食定量供应暂行办法》中第五条规定整理制成，《粮、棉、油统购统销政策法令文件选编》，中国人民大学贸易经济系资料室 1979 年版，第 24—25 页。

当市镇居民口粮供应的国家标准出台后，各省、市、自治区根据各地的产量、消费水平和习惯制定各自标准，地市、县再根据上一级的标准来确定各自标准，一般地越是往下一级，制定的标准越为具体细化。例如 1956 年浙江省把市镇居民口粮标准划分为 20 个供应等级，比国家多 11 个等级，再往下到绍兴县，则有 15 个等级，比省标准少 5 个等级，但比国家仍多6个等级。由于各地产粮量和消费水平的差异也导致各地定量标准的不同，沿海省份会高于西部边远地区，粮食主产区会高于其他地区。此后，随着不同历史时期产粮量和购销形势变化，在实行计划供应政策不变前提下，国家对定量标准和供应水平进行多次调整，经历了从粗到细、从简到繁的调整过程。在1959—1961年三年经济困难时期，国家鼓励民众节约用粮并降低了各个供应等级的定量标准，压缩工业用粮。1962年粮情开始好转，国家又开始调高脑力劳动、机关干部和少年儿童的口粮标准。鉴于市镇口粮标准偏低，1969年国家再次调高部分人群的口粮标准。1972年12月中共中央批转《国务院关于粮食问题的报告》，规定各地应依据该报告对口粮标准进行调减。1979年以后粮食产量不断增长，国家逐步放开粮食消费，调高市镇居民口粮和工商业用粮标准。

在食油统销初期，国家根据历史消费习惯和消费水平，遵循"小城市高于县城、乡镇，大城市高于小城市"的定量原则，对市镇口油制定不同的供应标准，但那时的标准相对今天而言是非常低的，例如江西省1953年确定三万人以上的市镇口油标准是每人每年仅有3.5公斤，因此，我们能常听到父辈那代人谈起那个时期吃的菜都是没油，更不奢望吃到油炸食物了。"一五"计划完成后，市镇人口大增，食油供需日趋紧张，1957年商业部召开食油供应计划座谈会决定把定额改成定量供应，并制定相应的供应等级和标准。三年经济困难时期，国家再次调低定量标准。此后，根据油料产量和销售情况的变化，在1965年和1979年国家都先后两次较大幅度地调高市镇口油定量标准。

1954年棉布实行计划供应，按照棉布统销的类型可以分为：居民定量用布、临时调剂用布、三项用布（即生产用布、公共用布、劳保用布）和专项用布四种。1954年国务院颁布的《棉布计划供应命令》规定各地应该按购买力和消费习惯差别的分配原则，制定不同职业和不同区域的不同定量标准，在前六个统销年度内，从表3.5可以看出居民定量用布基本维持在每年20尺以上。三年自然灾害导致棉花减产后，国家调低定量用布，增设补贴用布和农产品奖售用布，在1961年统销年度内，居民定量用布仅有3尺，附加调剂用布1尺。1964年开始取消补贴用布，逐年调高定量用布。1981年开始缩小统销范围，定量水平慢慢恢复到统销初期。

表 3.5　　　　　　　　　1954—1983 年全国民用棉布基本定量表

计划供应年度	棉布定量（尺）	临时调剂量	说明
1954 年 9 月—1955 年 8 月	20.83	定量内	1、1957 年 5—8 月布票对折使用。
1955 年 9 月—1956 年 8 月	22.13	定量内	
1956 年 9 月—1957 年 8 月	24.54	定量内	2、1961 年 9 月实施定量，另加各项补助，如寒冷地区、鞋子用布补助等，农产品奖售。
1957 年 9 月—1958 年 12 月	27.01	定量内	
1959 年	24.29	定量内	
1960 年	20.86	定量内	
1960 年 1 月—1961 年 8 月	2.02	定量内	3、1964 年起取消各项补助、奖售，只保留生猪、松脂、中药材三种奖售。
1961 年 9 月—1962 年 8 月	3.0	1.0	
1962 年 9 月—1963 年 8 月	3.0	0.6	
1963 年 9 月—1964 年 8 月	3.0	0.45	4、1967 年 1 月起涤棉布每尺收布票 4 寸，其他棉布每尺收布票 3—5 寸改为一律 4 寸。
1964 年 9 月—1965 年 8 月	6.0	0.43	
1965 年 9 月—1966 年 12 月	11	0.67	
1967 年	13.6	0.5	5、1980 年 12 月起不断缩小凭票供应商品范围，逐步过渡到全部不收或临时免收布票。
1968 年	9.0	0.5	
1969 年—1978 年（每年）	16.1	1.0	
1978 年—1983 年（每年）	16.2	1.0	

资料来源：郭吾今：《当代中国商业》（下），中国社会科学出版社 1987 年版，第 70 页。

3. 消费方式的变革：票证制度

1953 年 11 月政务院发布《命令》规定粮食统销采用凭票证核准登记供应。1955 年 8 月国务院颁布《市镇暂行办法》，其中第二章第六至十三条、第三章及第四章第十八至二十条内容对市镇居民、机关团体和事业单位以及外国在华友人等人员的口粮定量评定办法、发放方式和购买凭证等做出详细说明：普通居民口粮由居委会核定，编名造册发放供应凭证（包括粮票）；机关团体和事业单位的人员由所在单位核定，编名造册发放供应凭证，这类单位不在市镇内，则需单位核定好后送省委核批；此外，对于工商业、饲料、居民外出、婚丧嫁娶以及外国在华友人等用粮也是由政府相关部门核定，编册发放供应凭证。[1] 供应凭证和粮票都有使用规定，供应凭证只能在指定粮店购买，粮票则分为全国通用粮票和地方粮票，其中前者以成品粮为单位，由中央统一印制，分四市两（四分之一市斤）、半市斤、一市斤、三市斤和五市斤共五种类型;[2] 地方粮票的面额由地方自行规定，统一印制。农村粮食统销也是执行票证供应，《农村暂行办法》第四章第二十一至二十六条对此作了明确说明。

在粮食实行统销之后，食油、棉花、猪肉、布料等生活常用物资也逐渐被纳入统销范畴，同样是实行按人定量、凭票证供应的办法，"大跃进"运动开始后，实行票证供应的商品达到历史顶峰。改革开放以后，随着生产力发展，物资越来越丰富，人民生活水平也有了很大提高，原有的票证购销制度严重地制约了人民市场买卖活动，因此，在取消统购制度之后，票证等购买也慢慢退出人们的生活和视线。

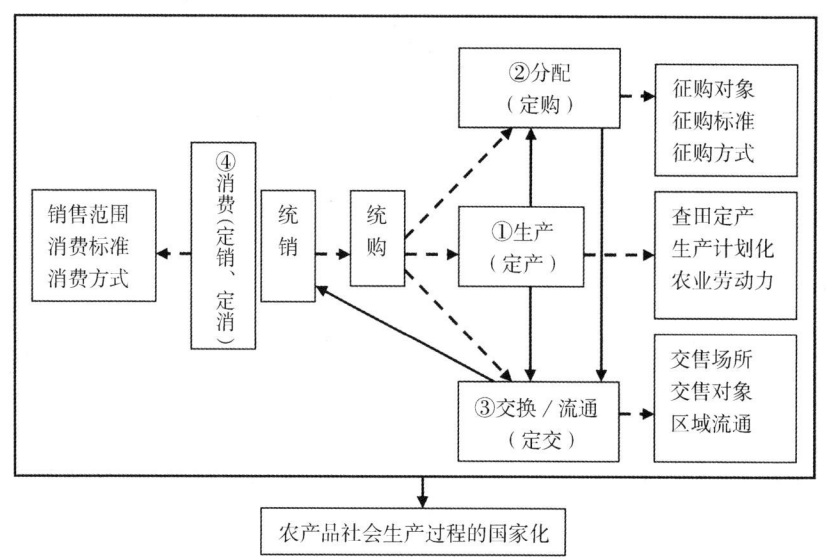

图 3.8　农产品统购统销运行流程图

统购统销作为一个完整的制度体系，缺少其中某一环节，整个制度体

---

① 经济资料编辑委员会编:《农村粮食统购统销和市镇粮食定量供应》，财政经济出版社1955年版，第39、42页。

② 同上书，第51页。

系就会瘫痪，这就要求国家对每一个环节实行控制，进行计划管理，以此确保能从乡村汲取资源。而整个计划管理过程实际上是把乡村社会纳入国家体系中来，达到国家对乡村社会整合和控制的目的。此外，既要做到保证市镇有粮供应又想削减其销量，除要限制农村农业人口向城市流动外，在城市，还要控制消费额度，并精简城市人口，即安排城市人口落户到农村从事农业生产。图 3.8 清晰地展现了在统购统销制度体系下农产品社会生产的 4 个过程，通过实线的流程我们可以看到农产品从生产到消费的过程，虚线的流程则告诉我们国家对农产品社会生产过程实行计划管理的原因及需要采取的具体措施。按图 3.8 的流程可以设定两条理解逻辑路线：

①生产→分配→交换（流通）→消费；或者：生产→交换（流通）→消费

②消费→统销→统购→生产、分配、交换（流通）

其中，①就是实线所代表的农产品从生产到消费的过程，②就是从统销入手推导实行定产、定交和定购的原因，以及在这三个环节上所取用的具体保证措施，即由虚线表示的流程，根据社会生产四个过程相互关系由后往前推理出。

1. 在生产环节上。生产是社会生产过程的第一个过程，它决定着交换、分配和消费环节。在统购统销时期，统购属于社会生产过程中的前三个环节，统销属于最后一个环节，统购最直接的、最终目的就是保障市镇粮食供应，即有粮可销且是统销。那么，当时国家在统购环节上采取什么措施保证有粮可销的呢？由此，我们可以按这样的逻辑推理：要保证市镇有粮可销，就必须在农村实行粮食统购，统购是建立在粮食产量基础上的，因此，就需要摸清核算出农户粮食实际产量，即要查田定产。其次，统购是有数量任务和期望目标的，如何保证完成这个统购任务，在当时落后的生产技术条件下，排除气候、洪水、旱涝等自然影响外，唯独的办法就是扩大种植面积，因而就会产生"以粮为纲"的生产思想，即要求农民生产计划首先要以完成国家统购任务为前提，此时，农民生产的决策权和管理就被统购政策分离了。

不论是在产量上，还是在生产计划和生产活动（从事职业）上都深深地打上了"国家化"的烙印。查田定产运动一方面在思想上教育了农民要以向国家交粮为荣，另一方面让国家摸清了乡村资源的多少，从而为国家从乡村吸取资源提供了数量保证。农业合作化和人民公社把农民纳入到集体中来，劳动的集体化加强了农民对国家的认识，也使农民的生产计划要服从于国家计划成为现实。粮食供应制度则限制了农民的流动空间，使农民只能在国家控制范围内活动。

2. 在交换、流通环节上。交换、流通是连接生产和消费的桥梁，交换既能反作用于生产，又会影响消费环节的正常进行。在粮食统购过程中，当在生产上已经确保有粮可征购之后，下一步就是如何保证把足量的粮食留到国家粮库而不外流，这里的外流就是指农民把粮食出售给私商，因此，要断绝外流渠道就要实行流通管制，即"定交"。首先，商品交换活动需要交换场所，"交换国家化"的第一步就是规定农产品交售只能在市场内进行，为了便于国家监管，再关闭、取缔和限制集市贸易网点数量。其次，要确保农产品留到国家手中，"交换国家化"的第二步就是规定农产品的出售对象，即谁才有权收购农民的农产品。最后，为了防止商品流通扰乱市场和调剂区域间余缺，"交换国家化"的第三步就是限制私商贩运，由国家负责商品在地区间的统一调配和运输。

从集市变迁过程可知，"定交"使国家代替市场对资源配置的职能。集市本来是自然形成的，但统购统销时期，集市却是国家意志的产物，集市的开与闭的命运完全由国家掌控着。国营粮店、百货店、供销社等都是国家代理机构，垄断商品流通，完全控制了乡村经济资源，它们的存在成为了国家在场的证明。自然形成的集市交换规则和秩序被国家破坏，当集市交易影响到国家吸取资源时候，国家就会限制集市贸易，把已经复活起来的集市掐死，而当集市贸易影响农村生产和农民生活，可能危及国家权威时候，国家又会摆出其柔情一面，适当放宽对集市的管制，恢复部分集市网点，允许在国家的监管下进行合法的交易。

3. 在分配环节上。分配是生产与交换、消费之间的中间环节，同样，它也既能反作用于生产，也会影响交换和消费环节。国家既然要统购农产品，那么，首先就要确定好哪些农产品需要统购，然后再确定可以对哪些人进行统购，即确定统购的主体和客体。统购涉及国家、集体与农民的利益，如果与农民的利益分配不好就会影响到生产，因此，"分配国家化"的第二步就要确定统购比例，即可以从农民手中拿走多少；既然是购就会涉及价格问题，这又要求国家提出一个统购价格标准。当把要统购的农产品、农户、比例和价格都确定好以后，下一步就是以什么方式进行征购呢？这就是"分配国家化"的第三步：确定征购方式。

"定购"赋予了农产品"国家属性"。农民是农产品的生产者，本应该是农产品的产权所有者，但他们却无权自由支配自己的农产品，留多少、卖多少、以什么价格卖都完全由国家主导。当国家与农民的利益分配产生矛盾，影响农业生产时候，国家又会适时调整分配政策来"哄"农民开心，使其继续为国家服务。那个时候，多劳未必多得，但面对强大的国家，农民也唯有顺从，并默默地加深对国家的认识。

4. 在消费环节上。消费是社会生产过程的最后一个环节。农产品统购的最终目的是为了保证市镇的供应，即保证市镇上有农产品可销。统购统销政策是物质短缺条件的产物，国家通过"定产、定交、定购"保证了有农产品可销，那么怎样能使农产品正常销售和不消费过量呢？这就要求国家实行"定销和定消"。从单向看，销售是一个卖出去的过程，终端是买者，从销售角度看就是销售对象，而往往这些购买者都是有固定居住范围的，因此，"定销"的第一步就是确定销售范围和对象。从购买者的角度看，这又是个消费的过程，国家要防止销售过多，自然而然就对消费者制定消费额度，即"消费的标准化"。当前两者都确定好后，下一步要面临的是如何控制和核算消费额度呢？在货币功能无法完成这项要求的条件下，国家制定了新的购买工具——票证，即用票证代替货币执行购买功能，新的消费方式就由此诞生。

计划供应的"票证制度"意味着国家对物质资源的垄断供应，对哪些人发放和发多少都由垄断者决定。首先，国家通过户籍制度控制了人们的流动空间，借助票证发放办法把人们纳入到单位中来，户籍制度和单位制度既是票证制度的基础，又使国家牢牢地控制了人们的活动。其次，通过"票证制度"，国家对人们实行资源再分配，以票证为载体达到对社会控制的目的。可见票证实际上是一种国家对社会进行整合和控制的工具，它体现了国家的计划意志。国家通过"票证制度"控制着人们生存的基本物质条件，甚至还把国家权力深入到了人们私人生活空间，这标志着国家对社会的控制达到了历史上前所未有的高度。

农产品的统购统销制度前后共实行了 30 多年，在经济上，它对保证市镇农产品供给、支持工业化建设起着积极的作用，但国家人为地抹杀违背价值规律在农产品购销中的作用，给农村经济所带来的影响也是极其严重的。此外，统购统销制度的实施中，存在执行偏差，不同程度地存在着统得过死，强征强购、逼死农民等问题，当面临生存问题的时候，农民也会做些日常的"反抗"。

四　民众行为

统购统销是一项关系到民众切身利益，与他们的生产生活极其相关的制度，该制度运行由始到终都给民众的生产生活带来了极大影响。在实施初期，可谓出现不安的乡村、紧张的城市的生活景象。在农村，农民极其不能接受国家制定的这项政策，以致经常发生藏粮、滥杀耕畜等抵触行为；而在城镇，居民也通过疯狂抢购、或明或暗的手段获取生存物质。从民众的这些行为，我们可以从另一个侧面观察出该制度的影响深度和广度，同时也可以说明民众是如何在生产、交换、分配和消费环节上表达自身利益需求和对国家政策不满的。

（一）消极与单干风

在1953年年底统购统销实施初期，当听说农村要实行粮食统购时，许多农民心态都发生了改变，生产情绪消沉，采取敷衍应付的态度。有人认为种粮再多都被国家征走，不如少种或改种其他经济作物；有人则是宰杀农耕用的牲畜、不积极施肥除草以及砍伐果树、桑树，等等。部分人只能通过自主行为来表现对国家政策的不满。有些农民则认为有余粮并不是光荣的，不应该响应政府努力生产的号召，但迫于生活又不得不生产。在"大跃进"时期，农村实行集体劳动，举办公家食堂，按需食用。在粮食问题解决的前提下，有些"思想觉悟"不高的农民在出工时迟迟不出门，到收工时则表现积极，生产过程中表现出怠慢懒散、"磨洋工"等消极生产情绪。

农业生产合作化后，土地慢慢地又变成国家所有，农民生产计划必须服从国家安排，农民无权选择农作物种和种植比例。但经济作物的收购价往往高于粮食，看到粮食与其他经济作物存在收益差，于是有农民在确保完成粮食征购任务的前提下，偷偷地在房前屋后的空地种植蔬菜、棉花等经济作物，发展其他农副产业。当农民生产积极性长期被过低的收购价及严格的流通购销制度挫伤后，有农民完全不顺从国家积极发展粮食生产的计划，看到哪种作物收益高就多种植。后来这种抵制国家政策的思想升级，1978 年，安徽凤阳县小岗村的农民冒着"死罪"风险，私自决定把田发包到户、实行责任田制，由农户自行安排生产，虽然这种农民创举起初被国家否定，但它调动了农民生产积极性，极大地促进农业发展，以致最终得到国家的认可和肯定。

（二）灰色手段

当农民自由交换农产品的权力被国家收回后，市场买卖活动完全由政府主导着。政府设立市场管理机构，监管市场交易行为，对违反国家规定，私自出售或贩卖农产品的人，定予投机倒把的罪名。但为了生存和受利益驱使，这个时候，一些农民和小商贩们会使用一些"躲猫猫"的伎俩来躲避政府监管。在川东圆通镇，有农民趁赶集卖菜的时候，在箩筐最底层放些鸡蛋，上面则堆满蔬菜，待市场管理人员过来检查，可以明正说只是卖菜，但等管理人员走远后，他们就会十分谨慎的、偷偷地露出一两个鸡蛋，而前来购买的人也会心照不宣，与之小声讨价还价。[①] 这种捉迷藏的偷偷摸摸伎俩，同样会在小商贩中使用，他们利用到农村兜售小商品的机会，暗中私下向农民收购土鸡蛋、玉米、食油和毛皮等农产品。当这些"违法行为"被监管人员识破时，除没收物品外，他们往往还被定为投机倒把罪名，如果在"文化大革命"时期，甚至还会被认为是资产阶级的反革命分子，遭受批斗。

（三）逃避任务

粮食统购在农村实施初期，干部和农民所持态度各不相同，有表示拥护，也有抵制的，或者保持中立持观望态度。1954 年 9 月四川省江津县十八区召开扩大干部会议，在到会的主要村干部 235 人中，对统购统销政策抵触或认为不好搞、怀疑的有 165 人，坚决反对的 8 人，积极拥护的仅

---

① 吴晓燕：《集市政治：交换中的权力与整合》，华中师范大学博士论文，2008 年。

62 人。① 粮食统购涉及农户余粮问题，因此，有农户担心国家把粮食征走后，自己口粮不足，于是想方设法来逃避或者少交国家征购。有人把粮食埋藏起来、多处分放或隐藏在猪圈里，有的干脆就把粮食做干粮饼干或全家人大量食用。粮食统购是以产量为基础的，所以有些人就在产量做手脚，设法隐瞒实际产量。在陕西省秦家村秦某 1954 年小麦收成 20 石，但他对外人说："今年麦子坏了不如去年，我只打了 17 石"。故意谎报产量是农民逃避国家征购的常用办法，当周围的人都有逃避征购的心理时，就出现了集体瞒产现象。此外，担心多口的妇女把实情外传，于是村干部集体商定以实物"收买"她们，买些毛巾、袜子和其他妇女喜爱之物，发给村内妇女。②

（四）屡禁不止的黑市

虽然国家对集市和商品流通进行严格管制，但黑市活动仍屡禁不止。在统购统销的不同时期，黑市上交易的物资种类有所不同。在初期大部分都是属于国家统购、定量供应，与人们生产、生活极其相关的物资，后期则慢慢发展到与生活极其相关的工业品，比如肥皂、煤油、鞋、自行车、手表等。参与黑市活动的人主要是农民、小商贩、部分城市居民和一些国家机关事业单位的工作人员。民众参与黑市交易的途径、方式也表现出多种多样。

在农村，由于国家征购粮食过多，从而出现人为的缺粮现象。此时，虽然黑市价格比统销价格高很多，但在粮食短缺的饥饿时期，大部分农民便会到黑市购买，以期解决生存问题。即使在城市也是如此，黑市盛行。城镇居民的粮、油、布料等实行定量供应，一些富裕的、人口较多的家庭或有亲朋好友来访时，国家定量标准往往不能满足他们的需求，这时他们唯独寻找另外的途径来获取，这种渠道便是通过黑市购买，有的则是利用有亲戚朋友在机关单位的私人关系，通过走后门、贿赂的方式套买供应票证。表 4.1 为 1950—1985 年四川省双流县查处违法（章）经营事件情况。从表中可以看出，被罚没的主要物品都是与民众生活极其相关的农副食品

---

① 罗平汉：《票证年代：统购统销史》，福建人民出版社 2008 年版，第 156 页。
② 同上书，第 157 页。

和工业品。按每个年度计算每年被罚没物品数量看，可以发现呈现倒 U
型趋势，在 1979—1981 年度达到峰值，平均每年查处违法事件 946 件，
而前后年度的数量都是下降的。表明随着人民生活水平的提高，物质需求
量增加，在合法市场交易无法满足需求时，他们只能寻求黑市交易，因此
黑市交易呈上升趋势。从 20 世纪 80 年代开始，国家逐渐调整统购统销政
策，因而在 1982—1985 年间，黑市交易事件逐年减少。

表 4.1　　1950—1985 年四川省双流县查处违法（章）经营事件一览表

年度	件数	涉案金额（元）	罚没物品
1950—1953	25	66151.3	清罚私商退款
1954—1957	26	—	—
1958—1965	7031	16870.36	布票 8743.6 尺、粮票 1582.5 斤、棉票 250 斤、油票 16.5 斤、其他票 1694.5 张
1966—1978	21848	11787.61	布票 27725.5 尺、粮票 16987.8 斤、棉票 299 斤、肉票 2135.5 斤、油票 113.9 斤、其他票 1712.1 张、自行车 80 部、手表 13 只、电钟 1 台
1979—1981	1892	142382.33	布票 12757.4 尺、粮票 6127.8 斤、自行车 4 部、手表 132 只、银元 50 个、麝香 27 克、生漆 56.2 斤、计算器 50 个、其他票证 6229 张
1982—1983	411	124179.08	布票 1429.8 尺、粮票 2586.5 斤、油票 29.5 斤、手表 181 只、表带 1 根、自行车 1 部、电钟 1 台
1984—1985	640	130074.77	粮票 1489 斤、手表 231 只、玉圈 2 支

资料来源：双流县志编纂委员会：《双流县志》，四川人民出版社 1992 年版，第
303—304 页。

现在社会上也有黑市的存在，但与计划经济体制时期是有差异的，主
要因为所处的时代环境不同造成的。前者是在国家生产力已经发展到一定
程度，基本能满足人们物质文化需要的条件下，部分不法分子利用政策法
规的漏洞，或逃避政府监管而进行的地下交易行为。而在统购统销时期，
国家对农副产品和日用工业品进行管制，实行统一收购、销售和供应，当

供不应求出现物质短缺情况下，部分人看到存在某些物质的市场需求，而另一部分人又想购买到那些物质时候，这两部分人便会逃避政府的监管，进行地下交易，黑市活动便由此滋生。究其深层原因则主要是因为落后的社会生产力不能满足人们日益增长的物质文化需要，而人们又为了满足自身需要，有需求必会产生供应，这就给黑市的产生提供了温床。其实无论是哪种情形的"黑市"，都是农民迫不得已自求生存的需要，与牟取暴利的"黑市"交易有本质的不同。从表4.1中被查处的违法案件数量变化情况看，可以发现违法案件数量多少与国家市场政策是紧密相关的。当国家放松对市场管制，允许自由市场存在时，农民便可以通过市场买卖调剂余缺，此时黑市活动就少一些。当国家关闭乡村市场，限制自由市场时，在生存逻辑的作用下，农民唯有借助黑市来满足，此时黑市就比较活跃。

虽然国家通过统购统销剥夺了农民对农产品资源的支配权，但是，当统购任务过重或统销配额过低，影响到民众生存问题的时候，民众便会通过一些或明或暗的实际行为来求得生存物质，并以此表达对统购统销政策的不满。生存是人类的本能需求，在面对饥饿的时候，民众在生产、交换、分配和消费方面，做出了消极、怠慢、瞒产私分、参与黑市交易等各种抵抗行为，实际上这也是民众表达自身利益的方式和反抗国家的一种"弱者的武器"。徐勇教授认为正是"饥饿逻辑"促使民众以各种消极抵抗的方式获得他们生存所需要的粮食等农产品，并突破既定的制度安排和治理格局，这是一种"无权者的抵抗"。[1] 正是由于民众这些诉求和在生产上的创造性行为，推动了后来一系列的农村经济制度改革，国家与民众的"紧张关系"也在这些改革中得到缓和改善。

五 终 结

1978年后，我国农村的经济体制改革取得了巨大成就，使农村生产力，尤其是农业生产获得了很大提高，全国粮食生产和人均拥有量迈上了一个新台阶，使绝大多数人过上温饱生活。为了适应这种社会经济形势的

---

[1] 徐勇：《论农产品的国家性构建及其成效》，《中共党史研究》2008年第1期。

转变，以便更加有利于促进农业生产的发展和方便人们的生活，国家逐步对农产品流通和购销体制进行改革，直到最后取消统购统销制度，使农产品资源供求以市场配置为主，国家调控为辅。

（一）生产力的突破

1. "联产承包"尽显生机

1978 年 11 月，安徽省凤阳县小岗村 18 户农民冒着死的危险，自发地订立了大包干合同，创造了家庭联产承包责任制，拉开了中国农村经济体制改革的帷幕。他们的做法起初被国家视为走资本主义道路，但后来慢慢地得到国家的认可，并最终成为新的农村经济体制，极大地提高了农村生产力。

1978 年 12 月，党中央召开十一届三中全会，讨论通过了《中共中央关于加快农业发展若干问题的决定（草案）》和《农村人民公社条例（试行草案）》，都明确要求在全国农村尽快实施家庭联产承包责任制，但不允许分田单干。① 此后，中央高层一直在讨论关于是否允许包产到户、包干到户的问题。1982 年中央 1 号文件《全国农村工作会议纪要》则充分地肯定了两者的作用，并给予其合法地位。从此包产到户、包干到户的做法便在全国农村广泛推行。

实行包产到户后，许多地方出现了"出人意料"的巨变。安徽省滁县地区的定远县是当时安徽省最穷的县之一，1979 年该县搞包产到组，全县经济形势开始发生了变化，1980 年该县搞包产到户使粮食总产量超过历史最高水平，比 1979 年增长了 18.8%。阜阳地区的阜南县是一个百万人口大县，实行包产到户后仅 1980 年，就向国家交售粮食 10480 万公斤。② 包产到户大大激发了农民生产积极性，长期以来增长缓慢的粮食产量有了突破性提高。1978 年全国粮食总产量为 6095 亿公斤，到 1983 年达到了 7746 亿公斤，提前两年实现了"六五"计划规定粮食增产目标。在人均粮食方面，从 1954 年人均 479 公斤提高到了 1978 年的 636 公斤，

---

① 唐正芒等：《新中国粮食工作六十年》，湘潭大学出版社 2009 年版，第 329 页。
② 《历史的转折——皖、豫、鲁农村见闻之一》，《人民日报》1981 年 1 月 22 日第 3 版。

到1984年又提升至800多斤。① 这些迹象都表明，通过实行农村家庭联产承包责任制，使粮食生产迈上一个很高的台阶，我国从一个粮食不足，不能完全自给自足的年代进入了能基本解决温饱生活的新时期。

2. 卖难：高产后的难题

农村生产力的提高极大地促进农业发展，农民收入也随之增加，购买力显著提高，这都对原有的商品流通和商业体制提出了更高的要求。在统购统销体制下，农村商品流通由国家实行计划管理，主要农产品和工业品仍然是由国家统一收购、调运，国营商业和供销社负责经营。实行家庭联产承包责任制之后，这种体制无疑已经不适应农村经济发展的需要，农产品产量大增远远地超过了国家统购任务，在私商无权收购、贩运的情况，农民唯有继续把余粮等农产品继续出售给国家，但面对突然增加的大量农产品，国营企业已无法继续收购。因此，当时在乡镇大道出现许多卖粮食农民的身影。卖难的问题同样出现在其他农产品上。在山东菏泽地区，棉花收购网点少，很多棉农都要带上被子在收购站前排起长龙，等上两三天，甚至五六天才能交售；在聊城地区，1981年国家还有1400多万斤棉油没收，1982年还有1500万斤收购不了，要求农民自行处理。② 农民有农产品无处卖，也就没有收入，又一次挫伤农民生产积极性。就买难而言，主要是农民很难购买到农业生产资料和生活资料。国家对商品流通有经营体制和购买数量限制，私商无权贩运，而国营供销社又不想调运小商品下乡，因此，"富裕"的农民有钱也买不到商品。

（二）调整与松绑

农产品卖难的问题很快引起中央的注意，中央政府部门派出多个工作组到地方进行调查，经过调研，工作组总结出农产品卖难主要是因为农产品流通体制过严、网点太少、购销价格极其不合理等原因。经过这些调研，于是中央开始对农村商品流通体制进行松绑，并慢慢地调整统购统销品种及数量。

---

① 唐正芒等：《新中国粮食工作六十年》，湘潭大学出版社2009年版，第330~334页。
② 国务院赴鲁豫川调查组：《改革农村商业工作从何入手？——关于鲁、豫、川农村经济调查》，《人民日报》1983年2月5日第2版。

1. 缩小统购统销的品种和数量

从 1982 年之后中央发布了一系列有关农村商品流通体制改革的政策指示可以看出这些变化：

1982 年 1 月 1 日，中共中央发布《全国农村工作会议纪要》（即 1982 年中央 1 号文件），规定粮油棉等重要农产品仍继续实行统购统销。但其他农产品统购统销和工业品流通方面则慢慢出现松动了。11 月 11 日，全国工商业会议在北京召开，会议决定采取三种措施搞活农村商品流通：一、放宽农副产品的购销政策；二、调整工业品的购销政策；三、放手发展集体和个体商业、饮食服务业，合理调整国营商业在社会商业中的经营比重。①

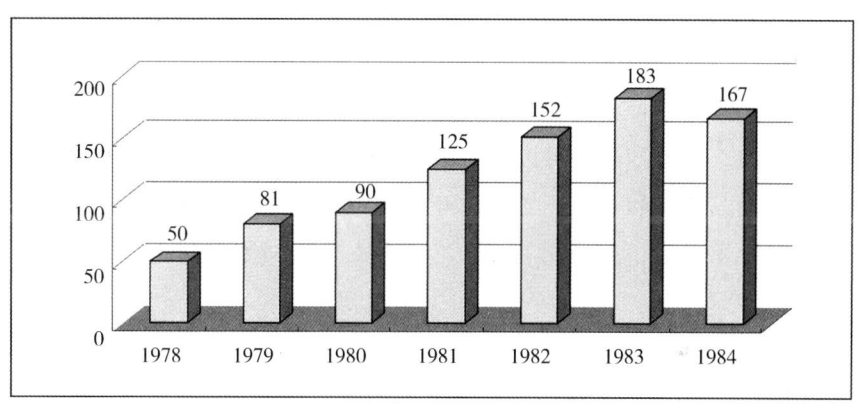

图 4.1 1978—1984 年集市粮食成交量（亿斤）

资料来源：赵发生主编：《当代中国的粮食工作》，中国社会科学出版社 1988 年版，第 183 页。

1983 年 1 月 1 日，中共中央发出《当前农村经济政策的若干问题》（即 1983 年中央 1 号文件），其中第七部分强调了改革农村商品流通体制和调整统购统销政策的必要性和实施办法。② 同年 2 月 26 日国务院批转了国家体改委、商业部《关于改革农村商品流通体制若干问题的试行规定》，该规定从经济形式、经营方式、渠道、价格政策、税收和信贷等方

---

① 《全国商业工作会议决定改变国营商业独家经营思想》，《人民日报》1982 年 11 月 11 日第 1 版。

② 《当前农村经济政策的若干问题（摘要）》，《人民日报》1983 年 4 月 10 日第 1 版。

面对改革实施办法进行说明。①

2. 放宽流通，实行多渠道经营

1984 年 1 月 1 日，中共中央发出《关于 1984 年农村工作的通知》（即 1984 年中央 1 号文件），指出要继续调整农副产品购销政策。2 月 25 日，国务院发出《关于合作商业组织和个人贩运农副产品若干问题的规定》，进一步地放开了合作企业和私人贩运商品的范围。5 月 16 日，时任国务院副总理赵紫阳在全国人大二次会议上指出要从五个方面进行商品流通体制改革，其中第一个方面就是减少农副产品统购派购的品种和数量，扩大自由购销的范围。② 7 月 19 日，国务院批转了国家体改委、商业部、农牧渔业部《关于进一步做好农村商品流通工作的报告》，报告从七个方面对改革农村商品流通工作进行分析，其最重要的就是发展多种经济形式和经营方式，允许个体发展运输业，继续缩小统购统销范围，将一、二类农副产品由二十一种减为十二种，派购由十八种减为九种等。③

综述以上政策变动，可以看出主要包括三个方面：一是减少和缩小统购统销的商品数量和范围；二是放开经营，使经营方式和经济方式增多，个体商业比重增加；三是促进流通，允许私人个体贩运农村商品。

（三）与市场握手

1. 统购改为合同定购

卖粮难其实是一个相对过剩的现象，它的出现一是由于国家预计的收购数量不够。国家对粮食的收购基本上是本着有多少收多少的原则，随着粮食产量的增长，国家收购不断增加，到 1984 年粮食产量达到历史峰值，这是国家粮食部门没有预想到的。要按照以往，将农民交售的所有余粮收购，国家预计投入到粮食收购的资金不够，于是出现了许多粮食部门向农民"打白条"的现象，拖欠农民的卖粮钱。二是国家粮食部门的粮仓容

---

① 《国务院批转国家体改委、商业部关于改革农村商品流通体制试行规定》，《人民日报》1983 年 2 月 27 日第 2 版。

② 陈平：《关于 1984 年国民经济和社会发展计划草案的报告》，《人民日报》1984 年 6 月 3 日第 2 版。

③ 《国务院批转国家体改委、商业部、农牧渔业部报告并发出通知进一步做好农村商品流通工作》，《人民日报》1984 年 7 月 25 日第 1 版。

量也有限，如果大量收购所有余粮的话，国家无法储存。粮食无法卖出去，或者即使卖出去了也没有收到现钱，慢慢地，无法忍耐的农民开始到粮食收购站、政府部门闹矛盾。过去国家要算着粮食过日子，现在却面临着粮食丰收没有钱和仓库收粮的尴尬。于是中央政府开始考虑改革统购统销制度的问题。1984年夏天，国务院在北戴河召开会议，会上对于粮食问题进行了讨论，时任中共中央书记处农村政策研究室主任杜润生说：目前是改革昂首购销体制和价格形成价值的最好时机应该抓住机会；而国务院副总理姚依林和田纪云也点头表示赞同。[①] 当改革粮食购销体制成为中央领导人的共识后，1984年12月21日，全国农村工作会议在北京召开，会上就如何改革、放开粮食购销问题做了深入讨论。

1985年1月1日，中共中央发布《关于进一步活跃农村经济的十项政策》（1985年中央1号文件），文件指出："自1985年起，除个别品种外，国家不再向农民下达农产品统购派购任务，按照不同情况，分别实行合同定购和市场收购。粮食和棉花取消统购，改为合同定购。由于粮食商业部门与农民在播种前协商签订定购合同，按'倒三七'比例计价定购"。[②]

2. 告别票证走向市场

从1955年发行粮票开始，中国便进入了统购统销的票证时代。在当时，那些票证是人们生存的命根，如果没有票证就无法获得生活物资。对于经历过那个年代的人来讲，他们记忆深刻，从全国到地方粮票、布票、肉票等票证五花八门，层出不穷，用经历过票证时代的长辈们的话来说："只怕想不到的，只要想到的就可能出现票证"，表4.1是浙江省绍兴县1954—1993年间各种票证实施情况，从表我们可知当时人们生活完全被计划数字标准化了。其实在当时那些票证不单单是国家用于束缚民众的枷锁，同时也是宣传国家政策和灌输国家意识的载体。在票证上，国家会印刷类似"节约粮食，为国家经济建设做贡献、增加生产，厉行节约，支持工业"，或者是附上毛泽东语录。这些票证语录其实在一定程度上强化

---

① 杜润生：《杜润生自述—中国农村体制变革重大决策纪实》，人民出版社2005年版，第183页。

② 中共中央文献研究室编：《十二大以来重要文献选编》（中），人民出版社1986年版，第611页。

了民众对国家概念的认识，增强他们对国家的认同感。

随着市镇人们生活水平的提高，消费结构也发生变化。粮食不再是困扰他们生存问题，粮票出现剩余的现象开始普遍存在。然而，国家对工业用粮仍管制严格，农民工进城也不够粮票吃饭，这种粮票需求不均衡的矛盾导致了票证交易市场的产生。这种交易其实是对国家和农民利益的伤害，让农民低价售粮后却要高价买粮票，而国家仍是按平价统销，于是粮食购销价又出现倒挂，增加财政负担。为解决此问题，从 1990 年开始，国家陆续放开粮食销售市场，在提高收购价的同时也提高粮食统销价格。1993 年 2 月 15 日，国务院发出《关于加快粮食流通体制改革的通知》，指出要既积极又稳妥地改革粮价……争取在二到三年内全部放开粮价。从 1993 年 4 月 1 日起，上海和天津同时开放粮食价格，取消粮食凭证定量供应的办法。5 月 10 日，北京也开放粮油价格，取消凭票证供应。到该年 7 月初，全国已有 90% 以上的县市开放粮价。11 月，中共中央、国务院发布《关于当前农业和农村经济发展的若干政策措施》宣布要彻底改革粮食统销体制。随后，剩余未实行粮价改革的县市也陆续放开粮价，取消票证。至此，继续了 40 年的粮食统销终于结束了它的生命历程。

表 4.1　　　　浙江省绍兴县 1954—1993 年间各种票证实施情况

品　种	开始年份	定　量	取消年份
粮证、票	1954	按不同工种、年龄等确定	1993
食油票	1955	每人月 200 克	1993
布票	1954	每人年 5 米	1984
棉花票	1959	每人年 500 克	1990
纱线票	1959	每人年 2 支	1984
煤球票	1961	每人月 15—20 公斤	1993
煤油票	1961	每人季 250 克	1992
火柴票	1961	每人季 2 小盒	1990
肥皂票	1961	每人季 1 条	1990
盐票	1961	每人月 500 克	1989

续表

品种	开始年份	定　量	取消年份
糖票	1961	每人月 100 克	1985
豆制品票	1961	每人月 750 克	1991
酒票	1961	每人月 250 克	1978
烟票	1961	每人月 8—10 包	1982
水产品票	1961	每人季 1—2 公斤	1987
肉票	1961	每人月 150 克	1979

说明：1、各种票定量，在不同时期有增有减。2、还有其他临时票证：蔬菜票、蛋票、禽票、购货证等。

资料来源：绍兴县志编纂委员会：《绍兴县志》第二册，中华书局 1999 年版，第1454 页。

改革开放以后，社会生产力和经济活力都有了很大提高，原有的农产品购销体制不能适应新形势的发展，因此，统购统销的弊端日益暴露，成为了制约社会经济发展的制度。统购统销是国家通过对社会实行计划管理代替市场对资源实行配置的产物，人为地违背了市场价值规律，就市场经济角度而言，该制度本来就是一项错误的制度。但出于政治和经济建设目的，国家任由该制度按照原有的发展路径演变下去，当中途与社会有些磕磕碰碰时，便通过对制度微小调整以求缓解这些矛盾，长此以往，制度弊病越积越多。在改革开放以后，随着农村生产体制的改变促进农业的快速发展，使统购统销制度弊病暴露无遗。另外，当物质产品日益丰富和人们购买力提高的时候，它必定会不适应社会发展需求。因此，基层社会主体便向国家提出新的制度诉求。家庭联产承包责任制就是农民发挥创造性，冒险向国家提出新的制度安排，当政府看到该制度蕴含巨大生产力和潜在获利机会时候，也有意识地维持并推进该制度的诞生。此后，农产品卖难的问题、农村商品无法流通等社会问题的出现，社会又一次向国家提出新的制度安排，当国家对购销制度几经调整收效仍不佳后，最后顺应了社会发展需要，取消了统购统销制度。

统购统销作为短缺经济时代的产物，在农业生产力低下，有效供给不足的情况下，该制度在保障农产品资源有效有序的供应方面起到积极作用。随着农业生产力提高，农产品资源的供应容易得到满足，这意味着该制度已完成其历史使命，它的继续存在会使其失去了其原有本质作用，甚至会产生反作用，这就促使其逐步退出历史舞台。统购统销制度的终结也不意味着国家不再干涉农产品资源供求，而是以市场调控为主的条件下，辅之于国家的经济、法律和行政手段的调节，比如国家农产品最低最高收购价制度、贮备粮制度、农产品安全检测制度等，通过实施国家职能来消除市场调控产生的外部性。

六　结　语

统购统销制度作为短缺经济年代的产物，是计划经济的引擎，它使国家代替市场对农产品资源进行配置，该制度的实施后果产生了两方面的作用。首先我们可以看到它在历史上起到积极作用的一面，国家通过实现统购统销制度保证了市镇粮食供应，缓解和稳定了粮市紧张造成的混乱局势，为当时国家实行重工业发展战略提供资金积累，加速了工业化建设进程。另一面，我们在看到它取得的历史成效同时也应指出其带来的消极社会影响。统购统销作为一个违背市场价值规律的制度，遏制了市场经济的发展，实行工农产品价格剪刀差，极大地挫伤农民生产积极性；此外，由统购统销制度延伸出来的严格户籍制度，与我国城乡二元体制形成及其扩大存在直接的联系。

本文把统购统销作为一个历史年代的关键词来研究，基于制度变迁、国家构建、社会生产过程、关键词的视角进行研究，纵向梳理了该制度从产生到消亡的历史变迁过程，重点分析了统购统销产生和终结的缘由、运行过程及与其相关的主客体、规模形式等实体内容，指出统购统销制度是如何反映国家意志的，以及在该制度下国家与社会交互作用产生的结果。通过全文的分析，我可以发现隐藏在制度背后的制度变迁和国家进退逻辑。

首先看统购统销的历史逻辑，该制度呈现出衍生、发展、兴盛到消亡的过程，是先扬后抑、先主导后被动的变迁过程。强制性制度变迁是一种自上而下的，具有激进性和革命性，以政府为主导的制度安排。1951—1952年期间，国内粮食出现供求矛盾，粮市混乱已经威胁到社会稳定，这促使中央政府不得不开始酝酿新的经济制度来控制这种严峻供求矛盾向恶劣态势发展。该制度从 1953 年初开始酝酿到同年 11 月正式实施，仅有大半年时间。它的实施完全是决策者单方面根据自己对社会控制的需要、过去经验或借鉴其他政府类似制度进行的强制性制度安排，而不是一种根据社会需求做出的制度安排。由于政府掌握着制度变迁的主动权，因而，它的推动力极大，制度出台时间短，社会民众没选择权，只能被动地接受。但由于它不是根据社会需求做出的制度安排，因而，可能会不符合社会实际发展需求，产生制度的低效率运行。同时，它出台的时间过短，没有给制度接受者充分缓冲时间，还有可能造成社会动荡。而强制性制度变迁的诸多缺陷在统购统销制度运行过程中都表现得淋漓尽致。

国家通过什么方式推行统购统销制度，用哪种机制来确保该制度的正常运行，其实在制度运行与发展的背后，可以找出其中逻辑。统购统销分为统购与统销两部分，其中统购是统销的前提和保障，统销是统购的目的和结果。因此，要保证有农产品可以统销，就必须对农产品实行统购，即实行国家计划征购。而要保证国家能征购到足量的农产品，就必须从农产品生产的源头即生产环节抓起，实行生产的计划化，这是确保征购任务完成的首要条件；其次在产品的交换、流通和分配环节上，国家都会一一给予限额规定。在完成国家征购任务后，为了保证在有限的农产品资源情况下，使资源利用效率最大化和公平化，国家对征购到的农产品进行统销，在消费环节上严格规定销售区域范围、对象和消费额度。正是国家对社会生产过程中的四个环节实行计划化管理，使每个环节紧紧相扣，才得以使统购统销制度有序运行。在第二章小结中的统购统销运行图中，实线部分已表明统购统销制度运行是一个从生产的国家化、交换的国家化、分配的国家化有序过渡到消费的国家化的过程。国家通过对这个四个环节实施国家化管理，实现对社会进行控制、渗透与整合的政治目的。

虽然国家曾多次对统购统销制度的具体安排进行调适，但始终无法消除它的弊端，并且这种消极影响随着时间推移越演越烈，严重制约了农业生产和商品经济的发展。1978 年，安徽、四川等地方农民为了摆脱贫困挨饿的状况，冒着死的风险，开创了包产到户的农业生产责任制，而史实也证明这种新的制度安排蕴含的巨大生产力。这种来自基层民众对新制度安排的诉求行为，表明新制度安排带来收益远大于农民为此承担的风险。

当国家意识到新的制度安排给社会带来巨大收益时，便会强制性地对原有制度进行改变。1978 年后，为了解决产品卖难和流通难的问题，国家逐渐缩小统购统销的品种数量和范围，并逐步放开商品流通，实行多渠道经营，直至最后完全取消统购统销制度。这些迹象都表明，该制度的终结是诱致性制度变迁的结果，是国家基于社会民众对新制度诉求的情况下，改变原有的制度安排。

以铜为镜，可以正衣冠；以史为鉴，可以知兴替。通过对统购统销制度的衍生、兴盛到消亡过程进行阐述，我们可以从中获得一些经验启示，总体而言就是要明确国家与市场的界限，促进商品和人口流动，充分发挥人的主观能动性。

统购统销制度下的经济形式属于计划经济，国家对社会经济发展实行计划管理，对资源进行计划性配置。国家撇开市场，在违背市场价值规律的条件下进行垄断性经营，造成资源的低效率配置，破坏了市场价格的激励生产机制，极大地制约了社会经济发展。因此，在市场经济条件下，我们要注重市场对资源配置的基础性作用，充分发挥市场价值规律的作用，提高生产积极性，促进经济发展。其次要明确政府与市场的界限，建立以市场调控为主，政府的经济、法律、行政等手段调节为辅的市场经济运行机制，实行政企分开，充分给予经营主体的自主管理权限。在我国，农业作为国民经济的基础，并为工业生产提供原材料。有学者计算得出，国家通过统购统销的价格剪刀差，从农业向工业建设提供了 6000 亿元资金。如今我国工业建设已取得显著成就，而农业生产仍较为落后，因此，我国应适时在工业发展到一定程度后，开始加大对农业生产的扶助，实行工业反哺农业，城市带动农村的发展。

在统购统销时期，国家限制城乡集市贸易，控制区际贸易和严禁长途贩运，但我们可以发现每当国家在某个时期对集市贸易和区际贸易贩运放松管制时，市场活动又会突然活跃起来，经济得到较快发展。商品的交换流通是实现商品劳动价值的条件之一，限制集市贸易和区际流通等于束缚着经济发展，使劳动者的产品无法实现其劳动价值，这是在市场经济条件下不允许的。为此，国家应该积极创造条件，促进商品在区际间的自由流通，并消除地方保护主义，通过商品在区际间互通有无，达到繁荣商品经济的目的。在统购统销时期，国家还对城乡人口自由择业和流动实行限制，把农民紧紧地束缚在农村里、土地上，在农村人口不断增加情况下就导致了农业生产的内卷化，同时也加速了城乡二元结构的形成。改革开放以后，农村剩余劳动力逐步向城镇工业和服务业转移，城乡人口择业也更具有自主性。而许多实例和研究也都表明加快农村剩余劳动力转移和促进人口自由流动，对增加居民家庭收入、缩小城乡差距和促进经济发展方面具有显著作用。

生产计划:构成要素的政治学分析

【导读】"生产计划"作为一个名词贯穿于历史各个时期,但是作为大集体时期被赋予特殊政治意义的代表词汇,反映了计划经济体制下特有的计划生产模式,与日常生活中所言的单纯生产任务的计划和生产进度的安排相比较,有着更为深厚的内涵和更为宽广的视角。本文从关键词的解释入手,通过对生产计划组织要素、行为要素、运作要素及执行效果的解读,大广角地展现计划经济体制下集体生产的社会原因,生产计划的具体内容及流程运作、生产计划的执行效果以及生产计划的变迁;以政治学的角度层层剖开其构成要素下时代变化的信息,展现国家政权对乡土社会渗入的控制影响,政治对农民生产的嵌入影响。

"人们的生活自古以来就建立在生产上面,建立在这种或那种社会生产上面",① 马克思的这句话,揭示了生产的生命力所在。农业生产是人类生产的基础,农业兴、天下盛,农业动、天下震,农业生产的可持续性决定了人类发展的可持续性。中国五千年的文明史,反射着人类进行自然社会生产活动的镜像,而当代中国初期计划生产模式的注入,则带给农业生产一个新的纪元。

传统社会,国家仅在农村产出的分配环节介入乡村,以税收的形式间接管制着农村社会的资源。近代以来,随着传统乡村格局的打破,人民公社作为政社合一的政权组织走入乡村,作为 20 世纪中国农村最重要的制

---

① 《马克思恩格斯选集》第 46 卷上,第 488 页。

度模式和中国农村社会的存在方式，它给八亿人民带来过憧憬、理想、苦难和失望，给国家和社会带来过财富的积累、组织的构建、秩序的稳定，它让古老的农村走出了延续几千年的自然村落循环模式，改变了农民千年的思想方式、生活习惯、身份属性。中国农村从一盘散沙走向集体组织，农民从家庭经营转向社队经营，农业从自由生产转向计划生产。为何农业生产一朝改名换姓，纳入国家的计划经济体制之中？概括下来，毛泽东的社会主义理想、工农剪刀差的资源攫取、中国农业"循环的陷阱"是其主要因素。

毛泽东一直奋斗在"大同"的道路上，从年少时的"新村"到22年的军事共产主义生活，再到后来的人民公社，他试图把"一盘散沙"的农民组织起来，成为产业大军。1959年2月24日，《人民日报》发表题为《全国一盘棋》的社论，"我们的社会主义经济，是有计划按比例发展的。为了最有效、最合理地调动各方面的积极性，就必须更好地加强集中领导和统一安排。就必须从全国着眼，把全国经济组织成全国一盘棋。"在"全国一盘棋"的格局下，计划生产和计划分配彻底打破生产资料私有制的"小农意识"。

实行计划经济体制，而且是以国家指令性计划为主的体制，是为了保证社会主义的绝对公有制生产关系，保障国家权力对经济生活的全面控制。乡村政权不仅要维持着集体化的生产模式，而且要完成国家在农村的农业剩余提取，保障工业最快速度的发展。在农业生产方面，"统一安排全国主要产品的生产"，一切计划指标的制定都是以解决供给和需求不平衡为出发点，特别是解决"大城市里头，猪肉也没得吃了，粮食也没得吃了，猪肉也不能出口了"[1] 的大问题，最终是为了国家的工业发展、城市建设以及国民经济体系建设而服务。

毛泽东曾在1936年对埃德加·斯诺说，"谁争取了农民，就争取了中国；谁解决了土地问题，就争取了农民。"[2] 而在建国初期的中国，经过一系列土改政策，农民虽然获得了土地使用权，土地的低产值却不足以显

---

[1] 薄一波：《若干重大决策与事件的回顾》（下），中共党史出版社，第571页。
[2] 《外国人眼中的毛泽东》，华岳文艺出版社1989年版，第58页。

现出革命的辉煌成果，"农业内卷化"①的现象仍在延续。"村落制度缺少内在的创新机制，村落的发展有赖于文化的输入或外部力量的推动。"②集体组织下的计划生产模式成为摆脱没有发展增长最优选择。正如埃德加·斯诺所说，"共产党在播下集体劳动这一根本革命化的思想种子——为将来实行集体化做初步的教育工作，同时，一种比较广阔的社会生活观念开始慢慢地渗入到农民的意识深处去。"③

　　本项研究计划通过还原集体劳动下的计划生产场景，对生产计划诸多构成要素如组织要素、运作要素、行为要素进行政治学的分析，可对当前农村的农业生产状况提供具有历史深度的解释。近代以来中国农村的发展变化，既是整个社会整合的缩影，又是宏观社会变化的根基。以生产计划为关键词的研究，通过大广角展现计划经济体制下集体生产的社会原因，以农村经济社会史的角度反映人民公社时期的社会变迁，对于研究和解释当前农村生产的组织化困境，具有相当的现实意义。不懂得生产计划的历史作用，就不可能真正懂得今天中国的农村和今天中国的农民。同时需要特别说明的是，此项研究是中国农村问题研究中心刘金海副教授主持的教育部人文社会科学重点研究基地重大项目"当代中国农村社会变迁的关键词研究"的阶段性成果，能够有幸参与此项目的研究并撰写此文，得益于中心老师的全力栽培。

　　本文主要采用的是规范研究方法。以"生产计划"这一关键词为主题研究，运用政治学的分析方法，通过对生产计划组织要素、行为要素、运作要素及执行效果的解读，展现国家政权对乡土社会渗入的控制影响，政治对农民生产的嵌入影响。生产计划的文本资料多是零散和片段记录，如何提取并整合资料成为立文的首要难题。作者采用最传统的文本查询方式，通过一个月左右的县志查询获取全国计划生产的整体背景状况，并有

---

① 参见黄宗智：《华北的小农经济与社会变迁》，中华书局2006年版。"内卷化"一词首先由克利福德·吉尔茨提出。他在研究爪哇水稻农业的过程中，发现农业生产长期以来只是不断地重复简单再生产，一直未实现质的突破，亦即未曾导致人均产值的提高，从而阻止了经济的发展。吉尔茨称这种现象为农业"内卷化"。黄宗智将"内卷化"的概念用于对华北小农经济的研究中，发展了吉尔茨的"内卷化"理论，提出了以边际报酬为尺度的评价体系，认为"人口压力常使冀——鲁西北平原贫农农场劳力的边际报酬，降至雇佣劳动工资和家庭生计需要之下"。

② 张乐天：《告别理想——人民公社制度研究》，东方出版社1998年版，第3页。

③ 埃德加·斯诺：《西行漫记》，三联书店1979年版，第200页。

幸查阅到吉林省梨树镇北老壕村从 1957 年至今的全部档案资料，经过一个多月的翻阅整理，复原了个案村最原始、最全面、最真实的农业生产数据、会议记录以及作物生产安排计划等诸多有效信息，为本文的撰写打下坚实的资料基础。

本文的资料来源主要包括两部分：第一部分是个案资料的获取。吉林省梨树镇北老壕村从 1957 年至今的全部档案资料，包括会议记录、通知、调查表、统计表、账目结算、分配预算等各项文本，详实记录了半个世纪以来北老壕村的政治、经济变迁。北老壕村档案的完整性和系统性，使其自身具备了很高的学术价值，避免了二手材料与史实的偏差。第二部分是有关集体化时期农业生产的背景资料。这一部分资料可以分为三类：一是文献资料，包括各种政策文件与地方志，从宏观背景上分析政策的大走向以及政策传达的路径选择。二是权威媒体报道，主要指《人民日报》中关于集体化时期生产发展的宣传报道。作为中国最具权威的全国性日报，能够在第一时间回应地方农业发展的动态和人民群众的呼声，展现政策发布与执行互动的全国性场景。三是有关农业生产的相关学术性专著，从不同的视角探讨了农业生产的历史和现实分析，多学科、广视角的交叉研究为大场景下计划生产行为的分析赋予了深刻的学科关照。

一　组织要素

（一）组织力量：社会——国家

男耕女织的传统社会，农民遵循着"日出而作，日落而息"的自然时间，以及"24 节气"的农业生产时间进行劳作，自由安排种植作物和种植面积，所获产品除了缴纳"皇粮国税"外自由分配，农民是自我的主人。传统社会，农民和国家的关系仅限于赋税和徭役，国家政权通过乡绅阶层向基层社会渗透，而未实现对乡村的直接控制。"皇权止于县政"并不是说国家的行政管理级层限制在县一级，而是说千年以来形成的赋税体制已经形成了完备的代理征收机构，国家不需要直接向农民发布政令。在农民看来，"皇权"是遥不可及的，直接传导机制的丧失给予农民相对封闭却自由的生产生活空间。农民一辈子只和土地及种植土地的人打交道，国家只是证明自己属于什么朝代，相比较改朝换代的政治风波，农民更为关心的是今年田地的收成和赋税的高低。

伴随着以"土地私有"为特征的封建制度的瓦解，土地被重新"洗牌"。土地改革后，国家将土地分配给农民，在小农意识的支配下农民为自己而生产的强烈意识与国家的社会主义构建目标相违背，国家的集体化运动就是在此背景下展开。土地改革基本上摧垮了农村社会原有的以宗族、乡绅为首的社会组织，而其后的统购统销以及集体化运动，又摧毁了农村的市场网络以及相应的经济组织，国家权力第一次全面深入乡村，取代了宗教和乡绅为主的社会力量，国家力量实现了对乡村社会的全面控制。政府以一种前所未有的方式渗入社会的各个角落，以正式的政治力量对基层社会的渗透实现了政治整合，农民被统合进政社合一的国家组织中，成为"国家农民"。集政治、经济和社区组织于一体的公社体制下，农民联合劳动的强制化和分配方式的平均化，抑制了农村经济结构和成分的多元化，生产劳动的计划经济体制就是政治整合下的新的经济形式。

在一九五零年三月十日政务院关于春耕生产的指示会议中，周恩来总理一开头便提到："春季已到，为完成一九五零年的国家所规定的农业生产计划，各级人民政府应该有效的紧张地抓紧时间，不误农时从各方面组织春耕生产的工作。"并以"确实保障一九五零年农业生产任务的胜利完成"结束会议。① 自此，农业生产计划与农业生产任务如同孪生一般登上了新中国农业集体化时期的大舞台。

建国初期，百废待兴，在生产资料严重匮乏、生产力严重短缺的局势下，国家对农业的全面调控起到了快速恢复生产，稳定人心的作用，也由此开始了生产计划的数字指标时代。政务院《关于一九五一年农林生产的决定》："保证棉、烟、麻播种面积和收获量的完成，是一九五一年农业增产极为重要的一项任务。各级人民政府均须根据中央和上级所分配的计划数字和各地的具体情况，作出保证完成任务的详细计划，有领导地去做。播种面积如何分配，种子如何准备，都应有周密的计算和计划。"②

中华全国合作社联合总社《关于一九五二年预购棉花工作的指示》：

---

① 政务院 1950 年 3 月 10 日：《关于春耕生产的指示会议》，《农村政策文件选编》（三），中国人民大学农业经济系资料室内部资料，第 8 页。

② 政务院：《关于一九五一年农林生产的决定》，《农村政策文件选编》（三），中国人民大学农业经济系资料室内部资料，第 29 页。

"中央人民政府政务院关于一九五二年农业生产的决定中指出，'互助组和生产合作社要订立增产计划，并与供销合作社订立予（预）购合同，使国家的经济计划与农民的经济组织结合起来'"。国家的计划指标开始渗入农村的经济合作组织，并试图以经济控制的手段把农民纳入国家集体中。"这种带有组织性、计划性的供销业务，开始萌芽了（于）城市与农村、工业品和农产品之间，新的商品流转形式，即有计划有组织地交易，而不是旧的自由交易，这对农民养成集体习惯有着重要的作用。"①

农业税对于调节作物种类，控制粮食作物和经济作物的种植面积，保证粮食的规模生产起到了有效的杠杆作用。政务院《关于一九五二年农业税收工作的指示》："为了控制经济作物的种植面积，并适当平衡农民负担，凡经济作物负担过轻的地区，均应酌情提高经济作物的税率。"②政策文件中数次强调"增产粮食是农业生产工作中的首要任务。"并对粮食作物生产的重要性做出解释，"小麦和水稻是我国主要的商品粮食，水稻占全国粮食总产量百分之四十一点六，而小米、玉米、高粱和诸类等各种杂粮，又是广大农民的主要食量，占粮食总产量的百分之四十以上，且其抗灾性能较强，容易获得丰收，其秸秆又可充作饲料与燃料。因此必须根据各地自然条件，领导群众全面地增加各种粮食作物的单位面积产量。"③

虽然国家在粮食生产上投入巨大精力，随着国民经济有计划大规模建设的展开，农业生产特别是粮食生产购销紧张的问题不断暴露。1953年年底，政务院颁布并施行《关于实行粮食的计划收购和计划供应的命令》，即为我们熟悉的"统购统销"政策。"在实行统购统销政策前，我国的粮食市场是一种自由市场，农民除缴纳农业税（即公粮）外，粮食

---

① 中华全国合作社联合总社：《关于一九五二年预购棉花工作的指示》，《农村政策文件选编》（三），中国人民大学农业经济系资料室内部资料，第47页。

② 政务院：《关于一九五二年农业税收工作的指示》，《农村政策文件选编》（三），中国人民大学农业经济系资料室内部资料，第52页。

③ 政务院：《关于加强增产粮食和救灾工作的指示》，《农村政策文件选编》（三），中国人民大学农业经济系资料室内部资料，第62、63页。

可以自由上市。"① "统购统销"政策施行后，国家实行了"统一的管理，统一的指挥和调度"的粮食管理体制。毛泽东在谈到粮食问题时就指出，"农村经济正处在由个体经济到社会主义经济的过渡时期，我们经济的主体是国营经济，有两个翅膀：一翼是国家资本主义；一翼是互助合作，粮食征购（对农民的改造。这一个翼，如果没有计划收购粮食这一项，就不完全）。"②

在《中共中央关于粮食统购统销的决议》中规定："所有方针政策的确定，所有收购量和供应量，收购标准与供应标准，收购价格与供应价格等，都必须由中央统一规定或经中央批准，地方则在既定的方针政策原则下，因地制宜，分工负责，保障其实施。"国家对地方的命令——服从关系得到强化，虽然赋予地方政府的一定管理权限，也是在中央计划的控制范畴之内。"在今年布置春耕生产时，就把粮食统购数字分配到乡，要求各乡根据国家农业生产的指标制订本乡的生产计划和本乡的粮食出售计划。"③

在粮食统购统销政策实施不久，食油和棉花等其他若干农产品也开始实行计划收购和计划供应。"在油料作物集中的产区，要求已种油料的农民继续按照国家计划大量增产油料"，同时"要求过去没有种植油料作物的农民，在不过分挤缩其他农作物种植面积的前提下，按照每人不超过一分地的标准，挤出少量土地来种植油料作物。"④ 1954 年实行棉花统购和棉布统购统销，1955 年实行生猪派购，1956 年将统购范围扩大到烤烟、麻类、甘蔗、茶叶、蚕茧、羊毛等农产品，1957 年进一步把更多的经济作物和药材纳入统一收购范围。高度集中的流通体制在强化指令性计划、弱化市场调节的同时，生产领域的合作化又为流通体制的巩固提供了制度保障。"由于国家实行统一收购、统一供应与优待售粮储蓄等措施，……

---

① 陈吉元，陈家骥，杨勋：《中国农村社会经济变迁》（1949—1989），山西经济出版社 1993 年版，第 167 页。

② 同上书，第 170 页。

③ 国务院 1955 年 3 月 3 日：《关于春耕生产的决议》，《农村政策文件选编》（三），中国人民大学农业经济系资料室内部资料，第 114 页。

④ 政务院 1954 年 9 月 19 日：《关于发动农民增加油料作物生产的指示》，《农村政策文件选编》（三），中国人民大学农业经济系资料室内部资料，第 109 页。

开始把小农经济的生产活动，纳入了国家计划经济的轨道，限制了农村自发资本主义势力的活动"。①

国家除了对粮、棉、油的全面计划外，对影响农业生产的劳动工具、劳动力、牲畜也列入了农业生产计划的大范畴之中。"对新引进或新设计新式农具的推广、供应和制造，必须分别由中央或省经过选样定型、设计、试制、试用、标定后，才可根据实际需要，有计划地进行制造、供应和推广。不经中央或省批准，不得任意制造、供应、推广新式农具。"②农具的标准化制造和推广是为了适应构想中集体农庄的大规模统一生产，加速推进农业机械化的步伐。如果对农具的限制只是停留在桎梏劳动者的创造力和"全国一盘棋"局势下人为掩盖地区差异性的层面上的话，对农村劳动力的地域控制或者户籍限制则把农村人永远的捆绑在了农村的土地上，农村是城市生活的供给产地和资源库，城乡差距的剪刀差就是通过农村劳力的代代付出而积攒变大。"农村人口大量外流，不仅使农村劳动力减少，妨碍农业生产的发展和农业生产合作社的巩固，而且会使城市增加一些无业可就的人口，也给城市的各方面工作带来了不少困难。"对于"不听话"的农村劳力，户籍制度无疑是最有效的驱逐方式。"在城市和工矿区，对盲目流入的农村人口，必须动员他们返回原籍，并且严禁流浪乞讨。公安机关应当依照城市管理户口规则，进行严格户口管理。"③

牲畜可代替部分人力进行田间作业，可以提供肉食品，其粪便是优质的农家肥，所以对牲畜的计划是自然而然的事情，并且这项任务是不亚于粮食生产重要性的重要任务。"大量增产生猪，是农业生产中的一项重要任务。""过去没有把养猪列入农业生产计划，或者只规定一个总的增产指标，而没有相应地规定一系列的具体的增产措施，这个缺点必须改正。"④ 国家对养猪数目也做出了具体要求。"要求到 1957 年，华北和西

---

① 《中国人民银行关于一九五四年上半年发放农业贷款工作的指示》，《农村政策文件选编》（三），中国人民大学农业经济系资料室内部资料，第 93—94 页。

② 国务院 1955 年 9 月 29 日：《新式农具统一管理暂行办法》，《农村政策文件选编》（三），中国人民大学农业经济系资料室内部资料，第 138 页。

③ 中国共产党中央委员会、国务院 1957 年 12 月 8 日：《关于制止农村人口盲目外流的指示》，《农村政策文件选编》（三），中国人民大学农业经济系资料室内部资料，第 232、233 页。

④ 国务院 1955 年 12 月 7 日：《关于生产生猪的指示》，《农村政策文件选编》（三），中国人民大学农业经济系资料室内部资料，第 142、143 页。

北的农业地区每户平均养猪一头至一头半，长江流域各省每户平均养猪一头半至两头，南方和东北各省以及大城市郊区平均每户养猪二头至二头半。"① 初级社的互助生产对牲畜入社提供了合理解释。"各地领导机关必须要大力说服农业生产合作社，立即结合生产的规划，把社员所有的耕牛全部包下来，统筹安排。每一头牛做甚（什）么活，做多少活，评给多少工分以及饲料来源等，都要及早安排好。"耕牛一旦入了社，就被视为集体财产，社员丧失了对其的处置权。"禁止任何机关和农民私自宰杀耕牛。"② 社员的田地入了社，只能统一分配牲畜的饲料田。"农业生产合作社可以根据需要和当地条件，抽出一定数量的土地分配给社员种植猪饲料。分配给每户社员的这种土地的数量，按照每户社员养猪头数的多少决定。"③

（二）组织单位：家庭——集体

在传统农村，对农民而言，产权主要表现在其对土地及家庭财产的所有权、使用权、收益权和处置权，家庭作为组织、管理的社会基础，是国家的社会管理单位、赋税徭役单位、法律单位、福利单位，家庭所有制保证了私有产权结构的完整与延续。在合作组、初级社、高级社、人民公社的整个建立过程中，个体农民所有制的存在成为社会主义公有制的障碍。毛泽东根据中国农村的落后状况，早在《组织起来》一文中就说：在农民群众这方面，几千年都是个体经济，一家一户就是一个生产单位，这种分散的个体生产，就是封建统治的经济基础，而使农民自己陷入永远的贫困。克服这种状况的唯一办法，就是逐渐地集体化，而达到集体化的唯一道路，依照列宁的话说，就是经过合作社。④ 在合作化运动基本完成的1956年，国务院做出《关于农村生产合作社统购统销的规定》，要求粮食

---

① 国务院1956年7月1日：《关于发展养猪的指示》，《农村政策文件选编》（三），中国人民大学农业经济系资料室内部资料，第173页。

② 国务院1955年12月30日：《关于防止滥宰耕牛和保护发展耕牛的指示》，《农村政策文件选编》（三），中国人民大学农业经济系资料室内部资料，第155、157页。

③ 全国人民代表大会常务委员会1957年6月25日：《关于增加农业生产合作社社员自留地的决定》，《农村政策文件选编》（三），中国人民大学农业经济系资料室内部资料，第208页。

④ 《毛泽东选集》合订本，人民出版社1964年版，第885页。

统购和农村统销，"一般以社为单位，根据 1955 年分户、分社核定的粮食定产、定购、定销的数字，统一计算和核定"。[①] "初级社成立的意义主要在于它的政治和社会组织上，但是，我们并不能忽视其中最基本的规律，即强调以社为核算单位，即是说，以社为基本的生产单位。"[②] 生产单位由家庭向社转变，"国家便不再与农户直接发生粮食和其他主要农产品购销关系"，"从而使得国家在农村的统购统销对象，一下子由原来的一亿几千万户简化为几十万个合作社，明显扩大了国家对农业经济活动的控制能力。"[③]

在社会生产的意义上，生产单位的扩大对于建国初期土地与劳动力之间非均衡配置的矛盾起到一定的缓解作用，同时通过统购统销制度"在生产环节建立一种政府能够有效控制的制度，以便既能囤积过剩的农业劳动力资源，将农民稳定在土地之上，又能使之根据国家计划及时安排农业（首先是粮食）生产活动，以保证农产品供给与国家需求相符合"。[④] 因此，农村合作化运动的目的在于引导农民走向农业集体化的道路，组织化程度的提高放大了农村社区的生产功能，一系列超越家庭的组织单位的存在，不仅取代了传统大家庭的生产功能，而且融入了政府的保障性功能。"集体所有制下的农村集体不仅是农民集体进行农业生产的劳动组织的基本单位，也是国家治理农村的基层单位，更是农民生活的基本单位。"[⑤]

"社"的出现是国家权力强制性介入农村集体产权的产物，"国家打破了基于历史和自然因素形成的农村社会发展进程，直接构造了一个新的中介组织。"[⑥] 农民被集体化到新的生产组织单位，一切按"计划"生产，契约关系赖以成立的自愿原则在这个过程中是不存在的，所有安排都是按

---

① 国务院 1956 年：《关于农村生产合作社统购统销的规定》，《农村政策文件选编》（三），中国人民大学农业经济系资料室内部资料，第 155、157 页。

② 刘金海：《产权与政治——国家、集体与农民关系视角下的村庄经验》，中国社会科学出版社，第 52 页。

③ 陈吉元，陈家骥，杨勋：《中国农村社会经济变迁》（1949—1989），山西经济出版社 1993 年版，第 577 页。

④ 同上书，第 575 页。

⑤ 刘金海：《产权与政治——国家、集体与农民关系视角下的村庄经验》，中国社会科学出版社，第 29—30 页。

⑥ 同上书，第 57 页。

指令行事，农民变成"社员"，私人物品变成"公共物品"。当小家庭被组织进大集体后，以血缘关系为基础的家族组织被以政治关系为纽带的集体组织所取代，阶级成分转化为政治等级，贫下中农、中农、富农、地主等政治身份通过生产劳动中派工工种、奖惩措施等的不同而强化，并且通过血缘遗传而代代继承。"在很大意义上，把家族与新国家对立起来的观念在改革以前的三十多年中占主导地位，家族被列为与封建国家及其神权相等同的社会遗存而加以'革命'。"① 但是家族组织的"革命"阻止了生产资料和权力的合理有效地配置，生产组织的全能和生产劳动的低效带来乡村社会发展的制度困境。

社的组织层级包括公社、生产大队和生产队。生产队组织符合科层制结构的特点，官员庞杂而级别清晰，社会精英和氏族大户被新的组织系统所取代，国家权力的层层渗透打破了地方官员的乡土本色，一套集体劳动制度要求下的统一岗位被复制到各个公社及其下级组织。北老壕大队1966 年有 11 个生产队，整个大队的岗位设置如下：农业技术员 11 名，卫生院 11 名，接生员 4 名，大牲畜饲养员 11 名，防疫员 1 名，林业员 11 名，记工员男女各 11 名，大车组长 11 名，生产组长 12 名，猪倌（放牧员）11 名，牛倌（放牧员）8 名，正队长 11 名，副队长 14 名，妇女队长 11 名，会计 11 名，保管员 11 名，出纳员 9 名。详细的岗位职责打破了乡土社会原有的松散组织结构，以便于生产计划的迅速下达及有效执行，生产队、生产小队的负责人作为公社党政机构的代理执行者，其"干部"身份的特殊政治意义拉近了国家的在场距离，干部主要担任集体生产中的领导工作，一些主要干部同时负责对社员的思想、文化宣传、反馈工作。如妇女队长不仅要"组织妇女积极参加生产队的选种、间苗、拔大草、扒苞米等力所能及的劳动"，同时要"掌握妇女劳力的思想动态，搜集她们的反映、意见和要求，并要及时向队委会反映，以便及时解决"。② "人民公社是一个特别强调原则的时代，其核心是要求人们不折不扣地服从上级的路线、方针和政策，按照党的教导办事"③，农民的各种

---

① 王铭铭：《村落视野中的文化与权力》，三联书店 1997 年版，第 90 页。

② 《关家屯大队工作组有关生产队经营管理制度》，吉林省梨树镇北老壕村档案 1965 年全宗 10 号目录 3 号卷。

③ 张乐天：《告别理想——人民公社制度研究》，东方出版中心 1998 年版，第 435 页。

行为都处在集体支配之下，生产队在计划生产过程中，新的组织系统通过对日常劳作的计划安排，使农民接受、依赖并信任生产队组织。

（三）组织形式：非正式——正式

传统中国乡村社会是由国家政权和社会权威共同治理，"皇权不下县"的制度模式下，国家对农村的实际管理，在县以下的乡村基层社会是由乡绅为代表的地方精英在非制度层面进行的，经纪体制作为一种暂时性和辅助性的政治体制，其组织构成属于非正式组织结构，地方精英借助地方威望和国家赋予的管理职权，在乡土秩序的规范下担负管理、征税等行政职能。

中华人民共和国成立后，在毛泽东"组织起来，是由贫变富的必由之路"的政策号召下，合作组、初级社、高级社，直到人民公社在"社会主义好"的阵营下被迅速组织并推广开来，由此开始了长达20多年的中国农业集体化时期。人民公社作为正式的官僚系统取代了基层社会的经纪体制，中国共产党为代表的政党组织把国家权力延伸到村庄。新的组织基础和组织文化都是超越传统格式和血缘取向的，因而对乡村社会的整合与控制不能够再按照家族伦理的秩序遵行，政治运动作为正式的政治力量广泛推行。人民公社时期集体农业下的计划不再是单纯的经济计划，而是列入了政治任务的范畴中。

公社、生产大队（管理区）、生产队按照层层下派的方式制定出整个年度的春耕、秋收、冬播生产计划，内容涵盖农、林、牧、副各个方面，具体包括指标的量化、耕作方式、时间计划、人员安排、奖惩措施等，可谓事无巨细。社员正是在这种"标准化生产线"上，被隐藏了自己的人身自由和思想言论，犹如卓别林一般机械的进行农活的"标准化操作"。公社唯一的交换对象是国家，在流通、分配领域被国家垄断的同时，生产领域自然丧失了讨价还价的余地，只能在既定的供销计划下按时按量地进行农业生产。

为了使公社的计划纳入国家计划的轨道，使公社的生产和商品交换能更正确地在国家统一计划的指导下进行，购销合同作为一种合约形式普及开来。"国家同人民公社逐步建立合同制，就将成为国家对人民公社实行计划领导的一种重要形式了。"所谓的合同制，只是政治任务通过经济形式表现出来。合同"预购定金用于解决生产和生活困难的意义将逐渐减少；通过预购合同把农业生产和农产品收购纳入国家计划的意义大大增加了。"[①]

超越了传统格式和血缘取向的政治组织，通过对生产者、生产工具、生产方式的控制指导着农业生产的方方面面，加强党的领导是善始善终完成各项任务的重要保证。种植什么作物，什么时间种，哪些人种，种植密度等都被列为重要的政治任务加以传达，其中党员发挥了重要的领导带头作用。社员对种植计划如有异议，一般通过教育、学习、谈心的方式进行说服，如果一意孤行阻挠种植计划的开展，则会动用"大字报"、"黑板报"、开大会等政治运动方式公开批评，并处以扣减工分、分配重活计的处罚形式。对公社而言，按计划种植的不奖不罚；不按计划种植的，区别情况予以经济处罚。正式的政党组织比传统秩序格局下的非正式组织更有效率、更有力量按照国家意志而生产。

（四）组织制度

1、生产责任制：评工计分

社员净身入社，个人财产交公变为集体财产，个人劳动转变为集体劳动，在集体组织内，统一劳动、均等分配，特别是生产的季节性、工种的复杂性以及管理的非制度性，难得有标准的度量衡进行核算，劳动和报酬的核算只能是大体上的平均主义。相对于个体组织下对称的劳动量和收获量，集体组织下生产和分配不能严格的画等号，这就避免不了"出工不出力"现象的频发。劳动者支配自己劳动和劳动产品的自由被剥夺，其生产活动受到集体——国家的支配，生产是为集体生产、为国家生产，简单的劳动被赋予了更高的意义。国家通过集体组织统一支配生产资源，制定生产计划，农民面对自上而下的行政命令，往往采取弱者无声的反抗而消极怠工。为了保证生产计划的实施，生产队广泛采用包工、包产、包财务、超产奖励的"三包一奖"的集体责任制度。

包工制度指的是，"① 凡是农活都要采取包工，大活到组，小活到

---

① 国务院：《关于一九五九年农产品预购的指示》，《农村政策文件选编》（三），中国人民大学农业经济系资料室内部资料，第271、270页。

人，根据情况分别进行包工。② 管理委员会要做出常年的、季节的、小段的、临时包工计划，农活进行分类排队。"① 包产制度包括包产量、包产值与包产量和产值结合三种办法。一般的粮食作物采取包产量，蔬菜作物采取包产值，技术作物采取包产量与产值结合的方法，分地块作物定产量标准，核算出全队总产量，作为包产数；或是根据相同条件的土地和各类作物排队分等。包财务分三种情况：一种是属于定量消耗，如种籽、草料、农药和化肥等；第二种是属于生产杂支和行政管理费用，如绳套、浇车油、千斤犁铧、笼头、串钉、挂掌、桌灯油、办公费等消耗；第三种是管理区要包给生产队一定数量的折旧费，由生产队自己添买各种农具。

《人民日报》对于"包工包产"的可行性进行过报道。如贵州施秉县大桥农业社，为了使生产计划得到良好的贯彻，"每个干部和社员不只是知道今年全社生产大跃进的计划，而且知道了实现计划的措施，特别是这些措施具体到每块地种什么、怎样种、多少工、产多少、谁来种，这样，他们就把计划、措施和人挂上了钩。这样，每个人都能看到自己的劳动和实现计划的直接关系，干劲自然更足了，责任心也普遍加强了。"②

"三包"制度的实施，在一定程度上解决了投工的无序性、出工的随意性、收益的对称性、财务的透明性。但是，"三包"一般不是直接针对个人的行为，而是以组或队为单位，并且生产组从生产队承包的，在大多数情况下，并不是产量而是工分。查阅吉林省梨树镇的档案资料，在关于幸福大队第四生产队夏锄生产改进劳动组织，合理评工记分的调查中介绍包工方法，"夏锄生产内容之一为铲地，生产队按劳动定额确定地块，一次包给铲地组。小组内部根据个人完成的垅数多少，质量好坏，以垅记件，先记毛分，一块地铲完经过检查验收，生产队与包工组结算实工分，小组把实分再落实到人。"③ 对劳动者的惩罚措施，除了少部分实物发放外，还按劳动日或者按劳力等级底分负担的方法分摊受罚。超产单位的群众形象比喻超产，"这好比新出嫁的姑娘回娘家，带回来的东西少，拿走

---

① 《北老壕生产大队一九六二年第二次社员代表大会关于认真的贯彻执行》，吉林省梨树镇北老壕村档案 1962 年全宗 7 号目录 2 号卷。

② 《把计划、措施和人挂上钩》，《人民日报》1958 年 04 月 28 日。

③ 《关于幸福大队第四生产队夏锄生产改进劳动组织，合理评工记分的调查》，吉林省梨树镇北老壕村档案 1963 年全宗 8 号目录 1 号卷。

的东西多。""三包一奖包得了数，包不了心，大队统一分配，生产队老怕吃亏，互相观望，互相依靠，各打各的小算盘，谁也不愿意多投工，多投资。""三包一奖好是好，就是投机取巧管不了。"① 国家的政策刺激计划因为产权不明而效果大打折扣。

劳动量被折算为工分，生产队分配和奖励给劳动者的最初形态都是工分。"包工包产"的生产责任制实质上就是"评工计分"的生产责任制。辛逸在提到"包工包产"的缺陷时，明确指出两条，"一是承包单位不是农户或社员而是生产队或生产小组；一是承包单位直接承包的不是产量而是工分"，得出结论"在农业集体经济的框架内，只有把社员劳动与农业产量直接联系起来，才能比较有效地调动社员的劳动积极性，提高农业劳动生产率"②。

2、劳动管理制度：基本劳动日制

各生产小队建立劳动考核制度，实行基本劳动日制，凡有劳动能力的男女社员都必须参加社内劳动，做出基本劳动日数。"每个男劳力每月必须出勤参加劳动 28 天，妇女每个月必须参加 24 天的劳动为满勤。"③ 次年，男劳力劳动日进行微调，"每个月男劳力参加二十六天的劳动"，并且实行灵活劳动日，"根据季节闲忙，自己讨论在月初定出基本劳动日。"④ 第三年，男女劳力再次下调基本劳动日，"每个男劳力每月出勤 25 天为满勤，女劳动力每月出勤 20 天为满勤。"同时按照不同劳力等级细分出勤劳动日，"一年一等男全劳动力要做 300 个劳动日，二等劳动力每年要劳动 280 个劳动日，三等劳动力一年要做 260 个工作日。一年一等男半劳动力要做 200 个工作日，二等要做 150 个工作日，三等的要做 120 个工作日。"女劳动力的标准越来越低，"女社员一等的一年劳动 100 个工作日，二等要劳动 80 个工作日，三等的要劳动 60 个工作日。"表面上看是对女劳动力的特殊照顾，实则是限制女劳力出工，以便减少投工提高

---

① 薄一波：《若干重大决策与事件的回顾》（下），中共党史出版社，第 659 页。
② 辛逸：《农村人民公社分配制度研究》，中共党史出版社 2005 年版，150 页。
③ 《劳动组织制》，吉林省梨树镇北老壕村档案 1961 年全宗 6 号目录 2 号卷。
④ 《北老壕生产大队一九六二年第二次社员代表大会关于认真的贯彻执行》，吉林省梨树镇北老壕村档案 1962 年全宗 7 号目录 2 号卷。

分值。①

在正常的情况下，每人参加劳动时间得保证 12 个小时，为执行党中央六十条指示，坚决不提倡搞夜战，也必须保证社员的 8 个小时睡眠，每天 4 个小时的吃饭休息时间。12 个小时的高强度劳动时间不包括学习时间，四清开始后的各种学习班、学习任务占据了社员有限的休息时间。而农闲时间本不需要这么久的劳动时间，各种副业生产占据了一部分时间安排，开会辩论占据了部分时间。农民的日常生活主要就是劳作，对农事生产的计划悄然蔓延到对生活的计划。生产的积极性靠辩论去鼓动，计划的理论性靠学习去指导。集体组织通过对劳动时间的严格控制调配着劳动资源，攫取着最大限度的劳动能力。节日放假如"五一""十一""端午节""中秋节""阴历年"春节可以放假，天数按上级规定执行，但不论何时放假日都在每月放假日内算。妇女在产期前后可休息 40 天，在农忙必须做较轻的活。妇女在月经来时可以不做重活不下冷水。社员放假要很好的安排，每月要开 1—2 次的休假安排会议。哪一天休息必须采取轮流休息的办法，但是农忙季节可以串休，可以提前休，可以推后休，坚决不准因休假而影响了农忙生产的作物生育。社员自愿不休假者可以适当奖励工分。"牲畜也必须有劳有逸结合，每天也要干 12 个小时活休息 12 个小时。"②

基本劳动日的调整正是基于农业生产的自身特点，不可能像工业生产一样制定严密的工休时间及计量标准。一方面基本劳动日制保证了集体生产的秩序化和生产任务的标准化，另一方面，打破了家庭为单位的农事生产的季节化和单位化。传统家庭生产根据生物的多变生长过程作出灵活调节，出工收工时间的高弹性为人力、地力的充分使用和节约提供了有利的控制余地。集体生产把农活具体化、时间固定化、劳力数量化，产出分配和工分直接挂钩，而工分的获得以基本劳动日为依据，以劳动日为依据的集体生产和以产量为依据的家庭生产最大的不同就是种植和产出没有了必然的联系，劳动的奖惩制度全部通过劳动日折算的工分来估算。

"凡是按规定基本劳动日多做一天一般多给 50% 的劳动工分，也就一

---

① 《劳动管理制度》，吉林省梨树镇北老壕村档案 1963 年全宗 8 号目录 1 号卷。

② 《劳动组织制》，吉林省梨树镇北老壕村档案 1961 年全宗 6 号目录 2 号卷。

天给一天半的工分。"达到出勤天数是第一要素，标准工分的获得是第二要素，两者同时满足方可受奖。与此相反，"凡是没有达到基本劳动日，没有正当理由按标准少出勤一天，在已挣工分中按本月劳动日标准去50%，也就是少出一天，不但没挣工分，而在以前挣工分扣除半天工分。"① 不出工，扣减工分；出工，正常工分；出工加上实干，奖励工分。这样的逻辑下，社员一般选择出工，出工与否关系到政治觉悟，出工不是为自家出工，是为集体出工，为国家出工；出工不出力，工分标准缺乏监督，实际工分评定更多依据出身成分及政治面貌，熟人社会的特性造成工分分值只增不减，进而造成处罚制度的失效。

二　运作要素

（一）计划指标的制定

下面以吉林省梨树镇北老壕管理区一九五九年农业种植计划为例，两本账的现象已然已被良好贯彻。

全区总耕地面积 1007.71 垧，单产 3946 公斤，总产量 3749253 公斤；其中大豆作物 335.85 垧，单产 3780 公斤，总产 1344950 公斤；技术作物 46.84 垧，单产 5960 公斤，总产 281055 公斤；园田作物 19.85 垧，单产 4200 公斤，总产 74970 公斤；粮食作物 587.87 垧，单产 4096 公斤，总产 2404303 公斤。②

作物名称	播种面积（垧）	单产（公斤）	总产（公斤）
粮食作物	587.87	4096	2404303
大豆作物	335.85	3780	1344950
技术作物	46.84	5960	281055
园田作物	19.85	4200	74970
合计	1007.71	3946	3749253

① 《奖励制度》，吉林省梨树镇北老壕村档案 1963 年全宗 8 号目录 2 号卷。

② 《一九五九年农业种植计划》，吉林省梨树镇北老壕村档案 1959 年全宗 4 号目录 3 号卷。

下面的表格是在同一份档案中的另一份计划指标，仍是关于 1959 年北老壕管理区的农业种植计划，从种植面积到单产、总产的估算均比上述计划有了跃进的步伐。从作物分类的详细程度推知，这份表格应该是地方向上级的汇报指标，而前一份指标则是地方实际执行计划。

各种作物面积产量计划表　　单位：垧、公斤，吨

作物名称	播种面积	平均产量	总产量
一、粮食作物	1541	6406	7370
水稻	5	7500	37
苞米	846	5550	4683
高粱	155	4000	620
谷子	450	3000	1350
薯类	85	8000	680
二、大豆	950	2000	1900
三、技术作物	128	1211	155
青麻	24	1100	26
线麻	10	700	7
本地淤	1	600	1
蓖麻	12	550	7
向日葵	16	1400	22
大麻子	15	800	12
甜菜	50	16000	80
四、园田	70	42000	294
合计	2689	4652	12510

数据来源：北老壕档案资料：一九五九年度农业生产计划指标

《六十条》中的第九条对中央和地方的账目作了这样的表述："生产计划三本账。中央两本账，一本是必成的计划，这一本公布；第二本是期成的计划，这一本不公布。地方也有两本账。地方的第一本就是中央的第二本，这在地方是必成的；第二本在地方是期成的。评比以中央的第二本账为标准。"主管财政工作的薄一波对于自己当时建议的中央、地方两本

账的做法表示是个失误，"因为两本账或三本账的观念为计划的层层加码打开了一个重要的缺口。中央带头搞两本账，各级都要搞两本账，下到基层，同一个指标就有六七本账了。"因此，"'大跃进'中的各种高指标，大都是通过编两本账的办法，层层拔高的。"① 公社、生产队生产计划的编写通过层层账目的指标加码就演变成了"浮夸风"和"放卫星"，国家的计划以一种冲击波式的扩展模式进入基层，生产队甚至来不及反映指标的可行性，就被推到了"跃进"队伍的最前端。基层的生产热情被政治运动鼓动起来，在大鸣大放大辩论的斗争下，生产计划越订越先进。

一个公社的先进性直接通过计划指标的跃进程度而定，保守的指标不仅是生产落后的表现，更是思想落后的铁证。"许多地方正是在制订和修订生产计划的过程中，发动了群众，批判了右倾保守思想，鼓足了群众的冲天干劲，才取得了大丰收的果实。"② "计划是行动的指南，跃进的计划更能鼓舞群众的革命干劲。"③ "许多情况表明，各地增产的劲头很足，绝大多数省的粮食生产计划都大大超过国家规定的指标。如河北省今年粮食计划总产量二百五十亿斤，超过国家指标一百九十亿斤的 31.5%；江西省今年粮食计划总产量一百七十五亿斤，比 1957 年增产 25%，超过国家指标一百四十二点八亿斤的 22.5%。根据福建省各地的计划，今年将有九个县、市的亩产量超过千斤，有十个县、市达到或超过八百斤。许多专区、县的计划产量更是层层突破指标。……今年各地粮食生产计划是在批判了右倾保守思想的基础上拟订的。"④《人民日报》上捷报频传，继续煽动着各地反右倾的情绪，指标被无限制抬高。

计划指标的经济指导作用被政治表现所掩盖，指标的制定似乎不再是一件关乎农业生产的大事，计划和生产的脱钩导致国家主导下计划生产职能的失控。一张"科学工作者的大字报"反映的情况实际代表了整个国家计划制定的现状。"有人把订计划看成是负担，在制订时只是填表格，'交卷'算数。因此计划订得很简单，'灵机一动'，随便写上几行。至于

---

① 薄一波：《若干重大决策与事件的回顾》（下），中共党史出版社，第 480 页。
② 《把计划交给群众》，《人民日报》1959 年 03 月 03 日。
③ 《把增产计划变成群众的行动》，《人民日报》1958 年 03 月 22 日。
④ 《打破保守思想，迈开大步前进，369 个县市争取今年实现"四、五、八"，多数省份粮食增产指标突破国家计划》，《人民日报》1958 年 02 月 18 日。

以后，还是碰到哪里做到哪里；甚至有些人当研究计划放入保险柜以后，就把它忘之九霄云外了。也有人把计划订得既笼统又宽松，到年底自然就轻而易举地'完成'或'超额完成'了任务。"[1] 比学赶超的政治气氛下，"别人订了一千，我也不能九百。计划先这样订了，能否实现将来再说。在计划订出以后，既不研究具体措施，也不打算百分之百实现，说过就算了。"[2] 跃进的形势过于迅猛，以致每个人都无法预料明天的局势，指标的数字变动比通货膨胀纸币贬值的速度还快，计划随时被更新，没有了实现的现实空间。

在计划的制定中，公社并非完全忽视当地的地力、气候、劳力分配等因素，但是在"全国一盘棋"的号召下，小计划必须服从国家大计划，计划被一次次修改直至上一级机关审核通过。以湖南省新邵县陈家桥人民公社为例，因为公社在制定当年生产规划时，主张缩减稻田面积，种植部分经济作物以换取收入。为了保障国家计划的实施，"公社党委以'人民公社要不要按照国家计划进行生产'、'应不应该以生产粮食为主'和'发展哪些商品生产'为题，在干部、群众中开展了大鸣大放大辩论。辩论中，通过算账（国家需要账、公社需要账、公社经济发展账、社员增加收入账）、摆事实，使人人树立了服从国家计划的全局观点，认识到人民公社的经济是整个国民经济计划的组成部分，只有'全国一盘棋'，把公社的生产纳入国家计划，才能促使公社经济飞跃发展。万岁庙大队社员徐梅轩说：'国家分配给每个公社的计划指标，好比整套机器上的一个螺丝钉，一个也少不得。'通过辩论，统一了大家的认识，一致表示一定要服从国家整体计划，有计划、按比例地发展人民公社的生产。"[3] 通过辩论和算账把公社计划纳入国家计划的轨道，是国家保障其计划指标下达的政治手段；各种政策文件的传达和学习，是政治手段施行的合法性解释。在国家统一掌握了生产资料和生活资料的背景下，个人乃至集体组织只是国家棋盘上的一颗棋子，被国家紧紧操控了主动权，没有反驳的可能性。生产跃进带来了生产的灾难，各种粮食不断减产，饥荒在全国范围内爆

---

① 《应该重视年度计划》，《人民日报》1958 年 01 月 14 日。

② 《把增产计划变成群众的行动》，《人民日报》1958 年 03 月 22 日。

③ 《按照国家需要修订计划，陈家桥公社多种国家急需的经济作物，邓川县积极扩大粮食和棉花播种面积》，《人民日报》1959 年 03 月 04 日。

发，对生产指标的修订相应有了缩减。

1957—1965 年农业生产变化① （单位：千吨）

年份	农业总产值	粮食	棉花	油料	肉类	水产品
1957	100	195050	1640	4196	3985	3120
1958	102.4	200000	1969	4770	——	2810
1959	88.5	170000	1709	4104	——	3090
1960	77.3	143500	1063	1941	——	3040
1961	75.4	147500	800	1814	——	2310
1962	80.1	160000	750	2003	1940	2280
1963	89.4	170000	1200	2458	——	2610
1964	101.5	187500	1663	3368	——	2800
1965	109.9	194530	2098	3625	5510	2980

从上面表格看出，生产大跃进的几年，农业总产值和粮食、棉花、油、肉等各项指标走低，1960 年、1961 年达到最低。除了 3 年自然灾害的影响，生产指标层层加码带来的消极影响是不容忽视的。通过层层克扣农民口粮来弥补高指标和低产值之间的空档，使农村地区的人口死亡率大大高于城市人口。

为了保证社会主义优越性的表现，保证国家计划收购和计划供应目标的完成，农业生产计划的制定开始强调"可靠的基础"，虽然这种可靠还是建立在必须增产的基础之上。1961 年人民日报详细介绍了基层生产计划的制定程序。"作为国家和社会的基层单位的人民公社的生产计划，必须建立在生产队的生产计划的基础上，生产队的生产计划必须建立在生产小队的包产计划的基础上，生产小队的包产计划又要建立在小队的作物种植计划、技术措施计划的基础上。作物安排、产量指标、技术措施、劳力调配，都应该经过社员群众讨论，由生产队和生产小队切实地共同商量，

---

① 资料来源：《中国统计年鉴 1984》，第 132、141、142、160、163 页。转引自辛逸：《农村人民公社分配制度研究》，中共党史出版社 2005 年版，119 页。

由生产小队的社员大会真正地当家作主。在生产队、小队制定计划的过程中，公社有权根据国家计划和全社各队的情况，向生产队提出建议，对各个生产队提出的计划作必要的平衡和调整。"① 从上到下的计划推行和从下到上的计划调整，试图代替一言堂下计划的跃进加码。一方面公社干部针对各个生产队的情况，根据国家计划提出公社的计划草案。生产队、生产小队在公社建议的指导下，确定作物种植计划、技术措施计划和包产计划。另一方面公社根据各个队制定的具体计划，在公社范围内对各种作物的种植面积和产量指标提出平衡、调整意见，交由各队干部群众讨论。

《关于人民公社的十八个问题》里规定"以生产队作为基本核算单位，生产队下面的生产小队就是包产单位。为了提高这一级组织的积极性和责任心，作为包产单位的生产小队也应当有部分的所有制和一定的管理权限。"各个小队为了自己的利益，在计划指标的统一分配上往往产生矛盾，基于不平衡的心理，出工不出力的现象无法根治。"基本核算单位下放到生产队以后，农民形容说：'大呼隆'变成了'二呼隆'，'大锅饭'变成了'二锅饭'。"② 即使核算单位已经下放到生产队一级，还是不能解决平均主义对生产力的破坏，各个生产小队之间的平均问题始终没有有效解决。

（二）生产计划的内容

生产计划涵盖农业生产的方方面面，从播种到管理，从秋收到分配，把农林牧副全盘纳入。中共中央政治局在 1959 年 4 月《关于人民公社的十八个问题》的指示上提出，"公社管理委员会必须把全社的生产领导好，不能和过去区、乡两级的党政组织一样，只泛泛地管生产。不只是要抓生产计划，还要抓先进技术措施的推广，抓生产资料的供应，抓劳动力的规划，抓生产部署。"③

---

① 《人民公社的生产计划要在群众中扎根》，《人民日报》1961 年 01 月 23 日。
② 薄一波：《若干重大决策与事件的回顾》（下），中共党史出版社，第 758 页。
③ 中共中央政治局 1959 年 4 月：《关于人民公社的十八个问题》，《农村政策文件选编》（三），中国人民大学农业经济系资料室内部资料，第 284 页。

1、劳力的计划分配

"农村人民公社的全部劳动力，用于农业生产方面的，包括用于林业、牧业、渔业、付（副）业生产方面的，一般应当不少于百分之八十。"[1] 实际生产中，劳力的分配不是以人为单位，而是以"工"为单位派活和核算。梨树镇平安管理区第七生产队的秋收安排，清楚地显示各项工种及用工需求的计划。

根据作物生长情况与农活实际需要，本着跃进精神，按战线分，分工种，定时出工。第一线收割苞米按八个工；割谷子五个工；割大豆七个工；割高粱五个工；起甜菜十七个工（包括削）；起秋菜（修菜在内）二十个工。总计收割需要三百八十一个工。

拉地：以一台车老板为一个工日，根据地远近与车容量大小，确定拉苞米、谷子、高粱都是一个工；拉大豆25个工；拉地就需要九十八个车工。

捡地：一坰地一个工，大豆拣两边共需九十个工。

打场：打谷子三个工；打大豆四个工；打高粱2.5个工，打场需要一百七十个工和七十个畜工。

送粮：三台车送需要九个车工。

第一线割、拉、拣、捣、送共需人工六百八十八个，车工一百零七个，畜工七十个，加上第二线秋翻地，第三线冬播，全部完成三秋任务[2]需要人工七百四十三个，车工一百零七个，畜工一百六十个。[3]

劳动力的自身属性被社会属性所代替，劳动单位由人变成了"工"，以"工"为主导形式的工分制把劳动者的生产和消费相分离，劳动者的生产能力被折算成一个个工分，集体管理的对象从具体的劳动者转向抽象的工分。整个农活的派给不是以劳动者的劳动能力为基础进行预算，而是

---

① 中共中央政治局 1959 年 4 月：《关于人民公社的十八个问题》，《农村政策文件选编》（三），中国人民大学农业经济系资料室内部资料，第 292 页。

② 注：三秋指秋收、秋种、秋翻。

③ 《中共梨树镇人民公社委员会关于转发平安管理区第七生产队秋收计划的通知》，吉林省梨树镇北老壕村档案 1960 年全宗 5 号目录 2 号卷。

注：该队全队二十七户，一百五十人，三台车，平常出勤二十三人（男十三女十），折正（整）劳动力十八人。

按照计划在一定的土地、耕畜、农具、天时的条件下，把农活的具体要求用"工"这样一种形式量化出来，再分派给劳动者个人。辛逸在对工分制的论述中，把其作用归纳为两点，"从劳动管理的角度，它是以工分为标准来保证和衡量社员参加集体劳动的数量和质量；若从分配的角度看，它是以工分为依据来决定社员从集体所得收入的数量。"（辛逸：《农村人民公社分配制度研究》，中共党史出版社 2005 年版，第 127 页）然而，分配制度和管理制度的双重属性并没有带来生产的集约化和高效率，社队干部耗费大量精力计算的不同工种和不同工时，却无法保证工分的量和质的统一。"工"主要以时间为单位，按时记分，根据出勤时间长短记分，吉林省梨树县杏山公社出勤一天的就按底分记分，半天记底分的 50%，一等劳力下午干一气记二分五。

只要出工，底分基本上是有保证的，底分的评定以不同的劳力等级为基础。梨树县杏山公社大烟筒大队第五生产队劳力分等定底分的标准为："体力强，全年主要农活拿得起来，技术熟练，劳动态度好的为一等劳动力，每天底分十分；体力一般，全年主要农活大部分拿得起来技术一般，劳动态度一般为二等，每天底分九分；体力一般，对赶车、扶犁、堆垛、扬场等技术性强的大部分农活干不好，劳动态度一般或较差的为三等劳动力，每天底分八分；'大半拉子'为四等劳动力，每天底分七分；妇女劳力，体力、技术大致相同，没分等级，每天底分七分。……劳力定等，常年基数不变，季节调整，以常年等级为基础，根据各季节农活的特点不同和每个劳力的农活技术特长的不同，按备耕、春耕、夏锄、挂锄、秋收、冬季生产六个农事季节，对二、三、四等劳力等级作适当调整。如社员徐福春，体质较弱，常年评为二等劳力，但他扶犁、点种技术好，春耕就调为一等劳动力，底分改为每天十分。"①

乡村特有的熟人社会结构，给予定性描述的底分评定标准一定的活动空间，底分一般都向高一级的方向评定，派工后农民通过"偷懒耍滑"轻松得到底分。倘若被评定者认为没有如实评定其劳动能力，降低了其底分级别，劳动表现就会每况愈下。为了解决二等劳力不干一等活，干活有

---

① 《坚持评工计分加强生产责任制——中共四平地委批转生产队经营管理的四个典型材料》，吉林省梨树镇北老壕村档案 1964 年全宗 9 号目录 1 号卷。

好有差的问题，各个公社以底分评级为主，采取了不固定底分的方式，试图克服"老十分"、"老八分"的弊端。梨树县白山公社裴家油坊生产大队第四生产队通过季节标准分，扭转"老少一礼"："按生产季节忙闲、劳动时间的长短、农活劳动辛苦程度，确定各季的标准分。一年六个农事季节划分为三个标准分：即冬季（打场后备耕前）为八分；备耕、锄后为十分；春耕、夏锄、割地为十二分。在劳动中根据每个社员的出工早晚，劳动数量多少，质量好坏等情况进行活评，对于出工早，劳动数量多，作业质量好的社员的计酬高于季节的标准分。……如种地时，扶犁、点种的都是由农活技术水平高的成熟庄稼人担任，每天记十二分，踩格子多是由大半拉子或农活技术水平较低的社员做，每天记七、八分。"[1]

按劳力等级评定底分，"死分活评"外，另一种主要的评分形式就是"定额记工"。定额记工主要是在"死分"的基础上，定出"活评"的质量标准，梨树县白山公社大泉眼大队第十六生产队的"小组包工、外包里评"的计酬方式采用的就是定额记工的方法。以夏锄生产为例，"把各项农活都规定出质量标准，按质量标准定死一天的质量工分。例如铲地有三项质量标准：一是不伤苗，留苗匀正，留好苗，定二分；二是不冒锄，串好格，不拉草定二分；三是铲到头，铲好地头，定一分。趟地有三项质量标准：一是不压苗，不打苗，定二分；二是不趟大小垄，三遍地有做土，定二分；三是趟到头，不扔地畔定一分。间苗也有三项标准：一是间的宽，间的散（谷子每尺远保证十五棵苗）定二分；二是不留半截苗，不拉谷莠子，定二分；三是薅小苗，留大苗，定一分。"对于各项农活都有明确的质量要求，按质评分。每天评工记分时，先按完成的定额数量计算出应得的工分数，如果各项质量标准都达到了，就按完成的定额数量计算出应得的工分数，如果哪项质量没达到标准，就酌情扣减那项质量工分，余下的就是当天应得的工分。"如铲一天地，按着完成的定额数量得十分，但有一项质量没达到标准，扣减二分，实得工分为八分。"[2]

定额记工制度，一是监管体制的不健全，不可能完全按质评分，形象

---

[1] 《坚持评工计分加强生产责任制——中共四平地委批转生产队经营管理的四个典型材料》，吉林省梨树镇北老壕村档案 1964 年全宗 9 号目录 1 号卷。

[2] 同上。

工程不可避免；二是评分员也是熟人社会的一分子，不会因为一分两分而得罪他人；三是工程量浩大，没有可操作性，在具体实施过程中还是争吵不断。包工小组统一结算扣减工分或者奖励工分。此外，针对农村手工业者采取"技术补贴，以值换分"的计酬方式；对常年固定人员，如饲养员、养猪员实行"固定工分加奖励"的计酬方式；对于不易确定定额的活计，如平场院、抗旱、防汛、积肥、大车外出等活计，也采取"季节标准分，死分活评"的计酬方式。"不管用什么方式组织生产，社员参加集体劳动的报酬都是以工分来体现的。"[①] "工"既是调配劳力安排活计的技术指标，又是验收结算口粮分配的参照单位，劳动力通过派工、出工、算工被统一计划，听从集体的指令在农业生产的流水线上日复一日的劳作。

2、畜力的计划分配

牲畜是农业生产不可缺少的东西，是主要的动力，牲畜发展直接关系到农业成产效率的提高，翻地、拉车很大程度上依靠牲畜，如冬播前的翻地，"在劳、畜力安排上，25 号后投入 3500 头至 4000 头（占总数的70%—80%），套 1300 副犁杖（每付犁每日翻四亩，日进度 520 垧），2800 人（占总劳力 20%，每人每天翻地五分，日进度 75 垧）。"（中共梨树镇人民公社委员会关于结冻前的工作安排意见 1960 年第七盒）畜按三头牛套一付犁杖计算，每头牛平均每日翻地一亩三分，人力每天五分，畜力的劳动量接近人力的三倍。因此牲畜的饲养管理、使役、繁殖都有严格的制度措施。单看使役制度，首先使役员必须依据牲口的力量大小，采取壮配壮、弱配弱的方式使用，干活时对牲口要干休结合，勤喂勤饮水，弱的干轻活，壮的干重活。其次社员私人使用牲口时必须向使役员借用，推碾拉磨牲口必须向饲养员借用，不批准是不允许使用的。再次使役员之间要进行评比，比谁的牲口不误工、比谁的牲口不死亡、比谁的牲口不生病、比谁的牲口只增膘不掉膘。使役员的日常工作还包括起垫马圈，打扫院子，洗刷料缸等，各项措施旨在保证畜力的可持续使用。

畜力短缺制约着生产的快速发展，虽然给予役畜重重优待措施，并且要求役畜也要遵循干 12 个小时休息 12 个小时的作息制度，役畜自然的衰

---

① 辛逸：《农村人民公社分配制度研究》，中共党史出版社 2005 年版，第 129 页。

老和营养不良随时威胁着生产任务的完成进度。"各地都要把牲畜配种任务立即布置到社、到队，采取定人、定畜、定任务、定时间、定质量的办法，并且充分运用 1958 年领导农业生产的经验，采取政治挂帅、广播动员、现场评比等等方式，认真把群众发动起来，立即掀起一个规模空前的牲畜配种高潮。"① 与之相对应的，"年终奖励每产一头小幼驹（马、骡、驴、牛）奖励工分 300 分，主要奖励饲养员、大车老板、放牧员和爱畜的好社员。"② 畜力的计划生育政策旨在宣传多生、优生，最终为计划生产的高产量服务。然而从北老壕大队连续 4 年的役畜数量变化来看，畜力数量一直未有显著变动，在粮食短缺的时代，这是无奈的结果，计划的制定初衷总是好的，政治任务的热情却一次次输给自然规律。

牲畜情况表③　　　　　　　　　　　　　单位：头

年份	1958	1959	1960	1961
役畜头数	173	164	186	168

数据来源：北老壕村档案资料。

非役畜相对于役畜数量更少，但是关乎肉蛋类食物的补充、副业经济收入的增加以及粪肥的获取，对非役畜的饲养也是严格的计划控制。"毛主席指示我们：'养猪是关系肥料、肉食和出口换取外汇的大问题，一切合作社都要将养猪一事放在自己的计划内，……除了合作社公养以外，每个农家都要劝他们养一口至几口猪，分作几年达到这个目的。'"④ 经过十年"文革"，猪的数量没有计划中的大幅增加，甚至已经影响到了城市居民的肉食供给，国家开始对生猪生产实行"派养派购"政策。"除回民户、游牧户、五保户、单身户，以及个别因特殊困难不能养猪的户外，每户派购一头猪。"同时"允许社员养母猪"。国家对集体养猪也实行派购，

① 中国共产党中央委员会、国务院 1959 年 2 月 17 日：《关于抓紧春季开展大家畜配种运动的通知》，《农村政策文件选编》（三），中国人民大学农业经济系资料室内部资料，第 276、278 页。

② 《北老壕大队第一生产队生产计划》，吉林省梨树镇北老壕村档案 1963 年全宗 8 号目录 1 号卷。

③ 《牲畜情况表》，吉林省梨树镇北老壕村档案 1961 年全宗 6 号目录 3 号卷。

④ 《中共四平地委关于印发一九六六至一九七零年发展多种经营规划讨论稿的通知》，吉林省梨树镇北老壕村档案 1966 年 11 号目录 1 号卷。

"集体养猪首先要养母猪和种公猪，掌握猪源，同时也要养肥猪。"集体养猪需要专职饲养员，"饲养员的劳动报酬要和饲养猪的头数、仔猪繁殖成活数量、育肥增重斤数联系起来"，评工记分。派购，即向国家交售肥猪有一定的物质奖励，"一百八十斤以上的肥猪，每斤奖售一斤粮；一百五十斤到一百七十九斤的，每一斤半奖售一斤粮；不足一百五十斤的每两斤奖售一斤粮。白条猪，一等猪肉每斤奖售一斤四两粮；二等每斤奖售一斤二两粮，三等每斤奖售一斤粮。每交一头猪奖励布票二尺"。[①] 表面看来，国家的奖励是非常丰厚的，农民养猪既能为国家做贡献，又能分得口粮，可谓一举两得。如果我们把国家奖励和猪的口粮留量做一个对比，就会发现派养派购政策是城乡剪刀差的又一种表现形式。

"集体或社员养的成龄种公猪和母猪，每头留饲料粮二百五十斤；其余的猪，以实际发展数计算，每头按当年粮食平均单产，留一分半地产量的饲料粮；低产队或歉收队可以留五十斤饲料粮。"[②] 实际情况是，一分半地的饲料粮甚至不足五十斤，在人的温饱问题尚未解决的前提下，猪也经常处于饥饿状态，开荒种植的青饲料成为猪的主要口粮。四平地委早在1966年明确以通知形式指出，"在解决饲料上，我们一定要遵照毛主席这一教导（毛主席说：'猪的饲料是容易解决的，某些青草、某些树叶、番薯藤叶和番薯都是饲料，不一定要精料，尤其不一定要用很多精料'），要打破喂很多精料的老习惯。"[③] 有限的饲料粮的分配有三种模式，按养猪头数分配、按交售肥猪的斤数分配；按社员交肥的数量和质量分配。国家奖励的口粮标准远远低于猪的口粮标准，派购计划无疑是国家为了保证城市工业发展，变相攫取农村资源的方式。集体化时期的猪没有享受到大锅饭下的平均主义，集体化时期的人更没有自由选择的权力。

3、粪肥的计划分配

"种地不上粪，等于瞎胡混"，粪是增产的基础，是农业八字宪法重要的一个字，积肥任务的落实是保障生产计划实现的一个技术保证。满粪

---

① 《中共吉林省委关于贯彻党的农村经济政策若干问题的规定（修改稿）》，吉林省梨树镇北老壕村档案 1978 年全宗 23 号目录 1 号卷。

② 《中共四平地委关于印发一九六六至一九七零年发展多种经营规划讨论稿的通知》，吉林省梨树镇北老壕村档案 1966 年 11 号目录 1 号卷。

③ 同上。

化、饱粪化、优质化的粪肥要求为各级党政机关所强调。人畜尿粪是粪肥的重要来源，集体所有制度下的社员不仅没有个人生产资料和生活资料，连排泄物也被视为集体的重要财产受到保护。"有畜就有舍，有舍就有肥，家家有厕所，户户有灰仓，人人有尿罐，院院有尿池，达到不丢一泡尿，不流一泡尿，把所有人畜粪尿全部积起来。"① 人畜粪尿是有限的，而且不可能设定具体的任务指标，造肥运动成为弥补粪肥不足的有效途径。

管理区定出任务的时间数量，各个生产队根据本队积肥坑和劳力的数量分配任务，每个积肥坑积多少肥全部落实到人，男劳力每年搞 50 天，女劳力每年 20 天，是 1959 年北老壕管理区社员积肥劳动的最低天数。"要求做到区区有土化肥厂，队队有窑式烧肥厂，家家烧土，户户积肥，掀起全民性造肥运动"② 的号召在公社显现出一派生机勃勃的景象。利用自身地理资源优势，利用草炭积肥、压制绿肥也是造肥运动的途径之一。三扒五抢和城粪下乡运动一直延续到集体化结束时期。"凡是应该扒的炕、锅台、烟囱，都应该扒换一次；凡是有肥源的地方都要进行彻底清理，达到抢光收净，肥料归田。各城镇要结合春季爱国卫生运动，组织机关、学校、街道、厂矿大搞城粪下乡。"③ 秋收之后的空闲时间主要就被各式各样的积肥运动、造肥运动、投肥运动所占用。

怎么样保证积肥运动的有效实施，辩论和运动是必不可少的政治手段。肥料计划通过政策文件的形式下达给每一位社员，通过辩论形式激励每一位社员的积肥积极性。1959 年，吉林省梨树镇北老壕管理区积肥计划从辩论内容到具体措施全部以文件形式详细列出。在"积肥好不好，种地不下粪行不行，怎样做能达到保质保量"的辩论下，给出了积肥的具体做法："① 大粪干子。首先选好粪场子清理地势平坦，然后用车拉土，一车拌进三车大粪，土和粪拌匀，然后用勺子掏出来倒在粪场日光晒干后，用石碾子压碎可以使用。② 颗粒肥料草炭混合大粪。把大粪倒在

---

① 《中共梨树镇人民公社委员会关于结冻前的工作意见安排》，吉林省梨树镇北老壕村档案 1960 年全宗 5 号目录 2 号卷。

② 同上。

③ 《高标准搞好春耕生产，坚决做到一次拿全苗、拿齐苗、拿壮苗——王显文同志在公社党委书记会议上的讲话》，吉林省梨树镇北老壕村档案 1982 年全宗 27 号目录 1 号卷。

草炭上边，用竹扫帚类似形成粪，颗粒晒干后可以使用。③ 过圈粪。猪舍修好有舍有猪，要拉进足够的用土，要做到勤起勤垫，根据猪的大小，猪圈大小决定数量垫土。④ 扒炕粪。扒炕时把烧过的坯扔到猪圈粪坑有水的地方，把炕洞灰留出来追肥使用。鸡鸭肥也要勤起勤垫，单起出来发酵后也作追肥使用。⑤ 压绿肥抢草坯子，发动社员打青草篙子，作粪引子。一层草一层土一层粪做好发酵。"① 这些指导如同现在连锁经营行业的标准操作流程，粪肥计划的完成在一定程度上得益于强势的宣传手段和详细的操作标准。

政策指导和政治辩论是从上到下的政治要求，真正激励社员积肥造肥的动力更多来源于粪肥的报酬和工分，还有自家自留地的需要。为了完成积肥计划，粪肥报酬一般采用记分和奖金的双重模式。"社员向集体交肥报酬，大粪干每5斤记1分；过圈粪每堆记5分；捡的猪狗粪每堆记十五分；质量好的房框子、土大山、土炕墙每堆记2分。"② 或者是以等论价，按质付酬："一等粪，灰土粪和有猪过圈粪，质量是沤的发酵好，有猫眼紫色合乎标准，每垧地220堆，每堆300斤，能够保证质量数量每垧地报酬40元。二等比一等质量低一些，每垧35元。三等是压绿肥，有粪引子，每垧30元。给拉土老板的报酬，给谁拉土谁负担老板报酬，车马不计分。社员家的大粪收费，一等每挑四角，二等每挑三角，三等每挑两角，小灰每挑二角。"③ 即使采用现金收买的方式，粪肥的使用权还是不属于社员，交粪的义务性大于权利性。

积肥任务通过指标分配，个人、牲畜、集体均按要求完成，并有专业的粪肥工，负责粪肥的积造、倒、刨、送、扬、追肥等。积肥任务的指标不仅包括人的指标，也包括猪的指标："男劳力每人30堆（每堆300斤），女劳力和十岁以上小孩10堆，每猪30堆，克郎（猪的品种）20堆"。④

---

① 《北老壕管理区积肥计划》，吉林省梨树镇北老壕村档案1959年全宗4号目录3号卷。

② 《梨树人民公社北老壕生产大队社会主义教育工作总结》，吉林省梨树镇北老壕村档案1963年全宗8号目录2号卷。

③ 《北老壕管理区积肥计划》，吉林省梨树镇北老壕村档案1959年全宗4号目录3号卷。

④ 《转发"中共郭家店人民公社委员会关于四大家生产大队第三生产队积肥工作的几点做法的报告"》，吉林省梨树镇北老壕村档案1963年全宗8号目录1号卷。

北老壕大队第一生产队 1963 年的积肥任务则分列出个人和集体的任务。"个体积肥任务……全队共有 22 户，其中养猪户 18 户，户户有猪圈共 19 个，共有猪 44 头，其中母猪 8 头，一年可积出粪肥 8 垧，每圈可积两圈到三圈粪；户户有灰仓共 18 个，家家有尿池子 14 个，共计可积肥 1 垧；鸡 30 只鸭 4 只鹅 6 只，一年可积出纯粪 600 斤，可施口肥面积 1 垧；社员家拣粪 1 垧；17 个厕所一年可积出纯粪 8500 斤，一年个体积肥共计 11 垧。"[①] 生产队的投肥任务计 6 垧 8 亩，积肥计划给社员自留地留出了可施粪肥 4 垧 2 亩，满粪化的口号鼓舞着广大社员踊跃投肥。"落实投肥是按劳动力 50%，按人口投 50%"，蓄肥需要拉土填造，"生产队车给社员拉土按户，每户拉三车，每个劳力拉三车土。"[②] 人、畜、土的标准化配置是标准化生产下的一般表现形式。集体积肥主要指公共资产的处置，如公有的牛圈坑、野粪坑、结合城粪下乡运动拉买城粪等方式。生产队根据当年种植的粪肥要求确定出总量，利用一切可以利用的资源，采取收集人畜粪、蓄肥造粪、拣粪买粪的方法分配积肥指标，尽可能完成粪肥任务保证种植作物的大丰收，被人们形象的称为"尿罐运动"。

三 行为要素

（一）集体行为：抓革命，促生产

生产斗争和阶级斗争是大集体时期的两条主线，贯穿于社员整个生产、生活之中。特别是在"文革"时期，"抓革命，促生产"就像一对孪生一样形影不离，生产是为革命而服务，革命是生产计划得以实现的政治保障。接二连三的运动旨在昭示生产不单单是"锄禾日当午，汗滴禾下土"的简单行为，以什么态度生产，为谁生产，怎么生产的意义远远超过了生产本身。"以毛泽东思想为统帅，指导秋收生产。针对活思想，学习'老三篇'，树立为革命搞好秋收，支援无产阶级'文化大革命'，支援社会主义建设，树立精益求精的思想，对工作、对秋收生产极端负责

---

① 《北老壕大队第一生产队生产计划》，吉林省梨树镇北老壕村档案 1963 年全宗 8 号目录 2 号卷。

② 同上。

任。""把无产阶级焕发起来的冲天革命干劲用到生产斗争当中去。""以革命的战斗姿态，投入到秋收生产当中去。"① 生产的干劲是政治热情的延续，生产的口号是政治挂帅的表现。"抓好生产斗争，高速度地发展生产，是无产阶级专政的基本任务之一。""不抓生产斗争，我们吃什么，穿什么，还谈得上什么建设社会主义，还谈得上什么巩固无产阶级专政？而且一般的抓生产，满足于一般的发展速度也不行，必须充分发挥社会主义制度的优越性，做到高速度地发展生产。"② 生产速度已经不是单纯的经济问题，而是上升到政治问题的高度，生产的高速度，生产计划的超额完成，是无产阶级领导下的社会主义制度优越性的表现。生产被戴上了红色革命的帽子。

1967 年 9 月 24 日人民日报社论发表文章《在无产阶级"文化大革命"中做到农业六好》③，生产好、收割好、选种好、选购好、分配好、保存好，主要针对秋收时期农作物的后期管理、收粮、选种、国家征购任务的实现、按劳分配等方面提出农业生产指导方法，但是文章的立意明显不在农业生产这个简单问题上，"做到农业六好，是一场严重的阶级斗争"，是"贯彻我们伟大毛主席和党中央'抓革命，促生产'的伟大方针"，"农业六好"只是阶级斗争在生产层面上的具体表现，凡是做不到"农业六好"的生产行为都可能被列为思想落后、社会主义觉悟不高的队伍中，成为阶级斗争的"靶子"。"我们农村红色造反者，当前要严厉打击地富反右、牛鬼蛇神破坏秋收和秋收分配工作，搞好秋收工作。"④

成分，这个今天已经稍感陌生的名词，在中国当代史的演变中，曾经也是浓重的一笔。成分代表社会地位，家庭出身被打上了深深的政治烙印，不同的成分在生产、分配、教育、工作等领域可谓是天壤之别的待遇，具体反映在农业生产中，主要是对待地、富的不同态度。一位地主的

---

① 《中共梨树县委、县人委关于做好秋收工作的紧急通知》，吉林省梨树镇北老壕村档案 1966 年全宗 11 号目录 1 号卷。

② 《三大革命运动一起抓》，《人民日报》社论，1978 年 4 月 22 日，转引自吉林省梨树镇北老壕村档案 1978 年全宗 23 号目录 1 号卷。

③ 《在无产阶级文化大革命中做到农业六好》，《人民日报》社论，1967 年 9 月 24 日，转引自吉林省梨树镇北老壕村档案 1967 年全宗 12 号目录 1 号卷。

④ 《全国劳动模范郭淑珍同志代表红色造反者梨树县农村联合总部在庆祝国庆十八周年会上的讲话》，吉林省梨树镇北老壕村档案 1967 年全宗 12 号目录 1 号卷。

检查书①：

> 我叫陆某某，家庭成分地主，个人学历学生，现年四十岁，我从八岁在家中放猪，到十一岁上学念书直到十九岁，以后到解放到土改，在家种地，一直到合作化生产劳动。从到合作化我犯的错误事实如下：
>
> 由母亲陆陈氏在坟地开荒以后，最近在荒地里又栽了树，这事当时我不知道，可是我以后知道应当把这事制止才对，可是没有做到教育吧，给社会主义带来很大不好影响。这事和我也是分不开的，我应当做到很大检查吧，自己感觉太对不起大家啦。这事不应当我们做的吧。
>
> 我今后的决心：我以后听党的话，按照党的政策去办事，党叫做啥我就做啥。在队里听从队长的领导分配工作，老老实实的在队里劳动生产吧。
>
> 高举毛泽东思想伟大红旗，活学活用毛主席著作，要做一个好社员，从新做个好人，永不再犯吧。

斗争至上的运动方式，"斗地主"成为农村单调生产生活的有效调剂，分派农活时最累最苦的一定是地主，生产检查时质量不符合要求的也是地主，开会辩论时斗争对象还是地主。农民被剥夺了全部生产资料和人身自由后，"斗地主"成为了最大的言论自由，有了地主成分的对比，聊以慰藉了广大社员的心里不平衡感，并平添了一份优越感，即使农活做得差，出工不出力也不会招致特别大的惩罚，因为地主永远是"替罪羊"。

干部则有根正苗红的优越感，大队一些干部很少参加劳动，但是工分居高不下。北老壕大队五名半脱产干部，1971年平均每人劳动不到5天。群众说："大队干部各队串，小队干部后勤转，只叫社员上前线，学赶大寨脚步慢。"1972年春，公社党委副书记到这个大队蹲点，有了上级干部

---

① 《关于地主分子在自己坟地开荒问题》，吉林省梨树镇北老壕村档案1968年全宗13号目录2号卷。

的监督，路线觉悟成为敏感问题，五名半脱产干部此年平均每人劳动一百零七天。党支部书记常文海同志患有大叶型肺炎，还坚持劳动了六十二天。正是因为发展生产被列入政治任务，生产面貌的改变不仅反映了农业的大发展，也是思想积极性的展现。毛主席革命路线的执行要求干部的模范带头作用，"以粮为纲，全面发展"方针的落实需要调动群众的生产积极性。传统社会，农民有统一的身份，生产也没有太多的功利性。集体组织下，国家通过划分农民身份属性将权利延伸至每一个被组织起来的社员，干部身份代表国家意志的传达，大队干部的革命干劲犹如计划生产的助燃剂，往往能带动整个大队的生产积极性，群众对比干部的变化后，形容说："大队干部上前线，小队干部跟班干，干部群众齐奋战，学变大寨就能早实现。"①

（二）个体行为：作为与不作为的博弈

人民公社作为政权的基层单位和农村基本生产单位，是集体化过程中国家指令迅速下达给每一位社员的中介体系。农民被组织在政社合一的公社单位里，国家期望农民被统一调动、统一计划，成为"国家农民"，但是忽略了农民自身的个性化和"自私"本性。国家可以通过控制生产资料、政治身份、劳动属性、产权主体、户籍等，把农民束缚在固定的地域上进行农业的计划生产，但是劳动者毕竟不同于工业流水线上的标准化配置，其个体差异性和生产积极性是不能够完全控制的，特别是"国家在场"的政治感受因为生产单位的变大而下降时，不可避免的出现生产的低效率和计划的失效。华国锋在一次乡间走访中，偶遇一插秧老农，做活懒散。问其懈怠之故，答曰："插秧插秧，为谁插秧？第一砘秧，插给大队书记；第二砘秧，插给公社书记；第三砘秧，插给县委书记；第四砘秧，插给地委书记；第五砘秧，插给省委书记；第六砘秧，插给工人老大哥；第七砘秧，插给亲人解放军；……第十三砘秧，这才是给我自己插的。"② 田不是为自己种，粮不是给自己吃，所以责任不是由自己担的逻辑，通过农民的偷懒耍滑表现出来。

---

① 《关于梨树公社干部参加劳动的调查报告》，吉林省梨树镇北老壕村档案1973年全宗18号目录1号卷。
② 凌志军：《历史不再徘徊—人民公社在中国的兴起和失败》，人民出版社1996年版，第13—14页。

"全大队用集体劳动时间开荒种自留地的社员占 10% 左右。"① "有些社员在集体大田里劳动不仅磨洋工，甚至还破坏农业生产力：长地种成短地，方地种成圆地，种地不种畔，三亩种成两亩半。"② "上工大呼隆"只为准备着"下班打冲锋"，对自留地的限制越来越多。1982 年梨树公社重新调整"自留地"和"饲料地"，调整后平均每人分得自留地 3.7 分，饲料地 1.46 分。计划生育政策成为控制自留地亩数的新招式，"① 1979 年 9 月 25 日以前计划外出生的小孩，其父母和小孩均可分给自留地。② 1979 年 9 月 26 日以后计划外出生的小孩，不给自留地。③ 1980 年以来计划外出生的小孩，不给自留地，并收回父母双方自留地。"③ 自留地生产以家庭为基本核算单位，自然对生产队统一经营、统一核算的原则发起挑战。

"农民怕饿，干部怕错"，"农民要产量，干部要方向"，计划完不成，农民失去的是工分，干部失去的是国家的信任，干部在集体计划和农民耍滑的双重压力之下形成自己的一套思维逻辑。张静从政治社会学的角度考察了近代以来农村基层政权建设中遇到的问题，指出：从历史到现今，有大量的证据表明，国家意识形态和官僚系统的延伸与运行似乎并没有使乡村权威（乡村干部）成为国家机构在基层的真正代理人，从而成功地使国家政策得到贯彻。④ 国家统派下来的生产计划不符合农村生产关系与生产力的要求，农村生产因之很难搞好，为这一后果买单的往往是基层干部。一辈子土生土长的庄稼干部，心里明白计划产量和实际产量之间的鸿沟，碍于政治身份和政治气氛的限制，对计划执行不力的情况往往也是睁只眼，闭只眼。嵖岈山人民公社首任社长钟清德，在回忆其父时说："那时候的干部头脑发热，非常不理智，但那是上级政策的要求，不执行不行，有些明明知道是错误的也要执行，干部没有一点自主权，按上级要求做了又因不符合农民的利益而挨骂，受夹板气，干部也不好当。"⑤

① 《梨树人民公社北老壕生产大队社会主义教育工作总结》，吉林省梨树镇北老壕村档案 1963 年全宗 8 号目录 2 号卷。

② 辛逸：《农村人民公社分配制度研究》，中共党史出版社 2005 年版，第 73 页。

③ 《中共梨树公社委员会关于调整"两地"的工作意见》，吉林省梨树镇北老壕村档案 1982 年全宗 27 号目录 1 号卷。

④ 张静：《基层政权——乡村制度诸问题》，浙江人民出版社 2000 年版，第 6 页。

⑤ 贾艳敏：《大跃进时期乡村政治的典型——河南嵖岈山卫星人民公社研究》，知识产权出版社 2006 年版，第 252 页。

据河北省委一份调查报告，相当一部分干部有恐右思想，心情不舒畅，有话不敢讲。在工作上不敢大胆，小手小脚。张北县有的干部说："现在当干部好比大肚子老婆骑毛驴，靠前不行，靠后也不行"，"有了成绩归唐僧，有了问题归孙悟空"。沧县有的干部说："布置任务是上边的事，检查是自己的事，不得不小心"。① 在对嵖岈山人民公社旧址所在地，即河南省泌阳县嵖岈山乡韩楼村进行调研时，原公社老社员们这么说，"干部上面还有干部，他们也没有办法，当时全国整个形势就是这样的。上面的干部为追求政绩，社里的干部为了出名。正是在这样的利益动机下，在没有有效的监督体系下，干部们被激励着说谎，敢于说谎。于是出现了"领导出数字，数字出领导"这种可悲可笑的怪现象。"并且，"揭穿谎言就会被戴上右倾帽子，就会被'辩论'"，"于是为了不当落后、不挨批斗、不犯'错误'，说谎成了必要的政治生存手段。"②

（三）私分行为：劳动成果的制度外分配

学大寨的风潮引导各级党委把主要精力放在领导农村工作上，掀起农田基本建设高潮，随着"一平二调"风的盛行，集体对劳力的强制性征用引发一系列矛盾和问题。据辛逸的研究，整个人民公社时期，国家对乡村社会剩余的"剥夺"，主要是农业税和农副产品的征购，若再加上国家征购价与市场价的差价，三者相加接近生产队全年产量的30%。那么，国家对乡村劳力的无偿调用，则是对乡村组织制度的"破坏"。"一平二调"风一方面吹来了国家基建特别是农村水利和道路整修的序幕，另一方面则吹来了国家权力对乡村控制的层层深入。农民因为丧失对自身劳力以及劳动产品的支配权和自主权而恐慌，对国家计划以"弱者的武器"的形式提出反抗，瞒产私分事件常有发生。

---

① 《当前农村基层干部的几种主要思想倾向》，河北省档案局 855—6—2248。转引自张海荣：《人民公社时期县社干部农村政策执行中"变通"问题研究——以河北省部分地区包产到户为中心的考察》，《中共党史研究》2008 年第 5 期。

② 关青：《嵖岈山卫星人民公社的兴起探讨》，《中国农村调查》2008 年卷。

第七生产队历年私分粮食统计表 65—67 年①

品种	斤数（市斤）	时间	备注
大豆	5140	1965 年秋	人口一事、工分一事，说以后差价找齐，直到现在
苞米	4120	1965 年秋	人口一事、工分一事，当时分苞米棒子 5140 斤
高粱、大豆	600	1965 年夏	以分带粮，挣 10 分给一斤粮，约 30 人，20多天
大豆	30	1965 年秋	修白家屯公路给民工换干豆腐一个
苞米	10	1965 年秋	修岳湾岑公路给民工
苞米	15	1965 年秋	修岳湾岑公路给民工
高粱	30	1965 年秋	修岳湾岑公路给民工
大豆	8	1965 年秋	起大牛圈 8 人，每人一斤
高粱	25	1965 年秋	修次栈道，给民工
高粱	250	1966 年夏	给张某去四平捡粪补助
大豆	10	1966 年秋	张某某等去梨树送粮换干豆腐
谷子	3600	64—66 年	以土谷子为名，实质很多谷子
谷子	3230	1967 年秋	沾谷子和？谷子混合，每人 20 斤
大豆	30	1967 年秋	会餐用掉
高粱	50	1967 年秋	会餐用掉
苞米	824	1967 年秋	分口粮苞米棒原按 62 斤，（实）按 70 斤之差数
高粱	75	1967 年秋	张某去石岑补助
高粱	78	1967 年秋	公路补助
高粱	125	1967 年夏	去四平捡粪补助
高粱	185	1967 年秋	去山里砍柴 8 人
高粱	2060	1967 年夏	社员平均借队种子结语（储备粮）
苞米	10	1967 年冬	去郭家店拉电柱，苞米换苞米花
合计	20505	65—67 年	其中 64 年分土谷子在内。

---

① 《第七生产队历年私分粮食统计表 65—67 年》，吉林省梨树镇北老壕村档案 1968 年全宗13 号目录 2 号卷。

20 世纪 60 年代中期革命委员会占据着主要的政治地位，北老壕大队革委会和北老壕大队群众专攻领导小组对私分冒分者采取大会检查批判、上缴、支帐，扣除当事人相应口粮斤数等处理意见。集体组织极力遏制此类事件的发生，以保证计划内产量指标的完成，然而在粮食短缺的压力下生产队无力进行扩大再生产，有些地方甚至难以维持简单再生产，社员生活的异常穷苦，导致社员私分行为的层出不穷。

此外，家庭副业的生产和自留地的种植是社员仅有的可支配劳动成果的区域，也是最容易发生瞒产私分的地方。1976 年，安徽凤阳县门台区"认真贯彻县委关于堵死资本主义路的十条决定，收回自留地 2491 亩，开荒地 283 亩，宅基地 336 亩。"① 该县一些社队对社员的家禽家畜，采取了禁、限、毒、罚等限制措施，使社员六七年不敢养家禽。该县武店公社登山生产队规定，社员私养的家禽不准出圩子，违者每只家畜罚 2 工分。生产队还在圩子外面撒上农药，1976 年就毒死家禽 100 多只。有些社员不敢养家禽，"但上面交售家禽、鲜蛋的任务下来后，还是按户均摊。社员要完成交售任务，只好到市场上高价买回再向国家缴售。凤阳武店区委今年（1977 年）规定，每户交售一只家禽，登山生产队社员刘汉增、刘汉高、刘树中、王吉中等户没养家禽，只得到集市上花 1 元 1 斤的高价买家禽交售，每交售一只家禽，社员贴款 5—7 角。"②

副业生产首先要划清"以农为主，以副养农"和"重副轻农，重钱轻粮"的界限，划清"合理报酬"与"工分挂帅"、"物资刺激"的界限，划清社员正当副业与资本主义经营的界限。其次，经营范围的划分也是十分严格。凡是大宗副业生产产品，都要为集体经营。对于资源分散，价值较少，不便于集体经营的零星产品，在生产队的指导和帮助下，允许社员家庭经营。政策允许家庭副业的经营，并不意味着放开经营内容和数量限制，副业的经营需要承担相当的风险。被组织起来的社员的唯一任务和生活的主要内容，就是在集体大田里终年劳作，每年所得在完成国家的交售任务之后，以近乎平均的方式按人口分配，以维持最基本的生存。

---

① 王耕今、杨勋、王子平、梁晓东、杨冠三编：《凤阳三十年》，农村读物出版社 1989 年版，第 319 页。转引自：辛逸：《农村人民公社分配制度研究》，中共党史出版社 2005 年版，第 178 页。

② 同上。

四 执 行

（一）计划与计划外生产

生产计划的制定以跃进为口号，"跨上飞马跃先进"，计划生产的执行结果往往是计划外减产，计划与计划外的矛盾贯穿于整个集体化时期的始终。"过高的指标，求成过急的要求，靠大辩论开路的刮风式的领导方法"[①] 带来的就是没有计划的计划，计划只是执行国家指标的工具，已经丧失了其经济意义上的统筹含义，成为反映农业生产国家意志的政治符号。

1958 年下发动的以粮为纲、粮食产量翻番为中心内容的"农业大跃进"，以计划指标的落空、农业生产受到极大破坏、生产力的进一步紧张收场。人为的"高指标"使农业生产陷入低发展的境地。"1960 年，粮食实产 2870 亿斤，比 1957 年的 3901 亿斤减少 26% 以上；棉花实产 2126 万担，比 1957 年的 3280 万担减少 35% 以上；油料作物实产 3405 万担，比 1957 年的 7542 万担减少一半多；猪的年底存栏数 8227 万头，比 1957 年的 14590 万头减少 56%；大牲畜年底饲养量 7336 万头，比 1957 年的 8382 万头减少 12.5%。这些农牧业产品的产量，大都退到了 1951 年的水平，油料作物的产量仅及 1951 年的一半。"[②] 主管工业工作的李富春，在 1961 年北戴河工业会议上对计划工作认识的发言同样适用于农业。他认为，"三年'大跃进'的主要教训是，对生产力估计过高，计划指标过头，要求生产发展过快"，"打乱了生产关系和正常的比例，使生产力遭到一定程度的破坏。"然而，计划指标的调整仍然没有恢复到与生产正常发展水平相适应的高度，之后计划的执行情况还是不如人意。

吉林省梨树镇北老壕大队第一生产队在 1963 年的生产计划[③]和实际

---

① 薄一波：《若干重大决策与事件的回顾》（下），中共党史出版社，第 482 页。

② 同上书，第 620—621 页。

③ 《北老壕大队第一生产队生产计划》，吉林省梨树镇北老壕村档案 1963 年全宗 8 号目录 2 号卷。

注：北老壕大队第一生产队基本情况：全队共有 22 户，其中男 65 人，女 34 人。劳动力 43 个，其中男 28，女 15。共有土地面积 73 垧，其中社员自留地 4 垧 8 亩 5 分。现有耕畜 18 头，其中马 5 头，骡 5 头，驴 2 头，牛 6 头；非役畜 4 头，其中马 1 头，牛 3 头。胶皮车 2 台，花轮车 1 台。

生产的对比，证明了生产计划不止是两本账、三本账的问题，更是账面帐和实际账的问题。

农业发展。"我们生产队按国家计划和指标，根据生产队的因地制宜条件，从农业可以完成粮豆面积 65 垧 6 亩，总产量 84300 公斤，公社给我队粮食生产任务是 60630 公斤，实际超产 23670 公斤。总产量除完成国家征购任务（8000 斤），留下三留（种籽、饲料、口粮），还有余粮和超产粮食。从超产粮中提留牲畜饲料 20% 计 4734 斤，其余的超产粮按社员劳动工分分配，平均每人可分到 191 公斤。国家经济作物面积 2 垧 6 亩，其中甜菜 1 垧，产量 3 万斤，全部卖给国家；青麻 3 亩，产量 600 市斤，卖给国家 40 市斤，其余生产队留用；线麻 3 亩，总产量 150 市斤，卖给国家 5 市斤，其余生产队留用；商品菜地 1 垧，总产量 10 万市斤，卖给国家。"①

实际完成情况为：粮豆播种面积共 68.65 垧，超过计划播种面积 3.05 垧，总产量 21188 公斤，远低于按照公社下派指标 60630 公斤。在 68.65 垧粮豆播种面积中包括公社集体经营面积 63.85 垧，以及社员自营面积 4.80 垧，也就是说，连同社员自留地作物产量一并计算，第一生产队只能完成公社指定粮食生产任务的 1/3 多一点。三留即口粮、种子、饲料应留 53208 斤，实留 26714 斤，共缺粮 26494 斤。其中口粮按 99 人计算，应留 32960 斤，实留 6466 斤，人均占有 66 斤。从 1963 年生产大队、生产队主要农产品产量及社会分配表得知，第一生产队分给社员粮食 9336 斤，大豆 930 斤，如按 99 口人计算，平均每人分配 103 斤（折合 51.5 公斤），这里分配给社员的口粮包括国家统销粮。（注：1963 年北老壕生产大队其 11 个生产队合计产量 247656 斤，补充粮 483239 斤，其中社员自营土地生产的粮食 76610 斤，国家统销的粮食 406629 斤。）人均 51.5 公斤的口粮和人均 191 公斤（劳动力 43 个）的超产粮缺口通过账面一笔勾销。1963 年经济作物实际共播种 1.5 垧，其中甜菜 1 垧，蔬菜 0.5 垧产 9500 斤，按此比例即使蔬菜种植达到 1 垧，产量仍不足 2 万斤，不到计划产量 10 万斤的 1/5。口粮尚且需要国家返销，经济作物的种植自

---

① 《北老壕大队第一生产队生产计划》，吉林省梨树镇北老壕村档案 1963 年全宗 8 号目录 2 号卷。

是难以维持。

牲畜发展。"现有母马三头,其中怀孕就有一头,母牛五头其中怀孕就有四头,可产幼畜四头,占总头数 18%。……今年计划按六十条修正草案第二十六的规定精神,可卖一头小马驹(62 年产),可收入 3000 元参加分配。"① 年末大牲畜实有头数 20 头(牛 6、马 5、驴 2、骡 7),比年初减少两头,役畜 18 头未有增减,能繁母畜 5 头,仔畜 1 头,畜牧业收入共 2884 元。牲畜的增减关系到生产效率的高低,在饲料粮不足的情况下,牲畜的发展受到制约。

副业生产。"六三年生产队要搞的副业有,秋季设粉房一处,加工土豆,计划在九月份开始到年终可收入 5000 元;大车搞运输,两台胶车可收入 1500 元;给社员盖房子和生产队盖房子,人工可以入 500 元;粉房养猪 15 头,到年终可收入 500 元,共收入 7500 元。社员家庭副业生产养猪可收 2000 元,养鸡 400 元,社员投肥 6 垧 8 亩可收入 340 元,打草收入 600 元,其他收入 100 元,个体收入共计 3440 元,平均每人可收入 34元。"② 没有查找到单项副业收入的完成情况,副业收入共计 1821 元,占计划收入 10940 元的 17%。

植树造林。"为了把生产队范围内绿化花园般的景象,大搞植树。集体植树和个体植树相结合的办法,按谁栽谁有的原则,有计划地进行。不影响集体面积和交通的可集体栽植,特别是社员房前房后、屋左屋右进行栽植,达到家家有护宅树。集体补植树三亩,河垮补植三亩,个体房前房后、房左房右可植 1 亩,另外,每户要植五棵至十棵各种果树。"③ 林业相比较农、副、牧的重视程度要小一些,实际结果充分证明了这一点,口粮难以为继的生产条件下,社员不愿花费劳力、时间、精力种植林木,1963 年零星植树共计 32 株。

施肥。"今年坚决要达到满粪化……现已送到地里的土粪 13 垧,黄粪 7 垧,从四平拉回大粪 10 垧,社员投肥 2 垧。从现在起到播种前还能从四平拉回大粪 40 车,种苞米口粪 20 垧,畜粪还能积出 2 垧,买硝铵化

---

① 《北老壕大队第一生产队生产计划》,吉林省梨树镇北老壕村档案 1963 年全宗 8 号目录 2号卷。

② 同上。

③ 同上。

肥 2 吨解决 14 垧 2 亩口肥，共施底肥 34 垧，口肥 34 垧 2 亩，共计 68 垧 2 亩，占总播种面积的 100%。"① 实际施肥面积不足总播种面积的 50%，满粪化、饱粪化也成为年年必提的口号之一。

1963 年计划生产和实际生产折合收益如下图所示：

1963 年计划生产和实际生产数值对比表　　　　单位：元

	计划生产	实际生产
一、全年总收入	31965	11156
（一）农业总收入	21465	6451
其中：粮食	14931.7	2784
（二）林牧副渔	10500	4705
其中：副业	5000	1821
牲畜	3000	2884
二、全年总支出	6395	9950
占总收入比例%	20	89.2
其中：农业支出	4661	7984
三、4%公积金	1279	0
2%公益金	639	60
四、社员分配	22372	1146
占总收入比例%	70	10.2

从上表可以看出，实际生产完成情况远低于计划生产的任务指标，计划实质上等同于无计划，计划的存在是国家意志的单方面表示，甚至只是纸面文章。计划指标的超额完成是对工分的奖励，计划指标完不成也是对工分的处罚，工分对于社员不如奖金或罚金那样直接刺激到社员的理性感觉，况且跃进指标的持续跃进和国家返销粮的持续返销共同存在，两本账超越了实际和预期产量的概念，演变成为政治需要和经济现状博弈的均衡工具。计划生产下的停滞不前没有影响到生产计划继续大跨步前进，社员关心的是分值的高低，产值的高低成为干部的关注点。

---

① 《北老壕大队第一生产队生产计划》，吉林省梨树镇北老壕村档案 1963 年全宗 8 号目录 2 号卷。

（二） 生产计划再修订

毛主席说："在运动中，自始至终要抓生产，同时，要注意抓当年分配（生活问题）。"计划和分配，生产和生活伴随大集体而相依相存。生产中十分重要的三粮，即口粮、饲料粮和种子粮的留存，是劳力的保障和下年度计划生产的基础。口粮留量标准，"以生产队为单位计算，每人平均最低三百六十斤，最高四百五十斤。""豇豆，一般的每人十五斤，这一部分豇豆包括在上述口粮标准之内。"饲料留量标准，"1. 役马、骡每头八百斤，旱田役牛每头五百斤，水田役牛每头六百五十斤，役驴每头三百斤。2. 非役畜：马、骡每头二百七十斤，牛每头一百七十斤，驴每头一百斤。"种子留量标准，"旱田作物每亩十斤"。① 实际情况远非如此，以 1963 年北老壕第一生产队来看，口粮应留 32960 斤，实际留量 6466斤，按人口 103 人计算，人均占有口粮 63 斤，远远不够每日食用。人尚且不够填饱肚子，牲畜留量更是纸上谈兵。三留应留 53208 斤，实留26714 斤，缺粮 26494 斤。开封县收入消费统计表显示，从 1958 年到1983 年整个集体化时期，只有 1983 年集体化结束的当年，人均粮食消费才达到口粮留量的最低标准。

开封县 1958—1983 年收入消费统计表 （节选）②

年度	人均粮食（公斤）	年度	人均粮食（公斤）
1958	212	1964	59.5
1959	17.6	1965	153
1960	130	1966	169
1961	108	1967	183
1962	99.5	1968	205
1963	77.5	1969	210

① 《关于粮食征购若干政策规定简稿》，吉林省梨树镇北老壕村档案 1967 年 12 号目录 1 号卷。

② 开封县志编撰委员会：《开封县 1958—1983 年收入消费统计表》（节选），《开封县志》，中州古籍出版社 1992 年版，第 339、340 页。

年度	人均粮食（公斤）	年度	人均粮食（公斤）
1970	225	1977	123
1971	175.5	1978	183.5
1972	187.5	1979	212.5
1973	190.5	1980	318
1974	208.5	1981	312
1975	209	1982	319
1976	170	1983	463

数据来源：《开封县志》。

为什么留量有这么大的缺口？"饲料不够马吃点，种子不足多用点，集体养猪多喂点，交售生猪奖励点，收购鲜蛋补助点，社员出勤给加点，外出民工多带点，豆腐房亏本添上点，计划生育照顾点，贫困户缺粮动用点，外来人吃饭搭上点，关系单位给送点，干部吃喝占用点。因此造成三粮混乱，账上有数，库里无粮，储备粮变成了万能粮，种子粮变成了机动粮，饲料粮是没有数的粮。"[1] 财政收支不均衡、收益分配超标打破了年度生产计划，社员向心力不足，明分组暗分队架空了生产队。只抓生产，不讲理财；只讲生产，不讲核算，单纯地联系产量搞奖惩，集体积累一点点耗空，损失浪费严重。

年度农业生产计划指标一再攀升，为了弥补产量的高指标，社员口粮一再克扣，缺粮缺口有增无减，粮食产、购、留平衡统计表应留的数值远远小于实际留量数值。社员参加集体生产的动力源于分值，为了平衡账面收支和超额指标的实现，空分和虚分在社员实际分配过程中普遍存在，分配时的虚分实则是生产计划的再修订。扩大产值常用的手段有：① 虚作收入，有账无物。"如实际产谷草三万斤，分配时则估成五万斤列为收入，参加分配。"虚作的二万斤谷草反映在账面上就是虚作的两万斤谷草收入。② 应付费用不记账，不列当年支出之内。"如有的队把机耕费往下

---

[1] 《吉林省农村人民公社财务、受益分配业务座谈会会议纪要》，吉林省梨树镇北老壕村档案 1980 年 25 号目录 4 号卷。

年摊，说什么哪年付款哪年报销"，只记收入不记支出，借以降低当年费用，提高当年分值。③ 买入低值易耗品如叉子、笤把，口袋以及一些小农具等列入库存物资内，不报生产费用。表面上降低了当年生产费用的比例，实际上生产费用一点点被挖空，生产计划的账面预算和实际支出之间的缺口越拉越大。④ 长期不盘点仓库，物资损失不报销。"如梨树公社红卫大队第九生产队库存物资账面上有粉条一千二百八十八斤，现在连个粉头都没有了。"⑤ 死卡比例，"不计划需要与可能，不进行合理安排，用比例来应付群众"。有的会计说："过去我一看比例能说过去就行，对明年生产需要多少连账都没算，如生产费基金上级规定提百分之二我就提百分之二，究竟是否做到了打够留足，脑袋里没打算。"上级看到的是计划账面上的欣欣向荣，牺牲的是社员生产必需品如种籽、化肥、生活口粮。⑥ 假积累，真虚分。"如有的生产队把自产马驹折价 2500 元，提积累20%，下余参加分配"，虚分对生产积极性造成持续性的影响。有的生产队先公布"一年早知道"，一个劳动力一元五角，他们在生产过程中怕多投工降低分值，对妇女社员采取压低工分或者限制出勤。①

种种虚分手段实质是为了保证计划的完成而不得不做的一些账面文章，因为一方面计划指标不是以实际生产能力为基准，超出了当时农村劳动力、劳动资源的水平限制；另一方面社员连同生产生活资料被统一进国家集体，生产单位的扩大化对应的是劳动责任的散漫化。生产和核算的分离，财务制度成为一纸空文。虚分的层出不穷和口粮的持续短缺互相对应，为计划生产的失败埋下了伏笔。

（三）生产计划的成效

计划生产本身而言，没有达到预期的增产效果，"至 1978 年，全国农村没有解决温饱问题的贫困人口竟达到 2.5 亿，占农村总人口的30.7%。"② "食油产量，最高年份一九五八年曾达到三十九亿斤，全国每

① 《突出政治认清形势贯彻政策依靠群众搞好一九六六年收益分配工作——县委宁村工作部部长杨孜耕同志在全县收益分配工作会议上的报告》，吉林省梨树镇北老壕村档案 1966 年全宗11 号目录 1 号卷。

② 中华人民共和国新闻办公室：《中国的农村扶贫开发白皮书》，《人民日报》2001 年 10月 15 日。

人平均六斤，1976 年只产三十二亿斤，每人平均仅有三斤半。"① "以粮为纲，全面发展"的方针制定初衷本着重视农业、发展农业的思想，毛主席曾经强调社会主义农业工作的十四个重点，"即产量指标，水利、肥料、土壤、种子，改制（改变耕作制度），病虫害，机械化，精耕细作，畜牧，副业，绿化，除四害，治疾病讲卫生。"② 可谓细致周到、经验丰富。但是生产一旦与建设速度挂上钩，就从单纯的经济问题演变为复杂的政治问题，生产的每一步发展都要展现出社会主义制度的优越性，做到高速度的发展生产，"农业大跃进"，学大寨赶小乡等社会运动进一步对农业发展造成反效果。尤其是特大自然灾害的发生势必影响产量，农业增产计划的完成即将大打折扣，《人民日报》发表动员文章，"现在的问题在于对自然灾害应该采取什么态度。有右倾思想的人在自然灾害面前是消极、悲观、退缩，无产阶级的战士在自然灾害面前是动员群众，'对天宣战'"。③ 产值的多少不再由自然生长规律所决定，革命觉悟和比学赶超的热情对农业生产一次次拔苗助长，虚夸的产值最终由广泛而持久的大饥荒买单。

但是，计划生产对于支援社会主义建设，巩固集体经济做出了不可磨灭的贡献。"有专家估计，1977 年我国工业产值为 7000 亿，而 1949 年至 1977 年这 28 年从农民那里获得的农业价值也是 7000 亿。"④ 工农剪刀差为我国工业的迅速发展，国民财富的快速增长起到决定性的作用。同时，计划生产的强大组织力量克服了分散生产条件下劳力不足、资金短缺、技术落后等系列问题，规模化生产成效初见端倪，我国农田基础建设大为改善。"1975 年与 1957 年相比，农业总动力增加 61 倍，农业大型拖拉机增长 22.5 倍，联合收割机增加了 6 倍，机耕面积增加 12 倍，手扶拖拉机发展到 59.9 万台，化肥用量增加 14 倍，农用电量增加 130 倍。"⑤ 农业生

① 农林部、商业部 1977 年 10 月 31 日：《关于大力发展油料生产尽快改善食油供应的意见》，《农村政策文件选编》（三），中国人民大学农业经济系资料室内部资料，第 367 页。

② 《三大革命运动一起抓》，《人民日报》社论，1978 年 04 月 22 日。

③ 《为超额完成粮棉生产计划而战》，《人民日报》1959 年 09 月 03 日。

④ 刘金海：《农民的"集体劳动"：缘由、规范及实施》，《中共党史研究》2010 年第 02 期。

⑤ 蒋茜：《农村人民公社之兴与农业合作化》，《经济与社会发展》2008 年第 05 期。

产的基础要素水利、技术、农用机械等大为改观。

五 后计划时代

（一）计划的终结：国家力量的退出

生产计划随着大集体时期的终结而黯淡下来，生产依旧，计划没有了附加其上的政治光环，又回到单纯的经济预算意义上。国家的宏观调控与农户的自由经营相结合，市场化的介入协调了政治的社会化过程。"各种经济时代的区别，不在于生产什么，而在于怎样生产，用什么劳动资料生产。"[①]

小农分散的如同"麻袋中的一个个马铃薯"的生活方式延续了几千年，农业生产长期以来的重复简单再生产，导致"农业的内卷化"[②] ——没有发展的增长，一直未实现人均产值的提高，边际报酬呈递减状况。传统农业完全依靠手工劳动、手工工具耕作这种低生产力水平的条件，农民生产中的实际困难依靠自身家庭的力量很难克服。土改的成功，克服了个体农民私有制分散经营带来的问题，在较低生产力水平下可以有效地组织农业生产，为了进一步发挥社会主义优越性，避免出现两极分化，国家以集体组织的方式开展互助合作经济。承认土地私有保护了农户家庭经营的积极性，集体统一行使土地经营权发挥了合作经济的优越性，这个时期，国家主要农作物产量保持了较高的增长势头。

随即而至的大集体化时代的到来，虽然把平等作为制度的精神内核，却剥夺人民自由选择的能力，成了一种失去"自由"的"平等"，计划生产、计划分配、条条块块有计划，月月季季有安排。凡是能参加生产的社员，在生产中一律实行军事化行动，以保证生产任务的完成，把执行计划当成奖惩的重要条件，从而加强群众的计划观念。计划生产限制了劳动积极性的发挥，带来了生产的低效率，但是对于缓解供需紧张起到了很大作用。

截至 1982 年 11 月底，吉林四平县"全县 2821 个生产队中，实行专

---

① 《马克思恩格斯选集》第 23 卷，第 204 页。

② 参见黄宗智：《华北的小农经济与社会变迁》，中华书局 2006 年版。

业承包联产计酬的有 224 个，占 7.9%；包干到组的有 1879 个，占 66.6%；包干到户的有 203 个，占 7.2%；联产到劳的有 34 个，占 1.2%；小段包工的有 481 个，占 17.1%。"① 家庭联产承包责任制慢慢走入人们的视线，相比较集体时期以工记分为主的生产责任制有两大显著变化：一是从劳动规模上，从队到组到户，即从大到小；二是从分配方式上，从不联产到联产，从包产到包干。

实践证明，包干到户显示出的优越性是多方面的，最基本的有两方面：一是在生产上，以国家、集体的控制、协调与个体农户的分散独立劳动相结合，代替了过去死卡集中劳动，避免了"瞎指挥"和"大呼隆"，使农民取得较多的生产经营自主权，能够根据劳动对象和自然气候的变化情况独立采取各项管理措施，并在提高劳动效率的基础上向生产的深度和广度进军，提高了经济效益。二是通过包干，以按标准产量分配的办法，代替了按劳动日记工分配，避免了"大锅饭"和平均主义，从而大大减少了生产经营上的损失浪费和干部的多吃多占，真正体现了按劳付酬的社会主义分配原则，充分挖掘了劳力、畜力、土地、粪肥、副业等多种权力。

"以工记分"生产责任制下的"包产到户"，从表面看，好像是单干，实际上社员的分散劳动受着集体经济的制约、国家计划的支配。集体规定种植作物的品种、面积，规定投入的种子、肥料，规定产量、产值，规定集体提留、各项积累、管理费和向国家应缴纳的农业税、交售粮食任务等等，所以此前的包产到户仍然是纯粹的集体所有制经济。然而，"包产到户作为一种人与物的对应关系以及土地、劳动力、资本和技术等要素功能释放的刺激体制，能有效地克服外部性，使农民获得劳动边际报酬率的部分份额，增加努力供给程度，节约监督费用。"② 正是在包产到户的启示下，"大包干"为标志的家庭联产承包责任制走入人们的视野。

家庭联产承包经营，在"保证国家的、留足集体的、剩下都是自己的"的分配制度下，使农户的收入和其生产成果直接联系起来，农民有

---

① 《王显文同志在调整完善农业生产责任制干部培训班上的讲话》，吉林省梨树镇北老壕村档案 1982 年全宗 27 号目录 1 号卷。

② 林毅夫：《制度、技术与中国农业发展》，上海三联书店 1992 年版，第 55 页。

了种田的自主权，只需要对集体上交农业税、合同订购产品和公共提留。近年来，国家对农业发展提供各项有力支持，并逐步取消三提五统，给予农民以最大的生产自主权。过去农民调侃"集体经济漏钱匣子，光看鱼喝水，没看腮带漏"①的问题得到根治。"生产关系究竟以什么形式为最好，恐怕要采取这样一种态度，就是哪种形式在哪个地方能够比较容易比较快地恢复和发展农业生产，就采取哪种形式；群众愿意采取哪种形式，就应该采取哪种形式，不合法的使它合法起来。……刘伯承同志经常讲一句四川话：'黄猫、黑猫，只要捉住老鼠就是好猫。'"②

（二）生产的发展：社会力量的回归

农业生产与粮食安全高度相关，建国初期，粮食短缺成为困扰工农业发展的一大难题，薄一波回忆当时"大城市里头，猪肉也没得吃了，粮食也没得吃了"③，为了保障粮食及全国主要农产品的供应，鼓励增加粮食播种面积并组织劳动力进行规模生产成为一项有效的措施。"粮食播种面积十六亿亩，在全国平均亩产量按播种面积计算，没有达到一千斤以前，不能轻易缩减。"④ 此外，传统农民与社员的区别在于土地、劳动和劳动成果从自有转为国有，个体劳动转向集体劳动，强化了农民的国家意识，⑤ 有助于全国统筹安排粮食种植。

家庭承包责任制改革瓦解了公社体制和集体组织，农村普遍实行分散独立的小农经营模式，虽然家庭人口数目持续增加但是劳动力呈现萎缩的趋势。现在的"村民小组"最大的感受就是农民劳动少了，劳动强度低了，劳动收入非农业化了。"家庭农场经济活动的基本动力产生于满足家庭成员消费需求的必要性，并且其劳力乃是实现这一目标的最主要手段"，"全年的劳作乃是在整个家庭为满足其全年家计平衡的需要的驱使

---

① 《梨树人民公社北老壕生产大队社会主义教育工作总结》，吉林省梨树镇北老壕村档案1963 年全宗 8 号目录 2 号卷。

② 《邓小平文选》第一卷，第 323 页。

③ 薄一波：《若干重大决策与事件的回顾》（下），中共党史出版社，第 571 页。

④ 中共中央政治局 1959 年 4 月：《关于人民公社的十八个问题》，《农村政策文件选编》（三），中国人民大学农业经济系资料室内部资料，第 291 页。

⑤ 参见徐勇：《论农民劳动的国家性建构及其成效——国家整合视角下农民劳动的变化》，《山西大学学报》2008 年第 05 期。

下进行的"。① 农业机械化的普及、耕种资源的绝对限制和农户数量的增加使户均耕地面积下降，同时生活成本和孩子的教育成本的激增，造成农民不是休闲在家，而是外出打工，抛荒和改变种植结构在农村中逐渐形成一股蔓延的趋势，粮食安全受到挑战。

黄宗智认为，"商品化的农业和家庭手工业以及人口递增和流动，在小农经济内推动了一个延续不断的社会分化"②。分化了的小农伴随的是分化了的小农经济。中国小农经济的发展和农村演变的形式，并没有向西方那样，走上资本主义工业化之路，而是持续的小农社会的延续。中国现今的小农表现为独立化、分散化、社会化，需要强调的是小农的组织化。农民处于"组织缺失"状态，造成了国家现代化进程中的农业困境；长期以来实行农哺工、乡哺城的制度安排和二元社会结构，导致公共品供给机制扭曲，城乡严重分化；基层政权与农村"受命"组织的涣散、软弱，为农民组织的发展提供了空间；在工业化、市场化、城市化的驱动下和"三农"困境的压力下，农村社会处于剧烈的变迁过程，农村亟需组织创新。

当今我国农民所需要的组织化，不是计划经济时期以公有为基础、资源高度集中、对农民强制约束的准军事化组织，也不是仅限于经济合作或组建利益集团，而是经济、政治、社会各领域的全面组织。改革开放以来，虽然整个农村市场化程度在不断提高，但是粮食生产因素的利用方面，市场化的程度并没有发生显著的变化，分散、规模狭小的个体农户在激烈竞争的市场上抵御风险的能力极弱。"把生存作为目的的农民，在规避经济灾难而不愿冒险追逐平均收入最大化方面很有代表性"，③ 只有把分散的农民组织起来，才能形成一种与外力抗衡的合力与机制，才能提高农民抗御市场风险的能力。因此，要达到粮食安全生产的目标，就必须把农民组织起来，提高农民的组织化程度，农村合作经济组织这种新的组织形式不断涌现。

农业合作组织的专业经营加快了农业内部的分工、分业，特有的动员

---

① 恰亚诺夫：《农民经济组织》（肖正洪译），中央编译出版社 1996 年版，第 29 页。

② 黄宗智：《华北的小农经济与社会变迁》，中华书局 2006 年版。

③ 同上书，第 3 页。

组织能力和分工协作能力需要有效的生产计划来衔接。社会力量的注入给予生产计划新的诠释，生产计划作为一种经营管理的有效手段取代了数字指标的计划模式，为农民参与市场竞争提供了科学平台，满足了农民对农业社会化服务体系的要求。

生产队长:"家长"的扩大化分析

【导读】本文将生产队长角色作为分析视角应用到晋南城关公社的研究中,以生产队长角色作为透视点,描述和阐释生产队长与队员"父与子"、生产队长与大队干部"子与父"的关系,认为人民公社按照科层制的方式运行,服从于国家的统一管理;各级管理人员遵从下级服从上级的行政原则;农民顶上了公社社员的帽子,服从生产队干部的统一管理。公社的这种科层制运行方式决定了自上而下的命令和自上而下的服从关系的形成。尽管国家权力通过"命令与服从"为原则的科层制扩张到乡土社会的各个领域,但作为基层干部的生产队长与社员之间、与大队干部之间的关系更类似于科层制中的父子关系。

古有诗云:"日出而作,日落而息,耕田而食,凿井而饮,帝力于我何有哉!"这种逍遥自在的农耕生活保持了千百年,但就在五十年前不到两个月的时间内,几亿一贯被视为自私自利、一盘散沙的农民被组织在了统一模式的人民公社中。人民公社基本上以"队"为单位,生产队长被称为"当家人",和家庭的大家长一样,安排、指挥社员劳动,调解社员家庭邻里纠纷等。同时,"人民公社作为基层政权组织按照科层制的方式运行,服从于国家的统一治理"①,而且生产队长必须服从大队干部的命令。如果说,国家权力是通过科层制扩展到乡村社会的,下级必须服从上级,那么农村"瞒产私分""偷懒耍滑"等现象的存在应该如何解释,用

---

① 徐勇:《行政下乡:动员、任务与命令——现代国家向乡土社会渗透的行政机制》,《华中师范大学学报(人文社会科学版)》2007 年第 5 期。

科层制描述人民公社时期国家权力的扩展是否恰当呢？这是本文探讨的问题之一。

维维安·舒尔（Vivienne Shue）认为，人民公社时期中国乡村社会是一种"蜂窝结构"，国家权力虽然纵向伸入了基层，但横向权力扩展不足，且没有制度化；农村社会和管理呈现为一种"蜂窝结构"（hoenycomb-structure），即每一个公社都像一个高度地方化的、自给自足的、有独立结构的蜂窝，这是一种很典型的封闭式社区。[①] 可在现实中，我们却看到了生产队长作为生产队的当家人同其他生产队打交道，大到生产、政治运动中的交流与合作（如在瞒产私分中各生产队干部达到的一种默契），小到生活中的琐碎小事，如本文将要谈到的王村生产队队长为两队青年"牵线搭桥"等，都使王村生产队与外生产队发生联系。同时，两个生产队也有其他方面的联系，如姻亲联系[②]，一个生产队的姑娘嫁到另一个生产队后，她就沟通了这个生产队与她娘家所在的那个自然村甚至那一地区的数个自然村之间的联系。从这个意义上说生产队不是相互"隔离或独立"的，也不是"封闭"的。所以，蜂窝状结构并没有准确地解释人民公社时期的乡村社会结构，那么人民公社时期到底形成了什么样的社会结构？这是本文探讨的问题之二。

本文的生产队长角色是指生产队长与社员的关系及其与上级之间的关系。它与现在学者研究的村干部角色有着一些相似之处，但也有着不同。现在学者研究的是村民自治过程中乡村干部的角色。本文是在人民公社的大背景下分析生产队长的角色。在人民公社时期，公社制度的推行、上级的号召与政令是依靠一大批服从公社权威、执行公社意志的干部。这批干部在实践中实现着政府的目标，贯彻着政府的意志，国家权力也通过这批干部而下渗到自然村落。同时，人民公社把农民都组织在同构的生产队中，生产队直接承担着农业经营的重任，因此生产队是否能很好的运作直接关系到每个队员的切身利益，而且也能够影响到公社和大队是否能完成国家下达的计划经济指标。作为当家者的生产队长，直接影响到生

[①] Shue. V：The Reach of the State：Sketches of the Chinese Body Politic. Stanford：Stanford University，Press，1988.

[②] 张乐天：《告别理想——人民公社制度研究》，人民出版社 2005 年版，第 299 页。

产队是否能维持队员的基本生存，也直接关系到国家指令是否能真正下达到最底层。综上所述，生产队长在人民公社时期是"职小位重"，是连接社员和国家的最关键的"桥梁"。因此，探讨生产队长的角色，既有助于我们了解生产队长与社员之间的互动关系，生产队长与上级之间的关系；又能为我们理解人民公社时期形成的社会结构与变迁逻辑提供一个新的视角。

在资料运用上，本文选取晋南"龙镇"作为研究场域。它位于隰县中部和紫川谷地，东经110°54′44″，北纬36°41′30″，属晋西黄土高原的组成部分。龙镇虽然是个山区小镇，但街道总长达到3公里，全部境域分为城区和城以东恒面地区，由两川（紫川和古城川），六垣（东垣、西垣、古城垣、北庄垣、乐安垣、益其垣），四沟（陈家河沟、路家沟、汪家沟、刘家庄）组成。全镇有10个村民委员会，四个居民委员会。截止2008年，全镇国土面积108.8平方公里，总耕地面积32655亩。人口总数为30200人，其中农业人口13319人，非农业人口16881人，人口自然增长率为9‰。龙镇是个千年古镇，距今已有1377年历史。旧城始建唐武德元年（公元628年），明清时成为里，民国后改为街公所。1946年11月28日隰县解放，首建隰县市。1949年后改建城关村，1956年建城关乡，1958年随全国公社化形势，城关乡改为城关飞跃人民公社。此后，管理区，生产队屡有调整。1961年分县后，城关公社分为15个管理区（生产大队），其中城关管理区（大队）有13个生产队，王村属十队。1962年管理区改为生产大队，城关公社分为11个生产大队，其中城南大队有8个生产队，有731户人，2906口人，王村生产队有60余户，200多口人。1984年6月，改政社合一的人民公社制为乡镇制，大队改称村民委员会，生产队改称村民小组。由原城关公社划出城关、城北、南关大队新设城关镇，其余部分改称城南乡。原城南大队改为南关村委。2001年4月城关镇和北庄乡合并称为龙镇。

本文的访谈对象主要是集中于龙镇王村的老人们。在笔者所研究的1958年至1978年的时间段中，曾担任王村生产队长的三位老人都健在，曾担任城南大队干部的一位老人也在王村，而且对人民公社时期发生的事情都有惊人的记忆。笔者把访谈对象分为三类型：（1）1958年至1978年间，曾担任王村生产队长的三位老人及其他干部、其他生产队的队长；

（2）与三位老人担任王村生产队长时相应的社员及其他生产队的社员；
（3）王村所属的城南大队的干部。本文希望通过对王村老人尤其是与历史的当事者的访谈，并辅之以文献资料，全面地"复制"历史过程。在"复制"之前，笔者将简要介绍三位生产队长的情况。在三位队长的经历中，可以同时看到城关人民公社的发展史。为方便使用，在本文中笔者把三位生产队长分别称为一、二、三队长。

一队长张双燕。1933 年，张双燕出生于一个贫苦农民家庭。家里人多地少，主要靠父亲的木工、泥瓦等手艺赚钱，养家糊口。1943 年父亲患病去世，年仅 10 岁的他和母亲、弟弟妹妹相依为命，生活极度困苦。1949 年新中国的诞生，尤其是土地改革给贫苦的农民带来了土地，也带来了希望。16 岁的他和广大穷苦农民一样对党充满着无限的感激与忠诚。在党中央发出互助合作的号召后，他积极响应党的号召，办起了全村第一个常年互助组。互助组的土地很贫瘠，他们采取精耕细作，增施肥料，适时播种，精心管理的措施，1952 年的小麦亩产达到 90 公斤，高出组外农民两倍多，创造了全县小麦亩产最高纪录。1954 年在互助组的基础上，他组织贫下中农和部分中农成分的农户自愿组织成立了初级社，当时参加初级社的有 15 户，占王村当时 40 户的 37.5%，他为社长。在一年的办社中，周围群众看到了，还是组织起来力量大。1956 年城关高级社正式成立，叫光明第一农业合作高级社，简称光明一社。王村属光明社 12 个农业生产队之一，他任王村生产队长。1958 年以光明一社为基础成立了城关人民公社，他仍是王村生产队队长。由于平调风、共产风并行，致使 1958 年、1959 年、1960 年三年的劳动工无法计算，造成三年分配不能兑现。1959 年公共食堂化，王村一灶，每人每顿定量粮食 0.25 公斤，所有农户全部欠款。1962 年，党中央发出《农业六十条》，确定了"三级所有，队为基础"的新体制，农业生产迅速恢复。具有讽刺意味的是，与经济上的宽松政策同时出台的是政治上的进一步紧缩。同年，在"四清"（清工分、清账目、清财物、清仓库）运动中，他被以"手脚不干净"为名而遭批斗，心灰意冷后辞去生产队长职务。

二队长翟福明。1962 年，在张双燕辞去职务后，王村社员选举善于言辞，积极能干的贫下中农翟福明任生产队长。张双燕已经作为"四清"

政治运动的牺牲品①，工作队带着"胜利的喜悦"（二生产队长语）离开了王村，王村恢复了往日的平静。虽然翟福明在阶级斗争火药味十足的年代担任生产队长，但由于刚上任，没有历史问题。在相对平静的王村，翟福明专心领导社员搞生产。他生性痛恨好逸恶劳混工分的人，对那些偷懒耍滑、小偷小摸的人不是批评就是扣工分。在"文化大革命"中，作为农村最基层干部的翟福明在"自家"② 社员的批斗中丧失了工作的热情，以他的话说："人要面子，树要皮。在被社员批斗时，我感觉到彻底失去了面子，不想再干（工作）下去了。"他于1974年辞职。

三队长刘银保。他16岁时丧父，作为长子，为了全家生计，放弃了高中学业，参加集体劳动。在社员们眼中他是一个态度谦和，积极又能干的小伙子；在大队干部眼中，他是一个老实、有责任心的青年。所以在1974年翟福明下台之后，"三十而立"的刘银保担任了生产队干部。1979年，他成为大队干部。

虽然笔者按照历史顺序介绍生产队长，但由于各个时期生产队长职责或任务大致相同，所以本文仍然采用共时性写法。

一 父与子(生产队长与队员)

(一) 生产四部曲

1. 出工喇叭响起

王村生产队原有一只喇叭，是用生铁坯铸成的。喇叭有寸许厚，青灰色。提起这只喇叭筒，有不少人还能记得，它可是三位生产队长的"接力棒"，像皇帝的"玉玺"一样一代传一代，作用没多大改变。集体生产那阵，小村规模并不大，只有六十来户人家，生产队统一出工干活，或集中开会，都靠了这个喇叭筒来传递信息。生产队长那时是小村至高无上的

---

① 一队长认为在阶级斗争的年代，总有人作为政治运动的牺牲品，而他正赶上了那个年代。二队长认为：为了证明党中央的指示是正确的，总有一些人会被树成"典型"，但一个生产队有一两个典型也就够了。

② 二队长认为：在被本队社员批斗时，就像被平时自己管教的孩子突然痛骂自己一样，心里不仅是伤心，觉得更是一种不幸，而且这些社员基本上是被自己批评过的、扣过工分的人，都是借着文化革命搞报复。

权威，用喇叭筒发号施令的重任便落在了他的肩上，非他莫属。自然而然，那喇叭筒也由他掌管着，跟集体的公章一样，成为他身份和权力的象征。

每天清晨，天刚蒙蒙亮，老队长匆匆起床，拖着一双旧布鞋，来到村中最高的圪担担①，拿出喇叭筒，随之，"社员们，出工了"的喊声响起，三遍五遍的喊声震荡着小村。于是，小村的小屋里也开始喧闹起来。孩子们还没有睁开朦胧的双眼，就在父亲的叫喊声或拍打声中起床。年老的、年轻的、男的、女的，一个个扛着各式农具，按照前一天晚上分配的任务，去劳动了。

二队长和三队长都没有遇到过用喇叭喊不动社员的情况。但一队长却碰到过"社员不参加劳动"的情况。那是寄托亿万农民梦想的年代，是"敞开肚子吃饱饭"令人振奋的年代，也是"公共食堂"如火如荼展开的岁月。但随着公共食堂的口粮越来越少，那种振奋、热情在饿着肚皮连走路都没劲的社员心里已经被失望和疑惑所取代，"出工下地也饿肚子，还不如省省力气"。生产队的小麦田里，杂草比麦苗还多还密。社员们都私下议论："等到小麦收割的时候，上面的一个命令，粮食就要调走，谁愿意下地去白白卖命。"一队长认为社员的担心不是没有道理，就连他本人对此也有切身体会，可是如果生产上不去，打不下粮食，口粮岂不是更没着落，那才是真正对不起社员。他决定从第二天开始，把所有的劳动力统统赶到地里，否则就不开饭。这一决定在社员中引起了不少的震动，但没有一个人敢公开表示反对，只好老老实实地下地干活了。

当农民以"社员"的身份出现时，农民就成为政权共同体的成员，不再有出工不出工的自由，而必须听从于生产队长的统一安排。

2. 地头活干起

当社员在叫喊声中走到田间地头时，一天的劳动就开始了。作为生产队长首先考虑的是集体的生存问题，要为生产队的农业经营操心，在生产劳动中要起带头作用，在当地流行两句话："头要带好，粮要种好"，"一年四季当打头，干部带了头，群众有劲头。"因此，生产队长往往是生产队中干活最积极的一个，当一伙人在田埂上休息时，干部总要先站起来，

---

① 方言，即村里较高的地方。

招呼大家干活。

"那时候的人思想好，老实勤快，不用多操心。"（一生产队长语）"刚刚尝过缺粮滋味，饿过肚皮的农民懂得粮食的重要性，加上最终分配又是口粮与工分相结合，大部分社员都是争着干，抢着干。"（二生产队长语）然而，"十个指头不一般齐"，在劳动中，仍然有些"调皮捣蛋鬼"①（生产队长语）。所以，生产队长在组织生产的过程中也得监督社员的劳动。当生产队长去开会，就会把此项任务交给副队长，如果两者都去开会，那么小组长就要担此差事了。生产队长及其他干部对不好好劳动的社员实施以惩罚，要么严厉批评，要么扣工分，更严重的是给不服的捣蛋鬼插白旗，动用政治帽子。

一队长招数："饭"。收割小麦时，男女社员在生产队长的一声号令下一字儿排开，涌向青中透黄的麦田里，挥动着镰刀，见麦就割。不久，少数社员开始疲沓了，"你蹲下解个手，我坐下吸个袋烟，你手拿着镰刀装模作样，我也手拿着镰刀装模作样……大家彼此彼此。"只有一队长处处严格要求自己，弯着腰一手一手地割着割着。尽管已经很累，他还是不停地割，割……社员们依旧是三个一群，五个一伙坐在田埂上抽烟，聊天。一队长一声大吼："快点干！谁不好好干，就休想吃饭！"社员们就动起来了。"饭"是最重要的东西，也是社员最在乎的东西，"因为自己家不能做饭啊，上边不给饭就不能吃了。"——在通向共产主义桥梁的人民公社中的农民丧失了吃饭的自由。

二队长招数："工分"和"红白旗"。"生产队里安排一伙强劳动力挑粪给地里施肥。有社员挑的很少，就当众批评了他们，他们不服气，说没少挑。后来生产队长专门拿了杠称，看见这些偷懒耍滑者就要求称下。生产队里捡麦穗，我也拿了杠称，在收工时，把每个社员捡的麦穗称下重量，然后按照麦穗的重量加减工分。"除了杠称，生产队长还有其他办法，被他誉为"真经"——插红旗，拔白旗。（在一队长时期，国家发明创造的东西，一队长没多用，二队长却把它当成了珍宝）对表现好的社员，插上红旗，对表现不好的，插上白旗——这叫鼓励先进，帮助后进。千万不用小看这些红旗和白旗，其力量大得很。如果不经过相当努力是插

---

① 意为偷懒耍滑，不好好劳动的人。

不上红旗的；如果一旦被插上了白旗，不仅是失去了面子，而且是反复地被批判，社员改进后就把白旗拔了。——农民的日常生活中充满着浓郁的政治气氛。

三队长招数：工分。那是一个下午，几个青年人在饲养室外的粪场翻粪。临收工时，三队长到各个劳动点去检查，走到离他们不远处，发觉几个人在玩"虎吃羊"的游戏。看见队长来了，他们才慌忙拿起家伙干活。队长朝粪堆上一瞅，整整一个下午，他们几个人才翻下两架子车粪。三队长不由得大骂了一通，又让记工员扣掉了他们的工分。三队长也知道，工分是社员最在意的东西，因为直接与粮食分配挂着钩。

"招数"是通用的。三位队长都为社员的偷懒耍滑伤透脑筋，都在想方设法制止这种行为的发生。"这种行为是有一定的传染性的，这个不好好干，那个人就会跟着不好好干，就会波及一群人。整个生产弄不上去，对我们都没有利。"（生产队长语）三位生产队长都认为：阶级成分不好的社员在劳动中大都老实，不敢怎么偷懒。真正偷懒的是那些阶级成分好的社员，不好用政治方法解决，因为专贫下中农的政，毕竟涉及一个政策问题。而且有些实际问题难以界定。怎样才算是偷懒？谁都说不清楚。有些社员上工时游游荡荡，一会大便，一会小便，总不能去规定上工时能几次大便几次小便吧？

3. 吆喝中收工

当夜幕降临，生产队又完成了当天的任务，生产队长就开始吆喝着收工了。劳累了一天的社员听到收工号令后，都是争先恐后地奔回自己家里，没有一个人愿意在地里多劳动一分钟。"就是盼着收工，收工后可以做自己的事情。"（社员语）

二队长喜欢在收工的时候集合起社员讲几句话。用他的话说："省的一两句话也要专门开个社员大会"。更令笔者激动的是，在采访中，八十多岁的二队长模拟了当时讲的部分话，威风仍然不减当年。"你们这些个劳力，都是生产队和家里的'大梁'，怎么做事都不动个脑子。早跟你们说了，要好好劳动，多赚工分，年底多分点粮食，让孩子们多吃几顿饱饭，怎么就装不到脑子里去啊！谁不好好劳动，我都记着呢，记工员也都记着呢……"全队的劳力坐在地头，有的勾着头，有的两眼直视着前面，听着生产队长火气十足的讲话，没一个人敢作声。他们知道，生产队长说的话句句在理，句句站得住脚。

收工后，当社员都往家里赶的时候，生产队长习惯性地这里走走，那里看看，看哪块地需要锄草了，哪块地需要施肥了。他和普通人不一样，他是一个生产队里的当家人，他要做到心中有数，胸有成竹。

4. 派活指令下达

吃过晚饭后，生产队长要组织干部们开会。一般由队长、记工员、组长等人组成。会议由两部分内容组成。第一件事情是记工。记工员在记工时要和生产队长商量，在采访中干部们都说："干部决定多少分，社员不拔回头。①"社员说，"工分由他们定，我们还响②什么，真真没有便宜，评高评低都在他们几个人手里，与他们没什么好争的。不过一般都是按照劳力的强弱评工，还算是公平。"第二件事情是分配任务。生产队是根据季节的变化来安排农业生产，遵循着自然的节律安排劳动。冬天翻地、积肥、兴修水渠，打坝；开春时平整土地；夏种，锄草，秋收。而哪些人干哪些事情，即农业的劳动分工仍然是传统的方式，分工建立在自然特征的基础上，如男女、长幼、体质的强弱等。在派工中，常听到队长说因为某某人今天病了，要给他安排轻的活；某某年轻些，明天跟他去干重活。生产队长和生产队其他干部们商量后，再分派小组长通知各组人员。"派工是件令人头痛的事情，张家说不公平，李家说我有偏心，十个指头还不一般齐呢，我哪能做到绝对公平。每天就这样吵吵嚷嚷，不过该干活的他们还得干。"

（二）分家三主意

1958 年到 1961 年的大公社虽然没有被明确规定为基本核算单位，却拥有极大的调动资源的权力。公社中的生产队直接承担着组织生产的义务，却没有进行分配的权利。大锅饭严酷的现实迫使权威者让步，1961年下半年开始普遍实行"三级所有，队为基础"的新体制，生产队成为一个实行独立核算的农村基层单位。在完成国家的征购任务后，生产队内部有自己的一套分配原则。本文只考察生产队分配制度的一个方面——粮

---

① "不拔回头"即是"不反对"、"同意"的意思。

② "响"即"吭声"的意思。

食分配。

1. 管"家"过日子："今年想明年，明年想后年"

像维系一个家庭的情况一样，作为生产队一家之主的生产队长，不仅要考虑队里百号人的生活需要，还要考虑维系生产队的零碎开支。这种零碎开支是必不可少的，虽然只占有很小的比例。

据生产队长回忆，留队的实物包括种子、集体饲料、储备粮、其他用粮等。但在粮食紧张的情况下，除了粮食种子不得不留足外，其他粮食留得很少。"社员吃饭都有问题（困难）了，社员都不能生存了，还管什么储备粮。储备粮就是留着备荒、备战，人都饿死了，要储备粮还有什么意思。"（生产队长语）

2. "一碗水端平"

人民公社时期，农民被束缚在生产队里，生产的大部分东西都直接用于满足生存的需要，大家都盯着生产队分给自己的那一份。生产队长知道，他必须像大家庭的大家长那样不偏不倚地对待每个农户，做到"一碗水端平"。

在完成国家征购任务和集体留存后，口粮和工分粮的分配就提上了日程。生产队的粮食分配一般根据按劳分配的原则进行。据生产队长回忆，那时国家规定社员口粮的基本标准是"够不够，三百六"。即不管男女老少，基本口粮都是一样的，每人每年三百六十斤。然而，生产队一般达不到此标准。在生产队年年缺粮的情况下，口粮分配也是需要社员用工分（工分折算成现金）相抵的，不是无偿分配的。在公社把农民限制在村落的时代，农民唯一的谋生手段只能是参加集体生产劳动，获得工分，以便从生产队得到粮食。但是，劳动力的户际分布是不均衡的，较高的劳动分配比例固然能激发农民参加集体劳动的积极性，却不可避免地导致粮食分配的户际差异。"劳力多的农户可以分到粮食，甚至还有余留的工分，'吃口重，劳力少'领不到粮食的农户也不少。我们想给他们分，但当干部是为大家办事情的，不是为哪一些人办事情的，为大家办事，办事就要公道，不能偏着心眼，不能讲私人情面。"在采访中，听到的故事很多。

村民李根福，男，现年65岁，一提起人民公社，第一句话就是"比比现在，那时候的日子不是人过的"。李根福的父亲身体瘦弱难以胜任重体力劳动，母亲劳动力不强，五个子女都需要负担，一年下来全家劳动所得连粮食柴草钱都不够。到领粮的时候，大哥带着李根福，拿着两个空篓子，高高兴兴地去会计那领粮。谁知道会计一看，他家是短款户，不能领粮。哥两个没办法，坐到地上就哭。"那时候真是没办法啊，领不回粮食，饿啊。"大哥回家后决定不再去上学了，开始参加集体劳动。14岁的人开始做成年人的活，挑粪时，别人挑多少，大哥挑多少；做什么事情都抢着做，就是为了多拿工分，多分粮食。

社员刘二民，其父懒惰不参加集体劳动，靠着给村里的姑娘、小伙子说媒混饭吃。他会为同一件婚事在男方与女方之间来回奔忙，也会为澄清某些事情唠唠叨叨说上数个小时。后来人们都知道"他做媒人的成功比例不高"，就不想搭理他了，见他一去就说"有事，要出门了"。"他不管合适不合适，就是想骗饭吃"。（一老人语）他厌恶劳动，为此他家的门上没少被"插白旗"。二民那时才十岁，他哥哥仅有13岁，因为其父不劳动，他俩又小，整个家庭没有劳动力，领不到粮食，他母亲就整天哭鼻涕，后来受不了这种煎熬，上吊自杀了。

3. 还有些"偏爱"

偏向于按劳分配即按工分分配的政策调动了农民参加集体劳动的积极性，这种政策有利于劳力多、负担轻的农户，但却不利于少数劳力少、吃口重的农户。这些农户粮食经常不足，常受饥饿之苦；他们也可能欠生产队的钱，成为倒挂户。为了使那些劳力少、负担重的农户不至于陷入真正的饥荒之中，生产队还分配少量照顾粮，但照顾粮的数量是有限的。而且照顾粮必须用于，因家庭人口多、劳力少或因天灾人祸确实目前无法克服的贫下中农困难户上。[①] 在王村生产队，"照顾的对象首先必须做足基本的劳动工分或者是平时积极劳动的，否则也不能照顾。""我们当干部的，可不能忘记阶级路线，不能和地主富农搅和到一块，更不能对他们照顾。照顾了他们，就是错上加错，犯了大错。"

村民李芳汝，女，现年83岁，32岁丧夫，一个人拉扯5个孩子走过那段"差点丧命"（李语）的岁月。队里设公共食堂后，刚开始是放开肚

① 《隰县人民委员会关于下拨农村救济款的通知》（1965年10月24日），隰县档案馆藏：3-1-24。

皮吃饱饭，后来开始"以成吃饭"了。强劳力 13 成，一般成人 10 成，12 周岁以下从 7 成累减，最低 3 成。"那时候，我最大的儿子也只有 13 岁，家里没强劳力，三岁的小女儿和六岁的哥哥中午只能分一个窝窝头，孩子们每天饿的哭，我也只有抹眼泪的份。"公共食堂解散后，开始以工分分配粮食了。家里劳力少，孩子多，粮食不足，常受饥饿之苦。"我什么都不敢落后，强劳力做什么，我就做什么，还要做得好，就是为了赚高工分，因为有 5 个孩子等着吃饭。后来，因动弹的（劳动）太强（劳动量太大）了，我得了脱血病，三四年都不好，差点送命。那时候最怕的就是死啊，死了孩子怎么办？ 16 岁的大儿子，正在高中上学，学习成绩特别好，最（令我）难受的就是他有天早晨说他不去上学了，后来就开始劳动了。全家他一个人支撑，虽然赚的头等工，但到分粮的时候，还是短款户，领不上粮。队长知道我家的情况，在各家领完粮食之后，就会分给我家粮食，并且给称粮时秤砣会给高点，我再打上欠条。不过那已经很好了，否则没钱是领不到粮食的。"

从原则上讲，生产队是实行按劳分配的，但制度安排和制度实施总会有不一致的地方，在实际执行过程中会或多或少地改变原则。在抬头不见低头见的生活圈里，谁又能摆脱了人情，生产队长又怎么能眼睁睁地看着社员缺粮饿肚子。迫于生存压力，一些社员开始借粮，但照顾粮是有限的，该借给谁？二队长说："口粮够的不能借，家里有病的，劳力不足儿女多的才能借。"而社员借粮首先得征得生产队长同意，然后社员找出纳开条子，最后找保管要粮。"借上粮，年终扣，不够吃，继续借。像这种情况，多着呢。但实际上，当年还得很少，因此就记在账上，而且就记成钱款。只还钱，不还粮了。"（社员语）

农民从集体经济中得到的绝大部分是实物，现金很少。传统的小农经济是自给自足的自然经济，农民辛劳一年，至多也只是填饱自己的肚子而已，从这个意义上说，我们可以把传统的小农经济称为"糊口经济"。解放以后，政府千辛万苦把农民组织起来，但是，公社始终没有使农民摆脱"糊口经济"的困境。①

---

① 张乐天：《告别理想——人民公社制度研究》，人民出版社 2005 年版，第 322 页。

（三）生活琐事记

俗话说："能带一军，不管一村。"生产队长这个没有级别的芝麻官，可不好当。

一记：队长家的儿子不好当

二队长家的大儿子放暑假后，一天晚上他被派去浇地。他和村里三个青年想解解渴，就吃了队里几个西瓜。被看瓜社员发现后，就告诉了二队长。第二天，大儿子正在睡觉，二队长揪住大儿子耳朵把他提起，"你真丢我的脸，你都这样，让老子还怎么管其他人！"等大儿子认了错，二队长才松了手。作为队长，他让记工员扣掉了几个青年浇地的工分。

有一次，二队长的儿子和村里一个孩子因玩耍发生了口角，打完架后，跑回了家。二队长在收工路上，就被那位孩子的母亲堵住。他不管事情原因是什么，只是给人家说了一摊好话，回到家里，顺手从墙角抓起一根鸡毛掸子，不问缘由就打他儿子。现在回想起来，他儿子还觉着隐隐作痛，"挨了父亲不少打骂，那时候特记恨父亲。但现在知道父亲的难处了。毕竟管着一个队，不能让别人说闲话，得让他们服。

二记：队长能断家务事

俗话说，"清官难断家务事"，可生产队长确实可以管得了家务事。王村虽小，只有六十来户人家，但常说，家家有本难念的经。家庭虽小，但家庭内部的关系从古到今都是错综复杂的。在生产队里，大多数老年人生活在家庭中，很多人长期与儿子、媳妇同灶吃饭。人常说"婆媳关系最难处。"婆媳关系直接影响到家庭的稳定与和睦。一般来说，家庭中的老年人无须为吃饭担忧，不必自己担水，挑米、干重活。但王村也有那么几家，被村里人视为"不孝"。

王村王二留家，母亲偏瘫，王二留娶媳妇之后，媳妇要求分家。王二留不答应，一直与母亲同住同吃。王二留家媳妇天天甩筷子甩碗，给老人家眼色看。只要王二留不在家，她嘴里就开始嘟喃："老不死的，我得伺候你到什么时候。"老人每天流着眼泪，但委屈只能往肚子里咽，她不想因为自己让儿子和儿媳吵架。有一天，她正在嘟喃，被从地里回家的王二留听见了。二留子上去就打了媳妇一巴掌。两人就开始打起来。偏瘫的老人坐在炕上泣不成声。邻居们过来劝架，劝不住。三队长被叫过来了。三队长吼一声"别打了",两人还真的就住手了。队长就有这个威信。所以村里发生类似的事情,都会找到队长。队长指着二留子开始训斥了:"二留子,大老爷们的,什么不可以好好说,和女人动什么手?让老娘在炕上哭,你们还真有意思啊?"又对着二留子媳妇说:"二留子他媳妇,你来这个家以前二留子他娘已经瘫痪了。你不喜欢,你来干嘛?你不就看中了二留子是个老实人,是个勤快人。你既然来了,二留子他娘就是你娘,你咋孝顺你娘你就应该咋孝敬他娘,你这样,也不怕村里人笑话。""告诉你们,以后好好待她老人家,再不好好待,小心把你们树为不孝顺的典型……"在那个年头,当个先进典型并不容易,但当个落后典型就臭名昭著了。二留子他媳妇还真怕"典型",不管心里情不情愿,从此以后,不敢再对老人那样了。

三记:队长还当调解

王村村民生活在同一片屋檐下,抬头不见低头见。村民之间的密切接触给人以亲密感,但也产生了许许多多矛盾、摩擦、争执。碰撞和冲突三天两头发生,争吵成为村落生活的一部分,有时甚至发展到十分严重的地步。如骂十八代祖宗,动口就揭人短,动手就打人等。王村不是宗族性的村落,因此生产队长也就成为这些冲突的调解人,调解的方式一般都是劝说。队长常常以至高的仲裁者的身份说:"吵架到此为止,以后谁再骂人谁负责。""这件事情就这样定了,谁再反悔就是他的错了"等等。村民一般服从他的调解,尽管心里不服。一二队长还说:"这些不服的人,到最后就在政治运动中整我了。"

四记:说媒还是一把好手

村里的农民总是早早地为子女考虑婚事。他们终年辛苦劳累,勤俭节约,只求为儿子讨个好老婆。公社时期生产忙,农民的活动范围狭窄。经常和外界打交道的生产队长,就为外村和本村青年男女搭起了桥牵起了线。

王村王福子有三个儿子,个个是好劳力,可是因为王福子和妻子都身患重病,家底薄,大儿子王小明到30岁还没有娶上个媳妇。1975年,病入膏肓的王福子叫儿子把队长请到家来。对队长说:"我可能不行了,这一生最难过的是没有给小明成亲。拜托你,一定给找个媳妇,……"队长答应后,他说:"我死后就放心了……"其实,村里有好多人都给王小明介绍过对象，但女方都因为他家穷而拒绝了。三队长也为这事情操着心，只是一直没有找到合适的。

受托之后，三队长利用晚上或中午休息时间到其他村里向熟人打听合适的姑娘。三队长虽然急着给小明找媳妇，但不会因此就瞎找一个。他要求"年龄合适，人不糊涂①，善良就好"。后来经曹村（离王村大约二十里）队长介绍了一个各方面都合适的姑娘。三队长立刻向那位姑娘家"推销"说："小明人好，老实、勤快，就是家穷，但我敢肯定，以后你们肯定能过个好光景②……"姑娘的父母说："既然两个队长都这么说了，肯定人不差。"就在两个队长的撮合下，31岁的小明娶上了媳妇，过起了日子。到笔者采访的时候，王小明夫妇已经抱有两个孙子了，一家人过得和和美美，对促成他们婚姻的三队长更是感激不尽。

五记：五保老人得照顾

王村有一个五保老人，村里人叫她"老二婆婆子"，据说是"老二的媳妇"。谁也记不得老二去哪了，也不知道老二婆婆子有没有孩子，反正就是她一个人生活。她在生产队里既没有近亲，也没有财产，她依赖生产队里的众人供养。她住在一间破旧的屋子里。在粮食不够的时候她可以向队长"讨"，队里给她拿来粮食，搬来柴草。生产队里有一群淘气的小孩，总喜欢在窗前叫着"老二婆婆子"，还往进丢石子。老二婆婆子也不在意这些，对这些小孩总是笑呵呵的。也许是太孤独了，这些小孩会给她单调的生活带来一些乐趣。但是，她终究是一个被人遗忘的人，有时关门数日也无人知晓。她最后默默地死在小屋里，没有人知道她什么时候死去，也没有人知道她是如何死的。生产队里为她订了一口棺材，举办了一场没有哭泣的葬礼。

从生活五记中我们看出，农民在生活中遇到问题，首先想到的就是得到生产队长的帮助；而生产队长也认为自己有义务也有责任提供帮助。于是，生产队长在生产上的管理权就扩展到对社员生活的管理。对于大龄未婚男女，生产队长为他们牵线搭桥，充当红娘；夫妻、婆媳发生家庭纠纷及社员之间发生纠纷，生产队长为其进行调解；对于五保老人，他也要照

---

① 糊涂即不讲理，村里人找媳妇一般都要求姑娘是个讲事理的人。

② "光景"即"生活"的意思。

顾、养老送终。生产队长就像是一个大家长，管理着社员的一切，保障着社员的生存，调解着社员的矛盾和纠纷，洋溢着父爱主义的精神。

（四）队员之叛逆

1. 偷懒耍滑

先引当地的几句顺口溜："开春说的按劳分，社员干劲百倍增，劳动起来更有劲，为的是秋后多分红"，结果是"按劳分配不执行，多赚少赚一律平，社员知道了这风声，在地劳动瞎闹腾——前边锄，后边荒，猫盖屎，草上飞"，"一个人的活三个人干，多干少干一个样"。这几句顺口溜确实道破了队员偷懒耍滑的原因、造成的后果。在那个年代，全国广大农村流行这样两句顺口溜："生产队里磨洋工，自留地里打冲锋"，王村生产队也不例外。

社员在自留地劳动，虽然时间多是早晚和中午工休时间，但社员们都起早摸黑，披星戴月，精耕细作，反复浇灌，劳动态度和劳动干劲与在生产队田里的情况截然不同，可谓判若两人。多、快、好、省在集体田里没有应验，倒在自留地里自然地实现了。

村民之讲述：社员王茂朵，出工时磨磨蹭蹭，干活时拖拖拉拉，别人出力十分，她出力五分，别人锄草三排，她锄草不到一排；翻地时，铁锹把子掉了，她故意不装，蹲着用方锹翻地（这样省力气），收工时，她再装上，一溜烟就回家了。说她干活能力不行吧，一给自己家干时，她比谁都快。因此，生产队长要记工员给她记2分工（那时候同龄人一般拿5分工）。她不满，锄地时，故意锄苗不锄草，一镰刀下去，麦苗就没了。

茂朵之声音："集体生产那会儿，我觉着干活就没劲。我一个十几岁的女娃娃，干活再卖力，最多也只能拿五分工，而且到年终分配时候，即使不劳动的人，欠队里钱的人也不会比干活的人少领粮食，队长不会让他们饿着的。况且不是我一个人动弹（劳动）的没劲，好多社员都这样。动弹时候，还不是能歇着就歇着，能少干就少干，谁也不会多干的。"

生产队长之应对：生产队中，每一个社员的劳动态度，都会传染到别的社员。一个人不劳动或者不好好劳动，而干部又不制止，就会影响到其他社员劳动的积极性。大家都不好好干，不仅关系到国家下达的经济计划指标，还关系到生产队能否多打粮食，社员能否吃饱。因此生产队长对这些偷懒耍滑者不能"睁一只眼闭一只眼"，一般采取批评或扣工分的办法来制止偷懒耍滑者。

2. 小偷小摸

当农民步调一致地跨进了公社的门槛，成了"光荣的公社社员"后，却仍顶着一颗传统小农的脑袋。他们一有机会就把梦想转变成集体揩油的行为。[①] 例如在王村，每次生产队喷完药水之后，社员都可以把留在喷雾器里的药水拿回家，到自留地里除虫；社员在收割谷子时，会故意把少部分麦穗留在地里，劳动结束后，再去"捡"，集体地里的这部分麦穗就成自家的了；在收获红薯、马铃薯的时候，有人故意将好番薯留在地里以便让自己的小孩来拣。在村里人眼中，这种行为算不上是"偷"，只能说是"捎带"，不会受到道德谴责。再有甚者，就是隐秘地"偷窃"了。

继续说前文中所提到的二民。其母自杀后，其父仍不知悔改。二民和他哥哥白天参加集体劳动，晚上也不清闲。每到深夜的时候，哥两个就开始出去到集体地里"溜达"了。不过，在他们溜达的时候经常会碰到一些同样"溜达"的社员，他们互相看看，不用说话就知道是"一条道"（二民语）的。半熟的玉米、地下的番薯、没有熟透的西瓜……都成了他们的目标。二民现在回忆起来也不认为是丢人的事情——"肚子饿了，哪能管那么多。我拿，别人也拿，我又没占什么便宜"。

常说"没有隔耳的墙"，这样的行为总会被村民发现，有的村民会指责这种侵害集体利益的行为，有的村民会认为又不直接影响自己的利益，"集体地里的，不吃白不吃"，不仅会放任这种行为，甚至自己也开始"模仿"了。老队长曾经为这种事情"气破肚皮，伤透脑筋"，但"绝不会纵容这种行为"。曾经也像"训孩子那样训过他们"，曾经也"扣过他们的工分或口粮"，不管这些社员心里服不服，表面上是不敢反抗的。但生产队长是"从来不往上报"的，就像父亲永远不会出卖自己的儿子一样。

王村也有到外村去偷的。例如三队长还没有任职以前，曾经领着村里年轻人去距王村 20 里的曹村偷过玉米、苹果等。一伙年轻人跟打仗一样，在夜幕的掩护下，徒步进入曹村，然后趴在田地附近，看有没有看田的。

---

① 张乐天：《告别理想——人民公社制度研究》，人民出版社 2005 年版，第 103 页。

然后进田里见东西就装麻袋，后来不知道是不是真的来人了，大家一声喊，就"撤离"了。到外村去偷，不仅不被村里人谴责，而且被村里人认为是"有本事之人"。

3. 斗队长

生产队长是生产队的直接领导者、指挥者，就像传统的大家长一样，躲不开矛盾，逃不开非议；而且经常代表生产队与外界打交道，他们有权，从而就有较多的机会谋取私利。农村社会有很高的透明度，正如俗话说的"没有不透风的墙"，一旦干部谋私利的事发生，通常会传出去，普通农民与生产队长的矛盾渗透进农村生活的细枝末节。在田头地边，在集体劳动的农田里，甚至普通农家的饭桌上，干部都是农民交谈的话题之一，其中常常有以权谋私的传闻，有的传闻是捕风捉影的，但有的传闻确是真实的。1970 年太原某工厂在隰县招工，给王村生产队一个工人指标，生产队长接到通知后，没有经过社员大会讨论通过，私自让自己的大儿子占用了农转工的名额。群众议论纷纷，到大队检举。大队干部批评生产队长："你这样做，就是觉悟不高，有私心。"他只能把他的大儿子叫回来。

随着"文化大革命"深入到生产队，生产队的干部被迫站到被告席上。以前，参与革命的主要是少数积极分子，现在工作队队员直接下到生产队，领导、组织或者亲自参加矛头针对着生产队内各类干部的批判大会，几乎每一个成年农民都参加会议，大部分社员采取了沉默的态度。就是那些积极分子，尤其是对生产队长"有意见"（生产队长语）的积极分子让生产队长站在板凳上，以慷慨激昂的语言列举了生产队长的种种罪行，随后一甩脚，把凳子踢翻，生产队长被摔在地上，于是那些积极分子哄然大笑。

据几位老人共同回忆，积极分子列举的二生产队长的罪行如下。

一是队里社员有偷偷摸摸行为，他不耐心教育，要么骂一顿，要么扣口粮，不管社员饿不饿肚子。

二是队里社员干得不好或不劳动，他不好好指点，给人家窗户上插白旗，导致社员老婆因羞愧而自杀。

三是队里有农转工名额，队长不通知社员，擅自派自己的儿子去工厂了。

四是队长让记工员给他记满工，他没别的社员劳动多，但一年下来他拿的工分最高。

五是讲的是按工分分配粮食，可那些没有工分但和队长关系好的照样也拿粮食。

……

生产队里揭露的都是些琐碎的事情，这些事情当时不仅被"上纲上线"，而且被反复咀嚼。生产队的革命进行了一个多月，生产队长，妇女队长都受到群众的批判。生产队长不仅在批斗大会上被批判，而且常被社员画漫画。"夏天，我分几个人看管田里的西瓜，我晚上看到半夜，有个社员就换我班了。我第二天一早起来后，发现我屋的外墙上贴着漫画，漫画上画着我偷吃西瓜的样子，而且漫画上摔着西瓜瓢。"（生产队长语）在革命泛化的年代，生产队长、妇女队长做了深刻的检讨。①

生产队长的检讨②

我是群众选出来的当家人，是为群众办事的，可我没有把群众放在眼里，缺乏群众观点，把不应该办的事情办了，应当批评的不批评；群众委托的工作没有尽到责任，怕伤了情面，其实是存在私心。

我把自己的儿子安排到工厂，是觉悟不高，有私心，办事不公正，不是共产党的作风。

我对社员不好好教育，动辄就骂，就扣工分，扣粮食，没有当好生产队的干部，辜负了社员对我的信任。

在记工上，我有私心，总是让记工员给我记满工，是自私。

我没有听毛主席的话，按毛主席的指示办事，犯了很多错误。私字当头，自私自利。

我现在认识到，要去掉私心，树立起为人民服务的思想，把队里的事情，把集体的事业，放在心上。凡事都要公事公办，公私分开，无论张三还是李四，一律从工作出发，从搞好集体生产出发，不把私人感情和队里工作搅和在一起。

---

① 采访中，生产队长说检讨是没办法的事情，宁肯把不是错误的东西说成是错误的，也不敢不承认那是错误，否则会认为不老实，抗拒运动。

② 生产队长的口述资料，虽然无法复制完整内容，但队长却能记起这封信的大致内容。应该敬佩生产队长的记忆，更应该感叹时代赋予生产队长刻骨铭心的记忆。

假公济私，是一种坏作风，我必须从头脑里去除这种坏思想。

……

在复述完这封信后，生产队长笑着摇了摇头。"现在这些事情我都已经看开了。安排儿子工作确实是真的，谁不存有点私心，何况大儿子腿瘸。但我觉着其他事情没有做错。在一个集体中，面对百号人，生产队长是躲不开矛盾，逃不开非议的。派工、记分、分配都会引来社员的不满，但不能不干；批评惩罚偷懒的、小偷小摸的会引来这些人的不满，但不能因为怕这些人的不满，就放任不管。生产队长不好当，都是硬着头皮做的。"

二　子与父（生产队长与大队干部）

农村工作座谈《怎样当好生产队长》的文章说："听党的话，不折不扣地执行党的政策。党的政策是要靠人来执行的，政策贯彻的深度和广度，在很大程度上又取决于生产队长执行得是否坚决。无数事实表明，凡是生产队长政策观念强，头脑清醒，执行坚决的地方，社员群众的情绪就比较高，生产的劲头就比较足，生产、生活都步步提高。反之，生产队长政策水平低，执行政策不坚决，随风倒，左右摇摆的地方，社员群众的劳动情绪就不太高，生产生活的提高就会受到影响。"[1] 在人民公社时期，评价生产队长的标准之一就是是否执行上级的指示、政策。

（一）种植：安排与执行

城关公社资料转载的一篇社论中可以清楚地反映出国家对生产队的政治意识灌输。

生产队在安排种植计划时，不能光为集体打小算盘，而要把眼光放远一点，放宽一点，顾大局，识大体，要为国家打算，我国的国民经济是有计划地按比例发展的。农业是国民经济发展的基础，农业的发展不能脱离开整个国民经济而盲目发展。因此，我们要自觉地把集体经济纳入国家计

---

① 吕乔冠：《怎样当好生产队长》，《前线》1961 年第 11 期。

划轨道，保证实现国家要求的种植计划，努力增产粮食，棉花、油料等，支援国家建设，支援工业生产。促进整个国民经济的新高涨。同时，也有利于增加集体的收入，提高社员的生活水平。因为真正实现了国家要求的种植计划后，产粮队增产了粮食，多售给国家，可以得到更多的工业品，生产队也可以按政策多吃粮。①

1. 种什么？

《农业六十条》明确规定："生产队有完成国家征购粮食、棉花、油料和派购农副产品的义务。"每年，县、公社按照生产队的耕地面积及亩产下达收购农产品的品种和相应的数量指标②，大队干部与生产队长就开始忙着制定生产计划了。大队干部在作物安排时很容易与生产队达成一致意见，"各生产队的粮食压力都很重，不仅要满足本生产队农户对于粮食的需求，而且还要完成上级下达的征购计划。刚饿过肚子的农民深深懂得粮食的重要性，而且城市知青及其一些知识分子的下放也加重了粮食负担。因此，我们在安排作物茬口上，必须与生产队的干部一起算计需要达到的粮食产量，以此作为依据安排各种作物种植的面积。其实每年的种植面积基本保持不变，只是作很少的修正"。他的这番话是有道理的。

在政治泛化的年代，生产队是否按"国家计划"种植不是一个方法问题，而是一个政治问题，阶级斗争问题。作为生产队长，"不能不照着上边的计划走，否则就是走资本主义道路，在阶级斗争火热的年代，一切听从指挥是最好的选择。"（生产队长语）本文以 1975 年油料种植为例，笔者把油料种植的过程归结为一级指示、二级动员、三级执行。

一级指示

1975 年 4 月 5 日，隰县革委会发布关于大种小宗油料任务的通知，摘录部分如下：

城关公社：

根据地革委的通知，为了切实解决广大职工，群众的食油问题，

---

① 《城关公社关于〈社论〉的转载》，隰县档案馆藏：4－1－76。

② 据采访中的大队长、生产队长回忆，这种数量指标一直没有变化，但因为缺乏资料记载，对数字回忆有限，文章不能确定各作物的数量指标。

为了支援国家社会主义建设，要求各生产大队、生产小队，都要认真发动群众，抓紧时机，利用宅前屋后，闲散地块，大种小宗油料，在完成国家计划外，每人要求扩种五十株，交售国家油料五斤。根据你社人数，按照每人五十株，交油料五斤的要求，应种油料5200株，应交售国家油料520斤。完不成者，国家供应单位从国家供应食油数中扣除，生产队从留油中扣除。希各单位要把种植小油料提到贯彻执行毛主席五、七指示的大事来抓，要切实保证，不折不扣地完成任务，不准落空。种之后要加强管理，对坏分子的破坏要严厉惩处。要把种植完成情况迅速汇报农业学大寨办公室。①

一九七五年四月五日

二级动员

1975 年 4 月 6 日，城南大队召开了"大队种植油料作物会议"。参加会议的有各生产队干部，会议的主旨是："遵照指示，种足作物"。

这里摘录某大队干部的部分发言：

按照县革委的要求，要求我们在完成国家计划外，每人要扩种五十株油料作物。资本主义思想严重的认为"粮食不够吃，种什么油料作物。种油料作物不合算"，"宅前屋后是自留地，得由着自己种"……什么"油料作物不合算"，搞农业生产，要算账，但我们不能只顾算自己的账，算经济账，更要算好种好油料作物，贯彻执行县革委通知这本政治账。对于热衷搞资本主义的人来说，搞自由种植的人来说，想种什么就种什么，那么，国家计划还要不要？社会主义还要不要？各生产队回去好好执行计划，只能多种，不能少种，否则就是走资本主义路线，我们是要狠狠批判这种资本主义路线的……②

三级执行

1975 年 4 月 6 日，王村生产队长召开社员大会。③ 在讨论如何完

---

① 《隰县革命委员会关于大种小宗油料任务的通知》（1975 年），隰县档案馆藏：3-1-76。
② 《城南大队种植油料作物会议记录》（1975 年），隰县档案馆藏：3-1-76。
③ 没有关于会议的书面记录，内容依靠生产队干部的回忆进行整理。

成油料作物种植计划的问题上，发生了争执，争吵到半夜。有的社员认为，现在粮食都吃不上了，还让我们在自留地上种植油料作物？"按照人头种植作物，让我们人口多的户怎么办，吃粮重的更难了"。有的社员不吭声，听着别的社员吵，就这样也等到半夜会议结束。生产队长说"都是按照上边指令进行，不执行你连食油也要扣除，况且都上纲上线了，吵不吵都是没办法的事"。最后由生产队长最后拍案命令，各家各户在宅前屋后按照各家人口数，每口人至少种植五十株。社员嘴里嘟囔着，但只能无奈地回家了。那年，每家的自留地上都可以看到一样的油料作物，只是数量不同而已。

国家意志是通过公社、生产大队、生产队层层分解贯彻执行的。公社响应国家的号召，向生产大队和生产队安排任务，为了保证政策的贯彻执行，把生产提高到政治的高度。生产大队遵照公社的指示，及时（如城南大队在公社开会后的第二天就召开生产队干部会议）向各生产队安排任务。阶级斗争造成了对普通农民和生产队干部带有威慑力的政治文化气氛（希各单位要把种植小油料提到贯彻执行毛主席五、七指示的大事来抓），在这种气氛中，不管有多么不愿意，都得遵从政府的意志；政府控制下的配给、对不遵从者的惩罚（如完不成者，生产队从留余中扣除）同样制约着生产队、农民的选择。

2. 怎么种？

上面下达的种植计划十分明确，生产队只要套套就行，关键问题是在大公社时期上级还要指示"怎么种"。作为生产队长不得不遵从上级的生产指导，但又有着自己的安排，因为他是当家人，他得想着一大家子人的生存问题。

（1）土地深翻

1958年中共中央发布《关于深化改良土壤的指示》，除了强调各地必须把一切可能深翻的土地，全部深翻一遍之外，还提出深耕的标准是1尺以上，丰产田是2尺以上。由于自上而下地推行，全国掀起了"让土地大翻身"的群众运动。上面失之毫厘，下面谬之千里。1958年在县领导的旨意下，要为1959年小麦增产放卫星。城南大队遂决定在生产队搞二亩半小麦卫星田，号称："深翻三尺三，亩产三万三"。一套套老农们看着不可思议的生产革命，通过政府和干部以行政命令的形式传递到农村。农民们被告知，土地耕得越深，作物将长得越好，一队长在大队长的授意下，集中劳力用几张犁深翻达三尺多。熟土地被翻下去，死板的黄泥被挖起来时，生产队长在犯愁："这也能种庄稼？"王村还有一句顺口溜："提起深翻土地，真正叫人怄气。光顾人多热闹，不管地里活计。大搞兵团作战，庄稼丢了一地。地也没有翻好，沟沟圪洞①满地，……留下一半不管，到底有利无利？"然而，在高压的政治下，生产队长除了心里发牢骚外，能做的事就是忍受和顺从。第二年小麦返青拔节后麦田细如牛毛，只得请示领导批准，每隔一行割一垅青苗，又用棍棒架起，麦收时二亩半小麦只打了 800 斤秕麦子。

1959 年播种小麦上级又规定四不种：即土地深翻不到一米不种，肥料不达万斤不种，下籽不到 30 斤不种，不是楼播不种。1958 年卫星田的试验后，生产队长清楚地意识到，如果继续按照上级规定深耕土地，产量就会继续减少，社员基本生存口粮都成问题。一队长找大队长说明情况，大队长撂下一句话："政治错误不能犯"。一队长想：这是什么意思？只要赞同上级安排，就不是犯政治错误吧？于是就想了个办法：在一部分耕地上按照上级规定种植小麦，但以实在难以达到上级任务为由减少小麦种植面积。同时增加其他作物的种植面积，以增加其他作物的产量，弥补小麦减少的产量。1959 年，王村生产队就少种小麦 70 亩，比上年减少23.7%，总产 10371 斤减少为 7425 公斤，减少了 28.4%。而玉米就加种35 亩，总产增加了 5406 公斤。②

（2）密植

按照朴素的数学知识，多一株苗，就多收几颗粮食。照此逻辑，一定的土地，种的越多，产量相应越高。所以，政府大力推广密植，小麦实行"波浪式"种植，将平坦的土地花费大量的劳力改造成起伏不平的坡地，以增加种植面积。在正常情况下，一亩小麦只需要种子几斤，最多十几斤，而密植要用种子 50—60 斤。

---

① 隰县方言中，"圪"有两种用法：一是作动词，相当于普通话的"去"。如"圪啦"就是"去了"，"不圪"就是"不去"。二是做词头或词嵌，构成名词、形容词等，圪本身没有词汇意义。这里的"沟沟圪洞"是指地不平整，一片高一片低，好像个大窟窿。

② 《一九五九年城关公社农业生产统计年报》（1959 年），隰县档案馆藏：2 - 2 - 56。

凭着老农的经验，考虑到乡民们的生活，并不是每个干部都会心甘情愿地做这些违背常理的荒唐事。当他们无法直接抗拒时，就在执行过程中通过乡下人的智慧去寻找变通的措施。① 在锄草时，生产队长让社员将部分苗的根割掉，让其"自然"死亡，以减少麦苗，从而保证麦苗产量。

（二）学大寨：号召与响应

1964 年，党中央向全国人民提出了"农业学大寨"的号召。县委、县政府及时提出"学大寨人，走大寨路，建大寨田，夺大寨产"的口号，顿时，在全县各村掀起了一场农业学大寨的高潮。其中，王家庄生产队是城南大队最为典型的一个。

当时城南大队有 8 个生产队，有 731 户人，2906 口人，王村生产队有 60 余户，200 多口人，共有耕地 400 余亩。1964 年以前，王村生产队社员也和全县许多地方一样，认为"不种百亩田，不打百石粮"，"东山不收西山收，多种总比不种强"，"刨个坡坡，吃个窝窝，刨个洼洼，穿个褂褂"。结果事实与人们的愿望相反，种的越大，产量越低，平均亩产不到 70 斤，一年一年提不高，不少社员连温饱都难以维持。1964 年，全县农业学大寨运动开展后，全县召开四干会议，生产大队召开全体社员大会，开展了一场"对比大寨，回顾历史"的大讨论。在讨论中，人们认识到要改变低产面貌，必须坚持集体路，学习大寨人，以革命的精神改天换地，建设稳产高产田。

思想是行动的先导，王村生产队说干就干，1964 年的冬天，正当寒风刺骨，大地封冻时，社员们白天坚持集体劳动，晚上开会学习《毛选》和大寨人的先进事迹。人们在大寨人那种战天斗地、奋发图强的精神激励下，信心百倍，干劲十足，提出了很多鼓动性很强的口号"黑夜当白天，月亮当太阳"，"地冻不停工，下雪不收兵"，"干到腊月二十九，吃了饺子就动手"，"打破常规过春节，初二、初三不休息"等，经过一冬一春的会战，将三里长的河道改变了方向，垫河造田，并沿河建起了河坝。

1965 年，生产队积极响应党的号召，大面积种植玉米"罗马尼亚

---

① 吴森：《决裂——新农村的国家建构》，中国社会科学出版社 2007 年版，第 98 页。

409"，总计达 150 亩，多年的老品种"金黄后"，仅种了 77 亩，亩产比前几年提高了 26%[①]。通过农业学大寨前后的变化，人们高兴地说："不走大寨路，必定要饿肚，走了大寨路，穷队能变富。"

1970 年后，农业学大寨运动牵连进政治领域，成为批斗走资派的武器，"堵不住资本主义的路，便迈不开学大寨的步"，"批唯生产论"，"割资本主义的尾巴"，乱收自留地、自留树、自留羊，平调生产队和大队、公社劳力，搞"改变面貌"工程。农业学大寨运动由生产领域走向政治领域，破坏了生产关系，阻碍了生产力的发展。

1972 年以来，大队干部在王村生产队蹲点，培养大寨式典型，推行大批资本主义，割资本主义尾巴达到顶峰，把资本主义从山上赶到村里，由村里赶到院里，由院里赶到家里，把政策允许的社员的自主权都予以批判，都当资本主义尾巴割掉了，把社员的自留地集中起来归集体经营，社员吃菜再出钱向集体买。某社员全家 8 口人，生活十分贫困，小孩上山偷刨了点白草根卖钱，都被当资本主义典型大会批小会斗。

在"紧张地动员起来，发起大批资本主义大干社会主义的伟大进军，苦战三年，建成大寨县"的号召下，全县 1975 年 11 月 11 号四干会议结束后，城南大队于 11 号晚上就召开了动员大会，生产队干部、社员共同参加。

队长在会上讲：学大寨，就是要学大寨坚持无产阶级政治挂帅，毛泽东思想领先的原则，自力更生，艰苦奋斗的精神，爱国家、爱集体的共产主义风格，就要向大寨那样坚持党的基本路线，对资产阶级实行全面专政。大寨靠大斗，斗出了新人、新事、新思想、新地、新村、新产量。靠大干，改变了旧山河，建成了新大寨。我们要抓住一个"斗"字，一个"干"字……要干就要批，要干就要斗。"斗一步，进十步，斗十步，进一路"，这是大寨经验的科学总结。我们大队要展开对资本主义针锋相对、寸步不让的斗争，要批的修正主义抬不起头，斗的资本主义翻不了天，人往社会主义路上走，心往大办农业上操，堵死资本主义邪路，迈开社会主义的大步。我们公社南北区樊书记、李祥、杨进德等九名退休干部

[①] 高步斗：《让隰县人民快富起来》，载王友才主编：《隰县文史资料·农业专辑》，第 38 页。

登上堆金山，打响了治理堆金山的第一炮，开始了营造果园的战斗。有人说他们"放着轻闲不轻闲，尽给自己找麻烦"。他们坚定的回答"干社会主义没有够，不能只顾自己吃饱肚"。我们大队也要把学习大寨任务切实拿在手上，把钱使在刀刃上，把劲使在关键上，行动起来，鼓起劲来，干出个样来。①

1976 年，县委农工部推广"寨子公社定国大队实行大寨劳动管理制度的经验"，提出"一心为公劳动，自报公议工分"，并称其为"农业学大寨的一个重要组成部分"，"是逐步缩小差别，限制资产阶级法权的一个重要措施"，但"大寨记工"法，把"劳动工记成政治工"，群众积极性受挫。当时民谣曰："队干部，实权派，劳动不分好和坏。关系好工分记，关系不好还受气"，造成"上地一窝蜂，工分一拉平"。整体生产水平退回到 1965 年水平线。②"政治工"的危害到 1978 年仍在延续。此时，汪家沟、赵家、无愚三队、下李等生产队群众，纷纷自发学习安徽生产责任制经验。汪家沟在一年就丢掉"缺粮帽"。1979 年县委推广赵家经验，但仍称是"照大寨记工法实行五定一奖"。1980 年县委推广无愚大队"两改一翻身"经验，公开提出"改大寨记工法"为专业分工，按能包产，以产记工。在政府的号召中，"学习大寨"在各生产队遍地开花；又在政府的号召中，生产队结束了"学习大寨"的征程。只是，在"学习大寨"中，不仅是王村生产队，各个生产队都曾热情澎湃、斗志昂扬，但也品尝到了辛酸与苦辣。

（三）农产品：征购与交售

1. 超强征购与被逼交售

在"大跃进"中，农村劳力出现十分紧张的状况。这也是全面动员那也是全面动员，真正搞成了"村村无闲人，户户门落锁"。特别是 1959 年秋收大忙季节，县委硬把农村劳力抽到建下庄水库的"前线"，使劳动力紧张的状况更为加剧。就在修建水库运动还没有结束，掩盖在这一片热潮中的种种矛盾也渐渐显露出来。尤其是粮食问题尤为突出。城南大队各

---

① 《城南大队关于学习大寨精神的会议记录》（1975），隰县档案馆藏：3 - 1 - 76。
② 张仁杰主编：《隰县志》，方志出版社 2007 年版，第 284 页。

生产小队长一起商量去找大队长。"我们生产队的粮食已经不多,以公共食堂正常的日耗量计算,等不到春节,就会把全部的库存吃光,社员有可能要饿肚子了。"大队长感到事情不妙了,不及时处理是不行的,"这样吧,我们开个干部会,讨论下"。在当天晚上的干部会上,各生产小队的队长分别就各自的缺粮问题进行了介绍。情况的确相当严峻,但至于为什么缺粮,大家都没有多说。在阶级斗争火热的年代,谁敢对人民公社体制提出质疑?谁又愿意被认为是"走资本主义道路"?因此会议开得很僵。最后大队长决定去找公社书记。公社书记还没听完大队长说的话,就严厉警告:"别自找麻烦了!"生产大队长被他的这一警告弄得不知所措:各个生产队都缺粮,各个公共食堂将揭不开锅,这怎么能说成自找麻烦?

事实上,就在大队长找公社书记前的一天,公社已经被分到了一个庞大的征购数字。"大跃进"期间,隰县也争放卫星,"卫星"越放越大,数字越来越空,成绩越来越假。隰县1958年粮食总产统计为1.21亿斤,实际只产了7071万斤,浮夸数占到41.6%;1959年上报7910万斤,落实下来只产了6659万斤,浮夸数仍占16%。而上级的粮食主管部门根据隰县创记录的卫星数字,计算出应上交国家的公粮和应统购的余粮,这两笔数字大大超过了历年的几倍。县委没办法,只好不择手段地把亏空层层分解,转嫁给全县的各个公社和生产大队、生产小队。

大队长想看看有没有缓和的余地,继续和书记说着"缺粮"情况。公社书记脸一沉:"按照计划征购粮食是县委的决定,你要是想不通或是讨价还价,我将采取组织措施!"书记的话给他当头一棒:"组织措施意味着什么?是撤职?还是降级?"无论如何不能失掉这个职务。生产大队长迫于压力,一下子就想通了。他一回到大队,立刻召集生产队干部大会进行布置。听到这一次的高征购是历年的几倍,与会的生产队干部们吃惊不已。

各个生产队长在私下议论开了。"各个公共食堂都缺粮,怎么完成任务嘛!""是要逼死人吧!"各生产队长坐在一起,悄声而语:"不能表态啊。"

"不要开小会了!"大队长拍着桌子大发雷霆:"谁要再有意见,我马上办他!"会场立刻安静下来。大队长开始训话:"你们这些生产队的干部，对于征购粮食这个问题，态度一定要坚决，不管用什么方法，一定要完成任务。还没做就说完不成任务，我看是阶级敌人在造谣破坏。上头已经决定：对于反对征购粮食的少数坏人，要坚决打击，绝不手软。"会场气氛紧张起来。按照这种标准，凡交不出征购粮的，完不成任务的，恐怕就成阶级敌人了，成为阶级敌人还有什么日子好过呢？但粮食从何而来呢？每个人都惶恐不安，每颗心都倒悬着。会议开过的第二天，大队长到各个生产队检查征购情况。批判会、辩论会、插红旗拔白旗等轮番交错地开展着。什么右倾保守、什么反革命分子等大帽子满天飞。人人自危，喘不过气来，哪敢违抗？就这样，生产队社员的口粮、种子粮甚至喂牲口的饲料也被征走了。一队长和其他干部合计着，缺粮问题只能靠自己解决了，"告诉社员，要计划用粮，把一日三餐干饭，改成一日二餐稀饭吧！"

由于缺少粮食，农民的营养无法保证，浮肿，妇女子宫病开始蔓延，农村的情形惨不忍睹。在王村生产队，社员把食堂称为"死堂"——"早晨喝的稀溜溜，晌午两个窝窝头，晚上肚里咕噜噜。"

这个故事只是国家征购的一个掠影。在 1958 至 1978 这二十年间，国家征购一向都是国家、公社、大队、生产队、农民之间矛盾的焦点，场面上都以上级的胜利而告终。为了完成粮食任务，县里召集公社主要干部集训会，将粮食问题上升到政治和阶级斗争的高度，要公社干部不惜一切代价向农民收粮。下面干部如法炮制，积极效仿，层层加压，并采取强硬措施。对完不成任务的干部，进行批斗教育。在政治高压下，谁会拿自己的政治生命开玩笑。多数干部违心地承认自己生产队还有余粮，将社员的口粮甚至被挑选的种子被迫当余粮挑去完成任务。

2. 请示与减免

高征购严重影响了农民的生活安排和生产积极性，连续几年的饥饿更使农村基层干部在狂热的"放卫星"中冷静下来。据被采访者回忆，在征购问题上，生产大队长和生产队长较易达成一致意见，如果征购任务确实难以完成，大队长都会向上级反映，但最终能不能解决不是大队长说了算的。在笔者查阅相关资料的过程中，只发现了两年的资料与"请示与减免"有关。现摘录如下：

1961 年请示文稿：

隰县《关于六二年粮食征购若干意见的报告》草稿①

地委、专署：

省委扩大会议分配为给我县的六五年粮食征购 1000 万斤。我们回来后，通过反复计算，对社队任务提出了意见，分别召开了县委扩大会议和县、社、队、生产队四级干部会议，进行了研究和充分讨论，共同的感觉是：任务大，完成有困难。其主要原因有以下几点：

1、六五年任务超过了历年收购量……

2、任务分配超过了产量增长速度……

3、人口连年增长……

4、……县召开的四级扩大干部会议中，经过充分讨论，可以完成 800 万斤征购任务。

1961 年 8 月 25 日

（据《隰县志》记载，"1962 年上级下达本县 450 万公斤任务，县委、政府根据历年实行情况认为偏高请求上级减免 50 万公斤，实完成 314.9 万公斤②。"也正好与此草稿吻合，但找不到上级的"减免通知"文件）

1965 年"减免征收任务"文件

山西省晋南专员公署关于核减小麦征收任务的通知③

隰县人民委员会：

根据你县报告，少数生产队因灾减产，完成原派任务有困难，经研究决定，给你县核减小麦征购任务 20 万斤，减后任务为 310 万斤，系认真研究合理调正保证任务的完成。

特此通知。

1965 年 7 月 28 日

---

① 《关于六二年粮食征购若干意见的报告》（1961 年 8 月 25 日），隰县档案馆藏：2 - 2 - 81。

② 张仁杰主编：《隰县志》，方志出版社 2007 年版，第 371 页。

③ 《山西省晋南专员公署关于核减小麦征收任务的通知》（1965），山西省晋南专员公署文件专财字第 268 号，隰县档案馆藏。

山西省晋南专员公署关于因灾核减农业税征收任务的通知①

隰县人民委员会：

根据你县报告，今年的农业生产，由于遭受了干旱等自然灾害的侵袭，一部分生产队减产严重，致使无力交纳农业税，请示核减农业税问题。经专研究，统一灾情减免和社会照顾正税小米 60 万斤。附加随同正税一并减免。接通知后迅速结算，并将应退回的税额迅速退回各纳税单位，不得拖延。

特此通知。

一九六五年十二月三日

在诸如征购问题上，生产大队长一般会上下摆平，考虑生产队长的意见和社员的利益，就如上述所讲，在征购任务确实难以完成时，大队长都会向上级反映，上级根据情况会做出相应的政策。但在政治泛化的年代，能否完成征购任务是与政治立场相联系的，生产大队长也不会拿自己的政治生命开玩笑，去执拗地抵制上级的命令。

（四）生产队长之迂回

国家在统购的过程中，虽然也考虑到农民的利益，对有困难的生产队减免征购任务，对缺粮者以补助、"返销"，但却不能真正解决农民的饥饿问题。生产队的当家人，与社员一样饿着肚子的生产队长以非国家允许的方式去获得农产品，使自己和社员不饿肚子，过好日子。

1. 瞒产私分

写照一：日子过得太慢了，公共食堂的粮食很快就要吃完，原本就不稠的饭越煮越稀。山上能吃的野菜也都快要采光，观音土也成了社员争选的东西，饥饿的日子太难熬了，简直是度日如年。可田里的稻子这才慢慢吞吞地长成了个，莠了穗。社员们是多么急切地盼着它早日成熟，早日收割。又过了几天，眼看社员们一个个都饿得快不行了，一队长十分着急，他悄悄背着公社、大队，暗中指派几个劳动力下到田里去，寻找早熟的谷

---

① 《山西省晋南专员公署关于因灾核减农业税征收任务的通知》（1965），山西省晋南专员公署文件专财字第 457 号，隰县档案馆藏。

子，割一点来救急。只一个下午，便割了几捆早熟了的谷子，连夜脱粒，碾成小米，起火煮稀饭。这天夜里，公共食堂像过年一样。各家各户都来了几个人，捧着碗守候在锅台边，等待这久别的稀饭。锅里冒出来新米的气味，格外的香，引得人肠子咕咕叫。稀饭煮成后，每一个社员都分到了，他们喝着香喷喷的稀饭，洋溢着幸福的微笑。农民就是这么容易满足。但在人民公社时期，生产队长是要在违背原则、政策的情况下，甚至是背负着犯政治错误的危险下才能勉强给予队员这么简单的满足。

写照二：二生产队长必须让社员填饱肚子，必须对人民公社的原则作一点点的违心的背叛，对上级隐瞒一点点产量，把隐瞒的部分分给社员。可是坛口好扎，人口难封啊。这件事情被揭露出去，其后果是不堪设想的。在收割之前，先试着向上级少报产量，把隐瞒的部分，按照每个人头三十斤的原则私分到户，倒招了一堆意见。有人的说，按人头分不合理，因为人有年龄大小之分，大人的饭量大，小孩的饭量小；有的说，给那家分得多了，队长偏心……二队长听着，心灰意冷，社员实在是又可怜又可嫌。看着他们挨饿受饥又于心不忍，如今好不容易冒着风险隐瞒了一点粮食，想私分给他们，他们又吵吵嚷嚷。

写照三：70年代，瞒产之风不约而同地在各个生产队悄然而起。在王村生产队，干部和社员们都小心谨慎地酝酿着，一时谁也拿不定主意。正处在夹击中的三队长既无法抵制来自公社和大队方面的压力，又不能漠视社员群众的切身利益于不顾，至少让他们能得到一点能糊口的粮。三队长到附近生产队走了走，看了看，和其他生产队长聊了聊，一回到村里，就坚决主张把瞒产的粮食私分到户。"要注意影响，不要分得太出格，少分一点，多分几次，还要公平合理，要避免分配不均，自己内部先闹出事来……"三队长嘱咐着队里其他干部。

作为生产大队长则只能"闭两只眼就不闭一只眼"，"看生产队长着急，社员挨饿，我们也于心不忍"，"但上级要督促地紧，我们也不敢瞎搞"。记述到此，笔者想起了杜润生在自述中的一段文字："正因为'大集体经济'吃不饱饭，甚至饿死了人，农民就要想办法，避免风险。其办法，一种是在体制内自己采取一些能吃饱肚子的做法，包括社员和干部互相串通的应变办法，即日后我们所说的'瞒产私分'，这是一种无权者的抵制。"①

2. "捣鬼"

生产队长除了用瞒产私分获得农产品外，还有好多方式，笔者找不到合适词语来概括这些抵制方式，就借用生产队长口中的"捣鬼"这个词语吧。

"种植时，上头让种 300 亩玉米，我们种 400 亩，玉米产量高嘛。达到上边征购的数量就行了，剩下的就偷偷分嘛，上面问有没有余粮，就说没有啊，县、公社离得远不知道，大队知道了一般也不往上报，就这样'捣鬼'么。""打粮食够指标就得了、比如去年产 100 万，今年订 100 万多些，少量增加，增产多了都拿走，不增产又得受批评。大队下指标，我套圈圈，如种小麦，以 100 亩顶上 120 亩的产量，但 100 亩的产量一定得顶 120 亩的，得达到指标。剩 20 亩，就可以种一些其他庄稼（不是国家统购统销的对象）就可以给社员分了。"

"分粮食时，和保管、会计几个主要队干部都说好，说是 100 斤，给120 斤。社员知道也不向外说，谁也想多领点粮。每年都这样弄，不然就饿肚子。上面压，下面就捣鬼么，不捣鬼就饿死了。"

"打夜战时，会将玉米烤熟了吃，（上边）谁也不知道么。大人吃后也不忘给小孩带回几个（玉米棒子）。带就带吧，大家你带，我带，谁也没有多大意见。"

"藏粮也挺有意思。如把扬净的麦子重新掺进麦秸垛里，再把麦秸重新垛上，从中抓把麦秸就有半两多的麦子。要么把麦子倒进牛草里，上面是牛草，下面是麦子。要么将麦子连夜磨成面，放进塇②里。"

这种五花八门的变通行为触犯了国家的政策和权威，遭到各种方式的打击。城关公社为此召开大队、生产队干部会议。笔者引用公社干部在会议上的一段讲话："粮食问题是两个阶级、两条道路的反映。我们必须承认今年是个大丰收年，下面没入库的粮食还很多很多，群众偷走的也很多。那些队长和会计的觉悟不高，常常串通一气藏粮食。我们要下狠心，

---

① 杜润生：《杜润生自述：中国农村体制变革重大决策纪实》，人民出版社 2005 年版，第83 页。

② 方言，指放粮食的缸。

穷追不舍把粮食挖出来，不留一点死角，谁有意庇护他们，就连他一块斗。"

据生产队和大队干部回忆，干部们被弄进几间房子里，分组讨论，自报粮食数字。任凭公社干部磨破嘴皮子，就是没有张嘴说话的，干部们你看我，我看你，只用眼神表达内心的世界。逼急了，人们开始三三两两的发言，光说今年是个丰收年，打得粮食够吃了，干部问打了多少斤？大队长们的头一耷拉，都说没数，不知打了多少斤粮食。一问还有没有粮食，回答说都上交了。大队长们知道"生产队有藏粮行为，但又不知道藏了多少粮，因为生产队藏粮也都是瞒着大队的，而且不到紧要关头，大队干部也是睁一只眼闭一只眼，毕竟我们是知道社员的苦处的"。（城南大队干部语）公社干部急了眼，给大队干部撂下话："不查出来，你就是有意庇护，连你一块斗。"无奈的大队干部只好遵照公社干部的旨意，把生产队长和会计分开，生产队长一间屋，会计一间屋。干部们审会计："快老实交代吧，现在就看你的了，你们队长说你知道藏粮的数字。你说了可以从轻处理，不老实交代就不客气了。"那间屋里审队长："会计已经交代了，你们队共藏粮多少斤，在什么地方藏。你老实交代可以宽大处理，否则后果自负。"这种方式乃整人一绝，一般都经不住这么折腾，大部分生产队队长和会计一五一十地把藏粮情况供了出来。但王村队长和会计心中有数，原先定好谁也不能讲，所以谁都没有讲，王村生产队保住了隐藏的粮食。

大队干部对于生产队长的"瞒产私分""藏粮"等行为是睁一只眼闭一只眼的，不到紧要关头，是不会上报的。但在上级干部的政治高压或是命令下，生产大队干部也只能遵照公社干部的旨意。

三　结论：扩大的"家长制"

"大跃进"时代"共产风"的泛滥，表面看来，好像是打破了农民的小农意识，使农民走出了自己的家庭，接受"共产主义"的熏陶；但随着公共食堂的兴办，几亿农民又在一夜之间走进了"社会主义大家庭"。随后，"三级所有，队为基础"的人民公社，在组建生产队的过程中基本上是"以村为队"，生产队长被称为"当家人"，和家庭的大家长一样，安排、指挥社员劳动，调解社员家庭邻里纠纷等；生产队长必须服从大队干部的命令，但在顾及大队干部的领导和指示时，生产队长为了生产队的利益也会对大队干部意志进行修正和抗争，为生产队社员多争取点粮食。尽管生产队的社员被生产队长父爱般地关怀着，但在顺从的同时也会有叛逆；尽管大队长更多遵从上级意志，但却并非不想保护生产队，只是"欲护无力"。

马克斯·韦伯指出："家父长制是基于一种严格的、个人性的恭顺关系。恭顺虽是以家共同体为其原始母胎，但会逐渐渗透到原有的家之外，而成为许多其他人际关系的基础。"[①] 生产队长和社员之间、生产队长和大队长之间分别是以社员、生产队长的服从为基础，社员离开生产队，就没有生存来源，无从得到保护。"然而，这样的一种关系，就算最初纯粹只是一方的支配，仍然会演变出权力服从者之要求互惠，而且此一要求'理所当然'地成为社会所承认的习惯。"[②] 社员、生产队长表现出的服从与叛逆、抗争一直存在。生产队长与社员之间的父子关系，生产队长与大队长之间的子父关系纳入到了乡村行政关系中；依此往上类推，国家将家权力扩展到整个社会中，就像扩大的家长制；整个社会就像是扩大的家庭，全国所有的地方都有同样的组织机构，都执行同样的政策，像是中央的小家庭；全国每一个人都生活在中央的领导下，都喊同样的口号，都流行同样的政治话语，都像是一个听父母话的孩子。整个社会就像是放大的家庭，社会成员像孪生兄妹，听从父母的话语，行为同一化；但同时又像是叛逆的孩子，对父母总有不满甚至反抗。

公社是按照科层制的方式运行，执行上级政策以及完成各种自上而下的任务是其主要工作。一个来自中央的信息，可能同时传遍各公社的每一个生产队。每一层级的干部都自上而下地贯彻上级的意志，并身体力行，确保了毛泽东的指示和党中央的路线、方针、政策在全国农村的贯彻执行。国家权力全面直接和渗透到乡土社会之中。但同时，国家向乡土社会渗透的动员、任务和命令机制都是为了按照国家意志改造和支配乡土社

---

① ［德］马克斯·韦伯：《支配社会学》，选自《韦伯作品集》，广西师范大学出版社 2004 年版，第 90 页。

② 《韦伯作品集》，第 96 页。

会，以做到统一思想、统一意志、统一行动。虽然国家也注意到乡土社会的差异性和农民的自主性，但统一的行政机制必然要求一致性，甚至为了达到一致性而实行具有强制性的"一刀切"，不仅是政治上划一、生产上也整齐划一。① 这使地区差异甚大的广袤的农村呈现出发展模式的同构性，并未地方化。

在人民公社组织内部，生产资料为集体所有，统一生产、统一分配。农民被限制在生产队地域当中，由生产队长安排生产、分配；生产队长听从大队、公社干部的指令和安排，由大队、公社统一分配生产资料。从生产、分配上说，生产队被吸附于生产大队，形成一个个蜂窝；大队被吸附于公社当中，公社被吸附于国家中，形成一个个类蜂窝。此一个个蜂窝纵向同国家有着密切的联系，但横向上并不是 Shue 所谓的"相互隔离或独立"。

生产队是以自然村落或者准自然村落为基准的，若干个生产队隶属于同一生产大队，若干个生产大队隶属于同一公社，若干个公社又隶属于同一县。以王村生产队为例。王村生产队是城南大队的第十队，统一接受城南大队的领导。在通常情况下，城关公社召开大队主要干部会议后，大队干部会及时地通过召开各生产队会议把上级精神传达到各个生产队。会议不仅成为上级传达精神的渠道，而且成为各生产队干部认识、联系的桥梁。生产队长作为生产队的当家人同其他生产队打交道，大到生产、政治运动中的交流与合作（如在瞒产私分中各生产队干部达到的一种默契），小到生活中的琐碎小事，笔者在前文中提到的三队长为两队青年"牵线搭桥"等，都使王村生产队与外生产队发生联系。同时，两个生产队也有其他方面的联系，如姻亲联系②，一个生产队的姑娘嫁到另一个生产队后，她就沟通了这个生产队与他"娘家所在的"那个自然村甚至那一地区的数个自然村之间的联系。从这个意义上说生产队不是相互"隔离或独立"的，也不是"封闭"的。

---

① 徐勇：《行政下乡：动员、任务与命令——现代国家向乡土社会渗透的行政机制》，《华中师范大学学报（人文社会科学版）》2007 年第 5 期。

② 参见张乐天：《告别理想——人民公社制度研究》，人民出版社 2005 年版，第 299 页。

　　蜂窝状结构只看到了公社之间、生产大队之间、生产队之间的隔离状态，却没有看到他们之间的联系；只看到了自上而下的控制与渗透，却没有看到自下而上的"反抗"。不管是生产队长的迂回服从甚至是"抗争"，还是社员的叛逆，都是导致基层结构变化的重要因素。因此说，"蜂窝状结构"既未准确也未全面的阐释人民公社时期的社会结构。

　　然而，它也存在着先天的脆弱性。费孝通在《乡土中国》中提出"差序格局"，儒家的伦理道德都是以"自我"为中心，由己及人，先己后人，像波纹一般，由中心向四周扩展，这种以"己"为中心的自我主义使得传统的中国人"为了自己可以牺牲家，为了家可以牺牲党，为了党可以牺牲国，为了国可以牺牲天下。"[①] 显然这种先己后人，由己及人的传统伦理道德，使人们从自身的利益出发，当合作有利于自己时，他们便选择合作，而当合作于己不利，合作不能取得令人满意的结果他们的积极性就会受到影响。农民虽然无有组织的抵制反抗行为，但是，他们可以利用诸如出工不出力、磨洋工等"弱者的武器"实现无形的反抗，以表达对侵蚀他们利益和自主权的不满。结果就是家喻户晓的道理"一个和尚挑水喝，二个和尚抬水喝，三个和尚没水喝。"

　　公社集权制度的维系依靠一大批服从公社权威、执行公社意志的干部。对于党和国家的号召，他们从内心上有着天然的认同感，否则会有忘恩负义的道德自责感；虽然偶尔会在政治运动中尝到革命苦果，但就像挨父亲打骂的孩子还会念及父亲的恩惠，反省自己的过错一样。对毛主席的崇拜、对共产党的感恩之心促使农村干部们并没有质疑公社的合理性，也没有走向革命的反面。但念及父母的恩惠不能不顾及孩子的生死，在社员挨饿的时候，生产队长甚至大队长会以国家非允许的方式取得农产品，侵蚀着公社体制。

　　撑着公社大厦的支架动摇了，倒塌也就只是时间的问题了。人民公社，它的结局也和中国传统的大家族一样，最终免不了解散的命运，这也正应验了中国的另一句古训：树大要分权，人大要分家。

---

　　① 费孝通：《乡土中国生育制度》，北京大学出版社 1998 年版，第 29 页。

工分:乡村秩序建构与农民行动的视角

【导读】 在人民公社体制下,生产队是基本的生产经营单位,而消费和社会再生产的功能则由家庭保留。这种生产模式下,必然出现生产的集体化和消费的私有化之间的矛盾。工分制的出现,就是为了解决这一集体化生产的难题。历史表明,正是由于工分制的不断完善和精细化,使得集体生产得以实现并逐渐在农村建立起以工分为主轴的新秩序。然而,由于中国农业本身的复杂性和发展的低水平性,工分制的出现和不断演化,并没有使新秩序内生出坚定的支持者和强劲的动力;相反,抢工挣分、排工派活,使家庭之间、干部与群众之间的冲突和矛盾不断涌现。最终,工分制的完善不得不以集体生产的瓦解来实现,由此建构的农村新秩序逐渐向传统复归。

在"三级所有,队为基础"的人民公社体制下,为了计算个人对集体劳动的贡献并体现"各尽所能,按照分配"的社会主义分配原则,产生于合作化时期、却在"大跃进"运动中废止的工分制被重新确立和不断完善。当集体垄断着农村物质生产和分配后,工分就成了联结劳动者与自然、劳动者相互之间和干部与群众关系的核心要素。所以,尽管工分制是作为经济分配方式引入农村的,但是当它日益成为财富的化身和"映射"后直接影响着农民的行为选择和相互关系,从而在传统的乡村社会建立起一种新的社会秩序。因此,将工分制作为探究集体化生产的机制、农民的行为模式以及乡村社会关系的切口,对于理解人民公社体制在乡村的影响以及该制度本身的演化逻辑,具有非常重要的价值。遗憾的是,既有的研究更愿意去证明工分制如何导致集体生产的低效率①，而忽略该制度对乡村秩序的建构。显然，仅从经济意义上的工分制去研究集体生产机制，既忽视工分制的复杂功能和多重影响，也难以令人信服地解释人民公社体制的运行机制。于是，将工分制视为一种建构的社会秩序，研究这种秩序如何运作和演化，能够更充分地发掘工分制的意义并更好地理解集体化生产演化的逻辑。

一 工分制

合作化以前的中国农村社会，家庭是生产、消费和交往单位。作为独立的核算单位，家庭内部按照"各尽所能"的原则，根据每个成员的实际能力和家庭的需要，由家长统一安排生产，最终的劳动成果也是以家庭为单位进行消费，既不计算各个家庭成员对劳动的投入，更不可能按贡献多少对收益进行划分。这种以血缘为纽带的家庭组织，在强烈的道义责任约束下，成员之间无需计算经济往来和贡献多寡。随着社会主义改造在中国农村的完成，"三级所有，队为基础"体制下的生产小队，作为相对独立的经营核算单位代替了家庭的生产功能，但是，家庭仍然是消费和社会再生产的基本单位。当农业生产单位和消费单位一分为二后，如何计算各个消费单位对集体生产的贡献并作为分配成果的依据，就显得十分重要。因为，尽管集体成员之间有地缘甚至亲缘关系，却缺乏直接的血缘关系及其相应的道义责任，更何况家庭必须独立承担社会的再生产功能。于是，就形成了集体化生产的"公"和家庭消费的"私"这一人民公社体制的基本矛盾，它要求在集体经营和分配中科学、合理地计算各个家庭和劳动力的投入与贡献。

经过激进的人民公社化运动以后，实现了土地、耕畜、大型农具等生产资料的公有化和经营的集体化，但是，农业生产的机械化和现代化却没有同步完成，传统农业的生产条件和耕作制度并没有根本性的变化。农业依然受土地质量、区位、气候等自然因素的直接影响，严重依赖生产者的

---

① 参见辛逸《农村人民公社分配制度研究》，中共党史出版社 2005 年版；梅德平《60 年代调整后农村人民公社个人分配制度》，《西南师范大学学报》（人文社会科学版）2005 年第 1 期。

个人经验和主观投入，工业生产中的制度化、规范化和精确化的大生产模式难以建立起来。因此，集体农业生产中计算劳动者的贡献，面临着三个困境：一是难以区分收益中劳动投入和自然作用各自的贡献。农业（本文都是在广义上运用这一概念，包括种植业、养殖业和林业等）受到自然力和人力的双重作用，而且生产周期比较长，很难从最终的收益中分离各个生产环节的贡献和相对于自然作用的劳动贡献。二是很难低成本地识别劳动潜能与劳动效果的差异。我国大部分地区的农业生产基本上都是劳动密集型的，不仅工序繁复，而且需要劳动者因地、因时充分利用个人积累的经验并认真投入和细致耕作，劳动者的态度和用心程度成为决定劳动质量好坏的重要因素。因此，外显的性别、体力、年龄等因素往往并不是劳动成果的直接决定因素，但是，要对劳动者的主观投入进行监控和激励，因农业生产的复杂性和个体差异性导致经济上不可行。三是无法精确计量劳动者个体间的贡献差异。在传统的耕作模式下，农业生产难以分解成简单的、可计量的一系列规范化的操作工序或中间产品，相同或不同的劳动过程由具有不同劳动能力、劳动经验、劳动态度的劳动者集体完成，因此，除了能够低成本计算各个劳动者的投入时间外，劳动的实际贡献却无法精确地度量。尽管面临如此多的困境，在集体经营的人民公社体制无法突破时，要能够保证生产小队集体生产的有序进行，必须尽可能地精确、公平地评价劳动者的真实劳动贡献。于是，评工记分就围绕这三重基本矛盾不断创新、发展和演化。

从逻辑上讲，解决问题首先是选择最简单的方式。判断每个劳动力对集体生产的贡献，最基本的要求是简单、客观，大家都能够掌握和认可，而"底分制"（或称死分制）就满足了这一要求。在这种制度下，首先根据劳动者的性别、年龄、身体状况等特征，在生产小队干部的组织下，由全体劳动者评定每个劳动者在一定时期（如一年或半年）内的单位工作日的得分即为"底分"，然后根据每个劳动者投入的时间，计算每日和全年的劳动投入。由于底分评定的依据是劳动者的外显特征，这在乡村熟人社会里是"共同知识"，而且除非特别的变故，这些特征是持久可靠的。因此，用底分来计量劳动者对集体生产的投入，不仅成本较低，而且基本上继承了传统农村对劳动力交换的计算。在传统的家户生产模式下，存在着自发的合作即"换工"（或伴工），绝大部分中国农村实行"以工顶工，男工还男工，女工还女工，女工顶男工，两工抵一工"。换工制度只考虑了性别的差异，而底分制还考虑了劳动者的身体状况和熟练程度，因此更精确。人民公社时期，全国各地对底分评定的具体细节有差异，但总体而言，绝大部农村都规定最强的男劳动力底分为 10 分，最强的女劳动力为 8 分，有的地方最强的女劳动力为 8.5 分①，其他等级的劳动力的底分按年龄、身体状况等因素往下靠。尽管底分是以劳动力外显的特征为依据，但是每个劳动力底分的评定和变化，并不是由生产小队干部按人口统计资料自动变化，而是需要由全部劳动力民主评议。据张乐天调查，在 1970 年低评底分半年或一年评一次，采取"自报公议"的形式②。虽然每次评定绝大部分不变或者略有增加，真正大的变动的只是少数③，但是，评定过程本身却具有非常重要的意义。因为，在农业生产过程中难以设计一套动态且能精确地计算每个劳动者的实际投入的指标体系，而由社员评定底分则将人对物的测算转化为人对人的评价。尽管这种民主评分方式常常走过场，或者争论不休，但恰恰是这种过程，增强了底分制的公平性和对劳动者的监督。

显然，对于没有完成现代化的中国农业而言，"底分制"很难区分潜在的劳动能力和实际的劳动效果，导致出工不出力，混时间的现象，因此，不科学性和不公平性交织在一起。于是，对实际劳动状况进行监督和评估就成为弥补底分制的必要措施，这就产生了"死分活评"的制度。所谓"死分活评"，就是对劳动者一天（或半天）集体劳动的成果，依据各个劳动力底分，根据实际的劳动态度、劳动效果，确定实得分值。一般而言，当天干活，当天评分，除非收工较早在田间完成，都是夜晚开会评议。与评底分类似，会议由生产小队队长主持，全体劳动力民主评议。评工分是一个利益冲突、矛盾涌现、争论不休的过程，社员（当时通常称谓）为了自己多得一分甚至几厘，或者仅仅因为嫉妒，将毫不示弱地向挑战者展开激烈的争吵。争吵非但难以消除分歧，达到一致，反而使矛盾

---

① 黄宗智：《长江三角洲小农家庭与乡村发展》，中华书局 2000 年版，第 184 页。

② 自报公议，指各人自己报一个"底分"的数字，接着大家评一评他是否"值"多少分，最后由队务委员会决定评的结果，并公开宣布。见张乐天《告别理想——人民公社制度研究》，东方出版中心 1998 年版，第 340—341 页。

③ 同上。

越争越多，出现"工好做，分难评"的局面。最终的结果，要么由队长决定每个人的工分①，要么如民谣所言："评分就害怕，一评就吵架；吵一肚子气，就按底分记"②，"死分活评"变成"死分死记"，以劳动潜能代表实际劳动效果。即便如此，评分议分还不时遭受政治运动的冲击。在"文化大革命"期间，全国上下学习大寨经验，出现了根据政治表现而不是实际劳动成效作为评定工分依据的"大寨工分"，结果自然会导致"思想好的看，思想赖的干"的局面。在农村生产中引入政治标准，很难增强社员的大公无私的精神，解决集体生产评工议分的困难，反而加剧了部分社员（特别是成分好的）机会主义行为。然而，尽管评工议分并不是每次都让社员满意，相反常常导致争吵和冲突，但是，这种"民主评议"机制却在客观上产生了两个效果：一是强化了社员间的相互监督。因为明目张胆的偷懒和出工不出力而又要得到高工分，在会上难以避免不顾情面的"积极分子"或有矛盾的社员出来戳脊梁骨。二是缓解社员对集体生产模式的冲击。在民主评议上，社员都尽可能地表达自己的观点，尽管并不是都能被采纳，在这种精疲力竭的争吵过程中，他们参与了集体，"主人翁"的感觉不时涌现（尽管这种感觉与"四类分子"等专政对象不相关）。于是，社员在实际劳作中对人民公社制度的忍受性大大增强。

尽管"底分制"和"死分活评"部分地解决了集体生产中个人投入的计算问题，并巧妙地将技术问题转化为人际关系问题，从而缓解了农业生产的公有化与产出消费的家庭化的矛盾，但是，这两种工分制都能建立起劳动投入与劳动产出的直接关系，也就难以区分劳动者间的差异。要解决这一难题，只能在生产小队集体经营模式本身下做文章，这就是以强化责任为基础、以"分"和"包"为核心的各种工分制。当然，最简单的责任制就是"记件工分"，即根据实际完成的工作量记工分。由于农业生产的持续性，无法划分为若干可以计算的中间产品，要在集体劳动中区分"你的"和"我的"并非易事，因此，在广大的中国农村"计件工资"的原理只能用"定额记工"来实践。所谓定额记工，即将整个农业生产分为若干工序，然后结合操作条件预先规定应完成的数量和工分数，最终

---

① 温铁军：《中国农村基本经济制度研究》，中国经济出版社 2000 年版，第 267 页。
② 陆学艺：《联产承包责任制研究》，上海人民出版社 1986 年版，第 8 页。

根据劳动者实际完成的数量给予相应的工分。例如春耕犁田，半天定额 1
亩 2 分至 1 亩 5 分，每亩记工 8 分，可得工分 9 分 6 厘至 12 分。^① 由于农
活的多样性和地块的分散性，在集体生产模式不能突破的情况下，完成定
额需要若干社员利用公有的耕畜和农具共同执行，这就产生了在生产小队
之下的班组问题。人民公社时期的班组有两类：即临时搭配和固定搭配。
临时搭配由生产队长按照农村生产的需要，特别是在安排农田水利建设、
双抢季节，将全队劳动力按底分数划成若干班，在班长的带领下共同完成
定额任务，然后再把工分按底分和出工时间计算到个人。^② 固定搭配实际
就是"死班"，生产队定工分、成本和产量，人员和土地都长年不变。在
十一届三中全会允许农村实行"包工到作业组，联系产量计算报酬"后，
生产小队的生产基本上由固定的班来完成。班组的固定化，实际上将农业
生产划分为更小的单位来经营，强化了劳动者与劳动效果的联系，但是，
由几个甚至几十个劳动者组织的班组，仍存在计算共同劳动成果与个人贡
献的困境。因此，建立起劳动者个体或家庭与劳动成果直接的关系的
"包工到人"和"联产到户"，无疑是克服集体劳动困境的根本出路。尽
管这种模式被批判为"资本主义道路"为当时的政策所不容，但在政治
运动间隙中国农村各个地方以不同形式实践着，形成了一部"包产到户
沉浮史"^③。

　　集体化后的中国农业，由于基础设施、生产条件、耕作技术等的巨大
改善，使单位产量和总产量持续增长，但是，直到 20 世纪 80 年代初，绝
大部地区的农业仍属于传统农业的范围，要在集体经营模式下计算单个劳
动者的投入异常困难。因此，科学合理的"评分议分"制度，直接决定
了人民公社制度的生存能力。二十多年的人民公社制度，镶嵌于乡村社会
结构和人际网络的"评工议分"制度通过不断精细化和技术化，将劳动
者对生产贡献的比对和人与人的评判有机结合起来，在增强工分与劳动投
入关联性的同时，强化了集体劳动中社员的相互监督，从而增加了集体经

---

　　① 《农村工作通讯》经营管理处：《农村人民公社生产责任制类比》，农业出版社 1981 年
版，第 39 页。

　　② 张乐天：《告别理想——人民公社制度研究》，东方出版中心 1998 年版，第 96 页。

　　③ 参见徐勇：《包产到户沉浮录》，珠海出版社 1998 年版。

营制度的适应性和生命力。但是，"评分议分"制度的完善，却是不断地模拟家庭生产机制，始终沿着"分"和"包"两种路径演化。

二　抢工挣分

经历人民公社急剧的震荡和随之而来的全国性粮食极度短缺后，农村的分配制度从供给制、半供给制"倒退"为"各尽所能，按需分配"的劳动分配制度。"三级所有，队为基础"制度架构，确立了生产小队在农村物质财富生产中的垄断地位和权力，而农村的消费功能仍然由家庭来承担。因此，为了生存和再生产，家庭别无选择地参加集体生产，从集体的分配中获取物质资源。作为直接与农民发生关系的集体——生产小队的分配由两部分构成：即实物分配和现金分配。实物分配主要是包括稻谷、小麦、玉米、豆类、猪牛肉、油料以及其他农副产品，具体品种因地域差异而不同。在分配时间上，有的是随时分配，如蔬菜、杂粮和柴草等小宗物品；有的则是按季度，或者半年甚至一年分配一次，这主要是指粮食、油料以及肉类。现金分配主要是指对生产小队卖粮或其他经济来源的货币进行分配，通常是一年一次，有的地方在耕种前为了调动劳动积极性也象征性地分配。根据国家的政策，作为农村中最重要的财富和生活来源的粮食，实行工分数与人口按比例分配，如在湖北中兴镇生产小队可分配的粮食，30%按工分进行分配，而剩余的70%则按人口平均分配。其他农副产品，小宗的按人口平分，大宗的则实行人头与劳动力按比例分配。[①] 生产小队中的分配，除了极少部分按人口免费平均分配外，绝大部分实物都要被折算成货币，由家庭用年终的工分进行冲抵。现金的分配，是根据每个家庭劳动的工分数的应得货币收入扣除分配实物所折算的货币量后的结余。由此可见，农户家庭的收入，无论是物质或者现金，都依赖于劳动工分。因此，在集体劳动中，工分就相当于财富和货币，直接决定着家庭的实际收入，"挣工分"成为每个劳动家庭（而不仅仅是劳动力）的必然选择。

如众所知，在城乡分割的计划经济时期，绝大部分物质财富的生产和

---

① 吴淼：《决裂：新农村的国家建构》，中国社会科学出版社 2007 年版，第 153 页。

流通都由高度封闭的公有制经济主体来完成，其他经济形式连同自由市场一并被取消；而在村庄内部，除了几分自留地外，集体控制着所有的物质生产和分配。这种经济格局，对农村而言具有三重影响：一是劳动的多样性和比较优势的消失。由于所有的劳动力都必须投入到农副业中参加生产，原来从事手工业、商业、工匠、文化等其他行业的农民又重新回到传统农业，农村劳动力就业的多样性以及相应的比较优势消失。在以"底分"为基础的农业劳动中，收入的差异仅仅与性别、年龄和身体状况相关，行业间的比较差异及收入悬殊不复存在。二是家庭内传统的男女分工格局被打破。统一的集体生产模式，妇女们为了给家庭挣得更多的工分，不得不从传统的副业、家务劳动中走出来，与男劳动力一样参加农业生产的各个环节，干一些重体力劳动。妇女在参加大量高强度的农活后，摆脱了在经济上依附于男性的地位，客观上提高了她们在家庭中的地位。三是集体劳动成为社会的主轴。在工分的约束下，有劳动能力的农民都"自觉"（可能非自愿）地投入到集体生产中去，家庭的生活节奏也以集体劳动作息时间相一致，以避免迟到、早退和旷工被扣工分，中国农村首次实现了统一行动。

在集体农业生产的同质劳动下，不同行业劳动的比较优势消失后，只能通过劳动人数和劳动时间等劳动量的增加来提高收入。为此，各个家庭充分挖掘劳动潜力，以实现工分的"最大化"，主要是通过以下渠道：一是未成年人，甚至学龄儿童参加劳动。全劳动力（一般指 16—60 岁）较少的家庭，积极喂养生产队的牛、马、生猪等，由家里小孩负责管理。即便是全劳动力多的家庭，正在读中、小学的小孩放学回家，或者寒暑假都自觉或被家长叫去参加集体劳动以挣工分。这些零时劳动的工分，没有固定的标准，一般由生产小队干部看情况记分。尽管小孩的得分并不高，但是总能挣几分。如此，他们在本应该娱乐戏耍、温习功课的时间，由于工分的诱惑或生存的逼迫，不得不去参加劳动。二是年迈老人加入农业生产。在传统中国社会，老人（尤其是超过 60 岁以后）在儿女成家并有孙辈出生后，就基本上脱离了主要生产劳动，只在家里干些诸如照看小孩、做饭、饲养禽畜等闲散活，田间生产则由青壮年劳动力去完成。但是，在工分制下，靠全劳动力难以挣足家里的开销甚至口粮，更别谈现金收入，因此，即便是儿孙满堂的老人还得下地干活。老人被迫参加集体劳动挣工分，一方面增加了他们的体力负担，影响身心健康；另一方面家中的小孩得不到应有的照顾，轻者小孩受苦，重者出现事故。如在山东省东平县一对夫妇因无人照看小孩，只能在大热天把小孩带到劳动地里。一天由于太热，就将小孩拴在家里的桌腿上，结果小孩被饿急的猪咬掉了耳朵。当村民指责这对夫妇只要工分不要小孩时，这家的妇女哭诉道："俺下地是没有办法，一个工才6分钱，还买不上个鸡蛋，可不下地要扣口粮，没有吃的"。① 除了上述两种途径挖掘家庭劳动潜力外，在一些小孩较多而又都未成年的家庭里，常常大一些的小孩自愿或被迫推迟、放弃或辍学参加劳动，以让家里有饭吃和弟妹有学上。另外，为了挣工分，有病不治病或不休息而参加集体劳动等，在当时也是普遍的现象。在工分的逼迫和诱惑下，使绝大部人员都投入到挣工分的"战斗"中去，农村中原有的人生周期被集体生产所打破，"苦""累"和"不自由"成为大家对人民公社的共同感觉和记忆。

作为劳动贡献账面凭据的工分，只标识家庭在集体产出中的份额，不可以在生产小队之间或家庭之间流通，也不能够即时贴现为实物或货币。工分的这种特性，直接决定村民在劳动中的行为选择。当生产小队难以有效激励和严格监督时，理性的农民往往采取策略性的行为对付集体生产劳动，具体表现为：一是工分本身成为目标。对于集体生产而言，工分只是经营管理的手段，本身并没有任何价值，但是，工分制导致挣工分成为农民劳动的直接甚至唯一目标，而真正决定财富增长的劳动质量和效果由于是"公共产品"而不被农民关心。如此，农民在劳动过程中的责任心大为下降，出工不出力、磨洋工成为个体的"理性选择"，以致出现"走路一条龙，做事一窝蜂，上工要人喊，下田等人齐"的不可思议的局面。二是农民相互负攀比②。在挣工分的"战斗"中，农民最终考虑问题的角度是如何能够轻松地挣得更多的工分，因此，分值高、劳动强度小的活大家争着干，时间紧、任务重而对产出非常重要的活大家不愿干。如在湖北省江汉平原的孙店生产小队，金秀云和王秀兰（属于中等劳动力）两人晒了10筐大麦，铺了6担麦子（未打），下午其他劳动力帮忙抢禾场。

① 李锦：《大转折的瞬间：目击中国农村改革》，湖南人民出版社2000年版，第37页。

② 张乐天：《告别理想——人民公社制度研究》，东方出版中心1998年版，第417页。

在记分时，金秀云与耕田的靠，得了 7.5 分；王秀兰与栽秧的靠，得了 6.5 分。第二天，有四个妇女争着晒麦子，而不服务生产队长安排去插秧。结果，两个妇女被安排晒麦子，另外两个干脆的在家休息不出工。①三是减少甚至不参加集体生产。在城市化和工业化导向的中国现代化过程中，由于城乡分割导致劳动力积压在农村中，使中国农业出现总产量增加、劳动效益下降的"过密化"困境②。在这种情况下，积极投入集体劳动是不划算的，"在生产队搞一天不抵自留地里挖三锹"，于是，农民竞相将肥料、精力用于自留地；或者，干脆外出做手艺、小买卖等而不参加集体劳动（尽管遭到限制、冲击和批判）。为了减少和消除农民对集体的"逆向选择"，各级干部必须加强对农民和劳动的管理，于是便形成了工分制下的干群关系（下一节将展开论述）。

以生产资料公有化、生产劳动集体化的人民公社制度下，农民之间经营能力（尤其是非农经营能力）的差别以及由此产生的收益比较优势无法显示，但是，家庭之间仍存在着劳动力多寡、强弱（体力和性别）、健康状况以及劳动力供养人口数的差异。这些差异，直接决定了家庭之间年度总工分的悬殊，进而影响不同消费单位物质和现金收入的丰盈与亏欠。所以，尽管建立社会主义公有制的目的是消除两极分化，实现共同富裕，但是，在"各尽所能，按劳分配"的原则下，乡村社会仍然在不断分化，形成三个动态的群体：一是盈余家庭。那些劳动力强壮，且劳平供养人口数低的家庭，譬如家中子女都成年且参加劳动、或者刚成家而无小孩的夫妇，在年终分配时扣除所分配实物的折价后，仍有现金收入，村民称之为"进钱户"。这样的家庭生活宽裕，受到尊重和羡慕（即使有的家庭成分较高），在村里说话"硬气"且有份量。但是，有的生产队由于亏欠户不能向集体交现金，"进钱户"的盈余无法兑现，应得的现金收入仅仅是账面记录，使他们感觉受到超支户的剥削，进行导致对超支户的鄙视、不满和对集体生产的憎恨、背离。二是亏欠家庭。由于家庭的发展周期或者由于变故，农村中总有一些家庭劳者少、食者众，或者常年有病人，使得家庭劳动的工分不足以抵消分配的物质，年终还得向集体交纳现金，从而成

---

① 吴毅：《决裂：新农村的国家建构》，中国社会科学出版社 2007 年版，第 134 页。
② 黄宗智：《长江三角洲小农家庭与乡村发展》，中华书局 2000 年版，第 238 页。

为超支的"倒挂户"。当然，成为超支户的还有少部分好逸恶劳的家庭。按照国家政策的规定，农民的口粮必须保证，超支户能够获得基本的口粮，除此之外，其他按工分分配的财物，他们的份额常常被扣掉。更有甚者，生产小队为了平衡收入，防止超支，很多时候不得不用扣口粮来逼迫超支户交齐欠款，从而导致亏欠家庭连吃饭都成问题。如1963年浙北的陈家场少数劳动力多的农户年人均分粮超过600斤，而"吃口最重的"一户年人均分粮仅152.5斤[1]。亏欠家庭除了要忍受物质贫困的折磨外，还得因为从集体中"免费"分得口粮而遭受其他村民的"冷言冷语"和公开的鄙视，在村庄中过着没有地位和尊严的生活。三是照顾家庭。村庄中的孤寡老人、军烈属，不仅在生产小队安排劳动时得到轻松的农活以挣工分，而且在年终物质分配时会受到适当照顾，而国家的每年的救济、照顾也主要由他们受益。由于道德和政治的因素，普通群众并不歧视这类家庭，他们也实实在在地感受到大集体的优越性，从而成为公有制和集体生产的忠实支持者。[2]

由于生产小队对农村物质财富的垄断性经营，从集体劳动中挣工分成为家庭物质生活的根本性来源（尽管有自留地的少量补充）。因此，农村的劳动力结构、家庭关系、生活节律甚至代际关系围绕着挣工分发生了急剧的变化，农村社会结构被重组。尽管工分制本身造就了新秩序的支持者，但是，挣工分导致的手段对目标的背离以及劳动者的比较优势和部分家庭的正当权益难以保证，使得以工分制为依托的新秩序无法制造足够的动力以实现"自恰"，而是必须借助强有力的组织管理。

三 排工派活

原本由各家分散决策、自主经营的农业生产，经过合作化运动最后定格于"三级所有，队为基础"的集体化生产模式。在这种模式下，农村的生产经营（其中包括农业）由以自然村基础[3]、平均规模为30户左右

---

① 张乐天：《告别理想——人民公社制度研究》，东方出版中心1998年版，第99页。

② 吴淼：《决裂：新农村的国家建构》，中国社会科学出版社2007年版，第155页。

③ 曹锦清、张乐天、陈中亚：《当代浙北乡村的社会文化变迁》，上海远东出版社2001年版，第152页。

的生产小队统一安排①，以实现"集体化大生产"。但是，正如前文所述，经历土地改革以后的中国农业并没有实现以机械化为核心、操作程序化为形式的现代化，因此，生产资料的集体化容易，但组织农业大生产却相当困难，集体经营不得不面临着生产工具落后、生产环节复杂、不同劳动可比性差、个体劳动能力和意愿差异较大、生产过程难以量化、劳动成果区分困难导致的监督与激励不可行等不计其数的实际问题。这些问题，尽管涉及到对生产小队生产中物质生产资料的科学经营和管理问题，但核心却是如何将缺乏经营自主权和责任心的劳动者，合理而公平地安排到农业生产中去，这就是工分制下的"排工派活"问题。为此，中国农村建立起政社合一的治理模式，基层政权组织直接承担物质生产经营管理的功能，从而在工分制下形成管理者与被管理者、干部与群众的复杂关系。

按照八届十中全会通过的《农村人民公社工作条例（修正草案）》规定，生产队是人民公社的基本核算单位，它实行独立核算，自负盈亏，直接组织生产，组织收益的分配②，所以，生产队（即生产小队）是农业生产经营活动的直接承担者。作为经营核算单位，生产队设队务委员会，一般由正队长1人，主管农业和副业的副队长1人，会计、出纳各1人，仓库管理员1人，妇女队长1人，共计7人组织。另设放水员、植保员、调解员、有线广播维修、民兵排长、团支部书记各1人，在许多情况下，这些职能由队务委员会成员兼任。尽管生产队负责集体的经营管理，但必须接受生产大队的领导和管理，生产大队也是直接影响农业生产经营和分配的组织。生产大队设置管理委员会，一般由大队长1名、副队长2名，会计和出纳各1名以及委员若干组成，分别负责农业、副业、水利、治安等方面的工作。除此之外，大队还设有党支部、团支部、妇联、民兵等等。在许多情况下，除了大队支部书记由专人担任并处于"一把手"的地位，管理委员会与党支部是两套班子一套人马，在名义上由社员代表大

---

① 1962年10月统计全国生产小队平均规模形式为23.6户，参见薄一波：《若干重大决策与事件的回顾》（下卷），中共中央党校出版社1993年版，第947页；1982年全国平均为30户，参见黄宗智：《长江三角洲小农家庭与乡村发展》，中华书局2000年版，第200页。

② 中共中央文献研究室编：《建国以来重要文献选编》（第十五册），中央文献出版社1997年版，第625页。

会选出的执行机构与党的机构重合。① 作为"农村干部",尽管大队干部和小队干部之间在工作职责、报酬以及任免机制上有重要差别,但是,与领取固定财政工资的公社干部相比,他们之间有诸多的共同之处,都是以经营管理为核心任务,直接组织农业生产,并且从农业生产中获取报酬,因而直接与农民发生关系。

在计划经济体制下,农业的耕种面积和品种都由公社和大队根据国家的目标分配下来,生产小队没有自主选择权,生产小队能做和要做的就是完成国家的计划指标和任务。但是,代表国家目标的公社和大队不可能对生产小队的物质和人力资源的具体使用进行安排,农业经营的日常工作,特别是劳动力的使用,必须由生产小队自己来完成。对生产小队干部而言,安排农业生产是件非常麻烦和令人头疼的工作,因为必须考虑以下因素:一是要符合科学的原则,保障农业生产的需要。农业生产经营是门复杂的学问,不仅要求掌握作物本身的生长规律,熟悉本生产小队的特殊情况,还需要对集体拥有的各种资源进行统筹规划和合理安排,这就要求管理者必须是农业专家和管理能手。二是要体现因才用工的原则,保证劳动力干其所长与所愿的农活。为此,小队干部既要全面熟悉每个劳动力的特点,又要掌握他们的劳动要求、合作愿望等。但是,以生产小队的规模不可能有低成本的农民要求表达机制,因此只能由小队干部根据自己的主观判断去安排劳动力生产。三是要满足公平原则,实现劳动力以及家庭间派工的均衡。在工分制下,不仅底分相同的劳动力要求干同等强度的农活,相同定额的农活要求等量的劳动付出,而且,各个家庭之间的劳动力安排要求公平,特别是在活少时要求"机会均沾"。排工派活的这些限制条件,不仅要求小队干部公道、正直,而且要求有高超的运筹、管理能力。但是,小队干部都是土生土长的农民,并不比普通农民具有更系统的专业知识和管理技能。为了完成日复一日、繁重的排工派活工作,小队干部只能靠花时间、花精力,通过晚睡、早起,不断开会、讨论,用强劳动负荷来完成。作为生产小队经营管理的首要责任人的生产队长,每天早上必须要6、7时安排好工作;农忙季节必须提前分配工作,一般是早

---

① 曹锦清、张乐天、陈中亚:《当代浙北乡村的社会文化变迁》,上海远东出版社 2001 年版,第 152—153 页。

上 4 时，而且往往要花上两个小时才能分配好每个人的工作，中午还要分配工作。[①] 在田间干活间隙休息时，生产小队长要首先起来叫大家干活；大家收工回家后，干部还必须检查当天的进度和质量，为晚上评工分和次日的排工做好准备。所以，生产小队干部，特别是队长不仅责任重大，而且任务繁重，工作异常辛苦。

应该说，计划经济管理体制下，作为负责政府各级部门"千条线"具体落实的"一根针"的生产大队和生产小队，既要完成上级下达的"农业上纲"的繁重经济任务、阶级斗争和社会改造的政治任务，又要负责集体生产的经营管理，以保障全村村民的生活，责任十分重大。但是，无论是生产小队或是生产大队干部，均不是像公社以上的公职人员属于吃财政饭的"干部"，而是由群众选举，靠工分吃饭的"群众干部"，报酬只能直接从农业生产中获得。生产大队一级，除了专职的大队支部书记、大队长和会计外，其他成员都必须在各自的生产队或者被派驻到其他生产小队，一方面协助小队干部管理好集体生产，另一方面直接参加劳动挣工分。就是专职的大队干部，也要负责一个或多个生产队的生产，并在该生产小队参加劳动。作为管理者的报酬，就是工分补贴（如表1）。从这份资料中可以看出，大队干部（特别是专职干部）的工分补贴是非常高的，远超过普通的劳动力全年工分。正因为此，大队干部在当时是非常具有吸引力的职位。然而，直接负责生产队经营管理的小队干部的命运却没有这么好。他们除了直接参加生产劳动获得的工分外，作为干部的报酬主要来自于两部分：一是误工补贴。生产队的管理者白天开会按照其底分记工分，比如生产小队长评定的底分是 10 分，无论到公社、大队或者在小队开一天会，都可以得到 10 分。在生产小队的晚上开会一般不记工分，而数量众多的生产小队会议差不多都是在晚上召开的。二是按年的直接工分补贴。尽管全国不同地方有差异，但基本上都是根据小队干部工作量的多少、耽误时间的长短来补贴，通常会计每年 600 分，出纳每年 200 分，生产队长和保管员 100 分。从生产大队和小队干部的报酬来看，尽管他们经常可以"屋里坐坐，张张嘴，稳拿十分工"，但是，相对他们的时间、精力的付出，这些"好处"仍显得不相称。小队干部的繁忙自不待言，就

---

① 黄宗智：《长江三角洲小农家庭与乡村发展》，中华书局 2000 年版，第 187—188 页。

是生活大队干部也异常辛苦，一个大队干部三年的日记显示，除了春节三四天和生病在家以外，三年中竟没有一个休息日！[①]

表1 　　　　　L 大队主要干部 1961—1965 年工分补贴情况表 　　　单位：分

姓名	1961 年	1962 年	1963 年	1964 年	1965 年
冯洪明	3400	3600	2820	2800	2100
陈兴富	3100	3400	2600	2800	1820
贾小青	2000	3200	2500	2600	2037
戴新兴	1500	500	7500	500	1560
王阿兵	1400	600	324	680	426
周一堂	800	500	100	0	0

资料来源：张乐天：《告别理想——人民公社制度研究》，东方出版中心 1998 年版，第 131 页。

　　从总体上讲，公社时期的"农村干部"，特别是小队干部，都是经过群众直接选举产生，绝大多数都是本小队中业务能力强、办事公道、坚持原则的"精英"。在工作中，多数干部也是不畏艰苦、任劳任怨，尽量科学而公正的排工派活，如农闲时采取按家平均派工、重活轮着干等策略。但是，农业生产的复杂性和工种的多样性，农活之间不可避免地存在着能够感知却难以量化的轻重、净脏、简繁、远近等差异。这些差异的存在，即便小队干部再公道、再能干，总有部分社员会觉得干部不公平、自己"吃亏了"。更何况，生活于血缘网络，情感、好恶、生熟等人情因素仍然起作用的小队干部，在排工派工时出现对某些人偏爱、照顾的现象，难以完全避免。更为重要的是，农民抱怨干部开会过多，认为根本没有必要频繁地开会。他们认为，之所以有如此多的会，是因为干部想逃避生产劳动而拿"安逸工分"。还有，在上级任务非常紧迫时，部分干部在工作中常常采取粗暴做法，扣社员的口粮，甚至打骂农民。所有这些因素综合起来，使普通农民有"足够"的理由去讨厌甚至憎恨干部，从而形成干部与群众的紧张和对立关系。尽管干部控制着农民的生活资料，但农民仍用自己的方式发泄着不满和怨恨：一是不积极劳动。自认为受到干部不公平

　　[①]　张乐天：《告别理想——人民公社制度研究》，东方出版中心 1998 年版，第 250 页。

对待的村民，即便表面听从干部的安排，在干活时也是投机取巧，磨洋工，将对干部的怨气发在作物或牲畜上。更有甚者，干脆不服从干部安排，要么干没有安排的事，要么不出工。为了使不听话的农民能够按要求生产，当劝说无效后干部只能运用训斥、扣工分和扣口粮等强制和惩罚措施，这反过来又激化了干部与群众之间的矛盾。二是直接为难干部。部分有意见或仅仅"看不惯"的农民，尤其是妇女，在劳动过程中或聚集时对干部冷嘲热讽，说"风凉话"，甚至直接对干部及其家属进行谩骂，使干部不胜其烦。在政治运动到来时，受到委屈的农民将平时的积怨统统发泄出来，积极揭露干部的"罪恶"，对干部进行批斗。一些认真负责的干部，被称为"阎王"、"催死鬼"、"皇协军"、"伪保长"，受到群众的愤怒批斗。[1] 农民的不满和反抗，增加了集体生产管理的"交易成本"，折磨着干部的身心，也使农村干部，尤其是生产小队干部成为吃力不讨好的苦差事[2]，导致每年都有许多小队干部"掼乌纱帽，托词不干"[3]。

当劳动者和家庭失去经营自主性，不再直接对劳动效果负责任后，科学合理地组织小队的劳动力开展生产劳动，成为直接影响每个劳动者和家庭的重要日常事件。为此，在中国农村第一次出现了超越家庭的经营管理组织，生产小队和大队干部承担了农业的经营管理工作。通过这些农村干部的艰辛工作，几乎不具体现代化大生产条件的中国农业生产仍能够有序进行并不断发展。但是，排工派活本身的复杂性以及农村干部报酬与农民的竞争性，使得农业中的管理者和被管理者的关系始终无法协调，集体化体制的弊端转化为干部与群众的紧张关系，本作为国家意志代表和执行者的农村干部，特别是小队干部，在散漫而持续的"唾沫星子"、"出工不出力"等"弱者的武器"的攻击下[4]，逐渐与普通农民合谋，成为集体化大生产的反对者。

---

① 吴毅：《决裂：新农村的国家建构》，中国社会科学出版社 2007 年版，第 240 页。

② 黄宗智：《长江三角洲小农家庭与乡村发展》，中华书局 2000 年版，第 190 页。

③ 曹锦清、张乐天、陈中亚：《当代浙北乡村的社会文化变迁》，上海远东出版社 2001 年版，第 153 页。

④ 吴毅：《决裂：新农村的国家建构》，中国社会科学出版社 2007 年版，第 271 页。

四　结　语

中华人民共和国成立以后，为了实现共同富裕，防止农村出现两极分化，国家废除了生产资料私有制，建立了以生产资料公有制为核心的集体化大生产，最终确定以自然村为基础的生产小队为农村生产经营单位，但是消费和社会再生产的功能仍有家庭保留。这种生产模式下，必然出现生产的集体化和消费的私有化之间的矛盾。工分制的出现，就是为了解决这一集体化生产的难题。历史表明，正是由于工分制的不断完善和精细化，使得集体生产得以实现并促进农业不断发展。作为分配集体财富和农户收入的凭据，工分自创造出来后，就拥有其自身的意义和独特的功能，逐渐在农村建立起以工分为主轴的新秩序。然而，由于中国农业本身的复杂性和发展的低水平性，工分制的出现和不断演化，并没有使新秩序内生出坚定的支持者和强劲的动力；相反，抢工挣分、排工派活，使家庭之间、干部与群众之间的冲突和矛盾不断涌现。最终，工分制的完善不得不以集体生产的瓦解来实现，由此建构的农村新秩序逐渐向传统复归。当然，其根源并不是工分制本身，而是更深层次的体制因素。

上工:农民的"集体劳动"

　　【导读】"上工"即农民的"集体劳动",是20世纪50年代中期至70年代末中国农民从事农业生产劳动的话语表达,它的出现与"集体"的构造与国家化有着直接的关系。而"集体"的国家化过程表现为两个分离与统一的过程,即劳动资料与劳动力的分离与统一,劳动能力与劳动者的分离与统一,它带来的结果是:劳动对象的国家化、劳动者的国家化和劳动的国家化。在国家授权集体组织农民劳动的过程中,形成了一整套生产劳动的管理规范。在此规范的指导下,生产队是基本的劳动单位,组织农民共同劳动的重任就由生产队长来承担。文章最后描述了农民在"上工"中的表现。在此基础上,对农民"上工"的历史贡献进行了探讨。

　　20世纪50年代中期至70年代末期,在中国农村大地上普遍出现农民群众聚集在一起,同时进行农业生产劳动的景观。用有些地方当时的话语来讲,那是"上工",就是"上班干活"的意思。一般说来,"上班"的人获得的报酬是工资,但"上工"主要是针对农民而言的,农民获得的报酬首先是"工分",年终再按工分数量分配粮食和货币,所以,农民下地劳动称为"上工",也叫"出工"。这是当时中国农村大地上普遍存在的一种集体现象,而且成为当时农业生产行为的基本形式。

一　为什么?

　　农民"上工",其社会背景是深刻而富有中国特色的,并且与当时的社会运动紧密联系在一起。在政策导向、社会主义国家建设的共同契合下,形成了独具当代中国农村特色的农民行为的形貌。当然,"上工"——农民"集体劳动"形式的出现首先与"集体"的构造与形成有着直接的关联。

（一）农村"集体化"

自古至 20 世纪 50 年代早期，家庭不仅是基本的社会单位，更是基本的农业生产单位和消费单位。然而，自 20 世纪 50 年代中期至 80 年代，家庭失去了组织和自主进行劳动生产的功能，在国家意志基础上构造的集体成了它的替代物。

集体并不是天生就有的，这需要以国家的名义来构造。农业集体化或者说农业合作化的过程就是国家构造集体及集体权利的过程①。集体的构造分四个阶段：第一阶段是集体的萌芽阶段，载体为组织六七户人家为一组的互助组。第二阶段是构造集体的雏形——初级社，将互助组合并成"半社会主义"的或"初级"的农业生产合作社。第三阶段是在低层次水平上的完成形态——高级社，废除私人土地所有权，在分配时实行"按劳取酬"的社会主义原则。在完成"集体"构造的基础上，达到了"集体"的第四个阶段——人民公社，不仅实现了基层社会的"集体"化，而且还实现了"集体"自身的国家化——"集体"的代名词——人民公社，成为社会主义国家在农村的基层单位，成为经济、文化、政治、军事的统一体。

关于"集体"究竟是指哪一级，不同的角度有不同的回答。仅从劳动管理的角度来看，"集体劳动"始于共同劳动，而共同的劳动肯定有一个组织和内部的分工问题。如果从这个角度来看，"上工"始于"分工"，始于互助组时期的合作式分工。不过，互助组时期的共同劳动是在私有权利基础上的联合，没有完全纳入国家政策的范畴。

农业生产合作社时期，劳动组织单位主要是生产队，其次是临时性的生产组②。《高级农业生产合作社示范章程（草案）》第三十一条规定，

---

① 刘金海：《从农村合作化运动看国家构造中的集体及集体产权》，《当代中国史研究》2003 年第 6 期。

② 《农业生产合作社示范章程草案》第四十三条规定，"合作社为了实行农业生产中的责任制，应该把社员编成几个生产队，把生产队作为劳动组织的基本形式，……生产队可以按照需要，分成临时性的生产组。"并且第四十五条规定，生产队的组织应该是常年固定的。《建国以来重要文献选编（第七册）》，中央文献出版社 1993 年版，第 378 页。

生产队是农业生产合作社的劳动组织的基本单位，生产队的成员应该是固定的。除此之外，还有田间生产队和副业生产小组或副业生产队①。关于生产队的规模，"根据各地经验，在目前条件下，一般地区以小型的队（平均二三十户至三四十户）小型的组（平均七八户）更为适宜。"②

人民公社时期，生产大队是管理生产、进行核算的基本单位，生产队是组织劳动的基本单位。这在最早的人民公社章程——《嵖岈山卫星人民公社试行简章（草案）》得到了体现。③ 1959 年 3 月 3 日《关于人民公社管理体制的若干规定（草案）》进行了确认，并且，还将劳动组织单位——生产队——的范围加以确定，赋予它自然的特征，"一般指自然村庄，家庭规模一般为二三十户"。④

自 1961 年起，生产队不仅是基本的劳动单位，也是基本的核算单位。1961 年 6 月《农村人民公社工作条例（草案）》将生产队定性为直接组织生产和组织集体福利事业的单位。⑤ 1962 年 9 月《农村人民公社工作条例修正草案》强调了"四固定"，正式确认了生产队在所有制主体和劳动组织单位上的统一。⑥

国家构造集体（特别是劳动单位——生产队）并非仅仅是为了创新某个名词或概念，而是赋予了它实实在在的社会意义。表现在两个方面：一是通过合法授权，国家赋予生产集体相对独立的资源，包括自然性的生产资料资源和劳动力资源；二是国家赋予它相对独立的自主性和行为能

① 《高级农业生产合作社示范章程》，《建国以来重要文献选编（第八册）》，中央文献出版社 1994 年版，第 414 页。

② 《中共中央、国务院关于加强农业生产合作社的生产领导和组织建设的指示》，《建国以来重要文献选编（第九册）》，中央文献出版社 1994 年版，第 18 页。

③ 《嵖岈山卫生人民公社试行简章（草稿）》将全社划分为若干生产大队，每一大队又划分为若干生产队，生产大队是管理生产、进行经济核算的单位，而生产队是组织劳动的基本单位。《建国以来重要文献选编（第十一册）》，中央文献出版社 1995 年版，第 392 页。

④ 《关于人民公社管理体制的若干规定（草案）》规定，公社在经济上是各生产大队的联合组织，生产大队是基本核算单位，生产队是直接组织社员的生产和生活的单位。《农业集体化重要文献汇编（下）》，中共中央党校出版社 1981 年版，第 147 页。

⑤ 《农村人民公社工作条例（草案）》，《建国以来重要文献选编（第十四册）》，中央文献出版社 1997 年版，第 385 页。

⑥ 《农村人民公社工作条例修正草案》，《建国以来重要文献选编（第十五册）》，中央文献出版社 1997 年版，第 625—626 页。

力，生产队成为一个相对独立的社会行动单位。按照诺齐克的权利来源和
赋权原则，生产队权利的最初来源不是源于原始取得的合法性，而是源于
过程的合法性。而过程的合法性则取决于国家政策的导向，表现在三个方
面：一是通过政策途径，国家授权生产队逐步获得已归农民所有的土地资
源；二是通过政治和政策途径，将农民组织起来，成为生产队的行为对
象；三是通过政策途径，在委托——代理机制基础上，逐步赋予集体的代
表——大队干部特别是生产队长——相对独立的执行能力和自主行为权
利。

（二）农民"劳动"的国家化

"集体"国家化的过程表现为两个分离与统一的过程，即劳动资料与
劳动力的分离与统一，劳动能力与劳动者的分离与统一。它带来的结果
是：劳动对象的国家化、劳动者的国家化和劳动的国家化。

劳动资料与劳动力的分离，是通过农业合作化过程逐步完成的，始于
初级生产合作，完成于人民公社。初级社时土地入股，农民虽然保留了对
土地的所有权，但失去了对土地的直接占有和自主经营的权利。高级农业
合作社时期，入社的农民必须把私有的土地和耕畜、大型农具等主要生产
资料转为合作社集体所有；取消土地报酬，"实行'各尽所能、按劳分
配'，它意味着农民失去了对土地等主要生产资料的所有权、经营使用
权、收益权和处置权。人民公社是高级社的正式国家化，在小社合大社即
人民公社建立的过程中，要求小社的公共财产也随之转为大社所有①。除
了生产资料在量上的扩张外，还有质上的扩张，这主要表现在乡村副业和
工业的兴起。这个过程就表现为生产资料特别是土地和大型农具与农民个
体的分离过程，同时，由于国家政策导向和合法性的授权，它们成为了集
体的共同财产，奠定了集体行为能力的经济基础。

劳动者与劳动能力的分离，主要是通过生产关系的变革来完成的。从
人类历史来看，劳动是人类作用于自然界的一种行为，是伴随着人类社会
以来的一种天赋自然权利，因此，劳动与人类产生相伴而随，是人体机能
的一种自然延伸而已，作为劳动者的活动，只是属于个人的行为范畴。然

---

① 《建国以来重要文献选编（第十一册）》，第 448—449 页。

而，由于劳动者是在特定的社会关系下活动的，因此，劳动具有不同的社会属性①。从中国农村历史来看，虽然"劳役"是一种国家支配下的农民劳动行为，但致力于农业生产活动的劳动行为，则长期以来一直由劳动者个体主宰着，也就是说，在针对农业生产活动时，农民个体有说"不"的权利。但是，随着中国革命化的历史进程，劳动就不再仅仅是农民个体的事情，而是革命者和组织者的中心工作了。早在1948年中国共产党在土地改革中就强调，"在今天中国的条件下，要发展农业生产，首先是要打破束缚生产的封建的生产关系……发展农业生产力……为了发展生产力，除了改良农业技术（生产工具）而外，起决定作用的，就是组织劳动力的问题了。"② 也就是说，要把农民组织起来。

随着农村生产资源的集体化，农民个体被国家化，成为合作社的社员。不过不同时期，农民的社员身份略有不同。根据《农业生产合作社示范章程》第十一条规定，初级合作社时期，农民的社员身份首先在于必须属于"人民"阵营，应该具有劳动能力，且提供可供统一使用经营的土地。高级合作社时期，社员的身份更重要归因于"劳动者"。根据《高级农业生产合作社示范章程》第七、八条的规定，个体的劳动能力和土地资源得到了首先肯定，但有限制性条件，即现时状况的个人无政治问题且得到乡人民委员会审查批准。经过社会主义教育运动和劳动改造，到了人民公社时期，除极少数封建势力和反革命分子外，所有农民一律成为公社的社员；实际上，这一时期有社员等同于国家的"公民"。

随着农民的社员化和国家化，农民天赋享有的"劳动"权利则成为一种必须履行的义务，开始进入国家管理的范畴。1956年《农业生产合作社示范章程草案》第四十八条规定："农业生产合作社社员，除了有特殊得到社员大会许可的以外，都必须每年在社内做够一定的劳动日。"1956年6月《高级农业生产合作社示范章程》第三十四条规定，"合作社根据生产的需要和社员的自报，规定每个社员在全年和每个季节或者每个段落应该做到多少个劳动日。"这样做的目的只有一个，即把农民大规模

---

① 徐勇：《论农民劳动的国家性建构及其成效——国家整合视角下农民劳动的变化》，《山西大学学报》2008年第3期。

② 《把解放区的农业生产提高一步》，《农业集体化重要文件汇编（上）》，中共中央党校出版社1981年版，第21页。

地组织起为变成"产业军"①，"变成农业工人"②。1962 年 9 月《农村人民公社工作条例（修正草案）》第四十六条规定："人民公社社员，……在公社内必须履行自己一切应尽的义务。""每一个社员都应该自觉地遵守劳动纪律，必须完成应该做的基本劳动日。"第二十九条规定："生产队应该组织一切有劳动能力的人，……根据各人的不同情况，规定每人应该完成的基本劳动日数。"1978 年 12 月 22 日修改后的《农村人民公社工作条例（试行草案）》第三十五条规定，"要组织一切有劳动能力的人参加劳动，民主评定每个男女全半劳动力全年应该完成的基本出勤日和投肥任务。"通过生产资源的合作化和农民的组织化，农民的劳动行为就不再仅仅归属于个体了，而是成为国家化的劳动行为，其劳动的行使权利在国家，劳动的组织和管理权利也在国家，于是，导致了劳动权利与个体农民的分离，而以社会义务的形式与国家统一起来。

这种劳动方式带来的结果是，个体基础上的所有者与生产者的分离，所有者与消费者的分离，生产者与消费者的分离，实现了集体基础上的所有者与生产者的统一，所有者与消费者的统一，生产者与消费者的统一。于是，以生产集体为基本的行为单位，以生产集体范围内的土地资源为劳动对象，以集体的分子——农民为执行者，组织农民进行规模化、集体化的农业生产劳动就是理所当然的了。这才有了农民的"上工"，这才有了大规模的农业生产行为。

为什么在集体所有制的基础上必须进行集体劳动？这既与指导中国革命和建设的马克思主义思想有关，也与当时中国农村生产的方式有关。20世纪 50 年代，摆在中国共产党面前的主要任务是如何建立一个社会主义的国家。而要建立一个优于资本主义的社会主义国家，在农村就要首先克服小农经济转向私人资本主义的可能，建立社会主义的集体所有制。在当时的中国共产党看来，集体所有制与集体劳动是紧密联系在一起的，不仅要有生产资料的联合，还应该有劳动人民的联合，更且还应该包括生产上的联合；并且，生产上的联合不仅是为了克服小农经济的弱点③，更是作

---

① 《关于人民公社若干问题的决议》，《建国以来重要文献选编（第十一册）》，第 618 页。
② 《农业集体化重要文件汇编（下）》，第 282 页。
③ 《中共中央关于农业生产互助合作的决议（草案）》，《建国以来重要文献选编（第二册）》，中央文献出版社 1992 年版，第 513 页。

为"农业生产上的第二次革命"① 提出来的，这在一系列的集体化文件得到了展现。《农业生产合作社示范章程草案》只是要求"组织社员进行共同的劳动"，但在《高级农业生产合作社示范章程》中则把它更加明确化为"集体劳动"。1957 年 9 月 14 日《中共中央关于做好农业合作社生产管理工作的指示》则更进一步强调"合作社必须坚持集体劳动的根本原则"。针对有些省份特别是江苏省部分地区实行农活包产到户的情况，中共中央 1959 年曾发文重申，"生产队组织劳动的基本形式，应当是集体劳动……人民公社的劳动管理，是一个重大的原则问题。集体劳动还是分散劳动，'三包'到哪一级等等，这些都是涉及到生产关系的重大问题。"② 很明显，如果无限制地搞包产到户，就是右倾问题，这就是根本性的政治错误。不过，为了解决集体劳动中的一些负面因素影响劳动生产效率，可以在集体劳动的前提上进行包工制。这在 1962 年 7 月 11 日邓子恢的《关于农业问题的报告》中得到了肯定③，7 月 22 日《毛泽东同志关于印发巩固生产队集体经济问题的座谈会记录的指示》对集体劳动的含义进行了明确，"集体劳动的意思，……不是说所有的农活，都要大家拥一块，集体去干。"④ 因此，集体劳动主要是指劳动管理单位统一调配管理范围内的劳动力，组织他们共同进行农业生产劳动。

二 "上工"规范

在当时来说，"上工"是农村社会主义建设和革命的重大事情，因此，在劳动管理的过程中形成了"上工"的基本管理规范。

1. 劳动对象——生产资料和劳动工具的集中统一管理。《农业生产合

---

① 《农业集体化重要文件汇编（上）》，第 51 页。

② 《农业集体化重要文件汇编（下）》，第 252 页。

③ 邓子恢在《关于农业问题的报告》中指出，"集体所有制不一定是什么事情都集中干。有些活可以集体干，有些活不一定集体干，集体劳动还应该有分工合作，没有分工就没有合作。"《农业集体化重要文件汇编（下）》，第 580 页。

④ 《毛泽东同志关于印发巩固生产队集体经济问题的座谈会记录的指示》，《建国以来重要文献选编（第十五册）》，第 545 页。

作社示范章程》第十七条规定，社员的土地必须交给农业生产合作社统一使用；第二十五条规定，土地以外的生产资料如耕畜、大型农具、农业运输工具等，是农业生产所不可缺少的，应该尽先由合作社统一使用。《高级农业生产合作社示范章程》第三十一条规定，生产队管理和使用生产队范围内的固定的耕畜和农具。在人民公社时期，包含于"队为基础"中有关财产权利的相关规定说明，生产队集中管理生产队范围内的所有土地、归集体所有的耕畜和大型农具，且凡是归生产队所有比较有利的，都归生产队所有。①

2. 劳动力的统一安排。在集体劳动中，对劳动力的管理是最重要的工作。但在不同时期，对劳动力的认识有差异。在初级社时期，强调的是参加合作社的劳动力，在安排劳动时注重的是劳动的整体性，要求根据合作社大小、生产需要、劳动力等情况来组织劳动，没有深入到具体的劳动安排之中。② 1957年《中共中央关于做好农业合作社生产管理工作的指示》则将它具体化，劳动力配置开始深入农户和农民个体，要求"合理分配社员的工作，切实执行统筹兼顾、逐户安排的方针"。③ 1961年3月《农村人民公社工作条例（草案）》则把劳动力的范围扩大了，除正常的劳动力以外，还包括社办中学和农业中学的学生，以及一切能够从事辅助劳动的人④，同年6月《农村人民公社工作条例（修正草案）》则将他们定性为半劳动力⑤。

按照劳动力素质配置。合作社统一安排劳力的原则是，"使人尽其

① 刘金海：《产权与政治：国家、集体与农民关系视角下的村庄经验》，中国社会科学出版社2006年版，第61页。

② 《中国共产党中央委员会关于发展农业生产合作社的决议》中，要求按照合作社的大小、生产的需要、劳动力的多少和发展的情况，去决定组织劳动的形式。《建国以来重要文献选编（第四册）》，中央文献出版社1993年版，第670页。

③ 《中共中央关于做好农业合作社生产管理工作的指示》，《建国以来重要文献选编（第十册）》，中央文献出版社1994年版，第559页。

④ 《农村人民公社工作条例（草案）》，将社办中学和农业中学改为业余学校，要求学生都要参加劳动；同时，生产队还要组织一切能够从事辅助劳动的人，参加适合他们情况的劳动。《农业集体化重要文件汇编（下）》，第462页。

⑤ 《农村人民公社工作条例（修正草案）》，《建国以来重要文献选编（第十五册）》，第630页。

能；……发挥所有社员的擅长，使男女老弱各得其所。"① 社管理委员会特别是生产队，应该仔细了解每个社员及其家庭成员的特点和特长，做到"用其所长，各得其所"。……对于劳动力弱的人，则应当从副业生产、田间管理和包地块等方面，适当安排他们的工作。② 同时，劳动分工在劳动能力要有所区别，要使熟练劳力与非熟练劳力、强劳力和弱劳力、主要劳力和辅助劳力分开并且能够互助配合。并且，生产队要从年初开始，对每一户每个人在劳动分工上进行合理安排，要使得凡能参加生产劳动的每一个人，都能按其所长参加一定的劳动。③

按照劳动性质配置。要求按照不同的农活性质，规定那一些农活应该集体进行，那一些农活则可分散进行，即所谓：大活集体干，小活分开干。④ 而关于"大活集体干，小活分开干"，时任中央农村工作部长的邓子恢有更进一步的说明，"主要农活必须集体干，但是，做活的班子必须组织好，需要几个人就去几个人，需要什么样的人就去什么样的人。"⑤ 1961 年 3 月 20 日《曾希圣同志给毛泽东同志的信》中则更加具体，"大农活和技术性农活统一。以水稻为例，就是犁耙、泡种、育秧、插秧和割稻、打场等统一，这些工都是以集体劳动来做的，只有剩下的田间管理工，实行责任制到人，分散劳动。"⑥

按照劳动强度与时间配置。为了克服劳动强度和劳动量需要与供给之间的非均衡性，强调要根据生产的需要，保持劳动供给与需求之间的平衡。关于这个方面的规定，始见于 1956 年 9 月 12 日《中共中央、国务院关于加强农业生产合作社的生产领导和组织建设的指示》，要求"做到农忙季节劳力够用，农闲季节剩余劳力也有出路。"⑦ 1959 年 2 月 6 日，《中

---

① 《关于如何争取农业社百分之九十社员增加收入对各地的建议并向中央的报告》，《农业集体化重要文件汇编（上）》，第 598 页。

② 《中共中央关于做好农业合作社生产管理工作的指示》，《建国以来重要文献选编（第十册）》，第 559 页。

③ 《农业集体化重要文件汇编（下）》，第 134 页。

④ 《中共中央关于做好农业合作社生产管理工作的指示》，《建国以来重要文献选编（第十册）》，第 558 页。

⑤ 《农业集体化重要文件汇编（上）》，第 734 页。

⑥ 《农业集体化重要文献汇编（下）》，第 499 页。

⑦ 《建国以来重要文献选编（第九册）》，第 18 页。

共中央批转中央农村工作部关于全国农村工作部长会议的报告》要求，"应该合理组织山区与平原、城镇与乡村，忙时与闲时及各业之间的生产协作，以调剂劳力余缺。"① 对于那些季节性较强的大规模农业基础设施建设，应该适当地安排较多的劳动力，不过在时间上有要求，主要集中在冬季和春季②。在农忙季节，水利、交通等基本建设，林业和副业等生产，都要同农事季节相结合，农忙时少办，农闲时再多办。③

按照行业分工配置。做到农业与副业、当前生产与基本建设各方面的劳力需要都得到妥善安排，合理地调整劳动组织。④ 县联社和人民公社的各级组织，都必须学会在生产各部门（农业部门、工业部门、运输部门）之间，在经常性生产任务、突击性生产任务、服务性任务之间，合理地分配和调度劳动力，避免这里有事无人做、那里有人无事做的现象。⑤ 农村人民公社的全部劳动力，用于农业生产方面的，包括用于林业、牧业、渔业、副业生产方面的，一般应当不少于百分之八十，经常用于工业生产、交通运输、基本建设、文化教育卫生和生活服务等方面的，不能超过百分之二十。⑥

3. 上工过程的集体管理。

主要包括劳动责任制度、定额管理两个方面。

责任制度。1953 年《中国共产党中央委员会关于发展农业生产合作社的决议》中，关于劳动责任制度只能笼统地署以"专职专责"⑦，没有具体的针对对象，究竟是指管理者，还是指劳动者？这个问题在《中国共产党第七届中央委员会第六次全体会议（扩大）关于农业合作化问题的决议》中有明确规定，劳动责任制度既是针对劳动组织而言，也是针对劳动者而言的。生产队、生产小组有劳动管理规定和制度，他们与组员

① 《农业集体化重要文件汇编（下）》，第 135 页。

② 同上书，第 272 页。

③ 《关于人民公社的十八个问题》，《建国以来重要文献选编（第十二册）》，中央文献出版社 1996 年版，第 175 页。

④ 《建国以来重要文献选编（第九册）》，第 18 页。

⑤ 《关于人民公社若干问题的决议》，《建国以来重要文献选编（第十一册）》，第 618 页。

⑥ 《关于人民公社的十八个问题》，《建国以来重要文献选编（第十二册）》，第 175 页。

⑦ 《中国共产党中央委员会关于发展农业生产合作社的决议》，《建国以来重要文献选编（第三册）》，中央文献出版社 1993 年版，第 672 页。

之间也有关于耕作、饲养牲畜和保管农具的责任制度。① 这一政策很快在各地得到了落实。随后，福建省在劳动力安排过程中全面地贯彻生产责任制②，江苏、安徽等地创造了"任务到队，专业到组，措施到田，责任到人，插标验收"③ 等办法。1958 年 9 月 30 日，《人民公社化运动简报》第四期文章《全国基本实现了农村人民公社化》，对农业生产责任制度做了系统的总结，主要有计划管理、定额管理、劳动考核、固定责任制、验收制、奖惩制等等，并且强调要把这些责任制度继续固定下来，加以运用。④ 1958 年 12 月 10 日，《关于人民公社若干问题的决议》要求"在生产任务和其他任务中继续执行和巩固分层包干的责任制，切实保证提高劳动效率和工作质量。"1961 年，《农村人民公社工作条例（草案）》规定，生产队为了便于组织生产，可以划分临时的或者固定的作业小组，划分地段，实行季节的或者小段的包工，建立严格的田间管理责任制。到了 20 世纪 80 年代初期，则要求改革计划管理，逐步推行合同制，普遍实行生产责任制和定额计酬制。⑤ 生产责任制度广泛地应用到农业生产的各个方面。

关于农业生产定额管理，最早见于《中国共产党第七届中央委员会第六次全体会议（扩大）关于农业合作化问题的决议》，规定"建立定量、定质的劳动生产定额（即标准工）的制度"。在实施过程中，各地农民创新了多种形式，如"三固定""四固定"等，目的在于编好劳动定额的基础，包工包产。⑥ 不过，针对农业生产而言，定额管理有相当的难度，主要原因在于"农业定额和工业定额不同，它具有极大的地方性，还经常受着自然条件的影响"，因此，"各社规定的定额标准，必要时也应该根据情况变化加以调整，并且应该使生产队在基本不变动包工的工分

---

① 《中国共产党第七届中央委员会第六次全体会议（扩大）关于农业合作化问题的决议》，《建国以来重要文献选编（第七册）》，第 297 页。

② 《农业集体化重要文件汇编（上）》，第 594—599 页。

③ 《农业集体化重要文件汇编（下）》，第 42 页。

④ 《全国基本实现了农村人民公社化》，中央农村工作部《人民公社化运动简报》第四期，1958 年 9 月 30 日。《农业集体化重要文件汇编（下）》，第 88 页。

⑤ 《农业集体化重要文件汇编（下）》，第 1041—1042 页。

⑥ 《农业集体化重要文件汇编（上）》，第 550 页。

总数的前提下，有权作必要的机动调整。"① 为了提高劳动定额管理，除了继续实行按劳动操作为标准的定额管理外，同时又要逐步实行按每人劳动日定产量、定产值的定额管理②，并且深化定额管理，将管理落实到农民个体，落实到具体的生产环节。这对当时的劳动管理和提高劳动质量有积极作用，但存在一个缺陷，即定额工作相当烦琐，容易陷入数量决定性的悖论之中，劳动质量得不到保证。这个问题在人民公社制时期一直没有得到很好的解决，直到 1978 年底，《农村人民公社工作条例（试行草案）》中作了一个原则性的规定，"制订劳动定额和考核劳动成绩，要把农活质量放在第一位"③。

4. 上工时间的集中管理。

劳动时间总量。1956 年 9 月 12 日《中共中央、国务院关于加强农业生产合作社的生产领导和组织建设的指示》中确定，农民必须首先保证"社内规定的劳动日"。究竟多少个劳动日才能算得上是标准呢？各地农业生产方式和作物都不相同，但有一个基本的劳动数量，这就是一个劳动力全年应该做满三百个劳动日④。

实行八小时工作制。一般说来，正常劳动时间一般为八小时，忙时可以有十小时，最忙也不可以超过十二小时。⑤ 另有一说是，鉴于当时社会主义教育运动开展的实际情况，应当在八小时劳动之外进行两小时的时事政治学习，并形成一项制度固定下来。⑥ 不过，在那些遭灾歉收、口粮标准低和冬季农事活动较少的地区和社队，在农闲季节可以实行每日劳动六小时或者五小时的制度，如果农活确定不多，还可以实行半日劳动、半日休息的办法。⑦

休息制度。最早见于 1958 年的报告，确定农民的睡眠时间一定要有

----

① 《建国以来重要文献选编（第九册）》，第 18—19 页。

② 《农业集体化重要文件汇编（下）》，第 134 页。

③ 同上书，第 979 页。

④ 同上书，第 133 页。

⑤ 《中共中央批准谭震林、廖鲁言两同志〈关于农业生产和农村人民公社的主要情况、问题和意见〉的报告》，《建国以来重要文献选编（第十一册）》，第 591 页。

⑥ 《关于人民公社若干问题的决议》，《建国以来重要文献选编（第十一册）》，第 614 页。

⑦ 《中共中央关于农村人民公社当前政策问题的紧急指示信》，《建国以来重要文献选编（第十三册）》，中央文献出版社 1996 年版，第 673 页。

八小时，加上吃饭和休息时间四小时，共计十二小时，一定不可少。[①] 这一规定随后就被写进《关于人民公社若干问题的决议》中，成为指导全国农民休息的指导性文件，并且强调，农村中的一切活动都不得侵占社员的睡眠和休息时间。

休假制度。1960 年开始成为一个问题。由于三年自然灾害影响，各地饥饿问题十分突出，湖北省率先开始实行社员休假制度，规定，男劳动力每月休假两天，女劳动力每月休假三天[②]。1960 年 11 月 3 日《中共中央关于农村人民公社当前政策问题的紧急指示》将女社员每月放假的天数增加到四天。随后，1961 年的《中央工作会议关于农村整风整社和若干政策问题的讨论纪要》规定了公社的假期，男劳动力由每月两天改为四天，女劳动力由每月四天改为六天。另外，还可以分批轮流放假，在农事大忙的时候也可以把放假的日子挪前或挪后，但是必须保证平均每人每月有四天或者六天的假期。

三 如何"上工"？

在集体化时期，生产队是基本的劳动单位，组织"上工"的重任就由生产队长来承担。

组织社员进行共同劳动即"上工"。在这一点上，组织农民进行共同劳动有先例。早在互助组时期，就有一个劳动内部分工的问题，不过当时只是建立在自愿合作、共同互助的基础上，由年长的老者或经验丰富者直接进行一个合理的分工就可以。到了大集体时期，队长组织农民"上工"主要是敲钟和吹哨子，但是，往往吹炸了哨子、敲破了钟、喊破了喉咙，还是七齐八不齐。有的社员出勤不主动，每天还得队长挨门上户去叫[③]。如果是前一天已经分工的就直接去干活，如果没有分工，就全体到村湾旁边或队长家里或小队公场上，或者说队部由队长统一分工，男人干男人的活，女人做女人的事。当时流行的说法是，别小看生产队长，虽说是中国

---

① 《中共中央批准谭震林、廖鲁言两同志〈关于农业生产和农村人民公社的主要情况、问题和意见〉的报告》，《建国以来重要文献选编（第十一册）》，第 591 页。

② 《农业集体化重要文件汇编（下）》，第 361 页。

③ 同上书，第 609 页。

最小的官儿，却主宰着几百口农民的命运，社员在他们的分配下服从劳动安排，让干什么就得干什么。

将生产活动划分为可以分配的工作，同时根据不同时期的劳作要求将劳动力划分为不同的生产小组。这在1953年得到了公认。据1953年《中央农村工作部批转文登地委关于七个农业生产合作社的重点检查报告》，调查研究涉及的七处社中就有两处社土地划分耕作区，劳力划分小组。另外，当时中共中央多次发文要求，在高级社和人民公社的统一计划下，不仅要对生产资料统一管理，而且还要对劳动生产统一安排，对什么田地种植什么、种植多少、什么时候种植、多少人种植等，都有明确的规定；甚至于具体到某一天时间的某个时辰、肥料要求必须保证多少担、种植的间距和深度都有规定。社员则不用为生产操心，播种、收获、除草、治虫、抗旱排涝、施肥，这些活动的时间、使用的品种、器械等，都由队长安排，除草用的锄、割草用的刀、挖地用的锹等，都由生产队事先安排好，社员只要签个名或按个手印就可以了。

不过，劳动组织和管理并没有得到有效的贯彻执行。1956年，邓子恢在《一年来农业合作化运动的情况和今后工作》中总结认为，在劳动组织方面也还不够健全，有少数合作社还未建立固定的生产队和耕作区，耕畜、农具也未建立起固定管理固定使用的制度，因而责任不明，生产上仍然存在着无人负责，窝工、旷工以及发生牲畜瘦弱死亡等现象。1962年，邓子恢在《关于农业问题的报告》中谈到，分工不明确，做农活一大片，一亩地有多宽，一个生产队的人都去锄，结果质量很低，……生产队长一吹号，就出动了，生产队长分配你到哪里去，他到哪里去，……这样做是好看，只是活干的不好。哨子一吹，大家步伐整齐，二三十人堆在一起，你挤我，我挤你，好地也锄坏了。[①]《毛泽东同志关于印发巩固生产队集体经济问题的座谈会记录的指示》（1962年7月22日）在肯定了计划生产劳动安排的同时，也指出了它的缺点：天天派工，天天喊工，等工、评工，不仅十分烦琐，而且窝工严重；又由于责任不明，农活质量没有保证。

---

① 《农业集体化重要文献汇编（下）》，第580页。

四　农民行为

按照集体劳动规范的规定，高级社和人民公社制时期，要求每个社员每天上工 8 个小时，最多不能超过 10 个小时。如果要保证 8 个小时的话，起码上午要干 4 个小时，下午要干 4 个小时；如果 10 个小时的话，晚上还要再干或学习 2 个小时。为了保证每位社员能够切实上好 8 个小时的工作，必须在规定的统一的时间上工。这就要求要在上午 8 点左右出工，12 点左右放工；下午 2 点再上工，6 点左右放工。但在实际执行过程中，上工时间无限期地推延了，相应地，要求每天 8 个小时的工作时间也无法得到保证。1962 年，邓子恢在《关于农业问题的报告》中提到的广东省一个山区的一个大队，"队长天一亮就起来敲钟，可是到了八九点钟，大家才集合下地，十一点钟就回来了。如果作充分计算的话，上午能干 2 个小时的活已经非常不错了，下午如果也干 2 个小时，实际上一天只能干到 4 个小时。一天 8 个小时的劳动时间要求被大大打折扣了。实际上，社员集体劳动的时间短，出勤晚，收工早，一般每天不过六小时"①。形象的说法是"早晨就上工，中午磨洋工，天黑就收工"。

在集体规范和队长干部的分配领导之下，农民的主要任务就是遵守计划和队长的分配命令，切实完成分配给自己的工作和任务。当然，这是建立在农民完全遵从集体权益的基础上，即农民完全能够以集体的利益为其行为活动的根本出发点，能够自觉按照队长分配的任务自觉地完成。但实际上，在当时的情况下这是完全不可能的，主要原因在于利益分配上的非相关性，即劳动成果的分配遵循先国家、再集体、后农民的原则，并且首先保证国家和集体的利益，因而分配到农民身上的成果在总成果中所占的比例就显得相对较少。这导致了当时农民在生产行为过程中的多种多样的异常行为。1953 年就有"有的上山耕地不牵牛，有的将粪送人家地里，有的耕错了地，有的播差了种，有的为了扛犁轻便不使新式步犁，还有的耕地不刨地边，有土块不打避难就轻"②的

---

① 《农业集体化重要文献汇编（下）》，第 609 页。
② 《农业集体化重要文献汇编（上）》，第 169 页。

记述。

1959 年 1 月 25 日《毛泽东同志对〈新会县人民公社在发放第一次工资后出勤率、劳动效率为什么普遍下降〉一文的批示》中，重点分析了大泽公社农民上工行为的非正常现象，主要表现为"四多四少"，即吃饭的人多，出勤的人少；装病的人多，吃药的人少；学懒的人多，学勤的人少；读书的人多，劳动的人少。类似的现象在新会其他公社也普遍存在。大泽公社发放工资后十天左右，出勤率普遍降低了五六成。……没病装病，小病装大病，没月经假装有月经或借口照顾小孩而不出工的也大有人在。一些原来劳动态度差的人现在更差，原来劳动态度好的人也因受此影响而消极劳动。原来每天可送 200 担肥的，现在只送五六十担，过去能挑100 斤，现在只挑 50 斤；过去一个人能挑的，现在则要两个人抬。只以人头计算劳动数量，而不管劳动质量如何。

这些问题引起了党和国家领导人的高度重视。安徽省试行田间责任制，但同样不能解决问题，仍然是"犁田不到边田九，……栽秧外密里稀，飘秧缺棵很多，……耘田是猫盖屎，草不净，泥不烂……"[①] 1962年 7 月 11 日邓子恢《关于农业问题的报告》作如下总结：社员的积极性不高，表现为出勤率低，工效不高，一个人的活要三个人干，比个体经济差得多，马马虎虎，装病、装瞎子。并要求各地寻找有效办法，提高劳动生产率，尽量避免窝工偷工、浪费资源的现象。然而，尽管中央三令五申，地方积极引导，但效果仍然不明显。时间延续到 1962 年，在生产上"耕作粗放"，"耕地留茬子，种地不到头，锄地草搬家"的现象仍然存在[②]。"只顾数量，不能保证质量。只顾工分，不顾效果。"[③] 原因在于集体的劳动管理和劳动规范脱离了当时的小农经济传统和社会背景，只考虑到了农民生产积极性和合作性的一面，没有充分考虑到农民的个体私有性和集体规范的制度性漏洞，导致了农业生产效果的下滑。很快，集体性的"上工"行为就被各种规模更小的责任形式取代，如试行责任制、定任务核算质量分、"自报公议"大寨式记分法等，有些地方还恢复并完善了生

---

① 《农业集体化重要文献汇编（下）》，第 511 页。
② 同上书，第 610 页。
③ 同上书，第 604 页。

产管理办法如"四三二一"、"四四一"制度①，但是不久，这些办法都随着人民公社的解体而消逝。

五 历史分析

从制度和劳动积极性上来说，虽然集体化时期的集体劳动是失败的，但它在当代中国历史发展中的作用不可低估，主要表现在三个方面。

一是从社会行动的角度看，它组织了世界上最大规模的生产劳动行为。根据 1959 年 1 月 24 日《全国农村工作部长会议的报告》②，截止到 1958 年底，分配在农业生产方面的劳动力为 10794 万个，其中用于粮食作物的约为 8000 万个，棉花及其他经济作物的约为 3000 万个；分配在林牧渔副业的劳动力数量为 2980 万个，两者合计为 13774 万个。

二是它显示了当代中国国家建设过程中的巨大动员能力和现代国家建构能力。前者表现在，人民公社制度建立后，基本上所有的农民都被改造为人民公社的社员，完成了农民由个体化向集体化的转变；且都被组织到军事化的生产组织之中，成为国家计划生产线上的一个有机分子，在干部的带领下进行规范化的农业生产活动。后者表现在，在组织农民进行共同生产的过程中，建立起了严密的自上而下的政党与政权体系，或者说是在动员体系下，建立起了军事化的劳动生产组织③，两者合一，展示了当代中国现代国家建构的能力与格局。

三是农民的集体劳动为当代中国的工业发展、城市建设和国民经济体

---

① "四三二一"制度即作物、产量指标、措施、定额"四到田"，科学劳动组织、生产责任制、高产稳产田"三建立"，基本工日，基本肥料"两个基本制"，制定"一年早知道"的分配分案。"四四一"制度即"四小"（小段生产计划、小段定额包工、小段验收、小段评比），"四严"（严格劳动纪律、农活质量、奖惩制度、记工评分制度），"一保证"（以政治作保证，主要指思想工作）。见《开县之窗》第六章农业部分。

② 1959 年 1 月 24 日《全国农村工作部长会议的报告》，《农业集体化重要文献汇编（下）》，第 133 页。

③ 参见华中师范大学中国农村问题研究中心徐勇教授系列论文：《行政下乡：动员、任务与命令——现代国家向乡土社会渗透的行政机制》，《华中师范大学学报》2007 年第 5 期；《政党下乡：现代国家对乡土的整合》，《学术月刊》2007 年第 8 期；《政权下乡：现代国家对乡土社会的整合》，《贵州社会科学》2007 年第 11 期。

系建设做出了基础性的贡献。有专家估计，1977 年我国工业产值为 7000 亿，而 1949 年至 1977 年这 28 年从农民那里获得的农业价值也是 7000 亿，这说明，农民虽然没有直接参与国家的工业化建设，但他们为中国的工业化作出了最大的牺牲和最大的贡献。从城市发展所需要的时间准备来看，西方国家经历了至少 100 多年的时间，而我国仅在短短 20 多年时间内就完成了这些要件的准备，于是，在改革开放后很短的时期内就形成了一个城市发展的黄金时期。[①] 在工业化和城市化的基础上，十一届三中全会后不久，我国就建立起了独立的比较完整的国民经济体系。可以说，没有集体化 20 多年的积累，就不可能有工业化、城市化建设，也不可能有 20 世纪 80 年代以来改革开放的迅猛展开，更不可能有 20 世纪 80 年代以后 10 多年每年两位数字的经济增长率。

---

① 刘金海、孙小丽：《农民进城的历史视角》，《中国农村研究》2008 年上半年卷，中国社会科学出版社 2009 年版。

偷懒耍滑:国家在场下的农民生存智慧

【导读】 人类是万物的精灵,是集智慧、能力与善良等特性为一体的复杂物种。农民作为特殊的群体,有其特殊的生存智慧:他们在不同的机制下,时而脚踏实地、勤劳善良;时而好逸恶劳、不思进取。在为农民所表现的生存智慧诧异之余,我们还思索了这一问题:向来以勤劳著称的中国农民,为什么在人民公社体制下选择了偷懒耍滑?本文认为偷懒耍滑是农民在人民公社这个特殊体制下的特殊生存智慧。本文从偷懒耍滑的个案出发,以底层政治为视角,运用生存伦理理论,对社员偷懒耍滑的原因、方式、后果,以及生产队长的态度如何等问题进行阐述,回答了农民为什么偷懒耍滑这一问题。

农业问题专家何开萌曾说:"新中国成立以来农村发展的经验反复证明,什么时候尊重了农民意愿,农民有了积极性,农村就快速发展,反之就停滞甚至萎缩。"[①] 农民积极性是农业发展的动力源泉。然而,由于种种原因,我国农民的积极性时常受挫,在不同时期时高时低,处于不稳定状态。尤其是在人民公社时期的20多年里,国家管得过多,农民成为了国家的一分子,从而失去了劳动自主权,一切都要听从国家安排,对"生产什么、何时生产、如何生产"诸如此类的农业基本问题,农民都没有决定权,农民唯一有的就是听从上面安排。因此,农民生产劳动积极性十分低下,进而导致农民不愿意投入生产劳动,但是在国家控制农民收入来源的人民公社内,农民又不得不参加劳动,否则会危及到生存。在这种情况下,农民在生产劳动中偷懒耍滑、"出工不出力"、开小差、"磨洋

---

① 李楠:《农居整理:唤起农民积极性》,《中国土地》2007年第12期。

工"以此表达心中的不满,这使得农村生产力发展得极为缓慢。直到1980年代,在农民长期以"偷懒耍滑"为主要方式的"抵抗"下,国家为了调动农民的劳动积极性,才允许并广泛推行了生产责任制。在这一过程中,国家肯定了农民的劳动主体地位,赋予了农民在日常生活中劳动主权者地位。

由于"偷懒耍滑"问题学术界还没有专门的研究。笔者运用斯科特提出的"生存伦理"理论,分析了人民公社时期农民偷懒耍滑时的"生存伦理"(既少干活又不少拿工分从而不被饿死),并试图从政治学、社会学和经济学等多学科交叉的角度,对偷懒耍滑现象的原因、方式、后果以及农民偷懒耍滑时,作为国家代理人的生产队长对此所做的反应进行分析,从而为当今农村改革提高农民生产积极性提供借鉴。

本文选取了笔者的家乡(刘集镇)为研究对象,通过查阅资料、深度访谈方法,以底层的视角对当事人为什么偷懒、如何偷懒、偷懒的结果怎样,以及作为国家代理人的生产队长对偷懒耍滑这一现象持什么样的态度等问题进行阐述,最后运用博弈论和搭便车等理论从宏观上回答了农民为什么偷懒耍滑这一问题,打破了以往研究人民公社问题时只是关注上层领导者及其政策的制定,而忽视了底层农民对政策回应的惯例,从而对人民公社时期农民生产生活状况有一个深刻地认识和理解。另外,在改革开放40周年之际,对人民公社时期农民偷懒行为发生的原因、方式和结果进行分析,从中吸取经验教训,为解决现实问题寻找历史的启迪,对如今正在进行的农村改革有着十分重要的借鉴意义。综合以上,笔者认为研究人民公社时期农民的偷懒耍滑问题不仅重要,而且必要。

本研究要说明三个问题。首先,什么是偷懒耍滑?对什么是"懒"?《新华词典》的解释是:懒,不勤快,懒惰。即不爱劳动和工作。所以,懒实质是人对劳动的一种规避。从经济学角度看,懒也是一种经济均衡,它提供给人的主要效用是闲暇,它的表现是享受闲暇。劳动者一般在两种情况下会更加偏好闲暇:一种情况是劳动收入很高时,这时由于边际效用递减规律,来自劳动收益的边际效用减少,而来自闲暇的边际效用增加,这时一个人会更加偏好闲暇;另一种情况是当劳动的收入很低时,由于这时来自劳动收益的效用也很低,所以这时闲暇的效用将大于劳动的效用,在这种情况下，理性的人会更多选择闲暇，而不是劳动。[①] 而偷懒耍滑是指有意逃避、耍弄手段使自己少出力或不担责任。由此可见，人民公社时期社员偷懒的原因是后者。偷懒，不同于我们日常生活中所说的懒，偷懒像偷东西一样，是在背地里做的事，是不为人所知的。在劳动者拥有劳动自主权，能够控制自己的劳动力，可以自己决定什么时候劳动以及在哪里劳动的情况下，劳动者没有必要偷懒，也不存在偷懒，因为劳不劳动可以自己决定，即使不劳动也可以光明正大地进行，不用在背地里躲躲藏藏。只有在劳动力为国家所有，劳动者没有劳动自主权，不能决定劳不劳动的人民公社体制下，才有必要偷懒。

其次，研究时间范围界定。张乐天教授曾将人民公社划分为两个阶段：一是1958—1962年的大公社时期；二是1963—1982年的人民公社时期。本文选取的历史大背景是从1961年《农业六十条》颁布至1982年刘集公社解体，因为在经历了"大跃进"和公共食堂以后，社员对共产党倡导的"楼上楼下，电灯电话"式的共产主义理想有所怀疑，从而导致生产劳动中的偷懒耍滑现象十分普遍。

再次是资料来源。本文以实证研究为主，主要通过个别访谈的方式收集资料。所收集的资料主要有：文献资料，包括个案所在县的县志、公社时期各种会议记录、县里下达的各项政策法规以及生产队的统计报表；通过访谈所取得的材料。访谈对象重点是人民公社时期的生产队长和一些曾经偷过懒的人，其中也涉及一些勤快的人，目的是通过了解他们对偷懒行为的看法，从侧面了解偷懒耍滑的原因、方式等。

而关于研究个案，主要是指五河县及刘集镇。其中，五河县位于东经117°26′—118°04′，北纬32°55′—33°20′，居皖东北部、淮河中游下段。县域属暖温带半湿润季风气候，四季分明：春季多风少雨干燥，夏季炎热多雨潮湿，秋季天高气爽温差大，冬季寒冷干燥雨雪少。五河县是典型的农业县，县内粮食作物有小麦、玉米、谷子、山芋、高粱、绿豆、黄豆等，经济作物有棉花、烟草、花生、芝麻、油菜籽、西瓜等。刘集镇位于县城西北31公里，被该地居民称为五河的"西伯利亚"。五固公路经此，有公路支线通往周庄、夏集、张集，交通方便。尽管五河县县域经济是水

---

① 宋圭武：《"懒"也是一种经济均衡》，http://article.pchome.net/content—494496.html。

旱作物，但由于刘集镇土质较松，容易漏水，所以尽管在"大跃进"时期，为了提高粮食产量，在刘集公社曾进行过"旱改稻"实验，但最后还是以失败告终。也就是说，除了水稻以外，上述的其他作物刘集镇均有。本文以人民公社为时代背景，所以刘集镇在文章中统称为刘集公社，该公社辖有十个大队①，66 个生产队，耕地面积 3987 亩，易旱易涝，素有"大雨大灾，小雨小灾，无雨旱灾"之称。由于土质黏度高，因此人们形象地称其为"干了犁不动，湿了胶巴黏"，"黏土地，洼似塘，旱涝灾害逞凶狂"，从此也可以看出刘集公社生产条件的恶劣。

一　为什么偷懒？

中国的农业经济是一种技术含量极低的半自然经济，劳动者在其中起着主要甚至是决定性的作用，劳动者生产积极性是农业发展的动力源泉，其积极性的高低在农业生产中是无法替代的。然而，建国初期的"社会主义改造"运动，使得分散的小农像一个个马铃薯一样被装进了"集体化"的袋子里，而这个袋子最终变成了套在他们身上的"紧箍咒"。② 从而使得社员无法脱离集体，否则将无法生存。作为集体的一分子，社员有时显得身不由己：大部分农民本来是勤劳善良的，为了生存，他们不辞劳苦，辛勤耕耘，在历史上更是以勤劳著称。然而，到了人民公社时期，社员的生产积极性远远落后于土改时期，尤其是在《农业六十条》颁布以后，尽管生产单位由原来的生产大队甚至公社变为生产队，但是社员的生产热情并没有因此高涨，偷懒耍滑现象仍然随处可见，甚至有增无减，进而成为公开的"秘密"。出现这种现象的原因到底是什么呢？

1. "三十亩地一头牛，老婆孩子热炕头"

按农民学的定义，传统小农是指经济活动以家户为生产单位，其主要

---

① 注：包括小吴、老刘、刘集、西杨、军张、新庄、小李、潘赵、卢圩、东纪，见《五河县县志》。

② 温锐：《理想、历史、现实——毛泽东与中国农村经济之变革》，山西高校联合出版社 1995 年版，第 110 页。

特点是规模小、高度自给，并且在社会关系上存在宗法性的人身依赖①。刘集的农民像他们的祖先一样，聚村而居，耕种土地，从事"春种夏锄，秋收冬藏"的简单再生产。他们生产、生活的氛围和空间，是平静而安稳的。"日出而作，日落而息，凿井以饮，耕田而食"，这样一种带有"古朴美"的田园诗般的"美满生活"，使得小农对生活的要求比较简单，"三十亩地一头牛，老婆孩子热炕头"。农民过惯了"夏天蹲凉荫，冬天围火堆"的生活，小农思想使他们"不会富贵险中求"，同时也注定了他们只会"日求三餐，夜求一宿"。而这种传统小农的思想注定了农民在集体化时期"只求吃得饱，不求有贡献"。

自古以来的农民都希望能拥有一片属于自己的土地，因为土地是财富之母，是小农的命根子，是解决他们吃、穿、住、用等基本物质生活资料的需要和保证自身安定的基础，也是小农占有社会资源、社会物质财富的主要方式和实现自我价值的主要场所。马克思指出"土地是一个大实验场，是一个武库，既提供劳动资料，又提供劳动材料，还提供共同体居住的地方，即共同体的基础。"② 因此，土地对于农民及其家庭很重要。一个农户家庭，省吃俭用，经过几十年甚至是几代人的努力所追求的，无非是没有土地的想得到土地，有了土地的想得到更多土地，为了土地，他们牺牲了暂时的消费并且无条件地付出自己的劳动。③ 刘集的农民，跟全国其他地方农民一样，土地改革之后，国家将土地分给他们，实现了世世代代梦寐以求的"耕者有其田"的夙愿，他们短暂地体会了拥有土地的快乐，农民的生产热情非常高，农业生产呈现出一派生机。现在有的老人回忆起来还感慨地说，"那时不知哪来的劲，干了一天活，竟然一点都感觉不到累"。

土地改革以后为了支援工业化建设，继而对农业进行了社会主义改造，也就是将生产资料的个体农民所有制改造成合作社社员集体所有

---

① 潘峰：《农民的经济行为是否符合理性？——学术争论的回顾与思考》，《农村经济》2006 年第 11 期。

② 马克思、恩格斯：《马克思恩格斯全集》第 46 卷（上册），人民出版社 1998 年版，第 472 页。

③ 罗沛霖、杨善华、程为敏主编：《当代中国农村的社会生活》，中国社会科学出版社 2005 年版，第 38 页。

制，并使集体所有制成为我国农村社会"唯一经济基础"。归根结底，农业社会主义改造即是集体化运动。而所谓的"集体化"，用毛泽东的话来说，就是要让"小生产绝种"，集体化运动因此成了小生产绝种的运动，也就是搞"时时互助，事事合作"运动。① 为此，刚刚分得土地的农民只能再次将土地交出，成为集体中的一员。农民也因此失去了最宝贵的财产——土地，失去了安身立命的依据，只得听命于政府。"不劳动者不得食"最终成了"不服从者不得食"。1958 年，人民公社作为一个政社合一的组织正式形成，全国农民有了一个统一的名字——社员，实现了毛泽东要把"多条小辫子梳成一根大辫子"的理想（毛主席曾经说过，满头乱发没法抓，编成辫子就好抓）。从此以后，他们不再拥有包括土地在内的生产资料、没有了昔日的那种"日出而作，日落而息"的自由，农民感到不解的是"亲兄弟还要明算账呢，这么多人在一起，怎么能分清楚呢？"他们不知道，国家的目的就是为了克服农民的小私有者属性，让他们从"一小二私"的个体农民转变为"一大二公"的公社社员。

2. "社员是公家人，得听公家话"

人民公社是在合作社基础上联合而成的"政社合一"的组织。在集体经济组织内，农民的劳动不再是个人劳动，而是属于集体劳动，劳动活动不再是农民的自由选择，而是农民应该尽的义务。《农业生产合作社示范章程草案》第四十六条规定："生产队长或者生产组长应该注意正确地分配本单位每个人的劳动任务"；第四十七条规定："生产队长或者生产组长应该在每天工作完毕的时候，检查本单位个人的工作成绩，并且根据工作定额登记各个所应得的劳动日。"第四十八条规定："农业生产合作社社员，除了有特殊得到社员大会许可的以外，都必须每年在社内做够一定的劳动日。"② 《农村人民公社工作条例（修正草案）》第三十三条规定："生产队应该组织一切有劳动能力的人，参加劳动。对于男女全劳动

---

① 温锐：《理想、历史、现实——毛泽东与中国农村经济之变革》，山西高校联合出版社 1995 年版，第 110 页。

② 《当代中国农业合作化》编辑室：《建国以来农业合作化史料汇编》，中共党史出版社 1992 年版，第 330 页。

力和半劳动力，都要经过民主评议，根据各人的不同情况，规定每人应该完成的基本劳动日数。"① 第四十四条规定："人民公社社员，在公社内必须履行自己一切应尽的义务。""每一个社员都应该自觉地遵守劳动纪律，必须完成应该做的基本劳动日。"在集体化过程中，社员的劳动者主权地位由个人转向集体，集体组织的管理者成为劳动的支配者，劳动资源的支配权向集体组织统一集中。② 社员的劳动力从此属于国家所有，这也就意味着社员自己不再有劳动自主权。这可以从公社自上而下地实行"统一领导、统一计划、统一管理、统一劳动和统一分配"中体现。③ "五个统一"的实行，将社员生产的自主权夺去，与此同时，社员在生活上的自主权也被剥夺。当笔者问及家乡的老人，对公社时期最深刻的印象是什么时，大部分人的回答是"不自由"。公社什么都要管，从头管到脚，从生管到死，这是农民无可奈何受束缚的叹息，也反映了农民对公社管得过多过死的不满。

农民的职业就是种地，对于如何安排农作物，他们心中有数，但是在公社时期他们却没有权决定生产什么、生产多少、怎样生产、何时生产，他们要听从队长的安排，而队长本身也没有决定权，要听公社的。每到春种秋收时，刘集公社总要开会研究每个生产队的农作物安排以及各队需要上缴的任务计划（见下页表），即使队长有心违背也不能实现，因为到秋天若是无法完成上级下派的任务，最终将会被发现，进而受到批评甚至批判。队长只能在保证完成上级任务的前提下，做一些少量调整，比如豆类作物不能一直在一块地种，否则会导致土地不肥，最终影响产量，所以需要轮番种植。这时，生产队长会考虑在哪块地上种什么作物最有可能不影响产量。

---

① 《当代中国农业合作化》编辑室：《建国以来农业合作化史料汇编》，中共党史出版社1992年版，第330页。

② 徐勇：《论农民劳动的国家性建构及其成效——国家整合视角下农民劳动的变化》，《山西大学学报》（哲学社会科学版）2008年第3期。

③ 刘娅：《目标·手段·自主需要——人民公社制度兴衰的思考》，http：//www. comment - cn. net/data/2006/0621/article_ 10226. html。

刘集公社第五生产队"文革"后生产总产及完成征购情况统计:

（单位：斤）①

	1966 年	1967 年	1968 年	1969 年	1970 年	1971 年	1972 年
总产	61394	101226	55769	36586	69258	85530	96531
征购	7439	21040	8862	7772	7805	13547	14799

（注：此表制作于 1973 年 10 月 17 日）

农民会择时而做（在夏天，他们天不亮就起来下地，中午回来休息，傍晚继续干活）。但在公社内，这种自由也被剥夺，他们在固定的时间上工，又在固定的时间回来，据刘集 LXW 生产队长回忆，"我们一般早上六点开始干活，干到八点回来吃饭，其实说是六点，但由于人多步调不一致，会有很多人迟到，好不容易集合了，也不能马上就下地干活，还要进行派工，安排每个人做什么，直到派工完毕，农民才知道自己将要做什么，去领什么样的农具。真正到地里开始干活时差不多快要七点了。大概八点又要统一回来吃饭。"在这个过程中，农民无须思考，无法选择，只要按规定的时间到指定的地点去干指定的农活即可。在这期间尽管会有个别社员对所分派的农活不满，会抱怨生产队长偏心，但这也改变不了他们没有选择权的事实。

3. "力气是自己的，出多大力，自己决定"

劳动是人们生存和获得收益的手段。在农业集体化时期，农民的劳动支配权集中于国家，但是，农民通过劳动活动而生存和获得收益的本质需求并没有改变。农民出工，并不是说他们想干活，也不能说明他们勤劳，因为他们没有选择不"出工"的自由。② 如果不出工，即不参加集体劳动，他们就失去了生活来源，他们将无法分到粮食，即使可以拿钱来买，但买到的也是比平时粮价高出很多的"高价粮"，更何况在手工业、副业不发达甚至受到限制的刘集，且很少有人有"多余的闲钱"来买粮食。另外，如果不出工，还有可能受到扣工分、集体批判等一系列的惩罚。人民公社时期，刘集有个单身汉 LKY，干了几个月活后不愿再出工，他的

① 资料来源于五河县档案馆。

② 徐勇：《论农民劳动的国家性建构及其成效——国家整合视角下农民劳动的变化》，《山西大学学报》（哲学社会科学版）2008 年第 3 期。

理由很简单，"我是一个人吃饱，全家不饿，这几个月的工分够我吃的了，还忙干嘛呢？就队里这点收成，再忙，最后也落不到多少，再说，我又不想发这点小财"。生产队长劝他没用，后来跟蹲点的干部反映，当天他就被广播点名批评，告诫大家不要学他。作为惩罚，后来这位单身汉被调到隔壁大队干活，在那里人生地不熟的，分到的都是脏活累活，就这样他也不敢有怨言。从此再也没有人敢公然不出工，除非真的有事出不了工，即使如此也要向生产队长请假。

在传统以家庭为单位的农业生产中，农民有一份劳动就有一份收获。但在集体劳动中，劳动关系变得复杂化，劳动的数量、质量及其收益很难得到准确地评价，核算劳动报酬的评工分制度只能是大体上的平均主义。尽管国家希望以精确的工业化标准来管理复杂的农业生产，但这实施起来很困难。[①] 另外，在一个"抬头不见低头见"的"熟人社会"里，人与人之间的关系非常具体化，管理者不可能"一碗水端平"，办事不公道的现象不可避免，这一切都使得农民的劳动与收益可能处于相对不对称的状态，农民的一份劳动不一定有一份收获。尽管国家在这一时期倡导"劳动光荣，不劳动可耻"，赋予劳动以神圣价值，但是劳动者在日常生活中并没有获得支配自己劳动和产品的权利，甚至成为被支配者。[②]正如原中共中央农村政策研究室主任杜润生所说："在历史上，农民从来拥有从事多种经营、配置自有资源的自由。但是在人民公社时期，农民的这种自由权利却受到剥夺。"[③]

中国的农民是理性的，他们知道不能不出工，也知道即使自己努力劳动也不一定能获得跟自己劳动相对等的收入，但农民毕竟是劳动者，劳动的数量和质量由劳动者自己决定，所以他们采用自己的方式来表达对人民公社体制的不满意。一个常见的合法形式是减少他们投入集体生产的劳动

① 徐勇：《论农民劳动的国家性建构及其成效——国家整合视角下农民劳动的变化》，《山西大学学报》（哲学社会科学版）2008 年第 3 期。

② 同上。

③ 杜润生：《杜润生自述：中国农村体制变革重大决策纪实》，人民出版社 2005 年版，第 98 页。

数量、降低劳动质量，干活时"盼日落，望休息，磨洋工"。[1] 正如一位老人所言，"在集体里干活，谁都不愿使出全力，有一年下雨，用大车[2]拉粮食，走到一个缺口，怎么也上不来，拉车的人使劲用鞭子抽牲口也不行，后来队长派了几个人来帮忙从后面推，可是人来了和没来一样，只听大家在嘻嘻哈哈地喊口令，就是没有人使劲，弄了半天，大车还是在泥窝里打转上不来，队长在旁边急了，大声说道'什么时候车子推上来了，什么时候回家'这时大家来劲了，队长的一声口令，车子上来了。其实大家心里都明白，这时大家出力气了，不像刚才，只喊口号，不出力气，其实这种现象很普遍，好多人都有这种经历"。农民作为集体经济组织的成员，他们是力量弱小的弱者。但是弱者也有"弱者的武器"，偷懒要滑，正是作为弱者的农民对于集体劳动体制的一种非对抗性的反应。

4. "八十锅，只有一锅是自己的"

人民公社初期，大部分地方实行的是工资制和供给制相结合的制度，并且大部分是人六劳四，所以当初有人戏称"努力劳动，不如努力生孩子"。即使在 1961 年，国家为了早日度过困难，颁布了《农业六十条》，缩小了生产单位，实施了"三级所有，队为基础"，但是许多人集中在一起劳动的现象并没有改变，只是规模由大队甚至公社变成了现在的生产队，劳动的数量、质量及其收益还是很难得到准确地评价，由于作物本身的生产周期比较长，所以，被称为"1007 部队"[3] 的农民在劳动时是努力一点，还是偷懒一点，仍然无法得到检验。将成群结队的农民赶到一块地上劳动，就难免会出现偷懒耍滑现象。因为没有"铁饭碗"可端的中国农民最讲实际："'枪打出头鸟'，你能耐越大，派给你的活越多；既然到头来每个人分到的一样多，为什么要比别人辛苦呢？""多干不如少干，少干不如不干，劳动不如懒汉，积极者吃亏，出头椽子先烂。"[4] 这些都是当时社员内心想法的真实写照。

---

① 徐勇：《论农民劳动的国家性建构及其成效——国家整合视角下农民劳动的变化》，《山西大学学报》（哲学社会科学版）2008 年第 3 期。

② 注：是一种木制车身，胶皮车轮，骡马拉车，用于运输物资、拉土、拉粪，人民公社时期，刘集普遍使用。

③ 注：指农民一条扁担，两只粪桶和一根锄头。

④ 黄树民：《林村的故事》，生活·读书·新知三联书店 2002 年版，第 67 页。

事实上，造成农民"出工不出力"的根本原因是劳动和收益的不对称。一位曾经在人民公社时期任过生产队长的人问"偷懒"的社员："为什么不好好干活？"一位贫农反问道："有我多少？"在他的"核心计算"里，刨八十镐，才有一镐是给自己干的。反过来，偷懒少刨八十镐，自己才承担了一镐的损失。① 这种现象在当时比较普遍。农民是理性的，他们既不是天然的社会主义者，也不是天然的平均主义者，他们是什么？列宁说："农民在全世界都是实际主义者和现实主义者"，"都是务实的人"。②当他们知道劳动所得归自己支配时，他们比谁都卖力，因为他们知道少刨一镐所引起的损失都要自己来承担；而当许多人在一起劳动时，农民最希望的就是在不减少收入的前提下，尽量减少劳动投入，因此，搭便车是他们最好的选择。

5. "别人能偷懒为什么我不行"

守"中庸"是我国传统文化的一个重要特点，所谓"中庸"就是要求人们在为人处事的过程中执其两端，注意分寸，以和为贵。③ 俗话"出头椽子先烂""枪打出头鸟"说的就是要以"中庸"的态度处事，无论做什么事情，随大流最好，四平八稳，在什么时候都活得安稳。刘集公社的农民继承了中国传统文化中的中庸原则，他们天生不爱出风头，生活中遵循着"人怕出名猪怕壮"的祖训。他们没有自己的主见，在回答别人为什么要干某事时，最常见的答案是"不为什么，我看别人那样，我也那样"。在集体劳动中，最能体现这一点。据 LXW 生产队长回忆，"那时派工最麻烦，首先要了解每个社员，看看哪些人干活麻利，哪些人喜欢偷懒，一般勤快的人不愿意和懒汉分到一起，我也不愿意把他们分在一起，不然最后都变成了懒汉，其实这是人的本性，因为当大家都在偷懒时，谁会继续卖力干活、让那些懒人占便宜？没人愿意，除非傻瓜。大家心里在想，"别人能不干活，我为什么还要干？"讲的明白点，就是偷懒传染。

在集体的劳动中，大家都为集体干，多干少干一个样，大家就纷纷偷懒、磨洋工，就连那些本来充满热情想努力干活的人也跟着偷懒以求得内

---

① 高王凌：《人民公社时期中国农民"反行为"调查》，中共党史出版社 2006 年版，第 171 页。

② 列宁：《列宁文选》（第三卷），人民出版社 1972 年版，第 803 页。

③ 陈世清：《所谓中庸》，http://blog.sina.com.cn/s/blog_48d592c50100cati.html。

心的平衡。这就是"随大流"思想引发的所谓"负攀比"所产生的效应。① "结果，联合劳动变成了一种被动的、不情愿的，但却不能不继续的劳动，社员劳动的积极性便在这一必须进行的活动中被压抑和消磨，而搭便车自然成为一种普遍的理性选择。"② 这样在集体劳动中，大家出工不出力，随大流偷懒。结果，经过一个"懒惰驱逐勤劳"③ 的蔓延过程，从而使得集体劳动的生产效率非常低下。

二　如何偷懒？

人民公社初期，大部分地区实行的"干不干，三餐饭"式的平均主义分配方式，这种分配方式决定了社员可以通过装病而不出工，或者出工迟到、早退等方式来达到偷懒的目的。经过 3 年自然灾害，国家为了调动社员劳动的积极性，恢复国民经济，在 1961 年颁布了以"三级所有，队为基础"为标志的《农业六十条》，农村的分配方式主要以按劳分配为主，社员不能再通过假装生病而不出工，否则便没有工分，没有工分也就没有了生活来源，这样农民不得不出工，尽量减少迟到、早退，以免被扣工分。但是《农业六十条》只是将生产、分配的范围缩小到生产队，社员劳动与收益仍处于相对不对称的状态，社员的一份劳动不一定有一份收获，生产规模的调整只是实现了将公社初期干活时的"大呼隆"变成了现在的"二呼隆"，分配时的"大锅饭"变成了"二锅饭"，④ 并没有改变社员没有自主权与分配权的实质。这样就使得社员劳动积极性的提高微乎其微，他们还是会千方百计想方设法以最小的付出获得最大的回报，在劳动过程中尽可能地偷懒要滑。

1. "出工像背纤，收工像射箭"

在曹锦清、张乐天、陈中亚所著的《当代浙北乡村的社会文化变迁》

---

① 张乐天：《告别理想——人民公社制度研究》，东方出版中心 1998 年版，第 237、417 页。

② 吴毅：《人民公社时期农村政治稳定形态及其效应——对影响中国现代化进程一项因素的分析》，《天津社会科学》1997 年第 5 期。

③ 周其仁：《中国农村改革：国家和所有权关系的变化（上）——一个经济制度变迁史的回顾》，《管理世界》1995 年第 3 期。

④ 《刘少奇支持了农村"包产到户"》，http://bbs.cjdby.net/viewthread.php?tid=608542。

一书中，作者描述了农民出工时的场景："出工号子吹了三四遍，还要到自留地里走一圈。"① 凌志军也在其《历史不再徘徊》一文中提到社员在出工时是"头遍哨不买账；二遍哨伸头望；三遍哨慢慢晃"。"出工等敲钟，敲钟等集中，集中等分工，下地慢腾腾，干活很稀松"，② 这是陆学艺在《农村经济典型调查》中描述的社员干活的景象。据一位老生产队长回忆："刘集公社在统一上下工时，没有号子吹，也没有钟敲，因为生产队社员一般住得比较集中，生产队长一般会挨家挨户去喊，有时懒了，不想跑，就站在大路上喊'下湖了'③，要是有没来的，再去他家喊，大部分人会放下手中的活，前往指定地点集合、分配任务。有些人会迟到，其中大部分是妇女，因为她们要在家刷锅、喂猪，有的还要喂小孩；也有一些人东张西望，磨磨蹭蹭，故意迟到。"

事实上，这种现象并不是只有刘集公社独有，1962 年，河北省张家口地委书记胡开明在给毛泽东的信中也特别提到，当时的公社劳动"社员出勤不主动，每天还得队长挨门上户去叫"。④

与出工拖拉形成鲜明对比，收工时社员都很积极，队长这边一说"收工了，可以回家了"，社员那边就立马收拾农具回家，即使有些人手头活还没做完，也不会多待一分钟，立刻放下手中的活跟别人一起走了，不到 2 分钟，地里不再见到一个人影。有时，收工的时间到了，但是队长为了做完剩下的一点农活（如还剩下一小片地没锄完，一小片麦子没有割完，一点肥料没有撒完等），推迟下工时间，这时就会有不少社员在底下骂骂咧咧，显得非常不情愿。相反，若是提前一点下工，就会看到另外一番情景，社员们欢天喜地、有说有笑地飞奔回家。据笔者了解，他们飞奔回家并不是因为干活很累，想好好休息，而是急着去摆弄自家的自留地。

2. "集体地里干活像老牛拉破车，自留地里干活像武松打虎"

农民的发家致富愿望时刻激励着社员为自己的家庭谋利益。他们的这

① 曹锦清、张乐天、陈中亚：《当代浙北乡村的社会文化变迁》，上海远东出版社 2001 年版，第 64 页。

② 王贵宸，陆学艺：《农村经济典型调查》，社会科学文献出版社 1989 年版，第 157 页。

③ 五河方言，指下地。

④ 《当代中国农业合作化》编辑室：《建国以来农业合作化史料汇编》，中共党史出版社 1992 年版，第 330 页。

类行为在自留地上得到了淋漓尽致的表现。公社时期，自留地是一块合法的供家庭使用的土地，是一块社员可以自由支配的土地。尽管每户的自留地十分有限（刘集公社人均2分地），但社员因为有了自己能够控制的生活来源，不再完全依赖集体，从而可以将精力由集体转向自家的自留地。根据一些老人回忆，"自留地里的庄稼都是绿油油的，看着就喜庆，心里也高兴，因为到时收获的所有东西都是自己的，所以在自留地里干活也非常卖力，要是地里的活比较急，在中午休息时，还会跑到自留地里去干活；而集体地里的庄稼蔫巴巴的，看着像没人管似的，有时地里的草比庄稼还高。那时社员对公社没有信心，许多人抱着'集体地里收一万，不如小园地里①收一石'的心态，不愿意把心思放在集体生产上。他们在出工前或者收工后，会去自己家的自留地里转一圈，看看庄稼长势如何、缺不缺肥、长没长草。干了一些活以后，才回来参加集体劳动。等到出工时，大家还是你看我，我看你，一个个不肯离开自留地，上工路上拖拖拉拉，等到在集体地里干活时，也是半死不活（在自留地里干活也累得差不多了），像个老牛在拉破车，只想着留点力气去摆弄自留地"。

事实上，正是由于社员的全部收入并不是都来自集体生产，有相当一部分社员的自留地收入已经成为其主要收入来源。有了自留地这块"救命地"，许多社员家庭不再受饥饿之苦。由于自留地里的收入归社员家庭所有，不用拿出来分配，这其中充分体现了"多劳多得、不劳不得"的原则。社员的每一份劳动都最终体现在其收入上，这样就使得社员在自留地里的劳动热情远远大于集体地的劳动状态，结果出现"自留地上亩产过千斤，集体地里一百来斤"的现象也在情理之中。

3. "做了一天活，身上没出汗"

时过境迁，如今生活在相对宽松的政治环境里的农民敢于、也乐意回忆当时集体劳动的情景，尽管当年在集体劳动中偷懒耍滑的社员有些已经离世，但当笔者在访谈中问及"如何才能在集体劳动中少干活"时，还是会有人想起当年偷懒耍滑的故事：

"那时村里有一个人，念过几年书，有点文化，但是人很懒，不愿意干活，他就想了一个点子，让别人帮他干活，他讲书给别人听，一般讲的

---

① 注：五河县方言，意指自留地。

都是野史，或者一些传奇故事，那时不像现在有电视看，有广播听，在那时能听到讲书就算不错的消遣了，所以别人也乐意帮他干活，大家你帮一点，我帮一点，他的活也就被干完了。"

"锄地，有的社员奉行的'大草大砍，小草不管'原则，也有社员为了减少下锄的数量，一锄头拉多远，许多草被盖在土里，被当地社员戏称为'毛盖屎'，队长在检查时只是看锄了没有，很难仔细去检查锄干净了没有，没有那么多时间，也没有那么多精力。"

"挑粪，好多人的扁担一头轻，一头重，因为那时有记工员会称重量，一般为了省事，只会称其中一头然后乘以2，所以把重的那头放在上面称就行了，人少累，还不少拿工分；两头都轻不行，到时称重量太少，会扣工分，那就划不来了。"

"挑水，当时'西头出了个郭懒汉，一桶水挑一半'的顺口溜形象地表述了集体时期村民偷懒耍滑现象。"

"在撒化肥时，一盆化肥本来要走一个来回，有的人为了少走路，省力气，一趟就撒完了，结果撒得不匀称，有的地方多，有的地方少，最后，庄稼长得是青的青，黄的黄。"

"其实这跟打农药一回事，一亩地本来要用一包药打两桶水的，有些社员为了省事，只装一桶水，打完就回家，到时庄稼长不好也没有人追究。其实可以想象得到，两桶水才够的农药，一桶水打完，农药稀释得肯定不够，效果也会达不到，有的庄稼甚至在打完没几天就黄了，因为药力太大，烧的。"

"有人在干活时'拉滑屎'，常言道'懒汉做活屎尿多'，我看这话一点也不假，那时春耕需要粪，为了减少劳动量，反正人多，就主张两个人抬，这样人轻快些，哪知有的社员还是会偷懒，不愿意出力气，有的两个人商量轮流去拉屎，一会儿你去，一会儿我去，反正一个人没法干，一个人去了，另一个人就站着干等，不用干活。'管天管地，不能管人拉屎、放屁'，所以那时也没有办法，直到后来称重量，数次数，这种现象才少点"。

"有的老人在干活时'一把锄头一袋烟，弓腰咳嗽站半天'，但生产队长一般不会去管，一方面，彼此之间是熟人，有的还有可能是长辈；另一方面，老人年纪大了，干活挣点工分不容易，不管是不是有意的，都不想为难人家，因为谁都有到老的时候。"

"个别人挑日子干活，农民习惯'日出而作，日落而息'，劳动时间随'日子'的长短而发生变化。在夏至前后，每天干活的时间可能会超过十个小时；到冬至前后，每天只做五六个小时。由于每做一天都算十个单位工作时间，所以有农民开玩笑说'最合算的做法是日子短的时候干活，日子长的时候不干活'。"但大部分农民不会这么做的，因为日子长时农活最多，那时不干活就挣不够工分。

"有些人，表面上看很积极，记工员或者生产队长在的时候，锄地比别人锄得又快又干净；挑东西时，也肯花力气，挑得也多。领导不在时，比谁都懒，干活像没吃饭似的。"

"有人事不关己、高高挂起，他们认为生产队里的生产好坏跟自己没多大关系，不用自己操心，有生产队长管呢，再说，自己说了别人也不一定听，还不如把心思花在自己的自留地里，想种什么就种什么，不用听别人安排，还不会有人跟你分。"

作为弱者的社员，通过早下工、晚上工、出工不出力以及将精力放在自留地等方式来减少甚至逃避集体劳动，尽量做到在少出力的情况下不少拿工分，从而实现自己利益的最大化。由于这种现象比较普遍，作为国家代理人的生产队长也很难从根源上将其消除，因此，偷懒耍滑现象不可避免。

三　社员偷懒何以可能？

1. 农业生产的复杂性使精细分工和劳动质量检验困难

工业生产工序一般可以按照统一的标准来计量工人的工作量，如计件或计时；而农业的有些生产过程是难以有的甚至是无法加以客观计量的。[①] 由于农业活动的复杂性和综合性，它很难适应生产的标准化、定量化，同时专业化分工也很难达到职责明确，由此导致难以精确劳动考核和报酬的计量。从现实中可以观察到，播种、施肥、除草、灌溉和收割等多种活动都不是通过专业化分工进行的。

---

① 陆益龙：《嵌入性政治与村落经济的变迁——安徽小岗村调查》，上海人民出版社 2007 年版，第 104 页。

在具体农业生产过程中，事实上生产条件的差别是很大的，各种情况复杂变化，经常要求生产者和管理人员要有自觉主动精神、高度责任心和丰富的经验，要能随机应变并及时处理各种问题。[1] 拿犁地来说，犁不同的地，人付出的劳动量不同；犁同一块地，下雨和干旱时人付出的劳动量也不同；即使犁完全相同的地，由于耕牛的强壮程度不同，人付出的劳动量还是不同。[2] 这种复杂性使得人们很难准确、公平地评定社员在一天内付出劳动的质与量。熟练程度和复杂程度不同的劳动难以用"劳动日"来衡量，因为"劳动日"只是时间概念，它不能表现劳动日实际提供的劳动的质和量。

农村的集体化运动，实际上改变了农民个人与他们所生产的产品之间的关系。生产效益与产品分配的不一致，使得农民的生产积极性难以调动。[3] 要想提高社员的劳动积极性，首先要准确计算劳动者的劳动数量，并且要与报酬联系起来。但由于农业劳动是在大范围的空间内进行，每个季节的劳动支出也不均衡，因此不能采用工厂化劳动，因为它很难计量每个生产环节的各个劳动者的劳动数量、劳动强度和劳动质量。例如锄草和间苗，一锄头下去，没人能紧跟在后面检查是否连根除去草，壮苗是否被留下，这只能依靠劳动者的自觉性。[4] 农业劳动成果无法在生产过程中进行准确的计量，最终只能体现在收获物上，因此很难区分每个劳动者的贡献份额，这些都给有偷懒倾向的人提供了机会。

2. 在农业集体劳动中实施有效监督的成本过高

由于农业生产不可能集中在一个地点，它包括从一种农活向另一种农活的转变，它依赖于单个劳动者在经营中对湿度、气温等气候条件做出相适应的决策，所以进行密切监督的成本很高，以至于无法实现对其监督。[5] 奥尔森认为，小集团比大集团更容易组织集体行动。[6] 在人数较少

---

① 隆定海：《农业生产组织形式的影响因素分析》，《江西农业学报》2007 年第 2 期。

② 同上。

③ 温锐：《理想、历史、现实——毛泽东与中国农村经济之变革》，山西高校联合出版社 1995 年版，第 146 页。

④ 林善浪：《家庭经营：实现我国农业现代化的基本模式》，《经济理论与经济管理》2000 年第 5 期。

⑤ 林毅夫：《论制度、技术与中国农业发展》，上海人民出版社 2005 年版，第 13 页。

⑥ 曼瑟尔·奥尔森：《集体行动的逻辑》，上海三联书店 1995 年版，第 74 页。

的群体中，只要有一个人偷懒、不干或少干活，别人就能明显地感觉到自己的负担加重，因为不是必须增加时间，就是要多出力气，从而可以在这个小团体内进行有效地相互监督。但是在人民公社体制下，由于以生产队为生产单位，一般一个生产队有几十户人家，所以个别人偷懒对其他人影响不大，从而使社员之间不能形成有效地互相监督。众所周知，人民公社体制下一个人所挣得的工分数与其付出的劳动时间有直接关系，与劳动质量没有多少关联性，个人的工分与自己和他人的努力程度都无关，由此他不会对别人的偷懒进行监督，因为监督成本必须自己承担，而监督别人又必须花费一定的时间和精力，这样会影响自己挣工分，因此在没有补助的前提下，不会有人愿意花工夫去监督别人是否偷懒，因为要想"逮"更多的偷懒者，监督主体必须花费更大的监督成本，而由监督所带来的收益却具有公共性，[①] 即使因为有人监督而使农作物产量有所提高，但在分到自己手上时，也是微乎其微。正如一位社员所说"别人偷懒，我又不少拿一分工分，即使少拿，也不是我一个人，我何必去得罪人呢，再说，即使去告诉队长，队长也不会因此多给你加工分，一点好处没有，谁会去管别人偷不偷懒呢？"

所以农业集体劳动中实施有效监督是非常困难的。尽管在刘集公社出现了个别生产队长、老实本分的老农和个别受到革命思想影响的人出来阻止偷懒这一现象，但是这毕竟只是少数，刘集公社的偷懒耍滑行为还是不能得到有效控制。

总之，由于农民没有劳动自主权，劳动与收益不对等等原因，使得作为农业生产中最活跃、最革命因素的生产者——社员很无奈：不劳动，要挨饿；多劳动，不能多得。从而使得社员在集体劳动中，充分运用了自身的优势（即在劳动力国家所有的情况下，劳动仍然为生产者私有，出多的力只有自己知道），这样社员就可以在不得不出工的前提下，尽可能地减少劳动投入，从而在集体生产劳动中偷懒耍滑。具体表现为：社员在集体生产劳动中推迟出工、提前收工，将精力放在自家自留地里，出工不出力，磨洋工等。另外，由于在农业集体劳动中实施有效监督和惩罚的成本

---

① 周其仁：《中国农村改革：国家和所有权关系的变化（上）——一个经济制度变迁史的回顾》，《管理世界》1995 年第 3 期。

过高，以及农业生产的复杂性使得劳动质量检验困难，从而使得偷懒耍滑者有机可乘。那么，在不可避免的偷懒耍滑现象面前，作为国家代理人的生产队长又是如何应对的呢？

四　怎么办？——生产队长的视角

"三级所有，队为基础"的人民公社体制的三级主要是指公社、生产大队和生产队。① 公社是生产队的上级。公社党委的主要领导都是国家正式的干部，他们自身的经济利益与地方经济发展没有直接关系，他们"不折不扣地"执行上级指示和命令。在行政上，公社管理委员会行使着人民政府权力，管理着文教、卫生、财政、治安等工作，它要负责监督和检查生产大队和生产队执行中央政策和法令的情况。在生产上，它提出关于生产计划的建议，并且调整各生产大队和生产队拟订的计划，它还督促和检查生产大队和生产队的生产工作以及国家任务的完成情况。② 可以说，生产大队和生产队几乎成为公社的附件。

生产大队是当时唯一合法的村级组织，处于中间层次。尽管大队干部拿生产队的工分，生活在农民中间，但是他们更多的是服从上级。在公社管理委员会的领导下，生产大队管理其所辖范围内各生产队的生产和行政工作。生产大队的行政管理色彩十分浓厚，具有总体性社会单位的特征，比如实行生产资料和其他社会资源的公有制，无条件地执行上级命令，并且将上级利益置于自身利益之上。生产大队是计划经济的生产与分配组织，为把上级和自己的决策落实到生产队，生产大队有权处罚那些不服从工作安排的生产队。③

1961 年，党的八届十中全会通过的《农村人民公社工作条例修正草

---

① 注：就范围而言，公社相当于现在的乡镇，生产大队相当于现在的行政村，生产队相当于现在的自然村，在刘集由于村落比较集中，生产大队相当于一个自然村落，生产队相当于村落中的居民小组。

② 李路路等：《中国的单位现象与体制改革》，《中国社会科学季刊（香港）》，1994 年（2 月卷）。

③ 李路路等：《中国的单位现象与体制改革》，《中国社会科学季刊（香港）》，1994 年（2 月卷）。

案》（又叫《农业六十条》）指出，"生产队是人民公社中的基本核算单位"，生产队能够组织生产、分配和交换。生产队是人民公社的基础，掌握着所辖范围内的土地所有权，支配着本队所有的劳动力。生产队享有一定的组织生产、经营管理和收益分配的自主权。[①] 生产队的权力掌握在队长手中，生产队长，作为国家的代理人，代表国家执行和解释国家政策，为此，当他们遇到偷懒耍滑现象时，有责任对其进行严厉制止。然而，事实上，生产队长还是社员利益的代言人，因此，处于"熟人社会"的生产队长，有义务维护其所辖范围内社员的利益，从而使得生产队长在面对偷懒耍滑现象时非常为难：管不是，不管也不是，最后出现了不同的生产队长表现出不同的态度。

（一）严厉制止

在上文中，笔者提到偷懒具有传染性，社员发现别人偷懒的最好回应就是自己也跟着偷懒。但是根据恰亚诺夫的生存小农理论，农民不会都去偷懒，否则会被饿死，从而导致集体自杀。共同的生存意识迫使社员维持最基本的生产秩序，即使在"文化大革命"的高潮中也是如此，当然生产队长的监督制止也起着一定作用。那么，生产队长监督制止的动力何在呢？

1. "生存第一"原则

恰亚诺夫以"生存"为核心，认为农民的偏好、行为是追求生存最大化，一切经济活动以生存为目标。[②] 斯科特也认为农民的经济行为不是在追求平均利润，而是奉行"生存第一"和"安全第一"的最低生存保障产出，为了避免不确定的自然或人为因素，他们以获取稳定产出为生产抉择的标准。他还认为农民经济行为的目的是为了生计和消费，为了追求安全和躲避风险，农民在小群体范围内，必须尽量遵循维持生存和生计的基本道义和伦理。尽管他们所强调的核心不同，但他们都认为，农民生产的目的是为了满足消费、生存的需要，安全第一，生存第一。简言之，所谓"生存第一"原则，即限制个人对财富的无穷追求有助于群体的集体

---

① 徐国普：《人民公社时期乡村权力结构的特征及其影响》，《江汉论坛》2004年第7期。

② 参看［俄］恰亚诺夫：《农民经济组织》，中央编译局出版社1996年版。

生存。①

作为国家代理人的生产队长之所以严厉地对待偷懒的社员，其主要目的是为了解决社员的吃饭问题，"人哄地皮，地哄肚皮"，②不努力生产，收成肯定不会好，那么社员的吃饭问题就不能得到有效解决。在那个吃饱饭都成问题的岁月，能否让社员有饭吃是评价一个干部成绩好坏的重要依据，如果连社员肚子都填不饱，即使其他各个方面表现得都很优秀，在社员眼里也是不称职的，是不能继续上任的。"那时的人干活比现在懒多了，现在哪有要人喊着下湖的，干不干随你，地里的草再深，也没有人管，但现在的人自觉，没人喊也会下湖干活。那时可不行，你要是不管，没有人愿意干活，都跟你玩心眼儿，只想着少干活，多拿工分，但是要是大家都不干活，又哪来的粮食分？到时没饭吃，都得挨饿，结果不只是我挨上面批评，社员的生存都成问题。'什么都是假的，吃饱饭才是真的。'饭都吃不饱，又哪来的力气干活？所以无论如何都要让社员有饭吃，这样才能维持最基本的生产秩序。"

事实上，生产队长不仅要解决社员的温饱问题，还要完成国家的分配任务，否则生产队长的位置很难坐稳，为此，生产队长必须履行好自己的职责。

2. 国家政权在农村的基层代理人

人民公社是由很多同构的生产队组成，公社的细胞是生产队，公社也以生产队为生存的基础，所以上级的各项路线、方针、政策，国家的各种计划指标最终落实到生产队。生产队的权力掌握在队长手中，队长虽然未必都是党员，但大部分是贫民，由于国家的解放使贫民一下子翻身变成了主人，社会地位得到了提高，因此他们对国家、对共产党产生了感恩式的忠诚，感恩因翻身而至，忠诚因感恩而生，这也使得生产队长在贯彻和实施上级指示的过程中，能够与上级保持一致。③在"三级所有，队为基础"的公社中，公社对

---

① 参看［美］詹姆斯·C. 斯科特：《农民的道义经济学：东南亚的反叛与生存》，译林出版社 2001 年版。

② http://news. xinhuanet. com/mrdx/2008—10/02/content_ 10141938. htm.

③ 参看张乐天：《告别理想——人民公社制度研究》，上海人民出版社 2005 年版。

大队虽不直接进行管理，但却不断地向生产队发指示、下命令。生产队只能服从上级的命令，不断地接受"上面"布置的任务，甚至连每年的种植计划（如种什么、种多少、何时种、如何种），都得听从上面的安排。尽管《农村人民公社工作条例修正草案》中指出，"生产队应该根据实际情况、当地的生产习惯和轮作制度，根据国家的计划要求和本队生产生活的需要，对于粮食作物和经济作物，对于粮食作物的品种，统筹兼顾，全面安排，制订本队的生产计划。"① 但大部分生产队还是处于吴毅教授所分析的"无权"状态：一无生产经营决策权，经营什么听命上级安排，自己无权安排；二无生产计划权，生产计划要听命于上级组织的安排，种植什么作物，以及种植面积的分配，要按照上级政府的指令性计划分解与下达；三无农产品处理权，甚至连完成统派统购任务后剩余的农产品，生产队也无权处理；四无收益分配权，留多少公共积累，社员分配人均不得超过多少元，都要听命上级组织下达的条条杠杠。这些条条杠杠大部分来自县或以上政府下达的文件。②

下面是刘集公社对农作物种植提出的要求：

第一，有收无收在于水，收多收少在于肥。种小麦，每亩要保证施足粗肥5车，细肥100斤以上，重施底肥，普施种肥，达到科学用肥。

第二，种好小麦，深翻土地是基础。要求糙地要犁三交，茬地要达二交，耕深耕细，整平，上无坷垃，下无卧垡，地头开沟，搞好畦田（一小万即二耙宽）以使排灌，确保小麦丰收，丰产田每人要达半亩，单产要达三、四百斤。

第三，好种出好苗。麦种下地前，大队要组织力量认真、全面、细致地检查开好现场会，组织好种麦专业队，不符合上述要求标准质量的，一律不准下种。③

---

① http://www.agri.gov.cn/zcfg/t20030624_94256.htm.

② 吴毅：《村治变迁中的政治秩序——20世纪川东双村的表达》，中国社会科学出版社2005年版，第118页。

③ 资料来源于五河县档案馆。

刘集公社一九七三年秋种计划表①

（单位面积：亩；单产：斤；总产：市斤）

队别	小麦			其中：三田			油菜			
	单位面积	单产	总产	单位面积	单产	总产	单位面积	单产	总产	苔子
小吴	2600	160	416000	488	300	146400	1200	80	96000	373
老刘	2050	180	369000	438	300	131400	1050	80	84000	337
刘集	3300	180	594000	779	300	233700	1843	80	147440	584
西杨	2300	160	368000	464	300	139200	1110	80	88800	353
军张	2200	160	352000	535	300	160500	1284	80	102720	410
新庄	1750	180	315000	391	300	117300	936	80	74880	296
小李	1900	150	285000	354	300	106200	847	80	67760	373
潘赵	2000	160	320000	422	300	126600	1000	80	80000	319
卢圩	1600	180	288000	302	300	90600	710	80	56800	225
东纪	2300	150	345000	435	300	130500	1020	80	81600	330
合计	22000	1660	3652000	4608	3000	1382400	11000	800	880000	3500

说明：1. 秋种面积以总地亩和任务相比的。57%弱；2. 三田（种子、试验、丰产）以每人 0.5 亩计算的；3. 油菜以任务每人 1.2 亩计算分配的；4. 苔子以任务每人 0.38 亩计算分配的。②

在人民公社时期，尤其是在"文化大革命"阶段，生产队是否按"国家计划"种植不是一个方法问题、认识问题，而是一个政治问题、阶级斗争问题。1970 年 11 月 15 日，安徽省革命委员会做出《关于全面深入开展农业学大寨群众运动的决定》，提出了"学大寨、赶郭庄③、超纲要"的口号。实际上，郭庄只是一个改碱治地的典型，但在"文革"中却把它政治化，当成方向路线的代表，把学不学大寨、赶不赶郭庄看作执行不执行革命路线、走不走社会主义道路的大问题。

———————

① 资料来源于五河县档案馆。

② 注：数据来源于五河县档案馆《刘集公社 1973 年档案》。

③ 隶属于安徽省萧县，"文革"期间曾经是闻名全国的"学大寨"典型，被誉为"安徽的大寨"。

在公社时期，尽管社员将精力放在自家的自留地上，不愿意在集体地里多出力，但是生产队还是不可能完全把土地分给农户自由经营，一是政策不允许，二是生产队要完成国家分派的任务，如向国家交售余粮等。生产队对于最终产品的处置实际上在制订生产计划的时候就已经规定了，处置的方式有三种：分给社员、留队、出售。从刘集公社一九七五年午季粮管资料中可以看出，农民出售农产品的行为在公社中被高度制度化了，农民出售什么、出售多少、向谁出售、怎样出售都是规定好了的。

3. 树立权威的需要

所谓领导权威，是指领导者影响或改变被领导者心理及行为的能力，是使人信从的力量和威望。① 它是一笔无形资产和精神财富。领导者的权威是有效领导不可缺失的保障，因为权威是"无言的召唤，无声的命令"。领导者没有权威，就很难有效地领导大家去完成工作任务，因为没有权威说话不灵，办事不成。列宁曾明确指出："保持领导不是靠权力，而是靠威信、毅力、靠比较丰富的经验、比较渊博的学识以及比较卓越的才能。"② 他推崇的领袖是"最有威信、最有影响、最有经验"③，而不是"最有权力"。权威是相对而言的，它的对象是群众，脱离了群众，不仅树立不起权威，反而会导致"权危"。人民公社时期，生产队的劳动关系是领导与被领导、服从与被服从的从属关系，社员没有主观能动性，什么都要听生产队长的安排，从而导致了社员劳动积极性极低，偷懒耍滑屡禁不止。因此，作为领导者的生产队长，为了树立权威，让社员"听话"，服从自己的管理，并且尽可能地积极参加集体生产，着实费了一番苦心。"俗话说：'己不正，何以正人'。要想别人听你的，首先要自律，无论做什么事情，要一马当先，积极带头。在处理问题时要尽量做到公平，因为'公生威'，为此，我们队专门制定了上下工时间表，并且严格按照时间表执行。如果社员迟到，而且迟到时间比较长，就扣工分，一般根据迟到时间长短来扣，时间长（一般超过 1 个小时）的扣 2 分，也有扣一分和半分的（一般在半个小时左右）。当然，扣工分不能根据个人好恶，关系

---

① 宋新萍、田力夫：《论领导权威及其生成》，《中国行政管理》1996 年第 6 期。
② 《列宁全集》第 7 卷，人民出版社 1972 年版，第 9 页。
③ 《列宁选集》第 4 卷，人民出版社 1972 年版，第 198 页。

五河县一九七五年午季粮管资料①

（单位：刘集公社粮食局，单位：市斤）

社队名称	农业人口	集体地亩	粮食			三留							粮食征购		集体储备		换还种子	其他支出
			收获面积	单产	总产	合计	种子		口粮		饲料		任务	完成	小队数	粮数		
							平均	粮数	平均	粮数	平均	粮数						
合计	9505	40012	17089	152	2605350	1805544	25	503155	122	1157468		144821	358660	489092	55	204860	30384	41269
卢圩	627	2815	1244	155	193689	128937	25	36650	134	83439		8848	25000	38358	4	16100	809	9485
刘集	1632	5836	2670	155	415700	309700	25	80300		198900		30500	57800	72200	6	28700	1800	2500
军张	1095	3943	1810	160	289628	195783	25	53500	120	131583	75	10700	33000	33728	6	29717	10400	20000
西杨	967	4319	1660	150	249431	180600	24	48005	125	120583	78	120103	32890	32890	6	16674	2629	2437
薪庄	822	2999	1400	198	276000	177900	27	38000	150	123800	167	1600	35000	63900	4	29000	1200	2000
小吴	1015	4655	1720	139	235900	165600	22	45400	107	109000	75	11200	35000	53800	8	13800	2700	
小李	718	3720	1740	102	178734	123761	23	41000	101	72811	86	9950	31270	40200	5	13269	1284	220
东纪	885	4435	1760	159	280900	183500	25	55000	125	110700		17800	38000	64100	7	30500	1100	1500
潘赵	857	3560	1700	147	249500	175400	30	58900	119	101700	100	14900	32800	48000	7	19600	6500	
老刘	887	3730	1385	172	236868	164363	25	46500	118	104952	92	12911	37900	41916	3	7500	1962	21127

① 注：此表来源于五河县档案馆《刘集公社 1975 年档案》。

的亲疏、远近来判定，否则别的社员会有意见，认为不公平，以后再说什么，别人就不会再听，自己的威信自然也就没了。记得有一年秋天，山芋刚收上来，还没有统一搞好，为了使分配公平，别人不说自己的闲话，就没让分，为这事，差点跟一家兄弟6人打起来，因为他们想提前分，而我不让，兄弟几个气得要打我，没办法我只能拿个扁担，坐在山芋堆前，阻止他们先分山芋。因为要是让他们分了，以后大家都会要求先分，就没人听你的话，以后的工作就更不好做了。尽管我一个人打不过他们6个，但为了面子，为了维护自己的权威，只能硬着头皮撑下去。"①

（二）无力监督

1. 开会

人民公社时期，是上面管的事最多、范围最广的时期，所以会议也就异常的多，五河县党的基层组织按照新党章规定的五项任务，积极开展活动，不断加强自身革命化建设，坚持正常的组织生活制度，按期②召开支部会、支委会和小组会，以及定期进行党课教育。除了党委会，还组织生产队工作会议，每次会议生产队长都要参加，以此来保证各个生产队完成上面分派的任务。《农村人民公社工作条例（修正草案）》中指出，"为了不使生产队的干部因公误工减少收入，应该根据各人担负的工作情况，经过社员讨论决定，分别给予定额补贴或者误工补贴。生产队干部的补贴工分，一般地应该控制在生产队工分总数的百分之一以内"。③ 而 "县和县以上各部门召集生产大队和生产队的干部开会，除了负担伙食费和旅费以外，还应该发给他们适当的津贴"。④ 笔者在调研时曾问及几个生产队长，他们大部分表示愿意甚至喜欢去公社开会，"开会比干活轻快，还有补助，一般开半天会能补助5毛钱，那时钱当钱，5毛钱能吃很好的一顿，而且工分还不少拿"。只有个别认为去公社开会浪费时间，队长一走，分给社员的活大部分不能保质保量的完成。

除了参加党委会，生产队工作会议，还要召开社员大会，《农村人民

---

① 摘自村方老人的访谈资料。

② 一般的支部会15—30天一次；支委会10—15天一次；小组会7—10天一次。

③ http://www.agri.gov.cn/zcfg/t20030624_94256.htm.

④ 同上。

公社工作条例（修正草案）》中明确要求"生产队社员大会要定期召开，每月最少开一次。社员大会也可以根据生产和分配工作的需要，根据社员的要求，临时召集"。"生产队管理委员会至少每月向社员大会作一次工作报告。对于全队有多少收入，有多少开支，库存有多少物资，社员做了多少工分、交售了多少肥料，分配多少粮食和现金等等社员所关心的事情，必须向社员一笔一笔地交代清楚"。[①] 但是因参加的人数多，开一次会就要花很多的时间，所以在刘集公社为了减少不必要的误工，一般很少召开社员大会，只是在年底结算总工分、分配粮食等生活资料时才会召开。

尽管社员大会不经常召开，但是生产队队务委员会会议却很频繁，生产队长或者会计从公社开会回来，一般都要召开一次生产队队务委员会会议，把上面的要求传达给每一位生产队干部。另外，在本队需要拟订工作计划或者处理队内纠纷等生产队内部事务时，也会召开生产队队务委员会会议，刘集公社的生产队队务委员会会议一般在晚上召开，通常不计工分，"因为生产队干部白天去开会、不干活，社员也不愿意继续干活，本来干活的积极性就不高，都走了，更没人监督他们，只有发生一些紧急事件需要处理时才会在白天召开生产队会议，而且时间很短，事情解决了会议就结束，不能拖延，不然社员会埋怨，'不干活，还拿工分，有事没事就开会，哪来那么多会要开，分明是想讨巧，不想干活'。去公社开会，一般是在白天，路远不说，会议时间也比较长，至少是半天，有时要开一到两天，这些我们决定不了，只能参加，不过也不会都参加，总要留人在家组织生产，不然家里的生产没办法进行"。张乐天对开会也有类似的看法，认为在生产队主要干部外出开会时，通常也是生产队里干活最不像样子的时候。[②] 在刘集公社生产队的集体劳动中，劳动效率与外出开会干部的人数大致构成一种反比关系，开会的人越多，劳动效率越低。

2. 派工

生产队犹如一个大家庭，其中的农户执着于家庭本位主义，他们相互亲密交往，又相互攀比、竞争和忌妒。就像传统大家庭中的家长必须不偏不倚地对待各个小家庭一样，生产队长在组织农业生产时也必须"一碗

---

① http://www.agri.gov.cn/zcfg/t20030624_94256.htm.

② 张乐天：《告别理想——人民公社制度研究》，上海人民出版社2005年版，第266页。

水端平"，以保持生产队内部的平衡和稳定。① 在农活少的时候，队长派工的方式是"一家一个"。在分班作业的时候，队务委员会不得不为平均分配农活耗费大量精力。有些农活太繁重了，派谁干谁都不乐意，（因为即使干很重的活也拿同样的工分，所以他们感觉自己吃亏了）生产队只能搞劳动定额，派男性劳动力轮流干，轮的方式是抽签，"手指上不长眼睛，轮到谁谁也没话说"。②"当然，有些家里有特殊情况的也要给予适当照顾，如有一家男的去淮南支援国家工业化建设了，只剩一个妇女带着5个孩子在家，这时要适当地安排一些比女的干的活重一点，比男的干的活轻一点的事情给她做，一般活重工分也高一点，她也乐意做，不然挣不到工分，也就分不到粮食给孩子吃。"

为了解决派工难题，生产队长们想了许多提高劳动生产效益的办法，这些办法的基本点可以归结为一个字："包"：

包工到班（或者组）是临时性的包工办法。生产队按底分划分若干班，核定需要完成农活的总工数，再把这些农活按比例分到各班。一旦完成所包的农活，各班就获得了相应的工分，然后各班再把工分按底分和出工时间计算到个人。包工到人（或者家庭），生产队把很多可以明确计量的农活承包到个人或家庭，承包的方法有两种：少量农活按底分分配，如10分底分分一亩麦子，收割完毕后按定额记12工分；大量农活在确定定额后让社员自己去做，最后按完成情况计酬。③

事实上，无论是包工到班还是包工到人，其实质都是为了缩小劳动单位，把责任明确到班甚至到个人，这样才能减少偷懒耍滑发生的几率，历史证明，从而达到了有效地遏制偷懒耍滑的目的。

3. 同社员一起参加劳动

《农村人民公社工作条例（修正草案）》中指出，"公社一级的干部，应该按照不同的工作情况，分别参加一定天数的劳动，最少的全年不能少于六十天。生产大队和生产队的干部，都要以一个普通社员的身份参加劳动，同社员一样评工记分。每一个生产大队的干部，一般地都要固定在一

---

① 参看张乐天：《告别理想——人民公社制度研究》，上海人民出版社2005年版。
② 张乐天：《告别理想——人民公社制度研究》，上海人民出版社2005年版，第270页。
③ 同上书，第77页。

个生产队参加劳动，全年累计至少不能少于一百二十天"。"生产队长应该由成分好、劳动好、农业生产经验比较丰富、懂得同群众商量、办事公道的农民担任"。[①] 生产队长作为完全不脱产的基层干部，除了要开会、派工、分配和调解纠纷，剩下的大部分时间是和社员一起参加劳动。就像老生产队长 LXW 所言："我们只是农民，又不是国家干部，不干活，吃什么？"可见，作为劳动者的生产队长即使想把全部的心思用来管理生产队事务和监督社员劳动，也是有心无力，因为他自己面临着生存问题，要从生产队里拿工分。"事实上，生产队长要比一般社员更加辛苦，因为他们早上起来比别人早，下湖要比别人快，干活要比别人卖力，下工要比别人晚，大家都在休息时，生产队长比别人提前结束休息，然后招呼大家干活，否则，大家会一直休息而不会有人主动起来干活。"

尽管刘集公社的生产队长大部分认真负责，在参加集体劳动时，积极主动。然而生产队长也是人，也想在累的时候休息一下，但却因为自己是生产队长而不能明目张胆地休息，否则会挫伤社员的劳动积极性，"队长都不干，我为什么还要干"。所以，生产队长和社员偷懒耍滑的方式有所不同。生产队长是借着工作名义偷懒耍滑，"开始是开会，但会开多了社员有意见，影响社员劳动积极性，所以后来每次想休息时，就在安排好农活后，跟记工员打个招呼，说下湖看庄稼去了，要是实在不想干活，就有意多走路，比如说，人本来在东湖干活的，那就跑去西湖看庄稼，生产队长不看庄稼就没办法安排农活，社员心里有怨言也没话说，这是生产队长的工作"。

（三）睁一只眼闭一只眼

集体化时期的农村经济政策，需要国家政权的强制力来推行，更需要依靠生产队长来执行。然而由于生产队长在官僚层级中明显地靠近民众系统而远离官僚系统，他们从这份职务中所能获得的好处极其有限，所以生产队长和队干部们会更多顾及社员的利益。[②] 再加上他们自身生活在农村，与广大社员有着非亲即邻的联系，因此在执行国家政策时，有不同程

---

① http://www.agri.gov.cn/zcfg/t20030624_94256.htm.
② 张乐天：《告别理想——人民公社制度研究》，上海人民出版社 2005 年版，第 182 页。

度的弹性：在不违背国家政策的前提下，尽最大努力来满足社员的实际需求，对广大群众的生产生活自主行为采取了较为宽容的政策。由于生产队长不能时时跟在社员后面监督其劳动，生产队长要开会、派工，自己也要参加劳动，所以在集体劳动中遇到偷懒耍滑这一现象时，生产队长通常的做法是睁一只眼闭一只眼。那么生产队长采取这一态度的具体原因何在？

1. 抬头不见低头见

人民公社在某种意义上是强化了而不是削弱了自然村作为熟人社会的这一重要特性。在户籍制度的限制下，生产队成为社员的生产与生活单元，较过去而言，生产队为社员提供了更多相互接触的空间及相互接触的理由，因为集体生产、统一分配和集体活动（如社员大会）等增加了社员之间及生产队长与社员之间的接触机会，为社员议论"东家长、西家短"提供了机会。[①] 从而在一个"没有陌生人的社会"中形成了由社会舆论和社会压力所构成的非正式的控制手段。

对多数的社员来说，熟人之间是不需要监督的。因为熟人之间最忌讳的是不信任。对熟人进行监督，往往就意味着向对方宣告"你不再值得我信任了"，由于对方是亲戚或者关系亲近的邻居，因此监督的结果有可能造成既有关系的破裂。而在熟人社会里边，资源流通和家庭之间的经济互助，基本上看的就是关系的亲疏，一旦这种关系被撕裂或颠覆了，在以后的生产和生活中，监督者很有可能便会面临多种预期损失。[②] 正如一位老生产队长所言，"管得太严了，容易跟别人吵架，而架吵多了，就不想干了，都是熟人，乡里乡亲的，抬头不见低头见，谁也不想得罪，在这要生活一辈子的；又不能当一辈子生产队长，总要给自己留条后路。再说，没有吃的，又不是自己一个人挨饿，何苦去当坏人"。结果有些生产队长在生产管理中就采取了"睁一只眼闭一只眼"的策略。至于对什么事情、什么人睁眼，对什么事情、什么人闭眼，那要视"情况"而定。"对于一些原则上的事情还是要管的，不能违背了上级的政策或者精神，至少不能公开违背，不然你这个生产队长也当不长久。有些小事，能过去的就过去

---

① 贺雪峰：《论半熟人社会——理解村委会选举的一个视角》，《政治学研究》2000 年第 3 期。

② 冯善书：《熟人社会与民主监督的多维思考》，http：//www. studa. net/zhengzhiqita/070521/11583350. html。

算了，不用那么较真。""对于和自己关系比较好的人，即使发现他们偷了懒，只要不是很严重，没有被别人发现，就会当作没看见，不再追究；相反，若是碰到和自己关系不好的人偷懒，就会提出批评，甚至扣工分。"

2. 要从队里拿工分

《农村人民公社工作条例（修正草案）》中指出，"生产大队和生产队的干部，都要以一个普通社员的身份参加劳动，同社员一样评工记分。为了不使生产大队和生产队的干部因公误工减少收入，应该根据各人担负工作的繁重程度，分别给予定额补贴或者误工补贴。生产大队和生产队干部的补贴工分，合计起来一般地应该控制在大队工分总数的百分之二左右。"[1] "为了不使生产队的干部因公误工而减少收入，应该根据各人担负的工作情况，经过社员讨论决定，分别给予定额补贴或者误工补贴。生产队干部的补贴工分，一般地应该控制在生产队工分总数的百分之一以内"。[2] 从上述规定中可以看出，生产队干部不是官，而是为官所用的民，他们具有普通农民的特征，是国家和农民之间的中介人。

既然不是正式的国家干部，就没有工资可拿，国家对其工作唯一的补贴是工分，而工分又出自生产队，也就是说，生产队干部要从队里拿工分，其生活来源像别的社员一样最终取决于该生产队的收获情况，一般是收获得越多，工分越值钱，最终收入就越多。据老生产队长 LXW 回忆，"刘集公社的后刘村第五生产队，在收成好时，最高时每工分值 8 分钱，也就是说一天平均每个男劳力可以得到 9 毛 6 分钱，而女劳力也可以获得 8 毛钱的收入，这在公社时期已经算是不错的收入了；但是在歉收时，工分就不值钱了，最低时每工分只有 3 分钱，也就是说，一天忙下来，还没有 5 毛钱。所以社员干活就更没劲，结果形成恶性循环，收成越差，社员越懒。另外，自己也要从队里分粮食，也想多分点，所以尽量让队里多收点，可是也不能得罪了乡里乡亲的，不然到时分东西时搞不好，人家处处跟你计较，让你这个生产队长更不好当，再说即使多收了一点，分到自己手里还是少得可怜。所以也不想得罪人，结果想管不敢管，不管又不行，

① http://www.agri.gov.cn/zcfg/t20030624_94256.htm.
② 同上。

为难得很，最后只能是睁一只眼闭一只眼"。

3. 无效的激励机制

笔者在上文中提到，由于在农业生产中集体组织对其成员劳动的监督和计量的不完全，导致对社员劳动的积极性不足，使得社员偷懒耍滑现象随处可见。但是我们还应该注意到，集体组织对其管理者的激励不足也导致了"偷懒耍滑"现象得不到有效控制。

周其仁在分析集体经济低效率时，认为正是由于对基层干部的激励无效，才导致了集体化经济无法实现预期效果。集体生产的监管有效，是因为监管者享有剩余索取权。而当产权受到侵蚀时，剩余索取权激励机制必定受到削弱。因此他认为集体生产中的监管困难不仅缘于技术性的因素，即难以收集和处理信息；还缘于制度性因素，即产权制度的残缺导致了对监管者的激励不足。另外，集体经济以行政等级制代替剩余索取权表明，社会主义制度下的干部依然需要被激励，官位升迁预期是这一体制最主要的正激励，而提拔无望、降职和被撤职则构成负激励的主要手段。在中国农村的集体经济中用行政升迁机制代替剩余索取权，遇到一个特殊的困难：即中国地域辽阔和人口众多。中央集权的正规行政系统在乡村只延伸到乡（公社）这一级。在乡以下，村（大队）和生产队的管理者由非正式的官员担任，准确地说，他们不是官，而是为官所用的民。他们与正式的国家干部之间，在身份上有一条难以跨越的鸿沟。[①] 生产队长对自己身份一般都有清醒的认识："又不能当一辈子生产队长，总要给自己留条后路，再说，国家又不给我养老。"

事实上，在整个集体化时期，绝大多数大队和生产队干部，并不被列入国家官员的备选名单。换句话说，行政升迁机制对生产队干部不起作用。同时，正是由于升迁无望，原体制的负激励对他们也失去了惩罚的效果。[②] 而生产队干部，正是集体生产活动的直接监管者，因此，在遇到社员偷懒耍滑时，生产队干部更多是以社员当家人的身份睁一只眼闭一只眼，而很少有生产队干部真正把自己当作国家代理人，从而对其进行严厉

---

① 周其仁：《中国农村改革：国家和所有权关系的变化（上）——一个经济制度变迁史的回顾》，《管理世界》1995 年第 3 期。

② 周其仁：《中国农村改革：国家和所有权关系的变化（上）——一个经济制度变迁史的回顾》，《管理世界》1995 年第 3 期。

制止。

五　可能的理论解释

自古以来，中国农民是最勤奋的，为什么在人民公社体制下偷懒耍滑？这是本文最终要探讨的问题。我们知道，在人民公社时期，农民被编入集体的行列，农民作为劳动者不再是自由支配自己的主权者。但是，农民作为劳动力，其劳动的多少和好坏，在相当程度仍然受自己支配，再加上公社、生产队掌握和控制着农民赖以生存的生产、生活资源和当时城乡隔离的制度化背景，这一切使得每个农民都不可能游离出这个组织系统，他们不得不终年参加生产队的集体劳动和统一分配。面对强大的国家，作为弱者的农民不能也不敢公然地反抗，只能将不满融入其日常行为之中，而"偷懒耍滑"成了他们在劳动中的理性选择。

1. 搭便车理论

在曼瑟尔·奥尔森看来，"如果一个集团中的所有个人在实现了集团目标后都能获利，由此也不能推出他们会采取行动以实现那一目标。除非一个集团中人数很少，或者存在强制或其他特殊手段以使个人按照他们的共同利益行事，否则，有理性的、寻求自我利益的个人不会采取行动以实现他们共同的利益"。[①] 也就是说，在没有强制手段或者激励措施的情况下，这个论断只适用于人数很少的小集团，而不适用于大集团。在人数众多的大集团中，个体总是倾向于认为，自己不过是沧海一粟，其任何行动对集团的影响都是微不足道的，因此他不会主动为增进集体利益而努力，甚至还可能会为了谋取个人私利而做出有损集体的事情来，因为他觉得，他对集团的损害是微不足道的，更何况集团中还有很多其他人为集团服务，多他一个人不多，少他一个人不少，而且只要他还属于集团，他就可以分享集体利益而无须贡献任何力量。[②]

人民公社时期的农业集体经营，是以全体社员共同占有生产资料和共同进行生产劳动的方式进行的。在这种体制下，个人行为和行为后果之间

---

① 曼瑟尔·奥尔森：《集体行动的逻辑》，上海人民出版社1995年版，第2页。
② 同上。

的相关程度很低，即使个别社员比其他人更努力地付出劳动，他最后也只能得到按全体社员平均后的一份收益，其中所有者越多，他得到的就越少；反之，由于他不努力所造成的损失也以同样的方式分配，也就是说，他造成的损失需要大家一起来承担，自己只需要承担其中的一小部分。因此社员不可能努力劳动，反而可能会更乐意倾向于偷懒耍滑，这与笔者在上文中分析的"八十刨，只有一刨是自己的"是同样的道理。由于生产队是一个以自然村或者村民小组为单位的熟人社会[1]，再加上生产队里的人数较多、农业生产比较复杂，这些都造成了生产队长对社员的监督以及生产队内社员与社员之间的直接监督比较困难。因此，从降低个人成本的角度看，社员往往倾向于在获取同等收益的条件下使个人努力最小化，也就是说"任何时候，一个人只要不被排斥在分享由他人努力所带来的利益之外，就没有动力为共同利益做贡献，而只会选择作一个搭便车者"。[2]由于在人民公社体制下，每个社员都是生产队的终身成员[3]，社员可以自然地享有其所在生产队的利益，因此社员就没有动力为生产队做贡献，相反会选择偷懒耍滑，从而搭生产队的"便车"。尽管在农业集体经营体制下，党和政府为了提高农业效率而反复地在农村进行社会主义思想政治运动和道德说教，但最终所产生的效果仍然微乎其微，偷懒耍滑现象仍然随处可见，并最终造成了国家政策的改变。

2. 博弈论

博弈论又被称为对策论，也是研究互动决策的理论。所谓互动决策，即各方行动者的决策是相互影响的，每个人在决策时必须将他人的决策纳入自己的考虑之中，也需要把别人对于自己的考虑纳入考虑之中……在如此迭代考虑情形中进行决策，选择最有利于自己的战略（strategy）。[4] 这种博弈的过程中有两个问题值得关注，一是什么条件下可能实现暂时地合作；二是长期中不能合作的原因是什么。合作的另一个条件是有效地惩罚。如果主张合作的一方力量强大到足以保证可信的威胁，并且能够在必

---

① 注：南方大多数是以自然村为单位，而北方则大部分以村民小组为单位。

② 埃莉诺·奥斯特罗姆：《公共事物的治理之道：集体行动制度的演进》，上海三联书店2000年版，第18页。

③ 注：社员已经处于中国社会的最底层，因此不存在再被开除或贬到更低位置的可能性。

④ http://baike.baidu.com/view/355795.htm.

要时实施惩罚，最后也有可能实现合作。①

社员在公社内劳动既是与国家博弈，也是与其他社员博弈。社员在决定是否偷懒时，首先考虑的是国家的政策，当国家对社员的控制比较紧，但惩罚不严厉的时候，社员的劳动积极性降到了低谷，偷懒耍滑成了他们的理性选择；一旦惩罚措施比较严厉，如在"文革"时不劳动将被批判、游街时，社员即会选择与国家合作，偷懒耍滑现象也减少许多。其次，他们也会参照其他社员的劳动状况，当其他社员在偷懒的时候，他们也会跟着偷懒，否则会感到吃亏，毕竟即使再努力，最终也只能得到其中的一小部分。然而，社员再怎么偷懒都会有一个底线，即他们偷懒的前提是在保证其生存没有受到威胁的时候才会进行。在少干而不少拿工分进而影响生活质量时，他们才会选择偷懒耍滑。

3. 现代国家构建在农村的不完善

中华人民共和国建立以后，面临着紧迫的现代国家构建任务。一方面，为了巩固新生的国家政权，必须加强乡村社会对国家的认同，因此在国家的赶超型现代化战略下，必须对乡村社会进行整合，以促进国家一体化建设的完成；另一方面，中华人民共和国成立之初，在内外交困的情况下，国家领导人具有强烈的振兴中华的责任感。在这种责任感的强烈促使下，国家优先发展重工业战略的选择，需要对社会资源进行整合。为了给国家现代化提供原始积累，推进国家的工业化和社会主义现代化进程，国家迫切需要加强对乡村社会资源的汲取。外在于政治的广大农民被新生的国家政权通过"政党下乡"的方式，整合到国家政权体系之中，并且通过党组织向基层下渗的方式实现国家的乡村重建与整合，从而实现国家对乡村社会有效地控制。②

人民公社时期"政社合一""三级所有、队为基础"的体制，进一步加强了国家对乡村社会的整合与控制，有计划的管理取代了"自在""自然"的农村生产生活状态。这一时期，由于国家对"村庄组织体系"的嵌入，广大的乡村社会被纳入了国家政权的直接控制之下，而且表现出较

---

① http：//baike.baidu.com/view/355795.htm.

② 黄辉祥：《民主下乡：国家对乡村社会的再整合——村民自治生成的历史与制度背景考察》，《华中师范大学学报》2007 年第 5 期。

强的政治"全能主义"的特点。在政治"全能主义"控制下，乡村社会生活开始"泛政治化"，即社会生活军事化、经济生活行政化、精神生活一统化。[①] 人民公社时期的国家权力无处不在、无所不为，成了无所不能的东西，国家对乡村的整合达到了前所未有的程度。

然而，人民公社过分地强调集中而忽视了民主，使得自下而上的沟通途径被堵死，农民不能通过合法途径在体制内表达不满，只能通过日常行为来进行"抵抗"，具体表现为：当国家政策松动，农民自由权多些的时候，偷懒耍滑现象发生的要少一些，相反，就会严重许多。这一现象表明：由于国家意志过强，农民自主性遭到抑制，农民人格造成了分裂。另外，所劳不能所得以及农民不用自己一人承担偷懒的后果等原因造成了社员在人民公社时期偷懒耍滑行为的兴起。

---

① 黄辉祥：《民主下乡：国家对乡村社会的再整合——村民自治生成的历史与制度背景考察》，《华中师范大学学报》2007 年第 5 期。

教育部人文社会科学重点研究基地重大项目

理解中国农村

关键词的视角 （下）

刘金海 等著

中国社会科学出版社

目　录

下　册

瞒产私分:农产品的国家性建构及其成效

【导读】 20 世纪 50 年代，国家将一个有着亿万分散农户的乡土社会整合到国家体系中，在相当程度上依靠对农产品资源的支配。通过"统购统销"政策，赋予以粮食为主的农产品以国家特性，推动着经济社会权力向国家高度集中，强化农民对国家的认同，农民作为生产者不再是农产品的主权者。但是，农民以"瞒产私分"等方式表达自己的利益诉求。这种"无权者的抵制"促使国家政策的改变。由本文也可进一步把握中国农村改革的起源与动力机制。

随着中国现代化建设的深入，现代国家的建构既是一个现实的目标，也成为政治学研究中的一个重要分析工具。近些年，现代国家建构理论愈来愈为学界所高度重视。① 但是，运用这一分析框架解释中国政治社会还有待深入。在当代中国，如何将一个有着亿万分散农户的乡土社会整合到国家体系中，形成强大的国家支配能力，无疑是一个十分困难的问题。而事实是在 20 世纪 50 年代之后的数十年间，现代国家的建构十分迅速，国家全面深入地渗透到广袤的乡土社会。其中的整合机制是多方面的。笔者近年来从"政党下乡""行政下乡"等政治行政组织渗透的角度研究了国家对乡土社会整合机制，而在进一步的研究中，笔者发现

---

① 长期以来，西方学界对当代中国政治社会的解释主要有"极权主义"和"全能主义"两种模式。这两种模式尽管带有强烈的意识形态色彩，但其中也蕴含着现代国家建构的两大要素：一是权力的高度集中；二是国家权力对社会广泛深入地渗透与支配。只是由于意识形态因素的遮蔽，人们没有深度挖掘其内在因素。而相对超越意识形态影响的美国新生代学者蒂利的国家建构理论因此得以产生广泛影响。

将土地、产品和劳动等经济资源赋予国家特性，并由此构造国家与农民的关系是国家整合乡土社会的基础性机制。笔者在《现代国家建构与土地制度变迁》一文中论述了国家支配土地的资源整合问题①，本文则从农产品的国家性建构的角度分析国家如何通过支配农产品对乡土社会的整合及其成效问题。

一　统一征购：农产品的国家化

"衣食住行"是人类生活的最基本需要，而这些需要的满足在相当程度上来自农产品。对农产品的支配构成权力关系，并在国家对乡村的治理中发挥着基础性作用，特别是作为主要农产品的粮食更是国家治理的战略性资源。

人是在特定的政治社会关系中存在的，其所生产的产品的出路也受到特定的政治社会关系支配，具有某种政治属性。在传统社会，农民生产的产品大体上有以下出路：一是"皇粮"，即作为皇帝的子民向国家无偿上交的产品。这部分产品一般是实物，也可以通过货币方式折合实物上交；二是"地租"，即向耕地所有者上交的以取得租种耕地资格的产品；三是生产者自己用于消费的产品；四是向村庄和地方共同体提交的产品，以满足村庄和地方共同体的公共需要；五是自由交换以获得自己没有的商品或取得更多收入的产品。

在以上五类产品中，"皇粮"体现着国家性。首先，"皇粮"是农民归属于国家共同体的体现和象征。在传统社会，许多地方得以成为或归属于某一国家，在相当程度取决于向谁提交产品，即"纳贡"。2000 年笔者在广西西北部做调查时，当地有一个地方被称为"三只羊"。因该地十分贫瘠，每年只是象征性地上交 3 只羊，以表明该地的国家归属。其次，上交"皇粮"是一种权利和义务。由于土地的终极所有者是国家，所以，生产者无偿上交"皇粮"被视为天经地义。上交的数量及种类均由政府所决定，生产者只有服从的义务，而且被其视之为理所当然。1996 年笔者在四川省东部山区做调查时，当地还流行着千百年以来的话语："天干

---

① 徐勇：《现代国家建构与土地制度变迁》，《河北学刊》2007 年第 2 期。

地裂，皇粮国税少不得"，即无论是什么情况，上交"皇粮"都处于第一优先地位。最后，"皇粮"决定着乡村治理的"官治"属性。一般认为，在传统中国，"皇权不下县"。这只是表明，国家的正式政权只到县一级，并不是说皇帝的权力只到县为止。事实上，皇帝的权力网络及影响一直延伸到乡村社会，其重要原因就是皇帝—官僚国家要从乡村获得供奉他们的产品资源。只是上交"皇粮"已是久远的传统，在相当程度上不需要政府官员直接收取，也就无须将官僚政权延伸至乡村社会基层。

作为地租的产品也是生产者需要优先提供的，这是生产者取得租地的资格。拥有土地愈多者，所能获得的农产品就愈多。传统社会中的"大户"，不仅指占有土地较多，同时也意味着其囤积农产品的仓库大。有的"大户"甚至"富可敌国"。而在农产品成为紧缺资源之时，大户对农产品的占有和支配甚至能够成为上对官府、下对平民的重要资源，从而获得政治支配权。这正是皇帝—官僚国家对富户大户采取抑制措施的重要原因。

如果说"皇粮"和"地租"都带有某种外部强制性的话，那么只有生产者用于自我消费、地方共同体公共消费和自由交换的产品才是直接满足生产者自己的需要。特别是生产者将自己的产品用于自由交换并获得一定收益的行为，体现着生产者可以自由支配其产品并获得收益的"生产者主权"地位，这种主权反映平等的社会交往关系，与"皇粮"体现的统治者主权和农民义务关系完全不同。由于生产者用于交换的剩余产品太少，简单的初级的交易行为也很难持续不断地培育生产者的权益意识。这正是在传统中国，生产者承担更多的是国家义务，而享有较少公民权利的重要原因所在。

在传统国家，农产品的占有和支配相对分散，没有哪一方能够集中垄断。而在现代国家的建构中，伴随着权力的集中，国家可以利用高度集中的垄断权力去垄断各种资源，以此控制社会。其中，最重要的是垄断最为重要的农产品资源。在这一过程中，国家也会相应构造其乡村治理方式。

现代中国的转型长期伴随着战乱，人民的饥饿问题长期存在并由于战乱而十分严重。因此，在现代中国的转型初期，农产品成为最重要和最为紧缺的治理资源。谁能够占有和支配农产品，谁就能够取得统治的主导权。为获得紧缺的农产品，特别是粮食资源，军事—政权力量不断地向乡村社会渗透，建立起在军事—政权力量支持下的征购和专营体系。在这一过程中，农产品的获取与分配第一次成为全面的国家行为，并改变着乡村治理格局。

20 世纪 30 年代，日本入侵中国。为维持其统治，日本决定对中国东北地区的农产品采取垄断政策，实行"统制"，后又扩展为强制购销，推行"粮谷出荷"。其实质是由日伪政府以极低廉的价格强制从农民手中获得农产品，是在军事—政权的力量下摊派给农民的任务。同时，日伪政府对粮食市场进行全面统制，实行"垄断经营"和"配给供应"。未经许可贩运粮食被视为"经济犯"。日本侵华期间，国民政府为解决国统区的粮食问题，采取了战时粮食管制政策，实行"征实""征购"和"征借"制度，其实质都是在借助军事—政权的力量强制获取农产品。

如果说日本和国民政府的农产品征购制度只是战争期间的一种非常措施的话，那么，中国共产党取得全国政权后，农产品的国家统一征购和专营则成为一种制度化的国家行为，使农产品资源的支配全面国家化。

中国共产党是通过军事战争的方式获得政权的。在民族民主革命战争期间，中国共产党主要依靠征收"公粮"，通过临时筹集与农民支持等方式获得粮食。1937 年，陕甘宁边区政府颁发了《救国公粮征收条例》。随后，其他一些抗日革命根据地也推行了"公粮"征收制度。这一制度一直延续到中华人民共和国成立之后。此时的"公粮"相当于历史上的"皇粮"，属于农民向政权上交的税赋。只是"公粮"的称呼赋予了这种税赋及其收取税赋的政权以人民性、公共性。同时，公粮只占农民收获中的一部分。

中华人民共和国成立后，由于工业化建设及所需资金的积累、城市人口的增多，国家对农产品，特别是粮食的需求迅速增多。国家高度重视粮食产品的管理，专门成立了粮食部及全国性的粮食系统。这标志着国家第一次将粮食列入政府直接管理的对象，粮食管理成为国家行为。但在中华人民共和国成立初期，相当一部分农产品资源为作为生产者的农民和市场销售者所掌握。长期主管中央财经工作的薄一波说："建国头几年，国家掌握粮食，以征为主，以市场收购为辅。来自公粮征收和市场收购的比例，1951 年至 1952 年粮食年度为 61∶39；1952 年至 1953 年粮食年度为

56：44。"① 当农产品需求迅速增长而供给相对不足之时，农产品成为稀缺资源，甚至一度引发粮食危机，严重威胁新生政权的稳定和工业化战略的实施。在这一背景下，1953 年中共作出一项重大战略决策，即对粮食等农产品实行"统购统销"。

"统购统销"制度是指由国家统一收购和销售农产品的制度，是国家对粮食等农产品的一种垄断行为。这一制度最初主要针对粮食购销，指粮食的"计划收购"和"计划供应"。"计划收购"最初指代粮食的"征购"，"计划供应"最初指代粮食的"配给"（也称配售）。作为统购统销主要决策者的陈云就此作出了详细说明："'征购'这个名称是骇人的，究竟叫什么可以考虑，但性质是这么一个性质"；"'配给'这个名词有点不太好听，一说起它就想到日伪统治时代的情况。现在改了一个名字，叫做'计划供应'，是粮食部长章乃器先生想出来的"。② 该书对统购统销制度有详细地描述和分析，具体内容可参考此书。"总起来说，我们要在农村中采取征购粮食的办法，在城镇中采取配售粮食的办法，名称可以叫做'计划收购''计划供应'，简称'统购统销'"③。统购统销制度实际上包括三个方面：一是粮食及其主要农产品完全由国家所控制，统一从农民中收购；二是粮食及其主要农产品统一由国家销售，实行定量供应的票证制度；三是粮食及其主要农产品经营统一为国家垄断，不允许其他经营者存在。这一制度延续达 20 多年，其影响更加长久。

统购统销制度的实质是将粮食等主要农产品资源的支配绝对国家化，它对现代国家建构及其乡村治理的构造有着基础性和深远的意义。

其一，农产品资源的控制权完全由国家所垄断，推动国家权力的集中和政权的稳固。农产品，特别是粮食是人类的生存之源。传统国家的统治者也不得不将农民视为"衣食父母"。但传统国家的能力有限，不可能将分散于各地和各户的农产品资源集中调配和管理，也因此大大限制了国家

---

① 薄一波：《若干重大决策与事件的回顾》上卷，中共中央党校出版社 1991 年版，第 258 页。

② 参见田锡全：《国家、省、县与粮食统购统销制度（1953—1957）》，上海社会科学院出版社 2006 年版，第 1 页。

③ 陈云：《实行粮食统购统销》，《建国以来重要文献选编》第 4 册，中央文献出版社 1993 年版，第 451、458、461 页。

的行动能力。如逢灾荒年代，国家无法通过统一调配缓解粮食危机。有时连都城的粮食都难以保障，从而造成政权危机。中华人民共和国成立初期是历史上前所未有的粮食需求急剧扩大，而供给相对不足的时期。通过统购统销，由国家直接控制农产品资源，使得原先分散于农户和经营者手中的产品资源支配权集中于国家，大大提高了国家的行动能力，并促进了新生国家政权的稳固。薄一波对此评价说，统购统销制度，"在那种条件下，确实是'粮食定，天下定'，粮价稳定是整个物价稳定的关键。"物价稳，则国家稳。"后来，我们国家遇到'大跃进'和'文化大革命'那样的灾难，这两次大灾难之所以没有出现更严重的局面，应该说，与统购统销制度发挥的积极性作用也是密切相关的。"①

其二，农产品具有公共或者国家属性，大大扩展了"公粮"的义务特性。在传统中国，只有"皇粮"才具有国家属性，是国家可以控制的资源。实行统购统销制度以后，农产品资源全面具有国家属性，只有国家才能支配这一资源。特别是统购统销制度的实施与农业社会主义改造是相伴随而成的。国家在推行统购统销制度的同时，推动着集体化。集体化保障了统购统销制度的实施，使国家由原来需要面对一到两亿户农民，变为只需要面对数十万个农业集体经济组织。这也正是传统国家无法垄断农产品资源的重要原因所在。更重要的是，集体经济组织不仅将土地等生产资料统一归公，而且将产品也统一归公。1955年11月9日全国人大常委会第24次会议通过的《农业生产合作社示范章程草案》第一条明确规定，农业生产合作社是劳动农民的集体经济组织，"它组织社员进行共同的劳动，统一地分配社员的共同劳动的成果"。② 随着集体化的推进，特别是在刮"共产风"和兴办人民公社"公共食堂"期间，粮食等农产品的公有化程度更高。即使是人民公社制度正式确立后，农产品的国家—集体属性仍然未变，即公社集体的劳动成果都属于公共集体所有而不是劳动者个人所有，只有在极少量自留地上的产品，农民才能自由支配。由于集体经济组织为政府所领导，因此，集体组织的产品也具有国家属性，产品要优

① 薄一波：《若干重大决策与事件的回顾》上卷，中共中央党校出版社1997年版，第279—280页。

② 《当代中国农业合作化》编辑室：《建国以来农业合作化史料汇编》，中共党史出版社1992年版，第324页。

先供给国家。《农业生产合作社示范章程草案》第七条规定："农业生产合作社必须模范地尽它对国家的义务，按照国家规定的数量、质量和时间交纳农业税，按照国家的统购计划交售农产品，按照同国家采购机关所订的预购合同出卖农产品。"① 公社组织分配产品的原则是"先交公粮，后卖余粮，剩下的才是口粮"。《农村人民公社工作条例》规定："生产大队有完成国家征购粮食任务的义务。"② 因此，集体组织将"公粮"的国家义务特性扩展到绝大部分农产品，即集体组织的产品都具有履行国家义务的特性。除了"公粮"作为农业税必须交给国家以外，"余粮"也必须以较低的价格出售给国家。这是农民所应尽的国家义务，换言之，作为生产者的农民没有自由处置所生产产品的权利。

其三，推动农业生产的计划性，农业生产服从国家需要。在传统国家，农民的生产是相对"自由"的，农民种什么，不种什么，一般不受外部政权力量的干预。实施统购统销制度，不仅推动着国家对产品的支配，更重要的是推动着国家对生产的统一支配。与"计划收购"和"计划供给"相应的是"计划生产"，即由政府下达生产任务，农民根据政府任务进行生产。种什么，不种什么，由政府所主导。《农业生产合作社示范章程草案》第四条规定："农业生产合作社的生产要有计划。合作社的生产计划和产品销售计划要根据本身的条件，同时要适应国家的生产计划和收购计划。"③ 杜润生先生对此评述道："在农民眼里，它已不是农民自己的组织。农业合作社担负征购任务，行为国家化。为了保障粮食生产和粮食收购计划，不得不控制播种面积；为了维护集体生产，不得不控制劳动力；为了控制劳动力，又不得不限制各种家庭副业和自留经济，以至于上升到'割资本主义尾巴'，发展到学大寨的'大批判（资本主义）'开路。"④ 1961 年公布的《农村人民公社工作条例（草案）》更强化了自上而下的计划生产。《条例》第十条规定，公社管理委员会"根据国家计划和各生产大队具体情况，兼顾国家

---

① 《建国以来农业合作化史料汇编》，中共党史出版社 1992 年版，第 325 页。

② 同上书，第 642 页。

③ 同上书，第 325 页。

④ 杜润生：《杜润生自述：中国农村体制变革重大决策纪实》，人民出版社 2005 年版，第 43 页。

和集体的利益，向各生产大队提出关于生产计划的建议，并且可以对各生产大队拟定的计划，进行合理的调整。"第二十条规定，"生产队在发展农业生产中，除了专门种植经济作物以外，都应该以粮为纲，积极发展棉花、油料和其他经济作物的生产"。①"计划生产"的实质是将农民的生产活动也纳入国家领导的范畴，服从和服务于国家目标，从而使农民的生产活动也趋于国家化。

其四，完成生产和征购任务成为乡村治理的主要内容。在传统中国，由于征收"皇粮"，促使国家政权力量向乡村社会延伸，但由于"皇粮"只是农产品中的一小部分，乡村的生产、生活活动主要由农民自行安排，因此形成官治与自治的乡村治理格局。20世纪50年代，随着统购统销和计划生产制度的实施，农民的生产、生活活动都具有国家目标的属性。围绕国家目标，完成政府下达的生产和征购任务成为乡村治理的重要内容。农村基层政权和基层组织主要围绕落实政府任务，完成政府目标而展开。《农业生产合作社示范章程草案》第四十条规定："农业生产合作社应该动员全体男女社员积极地参加全社的农业和副业生产劳动。"②《农村人民公社工作条例》更是详细规定了公社组织完成生产任务的功能。《条例》第十条规定："公社管理委员会的主要任务是，充分调动社员群众的积极性，组织各方面的力量，发展农业、畜牧业和林业生产"；第二十二条规定："生产大队管理委员会，应该根据生产计划，经常督促检查各生产队的生产工作"；第三十三条规定："生产队应该组织一切有劳动能力的人，参加劳动。"完成以农业生产为中心的各项任务成为乡村治理的主要活动，并促成生产管理者与生产者的分化。这正是中华人民共和国成立后乡土精英逐步脱离"草根化"的重要原因，也造成整个乡村治理格局围绕国家目标而展开。

其五，强化农民对国家的认同和依从。在传统国家，作为国家税收的"皇粮"成为国家与分散的农户建立联系的纽带，由"皇粮"而建构国家意识。但这种国家意识是相当淡漠的，毕竟上交"皇粮"在整个农民的日常生活中只占极小部分，而且这种交纳行为是外在于农民的日常生活的。对于农民来说，国家只是一个外在于自己的"抽象存在"，这正是孙

① 《建国以来农业合作化史料汇编》，中共党史出版社1992年版，第633、635页。
② 同上书，第329页。

中山认为农民只有家族而无国族意识的重要原因。20 世纪 50 年代，随着统购统销和集体经济制度的建构，大大强化了农民的国家意识。首先，统购统销制度将"公粮"的国家义务属性扩展到绝大部分农产品，粮食等农产品属于公家（国家或集体）而不是农民自己的，只有先满足国家和集体之需，才能获得自己需要的产品，即"大河有水，小河不干"。产品属于完成国家任务后由集体分配给农民的，由此建构起国家优先意识。其次，计划生产使农民的生产活动都以完成上面下达的政府任务为中心，农民的生产活动都由政府组织所安排并服从于国家目标。最后，与统购统销制度相配套的户籍制度和公社组织制度将农民的社会交往活动严格限制在公社组织体系内。离开了户籍所在的集体组织，农民缺乏生活资料，几乎没有生存的可能。为此，国家第一次全面直接地进入农民的日常生产、生活和交往活动中。国家在农民心中不是一个外在的"抽象"，而是每天都会影响到他们日常生活的实际存在。农民也因此成为国家的高度依从者。

正是通过统购统销及其相应的制度，国家一方面将农产品的支配权高度垄断在自己手中；另一方面又通过计划收购、计划供应和计划生产，促使国家权力如水银泻地一般深入渗透到乡村社会生活，全面而又深刻地建构起农民的国家性，将分散又分割的乡土社会整合到国家体系中。

二 "瞒产私分"：无权者的抵制

20 世纪 50 年代，通过统购统销及其相应的制度，将最为重要和紧缺的粮食等农产品资源控制到国家手中，推动着乡土社会的整合。但这种整合毕竟是一种外部性的强制性整合，即整合者没有也无须与被整合者商议，而是一种单向的国家行为。这种行为如果超出一定限度，就有可能遭到乡土社会的抵制。

早在中华人民共和国成立之初，面对农产品紧缺问题，中共领导人陈云就酝酿过粮食统购问题，并准备加以试点，只是担心农村劳动人员和农民难于接受而未实施。[①] 粮食供销矛盾进一步加剧，中国共产党高层领导

---

① 参见薄一波：《若干重大决策与事件的回顾》上卷，中共中央党校出版社 1991 年版，第 259 页。

专门讨论粮食购销问题，并最后决定实施统购统销。在当时的中国共产党领导人看来，实行粮食征购最重要的问题是国家与农民的关系。中国共产党最高领导人毛泽东赞成统购统销制度，并将粮食征购视为对农民的改造，与农民个体经济向社会主义经济过渡相适应。他同时也认为，粮食征购可能会引起农民不满。陈云也充分评估了实行统购统销可能出现的后果，说："全国有 16 万个乡，100 万个自然村，如果 10 个自然村有 1 个出毛病，那就是 10 万个自然村。逼死人或者打扁担以至暴动的事都可能发生。农民的粮食不能自由支配了，虽然我们出钱，但他们不能待价而沽，很可能会影响生产情绪。"[①] 但他只能作出一种选择："我这个人不属于'激烈派'，总是希望抵抗少一点。我现在是挑着一担'炸药'，前面是'黑色炸药'，后面是'黄色炸药'。如果搞不到粮食，整个市场就要波动；如果采取征购的办法，农民又可能反对。两个中间要选择一个，都是危险家伙。"[②]

在"两种炸药"之间选择了农民可能反对的一种。事实上，实行统购统销制度最初的确遭到了部分农民的反对。1954 年 3 月 3 日，中共中央和国务院发出由毛泽东签发的《关于迅速布置粮食统购工作安定农民生产情绪的紧急指示》指出："目前农村的情况相当紧张"，发生的许多问题，实质上是农民群众"表示不满的一种警告"。[③] 但是这种反对没有出现全局性的爆炸性后果。其重要原因就是统购统销制度与集体化过程相伴随。在集体化进程中，农民的生产资料和产品均"公有化"（国家—集体所有）了，农民生产的产品反过来成为国家—集体所分配给农民的产品，国家—集体成为产品的支配主体。同时，国家在设计统购统销制度时，也注意到对农民的保护，主要体现在对粮食实行"三定"（定产、定购、定销）制度，要求各地在春耕开始前，以乡为单位，将全乡的计划产量大体确定下来，并向农民宣布国家对本乡的购销数字，使农民知道自己全年生产多少，国家收购多少，留用多少，缺粮户供应多少。在确定

---

① 转引自薄一波：《若干重大决策与事件的回顾》上卷，中共中央党校出版社 1991 年版，第 265 页。

② 《陈云文选（1949—1956）》，人民出版社 1995 年版，第 207 页。

③ 转引自《杜润生自述：中国农村体制变革重大决策纪实》，人民出版社 2005 年版，第 47 页。

"三定"政策时，毛泽东提出：粮食定产要低于实产，要使农民多留一点，多吃一点，多喂一点，多自由一点，做到"人不叫，猪不叫，牲口不叫"。①

但是，要做到"人不叫，猪不叫，牲口不叫"是非常困难的。首先，计划是人的主观意志的产物，很有可能脱离实际。在 20 世纪 50 年代后期的"大跃进"运动中，中央制定了远远超出实际的"高指标"，由此造成"高估产"和"高征购"。其次，计划生产和征购成为乡村治理的主要工作，为完成任务或追求"政绩"，地方和基层领导很容易浮夸虚报，从而造成征购"过头粮"。正是由于以上因素，1959 年至 1961 年，中国农村发生了严重的饥荒，造成灾难性后果。20 世纪 60 年代以后，尽管大规模的高征购未出现，但相当多数的农民仍然长期处于饥饿状态。农业产量增加了，而农民的消费水平并未相应提高。特别是统购统销造成集体经济组织与集体经济组织成员的背离，形成制度性隐患。如杜润生所说：统购统销的后果"反过来影响合作化和集体经济的运作，导致集体经济在许多方面成为控制农民的工具。在农民眼里，它已不是农民自己的组织。为了保障粮食生产和粮食收购数量，不得不控制播种面积；为了维护集体生产，不得不控制劳动力；为了控制劳动力，又不得不限制各种家庭副业和自留经济，以至于上升到'割资本主义尾巴'，发展到学大寨的'大批判（资本主义）开路。"②

无论是在什么制度环境中，生存总是人的本能。尽管统购统销制度建构起有利于国家的治理格局，但"饥饿逻辑"促使农民以各种消极抵抗的方式获得他们所需要的粮食等农产品，并突破既定的制度安排和治理格局。其中，"瞒产私分"和"投机倒把"是最典型的农民抵制行为。

"瞒产私分"是相对于定产定购而言的，它是指农民及其所在的基层单位为了获得更多的粮食及其他农产品而隐瞒真实的产量和不经同意而分配产品。这种情况在高指标、高征购时期特别突出，甚至演变为一种普遍的农民行为，并得到地方和基层领导人的默认。1959 年 2 月，中共中央

---

① 参见薄一波：《若干重大决策与事件的回顾》上卷，中共中央党校出版社 1991 年版，第 274 页。

② 《杜润生自述：中国农村体制变革重大决策纪实》，人民出版社 2005 年版，第 43 页。

政治局扩大会议的第一天，毛泽东讲话指出："大家看到，目前我们跟农民的关系在一些事情上存在着相当紧张的状态，突出的现象是在一九五八年农业大丰收以后，粮食、棉花、油料等等农产品的收购至今还有一部分没有完成任务，再则全国，除少数灾区外，几乎普遍地发生了瞒产私分，大闹粮食、油料、猪肉、蔬菜'不足'的风潮，其规模之大，较之一九五三年和一九五五年那两次粮食风潮都有过之无不及。"① 同年初，毛泽东在广东省委的一份报告上批示说："公社大队长、小队长瞒产私分粮食一事，情况严重……在全国是一个普遍存在的问题，必须立即解决。"他甚至不得不承认："生产大队、小队普遍一致瞒产私分，深藏密窖，站岗放哨，保卫他们自己的产品，反批评公社、上级的平分主义、抢产共产。我以为生产队的做法基本上是合理的。"它是农民"反抗的一个集中表现"②。杜润生则认为："正因为'大集体经济'吃不饱饭，甚至饿死了人，农民就要想办法，避免风险。其办法，一种是在体制内自己采取一些能吃饱肚子的做法，包括社员和干部互相串通的应变办法，即日后我们所说的'瞒产私分'，这是一种无权者的抵制。"③ 除了"瞒产私分"以外，农民还通过"偷""捡"等方式获得农产品。方式之多，根本无法统计。高王凌对农民的抵制行为进行了较为详细的调查，并将农民的这一行为定义为"反行为"。④

统购统销使国家高度垄断着农产品的支配权，非国家性的自由买卖成为不被允许的行为，并被冠以"投机倒把"。但是这种行为与"瞒产私分"一样不仅未能根绝，而且长期存在，有时候还有一定普遍性。1963年5月20日，中共中央关于转发《中共中央关于目前农村工作中若干问题的决定（草案）》的通知指出："在商业上，投机倒把的活动很严重，有些地方，这种活动是很猖狂的。"⑤ 1964年12月10日，《中共中央、国务院关于农村面上工作座谈会纪要的批示》说："今冬明春在面上主要是

---

① 《毛泽东文集》第8卷，人民出版社1999年版，第9页。
② 《建国以来毛泽东文稿》第8册，中央文献出版社1993年版，第52、62、70页。
③ 《杜润生自述：中国农村体制变革重大决策纪实》，人民出版社2005年版，第83页。
④ 具体内容可参见高王凌：《人民公社时期中国农民"反行为"调查》，中共党史出版社2006年版。
⑤ 《建国以来农业合作化史料汇编》，中共党史出版社1992年版，第762页。

打击倒卖粮、棉、油、烟、麻等农产品的投机倒把分子。各地应该教育和动员群众，在完成了征购任务以后，把多余的粮、棉、油、烟、麻卖给国家，使投机倒把分子无隙可乘，具体规定，由国务院直接下达。发现进行投机倒把活动的分子，要没收他们的物资，要罚款，严重的还要法办。"①

尽管国家为维护统购统销制度，对于"瞒产私分""投机倒把"等农民行为采取禁止，甚至运用暴力强制方式加以打击，但是这类行为仍然以各种方式长期延续存在。其主要原因在于：统购统销在一定程度上是以牺牲农民利益为条件的，属于国家的强制性整合，这种整合很难持续。相对于国家而言，农民是弱者，但他们毕竟是农产品的直接生产者，有条件按自己的意志支配农产品。尽管国家考虑了农民利益，甚至通过缺粮者补助"返销粮"，解决部分人的饥饿问题。但国家不可能满足农民多样化和日益增长的生活需求。"饥饿逻辑"和"过好日子"的向往，促使农民以非国家允许的方式去获得农产品和多于国家提供的收益。更重要的是，产品"公有化"的合法性基础受到农民置疑。在一些农民看来，农产品本来是农民自己生产的，怎么成了"公家的"呢？正是基于这一想法，农民对"瞒产私分""投机倒把"等行为并没有视之为不合理。虽然国家在农村持续不断地开展"社会主义教育运动"，但收效甚微。国家未能改变农民，反而是农民的行为最终改变了国家制度。以研究农民日常反抗行为而著称的斯科特的一段话，有助于我们对农民这一无权者的抵制行为及其后果的理解，他说："就像成百上千的珊瑚虫形成的珊瑚礁一样，大量的农民反抗与不合作行为造就了他们特有的政治和经济的暗礁。在很大程度上，农民以这种方式表明了其参与感。打个比方说，当国家的航船搁浅于这些暗礁时，人们通常只注意船只失事本身，而没有看到正是这些微不足道的行动的大量聚集才使失事成为可能。"②

20 世纪 70 年代后期，再次兴起的农村包产到户的改革，其核心内容就是农民希望更多地取得对农产品的支配权。农村改革中出现的"交足国家的，留够集体的，剩下的全是自己的"这句名言便反映了农民的诉

---

① 《建国以来农业合作化史料汇编》，中共党史出版社 1992 年版，第 762 页。

② 参见徐勇：《"政党下乡"：现代国家对乡土的整合》，《学术月刊》2007 年第 7 期；《"行政下乡"：动员、任务与命令——现代国家向乡土社会的渗透的行政机制》，《华中师范大学学报》（哲学社会科学版）2007 年第 5 期。

求。农村改革充分调动了农民的积极性，农产品迅速增长，国家和农民都得到收益，为改变统购统销制度创造了条件。1985年1月1日发布的《中共中央、国务院关于进一步活跃农村经济的十项政策》（通称中央一号文件）指出："从今年起，除个别品种外，国家不再向农民下达农产品统购派购任务，按照不同情况，分别实行合同定购和市场收购。"其他农产品"也要逐步取消派购，自由上市，自由交易，随行就市，按质论价"。实行合同定购、市场收购、自由交易是对原有的统购统销制度的重大改变。它肯定了农民的生产者主权地位。国家不再是以单向性的行政强制，而是以合同的方式从农民手中获取农产品，甚至为了获得国家所需要的产品而给农民以奖励。非合同定购的产品完全由农民自行支配。20世纪80年代之后，农民对农产品的支配权愈来愈大，政府干预愈来愈少。"瞒产私分""投机倒把"等行为和名词成为历史。

　　农民生产者主权地位的确立，也改变着乡村治理。领导生产不再是农村干部的主要工作，干部需要以平等的方式与农民签订定购合同，尽管合同还具有一定程度的指派性，但毕竟农民对农产品有了更多的自由支配权。农产品的"公有化"属性开始回归到农民自己所有的属性。农民生产者主权地位的确立可以说是现代国家建构中农民获得公民权利的基础。当生产者连自己的产品都无法支配时，很难成为平等自由的国家公民。当然，由此也给乡村治理带来新的挑战，即国家再不能通过控制农产品资源来治理乡村，而需要以农民为生产主体和农产品所有者为基础进行乡土整合。不少乡村干部都认为，农村改革后的农民"不好管了"，即难以通过控制农产品资源来管理农民。由此也意味着乡村治理需要新的改变。

自留地：分配视角下的国家与农民

【导读】"自留地"是中国农业集体化时期国家允许农民保留自主经营使用权的少量土地，它的由来和变迁体现了国家与农民的分配关系。这种分配包含两个层次：一是"自留地"作为物质形态的土地资源，是国家对农民土地使用权的分配；二是"自留地"是国家在集体化的特殊时代分配给农民自主、自由的私人空间。"自留地"在制度、生产形态、分配效益上相对于"集体地"的绝对优势，使集体分配方式逐渐被打破，农民本能地创造出"包产到户"的分配体制，倒逼着国家进行农业生产分配制度改革。当农业集体化的时代成为历史，"自留地"也失去了原有的历史功能，转换为象征着自由、自主权利的代名词。

我国农业集体化初期，农村出现了一个新兴事物——"自留地"。"自留地"是国家为了照顾农民生活多样化的要求，允许农民在土地入社时保留一部分土地，自己经营，其收入归个人所有，不参加集体分配。从物质形态看，在"自留地"上，农民享有占有、使用收益的权利；从精神层面看，农民在"自留地"上的生产活动随心所欲，不受国家干涉。

这个新兴事物在农业集体化时期及集体化结束后长期存在。"自留地"并不是凭空出现的，它的产生与新政权、新制度的建立密切相关。

一　历史由来

（一）政策的由来

1949 年中华人民共和国成立，百废待兴。走社会主义道路的新中国创设的各项制度与苏联经验密切相关。我国农业集体化时期的自留地，就受到苏联对自留地政策经验的影响。苏联在农业集体化时期对自留地作了明确的规定："在农业劳动组合中，实行公有化的是基本生产资料，主要是谷物业方面的基本生产资料：劳动、土地使用等。在劳动组合中不实行公有化的是：宅旁园地（小菜园、小果园）。"① 这里的"宅旁园地（小菜园、小果园）"指的是自留地。苏联的自留地经营伴随着苏联的集体经济长期存在，满足了农民的部分物质需要，对苏联农民的家庭经济的发展发挥了巨大作用。受"二战"配给制、意识形态等各方面因素的影响，苏联在战后逐步把集体农庄所有制提高到全民所有制水平。即使如此，包括自留地在内的家庭副业也没有被取消。

我国历史上的自留地在初级农业合作社时期就产生了。新政权建立后，农业生产得到恢复和发展，东北、山西等老解放区的一些农民为进一步发展农业生产，突破小生产的限制、克服互助组集中劳动与分散经营的矛盾，自发地在互助组的基础上组织起农业生产合作社。农业生产合作社以土地入股分红、统一经营、统一分配为主要特点。在土地入社时，为了照顾农民对蔬菜，肉类、水果等特殊需要，社员可以根据自己的意愿保留一部分土地，自己经营，其收入归个人所有，不参加集体分配，这部分保留的土地就是"自留地"②。同时，由于合作社生产耕种的统一性和产量的不确定性，借鉴一些留有自留地的地方经验，入社的农户很自然地留下少量土地自己耕种，以应对这种风险。这部分自种土地上的产出归农民个人所有，不参加统一分配。至于留多留少国家并没有明确规定，全凭农民自我决定。因此，此时的自留地并不是国家政策规定的产物，只是存在于制度外的、农民的一种自发创造和有意识的自我保障。

1953 年 1 月，中共中央东北局颁布《东北农业生产合作社试行简章》；1953 年 3 月，华北局颁布《农业生产合作社试行简章》，这两个章程都对自留地政策作了相应的规定。东北局规定，"社员家庭之土地除各自留出自用，少量菜地及宅旁果园由自己经营外，其余土地全部入

---

① 《斯大林选集》（下卷），北京：人民出版社 1979 年版，第 242 页。

② 朱金鹏：《农业合作化和集体化时期自留地制度的演变》，《当代中国史研究》2009 年第 3 期。

社，实行统一经营"①，这个规定允许社员拥有少量用于种菜的自留地，但是没有规定自留地的具体数量。而华北局则明确规定，"'自留地'不得超过各社社员占有土地总面积的百分之二十"②。这两个章程的颁布对于全国都具有示范意义，很多地区都对此加以效仿，相继制定了适合各自具体情况的自留地政策。于是，自留地政策在部分地区得到初步确认。随着初级农业合作社章程的制定，自留地的分配比例和经营方式逐步制度化。

1955年，中央制定第一个关于自留地的法定文件。这部由邓子恢主持修订的《农业生产合作社示范章程（草案）》，在1955年10月经中共七届六中全会讨论并原则通过，后经1955年11月全国人大常委会第二十四次会议通过。该文件关于自留地的政策是这样规定的："为了照顾社员种植蔬菜或者别的园艺作物的需要，应该允许社员有小块的自留地。每口人所留的土地至多不能超过全村每口人所有土地的平均数的百分之五。"③这项政策指明了国家分配自留地的目的、性质、数量以及自留地的经营范围。分配的目的是"照顾社员种植蔬菜或者别的园艺作物的需要"；政策的性质是"应该允许社员有小块的自留地"；对自留地的数量规定是"每口人所留的土地至多不能超过全村每口人所有土地的平均数的百分之五"；自留地的经营范围是"种植蔬菜或者别的园艺作物"。此后，各地合作社逐步把关于自留地的制度建立起来，这种由农民创造的自留地制度有了国家意志化的合法性，自留地制度初步成型。

可见，自留地政策的确立走了一条由试验到推广再到全面推开的道路。首先，自留地政策有苏联的经验可借鉴。在借鉴苏联经验的基础上，先在地方实行自留地政策，再由地方性政策上升到国家性政策，最后将政策在全国加以推广，直至全面推开。这也反映了一项新政策推行的常规路径。

---

① 史敬堂等：《中国农业合作化运动史料》（下），生活·读书·新知三联书店1959年版，第138页。

② 《中国农业合作化运动史料》（下），生活·读书·新知三联书店1959年版，第146页。

③ 国家农业委员会办公厅编：《农业集体化重要文件汇编（1949—1957）》上，中共中央党校出版社1981年版，第484页。

（二）分配"自留地"的原因

为什么在土地集体所有制的基础上必须分配"自留地"？农业集体化时期的生产实行统一规划、统一经营、统一计算盈亏、统一分配。集体分配主要有现金（含实物折款）和实物（主要是粮食）两部分。现金扣除总费用、国家税金、集体提留后为社员所得，按工分分配。粮食分配，首先交纳国家公粮及卖给国家购粮和双超粮，其次是生产队集体提留，最后是社员口粮。口粮按照当年粮食产量及有关规定分配，实行按人定等，以等定量[①]。按照这种先国家再集体后个人的分配顺序进行分配，最后到达社员手上的物资非常有限。集体分配基本上只能满足社员的口粮需求，无法满足农民对于蔬菜、水果、肉类等多样化的需求。自留地却能在这方面起到辅助作用。给社员分配一定数量的自留地，允许社员在自留地上种植蔬菜或者别的经济作物，可以满足社员生活需求，弥补集体分配的不足。

但是，在是否应该给社员分配自留地这一问题上，曾经产生过明显的分歧。有人认为自留地是"自私自利的根子"，社员有了"自留地"，会和集体生产发生矛盾，主张不同意给社员分配"自留地"[②]。然而，不给社员分配自留地却又会带来很多问题。"社员们每天吃的蔬菜，就得由生产队每隔四五天分一次。每分一次菜，一千多户社员又得排成若干长队，每人花半天时间。社员们不仅吃不到新鲜蔬菜，还影响了生产和劳动工分的收入。过去在自留地上栽点土烟自己吃的社员，吃烟也得到街上去买，有的社员养些小家畜也缺少饲料，许多社员只好在晒场上栽辣子、坟头上种麦瓜。……再加上社员每次分得蔬菜要由合作社记账、扣工分，每个月还要支出一笔生产队中负责分菜的人的工分。社员很不满意。"[③]

于是，主张不分配自留地的观点受到了驳斥：在集体化的条件下，农民的主要生产资料全为集体所有，社会主义大生产已成了主要生产方式，农民的思想意识也有了显著变化。在这种情况下，农民有一小块自留地是

---

① 环江毛南族自治县志编撰委员会编：《环江毛南族自治县志》，广西人民出版社 2002 年版，第 442 页。

② 《社员该不该有自留地》，《人民日报》1956 年 8 月 26 日第 3 版。

③ 《适当照顾社员的个人利益，先锋农业社重新分配自留地》，《人民日报》1956 年 8 月 19 日第 3 版。

不用担心害怕的。对于"自留地"生产和集体生产可能发生的矛盾，可以通过经常向社员进行集体主义教育，帮助社员适当安排在"自留地"里劳动的时间，并制定出合理、健全的管理制度的途径来解决。农业合作社抽出一定数量的土地分配给社员种菜，鼓励并帮助社员经营必要的家庭副业，是从巩固合作社和照顾社员个人的实际需要出发的。因为农业合作社对社员的日常生活不可能完全照顾到，应该让社员有少量自留地和经营一些家庭副业生产，以调剂社员生活，活跃社员家庭经济，解决社员日常吃菜和零花钱问题，让社员吃得如意，过得愉快。适当照顾社员个人利益，农业合作社的集体利益也就容易巩固和发展[1]。

同时，集体生产使农民失去了私人空间，自留地在一定程度上为农民提供了这种私人空间，满足了农民自由、自主的权利需求。自留地的存在使得农民能够按照自己的意愿追求自己的利益，从而稳定农民情绪，刺激农民生产积极性，使农民能够心情舒畅地投入集体劳动中去。

而且，从一定意义上讲，自留地是动员广大农民积极参加农业生产，支持中国共产党和新生政权的一种经济激励和政治激励。从土地改革可以看到，改革后的土地私有极大地调动了农民的积极性。这种土地私有，从产权制度上来说与之前并没有多少变化，但是土改以后的私有制，已经融入了国家权力，尤其是土地改革说明：土地和财富增加（比如成为地主或富农）反而会导致其所有权的丧失，也就是说国家法律不会最终承认和保护合法的私有财产。这一点在后来的集体化时期得到充分的证明。农民的积极性因此受到很大打击，农业生产力迅速下降。此时，国家允许自留地制度在集体化体制下存在，使部分私有产权得到承认和保护，满足了农民经济上的小私有观念和政治上的些许自由，从而在一定程度上进一步提高了国家的政治认受性，为新生政权赢得了更多地承认和支持。虽然历次运动中自留地都被作为"资本主义"受到批判和冲击，但经历了几起几落，自留地制度仍然贯穿于中国农业集体化的整个过程，并在集体化结束后长期存在。

集体化时期，土地是集体的土地，劳动是集体的劳动，都被纳入了国家管理的范畴。国家之所以实行农业集体化政策，固然是为了获取农

---

[1] 《应该给社员分"自留地"》，《人民日报》1956 年 11 月 2 日第 3 版。

民的劳动剩余，但同时又要确保农民最低程度的生活保障。集体性质决定了土地集体经营的数量必定要占绝对优势，自留地的数量自然不能过多。自留地过多，农民依靠自留地的产出就可以维持生活，会降低他们参加集体劳动的意愿，影响集体生产。自留地过少，满足不了农民对蔬菜等产品的需求，农民个人利益没有得到适当照顾，结果必然引起农民的不满和反对，打击农民的生产积极性。因此，国家在满足集体生产需要的前提下，适当分配自留地，自留地过多过少都会影响农民的生活和集体的巩固[①]。

（三）"自留地"分配的实质

"土地是一个大实验场，是一个武库，既提供劳动资料，又提供劳动材料，还提供共同体居住的地方，即共同体的基础。"[②] 土地的极端重要性决定了对土地的拥有和支配是各个时代、各个阶层争夺和关注的焦点。

20 世纪 50 年代的土地改革（从 1950 年冬到 1953 年春），使土地在国家的平均分配下到达农民手上，将封建半封建的土地所有制改变为农民的土地所有制。在经历了短暂的小土地私有后，从 1956 年开始，国家对农业进行社会主义改造，将生产资料的个体农民所有制，改造成合作社社员集体所有制，土地、耕牛、农具等都收归农业合作社集体所有。同时，为弥补集体经济的不足，国家分配给农民一部分自留地，让其自主经营，自留地所生产的产品，由他们自由支配。从物质形态看，此时的自留地与土改后国家分配给农民的土地没什么两样，都是能够创造财富的土地。但是，土地权属状态却发生了实质性的改变。土改后，农民对土地享有包括占有权、使用权、收益权和处分权在内的所有者产权束[③]；而自留地的所有权则属于集体，农民只享有对自留地的占有、使用和收益权，不享有处分自留地的权利。但在集体化制度安排强制性的生产和分配环境下，自留地对于农民的意愿和需求来说，就显得非常有弹性。在公社束缚农民人身自由的前提下，自留地给予农民从事粮食生产以外的蔬果作物种植和从事

---

① 剑虹：《"自留地"过多过少都有害处》，《人民日报》1955 年 11 月 16 日第 2 版。

② 马克思、恩格斯：《马克思恩格斯全集》第 46 卷（上册），人民出版社，第 472 页。

③ 此概念来自周诚：《土地经济学原理》，北京：商务印书馆 2003 年版，第 167—168 页。

家庭副业的途径，使他们有了通过获取自己的劳动剩余，从而积累财富的可能性。因此，自留地可以看作是国家对农民私人产权和私人空间的相对落实。

从历史上看，中国土地分配制度经历了 3 次大的变迁：一是春秋战国时期的井田制（国王—领主所有制）向土地私有制的变迁；二是 20 世纪 50 年代中期土地私有制向土地公有制的变迁；三是在土地公有制的前提下，20 世纪 80 年代初期农地集体经营向以家庭经营为主的转变①。在土地私有制时期，土地一般是私有私用。农业互助组是个例外，互助组的土地是私有公用，但互助组时期的自留地却是私有私用。在土地公有制时期，土地分为公有公用和公有私用两种权属状态。集体化时期国家分配给农民的自留地即为公有私用。这一时期，自留地的所有权属于集体，而使用权归农民个体家庭。20 世纪 80 年代初期的"包产到户"也是土地公有私用。可见，互助组以来的土地分配制度之间存在着内在联系。互助组之前的土地私有制时期，土地所有权和使用权统一，从互助组到"包产到户"时期，土地所有权和使用权分离。互助组以后的自留地和"包产到户"的土地权属状态，都是国家分配剥离了所有权后赋予农民土地使用权。

二 变 迁

1955 年，自留地政策得到初步制度化，但此后自留地政策并不稳定，经历了几起几落。其一是自留地制度本身的存废；其二是自留地数量的变动；其三是自留地经营范围的变动。自留地政策之所以有这样的变动，原因在于两方面。一是国家政策以意识形态为导向。意识形态的偏向使自留地要么被作为集体分配的必不可少的补充而存在，要么被作为"自私自利的根子""资本主义尾巴"而受到打击和批判。二是由农民生产形态决定的农业经济绩效。自留地数量的多寡、自留地经营范围的控制和扩大都在很大程度上决定农民生产积极性的高低，而农业经济绩效取决于农民生产积极性。在农业经济绩效受到影响时，"自留地"政策往往被作为应对

---

① 慈鸿飞：《农地产权制度选择的历史和逻辑》，《江海学刊》2007 年第 4 期。

危机的措施提上日程。

从 1955 年中央制定第一个关于自留地的法定文件以来，国家对自留地的政策一直处于变动之中。这种变动在于自留地本身的存废、自留地权属的转移、自留地数量的增减和自留地经营范围的变动。一是在 1956 年初级社扩大合并和升级转入高级社过程中，有些地方自留地被收回，有些地方减少自留地数量。二是 1957 年国家规定扩大自留地数量，自留地数量突破了人均占有耕地的 5% 的限制，达到 10%，中央关于自留地的政策基本上稳定下来①。三是 1958 年建立人民公社，自留地政策被取消。四是 1959 年年中，中央相继发出《关于农业的五条紧急指示》《关于分配私人自留地以利发展猪鸡鸭鹅问题的指示》《关于社员私养家禽、家畜、自留地等四个问题的指示》三个重要文件，恢复自留地制度，鼓励农民发展家庭副业。五是 1959 年庐山会议错误发动反右倾运动，自留地制度再次遭到批判和否定。六是中共中央于 1960 年 11 月 3 日发出《关于农村人民公社当前政策问题的紧急指示信》（以下简称"十二条"），强调恢复自留地。七是 1961 年国家将自留地数量提高到 7%，并且规定"社员家庭的自留地一般达到百分之五"，各地可根据具体情况做出相应调整，并特别强调经过这次调整，自留地"至少二十年不变"②。八是 1962 年《农村人民公社工作条例修正草案》规定"自留地、饲料地、开荒地"三者加起来"可以占生产大队耕地面积的百分之五到百分之十，最多不能超过百分之十五"③。随着《农村人民公社工作条例修正草案》在各地的贯彻实施，自留地制度稳定下来，直到"文化大革命"开始。九是"文化大革命"时期自留地制度再度受到冲击。十是"文化大革命"结束后，自留地制度得到恢复和发展。

1978 年，党的十一届三中全会通过的《农村人民公社工作条例（试行草案）》（即"农村六十条"的第四个版本）规定："社员耕种的自留

---

① 《农业集体化重要文件汇编（1949—1957）》（上），中共中央党校出版社 1981 年版，第 699 页。

② 《农业集体化重要文件汇编（1958—1981）》（下），中共中央党校出版社 1981 年版，第 436—437 页。

③ 同上书，第 642 页。

地是社会主义经济的必要补充部分……自留地一般占生产队耕地面积的百
分之五至百分之七，不许扩大和转让。"① 1979 年 9 月党的十一届四中全
会通过的《中共中央关于加强农业发展若干问题的决定》也明确肯定了
自留地经营作为社会主义经济的附属和补充的地位，自留地政策得到国家
的肯定和鼓励。特别是 1981 年，党中央和国务院在关于积极发展农村多
种经营的通知中提出："不搞包产到户的地方，可以因地制宜，适当扩大
自留地、饲料地，两者面积的最高限度可达生产队耕地总面积的 15%。"②
同年，国家实行林业"三定"政策（即稳定山林权，划定自留山，确定
林业生产责任制），给农民划定大面积的自留山，并颁发《自留山、宅基
园林地使用证》，稳定农民对自留山的经营使用权，同时也稳定了林业生
产。

　　通过研读国家对自留地政策的变动可知 1955 年到 1956 年，国家分配
自留地的主要目的是"照顾社员种植蔬菜"的需要，也就是为了满足农
民的基本生活消费。从 1957 年开始，国家鼓励农民经营自留地发展家庭
副业。1978 年以后，国家逐步放宽对自留地经营的限制，鼓励农民在自
留地上种植经济作物、发展多种经营，在自留山上经营林业，在自留草场
上经营牧业等。自留地的功能从满足生活消费到发展家庭副业，总是与农
民的个人生活和个人利益紧密相关。比较而言，集体时期的农业生产就更
加单纯、更加粮食化了。集体生产只能满足农民的口粮需求，自留地生产
则可以照顾到农民的生活消费。"集体财产运营及收益分配直接为国家提
供税收和财政来源，关系着国家的政权建设和巩固，直接为农民提供生产
和生活必需品——口粮，关系国家赖以存在的一个最基本要素——人
民"③。因此，集体地和自留地的不同功能看上去是生产分工导致了生活
分工，实际上则体现了与国家利益密切相关的集体主生产，与农民个人利
益有关的农民家庭主生产。

---

① 《农业集体化重要文件汇编（1958—1981）》（下），中共中央党校出版社 1981 年版，第
983 页。

② 《认真落实自留地政策》，《人民日报》1981 年 6 月 17 日第 2 版。

③ 刘金海：《产权与政治——国家、集体与农民关系视角下的村庄经验》，中国社会科学出
版社 2006 年版，第 1 页。

三 "自留地"与"集体地"的比较

（一）制度对比

1. 财产权利。农业集体化运动把农村土地从农民私人所有转为集体所有，建立了财产意义上的集体产权[①]，并将对这种产权的保护上升到法律层面，用国家的强制力作为保障，"集体地"由此应运而生。与此同时，农民对土地财产权利的所有者产权束被国家剥夺。不仅如此，农民对"集体地"的经营使用权也只能以集体成员的身份获取。虽然农民拥有从"集体地"获取收益的权利，但这种权利是根据个人在土地上付出的劳动计算得出的，而且并不完整，也不具有排他性。总之，"集体地"的所有权与使用权统一，公有公用，获利公分。

作为国家从集体土地中抽出而分配给农民的少量土地，自留地的所有权仍属于集体，农民只享有对自留地的使用者产权束，即公有私用。这种使用者产权束并不完整。农民享有对自留地的直接占有权、自主经营使用权和排他性的收益权，不享有处分自留地的权利。农民对自留地的权利并不稳固。人民公社成立初期，自留地即被国家收回："社员转入公社应该交出全部自留地；单干户入社应该将全部土地转归公社所有。"[②] 此后国家又在《中共中央关于农业的五条紧急指示》[③] 中规定恢复自留地政策，如此几收几放、反反复复，自留地成为国家政策的"恩赐"品或政策的"牺牲"品。

2. 生产制度。"集体化不仅造成土地等生产资料归集体所有，而且劳动也属于集体，为集体所统一调配。……在集体经济组织内，农民的劳动不再是个人劳动，而属于集体劳动，劳动的属性由私人性转向集体公共性。劳动活动不再是农民的自由选择，而是农民个人对集体应该尽

[①] "集体产权"的概念来自刘金海：《产权与政治——国家、集体与农民关系视角下的村庄经验》，中国社会科学出版社 2006 年版。

[②] 《农业集体化重要文件汇编（1958—1981）》（下），中央中党校出版社 1981 年版，第 95 页。

[③] 同上书，第 203—204 页。

的义务。"① 国家通过"政社合一"的公社组织统一调配劳动资源，从事社会生产。

为了全面迅速发展农业生产，适应城乡居民消费需要，为工业化积累资本，国家每年都对农业生产的各方面做出分门别类，分配生产指标。生产什么，不生产什么，生产多少，都由国家说了算，农民只能按照指标去完成。从农村劳动力"是务农还是务工"的分配，到"麦、稻、薯、豆、油"等农产品的生产分配，到"耕田、耙田、选种、拌种、栽秧、施肥、打药、锄草"等田间管理工作的分配，再到"劳动、吃饭、休息、睡眠、放假"的时间分配，全部被纳入国家计划，接受国家的"全能"管理。农民没有安排生产的自主权利，一切听从生产队长调遣。每家养几只鸡都有规定，超过不行，哪块地种什么都要按照命令去做。行距、株距都有详细规定，种的不对，就要拔掉。

农民没有随便外出务工的自由，而且只能在国家"以粮为纲"的农业发展政策下，着重生产产值和附加值相对较低的、满足"吃饭"要求的粮食作物，产值相对较高的、可以满足多样化需求的其他经济作物的生产不能由农民做主。如果农民要想务工经商，会被当成不务正业。

国家把完成基本劳动日，作为社员的义务写入农村人民公社工作条例："人民公社社员，在公社内必须履行自己一切应尽的义务，……每一个社员必须完成应该做的基本劳动日。"② "生产队应该组织一切有劳动能力的人，参加劳动。……还要组织一切能够从事辅助劳动的人，参加适合他们的情况的劳动。"③ 从每年年初开始，生产队就要对每一户的每个人在劳动分工上进行安排，使凡能参加生产劳动的农民，都能按其所长参加一定的劳动。每一个劳动日都有严格的作息时间，几点起床、几点上工、几点吃早饭、几点吃午饭、几点放工都规定好了，农民必须遵守，否则就要被扣工分，少分粮食。

总之，在"集体地"里生产，农民人身不自由，生产生活也不自主，

---

① 徐勇：《论农民劳动的国家性建构及其成效——国家整合视角下农民劳动的变化》，《山西大学学报》2008 年第 3 期。

② 《农业集体化重要文件汇编（1958—1981）》（下），中共中央党校出版社 1981 年版，第 487、644 页。

③ 同上书，第 637 页。

基本上没有自由选择的机会。

比较而言，农民在自留地上的生产就自由多了。在不违反国家规定的前提下，农民可以根据自己的需要在自留地里种植作物。种多种少、怎么种由农民自己做主。自留地的耕种时间也很随意，农民可以在集体生产之外的时间里自由调配，有更多自由选择的私人空间。

3. 分配制度。集体化时期，"集体地"上的农业产出不仅要在集体内分配，还要参加社会分配。一方面，在集体内，农业产出要分为公共积累和个人分配两部分；另一方面，基于为工业化提供积累资金，支援工业建设考虑，国家建立了对农产品的征购制度，即农产品统购统销制度，将农业纳入社会分配范围。前面提到，集体分配主要有现金（含实物折款）和实物（主要是粮食）两部分。具体的分配方式是：现金扣除总费用、国家税金、集体提留后为社员所得，按工分分配。粮食分配，首先交纳国家公粮及卖给国家购粮和双超粮；其次是生产队集体提留；最后是社员口粮。口粮按照当年粮食产量及有关规定分配，实行按人定等，以等定量①。也就是说，集体分配按照先国家再集体后个人的分配顺序进行分配。这种分配制度首先将农民的大部分劳动剩余拿走，留下仅够维持农民生存所需的基本口粮后才在集体内部分配。

国家的各项政策法规明确规定在集体内部实行按劳分配制度，统一规划、统一经营、统一计算盈亏、统一分配。虽然基本核算单位在不同时期、不同地区有所不同，但是分配方式基本一致：没有严格地按劳分配，而是"按工分分配"或"按人定等，以等定量（按需分配）"。

以公社为统一核算单位时，实行供给制与工资制相结合，即"吃饭不要钱，按月发工资"。集体产品在公社内统一分配，实际上是平均分配，否定了多收多分，多劳多得的原则。

以大队为核算单位时，穷队与富队（生产队）之间的分配仍然是"平均主义"。

以生产队为基本核算单位时，由生产队自负盈亏，直接组织收益和分配。在生产队内部实行按工分分配的制度。记工分的方式分为两种：按件

① 环江毛南族自治县志编撰委员会编：《环江毛南族自治县志》，广西人民出版社 2002 年版，第 442 页。

记工分和按时记工分。按件记工分能够在一定程度上体现真实劳动付出，但是并不适用于所有农活，而且需要生产队干部的得力监督，会增加干部的工作量，处理不好还会引起纠纷和争执，所以按件记工分一般不被采用。生产队常用的是按时记工分方式，即以出工日作为分配依据，这种方式不能体现农民的真实劳动付出，据此分配也无法避免平均主义。

1966 年"文化大革命"开始后，把劳动定额、计件记分当作资本主义、修正主义批判，开始开展"农业学大寨"，实行"政治评分"。这更不符合按劳分配的原则。

按劳分配的原则是：在劳动者之间，谁的劳动对社会贡献比较大，他得到的劳动成果就相应比较多。按照这个原则，上述集体的种种分配方式都不是按劳分配。

按劳分配原则在自留地上体现得非常彻底，"社员自留地上收获的农产品，不计入分配产量，不顶口粮，不计征购，归社员个人支配。"① 农民在自留地付出多少劳动就会有多少收入，付出的劳动多，经营较好的，获得的收入就多，而付出的劳动少，获得的收入就少，这充分体现了多劳多得的原则。

（二）生产形态对比

1. "磨洋工"与低效率

"出工一窝蜂，做活磨洋工"是农业集体化时期农民集体劳动状态的最好写照。有人把人民公社"组织军事化、行动战斗化、生活集体化"戏谑地称为"出工自由化、吃饭战斗化、收工集体化。"② 出工时，"队长吹炸了哨子，喊破了喉咙，还是七齐八不齐。尖头滑怪的，推拖躲磨，忠诚老实的，出力不讨好。"犁田时不犁边田九，栽秧时外密里疏，飘秧时缺棵，耘田时猫盖屎，草不净，泥不烂。收工时一哄而散。"人不亲地，地不出粮，肥田变成瘦田，小路踩成大路。"③

农业劳动"面朝黄土背朝天"，恶劣的劳动条件挑战着劳动者的体力

---

① 《农业集体化重要文件汇编（1958—1981）》（下），中共中央党校出版社 1981 年版，第 381 页。

② 同上书，第 128 页。

③ 同上书，第 511 页。

极限。对于农民来说，劳动虽然是生存的第一需要，但它更是一种沉重的负担，是为了生存不得已而为之的选择。分配上对劳动剩余的剥夺，以及相对平均主义，致使农民的劳动付出与劳动收益不对称。虽然国家赋予劳动以神圣价值，倡导"劳动光荣，不劳动可耻"，但是，农民在集体劳动中并没有获得支配自己的劳动和产品的权利，只是被国家支配的众多劳动力个体之一①。因此，此时的劳动在农民心目中严重贬值了。农民根本不指望靠勤劳致富（在当时的意识形态背景下，农民也不敢有这种"致富"的念头），充其量就是希望"忍饥挨饿最小化"。在确保不挨饿的前提下，农民尽可能地"按酬付劳"，甚至搭集体劳动的便车，少劳动，少付出。农民们认为"多干不如少干，少干不如不干，劳动不如懒汉"。这种现象在按时记工分制度下表现得尤为突出。因为在计时制下，以出工日作为分配依据，农民只需多花时间就可以获得较多工分，而不管是有效劳动时间还是无效劳动时间。此时多劳不能多得，社员很少愿意卖力干活，理性的农民把着眼点放在"赚工分"上，结果出现"出工不出力"的现象。在这种情况下，"奸狡人讨好，老实人吃亏"，付出沉重劳动的农民从内心深处感到自己吃亏了。

为了不吃亏，很多人都跟着偷懒、磨洋工。就连那些本来充满热情，想努力干活的人也跟着偷懒，以求得内心的平衡。这就是"随大流"思想引发的所谓"负攀比"所产生的效应②。这种效应导致农村劳动力市场出现了"劣币驱逐良币"的现象。农民虽然明白集体生产的好坏直接关系到每个人的利益，在集体劳动时，也会适当注意农活质量，但是农活的质量只是"大体上说的过去"。在这种状态下，集体生产中产生大量的无效劳动，农民的劳动时间多于生产所必需的劳动时间，集体劳动效率非常低下，生产无法提高。

周志强在《中国共产党与中国农业发展道路》中指出，农业合作化发展的 1952—1956 年，我国粮食年平均增长 14.1%，农业总产值年均增

---

① 徐勇：《论农民劳动的国家性建构及其成效——国家整合视角下农民劳动的变化》，《山西大学学报》2008 年第 3 期。

② 张乐天：《告别理想——人民公社制度研究》，东方出版中心 1998 年版，第 237、417页。

长 4.82%，集体化的第一年，粮食增长仅有 1.19%，农业总产值增长为 3.6%①。

事实上，农业集体化实施后的 20 年里，国家财政支农资金和农业信贷投入都有所增长，政府积极主导农业技术推广，这一系列措施使农业生产条件大为改善。但农业经济效益和劳动生产率并没有明显增加，反而呈下降趋势。这一时期，国家反复强调"以粮为纲"，强制性地要求多种粮，少种其他农作物。即便如此，粮食产量仍然令人失望。与 1957 年相比，1977 年劳动力人均粮食产量由 1030 公斤下降到 962 公斤，减少了 6.7%②。

从 1958 年人民公社成立，到 1978 年十一届三中全会召开，历时 20 年，全国粮食总产量仅增长 56.1%，平均每年仅有 2.2% 的增长率；棉花总产量增长 50%，平均每年增长了 1.95%；油料的增长率更低，20 年中，油料总产量仅增长 2.6%，平均每年增长 0.12%③，几乎可以忽略不计。1958 年，粮、棉、油的人均占有量分别为 306 公斤、2.6 公斤和 6.6 公斤；到 1978 年，人均占有量仅分别达到 318.7 公斤、2.3 公斤、5.1 公斤。可见，人均占有粮 20 年共增长 12.7 公斤，年均仅增加 625 克，而人均占有的棉花和油料则分别减少了 0.3 公斤和 1.5 公斤④。

相应地，农业生产力的止步不前，使得农民收入无法快速提高，农民生活质量一直处于低水平的状态，在这种情况下，农民不敢奢望致富。1978 年，农民人均纯收入只有 133.6 元，相对于 1957 年的 73 元来说，增长了约 80%。其中，集体分配所得有 38.5 元⑤，仅占 29%，来自农民个体经济的收入约占到 71%。1978 年，全国有 29.6% 的生产队集体人均分配不足 50 元，有 16.3% 的不足 40 元⑥。

2. 自留地与积极性

农民在自留地上的劳动产出全部归己所有，所劳与所得完全对等。因

---

① 周志强：《中国共产党与中国农业发展道路》，中共党史出版社 2003 年版，第 308 页。
② 经济研究参考资料，北京：经济科学出版社 1989 年版，第 66 页。
③ 国家统计局编：《中国统计年鉴 1993 年》，中国统计出版社 1994 年版，第 364、365 页。
④ 同上书，第 390 页。
⑤ 国家统计局编：《光辉的三十五年》，中国统计出版社 1984 年版，第 49 页。
⑥ 周志强：《中国共产党与中国农业发展道路》，中共党史出版社 2003 年版，第 309 页。

此，与集体生产状态完全相反的是，农民会在自家的自留地上，精雕细凿，绣花般的下工夫。在自留地上，为了获得更多收入，农民愿意最大限度地付出自己的劳动。

农民在集体劳动上工前和下工后，挤时间到自留地浇地、锄草、施肥。"有时，上工的时间到了，队长已经在挨家挨户催了，（我们）还要到自留地里转一圈，看庄稼长得么样。"下工时，"社员们会欢天喜地有说有笑地飞奔回家，到自留地做事"。"那时候肥料不够，为了让自留地肥力大，产量高，好多人都到社里偷大粪浇自留地。"自留地甚至成为衡量农民勤劳与懒惰的标志，"集体劳动时人人偷懒，分不清哪个是勤快人，哪个是懒人，只要到自留地一看，就晓得了。那些自留地里庄稼长得绿油油的、草薅得干干净净的，绝对是勤快人"。

在自留地上，农民积极地精耕细作，这与他们集体劳动时"懒懒沓沓"形成鲜明的对比。为获得更多的产出，农民常常只把心思放在自家的自留地上。在有限的劳动能力和劳动时间的制约下，农民投入集体生产的劳动不断减少，因此，自留地的绩效远远高于集体地是不足为奇的。

据彭尼·凯恩测算，1957 年之前，自留地的粮食产出约占当时农业总产出的 4.5%，正处于中国农业危机中的 1960 年和 1961 年，分别达到 7.7% 和 7.3%[1]，而此时的自留地不超过人均占有土地的 5%，相对于自留地绝对数量的小份额来说，自留地产量大得惊人。国务院农业部原副部长赵修在内蒙古农村发现，"自留地上亩产过千斤，集体地一百来斤"，自留地的粮食产量竟然 10 倍于集体地的收获[2]。

（三）分配效益对比

集体分配按照先国家再集体后个人的分配顺序进行分配。现金分配比例是：农业税、生产费和公积金公益金等各项扣留占 40% 左右，分配给社员的部分占 60% 左右[3]。生产队再将分配给社员的现金总额除以总工

---

[1]　彭尼·凯恩：《1959—1961 中国的大饥荒》，中国社会科学出版社 1993 年版，第 79 页。

[2]　凌志军：《历史不再徘徊——人民公社在中国的兴起和失败》，人民出版社 1996 年版，第 325 页。

[3]　《农业集体化重要文件汇编（1959—1981）》（下），中共中央党校出版社 1981 年版，第 220、333 页。

分，求出劳动日值（一个劳动日按 10 分算），最后按社员劳动的总工分分配到户。粮食分配是：首先交纳国家公粮及卖给国家购粮和双超粮；其次是生产队集体提留；最后是社员口粮。口粮分配标准要根据当年粮食产量及有关规定，有些年份多，有些年份少，一般仅够吃。

与此形成鲜明对比的是，"社员自留地上收获的农产品，不计入分配产量，不顶口粮，不计征购，归社员个人支配"[①]。也就是说，不管社员在自留地上付出了多少劳动，自留地上的产品都完全归社员所有，对于每个社员来说，自留地分配的收入与劳动之比都是 100%，所劳与所得完全对等。

不仅如此，集体分配的粮食化也不能满足农民对于蔬菜、水果、肉类和家庭副业等多样化的需求。而这些又是劳动力再生产所必不可少的，没有这些，简单的再生产将无法持续。自留地的存在为国民提供了满足这些需求的可能，进而使得国民经济能够持续下去。在 3 年自然灾害（农业危机）时期，集体生产连生存所必需的粮食都无法满足，农民在自留地上种下任何一种产量高、可以满足一家人填饱肚子的农作物，而不用受国家限制。

自留地的不可或缺，使国家对自留地的分配成为发展国民经济的必备因素。也正因为如此，才给了自留地打破集体分配方式的机会，以一种与集体分配制度完全相反的分配方式存在于农业集体化时期。而自留地 100% 的收入与劳动之比也正是地方上不断扩大自留地的原因所在。

四 从"自留地"到"包产到户"

（一）自留地的发展路径：农民争取下的国家推动

仔细研究历史我们可以发现，不管是在什么样的土地分配制度下，国家政权对土地都有绝对的予夺权，而农民一般都是在国家建构的土地分配制度内生存。但是，在多数情况下，土地分配制度是在国家与农民两者的互动关系中变化的。建立在自留地分配制度基础上的中国农业分配体制改

[①] 《农业集体化重要文件汇编（1958—1981）》（下），中共中央党校出版社 1981 年版，第 381 页。

革，实质上反映了在分配问题上，国家与农民关系的演变路径。

建国伊始，新生国家对改造自然和重建社会管理秩序雄心勃勃。为了使人们的行动符合国家计划，以在规定的时间内达成计划目标，权力被作为一种支配人民权利的工具由国家掌控以至滥用，国家权力的触角侵入到社会的各个领域和私人生活的诸多方面。国家不仅直接分配社会民众的各项财产权利，而且对个人劳动和私人生活进行分配和控制，这种权力的专横，将"全能主义"推向了历史的巅峰。①

相对于国家权力的主动与强势来说，农民是消极、被动甚至被迫的。在国家强大的意识形态的魔咒下，农民成为国家意志的臣服者。在这种分配秩序下，农民可以因为国家的一个政策目标而拥有众多的权利和私人领域，也可以因为国家的另一个政策方向而几乎失去所有不应受国家控制的私人领域，失去自由和个人自治的土壤。不过，农民的弱势被动并不代表农民完全无所作为。他们有属于自己的"弱者的武器"②，通过磨洋工、偷懒耍滑、阳奉阴违、小偷小摸等方式，表达他们"无声地抗议"。

对此，国家总是习惯于运用惩戒性的负激励，而不是借助于引导性的正激励。当惩戒性的负激励机制无法产生预期效果，反而有导致农民逆反心理产生的危险时，国家不得不对制度加以调整，并寻找可以让新制度站住脚的理论依据，以获取各方面的支持，增强国家的政治认受性和合法性。自留地就是在这样的政治背景下浮浮沉沉的。作为可供农民行使占有权、经营使用权和完整收益权的土地，自留地激发了农民无限的积极性，创造出惊人的高效业绩。

自留地所有权与使用权分离，农民以家庭为单位从事农业生产，打破了集体土地所有权与使用权统一的土地产权分配制度。在此基础上，中国农民为在集体产权约束下求生存，本能地创造出"包产到户"（也称为"包干到户"）的生产责任制形式。农民这种自发的变革土地产权的诉求，几经博弈，终于得到国家上层认可，使生产责任制从地方性上升到国家性，土地财产权利最终得到国家的重新配置。

---

① 邹谠：《二十世纪的中国政治》，牛津大学出版社 1994 年版，第 223 页。

② 詹姆斯·C. 斯科特：《弱者的武器》，译林出版社 2007 年版。

（二）从"自留地"到"包产到户"的分配体制创新

农民集体劳动积极性缺乏、集体农业生产效率低下、农业经济无法增长，成为社会主义进一步发展的瓶颈。基于追求意识形态目标考虑的国家，为调动农民集体生产积极性，巩固集体经济，发展农业生产，满足粮食需求，从技术措施、意识形态动员和制度安排等方面都做了努力。

在技术措施方面，国家发动农民兴修水利、广积肥料、改良土壤、选用良种、精耕密植、加强田间管理、消灭病虫害，并进行工具改良等。这在一定程度上改善了农业的生产条件，带来了粮食的暂时性增产。但是，正如马克思所认同的："土地是财富之母，劳动是财富之父"①，没有农民付诸于集体土地上的劳动积极性的提高，这种增产效应不能持久。在意识形态方面，国家不断开展社会主义和共产主义教育运动、"三反""五反"等运动，进行持续的政治动员，后来开展"农业学大寨"运动，推广大寨通过营造"阶级斗争"氛围，解决农民集体劳动积极性问题的经验，反对通过物质利益鼓励来刺激劳动积极性。总之，国家试图"通过创造和散布与之相配的普适性的话语和概念，以及确立何为正确、美好、道德、公平与合法的标准"②，建立一种象征环境，把农民置于这种环境中，用规范的意识来指导农民的行动——进行集体农业生产和集体生活。事实上，对人的意识的支配，并不像国家对社会财富的分配那样容易。有的农民"觉悟高"，更多的农民"觉悟低"，他们摆脱不了"自私自利"的本性。因此，这种意识形态动员对于提振农民积极性来说是失败的。

在制度方面，国家不遗余力地在健全劳动责任制和劳动激励机制上下了很大功夫：

其一是自留地制度。自留地从集体化一开始就由农民自发创造出来，逐步得到国家上层的承认和肯定，作为一项制度稳定下来。国家赋予自留地自主经营权和完整的收益权，使农民的生产积极性和责任感能够得到最大限度地发挥，从而取得较之集体经济更高的生产效率。在农业出现或大或小的危机时，国家总是选择自留地作为解决危机的重要措施之一。在集

---

① 转引自马克思：《资本论》第 1 卷，人民出版社 1975 年版，第 57 页。
② 詹姆斯·C. 斯科特：《弱者的武器》，译林出版社 2007 年版，第 47 页。

体分配方式下，除了对自留地的生产经营自由之外，农民生产、生活上的自由几乎消失殆尽。在集体劳动之外，农民可以根据国家政策规定，在自留地上自我分配耕种品种、劳动时间和劳动方式。这被农民称为"大集体下的小自由"。保护了农民的私人利益，提振了农民的生产情绪，在一定程度上挽回了农民的支持，促进了农村社会的稳定。但是，这种集体"大生产"和"小自由"，并不能满足农民对物质的更高需求，也无法满足农民对自由自主的精神追求。

其二是调整农业土地产出的收入分配比例。例如调整积累与农民个人收入分配比例、调整工资部分与供给部分分配比例。这虽然可以使农民个人收入相对增多，但是，在农业生产率一直低迷的情况下，这种增多并不明显，几乎可以忽略不计。而且，国家首先通过征购制度拿走了农民的大部分劳动剩余，独享了几乎全部的剩余索取权，留下仅够维持农民生活的口粮，这种畸形分配关系实质上是一种个人收益与社会收益完全不一致的负激励机制，不能从根本上解决农民的生产积极性问题。

其三是权力下放，分级管理。从"三级管理，队为基础"，确立生产队为基本核算单位和分配单位①，到"基本队有制，部分社有制"，② 再到"生产小队部分所有制"③ 的所有制单位下放，国家把手中的权力逐步分配给更小一级的单位。这对农民的利益起到一定的保护和增进作用，因而受到广大农民的欢迎。但是，这种权力下放，分级管理的方法，只是缩小了管理和分配单位，并未从根本上改变集体劳动和集体分配的状况，没有建立起长久且有效的激励机制。

其四是加强劳动管理，健全生产责任制。这其中有"三包奖赔制度"，即大队对生产队实行"三包"，生产队对生产小队实行"三包"；"田间管理到组""田间管理部分农活到户""田间管理包工到户""三包到组生产责任制""专业承包、联产计酬生产责任制"，直至"包工包产责任制"（即"责任田"）和"大包干""包产到户"。最终，以"包产到户"为主要形式的家庭责任制在农民和国家的博弈中沉淀下来，农民的

---

① 《农业集体化重要文件汇编（1958—1981）》（下），中共中央党校出版社1981年版，第166页。

② 同上书，第189页。

③ 同上书，第190页。

生产能量因而得到巨大的释放。

30 多年的农业集体生产证明：农业分工和专业化的比较优势并不明显，而集体劳动所产生的监督、度量和协调等交易费用非常高，加之分配上对农民劳动剩余的剥夺，激励机制的作用空间极为狭小，导致农民劳动积极性缺乏，集体生产效率极为低下。比较而言，家庭生产的交易费用就低多了，在单一农作物种植情况下，家庭的组织成本最低。而且家庭生产有更多自由选择的空间，给农民提供了按照利益最大化原则去经营的可能，相对于集体生产的低效率来说，家庭生产能够取得更好的经济绩效。这使得国家最终承认了以家庭为单位从事农业生产的合理性。

与自留地相同，"包产到户"也是农民的创举。早在 1956 年，农民就创造出"包产到户"的分配形式。

1956 年秋，广西环江毛南族自治县在建立高级农业生产合作社后，从实际出发，对地处边远、居住分散的山区农业社，采取"小作物下放到户"、部分生产队"自负盈亏"、单家独户"三包到户"（包工、包产、包投资）的办法，以解决转入高级社后遇到的矛盾，调动社员的生产积极性。虽然受到严厉的批判，但也有少数生产队冒着种种风险、采取巧妙的手法暗中坚持①。明伦公社明伦大队达近生产队，从 1961 年冬开始，就把田地全部按人口分包到户，实行包产、包上交，上级工作队来检查，他们就用假劳动手册、工分账和分配账来应付。……这个生产队由于坚持了"三包到户"，粮食亩产由 1960 年前的 100—150 公斤，逐步上升到 1967 年的 350—400 公斤，多种经营也有很大发展②。

"包产到户"是在不触动土地集体所有权的前提下，国家把土地的使用权和自主经营权分配给农民，由农民以家庭为单位开展生产经营活动。实行"自负盈亏、交足国家（公粮、统购粮）、留足集体（提留款）、剩余归己"的分配制度。

虽然自留地与"包产到户"在农民的劳动产品分配结果上不同，自留地的劳动产品归农民自己，不交任何税费，"包产到户"则是农民经营

---

① 环江毛南族自治县志编纂委员会编：《环江毛南族自治县志》，广西人民出版社 2002 年版，第 436 页。

② 同上书，第 440 页。

土地的一种责任制形式，农民必须履行诸如上交农业税、上交国家订购粮、上交提留等承包合同内的全部义务，剩余的才归个人所有。但是，在自留地与"包产到户"的分配制度下，农民都拥有剩余索取权，不管这种索取权是部分还是全部，农民都拥有了这方面的权利。更为重要的是，自留地和"包产到户"都以家庭为单位生产经营，农民有自由选择的权利，有更大的私人空间，可以按照自己的意愿追求个人的利益。尤其是在"包产到户"责任制下，农民摆脱了集体的禁锢，有更多的剩余时间去寻找甚至创造新的劳动机会，充分发挥多方面的才能，真正实现靠劳动致富的愿望。

由自留地走向"包产到户"，并不是国家既定的农村政策，而是在农民的争取下得到国家认可并因势利导的结果。从自留地到"包产到户"的分配制度，是在农民的争取下，国家意识到尊重农民的自主权利、顺应生产力发展的潮流的重要性，进而改变其与农民的分配关系，并推动这种分配关系向前发展的表现。

五 消失与转换

（一）"自留地"的历史功能消失

1984 年农村人民公社的解体宣告了我国农业集体化的终结。随着"包产到户"的家庭承包责任制在全国全面实施，"自留地"这个词汇渐渐从我们的视野和耳边消失。现在到农村去，也许还能听到"菜园""小园地"这样的叫法，但农民们已经基本上不再提"自留地"了。很多"菜园""小园地"也因为农民进城务工而被撂荒在那里，无人照管。

自留地是农业集体化这个特定历史时期的产物。它是在集体化的分配体制下，在土地所有权和使用权统一的情况下，从集体所有的土地中划出的一小块土地。这块土地打破了集体统一规划、统一生产、统一经营、统一分配的体制，使土地的所有权与使用权分离，由农民以个体家庭为单位自主从事生产经营活动，生产收益完全归农民所有。它的出现是为了弥补集体分配的不足，调动农民的生产积极性。农业改革以后，全国农村实行了"包产到户"的家庭责任制，改变了集体化的管理和分配体制，"集体"随之消失，集体时代随之结束，自留地也随着它赖以存在的历史背景的消失而失去了意义。

在"包产到户"的经营分配方式下，土地承包到农户，农民对承包的土地拥有了和自留地一样的占有权、自主经营使用权和剩余索取权，以农民家庭为单位进行生产经营。承包地上可以种粮、种菜、种饲料等，完全涵盖了自留地在集体生产下作为菜地和家庭副业用地的功能，由此来看，自留地和承包地已经没有严格的区别。在经历了多年的农业家庭承包制后，中国农民已由"手中有粮、心中不慌"，转变为"粮食多了、卖粮难"，农民的生活已经相当宽裕。因此，无论自留地存在的前提条件，还是过去所界定的经营方式，抑或是所要达到的目的都已不复存在。"自留地"这个词汇也渐渐被人们淡忘。

"自留地"词汇的消失是一种双重消失：在国家这个层面，没有新的词汇替代这部分所有权属于集体的土地；对于农民来说，自留地的作用已经显得不再那么重要，可有可无了。如今，自留地虽然依然存在，但意义已经不大了。

（二）"自留地"的社会功能转换

国家通过集体化，将农民组织到国家体系中来，并赋予农民劳动的国家属性。农民作为劳动者不再是自由支配自己的主权者，劳动活动不再是农民的自由选择，而是农民个人对集体应该尽的义务①。在这种情况下，农民没有安排生产的自主权利，没有随便外出务工的自由，可以自由安排日常生活的"放假"时间也相当少。农民人身不自由，生产生活不自主，基本上没有自由选择的机会，集体生产使农民失去了私人空间。

存在于这种私人空间极度匮乏的背景下，自留地发挥了私人空间的社会功能。作为劳动者，农民可以在自留地上自主安排生产，按照自己的意愿追求自己的利益。这对于"社员"身份的农民来说，无疑是被国家授予的难能可贵的自主选择权利，在一定程度上为农民提供了私人空间，满足了农民自由、自主的权利需求。

如今，私人空间再也不是农民的稀缺资源了。在承包地上农民可以自

---

① 徐勇：《论农民劳动的国家性建构及其成效——国家整合视角下农民劳动的变化》，《山西大学学报》2008 年第 3 期。

主安排生产，耕种还是撂荒农民自主选择；摆脱了生产队禁锢的农民可以在城乡之间自由地流动，从事家庭副业或城市工商业，开展多样化经营；花几十天的时间完成农活后，农民可以自由地去休闲娱乐甚至打麻将；越来越多的农民加入互联网中，成为社会人——网民，在网络上开辟"自留地"，利用网络平台相互交流，相互沟通，相互参与。现在，农民的私人生活已经相当充裕，曾经带给他们些许自由的自留地的社会功能已经转换，被更广义的、更宽泛的"自留地"取代。

大包干:发展历程与生产组织变迁

【导读】 农业合作化运动中,劳动组织的安排和效率是一个值得探讨和实践的问题。为了解决这一问题,在一些农村地区陆续出现了"以产定工""包产到组""大包干"等方式。其中,以产定工下的按劳计酬制合理解决了农民出工不出力的现状,但在多劳多得的诱导下部分农民走上了单干道路,违背了公社成立初期的目标构想;在不违背集体生产协作的情况下,为积极调动农民生产,农村的生产组织演变为以工作小组为单位,但它仍然无法解决劳动的效率问题。直到"集中主要精力把农业尽快搞上去"的经济目标确立后,农村生产组织最终回归到家庭。当然,农村生产组织和经营方式的变化一方面受到国家政策和意识形态的影响,但更重要的是,贯穿于其中的是农村生产组织变化背后所蕴含的经济逻辑,及在这个生产组织变迁中国家对乡村社会的影响。

在"三级所有,队为基础"的人民公社时期,为了解决劳动效率低、劳动质量普遍下降问题及出现"四多四少""干活大呼隆、上工一窝蜂"等现象,开始有了将社员劳动成果与劳动效能挂钩的生产方式的革新。此方一出,有的地方出现了"父子田""夫妻田""姐妹田""五子登科田""独占群英田"等一家一户的单干生产。江苏地区出现了"定田到户,超产奖励""土地分到户,耕牛农地回老家"的个体经营。但在"一大二公"的体制下,受"左"倾思想的影响,单干违背了集体主义的精神,显得格格不入。为了解决劳动效率,坚持集体主义共同生产、共同劳动的愿望,部分乡村社会对将生产的组织规模划分到了工作小组。在党的十一届三中全会精神鼓舞下,"各地干部和社员群众从实际出发,大胆建立了多种形式的生产责任制，总起来可分为两类：一类是小段包工，定额计酬；一类是包工包产，联产计酬。"① 在《关于进一步加强和完善农业生产责任制的几个问题》中，明确指出了"在那些边远山区和贫困落后的地区，长期吃粮靠返销，生产靠贷款，生活靠救济的生产队，群众对集体丧失信心，因而要求包产到户的，应当支持群众的要求，可以包产到户，也可以包干到户，并在一个较长时间内保持稳定"。② 1982 年，第一个"一号文件"《全国农村工作会议纪要》中正式肯定了"目前实行的各种责任制，包括小段包工定额计酬，专业承包联产计酬，联产到劳，包产到户、到组，包干到户、到组，等等，都是社会主义集体经济的生产责任制"。农村生产组织单位的变化是在解决集体经济低效益的形势下产生的，它的逐步发展瓦解了人民公社体制存在的基础，农村生产最终走向了大包干。

本项研究选择吉林省四平市梨树县梨树镇北佬壕村为研究对象③，在此作一简介。北佬壕位于松辽平原（洪积平原），海拔 150 米左右，属于新生界第系黄土和各类松散堆积物地层，地质结构为松辽平原——渤海沉降带，为低洼漫低；土质为黑钙土，也就是人们常说的黑土地，耕性较好，土地肥沃，养分高。村庄属于北温带半湿润大陆性气候，四季分明，雨热同季，降水和光照比较充足；春季干燥多风，秋季温和凉爽，冬季寒冷期长，年内降水量分配差异较大，降水多集中在 5—9 月，有利于农作物生长。村庄有一条小河，贯穿东西，是全村唯一一条河流，水源于地下，往北流入招苏台河。从地理资源条件来看，该村属于典型的农业生产区，为农业生产组织及经营方式的演变提供了前提基础。以前谈到农村生产，大家关注焦点最多的地方大都在南方，对北方农村生产关注较少，而且大家所熟知的"大包干"亦是先在南方试点，随后向全国推广。那么，北方的农村生产到底是怎样进行？他们对于家庭组织单位的生产到底是持有何种态度呢？会不会与南方不同呢？

---

① 国家农业委员会办公厅编：《农业集体化重要文件汇编（1958—1981）》下，中共中央党校出版社 1981 年版，第 518 页。

② 《农业集体化重要文件汇编（1958—1981）》下，中共中央党校出版社 1981 年版，第 519 页。

③ 摘自吉林省北佬壕村档案资料。以下除非特殊说明，均来自该村档案资料和调研资料。

一 "包工"："队"的实践

（一）缘起

1958 年，梨树公社成立。该公社由 13000 余户，74000 多人组成。北佬壕在 1954 年从 3 个互助组到 1955 年一步登天跨入 13 个初级社，1956 年由 13 个初级社跨入高级社，1958 年正式跨入了人民公社的阵营中。人民公社的成立，给农民描绘了一幅社会主义新农村的美好生活。梨树公社制定的《十年发展纲要》第三十九条规定"彻底摆脱贫困，达到丰衣足食，提高社员生活水平，苦战三年，1959 年决战一年后社员都能过着丰衣足食生活，向共产主义各取所需过渡，1962—1967 年间，再不断扩大供给范围，社员可以达到敞开肚皮吃饭，鼓足干劲干活，社员将有以下的生活标准：每年吃粮 500 斤，全为细粮，吃猪肉 2600 斤，羊肉 150 斤，牛肉 100 斤，鸡、鸭、鹅 70 只，兔 14 只，蛋 1000 个，鱼 560 斤，油 365 斤，酒 73 斤，烟 10 斤，瓜类 600 斤，水果 400 斤，点心 100 斤，牛奶 55 斤，羊奶 36 斤，布 220 尺，毛料 50 尺，绸缎 66 尺，这样每人每年可有衬衣三套、工作服二套、礼服一套、便服二套、棉衣一套、毛衣一套、线衣一套、礼服大衣一件，袜子六双，皮鞋一双，棉鞋一双、水鞋一双、便鞋四双，雨衣一件，风衣一件，毛巾十条，肥皂 20 块，便帽一顶、礼帽一顶、棉帽一顶、手套五副、毛毯一床、每户有地毯、有收音机或电视机、每户有车一台。"公社计划在 6 年的时间内使居民点的住宅楼房化、园林化、暖气化、上下水道化，使梨树公社变成现代化的卫星城，消灭城市与乡村的差别。

带着公社规划的美好图景，农民在生产初期投入了极大地生产热情，开始实行在公社领导下，农业生产建设中发挥"共产主义风格"和不计报酬地开展"共产主义大协作"，以生产大队为单位的大兵团的生产作战方式。然而，理想的图景在付诸于行动之后，总是与现实存在距离。首先，公社在成立之初，将农民的生产资料的产权转入全民所有制和集体所有制的体制之中时，在乡村社会就曾一度引起了部分农民的恐慌。公社"不经宣传，限期三天收齐群众的猪、鸡、鸭的行为造成群众思想不安，到处杀猪、杀鸡、卖鸡。有的生产队一夜之间将全部的鸡、鸭杀光"。"个别地区大拼居民点，扒群众房子，硬撵群众搬家，造成有些群众扶老携幼、拖儿带女，哭哭啼啼地离开了自己心爱的房屋。"其次，大兵团的作战方式，不遵循等价交换和按劳取酬的原则，上面倡导并组织的"大协作"被视为农民思想觉悟提高的表现，让社员们并未能齐心协力，农业生产毕竟不是作战打仗。农业的生产周期长，而且受自然因素的影响极大。在狂躁的"大跃进"背景下，公社却出现缺粮短饮、饿病死人、人口外流、浮肿病等现象，残酷的现实把社员们从幻想的"理想国"中拉了回来。"从1957年到1962年6月间，全国主要生活资料的人均年消费量大幅度下降，粮食（贸易量）由406斤降到329斤，食用植物油由4.8斤减至2.2斤，猪肉由10.2斤减至4.4斤，棉布由19.5尺减至10.6尺，日常生活必要的锅、碗、瓢、盆都缺少供应。"[1] 生活物资的紧缺，让从事体力活动的社员力不从心，投机耍滑的便开始越来越多。"去年担肥下田时是互相追赶，争先恐后，而现在则是互相让路、等待，再不争先恐后了。原来每天可送二百担的，现在只送五六十担；过去能担一百斤的，现在担五十斤，过去一人挑的，现在二人抬"。

（二）实践

人民公社是国家勾勒出的大同社会在乡村社会实践的产物，在它设计的同吃同住同劳动的模式下，社员并未按照国家设计的路径去从事生产。"四多四少"现象（吃饭的人多，劳动的人少；装病的人多，吃药的人少；学懒的人多，学勤的人少；读书的人多，劳动的人少）的出现是国家始料未及的，在社员生产出现出勤率低、劳动效率普遍下降的情况下，如何在坚持全民所有制和集体所有制的体制下调动社员的生产热情、提高劳动生产效率则是当务之急。

1. 定产量

建立以生产队为基础的生产、包产、核算单位。在人民公社成立之初，经过了几次的调整和变化。"农村人民公社一般地分为公社、生产大队和生产队三级。以生产大队的集体所有制为基础的三级集体所有制，是现阶段人民公社的根本制度。公社在经济上，是各生产大队的联合组织。生产大

---

① 薄一波：《若干重大决策与事件的回顾》（修订本）（下卷）下，人民出版社1997年版，第1229页。

队是基本核算单位。生产队是直接组织生产和组织集体福利事业的单位。"①
由于生产单位与分配、核算单位的不一致，在农业生产中，农民生产积极
性普遍不高。随后在全国各地普遍进行关于农村人民公社基本核算单位问
题的调查研究中，最终，于 1962 年 2 月 13 日，在《中共中央关于改变农村
人民公社基本核算单位问题的指示》中正式确定以生产队为基本核算单位。
并明确指出三大好处："一是能够比较彻底地克服生产队之间的平均主义；
二是生产队的生产自主权有了很好的保障；三是更适合当前农民的觉悟程
度。"② 并于 1962 年 9 月 27 日在《农业人民公社工作条例修正草案》中正
式建立了"队为基础，三级所有"的生产资料所有制形式。

包产单位确立后，紧接着就是要确定包产指标。农业生产不同于工业，
它受自然条件中的气温和土质因素的约束极强。管理区（生产大队）成立
一个包工包产委员会，来领导进行包工包产工作。对国家分配给管理区的
指标，不要简单分配到生产队就算了事，应本着既先进又可靠的精神，要
经过自上而下和自下而上的讨论，把国家的指标贯彻下去。定产上要经过
各生产队之间联评合理后，再作为生产队的包产指标。在确定各生产队包
产指标以后，管理区和生产队要制定"三包"合同，以便秋后按合同办事。

北佬壕地处温带，土壤大多为黄土、黑土、黑黄土，土质肥沃。北佬
壕大队的种植结构继承了祖先传承下来的原种植结构，以种植高粱、谷
子、大豆、小麦为主，公社时期也采用了此种植结构的方案。产量计划的
确定是建立在以生产队为基础上，通过前一年的完成产量和今年的自然情
况，根据每个队的耕地拥有量，以及不同土质、地势和基础条件，或是根
据不同的作物来制定生产队的产量计划和包产指标。下面的一段档案资料
则详细记录了当时的情况：

> 北佬壕管理区在自然条件是梨树镇公社的中等管理区，在土质分配
> 有黄土、黑土、黑黄土，平均常年产量为 1581 公斤，由于实现人民公社
> 化以后，使土地大大发挥了潜力，因而每垧产量 1801 公斤，比常年产量

---

① 《农业集体化重要文件汇编（1958—1981）》下，中共中央党校出版社 1981 年版，第 68
页。

② 同上书，第 262、263 页。

提高 13.9%。在 1959 年的基础上，确定 1960 年粮食产量为 1886 吨。按
1960 年粮食产量总指标降低 18.0% 作为管理区绝对包产指标。

包产单位以生产队为基础，确定包产指标主要根据 1959 年的产量基础
和 1960 年的各种作物的不同土质及自然条件，和贯彻主席的农业八字宪法，
确定出不同作物的不同地块的农业产量，作为生产队的常年包产指标。

2. 定劳力

在确定包产任务后，紧接着就是准备投入生产，生产便离不开社员。
尤其是在国家规定了必须完成的粮食生产任务后，社员扎根于土地上，人
身自由受到了极大地限制。

首先是劳动力的定额管理。在北佬壕生产大队中，一个生产队的平均
规模是 30—40 户农户，200 多口人，60—70 垧地（一垧为 10 亩）。每天
以生产队的钟声为令，生产队长将社员号召起来组织生产活动。若有社员
偷懒或是不出工，生产队长则会用工分来进行惩罚。衡量无劳动能力的标
准有两个，一是年龄；二是身体状况。即使是身有残疾的社员，只要没有
完全丧失劳动能力，也要从事较轻的劳动。同时，生产队之间的劳动力也
不能随意调配。"生产队应该组织一切有劳动能力的人，参加劳动。对于
男女全劳动力和半劳动力，都要经过民主评议，根据各人的不同情况，规
定每人应该完成的基本劳动日数。"[1] 在北佬壕，根据男、女社员不同情
况规定出基本劳动日，男是 28 个劳动日，女是 25 个劳动日，按基本劳动
日，超额或满勤者，给予奖励，对没达到者，根据情节给予批评或惩罚。
同时实行轮流休假制，生产队规定根据小组生产情况采取轮休的办法，男
每月两天，女每月 5 天，做到社员每月既有休息，又不影响生产。社员因
事因病请假，3 天内病假由组长批准，事假由队长批准，3 天以上由队委
会批准，对严重的交社员大会批评教育。"生产大队对于全大队范围内的
劳动力，除了公社和大队按规定调用的以外，都必须固定在生产队，不许
随意抽调。"[2] 公社和大队范围内劳动力调配一般用于公共事务上，如修

---

① 《农业集体化重要文件汇编（1958—1981）》下，中共中央党校出版社 1981 年版，第
232、234 页。

② 同上书，第 229 页。

建公路、水库、防洪排涝等。公社根据所需的劳动数，以每个生产大队的耕地数为依据，将劳动人数的指标分配到各个生产大队，生产大队将所需人数指标再分配到生产队，以此形成了整个公社的劳动力调配。

其次是在生产环节对劳动力用工数量要求上。首先，实行季节劳动定额。按着农事季节划分为备耕、春耕播种、夏锄铲趟、锄后生产、秋收打场、冬季生产6个阶段。队委会通过找活计，按着轻重缓急安排了农活顺序，本着一个劳动力勤恳地劳动一天所能达到的数量和质量为标准，田间农活根据土质地势、距离远近、操作要求、劳动强度、畜力工具等条件采取"议、试"的办法指定了春耕播种季节的劳动定额。指定定额时照顾了"农业、副业、牧业、手工业"之间的合理差别，执行定额中经常注意根据自然条件、技术、工具条件的变化及时修订调整劳动定额，使定额的标准适应条件的变化。其次，在生产的各个环节中，对劳动力的用工数也给予了明确的数量规定。"一方面继续实行过去农业社时期按劳动操作为标准的定额管理，同时又要逐步实行按每个劳动日定产量、定产值的定额管理。"① 对于常年固定的生产劳动，采取按人定量，常年包干的办法。如饲养员、食堂炊事员等，饲养员喂马20匹到25匹为上中等劳动力250个劳动日。对个人单独作业的农活，尽量定到人，按照农活定额标准，包给个人，到任务完成后，检查小组按期验收，按照定额给予报酬。同时按不同季节制定各项农活的劳动定额。如铲地、追肥、间苗等。如铲二遍高粱定额4亩地，间苗定额2.5亩地为10分。生产队制定定额的方法，不是采取先进的平均定额，而是按着上中等劳动力，忠实地劳动一天，按数按质完成定额，来确定的标准定额，同时还按照各项农作物，土地荒净，技术要求制定出不同定额。如"天鹅泡高粱"地就黄，确定每个标准工为1.9亩，"大猪羔子"地较净，确定每个标准工为4亩。但由于干部和社员执行不够认真、定额不够合理，形成了队长和社员讨价，使能争、善讲、硬阻的社员定额低、占了便宜；老实厚道、不争不讲的社员定额高，吃了亏。同时由于农业生产工序的复杂性及受自然力的影响，无法制定出科学化、标准化、数量化的定额，负责农业生产的生产队长难免会有所懈

① 《农业集体化重要文件汇编（1958—1981）》下，中共中央党校出版社1981年版，第61页。

息。

根据 1959 年的劳动定额，管理区根据各生产队种植不同的作物，不同土质，不同自然条件，不同技术管理……用工的工数，作为生产队的常年包工基础，如果生产队没有按管理区所规定的工数进行生产，管理区有权抽回没有用尽的工数。对于由于自然条件的影响超过管理区所给的工数时，经过管委会研究斟酌实际情况，管理区可适当增加一部分工数。为了切实经营和管理好农业生产，达到增产保丰的目的，在播种结束后，管理区可根据各队农作物出苗情况，采取以苗定工的方法……耕作方法达到十成苗，管理区则承认这一季度的农业用工数……九成苗可减工 10%，八成苗减工 20%，七成苗减工 30%……

3. 定工分

在进行了一系列流程化的生产后，社员投入生产劳动所获得的最终报酬就是"工分"。工分作为劳动收入的一种象征，其获得和分配有一定的规则。

首先是工分获得资格的确定。现代国家在对劳动力资源整合的同时也建构了劳动的价值体系。工分制就充分体现了以"劳动"为核心的利益分配。因此，凡是参与生产劳动的社员均具备获得工分的资格。其次是工分评定的原则。评工记分是建立在民主评议的机制之上。每个生产队均有记分员，记分员有一个专属的记工单，一页一个人名，上面记载着该社员本月参与劳动的情况，工分一日一记，一月一汇总。每晚收工后，队长通过召开队委会来核定最后的工分，社员可以表达自己的想法，尽管未必会全部采纳。除了社员之间工分的评定之外，还存在着社员对生产队干部工分的民主评议。

其次是工分的评定。一是忙时多闲时少。在北佬壕村，春播、秋收时期，根据劳动定额，一个社员劳动的最高工分为 12 分，闲时最高则为 10 分。二是工种不同，但工分一样。在北佬壕村有从事农业生产者、有从事副业运输者、有从事电力工作者。在人民公社体制下，完成生产是第一任务，所有的社员在生产需要的情况下，首先必须从事农业生产，在满足这个首要条件下，若存在空余劳动力或是专业技术劳动力，在需要时则可安排从事非农业生产活动。无论从事何种性质的工作，其劳动一天的工分仍为 10 分。三是按劳动力能力的强弱评定。北佬壕村划分劳动能力的标准主要是年龄和身体状况。老人和孩童从事简单的农业生产一般记5—6个工分，身体条件差的劳动力从事简单的劳动活动亦是如此。四是死分活评。就是在劳动定额的基础上，依据劳动者的劳动态度和劳动效果来确定工分。如在秋收割豆子中，一个劳动力的定额任务为5垅10分，但若在劳动中漏割，则要扣工分。工分作为劳动报酬分配，也从另一个侧面对社员的生产活动进行激励和惩罚。据当时的一个生产队长回忆：

> 在秋天的时候，社员们会做一些义务劳动，秋收后到路边锄草、挖沟，不愿干的就给经济处罚，加倍扣工分。如工作一天10个工分，不去就扣30个工分。在干农活时，如捡玉米，做得不好的，落下5—10个就扣一分两分的工分。

最后，工分制下按劳与按需分配相结合。收益的分配遵循着"先国家、后集体"和"按劳与按需分配相结合"的两大原则。国家通过下达明确的收购数量指标和品种指标，生产队将生产的农副产品交售给国家。交给国家所剩的物资，以生产队所拥有的土地数量为标准，划分各个生产队应上交给生产大队的公积金和公益金，及留给生产队来年所需的种子、农药、化肥等物资。生产队将最后所剩的农副产品交到粮站变换成现金，再按照社员劳动所挣的工分分给个人。另外，生产队在分配中比较注重按需分配。生产队每到年底，按人分肉、分细粮（面）、分油。生产大队干部生活资料的分配，依据生产干部的住所从属的生产队一起参与分配。从狭义上来说，生产队的分配仅指管辖范围内农户之间的分配，农户之间除了在生产上的合作关系外，还存在着另一种亲缘关系。基于此，在分配中，生产队长往往也会考虑到社员自身的处境而酌情进行分配。在北佬壕，生产队每年会对本队的人口进行统计，以时间为界限，如10月1日前出生的婴儿可以登记入册，获得一年450斤的口粮，10月1日后出生的则不在统计范围内，不能分到口粮。但在乡村社会，一般在规定时间后几天出生的婴儿也能入册分到粮食，乡里乡亲基于亲缘的关系都能接受并认可。

（三）绩效与问题

在以产定工阶段，国家通过对农业生产程序化、标准化、数量化的规定，让社员明确感受到了大集体生产方式与家庭生产方式的差异。以产定工的生产方式是在社员生产一窝蜂、出工不出力的低效率生产的情况下孕育而生，这种生产方式到底有没有长久有效地解决生产效率低下的问题？抑或是它在解决问题的同时是否又导致了其他问题的产生，值得我们思考。

首先，我们从目标实现的程度来思考。乡村社会所践行的生产方式是国家实现利益目标的一种手段。以产定工是国家为了克服乡村社会广泛刮起的"共产风""平均主义"及避免社员在生产过程中浑水摸鱼、出工不出力的现象而采取的生产机制。此阶段，以产量为目标，通过在生产中劳动的定额管理，将农民的劳动效果即在生产过程中的劳动投入与劳动成果——工分直接挂钩，按劳得酬、多劳多得。这种将产量、经济利益与个人收入相结合的形式类似于马克思在论劳动时间的二重作用中所讲的劳动时间会同时作为一种尺度，以计量各生产者个人在总劳动中参加的部分，因此，也计量各个人在共同产品可得而在个人消费上的部分。在这里，无论是在生产上面还是在分配上面，人们对他们的劳动，对于他们的劳动产品的社会关系，都是十分简单，十分容易理解的。这种计酬方式较为合理地解决了劳动生产中的出工不出力及分配中的平均主义，让农业生产更具有效率。以产定工前有些社员干活"前头领着，后边跟着，不前不后，不主动""盼地头、盼歇气、盼黑天"；以产定工后"出勤早、收工晚，中间休息短，下地不用招呼，主动积极"。"老刘头天天起早下地和小伙子挣一样分，七十多岁的老王太太，起早捡粪，白天不耽误活。"然而，正是在效率机制的带动作用下，导致了许多社员追求个人利益，纷纷走上了"单干"的道路。

其次，我们从目标实现的管理机制来考虑。一是充当管理角色的生产队长。在生产过程中，生产队长是我们不容忽视的一个重要管理因素。他对生产管理的好坏直接影响着国家产量目标的实现。生产队长的身份具有双重性，既是管理者，又是劳动者。这种双重身份也导致了他在面对利益诱惑时的摇摆不定。"据统计在梨树公社参加会议 667 名干部中有经济问题的 268 名，已基本交代清楚的 145 名，交代一部分 69 名，还有 54 名没有交代问题，交代问题中据 29 个管区统计属于贪污 26 名，1247.95 元。侵占 47 名，2046.34 元。超支挪用 31 名，1184.98 元。"同时，生产队长

作为地方干部，与农民合谋，瞒产私分也不少见。二是管理的手段——工
分制。刺激社员生产积极性与财富的化身"工分"有很大的关系。工分
是对社员劳动成果的直接评价机制，同时也是联结社员之间、社员与干部
之间的纽带。然而在传统的农业生产模式下，农业生产过程很难简单地划
分为规范化、可量化的操作程序，再加上农业生产本身受自然因素和劳力
投入态度的影响较大，因而很难精确地评价出社员劳动的实际贡献，工分
偏低偏高现象时有发生，社员之间也常会有抱怨。由于生产队包产定额制
度的不健全，在评工记分中仍很难完全克服平均主义，仍存在着不看劳动
数量和质量，只看劳动时间的记分。生产队的干部对改进评工记分制的态
度则是"一怕麻烦；二怕得罪人"。因此，管理机制本身所存在的问题亦
成为了以产定工生产方式无法跨越的障碍。

二 "包产"："组"的实践

建立在以生产队为单位的以产定工上的生产方式，它通过将社员的劳
动收入与劳动产出直接挂钩的计酬方式，实行按劳计酬、多劳多得的方式
刺激了社员生产积极性，同时又将社员引上了片面追求个人利益，忽略了
集体共同发展的道路。从公社成立之初开始，在北佬壕始终都存在着鼓吹
"单干"的风潮。这股"单干"风在社员身上具体表现如下：一是主张恢
复个体所有制，认为生产单位越小越好。"单干不好打粮多，互助组不好
国富民强，高级合作社好，人们挨饿；人民公社好，造的丢盔卸甲。"
"现在生产队没个搞好，还是互助组的好，那时候粪多地肥打粮多，一家
一个猪圈，一家一个粪堆，粪高如袋油子色，谷子长得高如袋杆"；"互
助组自由，谁也不管谁，干活不吃亏，挑刺不拐弯"。二是投机倒把。北
佬壕生产大队有 13 户投机倒把，其中富裕中农 9 户，他们倒卖鸡鸭烟酒
粮布猪肉，四队富裕中农两口猪杀了获利润 300 多元。他们不仅不参加集
体劳动也影响劳动好的社员的积极性。社员安殿生说："看起来真憋气，
我们干一年不如人家倒把十天收入多。"三是里一半外一半的开荒形式。
家里有两个劳动力，留下一个劳动力在家搞个体，一个劳动力在队里干活
的有 6 户，如三队杨文才有两个劳动力，一个在队里干活，一个在家搞开
荒，自留地，搞副业，一年打草收入 120 元，养猪收入 400 多元。四是侵

占集体劳动时间开小荒。全大队用集体劳动时间开荒自留地的社员占10%左右。社员在集体所有的土地上不好好搞，偷懒怠工。占用集体劳动时间和集体的物资如牛、马来为自己的开荒地搞创收。

"单干风"在北佬壕的肆意盛行，使得很多社员对集体生产的信心不足，认为"集体化带来了人心不齐，你靠我混"。由于"单干风"被看作是走资本主义道路，对集体经济的动摇，因此对其的批判也被提高到阶级斗争上来。中共中央八届十中全会讨论并通过了《关于进一步巩固人民公社集体经济、发展农业生产的决定》。《决定》重申："在完成封建的土地改革以后，我们党在农业问题上的根本路线是：第一步实现农业集体化；第二步在农业集体化的基础上实现农业的机械化和电气化。""农业集体化，提供了农业发展的极大可能性，提供了农民群众共同富裕的可能性。"[①] 在梨树人民公社的指导下，北佬壕生产大队展开了以阶级路线为主题的大讨论活动，主要围绕几个具体问题进行讨论，即这几年的困难到底是不是合作化带来的？单干能不能摆脱贫困？集体主义、平均主义是否等于勤养懒穷？集体化是否带来了人心不齐？讨论的方式主要通过"忆昨日之苦，思今日之甜"，从而肯定了集体化、合作化是带领社员走向幸福的原因。另外，大队按照政策处理了"单干"的一些具体问题，一是关于社员小片开荒应分情况区别对待，对于没有妨碍集体生产的、未破坏公共基础的单干行为，给予一定程度的教育批评；二是对以牺牲集体利益为代价，为自己谋取私利的要坚决与这种行为进行斗争。

与"单干风"的斗争，也引发了大队对领导生产的重新思考。如何在坚持集体主义路线的方针下，搞好生产计划，继续提高劳动生产效率，调动社员劳动的积极性，一直困扰着生产队。生产队首先认清了一个基本的现实，即合作化的基础比较薄弱。"全大队一共十一个生产队，三百一十户，劳力五百四十八个，耕畜二百四十六头，耕地八百七十七垧。"其次，生产队太大，社员居住分散，难于领导和管理。"生产队大，集中生产时间领导打钟社员就听不见；生产队大不便利，领导有窝工现象；生产队大，劳动力多，每天出工照顾不过来；生产队大，人口多、劳力多、牲畜多土地多领导分不开身，有窝工现象；生产队大，每天社员不出工时

---

① 杜润生：《当代中国的农业合作制》（上），当代中国出版社 2001 年版，第 666 页。

间，领导到各家去找社员出工就得半天。"

正像农民在遇到任何新问题时总是求救于旧经验一样，生产队也从历史中去寻找农业生产的组织方法。针对北佬壕的现实情况，在集体制度的框架内，农民们的确也想出了提高生产效益的办法。这个办法可以概括为在坚持"三级所有，队为基础"的制度下，以工作小组为包产单位进行生产。

（一）生产单位到组

此阶段，北佬壕的生产是建立在以小组为单位的生产中，此小组与村民小组不同。从行政级别上来区分，村民小组的前身是生产队，即人民公社三级体制中核算的基本单位，北佬壕的小组是专指固定的工作小组，它是从生产队中划分出来的工作单位。

工作小组的划分。其一，小组形成的依据。小组在生产队范围内按照自愿组合的原则形成。根据我们的访问，在自愿组合中，社员选择组内成员的方式一般有两个方面的原因。第一，"熟人社会"下关系的亲疏远近。大家合得来就搁一块，生产协作比较好配合。第二，地缘因素。大家住的近，干起活来喊起来方便。第三，生产能力。由于每个小组都规定了具体的生产任务，社员在选择时都会考虑"不让他人扯后腿，不扯他人后腿"，根据自己能力进行选择。其二，小组的规模。北佬壕 11 个生产队中，每个生产队内社员分布比较均衡。生产队社员平均分布有 200 多口人，40 户。北方人少地多，生产队长根据土地规模及生产需求将生产队一般分为 3—4 组。组内成员少则有七八户，多则 12—13 户。

生产资料的划分。生产资料的划分是在公社干部的监督下，生产大队书记的领导下、生产队干部的执行下共同完成的。首先，划分土地。北佬壕实行按照劳动力和人口相结合原则，将耕地的具体数量分配到小组中。同时，由于耕地的土质存在差异，好坏不均，每亩耕地的产量差异较大。上等土地可以不费力地获得每亩 500 公斤小麦的产出，差的地方只能达到 300 公斤。因而，生产队长在分配时将耕地分为了好、中、坏三等，每个等级的耕地按照劳动力和人口的比例逐次划分。其次，农具资料的分配。农具资料在分配中主要采取抓阄的形式。生产队长根据农具价值将其进行分类，大农具和小农具。大农具主要有牲畜、马车，小农具有犁、耙、叉子、扫帚等。抓阄以小组为单位，小组派选代表参与。

从土地和农具资料的分配中，我们可以看出，小组承包生产队的耕地，同时也承包了上缴给国家、集体的粮食及农业副产品的义务。小组虽承包了土地，但并不是土地的所有者，只具有使用权，集体所有制的性质并未改变。在对农田的经营管理上，仍然保留集体统一计划指导。虽然将农具分给了社员，但生产队仍保留了保管员照看集体财产。

（二）组内安排生产

生产小组划定后，紧接着就是如何安排组内生产的问题。"雁无头不飞"，要组织协调好小组的生产，首先要选出领导者——生产小组的组长。组长的推选是在社员的共同参与，生产队长的任命下完成的。社员在推选组长一般注重两个方面。一是生产能力，能力水平的高低直接决定了能否完成承包任务，关系到社员的经济利益。二是脾气的好坏。熟人社会中若出现了不和谐的音符则需要脾气好的和事佬进行调节，这样便于生产秩序的有效地维持。其次，组长选定后就是安排生产。（1）出工：以钟声为令，统一出工。（2）排工：主要农活由工作小组成员集体操作，一般农活责任到人。按照农活定额标准，包给个人，到任务完成后，小组按期验收。（3）评工：组内成员仍采取记工分的形式来衡量劳动者的劳动态度。实行男女社员按劳力划分类别，有等级的记分。生产小组以所承包的土地数量承担着上缴给国家的粮食任务及农副产品的指标任务。（4）验工：在北佬壕，生产大队的"流动红旗"是在劳动力、生产成本等相同条件下的各生产队之间开展竞争，促使生产活动有效地开展。据当时担任生产大队队长徐有回忆：

> 生产队管生产，大队主要布置工作，检查工作，一般都是季节工作，春种、夏锄、秋收。生产大队的干部和各生产队队长都是检查工作组的成员。生产大队队长把具体的检查工作分为几项，根据检查任务分组，分组的时候工作组的人尽量回避，不要到本生产队检查。每组负责一项具体任务，大队干部领头，检查组的成员依次到各生产队检查，依据完成情况进行评分，一般以10分为满分。通过评分，找出干得好的生产队介绍经验，大队以"流动红旗"对生产队作为激

励进行奖励。

在生产中，工作小组是基本的生产单位，并且承包了生产队下放的产量指标，但在参与核算和分配中，生产小组并没有作为独立的单位参与核算和分配，仍将其纳入了所属生产队的范围内统一核算、分配。在此阶段，收益分配仍以生产队为统一的核算、分配单位。收益的分配原则依然坚持"必须兼顾国家利益、集体利益和个人利益，合理确定扣留和分配的比例"的原则。在三个主体参与的利益分配中，国家通过下派粮食征购任务来保障其利益的实现。每个生产队的具体征购任务则由生产大队干部依据生产队耕地数量确定，然后逐次分配到工作组上。集体利益的分配则体现在公积金和公益金上。社员作为主要劳动者，最终分配的成果主要包括实物和货币两方面。实物分配主要是粮、油、肉的分配。货币收入主要来源于生产队经营副业所得，在北佬壕主要是拉脚运输带来的收入。因为在东北，航运不发达，物质运输只能依靠陆路交通，"拉脚"成为了一种普遍的运输方式，马作为"拉脚"的交通运输工具，具有重要的经济价值。公社还鼓励生产队大力养殖牲畜，增加副业收入，以补贴农业生产，增加社员收入。

（三）社员们"蠢蠢欲动"

在这一阶段，当生产队抱着美好的愿望将生产单位划分到组进行生产，以此提高社员生产的积极性时，美好的理想付诸实践后却因和生存需要产生矛盾而显得格格不入。组内社员纷纷抱怨"这无非是一锅粥变成了两锅粥，人还是那些人，换汤不换药呗"。由于整个生产力水平并没有提高，社员们的生活水平依然维持在"糊口经济"，但当"糊口"都无法维持时，有的社员便开始"走捷径"了。

一是偷窃。生产队社员杨有桥惯偷屡教不改，在生产队对他进行调查时，他交代："去年秋，我在本队沟子南地往家拿了七百一十六穗的苞米，拿的时间都是晚间后半夜，拿的次数共计十次左右。每次拿大约十穗左右。我偷苞米的原因是因为我们当时的生活逼迫，我已无米下锅，经五天净吃土豆，这时我就产生了犯错误的思想，然后就进行往家偷集体的苞米。"

二是贪污。生产队长利用职权之便，将集体财产顺手牵羊，屡见不鲜。在社员向上级的举报信中，让我们了解到了生产队长背后的故事。"利用职权之便，私自把生产队的粮食卖掉 100 左右斤，通过走后门的方式换回粮票，钱和粮票私自通过另外一名队长，王队长二人分别得了粮票和钱。"

三是倒买倒卖。在这一时期，乡村社会的黑市交易浮出水面，不仅是社员，甚至有生产队通过倒腾粮食、生猪到黑市上进行交易。"仅初步掌握 1975 年初至今，就高价卖粮达 5000 余斤"，"高价卖猪肉，仅 1975 年 8 月一户就卖 300 余斤，高价卖生猪（曲德）270 斤，90 元大兵团吃掉。"

可以说，在坚持社会主义集体所有制下，以工作小组为单位的生产组织仍固守在集体化生产的大环境中，不敢越雷池半步。生产队借以希望通过这种生产组织形式的改变来改善队内的生产现状，充分调动起社员农业生产积极性，避免再度走上"单干"的道路。包产到组与以产定工的区别表现在两个方面：其一，从形式上来看，最明显的区别在于生产组织单位的变化。从以生产队为基本生产单位转变为以工作小组为生产单位。"船小好调头"，工作小组的划分有效提高了生产组织行动的效率。工作小组的社员居住相对集中，方便了组长领导和管理，避免了组织生产中的窝工现象。同时生产组织规模的缩小，使得社员之间的生产责任更为清晰，有效克服了社员之间的"躲猫猫"。其二，从内容上来看，生产队将生产物资分配给工作小组使用，导致了生产资料使用权与所有权的分离。生产资料的使用权下放到工作小组，提高了社员对生产资料的利用效率。

这一时期，由于政治运动和阶级斗争的影响，受于经济上"左"的做法，北佬壕生产大队的经济并未出现明显的经济增长，农民仍处于"糊口经济"的困境下。包产到组后，仍存在着一些利益矛盾和体制内无法解决的问题。首先，工作小组之间存在利益矛盾。其一，表现在生产资料的划分。"只要有人的地方，就有矛盾。"曾担任生产四队队长吕发这样说道，"东西就这么多，大家伙儿都想要，难免会有矛盾"。其二，表现在人力的配备上。农业生产除了依靠自然环境来生长外，还需要投入大量的人力劳动。由于劳动力在性别和身体状况上存在差异，因而在劳力投入中会存在差别，工作小组的划分难免会造成不同小组之间劳力配备存在差异。其次，由于生产单位与核算、分配单位的不一致，仍很难从根本上去克服公社体制下的"平均主义"及避免农民"搭便车"的行为。包产到组后，生产队将物资的使用权下放到工作小组中，但生产的核算单位及劳动成果的分配权仍以生产队为基本单位。这种生产单位与分配单位的不一致，导致了二次平均主义，即社员与社员之间，工作小组与小组之间。虽然生产组织的规模提高了行动效率，但建立在以"三级所有，队为基础"的分配体制下，社员生产的积极性仍无法完全调动起来。因而在北佬壕出现了"记大概工，吃大锅饭"；"干多干少，大家最后一分也就那么点儿"；"咱组比别的组吃得少，咱一样劳动吃得少。在正常劳动中吃不饱，干不动活，我主张把队里的大豆分一桌吃"等社员不满的说法。集体经济仍处于涣散无力的状态，社员中蕴藏的极大的生产、经营积极性仍得不到发挥。

三 大包干："户"的实践

在人民公社塑造的封闭的乡村社会里，国家意识形态的强大输入让社员和乡村干部们变得诚惶诚恐。然而，经济似乎没有听任政治的摆布，它悄无声息地变化一步一步改变着政治压力下的控制。"经济演变的逻辑或迟早会冲破政治的樊篱而表现出它的不以个人意志为转移的特征，社会不会长期听凭与之不相适应的制度的控制，它或迟或早会迫使制度朝着更适合于它的发展的方向变革。"①

（一）缘起

从人民公社的建立到 1978 年的 20 年期间，由于受到连续不断的政治运动的干扰和"左"的经济政策的影响，农业的发展速度仍处于低迷状态。"一九七八年按全国人口平均占有粮食 319 公斤，棉花 2.3 公斤，肉类 4.8 公斤，均低于世界的平均水平。农民生活仍不富裕，不少人很贫困，到改革前平均每个社员从集体分配到的年收入仅为 74.67 元，有近四分之一的生产队平均每个社员年收入在 50 元以下。"② 在这种单一集体统一经营的体制下，社员缺乏生产积极性，集体经济也缺乏活力。1978 年召开的十一届三中全会，将全国的工作重点从阶级斗争转向经济建设，重新确立了实事求

---

① 张乐天：《告别理想——人民公社制度研究》，上海人民出版社 2005 年版，第 339 页。
② 杜润生：《当代中国的农业合作制》（下），当代中国出版社 2001 年版，第 7 页。

是思想路线，对长期以来国家在政治上和经济上的一些"左"的做法和认识进行了纠正，全会重点讨论了农村问题，并提出了关于农村工作的新的指导思想，要求全党必须"集中主要精力把农业尽快搞上去"，并规定"农业、林业、牧业、副业、渔业、工业，无论是否实行单独核算，都要根据生产需要，建立小组的或个人的岗位责任制"，① 并鼓励社员发展家庭副业，放开集市贸易。1978 年《中共中央关于转发湖南省相乡县委报告的批语》又一次强调了"要坚持执行'各尽所能，按劳分配'的原则，反对平均主义，保证多劳多得。"在"集中主要精力把农业尽快搞上去"的指导下，经济性的目标成为了乡村社会生产发展的主要动力，同时也意味着追求经济效益为解放农村集体生产模式找到了发展的空间。

十一届三中全会虽未明确提出改革人民公社体制的问题，但其确定的将全国工作的重心转移到经济建设上来，已为人民公社体制的改革创造了条件。在三中全会后，国家针对"集中主要精力把农业尽快搞上去"的发展目标，其政策经历了 3 次起伏。

第一阶段：不许。1979 年 4 月的报告中指出包干到户"基本上与分田单干没有多少差别，所以是一种倒退"，凡是"搞了包干到户的地方要积极将农民组织起来"。

第二阶段：可以。在《中共中央关于加快农业发展若干问题的决定》中规定，由于某些副业生产的特殊需要和边远山区、交通不便的单家独户，可以包干到户。针对"在那些边远山区和长期'吃粮靠返销，生活靠贷款，生活靠救济'的生产队，群众对集体经济丧失信心，因而要求包产到户的，应当支持群众的要求，可以包产到户，也可以包干到户，并在一个较长的时间内保持稳定"。

第三阶段：推广。1982 年中央批转的《全国农村工作会议纪要》中指出，大包干和其他形式的责任制一样，"都是社会主义集体经济的生产责任制。只要群众不要求改变，就不要变动"。"包干已不同于合作化以前的小私有的个体经济，而是社会主义农业经济的组成部分。随着生产力的发展，它将会逐步发展成为更为完善的集体经济"。② 1983 年 1 月，中

---

① 杜润生：《当代中国的农业合作制》（下），当代中国出版社 2001 年版，第 16 页。
② 同上书，第 49 页。

共中央一号文件指出联产承包制是影响农村最深的农业生产责任制，"联产承包制采取了统一经营与分散经营相结合的原则，使集体优越性和个人积极性同时得到发挥。这一制度的进一步完善和发展，必将使农业社会主义合作化的具体道路更加符合我国的实际。"

随着国家意识形态控制的渐次退化和政策的逐渐放松，1982 年在四平县召开的工作会议上正式提出"今冬明春全县各种生产责任制形式将发生"三减一增"的新变化，就是专业承包、包干到组和小段包工要明显减少，包干到户将大量增加，这正如省、地委所估计的那样'明年农村生产责任制，将形成包干到户为主，多种形式并存的局面'"。至此，大包干在北佬壕正式拉开了帷幕。

（二）实践

1. 进村

北佬壕是从 1983 年开始分田到户，实行大包干。调查访谈中发现，在北佬壕村村民的印象中，当时大队干部接到上面通知说可以单干了，大家就开始单干了。在对不同生产队的走访中发现，当时实行分田到户，大包干并没有受到太大的阻力。当问及当时农民对大包干的态度时，大部分农民还是觉得分田到户好，有的农民则比较茫然。在进一步访谈和资料的整理中发现，农民的这种态度与他们所处的风云莫测的政治环境和参加人民公社时的动机有很大关系。在物资相对贫乏的年代，农民对生活的要求停留在吃得饱、穿得暖。在人民公社体制下，国家为农民描绘的社会主义新农村"楼上楼下、电灯电话"的美好图景并没实现，还曾一度把农民憧憬的幸福乐园带入了普遍的饥荒。入社的最初动机与现实发生冲突的时候，刚好有单干的机会，农民理所当然地举上拥护大旗，这也符合小农行为选择中的生存逻辑。

在走访中，笔者发现在北佬壕还有着许多"跟着政策走"的农民。从互助组到初级社、高级社、一直到人民公社，农民在这一时期经历了太多国家政策的变迁，这段时期的政策变化的多样性、反复性让部分农民意识到，传统的"天子皇朝"已时过境迁。经过多次的较量，农民在这场所谓的集体运动中找到了"弱者的武器"——跟着政策走。在农民对国家政策选择沉默的背后，其实更多地透露出他们对于国家权力的敬畏和政策本身认识的无知。

2. 入户

1983 年大包干进入北佬壕后，生产大队便开始组织"分田""分家"。具体表现在：分田到户——生产资料转入户。生产队将辖区内的土地，依据等级和位置不同，将土地分为好地次地、远地近地。同时以人口和劳力为依据，分户承包，谁也不能多占。承包人对土地只有经营权，不能出租、转让，若在经营中未执行合同规定的，集体有权将土地收回。生产队内的其他物资资料作价进行购买，购买物资的钱统一到生产大队。生产大队会计依据国家征收的农业税和粮食产量，以生产队拥有土地的面积按比例分摊到生产队，生产队按照每户家庭的承包地面积将产量和任务分到每户中。分家到户——这里的"家"指的是大家庭生产队。劳动力从集体的大家庭中分离出来，回归到小家庭。在大包干下，农民每天的劳动时间可以灵活安排，无须再进行"军事化"的生产，生产队长也无须在哨声、钟声中将农民组织起来，农民可以自由地对每个时节烦琐的农事进行安排。生产时间安排、作物的管理经营一切又回归到了家庭。责任到户——在分田、分家的同时，农民虽获得了土地和劳动安排的自由，但此时也以家庭为单位承担了国家下达的粮食产量责任。在这一阶段下，集体规定种植作物的品种、面积，规定投入的种子、肥料，规定产量、产值，规定出集体提留、各项积累、管理费和向国家应缴纳的农业税、交售粮食任务等。以户为单位的家庭生产通过在承包土地的同时，也承担了相应的生产责任。我们可以从承包合同书中看出农户所需承担的责任。

合同书

根据省政府关于 1989 年粮食定购合同春秋不变的精神和 3 年统算的原则。经甲方：梨树乡粮管所同乙方：梨树乡北佬壕村 7 队刘玉清户协商：因该户 1989 年受灾，完不成粮食合同定购任务，为体现粮食府策的严肃性和农民应履行的义务，该农户要在 1990 年粮食丰收的情况下，补交 1989 年欠交固定定购任务数。

原定购任务（市斤）	实际完成数量	补交数
5380	5078	302

3. 扩大到乡村副业

在高度整合的人民公社体制下，农村的经济大多都是单一的发展模式，从干部到普通农民，大家都搞农业。乡村中的副业也都是零星点点，为了生存需要而被迫寻求的出路。大包干后，国家不仅将粮食生产的任务交给了家庭，乡村副业经济的发展也逐渐回归到了家庭。在此阶段下，对于专业户也开始有了明确的定位标准。（1）以户为单位，它的主要劳动力或多数劳动力从事某项专业生产或进行专业经营活动在 60% 以上；（2）专业收入占家庭总收入 60% 以上；（3）专业商品的商品率达 80% 以上；（4）出售产品收入（包括服务性收入）高出当地（县）农村住户家庭经营每户平均出售产品收入水平的一倍以上。在北佬壕，养牛专业户的张富是家中主要劳力，他一年的纯收入高达 2000 元。从事小商业经营的贾敬民一年的收入更是高达万元。我们有幸访问到了当时经营村口商店的小商贩——翟国良，他给我们讲述了当时开小商店的情景。"当时农村开商店必须先写申请，由管理该片的干部进行审核，经过国家的批准，主要卖一些生活必需品。商店的进货渠道也必须从国家规定的渠道进货，国家规定了进货的批发价和零售价，多一分钱也不允许，要是发现有违反规定的就罚钱。以前都是自己骑车去进货，现在都是送货上门了。"

由于北佬壕村面积较大，各队之间分布较分散，村里经营小商店的还有好几家，除了翟国良之外，还有贾敬民、王恩生。在北佬壕，除了经营小商店的，还有其他的一些经营项目，见下表：

干部职务	干部姓名	包户姓名	经营项目	收入/元
助理	杜中臣	曲德	胶轮、链轨	
	张春贵	翟国良	商店	
党支部书记	苏成玉	贾敬民	小商店、养鸡、药材	11600
村长	徐有	王恩生	小卖店、豆腐坊、养猪	
	张国良	张万山	木工、瓦工（包工队长）	
村会计	蔡清玉	刘玉忠	经商（养殖场）	10000

　　带着"集中主要精力把农业尽快搞上去"的经济目标，在实行大包干生产经营体制改革后，"全县有 16 个生产队搞包干到户，当年全部大幅度增产增收，今年全县遇到历史上少有的大旱，但包干到户的 203 个生产队，有 193 个增产，5 个平产，人均收入由 1982 年的 10.2 元增加到 259 元，增长 24 倍多，1982 年粮豆单产已达 11500 斤，今年比 1982 年增长 15%，人均收入增长 30%"。北佬壕的粮食产量也取得了重大的突破。"1983 年，粮食亩产达 529 公斤，玉米每亩平均产量达 574 公斤，高粱每亩平均产量 460 公斤，大豆每亩平均产量达 346 公斤。""1984 年北佬壕社会经济收入中全乡经济收入 592 万元，其中农业收入 330 万元，企业收入 120 万元，多种经营收入 142 元，人均收入 978 元。"

　　大包干后，生产回归到家庭，农民生产积极性也调动起来了。有社员说："包干到户不仅能治穷，还能治懒，一些多年的"懒汉"都下地干活了，历来挣溜达分不参加劳动的人也在承包田参加了劳动。""过去入社以来长期装病不参加集体劳动的高清河，那会儿病也好了，干活也有劲儿了。"过去生产干部整天催工，如今大包干了，干部的负担减轻了，农民白天干活，晚上睡在炕上还计划安排今后的生产。

　　古人说："衣食足而后知荣辱。"过去在生产队里分粮，分得少不够吃，常常为多一点少一点吵嘴打架。现在都向生产队交粮，就少了很多是非。加上大包干后农民生活大改善，物质生活逐渐转好，人与人之间的关系也得到了改善。

　　大包干后，土地分到家，农民爱惜土地，农田建设好了。其一，从良田变荒地到荒地变良田。土地分田到户，使北佬壕上演了一场"争地"之战。"过去很多地都荒着，就是好好的地大家都不愿意种，那会儿人也不够。一说要把地分到户了，大家都抢着要。"而如今则是"寸土寸金"，闲散土地开始成为了"聚宝盆"。其二，从"粗"活到"细"活。"以前种地既不深翻，也很少施肥。犁地时边越留越宽，地角越种越大，方形的田都快变成圆形的田了。""男的前面犁地，妇女小孩后面拣草根、拣石头，有的往田里送粪，有的地要犁好几遍。"农民开始真正爱惜土地，培养地力了。

四　结语：经济逻辑下的农村生产组织演变

　　农村生产组织在人民公社时期经历了一个由"合"到"分"的发展历程。首先，"合"。中华人民共和国成立后，土改让农民获得了土地，农业生产开始回升，但发展生产却仍有困难。小而分散的农民面对自然的侵袭显得束手无力。农民本身虽具有传统的生产互助积极性，但如果没有国家行政力量的介入以及制度性的保障，农民之间的互助合作无法长期有效地维持。在这期间，农民之间的生产互助形式由一个传统的民间组织互助组发展到初级社，由初级社逐渐步入高级社，最终走向了人民公社。农民生产合作的组织单位在一步步合并中，也是国家对乡村社会的控制逐步加强的过程。国家对乡村社会的土地、劳动力等资源进行整合，并将其纳入到国家体系中，国家在构造了集体组织形态的同时也构造了集体组织形态的具体内容形式，即农民的劳动具有了国家性，土地等生产资料由个体私有转向了集体所有。同时，为了巩固已建立组织、保障组织的劳动成果，国家通过对乡村干部的任命，来保障生产活动的顺利、有序开展。粮食产量任务的下达则是对整个生产活动的最终检验。为了使农民能够踏实地从事生产活动，国家对农民的出行范围有明确的限制，并且对农民的请假、休假做出了明确的规定。农民的活动仍逃不出传统的村落圈。其次，"分"。以集体为单位的生产逐渐分裂为更小的单位，直至到家庭。组织形式的演变将农民带回到传统的家庭生产的同时，也带给了农民劳动的自由。劳动力作为一种特殊的产权，它的派生形态即自由和民主，因此国家在带给农民部分经济自由的同时也给农民带来了政治民主。在公社时期强大的高压意识流和单一文化形态的控制下，农民对政治生活的参与往往都是被动和无奈的。大包干后，乡村社会经济发展形式的多样化也带给了农民不同的视野。大包干后的北佬壕，打破了传统乡村秩序的平衡，农民迫切需要找到能够代表自己意愿和利益的干部。孙国清作为北佬壕"海选"第一人，足以证明农民对政治的参与逐渐从被动转向了主动。同时在此次海选中落马的张国良，他作为传统政治格局中代表之一，他的落选也证明了乡村社会的政治民主也开始踏上了征程。与此同时，劳动力的解放冲击着"熟人社会"中的传统交往秩序。农民不再受限于生产队的交往范围，队与队、村与村之间的交往日益密切，人员之间的流动性逐渐增强，世代蛰居于村庄的农民有的甚至走出了村落。

政策指导下的农村生产组织单位的变化是在解决集体经济低效益的形势下产生的。任何组织的存在都有其目的，无论是经济目的或是政治目的，或者是二者兼而有之等。人民公社作为一个组织形态，在其成立之初就被赋予了准确的定位"政社合一"。它作为社会主义社会在农村的基本单位，在其成立之初到"文化大革命"结束的这段时间内，其发挥的政治功能远远大于经济功能。因此，从其组织目的来看，公社领导下的生产并不能充分发挥其经济效用的价值。同时，公社的规模之大，在组织生产中所耗费的组织成本和监督成本无形之中大大增加。"当合伙人很多时，个体合伙人会觉得他自己的努力或贡献不会对企业的业绩产生多大的影响，并希望不管他贡献多少，他都能得到事先预定好的收益份额。"① 在生产过程中，普遍出现了"出工一窝蜂，干活大呼隆"的现象。由于公社领导的"大兵团作战"缺乏激励机制，因而，在生产中农民的热情普遍不高。与此同时，又不幸遭遇了严重的自然灾害，全国人民进入了最艰难的三年"饥荒"时期。大规模、低效率的生产组织并没有给组织内成员带来其期望的经济利益而被否定。

生产队，顾名思义，是作为一个生产组织而存在的实体，它的功能和目的主要在于其经济职能，即生产。虽然在生产队中仍有政治队长的存在，但在这一阶段下，政治队长的主要功能在于辅助生产，他是服务于经济职能。北佬壕村生产队的规模为 30 户左右，约 200 人。相比公社的组织规模已大大缩小。奥尔森指出："即使在最小的集团里，集体物品的提供一般也不会达到最优水平。……造成这一低于最优水平的倾向的原因是，根据集体物品的定义，一旦集团中的任一个体为自己提供了集体物品，就不可能把集团中的其他成员排除在对这种物品的享用之外。"② 更何况由于农业生产本身所具有的特性，即其生产的环节具有不可分割性和连续性，同时它也需要在一个广阔的空间里进行，它不同于工业生产，可

---

① ［美］曼瑟尔·奥尔森：《集体行动的逻辑》，上海人民出版社 1971 年版，第 66 页。

② 同上书，第 29 页。

以很明确地将生产划分为标准化、可量化的生产工序，因而这也无形之中增加了在集体组织生产中的监督成本。同时由于农业生产的最终产品还需要农作物本身经过一定时间的生长、发育才能得到最终的农产品，在这个过程中则需要生产者长期的经营和管理，因此，对于生产者每天的劳动质量很难计量。生产队虽然制定了劳动定额，并通过工分制来激励农民生产，但由于农业生产无法把个人劳动努力和其他人的劳动努力分开，因此这种激励制度很难长久地维持下去。即使在生产组织的规模缩小至工作小组，仍很难改变这种困境，无法解决这种"偷懒和搭便车"的机会主义，生产效率仍然很低，其结果是"个人没有为增进集体利益而努力的内在动力，在没有外力强制的情况下，集体将趋于解体。"正如杜润生所说："集体经济是一个低效益的经济。它的体制违背了农业特性，使农民疏远土地，无从建立起持久不衰的劳动兴趣和责任感，从而影响他们的生产积极性。"① 因此，农村生产组织正式转入家庭。家庭作为农业生产的基本单位，它是一个集生产、分配、消费的统一体，在农业生产水平还未达到现代化农业生产的水平，无法进行大农业生产时，以家庭为单位的组织能够灵活地根据农业生产的现况作出及时的决策，避免误农时。同时劳动力回归到家庭后，成员之间基于血亲关系，劳动效能无须用工分进行计量，他们作为一个利益共同体，无须担心劳动成果被他人侵占，劳动的自律性使得家庭对劳力的安排相比其他生产组织而言，更有行动效率。

---

① 杜润生：《杜润生自述：中国农村体制变革重大决策纪实》，人民出版社 2005 年版，第 98 页。

社教运动:国家与农民互动中的政治话语建构

【导读】"社会主义教育"是中国共产党领导的国家对农民进行社会主义思想教育的运动。它是一个自上而下的政治过程,在向下执行的过程中,农民也有他们自己的理解与认识表达,这在本项研究中主要集中在农村干部的经济问题上,即后来的"小四清"运动,并由此上升到国家政治话语的高度,直接进入政策文献之中。之后,"小四清"逐步发展成为以政治思想为主的"大四清"运动。这一发展历程构成了一个典型的政治话语的互动建构模式。

1949 年以后,中国共产党发动了多次政治运动,"社会主义教育运动"(以下简称"社教")是其中一场时间较长、规模较大的运动。"社教"是从 1957 年开始的,是国家对农民进行社会主义思想教育的自上而下的政治运动,这一运动到"社教"中期(1963 年以后)逐渐以"四清运动"的名称开展,而"四清"则是在 1957 年以后从群众对基层领导干部进行财务清查的"整风整社"开始,经过地方政府整合而发展形成的以经济为主的"小四清",逐步纳入国家话语①体系,到 1965 年发展成为以政治思想为主的"大四清"的运动。1965 年之后,"城市和乡村的社会主义教育运动""一律简称'四清':清政治,清经济,清组织,清思想"(本文所引中共中央文件均来自《建国以来重要文献选编》,第 1—20 卷,中央文献出版社 1992—1998 年版。因涉及文件较多,故不再一一注明。),形成了从开始的"社教"话语体系为主,最后逐渐发展为"四清"话语体系为主的发展过程。从"社教"到"四清",这一运动和 1949 年以后

---

① 纪程:《话语视角下的乡村改造与回应》,华中师范大学 2006 年博士论文,第 6—7 页。

的历次运动最大的不同在于：这次运动的话语体系首先是自上而下国家的政治话语"社教"，继而出现自下而上的农民政治话语"四清"，自下而上的农民政治话语"四清"与自上而下的国家政治话语"社教"逐渐融合，"四清"这个带有浓郁的农民话语特色的政治话语，最终为国家接受，成为国家政治话语，但其内涵却已经不再是农民政治话语的"四清"的内涵了。因此，从"社教"到"四清"的政治话语变迁具有特别的研究意义。

一 "社教"：国家建构农民的话语

农村和农民是中国共产党取得政权的重要力量，"农村包围城市，最终夺取全国胜利"是中国共产党的革命道路，而且在执政之前，中国共产党长期在农村开展工作，这使得中国共产党对农民有着非常深刻的了解。就在中华人民共和国中央人民政府即将成立的3个月之前的1949年6月30日，毛泽东在纪念中国共产党28周年的文章《论人民民主专政》一文中写下了后来被广泛引用的一句话："严重的问题是教育农民。"[①]这说明毛泽东非常清楚地意识到对农民进行教育是中国共产党获得政权之后必须开展的工作，而且可能是需要长期开展的一项非常艰巨的工作。

1949年以后，中国共产党长期重视对农民的教育工作，向农民传递国家话语，用社会主义话语建构农民的话语，引导传统社会的农民成长为社会主义的农民。中国共产党先后领导开展的土地改革、合作化运动、人民公社运动都是以社会主义制度建设和经济发展为目的的运动，在1957之后开展的"社教"则是以社会主义思想建设为目的的政治运动。为了建构农民的社会主义思想，国家先后颁布多项农民教育政策，对农民进行系统、深入的社会主义思想教育的主要政策则是从1957年开始的一系列"社教"政策。

1957年8月，中共中央发出了《关于向全体农村人口进行一次大规模的社会主义教育的指示》，教育的中心题目是：合作社优越性问题；粮食和其他农产品的统购统销问题；工农关系问题；肃反与遵守法制问题

---

① 《毛泽东选集》第四卷，人民出版社1991版，第1477页。

等。教育的方式是大辩论、提问题、摆事实、讲道理、忆苦思甜。文件明确指出："对于这些问题的辩论，实质上是关于社会主义和资本主义两条道路的辩论"，要求通过这些辩论，"有力地批判富裕中农的资产阶级思想，反对一切不顾国家利益和集体利益的个人主义和本位主义"，"对地主、富农、反革命分子和其他坏分子的反动的煽动言论必须及时地有力地给予反击，对于群众的误解和错误意见，都必须采取很好的态度，加以解释和说服，对于富农中农的错误言论的态度，也应该这样"。对于"四类分子"的反动思想要批判，对普通农民的错误思想也要教育。

显然，这里的"社教"作为国家政治话语，是国家意志的表达，是国家对农民的建构，国家对农民进行社会主义思想教育，是国家意识形态建构的要求，农民是其话语对象，农民被动地理解和接受这一话语的价值取向，国家通过这些教育改变农民的个人主义、本位主义思想，甚至资本主义思想，建构农民的社会主义思想。"社教"对"全体农村人口"进行社会主义教育，全体农民都是教育对象，都是国家进行思想改造和思想建设的对象。社会主义教育的内容全部是思想层面的，当时农民的受教育程度还有限，把握社会主义这一政治概念存在一定的困难，农民对理解社会主义内涵界定哪些日常行为是社会主义的，哪些是资本主义的，存在较大的理论难度和认识难度。所以这一阶段的"社教"主要是通过斗争"四类分子"、忆苦思甜等活动进行，对"四类分子"进行批评和教育是为了对全体农民进行教育。

1958 年 8 月，全国农村掀起兴办人民公社的高潮，中共中央发出《今冬明春在农村中普遍开展社会主义和共产主义教育运动》的指示，要求"大讲特讲社会主义制度的优越性，更加坚定广大农民走社会主义道路的决心和信心，彻底批判一部分富裕农民残存的资本主义自发倾向，在人们的思想上继续破除个人主义，本位主义，大立共产主义"，"打破右倾保守、甘居下游的思想，大立鼓足干劲，力争上游的思想，使'观潮派'和'秋后算账派'不仅在大丰收的事实面前哑口无言，而且在思想上彻底破产。应该把一切'白旗'以至'灰旗'统统拔掉，把红旗普遍插起来，使社会主义建设总路线更加深入人心"。这一文件仍然强调的是国家对农民的建构，引导农民破除不符合社会主义思想的个人主义、本位主义，批判资本主义思想，大立共产主义，建构社会主义政治思想。

1959 年，中共中央转发各地社会主义教育运动的经验，要求各地算清人民公社的账目，提出"算账问题是当前的关键问题。这个问题解决了，其他问题也就随着解决了"，认为"整社"是"两条路线斗争的经验"，农村的斗争是"农村中资本主义和社会主义两条道路斗争的继续，是一场很激烈、很深刻的阶级斗争"，认为"通过层层整顿干部队伍和全民性的鸣放、算账、回忆、对比，辩论和重点批判上中农代表"，"使广大干部群众受到了一次深刻地社会主义教育"。这一时期国家建构农民的努力遇到经济困难的特殊情形，思想建设不得不让位于更加重要的经济建设。这一年的"社教"有了经济内容的加入，"算账"是农民对自己利益的保护，说明国家允许和支持农民争取自己的利益，而且通过引导农民争取自己的经济利益，把经济利益与政治思想教育整合起来，使"算账"成为社会主义教育运动的政治行为，强化农民基于自身直接的经济利益，间接地建设社会主义政治觉悟。

1960 年，由于严重的经济困难，中共中央发出《关于农村人民公社当前政策问题的紧急指示信》，要求"放手发动群众，普遍展开一个整风整社的群众运动"，坚决反对贪污、浪费、官僚主义，反对干部特殊化。这一年的工作重点不再是社会主义思想教育，而是尽最大努力解决农村农民的生活困难问题，农民的基本生活相关的经济利益成为国家政治话语的主题。

1961 年年底之前的中共中央工作重点仍然是整风整社、生产救灾。1961 年 3 月制定的《农村人民公社工作六十条（修正草案）》对农村工作进行了详细规定，农民的经济利益成为一个重要领域。1961 年 11 月，在经济形势好转之后，中共中央发出《关于在农村进行社会主义教育的指示》，要"普遍地进行一次社会主义教育"，"不断用社会主义的思想教育农民"，"一定要做到深入普遍，做到家喻户晓"，"要结合六十条的规定，向农民宣传社会主义、集体主义和爱国主义"，"兼顾国家、集体和个人利益的重要意义"，要教育农民"不要妨害集体生产"，"不要热心于做生意，更不要弃农经商"。

显然，引导农民进行社会主义思想建设再次成为"社教"的主题，农民个人的经济利益被认为是不符合社会主义思想的，一些与社会主义思想相悖离的具体的经济行为，被非常清晰地界定出来，引导农民进行改

造。经济建设没有能够替代政治建设，国家政治话语之所以重新回到
"社教"的体系上，则是因为社会主义教育的任务并没有完成，国家的政
治话语没有完全内化于农民心中，没有成为农民的日常生活行为，没有成
为农民的政治行为。出现这一问题的主要原因是政治建设、思想建设本身
的难度，但国家政治话语"社教"的内涵过于理论化，也是农民难以把
握不可避免的原因。

二 "四清"：农民建构国家的话语

1962 年年底，河北省保定地区定县周村公社阜头庄大队在"社教"
中开展整风整社，"农民迫切要求社、队认真清理账目、清理仓库、清理
财物、清理工分（以下简称'四清'）"①，要求以《农村人民公社工作六
十条（修正草案）》所规定的"生产大队必须严格执行财务计划、严格遵
守财务制度，防止贪污舞弊……一切收支账目要日清月结，按月向社员公
布"、"生产队一切财务必须公开，定期公布账目"等条款为依据进行清
查。工作组和党支部按照群众要求，发动群众对生产队的账目、工分、财
务、粮库进行彻底清查，并逐项逐条向群众进行说明。这便是阜头庄大队
"群众首创"的以"查账、清财务、清工分、查粮库"为内容的整风整社
活动。②

同年 12 月底，清查结束，全大队共查出被干部贪污挪用的粮食
13879 斤，现金 9070 元。这在一个生产大队来说，是一个不小的数目。
更为重要的是，这一笔不少的经济财产，原本被干部侵占，成了干部的私
人财产，现在通过农民对干部的清理，这笔财产重新成为了阜头庄大队群
众的集体财产，农民的经济利益得到了非常充分的保障，农民通过维护自
身的经济利益，充分理解了体现社会主义思想的《农村人民公社工作六
十条（修正草案）》的政治价值与经济价值。应该说，这一"民清查官"
的财产、"民分配官"的财产的活动，对农民来说是前所未有的。这一活

---

① 《建国以来重要文献选编》第 16 册，中央文献出版社 1997 年版，第 321 页。
② 本段关于阜头庄大队、保定地区、河北省的"四清"运动的材料，来自王刚的《河北省
"四清"运动研究》（河北师范大学 2006 年硕士论文）。

动中，农民通过从干部那里获得经济利益，非常直接、非常清晰地体验到了社会主义的内涵，成为农民对社会主义思想的直接体验，是一次非常有效的社会主义教育活动。阜头庄大队的农民要求进行"四清"，从他们的政治觉悟可以判断，他们进行"四清"不是为了社会主义思想建设，也不是为了社会主义制度建设，而是为了获得他们自己应得的经济利益，他们利用政治话语，争取自己的经济利益。农民利用国家政治话语，明确追求自身的经济利益，是农民利用国家政治话语对国家政治话语进行建构。农民把国家的政治话语"社教"浓缩（或者化简）为"四清"，"四清"这样的农民政治话语具有非常明确的利益指向，采取了他们独特的政治智慧方式接受国家政治话语，从国家政治话语中选择与自己切身利益最密切相关的部分，形成农民自己的政治话语，而且是符合国家政治话语、基于国家政治话语的农民政治话语。显然，当国家建构农民之时，农民基于自己的利益，基于自己的政治智慧，接受、改造国家政治话语，使之更加具有自己的话语特征、更加符合自己的利益取向，形成农民对国家的建构、对国家话语的建构。

阜头庄大队的经验得到定县县委、保定地委的肯定，原本无行政特征的"查账、清财务、清工分、查粮库"农民话语，也统一为"清账、清工、清财、清库"的"四清"。1963 年 1 月初，保定地委及时了解、总结了定县"四清"经验，明确表态肯定和支持，并在请示河北省委后，于1963 年 1 月决定在全区普遍开展"四清"运动，并使"四清"的内容具体化、明确化，使"四清"的具体工作原则和方法更加符合国家政治话语。定县训练了 690 余名干部，组成"四清"工作队（组），从 2 月起派往各人民公社，在全县范围内开展了"四清"工作。2 月，保定地委再次发出专门文件，对"四清"作了详细的指示和要求，从 2 月下旬起，1300 多个大队开始开展"四清"运动。3 月 6 日，保定地委再次总结、推广了一些地方开展"四清"的经验，推动全区"四清"运动的发展。到 3 月底，整个保定地区的"四清"基本结束。保定至此的"四清"全部都是争取农民经济利益的经济"四清"。

保定的经济"四清"运动受到河北省委的高度重视，1963 年 2 月，河北省委向全省推广保定"四清"的经验，要求在全省进一步做好农村整风整社工作的安排，要求全省各地在整风整社中参考保定"四清"的做法，开展"四清"。到 6 月初，河北全省 95% 的生产队已经基本上结束了"四清"，揭发了基层干部铺张浪费、多吃多占、贪污盗窃、投机倒把等问题。据统计，河北全省有铺张浪费的大队占 47.7%，生产队占 30.2%；有投机倒把的大队占 7.4%，生产队占 3.9%；有多吃多占行为的干部占 20% 左右，有超支挪借的干部占 1% 左右，有贪污盗窃的干部占 4.5 笔，有投机倒把行为的干部占 1.5%，以上四项共损失粮食 2251 万多斤，现款及其他实物折款 3015 万多元。"四清"中发现犯有各种错误的干部 34 万多人，占干部总数的 14%，全省已有 18 万多名干部退了赔，占应退赔干部总数的 60%，已退款 599 万元，粮 473 万斤，劳动日 193 万个。河北省的"四清"运动基本解决了农村经济管理混乱的问题，纠正了部分社队干部铺张浪费、多吃多占、贪污盗窃、投机倒把等问题，农民的基本经济利益得到了较好的保护。应该说，保定地委、河北省委领导的"四清"仍然属于"整风整社"政治话语体系的政治行为，还不直接属于国家政治话语"社教"。这一方面是因为"整风整社"本身也是国家政治政策；另一方面是地方对于"社教"的内涵不敢如此自作主张进行界定，因为"社教"是中共中央直接领导的政治运动。

三 "四清"进入"社教"

1963 年 4 月，毛泽东对河北省委关于保定"四清"运动的汇报做出了批示，并随后以中共中央文件附件的形式下发，题为"中共保定地委关于开展社会主义教育进行'四清'工作向省委的报告"，"四清"这一"群众首创"的政治话语正式进入中国共产党的政治话语，成为国家话语。同年 5 月，中共中央发出了《关于抓紧进行农村社会主义教育的批示》，介绍了河南进行农村社会主义教育的经验，并明确提出："社会主义教育是一件大事"，要求各地落实。同年 5 月还下发了《关于目前农村工作中若干问题的决议（草案）》（以下简称《前十条》），尽管文件名称中没有提到社会主义教育运动，但其内容主要是关于社会主义教育运动的。《前十条》对社会主义教育运动提出了具体的理论指导和行动要求，其中第八条为"'四清'问题"，专门说明了"四清"的内容（清理账目、清理仓库、清理财物、清理工分）和具体做法，明确肯定了保定地委"把'四清'作为社会主义教育的一个新阶段"的定位，指出："这个经验是重要的，应当推广"，还特别提出具体原则和方法，并要求"每年还要大清一次到两次，使'四清'成为人民公社、大队和生产队，首先是基本核算单位的一项经常制度，并作为一种重要的社会主义教育"。同年9月，中共中央发出了《关于农村社会主义教育运动中一些具体政策的规定（草案）》（以下简称《后十条》），提出"以阶级斗争为纲"，抓住"阶级斗争、社会主义教育、组织贫下中农阶级队伍、四清、干部参加集体劳动"的"一纲五点"基本方针，"四清"成为"社教"的五项要点工作之一。不过，因为《后十条》主要是针对社会主义教育运动中的问题的指示，11月又下发《关于印发和宣传农村社会主义教育运动问题的两个文件的通知》，把《前十条》和《后十条》一并下发，要求"向全体党员和全体农民宣读，要讲得明明白白，清清楚楚"，各地"做一次伟大的宣传运动"。随后，各地组织干部进行了精心地宣传准备，不仅仅反复试讲、修改、完善讲稿，而且考虑农民的语言能力、注意力集中程度，进行了宣讲方式、时间长度等的专门设计，确保达到宣讲效果，让广大农民真正理解文件的社会主义教育的精神。

我们可以看出，"四清"从农民政治话语成为国家政治话语，是农民建构国家的典型案例。当然，农民对国家的建构，又是基于国家对农民的政治思想建构，亦即，在国家建构农民的过程中，农民对国家进行建构，这一建构又为国家认可，成为国家建构农民的话语。国家之所以认可农民建构国家的话语、而且用农民话语对农民进行社会主义思想建构，其原因在于，国家发现，农民最直接的关切点在于经济利益，而国家以农民的经济利益作为国家的政治思想的组成部分，以保护农民的经济利益使农民认识、领悟到社会主义思想，从而认可、建构社会主义思想，以此完成社会主义思想的建构，实现国家对农民的建构。据此可知，国家对农民的建构，若以农民的利益关切为基础，就有可能实现国家与农民的互动建构，在国家建构农民的过程中，实现农民对国家的建构，再形成国家对农民的建构。理论上而言，这是一个不断发展的进程，国家与农民一直不断相互建构，对中国这样一个农民大国，尤其如是。当然，在这个阶段，"四清"还只是"社教"的一个部分，是其中的内容之一，是国家把农民建构国家的政治话语"四清"纳入国家建构农民的"社教"话语体系之中。

这是特殊的话语整合，是国家政治话语对农民政治话语的认可和采用。

"四清"很快在全国推开①。"四清"之所以如此快捷、广泛地被农民理解、接受和实践，一个重要原因在于"四清"是群众对干部的清查，这与传统的政治运动中干部对农民的清查不同，与几千年的"官管民，民被管"的历史不同，是民对官的清理清查，而且这种清查所得全部成为农民自己的利益，这比没有经济利益的纯粹政治运动更能够发动群众参与。

与前期的"社教"不同，"四清"没有直接改造农民行为，没有直接提出要改造农民的个人主义、本位主义等行为，而是改造干部行为，以此为样板，使农民知道什么是社会主义政治行为准则，农民是"四清"的参与者，也是社会主义政治行为准则的体验者。可以说，中共中央领导的全国性的"四清运动"是通过让农民参与整顿干部队伍、从而对农民进行社会主义政治思想教育。

1964 年，"社教"进入高潮，中共中央下发了 10 多份名称中直接包含"社会主义教育"的文件，指导各地的社会主义教育运动，其中同年 9 月下发的《关于一个大队的社会主义教育运动的经验总结》介绍了河北省抚宁县卢王庄公社桃园大队开展社教的经验（以下简称"桃园经验"），同年 10 月下发的《关于社会主义教育运动夺权斗争的指示》介绍了天津市南郊区小站镇在社教中夺权的经验（以下简称"小站经验"）。这两份文件介绍的经验对于农村地区的社会主义教育运动产生极大地影响。"桃园经验"的核心就包括"放手发动贫下中农和其他农民群众才能解决干部的'四不清'和对敌斗争中的各种问题，把社会主义教育搞深搞透"，"桃园经验"还发现"'四不清'严重的干部和他们上面的保护人要用各种办法抵抗'四清'运动"。应该说，"桃园经验"主要还是基于"四清"进行政治斗争。而"小站经验"则有着很大的变化。"小站经验"明确指出，"社会主义教育运动应当先搞'四清'，还是先搞对敌斗争……应当根据各地不同的实际情况来解决"，小站地区"社会主义教育运动开

---

① 在郭德宏、林小波编的《"四清"运动亲历记》（人民出版社 2008 年版）一书中，我们可以看到东北、华北、华东、中南、西南、西北各地的农村以及工厂、学校的"四清"运动的开展情况。

始是从'四清'入手，但是在相当长的时间内清不出什么来。后来转入夺权的政治斗争，并处分了区委和公社的一些领导人，才打开了局面，充分发动了群众，首先解决了领导权问题，然后再解决经济上的'四不清'问题。他们的经验，值得各地参考。"这时，"四清"不再是运动的核心，运动的重点转移到"夺权"上，农民话语让位于意识形态。

"小站经验"对"四清"话语是一个比较大的转折，农民政治话语"四清"不能再满足国家政治话语的需要，其内涵不足以表达国家政治话语的内涵，国家政治取向要求"四清"作为国家政治话语进行内容变迁，发展成为能够体现更加丰富的国家意志的政治话语，而不再是单独体现国家通过整顿干部队伍保护农民经济利益、以农民政治话语为主要底色的政治话语。

四 "四清"成为国家话语

1965 年 1 月，中共中央下发《农村社会主义教育运动中目前提出的一些问题》（以下简称《二十三条》），总结了社会主义教育运动的历程，统一了政治行动，提出"城市和乡村的社会主义教育运动，今后一律简称'四清'：清政治，清经济，清组织，清思想"，这时，"四清"成为"社教"的代名词，二者合而为一。该文件梳理了对于"运动的性质"的理解等关键问题，提出运动的性质是"社会主义和资本主义的矛盾"，文件对《前十条》《后十条》进行了大幅度调整，提出了"搞好社会主义教育运动的标准"，其中第一条就是"要看贫、下中农是真正发动起来了，还是没有发动起来"，这一文件明确在中共中央文件中使用了"四清运动"这一话语概念。

此后，"四清"成为中共中央文件名称的话语。随后中共中央下发了《关于在"四清"运动中吸收新党员预备期问题的意见》《中共中央对湖北、河北两省委关于今后农村四清运动部署问题的批示》等文件，并转发了多份名称中包含"四清运动"的文件。在此之前的中共中央重要文件的名称中，都是以"社会主义教育、社会主义教育运动"为运动名称，这说明，至此，"四清"已经完全成为一个国家政治话语概念，而其内涵已不再是阜头庄大队农民的"四清"，甚至不再是保定地委、河北省委的

"四清"，不再是 1963 年中共中央文件中"清理账目、清理仓库、清理财物、清理工分"的经济四清，或者"小四清"。新的"四清"被称为"大四清"，成为国家整合农民政治话语之后形成的新的国家政治话语。"四清"这一新的国家政治话语与"社教"相比，更容易让农民理解，也更容易让农民把握其核心，其中的"清经济"也是农民根本利益所在，而其"清政治、清组织、清思想"则是国家意志的体现。这一整合后的国家政治话语具有国家的政治意向，也具有农民的价值取向，是典型的国家—农民互动建构的产物。

1966 年，随着中共中央决定在全国开展"无产阶级""文化大革命"运动，"四清运动"就被纳入这一更宏大的运动之中去了，不过中共中央仍然部署了"文化大革命"中的四清工作，一直到 1967 年，中共中央仍然下发多份文件，要求"保卫四清运动成果"，把四清没有解决的遗留问题，纳入无产阶级"文化大革命"中解决。随后，"四清"这一农民建构国家的政治话语，最终彻底退出国家政治话语体系，消失在中国的政治现实生活中。

"四清"退出国家话语体系，是因为国家对于农民的建构重心转移到更宏大的政治话语之中，在国家建构农民为主导的"文化大革命"期间，农民建构力量相对较弱，农民对国家的建构也不再表现在政治领域，农民对国家的更为宏大的建构逐渐形成为"联产承包责任制"这一经济制度的全面重构。以上梳理可以看出，从"社教"到"四清"经历"社教"，"社教"中包含"四清"，"社教"简称"四清"这 3 个环节，这一过程清晰地告诉我们：

1. 国家总是主动地建构农民，这是国家这一政治实体的本质决定的。社会主义教育运动的目的是国家对农民进行社会主义教育，引导他们理解社会主义思想，把握社会主义政治实践的内涵，是国家对农民的自上而下的建构，是国家主动的政治行为，国家引导农民按照社会主义价值体系和行为标准，改造农民自己的价值取向和行为，使之整合到国家预设的价值体系和行为标准上来。

2. 在国家建构农民的过程中，农民能动地建构国家。"四清"的基本内涵（查账、清财务、清工分、查粮库）源于农民的政治话语，是农民建构国家的尝试。这一尝试经过基层的政治化提炼为较为规范的政治行为话语（清理账目、清理仓库、清理财物、清理工分），成为基层政治话语，再经过国家层面的政治解读和处理，进入国家建构农民的政治话语体系。

3. 国家若内化农民对国家的能动建构，形成国家—农民的互动建构，则国家对农民的建构更加有效，农民也更乐于接受国家对自己的建构。"四清"成为国家政治话语（清政治，清经济，清组织，清思想），从农民建构国家的话语，成为国家建构农民的话语。从这一历程可以清楚地看出，国家话语"社教"到基于群众话语的国家话语"四清"，经历了一个国家建构农民、农民建构国家的过程，是国家基于农民对国家的建构而对农民的建构，这种内在的互动，成为从"社教"到"四清"的政治话语的本质特征，也使得"四清运动"成为1949年以后少有的具有一定积极意义的政治运动①。从"社教"到"四清"变迁可以看出，在国家建构国民（农民）的过程中，基于国民（农民）建构国家的努力、基于国民（农民）的直接利益、往往主要是经济利益而进行，使国民（农民）政治话语成为国家政治话语，使国民（农民）政治话语促进国家建构国民（农民）的重要力量，如此，国家对于国民（农民）的建构可以更加有效。

---

① 参见林小波《"四清"运动研究》，中央党校2004年博士论文；宋淑玉《四清运动的历史评价》，《党史文苑》2007年第5期；任春峰、肖毓《论"四清"运动中的党建启示》，《世纪桥》2008年第9期。

四清运动:政治运动中的农民行为分析

【导读】 发生于 1963 年至 1966 年间的四清运动是一场前承"大跃进"后启"文化大革命"的政治运动,是中国历史上重要的政治事件。近年来学界主要是围绕着国家上层对"四清"运动展开探讨,相反地对这项运动在乡村社会的开展情况则较少进行研究。因此,本文试图以村落的视角来探讨四清运动的变迁过程,通过着重分析四清运动中不同类型的农民个体(主要包括:下派干部、生产队干部、贫下中农积极分子、四类分子、普通农民等)所遵循的行为逻辑,来探讨国家政治运动中的社会行为。

"四清"运动是我国 20 世纪 60 年代开展的一场轰轰烈烈的政治运动,持续了 4 年之久,从 1961 年开始到"文化大革命"的爆发。"四清"运动又称为社会主义教育运动,目的在于反修防修、防止资本主义复辟、防止和平演变。农村的运动,以清理账目、清理仓库、清理财务、清理工分为主要内容,简称"四清"。城市的运动,以反对贪污盗窃、反对投机倒把、反对铺张浪费、反对官僚主义、反对分散主义为主要内容,简称"五反"。

"四清"运动波及全国 1/3 的广大地区,许多城市工矿企业、高校、农村公社、大队卷入其中,数百万工作队进厂、下乡,工作队成员主要是中央与地方的各级领导干部、高校师生、银行工作者以及军队官兵。运动的对象包括四类分子、党内蜕化变质分子以及走资本主义的当权派等。"四清"运动时间之长、范围之广、参与人员之多是中华人民共和国成立后政治运动中不多见的。

因此,无论是作为中华人民族共和国成立以来重要的政治运动,还是就运动本身的影响而言，"四清"运动都是值得关注的。但是，由于受历史环境的影响，对这场运动的研究还十分的薄弱。迄今为止，国内尚未出现一本研究"四清"运动的专门著作，也没有系统完善的运动历史资料供学者们研究。仅有的研究也仅仅局限于运动发生的原因、过程、社会影响以及历史评价等宏观层面，从微观层面，即基层民众的角度进行研究的文献并不多。

众所周知，群众是运动的基础，不了解群众运动的真实情况，就不能还原历史真相，也无法对历史做出评判。因此，笔者希望通过实证调查，了解农民对"四清"运动的真实记忆，并以村落为视角还原农村"四清"运动的真实场景，通过探讨运动中不同行动者的行为逻辑折射出整个乡村在"四清"运动中的历史变迁。

在研究方法上，仍然以实证研究为主。研究对象为北佬壕村，地处吉林省梨树县东南部，距梨树镇 7.5 公里，距梨树县 10 公里。村庄位于松辽平原（洪积平原），海拔 150 米左右，属于新生界第系黄土和各类松散堆积物地层，地质结构为松辽平原——渤海沉降带，为低洼漫低。土质为黑钙土，也就是人们常说的黑土地，耕性较好，土地肥沃，养分高。属于北温带半湿润大陆性气候，四季分明，雨热同季，降水和光照比较充足。春季干燥多风，秋季温和凉爽，冬季寒冷期长，年内降水量分配差异较大，降水多集中在 5—9 月，有利于农作物生长。村庄有一条小河，贯穿东西，是全村唯一一条河流，水源于地下，往北流入招苏台河。

1960 年，北佬壕村隶属于梨树人民公社，称为北佬壕生产大队，下设 11 个生产小队，355 户，人口 1285 人，均为汉族。居民中一部分人为清朝康熙、雍正、乾隆年间从山东、安徽等省招募来梨树垦殖定居的移民；一部分为中日甲午战争以后沙俄统治的 7 年中，辽宁省居民不堪欺压掠夺，逃到北佬壕定居的移民。因此，北佬壕村的村庄人员构成较复杂，流动较频繁。村庄的姓氏较为复杂，如：苏、赵、徐、慧、于、王、刘、付、吕等，每个姓氏的人数也不多，最大的于姓也不超过 40 人，因此，村庄不受宗族势力的影响。

这应该与"闯关东"精神有关。众所周知，闯关东，是悲壮的历史，是一次移民壮举。在北佬壕村，闯关东作为一种社会习俗而被广泛接受。加之，华北地区与东北地区之间，无论在语言、宗教信仰、风俗习惯、家族制度、伦理观念各方面，都大同小异。因此，北佬壕村民聚居生活比较和谐，民风淳朴，鲜有打架斗殴等不和谐现象发生。受"闯关东"精神的影响，村庄的干部大都踏实肯干，闯进十足，在村庄内部拥有较高的地位与威信。1960年，北佬壕"四大霸天"之名在村庄内流传开来，拥有这个名号的是4个生产小队的队长，由于其生产搞得好，人又能干，村民都很佩服，所以尊称他们为"霸天"。在对待外来人员的态度上，北佬壕村民待客热情，并不歧视外乡人。

要还原四清运动的真实历史，还是应该回归到1958年。1958年梨树人民公社成立，公社即工农商学兵为一体，获得了全面跃进。其中，粮食产量达到25000吨，比1957年产值增长了一倍以上。为更快地实现跃进提出了"59年不平凡，三年苦战最关键，工农并肩齐跃进，各项指标订周全，农林牧副齐开展，粮食产量翻加翻，支援国家大建设，巩固公社大发展，平均垧产20石，总产超过三千三，力争全镇第一位，反上加反再加反"的鲜明口号。

在全面跃进的同时，亦出现了一些问题。公社随意支配生产队的生产资料，出现了"一平、二调、三收款"和"一吹、二压、三许愿"的不良现象，公社从队里乱批乱调的物质很是惊人，造成了混乱局面。另外，勤俭节约办社的政策贯彻不力，公社用钱大手大脚，造成了严重的损失浪费现象，浪费金额到1958年底已达66.3万元，按公社个人来统计，平均每人12元左右。大跃进与混乱的公社化管理使梨树公社从1959年开始进入经济困难时期，历史上称为"三年自然灾害"时期。

为了扭转经济困难的局面，继续力争上游。梨树公社开始推行一些提高生产力的"民间"方法。在农业生产方面，采取新的计算劳动报酬的方法，其中提倡"小组包工与个人计件相结合"，推行劳动定额、小组包工、个人计件相结合的计酬方法，取得了很大效果。此外，还建立了包工、包产、包财务和超产奖励的"三包一奖"的集体生产责任制度，且规定除了农业之外，对于副业，应另定包工办法，进行包工。对于农业生产的管理采取"超产得奖，减产受罚"的办法。对完成包产指标的80%—100%者，不罚不奖，对超过包产指标进行奖励，对完不成的进行惩罚。规定生产队对超产的粮食想吃就吃，愿卖就卖，愿储就储，完全归自己支配。对于超产的粮食可以由生产队重抽出10%—15%作为队的积累，并抽出百分之五左右奖给队内先进人物，其余百分之八十按劳动日分给社员。

在发展农业的同时，公社还鼓励生产队大力养殖牲畜，增加副业收入，以补贴农业生产，增加社员收入。此时，养马成为了队员们的一致选择，因为在东北，航运不发达，物质运输只能依靠陆路交通，"拉脚"成为了一种普遍的运输方式，马作为"拉脚"的交通运输工具，具有重要的经济价值。因此，养马之风兴起一时，队员也确实从养马中得到了一些实惠。

经过一番整顿，梨树公社北佬壕生产大队的经济情况有所好转，队员的生产积极性也大大提高。以前的劳动场景是"前头领着，后面跟着，不前不后，不主动"，"盼地头、盼歇气、盼黑天"。现在变成了"出勤早，收工晚，中间休息短，下地不用打招呼，主动积极"的局面。值得一提的是，在这一集体经济时期，北佬壕生产大队却存在着 6 个单干户，由于表现突出，公社对其农业税费进行了一定程度的减免，以表奖励。

不过，"大跃进"的开展，人民公社的成立，亦衍生许多政治问题，其中，公社领导作风问题尤为严重。官僚主义作风、命令主义、宁左勿右问题突出，集中表现为领导没有很好地教育群众，产生了领导打人、骂人、绑人、体罚人等问题，不讲求工作方法和效果，贪污腐败问题严重。1959 年发生了一起"反动信件风波"，一些匿名信从梨树发出，对总路线、人民公社、大跃进、深翻地、军事化等进行了全面地攻击，对干部的违法乱纪行为提出批评。

为了解决好这一问题，1960 年 10 月，党中央决定在农村开展整风整社工作，以肃清"五风"。这一时期，国家下派了工作队进入农村对整风运动进行指导。北佬壕的整风整社运动经历了如下 3 个阶段。第一个阶段为"算旧账"阶段，也称作"大鸣大放"阶段，通过采取上下结合，召开会议与发动群众相结合的方法，发动群众写大字报，检举贪污腐败干部，摸清大小队干部群众贪污情况。在第一次的干部集中算旧账会议上，就核查出 103 名区、队干部侵占贪污公款 3800 多元。其中，针对 1 生产小队队长颜队长存在多吃多占的情况给予加强教育处分。同时，在梨树全镇开展群众性的保密大检查运动，重新核查农民的阶级成分，对贫下中农进行分类排队登记，对富农及富裕中农进行登记。

第二个阶段为对干部、党员贪腐情况的调查与整顿。为了摸清贪污腐败案件的真实情况，需要部分农民出面作证或者撰写书面材料，但农民有所顾虑，怕说真话吃亏，因此大都不敢随意发表言论，造成了"上面说什么就是什么，没人敢反驳"的被动局面，导致一点小错误就可以置人于死地。其中，3队有个农民帮忙队里照看牲畜，等管理人员回来时，牲畜却死了，其实牲畜是正常死亡，即老死、累死了，但管理员硬是要其负责，因此，这位农民被加上了莫须有的害死牲畜，侵害集体资产的罪名。可怕的是，在核实事件情况时，竟没有人站出来为其讲话，导致那位被冤枉的农民受到极其严重的批斗，人被打、家被搜。

第三个阶段是甄别案件阶段。即是对近几年来，特别是在1958年以来的整风整社运动、反右整风运动中，对批判和处分的一些干部、党员和群众犯错误的案件进行甄别。涉及几个具体的问题，一是恢复部分干部的名誉与职务；二是划回漏划地主富农成分；三是改进甄别方法，避免只看材料，必须经过本人谈话，深入基层了解情况。经过甄别，下乡的工作队和党委认为，基层干部的贪腐问题与一些管理制度密切相关。首先是干部报酬问题，报酬过低，无法调动其带动农民发展生产的积极性；其次是干部工作安排不恰当，各类政治、经济类会议太多，无法按时按点开展生产，导致部分普通农民对其"不干活却能挣工分"的待遇意见很大；最后，基层干部作风问题包括思想上的主观主义作风、工作上的官僚主义作风，但归根结底在于缺乏群众观点和没有走群众路线，因此正确处理与群众之间的关系和为民谋福利是改进干部作风的有效方法。

为了更好地开展各类政治运动，贯彻执行群众路线的工作方法，在梨树公社党员的指导下成立了北佬壕生产大队贫下中农代表会议制度。与全国人民代表大会制度、政治协商制度一样，贫下中农代表会议制度是一种组织形式，主要职能是协助下乡工作队做好干部贪腐问题的检举揭发工作，登记各类阶级成分以及对贪腐干部进行阶级教育。贫下中农代表会议制度的建立一方面有助于政治运动的开展，但另一方面，由于在人员使用上缺乏严格审查，因而使某别有用心的坏人上台，混入组织内部作威作福，欺压群众，或者对他人进行报复，从而扭曲了运动的性质，破坏了生产。

由此可见，传统时期的北佬壕村，与中国北方大部分的村庄相似。乡村具有高度的自主性，受国家权力的影响程度十分有限。由于北佬壕村在建国之前的社会流动程度较高，因此村庄内部宗族势力较弱，农民的社会行为受族权、族规的影响十分有限。正如张静所言，传统中国治理分为两个层次，一个是官职系统，一个是地方治理系统，传统时期的北佬壕村正是处于地方治理中的基层自治系统中。由于北佬壕村受宗族势力的影响较弱，因此在本地区并未出现一些极富声望的乡绅，因此，中央对该地区的关注度较低，村庄的农民社会行为较少受到国家权力的影响，自由程度比较高。

"四清"运动开展之时，正是中国农村全面进入农业集体化时期之时。1958年梨树县人民公社成立，北佬壕村成为北佬壕生产大队，下设11个小队。从此，农民被束缚在了集体这一级单位上，农民的生产时间、生产步骤、产量都由集体作统一安排，农民被行政化配置的特征明显，村集体财产也受国家权力直接控制与支配。集体就成了实现国家意志的一个有机实体，大、小队干部则成为了国家意志的具体执行者。人民公社的集体经济模式使政治组织与经济组织相互交叉，相互干预，降低了经济组织的办事效率，同时亦导致权力过于集中，缺少监督，从而培养了贪污腐败的温床。针对人民公社体制所导致的种种问题，国家接连开展了一系列政治动员运动，"四清"运动正是国家为巩固人民公社的成果，继续开展"大跃进"而发动的一场在全国农村范围内的政治动员运动。

国家权力的强力渗透破坏了乡村社会原有的文化权力网络，削弱了农民行为的自由度，并在一定程度上异化了农民的社会行为。"四清"运动中，农民基于自身利益，对运动有着不同的看法与应对措施，获得了不同的效果。但无论如何，农民始终无法摆脱被卷入政治运动的命运，无法在运动中置身事外，至此国家权力已经成为了主导乡村社会历史变迁的最主要因素。

"四清"运动之前北佬壕的政治、经济以及社会状况清楚表明了中华人民共和国建国以来我国东北农村的一系列变化。如果说在上一章笔者是以社会史的眼光从"四清"运动的历史背景对运动可能产生的影响进行考察，那么，从这一章开始，笔者打算以行动者的眼光开始对"四清"运动进行考察。

接下来，依次选取了"下派干部、生产队干部、积极分子、四类分子、小学主任以及普通农民"这六类人员作为研究对象，研究对象的排列路径代表着国家权力对乡村社会的渗透路径，运动伴随着下派干部而来，由批斗干部正式拉开序幕，积极分子的组建以及对四类的批斗是运动得以顺利进行的两大必不可少的条件，作为基层知识分子的代表，北佬壕小学主任遵循着与他人不同的一套行动逻辑，最后，作为参与者与普通民众的农民，运动致使他们的生活发生重大改变，但却并未主宰着他们的生活。

一　下派干部之策略

北佬壕的"四清"运动，是由"中共吉林省委梨树县工作团"领导开展的，但是在北佬壕，普遍都说是"中央工作团"领导的，下到北佬壕大队的下派干部共有 33 人，其中每个小队 3 人。工作队在入村之前，在四平市进行了短期的集训，学习了中央指导"四清"运动的"双十条"以及"六十条"（即《农村人民公社工作条例修正草案》）等。另外在学校、机关设立了各自的下派干部工作队，领导"四清"运动。同时建立了各级党组织，并明确了各级的职权，规定"梨树公社党委和公社管理委员会都由各工作大队党委领导"。

（一）领导核心的确立：下派干部之初入村

在下派干部进入北佬壕之前，就有一些流言在村里散布开来，大致内容是，"中央来人了，村里马上要来个通天的组织，专门整治贪污腐败的，比区委的权力大多了等"。一部分大队干部深感不安，怕自己遭到批斗，但也有部分干部通过阅读国家政策，安慰自己，认为自己并不存在较大问题，并且在前面的"社教"运动中表现也不错，因此没什么好担心的。

进驻北佬壕的下派干部，据村民的回忆，大部分是上级市、县里的领导和知识分子，是 1962 年秋天来到我们村的，"有在银行工作的、有在校的大学生，还有部队的军人，总之，干啥的都有，还有些挎枪的，很吓人"。下派干部来了，村里的气氛便与以往大不一样了，一是对外来人员进行严格的盘查，对其成分进行审核，造成人为的紧张气氛，使过往行人不敢在北佬壕逗留，马车不敢在北佬壕停车，住在附近村庄的本村亲戚也不敢经常回村探亲；二是对北佬壕的大、小队干部一律不相信，对认为其有问题的干部，更是严加防范，派民兵监视其行动；三是劳动生产纪律更加严明，工作队进村之前，大、小队的干部是可以不下地干活但照样拿工分的，其职责主要是对生产进行管理，指导其他队员进行协作，搞好农业生产。但自从工作队来了之后，干部也要下地干活，而且必须干得多、干得好，否则就要受到工作队的批评，认为是偏离集体化、合作化道路或者是破坏集体生产。对于农民来说，下派干部就是国家干部，是中央派来的领导，代表着国家政策，权力要远大于大、小队干部。因此，下派干部入村后，原来的大、小队干部先全部停职，等待审查，由工作队代行管理职责，因此工作队成为了村庄的领导核心。

审查各大、小队干部的"四不清"情况是下派干部进驻农村的主要目的。"四不清"首先从"清经济"开始，这方面的工作最烦琐、最细致。为此，在下派干部的领导下，通过村民投票选举先后产生了北佬壕大队账目清查管理委员会和检查委员会，主要成员有常文海、王永财、梁吕东等。下派干部先是向委员会主要人员讲明了查账的意义、方法，明确先查什么、后查什么、什么该查、什么不该查，哪些问题属于"四不清"，哪些不属于"四不清"；其次，制定查账纪律，交代务必认真、细致地查询账目，不能走马观花，当查账工作与队里劳动相冲突时，需服从组织安排，不可盲目行事；另外，大、小队会计需提供一些原始的材料或单据，方便查账。

为确保"清经济"工作的公平公正性，下派干部要求干部和村民、大队和小队干部家属间要保持距离，要防止出现互通、串供情况，且一经发现便会被怀疑有"四不清"的嫌疑。实际上下派干部也对大、小队干部的家属进行了审查，并认为这是找出"四不清"干部的突破口。在对干部进行经济审查之前，下派干部先召集了所有干部开会，学习中央政策，传达中央精神，组织干部进行"洗手洗脚"，让干部主动说出自己的问题，但干部们面面相觑，尽说些无关紧要的话，要么就是一言不发，怕露马脚。由于下派干部大都具有较高的文化程度，对于许多账目问题一眼就可看出，因此针对一份份有问题的账目向干部提出了许多问题，有些干部支支吾吾，含糊其辞地想蒙混过关，有的干部认为账目不符是因为会计记账记错了，有的干部虽然主动承认账目不符是因为自己多吃多占，但当下派干部队员问其吃了多少，和谁一起吃的，在哪里吃的等更加具体的问题时，却答不上来，至此审查工作陷入了僵局。经过第一轮对干部及其家属的审查，下派干部初步了解了本村干部多吃多占情况，认为干部私分粮食，先分不下账问题严重，且部分干部存包庇亲属、隐瞒财产的现象，如11队普通村民王某某，由于受到生产队干部的庇护，成天游手好闲，不参加集体劳动，"社教"运动开展时，虽生产积极性有所提高，但本人思想并未彻底转变，仅早上干活，因此严重破坏了集体生产秩序，影响了其他队员的生产积极性。

（二）工作两大难题

北佬壕"四清"运动的开展，从清经济开始，但清思想工作则是贯穿于四清运动的始终。下派干部进村后，首先组织召开村民大会，向村民讲明来意，宣传"四清"运动精神和中央政策文件，之后便开始展开阶级成分调查，了解村里各阶级基本情况及分布情况，并对村民进行成分登记与清查。为了彻底摸清地主、富农、中农和贫下中农的基本情况，了解两条道路的斗争状况，下派干部迫切需要群众的参与及支持，但在第一阶段，即在"清经济"阶段初期，群众便对运动产生了极大的逆反心理，发动不起来。针对干部多吃多占问题的批斗会连续开了几次，也没有揭发出任何重要的问题，加上干部不能自觉地交代问题，下派干部思想上便产生了一丝苦恼和畏难情绪，但其并不甘心，采取了剥夺社队干部参与村民会议的权力，没有下派干部的允许不能出门访友等措施，以打压干部，树立工作队在村里的威信。

"四清"运动初期，为了凸显阶级教育这一主题，下派干部通过对正面事迹的表扬，对反面例子的批评教育，来教育社员发扬集体主义精神。对于干部的教育主要强调干部要以身作则，其中，重点表扬了小队队长霍云才，认为其"文武齐侠"，是值得学习的榜样，批评了7队队长王俊生对现金、物资管理不严，并通过卖谷草和拉脚获9项收入，群众怀疑大。通过引用了社员的话，"人无头不走，鸟无头不飞，要想修好房，必须有好梁，干部行得正，谁敢歪歪脚"，来提高干部对加强自身修养的认识。另外，还通过宣传队员们对小队会计刘汉"老算计、钱串子""包公会计"的评价，来激励干部做好自己的本职工作。

为了摸清村里的真实情况，下派干部分组对贫下中农进行暗访。但大部分贫下中农整天只顾下地干活，对世事漠不关心，对村干部的情况也不了解，自然也说不出什么。更甚的是许多群众多不敢接近工作队，躲着下派干部，使其了解情况十分困难，尤其是干部的三亲六友，戒备心很大，问了半天什么都不说或者是经再三启发也说不出个所以然来。有些贫下中农说某某队的干部存在"多吃多占"问题，或者某某有一些不好的"生活作风"问题，但说得大都比较笼统，难以查证，其也不愿意当面作证。好不容易得知本地存在很严重的"开小荒"问题，这是个大是大非问题，被认为是走资本主义道路的表现，可以定罪为偏离集体主义道路的贪污罪，但把罪名落实到人时，没有一个人愿意承认自己的罪名。由于下派干部搜集不到证据，这件事情最终不了了之。因此，虽然下派干部挖空心思想在村里找些大问题，但到头来是一场空，什么大问题也没有揪出来，更没有发现本村存在严重的阶级斗争。同时，下派干部展开的清账目、清仓库、清财务、清工分运动，也没有清出什么大问题，无非就是少数人占用集体生产资料"开小荒"，生产队干部多吃多占，不劳动拿的工分还多等不民主现象，因此工作队队员们都十分着急。

自1949年以来，干部下乡搞运动或者开展工作，历来是实行"三同"的（即同吃、同住、同劳动），"四清"运动也不例外。对于农村的青年来说，能参加政治运动是件极其光荣的事情，但对于城市的干部来说，就不那么愿意了，毕竟农村的条件艰苦，对于他们来说是非常大的挑战。下派干部分散于北佬壕11个生产小队，每个小队3名工作队员，称为工作组，入住于每个小队的贫下中农家中。

在同吃方面，驻村干部刚刚进村时，在吃的方面并不讲究，农民做什么，他们吃什么，吃得比较好。这是由于北佬壕民风淳朴，农民为人热情，不怕吃，再加上作为全国苞米生产基地的梨树县从总体来讲并不太贫困，经得住吃。下派干部的主食一般为白米饭，有时会有包子或饼子，且每一顿都有菜，这在当时的农民家里，算得上是招待客人的标准了，一般的农民是吃不了这些的，别说有菜了，就是热饭也是很难的，包子和饼子更难以吃得上，因为蒸这些东西要浪费不少的柴火。下派干部吃饭也是要给钱的，给粮票，一般来说一顿饭是四两粮票、两毛钱，刚开始有些贫下中农不愿要工作队的钱，工作队的队员们便安慰他们说，"我们是来搞四清的，如果我们自己吃饭都不给钱，那我们不也是四不清了吗？"随着运动的步步深入，上级给工作队下了规定，在吃的方面要求下派干部应坚持与当地村民一样的标准，不许吃鸡、鸭、鱼、猪肉，大米、白面，一般情况也不许吃。因此，下派干部依据上级的指示给农民提了新的要求，要求跟农民平时吃一样的饭，农民只好照做。这时，正值北佬壕的冬季，气温很低，本地的农民平时却很少喝开水，吃热菜热饭，上一餐的菜到下一餐一般是不热就直接吃的，剩饭更是舀一勺凉水兑着吃，此时工作队员们便犯了难，由于在城市里吃惯了热菜热饭，现在每天却要吃"冰食"，队员们一个个憔悴下来，面黄肌瘦的，很多人都犯了胃病。其中，有个在银行工作的领导，得了急性胃炎，撑了一两天后来实在撑不住了送回城里治好了才回来。

在同住方面，下派干部进村后都住在贫下中农家中，条件比较艰苦，家里没有什么好的生活工具和设施，用家徒四壁来形容一点也不为过。家里环境可以用脏、乱、差来形容，厅里没有板凳可以坐，灶台上都是灰尘。在北佬壕，一户人家最多也只有两个炕，一个是主炕，一个是次炕，主炕与平时做饭的灶台是连通的，当家里有人做饭时，主炕就是暖和的，无人做饭时，在寒冷的冬天，主炕便是冰冷的。根据"四清"工作队的规矩，要与贫下中农同住，一切不能搞特殊化，因此，下派干部是不能睡主炕的，只能睡在次炕上。由于连通次炕的灶台一般是不烧火做饭的，因此到了晚上炕上一点温度都没有，干部们睡在炕上十分难熬，常常是双脚到后半夜都暖不过来，早上还得用冰冷的水洗漱，身体很是吃不消。另外，炕上的卫生条件很差，被子、褥子几乎没有清洗过，白天倒看不出有什么虱子，晚上一躺下就感到浑身不舒服，小伙子自然还好说一点，忍一忍就过去了，可对于城里来的姑娘来说，则是十分难受的。下派干部里有一位女大学生，据说还没有恋爱对象，组织把她安排到了一户有小孩的贫农家中，单独睡一个炕，那时候村里没有电，到了晚上除了工作队组织开会，什么娱乐活动都没有，外面风又大，因此农民吃晚饭后过一会儿就上炕睡觉了，不愿在屋外多待。但是这个女大学生每天都要在外面待到很晚才回去休息，领导担心她的安全，让她早点回去，她无奈地说到，"睡得太早了浑身痛痒难耐，我一个姑娘家又不能把衣服脱了，还不如晚点回去，太累了自然就睡着了"。对于下派干部中的小伙子们来说，尽管不像姑娘那样，心里觉得委屈，但自然也好不到哪里去。为了解决挨冻的问题，又不愿加重农民的负担，小伙子们组队寻找柴火，主要就是砍荆条回家烧，多余的荆条就分给农民。

在同劳动方面，下派干部坚持政治运动不能弱化生产的原则，与广大农民一起下地干活，甚至还抢着干活。由于之前的小队干部不再插手生产工作，下派干部成为了劳动生产的管理者，自然而然的每天早出晚归，中午一般也不回去吃饭，就啃一点自带的冷干粮，且经常没有水喝，有时遇着大风大雨天气，气温低，也要给生产队的队员做表率。下派干部毕竟都是城里来的，长时间的超负荷的劳动让他们经常累得上气不接下气，由于缺乏专业的农业知识，其田间管理效果并不好。

（三）秘密"扎根串连"，打开局面

下派干部来到北佬壕的目的是批判"四不清"，帮助干部和群众认清大是大非，更好地维护集体主义，因此发动群众揭发大、小队干部的"四不清"问题是最有效的途径。但正如上文所提到的，由于村干部与村民共存于同一个文化权力网络之中，以及村民对国家权力动员形式的逐步适应，四清工作队员很难与村民打成一片。为了打开局面，下派干部决定再次召开村民大会，反复向村民讲明来意，消除村民的顾虑，争取尽快打开局面。下派干部挨家挨户对贫下中农家进行走访，总结了村民的"四怕"思想。一是怕打击报复，怕"雨过地皮干"。1949 年以后，国家为加强对基层政权的控制，在农村开展了许多政治动员运动，其中也不乏下派工作队进行指导工作，但是几乎都是运动时动真格，运动完了之后就恢复原状了，很多在运动期间被批斗的对象，在运动结束后便开始对运动中对他不利的人展开打击报复，或者大肆扩张自己在本地的势力，搞得村中人心惶惶，生怕打击报复到自己头上来了。二是怕运动不彻底，浪费感情。村民反映说，这些年来搞运动就是一阵风，说来就来，说走就走，到底搞了什么，谁都不清楚。之前的整风运动中，干部交代的多吃多占也没退赔多少，后来不是又有个什么甄别运动吗？这不是给那些被批斗的干部平反吗？三是怕对自己不利。村民认为，"四清"运动虽然首先针对的是大、小队干部，但说不准哪天就运动到自己头上来了，毕竟干部的某些行为在

自己看来并不完全错误，比如"开小荒"，不仅干部有开荒自留地，普通群众也有一些，万一到时候被工作队发现了，就不好了，说不定就要批斗我了。四是不信任"四清"下派干部。村民的想法是，下派干部毕竟是外来人，不知根知底的，也不会跟自己长期生活在一起，犯不着为了他们而得罪人。因此许多村民在受访过程中不言不语、躲避视线，要么是谈过去不谈现在，要么是谈小事不谈大事。

下派干部认识到，要解决农民的"四怕"，帮农民放下包袱，首先必须发扬联系群众的良好作风，走进农民的心中，首要的便是帮助农民解决实际生活的困难，解农民的燃眉之急。下派干部了解到农民王永春的房子漏雨了，房屋里十分潮湿、阴冷，于是从互助金当中借出40元，给其修补房屋，还为其置办了两床新被褥。王永春非常感动，"多亏下派干部来了，把我这个愁疙瘩都解决了"。从此之后，王永春积极靠近工作组，并主动向工作组反映了许多问题，比如干部的多吃多占、投机倒把等"四不清"问题。其他的农民看到下派干部这种联系群众的好作风亦认为，这次国家的下派干部与之前的千差万别，是真正关心农民生活疾苦的好干部。

为了让农民打开话匣子，下派干部让农民忆苦思甜，讲讲旧社会所受的苦，但一开始多数都不愿意讲，有的讲着讲着就讲到别的地方去了，偏题了，让工作队员十分尴尬，后来下派干部干脆拣农民感兴趣的说，然后再过渡到"四清"运动上来。当访问到一位参加过抗美援朝的退伍军人时，下派干部先让其聊聊自己在朝鲜战场的经历，这位军人本来不善言辞，可是说起在战场上的种种情形，他竟然手舞足蹈、滔滔不绝。后来，下派干部让他谈谈村里的情况以及自己家的生活状况，这位军人面露难色地讲到，由于自己不是这个村的原住民，而是退伍之后才来的，因此在这个村没有亲戚，朋友也不多，当干部什么的也更是没有自己的份，感觉很压抑，最让他不满的是他的住房，由于房子常年漏风漏雨，他患上了严重的类风湿关节炎，每到寒冷天气或者变天时，便疼痛难忍，甚至不能下床。当初建房的时候正值3年自然灾害，没有钱建房，但是又赶上娶媳妇，于是自己随便糊了个土房子，"那时村里真的很穷，饭都吃不饱，还有饿死人的，我娶媳妇村里没有资助一分钱，也没有人来帮忙，我没有一点想法，可后来生产队条件好了，可以吃上饭了，我向队里申请拨点钱资助我盖个好点的房子，队里不干，我就有想法了，那些干部一天到晚又不干活，就开几个会，凭什么他们能够住不漏雨、不漏风的房子，我就只能住这种房子。"下派干部先是对其表示同情，并对生产干部的恶劣作风表示强烈的谴责，有位工作队员当场和他换了衣服，把自己的新棉衣送给了他，他感动之余也感到有些不好意思，于是当下派干部具体问道是哪个干部不答应资助他修缮房屋，并询问这个干部还有什么别的问题时，他便把他所知道的都讲了出来。随着这位军人和下派干部之间信任度的提高，之后聊的话题也越来越多，工作队对村里的大小事、干部的作风问题，以及"四类分子"状况的了解也就越来越明白、越来越透彻。

二 一队队长之死

（一）"黑材料"的诞生

一队队长颜大富是村里出了名的能人，家境比较好，被称作北佬壕"四大霸天"之一的南霸天。由于其存在一些多吃多占、贪污腐败的问题，为了避免在四清运动中被打击，在运动之前他曾跟社员说，这次运动不单是整干部，而且也要整社员，而且整社员要严上加严，所以提醒社员注意自己的言行举止。为了防止跟他关系不好的贫下中农向生产队告他的状，他更是亲自到这些人家中拜访，跟他们说，"我以前对你们的态度，有些不对头的地方都是我的不对，大家都看到我有点东西，但这些都是我挣来的，是我应得的"。为了探口风，颜队长经常打发其儿子和姑娘对贫下中农进行拉拢和收买，主要方法为给单身的农民介绍对象，送大米和蔬菜等。

贫农李贵林，平时好吃懒做，不愿意下田干活，看到颜队长也不干活，颇有怨言，此次趁工作队来了，便向工作队队员大肆宣讲颜队长的贪腐事迹。通过整理与李贵林的会谈记录，工作组初步拟定了颜大富的"黑材料"，内容包括：

1）很少劳动，但是挣得的工分还很多，每天10个工分，群众不服。

2）倒卖牲畜加上拉脚，自己得利。牲畜本是生产队的集体财产，颜大富却在没有征得大伙同意的情况下私自进行倒卖，也不知道倒卖牲畜的钱到底到哪里去了。具体做法就是把卖牲畜的钱用来买马，把马放在生产队里养一段时间之后再拿到市场上卖。

3）乱搞关系。跟一些大厂矿、公社的领导来往甚密，人家也帮了他不少忙，所以经常邀请他们来家里过夜、大吃大喝，社员都吃不上，并且把投机倒把得到的好处跟他们私分。

4）不遵守国家政策，私留饲料。按照政策，粮食得卖给国家，马可以卖给马市，喂马的饲料是生产队打粮食留的，国家有规定留多少，但是颜大富还偷偷多留了一部分，没有卖给国家。

5）大兴资本主义、个人主义作风。我们一般的群众哪有骑自行车的，但他就有一辆，他就是卖牲畜贪污钱了，所以买了自行车。除此之外，他还买了外国的皮大衣，又戴手表，家里还有一个很洋气的挂钟，他不贪污哪来这些钱呢？国家政策明文规定，不许个人养猪，他就养了一头老母猪，后来卖给军队了，这不是搞资本主义嘛。

6）心胸狭窄，对社员过分严厉。在思想上独断专行，听不进去别人的话。在劳动方面，对社员要求特别严格，不允许社员晚到，晚到一点就要骂你，如果社员反抗的话就会挨巴掌，再反抗就直接赶社员走，不让社员干了，但是没活干就不能挣工分，就没有钱，所以社员一般不敢违背他的意思，有时被他逮着哪里做得不好还要被扣分，甚至重来，导致社员心里不平衡。

（二）第一次"大会战"做典型

这份来之不易的"黑材料"成为了工作队的救命稻草，工作队决定在北佬壕召开第一次"大会战"，即真正意义上地以发动群众为主的政治运动。工作队将地点定在公社的一片空地，时间为下午四点，与会人员为全社的老百姓，也包括颜大富本人。此时正值腊月，十分寒冷，平时这个时间点大家基本都待在家里，但是这次"会战"几乎全社的人都去了，场面十分壮观。

首先，由工作队总管宣读这次"大会战"的主要目的，主要是宣读国家的政策文件《后十条》，给大家讲明形势；然后，开始搬出梨树县县委书记、邮政局局长贪污腐败的案例，告诉大家无论多大的官员，只要犯了错误，就应该被斗争，都应该被打倒。凡是走资本主义道路、违背集体主义精神的人都是人民的敌人等。据村民回忆，当时会场的气氛瞬间变得十分压抑，大、小队干部一个个你看看我、我瞧瞧你，最后都低下了头，沉默不语。

就在大家以为会议快要结束的时候，工作队尚队长拿出了一份材料，并对所有人说，这份材料才是召开这次会议的主题，之前讲的都是为这个做铺垫。这时，各大、小队干部的心都提到了嗓子眼儿，生怕会提到自己。最终，尚队长叫出了生产队一队颜队长的名字，并请他站到人群中间来。颜队长蹑手蹑脚地走到了人群中间，此时，群众开始窃窃私语，其他干部也开始激动起来。工作队队员首先对大家说，经过一个多月的走访调查，他们初步调查认定一队队长颜大富存在着严重的"四不清"问题，因此召开会议让群众予以审核以及批评。接下来，工作队队员拿出了之前搜集的那份"黑材料"，并从头到尾宣读了一遍。读完材料后，工作队队员首先质问颜大富对材料内容有何异议，颜队长表示并没有异议。然后，工作队队员开始让群众给他提意见，群众刚开始都不敢说话，工作队队员为了打开局面，便脱掉了他的皮大衣，拿着他的大衣问群众，讲道凭什么他可以穿皮袄子、穿皮鞋，百姓却只能穿破衣服、破鞋。此时，群众中有一群人开始蠢蠢欲动了，几位平时常被颜队长责骂的贫农开始你一句我一句地聊起来，工作队队员见状便把这几个人拉上台，让他们讲讲颜队长平时的作风情况，他们分别从多吃多占、投机倒把、关系混乱、不近人情等几个方面展开叙述，说得有模有样，待他们讲述完后，工作队队员问颜队长承不承认、服不服，如果不服的话就跟工作队队员再去队里面调查一番，用大喇叭喊一喊，让治保主任带个路，颜队长见状哪敢说自己不服，只好含着泪水承认了自己的所有问题。

从这里我们可以看出，工作队将颜队长定罪是以"暗箱操作"的，容不得他的一丝辩驳，尽管颜队长承认错误的态度非常诚恳，而等待他的仍然是需要被批斗的"四不清"干部头衔，由于在工作队面前实在无能为力，颜队长急得像热锅上的蚂蚁，精神高度紧张的结果反而使工作队队员肯定了他的思想不坚定，需要进一步的批斗教育。在之后的社员会议上，工作队干脆不让他参加会议，让他爱上哪儿玩上哪儿玩去，不让他听到社员的任何发言，并且明确表示没有他的发言权，对他甚至比对地主富农还要凶，这使他的精神几乎崩溃。

（三）"外光"待遇

工作队队员在对颜队长进行政治思想上的批斗之后，开始着手展开经济上的退赔工作，由于之前通过暗访社员，工作队搜集了许多颜队长多吃多占的证据，并掌握了其家中拥有"四大件"的事实，工作队员开始计划着对颜队长家进行一次全面的大扫荡。

既然是大扫荡，顾名思义就是把所有能拿走的东西都拿走，拿不走的东西都破坏掉，什么都不留下。这种待遇在土地革命的时候经常用来对付地主以及富农分子，如今工作队却打算把这套方法用在小队干部身上，这对干部来说是史无前例的，因为就算是在之前的整风、整社运动中，干部也没有被这样"对付"过，因此对于颜队长来说，这无疑是一个非常沉重的打击，这也成为导致其最终上吊自杀的一个重要原因。

根据村民的回忆，工作队和几位贫农赶在天亮之前便开始了大扫荡行动。首先，工作队队员叫开了颜队长的大门，颜队长开门后便迅速被工作队队长控制住，不允许他到处乱跑，颜队长的妻儿也被控制。然后，工作队队员开始强行拿走屋内、屋外的"值钱"东西，包括颜队长的皮衣、皮鞋、挂钟、手表、自行车，以及他家人没有穿破的衣裳，此外，还把他家储存的一袋大米和苞米棒子拿走了。整个扫荡过程持续了不到半个小时，走之前工作队队员质问颜队长，说这些是不是你贪污的证据，颜队长回答是，接着工作队队员又问道，这些东西是不是该分给贫下中农，颜队长回答可以。这之后，工作队队员浩浩荡荡地离开了颜队长的家，由于声音很大，惊动了不远处的几户人家。这几户人家纷纷走出院子外面，打算看看外面发生了什么事情，但工作队队员的身影使他们不敢靠近，只能在院子门口驻足，当他们看到工作队队员骑着颜队长的自行车，手里拎着颜队长的大皮衣和其他物品时，他们顿时明白了，颜队长的家被抄了。看着工作队队员和几个贫农逐渐远去的身影，和颜队长一家一样，他们的目光亦是呆滞的，说不上半句话来。

（四）队长之死成追忆

工作队走后，颜队长一家陷入了无尽的悲愤当中，颜队长此时的心理状况已然发生了变化，从对工作队的恐惧变成了对自己人生的绝望，他想不明白为什么自己一个堂堂正正的小队干部竟然会遭受如此待遇，自己的尊严何在？活着还有什么意义？经过痛苦的挣扎后，最终，颜队长走上了不归路。

颜队长上吊自杀的消息惊动了北佬壕的所有村民，当然，也惊动了"四清"工作队，工作队队员在对颜队长的死表示惊讶之余，也意识到自己的行为可能有过激之外，因此并没有急于给颜队长定罪，没有把他开除党籍，也没有对其家人进行查处，就算是对颜队长的一点慰藉。

颜队长死后，北佬壕大、小队干部及其家属人人自危，一天到晚大门不敢出、二门不敢迈，生怕被工作队碰到了而惹出些事端。部分确实存在多吃多占等行为的小队干部被吓得不轻，整天提心吊胆的，据说有两个小队的队长连绳子都挂上了，差一点就抹脖子了。另外，社员们的情绪也很紧张，劳动也提不起精神，生产出现了大滑坡。工作队为了平复社员的情绪，提高社员的劳动积极性，专门派人去做干部家属的工作，尤其是做老人的工作，防止其自杀。

颜队长的死也使村民们深刻认识到这次运动残酷性，毕竟是共同生活共同劳动过的人啊，颜队长死了，乡亲们的心里都不好过，不少社员为他惋惜。这是如今的老村民们对颜队长的追忆：

> 1、我们村这个姓颜的队长，人家那生产队搞得好啊，对社员的要求可严了，结果"四清"运动一来，就有人嗷嗷地给他提意见，后来不是吊死了嘛，他其实也没多吃多占。

> 2、颜队长能挣钱啊，没啥事做的时候也倒腾点别的，养猪什么的，别的队也有养的，其实就是"你做活、我喂猪、他整牛"，后来四清的时候就说他资本主义。

> 3、"四清"专门整盗窃，他就是被吓死的，他没贪污啥玩意儿，他家里有个挂钟、自行车什么的，人家当队长，这怎么来的我也不知道，其实在现在这个时代都不算事。

> 4、颜队长就是心胸比较狭窄，其实没啥大事，那时候一队是搞得相当好的，工作队一来，下边有几个穷娃给上意见，说他贪污咋地，刚好他那时候又穿了个大皮衣，不得了，工作组就批斗他呗。

> 5、他可能还是贪污多了，要不然也不会吊死了，那时候梨树有

10 多个公社，老颜出名啊，外边人都说，"唉呀妈呀，人家一队搞得很不错"，都夸我们队，死了确实挺可惜的。

6、其实颜队长错误并不大，要我说他是个好干部，他就咋地呢，政策紧逼不放，他自己还想不通，没有文化，但没文化仅仅是一个方面，主要还是当时的中央文件、政策他没及时理解。

7、颜队长死后，有一部分人高兴，一部分人不高兴，高兴的人就是之前颜队长管的这些人，他们高兴没人管了，生产队那时就完了，后来经济上不去了，后来选的队长，没颜队长能耐大，搞不上钱。

8、那时候生活特别的苦，柴火不够烧，粮食不够吃，人们挨饿，我们队老张家生了 10 多个孩子，后来只剩了 6 个，其他都饿死了，孩子小大肚，颜队长倒卖牲畜挣钱给大伙分，困难家庭都很感激他，都说不要整他。

9、颜队长生产搞得可好了，他和 4 队队长余斧、9 队队长才德林、六队队长施海并称为北佬壕的"四大霸天"，为什么要称呼他们为霸天呢，因为他们厉害，生产搞得好，有能力、有魄力，比其他队强得多。那时候管理生产队就需要这样的人，要不然一个队四五十人，哪里管得过来。

10、颜队长那时候干得不错，那时不是兴拉脚嘛，他就连倒腾牲畜加上拉脚，干得挺好的，人家车像车，马像马，买的牲畜完了再卖，在马市买马，完了在家养一段时间再上市场卖去，倒腾那玩意儿，卖的差额生产队一起分，人家有能耐，那是能人，在外面也有关系，胆子也大。

11、那时候人们都嫉妒一队搞得好，看着人家好吧，生气，你说人家吧，可以把一个工分勾兑 1 毛 5 分钱，颜队长死后，生产队都滑落到啥程度了，假如一天挣 10 分完了能挣多少钱呢，才能挣 5 毛 7 分钱，就是一分勾兑 5 分 7，都滑落到这个程度了，后来这个生产队就不像个样子了，人家好嘛，他忌妒，完了让他搞吧，他又做不好。

（资料来源：2012 年"百村观察"吉林北佬壕的调研访谈材料）

通过当时人的回忆，可以总结出颜队长不仅是位有能耐的人，而且人品也是很不错的，在当时很得民心，大伙为他的死鸣不平。有一件大家都提到的事实是，颜队长所挣得的收入其实大部分是归生产队的，花销基本上都用来维持队里的日常开支了，比如生产队电灯都要用油呢，社员自己买肯定是买不起的，因此，在大多数社员眼中，颜队长并不算"四不清"干部，而是位为民谋利的好干部。在访谈中，老人们说得最多的就是颜队长其实是被吓死的，工作队并没有怎么批斗他，或者说还没开始正式批斗他，也没有让他写检讨，可见颜队长自杀一部分是由于当时的形势紧逼，但也有一部分是自己性格方面的原因。

（五）对相关人员的调查

颜大富死后，工作队并没有停止对其"四不清"行为的批判，反而乘胜追击，对其展开了大范围的调查。之所以称为大范围的调查，是因为之前的调查主要集中在公社内部，主要是对贫农进行暗访，而这一阶段则集中对公社外部人员展开调查，具体包括曾经与颜大富有利益关系的干部、工人等，其中主要调查了四平机床厂的居春荣、房屋局工程队材料股股长金和以及落板厂办公室总务员等人。

1. 对居春荣的调查

由于胶皮车是颜队长拉脚的主要交通工具，工作队队员决定先从胶皮车的卖家查起，经过几番打听，工作队队员得知四平机床厂的居春荣在这件事上帮过颜队长的忙，于是便召唤他到所在单位的党委办公室进行问话。

首先，工作队队员向居春荣道明了来意，希望其不要隐瞒实情，包庇"四不清"干部。紧接着，工作队队员让居春荣本人先叙述其与颜大富的相识过程，他最初并不认识颜队长，只是听别人说他的生产队搞得不错，是个能干人，后来认识了一个在他们一小队干活的人才间接认识他的，但也不是很熟。后来颜队长过来找他，明确表示想让他帮忙买辆胶皮车，他开始也不想帮这个忙，便回绝了颜队长，说胶皮车不太好买，但是后来颜队长还有他们队的几个社员三番五次地来找他，他实在是不好推脱才答应帮忙买车，后来颜队长邀请过他去家里几次，一般都是去吃饭，待得最长的时间是两天半，最少的也有大半天，一共吃了七、八次。再后来，那年秋天粮食大丰收，颜队长给他送去了一担蔬菜和两斗米，他也没有付钱。

由于居春荣的父亲被四平机床厂精减，没有经济来源，家里比较困难，于是其想仿效颜队长拉脚挣钱改善生活，当时颜队长劝他别干，说这是违法的，怕他担不起责任，认为他的困难只是暂时的，可以克服过去的。但是在居春荣的再三要求下，颜队长答应了帮助他拉脚一事，不仅借了钱给他，还帮助其父亲联系长春卖马的人，于是他们就买到了两匹马，拉到了三江口去卖，和一个生产小队换了一匹骡子，后来这匹骡子卖了2400元钱。

最后，居春荣对自己的行为进行了检讨，表示自己之所以会犯错误，都是因为经不起考验，被糖衣炮弹打中了，小资情结严重，爱吃爱喝，于是对自己有利的事情就去办，没有考虑党和集体的利益，是损人利己的行为。并向工作队队员表明决心，今后一定要维护党和集体的利益，不当人民的敌人，挖掉自己修正主义的根子，以全新的面貌投入四清运动中来。

工作队队员在听取了居春荣的自述后，提出了如下问题：

问：你和你父亲等人一共吃了颜大富家几次？

答：我们在四平吃了3次，都是吃的饺子，平均每次十五六块钱，都是由颜大富出的。我们去他家吃过7次，吃的饺子，还喝了些酒，我估计得100多元钱。

问：除了请你们吃饭，颜大富还给了你们什么好处？

答：颜大富在1962年帮我赶了一头母猪，没有要我的钱，说是送给我的，后来那头猪被我们卖了，卖了220元钱。他还给我送了200斗米，还有一马车蔬菜，用的是他们生产队的畜力和人力。颜大富知道我们家条件不好，主动提出给我们开了6亩的荒，种地用的工具什么的都是用的他们生产队的。

问：你和你父亲倒卖牲畜找颜大富借的钱还给他了吗？

答：我父亲第二次倒卖回来，便把借颜大富的钱还给他了，当时刚好颜大富到街上卖酒糟，就顺便来我们家取了钱。

问：颜大富和四平市的哪些人还有勾结你知道不？

答：我只知道他卖给木板厂朴XX3间房木。

问：最近颜大富来过没有呢？

答：有，十几天前他来过，问我要钱，他说四清工作队要查账，让我把钱还上。

问：你是怎么知道颜大富死的？

答：孙元告诉我的，我问他颜大富是怎么死的，他说是有病死的，我觉得不可能有这么急的病，又问了孙元几次，他才说是上吊死的。

问：你们这些人听到颜大富死了都是什么表现？

答：很害怕。

2. 对金和的调查

工作队结束了对机床厂职员居春荣的调查后，展开了对落板厂职员金和的调查，也是通过简单的对话形式进行询问。

问：你是什么时间、怎样和颜大富认识的？

答：我是1959年，颜大富他们生产队的车给我们厂子拉脚时认识他的。

问：你和颜大富有何往来关系？

答：他来我这里的时候经常在我家吃饭喝酒，我也去他们家吃过两次饭，1960年秋天他还给我家拉过一车大白菜。

问：你了解颜大富请你吃饭的钱是从哪里来的吗？

答：找群众要的呗，那是再正常不过了。

问：他都卖给你们厂子什么东西？卖了多少钱？

答：他1959年卖给我们厂子房木3间，卖的价钱具体我也不是很清楚，我估计不是370就是270元。但我们厂当时没有给钱，后来他们队里来人要了两次款，也不知道现在给了没有。

问：颜大富是以个人名义还是以队的名义卖的？

答：他是以队的名义卖给个人的。

问：你了解他还和谁有来往？

答：我还知道他和我们厂厂长许国臣有来往，那个人在1961年就休养在家，没有上班了，之前也在运输公司上过班。他帮颜大富介绍过四平饲料公司，帮其卖过酒糟，颜大富帮他在他们一小队开了5

亩地的荒，用他们队的牲畜帮他种地，我记得有一年年粮有 600 余斗。

三　积极分子之批斗

（一）组建专业斗争团队

颜队长死后，工作队加大了对"四不清"干部的批斗力度，所有大、小队干部先全部停职，用当地的话说就是"靠边站"，等到工作队查清楚所有问题，没有问题的干部才能恢复职务。因此，在这一阶段，工作队成为了村庄的领导核心，代行主持各大、小队干部的工作。

工作队把一小队队长颜大富的死亡事件定义为畏罪自杀，加上通过后期的调查取证，掌握了其伙同四平市相关单位进行投机倒把、贪污腐败的重要证据，工作队认为北佬壕应该还存在许多和颜大富一样犯有错误但还没有被"揪"出来的干部。因此继续发动群众，再趁热打击一批干部成了工作队队员的当务之急。

在之前的运动中，工作队队员已经通过访贫问苦、秘密串联等方法拉拢人心，使农民降低对其的警戒之心，但在颜队长死后，部分农民认为是工作队害死了颜队长，因此对工作队的态度逐渐冷淡下来，不再愿意配合工作队进行调查取证工作，这让工作队十分着急。因此，为了继续展开对"四不清"干部的批斗工作，工作队开始着手培养积极分子，组织斗争班子。

首先，在斗争班子的人员选择上，贫下中农自然是最合适的人选，但是贫下中农中也不乏许多和干部走得比较近的或者平日受过干部恩惠的人，因此工作队在挑选人员时，首先把这一部分人排除，从剩下的那些和干部关系不好的，甚至在日常生活中爱和干部对着干的人员当中进行挑选。因此，最终被工作队员选为斗争班子的农民主要分为两类人，一类是胆小怕事，不爱与人交际的普通农民；另一类则是喜欢不劳而获，在村里臭名远扬的混混儿之辈。

在挑选完积极分子之后，工作队开始对这些人员展开培训。培训主要分为三步走，第一步是传达中央精神，组织学习中央文件，弄清楚阶级的含义，明确阶级敌人的范围，以便提高积极分子的政治觉悟，为由浅入深地对其进行"四不清"教育奠定理论基础；第二步，组织积极分子进行忆苦思甜，系统地进行两条道路的斗争教育，通过揭发、对比分析走资本主义、修正主义的危害根源，主要做法为：一是通过回忆解放前自己家庭生活状况，然后对比现在的状况，探讨是什么使自己的生活条件得到改善；二是通过回忆对比干部如今与几年前的精神面貌与作风情况，突出三个方面的对比，首先是对比如今干部不愿参加劳动，喜欢大吃大喝，挥霍浪费，而之前的干部大都积极参加劳动、勤俭节约，使积极分子认识到这是和平演变的结果；其次是对比如今干部不务正业，贪图享受，而之前的干部勤勤恳恳、任劳任怨，向积极分子说明这就是革命意志衰退的结果；最后是对比如今干部排斥打击贫下中农，投机倒把，挪用公款，而之前的干部艰苦联系群众，事事为群众着想，向积极分子表明如今的干部和地主没有区别，都是剥削阶级。

培训完积极分子之后，工作队紧接着在全村召开了诉苦大会。大会由四个部分组成，第一阶段为工作队队员向群众宣读诉苦大会的含义与目的；第二阶段由积极分子的代表进行诉苦；第三阶段由干部代表进行检讨；第四部分是在工作队的引导下进行讨论与总结。如下是截取部分积极分子的诉苦内容及干部的检讨内容：

> 第三生产队积极分子代表刘仁才说：过去生活苦，家里没有地，不得不租地主的田种，土改时分得 1 间房，8 亩田，一家人生活得到了很大的改善，但是这几年自然灾害频发，没有收成，上面也没有给我们什么救济，后来才知道都是被大、小队干部贪污了，看他们一天到晚大吃大喝就知道，这不是和地主一样吗？
>
> 第一生产队前任会计赵守文自我交代：小时候生活艰辛，没有像样的房子住，每天挨饿受冻，土改时候工作积极，后来当上了一队的会计，渐渐变得懒惰起来，没有之前那么注意阶级界限，丧失了阶级立场，与四类分子勾结，住地主分子鞠文的房子，跟着颜大富一起投机倒把、大吃大喝，甚至还殴打社员，严重损害了集体的利益，伤害了群众的感情。我这种走资本主义道路的行为，对不起党，对不起社员群众。

（资料来源：北佬壕档案，四清工作总结，1965 年）

（二）组织保障：贫协与民兵

正如土地改革时期建立的农会一样，四清运动中贫下中农协会的建立在很大程度上体现了政治运动中发动群众的一面。与四清工作队的组织结构类似，北佬壕的贫协组织也分为小队贫协和以此为基础的大队贫协，贫协行使的职能包括管理队里生产、账目以及政治，具体来说就是代替之前的生产队干部管理农业生产，并协助工作队开展对干部以及四类分子的询问、审查以及教育斗争活动，此外，贫协还要承担起搞好社队的生产和救灾责任。

北佬壕大、小队贫协的建立都经过了一个看似复杂，实则简单的过程。贫协建立的文本程序分为三步，第一步是向广大贫下中农宣传《贫协条例》，向其讲解建立贫协的目的、意义以及加入贫协的好处；第二步是号召符合条件的贫下中农报名入会，依据政治觉悟、群众威信等条件进行审查及筛选；第三步是召开贫协对象会议，对其进行简短的动员，开展批评与自我批评，提高其政治思想觉悟，以便达到轻装上阵的目的。据村民回忆，贫协人员的确定确实是经过了层层选举与考察，但是并没有让所有符合条件的人都参加选举，而是由工作队事先内定几位运动积极分子，然后让大家进行投票，因此选出来的贫协组成人员其实就是积极分子队伍的原班人马，只不过国家给其走了一个看似民主的程序，使其升级为代表国家意志的权威组织，并赋予了其一些具体职能。

作为工作队的合法参谋人，贫下中农协会成为了开展运动的主力军。突出表现为批斗会议上的诉苦生力军。有位村民回忆当时的诉苦场景，讲到，诉苦其实并不在于内容的悲惨，而是在于诉苦对象的演绎。有的对象可以把一般的、老掉牙的内容讲得形象、生动，激动起来还会一把鼻涕一把泪的，使下面的听众很受感染，对其产生同情之心，但这种感觉却是转瞬即逝的，因为大家心里都明白究竟是怎么回事，也都有这么一段经历，因此打心眼儿里是抱着看热闹的心态来看待贫下中农的诉苦行为，对诉苦的人员表示理解，对部分诉苦对象表示同情，但部分诉苦人恶意的打击报复行为还是引发了群众的反感，致使群众意见比较大。

贫协对于生产队生产和救灾工作的接管，是在工作队的指导之下进行的。主要为监督社员按时上工，记录好每位社员的工分，按时发放生产资料以及管理好牲畜等工作，由于部分贫协会员平时很少接触这方面的工作，因此在管理过程中出现了许多问题，例如账目混淆、牲畜得病。另外，也存在一些包庇亲戚的不民主行为，例如给亲戚多记工分、多发生产资料，这些行为引发了其他群众对贫协的不满，对贫协的信任度降低。因此，在贫协的领导下，北佬壕各队的生产状况并没有得到改善，产量严重下降，社员们的收入大幅度减少，生活困窘，对贫协怨声载道，只是嘴上不敢说罢了，此时贫协已经彻底地失去了民心，作为国家意志执行者的合法性权威亦不复存在，贫协成了四清工作队的附庸。一位农民在回忆贫协时讲到，"老贫协起来管理，就是一群穷光蛋，又没知识又没文化的，能管个啥"。

除了贫下中农协会，北佬壕大队以及各小队亦在四清工作队的指导下建立了调解委员会与治安保卫委员会，以监督干部及四类分子的改造。其中，治保委员会的部分成员享有配枪的特殊待遇，如下是一份截取的原始持枪人员资料：

队别	姓名	年龄（岁）	阶级成分	职业	证号
二队	王玉生	26	贫农	农民	16964
六队	宋继友	27	贫农	学生（民兵排长）	70893
九队	李凤铭	22	贫农	农民（民兵排长）	79782

可见，持枪人员的成分必须是贫农，且均为年轻力壮的小伙子，且之前担任过民兵组织的重要职位，在社员中有一定的威信。

贫协、调委会以及治保会的相继建立为四清运动的进一步开展提供了组织保障，仅仅依靠工作队单枪匹马开展运动的形式到这一阶段扩展为以工作队的领导为核心，以贫协为依托，以调委会、治保会为军事保障的全面覆盖式的运动形式，也标志着四清运动由"小四清"转入了"大四清"。

（三）强压之下的反弹行为

虽然四清工作队队员费劲脑汁地对积极分子进行洗脑，但是由于文化程度不高，且在村中没有什么威信，积极分子的诉苦行为并没有在广大社员当中引起太大的反响，并且主动上台进行检讨的干部并不多，使工作队队员有些不满。为了提高运动效果，工作队意识到还是得抓几个干部狠狠地批斗下。

工作队把目标瞄准了第四生产队的会计翟于良，在工作队队员眼中，此人年轻气盛，桀骜不驯，有点文化，对工作队的态度比较冷淡，通常是工作队队员问什么，他回答什么，也不主动交代问题。在确定翟于良为重点批斗对象之后，工作队队员先是派人通知他参加会议，翟于良知道事情不妙，于是躺在床上装病不愿意去，工作队队员知道他是装病，派了许多人到他家拉他，让大、小队干部轮流给他做思想工作，他才同意去开会。

到了会场后，工作队队员首先按照流程宣读了对翟于良走资本主义道路行为的批判，主要分为三点：一是平时劳动不积极；二是思想品质不高，不尊老爱幼，爱说粗话；三是独断专行，不走群众路线。在宣读完这三点内容之后，工作队队员问翟于良服不服，出乎其预料的是，翟于良大声说不服，此时平日里跟翟于良有过节的几位积极分子开始帮助工作队向翟于良训话，问他为什么不服，翟于良答道，"俗话说得好，心里没病，不怕鬼敲门，我是清白的，身正不怕影子斜"。

第一场以翟于良为中心的干部批斗大会在你一句我一句的争吵中结束了，工作队队员看到形势并不像他们预想的那样，怕在村中丧失威信，于是很快便发动了对翟于良的第二次、第三次、第四次的批斗会。为了严肃记录，使翟于良低头认错，工作队队员强制其罚站，还要求其戴上"四不清"的牌子，可翟于良却不服，工作队队员叫他罚站，他转身就走，要他戴牌子，他把牌子摔到地下，几位看他不顺眼的积极分子冲上来打他，他便进行还击，并跟他们讲到，"就算打死我我也不会屈服的"。工作队队员实在是没有办法，又怕闹出人命，于是暂停了对翟于良的批斗。之后，翟于良便在家中养伤，大门不出、二门不迈，与工作队隔绝起来。由于其确实不存在太严重的贪污腐败行为，最终工作队也没有给他定罪，"四清"运动结束之后，翟于良恢复原职，仍然当四队的会计。

如今，回忆起当时的批斗场景，翟于良仍心有余悸，他讲到，"如果不是因为当时年轻，身强体壮，是万万不敢和工作队公开对抗的，要年纪大一点，哪受得了，死了得了。工作队说我这说我那，我不服气，针对我不好使，叫我低头，成天到晚开会批我，以我这帮干部为中心，但是我年轻，我有力气，我没啥恐惧的，敢对我下手的都是虎了吧唧的，真正好人没几个，都是流氓，大家都很同情我。其实，真正民愤大的干部是不用工作队批斗的，都会主动交代问题，自己戴帽子"。

在讲到对"四清"运动的看法时，翟于良认为，"这个运动还是有用的，但是错在哪儿呢，青红不分，不管有啥，先打倒，完了以后再澄清，让干部伤心，这不是白干了嘛，后来都理解了，不把干部打倒，群众不好说话，好干部还是好干部，后来颁布政策，只许文斗，不许武斗，这个政策颁布后干部少死不少。运动虽然是针对干部，但是也要证明干部的错误是否属实，那时候虚的多，实的少，贫下中农说的话才是话，你说的一句都不对，其实那些空口说白话的人也不好使，也有事后遭到干部报复的"。

四　四类分子之悲惨

工作队在开展"四清"运动期间，除了批斗干部之外，亦对本地的阶级成分进行了重新登记，并建立了针对"四类分子"的监督改造小组，通过暗访询查漏划地主以及"四类分子"情况，希望理清这些人员和"四不清"干部的内在关系，来更好地帮助干部避免和平演变，防止其犯修正主义错误，通过暗访，工作队最终将目标锁定到了第八生产队孙青山一家，工作队了解到其一家在解放前是地主，但如今却成了贫农，存在被漏划的嫌疑。

通过暗访，工作队很快拟定了对孙青山的儿子孙书京的错误材料。材料中写道其出身于剥削阶级家庭，解放前一直靠出租土地、房屋和放高利贷过着游手好闲的剥削生活，解放后隐瞒了家庭成分，自报贫农成分，并且还混入党内成为党员，因此工作队把他确定为"一打三反"运动的重点对象。材料拟定后不久，工作队便召开了针对孙书京的批斗大会，工作队宣读了他的 8 大问题，分别是：

> 1、腐蚀四清工作队，指示其女儿拉拢腐蚀工作队，导致四清运动对其家庭成分不仅没有做细致的调查，反而把其长子选为政治队长，并发展为党员，即孙家篡夺了生产队的领导权，其两个儿子都先

后当上了队长。

2、借职务之便对贫下中农大搞阶级报复，打了6名社员。

3、攻击新社会，致使其子女经常在群众中散布谎言，如："我们是放猪的穷孩子，母亲给人家当奶妈子。"

4、破坏党的政策，搞资本主义复辟，擅自动用储备粮。

5、在运动中，做垂死挣扎，非常狡猾抵赖，采取少报财产，缩小剥削量以及伪造历史等手段为掩盖自己真实面貌。

6、对党和贫下中农极端仇视，大讲谬论，如："地主也一样革命，李鼎铭还是地主呢？毛主席还说他是革命的呢？马克思他父亲还是个反革命呢？"

7、他当饲养员时把马喂死了，并找借口说："谁喂也挡不住死牲口，我老婆子还死了呢？"

8、私下威胁周围的社员，说："某某宣传队的舅父给我们家做过饭，叫我爷爷给撵出去了。"

针对以上8点问题，工作队给予孙书京开除党籍处分，划回地主成分并戴上地主分子帽子，交由贫下中农批斗并监督其劳动改造。随后，孙书京做了检讨，他讲到，"车拉脚触死马，是我的责任，我破坏了无产阶级专政，挖社会主义墙角，我对不起党，对不起集体。"

在这次批斗之后，工作队又批斗了孙书京好几次。令他和社员印象最深的一次是在某个下雪天，工作队员先是让他和另外几个四类分子戴上牌子绕村里游荡了一圈，然后强制其在平房上面罚跪直到天黑，还派了积极分子监督他们，如果敢站起来就会挨打，治保主任亲自用手打，并不准他们吃东西。据其他围观的村民回忆，批斗场面十分悲惨，甚至比土改时候的斗地主还要吓人。批斗完之后，四类分子本人还要积极配合监督改造小组进行自我改造，具体的做法是：

1、不准用小恩小惠，例如请客送礼来腐蚀干部。

2、家里有客人探访需要向贫协或改造小组报告，不许和他人乱说话。

3、劳动上应听从分配，要做到叫到哪里就到哪里，叫干什么就干什么。

4、四类分子本人，对自己的言行、思想、表现与各方面，需每月向贫协领导成员或监督改造小组汇报一次，并交由群众评审一次。

由以上四点可以看出，四类分子在四清运动中完全丧失了人身自由，成为了继"四不清"干部之后，又一被打击的重点对象。部分当时为工作队员提供线索的贫农回忆道，当时以为"四清运动"主要是整惨干部，没想到对"四类"也打击得够狠的，其实他们算不上剥削，那时大家都穷，他们也穷，孙书京他们一家确实是地主，但是地主那时不算剥削，你给地主做事，人家也会给你钱，这不跟现在流行的打工一样吗？土改之前我父亲给他们家打工，其实主要就是给人家当家，人家雇了10来个人，主要就是管理这些人，那时老板娘整豆包给我吃，我父亲一年可以得到12担高粱，别人都只有八担，工作队找到我父亲，要他诉苦，我父亲说，"没苦可诉，说要我诉苦，我于心不忍啊！我干一天活，人家一年给我十二担粮，我不能诉苦，我也没苦。"工作队队员说你得诉苦，编也得编，那时候要当积极分子就必须得诉苦。

除了对本地"四类"分子孙书京一家的批斗，工作队还从外地借了一个右派分子，名叫张沈元，是个卖货的，据说不知道说了什么坏话，被整成了右派，他之前其实是个贫农。还有个剃头师傅，30岁左右，据说说了这么一句话，"一栏双猪，一个不接棒，一个光秃秃，一个喂马一个喂猪"，就被打成右派了。总之，据当地农民回忆，只要说错话就有被打成右派的可能。随着运动的进一步发展，所有满16周岁，政治上有问题的人员都被统称为"四类分子"，有部分嫁给了贫下中农的地富子女也要被调查，曾经当过土匪、国民党的人员更是重点嫌疑对象，如下是材料所记载的四类分子（又称政治刑事嫌疑分子）材料：

1、侯丰山：逃避改造，见轻上，见重退，拈轻怕重。
2、赵至武：逃亡地主，解放前底子不清，交代问题肤浅。
3、高新贵：对现实不满，劳动消极，保存多年地契、黄书。
4、宋元：贫下中农问他借东西，他不借，对政府的救济政策不满。

5、曲正祥：40 岁，下中农成分，当国民党 3 个月，有过通奸经历。

6、王立忠：对现实不满，说"现实不民主，一样人两样对待，贫农就能补，我们却不能"。

7、杨万勇：散布反动言论，辱骂贫协干部，"这个国家不能长远了，等我吃药病好了，就和他们干"。

8、衣城富：不服从队长分配和贫农监督，思想反动，对社员说，"这年头吃这东西还能干活？眼睛都饿长了，放屁都打晃了。"

9、杨振才：惹了贫农，偷队里的黄豆被发现扣留交回。以自留地粪多，种地方便为名，不允许贫农社员杨松金在自己地上盖房子。

从上面的材料内容可以看出，一方面四清运动时期的"四类"分子并非传统意义上的四类分子，对"四类"的定义无固定标准。此外，由于部分被定义为四类分子的人员之前已经经历过"土改"或类似的批斗场面，因此其相较于基层干部具有更强的适应性和抗打击能力，自寻短见或者采取极端措施的案例比较少；另一方面，在四清工作队的庇护下，贫下中农协会这一组织已经在一定程度上成为了国家意志的代表，任何人只要是触犯了贫下中农的利益，就相当于触犯了国家和集体的利益，就要被当作政治嫌疑犯而受到处分，这致使更多的普通群众卷入了运动的旋涡。但是，从普通民众对其的反应来看，可知这一组织从根本上是不受民众肯定的，只是迫于工作队的权威，才对其点头哈腰。当我们询问一位当时人对四清运动有何想法时，他颇有感慨的讲到，"那时真的很想不通，但是后来想通了，咱们毕竟是基层，人家中央那些领导人还不是被批斗，人家是啥人物，我们个地主富农算个啥"。看得出其对四清运动中那段被批斗的历史还是很释怀的。

五　小学主任之尴尬

四清运动是党中央针对农村干部贪污腐败所发动的一次政治运动，除了社队之外，作为基层文教部门的中、小学校亦是工作队开展运动的重点。相较于社队而言，四清运动在学校的开展更多侧重于对干部进行教育批评而非批斗，在运动形式上以干部自我批评和群众批评为主，对干部功过的评判标准除了依据多吃多占、贪污腐化程度之外，更多考察的是其思想状况及教学态度等。通过一段时间的调查，工作队把运动的对象初步锁定在了北佬壕小学主任王战河身上。

（一）概貌和问题

王战河是北佬壕小学的主任，初中文化程度，在土改之前有 5 间草房，1 台车，2 头马，租 10 多亩地，一年能有 1100 多元钱的收入，在合作化之前又多了 7 垧地，1954 年 7 月分家，现在月工资 53 元。1958 年参加梨树县委训练班，在学习方面表现优秀，在组织纪律方面表现较差，后期有了好转。

据群众反映，王战河喜欢赌博，因此有"棋椤大王"的绰号，以前在北佬壕小学教过几年书，后离开过一段时间，之所以现在又回来教书了，应该是托上面领导找的关系。自从王主任到任后，首先给人的感觉有些异样，因为他只跟个别人打交道，其中，有个叫马坪的对他极其阿谀奉承，因此受到了他的庇护，后来才知道这个马坪的来头也不小，其亲戚于秘书是县委宣传部副部长，其他的老师对于马坪的势力敢怒不敢言。

在工作中，王战河喜欢胡乱调动人，看谁不顺眼就把谁调走，造成学校教师匮乏，扰乱了教学秩序，影响了学生的正常学习生活。对待下属态度恶劣，当众贬低"两胡"，胡凤珍与胡凤清，不仅在群众中造谣声势，在学校也是刻意安排王敬才等富农学生到她们班上，目的是让其"站不住脚"，故意让他们难堪；平时对老师们、同学们的教育，不是用资产阶级、金钱等级观念就是用物资刺激的方法，如对王宝蓝、胡凤珍，跟他们讲，"好好干，将来工资翻一番"。一味追求升学率，强调智育第一，而不考虑道德品质教育，对教师的考核主要以学生的文化成绩为主，经常称赞马老师真有一套，果然是好老师，完全忽视其给学生起"大瞎骡子"绰号，也不顾老师教书不教人的行为，把师生引入追求名利地位的歧路上去了。另外，自己教学态度亦不好，常常不备课。

在经济上，1962 年带领全家大吃大喝，占用公款 48 元，至今分文未还。1963 年、1964 年这两年，同张任春、黄蓉甲等人一起大吃大喝用掉

90 元生产收益款。送给马坪妹夫（县委宣传部副科长）土豆、白菜、葱、粉、煤，借了高岩中（梨树高中团书记）100 元，借了黄春甲 10 元，至今未还。

综上所述，可见王战河是个精明人，有一定的文化水平，深知明哲保身的处世哲学，有些欺软怕硬，阶级观念较模糊，有严重的个人主义思想，群众基础较差，因此成为"四清"运动的重点斗争对象亦在情理之中。

（二）第一次洗澡：取得诊断书与翻案风波

四清工作队于 1964 年 11 月开始进驻北佬壕小学。在工作队进驻之前，王战河便在群众中散布谣言，说道，"这次运动再大我也不怕，只不过是吃喝问题而已，这次运动不像过去三五个人嘀嘀咕咕，听风是雨，就进行处理，这回提意见得真凭实据，提的不实还挨整呢，咱低头不见抬头见的，有啥问题尽量内部解决，工作组毕竟是外来人，不能跟咱一起长期工作。"之后，王战河把近几年的账目进行了清理，把跟自己有关的条子也抽了出来，其他老师虽看在眼里，但也不好说什么。

工作队正式进驻北佬壕小学之后，便开始对所有老师进行暗访与调查，但是收效甚微，老师们基本上采取不言不语、谈小不谈大的方法以躲避视线。胡凤珍认为，过去意见没人提，结果雨过地皮干；朴云江认为，江山易改本性难移，现在铆劲儿提意见，工作队走后还是会给穿小鞋，不值当；孟凡乡认为，运动是整那些问题多的，我是小葱拌豆腐，一清二白，一步两脚印，和咱有啥关系；郑宋臣认为，炒豆大伙吃，炸锅一人担，得罪人犯不着，这次来的人可不少，不知道葫芦里装的什么药，还是小心点为好。

针对上述情况，工作队采取了"一交、二查、三访、四解决"的应对方法。首先是"一交"，即反复向教员交代来意、政策、决心。工作队反复强调，运动年年搞，干部没个好，有些干部怀疑这次运动又是来整干部，特别是一些手脚不干净的疑虑更大，他们怕挨整怕受处分，怕问题暴露丢面子，怕退赔兑现，但我们工作队偏要理清楚、弄明白，希望老师们不要有顾虑；"二查"，即一查档案，二查现实表现，并据此选拔可以依靠的积极分子；"三访"，即访问积极分子的家庭个别谈心；"四解决"，即帮助积极分子解决具体困难。通过上述措施，工作队很快在教师队伍中培养了一支积极分子队伍，工作队初步摸了底，做到了心中有数，为接下来的讲学"双十条"创造了条件。

接下来，工作队召开团员大会，向全体教职工宣讲"双十条"，大讲农村阶级斗争的形势及其在教师队伍中的反映，讲"旧仇未消新仇又来"，要让阶级斗争的火炬在教师队伍中燃烧起来。通过积极分子的诉苦，直接把矛头对准了严重的个人主义的校领导王战河，掀起了坦白、揭发高潮，工作队队员对教职工讲到，前段时间所揭示的问题大都是多吃多占、请客送礼等工作作风问题，而有关党的教育方针，两种办学路线及思想方面的大是大非问题谈及较少，因此希望大家积极反映这方面情况。由于教职工发动不平衡，男性教师发动情况较少，女性教师发动不起来的情况，工作队通过召开女教师专项座谈会，鼓舞女教师积极投身运动中来。另外，工作队队员还因人制宜，通过个别谈心，一把钥匙开一把锁，卸下某些教师的思想包袱。

通过教职工初步的检举揭发，工作队初步找到了学校的根本问题所在，发现学校在很大程度上走的是资产阶级办学路线，具体表现为：一是讲求升学率第一，智育第一，重才轻德；二是"我字当头"，作风庸俗，走资本主道路，追求低级趣味；三是巴结地主、富农分子，歧视贫下中农子女。在学杂费减免上没有原则，通过调查发现，仅仅在一小队，就有28名贫下中农的子女因交不起学费而被学校拒之门外。

在理清问题性质之后，工作队召开了贫协与家长联席会。在会上，一些学生家长激动地表示，"当老师的这样剥削学生，这和过去有啥区别，小孩的劳动果实你们看的眼热，孩子自己一点啥也没捞着，都让你们给抹嘴了。""你们想想，若是他把这些钱用来解决学费倒还成，你们吃了算什么？如果是你们自己的孩子失学了，你们不心疼吗？今年考上中学的五个学生当中，就有两个富农，两个中农，他们为什么能考上呢？这不是你们看他们家有油水才起早贪黑的教吗？"针对学生家长的问题，王战河首先承认了自己存在"四不清"问题，主要表现为多吃多占、请客送礼、挪用公款等，其他问题一律不承认，并为自己辩解，说自己所犯的错误是因为对党的教育方针学习得不够，理解片面，自己的革命事业心不够强，但部分学生的政治思想觉悟太低，学习目的不明确，学生家长又不关心其学习情况，这也是影响其工作决策的重要原因。在阶级立场方面，王战河则把责任都推到了教师马坪的身上，表示在日常工作中走了修正主义路线完全是受其影响，导致了在工作中敌我不分、与敌人和平共处，万事大吉，没有坚持原则，例如给教师涨工资时只听了马坪的话，只给他和其他几位老师涨了工资。

由于工作队在会上表示欢迎翻案，因此王战河为自己的辩解并没有立刻遭到工作队的批评与打击，但在教职工当中引起了很大反响，一些教师表示"意见都白提了。"北佬壕小学团支书胡凤清随即向工作队递交了对王战河的揭发材料，主要内容为：一是代表所有教职工，对王战河的不彻底的检查表示十分不满；二是揭发其以马坪妹夫为靠山，在职工中拉帮结派，拉拢张启林、王宝兰等人打击他人，严重违背了无产阶级办学方针。随后，工作队协同贫协召开紧急会议，商讨王战河一事，并进行了讨论。在书面的会议总结中，是这么描写王战河的："王战河伙同马坪等人，仗着马坪亲戚在县里做官，从而在学校为虎作伥，欺压普通老师与贫困学生，和剥削阶级没有什么区别。通过第一次干部洗澡可以看出，王战河这伙人是极为聪明的，当他们处在不利情况的时候，为了保持自己的生存，以利将来的发展，他们往往采取以攻为守的策略；或者无中生有，当面造谣，或者抓住若干表面现象，攻击事情的本质；或者攻击一部分人，借题发挥找出突破口，从而使我们处于困难地位，他们借着自己有点知识，他们会做各种各样的斗争，我们绝不能被他们所迷惑，要坚决斗争到底"。（北佬壕档案资料，1965年1月4日）

（三）第二次洗澡：以退为进，转移视线

为了平复老师的不满情绪，继续推进四清运动，工作队展开了对王战河等人的第二次批斗大会。会上，工作队队员先是呈上了8位老师对其贪污腐败、作风不佳等错误的旁证材料，与其当面对质，然后提出了清理学校账目，搞经济退赔的任务，希望其全力配合。王战河这下意识到了问题的严重性，随后在会上进行了深刻的检讨，内容分为3部分：首先承认自己政治上不清，用人看成分，学杂费减免服务方向不明确，缺少无产阶级感情，敌我矛盾和人民内部矛盾混乱，存在资产阶级权威思想；其次承认自己经济上不清，喜欢在学校账目上弄虚作假，记糊涂账，导致学校1962年至1964年的账簿零零散散，不成套；最后，王战河表示经过这两次的洗澡运动，更进一步体会到党和毛主席的英明，衷心感谢广大贫下中

农和全体老师，对其如此宽宏大量，越想越惭愧，今后绝不辜负党和广大贫下中农的希望，向党向同志们赎罪。

随后，工作队组织召开了专题讨论会，集合所有教师围绕"教育质量为何低，病根在哪儿"的主题进行讨论。为避免讨论从概念到概念，内容空洞的局面，工作队要求教师要结合自身实际情况，从自身的角度出发，从检查自己的人生观、世界观出发，把实际问题上升到阶级斗争、和平演变来分析。同时，工作队还给老师印发了《人的正确思想从哪里来》《愚公移山》等文章结合讨论进行学习。

教师张启林讲到，"过去走的是专家路线，羡慕的是能写会道，追求的是安逸生活，工作是为了不丢饭碗，老实说这就是几年来我的人生哲学，所以干来干去感到前途渺茫。"教师柴桂杰谈到，"对于我来说，双十条、二十三条有些难懂，但通过工作队队员的耐心讲解，我明白了无论什么地方都存在阶级斗争，在党的英明领导下，工作队已经把贫下中农发动起来了，真正当家作主掌握印把子。"教师张启林认为，"知道毛主席派来工作队，我们这些普通教师才挺起了腰板，不再害怕那万恶的王战河和马坪，政权才又回到我们贫下中农的手中。"

经过这次讨论会，北佬壕小学的教师面貌有了很大的改变，主动学习毛主席著作的多了，教师之间相互谈心、听课交流的多了，教师的团队活动多了，深入班级、主动干活的多了。富农出身的教师郑忠诚在与其父亲进行了尖锐的斗争之后，最终脱离了家庭。主任王战河在此期间一直积极主动地向工作队递交自我检讨材料，与马坪亦断绝了往来，在平日的教学工作中与其他教师打成一片，主动听其他老师的课，冷落富农子女，热情对待贫下中农子女，给其送饭，一定程度上缓和了之前的紧张关系，降低了其进一步被批斗的可能性。而之前与王战河关系甚好的教师马坪，则表现消极，对待工作队态度强硬，对待其他教师的态度忽冷忽热，因此工作队逐渐把斗争对象转移到了马坪身上。

另外，马坪的个人经历也让工作队抓到了辫子，其原是二泉眼沟住户，在国民党执政期间，担任了科级队员，曾经拖走了迟风明家里一头180斤的猪，当时答应还钱，但至今迟家都没有拿到钱。他还曾经背着闸枪到西瓜地，强迫瓜农给其瓜吃，因此被认定为政治上、经济上都不清。另外，有人检举其背地里乱搞男女关系，利用金钱等不正当手段拉拢和其他教师之间的关系。教师郑忠诚回忆道，"之前马坪给我介绍对象，我以为是关心我的疾苦，让我感到与其在感情上合得来，实际上是在利用我，因为那时他初到我们学校，急于拉帮结派，而我没有认识清楚，上了他的当，犯了小资产阶级狂热病，今后应建立正确的同志关系，在政治目标一致的基础上进行团结。"之后，马坪便成为了小学干部中被批斗的主要对象，而王战河则由于悔过态度良好，主动退赔等行为受到了工作队的好评，在北佬壕小学选举当中被评选为校长。

六 普通农民之无奈

（一）看不懂的文件、政策

既然是政治运动，便少不了政策文件的指导，早在四清运动初期，中共四平地委就发布了"保护人民群众的民主权利，坚决反对打击报复行为"的文件，文件中就沙河镇公社盈仓大队党支部书记贾广文等人对控告人进行打击报复问题进行了处理，并要求各级党组织必须很好地组织所有党员干部，特别是农村干部，结合实际情况，认真学习讨论这一案件，从中吸取教训。

对地委文件的学习活动拉开了北佬壕村社会主义教育运动（四清运动又称为社会主义教育运动）的序幕。此时的学习对象多为北佬壕生产大、小队干部及党员，学习内容集中于严明纪律，纯洁组织，教育干部。由于只是以文件的形式下发到公社，加上之前已经开展过了整风整社运动，这份文件在北佬壕村并没有引起干部和群众的重视，干部们只是简单地把文件整理到档案中。

之后，四平地委陆续下发了多份运动文件，都被北佬壕大队领导工工整整地收录到了档案中，文件的内容大多被忽略，只是地委偶尔下派人员来考察时才匆忙地在队中宣传一下运动精神。对于文件的宣传，基层干部往往照本宣科，有些政策文件他们也不明白、不清楚，只管向广大群众传达上面的指示，有的干部干脆不负责社交运动宣传这一块，而是去北佬壕中学找一个有文化的学生过来把文件念给大家听听，就算是组织开展学习了。还有一些干部的做法是主动歪曲政策，曲解政策本意，把运动作为促进生产的一种手段，从而偷换阶级教育的概念，把阶级教育内容替换为促进生产的各项具体措施，例如财产管理制度、超减产奖罚制度。对于社教运动，地主、富农分子已经做好了被批斗的准备，他们亦教育自己的孩子在学校行事要低调，不要主动与他人起冲突。

四清运动正式开始后，即下派干部驻村后，对政策文件的学习与理解便成了干部和群众每天都要做的事情，对各类文件不仅要学习，还要进行讨论，大、小队干部还要踊跃发言，讲认识、谈感受，由于文化水平有限，大部分干部和群众都不能完全弄明白政策的含义，加上对下派干部怀有畏惧心理，亦不敢直接表露自己不懂的情绪或向其求教，只好滥竽充数，或者讲一些表面的话语，使下派干部十分不满，部分大、小队干部由于在学习政策的过程中表现欠佳甚至被戴上了政治不清的帽子，也有部分群众因为对政策的理解不正确，说错了话得罪了下派干部从而在重新划分阶级成分时被拔高了成分。

（二）怨不得的减产

1936 年 3 月中共梨树县委发布文件，第一次使用了"社会主义教育"这个词，指出在社教运动中，教育生产队干部要根据"六十条"的规定，参照执行。并指出，当前生产队财务管理工作问题比较普遍，但问题存在于人事，而非制度，把矛头指向人。文件具体分析了财务管理"开支滥""物资管理乱""贪污盗窃频繁"问题，并指出领导人认识不足、不民主是主要原因。北佬壕队委会认识到要贯彻县委规定，搞好财务管理工作需要首先解决干部和社员的思想问题，因此，他们组织社员逐条地学习了规定，向社员进行了社会主义教育。

以社教运动为指导，促进生产发展是这一时期社教运动的主要用途，中共梨树县委随后又陆续发布了一系列旨在发展生产、规范财务管理的社教文件，例如"梨树县委批转县委监督关于共产党员在征购粮食、秋收分配、生产自救等工作中注意遵守的几个问题"，文件认为生产中存在的问题是阶级斗争和两条道路斗争在党内的反映，滋长了修正主义的风险。因此要求全体党员认真学习，联系实际，纪律教育，务必把生产搞上去。

下派干部驻村后，开始接管大、小队干部的生产管理工作，由于下派干部凡事都亲力亲为，跟着农民一起起早贪黑，与农民一起劳作，逐步得到了农民的认可，使劳动生产并未受影响。随着运动的进一步开展，尤其是下派干部对基层干部展开批斗之后，农民的情绪受到了一些影响，在工作中也不愿意主动与下派干部交流了，干活也十分的谨慎，不敢少干，也不敢多干，怕与被批斗的对象扯上关系，下派干部这个时间段忙于调查民情，搜集资料，渐渐退出了生产方面的管理，取而代之的是贫下中农协会以及积极分子，由他们负责生产。在农民心中，贫协的这帮人虽然也是通过投票选出来的，但平时好吃懒做，并不讨大家喜欢，如今混了个官当着，更是嚣张跋扈，其对生产管理缺乏经验，喜欢胡乱地指挥生产作业，其他农民隐忍于心而不敢发作，只好听从了其的安排，在贫协的管理下，北佬壕的生产产量急剧下降，农民的生活变得更加困难。

（三）"心不在焉"的斗争

北佬壕农民对于政治运动并不陌生，从解放前的土地改革运动到解放后的整风整社运动，再到 1963 年开始的社会主义教育运动。在农民的印象中，运动的对象主要是地主、富农等"坏分子"，以及各级基层干部，并没有普通群众太多事，因此，普通群众并不需要为运动太上心，尤其是正值 3 年灾害恢复期，大伙的日子好不容易好过了些，谁都愿意多花点时间、精力去提高生产，恢复生产力。对于社会主义教育运动，大家是有所顾虑的，但更多的是敷衍了事。

为划清阶级界限，下派干部小组先后召开了两次贫下中农座谈会，发动贫下中农进行诉苦，但是贫下中农大部分表示不愿意诉苦，有位贫农讲到，"我吃的别人的，拿的别人的，别人没有欠我什么，我实在是没什么好诉的"。领导小组发现诉苦典型实在不好培养，也就此作罢，转变了工作重心，把运动的策略变成先抓批斗对象，再找积极分子，并且鼓励积极分子编撰诋毁斗争对象的材料。在运动全面发起后，大多数置身于运动中的农民为迎合下派干部，不得不在各种场合对各类批斗进行全力配合，包括对四不清材料的捏造，作伪证等，农民最关心的事情并不是哪个人今天被打倒了，而是什么时候批斗会结束了好回家休息。

七　结语：政治运动与农民行为

由此可见，这是一场农民置身其中的政治运动，处处充斥着政治运动逻辑与农民逻辑之间的矛盾，尤其表现在下派干部入村伊始。下派干部入村后开展运动所面临的困难与挑战体现出乡村社会固有的封闭性和排外性，国家权力进入乡村社会路径颇为曲折。作为国家权力的代理人，"四清"下派干部具有上至中央，下至地方的"通天"本领，但在运动开展初期，工作队便在掌握信息、发动群众等方面遇到了困难，致使运动一度陷入瓶颈。这表明面对外来国家权力的干涉，乡村社会具有一定的防御性，有保护其社会成员不受外来势力侵犯的功能。但乡村社会亦是脆弱的，"四清"工作队员最终通过访贫问苦、拉拢人心等方法，融入农民的日常生活中，成为了农民的"熟人"，从而弱化了乡村社会的防御性。而第一生产小队队长颜大富自杀事件，更体现出四清运动给农村尤其是给干部带来的巨大震撼，折射出国家意志与国家权力的强大，亦表明乡村社会的防御性一旦被弱化，国家权力便会毫不客气地横驱直入，打乱乡村社会原有的、约定俗成的文化网络，并且建立起与国家意志相符合的权力网络。工作队在初步掌握干部的情况后，便着手发动了对"四不清"干部的批判，主要是按照中央的政策，从政治、经济、组织、思想四个方面进行。在政治批斗方面，工作队采取了类似土地革命时期"斗地主"的形式，如揭发检举、大会斗争；在经济退赔方面，工作队给予干部和地主一样的"外光"待遇，这些行为给干部带来了极大的心理压力，严重打击了干部的自尊心，促使干部做出一些极端的行为。

为进一步加强国家权力对基层社会的控制，在下派干部的指导下，北佬壕以大、小队为单位成立了各级贫下中农协会组织，并培养了大量运动积极分子，组建了专业的斗争团队。面对着双重强压，个别基层干部出现了反弹行为，即公开与下派干部对着干，第四生产队的会计翟于良便公开叫板下派干部，由于其错误较少，因此并没有怎么被批斗，这体现出在与下层权力的对抗中，国家权力的某种妥协性。

虽然乡村社会无法与国家权力进行正面的抗衡，但是在暗地的较量中，国家意愿终于没有如愿以偿。北佬壕小学的王战河由主任到校长的经历表明国家权力下到基层后亦有被异化甚至被利用的风险，其利用运动的特点和形式不仅转移了运动对自身的注意力，更是打倒了其原来的合作伙伴、同时也是竞争对手的马坪，为其后来当上校长扫清了障碍。

四类分子在四清运动中的作用比较特殊，既不是主要被批斗对象，也不是运动的主要参与者，而是被当作一种教育手段，用来警示、教育广大基层干部与农民群众。这种手段亦是国家权力对历史资源的直接利用，以便造成农民的恐慌、畏惧心理，进而表示顺从的社会行为。这表明国家权力不是直接作用于基层，而总是借助于一定的手段，且这种手段具有历史连续性。

在这场声势浩大的运动中，普通农民是最主要的参与者，但不是最直接的受益人，其只能在国家权力与乡村权力对接的夹缝中生存。运动并没有使农民的政治思想水平得到提高，反而让农民的田地一天天荒芜，眼神一日日暗淡，运动给农民带来的也许只是思想上的倦怠以及身体上的疲惫。

从社会行动者的角度来讲，国家权力扩张的一面主要表现在其对乡村社会的威慑力方面，具体表现为农民对国家权力的遵从与顺从。在本文中，面对国家权力的强大威慑力，北佬壕第一生产小队队长颜大富在运动初期便主动将自身的各种不端行为拿出来暴晒，当发现处境危险、形势不妙时决然地选择了死亡这种一了百了的解脱方式，这是政治运动中社会行动者所选择的一种极端方式，是对国家权力的一种无声的抵制。此外，面对国家权力，"四类"分子选择的则是绝对的顺从，即使遭受到种种惨痛待遇，也从不公开与国家权力进行对抗，并教育自己的家人、亲友无论在哪里都要低调行事，以免受其牵连，这是因为经历了之前的"土改风波"，其深谙绝对的顺从才能保命这个道理，因此无论是被冤枉地扣上"四类"帽子的农民还是成分不好而被定义为"四类"的农民，在受到批斗时不抱怨，受到委屈时不吱声，任凭国家权力的摆布，并静候国家权力撤退后重新过上正常人的生活。

国家权力异化的标准在于在国家权力执行的过程中，国家意志没有实现或者出现了南辕北辙的结果。学者应星认为，国家权力有被地方性操控的一面，本文将国家权力具体化，以政治运动来考察国家权力的实践，通过政治运动的具体实践效果来判断国家权力的异化程度。本文开篇时提到，四清运动开展的主要对象是基层干部，是为了解决干部多吃、多占等贪污腐败问题从而促进生产的发展，因此从名义上讲，应该受到广大干部群众的欢迎，但在具体实践中却出现了大量"不合作"事件，影响了政策效果，例如四队会计翟于良不畏强权公开叫板工作队，与国家权力进行正面对抗，这给北佬壕的大、小队干部对国家权力进行抵制起到了一定的示范作用，一定程度上削弱了国家权力对村庄的威慑性。

贫下中农协会组织的建立，四清运动积极分子的形成表面上有助于运动的有序发展，也是国家权力对乡土资源的一种积极借用，但最终却并未达成政策预想的效果，原因在于国家权力所借用的这部分力量在乡土社会并不受欢迎，农民私底下把贫协的人员称为"穷光蛋、混饭吃的家伙"，表明广大基层干部和农民群众暗地里并不赞同这类组织和人员的合法性，因此贫协和积极分子斗争团队的组建虽表面上完善了国家权力的执行路径，但严重影响了国家意志的执行效果，使农民对国家意志的认同程度大打折扣，也就削弱了对于国家权力合法性的认同。

对国家权力的异化亦包括利用国家权力为自身谋取利益，北佬壕小学主任王战河在四清运动中本是被批斗的重点对象，教师们对其意见颇多，在运动开始后王战河经历了几轮的批斗，刚开始态度还有些傲慢，在认清形势之后便开始以退为进，主动检讨问题，进行经济退赔，开始了为贫困农民子女申请补贴等以讨好下派干部和学生家长为目的的行为，并在此过程中成功转移了视线，使教师马坪成为了替罪羔羊。当笔者问到老一辈人对王战河的印象时，大部分人都表示他是个聪明人，看得清楚形势，讲得明白道理，因此可以认为大家对王战河是十分的认可的，亦表明草根行动者的利益是其异化国家权力的主要目的，而以宗族为纽带的乡土社会自然也是十分认可的。

作为政治运动的最广泛的参与者，普通农民并没有直接从运动中得到好处，相反的是生产力的持续下降、紧张的斗争氛围使农民正常生活秩序被打乱。农民十分无奈，却无法公开地对国家权力表示不满，因此采取了一种低姿态的反抗技术，来维护自身的利益，即以一种心照不宣的自助形式，通过表露畏难情绪、不讲实话、装糊涂、行动拖沓、借故逃跑等与乡土社会结构非常合适的方式对原本的国家政策进行蚕食，使国家意志被异化。

综上所述，以清理账目、清理仓库、清理财务、清理工分为主要内容的四清运动，名义上是一次普遍的社会主义教育运动，实则是又一次的国家权力对乡村社会的强力渗透和侵入，生产队队长虽是最基层的国家干部，但也是乡村权力的代表者，因此国家对兼具乡绅功能的生产队长采取了权力的剥夺与消灭方法，为国家权力在乡村的横行扫清了障碍，表达了国家权力对传统乡村传统的扫荡；积极分子、四类分子是国家权力为替代乡村传统权力所借用的手段与工具，其没有固定的定义与特殊的身份，具有临时性、暂时性的组织特点；基层机关单位并不是四清运动的重点考察对象，因为所涉及的人数并不多，且不能较好地发动群众，因此对北佬壕小学领导干部的批斗并没有"动真格"；最后，四清运动的最终目标是最大限度地发动群众，渗入普通农民的生活，把其纳入现代化进程，因此运动的最终落脚点是普通农民，运动的最终目的是将基层群众、基层社会纳入整个国家一体化进程当中去。

通过考察四清运动中不同社会行动者的行为，得出结论：四清运动后，国家权力已经渗透至村庄的各个角落，在公开场合，农民不再表现出对旧有文化与行为方式的坚守，固有的乡村生活发生了重大改变，但由于国家并未采取有效措施改变当地的贫困生产与农民的生活现状，这就决定了其传统的文化权力网络仍将延续下去，面对强大的国家权力，农民的社会行为仍然遵循着以弱取胜、以无声的反抗、绝对的遵从来保全自身或者族群利益的行为逻辑。

大寨工:人民公社时期的劳动管理

【导读】 工分制是集体时期一项重要的劳动管理与分配制度,起源于新中国成立后农村建立的农业生产互助组,在人民公社时期得到普遍采用,是我国人民公社时期一项重要的制度设计。"大寨工"是工分制的一种特殊表现形式,起源于 20 世纪六七十年代北方的一个小山村中,从 1968 年至"文化大革命"结束被当作普适的劳动管理经验在全国推广。由此,"大寨工"成为了影响中国六七十年代政治社会的一个关键词汇,对其研究有着重要的现实意义和学术价值。

关于"大寨工"的政策解释,至今也没有明确的定义。"大寨工",被人们讽刺地称为"大概工",也即山西省昔阳县大寨村创设的"一心为公劳动、自报公议工分"制度。"大寨工",也称为"大寨工分",是大寨村民在 1960 年创立,并且在实践中逐步完善起来的一种评工记分办法。

"大寨工分"一般分为 3 个阶段进行。阶段一,确定社员的出勤要求。在年初,凡是有劳动能力的社员,都要按照性别状况、体力情况、家务的轻重等定出全年出勤的天数,并作为社员出勤的基本要求和评工时考核的依据。阶段二,记录社员的出勤情况。平时,记工员只记社员的出勤天数,并在社员出勤登记表上记录每个社员的出勤时间(分早、上午、下午、晚或者加班)、工种、备考等详细情况。在劳动过程中,如果谁有特殊贡献或者未完成任务、干活不讲质量等问题,都要在备考栏内注明,为后期的"四评"提供依据。阶段三,评工记分,内容主要包括"一定"、"四评"和"自报公议"。社员的出勤累计一段时间(一月、一季或一年)才评工分。评工前,党支部先在党内外进行思想动员,召开党支部会或支部扩大会进行"小整风",目的是教育党员干部工作要以

"公"为先，认真负责地做好评工记分工作。同时，为了在评分时候做到心中有数，党支部在会议上提前对部分党员和社员进行大致初评。评工开始时，大队要先对前段工作做个简要的总结，再进行"一定"、"四评"、"自报公议"等程序。"一定"就是在经过社员充分讨论的基础上，选出思想好、干劲大、技术高、干活重视质量的标兵，定下标兵每天应得的工分，即标准工分。然后才开始"四评"和"自报公议"。社员看标兵比自己，实事求是地报自己应得的工分，再让大家进行评议，这叫"自报公议"。大家根据每个社员在这一段时间的表现，从思想、干劲、技术和干活质量 4 个方面进行公议，这叫做"四评"。第三个阶段，评出社员每天应得的工分。根据四评结果，再由党支部和社员代表进行审查，统一平衡调整后，再出榜公布。最后，大队按照记工员平时记录的出勤天数来进行年终结算，工分则作为社员参加按照分配的依据。

大寨最初采用这种记工办法时，劳动累计间隔的时间相对较短，公议过程的时间较长。到后来，随着社员思想觉悟的提高，社员逐渐习惯和积累了评工记分的经验，劳动累计间隔的时间就比起初长，但公议过程耗费的时间大大缩短。经过 8 年之久，大寨将评工记分的时间改为一年一评，每次评工记分的时间也由最初的半个月左右逐渐缩短为几个晚上。

一　缘起及形成

从 20 世纪 50 年代合作化伊始，农业生产经营管理和分配方式就成为了一个复杂而难以解决的问题。特别是高级农业合作社成立以后，土地、农具、牲畜完全归集体所有，劳动力成为了社员劳动分配的唯一标准和依据。但各地农活细碎复杂，劳动工分难以准确量化。在国家走农业集体化的社会主义道路的号召下，各地农民自发兴起了"包工包产"、"分田单干"、"定额管理，评工记分"等劳动管理形式，但没有形成一套被农民广泛接受而又行之有效的办法。在传统的小农经济时期，农民生活、生产都是以"家户"为单位。人民公社成立以后，人民生产和生活的组织者由"一家一户"的形式变为"集体形式"。农活的多种多样和人员的多种多样，共同造成了劳动工分的复杂性。面对新型经济组织的出现和全新的劳作方式，公社干部和社员们一度感到茫然和不知所措，往往是一群人到了地里还不知道当天的工作任务是什么。因为村干部从来没有组织过全村多数人一起进行劳动生产，没有任何经验可以参考，所以在组织劳动生产过程中常常力不从心。因此，在集体时期，"如何管理农业劳动"成为全国农村共同探讨的话题，找到适合中国国情的劳动管理办法也是发展农业生产的迫切需要。

工分制几乎与农业集体经济同步产生，是集体经济时期重要的劳动计酬办法，而大寨工是其中一种特殊形式。就大寨工的形成来看，它是随着农业生产的发展和时代的变迁，本着发展农业生产、巩固集体经济的原则，在老办法的基础上逐步改进而来。在建立人民公社的高潮中，大寨村党支部书记陈永贵积极响应国家号召，独自联系了武家坪、高家岭、金石坡等7个临近村庄高级社的主要干部，组织会议商讨建社事宜。在昔阳县委县政府干部的帮助和支持下，大寨于1958年成立了昔阳县第一个以大寨为中心的"红旗人民公社"，7个小社合并成大社后共有809户，1370人。同年底，红旗公社进一步扩大为105个高级社，更名为城关农村人民公社①。早在1953年，大寨村便在陈永贵的带领下，制定了一个"十年造地计划"，目的是要把大寨虎头山"七沟八梁一面坡"的贫瘠土地改造成肥沃的高产田。在陈永贵的带领下，大寨村民苦干实干，通过改坡地、闸山沟、深耕、深刨等措施，终于把虎头山"七沟八梁一面坡"的赖地改造成了"保土、保水、保肥"的"三保田"②。本是旱涝多灾的大寨，通过改造土地，农业得到了不断发展，粮食产量也直线上升。1958年，大寨粮食亩产达到了271.5公斤，提前9年达到了《全国农业发展纲要》中规定的粮食目标。同年12月，在山西省农村社会主义建设先进单位代表会议上，大寨管理区被授予粮食、畜牧两项模范，陈永贵被树为昔阳县农村党支部书记标兵③。由此，大寨大队不仅是一个集体生产先进的单位，还积极在劳动管理方面进行探索改革。1960年，基于农业生产发展的需要，大寨结合村庄的自然和历史环境条件，不断对劳动管理方法进行摸索试验，将"定额管理，按件计酬"的劳动管理办法调整为"农活分

① 摘自《大寨村志》和与大寨村民访谈资料整理。
② 陈大斌：《大寨寓言："农业学大寨"的历史警示》，新华出版社2008年版，第65页。
③ 李丽萍：《潮起潮落—农业学大寨运动的回眸》，山西人民出版社2012年版，第6页。

项计酬",实行这种办法的目的是简化评工。当时,在全国各地都没有探索出来被广大群众接受而又行之有效的劳动管理制度的时候,这种管理办法经大寨广大社员实践摸索成功,是对劳动管理方法的领先一步和大胆创新。随后,山西省委对大寨的生产管理经验进行了宣传报道,《山西日报》发表了长篇通讯《太行山上的高产红旗——介绍昔阳县大寨大队逐年增产的经验》[①]。由此,在60年代初,陈永贵成了山西省的名人,大寨村成为了山西省的明星村,大寨式评工记分办法也逐渐进入全国人民的视野。

笔者通过调查得知,大寨的劳动管理大致经历了 3 个阶段的调整和变化,促使了大寨工的最终形成。

(一)"死分活评":基于劳动力的评估办法

我国的农业集体化始于初级合作社。初级农业生产合作社是半社会主义性质的农业集体经济组织,是在互助组的基础上发展起来的。1951 年春,中共中央发布了《关于农业生产互助合作的决议》,要求各地在发展互助合作运动中,根据生产发展的需要和可能的条件发展农业合作社。1953 年冬,在昔阳县委领导干部的帮助下,大寨成立了初级农业生产合作社,并采用了"死分活评"的劳动计酬办法。据《农业生产合作示范章程草案》记载,"死分活评"是指"按照每个社员劳动力的强弱和技术的高低评定一定的工分(底分),再根据他每天劳动的实际状况进行评议,好的加分,不好的减分,作为他当天所得的劳动日[②]"。底分是考核社员劳动的主要指标,是社员在集体劳动中获得工分的基本依据。底分的确定主要是根据劳动者的能力、劳动态度和劳动表现等[③]。大寨合作社规定,男性最高底分为 10 分,女性最高底分为 8 分,其他人再以最高底分者为标准衡量自己应该处于什么位置,然后确定自己的底分。

组织集体生产的核心是劳动管理,关键在于评工记分。大寨村民普遍回忆,那时候办法虽然规定"活评",但在实际执行中往往只记底分,没

---

① 霞飞:《农业学大寨始末》,《文史精华》,2005 年第 10 期。

② 《农业集体化重要文件汇编》(上册),中共中央党校出版社 1981 年版,第 493 页。

③ 黄英伟:《工分制下的农活劳动》,中国农业出版社 2011 年版,第 63 页。

有"活评"①。那个年代，大寨流传着"干多干少一样分，谁也不是十傻十呆"的民谣。"那会儿，我们每天干完活以后，就聚在地头评工，评分可麻烦，每天太阳还有一竿高就开始评工了。评的分多社员没话说，评的分少社员就乱嚷嚷，左评右评也评不下来的情况经常发生。到最后，还得队长拍板定分，记工员记分。"② 大寨社员用"干部图省心，社员怕惹人，评工不吭声，最后记底分"来形容这种评工办法。由此可见，加入合作社后的农民对大寨"死分活评"式的劳动管理办法有抱怨和抵触情绪，"死分活评"的劳动管理办法并不能激发农民的劳动积极性，反而在一定程度上损害了部分农民的切身利益。调查得知，大寨村在1946年进行土地改革，实现了耕者有其田，1947年大寨成立互助组，1953年大寨成立初级社。短短几年时间，土地归了集体，社员统一劳动、统一分配。与私有制有着千丝万缕的联系的大寨村民，身入集体容易，心归集体却很难，尤其是抱有"单干"思想的富农和中农。在"单干"思想的支配下，大寨社员自然就对集体劳动采取了自由散漫和不负责任的态度。因此，评工也就无法做到公平合理。评工记分搞不好，不仅农活不好安排，劳动分配也做不到公平合理，进而影响社员参加集体劳动的积极性。

（二）"定额管理，按件记工"：标准量化

高级社时期，中央正式明确要求高级社实行"定额记工"的制度，"劳动定额"成为集体农活和社员劳动联系的纽带。1956年，中央颁布的《高级农业合作社示范章程》第23条规定："农业生产合作社要正确规定各种工作的定额和报酬标准，实行按件计酬。"1956年，大寨成立高级农业生产合作社以后，学习了武乡县窑上沟大队"农活定额"的经验，把"死分活评"的评工办法改为"定额管理，按件记工"。

1955年，中央颁布的《农业生产合作示范章程草案》对"定额记工"做出了详细规定，"每一种工作定额，都应该是中等劳动力在同等条件下积极劳动一天所能够做到的数量和应该达到的质量，不能偏高或偏低；每一种工作定额的标准，用劳动力作计算单位。同时鼓励农业社通过

---

① 摘自与大寨村民访谈资料整理。

② 摘自与大寨村宋立英老人的访谈资料整理。

工日奖罚，进行'包产和超产奖励'"①。用农民的话来讲，定额管理就是把所有农活按照活轻活重、技术高低、责任大小、操作难易等标准分类排队，然后按照定额把工包给个人。活干完之后，干部来检查验收，然后按件记工，该得多少工就记多少工。② 相较于初级社时期的"死分活评"的管理办法，"定额管理，按件记工"的办法在当时倒是很能调动社员的集体生产积极性。定额管理将劳动进一步量化，干多少活就记多少分，这在较大程度上解决了评工评分难协调的问题。实行定额管理后，大寨社员的劳动积极性明显提高，一些农活也更能清晰派工，对集体生产起到一定的推动作用。

"定额管理，按件计酬"的办法在大寨实行了 4 年左右，但老问题还没有解决好，新问题就又出现了。首先是农业活计复杂，项目多。尤其像大寨这样的土地，一亩几十块，坡坡洼洼一块一个样，做起定额非常麻烦。据大寨村民回忆，大寨的农活有一百三四十种劳动定额，搞一次定额，要花费好多时间，费好大劲。其次是不能保证农活质量。在制订定额的时候，虽然也规定了农活的质量标准，但考虑到农活定额的限制，有的社员怕完不成定额会导致受惩，积极赶工，忽略了质量。有少数社员为了多挣分，就只图速度，不顾质量。谈到当时的定额分配，据大寨的一位老奶奶回忆，靠干部检查验收农活无法起到有效的监督作用。这一方面因为土地分散，农活分散，干部没有充足时间细致地检查验收；另一方面因为有些农活的质量无法评估，比如翻地，评断社员干活质量好坏是没有准确标准的。大寨搞定额管理导致有些社员顾及质量，而使进度较为缓慢，致使少得工分；个别偷奸耍滑的社员只求包工数量，不顾质量，倒多挣了工分。最后的结果是老实人吃亏，奸滑人沾光。时间一久，大寨社员们对定额管理这种评工办法意见越来越大。

（三）"分项计酬"：管理细化

为了解决定额包工制度下劳动管理的复杂问题，1960 年，大寨大队党支部召开了群众代表大会，会议议题是商讨新的评工办法。会议最终决

---

① 《农业集体化重要文件汇编》（上册）中共中央党校出版社 1981 年版，第 572 页。
② 摘自与大寨村贾成玉老人的访谈资料整理。

定将"定额管理，按件计酬"调整为"农活分项计酬"。顾名思义，"农活分项计酬"就是针对不同的农活种类，采取不同的计酬办法。大寨村民把数量容易计算、质量容易检查验收的农活称为"明活"，比如锄草、担粪、担庄稼等。对于"明活"，大寨仍然采用定额管理的计酬办法。而对于犁地、翻地、坝地等无法衡量其数量和质量的农活，大寨采取"评定标兵，自报公议"的评工办法。所谓"标兵工分"，就是说，干完一项农活后，在社员中选出一个劳动好、质量高的社员作为"标兵"，以此人的劳动态度、劳动质量和出勤天数为标准，大家商议确定出标兵完成一天农活应获得的工分。确定标兵以后，大寨其他的社员根据自己的体力强弱、技术高低、劳动态度等与标兵进行比较，然后报出自己一天应得的工分，最后由大家评议确定每人每天的工分。如果广大社员对自报工分没有意见，则按照社员自报的工分记，如果有意见，则再讨论。这就形成了"标兵工分，自报公议"的大寨式评工记工办法。1960 年，部分农活采取的"标兵工分，自报公议"的办法，为 1963 年大寨全面实行"大寨工"奠定了基础。

大寨的这种分项计酬办法，实质上是在一个生产队里除了采用一种主要的分配形式之外，也同时采用其他一种或几种分配形式作为补充，将劳动办法进一步细化，不仅体现了实事求是的劳动管理办法，也在较大程度上调动了社员群众的劳动积极性，促进了一定时期内生产的发展。

二 运行及条件

（一）大寨工的运行过程

"大寨工"是一种以"思想领先，政治挂帅"的原则为基础的劳动计酬办法。这种计酬方法又在实践发展过程中经过不断的演变和发展，最终形成了"一心为公劳动，自报公议工分"的劳动管理形式。

1. "标兵工分，自报公议"：集中管理转向自我监督。

1960 年，大寨的劳动定额高达 130 多项，而大寨的干部文化程度普遍偏低，对搞定额表现出有心无力。当过记工员的贾大爷回忆当时情景："那会，大寨有 100 多种活要包工，今天包了活明天下雨了、刮风了，只要天气变化，农活也得变化，干活的人也要变化，很复杂。"直到1963年的一场特大洪灾，推动了大寨对劳动管理制度的全面改革。

1963年8月初，大寨遭遇了7天7夜的暴雨，洪灾冲毁了大寨人的家园，也彻底冲垮了大寨旧有的劳动秩序。在重建家园的过程中，由于时间紧、任务重，主要是将任务和劳力大体分配，大伙儿说干就干。这给评工记分带来了更大困难。在这种情况下，大寨大队党支部开始琢磨，如何在劳动管理上体现既能按劳分配又不烦琐。大寨党支部通过反复讨论，召开社员代表大会与群众民主商议，最终决定在大寨全面实行"标兵工分，自报公议"的记工办法。这种办法的具体做法是：第一步，按小段农活组织作业组；第二步，由于人们多年在一起劳动，各人的劳力强弱、技术高低，彼此心中有数，根据这种彼此熟悉的关系，把作业组内的思想好、干劲大、技术精、农活质量高的社员作为"标兵"，并确定一个"标兵"的工分标准为10分；第三步，其余的社员比照"标兵"，各自报出自己应得的工分。一般就按各人自报的工分记分，个别不适合的，经过大家评议调整确定最后得分。

实际上，从农业合作化到人民公社，我国农村集体经济一直没有找到一种能为广大人民所接受、简单易行的、科学的计酬分配办法。大寨工的出现并不是偶然事件，它是大寨村结合农业生产发展的需要，对劳动管理制度的一种探索和实践，其特点之一就是"简化评工"。实行"标兵工分，自报公议"不仅尊重了农业生产的灵活性，又能把干部从烦琐的包工、验工中解放出来，提高劳动者的生产效率，并实现劳动管理由"集中管理"向"自我管理"的转变，是解决特殊时期劳动与分配矛盾的较为成功的尝试。

2. "标兵"变"标准活"：劳动力向劳动量的转变。

随着农业生产的发展，"标兵工分，自报公议"的弊端逐渐显现。大寨大队的农活种类繁多，一个阶段的工作需要各种类型的劳力配合才能完成，而各种农活中也并不是每个劳力干的一样。用大寨群众的话说，就是"运石头，有气力大的，也有气力小的；垒坝的人，有技术高的，也有技术差的，可标兵只有一个人，他不是多面手"。[1] 从这点来

---

[1] 《大寨人跟进伟大领袖毛主席阔步前进》，农业出版社1967年版，第31页。

看，大寨的"标兵工分"是以"劳动力"为标准，具有很大的刺伤性。谈到这个问题，贾存兰奶奶回忆道，"本来有 100 个人出勤，可只选出一个标兵。本来其他社员跟标兵做同样的农活，按理说也应该可以和标兵挣同样的工分，但是其他社员的实际得分总要低于标兵，因为只有一个标兵工分是最高的，再没有第二个跟标兵一样的工分，时间久了，社员劳动就没了积极性，标兵工分也就无法起到激励的作用了。"在这种情况下，大寨不得不根据农活的实际情况选出不同的标兵。到后来，大寨大队的生产标兵就有很多，而标兵已经无法激励大家的生产积极性，大寨社员也认为标兵工分的管理办法的有效性减弱。

最后，大寨决定把"标兵工分，自报公议"变为"标准活工分，自报公议"。简单地说，就是社员根据自己各个季节中所做的农活的工种，对照标准农活去自报工分，而不再是与标兵作对比。所谓"标准活"，指的是不分一季、一个月还是 10 天，主要看社员在一定时间里主要干什么农活，比如说现在整地，过几天要起石头、抬石头、垒坝，这几种农活都要重于其他农活，就在这 3 种活中再选标准活。比如抬石头，抬石头要计到 11 分，那么其他农活，都要朝着抬石头的最高工分的 11 分计算。同样是抬石头，要确定自己是否符合标准活的劳动力，需要自己考虑。其余时间，社员干的农活不符合这种"标准活"的，参考这种农活，该 9 分的 9 分，该 8 分的 8 分，该 7 分的 7 分。大寨实施"标准活工分"的评工时间比较长，一般是一季一评。各个季度农活类型不一样，所以大寨根据各个季节中最主要的农活选定标准农活（一般都是最重最苦的活）。比如从冬天到春天，大队主要的活就是垒坝，且这种活最重最苦，大寨就把垒坝这种农活作为"标准活"。一个标准活的最高工分是 10 分，凡是参加垒坝这种活的社员的最高工分就是 10 分，其他积肥、锄地等零碎活都没有垒坝这种活费力，就参考标准活的工分来记分。据了解，大寨党支部一直重视评工记分过程中的思想教育工作，加之熟人之间的相互监督和自我监督，大寨社员都较自觉地根据标准活自报工分。达到标准活工分的就报一个标准活工分，达不到标准活工分就低一点，该多少就报多少，基本不存在弄虚作假的情况。这样，大寨评工记分依据又从"劳动力"转向"劳动量"。

3. "标准工分"取代"标准活工分"：继续简化。

在实行"标准活工分"过程中，管理的复杂性再度凸显。因为标准农活工分使记工和自报都变得比较复杂，在一年内，社员可能干很多不同类型的农活，难以评出一个"标准活"。基于此，大寨又探索将"标准活工分，自报公议"改为"标准工分，自报公议"。

大寨实行的"标准工分"，就是生产队在评工时，按照全年成绩大小与工作量多少，提一个标准分，最高不超过12分。然后，社员们根据这个标准分自报工分，够12分就12分，不够就11分、10分、9分……据调查大寨整个大队最低的有报到4分的社员①。社员报完各自的工分之后，记分员再念上好几次，大家都觉得没有问题，就确定下来每个社员的最终工分，个别有问题的调整后再确定记下来。在实行标准工分过程中，很重要的一步是确定如何"标准工分"。大寨一般在秋季确定标准工分，即以当年成绩大小和受灾次数多少来确定。比如去年农业生产受到五六次旱灾，灾害给社员增加了工作量，通过战胜灾害，去年农业生产还是取得较大成绩，如果前年"标准工分"是10分，大寨就要根据情况确定在前年10分标准分的基础上提高5厘到2分之间，通过这样的方式来确定"标准工分"。这个"标准工分"就是一个最高标准劳力，据说大寨大队当年一个最高劳动力是12分，这就确定出了"标准工分"，既不是标兵人也不是标准活工分。这样，劳动力强，技术高，思想也好的社员就可以报上这个标准分，也就是12分。次于这个强劳力的社员，根据自己情况可报11分、10分、9分、8分、7分、6分……这样报下来以后，经过民主评议，社员再一起讨论，看看有没有高的或者低的，再调整一下就可以确定每个社员的工分了。

大寨的标准工分，男女有别，男劳力一天一般挣10分左右，最高11分12分，女劳力一般为7分。标准工分也会随着年龄变化而变化。在评工前，大寨先定好标准工分，标准工分一般定3个，男的一个，成年妇女一个，铁姑娘一个。大寨的铁姑娘不做饭，不看孩子，和男的一样出工。除此之外，在实行"标准工分"阶段，大寨还存在着一种特殊工分，称为"固定工分"。"固定工分"主要是为了照顾特殊家庭老劳力设置的一

---

① 摘自与大寨村民高玉良访谈资料整理。

种工分。比如，60 岁以上的社员，在壮年时期能够挣工分，到老的时候工分自然就降下来，而其家里孩辈都小，又没有其他劳动力，自己一年比一年老，收入逐年降低。但这个社员从合作化以来就一直很老实，思想好，表现好。针对这样的社员，大寨给予特殊照顾，还可以给予他壮年时期挣的工分数。大寨大队一般吃完晚饭后，在村里的老槐树下开会评议，社员根据"标准工分"报出自己的分数，然后大家评议。这个时期，阶级地位、思想态度等外在因素已经在评分过程中发挥很大的影响。

在实行标准工分阶段，值得提及的是，社员一年的报酬不仅包括农业分配，还有畜牧业、副业等。标准工分只是针对农业制定的，其他行业社员的工分也是根据农业工分确定。大寨大队坚持其他行业服从农业的原则，也就是说，不管你在哪一个行业上，都要服从农业上的同等劳动力。比如一个社员 A，在农业生产方面和社员 B 同等劳动，在牧业上照 B 的标准确定工分并给予劳动成果分配，就是 A 应得的报酬。农业上的同等劳动力是 10 分，那么在其他行业也是 10 分。大寨的年终分配，除了根据标准工分外，还会根据行业与成绩的不同，给予一定的奖励，类似于当今的行业绩效奖励，但这个奖励一般是 5%—20%，最高不高于 12%。比如说社员是羊工，羊饲养的很好，繁殖率高，成活率大，同时他刮风下雨天也都在外面，对大队的贡献很大，奖励最多不超过 12%，这样，其他行业也按照这样的办法确定工分。

（二）大寨工运行的条件

任何一种制度的顺利运行，都需要由一定的内在条件维持。大寨工作为一种劳动管理制度，之所以能在大寨顺利实施，很大程度上得益于大寨村为大寨工有效运行创造了有利的条件。

1. 组织灵活。

大寨党支部从实践中逐渐发现，要跟上生产需要，除了不断调整劳动管理办法之外，还要建立起完善的劳动组织。为了适应新的劳动管理办法，1960 年以后，大寨将固定的作业组改为临时作业组。所谓临时作业组，就是由"活兵、活将"组成的劳动组织形式，就是临时作业组的劳动组织。临时作业组是根据生产发展的需要实时组建的，目的是为了优化劳动力资源配置，满足生产对劳动力的需求。一般来说，临时作业组是根据农活需要临时选调的组长和组员组成，作业组的人数和劳动力状况也是根据农活需求临时调配，而组长一般都是由劳动态度好，劳动技术高的社员担任。这种临时作业组的组长被称为"短干部"。在新的劳动组织形式下，社员都取得了当"短干部"的资格，他们在组织生产劳动中能力得到了锻炼，思想得到了改造。"短干部"虽然是临时工作组的组长，但由于其思想觉悟高、劳动技能好，能够在临时作业组中起到示范和带头作用，这也为大寨工的运行奠定了一定群众基础。这种作业组相较于以前的劳动组织形式具有很大的灵活性和临时性，管理上更加严密了。因为生产队既有队长、组长之类的"长干部"，又有分组作业随机交换的"短干部"①，大寨村民至今还经常提到"长干部，短干部，天天培养新干部"。大寨形成的这种"人人都是干部、人人都是社员、人人都管事"的劳动组织形式，逐渐培养了社员的责任心。这种劳动组织形式也是大寨工能够在显现问题时还不断得以调整变化，并最终顺利实行下去的原因之一。

2. 社员共识。

大寨式劳动管理制度的核心是"一心为公劳动"，即用毛泽东思想教育人，提升共产主义劳动态度，正确处理生产劳动中人与人的关系，改造小生产，使社员树立大干社会主义、想社会主义、为革命种田的思想，把普通的庄稼人教育成"一心为公"的社会主义新型农民。因此，大寨工的特点之一就是强调社员的思想觉悟。大寨党支部用毛泽东思想改造小生产私有心理和习惯，通过改造农民的思想，使农民树立为革命种田的共产主义劳动态度。在最初的一段时间内，大寨党支部不管什么时间、不管什么场合、不管事大事小，随时随地向农民进行社会主义思想教育。在思想教育方面，大寨采用的是表彰先进和教育后进的办法，促进先进更先进，帮助后进向先进转化，带动中间向先进迈进，在大寨开展你追我赶、共同前进的社会主义教育竞赛。在这个思想基础上，按照社员为集体劳动的质和量，通过自报公议的形式，确定社员应得的工分，再根据工分付给社员合理的劳动报酬。"在没有标兵之前，社员心里天天想着挣工分，那会不都说是经济挂帅吗，很多人都成了工分迷，经常是围着工分吵，实行'一心为公劳动，自报公议大家评'的办法之后，陈永贵和其他干部经常

---

① 孔令贤：《大寨沧桑》，山西经济出版社 2005 年版，第 190 页。

向大家讲社会主义思想，批评'为工分种地'的思想，那个时候经常是一边干活一边学习毛泽东思想，男女老少都学，大队那会儿还专门成立了一个毛泽东思想学习班，学习班里男女老少都有。1963 年，大寨遇到洪灾后，大寨就开始学愚公移山的精神，那会社员兜里经常装着《愚公移山》小册子，没事就拿出来翻翻。"① 贾承林大爷还说道："那会，实行标兵工分，不是要提高社员的思想的觉悟哩吗，社员经常开会，开会那会也叫学习哩，那时候学习主要是学习报纸，像《人民日报》、《光明日报》、《红旗》杂志等，一般都在晚上学报纸，宋立英或者风莲念，我们听着，念完听完之后还要讨论。" 大寨就是通过重构农民思想的方式，使社员在精神层面达成一种共识。大寨通过不同的思想政治工作在村里内建立起来共同的价值核心，由此有效地维持大寨工的运行。

3. 适合农村。

定额包工的劳动管理不适合农村生产对干部和贫下中农社员的要求。烦琐的定额、包工、验收程序，破坏了干群关系，也改变了干部的性质。大寨的干部本来应该扮演参加生产劳动、领导生产劳动的角色，但是因为忙于劳动定额无暇参加生产，脱离了群众，无法起到领导生产的作用。群众不理解干部的难处，对干部有很大意见。为了顺利推行新的劳动管理办法，陈永贵根据大寨的实际情况，集中党员、团员和贫下中农的力量，大力宣传毛泽东思想，坚持政治思想教育学习，让党员、团员和贫下中农在劳动生产中发挥模范带头作用。陈永贵认为，这三种力量是发展集体经济的主要力量，对其进行思想改造是推行大寨工的条件和保障。在政治教育的作用下，陈永贵把这三种力量团结在了一起，并依靠这三种力量发挥了模范作用，从而为大寨工的顺利运行提供了思想基础。

此外，实行大寨工以后，大寨干部从烦琐制度中解脱出来，有时间参加生产活动。在农业生产中，无论干什么活，总是由陈永贵、贾进财、贾承让这些干部干在前面，由他们带领村民们冲锋陷阵。在陈永贵的带领下，大寨形成了一个作风良好的领导班子，大寨干部将参加生产劳动与领导生产相结合，从而在集体行动中发挥了重要的模范带头作用。有老人回忆："那时候，陈永贵对干部要求非常严格，每个干部（包括他自己）都

---

① 摘自与大寨村贾承让老人的访谈资料整理。

要按规定参加集体生产劳动来，他开会回来第一件事就是去地里干活"①。
这在很大程度上缓和了干群关系，密切了干部与群众之间的联系，为大寨
工的运行提供了群众基础。

三　推广、异化与终结

"大寨工"，这种产生于特殊的环境，在一个北方山村行之有效的做
法，经过国家力量的动员后推广到全国，在遭遇了千差万别的自然条件、
多种多样的劳动方式后，受到了各地农民的无声抵抗，最后还是没有经得
起实践的检验，只能无奈地接受命运的终结。

（一）大寨工的推广

1964 年 3 月 5 日，晋中地区农业生产先进单位代表大会在榆次召开。
陈永贵在会上介绍了大寨劳动管理经验，全场轰动，反应不一。对于大寨
的劳动管理办法，山西省委认为可以在个别地方试行该办法，但是不能扩
大范围推广。可见，此时山西省委对大寨的劳动管理办法并没有给予充分
肯定，只是想通过试行的办法加以检验其适用范围。但不久后，毛泽东发
表了"突出精神力量和对大寨计酬办法"的讲话，为大寨工的在全国的
推广提供了适宜的政治气候。笔者根据实地调查，总结出了"大寨工"
被推广的主要原因。

1. 有制度不烦琐：简便易行。

"大寨工"是在过去"死分活评"、"定额包工"的基础上发展起来
的，但又和它们有较大区别。比如，过去采取死分活评的办法，每天下午
干完活社员就要在地头上评分。实行定额包工的办法时候，每天早上都是
干部把当天的农活的定额和工分都一一分别包给社员或作业组，每天下午
再检查验收，晚上还要逐个核实记工分。而实行大寨工以后，平时只分配
给个人或作业组，记工员只登记出勤天数、工种，发动大家随时检查，过
一段时间才开一次评工会。陈永贵把这种评工记分办法叫做"有制度不
烦琐"。因为取消了每天晚上的评工记分，广大社员腾出了更多时间进行

①　摘自与贾爱明老人的访谈资料整理。

政治教育学习，学习农业技术。取消了定额包工，广大干部摘掉了愁帽，工作轻松许多。从效果上看，过去天天评工记分和经常修订定额，误工很多，往往是白天参加不了劳动，晚上十二点还没睡觉，结果是"干部晕头转向，社员迷迷糊糊"①。实行大寨工以后，大寨一两个月评一次工分，花少量时间就能完成，节省了时间，社员的抱怨声也渐渐少了很多。陈永贵创设的这种"有制度不烦琐"评工记分办法得到了毛泽东肯定和表扬。

2. 有差异不悬殊：尊重个体，集中统一。

大寨工不仅能促进每个社员按照"四评"的条件去提高自己，而且还消除了大寨过去曾经出现过的"强劳力干，弱劳力看，妇女老汉靠边站"等浪费劳动力的现象。实施大寨工以后，在一段时间内充分调动了广大社员群众为国家多做贡献，为集体多创造财富，相应地也提高了社员为社会主义劳动的积极性。在新的劳动管理当中，弱劳力也能体会到强劳力干活多、干活重的辛苦，这样就会增加相互之间的感情。同时，强劳力也能感觉到，如果没有弱劳力帮助其分担一般的活或轻活，强劳力同样也会感到劳力紧张，这样也就认可了弱劳力的工作。通过这样的劳动方式，社员相互之间没有意见，就不会再闹情绪，"我干的重了你干的轻了"，"他挣的多了我挣的少了"。从这方面来看，大寨工还充分体现了"尊重个体，集中统一"的原则，合理分配了劳动力资源，最大程度地发挥劳动力的效益。

在尊重个体、合理安排劳动力的基础上，大寨工避免了报酬差异的悬殊，更好地体现了社会主义按劳分配的原则。过去按定额包工记分，强劳力一天可以挣几十分，弱劳力一天挣几分，高低差别较大。实行大寨工以后，不同劳力各尽其能，所得报酬虽有差别但不大。这样，大寨工既体现了个体差异，又保证了全体社员参加劳动的整体效益。毛泽东在 1963 年听完山西省委书记陶鲁笳关于大寨的汇报以后，认为大寨的评工记分坚持了劳动分配有差别不悬殊的原则，调动了广大群众的社会主义劳动积极性。②

3. 干部参加劳动：夯实群众基础。

"大寨工"简便易行，把干部和社员从烦琐的定额包工中解放出来，

---

① 摘自与大寨村民高玉良访谈资料整理。
② 陈大斌：《大寨寓言》，新华出版社 2008 年版，第 176 页。

给干部和社员腾出了大量的时间和精力，这就给干部参加集体生产劳动和加强政治思想工作、恢复和发挥党的优良传统和作风创造了条件。过去，由于干部每天忙于搞定额搞包工，误工很多，妨碍其参加生产劳动。往往一到检查的时候，干部东坡上去，西坡下来，受了累，误了工，社员还不满意，说是干部挣了"游荡工分"①。大寨工废除了烦琐的劳动管理程序，使干部有时间、愿意同群众在一起参加集体生产劳动。大寨的干部参加劳动，不是跟在社员后面一味埋头死劳动，而是要坚持主动承担重活、脏活、累活，发挥榜样作用，同时还要在劳动中给社员做思想政治工作。

大寨工在一定程度上也促进了社员之间、干群之间的团结友爱、互帮互学，同时也增强了社员自己管理自己、大家管理集体经济的主人翁责任感。从这点上来说，大寨工解决了我国长期以来官僚体制的一大弊病：干群矛盾。中央决策层把大寨向全国推广的目的是希望大寨工的运行能够帮助党员同志在群众中树立典范，以此奠定中国共产党在基层组织工作中的群众基础，起到巩固国家政权的作用。

4. 坚持思想领先：与国家大方向一致。

大寨工在整个生产过程中的政治思想工作和"一定"、"四评"，都是围绕"一心为公劳动"这个中心思想进行的。"一心为公劳动"就是用无产阶级思想教育改造农民，树立共产主义劳动态度。在最初的一段时间内，大寨党支部会不分时间、场合和事情，随时随地向农民进行社会主义思想教育。大寨干部在参加劳动生产的同时，十分注意抓政治思想工作，经常表扬好人好事，反对不良倾向，开展民主生活会，鼓励社员争做标兵、争当标兵人，这就把政治思想工作渗透到了生产和管理的全过程。贾承林大爷回忆说："那会民主生活会经常开，基本上每天都有，发现问题随时开，不定期地开，一般都是晚上聚在大寨那棵老柳树下开，每次开会都会有针对性，比如今天发现你有什么问题，你先自我检查，然后大家再针对你提出批评。"思想不过硬的社员，评工会中的民主生活会帮助他找根源，检查原因。大队的民主生活会既教育了有缺点的社员本人，也教育了大队其他社员，从根本上提高广大社员的政治思想觉悟，也帮助社员树立了共产主义思想。

---

① 摘自与大寨村民访谈资料整理。

大寨工所坚持的思想领先原则恰好与国家的主流价值观相吻合，这成为大寨工引起中央决策层关注的又一个原因。1966年3月，《人民日报》发表《突出政治的生动一课—陈永贵谈大寨大队在劳动管理中坚持社会主义方向的经验》一文。文章指出："按照什么方向，根据什么原则，巩固和发展社会主义集体经济，这是一个是不是突出政治和怎样突出政治的问题"。从此，"大寨"便和毛泽东指示连在一起，影响中国长达15年的学大寨运动全面启动。随之，大寨的名字也逐渐响彻中华大地。大寨出名后，来参观的人越来越多。陈永贵不断地向来大寨参观学习者讲述大寨的经验，尤其是大寨的劳动管理经验。"文革"开始，"大寨工"向全国推广并形成一场席卷全国的风暴。

（二）大寨工的异变

上文已经详细介绍了大寨工有一项鲜明的特点就是思想政治工作扎实，社员的思想觉悟较高。由于这种劳动管理与思想政治工作的紧密结合，并与当时突出政治、强调政治的形势相吻合，因而为有心人所利用。因此，在"文革"中，大寨典型的政治意义日益明朗化，且随着形势的发展而不断发展。"文化大革命"时期，大寨工坚持的思想政治工作被有心人刻意利用，并成为大寨工走向异端的突破口。

1. 从评事向评人转变。

1968年以前，大寨劳动管理中"标准工分"的确定是按照全年的成绩大小与工作量多少确定的。这样的评工制度，在"文化大革命"时期坚持了政治挂帅，评分依据也由评事变为评人。1968年，受到当时政治气候的影响，陈永贵把"标准工分，自报公议"改为"一心为公劳动，自报公议工分"，并把"标准工分"解释为思想好、劳动态度好、既能大干又能干得好的"标准人"，自报公议就要同"标准人"的条件比。陈永贵认为这是从根本上摆脱了工分挂帅的好办法。至此，大寨工彻底背离了按劳分配的原则。于是，在一切都要"突出政治"的"文化大革命"期间，政治思想好不好成为评工记分的主要依据。那些劳动力弱、劳动技能差、劳动贡献少的社员可以因为政治思想好而得到较高的工分，那些强劳动力、技术行劳动力、对生产建设贡献多的社员却因为思想态度不好而无法获得应得的工分。"多劳不能多得，少劳分不少"，严重损害了按劳分配的原则，造成了分配中平均主义的盛行，大大挫伤了社员的劳动积极性[1]。此后，大寨也出现了"出勤不出活"，"上地人等人"等全国普遍存在的问题。评工记分过程中过分地突出政治思想觉悟的结果，注定是抑制社员的劳动积极性，损害农业生产的发展。

2. 从思想领先向政治挂帅转变。

如果说维持大寨工顺利运行的条件是坚持思想政治工作，那么"文化大革命"时期，大寨的政治工作逐渐演变为"阶级斗争"，且达到前所未有的顶峰。

案例一：大寨反腐蚀

春节本是合家欢乐的日子，吃点好的穿点好的也是情理之中。但陈永贵认为扩大消费与发扬艰苦奋斗、勤俭节约精神相悖，吃好穿好同享乐主义紧密相连。除夕之前，陈永贵发现社员们都在争相购买东西（年货），询问大寨供销社，发现仅两天时间，大寨社员就在大寨供销社消费了8500多元，甚至出现了抢购年货的现象，还有几个大寨男青年到县城去理发、逛街。对此，陈永贵认为社员的消费行为是享乐主义的表现。于是，陈永贵在大寨掀起了"反腐蚀"的斗争，见姑娘买新衣就大吼大叫，还在村里开展了专门的教育工作。此外，大寨党支部还在来年秋收分配时候专门制定硬性限制措施：社员在信用社的存款，不经大队开具证明不能随意支取；社员到粮站兑换粮票，须由大队开具证明……大寨党支部的这些强制性规定无疑是釜底抽薪之举，直接抑制了社员的消费能力。由此可以看出，"文化大革命"期间，大寨的生产、生活无不受到政治气候的影响。

案例二：贾长锁跳出"粮"门梦破碎

由于大寨严格实行以粮为纲，坚持发展传统农业，因此大寨的整体收入一直不高。1976年，大寨大队队长贾承让、副队长贾长锁主张往公社企业疏散劳动力，以此提高大寨劳动日值。当时，大寨铁姑娘郭凤莲听到这个传闻后，向在北京开会的陈永贵汇报了情况。陈永

---

① 黎丽萍：《农业学大寨运动述评》，2005年，湘潭大学硕士学位论文。

贵很快回应向公社企业输送劳动力是走资本主义倾向，坚决不同意大寨这样做。而贾长锁在当年冬天整党活动中，自查经营思想的资本主义倾向，三番五次过不了关。为此，党支部还专门开会批评他。大寨副队长贾长锁由此受到了批评，大寨人再也不敢有跳出"粮"门的非分之想了。大寨也因此失去了一次调整经济结构的契机。

在这种七斗八斗的形势下，人人自危，如同惊弓之鸟。在大寨，社员群众只有义务干活，没有说话，特别是没有说真话的权利，干部怕群众议论，社员更怕干部打击报复。大寨人不敢给陈永贵提意见，甚至不敢向上级和外来参观者谈论大寨的任何事情。正如大寨社员所说："那些年我们可是斗怕了。"在大寨的"典型示范"下，陈永贵向全县大肆推广斗争经验，昔阳县成了"文革"时期"大批大斗"的试验地。

（三）大寨工的终结

1978 年是中国历史上具有重大转折意义的一年，它是真正告别"文革"当中"左"的路线的开端、全面拨乱反正的起点，也是大寨命运的终结。十一届三中全会召开一个月后，中共中央召开理论务虚会讨论毛泽东主席的历史地位问题，拉开了批判大寨和大寨工的序幕。

在贯彻十一届三中全会精神初期，昔阳县如一潭死水，没有任何反应。甚至几个月后，昔阳县召开县委常委会议，讨论落实十一届三中全会关于自留地政策时，陈永贵仍然坚持说，全县其他地方可以放，大寨不放，大寨社员不要自留地。此时，政治敏感度极高的陈永贵却并没有真正感觉到大寨的危机，直到 1979 年。1979 年 5 月，晋中地委免去了陈永贵昔阳县革命委员会主任职务，同年 12 月又免去其昔阳县委书记职务。此时，陈永贵自己已经明显认识到"农业学大寨"的穷途陌路和来自中共中央的压力。1980 年 8 月，全国人大五届三次会议在北京召开，陈永贵在会上主动请求解除国务院副总理的职务，大会接受了他的请求。

1980 年 11 月，陈永贵返回大寨村小住了几天，他看到亲手创造的自报公议劳动管理办法在农村改革洪流的猛烈冲击下被批判得四分五裂，痛彻心扉。经过再三思考，陈永贵决定继续维持大寨工的劳动管理。他对大队干部说："大队同意管理担子太大，还是分成小队吧，摊子小了好管理。"于是，1980 年，大寨分成 3 个生产队，实行任务到队，以队作战，奖惩兑现，但仍以大队为单位进行核算。

1981 年初，在席卷神州大地的家庭联产承包责任制浪潮的冲击下，大寨也对生产组织进行了微小调整，大寨大队分成 6 个小组，实行专业承包联产计酬，由大队统一核算。对此，群众表现得极不情愿，其中一个村民说"昨天三个队，今天六个组，明天是不是就单干了？"1982 年，大寨又恢复了几十年一贯的老办法，由高玉良统一派活，分组去干，统一评工。但此一时彼一时，此时的大寨已经失去了控制，劳动生产出现了指挥者说话不灵、社员自由散漫的现象。而大寨干部对此似乎并未有深刻认识，在农村体制改革的巨大浪潮中继续徘徊迟疑。此时，由于大寨固守旧体制，反而成了昔阳县委工作的重点，昔阳县委派领导干部经常对大寨干部进行思想教育和土地制度改革宣传。直到 1982 年底，在县委领导干部的帮助下，在贾承让的带领和组织下，大寨村开展实行土地承包制。据高玉良回忆，那段时间，大寨每天开会分地。每家派出一名代表聚集在大寨大柳树下开会。1982 年 12 月 20 日，当大寨社员在土地承包合同上签字按手印时，大寨集体经营土地的时代宣告结束。至此，与集体经济伴随而生的大寨工彻底终结。

四 结 语

新制度经济学认为，组织内各经济行为是在一定的制度安排约束下产生的，制度的设计和安排是为了达到对组织内部成员有效管理，组织内部成员行为的方式自然也要组织受到既定的制度安排的影响和制约。人民公社制度的建立，打破了以家户为单位的个体经济组织形式，创设了以"三级所有，队为基础"的集体经济组织。在这种政社合一的体制下，集体控制了农民的生产行为和生活方式。作为集体经济中一项重要管理制度，大寨工也是集体组织控制社员思想、行为的一种表现形式。标兵工分、自报公议等劳动管理制度，是大寨村民在积累了一定的生产、管理经验之后，在社员思想觉悟提高的条件下产生的，是农业生产和组织管理相结合的办法。其一，大寨工对评工标准提出了明确的规定。比如大寨工的评工标准由"标兵工分"变为"标准活工分"再到"标准工分"，不断变化名称的目的是细化评工标准，不断加强对农民生产行为的约束和管理。因为有了评工标准，社员不只是在评工中有了衡量自己的标尺，就是在生产劳动中和日常生活中也有了约束自己的规则，于人于己于组织都是有益的。其二，大寨工坚持自报公议的评工形式。自报公议，实际上是一项思想教育工作。每开一次评工会，其实都是一种自我检查、自我教育的小型整风会。自报，是培养社员实事求是的优良作风，加强自我鞭策的一种工作方法。公议的过程其实是展开批评的过程，也是帮助社员改造思想的过程。因此，不论是确立评工标准，还是自报公议，都是集体组织内容加强对社员管理的一种有效方式。

大寨工作为集体组织内部的一种制度安排，体现着制度设计的目标和追求，因此制度的绩效是评价制度有效性的标准之一。在调查大寨个案的基础上，笔者认为"大寨工"作为一种劳动管理制度，对其评价应该从合理性与不合理性两方面进行探讨。一方面，大寨工作为一种制度，是自然环境与社会环境共同作用的结果，具有一定的合理性。考察"大寨工"的形成及演变机理，不难发现，大寨工的产生，无不受制于特定的自然和社会环境。遭遇洪灾，房屋土地被冲毁使大寨的生存延续性遭遇挑战，这是导致大寨农民面临严重生存危机的自然环境。当生计链条脆弱到随时可能断裂的时候，安全成为农民最大的需求，农民的行为（个体家庭的经营和社区内部制度安排）将主要围绕如何规避他们预见得到的风险[1]。而大寨工的创立正是大寨农民和大寨大队对这种自然生存条件的理性适应。再看社会环境，人民公社初期的大寨，仍然是一个贫瘠落后的小山村，经济发展水平很低，努力搞好生产、增加收入成了所有大寨人共同的目标。此时国家并没有形成一套科学有效的劳动管理制度，而大寨工的形成适时解决了大寨农业生产对劳动管理的需要。从实践过程来看，大寨工使评工记分由繁到简，满足了重建家园时期生产建设的需要。另一方面，大寨工是具有平均主义性质的分配方式，长期运用势必会刺伤了农民的生产积极性和创造性。大寨是在特殊的环境、背景下形成的，其最初就采用自报公议的形式进行评工，是为了简单易行，满足灾后重建的需求。这种办法主

---

[1] 李丽：《郎德运用"工分制"经营乡村旅游对和谐乡村建设的启示》，《贵州师范大学学报（社会科学版）》2008年第4期。

要是依据劳动者的思想、成分等进行评分，这就造成了劳力弱、技术低、劳动贡献少的社员可以因"政治思想好"而得到较高的工分；而劳力强、技术高、劳动贡献多的社员，而得到较高的工分。在短时期内，大寨工可以有效地激发社员的生产积极性，并充分发挥劳动力的效益。但是从长期的效果来看，这种带有平均主义性质的分配办法会抑制农民的生产积极性和创造性。此外，大寨工是维持劳动生产的一种形式，也是农业经营主体对劳动资源配置和利益分配进行选择和协同的结果，但它并不是实现生产主体利益最大化的载体。随着大寨工的调整和变化，其功能也逐渐多样化，不仅可以达到农业生产的需要，还可以有效控制社员的思想及行为，强化组织内部的管理和控制。大寨工虽然改变了农民的小农思想，但用错误的用政治思想麻痹和扰乱了农民的理性思维，抹杀了农民生产的创造性，这也是其无法在其他地方延续和复制的原因之一。

在人类社会中，集体行动无处不在，开展集体行动不仅要考察其合法性，也要考量集体行动的效率。但对于集体效率的概念，理论界至今没有明确定义。学界有一种观点认为集体行动效率是实施某项集体活动使得每个个体都同时达到个人收益最大化的状态，集体行动效率只能以组成集体的每一个个体效率的实现为前提。[①] 笔者在本小节中基于以个体福利最大化作为集体行动效率的微观基础，探讨大寨工运行下的集体行动效率。

大寨工在运行初期，不仅解决了劳动与农业生产之间的矛盾，也解决了农民与群众之间的矛盾，还改善了社员与社员之间的关系，并且在一定程度上实现了"各尽所能，按劳分配"，尤其是在"六三"抗洪过程中，实现了每个个体利益的最大化。从这点来看，大寨工在一定程度上有利于集体行动效率的有效发挥。但在实行大寨工的中后期，这种分配机制的弊端逐渐凸显，劳动生产出现了"干多干少一个样"的状态。集体经济时代，社员的生产生活状况完全依附于集体，其产权地位和主体地位被强行剥夺，除了无条件服从安排，很难参与集体生产经营和管理，这也是大寨社员在人民公社体制下一直无法跳出"粮"门的主要原因。很明显，集体化时期压抑了农民的个人进取精神。在集体行动中，存在着强制性和选

---

① 苏振华，常伟：《公共选择视角下的集体行动效率及其制度含义》，《经济理论和经济管理》2008 年第 6 期。

择性两种激励策略，前者指依靠一种中央集权的方式来迫使集团成员参与集体行动，而后者指正面的奖励与反面的惩罚相结合，对参与集体行动的成员实施奖励，对不参与者进行惩罚。大寨工在利益分配过程中采用了选择性的激励策略，初期通过树立标兵的方式激发了社员的劳动积极性，满足了集体生产的需要。随着标兵越来越多，大寨工已经无法激发农民的劳动积极性；随着大寨工的演变，其评分的标准逐渐由劳动态度、劳动技能、农活质量等变为完全依据思想态度。大寨工的这种演变，一方面在很大程度上刺伤了农民的劳动积极性；另一方面也因为无法实现相对公平，到最后变成为平均主义式的"大概工"，这就不可避免地导致了集体行动中"搭便车"现象的出现。激励机制设计理论认为，由于不同的制度环境与制度设计能在相当程度上影响到效率机制与激励机制效用的有效发挥，因而其必然影响集体行动的效率①。大寨工的运行和演变，导致农民劳动效率和集体行动效率前后发生很大变化，无疑就很好地印证了这一点。

通过对大寨工的形成、运行及演变过程进行深入分析，笔者认为，大寨工其实就是一个村庄内生型的产物，是在自然环境和社会环境共同作用和支配下不断形成的。大寨工作为一种劳动管理制度，对大寨村的政治、经济文化起着举足轻重的作用，在时代变迁中从最初的积极因素逐渐变为消极因素，以致于对中国农业造成了灾难性损害。但就特殊的环境来说，大寨工的形成和运行有其合理之处，需要从不同的角度辩证地、全面地认识。

一方面，大寨工是一种相对有效的劳动管理制度。大寨集体经济水平发展落后，同时又遭遇变幻莫测的自然环境变化，农民面临着严重的生存威胁。人的生存需要是最基本的、最迫切的需要，个人的行为受到自身需求的支配和制约。在遭受洪灾之后，农民的生存需求是激励和支配其行为的主要原因和动力。在这种特殊的环境下，实行大寨工无疑是一种最好的选择。首先，大寨工可以简化评工，把干部和社员从烦琐的评工制度中解放出来，腾出时间搞生产在较大程度上保证了灾后重建对劳动力的需求，

---

① 蒋满元：《农民劳动效率机制与激励机制效用的比较研究》，《内蒙古农业大学学报（社会科学版）》2006 年第 1 期。

也有利于充分发挥劳动力的效益。其次，采取标兵工分的形式，可以有效实现"各尽所能"。为了发展集体经济和重建家园，大寨村形成了一个小型利益集团。理性人在小集团中更容易受非经济形式的社会性激励的引导①。大寨工改变了定额管理制度下"强劳力干，辅劳力看，弱劳力靠边站"的尴尬，同时也激发了社员争做标兵的积极性。最后，大寨工在一定程度上抑制了"搭便车"现象。在熟人社会中进行生产劳动，不仅有生产队的干部在场监督，而且"自报公议"所带来的相互监督也会存在。事实上，除非是集体性的默契与共谋，个体性的偷懒与搭便车很容易受到共同体的谴责。对于大多数人来说，基本的劳动态度也是维持其社区尊严的重要因素②。从这点来看，大寨工形成了良好的劳动监督机制。综上可知，大寨工的形成和运行有其合理之处。

但另一方面，大寨工无法维持集体行动中的公平和效率。集体是一个具有相对稳定性和连续性的组织，要维持集体的稳定需要建立公平合理的制度。一方面，集体行动效率要实现群体中成员的总收益最大化；另一方面也要保证该行动下每个成员都获得好处。前者涉及的是"效率"问题，后者涉及的是"公平"问题。从长期来看，在集体行动中，某个人或某些人吃亏，而某些人占便宜的不公平现象是偶然存在的。若在多个或一系列集体行动中，某个人或某些人总是吃亏，或者某个人或某些人总是占便宜，这种不公平现象便是不正常的。在集体生产过程，大寨工一开始就把劳动者的思想态度纳入工分评定的标准之一，这对于理性的经济人来说，本身就是一种不公平。随着时代的演变和发展，大寨工完全把思想态度的好坏作为评定社员工分的标准，势必要损害集体行动中大部分人的利益，无法保证集体行动内的公平。在集体行动中，保证公平是实现效率的充分条件。只有保证集体行动的公平性，才能避免出现"搭便车"现象，达到资源的优化配置和有效利用，进而可以实现集体行动的效率。"文化大革命"时期，大寨完全依据社员的政治思想的好坏评工，造成了"思想好劳动差工分高，劳动好思想差工分低"的不公平。在这种情况下，大

---

① 杨洋：《从奥尔森看乡村旅游中的"工分制"》，《品牌（下半月）》，2012 年第 Z2 期。

② 李怀印：《略谈中国经验与现代发展理论的范型创新》，《史学理论研究》1993 年第 2 期。

寨工使得"搭便车"行为成为人们的理性选择，很大程度上降低了集体行动的效率。

综上所述，笔者总结了三点结论：第一，大寨工是特定环境下的区域产物，不能作为普适经验进行推广；第二，大寨工的形成和运动存在着一定的合理之处，并在某些条件下对集体行动起到了积极的作用；第三，大寨工无法避免"搭便车"现象，从长期来看无法保证集体行动的公平和效率。

合作医疗:集体经济下的农村医疗实践

【导读】20 世纪 50 年代至 80 年代末,合作医疗作为我国农村居民的主要医疗保障形式,得到了世界银行和世界卫生组织的高度赞誉。合作医疗通过在广大农村培训大量的赤脚医生、建立三级预防保健网和开展合作医疗很快建立了农村医疗保障体系,在很大程度上有效保障了农民健康水平。在国家经济落后,医疗资源缺乏的年代,这样一种以较低成本保障大多数农民基本医疗健康的制度,取得了这样的成功实属罕见。"以史为鉴,可知兴替",探讨合作医疗作为关乎农民生命安全以及国家治理,对当前努力推行的新型合作医疗无疑具有重大意义。

我国合作医疗制度最早起源于 20 世纪 40 年代抗日战争时期在陕甘宁边区建立的医药合作社,该社采取了"中西合作,人兽齐治"的方针;社内有中西兽医门诊和中西药房;合作社医生不受办公时间限制,病人随到随诊,看病免费,药价低廉;工作人员实行供给制,家属吃优待粮,每月每人小米一斗、柴 200 斤[①]。这段时期的合作医疗是一种民办公助的形式。

1955 年合作化开展时期,山西平县米山乡等地先后实行具有保险性质的合作医疗。他们的基本做法是:在乡人民委员会的领导下,由农业生产合作社、农民群众和医生共同集资建站;在自愿的原则下,每个农民每年交纳 0.2 元作为保健费,免费享受预防保健服务,患者治疗免受挂号、出诊等费;保健站坚持预防为主,预防保健,巡回医疗,送医送药上门,

---

① 欧阳竟:《回忆陕甘宁边区的卫生工作》(下),《中国医药管理》1984 年第 2 期。

医生分片负责所属村民的卫生预防和医疗工作；保健站经费来源由农民缴纳的保健费、农业社公益金提取 15%—20%、医疗业务收入 3 部分构成；保健站医生的报酬采取记工分和发现金工资相结合的办法①。

1959 年 12 月，卫生部在山西省稷山县召开全国农村卫生工作会议，并给党中央呈报一份《关于人民公社卫生工作的几个问题的意见》，该附件中第一次使用了"合作医疗"一词，与会代表一致认为，根据目前的实际情况，合作医疗其主要特点是：1. 社员每年缴纳一定的保健费；2. 看病时只缴纳药费或挂号费；3. 另由公社、大队的公益金中补助一部分②。

直到 1965 年 9 月，中共中央批转卫生部《关于把卫生工作重点放到农村的报告》，强调加强农村基层卫生保健工作，合作医疗逐步在全国普及。1968 年毛泽东同志亲自批示推广湖北长阳乐园公社办合作医疗的经验"合作医疗好"，农村合作医疗得到迅速发展，全国大部分公社建立了合作医疗。

综上，最早的合作医疗在抗日战争时期就有了，此时的合作医疗不具有保险性质，是一种民办公助的形式。随着合作化运动的高潮，以农村集体为支撑，农民和集体共同筹资的保险性合作医疗正式开始，合作医疗所需成本由生产大队在年终分配以前将以家庭为单位核定的金额直接予以扣除，加上生产队从公益金中提取部分专门用于卫生机构的发展基金，加上业务收入保证了主要经费来源。农户作为主要参与者，在看病时只用缴纳一部分药费或挂号费。赤脚医生则是合作医疗制度的主要实施者，半农半医的身份，规定他们不仅负责农户的医疗保健，同时还要生产劳动，而他们的报酬可以采取工分或工分加现金补贴等方式。另外，全国城市组织巡回医疗队下到农村，也为促进合作医疗开展增加了支持力量。

正因如此，合作医疗在中国的乡土文化中孕育而生，翻开了中国卫生事业的重要一页。这一时期的合作医疗引起了学者们的兴趣，学者们对合作医疗进行了卓有成效地研究。这些研究可以说是全方位展开，各种学科和方法均被应用，而且都有较为深刻的理论分析。我们可以从中发现，大

---

① 张自宽：《对合作医疗早期历史情况的回顾》，《中国卫生经济》1992 年第 6 期。
② 同上。

部分研究都给予了合作医疗的肯定，因为它在很大程度上解决了农村缺医少药的局面。同时，对合作医疗的发展历程进行回顾、总结兴衰原因以及解体后，对我国医疗卫生事业的影响等等方面也取得丰硕成果。一般来说，合作医疗从建立到解体，跟集体经济有密切关系，但不能忽视社会结构的变迁、政治因素以及文化方面的影响。

本文试图以湖南省湘西州的一个小村庄为研究对象，结合当时政治、经济和文化背景，对合作医疗在个案村的发展历程做系统描述和研究，从宏观着眼，以微观入手，力求还原真实的过程。本文所言溪洲村，隶属湖南省保靖县阳朝乡管辖，是阳朝乡12个行政村之一，距县城20公里，距阳朝乡2公里，全村位于两山脉之间狭长地带，隶属武陵山脉，面积大约8平方公里，两条小溪贯穿全村，依山势向东南方流去，交汇于圃吉村。溪洲村属于中亚热带山地湿润气候，热量充足，雨量充沛；冬暖夏凉，四季分明。全年平均气温在16.4℃，年平均降水量1169ml。全村野生动植物资源丰富，保存有世界闻名的植物水杉、珙桐、银杏等；有杜仲、银杏、天麻、樟脑、黄姜等国家保护名贵药材，是桐油、油茶、生漆及中药材重要产地；野生动物种类繁多，有猕猴、大鲵等国家保护动物。总体上来讲，溪洲村适宜植物生长、发育、开花、结果和制造有机物，良好的气候环境特别有利于中草药的种植和生长。1950年代初，溪洲村有7个自然村，12个生产队。到1956年，溪洲、几洞、旮湖所组成的初级合作社向高级生产合作社迈进。1958年建成阳朝人民公社，溪洲村所在的高级社被规划在阳朝公社。2005年，阳朝乡施行机构改革，促使由自然村寨向行政村转变。其中，几洞村、旮湖村、溪洲村3村合并，统称为溪洲村。原溪洲村为1组，几洞村为2组，旮湖村为3组。

溪洲村经历了3代赤脚医生。解放前，溪洲村没有自己的医生，生病后只能到隔壁旮湖村找曾章红，他是一位老中医，在溪洲村还没有开展合作医疗时就在村里行医。1965年，学到了手艺的曾章旺接替曾章红成为第二代赤脚医生，也是懂些医疗基础的社员，不过没干两年就转行去公社当干部了。第三代就是向天明，他是曾章红的徒弟，十五六岁时是一名兽医。村里有了现成的赤脚医生，使得合作医疗能够顺利开展。之所以选择湘西溪洲村为研究对象，原因之一是它非常普通，在普遍性中体现一般性；二是当我来到溪洲村时，我发现这个村庄六七十岁以上的老人对这段历史还有丰富的记忆。更惊喜的是，让我找到了当时的"赤脚医生"这个关键人物，从他的口述中把我带到了那个特殊时期，让我慢慢把散落的珠子都串了起来。

一 建 立

我国采用合作性质的医疗卫生事业很早就已出现，那时候的医疗救助只是互助共济的雏形，合作形式没有正式命名，却为后来的合作医疗提供了借鉴基础。1967年，在湘西州合作化运动的高潮时期，溪洲村积极响应号召，建立了合作医疗。和其他地区比起来，溪洲村的合作医疗开始相对较晚，是由于和各地的政治、经济、文化及卫生等方面存在差异，农民的风俗习惯和觉悟程度不同。溪洲村是南方的一个普通少数民族村庄，但是合作医疗的建立对于湘西州来说却具有一定的代表性。

（一）国家发展的需要

1949年后，共产党通过土地改革、社会主义建设和合作化运动，改变了一家一户的生活劳作习惯，号召大家在各个领域互助合作。土地改革以后，个体农业经济薄弱，无力扩大再生产，个体经济发展遇到屏障，农业经济不可避免要发生两极分化，城市的发展又需要农村大量农产品作为支持后盾。于是，农民在"组织起来，发展生产"的积极号召下，开展合作化运动。他们经历了互助组、初级社到高级社的转变，最终实现了以土地为主的生产资料归集体所有。合作化运动的开展是共产党继续对乡村进行改造，建立和巩固社会主义制度的运动。从此，中国农村由分散性转变为组织性，传统的农村生产状况发生巨大变化，所有农民成为了社会主义集体农民，被组织在国家体系中。合作化运动一是实现了在劳动交易等方面的合作，孤立的个体农民组织起来以后更加容易抵御各种风险，当然也包括了对于疾病的抵抗；二是反对两极分化，防止新的社会分化出现，合作医疗的建立在一定程度上就能够保证集体中农民不会因为生病而导致贫富差距出现；三是完成了对大量劳动力的需求，工业化的积累需要农业发展提供支持，而农业化发展又需要整体统一的农民社会作为支撑，个体农民被统一起来在集体中劳动，那么农民的身心健康则是他们劳动的本钱。总之，合作化运动的开展是广大农村建立合作医疗的前提。

从合作化运动到人民公社，把以私有制为基础的个体农业经济改造为以公有制为基础的集体农业经济，否定了私有财产。通过全盘的集体化，公有制成为根本选择。农民被强制性的实行社会化大生产，并失去财产所有权，所有一切都笼罩在集体经济体制下。农民成为社员后，就是集体的有组织的人，集体对财产具有绝对的分配权，直接左右了农民的筹集资金和集体公益金，可见集体经济为农村建立医疗保障体系创造了较高的资源动员能力。同时公社集体经济将原有的联合诊所、独立的医务人员等基层组织改组到公社卫生院，并逐步在每个生产大队建立卫生室。于是公社卫生院和大队卫生室的正常运行几乎全部需要集体经济支持。在实行高度计划经济的情况下，这样一整套合作医疗的运行制度建立起来，基本上解决了合作医疗事业的制度供给问题。总之，农村合作医疗的建立和维持，是以当时农村的产权制度为基础的，制度中医疗需方和供方筹资的主要来源都是集体，毫无疑问，集体经济组织的支持对于合作医疗的开展起到了至关重要的作用。

溪洲村经过了互助组、初级社与高级社，在1958年年底走进了人民公社，属于阳朝公社。而合作医疗就是在当时的集体经济条件下出现的，生产队的土地、财产、牲畜、大件农具都归集体所有，社员除了在家吃饭睡觉，就是一起出工，同时收工。社会经济的转型、农民身份地位的变化，都是溪洲村开展合作医疗的基础。

为保障农民的基本医疗需求，在农村合作医疗方面，《中华人民共和国高级农业生产合作社示范章程》规定合作社对于因公负伤或因公致病的社员要负责医治，并且要酌量给以劳动日作为补助，从而首次赋予集体承担农村社会成员疾病医疗的职责。[①] 接着，中共中央以中发（60）70号文件转发了卫生部党组呈报的一份《关于全国农村卫生工作山西稷山现场会议情况的报告》及其《关于人民公社卫生工作几个问题的意见》，中央认为"报告及其附件很好"要求各地参照执行。到了1965年，中共中央批转卫生部党委《关于把卫生工作重点放到农村的报告》，强调"认

---

① 《中华人民共和国高级农业生产合作社示范章程》，1956年，第九章五十一条。

真解决农村广大农民医药卫生问题，把卫生重点放在农村"。① 1978 年《宪法》把"合作医疗"列为国家为保证劳动者健康权利需要逐步发展的事业。1979 年，卫生部、农业部、财政部、货架医药总局、全国供销合作总社联合发布《关于农村合作医疗（试行草案）的通知》，这是政府部门发布的关于农村合作医疗的第一部正式法规性文件，标志着合作医疗正式进入制度化。②

同时，国家号召人民公社整合已有的农村卫生资源组建联合诊所，这样既充分利用农村中原有的卫生资源节约成本，又为农民提供了看病场所。通过低成本的运作方式进行传染病和地方病的防疫工作。卫生部从1951 年开始，先后发布了《关于健全和发展全国卫生基层组织的决定》、《农村卫生基层组织工作具体实施办法》和《关于组织联合医疗机构实施办法》。广大农村在积极的号召下，办起了多种形式的联合诊所。1956年，为了加强对联合诊所的管理，又制定并颁布了《联合医疗机构章程（草案）》。1962 年 8 月，卫生部又下发了《关于调整农村基层卫生组织问题的意见（草案）》，并指出"联合诊所是在国家和公社的扶持下，由医务人员联合举办的社会主义性质的卫生福利事业"。③ 联合诊所的建立为三级预防保健网的形成奠定了一定的基础。

（二）农民的实际需要

从全湘西土家族苗族自治州来看，保靖县的合作医疗开展的比较晚，而溪洲村的合作医疗是在 1967 年才开始。全国上下医疗卫生条件极端落后，各种疾病传播，不得不引起各界对农村医疗卫生工作的重视，于是医疗卫生工作的重点切实向农村转移。

一是缺医少药。新中国成立之初，全国上下都很贫困，新中国各项事业都处在发展阶段，国家没有余力去照顾到农民的医疗卫生问题。医院少、医生少，与中国五亿人口存在巨大矛盾形成鲜明对比。建国初期，药

---

① 《关于把卫生工作重点放到农村的报告》，1965 年。

② 石秀和：《中国农村社会保障问题研究》，人民出版社 2006 年版，第 188 页。

③ 《卫生部关于调整农村基层卫生组织问题的意见（草案）》【（620）卫厅秘贺字第 103号】，卫生部基层卫生与妇幼保健司编《农村卫生文件汇编（1951—2000）》，（内部资料），第274 页。

品都是按计划分配，优先保证城市人民看病就医。而处在最基层的农村依然存在缺医少药的问题，医疗卫生条件的落后，造成了各种传染病和地方病的肆虐，给广大农民群众的身心健康带来了极大危害，严重威胁到生命。

湘西州在湖南的西部，因为大山的阻隔，交通方面不发达，属于典型的老少边穷地区。据曾宪和介绍，20世纪五六十年代，溪洲村民长期以来几乎是过着"孤岛"般的生活，与外部联系很少，虽然他们辛苦劳作，但依然是非常贫困。"因为穷，村里哪里办得起卫生室，村里的人就连注射器都从来没看到过。一旦有病要么就忍，要么就请巫婆烧脉。"① 在实行合作医疗以前，公社的巫婆、巫医，经常乘人之危，敲诈勒索，"看病先要酒和肉，缺酒少肉病难治。"至于县里的医院，也只为少数老爷服务，不把贫下中农的病放在心上，有的农民得了急病或重病要住院治疗，但是种种清规戒律，使得他们不能得到及时治疗，耽误了病情。

二是自救需要。解放初期，农村生活条件差，卫生习惯差。主要表现有三种：一是疾病多，各地广泛流行着传染病、寄生虫病和地方病，例如鼠疫、霍乱、天花等危害性极大的传染性疾病；二是居住环境差，通风采光也不好，往往厕所和猪圈连在一起，水井又几乎没有盖子，脏水尿水流进水井是常有的事，夏天苍蝇臭虫成群，在这种条件下，难免会生出病来；三是卫生习惯差，大部分农民卫生意识不强，"不干不净，吃了没病"是他们对于卫生的认知，经常在泥土中玩耍的孩子们更加没有饭前洗手的习惯。以上表现严重威胁着农民的生命安全，于是广大农民对解决自身医疗问题有一种强烈的内在需求。

那个时候的溪洲村，全村村民至少有一半患有各种疾病，比如伤风感冒、沙眼、疟疾等，村里得了肺结核（溪洲村民叫做痨病）、哮喘而辞世的人更是常见，肝炎的犯病率同样高升不下，但是为了生存，这些人又必须带病劳动，于是很多大病往往错过了治疗时机，一拖便拖成了绝症，有了绝症那就只有在家里等死。村里新生儿的存活率也低，因为没有条件在医院分娩，产妇要生小孩基本都是附近老人们负责在家接生，婴儿的死亡率高，而存活的很多儿童又患有蛔虫、蛲虫和鞭虫等寄生虫引起的疾病。

---

① 摘自溪洲村民兵队长曾宪和访谈。

农民的收入很低，没有多余的支出用来看病，自知有病也不能医的痛苦只有自己知道。很显然，这时候有一套不需要自己筹资很多，又能享受到健康保障的制度会是农民最需要的。合作医疗的开展犹如及时雨，来得正是时候。

三是有互助共济传统。我国农村医疗互助共济的历史源远流长。早在两千多年前，《孟子·滕文公上》就说过："出入相友，守望相助，疾病相扶持，则百姓亲睦。"其"疾病相扶持"就是一种互助共济的理念，对后世医疗互助的实践影响很大，相继出现过很多不同形式的互助共济。从古至今民间也有流传很多医疗互助组织，这些组织对以后互助功能的民间组织具有深远影响。北宋时期，吕大钧的《吕氏乡约》首次强调疾病救助要以相助协济为目的，"小则遣人问之。稍甚，则亲为博访医药。贫无资者，助其养疾之费。"① 明清时期，江南地区活跃着善堂、善会开展的医疗救济活动。梁其姿认为，这些活动的组织者基本来自北方农村和传统宗教。综上可见，从古代就已经形成了医疗互助共济的优良传统。

在访谈中，黄立文老人在回忆 20 世纪六十年代时，异常激动，"那个年代的人都很善良没有什么私心，每户人家都很穷，就是因为穷大家更愿意组织起来，互相帮忙靠共同的力量渡过难关。"② 黄召竹也说"当时毛主席号召搞合作化，看病也走合作化。没有医生，我们自己想办法"。③于是他们白手起家，自己出木材，自己动手，装起了两间木板房，办起了卫生所。农民之间通过互助合作，联合起来共同抵御风险，也是一种自救的重要方式。

（三）农村工作的需要

首先是上级领导的重视。在农村开展社会主义教育运动中，毛泽东于1965 年做出了两个重要指示：一是组织城市高级医务人员下农村和为农村培养医生的指示；二是做出把医疗卫生工作的重点放到农村去的"六·二六"指示，正式批评国家卫生部的错误方针，就目前的农村卫生

---

① 牛铭实：《患难相恤—论中国民间的自治与扶贫》，《乡村中国评论》第 1 辑，2006 年版。

② 摘自溪洲村黄立文访谈。

③ 摘自溪洲村黄召竹访谈。

情况，指出了应该将重点放在农村的指导方针。正是得到了领导们的高度重视，才推动了合作医疗在农村的开展。1966 年，毛泽东批示了乐园公社关于创办合作医疗的成功经验，并要求积极推广。当时的国内环境，政治气氛特别敏感，合作医疗是否开展关系到执不执行毛主席路线的问题上，因此全国大部分生产大队都办起了合作医疗。

当时湖南省广大农村地区的痢疾、肝炎等肠道传染病人数每年都呈上升趋势，肺结核病人数也居高不下。为了积极贯彻执行毛主席的号召，1958 年湖南省卫生厅发布"关于迅速全面建立基层合作医疗"的精神，号召全省各公社快速建立合作医疗。同时，湘雅医学院组织医务人员下到农村开展巡回医疗，并且培训基层卫生人员，特别深入到湖南农村少数民族地区进行巡回医疗，取得了一定成绩。接到上级指示，湘西州根据本地情况也制定了《农村合作医疗暂行管理办法》，并要求各区县积极动员公社做好合作医疗工作。

湖南花垣县道二公社，是一个水源缺乏、卫生条件很差的苗族山区。这里的广大贫下中农遵照毛主席的指示，在 1962 年公社中的 3 个大队率先开展合作医疗，贫下中农看到这个优越性，其他 8 个大队也陆续参加进来。从此全公社建立了自己的合作医疗，很快，合作医疗全县一片红，成为当时的"典型"。据当时的民兵队长曾宪和所说，花垣县那时的合作医疗水平低，参加合作医疗的人每年只交 3 角 5 分钱和 2 两 4 钱粮食，看病不收挂号费，医务人员的生活问题和医药费用也都解决了。[1] 参照典型，作为邻县的保靖，召开卫生系统和全县各区社领导干部现场会议，推广花垣县创办合作医疗的经验，要求各社区迅速实行合作医疗制度。于是公社集中各生产大队的干部开会，宣传领导的指示，赞扬花垣县成功办起的合作医疗并要求全社认真学习。合作医疗马上在湘西州其他区县陆续推广开来。

其次是大队干部的动员作用。合作医疗在很大程度上解决了农村缺医少药的情况，减轻农民的医疗负担，成为农民健康的保障。但是当时的信息闭塞，没有网络、电视、报纸，只能依靠大队干部的口头传达，建立这种惠及农民的好事，需要进行有效的宣传与动员，获得农民认可并积极参

---

[1] 摘自溪洲村民兵队长曾宪和访谈。

加，让合作医疗顺利开展。

在当时的环境下，政策制度的下达只能通过生产队开会。据当时的民兵队长曾宪和回忆：生产队开会一般是在社员下工后，吃完晚饭，队长就会大声吆喝"快聚拢来，聚拢来，开会开会，有事有事"。等到社员们来的差不多以后，准确地说是各家庭中当家人来了以后，生产队的会就可以开了。接着，队长就会长篇大论的宣传当前国内环境，传达公社大队领导指示，特别要提出这是上面毛主席亲自指示的，结合生产队的实际布置工作。据曾宪和回忆，公社当时还用大字报来达到统一思想，提高认识的效果，村里到处张贴标语，例如"合作医疗真是好，吃药打针不用钱"、"要看病，公社报"等等这样宣传合作医疗的标语。同时黑板报也大肆宣传，在宣传中把毛主席的肯定和合作医疗的优越性作为重点，用一个个小故事讲述某地因为合作医疗治愈了好多人又救活了多少人，更重要的是不要钱，让社员树立"我为人人，人人为我"的共产主义风格。在宣传的开始，干部的积极性很高，大部分农民只是被动接受，"只听说过合作干活，合作农具，牲口，连看病都可以合作"在他们看来这是一件新鲜事物。合作医疗展开后，慢慢显露其实用性和优越性，农民变得很积极。①

二　开　展

国家、农村与农民的层层需要催生了农村合作医疗，有了政策的供给，就要制定相应章程。合作医疗要顺利开展，首先前提条件必须有资金、医生、药品作为基本保证，这三要素缺一不可。在此基础上，各方面工作才能正常运行。

（一）资金筹集和管理

1. 资金的筹集

在实际生活中，合作医疗同农村集体经济核算制度相适应，从当时的时代背景来看，不分贫富地区，合作医疗的实行都不应该只有农民自己参与，否则农村合作医疗就失去了其存在的意义。保障农民身体健康是国家

---

① 摘自溪洲村民兵队长曾宪和访谈。

和社会不可推卸的职责，集体经济理应承担资金筹集的重任。于是，农民、集体、政府成为资金筹集的主体。

个人交一部分。虽然合作医疗是在集体经济背景下开展的，但是成本筹集仅仅依靠集体经济是完全不可能的，这就需要社员从个人收入中缴纳一小部分共同完成资金的筹集。以村为单位，参加人数越多筹集资金越多符合抗风险能力越强，则农民的受益面越大。合作医疗中的个人缴费是有一定规定的，但是交多少，还是根据每个公社的实际情况来酌情而定。根据溪洲村当时的赤脚医生向天明介绍：社员在加入合作医疗时不用缴纳现金，个人所扣成本都是由生产队在每年年终个人收入分配前，根据受益方式和村的经济状况，将以家庭为单位核定的金额直接予以扣除，按照年收入的0.5%—2%缴费，大约每人每年5毛，免费享受医疗保健服务，医生免费上门看病，病人只需自付药费。除了五保户和重度残疾人，全村基本90%的社员都缴纳了合作医疗费用。这种统一直接扣除工分的做法解决了上门收取费用的难题，是一种较为方便的筹资方式。

集体提一部分。集体经济成为了向合作医疗提供资金的主要筹资主体。每个生产队按照本村参加人数，从集体公益金中再拿出1块钱，连同社员所缴费用一起纳入农村合作医疗成本。公社集体从农业收入或其他业务收入中拿出一定比例的资金用于维持公社卫生院的日常运行，并对各级卫生院的硬件设施进行投资，同时卫生院工作人员以及医护人员的工资和补助主要来自生产队拨款，赤脚医生的报酬也是通过生产队采取补贴工分的形式进行给付，所以集体缴费占到所有融资的60%。生产队从公益金中提取的金额是对合作医疗成本的最好补充，专门用于医疗卫生的发展基金。总之，当时是以农村的集体经济为基础的，制度中的医疗供需双方筹资主要来源都是集体。

政府补一部分。农村合作医疗主要依靠集体和社员共同维持，政府只是在集体能力不足时给予适当的补助性支持。这种财政安排事实上就是"农村福利农村办"。国家支持为农民提供公共物品和公共服务，但是这种支持也只是在政策上的鼓励与便利，也就是主要引导和调配社会资源用以解决农村医疗保障的供给问题。这在一定程度上有助于合作医疗的稳定开展。

由此，政府强有力的支持就是号召城市医务人员到农村开展巡回医疗。1965 年，湘雅医学院组织高级医务人员下到农村进行医疗卫生技术教育。当时，保靖县卫校就有一个从省里派下来的吴医生，在县卫校开办了大队卫生员学习班，组织大队医务人员学习，溪洲村赤脚医生向天明就是其中第 4 批学员。向天明介绍，当时医务人员和赤脚医生的经费都是政府财政补贴，溪洲大队没有财力创办卫生室，因此县和公社两级的医疗卫生系统是政府直接创办的，医院所需仪器设备也由政府负责。于是政府就可以直接控制各种西药的售价，一定程度上支持各级医生可以选择相对便宜的常规药品。

人民公社时期溪洲村合作医疗的融资方式

筹资主体	融资方式
政府	财政补助
公社	主要依靠公社集体经济力量，集体缴费占到 60%
社员	以家庭为单位年底扣除 20 个工分，大约 0.5 毛

2. 资金的管理

传统农村合作医疗有序开展的一项重要内容就是合作医疗的资金管理，它关系到整个制度的平稳和持续运行。资金的筹集和管理是一个有机整体，它们是相互联系的。资金筹集到位以后，就需要一套严格的管理模式与之相匹配。根据当时的现实环境，公社制定了一整套资金管理规定，在合作医疗开展的前期，这套管理规定还是遵守得很好。

首先，实行单一的公社管理体制。根据溪洲村赤脚医生向天明介绍，当时实行合作医疗制度的阳朝公社形成了一套领导管理体制，其管理体制是：公社成立合作医疗管理处，每个生产大队成立合作医疗管理小组，专门负责合作医疗方面的工作，他们主要由公社和生产大队领导负责，并且定期向所有社员汇报工作情况和资金的使用管理情况，并听取大家的意见。

溪洲村所在的阳朝公社合作医疗资金主要是由公社安排干部来管理，为了更好地保证合作医疗资金的合理开支，并为所有参与合作医疗的群体服务，公社合作医疗管理处会分发合作医疗证，并设置相应的合作医疗分户账，每家一本，这样可以方便看病时及时登记。当时溪州大队的资金统一由大队会计筹集，然后交给公社会计负责管理，公社卫生院则负责管药。公社合作医疗管理处定期开会，会计向公社领导小组报告经费支出情况，然后由公社开列清单，发到每个大队，并把各队住院病人医疗经费等情况公布到队，让合作医疗参加者清楚基金的使用情况，形成必要的监督机制。同时，所有药品由公社直接分配到各队赤脚医生手里，加强了村医用药管理，而赤脚医生就负责将每月出诊的人数、处方张数、用药数量及用药金额，向公社会计处交账。

其次，就医费用日清月结。在合作医的资金和药品的管理方面，账目由会计来管，医生则主要负责管药。向天明医生讲："当时购买西药的数量是受限制的，好的药品更是数量有限，那时最好的药也就是青霉素、安乃静、病毒林之类的，当时青霉素是 1 毛 7，安乃静两分钱一颗，病毒林是 6 分。一个月上面只拨给几盒这样的药，一般得病比较严重的患者才会打青霉素。如果需要吃中药的患者，部分中药可以让医生采集和炮制，没有的药则由医生开好处方后，自己到公社药店抓药。"赤脚医生看病开的处方要存档，社卫生院要派人经常检查所开处方，而且处方要从公社卫生院购买，购买时还要做好登记。这也一定程度上杜绝了医生乱开药的现象。在赤脚医生手里购买的药品收入则需要医生将当日发生的所有现金收付情况登记入账，每天检查所登记的内容和金额是否一致。碰到付不起药费的患者，则上报公社拖至年终分配工分时结算。

赤脚医生从公社卫生室领了多少药，要核算总药费，月底上交到公社会计处。所以每个月赤脚医生和公社会计要对一次账，每个季度要向合作医疗管理处通报一次。每半年在验收村卫生室库存药品和医疗器械时，还要同处方、挂号费进行核对，开多少处方、用多少药品，同赤脚医生的经济利益毫无关系。由于合作医疗已经过去四五十年了，合作医疗时期的很多领导干部都已经去世，加上合作医疗停办等原因，这些早期账本早就已经遗失。

与此同时，医药账目定期公布。为了保证对医药账目的管理与监督，促进合作医疗顺利进展，公社合作医疗管理委员会结合当时实际情况制定了合作医疗账目公开制度，自觉接受社员监督。公社合作医疗管理委员会根据会计和公社卫生院所报告的各项收支，医药费用和看病住院等情况，每季度开列清单，发到各大队，由大队将本队的病人医疗经费等情况进行公布。溪洲村的医药清单主要在村口的黑板公开栏上和每次集体开会相结合的公开形式进行公布。如果有什么问题或者疑问，主要和赤脚医生沟通，然后由赤脚医生上报给大队合作医疗管理小组，再由三方找到公社合作医疗委员会进行解答。

据向天明介绍的合作医疗账目情况。在合作医疗创办时，公社合作医疗管理处先对公社卫生室进行盘点，然后建立账目和预算开支等。合作医疗的账目主要分成收方和付方两块。社员看病取药，一般只收取药品成本费和 5 分钱的挂号费，诊费等劳务费减免，再加上农民的参合费和集体公益金，另外还有合作医疗的发展基金的所得利息，这些全部都是合作医疗的收方。付方主要是卫生室的开支，主要包括购买药品和设备等费用，还有办公费和医生的培训费。每一笔款的支出都会有明细，让社员能一目了然，一看就懂。

人民公社时期溪洲村的医药收付项目

收方	药品成本费	付方	购买药品
	看病挂号费		购买器械
	农民参合费		办公费
	集体公益金		培训费

（二）赤脚医生的群体发展

国家组织的城市医务人员到农村及少数民族地区进行巡回医疗，刮起了城医下乡风，但是相比当时 5 亿农民缺医少药的局面，也只能是杯水车薪。更何况，城医下乡不是一项长期制度，只有培养农村当地医生才是长久之计。何况赤脚医生作为本村人，能够为本村农民看病提供方便快捷的服务。当时的赤脚医生队伍是传统合作医疗制度的一部分，发挥了不可或缺的作用。在合作医疗发展壮大过程中，农民养得起他们，他们更真诚为农民服务。同时，开展合作医疗也为赤脚医生提供了医疗实践的好机会。

1. 赤脚医生的形成

赤脚医生这一称呼在合作医疗没有开展之前就已经存在。20 世纪 60 年代末，溪洲村开始实行合作医疗，这一时期是赤脚医生发展的重要阶段。溪洲村开展合作医疗时期最重要的赤脚医生就是向天明，在没有当医生之前曾经是一名兽医，父亲为了他能有一技在手，从小就带着他给牲口看病，十几岁就能独当一面了。因为合作医疗的开展，村里需要赤脚医生，于是大队干部找到了他。最初的向天明是不同意这个工作的，他只懂给猪牛羊看病，哪里懂给人治病。大队干部却劝说"至少你比巫婆巫医要强，治不好也不会治死"，于是向天明勉强答应。大队干部和集体社员商量后，就把他推荐给了公社。后来大队安排他跟着村里的老中医学习医疗救护基本知识，之后便正式上岗。

另一个女赤脚医生就是向天明的妻子。当时村里为了保证新生儿的存活率和普及妇科疾病知识急需一名女性医生，大队干部第一时间想到了向天明的妻子，主要因为她有一定的文化基础，学习医学知识更加容易上手，再加上丈夫是赤脚医生，平时向天明行医都是由她来打下手，耳濡目染自然也会懂点基本医疗知识，况且她也十分愿意担任这项工作。[①] 在熟人社会中，村里的赤脚医生和村民基本上都是认识的，由于地缘和血缘的因素，很多还是亲戚关系。

2. 培训学习

保靖县传达省里关于"迅速全面建立基层合作医疗"的精神，每个公社采取了多种方式来加速培养卫生医疗人员，都争取在较短的时间内迅速培养出一批具备基本医疗卫生知识的赤脚医生。他们培训管理方法主要是，当地卫生机构和农村巡回医疗队相结合的方式进行，长则培训半年，短则只有一个月，之后就可以回到生产队上岗。虽然赤脚医生的培训时间短，所学医术并不全面也不精湛，但都是根据当地多发疾病为方向展开的针对训练。这种培训方式不但能够缩短培训时间同时节约了培训经费，又能够有效缓解农村缺医少药的情况。

20世纪60年代的保靖县在县卫校举办了基层医护人员学习班，由湘雅医学院派下来的医务人员进行授课讲解，每个公社一个名额，时间为半年，溪洲村推荐了向天明去县里学习，采用农忙时归队农闲时集中学习的培训方式。对于兽医出身的向天明来说，县里举办的这种培训特别重要。虽然上岗前，跟着曾章旺学习了识药采药抓药，但是他对于中草药也还是模糊不清。这次培训的内容主要分为思想政治教育和学习农村的传染病以及地方病的预防和治疗，以及药物的应用和防疫卫生措施，学习一般外

---

① 摘自溪洲村赤脚医生向天明访谈。

科、土单验方以及中草药加工制作等，其中主要以西医学习为主。遇上对村级接生员的专业培训，就改换向天明的妻子去县里。接生员的培训是为了改变传统不良陈旧观念，保障母婴生命安全。据向天明口述，他们掌握了注射、止血、人工呼吸及一些普通西药的应用，对于简单的感冒发烧之类的常见病小病做到对症下药。同时对土方中草药有了更多的了解和配套范围，对于慢性病治疗是很有帮助的。[①]

3. 工作内容

赤脚医生的工作任务重，涉及农村生产生活的各个方面。一方面在保证农民小病不出村的基础上，还要抑制传染病和地方病的流行。同时，响应以"预防为主"的思想，在社员中开展宣传卫生防疫知识，提高社员们的卫生意识，让社员们主动积极的学习卫生知识。不久之后，保靖县发动和组织群众贯彻中共中央讲卫生的指示，各公社发动赤脚医生大力开展两管（管水、管粪便），"五改"（改水井、厕所、猪牛栏、炉灶、环境卫生），全面治理公共卫生。溪洲村积极响应，全村上下公共环境有所改善。平时，向天明还要在业务技术上对当地社员进行指导：通过调查总结溪洲村地方病的发病状况和规律，有利于社员们预防和治疗；对社员进行预防和消毒工作；通过出诊治疗等方法，对群众进行经常性的疾病治疗。当时疟疾在县内流传久广，遍及村寨，所以有"犁田打得水，碰见摆子鬼，谷子发了黄，摆子也上床"的民谣。向天明有组织地进行防治，查出疟疾原体为间日疟原虫，结合"除四害"，搞爱国卫生等措施，使疟疾发病率降低。而向天明的妻子则主要普及新法接生及新育儿法，同时负责宣传计划生育。这些工作内容既是赤脚医生的一般职责，也是赤脚医生切实的工作内容。

在实际工作中，赤脚医生主要职责是提高婴儿的存活率和制止传染病、地方病。更重要大力宣传中药疗法，是因为中草药成本低，不需要花多少钱，治疗效果也还不错。西药却因为价格昂贵，数量有限而不能满足农民需求。同时，大队的赤脚医生作为不脱产的基层卫生员，他们有着一整套行为规范，他们不光在诊病治病的，还要积极参加集体生产劳动。

---

① 摘自溪洲村赤脚医生向天明访谈。

（三）"三土四自"运动

计划经济时期，物资都是统一分配的，生产和分配多少药品都是完全计划的。在保证城市用药足够的基础上，药品才得以分发至农村。可想而知，药品的稀缺逼得农民不得不另寻他法。针对这种缺医少药的现状，1958 年毛泽东做了批示，中国地大物博，到处都是宝贝，我们应该努力发掘这些宝贝并积极运用到生活中。于是政府主张就地取材，坚持"三土四自"运动，发掘、利用中草药成为解决农村卫生缺药的重要办法，也是开展合作医疗的重要物质基础。响应号召，全国很多公社、大队大力主张"三土四自"，发起了群众性的中草药运动，使农民尽量不花钱就能治病，既减少了合作医疗的成本，又弥补了药品与技术的匮乏，更重要减轻了农民的负担，保证了合作医疗的可持续发展。溪洲村的向医生本着自力更生，勤俭办医的想法，就是这样发动并带领社员开展种药、采药的活动。

自种。溪洲村农民为了钻研种植中草药的经验，利用房屋周边、坡边的空闲地种植药材。当时生产大队的农田都要用来种粮食，只有根据各种草药的生长条件和环境等各种因素，把药种分别种在能够利用的闲散地中，比如：水井边、墙边等等。对于一些没有掌握到规律的草药，向医生先放到小块的地里进行试验，观察它的生长规律，总结经验并推广大范围种植。为了保证这些幼苗能够成活并快速成长，向医生还要挑选几名对草药有些经验的社员进行管理。经过向天明和社员们的精心培育，20 多种药材品种都试种成功，比如：矮地茶、苦蒿子等。

自采。为了发动溪洲村民采药，公社同意社员采种的草药可以冲抵合作医疗费，社员积极性高涨。向医生教社员辨识草药，合理采药，实行采大留小、采多留少的方法。特别是野生名贵药材，要及时认识到并有效保护起来。对于那些疗效好的药材，逐渐被采尽的情况我们也要及时加强保护。公社动员社员收工回家时顺手采药，在上工时顺手拣药，雨天和农闲时上山挖药，放牛和放羊的社员在山上采药。总之，做到了走到哪里不忘采药的观念。

自制。采到的中草药，炮制的任务就交给医生。赤脚医生和社员都有自己的土法加工中草药。尽管在今天的人看来，那些做法是极不卫生和安全的，但对于当时的医疗救护确实起到了不可低估的作用。采种在溪洲村蓬勃开展，于是药品的自制也要跟上脚步，炮制的任务自然落到医生这里，向医生将挑选出来有用的药材放在水里清洗，主要为了洗掉泥沙，然后根据不同草药进行不同的炮制方法，比如晒、碾、剁、磨等，方便了有病社员回家直接煨水。

自用。在合作医疗的开展过程中，种采制都是为了最后的使用。中草药的自用为农民减轻了医疗成本，减轻了公社负担，同时达到治疗疾病的效果。据向医生描述，当年溪洲村的百日咳、肝炎病频发，他就是用了农民自种自采的田其黄、矮地茶和凤鸡尾等兑水了以后煨水喝，治疗效果特别好，现在他还经常送药去保靖县城给患者。向医生利用土方土药为多例地方病和传染病人治疗，痊愈率达80%以上。溪洲村的中草药这样不断循环补充，保证了中草药的库存量，不会担心用药无药的后果。

（四）保障机制

1. "一级一级往上送"

20世纪五十年代，我国农村建立了三级卫生系统，第一级为赤脚医生，为农民提供基本的医疗和保健，赤脚医生本身也是农民，通过在大队工作获取工分。对于赤脚医生无法解决的疾病，到第二级卫生机构，即乡（公社）卫生所，公社卫生室一般由公社主办，卫生所的医生由财政支付微薄的工资，其发挥更加重要的作用。第三级卫生机构就是县医院，一二级卫生机构不能治疗的严重疾病，可以送往第三级医院。在合作医疗中，上述三级卫生机构形成一个垂直体系，农村三级卫生系统是具有中国特色的卫生组织形式，是中国特有的形式符号。县医院和乡（公社）卫生所和赤脚医生相互协作，各有分工，各自负责对下一级的医疗机构提供技术和监督。一般农村家庭很少去第三级卫生机构看病。

保靖县人民医院建于1952年，是由保靖县卫生事务所发展而来。随着医院规模扩大，新建院房2000多平米，设病床70多床。到了1965年，县人民医院增设到3000多平米，病床增加到100多床，并开设门诊接收生产队合作医疗站转来的病人。[1] 50年代，县政府逐步将各区乡镇的老中

---

[1] 保靖县志

医组成联合诊所，随着阳朝公社的建立，县将联合诊所并入公社卫生院，阳朝卫生院就此成立，由公社经营管理，公社不能处理的疑难疾病，由卫生院送到县人民医院，医药费由社员自己支付。第一级的预防保健网则是由半农半医的赤脚医生负责。溪洲村就是向天明和他的妻子负责了合作医疗中的救治工作，亦农亦医。这样，溪洲村形成了比较完备的县、公社、大队三级医疗卫生体系，一级和二级保健网由集体经济负责，三级县医院主要是国家投资。

2. "保小病保不了大病"

三级预防保健网的建立，在当时农民经济水平较低的情况下为农民提供了基本的全面的医疗保障，一定程度抑制了传染病、地方病的流行，农村缺医少药的局面也大为改观，赤脚医生可以让农民"小病不出村"。由于大队集体基金少，成本负担有局限性，合作医疗只能保证小病的治疗费用，如遇到大病还是需要社员自费看病，有了一点小毛病的社员可以找赤脚医生或去公社医院看病，不会造成小病拖延的后果。对于在大队卫生室不能治疗的大病，则转送县级医院，一切费用自己解决，条件差的可以先由大队支付，对于病情比较严重的病人，则需要赤脚医生陪同，大队可以派出拖拉机送往县城。据村民彭清明回忆，20世纪70年代初，他的脖子上长了个疮，在向天明医生那里看了很多次，医生也没能说出是什么病，每天就拿些中草药抹，抹了大半个月都没见好转，后来去了公社卫生院，那时候也没有那些检查仪器，也没能查出来根本原因，反正就只是说发炎，拿些消炎药回去服，越发严重了。彭清明就有些担心害怕了，来到县城医院从检查费到打针抓药，花了7毛5分钱，病是治好了，但合作医疗没给报销一分。后来，大队干部给的解释是大队经济条件有限，只要出了阳朝公社以外的地方看病就属于比较严重的大病，一切费用都要自己负担。[①] 到现在，彭清明对当时的合作医疗保障机制还是颇有微词。可以说，在那个年代，缺乏了政府统筹大病的政策，一个家庭只要有一个人得了大病，一年的做工基本就是白做，更悲惨的家庭可能一年的口粮都是问题，所以社员们是生不起大病的。

---

① 摘自溪洲村彭清明口述。

3. "只管看病不报药费"

以大队为核算单位，病人在合作医疗站就诊时，是不用支付给赤脚医生劳务费或诊费的，但药费要另算，不过那时药很便宜，一般只按成本收取药费。赤脚医生向天明记得当时有文件规定：对社员看病只准收取药品成本费加适当损耗费用；赤脚医生应该是为人民服务的，不准把治病救人作为赚钱的行为，大队也不准将卫生室当作大队盈利的工具，为大队创收，他们不只是严格按文件精神办的，更重要的是当时的干部和医生是真正为农民办实事的人。所以当时的赤脚医生工作积极性高，只要有病人，无论何种天气，任何时间都会出诊。很多村民也都说："只要哪家有人生病，什么时候去请医生他们都不会推辞，即便是逢年过节，医生只要手里没病人，都能看到他们，而且还是免费。"向天明说："当时药品比较缺乏，公社卫生院配给赤脚医生的西药很少，我学过中医，很多人来看病时，如不是急诊，我会给他们开中医处方，有的药可以去山上采，没有的则要去公社卫生室配。而且当时我药箱里面的器材也很简单，主要就是听诊器和体温计；我们主要还是把脉、看舌头、看眼睛，采用最传统的方法；注射的针头为反复使用，消毒主要是将针头放到家里做饭的铁锅里用开水煮或者用煤油等火烧，在当时来看已经没有更好的消毒方法了。"这样既减轻了西药缺乏的压力，又为前来看病的社员节省了一些钱，一般来说中药比西药便宜，开中医处方不收钱。这就是说，尽管当时实行的是自费医疗，但由于制度的约束和农村医务人员的觉悟很高，虽然保医不保药，但是对于看病的农民来说医疗费用并不很高，加上药品中大量使用中草药，昂贵的西药也不经常开，如果农民不生大病，大部分人还是能够看得起病的。

三　瓦　解

溪洲村开展的合作医疗一定程度上适应了当时农村人民公社时期高度集中的计划经济体制，并对溪洲村民防治疾病以及改善本村卫生面貌发挥过重要作用。20世纪80年代初，我国开始进行改革开放，集体经济解体给合作医疗体系带来了毁灭性的打击。市场力量侵入农村，增强了活力，各种外部环境的变化使得农村内部管理混乱，合作医疗难以持续。全国农村合作医疗制度于 1984 年废除，而溪洲村合作医疗正式解体时间几乎与国家同步。

（一）国家退出，集体弱化

1980 年 9 月，为了纠正人民公社"一大二公"、"吃大锅饭"等弊端，中共中央在 75 号文件中肯定包产到户的做法，并且在 1981 年在全国大部分农村地区推广以包产到户为主要形式的家庭联产承包责任制。溪洲村也不例外，从 1980 年开始，溪洲村的实行过程经过两个阶段，即包产到组、包产到户。但是包产到户在一定程度上使得集体组织与个人之间分配关系发生主被动转化的变动，即在分配关系中由起初主动地位的集体组织变为被动，而个人由原来的被动变成了主动。正是由于这种地位的转换说明 1950 年以来的农业合作化以及人民公社时期的集体经济纷纷瓦解。在合作医疗的三级体系中（农民参与、集体扶持、国家适当支持），集体经济这一级被斩断或削弱。村级集体经济不能向合作医疗为农民提供积累。严重破坏了集体组织公共分配制度下筹资机制的稳定性与可靠性，大队不能再掌控农民的收入来源，原来那些依赖于农村集体组织直接扣除"社员个人"的合作医疗费不能及时收上来，集体的公积金和公益金也逐渐萎缩，陷入了无米下锅的状态。由于经济体制发生变化，大队的合作医疗也需要进行调整，虽然断断续续持续了几年，但性质却悄悄发生了变化。所以，1981 年，溪洲村在不得已的形势下对合作医疗进行改革。据向天明回忆："合作医疗在 1978 年前运行的都很顺利，1979 年以后才开始走下坡路，主要是因为合作医疗基金开始出现短缺，大队就规定社员看病不再免费，凡看病者中西药都要收一部分的药费，到 1981 年以后，药费个人全出，恢复到合作医疗以前的情况。但合作医疗一直办到 1984 年就彻底解体了。"1984 年人民公社解体，阳朝公社改名为阳朝乡，溪洲大队更名为溪洲村委会，使得合作医疗失去了行政组织依托。同时，在"党政不分，政企合一"的人民公社制度下，公社、生产大队、生产队不仅控制了村庄的各种集体资源，而且还直接主导组织分配。而在经济体制改革后，农民拥有了经营自主权和收益分配权，大大弱化了集体组织在生产与分配上的主导权，因而合作医疗也随之失去其经济依托。最终，合作医疗在"双失"（失去集体经济的支持与行政组织依托）的困境中走向解体。可以说，集体经济的解体是合作医疗瓦解最主要的原因。

国家停止了对农村的财政补助，影响合作医疗的继续发展。农村绝大多数地区三级医疗预防保健网的建立是由政府投资的。其中公社卫生院的运行依赖于公社财政的支持，大队卫生室则几乎完全靠集体经济。卫生室的设备和药品大部分由政府投资，国家对农村医疗卫生的支持是方方面面的。家庭联产承包责任制开始后，人民公社解体，国家停止了对合作医疗的直接投入，乡镇基层对合作医疗的投入也在相继递减，政府把工作重点放在了农民增收上，对村庄卫生事业的支持自然减弱。没有了政府的支撑和集体经济的投入，合作医疗必定快速衰退。此时国家不但没有及时补救，进而提出"农村城市并重"方针，可是在政策执行过程中却偏向了城市。虽然国家每年的卫生经费在不断增加，可是对于农村的投资却在不断减少。这种城乡有别的卫生投资，势必造成城乡医疗的分配不均。缺少了政府的投资，赤脚医生也变得心有余而力不足，他们的专业水平低和设备条件差，基本只能应付小病，或是建议病人转院，在这种医疗短缺的状况下，农民看病就诊变得不方便也不便宜。农村合作医疗等卫生事业再一次成了没奶的孩子。由于缺乏上级政府对农村医疗卫生事业的经费投入以及相关的政策支持，再加上，政府对农村医疗事业的听之任之，使得农村合作医疗的发展步履蹒跚，政府的行为在很大程度上压制了农村合作医疗的继续和深入开展。

计划经济时代的合作医疗是一种自给自足、自我依靠、封闭的社会保障，主要以人民公社时期的社队为组织基础，并以其收益为收入来源，主要为大部分社员提供基础医疗保障的医疗制度。其在物资缺乏的年代里，曾起过重要的作用，基本解决了农村农民缺医少药的困难。同时也是作为城市居民社会保障制度的补充，因为农民是被城市保障制度排除在外的。但是由于它建立在计划经济基础上，缺乏基本的资金、技术等积累，再加之医疗卫生条件差等因素的影响，使之缺乏长期维系的基础。1979 年，尽管溪洲村不断的进行合作医疗调整，但是其终究不免受人民公社制度解体的影响而最终被中止。1986 年以后，随着农村社会结构的巨大变化，农民生活水平的改善，农村医疗技术水平的提高，使得农村人口寿命不断延长。再加上，工业的发展与户籍制度的松动，使得大量农村剩余劳动力向城镇转移。土地和家庭自身的力量已经不能完全保障农民的医疗压力。

因此，为了缓解农民看病的后顾之忧，农村应大力筹建健全且适合农民就医特点的新型医疗制度。于是，我国开始进入了家庭保障和现代社会保障共同发展的新阶段，即新农合的出现弥补了这一空白。新农合主要是从政府的层面设置的，它以政府为主导，农民自愿参与，三方（政府、集体、个人）筹资，着眼缓解农民看大病的医疗负担为宗旨的新型农民医疗制度。在新农合当中，更加强调政府的补贴和责任。这种现代社会保障就是伴随着工业化、市场化和现代化而逐渐形成与发展起来的社会制度，它为现代市场经济的健康稳定发展提供了动力和资金支持。

（二）农村医疗市场化出现

1. 从赤医到乡医

1981年，保靖县根据1979年国家各部委联合下发的《农村合作医疗章程（试行草案）》中的要求（即加强对农村赤脚医生的管理、培训、复训和考核工作，提高其业务水平，对合格者颁发证书，同时要解决好他们的福利报酬，使这支队伍既保证一定的数量和质量又要做到相对稳定），开始着手进行赤脚医生的考核工作，主要是从赤脚医生的基本技能以及应急能力（急诊的处理）等方面进行考察，同时对于合格者颁发《赤脚医生证》。据向天明专心务农的妻子介绍，由于农村妇女生育观念与方式的改变，大部分妇女都选择去卫生条件较好的乡镇卫生院等地生育孩子。鉴于此，保靖县于1986年批准赤脚医生个体行医，称为乡医。当然，乡村医生的资质和水平必须经过检验合格。叫惯赤脚医生的农民更愿意称呼乡医为赤脚医生。据赤脚医生向天明回忆：分得了土地，白天就去下田干活，空闲了村民还是来找我看病，我的医疗技术也没有作废。后来政府同意乡村医生开诊疗室后，我就在村里开起了卫生室。从赤脚医生到乡村医生的转变，主要还是他们的报酬形式，在人民公社时期，赤脚医生主要是挣工分，而现在乡医主要是获取现金诊疗费。赤脚医生时期，各自之间的收入并没有任何差别，而现在，乡医可凭借自己的口碑、能力挣的更多。显然，现在的乡医就是赤脚医生转换身份而来，其实，乡医还是以前的传统的农村医生。

2. 医务人员的流失

由于家庭联产承包责任制的施行，逼迫赤脚医生放弃职业，继而务农求生存。从而造成医务人员的流失。随着人民公社的瓦解，集体不再享有对农民的劳动力配置权，工分计酬的方式自然不复存在，而赤脚医生也不再依靠工分拿取报酬。赤脚医生失去工分后，在村民面前已经完全没有了经济利益的倾斜所带来的优越感。家庭联产承包责任制的施行，截断了赤脚医生的高收入，而在没有工分保障的情况下，一家人的生计都成问题。家庭承包制提高了农产品价格收入，农民增加了经营门路和生财之道，原来的赤脚医生大多放弃行医而把主要精力放在耕作上。赤脚医生向天明在回忆起当时的情况很是感慨，实行联产承包责任制后，"没有工分，没有收入，家里人要吃饭，自家的地也要有人去种，就是想专门行医也干不了啊。后来我妻子专门去务农了，我还勉强维持着行医看病"。更为致命的是，赤脚医生收入的急剧降低，让以前在村里拿高报酬的他们在心理上有了一种落差感。虽然赤脚医生在村里同样受到普通农民的尊敬，但报酬上的减少仍很难使赤脚医生维系一种地位上的优越感。因此对财富有了更多的渴望，动摇了他们的"军心"。政府又没有在农村及时补充相关医务人员，从而削弱了农村医疗卫生队伍的数量和实力。在这种情况下，伴随着合作医疗出现和发展起来的赤脚医生队伍，就不得不另谋出路来适应当前环境出现的新情况。另一方面，城镇支农医务人员回到了城市，被下派的湘雅医学院的高级医务人员陆续返程，使得基层卫生人员的培养也被迫中止。医务人员的流失对于合作医疗制度的影响可见一斑。

3. 各级卫生室的变化

由于各级政府对乡村两级的基层卫生组织资金投入并没有及时的增加，使得农村某些基层卫生组织逐渐走向市场化和商业化。20 世纪 80 年代开始实施财政分权制改革，规定财政经费主要划拨给各省市县等政府组织，而对于各自下辖的卫生系统由各级政府自管，经费则主要由各级政府自己负担。从 1984 年开始，阳朝乡卫生院的管理权限逐步被下放到阳朝乡政府。阳朝乡政府将主要精力放在发展经济上，对农村卫生事业投入有限，基层财政本身都是"吃饭财政、倒挂财政"，造成了基层卫生事业无法正常开展，大多数农村三级医疗预防保健网等乡镇卫生系统甚至陷入瘫痪。同样也是由于经费缺乏的问题，造成卫生技术人员无法接受更高技术水平的培训和锻炼，从而使得农村基层卫生人员技能低下以及服务质量不尽如人意等问题。

当时的政策规定有两个许可：一是允许乡村医生从事私人医疗实践活动，自定收费标准；二是准许私人以盈利为目的制造和出售药品。从侧面来看，该政策为私人盈利者开药提供了合法性，当然也在少许的监督条件之下方能成立。但是大多都流于形式。因此，在溪洲村合作医疗事业缺乏维系资金的情况下，向天明将原来村诊所私有化。虽然向天明家分到了土地，不过，向天明掌握的医疗技术并没有因此作废，村里的村民还会请他看病，他在农闲时还是为农民提供付费的服务，以获取利益。原来计划经济时代的互助共济、集体主义等价值观受到强烈的冲击，并逐渐弱化，而获得高收入越来越成为医生提供医疗服务的首要动力。三级卫生机构之间的关系逐渐削弱，县乡两级医院不仅不再为村卫生站提供技术指导，反而以竞争者关系存在。

（三）合作医疗内部管理混乱

1. 内部财政问题积累

在集体经济时期，医疗服务也存在保障的不平等。由于社队干部和家属的差别待遇（干部拿好药、多拿药等）以及合作医疗自身财务、制度等的混乱，使社员逐渐丧失对合作医疗制度公平性的信心。"群众交钱，干部吃药"和"群众吃草药，干部吃好药"是社员对制度的整体认识。溪洲村同样也存在这种情况，包括医生在内，当时村里没有几个有文化的人，更不用说懂管理了，只有遇到问题再去弥补。大队有规定社员看病时是免收诊治费、注射费等，但其实诊治费、注射费比例本来就较小，药费才是大头。有很多村民反映，合作医疗开展的前期，公社干部对药物资金的管理都能按照规定一一落实，会计和医生都能各司其职，做到定期开会，账目及时公布。到了合作医疗开展的后期，各级干部利用职权开始搞特殊化，将自己看病所需费用转嫁到村民身上，过度消费。据黄召竹介绍：公社卫生室看病还分谁病了，去卫生室打针医生也开始收取针管费，还有干部决定你该用多少药用什么药，医生只能附和。这种现象在很大程度上加剧了社员对合作医疗整个组织及管理链条等的不信任感，以往的就医不良体验和基层政府给农户留下的不良印象最直接的后果就是社员的参保率直线下降。

2. 社员心理认识误区

中国农民有讳疾忌医和隐忍的特点，投资健康的观念意识并不强。还有不少农民存在短视的观念，比如说，健康时不愿意白白花钱交保险费。虽然这些现象在合作医疗时期就已经大部分存在，但是由于人民公社的政治权威与共有的产权性质使得合作医疗的参费较低，众多农户都参加合作医疗。改革开放后，农民成为了独立的经济主体，其自主权也随之增大，加入合作医疗与否主要看合作医疗对其的益处有多大，即理性经纪人假设，主要考虑成本和可能的收益。随着集体经济的瓦解，集体经济提供的公益资金锐减，再加之合作医疗保障本身的水平低和农户各种思想顾虑，使得合作医疗收费步履维艰。在大部分农民心中的合作医疗已经变味，他们觉得合作医疗由于自身医疗条件和技术的限制，大病治不了，而小病呢，自己拖两天再搞点土方或者民间验方就可以解决。此外，由于农户对合作医疗的性质认识模糊，认为合作医疗专门是为干部享用的，农户一般都会被差别对待。这更加剧了合作医疗的筹资难度。向天明回忆说："当时不同年龄段、经济条件的农户均有自己不同的想法，年轻的农户认为自己身体好，不用合作医疗看病，交钱就当是百搭。对于那些身体条件较差，年龄较大的农户家庭而言，参加合作医疗的参与意愿较强。而对于较富裕的家庭而言，他们有钱可以去更高等的医院看病，不太相信本村合作医疗医生的医疗水平。"正是由于这些主客观条件的制约，使得合作医疗参与人数变少。再加之合作医疗的自愿参与性，更加剧了合作医疗的运行困境，最终导致其的逆向选择。

3. 干部动员热情递减

合作医疗建立时期，社队基层组织直接承担了制度的组织管理工作，在强大的政治权威保证下，政治动员在其中起到了极大的推动作用，参不参加是执不执行毛主席路线的大事，所以农村合作医疗得以顺利管理和运行。但是，政治体制改变的时候，政治动员的作用也相对下降，在农户自愿加入合作医疗的时候，干部的动员热情至关重要。从20世纪80年代的保靖县分析，保靖县、乡两级的许多干部认为发展经济才是首要任务，合作医疗不能保证经济发展，而且现在又不是政治敏感时期，政府无须过问也没有责任要求农民是否加入合作医疗、加入何种医疗。同时，乡村集体经济在生产和收益分配中地位下降，与之对应的村级政权组织功能弱化问题也较为普遍，使得合作医疗缺乏有力的组织基础。据溪洲村曾宪和介绍，由于大家对合作医疗失去了信心，大部分农户不愿意加入，而村干部为了不引发没必要的麻烦，能不办就不办，因而对合作医疗事业也抱着无所谓态度。合作医疗失去了上级政府的支持，还可能被指责为推行计划经济制度或者保守、落后思想，甚至还有加重农民负担的嫌疑。与此同时，制度推行的组织管理成本过高等因素的影响，使得基层干部缺乏推行合作医疗的激励和鼓舞，故而"理性"选择做或不做。由此可见，当人民公社体制瓦解后，合作医疗制度就像一个没有娘的孩子，政治动员制度效用下降，干部不重视合作医疗，农户对合作医疗缺乏信心等，使得合作医疗瞬间成为明日黄花。可见，干部的重视程度是维系合作医疗在当时那个年代持续发展的重要原因。

四 结论与反思

合作医疗是农民之间的一种互助合作行为，同时又是整个医疗体系的组成部分。合作形成的机制是需要个人与个人、群体与群体之间有统一的利益目标与追求，并且通过彼此相互配合来达到这一目标的联合行动。而互助则是描述一种通过合作方式实现合作双方都获得利益的生物关系。从这方面来讲，在农民、医生、集体三方需要实现医疗卫生救助时，缺少哪一方的参与都不能正常开展，他们之间只有进行合作，通过合作方式才能使三方都能受益。在这一逻辑之下，三方都愿意开展合作医疗。合作医疗又可以看成从外部到内部的合作。从整个医疗系统来看，集体和集体经济是国家经济体系的基础，于是国家提供政策，上级医疗机构给予知识技术和设备药品的支持，同时开展医疗巡回队对基层赤脚医生进行培训，更好地巩固了农村三级医疗保健网的第一级，从而保证三级医疗网的互助合作。这样从国家到集体再到医生实现了卫生医疗在村庄外的合作。赤脚医生不再以个人身份出现，身份的转变使得他们和病人之间不再只是以前个体与个体的关系，他们成了正式组织负责人，有了更多的规范和要求，承担了更多的责任和义务。以村庄为合作单位，医生和其他社员之间又具有平等和相互性。这样，从集体到医生再到社员又成功实现了合作医疗在村庄内的合作。一整套合作医疗运行制度的建立，集体经济则承担了直接向合作医疗提供资金补助和自主合作医疗供方的职责。即使这样，合作医疗制度中医疗需方和供方筹资的主要来源都是集体。

（一）主导因素

合作医疗是在特定的社会经济环境下建立并开展起来的，传统的农村社会结构为合作医疗的培育提供了合适的土壤。在集体经济下，体现了一种互助合作的精神。从农民传统文化习惯看，建立在乡土文化传统基础上的互助蕴涵着多种因素。徐勇教授认为："分散的小农是中国传统乡村社会的根基。这种由自然经济产生出来的分散小农，更多地具有自然属性，而缺乏社会属性，即缺乏社会的广泛联系，没有丰富的社会关系。"[①] 除血缘关系外，他们彼此之间缺乏"横向联系"。正如马克思所说的"好像一袋马铃薯是由袋中的一个个马铃薯所集成的那样。"[②] 正是因为这种分散性，以及社会交往的局限性等等因素，使他们无法形成一个具有紧密联系的整体，这样一盘散沙的局面只能看出集体的力量是非常微小。因此，只有精英和权威人士才能聚拢农民并形成组织，为自己的组织来争取利益和保障并对组织进行管理。于是中国共产党发起了土地改革和社会主义建设，经过了互助组、初级社、高级社再到人民公社的步骤。合作化运动完成了由农民个体所有制到社会主义集体所有制的转变，进行了社会整合，包括地主、富农一律摘掉帽子成为了集体社员。乡土的社会整合由个体社会到集体社会，由分散性向组织性转变。传统的家族社会结构发生了重大变化，农民作为集体中的一员，农民之间的互助共济传统发扬光大，除了一起劳动，同时还有资金、情感等方面的互助，这种形式超越了血缘和家族关系。正因为农村社会经济结构的改变，使合作医疗才得以在集体经济背景下应运而生。可以说，合作医疗作为农村一项互助共济事业，能够在广大农村实施开展并被大家所接受，与当时的文化和这种社会结构的转变是密不可分的。

同时，合作医疗的发展经历了两个重要阶段：合作经济阶段和集体经

[①] 徐勇：《阶级、集体、社会：国家对乡村的社会整合》，《社会科学战线》2012 年第 2 期。

[②] 《马克思恩格斯选集》第 1 卷，人民出版社 1995 年版，第 677 页。

济阶段，前者是 50 年代农业合作化运动逐渐兴起的一种自愿合作的医疗行为，后者主要是在 70 年代强大的政治推动下，在集体经济上发展起来的，带有一定的强制性。合作经济主要强调劳动等方面的合作，目的为了组织个体来抵御市场风险，使个体收益达到最大。集体经济则是将私有财产全部收归于集体财产，否定了私有制，目的是通过集体化，使公有制成为根本选择，农民失去了对财产所有权的控制，并统一到集体中生产。总之，农民作为集体经济中的一员，他们的一切都笼罩在集体经济体制之下。集体经济直接控制了对剩余产品的再分配，比如承担了向合作医疗提供资金补助，公共卫生院和大队卫生室的运行，赤脚医生额外工资和补助，强制性将这一部分资金用于医疗保障。人民公社时期合作医疗的建立和发展，是以当时集体经济为前提保证的，资金主要来源是集体公益金，资金的筹集也主要是这一分配制度。从经济关系的角度来看，合作医疗完全建立在集体经济上。

另外，合作医疗的迅速推广及发展，取决于政府集权化的政治权威。1968 年 12 月 5 日，《人民日报》对合作医疗做了专门报道，在《深受贫下中农欢迎的合作医疗》一文中，重点指出湖北省长阳县乐园公社举办合作医疗是"冲破了刘少奇在卫生战线上反革命修正主义路线"。"提出农村医疗制度的讨论，一定会促进毛主席无产阶级卫生路线的进一步贯彻执行"。[①] 由于受到毛泽东的赞扬，更是最高的政治动员，以及"文革"这种极"左"的政治运动和政治舆论宣传，使合作医疗在全国迅速推广。首先，合作医疗的建立离不开政府的主导。溪洲村位于大山深处，信息闭塞，尽管合作医疗在湖北、山西等地已经如火如荼的大力开展起来了，可是溪洲村民对这一概念还是无所获知。在当时那种缺医少药的环境下，农民就算想自救也是心有余而力不足，所以需要政府来出面解决这一问题。其次合作医疗具有浓厚的政治运动因素。在前期开展中行政化的因素非常明显，虽然合作医疗强调自愿原则，但是合作医疗的推广及赤脚医生医疗水平的提高很大程度上得益于"把医疗卫生工作的重点放到农村去"等"伟大号召"在政治任务中的全面落实。阳朝乡当时把搞不搞合作医疗提高到关不关心百姓疾苦和执不执行毛主席革命路线的认识上，进而与人的

---

① 《深受贫下中农欢迎的合作医疗制度》，《人民日报》1968 年 12 月 5 日。

政治态度和政治路线联系起来，所以很快实现了全乡一片红。由于合作医疗得到了政治上强大的支持，政治动员所产生的强大推动力，使得合作医疗成为重要的政治任务。

（二）历史考量

溪洲村的合作医疗，作为一项开始于 20 世纪 60 年代末的医疗保障制度，从其出现到瓦解，虽然时间不长并且存在种种缺陷，却为当地农民提供了一种最基础的医疗保障，在一定程度上是成功的。结合当时溪洲村合作医疗的具体实施情况，笔者对这一制度的绩效做一考量。

首先，合作医疗完善卫生防疫体系。合作医疗、劳保医疗和公费医疗是我国医疗保健体系的三大支柱。尽管它们存在一定的弊端，很多方面凸显不足。但从历史来看，在一定程度上保障了全国人民的身体健康。合作医疗蓬勃发展的时期，虽然农民生活水平低，农村发展非常落后，但是却没有发生重大的疫病，初级卫生医疗基本能解决。关键在于农村三级医疗网的建立，普及了合作医疗，使得爱国卫生和健康教育都有了依托。在科学文化相对落后的农村通过这种医疗实践使宣传教育工作顺利开展，保障了农民健康，从而有效地保护农村劳动力，为农村发展做出贡献。但合作医疗解体以后，农民回到自费看病的老路，小病不看、大病拖垮的现象继续出现，这样进而影响了农村的发展，也导致了整个国家总体医疗卫生水平下降，出现整个医疗卫生水平与经济发展相反的现象。

其次，合作医疗缓解了看病难。从溪洲村的合作医疗筹集资金来看，我们可以发现并得出这样一个结论，合作医疗之所以为当地农民所支持，是因为农民能够养得起这套制度，成本问题是农民必会考虑的因素之一。当地老人有这样说过"每年就扣 20 个工分，相当于一个男青年两天的干活工分，劳动能力差一天的也最多五天的活。"因为这样少量的工分作为集资成本对农民整年的生活来说不是一个很大的问题，更加不会影响到他们一年的基本生活质量。而集体所提留的 60% 的公益金，对整个集体的生产生活也影响不大。所以从农民口袋掏出的钱，准确来说缴纳的工分并不多，集体解决了大部分的资金缺口，为农民提供了资金保障。并且，合作医疗制度不是一种垂怜和恩赐，是社员的一种生存保障权利。社员在面临威胁其生存的危险时，从国家和社会获得保障，使之能够达到基本的医疗救助。合作医疗在实施前，溪洲村村民至少有一半患有各种疾病，传染病地方病流行，婴儿死亡率高，社员们近乎游走于生存最底线。合作医疗保障制度的设计和实践过程中，将社会保障权提升到人权高度，保证了全体社员最基本的生存权。

最后，合作医疗秉持互济公平性。历史传承而来的互济传统在合作医疗开展之初就凸显出来，社员集体资金的融资合作，社员、集体和医生三者之间的良性互动，提供了各种非物质互动和交流，有力保障了农村社会生产生活各方面的正常运行。家庭互助、社员互救等等的传统美德在农村代代相传，不光解决了广大社员的健康问题同时也加深了社员们之间的情感，更加强化了乡村社会关系，成为农村保障的中国特色。从当时实施办法来看，其参加对象一般是本村的农民，在资金的筹集和分配上，所有社员所需缴纳的成本费都是一样的，社员成为组织成员以后看病只用交挂号费和西药费，其他一切免交。对那些长年吃药患者的医疗费，有特殊优惠，体现其公平性；管理上公社制定了一整套资金管理规定，定期向所有社员汇报工作情况和资金的管理分配情况，实行三方互相监督机制，体现制度的公开公正性；在合作医疗的发展过程中，大队不仅有赤脚医生还配备了接生员和卫生员，实现了医务人员分配上的均衡性。因此，传统合作医疗在实施过程中都体现出其较高的有效性。

劳动模范:典型塑造下的王国藩

　　【导读】在中国,劳动模范最早出现于土地革命时期中央苏区的公营企业中,他们是生产中的典型,利于先进生产经验的推广。建国初期,农业领域同样出现了大量劳动模范,他们以合作化运动带头人为主,克己奉公、艰苦创业。在当时的国情下,国家为何树立农业劳模,又为何选择具有上述特点的人作为农业劳模,笔者带着此疑问,以建国初期全国首届农业劳动模范王国藩为实证研究个案,从农业劳模的产生背景、形成机制、树后效果等方面探求"劳动模范"这一关键词在当时背景下产生的关键性,并挖掘出其背后隐藏的国家与农民的关系。

　　劳动模范是个历史概念,由"劳动"和"模范"两个词构成。从词义上进行探源,劳动是指人们用自己的体力和智力改造劳动对象,使之满足自己需要的有目的的活动。[①] 马克思更是指出"劳动创造了人本身。"[②] 在传统中国,劳动是不被尊重的,劳动者居于社会底层。新中国成立后,劳动人民翻身成为国家主人,"劳动"被重新定位,"劳动最光荣"成为需要在全国人民内心扎根的观念,得到政府的大力号召。而"模范",本指制造器物时所用的模型,此含义体现在王充的《论衡·物势》"今夫陶冶者初埏埴作器,必模范为形,故作之也。"后来,演化出模范的引申词义"榜样",即"师者,人之模范也"(《法言·学行》)中,模范则有榜样的含义,这也与现代的模范含义基本相同。

---

①　苏志勇、高景林:《简论社会主义劳动观》,《中国德育》2007 年第 4 期。
②　参见《马克思恩格斯选集》第 4 卷,人民出版社 1995 年版。

在中国，劳动模范最早出现在土地革命时期中央苏区的公营企业中，1934 年，刘少奇在《用新的态度对待新的劳动》一文中说："把那些真正的突击队员——劳动的英雄们，列在红板上去！极大地在群众中奖励他们。因为他们是革命战争中生产战线上的先锋与模范。"可见，中国的劳动模范同其他社会主义国家一样，出现在工业领域。在中国之前，社会主义苏联、朝鲜都出现过类似现象，苏联曾有过"斯达汉诺夫"运动，劳动红旗勋章用来奖励在劳动中成绩优异者；朝鲜的"千里马运动"，造就了一批批"千里马骑手"。但是，只有中国的劳动模范得以延续和发展。直至现在，劳动模范评选已经制度化，形成了劳模制度，成为我国重要的表彰制度。

劳动模范蕴含了马克思主义的劳动价值论和典型政治理论，凝结了毛泽东结合中国实际情况对相关理论的中国化。劳动模范虽然在中国已存在了七十多年，历经了重大变迁，但是却一直没有引起学界的特别关注。笔者在研读劳动模范相关史料时发现，劳动模范最初产生在工厂中，以奖励在工业生产中提高劳动生产率、能够比别人超额完成任务、拥有值得借鉴的劳动经验之人，是社会主义劳动竞赛的一种形式。苏联的"斯达汉诺夫"运动，以及朝鲜的"千里马运动"同样如此。劳动模范是生产中的典型、劳动中的榜样，具有典范化、示范性特点，利于工业生产中先进生产经验的推广。然而，令笔者不解的是，中华人民共和国建国初期，农业领域同样出现了大量劳动模范，而且当时树立的农业劳动模范大部分具有以下特点：以合作化时期合作生产的带头人为主，克服了恶劣的生产条件，实现了粮食的大幅度增产，克己奉公，艰苦奋斗，营造了强烈的共同体意识。例如河北省饶阳县五公村的耿长锁，1944 年与其他三户农民在冀中抗日根据地办起了全国第一个土地合伙组，后来领导村民办农业生产合作社，走合作化道路，曾被毛泽东誉为"群众所信任的领袖人物"。此外，还有山西的李顺达、河南的史来贺都具有以上特点，他们也都是全国著名的农业劳动模范。在中国，农业生产原本是以家庭为单位的独立生产过程，具有个性化、分散性和自给自足的特点，不同地区的自然条件不同，生产状况各异，很多农业生产经验不可在其他地区复制和推广，国家为何在那一时期将劳动模范扩展到农业领域，在对象选择上又为何选择富有以上特点的人作为农业劳模？笔者试图从农业劳模的产生背景、形成机制、树后效果等方面探求"劳动模范"这一关键词在当时背景下产生的关键性何在，以及其背后隐藏的国家与农民的关系如何。

本文研究为个案研究，以河北省遵化市西铺村的劳动模范王国藩为线索。然而，此举仍显不足，原因在于"人以事成"，而"事以人兴"，"人"与"事"之间有着相辅共存的关系，所以，要谈王国藩，离不开他的"穷棒子社"。而要说"穷棒子社"，则离不开它的真身——西铺村。

西铺村地处燕山腹地，南接群山，北依滦河，为典型的北方聚居型山村。不过，西铺村闻名于世并不因为这些，而是因为它曾经被毛泽东主席誉为"整个国家形象"的"穷棒子社"。之后，国家倡导、全民传承的自力更生、艰苦奋斗精神也是以这个"穷棒子社"为宣传样板。那一时期，西铺村是全国政治典型村，而现在的西铺村已经淡出人们的视野，归于平淡，称其衰落不足为过。

西铺村造就了全国农业劳模王国藩。王国藩，1919 年出生于西铺村，自小家境贫寒，但由于自身资质聪颖，又酷爱读书，其外祖父便想办法将他接到迁西县山屯营读了四五年私塾。王国藩 8 岁那年，其父亲因病去世，使原本困难的家庭雪上加霜，之后他便和母亲、妹妹艰难过活。他上无兄，下无弟，母亲常年患有气管炎，年仅 8 岁的国藩便要顶住门户。王国藩成年之后，正值抗日年代，他便成为了村里抗日活动的积极分子，给八路军抬过担架，送过信。1941 年，正当青年的王国藩加入了中国共产党，成为村里的办事员，参加过拔除双城子岗楼的战斗，立下了战功。新中国成立后，西铺村出现贫苦农民重新出卖土地、房屋的现象。为了响应党中央关于"组织起来"走互助合作道路的指示，并且摆脱村庄的困境，1952 年 10 月，在王国藩的动员下，西铺村 23 户贫农仅凭 230 亩贫瘠山地和集股凑成的三条驴腿，试办起了初级农业生产合作社。由于合作社办得很成功，1955 年 12 月，毛泽东在《中国农村的社会主义高潮》一书中高度赞誉"穷棒子社"为"我们整个国家的形象"。自此，"穷棒子社"成为全国农业合作化运动先进典型、农业战线的一面红旗，王国藩也于1957 年 2 月当选为第一届全国农业劳动模范，成为闻名全国的典型人物。之后，王国藩曾 10 次受到毛泽东同志的接见，其中有 8 次握手。1959年、1964 年，王国藩两次以全国人大代表身份出席第二、第三届全国人民代表大会。1969 年、1973 年、1977 年王国藩三次当选党的第九次、第十次、第十一次代表大会中央委员。1971 年至 1977 年，王国藩先后担任唐山地委书记、唐山地区革委会副主任、遵化县委第一书记等职；并以中国代表团成员身份访问过苏联、叙利亚、巴基斯坦等国家。1978 年，王国藩退休回到西铺村继续务农，并为西铺村全面致富而奔波劳神。1984 年 7 月，他担任遵化县水利局顾问；1994 年 10 月，王国藩突发脑血栓，一病不起；2005 年 7 月 30 日，王国藩因病医治无效逝世，享年 86 岁。王国藩原本是西铺村的一位普通村民，之所以能够从平凡中脱颖而出，皆因其全国典型人物的身份。笔者以王国藩为研究个案，讲述其传奇的一生，以透视"农业劳动模范"的关键性何在。

一 "农民"王国藩

王国藩 1919 年 12 月[①]出生于西铺村，自小家境贫寒，在他 8 岁那年，父亲因病去世，使原本困难的家庭雪上加霜，之后便和母亲、妹妹艰难过活。他上无兄，下无弟，母亲常年患有气管炎，年仅 8 岁的国藩便要顶住门户。艰难的岁月过去一年又一年，虽然条件艰苦，王国藩依然长成 1.85 米的小伙子，宽阔的肩膀，浓眉大眼，瘦高的身材，干活勤快麻利，说话诙谐幽默，办事严谨周密。不过，在乡邻们的眼中，他却是一个"能人"。

他是一个"文化人"。王国藩从小聪明伶俐，虽然家里穷，但是也读过几年书，在当时也算有文化的人。在王国藩六七岁时，看到富人家的孩子能够进学堂念书，他特别向往，便嚷嚷着也要读书，但是家里糊口都难，哪有钱供他读书，他母亲因此几次被王国藩逼哭。后来，王国藩的姥爷看他比较机灵，就把他接到迁西县山屯营上学。去了不久，老师便夸奖王国藩聪明，那位老师常常跟学生说："你们这帮学生不用闹，以后只有两个人有出息"，其中一个人就指的是王国藩。[②] 据说，王国藩只读了四五年私塾，只是识字而已，但在当时那个年代，绝大部分人连吃饭问题都难以保障，读书更是一种奢求，他能够识字已经算是有文化的人，这为以

---

① 此处为官方出生日期，但访谈中其孙女所说日期为 1919 年 8 月 12 日。
② 参考邓大才教授 2008 年与王国藩孙女王秀宏的访谈记录。

后王国藩带领西铺百姓建立"穷棒子社"打下了基础。

他是一个勤快的人。王国藩长大成人后是个能干的小伙子，犁地、扬场、打谷、插秧、割稻……样样农活在村里都是能手。王国藩一直从事农业生产，即使当了人民公社社长，他也会参加社里的劳动，劳动已经成为他生活中不可缺少的一部分。晚年从县里退休之后，王国藩又回到老家西铺务农。王国藩留给后人的就是勤俭朴实的农民形象，上身穿一件对襟夹袄，下身一件肥大的缅裆裤，头上一顶解放帽，即使去中南海见毛主席时也是这身打扮。1957 年，王国藩应邀参加首届农业劳模大会，去之前，大伙建议他到供销社买身新衣服，王国藩拗不过，在供销社看了半晌，最后在一个角落里看到一个样式老旧，半新不旧的帽盔，最后买了下来。第二天，王国藩就戴着这顶旧帽盔，棉袄外面套了一件蓝制服褂子，晚上洗了洗旧夹裤，换了一双踢山倒的黑布鞋进京①。

他是一个聪明人。王国藩年轻时就是个能言善道的小伙子。1932 年，由于上一年发大水，穷人家家户户闹灾荒。山坡里的野菜、草根、树皮都被吃光了，卖儿卖女、逃荒要饭的少说也有三四十家。村里的地主王家大院却趁火打劫，春借一斗，秋还二斗，还得有土地房屋做抵押。村里有个石匠与地主发生争执，引起了穷人的激愤，大家要帮石匠要工钱，王国藩愤怒地说："咱们瘪着肚子，王家大院却修盖炮楼。他家的粮食满仓流，为啥不去吃它几天？荒年吃大户，老人们早就这么说过啦。"② 人们正在火头上，国藩一动员，不少人立时响应，穷人们联合起来与地主斗争。

他是一个坚强的人。苦难的岁月锻造了王国藩坚毅的性格，他从小就在庄稼地里摸爬滚打，租种过人家的地，外出打过短工，还跟西铺的穷叔伯一起在龙须庵资本家开的金矿背过"毛"（矿里的废石）③。王国藩成年之后，正值抗日年代，他便成为村里抗日活动的积极分子。1941 年，正当青年的王国藩加入了中国共产党，入党之后，王国藩的革命干劲更足。在拔除双城子岗楼的战斗中，杜奎、王国藩两人负责在接官厅拦截支援岗楼的伪军，王国藩在战斗中身上碰伤了几处，嘴上血糊糊，他用手往

---

① 张朴：《王国藩的故事》，《人民文学》1960 年第 2 期，第 22 页。
② 《"穷棒子"之乡斗争史》，农业出版社 1976 年版，第 8 页。
③ 同上书，第 19 页。

嘴上一抹，抹下了半片上颚，还粘着四五颗牙。他一声没吭，手往自己嘴上一按，闭起嘴，继续往前走。①

他还是一个细心的人。王国藩为人踏实，做事严谨认真，遇事考虑周全。有一次，王国藩和杜奎从日本兵那里得到一捆硬邦邦的物件，打开一看，上面是一大捆电线，下面是个长方扁平的木箱，木箱打开后里面黑乎乎的东西，一股火油味，弄到手上油腻腻的，两个人都没见过这东西，杜奎烦躁地说："啥鬼八怪，咱们砸了它！"国藩却说："别砸！交到区上去，说不定是啥宝贝呢！"后来才知道那是一架东京出品的油印机。②

杜奎与王国藩一样，都是西铺村人，也同样是"穷棒子社"的创社带头人。杜奎比王国藩年长一岁，两个人从小一起长大，一起打日本鬼子，一起带领西铺百姓走向互助合作之路，在创建"穷棒子社"的过程中，杜奎所做的贡献不亚于王国藩，然而两个人之后的发展却有天壤之别，王国藩成为全国农业劳动模范，杜奎最终归于平凡。对比二人的性格、能力等综合素质，不难发现缘由：其一，文化水平差异，王国藩虽然只有四五年的文化水平，但是与杜奎一字不识相比，王国藩也算是文化人，在领会上级政策精神方面王国藩强于杜奎；其二，脾气秉性差异，王国藩与杜奎相比，秉性更温和沉稳，做事谨慎周密，而杜奎脾气急躁，在决策村庄事务方面，王国藩的沉稳则优于杜奎的急躁；其三，为人处世差异，王国藩说话诙谐幽默，为人圆滑精明，杜奎则直来直去，缺乏灵活性。综上可见，王国藩能够成为村庄领袖，被评为全国农业劳模，自身具备了一定的劳模特质。

二 "领头雁"王国藩

西铺是较早获得解放的地区，1947 至 1949 年，作为革命老区，西铺先于全国解放，迅即开展土改。全村没收和征收地主、富农的土地 1300

---

① 《"穷棒子"之乡斗争史》，农业出版社 1976 年版，第 33 页。
② 《穷棒子社的故事——河北遵化建明公社纪事（上）》，人民文学出版社 1966 年版，第 19 页。

多亩，无偿地分配给 100 多户无地和少地的贫雇农和中农，[①] 村民们分得了土地，西铺土地情况与土改前相比"大翻天"，贫农、中农的土地占村庄耕地总量的近95%，富农、地主的土地仅占5%。

土改后西铺土地占有情况[②]

阶级或阶层	户数	占总户数%	占有耕地亩数	占耕地总面积%
贫农	111	73.6	1，427	66.1
中农	34	22.5	623	28.8
富农	4	2.6	62	2.9
地主	2	1.3	48	2.2
合计	151	100.0	2，160	100.0

　　土改之后，西铺穷苦农民分到了土地，村民们欢喜鼓舞。然而，由于生产中要么缺生产资料、要么缺劳力，生产力极其低下，生活极端困苦，很多贫苦农民被迫将获得的土地、房屋重新卖出去。以王国藩为首的西铺党支部看到此光景，忧心忡忡。为解决困难户问题，王国藩曾领着部分贫下中农上山打柴，但这只是暂时的办法，不能从根本解决问题。西铺村所面临的情况并非特例，全国广大农村都出现类似问题，生产资料齐全、劳动力充足的中农和富农走上了个体私营经济之路，而缺乏生产资料或劳动力的贫雇农因为无法生产，最后又把土地出卖给富农和中农，广大农村大量存在着的是贫雇农，农村面临着重返土改前的分化形势。邓子恢全面归纳了土改后的农村经济形态：国营经济、富农经济、自耕自给的个体经济以及互助合作"道路"。[③] 富农经济和个体经济都是以私有制为基础的经济形式，国营经济和合作经济则是公有制经济形式，新中国的社会主义国家性质决定了公有制才是中国农村经济的发展趋势，此外，富农经济和个体经济都易导致农民两极分化，而且大量存在的贫雇农因缺乏生产资料或劳动力，自身也有合作化的需求。这样，积极引导农民走上互助合作道路的问题，便成为摆在中共中央面前一个亟待解决的问题。

---

① 《"穷棒子"精神放光芒》，人民出版社 1976 年版，第 33 页。

② 同上书，第 34 页。

③ 江红英：《试析土改后农村经济的发展趋势及道路选择》，《中共党史研究》2001 年第 6 期。

1951 年 9 月 9 日，中共中央召开了全国第一次互助合作会议，会议提出《中共中央关于农业生产互助合作的决议（草案）》，《决议（草案）》指出："要使广大贫困的农民能够迅速地增加生产而走上丰衣足食的道路，要使国家得到比现在多得多的商品粮食及其他工业原料，同时也就是提高农民的购买力，使国家的工业品得到广大的市场，就必须提倡'组织起来'，按照自愿和互利的原则，发展农民劳动互助的积极性。这种劳动互助是建立在个体经济基础上（农民私有财产的基础上）的集体劳动，其发展前途就是农业集体化或社会主义化。"

1951 年，上级党委派人来到西铺，传达了党中央关于"组织起来"走互助合作道路的指示，王国藩认真听取了中央指示以及外地先进单位的互助合作的经验，心里有了主意。王国藩组织党支部，召开各种形式的群众会议，宣传党中央有关互助合作运动的方针政策，并介绍耿长锁合作社发展互助合作组织的经验，许多贫下中农积极分子立即响应，纷纷要求参加互助组，互助组很快发展到 11 个。到 1952 年，西铺村 80% 的农户加入互助组。

1952 年秋，与西铺村同属一区的东小寨和王老庄办的两个农业生产合作社获得了大丰收，西铺村民看着眼红。西铺村的互助组虽然也收获不小，但是依旧存在问题，王国藩和杜奎（党支部成员）两人商量西铺是不是也可以尝试建合作社。在党员会上，大家举手赞成，表示愿意参加，会后又动员了十多户群众写申请，但是等到批准书办下来，原来同意入社的大部分农户却又反悔。杜奎气得上火生闷气，王国藩虽然心里不痛快，但并未外露，他分析区委赵书记的话"西铺村是个情况很复杂的村子，办社一定要注意依靠贫雇农，从无到有，从小到大，能坚持到底就是胜利。"两个人一下子心里敞亮了很多，看了看报名要入社的名单，不是要过饭的就是扛过长活的，都是贫雇农。王国藩、杜奎和其他两个党员梁近田、吴秀英开始分头动员贫困户，最后凑了 23 户人家。就这样，在王国藩的组织下，一个生产合作社成立了。

合作社成立时，全社仅拥有 230 亩贫瘠山地，还有 1 头驴的 3 条腿的所有权，没有任何农具。为了解决这一问题，合作社决定利用冬闲上山打柴卖钱，杜奎带着一队人上山打柴，王国藩负责社里的生产。二十天之后，靠打柴挣回了 430 元钱，当时正值年底，有一半的社员要求把钱分了回家过年。王国藩接受区委领导的指示，原本想用这些钱买来年春耕的农具，可听社员这样嚷嚷，不由面现愁容。王国藩等人经过研究决定开会给大家做思想工作，他把社员分成两组讨论，将不同意分钱的骨干成员安插到同意分钱的社员中进行说服和诱导，讨论了近半天，终于做通了多数人的思想工作，最后表决通过"不分钱"，同时按照社员的要求列出要购买的农具。第二天大早，王国藩和杜奎二人便带钱去遵化赶集，买回了羊、驴、牛和一些小农具，定制了一辆牛车，为来年的春耕做准备。

第二年清明节前后，来了场春雨，本是春耕的好时候，可是却没有种子，家家都是应付着肚子过的冬，哪还有余量留种子？有些社员建议跟政府要些种子，但是王国藩坚决不同意，他说："社刚办起来，八字还没见一撇呢，就向政府伸手，往后还怎么办！"① 他组织大伙开社员会想办法，最后决定还是大家分头出去借种子，有人借来了两瓢高粱，有人借了一兜玉米，双目失明的老贫农王生甚至远行几百里讨回了种子，在社员的共同努力下，终于适时地种上了地。"穷棒子社"在王国藩的带领下，依靠自己的力量，从三条驴腿起家勤俭办社，在这一年终于有了回报，粮食亩产达到254斤，超过互助组上年平均产量近一倍；粮食总产量45800多斤，扣除集体留粮，每户均分1400多斤。

"穷棒子社"迅速发展壮大。1956年成立高级社之后，社里出现了一股讲阔气，闹排场的风气。在一次社委会上，副主任高玉满建议将社里的小毛驴和花轱辘车卖了换成骡子、马和胶轮车，以衬得起全国闻名社的身份，瞬即就有几个委员支持他的意见，只有极少数反对。王国藩考虑到马和胶轮车不适宜山地生产，加之这是一种不好的风气，他说："我们可要记住那句话——过日子要从囤尖上省，不能从囤底上省。上级一再告诉咱们，一切要从需要与可能出发。区委的指示也是要发扬勤俭办社、自力更生的穷棒子精神。"② 他担心有些人不服气，当即召集所有队长开会讨论这件事，将自己的想法和副主任的想法跟大家讲清楚，由大家讨论。队长们从生产的角度以及公社本身的财力出发，认为还是不要卖毛驴和花轱

---

① 《穷棒子社的故事——河北遵化建明公社纪事》（上），人民文学出版社1966年版，第89页。

② 同上书，第133页。

辘。他们没有讲勤俭和浪费的道理，而是从实际工作中的体验出发，更具有说服力，王国藩利用这次机会教育了大家勤俭办社的道理。

"穷棒子社"从无到有，从弱到强，"勤俭"与"自立"贯穿于创社的整个历程，而这些精神在合作社中的凝聚，与其创社带头人王国藩不无关系。王国藩带领西铺百姓创建"穷棒子社"的同时，也将自身所具备的精神品质融入到合作社中，转化为自力更生、艰苦奋斗的"穷棒子精神"。艰难困苦的"时势"造就了坚毅勤俭的王国藩，坚毅勤俭的王国藩又造就了自力更生、勤俭创办的"穷棒子社"。

如上文分析，"穷棒子社"成立之初，跟新中国的总体国情一样，一穷二白，社员要么是啥都没有的贫农，要么是要饭的乞丐，还有无父无母的孤儿，全社仅有 23 户社员，230 亩贫瘠山地，仅拥有 1 头驴的 3 条腿的所有权，没有任何农具。在这种情况下，王国藩充分发挥了贫苦农民的"穷智慧"，没有生产农具，他组织社员利用冬闲时间到深山中打柴，换来了两头骡子、一头牛、一辆铁轮车、三十只羊和一部分小型农具；没有羊圈则组织社员从各家凑齐钉子、木棍，从河滩拣石头搭起羊圈；没有种子，则号召社员到亲戚朋友家借种子。办社期间，穷棒子社仅仅从信用社贷款 50 元。

王国藩为人耿直倔强、坚持原则。"大跃进"期间，全国各地大放卫星，虚报产量，遵化县也形成了这种风气，各公社领导竞相"放卫星"，产量越报越高。在一次产量报告会上，有个公社书记居然把白薯的产量报到亩产百万斤，王国藩也参加了那次会议，他对这种虚报产量的行为非常反感。会后，王国藩问那位书记："你体重有多少斤哪？"那书记被这句话问得一愣，说："一百多斤。"王国藩笑笑说："就你这么大个儿的白薯，一亩地能堆下一万个吗？"说罢扬长而去，对放卫星现象给予有力一击。

大跃进过后，1959 年开始在全国爆发了三年自然灾害，全国陷入大灾荒之中，然而西铺村却奇迹般地在此期间获得鲜果的大丰收。队部集体的梨园收获上千包梨，社员自有果树也摘了不少。集体、个人的农副产品是按照国家方针"发展经济，保障供给"，交售国家，还是投入市场卖高价，出现了两条道路的选择，王国藩主动将自家自有产品交售国家，给社员起了带头作用，与此同时，王国藩在干部和党员会上带领大家学习《人民公社工作条例（草案）》"要教育社员兼顾国家、集体和个人的利益，积极参加和关心集体生产，不损害公共利益……"经过反复的引导教育，王国藩终于做通少数反对社员的思想，将集体收获的梨低价交售给国家。

王国藩作为公社领导，表现出了克己奉公、以身作则、无私奉献的作风。王国藩成为劳动模范后，受邀在河北广播电台做演讲，作为酬劳，广播电台给王国藩寄来了演讲费，王国藩将钱退回去，可是电台又将钱返回并写信表明是王国藩应得的报酬。王国藩这时犯难了，对其他主任说："出外开会可是个好事呀，学知识长经验咱先不提，在哪开会吃的也不错，有时还抽个不花钱的烟。往里搭钱，那都是为自己爱花的人办出来的，为工作没有什么花钱的地方。再说你们也出去开会呀，补助你们吗？补助，这笔钱从哪开支？"① 王国藩硬是不要这笔钱，最后，将钱交给建明镇的文教委员王凤仪，给镇招待所添置了被褥。

可以说，王国藩被树立为全国农业劳动模范不是偶然的，有其必然性。分析中国共产党在建国初期树立的农业劳动模范如耿长锁②、李顺达③、史

---

① 张朴：《王国藩的故事》，《人民文学》1960年第2期，第31页。

② 耿长锁（1900—1982），河北饶阳县五公村人，中共党员，1951年、1979年两次获全国农业劳动模范称号。曾任河北省第四届政协副主席和第五届人大常委会副主任，是中共第八至十一大代表，第一、第二届全国人大代表。1943年，日本侵略军在华北平原疯狂扫荡，人祸不足，这一年又遇旱灾，抗日民主政府号召敌占区群众互助生产支援前线，耿长锁最早响应。1944年，他与另外三户农民办起了全国第一个土地合伙组，后来扩大成了"耿长锁农业生产合作社"。经过一年合作互助，粮食亩产200多斤，农民们看到了互助合作的好处，1947年入社的农户越来越多。到了1951年，合作社平均亩产提高到510斤，超过当地其他村生产水平的一倍多。他的"农业生产合作社"被誉为"开放在冀中平原的社会主义之花"，耿长锁也被毛泽东誉为"群众所信任的领袖人物"。

③ 李顺达（1915—1983），祖籍河南省林州市东山底村人，中共党员，全国劳动模范。曾任中共平顺县委书记、晋东南地委副书记和书记，先后当选为中共第八届、第九届、第十届代表大会代表和第九、十届党中央委员等。李顺达原是河南人，15岁时逃荒来到山西平顺县西沟村。1937年，抗日战争爆发后，李顺达当上了西沟村的民兵队长，次年便加入了中国共产党。为了响应党中央"组织起来，发展生产"的号召，1943年2月6日，李顺达联络了6户农民，建立了全国较早的农业劳动互助组。1946年，李顺达为激发群众植树造林、发展生产的积极性，自己掏钱买了山桃、山杏、核桃等树苗种在山坡和沟里，并领导制订了五年经济恢复发展计划，推动了全村农业生产的发展。1952年上级批准李顺达等28户农民开办农林牧生产合作社，他被选为社长。李顺达大胆创新，推行男女同工同酬和"六定一奖"计酬办法，激发了社员的干劲。秋后，粮食喜获丰收，亩产比互助组时期增加了30多公斤。当年，李顺达被中央人民政府授予爱国丰产"金星奖章"，成了全国著名的劳动英雄。

来贺[①]等，可以从他们的事迹中总结出共同的特点。笔者将简要总结出那一时期农业劳模的共同特点，即找出王国藩能够成为全国农业劳动模范的必然性，主要在于以下四个特点：

一是贫苦农民出身。无论是王国藩，还是李顺达，他们都是在苦水中泡大的孩子，他们与绝大多数当时的农民一样都是社会中的弱势群体，他们对贫苦体会深刻，具有强烈改变现状的愿望。因为自身的弱势，他们内心会有一种合作的意识，这种合作意识会自然地抵制竞争和市场，也会规避风险，倡导安全第一。从"国藩卖梨"的故事中我们可以体会到这种集体意识和优先满足生存需要的愿望。

二是都具备"老黄牛"精神。艰苦的成长环境练就了他们坚毅的品质和勤劳的品格，使得他们能够在恶劣的环境下带领村民克服困境；传统农民朴实的优良品质在他们身上传承，使得他们即使在领导的岗位上同样能做到无私奉献、克己奉公。在当时的中国，国家最需要的即是这种勤勤恳恳、无私奉献、坚毅不拔的农村领导者。

三是都是全国互助合作运动的领头雁。王国藩以及其他劳动模范都是带领村民最先在全国发展农业合作运动，他们出自贫苦农民家庭，使得他们对个体农民的脆弱性深有体会，而互助合作是克服这一困难的途径，因此他们选择合作化。他们之所以能够成为领头雁，是因为他们比普通农民更具智慧，能言善辩、思维敏捷，具有强烈的共同体意识并且能够将村民团结起来。

四是都带领村民克服村庄恶劣环境，走上农业大发展之路。以上四位农业劳动模范所处的村庄生产环境恶劣，西铺村是"夜住破草房，稀粥

---

① 史来贺（1930—2003），河南新乡刘庄人，中共党员，全国著名劳动模范，多次被授予全国民兵英雄、全国植棉能手、全国特级劳动模范等称号，曾9次获得毛泽东主席接见。1952年12月，年仅21岁的史来贺当选为刘庄村党支部书记，年纪轻轻便挑起了带领全村人脱贫致富的重担。从1953年开始，史来贺带领刘庄人车推、肩挑、人抬，起岗填沟，拉沙盖碱，用了整整20年，投工40万个，把刘庄周围750多块"盐碱洼""蛤蟆窝"改造成了旱能浇、涝能排的高产稳产田，建立起现代化农业园区。此外，他潜心研究棉花种植经验，使皮棉平均亩产达到56公斤，是当时全国平均产量的3倍，刘庄也因此成为全国的先进典型。为了让刘庄群众富起来，20世纪70年代，史来贺带领刘庄人又向工业挺进，兴办起机械厂、食品厂、造纸厂、淀粉厂等，不仅解决村民就业问题，而且积累了村庄财富，使村庄始终走在全国农村前列。

照月亮；全家一条被，三载着一装"① 的穷山村；西沟村是一个"光山秃岭乱石沟，庄稼十年九不收"的穷山沟。王国藩他们带领着如此贫困的村庄，能够走上农业连年丰收之路，正是国家所期望的农村发展方向。

对农业劳模所具备的特点进一步提炼：一方面，从阶级阶层层面，他们是中国最广大的贫苦农民的典型代表，拥有广泛的群众基础，他们的成长经历能够引起最广大农民的共鸣；另一方面，从意识形态层面，他们具备国家所期望的初步的社会主义意识品质和精神品质，即集体主义和合作精神等，因此他们能够得到国家的认同；此外，他们都取得了一定的成就，切实带领村庄摆脱了穷苦落后的状态。

因此，国家在这一时期树立的农业劳动模范具有一些共同特点并非偶然所致，与其所处的政治社会环境有密切联系。

三 "穷棒子社"

王国藩能够成为全国农业劳动模范，被树为全国政治典型，并不是一蹴而就的事情，而是渐次发展的历程。笔者以为，王国藩能够成为政治典型，有两个关键因素：其一，王国藩成功创办了"穷棒子社"；其二，毛泽东看重了"穷棒子社"。本章将以王国藩被塑造为典型的历程，围绕着这两个关键因素加以论述，并概括出农业劳模的形成机制。

（一）"穷棒子社"

土改之前，西铺村的广大农民过着"糠菜半年粮，祖居破草房，全家一条被，三载着一装"的苦日子。有二十多户常年靠讨饭度日，全村每年都有三十多口人被饿死。1947 至 1949 年，作为革命老区，西铺先于全国解放，迅即开展土改，村民每人平均获得 1.6 亩土地，农民们欢天喜地，但是到了 1950 年，开始出现两极分化。作为冀东山区，生产资料不足，多数农户赤贫。地少土薄产量低，无力耕作有撂荒，沙河泛滥靠救济，全村仅有 23 头驴和 6 头牛，平均 8 户才有一套农具，缺粮欠债、典房卖地、扛活讨饭很普遍。

---

① 《"穷棒子"之乡斗争史》，农业出版社 1976 年版，第 4 页。

1951 年，中共中央《关于农业生产互助合作的决议（草案）》公布后，1952 年 10 月 26 日，西铺村便建立了第一个农业生产合作社。在村民王国藩的动员下，有 23 户贫农入社，共 83 口人，男劳力 19 个，女劳力 9 个。全社拥有 230 亩贫瘠山地，仅拥有 1 头驴的 3 条腿的所有权（总共才有一头驴的四条驴腿的二点八，勉强算作"三条驴腿"。这头驴，社里用三天，社外用一天，过个把月再给社外补一天），除此之外，没有其他任何农具。西铺村的一些富裕户讥笑新成立的农业生产合作社，"看他们 23 户除去要饭的罐子就是打狗的棒子，还有什么？这样的穷棒子社早晚要穷散了"。面对冷嘲热讽，合作社社员在社长王国藩的带领下，用行动给了有力还击。"穷棒子社"社员改变了传统习惯，变冬闲为冬忙。他们兵分两路，一部分人作春耕准备，另一部分人上山砍柴卖钱，他们在迁西县的王寺峪奋战了半个多月，打了四万多斤柴，卖了 420 多块，换了两头骡子、一头牛、一辆铁轮车、三十只羊和一部分小型农具。1953 年，"穷棒子社"依靠自己的力量克服重重困难，迎来了第一个丰收年。在扣除集体留粮以后，平均每户收入 190 多元。"穷棒子社"的巨变，使西铺村更多的农民看到了合作社的优越性，他们也寻思着要入社。1953 年，在区委领导下，农业社扩大到 83 户。1954 年秋天，初级社第二次扩社，参加农业生产合作社的农民增至 148 户，土地扩大到 1900 多亩，除少数富裕户外村民基本入社，实现了全村农业生产合作化。[①]

两次扩社，又上了两次柴山，用卖柴的钱又添了不少生产资料。1955 年，"穷棒子社"已有骡马 4 头、牛 37 头、3 辆胶轮车、2 部双轮双铧犁、6 架喷雾器，公共积累 17000 多元，[②] 第一次向国家交售余粮 5455 斤，棉花 1943 斤，花生 131553 斤，当年王国藩领导的"穷棒子社"就由"遵化县第十区西四十里铺第一生产合作社"改名为"建明农林牧生产合作社"。1955 年 12 月，毛泽东在《中国农村的社会主义高潮》一书中高度赞誉"穷棒子社"为"我们整个国家的形象"，"穷棒子社"成为全国农业合作化运动先进典型、农业战线一面红旗，是全国"勤俭办社"的模范，"穷棒子精神"也成为全国倡导的精神。

---

① 《"穷棒子"之乡斗争史》，农业出版社 1976 年版，第 57 页。

② 同上。

1956 年 1 月，西铺与东铺、大于沟、白马峪等四个村取消了土地分红，全部按劳分配组成高级社，高级社共有 552 户，2655 口人，耕地6000 多亩，共分为 14 个生产队。建立高级社以后，各个村庄土地没有打乱，仍是各村自种，只把各村的集体副业归了大堆，固定资产达 20 多万元。农民向私有制作别，体制从初级社转入高级社、性质从半社会主义转入全社会主义。

1958 年 8 月，毛泽东同志发出"人民公社好"的号召，中央发布了《关于在农村建立人民公社问题的决议》。9 月 6 日，在遵化鸡鸣社区建立了人民公社，建明人民公社同其他农村人民公社一样实现了政社合一，既是我国农村社会主义集体经济组织，又是我国无产阶级专政的国家政权在农村中的基层单位。建明人民公社分为公社、生产大队和生产队三级，共包括 20 个生产大队，西铺大队是其中的一个①，王国藩为社长。建明人民公社生产逐步发展，到 1974 年，公社粮食总产量、果产品产量比 1957年高级社时期分别增产一倍多，骡马数量是 1957 年的近三倍，生猪数量是原来的二倍，集体总收入增加两倍，社员分配总额是原来的近两倍。（见表 3）

表 3　　　　　　　建明人民公社生产和收入的增长②

时期和年份		粮食总产量（斤）	粮食亩产（斤）	果品产量（斤）	骡、马（头）	生猪（头）	集体总收入（元）	社员分配总额（元）
高级社	1957	6,855,081	419	327,805	88	6,562	937,053	615,912
人民公社	1966	8,066,802	498	452,356	162	4,789	1,415,164	913,206
	1974	14,398,439	1,000	787,835	261	11,847	2,583,897	1,221,662

（二）"我们整个国家的形象"

"穷棒子社"原本是 20 世纪 50 年代河北省唐山市遵化县普普通通的

---

① 《"穷棒子"精神放光芒》，人民出版社 1976 年版，第 110 页。

② 同上书，第 114 页。

一个生产合作社，后来却成为那个年代声名远播、名震中华的合作社典型，"穷棒子"精神也成为中华民族弘扬的"自力更生，艰苦奋斗"的时代精神。"穷棒子社"命运的转折，发生在毛泽东主席在《中国农村的社会主义高潮》中的按语："我看这就是我们整个国家的形象"，而王国藩的个人发展历程也自此纳入中国亿万人的视野。因此，王国藩这位农业劳动模范的典型历程与穷棒子社、与毛泽东等一系列人和事紧密联系，笔者有必要阐述"穷棒子社"的典型历程。

1955 年初，中共河北省唐山地委主办的《唐山农民报》编辑部主任卢振川和另一位同志去遵化县十区洪鸭屯采访，在采访过程中，该村农业社社长姜公忠无意中谈到区委书记赵涌兴曾带人到他们这里蹲点，学习怎样办社。卢振川听后大受启发，他觉得报道如何办社是个很好的选题。回到报社，卢振川向报社总编辑郑毅作了汇报，郑毅觉得选题很好，便向地委书记周振华作了汇报，这同样引起了周振华的重视。

1955 年 4 月中旬，周振华、卢振川等五人到了遵化，在十区区委驻地鸡鸣村听完汇报，区委书记赵涌兴和区委副书记李计增陪同他们来到合作社创办较早、较为典型的西铺村。听完社长王国藩的汇报后，周振华表示，这个"区书记动手、全党办社"的经验很值得借鉴，便让卢振川写一篇报道宣传推广。卢振川和周振华共同拟定了报道提纲：第一部分的小标题叫"从不懂到懂"，写区干部从"绕开社走"到主动向农业社学习；第二个小标题叫"从少数人会到多数人会"；第三个小标题叫"从区干部办社到群众办社"，标题是《书记动手、全党办社》，最后由卢振川和赵亨运执笔完成初稿。回到报社后，卢振川把报道初稿又修改了几遍，经过郑毅、周振华审阅后，没有署名即在 1955 年 4 月 30 日的《唐山农民报》上发表。

直至此时，"穷棒子社"还只是河北省遵化县一个办社比较成功的合作社，他们的办社经验刊登到《唐山农民报》并未使"穷棒子社"掀起半丝涟漪。但真正让"穷棒子社"名震全国的是新中国第一代领袖毛泽东。

毛泽东是农业合作化运动的领导者、决策者和设计师，在当时情况下，走农业合作化是适合中国国情和社会主义发展方向的应时之举，得到了中共中央其他领导人的一致认可和支持。从 1952 年到 1955 年上半年，农业合作化运动获得很大发展。据 1954 年底统计，全国的互助组从 1951 年底的 468 万个增加到 993 万个，初级合作社由 300 多个增加到 48 万个，参加互助合作的农户由 2100 万户增加到 7000 万户，占全国农户总数的比例由 19.2% 增加到 60.3%。1955 年春，全国初级社发展到 67 万个，经过整顿，初步巩固 65 万个①。

从合作化开始到 1955 年上半年，我国农业合作化运动在"积极领导、稳步前进"的方针指导下，发展基本稳健。但是到 1955 年下半年，中共党内在农业合作化的发展速度问题上产生了分歧，出现了两个声音，一方是"加速派"，以农业合作化运动的设计师毛泽东为首，他们主张加快农业合作化进程；另一方是"巩固派"，以农业合作化运动的主要负责人邓子恢为首，他们认为合作化应当放慢脚步，巩固已有的合作社。1955 年 6 月，毛泽东去南方考察后，对农村形势和农业合作化的发展有了新认识并做出新判断。他主张修改计划，到 1956 年春天，农业合作社要由 1955 年 6 月的 65 万个增加到 130 万个。邓子恢不赞成改变计划，认为合作化运动应与工业化的速度相适应，发展不宜过快；干部领导水平和群众觉悟水平不同，需要逐步提高，分批发展；从 1954 年春的 11 万个社到 1955 年春的 65 万个社，发展过快，存在的问题很多，巩固的任务很重，应着重巩固现有的合作社。② 针对党内出现的合作化发展中的分歧，两种观点各有各的道理和依据。毛泽东为了实现把党内意见统一在自己周围，1955 年 7 月，在《关于农业合作化问题》的报告中不点名地批评了邓子恢在农业合作化问题"像一个小脚女人，东摇西摆地在那里走路"，是一种右倾错误，批评邓子恢是从资产阶级、富农或者具有资本主义自发倾向的富裕中农的立场出发。到了 10 月，毛泽东在中共中央扩大的七届六中全会上，进一步对邓子恢点名严厉批评，并定为"右倾机会主义"。③ 自此，两派的斗争已经上升为阶级斗争和思想路线斗争。

笔者之所以多费周章详述合作化中的两派分歧，因为"穷棒子社"正是在这一时期被毛泽东称为"我们整个国家的形象"。"穷棒子社"的成功经验是毛泽东批判"小脚女人"的重要佐证。"穷棒子社"从 1952 年成立，到 1956 年发展成为高级社，进而到 1968 年最终成立的人民公

---

① 王朝彬：《共和国的村庄》，山东画报出版社 2009 年版。

② 同上。

③ 毛泽东与邓子恢关于合作化问题的三次论争，摘自《说不尽的毛泽东》，中国年鉴网。

社，仅仅 5 年时间完成了三个阶段的跨越；"穷棒子社"在建社之初一穷二白，办社条件之差比起其他合作社有过之而无不及，毛泽东认为王国藩社的成功办社经验并非特例，具有典型性和可复制性，这能够充分证明农业合作化进程可以进一步加快。

1955 年 10 月中旬，毛泽东编写了《怎样办农业生产合作社》，收编了"书记动手，全党办社"一文，而且放在了第一篇。同年 12 月，毛泽东主席第二次编此书，书名改为《中国农村的社会主义高潮》，同时增补了河北四篇文章，其中包括《河北日报》发表的集中介绍王国藩合作社勤俭办社感人事迹的通讯《勤俭办社》，并对这两篇文章做了按语："这（《书记动手、全党办社》）① 篇文章写得很好，值得作为本书的第一篇向读者们推荐……遵化县的合作化运动中，有一个王国藩合作社，二十三户贫农只有三条驴腿，被人称为'穷棒子社'。他们用自己的努力，在三年时间内，'从山上取来'了大批的生产资料，使得有些参观的人感动得落泪。我看这就是我们整个国家的形象。难道六万万穷棒子不能在几十年内，由于自己的努力，变成一个社会主义的又富又强的国家吗……""这（《勤俭办社》）② 里介绍的合作社，就是王国藩领导的所谓'穷棒子社'。勤俭经营应当是全国一切农业生产合作社的方针，不，应当是一切经济事业的方针。勤俭办工厂，勤俭办商店，勤俭办一切国营事业和合作事业，勤俭办一切其他事业，什么事情都应当执行勤俭的原则。这就是节约的原则，节约是社会主义经济的基本原则之一……"这本书发行量非常大，对合作化运动的影响也非常之大。就这样，平静的"穷棒子社"从此成为全国办社典型。

从上文可见，使"穷棒子社"一举成名并载入历史的，是毛泽东主持编辑的《中国农村的社会主义高潮》，毛主席将"穷棒子"的办社经验放在书中的第一篇，可见他对"穷棒子社"的重视程度。没有这本书的出版，"穷棒子"的影响不会高涨，仅靠《唐山农民报》卢振川的文章和《河北日报》王林的文章是不可能有此效果的。

之后，毛泽东曾在多个重要文件中提到王国藩社（即"穷棒子社"），

———

① 笔者加注
② 笔者加注

在《关于正确处理人民内部矛盾的问题》中讲到农业合作化问题时，他以王国藩社为例，在中共八大二次会议和第二次郑州会议上也都提到了王国藩社。在中共八届八中全会期间，毛泽东的秘书胡乔木于 8 月 5 日向毛泽东送阅了一期《经济消息》，毛泽东在阅读完《王国藩社的生产情况一直很好》一文后写了批语："将这四篇印发各同志。请各省、市、区党委负责同志将王国藩人民公社一篇印发所属一切人民公社党委，并加介绍，请各公社党委予以研究，有哪些经验是可以采纳的。据我看，都是可以采纳的……"① 由此可见，"穷棒子社"在中央领导心目中和在全国的"典型"地位。

（三）首届农业劳模

我国社会的典型形式多种多样，笔者将其归结为三类：一类是典型人，这是树典型中最常见的形式，可能是一个人，也可能是一个团队，例如王国藩、陈永贵等本文论述的个人典型，还有华山抢险战斗集体、雷锋班、海地中国维和人员等典型团队、典型集体；一类是典型事件，如杭州妈妈徒手接坠楼女童、长江大学学生勇救落水儿童、孝女 12 年照顾养母等典型事件；一类典型社区，如"穷棒子社"、华西村等典型社区。这三类典型不是孤立存在，而是存在着无法割裂的联系。事件的发生必然由人、时间、地点构成，国家在树立典型时，为保证典型效应的充分发挥，则需要多维度、全方位挖掘典型因素。首先以事件为出发点，将事件确定为典型，然后进一步延伸，将事件的主要人物、事件发生的社区同样树为典型，"点"（人物）、"线"（事件）、"面"（社区）多维度进行，这样才能最大限度地发挥典型宣传、典型动员的作用。"穷棒子社"因其自力更生、勤俭办社而被毛泽东树为典型，带领其发家致富的带头人也必然会成为典型，王国藩个人的典型塑造则是遵循这一规律。

1956 年年底，王国藩接到了出席全国劳模大会的邀请函。1957 年 2 月，王国藩同遵化县县长李化一出席了在北京召开的全国首届农业劳动模范代表会议，王国藩当选为第一届全国农业劳动模范。自此，王国藩这位

---

① 中共中央文献研究室：《建国以来毛泽东文稿》第八册，中央文献出版社 1993 年版，第 57 页。

穷山沟长大的贫苦农民成为了全国农民的典型代表，成为合作化时期的风云人物，也与毛泽东等党和国家领导人结下了深厚的情谊。

王国藩曾经 10 次受到毛泽东主席的接见，其中有 8 次握手。1964 年 12 月 21 日至 1965 年 1 月 4 日，王国藩出席第三届全国人民代表大会第一次会议，临近会议结束，毛泽东等国家领导人接见了全体与会代表，在众多代表中，毛泽东仅与王国藩和鞍钢工人孟泰两个人握手，握手长达 1 分钟之久，期间只是微笑，没有说话，意在表明要实现四个现代化，必须以农业为基础，以工业为主导。后来，王国藩通过询问才明白此次握手的深刻含义，也更理解了自己所代表的身份的重要性。

王国藩作为第一届全国农业劳动模范，作为全国人民学习的典型人物，同其他劳模一样，紧随其后的是社会和政治地位的提高。1959 年、1964 年，王国藩两次以全国人大代表身份出席第二、第三届全国人民代表大会。1969 年 4 月 1 日，中国共产党第九次全国代表大会在北京召开，毛泽东主持会议，提议王国藩进入党的中央委员会，在 4 月 28 日会议上，王国藩当选为中央委员，进入了党的最高领导机构。此后，在 1973 年 8 月举行的中国共产党第十次全国代表大会，王国藩当选为新的中央委员。1977 年 8 月，中国共产党第十一次全国代表大会在北京召开，王国藩再次当选为中央委员。[1] 1971 年至 1977 年，王国藩先后担任唐山地委书记、唐山地区革委会副主任、遵化县委第一书记等职；并以中国代表团成员身份访问过苏联、叙利亚、巴基斯坦等国家。

王国藩成为全国农业劳动模范之后，其事迹得到了广泛报道。1959 年—1990 年期间，《人民日报》曾经 14 次报道王国藩及王国藩社，2 次刊登王国藩的文章，1 次刊登王国藩与毛泽东的握手合影；《河北日报》曾经接连发表 6 篇社论阐述学习穷棒子社的意义；1960 年，河北人民出版社出版了《王国藩的故事》，书中讲述了王国藩的光荣事迹；新中国连环画奠基人刘继卣曾三次来到西铺村创作了《建明人民公社的早晨》《王国藩与建明社》《穷棒子扭转乾坤》等美术作品；以王国藩社为原型的《卖磨退钱的故事》曾被选入部分省份的中学课本，教育和影响了后来的几代人；王国藩曾受邀在河北广播电台做演讲，讲述"穷

---

[1] 孙聚成：《毛泽东请王国藩吃家宴》，（摘自）《中华儿女》。

棒子社"的创业历程；1974 年，拍摄了电影纪录片《穷棒子精神谱新篇》。笔者对王国藩成为典型人物后得到的一系列嘉奖进行了分类总结（见下表）：

权威认可	毛泽东：2 个重要著作和文件提及；3 次会议提及 周恩来：2 次考察
仪式表彰	毛泽东 10 次接见，8 次握手 授予"全国首届农业劳动模范"奖章
地位提升	1959 年、1964 年两届全国人大代表； 1969 年、1973 年、1977 年，3 次当选为中央委员；1971—1977 年，王国藩先后担任唐山地委书记、唐山地区革委会副主任、遵化县委第一书记等职
文化褒扬	主流报刊：《人民日报》17 次报道；《河北日报》6 次报道 出版物：《王国藩的故事》《"穷棒子"之乡斗争史》《"穷棒子"精神放光芒》《穷棒子精神开花结果》《穷棒子社的故事》《卖磨退钱的故事》（入选教科书） 美术作品：《建明人民公社的早晨》《王国藩与建明社》《穷棒子扭转乾坤》 电影纪录片：《穷棒子精神谱新篇》

从以上四类褒奖方式来看，除去地位提升能够给王国藩带来一定的工资收入提高外，其他的奖励都是精神层面的。可见，国家对典型人物的奖励主要从精神层面，究其原因，其一，物质奖励容易滋生百姓的物欲，与社会主义主张的奉献精神背道而驰；其二，物质奖励仅仅是对个人的奖励，而精神奖励则能够为群体共享，给集体带来荣誉，进而产生连带效应；其三，在当时的国情下，国家没有多余的财力支撑。整体而言，在国家财力不足、百姓思想淳朴、中央政府支持度高的国情下，精神层面的褒奖所产生的效果要优于物质奖励，无需花费过多财力而又能够产生良好的动员效果。

（四）劳模的形成机制

上文对王国藩由普通的农民成长为全国闻名的农业劳动模范做了详细的叙述，王国藩的成长历程有其独特性，然而通过比较其他同时期的农业劳动模范的成长过程，我们可以发现劳动模范在其塑造过程中也有着内在的形成机制。

劳动模范的作用取之于"模范"的原始含义，模具、模型、仿照物，即劳动模范是劳动中学习的榜样；劳动模范的形成机制与用模具制造器物的过程同样有相似之处。器物制造者制造器物时，首先按照自身的需要制作出模具，然后将材料浇注到模具中，等到成型之后对器物进行细致的雕琢和打磨，器物便制作完成。劳动模范的形成机制是政治权威主体和准劳模客体相互作用的过程，笔者此处将具有劳模特质的人暂称为"准劳模"。

劳动模范的形成过程中政治权威是行为主体，而劳模本身成为了客体在此处政治权威所扮演的角色便是器物制造者，劳模则是政治权威制造的"器物"，用当前网络流行词汇则是"被劳模"了。笔者将劳模的形成过程分为如下几个阶段：（1）政治权威根据自身需要拟定"准劳模"的条件；（2）政治权威依据条件选择"准劳模"并使其成为劳模；（3）政治权威重塑并宣传劳模，使其发挥效应。劳动模范的形成机制便是政治权威根据自身需要选择→重塑→宣传劳模，以满足政治需要，劳模则充当政治权威的政治符号，并发挥其效应。

笔者将以王国藩为例，具体分析劳动模范的形成机制。本文一直将王国藩放在主体地位，但王国藩被评选为农业劳动模范却是被动的。王国藩之所以能成为劳模，一方面与其带领贫苦农民勤俭办社，获得农业大发展紧密相关；另一方面，毛泽东对其业绩的认可更起着决定性的作用。新中国成立初期，劳动人民实现了角色转变，由被压迫阶层上升为国家主人，中国共产党需要让百姓认识到自身地位的转变，而树立劳动模范是褒扬劳动人民的重要形式。经过战争洗礼的中国，百废待举、物资紧缺，农业作为基础产业关系到国民经济的恢复发展和社会的稳定，鼓励农民大力发展农业至关重要，而计划体制的弊端容易造成百姓生产缺乏积极性，毛泽东主席在常年的带兵作战中深刻认识到树立典型人物所带来的激励、动员效应，因此树立农业劳动模范恰好能满足当时需要。此外，20 世纪 50 年代，中共内部对于合作化运动产生了分歧，王国藩的事迹恰好成为毛泽东论证其观点的重要论据，这也是毛泽东在那段时期的文件中频频提及王国藩社的重要原因，同样也是王国藩能够成为劳动模范的决定性原因。当然，王国藩自身所具有的劳模特征和创业事迹也是他能成为全国劳动模范不可忽视的原因，因为这些正是当时政治权威所极力倡导的。

选择典型只是政治权威的第一步，若要达到政治权威的预期目的，还需要对典型重新包装和广泛宣传。王国藩当选为农业劳动模范后，紧随其后的便是狂轰式的全方位宣传。从中央层级的领导人接见、重要文献提及、《人民日报》的多次报道，到地方层级的组织参观学习，接受媒体采访；宣传领域涉及新闻界、文艺界、教育界等各个领域。宣传的目的在于传达出政治权威的政治信号，使得民众知道政治权威所倡导的政治符号。

1960 年，第二届全国人民代表大会第二次会议在北京召开，毛泽东主席与王国藩再一次亲切握手，这一瞬间被记者抓拍下来。这是王国藩生前最珍视的一张照片，这一瞬间也永久地镌刻在西铺村委会大院，保留在"穷棒子"村史馆。毛泽东和王国藩两个人相视微笑，双手紧握，但是一位是全国人民敬仰的开国领袖，另一位则是名不见经传的普通农民，这样一种场景对于普通百姓而言是一生甚至几代人莫大的荣誉。除此之外，在中国，这种荣誉还会带来种种资源。总之，对典型的褒扬可以激励典型本人，也可以激励他人，这正是政治权威树立典型的目的所在。

基于特定的目的，政治权威在典型的选择上必然有一定的原则。毛泽东在赞扬"穷棒子社"时抓住其两点：第一，自力更生；第二，艰苦奋斗，即后来的"穷棒子精神"。政治权威之所以大力倡导"自力更生，艰苦奋斗"的"穷棒子精神"，与当时中国的国情密不可分。

刚刚建立的新中国久经战乱、民生凋敝、国力空虚、物资紧缺，在这种国情国力下只能"自力更生，艰苦奋斗"。毛泽东将通过这种方式发展起来的"穷棒子社"树为典型，在全国推广"穷棒子精神"，即是号召全国人民要通过"艰苦奋斗，自力更生"建设新中国，一无所有的"穷棒子社"能做到，其他地区同样也能做到。经过常年战乱的中国人民，还没有挥去战争的思想阴影，没有做好建设新中国的思想准备，这也需要政治权威统一全国人民的思想和价值观，实现社会的重新凝聚，"艰苦奋斗"的"穷棒子精神"恰好符合这一时期的价值观念。

"穷棒子社"是在王国藩的带领下建立起来的,"穷棒子社"的"穷棒子精神"在王国藩身上也有所体现,更确切地说是王国藩自身的一些个人品质凝结到了"穷棒子社"中。正是因为王国藩具有坚毅、勤劳、勤俭、朴实的品质,才能带领着西铺村民走上了脱贫致富的道路,也使"穷棒子社"具备了自身的一些品格。政治权威将王国藩评为农业劳动模范,毛泽东与王国藩亲切握手,以及赋予他更多的荣誉,都是基于一种政治动员,王国藩被赋予了政治符号身份,"穷棒子精神"也升华为一种国家倡导的民族精神、时代精神。

四 众说纷纭

(一) 国家重塑

王国藩被树立为农业劳动模范后,人生自此转变,他不再是一个社会中的个体,也不再是一个普通的农民,政治权威将他推向社会的前台,他成为中国农民的代表,被符号化为中国农村带头人理想中的形象。"穷棒子社"也被贴上典型标签,代表了合作社发展的方向。为了保证政治典型的典范性、理想性,政治权威会对典型重新改造。王国藩被评为劳动模范后,曾两次担任全国人大代表,一次出席党代会,这对于他是政治地位的提升。同时,他通过参加会议也增长了对国家方针政策的了解;王国藩也曾作为中国代表团成员访问过苏联、叙利亚、巴基斯坦等国家,去国外学习农业发展经验;1975 年,遵照毛主席"一面读书,一面参加工作"的指示,党中央开办了四期"中央读书班",王国藩参加第四期"中央读书班",学习了马克思主义的部分理论和毛泽东的一些著作,以及当时重要的时事政治文件。

"穷棒子社"以"自力更生,勤俭办社"而闻名全国,在其成为全国典型之后,从中央到地方政府也给予了穷棒子社特殊关照。周恩来总理曾经两次来西铺视察,陈毅、李先念、胡耀邦等党和国家领导人也先后来西铺村考察。为支持穷棒子社的典型塑造,唐山市、遵化县从上到下全力支援,1959 年,唐山市将市区 15000 名少先队员劳动换来的拖拉机——"红领巾一号",赠送给遵化县建明人民公社;上级为了培养西铺典型,拨款 1.2 万元资金无偿支援西铺村（西铺用了 800 元，其余钱款分给其他大队）；遵化县不仅派专人进村蹲点指导西铺的接待工作，全县最初两条电线的铺设，其中一条就牵进了西铺村；西铺大寨田的修造，全社社员投入劳动中。总之，为支持王国藩社以及本人的典型重塑，使其更完美，政府和社会对其进行重点扶持。

政治权威对王国藩的重塑还表现在对王国藩事迹的宣传报道方面。40 年代到 80 年代中期，中国化"典型"理论进入高潮期，文艺界、新闻界成为党的喉舌，充当宣传政治典型的阵地。政治权威针对当时中国的国情，急需媒体发挥整合社会的功能，通过提供统一的价值观系统，去保证大多数人社会行为的一致，进而实现社会凝聚力的提升。这在客观上需要典型人物的精神实质的统一——勤恳朴实、任劳任怨、技术能手；而人物形象更是"行动样板"式的——克制个人欲望，舍小家顾大家，成为"道德标兵"。[1] 典型人物被塑造成为"圣人"形象，其优点被放大，缺点被忽略，毫无瑕疵地呈现在民众眼前。王国藩在媒体笔下，俨然成为一位完美无缺的"大英雄"。"穷棒子社"的创业历程和王国藩的领导作用被突显。而实际中，王国藩只是领导之一，杜奎作为"穷棒子社"的二把手，佟起作为会计，还有其他成员，在"穷棒子社"建立发展中都发挥了重大作用，而在宣传中却被忽略。有些文学作品把阶级性放大，政治色彩浓厚，甚至将杜奎作为王国藩的反衬人物出现，而现实中，在创业阶段和发展初期，二人是伙伴关系。

（二）百姓眼中

1978 年，王国藩退休回到西铺村继续务农，与此同时，他一直为西铺村全面致富而奔波劳神，利用自己的影响力为村、为镇谋福利；1984 年 7 月，他担任遵化县水利局顾问；1994 年 10 月，王国藩突发脑血栓，一病不起，后来一直由他的孙女照料；2005 年 7 月 30 日，王国藩因病医治无效逝世，享年 86 岁。

王国藩的孙女王秀宏在谈起自己的爷爷时，内心洋溢着敬仰之情，她

---

[1] 麦尚文：《新时期中国典型人物"媒介形象"的变迁与突破》，《新闻大学》2006 年第 2 期，第 70—76 页。

说："他给我印象最深的就是他这种艰苦奋斗的精神，这种自强自立、大公无私的这种精神，使我自己感觉到，不光是因为他是我的爷爷，确实是我为有这样的爷爷感到骄傲。"

在对村民的采访中，大家对王国藩的评价也是比较积极的。接班王国藩的前村支书屈环在谈论王国藩时夸奖他"会当领导"，王国藩到县里当领导后，经常嘱咐屈环"放开膀子大胆地干，干出错来我负责，就说我让干的，干出好来就是你们的，不要缩手缩脚，干工作还有不出错的？"王国藩很关心群众，屈环曾经腿上生了两个疮，王国藩将医生找来给他包扎好，命令他休息两周才能干活，屈环现在回想起来还很感动。

村民王庆忠谈论到王国藩给他的印象时，他笑着说："他（王国藩）讲话也不打草稿，想啥说啥，直来直去，大家也不忌讳他。他爱闹，特别简朴，上北京开会也穿大缅裆裤。"王国藩不爱钱，为人勤俭，王庆忠还列举了王国藩捐钱的一个事例："王国藩跟古鉴兹打官司时胜诉，得到八千多元的赔偿金，他一分没要，全部捐给了贫困地区。"

在"文革"期间曾经批斗过王国藩的孙柱现在也用"三七开"评价王国藩。"他作风上有些问题，也有一些历史问题，但是他的成绩是大的，缺点是次要的，还是要三七开。不管怎么说，那时入社都怕吃亏，尤其是家有耕畜、劳力的，人家王国藩首先带领入社，不办社人家生活也中，毛主席说共产党重在表现，王国藩人家表现好。"当孙柱生病时，王国藩直接操持着找先生送医院，孙柱家里困难他也帮忙。

曾经和王国藩一起创业的原 23 户成员佟印在回忆王国藩时说："他对党员要求很高，开会时差一个党员也不行。"对于王国藩的功过是非，他觉得"王国藩还是为村做了很多事情，但是当领导后也出了些问题，总体来说还是很好的。"

通过访谈笔者也了解到，王国藩在晚年也留下了些败笔，特别是遵化"吴李陈"案，《人民日报》曾将此案定性为"前县委主要负责人凌驾于党委之上，实行'家长制'，大搞'一言堂'，违反党纪国法。"在调研中，有些村民说这是因为王国藩没什么文化，被别人利用了，才制造了此次冤案；也有村民认为确实是王国藩在担任县领导后滋生了专制作风。可见，村民们对于王国藩仍然持有尊重、敬仰、宽容的态度。

王国藩的模范效应是否发挥了作用，笔者也做了相关访谈调查。当问及为何当时的农民能够跟王国藩一起干时，屈环说："那时的人朴实，干部也带头，言教不如身教，那时候人穷，有穷义气。"王庆忠也表示："（王国藩）一心为公，一心为大伙服务，想让穷户过上富裕生活，群众都拥护他。"

当问及解放初期的劳动模范与现在的劳动模范比较有何差别时，村民吴宝利说："过去的劳动模范对百姓的影响更大些，那时的劳模是实实在在为全国做榜样，那不简单；现在的劳动模范，有的是真创造了价值，有的劳动模范是靠个人的才智，但是对周围的影响不一定大，个人表现能力强，那时候影响多大呀，大家都跟着劳模干，那真不简单。"

从村民对王国藩的评价来看，王国藩能够成为全国著名劳动模范，确实如政治权威报道的一样，他确实为西铺百姓作出了贡献，但是"人无完人"，王国藩同样具有自身的缺点，正如孙柱所说"要三七开"，西铺百姓也理解王国藩，因为"谁没有缺点呢？"

作为全国的典型人物，典型人物本身也会被带上无形的"枷锁"，因为他们时刻都受到民众的关注和监督，时刻要保证自己的光辉形象，处处起到模范作用。王国藩同样这样要求着自己，他担任县级干部之后，并没有享受干部待遇，而是跟从前一样赚工分，只是由于不能经常参加劳动，只能用县里的补助购买工分，每天用1元钱购买8个工分；在生活上，年过七十的王国藩还是一项解放帽，一件青布衫，一条缅裆裤打扮；别人家都盖了新房，王国藩依旧住着三间破瓦房，直到1995年房子实在不能住了，才重新盖了房子，家里两口老式柜，一条长板凳（总理和外宾坐过的），9英寸黑白电视坏了，他说买台大的黑白电视就可以。王国藩孙女王秀宏说："我爷爷这一生，一直到去世，甚至教育我们下一代，从来不让我们给政府添任何的麻烦。"为了支持王国藩的工作，其家人也作出了一定的牺牲，王秀宏说："我母亲原本是国家正式工，但是嫁给我爸爸后，因为家里事情多，要照顾老人，下地干活，母亲成了家里的主劳力，爸爸就不让她去工作了。"

五　不是结语的结语

一个新的国家的建立，首先是建立政权的过程，然后便是建设国家的过程。新中国要建设的是社会主义国家，首先则需要民众明白什么是社会主义。社会主义的特点从阶级层面看，广大的无产者（又可以称之为广大劳动人民，主要包括工人阶级、农民阶级）是国家的统治阶级；从所有制层面看，社会主义新中国最终要实现生产资料的公有制；从生产方式来看，要实现社会化大生产，发展社会主义生产力，建立社会主义生产关系。具体结合新中国的国情，则是要首先完成社会主义改造。中国作为传统的农业大国，农村和农民是最主要的社会主义改造对象，因此，社会主义改造的第一步便是从农村和农民开始。劳动模范引入到农业正是考虑到将农业劳模作为引导广大农村走向社会主义的领路人。究其原因，有两点。首先，从农业生产特性看，传统中国是一个小农社会，小农社会的特点如马克思所形容的"便是由一些同名数简单相加形成的，好像一袋马铃薯是由袋中的一个个马铃薯所集成的那样"。分散的小农生产很难满足工业化发展的需要，国家亟需改变农村的落后生产方式，建立社会主义生产方式。其次，从农民的小农心态看，历史上的农民都是以家庭为中心，少有集体观念和合作意识，如果把农民组织起来，需要有合作意识的乡村精英的带领。再次，从乡村社会治理的视角看，中国的广大农村历来处于国家政权的边缘，处于相对自治状态，乡村精英在农村扮演着管理者的角色，新中国需要通过这些精英人物引导农村向社会主义过渡。

不仅如此，农业劳动模范不仅是农村社会主义的领路人，还发挥了国家整合的作用，主要表现在三个方面。一是行为上的整合。新中国刚刚在战争后成立，面临着休养生息、恢复国力的任务，长期战争的洗礼使得国衰民乏，而发展农业是发展一切的基础。面对着外无援助，内无物资的国情，只能发扬"艰苦奋斗、自力更生"的精神，通过将具有"艰苦奋斗、自力更生"的精神的人树立为农业劳动模范鼓励广大农民依靠自己的力量发展农业生产。二是思想上的整合。传统中国社会，劳动者处于社会的底层，长期处于被剥削的地位，新中国成立后，广大劳动者成为国家的主人，为达到转化社会观念的目的，让民众认识到劳动者地位的改变，特别是让广大农民认识到自己现在是国家的主人，努力发展生产是在为自己劳动，也需要通过树立农业劳动模范，使广大农民意识到要尊重劳动、热爱劳动，努力通过自己的劳动建设新中国。三是政治上的整合。在过去的传统社会，中国农村长期处于相对封闭、隔绝的状态，国家政权很难深入。

新中国建立后，中国共产党面临着建立新的政权体系的境况，而农村长期处在封闭和自治状态，乡村精英在乡村扮演着"统治者"的角色，中国共产党想要将农村纳入其体系，则要将乡村精英纳入体制内，农业劳模随即充当了国家在乡村基层的代理人角色。

不过，广大的农业劳动模范被纳入了国家政治体制内之后，便被推向了历史的前台，随着国家政治形势的变化在政治漩涡中沉浮。合作化时期，农业劳动模范意气风发，带领着广大农民轰轰烈烈地开展合作化运动；然而，在"文革"时期，很多农业劳模走向了人生的低谷，成为被攻击的对象；"文革"结束后，农业劳模们沉冤得雪，或是重新成为村庄的精英，或是归于平淡。

新时期，劳模制度依旧存在并发展，有了新的时代特点，主要表现在：一，评选标准更具时代性。新时期的劳模是先进生产力的杰出代表，在评选标准上，更加注重社会贡献，特别是经济、技术创新的贡献；二，评选对象更具广泛性。随着社会生产力的发展，劳动者的外延得到扩大，不仅包括体力劳动者，还包括脑力劳动者，劳动生产涉及物质生产、精神生产、社会建设、科学研究、管理实践等各个领域；三，劳模构成更具多样性。不仅包括工人、农民，还包括高级技术人才、管理人才、政府公务人员、民营企业家、教育工作者、体育明星、在华外国人等各个社会群体。

农业劳模是一个历史性角色，他们应时代产生，也必然会随着社会的发展而改变。在市场经济的大潮中，开拓进取、改革创新、贡献价值、与时俱进等已经成为领跑时代的新的风向标，新时期的劳模制度设计中，折射出国家政策的倾向性。农业劳动模范已经失去集体化时期耀眼的光辉，他们不再是带领农村共同致富的带头人，更多的是村庄的个体致富典型，他们自身不会关注其他人的发展，他们也很少引起广大农民的关注，这使得农业劳动模范的典型效应锐减，仅仅沦为为致富能手再添光环的一种荣誉。

民办教师：乡村教育中的国家编外人员

【导读】民办教师是处于中国特殊时期的一个群体，扮演着特殊的角色。同时，在不同的历史阶段，对于民办教师内涵的诠释有着不同的内容。民办教师的产生既是对传统因素的一种延续，更是新中国现实性的一种必然选择。本文选定了五位民办教师，从底层视角出发，并结合当时的历史背景，对民办教师身份的如何出炉、延续、调整以及身份的最终转变等问题进行探讨。民办教师身份的转变更重要强调从国事民办到国事国办、从编制外到编制内的过程，其动力在于国家与集体在不同阶段对乡村教育的管理权力的变化。可以说，民办教师身份转变的历史，衍射出新中国建立之后的经济发展历程，他们是教育现代化甚或现代化目标的见证者与推进者。

"民办教师"一词最早源自于教育部1962年的文件。然而，它的历史可一直追溯到土地改革时期的教育规划。教育部在一次国家初等教育会议上提出有关问题："五年时间（1952年—1957年）要让我国适龄儿童入学率达到近八成，要在十年之内将小学教育完全普及。在办学方面要动员群众加入，来解决办学筹资问题。"伴随着这一情况的发展，当时的民办学校与民办教师逐步出现。截止到1966年，民办教师逐步经历了压缩、调整和再发展三个阶段。① 在1968年11月，在中国的大地上有这样一种思想蔓延到了中国的农村，即著名的"侯王建议"，主要是大队开始开办公办小学，小学教育和教师的费用，由国家拨付费用改为记工分，每个老

---

① 中央教育科学研究所编：《中华人民共和国教育大事记》（1949—1982），教育科学出版社1984年版。

师要在当地的大队任教。① 伴随着十年"文革"，民办教师的发展难免不受影响。"文革"十年是民办教师发展的顶峰，呈现出"重数量而不重质量"的畸形发展态势。

在 1980 年之前的两个发展阶段，农村实行集体经济形式，民办教师待遇实行国家补助加工分的方式，此时的工分教师的待遇经历了两个时期，即是"薪粮制"时期与集体经济时期。国务院在 1983 年 5 月就增强与发展农村学校教育的相关问题，在一次教育通知中提出："要办好学校就必须培养出一支合格的教师队伍。务必尽早做好相关工作。"② 此后提出"关、招、转、辞、退"的这五个关键词，也成为国家对民办教师队伍进行治理与整顿的关键举措，是对受"文革"影响而畸形发展的中国教育的重新塑造。国家对于民办教师的整顿管理的时间处在 1978 年到 1993 年的十五年。在此期间，农村进行经济体制改革，实行家庭联产承包责任制，民办教师的任务发生了变化，主要有两块"责任田"——学校要质量和家里要产量。民办教师仍然是一个具有双重角色的耕读教师。

自 1994 年起，民办教师不断被纳入编制，逐步实现了与公办教师同等待遇，"民转公"成了所有民办教师的美好夙愿，民办教师问题逐步从根本上加以解决。伴随着 20 世纪末民办教师问题的逐步解决，这一身份有了最终的归宿。一些民办教师就此划上了句号，仍有一些民办教师转变了身份毅然奋斗在教育第一线。民办教师作为乡村教育中的一名国家编外人员，相对公办教师属于边缘群体和弱势群体，但他们却为中国的基础教育做出了巨大的贡献。就笔者而言，与民办教师有不解之缘，一是笔者的外公原是一位乡村民办教师，他渊博的学识和为人师表的风范铭刻心间，时常对我们三姊妹讲到："学生的肚子，杂货铺子"，作为学生要多学知识，才有可能信手拈来。儿时便对教师这一职业有着深厚的感情，以至于后来选择了中师。二是笔者从 2001 年师范专业到现在就读于华中师范大学，"师范"一词伴随了笔者近乎十余年，切身感受到教师这一职业"传道、授业、解惑"的魅力。

民办教师在每一阶段的变化并不是偶然出现，而是有着重要的逻辑关

---

① 《人民日报》1968 年 11 月 14 日。

② 参见：http://www.people.com.cn

系。本文选定了笔者家乡（兴隆村）的五位民办教师作为研究对象，通过查阅相关资料和深度访谈的方式，选取微观视角，以民办教师个体的角度深刻分析当时民办教师身份是如何形成，以及民办教师身份从产生到消失这个过程的内在逻辑是什么？这有别于以往从国家、政策等宏观视角的研究，避免了理论性的宏大叙事，这也正是本文特色所在。这一方法不仅缘于笔者硕士阶段学术倾向于实证研究，而且既有的阅读和写作经历也奠定了个体的研究视角，试图通过对微观世界的白描，达到对宏观世界的深刻理解。这一视角对于解读民办教师更具有客观性、真实性。以民办教师自己的口吻来阐释并探析民办教师这一身份是如何产生及民办教师身份产生、发展以及转变的内在逻辑，也正是实证研究的特色所在。

一　身份出炉

民办教师并不是从来就有的一个群体，而是出现在特殊时期下的特殊群体。民办教师身份的出现是多种因子共同促成的。一是民办教师有双重角色，既是农民，又是教师，是一种亦教亦农的身份。二是民办教师资格的获取是由主观、客观条件共同决定的。三是民办教师薪水的获取有着特殊性。这几个问题将笔者访谈的对象逐步引入到本文之中。

（一）"去"还是"不去"？

民办教师在其还未获取这一身份之前仍是具有一种单一身份的公民。那么在作为民办教师之前的农民有着自己是否成为民办教师的选择权利。如果还原到当时的历史时期，要想成为一名民办教师，那么这一个体的行动要受到多种因素的影响。

农民也是一个理性的群体，尤其是对于一些较之在其所处群体中具有一定文化程度的农民而言，无论是在个人素质还是能力方面都高出一些。对于一个农民或者其他身份的人而言，选择民办教师这个职业，究竟是出于何种考虑，都是由其当事人来决定的。以现在为基点，将历史还原到当时的起点。当事人选择成为一名民办教师与否是经过多方博弈的。利益或者一种隐性的因素驱使着他们选择一种角色。在访谈的五位民办教师中，一位 CXG 老师回忆道："师范肄业之后在屋里头干了一段时间活，呆着也没啥意思，我本来学的就是这个（老师），加上当老师'轻 seng'（意思是：轻松），不去的话，整天在农业社里像个啥，还不如去教个书，哄哄碎娃（意思是：教小孩子）"。① WZH 老师之前当过一段时间民办教师，但中途做过一段时间会计，最后还是选择做民办教师。"我刚开始成为民办教师是一个偶然的机会（当时主要是由于搞外调工作而进入的）。在74—78 年大队抽我回来（回村大队）当会计，这差事碎事（杂事）太多，黑了白了寻人，么有学校清闲，又回来当教师了"，WZH 老师说。② ZAY 老师是我访谈的五位民办教师中年龄最轻的，今年 58 岁刚退休不到三年，她说道："我那会上初中时没怎么见过书本，参加文艺宣传队，搞串联，学校也停止了教学。'文化大革命'后恢复了教学，我因家里情况（姊妹太多，下面还有一个妹妹，还要照顾她）只勉强上了几天，之后也没毕业证。72 年那个时候学校缺老师，刚好我家里条件也不太好，选择当民办教师也算一个不错的出路，尽管待遇相比公办教师不太好，但是比起农民来还是好的"。③

从这几位民办教师的口述中可以看出，是否选择做民办教师从其自身主观因素来看，主要有几方面的考虑，一是选择做民办教师相比于做"纯粹"的农民挣工分要轻松些，这源于一种"比较"策略；二是一些人具有成为民办老师的一些资质和条件，比如他们有些上的是师范学校，正好对路。

（二）任教资格的获取

要想成为一名民办教师，除了要有国家在政策等方面的支持与号召之外，当时的生产大队对于民办教师资格的认定是具有关键性作用的。在访谈中，民办教师 ZSQ 老师谈到："我是 79 年当民办教师，那个时候国家甚不管（基本不管），都是由大队跟学校决定任用，我那年进去（成为民办教师）的有两个人"。CXG 老师说道："因为国家困难，年龄当时为 20 岁，63 级。回来后国家不管，在家停了几年跟父母参加劳动，到 66 年干

---

① 笔者根据陕西省泾阳县受访民办教师 CXG 谈话整理而成。
② 笔者根据陕西省泾阳县受访民办教师 WZH 谈话整理而成。
③ 笔者根据陕西省泾阳县受访民办教师 ZAY 谈话整理而成。

民办教师（村办）。大队（HCM 任大队书记）说：'你不行到咱学校给教书去，哄碎娃'。就这样我顺利地成为了一名民办教师"。[1] 国家在当时只是起到一个思想上的号召作用，对于是否能够获得或者成为民办教师的人而言，主要决定权还是在村大队。同时还要有一定的群众基础，尽管相比大队的决定权没有多大效用，但群众的支持与否在当时的社会背景下依然是相当重要的。访谈中，当谈及有关民办教师资格获取时，CXG 老师在此补充道："在六几年，只要有关系有一定群众基础（拥护），大队干部说一句话就能行"。[2] 可见，在当时的年代，要获取民办教师的资格，主要的决定权还在于当地大队。魏峰在其博士论文中谈到民办教师资格获取的条件时谈到："在当时对于合格教师培养国家是难以完成的，因而国家不得不担负起办学的重任，这样迫使办学的主动权归于群众手中，更明确的是群众的代言人，即是基层党政干部手里，这其中含有对于民办教师的选择权力"。在他看来，乡村社会中民办教师的任免结果是由一种人情和政治作用相互互动而产生的。[3] 这也正好支撑了本文的观点。同时大队对于民办教师资格的获取不乏人情因素的存在，有人的行为操作的制度，是对于无关系和面子的人定的制度，反之，则是一种进入的隐性直通车，保障其对外界具有一定的"合理"的说法。

大队要选择某个人成为民办教师，有几种可能性，一是与资格决定人有密切关系的人，二是能够或者有资质成为民办教师的人。无论是哪一种都必须听从大队。访谈的教师中，ZSQ 老师在成为民办教师之前是大队的大队代销员，初中毕业，成为一名民办教师，除了自身主观意愿外，更重要的是他听从大队的安排。他的身份由"大队代销员"转变为民办教师，尽管这两种身份都不是国家性质（不是铁饭碗）的，但是民办教师在当时依然是较为有面子的一份差事。他们于情于理都愿意服从大队的决定。

（三）能够获得什么？

1. 以"粮"代薪

在新的国家制度建立之后，基础教育是必须重视的任务，更重要的是

---

① 笔者根据陕西省泾阳县受访民办教师 ZSQ 谈话整理而成。
② 笔者根据陕西省泾阳县受访民办教师 CXG 谈话整理而成。
③ 魏峰：《乡土社会教育政策运行》，南京师范大学博士学位论文，2007 年，第 117 页。

农村的基础教育在发展方面是要得到国家引导的，国家要对其进行管理并且给予指导。但是在新制度之下，贫穷经济让我国基础教育所获取的支持难以满足，国家在当时能力不足，因而发动群众办学力量势在必行。最初，对于民办教师的薪酬是通过"薪粮制"的形式，公办、民办教师的薪酬都是依靠粮食来充当的，通过群众自愿筹集的粮食以及教龄标准进行发放。

教育部在 1952 年 11 月在对我国的民办学校进行治理与规划中规定："对于民办小学群众筹资不足的，国家可以给予一定数量的补助。这项补助可以参照国家对于公办学校的拨付标准，即是 1/2 计算，这个可经各教育部门根据所在地的实际情况自行调整，要保证民办小学教师与公办小学教师的在报酬方面是均等的，这样为促进我国的民办小学能够迅速发展奠定基础。"①

1956 年 10 月，教育部就我国私人与民办学校的工作人员工资制度改革问题作出以下规定："可以通过增加私立和民办学校经费来源增加工资需要的经费。同时可以根据不同情况进行处理。"②

自 1956 年以后，农村的入学儿童率出现了上升趋势，农村的扫盲运动逐步发展，相应民办教师数量不断增加。但当时我国的经济基础较差，难以支撑以及满足农村教育发展的需求。在当时，我国社会主义三大改造已经完成，集体制度已经确立，农村民办教师在待遇上逐步实行生产队工分（规定民办教师的报酬要与农村中上等劳动力的水平相当）、分配口粮和国家补助三者融合的待遇制度。

2. "补助加工分"

"薪粮制"即是用粮食来充当教师的报酬，这一方式的出现是民办教师待遇方式的一个雏形，为以后的待遇形式奠定基础。当我国农村步入人民公社时期之后，民办教师的待遇形式发生了转变，工分加补助逐渐替代了"薪粮制"，这是一种进步，这不仅是一种形式上的变化，更是一种内涵的转变，国家对民办教师的管理发生了变化，区别以往将民办教师全部

---

① 何东昌主编：《中华人民共和国重要教育文献：1949—1997》，海南出版社 1998 年版，第 180 页。

② 同上书，第 703 页。

由广大群众管理，同时国家的财政对其进行补贴，显示了财政力量逐步渗入农村，但是办学的任务依然是由当时的公社和大队负责。这也标志着民办教师与国家之间有了一定的交集，将是一个新开始。

二 艰难的延续

民办教师作为一种职业符号，这个符号从其落到某人身上，或者说某人成为一名民办教师，要将这个符号在一定时间内冠名于自身，保持一种这样的民办教师身份，还要经历在当时的大环境背景影响下的身份延续过程。

（一）政治运动"风向标"

在那个政治挂帅的年代，与政治挂钩可以成就一个人，同时也可将一个人的前途毁于一旦。有些民办教师获取、持续或者丧失这种身份，与当时的政治背景不无关系。笔者采访的五位民办教师中，有因此得失的人员。WZH 老师初中毕业后一直在家劳动，他谈到："65 年泾阳县举办'暑期教师集训会'，主要是整顿现有教师队伍（文化大革命的开始），参加了两个月（7月—9月），在云阳'农中'（农业中学）教书两年，搞民教运动，之后我作为积极分子可以正式成为一名民办教师，并一直担任着"。他补充道："在那会搞民教运动时，主要是整顿农村干部队伍，当时有一个老师有这有那错误（在一起'谝闲传'，会造成不良言论），他说了一句话'月二十七，还买不下个老母鸡'，这就造成了反动言论，后来将他打下去了。"[①] 这一事件在后来采访 CXG 老师的时候得到了佐证，他说道："我之前是在杨府村教书，在 68 年的时候因为中央号召，回了自己的村，当时也在搞'武斗'，有的参加战斗，有些哪都不去，干活得工分但不能得民办钱。在这武斗期间，发生了一些事情，记得在 66 年将一些教师打成牛鬼蛇神，我们村停得有张必发（大部分因一些传言对女学生非礼的论说，造成反动言论），通过外调给平反，主要是你这个教师

---

① 笔者根据陕西省泾阳县受访民办教师 WZH 老师谈话整理而成。

在那教书、经历，还要在当事人了解情况，给予证明。"① 在受访的五位民办教师中，ZAY 是唯一一位女教师，也是最年轻的一位，今年有 58 岁。她说起了自己："我上中学没见过书本，整天参加文艺宣传队，串联到西安再回来搞武斗、干活（在农场摘菜），在'文化大革命'后恢复了教学，因家里条件（当时她家里姊妹七八个，她母亲在她后面还生下一个最小的妹妹，没人照顾，家里也因为她是女孩子，只能她担负起这一责任）不能上学，勉强上了几天学。在 1972 年恢复了初中，当时我没毕业证，就在里面干了几年，是给工分的。之后我又在其他地方进修。我如果顺利完成初中学业也可成为一名民办教师，但是因为当时政治运动给中断，不过好在我最终还是成为了一名民办教师。"②

无论是 WZH 老师、CXG 老师，还是 ZAY 老师，亦或那位因"反动言论"被打下去之后又再次平反的老师，他们能够获得、失去以及持续这一民办教师身份，"政治运动"在当时起着关键性的作用，就像一面旗帜一样指引着他们当时的前途与命运。

"搞政治"的年代时刻透露着政治的色彩，政治就像是一根指挥棒指引着所有人的方向。1968 年中央提出了"哪里来哪里去"的口号，这一口号让众多民办教师的安身之地发生了变化，受访的民办老师便是政治色彩渲染之下的一朵"奇葩"，哪里需要便在哪里开花。WZH 老师本来是在县里的农业中学任教的，但由于这一号召，他不得不回到自己的乡村教书，一待就是几十年。CXG 老师是师范学校出来的科班生，一直在"杨府村"（离笔者访谈对象所在乡镇的邻乡中的一个村庄）教书。他说："在武斗那个时候，我被外调出去，那个时候响应中央的'哪里来哪里去'的口号，之后回到村里教书，这一干就是三十年啊。"③

"文革"时期，政治思想左右着人们的行为，民办教师的思想与行为也与此紧密相连。在国家意识形态的主导之下，在一种强制思想主导下的民办教师，自身带有着"服从与作为"的观念，从而指导他们的行动。"从哪里来到哪里去"的口号像一面旗帜指引着当时民办教师的前途与未来。

---

① 笔者根据陕西省泾阳县受访民办教师 CXG 老师谈话整理而成。
② 笔者根据陕西省泾阳县受访民办教师 ZAY 老师谈话整理而成。
③ 笔者根据陕西省泾阳县受访民办教师 CXG 老师谈话整理而成。

(二) "工分加补贴"

自人民公社成立之后,农村的办学任务交由大队和公社,国家给予一定的补助。此时"侯王建议"的思想即是将学校下放到大队,同时国家不给补助,教师哪里来哪里去,回归到大队教书。这在全国掀起了一场风波。这一思想影响着当时教育体制的转变。泾阳县响应国家政策,当时也出台了民办教师回村工作的相关政策。WZH 老师在回忆中谈到自己曾经在农业中学任教两年的情况:

"我回村教书之前,曾在县上的农业中学任教两年,在这两年中民办教师的待遇是每月二十二块钱,但是公办教师是每月二十七块钱。这个待遇是学校根据教师个人的实际情况而定,包括思想政治情况、文化程度以及工作能力等多方面因素。1968 年中央提出'从哪来到哪去',回来后改成了挣工分,在兴隆小学教书,我主要教数学,挣得是生产队同等劳力前五名(中央规定的),但实际到前二十名左右,当然这样群众也有意见,由于我们(民办教师)不加班,群众说当教师的在凉房底下歇着。"这一观点后来在 CXG 老师的口中得到了证实,他说:"在当时我们(教师)挣得八、九个工分,但是男劳力是十个工分,女劳力是八个工分,就这样群众的意见多得很,说我们做教师的拽得很。我一教完书回来后给妻子帮忙,这是分的任务。"①

民办教师作为一种职业,应该具有一种固定的待遇支付方式,但是他们的待遇依然受到多种因素的影响,如群众对教育的态度、教师本人的态度以及各种不确定因素。

在 1978 年 8 月出台的"全国教育会议纪要"的有关文件中指出:"我国要普及小学教育,就要增加学校的数量,方便孩子上学,国家应该对民办公助的学校进行一定程度的补偿。"②

在这一时期,国家实行了将教育下放到大队来办,民办教师挣得是工分,同时生产队还要给予一定的补贴。这种"工分加补助"的工资支付模式是在

---

① 笔者根据陕西省泾阳县受访民办教师 WZH 老师谈话整理而成。

② 何东昌主编:《中华人民共和国重要教育文献:1949—1997》,海南出版社 1998 年版,第 1482 页。

"文革"开始后逐步确定下来的。一些地方开始逐步调整民办教师待遇。

中共中央于 1980 年 12 月颁布的一个有关普及小学教育的决定中提出关于改变中小学民办教师人数过多、待遇不高而造成民办教师队伍不稳定的状况，国家应根据各地实际给予一定补助，并将这些补助费发于民办教师个人，可以依据记工分的形式，并要按照男女同工同酬的原则。

据查阅泾阳县档案资料得知，1969 年，在关于中小学下放社队办几个具体问题的意见中谈及到小教的安置及生活待遇问题，其中规定教师工资改为工分加补贴，实行民办公助，是个好办法。各社队应抓好这一工作，已选用的教师，以种种借口不干的，应以已安排对待。未安排的应继续抓紧安排。对没有选用的教师，暂按目前下放干部对待，生活待遇暂不变。

同年在关于 1969 年度教育经费安排意见中谈及到民办教育事业补助费：过去我县民办教师 420 人，拨民办教师补助费 60000 元，今年（1969年）民办教师增加 898 人，拨款 30000 元，下半年需再拨民办教育补助费50000 元。在附件中具体涉及到有 898 人，每人 34 元，共补助 30120 元。

据 SZM 老师回忆："1969 年春，贫下中农管理学校，'侯王建议'把教师打回老家去，在 1969—1980 年期间，将教师打回老家以后，各大队安排，除了我们挣得是生产队同等劳力前五名工分外，国家还给予一定的补助。在兴隆村小学 1968 年—1980 年期间实行工分加补助。在'文革'初期一个月补助了三块钱，后来补助到每月 6—9 块钱，当然教师除了教书之外，在村里（农业社）规定还要做够 60 个工分，大概出勤两个月。"[①]

随着经济社会的不断发展，社会主义现代化建设的逐步推进，民办教师的待遇曾多次得到提高。教育部、财政部在 1979 年 10 月针对增加对民办教师纯补助以减少因物价上涨而产生的影响等做出相应规定。在副食品价格上涨后，对于民办教师待遇可以作出以下调整：第一，如若是经县以上教育部门考核合格并正式录用的民办教师，同时待遇是按照工资制享受的，每个人可以每月增补五元。第二，在待遇方面实行其他形式的民办教师，或者虽然实行工资制但本人同时得到社队分配收益的，每一个人可以

---

① 笔者根据陕西省泾阳县受访民办教师 ZSQ 教师口述整理而成。

增加 2.5 元。①

教育部在 1979 年就我国中小学公办教师试行班主任补贴做出了规定，并认为应该视班级规模的大小来定班主任津贴补助，可以分为 5—7 元为中学公办教师，4—6 元为小学教师班主任。② 在这之后，即是 1981 年国务院转发教育部关于"提高民办教师补助水平"的相关措施，可在国家补助的基础上再增加每年每人。③

民办教师的待遇支付形式主要是工分加补助，但是这种形式会依照各种因素执行情况不同，国家政策尽管规定民办教师待遇数次增加，但是各个地方的经济发展水平等因素限制了他们的财力支付能力，尤其是笔者调研的这个村庄，地处西部，与东部、中部地区相比，经济发展水平较为落后，对国家政策的跟进程度不高，民办教师的待遇依然难以得到更大的提高，他们的待遇依然较低。

（三）"说换就换"的无奈

在十年"文革"期间民办教师人数的增加异常迅猛，队伍的发展非常壮大，但民办教师依然没有纳入国家的管理范围之内。民办教师尽管是教师，但是身份仍然是农民，也可以算是半个"国家干部"。因而在教师素养方面也没有像公办教师一样的要求。50 年代所要培养有文化的社会主义新一代农民目标，也就是要求能够达到初小毕业的文化水准（初小一般是民办的，公办的是高小五、六年级）。60 年代之后，教育上侧重于"知识分子上山下乡"，对于知识的要求也不高。乡村中高小以及初中毕业生成为民办教师来源。在"文革"期间，随着教育体制的急速转变，农村大幅度地开办"中学"，尽快实现初中进入村庄，高中办到公社。在这段时间民办教师和学生数量都达到了高峰，但是对于民办教师的管理较为混乱，这些主要是村、社开办的学校，而国家没有对民办教师进行过统一的管理，只是给予一些办学号召及低额的国家补助，没有对民办教师进行人员的备案，政府对民办教师不具有实际的任免权。

---

① 刘英杰：《中国教育大事典》（1949—1990），1993 年，第 136 页。

② 何东昌主编：《中华人民共和国重要教育文献：1949—1997》，海南出版社 1998 年版，第 1756 页。

③ 何东昌主编：《中华人民共和国重要教育文献：1949—1997》，海南出版社 1998 年版。

民办教师在当时资格的获取与大队直接有关，这种亲密关系是建立在人民公社这个形式之上的，从一定程度上可以看出当时的民办教师的任免并不正规。这些现象反映的是民办教师任免资格获取取决于大队的事实，暗含了大队对于民办教师管理权力之高与县级教育部门对于民办教师管理权力缺失的现状。① 这样一种现实情况也暗含了民办教师队伍发展的不规范，国家教育部门与民办教师之间缺乏一种直接的沟通，国家不备案，也无权管理民办教师队伍。民办教师的任免和管理权力主要还归大队。据WZH 老师回忆："在当时要想成为一名民办教师，关键还是看有没有关系，这才是最主要的，如果和大队的书记或者队长熟悉，有交情，这事情就好办，轻而易举。当时我们村那个村队长（现在还任兴隆村的书记）的儿媳妇连小学都没上完，就在幼儿园教书，不就是靠她公公么！凭她上那几天学能给人家娃教个啥东西。还有那个退休几年的小学校长（就是CXG 老师），他的儿媳妇也是依靠他的关系在兴隆小学教了几年，尽管是进去了，但是后来是教不下去了，她自己本身就是不识几个字，自然呆不了多久。在 70 年之后，村里的教师流动性比较大，在我们村里曾有一个年轻的媳妇高中毕业，整体素质都不错，在我们村的小学教了几年，但是当时还是被辞退了，主要还是没有关系，说辞就辞，不过在当时像她这种情况的也比较多。"②

民办教师不像公办教师那样，没有铁饭碗，不进国家编制，不纳入国家的管理范围之列，在未纳入国家体制之前，其身份具有很大的不确定性。要获取一个民办教师的资格，要经过大队队长或者书记的同意，但当时失去一个民办教师资格也是如此的简单，只要别人一句话，若不需要就不需要。正如一位老民办教师所说："民办民办，说换就换。"③ 这足以说明民办教师岗位的流动性，有太多的不确定性因素。

三　治理与整顿

在"文革"及其以前对民办教师任用的不规范，造成了民办教师这

---

① 魏峰：《乡土社会教育政策运行》，南京师范大学博士学位论文，2007 年，第 137 页。

② 笔者根据陕西省泾阳县受访民办教师 WZH 教师口述整理而成。

③ 笔者在调研时偶遇一位老民办教师，形容当时民办教师身份的不稳定性。

个群体显现了综合素质不高、鱼龙混杂的局面。同时教育事业在这一阶段受到严重冲击，教学管理无序，教师队伍相当混乱，人才培养出现断层。这些问题和状况迫使国家开始对教育事业尤其是民办教师加强了治理与整顿。有人说因为民办教师人数过多，在1977年我国中小学民办教师达到近五百万人，占比达到总人数的六成。其次是由于"文革"期间对于民办教师的任用较为随意，管理较为混乱，对民办教师的进入要求不严格，同时受当时"政治思想"因素的过多影响，对于一些不能任教的人员依然招收进入民办教师队伍，如若对此不给予治理与解决，将在很大程度上影响学校的办学质量。还有民办教师基本上处在基层教育的工作岗位，而基础性教育工作对于教育事业的发展具有举足轻重的作用，要从长远、长效的角度来思考它的重要性，因而做好基础教育工作，务必抓好民办教师队伍的建设工作。[①]

国务院在1978年转发教育部关于我国当前中小学教师管理的几点意见中提出一些要求："要不断对民办教师队伍进行管理，民办教师的任用要依据我国教育事业发展的实际情况进行分析，以节约农村劳动力为思想理念，对于民办教师的任用要以任人唯贤，德才兼备作为任免的原则，先是经过学校与大队提名候选人，并由公社推荐，最后由县教育部门审核批准，发'民办教师任用证书'"。[②] 后来国务院发出了有关普及小学教育相关问题的规定，其中要降低民办教师人数，可将合格民办教师转为公办教师，同时各个教育部门必须做好教师的管理工作。[③]

教育部在1981年10月底转发了有关河北省管理民办教师相关经验的通知，同时要求："通过对工作情况、业务水平、教书成效和文化水平等方面进行考察，以工作情况、业务水平指标为主，可采取听课、查看教师教案和学生完成作业情况，并与学生家长、学生开座谈的方式来进一步了解民办教师个体，最后再通过文化测试的形式给予考核。经考核可将结果分为三类。第一类，考核合格者，即是能够进行授课的人员。第二类是没

---

① 国务院教育工作研讨小组办公室、国家教委人事司编：《各地改善教师待遇文件汇编》，中央广播电视大学出版社1990年版，第9、10页。

② 何东昌主编：《中华人民共和国重要教育文献：1949—1997》，海南出版社1998年版，第2119页。

③ 魏峰：《乡土社会教育政策运行》，南京师范大学博士学位论文，2008年，第43页。

有达到合格标准者，但可勉强进行教学的人员，可以通过培训再给予考核并达到合格的人员。第三类是没有达到前两种结果的，即无法担任教学工作的，即使进行培训也难以达到效果的。可以根据实际加以解决，对第一类可以颁发任用证书；第二类得到试用证书，可待教学水平提高后再次给予考核，如果合格可以发给合格证书。若还未合格，则给予辞退。第三类可以作为民办教师队伍中精简的人员。①

1983 年 8 月，教育部在有关中小学教师队伍调整与管理的意见中提出，"可通过对业务水平与教学成效、思想素质与工作态度以及文化水平等方面进行考量，县级以上的教育部门可对教师每年进行考核，并成为往后对教师培训和管理的标准。"②

对于民办教师资格获取的限制，是国家力量开始介入民办教师队伍并且进行管理的新阶段。国家力量对民办教师队伍的渗透，一方面意味着民办教师管理主体的转变，从之前的"大队（基层领导）拍板"到现在的"教育部门的考核"。根据国家规定，在全国开展了对民办教师的治理整顿，健全民办教师管理制度。若考核合格则由县以上教育行政部门发给《民办教师任用证书》。民办教师的人事档案是由县教育部门管理，业务档案是由乡一级的相关部门管理。民办教师是由县（市）教育行政部门进行统一管理。没有经县以上教育行政部门批准，任何单位与个人不能私自任用或辞退民办教师；另一方面也暗含着民办教师队伍将从之前的参差不齐逐步转向规范化、正规化。这种变化与之前在选择民办教师时因没有严格的依据标准，只能依靠个体背景、人际关系等因素而被相关负责人随意任免来比较，是一个巨大的进步。

在泾阳县档案中的一则典型调查报告中谈到，在贯彻国务院国发（1978）1 号文件和省委陕发（1978）52 号文件采取了相关措施，其中通过对民办教师的调查，将民办教师的管理权收到县上……三年来民办教师随着教育事业的发展，公办教师来源很少……为了提高教师队伍质量，今年二月至五月份，我县对民办教师队伍进行了一次整顿，其具体办法：先

① 刘英杰：《中国教育大事典》（1949—1990），1993 年，第 693 页。
② 何东昌主编：《中华人民共和国重要教育文献：1949—1997》，海南出版社 1998 年版，第 2119 页。

在一个公社试点，然后全面铺开调查、审查，发给任用证书。调查的内容有三：一是思想调查座谈评论、工作态度、工作作风。二是文化水平调查，出题考试，教什么考什么。三是业务调查、听课、抽查教案、学生作业，抽查学生学习成绩。三个考查，有机结合以业务调查为主。调查组对每个调查对象提出意见，公社研究提出任免意见，县文教局审批合格者发给任用证书，差一些的缓发证书，不适应教育工作的解聘，由公社统一妥善调整安排，具体数字统计表。

1978 年泾阳县民办教师整顿情况统计表①

原有民办教师			整顿后已发"任用证"的人数									缓发和辞退人数					群众负担民办教师情况			
	其中		小计	中学				小学				缓发人数				辞退人数	穷队		富队	
总数	男	女		小学程度	初中程度	高中程度	大专程度	小学程度	初中程度	高中程度	大专程度	总数	小学程度	初中程度	高中程度		每队负担几人	每队负担几人	每队负担几人	每队负担几人
2244	1879	365	1433	851	193	384	4	852	549	303	0	80	2	45	33	52	17	497	2	5

注：根据泾阳县县档案馆档案资料整理而成

　　减轻群众负担问题，还没有采取相关措施。要求：从民办教师中选择一部分成为公办教师，以民办教师中逐年择优选择一部分为公办教师，近几年来选招公办教师指标太少，还不足以弥补自然减员，以后每年能多给一点指标，尽最大努力将教龄在 8—10 年的民办教师招为公办。另外对现有民办教师实行低工资制，虽然部分民办教师工资低而有困难，但好处是：一是减轻群众负担；二是有利于教师安排使用。可以考虑工资随着国家经济发展，逐步提高。

（一）一"整"定乾坤

1. 转正

民办教师经过多年发展，人数增长较快。尤其是在"文革"期间，

---

① 根据 1978 年泾阳县县档案馆档案资料民办教师整顿情况整理而成。

民办教师队伍急速膨胀，各地教育部门对民办教师的进入把关不严，"准入门槛"比较低，没有严格的任用能力标准，主要依靠个体家庭背景、社会关系等因素而被乡村政权负责人随意安置，造成人员的滥选、滥用。在这样的条件下，民办教师的素质是难以保证的。因而整顿民办教师队伍，首先要"堵口子"，就是要严管进入民办教师队伍的大门。对此ZAY老师谈到："在80年的时候，上面（教育局）给我们这些民办教师统一进行照相，正是这次照相才算是民办教师，自这以后要想成为民办教师是很难的，一般没有相当的关系是无法再成为民办教师的。"SZM老师回忆："1980年下半年泾阳县教育局对民办教师进行了整顿，并且在1981年泾阳县发出了相关文件，要求将合格的民办教师转为正式的民办教师，这个'文'成为了以后'正式'民办教师转为公办教师的依据。"①

教育部在1983年提出关于加强对中小学教师管理的一些要求，其中指出：对于专业不合格和没有接受培训的人员不能胜任教师职务。② 国家教委与人事部以及国家计委联合下达关于当年中小学民办教师转为公办指标的有关事项，强调各地从今不得再吸收新进人员担任民办教师，如果发现违规，将给予坚决清退，且追究相关人责任。③ 1992年，国家教委在有关我国教育事业的十年规划与"八五"计划中着重说明："坚决防止出现新的不合格教师。"④ 这是国家对于民办教师管理的"堵口子"政策。

民办教师转正是分为不同阶段的，在每一个阶段有其不同的原因、方式以及所要实现的目标。"开始转"是民办教师转为公办教师的一个初步的开始，也正是民办教师转公办教师思想渊源的一个基点，始于二十世纪八十年代。这一时期的民办教师转正工作，是在对民办教师整顿的大前提下进行的，其主要目的是减少民办教师数量，提高民办教师质量，规范民

---

① 笔者根据陕西省泾阳县受访民办教师ZAY老师口述整理而成。

② 何东昌主编：《中华人民共和国重要教育文献：1949—1997》，海南出版社1998年版，第2118页。

③ 国务院教育工作研讨小组办公室、国家教委人事司编：《各地改善教师待遇文件汇编》，中央广播电视大学出版社1990年版，第86页。

④ 国家教育委员会政策法规司编：《十一届三中全会以来重要教育文献选编》，教育科学出版社1992年版，第14—15页。

办教师管理。

民办教师问题不断出现，为逐步解决这一现象，国家不断出台相关政策、方针。1978 年初，国务院转发教育部有关加强我国中小学教师人员的工作通知中，第一次提出当地教育部门可以从民办教师队伍中如数选择公办教师作为自然减员的补充。教育部在后来的整顿中重新作出规定，中小学教师经调整并出现缺额，要补充自然减员的教师，可以通过高等师范和中等师范毕业生分配进行解决，对于不足部分可对于合格在职民办教师给予录用。在 1980 年末，国务院在有关小学教育普及情况及其问题方面作出决定，认为要对民办教师进行严格考核，"分期分批的方式将民办教师转公办"。① 1983 年 5 月，国务院在作出关于不断增进和改革我国农村学校教育等问题的决定，其中认为"可以依据国家财政、物力现状，每年给出相应的转正名额，用于经考核合格的民办教师，将他们转为公办教师"。②

在国家政策的引导下，一些地方相继开始了民办教师转公办的任务。对于民办教师转公办教师，有不同对象以及条件。

对于民办教师的转正，国家出台了相关政策，但是在不同地区根据当地实际可有不同细则。陕西省对于转正的民办教师，即是转正对象做出了这样的规定：在时间上是 1981 年 7 月底之前任教到现在的人员、持有当时考核合格之后颁发的任用证书（陕西省）、在 1994 年底之前没有超过离岗年龄的民办教师。符合上述条件之一的人员，都可以申请报名进行选招，如果在往常的教学活动中取得优异成绩者，可以优先获取转正资格。

对于民办教师转为公办教师，不仅规定对象，同时也规定相应的条件。陕西省民办教师转公办教师的条件有以下几方面，一是曾获得部、省级以上劳动模范、优秀或者先进教师，并一直保持这一称号的人员；二是曾在教学中获得陕西省特级教师以及具有中学一级、小学高级教师上述任职资格人员；三是具有大专以上水平且含有中学教师专业合格证

① 金铁宽主编：《中华人民共和国教育大事记》（1—3 卷），山东教育出版社 1995 年版，第 1158 页。

② 国务院教育工作研讨小组办公室、国家教委人事司编：《各地改善教师待遇文件汇编》，中央广播电视大学出版社 1990 年版，第 10 页。

书的人员，具有中专水平的且取得小学教师专业合格证并且教书 20 年以上的人员；四是曾获地市级劳动模范、优秀或者先进教师人员，或者在教育教学工作中取得优异成绩并且得到相关教育部门表彰的先进教育工作人员；五是当前任小学正副校长等相当职务人员；六是教书时间达到 26 年以上的人员。同时还明确对于省部级以上先进、获取中级职称和具有大专以上水平并任教 20 年以上的民办教师人员，在考试时给予适当照顾。"

转正方式对于民办教师转正具有重要的作用，主要涉及直接转招为公办教师的方式；经师范学校招收一部分民办教师。

一是直接转招，是促进民办教师转公办的一项特殊措施，具有条件限制，适用人群有限，并不是对于所有的民办教师。这一方式规定只有具有以下条件的人员才具有转正资格：曾获得部、省级以上劳动模范、优秀或者先进教师，曾获地市级劳动模范、优秀或者先进教师人员，或者在教育教学工作中取得优异成绩并且得到相关教育部门表彰的先进教育工作人员是有条件直接转为公办教师的。

二是师范院校途径，是通过师范院校这一途径来招收民办教师并最终转为公办教师。国务院在 1980 年末正式提出"民办教师可以通过师范院校吸收一部分。"[①] 后来教育部在关于对当前中小学教师进行管理工作中一再提出："每年都要将一部分民办教师转为公办教师，可通过高中或者中等师范院校来招收一定的名额，从而降低民办教师的比例。"[②] 李铁映在 1990 年教委工作会议中提出从民办教师中招生是师范院校需要重视的方面，这不仅可以看作是提高中等师范院校生源素质，也是激发民办教师积极性的一个可靠而重要的方式。[③]

在笔者访谈中，SZM 老师对关于泾阳县民办教师转公办回忆道："在泾阳县民办教师转公办教师是分为三次转的。第一次是在 1960 年，主要

---

① 国务院教育工作研讨小组办公室、国家教委人事司编：《各地改善教师待遇文件汇编》，中央广播电视大学出版社 1990 年版，第 9 页。

② 何东昌主编：《中华人民共和国重要教育文献：1949—1997》，海南出版社 1998 年版，第 2118 页。

③ 国家教育委员会政策法规司编：《十一届三中全会以来重要教育文献选编》，教育科学出版社 1992 年版，第 431 页。

是针对公社的'尖子'（优秀民办教师），没有进行考试，当时有二百多人转正了，我（SZM）就是其中一个，共有二十个乡镇，大概每一个乡镇平均是4人，余下的名额都是给那些不是农民身份却担任民办教师的教师以及留给县里有关系并且走后门的那些个人（他谈到这点时，表情是很平静的，并无异样、不满或者怨恨。笔者猜测有以下几方面原因：一是孙在这次转正中担当一个受益者的角色，他获得了转正的资格；二是SZM对这种人情、关系已经感觉淡然，习以为常，或者说在当时的那种背景下就是一种'潜规则'，无力去改变的一种事实的存在）。第二次是在1972年的民办转公办，主要转正对象是1960年至1966年这段时间内成为民办教师的人员（SZM称为'老民办'），这次举行了考试，同时也是比较严格的。第三次民办教师转公办教师，是在1987年，我（SZM）当时在白王乡（是与笔者调研的乡镇相隔不远的一个乡镇，这是笔者初来泾阳县由于种种原因曾到过白王乡，后来经过辗转才找到所要去的云阳镇）当教育专干的时候，大概有316人转正了，此次转正也是非常正式和严格的。主要是通过考试和考察的方式（组织外乡镇校长过来考察一周，主要是听课、备课以及开座谈会的形式）。"①

对于民办教师转公办，国家出台一系列的政策、方针，在不同的阶段具有不同的转正方式。同时随着民办教师转正的逐步开展和深入，相关政策也在不断调整和完善。在这一阶段，民办教师转正是一个初始阶段，是其初步探索阶段，是基于民办教师治理与整顿的背景下进行的，前一阶段的做法只是对民办教师人数有所减少，并相应提高整体质量，加强了管理工作，但这些并没从根本上消除民办教师，国家的大政方针政策不是特别具体明确，在这一时期"民转公"现象也不是经常性的，规模是比较小的，只是部分的民办教师转公办教师，但是在这一阶段部分的"民转公"为后来的全面的"民转公"不仅积累了宝贵的经验和方法，而且做好了充分的准备。

2. 招考

招考不仅是国家对民办教师队伍进行治理整顿的一项重要举措，而且也是不断健全民办教师管理的一项重要制度。在民办教师治理整顿中，为

---

① 笔者根据陕西省泾阳县受访民办教师SZM老师口述整理而成。

了提高民办教师质量，对一些民办教师进行了全面的考核，不合格的民办教师面临被辞退的处境，造成师资方面的巨大缺口，影响了地方教育事业的发展。中等师范教育本是培养合格小学师资的一个最佳的途径，但是由于在"文革"期间教育受到严重冲击而中断人才培养，加之后来中等师范教育的培养能力也是极其有限。分配到各乡镇小学的名额是非常有限的，而且基本上都是留用在中心校，其他学校只能处于一种"望眼欲穿"的处境。面对无合格教师来源以及由于辞退产生的师资缺口这种状况，各个公社只能自己想办法解决这一难题。

在笔者调研的云阳镇兴隆村，据 WZH 老师回忆："当时也面临着这种师资紧缺的状况，学校只有十名教师，难以满足教学要求，那个时候公社规定各个村小学自己找人或者公社给找人，以补充这些师资，主要是原有那些之前被辞退的民办教师，从他们当中挑选出比较优秀的。对于他们的任用是经过学校和大队同意即可，但要经过专业知识方面的选拔。"①

为了不断稳固民办教师群体，自 1978 年开始，陕西省教育厅、地区教育局下发文件一再强调：县级行政部门与所在公社及其大队三级联合管理广大中、小学任教的民办教师。对于民办教师的任用，可以是大队推选、经由公社考核文化课，并进行各方面审查，最终报当地县教育局批准。同时强调：对于必须进行调整的人员，要调查清楚情况，实事求是报公社进行再次核实，并报请县教育局给予备案。

ZAY 老师当时是一位合同民办教师，据她述说："当时是在七十年代初，因为学校缺老师，进入学校之后成为一名民办的临时代课教师，接着在县里的泾阳中学进修，主要学习汉语拼音（当时许多人不懂拼音），后来我就一直从事语文教学。这一教书就是十几年，正好 1986 年—1987 年泾阳县组织了'春季招教考试'，这对于我来说正好是一个难得机遇。当时规定有二十年教龄的老师，在成绩中加十分，合格者可以成为'合同公办'；有十五年教龄的老师才具有资格参加'春季招教考试'，成绩合格者可以成为'全民办'（合同公办与全民办待遇一样，只是称呼不同），我成绩出来之后离分数线差了两分，由于我在教学中成绩较为突出，当时就破格给我了这个机会。咸阳地区共有五六十人，在泾阳县地区录取了十

---

① 笔者根据陕西省泾阳县受访民办教师 WZH 老师口述整理而成。

二个，这个人数还是很多的。后来还进行了培训，分为民师班和进修班两类，民师班毕业后是'全民公办教师'，进修班出来的是合同'民办教师'。1988年和1989年在兴平（咸阳的一个县级市）进修了两年，我当时就是合同民办教师。"①

在这个阶段，对于民办教师的任用是通过考核的方式，任免权归属于县教育局，而不再是大队说了算，泾阳县开始按照"多方负责，分级管理"的原则，实行"县、乡两级管理"学校和"县、乡、村三级办学"的民办教师管理体制。在民办教师管理方面，经过教育部门考核合格的人员必须要在当地教育部门进行备案，民办教师人事教案由县（市）教育行政部门统一管理，若没有县教育相关部门的允许与准予，无论哪个单位都不能自行任用以及辞退民办教师。全国各地对民办教师在选拔、职务评定以及考核等方面制定更加具体和完备的制度，体现了国家在一定程度上加强了对民办教师的管理。

3．"辞退"

民办教师在经过若干阶段的发展，尤其是在"文革"期间的数量急剧增加，形成畸形发展的态势，造成民办教师整体队伍素质不高。随着我国经济体制的逐步改革，实现现代化的发展步伐不断迈进，发展教育逐渐成为改革开放的一个重要目标。国家对教育的关注程度不断增强，开始不断关注农村教育问题，"文革"期间造成的这些问题亟待解决，这就对师资力量提出了要求。因而，对于一些不合格和不能进行教学的民办教师给予辞退。他们失去民办教师的职位则暗含着这些人将会失去一种谋生的职业以及具有文化人特性的这一身份的存在，对于农民来说，这是他们在乡村中存在着"面子"的职业。失去这个身份同时也说明他们丢了这份面子。后来国家在有关对中小学教师管理等方面的文件中提出："对于没有通过考核的那些人员，且难以胜任教学任务的，要给予解聘，同时对他们要做好思想工作和进行合理安排。"②

---

① 笔者根据陕西省泾阳县受访民办教师 ZAY 老师口述整理而成。

② 何东昌主编：《中华人民共和国重要文献：1949—1997》，海南出版社 1998 年版，第1878 页。

（二）职称改革

民办教师是教书的农民，种田的教师，他们具有两重身份，自然对他们的个人要求也不是很高，只要"能带孩子就行"，在专业和技术上没有一定的标准要求。随着民办教师队伍的发展，队伍参差不齐，素质不高，教学管理混乱等等问题。但教育发展对此提出要求，"只要能带孩子就行"已不合时宜。

邓小平在 1977 年谈到，"实现现代化最主要的是科技。科学的发展，离不开教育，必须办好教育。"并要求"教育要从基础做，要从小学做好，进一步上升到中学、大学。我期望从当前做起，五年小见成效，十年更进一步，十五年至二十年会取得更大的成绩。"[1] 在 1978 年 3 月的全国科学大会开幕式上，邓小平特别强调，"要促使教育事业的发展有更多的提高，而教育不仅仅是教育部门的工作，各级各部门都要做好教育工作，要作为大事来做。"[2] 因而，建立一支专业化、规范化、高素质的教师队伍是我国教育事业发展亟待解决的重要问题和重要目标。

1. 背景

国家 1985 年提出了有关我国当时的教育体制改革的一些目标，认为九年义务教育目标的建立，要有一支数量多、合格稳定的师资，这是九年义务教育能够得以实现的重要条件。要使得民办教师在经过五年培养甚至更长的时间内进行任教，但是后来就是只有获取任教证书的人员方可任教。[3]

国家在 1977 年提出关于教师职称考核相关内容，认为要恢复技术职称职务，并且建立考核制度以及实施技术岗位责任制度。1985 年，国家还再次强调职称改革这一任务的重要性。第二年，国务院转发关于有关职称的改革与评定等事务时，提出要不断完善职称评审制度，改革的主要目的是为了逐步实施职务聘任制度，并且可以使结果工资成为其主要内容。

国家教委在关于我国中小学教师职务工作方面作出相关规定：对于民

---

① 《邓小平论教育》，人民教育出版社 1995 年版，第 26 页。

② 《邓小平论教育》，人民教育出版社 1995 年版，第 62 页。

③ 何东昌主编：《中华人民共和国重要教育文献：1949—1997》，海南出版社 1998 年版，第 2287 页。

办教师与公办教师要采取相同的聘任制度。对于民办教师来说,他们这个群体并没有评审需要的学历,但是他们可以通过一系列的培训与学习或者考试的方式获取相应的合格证书,这样才具有评审具备的这一必要条件。

1988 年,泾阳县为积极贯彻落实国家对民办教育"积极引导、大力支持、正确引导、依法管理"的方针政策,根据国家教委、陕西省政府以及相关指示精神,对中小学民办教师进行了职称评定,规定民办教师职务称呼与评判方式与公办教师相同。

2. 过程

县教育行政部门通过对一部分地区进行实地考察,并且召开会议对于中小学教师职务的评审工作进行讨论,依据通过在部分地区先行试点的方式,将获取的经验进行总结,并且逐步扩展试点范围,进一步推进我国中小学教师职务的不断改革工作。

在 1988 年春天,县教育行政部门关于教师职称改革的工作逐步开展,当时为此专门成立了县教育职称改革小组,主要是领导与协调改革工作。这一阶段的职称改革主要有四大阶段,分别是准备阶段、试点阶段、推广阶段以及评审阶段。第一个阶段即是准备阶段,在县教育行政部门职称改革领导小组的带领之下,每个乡镇再次逐步建立自己的领导班子,制定好职称改革的计划和原则。同时还要对试点的地区进行实地考察,收集往年教师政治业务考核相关资料,并进行整理。第二是试点阶段,就是详细了解教师考核资料,要依据职称改革计划与原则进行职称改革,在实践中要不断总结在试点进程中的经验。三是推广阶段,在对试点阶段经验总结的基础之上,好好利用先前经验,组织教师学习当时国家关于中小学教师职务改革等相关的政策、法规等文件。四是评审阶段,在试点之前对于要试点的地区进行考察,对个人申报情况有相关了解。如果他们的情况真实,通过业务水平与政治素养的考察,即是定性与定量相结合得出考核意见,最终由县教育行政部门做出最终考核。

四 问题的解决

改革开放以来,中国社会各方面发展迅速,实现现代化的目标对教育提出更高的要求,国家对教育事业的发展更加关注,民办教师问题解决力度不断得到加强。在"文革"之后，国家对民办教师逐步进行治理与整顿，并且取得了一定的成效，但是民办教师的问题较为复杂，注定不能一蹴而就。一系列治理与整顿措施为民办教师问题的最终解决提供了丰富而宝贵的经验。在这一阶段，国家在前期治理的基础上，最终解决了民办教师的问题，民办教师的身份得到了国家的认同，但是他们获得国家认同的合法教师身份是几种力量相互交织而形成的。"政府将乡村教师整合到国家管理体制的过程实际上是政府与乡村教师双方互动的结果。"① 这里的乡村教师包括民办教师、公办教师和代课教师。从民办教师的产生、发展直到消失，民办教师个体、基层政府（国家对民办教师管理的代理人角色）以及国家的角色在每一阶段都是不同的。在每一个阶段的背后都有其自身内在逻辑推动着这一过程的发展。民办教师：从编制外到编制内；基层组织（大队）：从实际权力的管理（对民办教师的管理）到权力的消退；国家：从意识形态的领导到完全的控制（对民办教师管理），这种变化是一种力量或者说是一种权力主体的变化推进着这一过程的演进。

（一）个体（身份）：国家认同

民办教师从"体制外"走向"体制内"，这也正是其经历了从有到无的过程，游离于体制外是民办教师的存在，进入体制内象征民办教师群体的消失。民办教师从编制外进入到编制内的过程也是国家对民办教师逐步认可的过程。民办转公办是国家对民办逐步认可的重要的关节点，正是民办转公办才让他们的"泥饭碗"变成"铁饭碗"。

1."一鞭子赶"

（1）"赶"的条件

在这一时期，民办教师转正规模是最大的，也说明解决民办教师问题的条件已经成熟，主要基于前期"民转公"的宝贵经验、经济发展以及社会发展的客观要求。

民办转公办是民办教师身份华丽转变的一幕，这个过程并不只是简单的"转"，"转"的是他们地位、待遇以及被认同。国家对民办教师的整

---

① 李建东：《政府、地方社区和乡村教师》，载马戎、（加）龙山：《中国农村基础教育问题研究》，福建教育出版社 2000 年版。

顿与治理是民办教师转公办教师的初级阶段，主要目的是减少民办教师数量，提高其质量，加强对民办教师的管理。这一阶段的"民转公"为后期"民转公"积累了宝贵经验（后期"民转公"是从1994年到2000年，有人称这一阶段是中国民办教师队伍的消化时期，主要在于，在这一阶段，国家实施各种方法来解决民办教师问题，让多数民办教师得到了转正。笔者将这一时期的民办教师转正称为"一鞭子赶"，因为从数量来看，是转正人数最多的时期；从时间来看，这一段时间是民办教师转正的最后时期）。

通过前期国家对民办教师队伍采取了一系列关上门、民转公、招考以及辞退等政策，民办教师在人数上逐年减少，数量的减少为民办教师转公办减轻了压力；同时民办教师的素质也有了很大的提高，国家教育部门对留任的民办教师进行各种培训，帮助他们强化专业技能，提高民办教师的整体素质水准。1995年，陕西省民办教师工作称职状况数据显示：优良有17940人；基本称职有34359人；不称职有492人。优良者占到34%，基本称职占到65%以及不称职者仅占1%。由此可以看出，陕西省民办教师工作称职者达到99%，仅有1%是不称职的。和以前相比，民办教师队伍的整体素质得到了提高和改善。这为民办教师最后的转公办提供了最有利的条件。

民办教师的出现正是在国家一穷二白的背景下应运而生的，经济困难的新中国发展教育需要民办教师。中国经济的发展过程刻画了民办教师的形象与内涵，而民办教师见证了中国由穷国办教育到实现教育的现代化的重要目标，他们是这个过程的推动者与创造者之一。中国经济的发展需要教育的发展，只有教育的现代化才能推动国家的现代化。改革开放促使中国经济突飞猛进，同样教育中的推动者和创造者之一——民办教师也需要在这个时代被赋予新的内涵。经济的发展为最终解决民办教师问题提供了强有力的物质保障。

因而民办教师在这一阶段的大规模转正是一种历史发展的必然和社会的客观要求，正是基于上述条件之下，民办教师问题的最终解决有了保障和依据。

（2）如何"赶"？

解决民办教师问题成为了国家教育事业当时的重要任务，对此国家出台了相关政策。在一次全国教育会议中提出了解决民办教师的"五字方针"——关、转、招、辞、退。其中"关"是转的前提，即是严控民办教师再次进入的口。"转"即是对于民办教师进行考核，合格的可以转为公办教师。"招"即是师范院校分出一部分名额，用于招收一部分合格的民办教师人员。"辞"即是经过相关考试没有达到标准的民办教师，给予辞退。"退"是做好民办教师退休工作。

1995 年，在关于教育事业发展的公报中再次强调了要以"关、转、招、辞、退"做好转招工作，同时最主要的是"转"。明确了民转公对解决民办教师问题的重要意义。同时，说明了国家要在五、六年内将近乎两百万的民办教师转为公办，这就要求中央和地方每年各自拿出十五万的指标。

国家教委于 1996 年 5 月，就关于"民转公"工作的重要方面作出要求，主要强调了要进一步做好"民转公"事务，要让民办教师的问题得到尽快解决。[①]

陕西省依据对于民办教师问题解决所要达到的标准，规定除中央每年规定的民办教师转公办教师的指标外，本省同时也要提供四五千个名额，按照相关规定进行。全省统一按照"五字方针"的方法逐步、有序地进行解决。之后，省计委与人事厅、省教联合对选招工作作出详细安排，规定：对于在 1981 年 7 月底前任教的、持"任用证"的、在 1994 年底低于离岗年龄的人员方可有条件申请选招，具体可参见以下几方面：一是曾获得部、省级以上劳动模范、优秀或者先进教师，并一直保持这一称号的人员；二是曾在教学中获得陕西省特级教师以及具有中学一级、小学高级教师上述任职资格人员；三是具有大专以上水平且含有中学教师专业合格证书的人员，具有中专水平的且取得小学教师专业合格证并且教书 20 年以上的人员；四是曾获地市级劳动模范、优秀或者先进教师人员，或者在教育教学工作中取得优异成绩并且得到相关教育部门表彰的先进教育工作人员；四是当前任小学正副校长等相当职务人员；五是教书时间达到 26 年以上的人员。同时还明确对于省部级以上先进、获取中级职称和具有大专

---

① 何东昌主编：《中华人民共和国重要教育文献：1949—1997》，海南出版社 1998 年版，第 3988 页。

以上水平并任教 20 年以上的民办教师人员，在考试时给予适当照顾。"①

2. "华丽"转变

民办教师身份的转变，摆脱了"民办"一词，这不仅只是一个称谓的变化，其中隐藏着深刻内涵和意义，对民办教师而言是一种"华丽"的转变，因为这一直是他们的一种遥不可及的夙愿。然而"华丽"转变的背后必定有着严密的逻辑。

(1) "泥饭碗"变"铁饭碗"

民办教师自产生就带有一种特殊的色彩，他们是一个个教书的农民和种地的教师，他们捧的是"泥饭碗"。当国家需要他们的时候，他们挺身而出；国家不需要时，他们无奈地离开，因为他们没有像公办教师一样结实的"铁饭碗"，尽管县一级教育委员会直接管理民办教师，但是县级财政只负责民办教师的国家补助部分工资，民办教师面临着随时被国家辞退的可能性。

在调研中，有老师谈到："我们这些民办教师啊！和公办教师莫得比（比不了），人家（公办教师）是铁饭碗，我们用的是泥饭碗，现在虽说是有口饭吃，但是莫国家说不要就不要了，幸亏在 1980 年那个时候，上头（泾阳县教育局）给之前的民办教师照了相，那个时候还进行了一定的考核，主要是上头派人来进行全面考核，涉及到你的备课情况、听课、思想情况考核，还要在学生、家长当中调查你这个人如何等等。如果考核通过后，上面会给合格的民办教师发一个红本本，就是'民办教师任用证'。正是这个本啊！才让我们这个心踏实了下来，要不然整天担忧，说不来那天就被学校给辞了，你说这干了这么多年，忽然要被辞退，我能干什么，先不说自己了，这在村里也是挺丢面子的，那次考核这辈子都难以忘记，是我们民办教师前途的关键时刻啊！"②

民办教师是随着国家教育发展而变动的一个群体，国家从意识形态的领导到对民办教师的管理，主体的变化赋予了民办教师在不同阶段所具有内涵。国家对民办教师的管理，说明民办教师问题得到了关注与重视，预

---

① 韩忠诚：《陕西省今年选招 11000 名民办教师为公办》，《陕西教育（教学版）》1995 年第 8 期。

② 笔者根据陕西省泾阳县某受访民办教师口述整理而成。

示他们的地位将会发生变化。从国家对民办教师的整顿与治理到最终问题的解决，这个过程历时二十多年，伴随着改革开放的步伐而进行着。民办教师的身份从体制之外进入到体制之内，他们从捧着"泥饭碗"变成了"铁饭碗"，这是一个华丽的转变，但这转变中间是复杂而艰难的，民办教师转为公办教师的过程是一个长期的等待与煎熬的过程。

（2）国家对身份的认同

"身份"一词从其字面理解可以释义为：出身和社会地位。在中国的传统社会中，身份成为社会结构及其运作的重要方面，人们对于身份的重视是毋庸置疑的。更确切地说，身份的存在高于生物人的存在。中国人自古以来对于身份就有一种与生俱来的情结，可以将身份看作是一种功名、名号或者称谓，可以理解成别人对自己的看法、对于社会关系的定位等方面。①

综上所述，可以看出"身份"在中国的传统思想观念中具有深厚的土壤，具有丰富的内涵。对于这一内涵的解读，我们可以与民办教师这一概念进行联系，民办教师这一称谓在当时农村社会中可以是具有面子的身份，满足了在当时环境下当事人的那种特定心理。身份对于中国人的作用是如此重要，具有什么样的身份决定了这个人的出身和社会地位。民办教师与公办教师相比较，民办教师没有公办教师正式的编制和稳定的经济收入，因而不是法定概念上的教师，不具备正式的教师身份。教师身份不仅仅只是代表一种专业技能，同时也是一种社会身份象征。在古代有"臭老九"一词，说明了当时知识分子（包括老师）地位的卑微。在我国教师身份的获得可以归于两种：一种是接受正规教育，获得相应文凭和资格，此外还有一种就是民办教师转正，成为正式教师。民办教师没有接受正规的师范教育，没有获得相应的学历，但是他们从事着与正式教师相同的职业，然而他们却不是法定意义上的教师。经过国家教育部门对民办教师的整顿和治理，他们通过各种培训，不断提高自身素质，通过转正和师范招生再进修等形式逐步转变为一个合格的法定教师，从此他们具有了法定教师身份，他们开始与公办教师的待遇与地位相同，实现了同工同酬的夙愿。民办教师身份的转变是他们能力提高的显现，同时这也是一种纵向

---

① 源自"读秀"，见 http://book2. duxiu. com/EncyDetail. jsp? dxid

的社会流动，他们拥有了稳定的经济收入和正式的编制，这是国家对民办教师的身份认同的一种现实体现，因为这关系到他们以后的生存状态。

五 结 语

民办教师经历了产生、发展、治理与整顿以及最后的消失四个阶段，在每一个阶段的变化发展都与当时国家经济发展不无关系，他们的命运与当时的经济发展水平紧密相连。民办教师产生于一穷二白的新中国背景之下，是为教育需要而出现；中国的发展遭受挫折时（"文革"时期），民办教师这支队伍受到影响，队伍急剧膨胀，发展达到顶峰；中国经济逐步恢复并再次发展，民办教师队伍得到了治理与整顿；中国经济快速发展，为了教育现代化或者现代化的实现，民办教师逐步消失。教育事业是国家主管的，但民办教师是群众发起的，是国事民办，直到民办教师转正才转变为国事国办。可以说，一个民办教师身份转变的历史衍射出新中国建立之后的经济发展历程，他们是教育现代化或者进一步是现代化目标的见证者与推进者。

民办教师与公办教师相比较，没有正式的编制和稳定的待遇，不是法定意义上的教师，不具备正式的教师身份，因为他们是农民身份，然而他们从事着与公办教师同样的工作。在待遇方面他们经历丰富，类型不一。民办教师待遇经历了两大方面，一是国事民办阶段，民办教师的管理主体是集体，他们的待遇形式多种多样。新中国成立初期他们经历了"薪粮制"，再到1958年人民公社成立之后，公社和大队承担办学任务，国家给予补助，形成"工分加补助"的待遇形式；二是国事国办阶段，直到人民公社解体之后家庭联产承包责任制的实行，国家对民办教师的治理与整顿，民办教师的管理主体从集体转变为国家，将"工分加补助"改变为"公助加民助"，以及后来职称改革所实行的以职务工资为主的结构工资，民办教师待遇逐步呈现正规化。

中国的教育经历了若干阶段：民事民办（古代私塾）—国事民办（新中国时期的民办教师）—国事国办（改革开放之后的民转公和公办教师）。中国的教育在每一阶段都有自己的形式，无论这种形式是什么，都与当时的经济发展水平相适应，即反映当时生产力发展水平。私塾产生于春秋时期，是作为私学而出现的，在当时与官学相辅相成，古代社会官学只是为官宦子弟开放的，对于平民百姓而言可望而不可即，只有私塾成为他们的去处。私塾是旧时私人所办的学校，可以是塾师自己办的教馆、学馆、村校等。这为中国当时培养出了许多人才，做出了巨大的贡献。

民办教师属于国事民办阶段，是在新中国成立之后国家一穷二白的情况下产生的，是中国要大办教育的需要。民办教师是为国家教育事业服务的主体，由群众发动起来，一直是受基层政权组织管理。

分析现代社会教育制度特征的最佳起点，是趋于随现代化而发展的教育供求模式。[①] 对此具有极大影响的因素有：对于新目标的获取是各群体在各个区域的尝试，对于人力资源的需求是由发展中的经济结果决定的，各类社会高端人才对教育的发展进行影响，可以是成为实现政治思想的影响与社会控制的方法，也是作为保证培养经济人才的举措。[②]

新中国建立以后，中国面临着一个紧迫的任务就是现代化国家的建构，一是由于新生政权脚跟未稳，国家必须加强现代国家建设，尤其是对乡村社会的整合。同时国家领导人对于建设现代国家具有强烈的使命感和责任感，正是基于这些原因现代化国家建构的使命被提上日程。通过"政党下乡"的方式，将政治之外的广大农民群众纳入到国家政权建设中，乡村的重新建设可以利用党组织深入到基层单位的方式来实现，以便或者有利于实现国家对乡村社会的政权的稳固。[③]

民办教师从产生到发展以及最终的消失，是伴随着中国经济发展的过程，新中国成立之后，开始对教育事业进行管理，是为了保持其意识形态的纯正性和思想上的一致性。民办教师身份在这个过程中逐步地转变着，国家政权在不同阶段对乡土社会下沉的程度影响着民办教师身份的形成，国家从开始的意识形态的领导转变到对民办教师的全面管理，"民转公"是国家对民办教师管理做出的重要努力。也就是说，民办教师向公办教师转化的过程正是民办教师国家化的过程，这也是实现教育现代化的一种路

---

① S. N. 艾森斯塔德著：《教育与政治发展》，杜克大学出版社 1963 年版。

② S. N. 艾森斯塔德著：《现代化：抗拒与变迁》，张旅平等译，中国人民大学出版社 1988 年版，第 19 页。

③ 黄辉祥：《民主下乡：国家对乡村社会的再整合——村民自治生成的历史与制度背景考察》，《华中师范大学学报》2007 年第 5 期，第 33 页。

径或方式。

此外，民办教师命运轨迹的演变不仅受到了社会因素的影响，而且也与自身的知识文化水平不无关系。知识改变命运是农民对命运再次抉择的一个机会。"鲤鱼跳龙门"的念想是农民改变自身命运与地位的一个重要途径。谈及到民办教师这一关键词，为什么当时的农民只能成为"民办教师"而非"公办教师"，重要的一个因素是教育问题，更为贴切的是受知识文化程度的影响。民办教师受教育程度不高，知识水平不足，这也是他们不得不加入民办教师这个队伍的另一个原因，并促使了民办教师这一关键词的出现；同时，随着民办教师这一身份的逐渐演变，在"文革"十年的历史时期中，这一队伍得到了最迅速的发展，低的进入门槛，低的要求，满足着更多农村"稍"有文化（能哄孩子就行）的人从事这一职业；直到改革开放之后，国家对民办教师逐步进行了管理，让民办教师回归于国家的管制之内，国家开始对民办教师整顿并提出了要求，他们的专业素养、知识水平等自身的内部因素能否依然满足教育发展的要求主要决定着他们的去留，有些就此离开了这个岗位，有些还要经过培训再转为公办教师，还有一些就此转为公办教师。他们都是民办教师，然而命运却大不相同，这与自身的知识素养不无关系。他们不同命运轨迹的演变，诠释了知识改变命运或者更是对地位的改变。

赤脚医生:历史与制度主义的视角

【导读】"赤脚医生"作为农村基层卫生工作人员的代名词,形象地描绘了这个特殊医疗队伍的双重身份,"赤脚"象征着农民,"医生"意味着他们还兼具守卫农民健康的历史使命。正是这一群活跃在田间地头的"亦农亦医",为解决当时中国农村迫在眉睫的医疗卫生问题做出了卓越的历史贡献。目前,中国农村医疗卫生事业正处于转型期,建立怎样的农村医疗保障体系解决农民的生活健康问题将是长期存在的战略性问题。在此背景下研究"赤脚医生"的产生和变迁,无疑对认识和解读当代中国农村改革和社会关系变化有重要的现实意义和理论价值。

《辞海》中是这样定义赤脚医生的:"赤脚医生,是亦农亦医的农村基层卫生医疗工作人员,是人民公社化时期出现的名词,他们一般从当地村民中挑选,接受相对集中的短期训练,为缓解中国当时农村地区缺医少药的燃眉之急做出了卓越的贡献"。当时的赤脚医生来源主要有三部分:一是世代从医的医学世家;二是略懂病理知识的农村青年;三是上山下乡的知识青年。可见,"赤脚医生"这个带有浓重历史色彩的词汇把我们的记忆带到了农业合作化时期,它的产生具有浓厚的中国特色,它的发展史更是记录了那个特殊时期中国农村所发生的翻天覆地的变化。

人们之所以将当时农村基层的医护人员亲切地称之为"赤脚"医生,与他们特殊的双重身份有关。一方面他们是经过医疗训练,具备一定医疗知识,为村民就医治病的"医生",另一方面他们同时也是持农业户口,下地干活的农民。他们这种特殊的"半农半医"的双重身份可以归结为"赤脚"之名由来的原因之一;"赤脚"由来的原因之二,是村民们对他们更加形象的称谓，作为农民，他们打着赤脚，卷着裤腿在地里干活，出诊时也是光着脚丫穿梭于田间小道，因此大家称他们为"赤脚"医生；原因之三可以归结为农民对这一群服务于基层的医疗工作者强烈的认同情感，他们出生于农村，服务于农村，和农民同吃同住，是农民自己的医生，因此农民愿意用自己的特征"赤脚"来称呼他们尊敬和爱戴的"医生"。

"赤脚医生"是中国人民的伟大创举，不仅是中国医疗卫生史上非常重要的一页，同时也在世界卫生医疗史上大放光芒。虽然当时赤脚医生并非医术精湛、技术娴熟的专业医疗人士，合作医疗体系也并不完善，但在上个世纪五十年代中到八十年代初的这三十年间，"赤脚医生"的身影遍布了中国农村的大部分地区，为中国农民的健康做出了重大贡献，因此，赤脚医生对中国医疗卫生服务史来说意义重大，值得大书特写。

其次，"赤脚医生"在世界医疗卫生史上的地位也不容忽视，卫生行业的专业人士和国际卫生专业组织称"赤脚医生"为"发展中国家解决卫生经费的唯一范例"，中国能在经济状况如此落后，国家百废待兴的情况下，以极小的成本，在短时期大范围内培养出数目庞大的医疗卫生队伍，并迅速覆盖了大部分中国农村人口，可谓是世界历史上空前的创举，对此世界各国都大为感叹，并将其誉为世界卫生史上一次成功的"医学革命"。许多发展中国家的医疗卫生状况都不容乐观，存在这样那样的问题急需解决，毫无疑问，中国的"赤脚医生"和合作医疗制度，对许多发展中国家解决农村医疗卫生问题，具有宝贵的借鉴意义。

这里的"赤脚医生"研究属于规范研究的范畴，主要采用规范研究的方法，但是规范研究也存在一些弊端，因为它事先确定了准则和规范，然后再以此判断研究对象是否符合这些条件，这样一来会导致主观随意性的产生。为了使分析论证更加客观真实，笔者还引入了实证研究，选取了湖南省衡阳县砖塘村为"赤脚医生"变迁史的个案村庄，加强分析论证的客观真实性。因此，除了大量的实证资料之外，笔者还进行了村庄调研，当年的赤脚医生大多还健在，所以还采用访谈法和文献法。访谈法主要是深入农村，对赤脚医生及其亲属、当年的大队干部、农民群众进行访谈。文献法则主要是通过收集国内的文献及数据，对我国赤脚医生和农村合作医疗的发展历史和现状进行研究。

一　由　来

新中国成立之后，土地改革运动和合作化运动在全国农村逐渐展开。土地改革建立了土地私有制基础上的农户家庭经营体制，但也存在着农户缺乏生产工具和资金难以独立进行生产经营活动等问题。为了解决这一困难，1951 年 12 月，中共中央发出《关于农业生产互助合作的决议》，① 要求各级政府组织农民开展互助合作运动。到 1953 年，全国开始大规模推行互助合作运动，组织农户进行劳动互助和合作经营。1953 年 10 月毛泽东又提出走农业化道路、办大社的思想。到 1956 年春，全国大部分的省、市、自治区已经基本实现初级形式的合作化，到 12 月底，大部分地区基本转入了高级形式的合作化，形成了以 "土地和主要生产资料集体所有制为特征的社会主义性质的生产合作组织"，建立了统一生产、统一经营、统一核算、统一分配的农村集体经济制度。到 1958 年后，高级社逐渐演变为人民公社，它的特征是 "一大二公" 和 "政社合一"。据《农村人民公社工作条例修正案》规定，人民公社 "是中国社会主义在农村的基层单位，又是经济组织，又是政权组织，既管理生产建设，又管理财政、粮食、贸易、民政、文教卫生、治安、民兵和调解民事纠纷及其他基层行政任务，实行工农兵学商结合，成为经济、文化、政治、军事等的统一体。" 作为一个多功能的综合体，人民公社把农村的政治、经济、文化、卫生、社会生活等置于其控制之下，可以说，在这个阶段，农民的一切都笼罩在人民公社及其集体经济制度之下。在这个大的制度背景下，各种形式的合作社应运而生，医药合作社也就是在这样的背景下诞生的，医药合作社的诞生更为合作医疗制度的兴起开了先河。②

赤脚医生是合作医疗制度的产物，也是合作医疗制度的实践者，它的兴起与当时在全国普遍开展的农村合作医疗制度密不可分。所以我们可以把赤脚医生产生的制度背景归结为：农业互助合作化运动创造了人民公

---

① 《中国共产党中央委员会关于农业生产互助合作的决议》，中国人民大学农业经济资料室编《农村政策文件选编（1947—1957）》，第 118 页。

② 张自宽：《对合作医疗早期历史的回顾》，《中国卫生经济》1992 年第 6 期。

社，建立了农村集体经济制度，正是在这样的制度背景下，农村合作医疗制度应运而生，为合作医疗制度的实践者赤脚医生的产生奠定了坚实的制度基础。所以可以说，赤脚医生是社会主义性质的集体所有制下的产物。

（一）缺医少药的卫生国情

1949 年，刚成立的新中国所面临的是一个卫生状况十分恶劣的局面。经济萧条、社会危机重重、科教文卫事业落后，人民生活水平低下，传染病、地方病十分流行，而当时卫生资源却又十分缺乏。

根据不完全统计，建国初期，全国人口的发病数累计达到每年 1400 万人，死亡率在 20‰ 以上，其中一半以上都是死于可以预防的传染病。具体情况①②见下表：

1900—1949 年 50 年间主要传染病情况表

传染病	波及省份	发病人数	死亡人数	死亡率
霍乱	15 个省	—	10 万以上（累计）	
鼠疫	20 个省、自治区的 549 个县（市、旗）	1155884 人（累计）	1028808 人（累计）	89.0%
天花	16 个省、自治区的 665 个县市	530000 人（建国初）	26500 人（建国初）	5%
血吸虫病	13 个省、自治区、直辖市的 348 个县市	11300000 人（累计）	113000 人（累计）	1%
肺结核		发病率 4%	100000 人（建国初）	0.25%

此外，地方病的流行也成为威胁我国人民健康的重要原因之一，全国地方病流行的区域覆盖率达到 80%，患病人口高达 4 亿多人。地方性甲状腺患者在 1300 万人以上，受威胁人口高达 2.7 亿，流行于 28 个省、自治区和直辖市的 464 个县（旗、市）；克山病也是死亡率极高的一种地方流行病，流行于吉林、黑龙江、河南、湖北等 15 个省、自治区的 309 个

---

① 黄永昌主编：《中国卫生国情》，上海医科大学出版社 1994 年版，第 19—20 页。
② 钱信忠：《中国卫生事业发展与决策》，中国医药科技出版社 1992 年版，第 1 页。

县（旗）。① 产妇和婴儿的死亡率也很高，根据 20 世纪 30 年代的调查显示，当时城市产妇的平均死亡率为 15‰，城市婴儿的死亡率平均为 130‰，农村出生的婴儿平均死亡率为 170‰。②

面对如此严峻的医疗卫生情况，我国的卫生资源却相当有限，远远满足不了广大群众防治疾病的需要。新中国成立初期，全国总人口为 54167 万人，但是全国中西医药卫生专业技术人员只有 505040 人，卫生技术人员在人口中的密度仅仅为 0.92‰。其中高等医药院校毕业的高级卫生技术人员仅有 38875 人，每千人口仅有高级卫生技术人员 0.07 人。全国仅有医院 2600 所，病床 80000 张，也就是说每一千人才有 0.15 张床。③

面对广大城乡地区缺医少药、疾病流行的局面，建立起一个覆盖全国的适应中国国情的医疗卫生体系显得尤为重要。

（二） 城乡有别的医疗体系

新中国成立初期，卫生资源本来就已经相当稀缺，当时全国中西医药卫生专业技术人员只有 505040 人，卫生技术人员在人口中的密度仅仅为 0.92‰。其中高等医药院校毕业的高级卫生技术人员仅有 38875 人，每千人口仅有高级卫生技术人员 0.07 人。全国仅有医院 2600 所，病床 80000 张，也就是说每一千人才有 0.15 张病床。广大农村地区的医疗资源更是缺乏，据统计，当时我国农村人口占全国人口的 85% 以上，仅有病床 20133 张，不到全国拥有量的 1/4。县医院的数量仅为 1437 家，医疗设备很少并且条件相当简陋，每所医院平均只有 10 多张病床，村、镇的卫生医疗机构更是屈指可数。④

当时我国农村的显著特征之一是交通不便、居住分散，再加上大部分医疗资源主要集中在城市，这就造成普通农民群众看病更加困难和不便，因此迫切的需要有自己当地的基层医疗机构和医生。在农村地区医疗资源相当稀缺的情况下，要解决占全国人口 85% 以上的农民看病问题，需要培养一大批的医护人员。培养专业标准的医护人员，第一需要较长的时

---

① 钱信忠：《中国卫生事业发展与决策》，中国医药科技出版社 1992 年版，第 1 页。

② 黄永昌主编：《中国卫生国情》，上海医科大学出版社 1994 年版，第 19—20 页。

③ 北京中医学院主编：《中国医学史》，上海科学技术出版社 1978 年版，第 62 页。

④ 同上。

间，不能解燃眉之急；第二专科医生的培养，需要通过高昂的财力投入，当时的中国国穷民贫，农村人口占总人口的大多数，有限的国家资源无法培养足够数量的高技能专业医护人员，以完成当时大量紧迫的医疗任务。针对这种情况，新中国迫切地需要发展具有中国特色的、重大革新性的医疗卫生体系。这个体系应具备的特点是：依靠经过很短的时间就可以培训出来的较低技能的医护工作者；发展的医疗技术应该是劳动密集型而不是资本密集型；着重强调预防和初级保健；除了关注个人健康，更要集中精力实施公共卫生计划。① 正是有了这样的卫生体系思想的指导，赤脚医生才得以产生。

（三）伟人的力量

毛泽东作为一代历史伟人，本身是从农村走出，大半辈子是在农村度过，与农民有着深厚的感情，了解民生之艰难，民众之疾苦，所以他的理想是建立一个"无处不均匀、无处不保暖"的"大同"社会。他深知当时城乡之间资源分布的重大差距，必须要将工作的重点转移到农村中去。

在毛泽东的权威和声望的推动下，国家加快了对农村医疗卫生建设的步伐。1959 年，农村卫生工作会议在山西稷山县召开，以此为起点，卫生工作的重点开始向农村转移。1960 年 2 月，毛泽东批准了卫生部党组《关于全国农村卫生工作山西稷山现场会议情况的报告》，采取一系列措施加强农村医疗卫生工作，"要求建立一支中西医结合、脱产与不脱产人员结合的强大的卫生队伍"服务农村；"加强县医院的建设"；"提高公社卫生人员的业务水平，大力培训农村卫生人员"。② 1962 年 8 月，卫生部下发了《关于改进医院工作若干问题的意见（草案）》和《关于调整农村基层卫生组织问题的意见（草案）》，指出"农村医疗机构的设置，应当以分散、小型、多点为原则，以适应农村的特点，便利群众就医。"③

---

① 陈美霞：《大逆转：中华人民共和国的医疗卫生体制改革》，世纪中国网 http://www.cc.org.cn

② 《1960 年 2 月中央转发卫生部党组关于农村卫生工作现场会议的报告》及《附加》，卫生部基层卫生与妇幼保健司编《农村卫生文件汇编（1951—2000）》，第 17、24 页。

③ 《卫生部关于调整农村基层卫生组织问题的意见（草案）》，卫生部基层卫生与妇幼保健司编《农村卫生文件汇编（1951—2000）》，第 277 页。

但这些措施并没有改善卫生资源主要集中在城市的现状，1964 年的统计报告显示了城乡卫生资源的巨大差距，据统计：一是城乡卫生技术人员分布差距大，高级卫生技术人员 69% 在城市，只有 31% 在农村，其中在县级以下的只占 10%。57% 的中级卫生人员在城市，农村仅有 43%。中医则大多数在农村，但是农村的中西医按人口比例大大低于城市，而且多数中医的技术水平很低；二是经费使用上的巨大差异，全年卫生事业费共九亿三千多万元，用于公费医疗的费用占 27%，但用于县以下的公费医疗仅仅只有 16%。这也就是说，八百三十万人员享受的公费医疗经费，比用于五亿多农民的还多。①

面对这种状况，毛泽东同志在 1965 年 6 月 26 日发表了一个措辞严厉的讲话，他批评卫生部不是人民的卫生部，是"城市老爷的卫生部"。针对当时中国的实际条件，毛泽东同志构思了"用较短的时间，花较少的力量，先培养起一些医术不算太高，但在农村最需要，最实用的人才"的想法，并且提出"把医疗卫生工作的重点放到农村去嘛。"②毛泽东同志的这个讲话就是著名的"六·二六"指示。这个讲话对我国医疗卫生工作的发展产生了深远的影响，成为我国农村医疗卫生体制变革的一个重要转折点。

正是因为毛泽东同志的督促和推进，才促使卫生部门将医疗卫生工作的重点切实的转向农村，在全国各大城市和部队纷纷派遣医疗队下乡巡回，通过"传、帮、带"的形式，为农村培养了大批医疗工作者。毛泽东同志的"六·二六"指示及其短期内培养大批适合农村经济卫生条件的基层卫生工作人员的构想，造就了中国大地上数以百万计的农村基层卫生人员——"赤脚医生"的出现。由于中国出了个毛泽东，才使"赤脚医生"遍地开花。

（四）村落文化

我们可以把"村落文化"定义为一种文化形式，它反映的是农村居

---

① 《1965 年中央转批卫生部党委关于把卫生事业的重点放到农村的报告》，卫生部基层卫生与妇幼保健司编《农村卫生文件汇编（1951—2000）》，第 27 页。

② 转引张开宁主编：《从赤脚医生到乡村医生》，云南人民出版社 2002 年版，第 18 页。

民在特定的生存空间里，经过长期的生产生活过程形成的村落制度结构特征和风俗礼仪形态。"村落"不仅是农民基本的生活空间，而且是乡土中国最基本的组织形式，更是一个区域共同体。这一共同体所创造的是一种以家族关系、血缘关系和地缘关系为基础的，以社会网络为结构的，能够反映村落制度特征和传统底蕴的文化形态。村落文化是一个复杂的、多因素的文化形态，包含了村落家族文化、村落政治文化、村落宗教文化、村落礼俗文化、村落伦理文化等多种文化形态，而这各组成部分对农村的政治、经济等各方面的发展都有着深刻的影响。[①] 这种影响对当时农村基层医疗卫生工作的组织形式和规模也较为深刻。

村落文化中有一种"秩序场境"，也就是说，村民们对"村内事"和"村外事"的态度是截然不同的。李银河曾在《生育与村落文化》一书中这样描述过，"有一道壁垒立在本村落与外面的世界的地理边界，也立在村里人与村外人的心理边际处。"[②] 也就是说，某一个村落中的村民们会采取一种积极的态度来认真对待本村的事情，对外面的事情则更容易持一种漠然甚至是抵制的态度。因而外来者想要融入到乡村社会中是比较困难的。也就是说，村民们之间的感情以及信任，是建立在以地域为基础而形成的"地缘关系网络"之上，外来者很难渗入。这样一种"关系网络"为农村基层医疗工作的开展指明了方向，从本村村民中选拔培训医疗工作者更容易获得村民们的认同，这就为"赤脚医生"的产生奠定了文化基础。

在农村，村民有"请医生上门服务"的习惯，医生也有"登门服务"的传统，这为赤脚医生的产生奠定了广泛的群众基础。农民的观念和行为受到农村传统文化、风俗习惯的影响和制约，例如：老人不愿住医院，不想死在医院、妇女在家分娩等等，都体现了传统文化对人们行为所产生的影响。而且在传统的"乡村医患关系"中，人们似乎更重视医疗过程的"拟家庭化"的程度，村民们更希望诊疗过程能够在亲情等人情网络中完成。医生用日常生活化的语言解释病情，医生和病患家属之间的沟通与互动的重要性甚至不亚于治愈疾病本身。受村落文化的影响，农民更想要的

---

① 任映红：《村落文化与当前农村的政治发展》，《江汉论坛》2005 年第 5 期。

② 李银河：《生育与村落文化》，中国社会科学出版社 1994 年版，第 58、66 页。

是进入家庭、走乡串户为农民群众防病治病的医生，彼此相互熟悉、有良好稳定医患关系的医生，这都为"赤脚医生"的产生奠定了良好的群众基础。所以说，"赤脚医生"的出现，既受村落文化的影响，又适应了广大农民群众的文化观念和求医行为，是农村乡土亲情网络和乡土文化观念中的一种文化现象。

赤脚医生的出现，是各种因素共同作用下的结果。新中国成立初期，随着合作化运动的推进，农村建立了人民公社与农村集体经济制度。正是在这样的制度背景下，农村合作医疗制度应运而生，为合作医疗制度的实践者赤脚医生的产生奠定了坚实的制度基础；当时我国缺医少药的国情，城乡有别的医疗分布体系，中国政府只能选择发展具有中国特色的公共卫生体系，依靠经过短时间培训出来的低技能的医疗工作人员来发展农村卫生工作，赤脚医生就是这一有中国特色卫生体系模式下的产物；赤脚医生这一特殊现象的出现，还与我们伟大领袖毛泽东同志对农村医疗工作的重视密不可分，正是毛主席同志著名的"六·二六"指示"把医疗卫生工作的重点放到农村中去"，城市医疗资源，卫生工作人员向农村转移，为农村基层培养了一大批医务工作者，使赤脚医生的队伍得到迅速发展；同时赤脚医生能够普遍地在农村出现，还受到农村村落文化的影响，村落文化中的地缘关系网络，使得从本村落中选拔为村民的医疗卫生工作服务的受训者获得了一种天然的支持。可以这样说，"赤脚医生"的出现，既受村落文化的影响，又适应了广大农民群众的求医传统和文化观念，是农村乡土文化观念和乡土亲情网络中的一种文化现象。

二　政策变迁

（一）国家"赤脚医生"政策的变迁

新中国成立之后，存在着十分严重的国民健康问题，人民的生活水平低下，民众中传染病、寄生虫病以及地方病十分流行，而整个国家则缺医少药。为了改善这一状况，中共中央和中央人民政府制订了一系列政策措施来改善这种落后的医疗卫生情况。

赤脚医生的出现，为新中国医疗卫生情况的改善做出了卓越的贡献。赤脚医生是在合作医疗制度下产生的，是合作医疗的坚定执行者，而合作医疗制度的运行需要实施的平台和支持体系，农村三级医疗预防保健网的建立为合作医疗提供了这样的支持体系和实施平台，并且还为合作医疗提供了制度实施的组织保障。因此，要了解"赤脚医生"政策的变迁，我们需要回顾"农村三级医疗预防保健网"和"合作医疗"政策的变迁。

1949 年 11 月 1 日，中央人民政府卫生部正式成立。

1949 年第一届政治协商会议召开，颁布了《中国人民政治协商会议共同纲领》，将"推广医疗卫生事业，开展疾病防治工作"以立法的形式订立为我国卫生事业的基本方针。[1] 1950 年春，中央人民政府卫生部和军委卫生部联合作出重视传染病防治的指示，要求各级政府积极配合，开展天花、霍乱、结核等流行病的防御工作。1950 年 8 月，第一届全国卫生工作会议召开，会议指出，要有步骤有计划地发展和完善农村基层卫生工作，要初步建立起中国医疗卫生保障制度体系，每个乡都要有自己的医疗卫生组织，要以集体所有制的联合诊所为重点，在县和区一级要开展全民所有制卫生医院的建设。[2] 同时确定了指导新中国卫生工作建设的三大方针："面向工农兵""预防为主""团结中西医"。1952 年 12 月 8 日至 13 日，中央人民政府卫生部和军委卫生部联合召开了第二届全国卫生会议。该会议决议接受周恩来总理的建议，在三大方针之外，再增加"卫生工作与群众运动相结合"这一重要的方针。"面向工农兵、预防为主、团结中西医、卫生工作与群众运动相结合"这四大卫生工作方针的提出，为新中国卫生事业的发展指明了方向，也指导了农村三级医疗保健网的建设，同时为之后的合作医疗和赤脚医生的出现奠定了基础。

为了应对当时中国严峻的医疗卫生状况，政府的思路是建立起一个县、乡、村三级医疗预防保健网。在实施过程中，政府不断根据实施情况调整制定相应的政策措施，大体上可以将这一过程分为两个阶段：第一阶段是"乡村资源重整自救"阶段，在 50 年代初期，政府首先分别设置县、区卫生机构，整合现有的农村医疗卫生资源组建卫生院、联合诊所、

---

[1] 《党史文献：1949—1965 年文献选编》，新华网 http://news.xinhuanet.com/ziliao/2004—12/15/content_ 2336979. htm

[2] 蔡景峰等编：《中国医疗通史》（现代卷），人民卫生出版社 2000 年版，第 2 页。

保健站等，初步编织起我国的农村医疗保健网；第二阶段是"城市救济乡村"阶段，进入 60 年代后，一方面继续加强农村卫生机构的建设，另一方面开展巡回医疗工作，组织医务人员上山下乡，组织城市卫生资源支援农村。

1. "乡村资源重组自救"思路

根据第一届全国卫生工作会议的指示，新中国政府一方面利用有限的资金建立基层卫生机构，首先在县一级投资建立卫生院等机构；另一方面，在县级以下，整合现有的农村卫生资源组建联合诊所，农民到联合诊所自费看病，以解决农村中缺医少药的问题。

1951 年，卫生部先后发布了《关于健全和发展全国卫生基层组织的决定》《农村卫生基层组织工作具体实施办法》和《关于组织联合医疗机构实施办法》，要求基层人民政府大力加强基层卫生工作，同时并号召散落在各地农村的中西医个体逐步组织为民办公助的区卫生所和联合诊所、乡卫生站、医药合作社，农民到联合诊所自费看病。[①] 1951 年开始，在党和政府的号召下联合诊所迅速发展，并将联合诊所的经营原则确定为"自愿合作、民主管理、集体经营、政府引导"。1952 年，中央政府提出"面向工农兵、预防为主、团结中西医、卫生工作与群众运动相结合"的卫生工作四大方针。[②] 1952 年和 1953 年，政务院颁布实施了《关于实行公费医疗预防的指示》以及《劳动保险条例》，向事业单位等国家工作人员和革命残废军人提供公费医疗和劳保医疗。对于占中国绝大多数人口的农民的医疗卫生，基本采取依靠群众办医，农民自费看病的办法。[③]

至 1953 年底，全国县医院和卫生员的数量已从 1437 所发展到 21023 所，其中少数民族地区建立了 30 多家医院和 350 多所卫生院。当时我国农村基层卫生组织形成了以联合诊所为主，区、乡卫生所，保健站等多种

---

① 李德成：《合作医疗与赤脚医生研究（1955—1983 年）》，浙江大学博士学位论文 2007 年，第 37 页。

② 当代中国丛书编辑部编：《当代中国的卫生事业》（上），中国社会科学出版社 1986 年版，第 8 页。

③ 李德成：《合作医疗和赤脚医生研究（1955—1983 年）》，浙江大学博士学位论文 2007 年，第 37 页。

形式并存的保健网。[1]

50 年代初期开始了农业合作化运动，农业生产合作社开始兴办保健站，并经过十天半个月的简单培训培养出一批保健员协助开展预防接种、卫生政策宣传、包扎伤口等简单的医疗服务。这个时期仍然以联合诊所为农村主要的医疗机构。

1956 年，中央卫生部制定并颁布了《联合医疗机构章程（草案）》，加强对联合诊所的管理，明确了联合诊所的性质、目的、要求、任务和领导关系，并要求其实行民主管理，并成立管理委员会。[2] 1956 年，在农业合作化高潮时期，区卫生所发展成为区卫生院，乡卫生站、联合诊所、医药合作社组合成为民办公助的乡卫生所。1958 年，国家在县设立人民医院；在公社，将联合诊所、农业社保健站、区卫生所合并成立人民公社卫生院；在大队设立保健室；在生产队配备保健员、接生员、保育员，在形式上形成了一个比较完整的农村医疗卫生体系。

1962 年 8 月，中央卫生部又颁发了《关于调整农村基层卫生组织问题的意见（草案）》，明确规定了各类集体医疗机构的所有制性质和管理体制。根据卫生部有关文件，全国大部分区卫生院实行"三权"（人权、财权、管理权）下放，由全民所有制转变为医务人员的集体所有制。[3]

从二十世纪五十年代初至六十年代末的近二十年的时间里，联合诊所、农业社保健站、公社卫生院成为广大农村基层卫生组织的三种最基本的形式，为解决当时广大农村缺医少药、卫生资源匮乏的问题，以及农村基层卫生防御工作起了一定的作用。其中，联合诊所一直是基层农村最主要的医疗机构，五十年代初出现，1958 年人民公社化后大部分转制，直到六十年代末农村合作医疗制度普及后才退出历史舞台。它把分散的个体中医统一集中在一起，逐步适应了社会结构与农村经济趋于集体化的走向，为我国三级医疗预防保健网的形成奠定了一定的基础，但是由于诊所

---

① 当代中国丛书编辑部编：《当代中国的卫生事业》（上），中国社会科学出版社 1986 年版，第 8 页。

② 李德成：《合作医疗和赤脚医生研究（1955—1983 年）》，浙江大学博士学位论文 2007 年，第 38 页。

③ 《卫生部关于调整农村基层卫生组织问题的意见（草案）》，卫生部基层卫生与妇幼保健司编《农村卫生文件汇编（1951—2000）》，第 274 页。

固定，成员有限并且集中，对于山区等交通不便的地方或者是居住分散的广大村民看病来说并不是很便利，甚至极有可能延误病人的及时诊治，因此，它没有改变传统的求医问诊的模式，也不能很好地解决广大农村缺医少药的问题。但另一方面，随着这个时期社会主义农业合作化运动的开展，中国农村社会主义集体所有制的强势推进，农村卫生保健工作也越来越趋向于"合作化"和"集体化"，从这个意义上说，它为今后农村合作医疗制度以及赤脚医生的出现奠定了坚实的基础。

2. "城市资源救济乡村"思路

以"联合诊所"为主的农村基层医疗机构，是利用农村已有的卫生资源解决广大农村居民看病难的问题，但是从很大程度上来说还不能够满足广大基层农民看病就医的需要。首先从资源密度来看，农村现有的卫生资源本来就相当有限，同时还需服务占全国80%以上的人口；其次，从技术层次来看，医务人员技术层次低并且结构单一，主要集中在中医领域；从人员比例上看，医务人员与所服务的人群的比例也很小。面对这种情况，中央政府一方面继续加强农村卫生机构的建设，另一方面决定利用城市卫生资源支援农村，组织城市医务人员上山下乡，在农村开展巡回医疗工作。

1958 年 11 月，中央批转了卫生部党组《关于动员城市医疗力量和医药卫生院校师生支援工矿、农村卫生工作的报告》，要求各级党委、政府、卫生部门统一调配现有的各种医药卫生力量支援广大农村。[①] 由此，大量城市医务人员纷纷下到农村、厂矿等基层，加强了广大农村地区的卫生力量。

伴随着城市医务人员下放的同时，也出现了部分地方卫生人力资源浪费的情况，有些下放的医务人员被长期安排进行农业生产活动，没有发挥他们应有的医务特长。

面对这种情况，1959 年 6 月，卫生部下发了《关于卫生技术人员下放基层卫生组织与劳动锻炼问题的通知》，要求各省、市、自治区卫生行

---

① 《中央批转卫生部党组关于动员城市医疗力量和医药卫生院校师生支援工矿、农村卫生工作的报告》，卫生部基层卫生与妇幼保健司编《农村卫生文件汇编（1951—2000）》，第 613 页。

政部门，要充分发挥下放医务人员的医务特长，将中、高级卫生人员主要下放到基层卫生机构中去，从而加强基层卫生防疫和医疗工作。① 这个通知及时纠正了一些地方浪费卫生人力资源的做法。

1965 年 1 月，毛泽东同志做出指示："组织城市高级医务人员下农村和为农村培养医生。"1965 年 1 月 19—20 日，卫生部党组分别向中共中央和毛泽东主席报送《关于城市组织巡回医疗队下农村配合社会主义教育运动，防病治病的报告》，报告提出，要将下乡巡回医疗作为一种制度确定下来，符合要求的医务人员必须分批轮流参加，并要求深入群众，接受教育，促进卫生人员思想的革命化。② 1965 年 1 月 21 日，毛泽东同志写下批语："同意照办。"1965 年 1 月 27 日，卫生部党组《关于城市组织巡回医疗队下农村配合社会主义教育运动，防病治病的报告》被中共中央转批之后，毛泽东同志对关于组织城市高级医务人员下农村以及为农村培养基层卫生人员等问题的批示也被印发。对毛泽东同志和中共中央的这一指示，各地都非常重视，并把它当作一项重大的政治任务，并迅速组织成立了医疗队下到农村、牧区、林区进行巡回医疗。1965 年 1 月 31 日，卫生部下发了《关于组织农村巡回医疗有关问题的通知》，对下乡巡回医疗队的主要任务、工作方法和经费开支等做了详细的规定，并及时做出了具体部署和安排。《通知》指出医疗队的一项重要任务是：为生产队培养不脱产的卫生员和接生员，并加强对基层卫生组织的技术指导和技术训练。③

1965 年 2 月 6 日，中共中央向全国转发了毛主席的指示和卫生部的报告，指出我国的卫生工作的目标是面向工农兵，那么农村巡回医疗队就是我们必须走的道路，希望各地遵照执行，并在实践中总结经验教训。

组建巡回医疗队，开展城市救济乡村的思路，不仅加强了农村卫生工作的力量，而且还直接把文化卫生知识和医疗技术带到了农村，使当地缺

---

① 《卫生部关于卫生技术人员下放基层卫生组织与劳动锻炼问题的通知》，卫生部基层卫生与妇幼保健司编《农村卫生文件汇编（1951—2000）》，第 616 页。

② 《中央批转卫生部党组关于城市组织巡回医疗队下农村问题的报告》，卫生部基层卫生与妇幼保健司编《农村卫生文件汇编（1951—2000）》，第 618—619 页。

③ 《卫生部关于组织农村巡回医疗有关问题的通知》，卫生部基层卫生与妇幼保健司编《农村卫生文件汇编（1951—2000）》，第 620—621 页。

医少药的状况得到了改善，同时也积极推进了农村合作医疗制度的完善和发展，成为促进合作医疗巩固发展的坚实支持力量，更为赤脚医生的产生打下了牢固的基础。然而，农村巡回医疗队作为一种短期的、暂时的医疗行为，并不能从根本上解决问题，农村缺医少药、城乡医疗卫生资源差距悬殊的状况仍然存在。杨念群先生曾指出过，巡回医疗队只是一种临时救济行为，根本无法在广大农村地区形成相对制度化的诊治模式和防疫网络，因此这种形式有不可避免的缺陷，尤其是当农村大面积暴发疫情时，巡回队的医疗救治活动就有点远水救不了近火。① 此外，当时的巡回医疗队更重视西医的治疗方式，没有把当时大多数村民更加信赖和信奉的中医和草医等诊疗方式纳入，导致基层卫生工作人员与村民的需求之间无法真正地相契合。②

虽然"城市救济乡村"这一思路没有最终解决当时中国困难的卫生国情，但是"巡回医疗队"这一形式开了先河，"医疗队"所到之处不仅开展防治疾病的工作，同时也把为农村培训医疗卫生人员当作自己义不容辞的责任，为农村培养了一批质量较好的医生，而这批医生在之后的合作医疗时期，大多转变为"赤脚医生"，可以说，"巡回医疗队"的出现培养出了最初的"赤脚医生"。

1950 年召开的第一届全国卫生会议，初步编织起了我国农村三级医疗保健网的构想，它提出的县设立卫生院、区设立卫生所、行政村设立卫生委员、自然村设立卫生员的政策构想，一直指导着我国农村三基医疗保健网的建设。

五十年代初期，政府首先分别设置县、区卫生机构，整合现有的农村医疗卫生资源组建卫生院、联合诊所、保健站等，初步编织起我国的农村医疗保健网；在进入六十年代后，一方面继续加强农村卫生机构的建设，另一方面开展巡回医疗工作，组织医务人员上山下乡，组织城市卫生资源支援农村；六十年代后期，国家加快了农村医疗建设的步伐，以 1959 年召开的山西稷山县农村工作会议为起点，把卫生工作的重点转向农村，三

---

① 杨念群：《防疫行为与空间政治》，《读书》2003 年第 7 期。

② 杨念群：《再造"病人"——中西医冲突下的空间政治（1932—1985）》，中国人民大学出版社 2006 年版，第 365 页。

级医疗预防保健网的建立得到进一步的巩固和加强；1965 年毛泽东同志的"六·二六"指示发布后，大量的医疗卫生资源开始向农村倾斜，使农村三级医疗预防保健网日趋完善与巩固；到六十年代末七十年代初农村三级医疗预防保健网完全确立。

农村三级医疗预防保健网为合作医疗的出现提供了实施平台和支持体系，并且还为合作医疗提供了制度实施的组织保障，使合作医疗制度在中国广大农村得以顺利推行。同时，合作医疗制度的运行，也可以使农村三级医疗预防保健网更加巩固和完善。

3. 合作医疗制度的出现

1958 年 9 月 13 日的《健康报》上最早出现了"合作医疗"一词，此报将河南省一些地方主办的合作医疗的情况进行刊登和介绍，并随报附登了评论文章《让合作医疗遍地开花》。① 1959 年 1 月的《人民保健》，以河南省拓城县慈圣人民公社为例，发表文章《一个公社的合作医疗——拓城县慈圣人民公社》，介绍了该人民公社从 1958 年 7 月 1 日开始实行合作医疗的情况。②

1959 年 12 月，"合作医疗"一词在中共中央文件中首次出现，在卫生部党组上报中共中央的《关于全国农村卫生工作山西稷山现场会议情况的报告》中，作为农村医疗保健制度被正式提出。1959 年全国农村卫生工作会议对合作医疗制度的充分肯定，迅速推动了合作医疗的发展。会后，卫生部向中共中央提交报告及其附件《关于人民公社卫生工作几个问题的意见》，提出了一些发展农村卫生工作的意见和方针，进一步推动了农村合作医疗制度的发展。1960 年 2 月 2 日，卫生部党组的这个报告及其附件被中共中央 70 号文件转发，要求各省、市、自治区党委参照执行。从此，合作医疗制度确立，成为我国农村医疗卫生工作的一项基本制度。

合作医疗制度不仅得到党中央以及各级政府的高度重视和大力推行，更重要的是它是一项适合中国农村情况，能够有效解决农民缺医少药问题的政策，所以它一产生就受到农民朋友热烈欢迎，得到迅速的发展。

---

① 《让合作医疗遍地开花》（健康报评论），《健康报》1958 年 9 月 13 日。
② 《一个公社的合作医疗——拓城县慈圣人民公社》，《人民保健》1959 年 1 月。

1965 年 1 月，毛泽东同志作出指示：组织城市的高级医务人员下到农村并且要为农村培养自己的医生。1965 年 6 月 26 号，毛泽东同志再次作出重要指示：要求把医疗卫生工作的重点放到农村去。全国各地对这两项重要指示高度重视，并贯彻落实，很大程度上加强了农村医疗卫生工作，合作医疗制度在全国得到进一步推行。

1968 年 11 月，中共中央对报送的关于湖北长阳县乐园公社合作医疗制度的调查报告进行审查和核实，对其在全国推广的可行性组织专题讨论，并将该报告转发给毛泽东同志请求批示。1968 年 12 月，毛泽东同志批示：合作医疗好，值得在全国推广。① 此后，合作医疗在全国各地普遍推广。

截止到 1977 年底，全国的生产大队有 85% 实行了合作医疗制度。② 1978 年 3 月 5 日，合作医疗制度载入五届人大通过的《中华人民共和国宪法》。1979 年 12 月，政府部门发布了《关于农村合作医疗章程（试行草案）的通知》，总结了之前 20 多年来农村合作医疗的经验，对合作医疗制度如何实行做了全面细致的规定，是我国农村合作医疗制度化的标志。③

4. "赤脚医生" 的兴起

合作医疗的兴起，使基层卫生人员的培养越来越受到各级卫生部门的重视，虽然 "赤脚医生" 这个名词真正出现的时间比较晚，但具有赤脚医生性质的卫生工作人员却出现的很早。

1965 年 1 月 31 日，卫生部下发了《关于组织农村巡回医疗队有关问题的通知》，该通知规定巡回医疗队的一个重要任务就是对基层卫生组织进行技术指导和技术训练，要为农村生产队培养出一批自己的不脱产卫生员和接生员。④ 1965 年 1 月 31 日，卫生部下发了《通知》的附件《关于

---

① 中共中央文献研究室编：《建国以来毛泽东文稿》第 12 册，中央文献出版社 1998 年版，第 604 页。

② 《卫生部关于全国赤脚医生工作会议的报告》，卫生部基层卫生与妇幼保健司编《农村卫生文件汇编（1951—2000）》，第 420 页。

③ 《农村合作医疗章程（试行草案）》，卫生部基层卫生与妇幼保健司编《农村卫生文件汇编（1951—2000）》，第 590—594 页。

④ 《卫生部关于组织农村巡回医疗队有关问题的通知》，卫生部基层卫生与妇幼保健司编《农村卫生文件汇编（1951—2000）》，第 620 页。

培训不脱产卫生员的意见》，详细规定了如何挑选培养对象以及具体的培训要求和方法，对巡回医疗队的工作起着重要的指导作用。① 之后的"赤脚医生"基本上也是按照这个模式培养起来的，可以说这份《意见》对赤脚医生的形成起着重大的影响作用。

1965 年 6 月 26 日，毛泽东同志发出指示：把医疗卫生工作的重点放到农村去。同年，中共中央转批了卫生部党委的《关于把卫生工作重点放到农村的报告》，要求全国各地采取多种方式，大力培养农村基层卫生工作人员，争取在较短的时间内，为农村培养一批不脱产的生产队和生产大队的医卫人员。② 在此之后，医疗卫生工作的重点切实转向了广大的农村地区，医疗卫生经费开始向农村地区倾斜，大量的城市医疗工作者组成巡回医疗队下到农村进行巡诊，为农村培养了一大批半农半医的医卫人员，农村的医疗卫生条件得到很大的改善。

1968 年，《文汇报》刊登了《关于上海郊县赤脚医生发展状况的调查报告》，介绍了江镇公社的半农半医者又种地又看病，亦工亦农的赤脚行医行为。③ 1968 年，《红旗》杂志登载了《从"赤脚医生"的成长看医学教育革命的方向——上海市的调查报告》，文章中将半农半医的卫生员亲切地称呼为"赤脚医生"。④ 从此之后，人们就将半农半医的农村医生称呼为"赤脚医生"。1968 年 12 月 5 日，《深受贫下中农欢迎的合作医疗制度》在《人民日报》发表，介绍了湖北长阳县乐园公社的合作医疗和赤脚医生的事迹，并称合作医疗好，称乐园公社的赤脚医生覃祥官是"白求恩式"的好医生。⑤

从 1969 年开始，赤脚医生和合作医疗在全国各地迅速推广，赤脚医生大量涌现。1969 年至 1976 年之间，各大报刊、广播等大力宣传介绍各

---

① 《卫生部关于组织农村巡回医疗队有关问题的通知》附件《关于培训不脱产卫生员的意见》，卫生部基层卫生与妇幼保健司编《农村卫生文件汇编（1951—2000）》，第 622—623 页。

② 《中央批转卫生部党委关于把卫生工作重点放到农村的报告》，卫生部基层卫生与妇幼保健司编《农村卫生文件汇编（1951—2000）》，第 29 页。

③ 李德成：《合作医疗和赤脚医生研究（1955—1983 年）》，浙江大学博士学位论文 2007 年，第 162 页。

④ 《从"赤脚医生"的成长看医学教育革命的方向——上海市的调查报告》，《红旗》1968 年第 3 期。

⑤ 《深受贫下中农欢迎的合作医疗制度》，《人民日报》1968 年 12 月 5 日。

地合作医疗的举办情况和赤脚医生的先进事迹。在当时的氛围之下，全国各地都将举办合作医疗、培养赤脚医生作为头等大事来抓，赤脚医生遍地开花。1976 年 6 月 15 日至 23 日，全国赤脚医生工作会议在上海沙县江镇公社召开，会议回顾总结了之前的工作经验，肯定了赤脚医生工作的开展，呼吁将其进一步推广，鼓励还没有办起来的地方，因地制宜，尽快将其办好。截止到 1977 年底，合作医疗在全国各地生产大队的覆盖率已经达到 85%，赤脚医生人数达到 1559214 人之多。① 当合作医疗发展到最为鼎盛的时期，赤脚医生的人数达到 180 多万之多，其规模已经大大超过了当时卫生部所拥有的卫生人员的总量之和。②

5. "赤脚医生"现象的终结

赤脚医生最终退出历史舞台有其特殊的历史原因。首先，70 年代末至 80 年代初的农村经济体制改革和人民公社的瓦解，使赤脚医生的运行失去了集体经济的支撑，也失去了行政组织的依托。可以说，社会变革的影响是导致赤脚医生数量急剧下降的主要原因。其次，在 80 年代，我国医疗卫生情况好转，对医务工作人员的专业素质提出了更高的要求，以前那种通过简单培训就上岗的"赤脚医生"已不能满足现实状况的需要。为了提高医疗质量，淘汰了一部分不合格的卫生人员。这一举措也消减了当时赤脚医生的数量，成为导致赤脚医生人数减少的另一原因。

1978 年，不少合作医疗站先后停办，赤脚医生数量大幅减少。1983 年，人民公社解体，赤脚医生的运行失去了行政组织的依托，赤脚医生数量持续下降。1975 年赤脚医生的数量为 150 多万，到 1982 年下降到 140 多万，到 1983 年只剩 120 多万人。③

1985 年 1 月 24 日，全国卫生厅局长会议召开，陈敏章在会议中提议以后不再使用"赤脚医生"这个名称，建议通过医疗考核制度筛选合格

---

① 中国卫生年鉴编委会编：《中国卫生年鉴》（1983），人民卫生出版社 1984 年版，第 60 页。

② 张开宁主编：《从赤脚医生到乡村医生》，云南人民出版社 2002 年版，第 16 页。

③ 中国卫生年鉴编委会编：《中国卫生年鉴》（1983），人民卫生出版社 1984 年版，第 60 页。

的医务人员，对通过医疗考核达到医护人员标准的改称为"乡村医生"。[①]
1985 年卫生部门通过研讨，认为赤脚医生的培训和考核不规范，医疗质量达不到国内要求，不能满足现实条件下广大农民的需要，卫生部门决定对所有农村医疗卫生工作人员进行统一的医疗资格认证考试，对通过考试的卫生人员，统一改称为"乡村医生"，并授予中级职称证书，对未通过考试或者未参加者统一改称为"卫生员"。1985 年，共有赤脚大军 125 万，但只有一半通过考试。[②] 1985 年 1 月 25 日，《不再使用"赤脚医生"名称，巩固发展乡村医生队伍》的文章在《人民日报》发表，标志着"赤脚医生"退出历史舞台。

赤脚医生是特定历史阶段的产物，是中国人民在农村资源极度匮乏，城乡卫生资源严重分配不均情况下的一种创造，这支队伍在当时特殊的历史条件下，积极活跃在广大农村地区，有效地保障了广大基层农村人民的健康，一定程度上改善了当时农村地区医疗卫生状况，为当时的医疗卫生事业做出了重大的贡献。虽然随着时代的发展，"赤脚医生"这种依赖集体经济、依赖人民公社性质的医疗形式已经不符合时代的要求，但我们不能忽视它在那个特殊历史时期为农村医疗卫生事业所作出的巨大历史贡献。同时，我国现阶段城乡之间医疗卫生资源差距仍然存在，"赤脚医生"模式中的某些特点对解决今天中国农村中存在的医疗卫生问题依然有借鉴和启迪的作用。

（二）政策执行的变迁

1. 乡村资源的重整自救

"缺医少药"是新中国成立之初国内卫生资源状况的真实写照。新政府根据当时中国的具体国情，在这一阶段的指导政策是：要充分利用我国广大农村中现有的卫生资源。具体的实施过程分为两条线，一条线是利用少数资金组建基层医疗卫生机构，另一条线是通过整合农村已有的卫生资源建立联合诊所。

---

① 蔡仁华、周采铭：《中国改革全书（1978—1991）医疗卫生体制改革卷》，大连出版社 1992 年版，第 137 页。

② 张开宁主编：《从赤脚医生到乡村医生》，云南人民出版社 2002 年版，第 22 页。

从 1951 年开始，在党和政府的号召下，国家首先在县一级投资设立了卫生院，作为农村的基层卫生机构。在县以下的农村地区，通过整合农村现有的中西医个体组建联合诊所。根据全国各地联合诊所的开展情况，可将其大致的分为以下几类：中医、西医和中西医联合诊所，私人联合和公私联合诊所。以下是全国各地联合诊所开展的集体情况：

1952 年，河南省上蔡县响应党和政府的号召，开始创办联合诊所。成立之初，规模较小，到 1953 年，联合诊所的总数为 12 所，大体上分为私人联合诊所和公私联合诊所。随后，政府卫生部门出台了《关于组织联合医疗机构实施办法》《联合医疗机构章程（草案）》等政策，规范和促进联合诊所的快速发展，上蔡县积极响应。在政策的指导下，该县联合诊所的数量和形式都得到快速发展。到 1956 年，从之前的 12 所发展到127 所，形式也日趋多样化，新开办了供销社诊所、中医联合和西医联合诊所，其中供销社诊所的数量为 7 所，中医联合诊所共 52 所，西医联合诊所的数量达到了 68 所。①

据山东省统计，从政府呼吁创办联合诊所以后，山东省全省上下积极响应，截止到 1953 年，全省已有 350 所中医联合诊所，并且将联合诊所划分为私人诊所和公私诊所两种，其中有 399 处是私人之间的联合，11处是公私之间的联合。② 随着关于联合医疗机构实施办法的制定以及《联合医疗机构章程（草案）》等政策的颁布，山东省省内的联合诊所迅猛发展，到 1957 年，该省的基层卫生医疗网已实现了区区有卫生所、乡乡有联合诊所的规模。到 1957 年，山东省已有 6762 处联合诊所，均是合作社性质的由医生联合集体举办的，全省总计有 53848 名基层卫生工作人员，其中工作人员 33025 人，13059 个个体开业医生。③

在全国范围内，由私人开业医生组建的联合诊所已由 1950 年的 80 多所，发展到 1956 年的 6.1 万多个。④ 毋庸置疑，在人民公社化之前，农村基层卫生机构的主要形式是联合诊所。

联合诊所作为一个互助合作医疗机构，五十年代初出现，六十年代末

---

① 上蔡县卫生局编：《上蔡县卫生志》，1986 年 4 月印，第 53 页。
② 山东省卫生志编纂委员会编：《山东省卫生志》，山东人民出版社 1992 年版，第 508 页。
③ 转引庞新华《山东省农村合作医疗制度的历史考察》，山东大学硕士学位论文 2005 年。
④ 钱信忠：《中国卫生事业发展与决策》，中国医药科技出版社 1992 年版，第 53 页。

退出，在中国历史的舞台上活跃了近二十年，在这近二十年的时间里，它作为农村基层卫生机构的基本组织形式之一，为解决当时农村缺医少药、卫生资源匮乏等问题作出了一定贡献，为基层农村的卫生防疫工作增添了力量，为农村三级医疗预防网的形成奠定了基础。但是联合诊所也存在一些问题，由于我国很多农村多山区，其交通非常不便利，而联合诊所地点又相对固定，人员也比较有限和集中，有可能出现病人不能及时就诊的情况。所以，联合诊所并没有从根本上解决农村地区缺医少药的问题，关键是没有改变求医问诊的传统模式。

2. 城市资源的支持援助

以"联合诊所"为主的农村基层医疗机构，是利用农村已有的卫生资源解决广大农村居民看病难的问题，但是从很大程度上来说还不能够满足广大基层农民看病就医的需要。于是中央政府出台了一系列文件，决定走城市支援乡村的道路，组织城市医务人员上山下乡，在农村开展巡回医疗工作。

中央卫生部率先成立了北京第一批农村巡回医疗队，该批医疗队由12个分队组成，由著名中医朱颜、赵炳南、都沛林、叶心清和医学专家叶恭超、吴英恺、曾宪九、刘士豪等人参加，分为两队，奔赴北京郊区县和湖南湘阴开展巡回医疗。[1]

各省市认真贯彻执行中共中央的方针政策，分批组织城市医务人员下乡开展巡回医疗。

江西省从1952年开始开展巡回医疗工作，全省各地积极响应，组织大批医疗队伍深入重点乡镇开展工作。江西省74个县政府和九江、赣州、抚州等地市级政府均有加入，共为41万多名农民群众提供免费的医疗服务。随着政府政策的日益完善，越来越多的城市医务人员进入乡村。据不完全统计，截止到1965年，全省已有13438位城市医护人员参加了农村医疗队的巡诊工作，医疗队数量也达到319个。[2] 这是江西省省内开展巡回医疗的情况。有记载显示，从1971年至1978年期间，北京市曾先后派出8批高质量的医疗队进入江西省开展巡回医疗工作，这些医疗队都是由

---

① 蔡景峰等编：《中国医学通史》（现代卷），人民卫生出版社2000年版，第60页。

② 周标主编：《江西省卫生志》，黄山书社1997年版，第253页。

高级卫生技术人员带队，总人数超过 100 人，其中有 9 位是副主任医师、副研究员以上的级别。从 1971 年开始，中央卫生部从北京中医学院、医药研究所等单位，每隔一年派出一批医疗队进入江西省德兴开展巡回医疗，这批医疗工作者以十人一批，一年一轮换的形式在当地开展医疗工作，该批医疗队除了在德兴开展巡回医疗，免费为村民看病就诊，帮助当地培训医务人员外，还积极开展中草药研究，指导该县开展中草药群众运动并帮助其总结经验教训。[①]

据山东省的县志记载，山东省的巡回医疗工作可以分为两个阶段，每个阶段都有其不同的特点。第一个阶段，是从 1965 年一直到 1975 年。这个时期农村，巡回医疗队的成员是从各个城市医疗单位随机抽派，对于抽派的比例和巡诊的时间都没有做具体的规定；第二阶段，从 1975 年开始，规定巡回工作队人数要按照职工总数的 10%—15% 派出，巡诊期限以半年为周期轮流派出。截止到 1977 年，共派出城市医务人员 15443 人。1976 年，山东省卫生志对其上半年医疗巡回队的工作成果做了统计，共有 18.5 万多人接受了巡回医疗队的免费诊治，除此之外，医疗队还开展了各种各样的训练班、讲座为农村培训医务人员，其中学习训练班，学术讲座 424 次，分别培养医护人员 280 人和 341 人。[②]

全国巡回医疗工作的开展，无论从质量还是数量上都具有一定的规模。质量方面，绝大多数省区的医疗队都是由一流的医学专家、教授带队；数量方面，据统计，截止到 1965 年 4 月中旬，共有 18697 名医务人员参加了巡回医疗工作，共组建了 1521 个医疗队下乡巡诊；到 1965 年，参加医疗队的城市医护人员增加到 28000 多人；[③] 到 1975 年，全国下农村巡诊的城市和解放军医务人员已达到 110 万人之多。

3. "合作医疗""赤脚医生"遍地开花

城市救济乡村的思路虽然在一定程度上缓解了当时我国的医疗卫生情况，但它并没有从根本上解决城乡之间巨大的医疗卫生资源差距，其临时性和短期性也阻碍了本身的长期发展。因此，在其政策之下衍生出的

① 《德兴县志》，第 759 页。
② 山东省卫生志编纂委员会编：《山东省卫生志》，山东人民出版社 1992 年版，第 625 页。
③ 卫生部办公厅编：《巡回医疗队简报》1965 年 4 月 17、24 日第 1 期。

"合作医疗"和"赤脚医生"在广大农村地区迅速发展。

1956 年，最早的"社办合作医疗制度"出现在河南省原正阳县王店乡团结农庄，该农庄为该制度制订了两种实施形式。一种是社院合作型，具体实施过程如下：由农庄创办的农业社，每名社员每年向农业社缴纳 1.8 元作为医疗经费，农业社和医院或者诊所签订医疗代办合同，社员去医院诊所看病的费用直接从农业社医疗经费中划拨，不足的部分由农业社补足，超出的部分由农业社负责解决。另一种是社院一体型，农庄将附近的医院合并设为其附属机构，每名农庄社员每年缴纳 1.8 元社费成立医疗经费，农庄将该笔经费的 30% 用于医务人员的工资和其他杂费开支，70% 用于药品的采购，农民去医院看病不需要再交纳其他费用，不足的部分由农庄负责解决。①

1958 年 7 月 7 日，河南省桐柏县实现"民办医院公费医疗"，实行人民公社的平均主义供给制，社员看病不再收取挂号、医药、手续、住院等费用，直接从集体经济中开支。②

截止到 1958 年，"合作医疗"已经在河南省全省接近 70% 的社区实行或者已经开始试行，在新乡专区、信阳、南阳等地"合作医疗"的覆盖率已经接近 100%。同年，湖北省麻城县 96 个公社全部实行了"合作医疗"制度，覆盖率也达到了 100%，全县 96 个公社全部已经开始实行。③

据 1965 年底的统计，合作医疗制度已在全国十多个省、市、自治区的部分县实行了，其中包括湖北、福建、山西、新疆等省市。④

1966 年 8 月 10 日，湖北省长阳县覃祥官创办了"乐园公社杜家村大队卫生室"，该卫生室通过如下方式进行运转：首先卫生室向每位社员收取每人每年 1 元的合作医疗费，另从集体公益金中提出人均五毛钱合并到合作医疗费用中，这部分经费一部分用于卫生室开辟药园种植药物，其余部分用于补贴社员看病的医药费用，这样社员看病不需要交药钱，只需要

---

① 《正阳县推行合作医疗的经验》，健康报编辑部编《介绍民办合作医疗的经验》，人民卫生出版社 1958 年版，第 17 页。

② 健康报编辑部编：《介绍民办合作医疗的经验》，人民卫生出版社 1958 年版，第 21 页。

③ 《让合作医疗遍地开花》（健康报评论），《健康报》1958 年 9 月 13 日。

④ 《当代中国的卫生事业》（下），中国社会科学出版社 1986 年版，第 65 页。

交 5 分钱的挂号费。① 乐园公社合作医疗制度不仅受到村民的热烈欢迎，也得到党中央和毛泽东同志的认可，其他地区纷纷效仿。到 1977 年底，合作医疗在全国 85% 的生产大队中实行。②

合作医疗兴起后，中共中央和各级政府都非常注重对农村基层卫生工作人员的培养，各地纷纷利用农闲时间，从当地挑选热爱劳动，阶级条件好的农民子女，经过一到两年的短期培训，使其掌握一些基本医疗常识和一些简单疾病的诊治方法，按照这个模式把他们培养成为不脱产的卫生员，这一部分人员当中有很大一部分转变为后来的"赤脚医生"。因此，各地合作医疗的兴起，也是后来各地赤脚医生遍地开花的前奏。

1968 年，上海市川沙县江镇公社出现了第一批"半农半医"，在当地他们一边种田一边行医，光着脚穿梭在田间小道，往返于田间与病人家中，因此村民们亲切地称呼他们为"赤脚医生"。③

1968 年，湖北长阳县乐园公社实行了合作医疗制度，也培养出了自己的第一批"准赤脚医生"。④

从 1969 年到 1976 年，"合作医疗"和"赤脚医生"的创办进入高潮期，各地政府都将其作为头等大事来抓。以江西省为例，该省从 1969 年开始大力培养"赤脚医生"，到 1971 年 8 月，已有 5000 多人参加了赤脚医生培训，并保证实施合作医疗的每个卫生所都有两到四名赤脚医生。截止到 1975 年底，全省共有不脱产的生产队卫生员 67679 人，接生员 28842 人，赤脚医生 42560 人，与 1974 年相比，分别同比增长 14.9%、2.1%、7.2%。⑤

全国范围的数据统计显示，到 1975 年底，全国已有 1559214 名赤脚

---

① 李德成：《合作医疗和赤脚医生研究（1955—1983 年）》，浙江大学博士学位论文 2007 年，第 56 页。

② 《卫生部关于全国赤脚医生工作会议的报告》，卫生部基层卫生与妇幼保健司编《农村卫生文件汇编（1951—2000）》，第 420 页。

③ 《从"赤脚医生"的成长看医学教育革命的方向——上海市的调查报告》，《红旗》1968 年第 3 期。

④ 《深受贫下中农欢迎的合作医疗制度》，《人民日报》1968 年 12 月 5 日。

⑤ 李德成：《合作医疗和赤脚医生研究（1955—1983 年）》，浙江大学博士学位论文 2007 年，第 173 页。

医生，615184 名接生员、3282481 名卫生员。① 到鼎盛时期，赤脚医生人数达到 180 多万名，接生员有 70 多万名，卫生员有 350 多万名，合计全国农村医疗卫生人员超过 500 万人。②

4．"赤脚医生"的终结

1978 年开始，我国农村开始经济体制改革，大部分农村地区的集体经济体制慢慢解体，家庭联产承包责任制逐渐推行。1979 年 12 月，《农村合作医疗章程（试实行草案）》发布，要求加强对赤脚医生的培训力度，不断提高其医疗技术水平，同时推行对赤脚医生的考核制度，规定了赤脚医生必须掌握的基本技能和常见疾病的诊治方法，对通过考核不能达到要求的赤脚医生一律予以清退，对考核合格者颁发"赤脚医生证书"。③ 1983 年，人民公社解体，随后以人民公社为依托运行的合作医疗制度逐渐瓦解。

社会经济体制的剧烈变革是赤脚医生现象"终结"的主要原因，在这一时期，赤脚医生和合作医疗的体制又未得到相应的改革与完善，还是依靠以前的集体经济体制和公社化式的行政依托来运转，依靠"记工分"的方式维持经营，显然已经不合时宜。同时又伴随着的卫生部门严抓赤脚医生质量，控制数量的措施出台，赤脚医生数量急剧下降。

这个阶段，不少地区将合作医疗站改为个体经营的方式，承包给赤脚医生，例如江西省宜春的赤脚医生通过向村缴纳一定数量利润的方式，将原来的卫生室承包下来独立经营，自负盈亏。还有一部分赤脚医生开始搞个体经营自己开立诊所，直接脱离合作医疗站。④

1975 年，赤脚医生的总人数超过 150 万，到 1982 年只剩下 140 多万，截止到 1983 年数量已经下降到 120 万人左右，并且还在持续下降。⑤

1985 年 1 月 25 日，《人民日报》发表文章正式宣布不再使用"赤脚

---

① 《中国卫生年鉴（1983）》，人民卫生出版社 1984 年版，第 60 页。

② 张开宁主编：《从赤脚医生到乡村医生》，云南人民出版社 2002 年版，第 16 页。

③ 《农村合作医疗章程（试行草案）》，卫生部基层卫生与妇幼保健司编《农村卫生文件汇编（1951—2000）》，第 592—593 页。

④ 李德成：《合作医疗和赤脚医生研究（1955—1983 年）》，浙江大学博士学位论文 2007 年，第 164 页。

⑤ 中国卫生年鉴编委会编：《中国卫生年鉴（1983）》，人民卫生出版社 1984 年版，第 60 页。

医生"这个称呼，卫生部门每年将通过规范的考试选用医务人员，对通过考核的原赤脚医生颁发"乡村医生"证书，考核不合格的将改称为"卫生员"，至此，"赤脚医生"正式退出中国历史舞台。

三 选拔与管理

（一）选拔标准

在当时，究竟什么样的人可以成为赤脚医生？仅仅是懂医术就可以吗？还需要哪些附加条件呢？下面从五个方面归纳总结成为"赤脚医生"所必备的条件。

1. 专业技术

赤脚医生虽被称为"医生"，但会不会医术、医术水平如何却并不是能否成为赤脚医生的首要条件。赤脚医生在那个时代之所以会出现，有其特殊的社会历史背景。当时整个中国处在缺医少药、城市和农村医疗资源分布差距悬殊的特殊时期，要想在短时间内培养出大批专业医疗人员补充现实医疗资源的缺口，需要耗费大量的资金和时间。我们可以做一个简单的计算，按照规范的医学要求培养一名合格的医生至少需要7年的时间，培养经费从医疗仪器、理论书籍、教学场地、师资力量等等平均下来一名学生一年至少需要上千元。这种培训方式，耗费资金太多，时间周期太长，不能解决当时迫在眉睫的医疗卫生问题。而当时在广大农村农民所需治疗的也是一些常见的疾病，只需经过简单培训，掌握基本的医疗知识就可解决。当时根据这些基本情况，中共中央决定摒弃传统规范的医疗人员培养模式，改从基层挑选合适人选，经过短期培训使其掌握一些基本医疗知识和常见疾病的处理方式，让这一部分人充当基层医护人员，解决农村存在的医疗卫生问题。因此，赤脚医生只需要掌握一些基本的医疗知识即可，不需要精湛的医术水平，甚至是从未接触过医术的人都可以入选，因为之后会组织专门的集中培训。由此可见，会不会医术、医术水平如何并不是能否成为赤脚医生的必要条件。

2. 阶级成分

阶级成分一直是选拔赤脚医生的重要条件。从中共中央决定从基层培养卫生工作人员开始，每一份文件都对赤脚医生的身份做了明确要求。

《农村基层组织工作具体实施办法（草案）》中规定，应从"工农子弟、小学教师"中选拔赤脚医生。《关于继续加强农村不脱产卫生员、接生员训练工作的意见》中提出要从"家庭出身好"的农民中挑选。后来的《关于大力培训"赤脚医生"的决定》要求"必须由贫下中农推选，要出身好，政治思想好"，无一例外都将阶级成分放在重要的位置。阶级成分成为赤脚医生选拔过程中如此重要的因素归纳起来有如下几点原因。首先是政治背景，赤脚医生和合作医疗是在"文化大革命"中普及和推广的，当时大量关于赤脚医生的报道都与阶级斗争联系起来，处在一个"阶级成分论"的年代，阶级条件自然而然地成为赤脚医生选拔首先要考虑的因素；其次是社会因素，选拔培训赤脚医生是要解决广大农村地区缺医少药的现实国情，要顺利完成这一任务，必须选择家庭出生好、阶级成分好的人担当，因为他们是党和国家以及全体人民都信得过的人。

3. 文化基础

文化基础也是赤脚医生选拔过程中一个必不可少的因素。虽然说赤脚医生并不需要达到精湛的医术水平，但是还是必须掌握基本的医学理论和专业技能。培训的内容不复杂但涵盖面比较广，所开的课程也比较多，包括人体生理结构、常用药物、外伤急救处理、妇婴卫生、针灸等等，要求学员掌握多种常见疾病的防治方法和诊疗技术，同时还要学会多种针灸穴位以及多种西药和草药的应用，这些医学专业知识的学习还是需要一定的文化基础。因此，在选择赤脚医生培训对象时，基本要求是具有相当于高小以上的文化。

4. 地域要求

赤脚医生，是人们对半农半医者非常亲切形象的称呼。所谓"赤脚"，是对赤脚"医生"另一个身份的标注，它形象地描绘了赤脚医生光着脚丫穿梭于田间与病人家里的行医场面。所以说赤脚医生不光光只是医生，他同时也是一名耕种土地的农民，这样的双重身份就限定了其挑选的地域范围。也就是说，一个村庄的赤脚医生只能从他所属的村庄挑选，因为除了需要行医治病，同时也需耕地种田，如果这两项工作分属不同的地区，那么赤脚医生需要在两地之间来回奔波，既耗时也不符合当初发展赤脚医生的初衷。另一个限定赤脚医生挑选地域范围的因素是村落文化。自古以来，村民们对村内事和村外事会采取截然不同的态度，外来者要想融入到乡村社会是一件比较困难的事，外来的医生很难得到当地村民的信任，医疗工作也很难顺利开展。所以，赤脚医生都是从当地村民中挑选的。

5. 年龄性别要求

赤脚医生在选拔时，一般要求为18到25岁的青壮年。之所以要选择这个年龄段的人进行培训，是出于以下几个考虑：赤脚医生的培训内容不仅包括医学理论还涉及专业技能，处在这个年龄段的青壮年学习和接受能力强，能够快速地掌握并将其运用到实践当中服务广大农民群众；其次，赤脚医生具有双重身份，除了行医还要耕地种田。双重工作量对体力有一定的要求，年迈的长者无法负荷，体力充沛的青壮年更加适合。在赤脚医生选拔时对性别没有强制性的要求，但部分地区会将男女比例控制在4比6，是出于男女生理特征不同的考虑。首先，女性相对男性来说更加细心耐心。同时，有些妇科疾病的治疗女性医生更能得到妇女的信赖，虽然会有这些考虑，但是男女性别在选拔时不作为必要因素参考，选拔比较注重的是候选人员的年龄条件。

综上所述，在选拔赤脚医生时，把阶级成分和文化基础放在首要的位置，主要挑选一些家庭出身好、阶级成分好、政治思想好，同时又具备一定文化基础的人；其次对参选人的年龄条件以及地域范围也有一定的要求，一般要求参选人必须是当地居民，18到25岁的青壮年；至于是否具备医学专业技术背景以及参选人的性别不在选拔标准之内。

（二）培训管理模式

通过前一阶段对"赤脚医生"政策变迁的梳理，可以将其培训模式划分为三个不同的阶段，分别是50年代的"短、平、快"培养模式、60十年代中期的"精、细、准"培养模式、60年代中后期以合作医疗为背景的"多、活、快"培养模式。

1、"短、平、快"的培养模式

这一时期"短、平、快"的模式特点是，在较短的时间内快速培养出一批具备基本医疗卫生知识的农村基层卫生工作人员。

这一时期。赤脚医生还未正式出现，基层卫生人员被分为三种：卫生员、妇幼保健员和护士助理员，虽然称呼不一样，但实际上这些基层卫生工作人员与之后出现的赤脚医生在性质上是一样的，也可以说，这些人是赤脚医生的前身，后来出现的赤脚医生基本上都是这些人转化或者是用相似模式培训出来的。

培训机构。在这一时期，各地选拔培训基层工作人员的方式虽有一些小差异，但总的来说，基本上都是按照中央政府在 1951 年颁发的《农村基层组织工作具体实施办法（草案）》的要求实施的。根据规定，基层卫生工作人员的选拔与培训都要由当地的卫生机构负责，具体来说，当地的县卫生院负责护士助理和妇幼保健员的选拔与培训，区级卫生所负责卫生员的选拔与培训。县医院除了要认真做好院内的医疗治疗预防工作外，还要肩负起对其他基层卫生机构的技术指导和培训医务人员的工作。

培训方式和开设课程。根据中央精神，在这一阶段，主要采取短平快的培养原则，因地制宜地培养出一批农村基层卫生工作人员。具体来说，就是采取较短的培训周期，培养最需要的卫生工作人员。根据要求，护士助理员和妇幼保健员的培训周期为半年，卫生员的培训周期为八周。以卫生员训练班的课程表为例，共开设了八门课程，安排了 264 个课时，每课时一个小时，共计 264 小时，平均每周 33 个小时的培训时间。具体到每门课程的培训时间：新民主主义论、急救处置及实习、传染病地方病治疗以及预防、个人卫生及公共卫生这四门课均为 48 个课时的培训时间，种痘、预防注射及实习为 32 个课时的学习时间，生命统计大意为 24 个课时，传染与消毒 10 个课时，填表须知 6 个课时，主要是以西医学习为主。

培训目标。从总的目标上来说，力争三到五年内，实现每个生产队都有自己的妇幼保健员、卫生员、护士助理员。从具体的要求来说，首先要求培训的每个基层卫生工作人员都能掌握牛痘、预防注射等简单的传染病预防工作，同时具备检测疫情及时报告的能力；其次，对于生产生活中常见的小病小伤能够及时地进行简易急救，至少能够识别 20 到 30 种当地常见的疾病，能够熟练地掌握常用药品的应用以及简易针灸的治疗方法；最后，要具备一定的管理和卫生宣传的能力，负责向村民宣传讲解讲究卫生对健康生活的重要性，教村民如何管理水粪卫生，如何消灭"四害"。

2. "精、细、准"的培养模式

这一时期的模式特点是，在上一阶段的基础上，要加大培训力度，选派城市医疗的精英力量，制定更为细致的培训方案，为农村培养出一批质量更高的基层卫生工作人员。

到了六十年代中期，随着卫生部下发组织城市医疗队支援农村的通知和毛泽东同志"六·二六"指示的出台，各地更加重视农村基层卫生工作人员的培养，纷纷加大培养力度。这一时期的基层卫生工作者分为农村生产队卫生员和农村生产大队保健员：这里的卫生员和上个阶段所说的卫生员含义基本一样，培训学习的内容以及负责的工作大致相同；而这个时期的保健员与以往相比有了新的含义，他们是从普通卫生员中挑选出来的优秀者，他们除了行医治病之外，还要负责监督指导和定期检查卫生员的工作，因此对保健员的挑选和培训要求更高。同样，这个时期所说的卫生员和保健员之后也多半转化为"赤脚医生"。

培训机构。在这一阶段，基层卫生人员的培训与管理是由当地卫生机构与农村巡回医疗队相互结合，共同协作完成的。1965 年 1 月 31 日，卫生部下发了《关于组织农村巡回医疗队的通知》，要求城市巡回医疗队为农村基层卫生工作人员培养提供技术指导和训练。这样，在当地卫生机构选拔培训卫生人员的同时，巡回医疗队利用他们的资源技术优势提供指导和训练，使整个培训体系更加完善。[①]

培训方式和开设课程。在这一阶段，主要采取集中培训与下生产队辅导相结合，补训与复训为补充的多样化培训方式，并坚持以精讲多练，"需要什么就学习什么"的原则贯穿始终。具体可以总结为"农闲训练、农忙归队、学了就做、做了再学"。开设课程与上个阶段大致相同，包括常见疾病处理与药物的应用，防疫卫生与简易护理、病理知识以及针灸等等，仍然以西医学习为主。但这一阶段突出了一个新重点：除了注重医学知识的学习，还要抓紧政治思想教育。

培训目标。1965 年卫生部在《关于把卫生工作重点放到农村的报告》中，对这一阶段的基层卫生人员培训工作提出要求：要加大对农村基层工作人员的培训力度，提高培训质量，争取利用五到十年的时间，为每一个公社卫生机构配备四到五名质量较好的医生。[②] 具体到保健员，除了能指

---

① 《卫生部关于组织农村巡回医疗队有关问题的通知》，卫生部基层卫生与妇幼保健司编《农村卫生文件汇编（1951—2000）》，第 620 页。

② 《关于把卫生工作重点放到农村的报告》，卫生部基层卫生与妇幼保健司编《农村卫生文件汇编（1951—2000）》，第 29—30 页。

导卫生员开展工作，还需掌握常见疾病的预防治疗；卫生员要能识别和诊治多种当地常见疾病，能对常见的小伤小病进行简易急救，会针灸以及能够熟练掌握常用药品的应用等等。

3. "多、活、快"的培养模式

这一阶段的特点是：鼓励采取多种培养方式相结合，更加灵活机动地开展培训，同时还要进一步加大培训规模，加快培训速度。

60 年代后期，合作医疗在全国得到普及推广，这一时期"赤脚医生"这个名词真正出现，其培训与管理除了延续前两个阶段的模式外，又增添了一些新的特点。

负责机构。由于合作医疗的普及，大部分村镇都成立了自己的合作医疗社，赤脚医生的培训与管理纳入合作医疗系统之中。这个阶段主要采取的是合作医疗社与巡回医疗队相结合、相补充培训管理赤脚医生的方式。

培训方式。根据毛泽东同志的"六·二六"指示，这一阶段的赤脚医生培训要采取更加灵活、更加机动的方式，要加大培训规模，加快培训速度。主要采取就地培训与生产劳动相结合的方式，可以集中培训也可以个别带教，同时辅之开创了一些新的培训模式，如江西省创办赤脚医生函授班，赤脚医生大学，以医学院或者医院为依托对赤脚医生开展培训。[①]

培训内容。这一阶段培训的重点仍然放在对多发病传染病的预防与治疗上，开设的课程大部分与前两个阶段一致，包括急救处理、传染病预防、药物应用、病理知识等等，但新增了一些中医课程，打破了传统以西医为主的学习模式，坚持中西医结合、土洋结合、以土为主的学习原则；另一个突出特点是，加强了对赤脚医生的政治思想教育，把活学活用等毛泽东思想放在头等重要的位置。

培训目标。这一阶段的培训目标与前一阶段有所不同，这一阶段更加注重赤脚医生的培训规模和培训速度，对赤脚医生的质量不再做高要求。这是因为，国家卫生资源相当有限，而广大农民群众正受着疾病折磨，花五到十年培养质量较好的基层卫生人员并不能解决当时所面临的医疗困境。面对这种情况，毛泽东同志做出指示："要加快赤脚医生的

---

① 李德成：《合作医疗和赤脚医生研究（1955—1983 年）》，浙江大学博士学位论文 2007 年，第 175 页。

培训规模和速度，先不考虑赤脚医生的质量如何，只要他们能治疗一些常见的小伤小病即可，让其在实践中提升医术，只有这样才能有效缓解目前农村缺医少药的局面。"

以上分别从赤脚医生的主要培训管理机构、方式、目标以及开设的主要课程几个方面分别介绍了不同时期赤脚医生管理培训模式的特点。从对比分析中可以看出，虽然各个阶段各有自身的特点，但管理培训的目标和原则不变。他们都是通过短期集中培训，传授一些常见疾病的预防和治疗方法。虽然赤脚医生培训的时间周期短，所学医术并不精湛，但他们都是以当地村民的多发疾病及求医需求为依据展开针对训练，这一培训方式，不仅能够节约培训时间和培训经费，同时能够有效缓解农村缺医少药的局面，是适合我国当时国情的创造性发明，为我国当时的医疗卫生事业做出了巨大的贡献。

（三）个案的选拔与培训

砖塘村是笔者选取的个案村庄，位于湖南省衡阳县台源镇。村庄总面积 7500 亩，全村辖 18 个村民小组，总人口 2160 人。2010 年 7 月，笔者在此进行了为期半个月的实地调研，走访了多户农户，对当年的赤脚医生、大队干部、接受过赤脚医生救助的农民群众进行了深入访谈，这些访谈材料更加真实客观地反映了"赤脚医生"的变迁史。

1. "赤脚医生"的产生

丁老太年过八旬，在砖塘村生活了八十余载，对"赤脚医生"这段历史记忆深刻。据这位老人回忆："新中国刚刚成立的时候，老百姓的生活不好过，传染病啊疾病什么的非常多，农村又没有什么医生，生了病也没地方看。""后来村里面有了一个联合诊所，村民看病有了去处"，但是这么大的村就一个看病的地方，村里的路又不好走，而且有很多病诊所的医生还看不了，看病还是很不方便。"再到后来，大概到了六几年的时候，从城市里下来了很多医生，在村里面给咱们看病，很受欢迎，大家都排队去看。""再之后，村里面就有了合作医疗站，有了自己的'赤脚医生'，每年向村里面的医疗站交 1 块钱，然后有什么病就找'赤脚医生'。"

村支书刘书记也向我们回忆了当年村里组建合作医疗和赤脚医生的过

程。"50 年代末的时候,《人民日报》《健康报》上登了很多关于合作医疗和赤脚医生的文章,宣传合作医疗好,毛主席也说合作医疗好。""当时上边下了文件,指示大队要办合作医疗,而且文件还介绍了一些地方办合作医疗的经验。""于是,村里面马上组织会议讨论,按照文件的精神,办起了合作医疗,组建起了自己的'赤脚医生'队伍。"

村里的王爷爷回忆起"赤脚医生"感叹道:"赤脚医生好啊!那个时候,只要村里面有谁生病,'赤脚医生'就拎着药箱马上赶到。""因为是村里的熟人,请他来看病大家也放心。"

从上面的回忆可以看出,赤脚医生的产生,不仅受到当时缺医少药特殊国情的影响,同时也受到当时国家医疗卫生政策和政治氛围的影响,它是一种制度安排下的产物,能在全国快速推行并深得民心,除了毛主席的大力赞扬,更与传统农村中那种熟人社会的亲情网络密不可分。赤脚医生在砖塘村的产生过程与当时中国医疗卫生政策的变迁脉络大致相同:经历了乡村资源的重整自救和城市资源的支援救助,从联合诊所到巡回医疗队再到合作医疗,培养出了当时中国农村最坚实的基层医疗卫生人员队伍——赤脚医生。

2. "赤脚医生"的选拔

赤脚医生要从阶级成分好、政治思想好的农民群众中挑选。据刘书记介绍:"当时上面下了文件,对基层卫生工作人员的身份做了明确要求,从最开始的'工农子弟、小学教师'中选拔,到后来规定从'家庭出身好'的农民中挑选,再到后来要求由贫下中农从出身好、政治思想好的人中推选。"从这些文件精神中我们可以看出,当时赤脚医生的挑选将阶级成分放在重要的位置。

砖塘村的"赤脚医生"刘振发回忆到:"当时被选为赤脚医生培训时,只有十六岁,之前跟着本村的草药先生学过一两年的草药,当时生产队要在村里选一名青壮年去接受医疗培训,村干部和群众都觉得我比较适合,贫下中农家庭出生,政治思想好,阶级立场坚定,有一定的医疗知识基础,高小毕业,有一定的文化基础。""后来去培训班训练时发现,训练班的同学都念过书,最少的都念到了初小,大家的家庭出身和政治思想都好,但是并不是所有的同学在培训之前就有医疗卫生方面的基础。"

从这些叙述中，我们可以看出当时砖塘村选拔"赤脚医生"的标准，主要是挑选一些阶级成分好、家庭出身好，具有一定文化基础的青壮年，对于是否具备医学专业技术背景等其他条件不作为重要的参考因素。这与在上一节中总结的全国范围内选拔赤脚医生的标准大致相同。

3. "赤脚医生"的培训与管理

关于砖塘村"赤脚医生"的管理培训负责机构，刘支书做了如下介绍。他指出，负责"赤脚医生"培训的机构不是一成不变的，最开始是由县里的医院负责组织培训，后来城里派来了巡回医疗队指导医疗卫生工作，就由县医院和巡回医疗队共同负责"赤脚医生"的培训，再到后来培训的方式越来越灵活多样，村里面还借鉴过其他省份的经验，以医院为依托开办赤脚医生函授班。

刘支书还回忆道，砖塘村的合作医疗是在 1969 年开始兴办的，当时接到上级兴办合作医疗的指示后，迅速开会讨论，并按照文件精神成立了合作医疗站。当时的合作站有三个医疗工作人员，老中医刘老先生，他的学徒刘振发（目前是该村的乡村医生），还有一个农村的草药医生刘忠华。当时的合作医疗资金一方面是由社员每人每年所交 1 元钱的费用构成，另一方面由生产队、大队公益金中每人提取 2 元钱，不够的部分再由大队补贴，资金由大队的出纳保管，大队会计做账。社员看病只需要缴纳5 分钱，药费不需要再出钱。

"赤脚医生"刘振发对当时赤脚医生培训的内容、方式、时间周期一一做了介绍。他说，在六十年代末的时候，他被选为赤脚医生的培养对象，然后被送到公社的卫生院进行了为期三个月的培训，主要是学习农村常见病和多发病的预防和治疗以及注射和针灸，开设的课程主要有急救处理、传染病预防、药物应用、病理知识等等，同时还开设了一些思想教育课程，以提高赤脚医生的思想觉悟。培训结束后，每个学员都领到一个医药箱，箱子里面装满青霉素、四环素、磺胺等药物和注射器棉球钳等针剂，还有一些外伤包扎药。带着这个药箱我回到砖塘村当起了大队的赤脚医生。在正式成为赤脚医生之后，一边行医治病，一边继续学习总结提升，公社的卫生院每隔半年也会对赤脚医生组织再培训，更新他们的医疗知识，提升他们的医疗水平，以便更好地为农民群众服务。

从刘支书和赤脚医生刘振发的描述中，我们对当年砖塘村赤脚医生的管理培训模式有了大致的了解，虽然不像上一节所总结的全国范围内赤脚医生培训模式那样可以划分三个明显的阶段，但总的来说，大的方向和步调是一致的，他们都是通过短期集中培训，传授一些常见疾病的预防和治疗方法。虽然所学医术并不精湛，但他们都是以当地村民的多发疾病及求医需求为依据展开针对训练。这一培训方式，不仅节约了培训时间和培训经费，也有效地缓解了砖塘村缺医少药的局面。

四　从"赤脚医生"到"乡村医生"

（一）发展路径

1. "赤脚医生"——次优化的选择

"赤脚医生"这一特殊的医疗队伍，出现在建国初期那个缺医少药的年代，为缓解当时农村医疗卫生状况立下了汗马功劳。通过对那一时代医疗卫生政策的回顾和梳理，可以看出这一打破常规医疗政策的农村医生制度的出台，并非是当时政府"最优标准"的选择，而是一种基于满足农民"生存需要"标准的次优化选择。历史制度主义学派也强调政治行动者的"行动所遵循的主要是一种'满意'标准，而不是'最优标准'"，[①]这一选择过程可以用此观点来加以解释和验证。

在新中国成立初期，存在着十分严重的国民健康问题，人民的生活水平低下，民众中传染病、寄生虫病以及地方病十分流行，而整个国家则缺医少药，城市和农村的医疗卫生资源分布更是差距悬殊。面对如此严峻的医疗卫生状况，政府部门经过再三权衡，放弃了按传统规范模式培养农村医生的"最优标准"，选择一条能够满足当时农民"生存需要"的次优化道路。这是因为，按"最优标准"培养出来的医生需要耗费巨额的资金和大量的时间，而中国当时的国力无法承担如此高昂的费用，迫在眉睫的医疗问题也无法等待如此漫长的时间，只有"赤脚医生"这一次的优化选择能够更好地解决农民的生存问题。当时政府部门的整体思路是，建立起一个覆盖县、乡、村的三级医疗预防保健网。从具体的实施过程来看，

---

① 何俊志：《结构、历史与行为——历史制度主义的分析范式》，《国外社会科学》2002 年第 5 期。

大致上经历了如下几个阶段：第一阶段是"乡村资源重整自救"阶段，在 50 年代初期，政府首先分别设置县、区卫生机构，整合现有的农村医疗卫生资源组建卫生院、联合诊所、保健站等，初步编织起我国的农村医疗保健网；第二阶段是"城市救济乡村"阶段，在进入 60 年代后，一方面继续加强农村卫生机构的建设，另一方面开展巡回医疗工作，组织医务人员上山下乡，组织城市卫生资源支援农村；随着农村三级医疗预防保健网的确立和完善，合作医疗制度应运而生，伴随合作医疗的蓬勃发展，这一制度的忠实践行"赤脚医生"的队伍日益壮大。正是这一群医术水平并不高超的"赤脚医生"化解了当时广大农民所面临的生存危机，虽然并非是按"最优标准"培养出来的专业医生，但是他们的出现满足了农民的生存需要。

2. "赤脚医生"——多元动因的政治结果

虽然"赤脚医生"是伴随着政府部门出台的一系列医疗卫生政策产生和发展的，但其出现绝不是单一原因导致的，是多种因素综合作用的结果。用历史制度主义的观点可以表述为：某种政治结果的出现不是单一原因导致的，存在着多种因素的综合作用，制度因素只是推动历史沿着某一路径发展的相对稳定和最为核心的因素之一，应该将制度因素与其他因素一道定位于因果链之中。[①]

因此"赤脚医生"的产生，除了关注其自身制度变迁的过程，还应将其他因素的影响作用一并定位于因果链之中，正如笔者在第二章"赤脚医生由来"中分析的一样，"赤脚医生"的产生是多元动因的政治结果。集体经济的制度背景为其产生奠定了基础。新中国成立初期，随着合作化运动的推进，人民公社和农村集体经济制度建立，正是在这样的制度背景下，农村合作医疗制度应运而生，为合作医疗制度忠实实践者赤脚医生的产生奠定了坚实的制度基础；缺医少药的国情，城乡有别的医疗分布体系，迫使中国政府只能选择发展具有中国特色的公共卫生体系，依靠经过短时间培训出来的低技能的医疗工作人员来发展农村卫生工作；赤脚医生这一特殊现象的出现，还与我们伟大领袖毛泽东主席对农村医疗工作的

---

① 魏少亮、郭丹：《历史制度主义：理论与应用》，《中共济南市委党校学报》2005 年第 4 期。

重视密不可分，正是有了毛泽东主席"把医疗卫生工作的重点放到农村中去"的号召，才使得"赤脚医生"的队伍得到迅速发展；同时赤脚医生现象能够普遍地在农村出现，还受到农村村落文化的影响，村落文化中的地缘关系网络，使得从本村落中选拔培训者为村民的医疗卫生工作服务获得了一种天然的支持。所以说，制度因素只是推动"赤脚医生"发展过程中相对稳定和最为核心的因素之一，现实国情、伟人力量以及村落文化等诸多因素也应该位于这一因果链之中。

（二）从"赤脚医生"到"乡村医生"

1985 年 1 月 25 日《人民日报》发表了《不再使用"赤脚医生"名称，巩固发展乡村医生队伍》的文章，随后卫生部门对"原赤脚医生"组织了规范的医学考核，对通过考核的"原赤脚医生"授予"乡村医生"的称号。可以看出，最初"乡村医生"实际上是由"赤脚医生"转变而来的，但相对于"赤脚医生"来说，"乡村医生"提出了更高的要求，有其自身的特点。

1. 考核制度的创新

"赤脚医生"服务于建国初期那个缺医少药的特殊年代，而如今由"赤脚医生"转化而来的"乡村医生"仍然活跃在广大农村地区，为保障农民群众的健康生活而努力工作。二者处于不同的时代，所面临和要解决的问题也大不相同。"赤脚医生"迫于当时资源条件的限制，以治疗农村常见的小伤小病为主要职责，而当时的农民群众所面临的是生存危机，"赤脚医生"这一次优化的选择足以满足他们生存的需要。随着社会的发展，国内的医疗资源渐渐丰富，农民的生活水平也逐渐提高，对医疗服务水平的要求也越来越高，农民群众已经摆脱了生存危机的困扰，对生活健康质量提出了更高的要求。因此对处于这一时期的"乡村医生"也要用更高的标准来规范。

"赤脚医生"的那种只经过短期集中培训，学习一些常见疾病的预防和治疗方法等知识后就上岗行医的考核体制已经不符合时代的要求。如今的"乡村医生"肩负着更重大的社会使命，作为广大农民群众生活健康的保障使者，其考核制度必然需要不断完善和创新。从 1996 年开始，卫生部就制定颁布了《中华人民共和国乡村医生管理办法》，对"乡村医生"实行资格考试制度，各地基层卫生部门积极响应，纷纷建立"乡村医生"绩效考核制度，各地的医政部门、农村卫生协会协助开展"乡村医生"培训，每隔两年组织一次考核，确保"乡村医生"队伍质量，为广大农民群众筑起一道坚固的健康防线。

2. 经济体制的转变

"赤脚医生"产生在集体经济时期，"乡村医生"是经济体制转轨时期的产物。经济体制的变革使"赤脚医生"向"乡村医生"转变。

赤脚医生产生于集体经济体制时期，以公社化的行政依托来运转。从当时的情况来看，赤脚医生归属于大队卫生室，而大队卫生室则靠集体经济维持，卫生室的人员经费、房屋器械投资、流动资金等等都是由大队直接拨款，这样一种经济体制和行政运转方式为赤脚医生的存在与发展提供了全面的支持。

而进入 80 年代之后，农村经济体制改革不断深入，家庭联产承包责任制普遍推行，人民公社也随之瓦解，集体时代诞生的"赤脚医生"已经失去了集体经济和人民公社的依托，这就要求"赤脚医生"摒弃对集体经济的依赖，作出相应的调整以适应农村经济体制的改革。从现实情况看，随着家庭联产承包责任制的推行，独立经营占据主导地位，新生的"乡村医生"开始承包卫生室独立经营，甚至有不少"乡村医生"开立自己的独立诊所。这一转变和创新使"乡村医生"能够很好地适应现行的经济体制，更好地为广大农民群众的健康生活服务。

3. 合作医疗制度的创新

"赤脚医生"是旧合作医疗的忠实执行者，"乡村医生"服务于新的合作医疗体系。

旧合作医疗是在当时中国缺医少药，医疗资源匮乏的情况下，为了缓解农村窘迫医疗卫生情况而产生的。随着社会的发展，农村问题呈现出新的特点，有别于旧合作医疗时期的缺医少药，资源贫乏，现在的农村所面临的"因病致贫""因病返贫"的现象越来越多，农民社会医疗保障体系的建设显得尤为重要，新型合作医疗体制的建设被提上日程。

有别于旧合作医疗体制，新型合作医疗从筹资渠道、保障方式等方面进行了完善和创新。新型合作医疗构建了更稳定的筹资方式，有别于传统合作医疗主要依靠集体经济的资助，采取的是个人缴费、集体扶持和政府资助相结合的筹资机制,其中政府财政资助占主导,中央和地方各级财政每年安排一定的专项资金予以支持,减少了集体经济支持的不确定性。在保障水平方面,新型合作医疗除了提供传统合作医疗所覆盖的一般门诊服务和住院服务外,将医疗基金主要补助参合农民的大额医疗费用和住院费用,兼顾实行大额医疗费用与小额医疗费用相结合的补助办法,目标是建立起以大病统筹为主的新型农村合作医疗制度和医疗救助制度,减轻农民因疾病带来的经济负担,提高农民的健康水平。[①]

从"赤脚医生"到"乡村医生",经历了考核制度的完善、经济体制的转变、新型合作医疗制度的创新。正是有了这一系列的制度创新与完善,"赤脚医生"才能顺利地转变为现在的"乡村医生"。也正是有了这一系列的制度创新与完善,"乡村医生"才能更好地扎根于农村,服务于农村,为解决广大农民群众的医疗保障问题贡献力量。

---

① 刘丹:《中国农村医疗保障制度研究》,沈阳农业大学博士学位论文 2006 年,第 32—33 页。

家庭承包制:产权、组织与制度分析的视角

【导读】1978 年家庭承包制在农村的推行，带来了一系列的变化。政治上，它改变了传统的社会分配格局，并建立起新型的国家、集体与农民之间的关系；经济上，它解放了农村劳动力，赋予农民以生产自由和经济自由之权，赋予集体以发包和监督之权，赋予国家以管制和最终处分权；社会意义上，它回归了传统以来的最小且有效的农业生产单位，并与现实的生产力相适应；制度上，它把农村土地权利分配格式化，强化了国家与农民的关系。正是在此意义上我们说，家庭承包制是一项关涉政治、经济和社会关系的制度设计，由此决定了它在农村改革中的起点作用。本项研究立意于此，从中国农村土地制度变迁的视角，对家庭承包制进行剖析式的解释。

中国进入农业社会以来，土地就成为一个核心问题。这不仅是因为在农业社会里，土地是最重要的生产资料，是生存的最基本来源，更因为它是经济财富和政治权力的象征。这在传统社会时期非常明显。并且，谁占有了土地，谁就拥有话语权和统治权。在封建社会里，皇帝就是最大的地主。因此，地权关系不仅是一个经济问题，更是一个社会问题和政治问题，地权关系是"全部社会关系的高度浓缩，它在本质上体现着人与人之间的关系（包括财产权利关系）"①。把握好了地权关系，可以全面观察国家社会关系。正因如此，"从传统农村的土地族群冲突到平均地权的土地革命和土地改革，从土地集体化的人民公社运动到分田到户的家庭承包

---

① 黄荣华：《革命与乡村——农村地权研究（1949—1983）》，上海社会科学院出版社 2006 年版，第 1 页。

责任制，从宅基地纠纷到土地流转中的矛盾，从国家的征地到现在土地租用收益的分配……村落故事的主题，始终都是围绕地权问题"①。

一　产权视角下的家庭承包制

中国农村地权研究是当今农村研究中的一个重要组成部分。它的重要性源于"权"这个字，"权"既是政治术语，也是经济术语，它把政治与经济有机地结合起来。通过对"权"的分析，揭示"权"的主体间的政治经济关系。

从经济的角度来看，"权"就是产权，顾名思义，就是一个人对其财产的权利。从对财产的解释中，我们就可以看到产权的具体内容。首先是所有权，即财产完全归你所有，而且得到了社会的认可。其次是占有权，只有当你完全占有财产，并且排除他人使用的权利，你才能对财产采取下一步的行动。再次是使用权和经营权，当你占有财产时，你就可以按照你的自由意志对其进行安排，可以直接使用财产，满足生产的需求，也可以经营它，进而实现财产的增值。复次，是转让权，转让有两种形式，一种是收费的转让，一种是非盈利的转让，前者是财产的主人通过契约的方式，将财产的使用权、经营权转甚至是所有权让给别人，从被转让者那里得到"租金"；后者是他把财产送给其他人，无偿放弃了对财产的任何权利。最后是收益权，收益权是所有权、占有权、使用权、经营权和转让权的延伸。土地产权就是由土地所有权、土地使用权、土地经营权、土地转让权、土地收益权组成。在这个权力束中，不同的主体可以分别拥有不同的权利，也可以是一个主体拥有完全的产权。

经济上的"产权"体现在政治上就是产权制度，包括对产权各项权利的法律界定，谁是某物产权的所有者，谁是某物产权的使用者，拥有产权的主体有哪些法律赋予的权利，那些围绕着产权权的主体间的关系如何。具体反映到土地产权中就是土地制度，土地制度的演变完美的折射出土地主体间政治经济关系的变化过程。

---

① 李培林：《〈农民的终结〉中文版再版译者前言》，［法］H. 孟德斯鸠著《农民的终结》李培林译，社会科学文献出版社2005年版，前言第6~7页。

在封建时代，土地是农业社会最重要的生产资源，农民在土地上进行劳动投入，以换取生产资源，地主凭借土地垄断权收取农民的地租，而封建国家作为统治者，农民则是国家财政收入的最大税源，由此可见，农民，地主和封建国家都依赖着土地。除了作为生产资料以外，土地也是封建社会中的财富象征，这一点在中国封建社会的商人身上表现得尤为明显。土地在封建社会的重要性使得封建国家、地主和农民这三个社会主体都想占有土地。围绕着土地，封建国家、地主和农民展开博弈，最终形成了封建中国的三种土地所有形式，分别是封建土地国有制、封建地主土地私有制和农民小土地所有制，国家、地主和农民这三个主体之间的关系变化导致了三种土地所有制的相应变化。

土地的重要性让国家、地主和农民围绕着土地的权力束展开博弈。纵观中国封建社会，在封建国家发展的不同时期，封建国家土地所有制、封建地主土地所有制和农民小土地所有制呈现不同的状态和关系。当新的国家取代旧的王朝时，常常面对战争留下的恶果，大片荒芜的土地、大量逃亡他乡、饥饿难耐的流民，整个社会经济遭到破坏，这无疑给新的统治者一个大难题。为了尽快恢复生产，让农民重新回到土地上，新的统治者将国有土地分配给农民种植，或采取鼓励农民开荒的政策。以均田为典型，很多封建国家都在建国初期采用了均田的土地政策，均田的实施保证了耕者有其田，农民与土地再次紧密联系起来，为封建国家提供了政治和经济上的保障，一方面，这个时期国家赋税是以人丁为本，将农民固定在土地上，有利于培养税源；另一方面，对于生存小农来说，能够有自己的土地，能够实现温饱，只要国家赋税控制在他们可以接受的范围内他们就很满足了，自然会给予国家政治支持。在名义上，土地仍然是国家的，国家是农民占有土地的政策提供者和保护者，作为对国家的回报，农民必须承担相应的赋税责任。但实际上，农民拥有了土地的所有权，土地是可以自由买卖的。而地主土地私有制在这个时候是受到削弱的，农民不是战争的唯一受害者，很多地主也在战争中家破人亡。

中华人民共和国成立后。中央人民政府于1950年，颁布了《中华人民共和国土地改革法》（简称《土地改革法》），"废除地主阶级封建剥削的土地所有制，实行农民的土地所有制，借以解放农村生产力，发展农业生产，为新中国的工业化开辟道路"。土地改革法的颁布意味着中国历史上第一次实现了农民土地所有制，进而实现了贫苦农民在经济、政治上的大翻身。跟贫苦农民喜庆的局面完全相反，地主们则痛苦不堪，经济方面失去了强势的凭借。中共不仅仅没收了地主的土地，还包括"耕畜、农具、多余的粮食及其在农村中多余的房屋"，虽然地主能够分到土地，但此时他们的身份不是地主，而是经过改造后的劳动人民。政治上，地主也从强势转为弱势，是被打倒、被消灭的对象。

土地改革后，在中国存在了几千年的地主阶级被消灭了，国家与农民的关系替代了国家、地主和农民的三体关系。其中，国家掌握了土地资源分配的权利，并实施了权利分配活动。并且，凡是具备分配资格的主体，"由人民政府发给土地所有证，并承认一切土地所有者自由经营、买卖及出租其土地的权利"。即是说，土地可以自由经营、自由买卖、自由出租等，这实际上是承认了农民是土地的所有者，拥有土地的占有权、使用权、转让权、收益权组合而成的完整土地产权。农民土地所有制取代地主土地所有制成为社会主要土地制度，它不同于封建农民小土地所有制，封建农民小土地所有制只占有很小的一部分，不是社会的主导土地制度，而农民土地所有制实现了绝大多数农民对土地的所有。

《土地改革法》的实施，开创了国家与农民新的土地关系。"新"在两个方面：一方面是农民土地所有制成为支配性的土地所有制形式，农民真正翻身成为土地的主人；另一个方面是国家保障农民土地所有，农民土地所有的合法性通过土地证得到了国家承认，农民的土地权益通过《土地改革法》得到了国家的保护。这是中国历史上不曾有过的。

不可否认，《土地改革法》是中国处于新民主主义到社会主义的过渡时期颁布的，本身具有过渡性。在《土地改革法中》，没有提及此法适用时间，也没有规定土地证的有效时间。此法由中央人民政府委员会公布实施，中央人民政府对此法具有最终解释权，从这个角度来说，农民土地所有制只是暂时的，从以后的历史发展来看，也的确如此。中国共产党的理想不是新民主主义，而是共产主义，这是中国共产党的党性决定的。莫里斯·梅斯纳就认为，"无论如何，在共产党看来，土地改革只是农村长期的社会革命和经济革命发展的第一个阶段，是最终实现农村集体化和工业化的进程中的第一步。①"

就在土地改革取得胜利后不久，以毛泽东为首的中国共产党人就在全国范围开始了对农业、资本主义工商业和手工业的社会主义改造。其中，农业社会主义改造是指通过各种互助合作的形式，把以生产资料私有制为基础的个体农业经济改造为社会主义集体经济，因此农业社会主义改造也称为农村集体化。集体化是中国共产党把土地所有权重新握入手中的过程，这跟土地改革是完全相反的路径。土地改革是国家把土地给农民，而社会主义改造是国家把土地收回来。农民对土地的强烈偏好是不言自明的，能够让国家轻易的收回吗？对于国家来说，这并不是什么难事。1954年，新中国的第一部《宪法》第 8 条规定："国家依照法律保护农民的土地所有权和其他生产资料所有权"，但 13 条又规定到"国家为了公共利益的需要，可以依照法律规定的条件，对城乡土地和其他生产资料实行征购、征用或者收归国有。"怎么样界定公共利益的需要呢，中国共产党作为全国人民的利益代表，同时也是国家的最高领导者，公共利益自然由中国共产党决定。从这两条规定可以看出来，虽然从法律上确定了农民土地所有权的合法地位，但中国共产党同时可以凭着"公共利益"收回农民的土地。这为中国共产党一步一步的将土地收归国有打下了基础。

中国共产党农业的社会主义改造不是一蹴而就的，而是一个渐进的过程，共经历了三个阶段，分别为农业互助组、初级农业生产合作社和高级农业生产合作社，最终实现集体化。社会主义改造不只是改变了整个国家的经济体制，更改变了国家与农民的关系。在新民主主义时期，拥有私有土地的农民是自由的个体，国家保护农民的合法权利，不干涉农民的生产自由、生活自由。而随着社会主义改造的深入，农民的私人领域越来越被国家渗透，从互助合作组到人民公社，不仅仅是一个集体化的过程，更加是农民不断丧失以土地所有权为主体的私人财权的过程。农业互助组是集体化的起始阶段，是以农民土地私有为基础的，只是把单个的农民组织成联合劳动单位。互助组是一种简单的劳动合作方式，土地仍然是农民个人的，由农民自己决定如何经营。到了初级农业生产合作社，初级社的两个

---

① 莫里斯·梅斯纳：《毛泽东的中国及后毛泽东的中国》，四川人民出版社 1989 年版，第161 页。

基本特征是"土地入股,统一经营",农民的土地所有权以股份的形式得到体现,农民的私有土地被集中使用,农民失去了土地自主经营权和土地处置权。实际上,这是将农民土地所有权虚化,虽然从表面上看,土地所有权仍然是农民个体的,但农民必须在合作社的统一安排下劳动,农民的土地收益也是由集体决定的,土地的支配权落到了集体的手中,农民的私有土地已被纳入到集体的名义之下。虽然说此时土地是农民私有,但土地的经营使用权已经成功转移到集体的手中,法律保护的土地转让权、自由支配权名存实亡,为发展到高级农业生产合作社铺平了道路。高级农业生产合作社之所以高级,在于它的共产性,互助合作组和初级农业生产合作社都不能称之为"共产",他们都是建立在农民土地所有制的基础上的,而高级农业合作社则是完全将农民的土地聚集到集体手中,形成了集体土地所有、全民土地所有。土地再也不能作为资本为农民带来收益,劳动代替土地资本,农民只能付出劳动来获取集体的收入分配。农民土地私有制被社会主义改造成集体土地所有制。

虽然国家一再强调要放慢步伐,循序渐进,但在社会主义改造的后期,激进主义抬头,这为以后农村激进运动埋下了伏笔。随着"大跃进"的兴起,人民公社化运动就轰轰烈烈地开始了。经过几年的发展,人民公社成为政社合一的农村基层组织单位,"三级所有,队为基础"是其基本的特色。人民公社是建立在高级农业生产合作社基础上的,以生产资料集体所有制完全取代了农民个体私有。包括土地在内的所有生产资料都属于国家和集体,农民以队为最小单位共同劳动,吃"大锅饭",并实行工分制,按照工分多少进行分配。

通过人民公社运动,国家不仅将发给农民的土地又收回手中,并在国家与农民之间插进集体这个新实体。在封建时期,存在的是国家、地主和农民这三者之间的土地关系,新中国土地改革后,地主转变成了劳动者,地主阶级消失了,国家、地主和农民也就变成了国家与农民。而到了人民公社时期,由于农民完全被集体包含,农民是集体的组成单位,因此,国家与农民的关系转变为国家与集体的关系,集体名义上是国家的代理机构,但生产资料集体所有让集体成为名副其实的所有权主体。国家土地所有与集体土地所有共存。这时出现了一个问题,集体是什么,集体是由个体农民组成的,那么生活在集体中的农民应是集体土地的拥有者,这样说来，农民个体形成的共同意志能够自由处理集体土地。实际上，集体的意志不代表农民的共同意志而是国家意志，人民公社是国家政权的一部分，国家的意志决定了集体的运作，农民除了得到维持基本生活的生活资料以外，其余的都交给了集体和国家。

人民公社是国家的代理人，完全体现国家的意志。同时，人民公社也易于贯彻国家的意志。一方面，人民公社通过共同劳动将农民牢牢控制，农民只能听从集体意志、国家意志；另一方面，人民公社严格的层级政权体制有利于国家政策的上传下达。在国家政策的贯彻执行上，人民公社无疑是高效的，事实上，人民公社本身就是政治运动的产物，它一出生就带有政治运动的色彩，"三级所有，队为基础"是人民公社的基本特点。包含了两个层面的含义：一个是政治统治层面上，"三级"形象地描述了当时国家对农村的政治控制，最高一级是中央政府，第二级就是代表国家治理乡村的人民公社，第三级是人民公社下的大队，中央政府、人民公社和大队这三级层层包含、层层控制，上级领导下级，下级对上级负责，这样便形成了国家在农村的基本政治统治方式，而中国共产党作为核心统辖三级。这样一来，党的意志便能通过这种严密的层级控制深入贯彻到农村，彻底改变了"皇权不下乡"的旧格局。另一个是经济层面上的含义。"队为基础"是指各生产小队作为基本经济核算单位，而前提条件则是国家、人民公社、生产大队这三级对生产小队的领导，小队必须完成上级指定的国家任务、村庄公积金和公益金的积累，剩下来才能有自主的权利。

然而，人民公社在政治统治上的高效并不等同于政治体制的高效，人民公社是农村社会主义体制的具体表现形式，这种农村社会主义体制是与社会主义经济相适应的，而我国农村事实上是停留在落后的农业生产水平，远远没有达到社会主义经济体制所要求的程度。人民公社超越了当时农村经济基础，后果是经济上的低效。正是经济上的低效导致的生存危机，让贫困的农民敢于冒着生命危险，开创了大包干。2002年的人民日报上曾有一篇报道，其中有当年的小岗村生产队长严俊昌对大包干的回忆，严俊昌已经60多岁，但是身体硬朗。据他回忆说："当年闹承包，搞分田到户，那可是跟人民公社唱对台戏啊！可眼看着村民吃不饱，饿肚子，咱当干部的心里急啊！就这样，18户农民在大包干的合同上按下了手印。先是分田到组，后来干脆分田到户。当年大见成效，全村产粮由生产队时的 1.5 万多公斤增长到 9 万多公斤，人均收入由 20 多元增加到 400 多元。"① 大包干是家庭承包制的前身，正是大包干的成功，让处在经济发展困惑中的领导层找到了农村农业发展的新路，经过试点和调整，最终确定了实行家庭承包制。家庭承包制，展现了一种新的国家与农民的关系。

首先，家庭承包责任制的实行并不意味着集体的消失，集体仍然存在，而且集体成为了土地承包的主体，也就是发包方。

作为发包方，集体拥有以下这些法定权利："发包本集体所有的或者国家所有依法由本集体使用的农村土地；监督承包方依照承包合同约定的用途合理利用和保护土地；制止承包方损害承包地和农业资源的行为；法律、行政法规规定的其他权利"。归纳起来就是发包权、监督权、管理权，即集体能够决定把土地承包给谁，或者不承包给谁，规定承包的具体时限，在把土地承包给农民后对农民土地使用权限有管辖权，如果农民有违法集体的承包规定，集体可以收回土地的承包权。可见，家庭承包制对集体造成了冲击，但不是毁灭，集体是家庭承包制的主体，它的行为影响着承包土地的农民。

虽然土地是集体所有，但是国家手握土地的界定权和支配权，国家委任集体管理国有资产，这时国家与集体形成一种承包——代理关系，集体从国家那里取得土地产权，同时又成为国家在乡村管理中的代理人。这是一层承包关系，另一层就是家庭与集体的承包关系。以家庭为单位同集体签订承包合同，在这个合同里，家庭应承担的责任既包括集体"租金"，又有国家"租金"。集体代理国家收取、管理这部分国家"租金"。可见，国家是最大的产权所有者，集体既是承包者又是产权所有者，家庭是纯粹的承包者。国家将产权承包给集体，集体再将部分产权承包给农民。由此可见，集体扮演着双重角色，一是农民承包土地的供给方，农民不是直接与国家签订承包合同，而是承包集体的土地；二是继续充当国家在农村的代理人，集体继续承担着执行国家农村政策的角色，主要是收取农业税，收税仍是这个时期国家农村工作的重点。

---

① 刘杰：《1993 年，农村家庭联产承包责任制写入宪法——农民吃了"定心丸"》，《人民日报》2002 年 12 月 4 号第 10 版。

虽然如此，但国家、集体与农民三方承包合同不是完全法律意义上的合同，国家、集体和农民这三个主体并不是相互完全独立的，而存在着领导与被领导的关系。国家统领集体和农民，集体包含着农民，因此，这三方制定合同的内容存在着强制性、义务性，责任与权力的不对等性。从承包的法律意义来看，承包就是规定着责与权的合同，通过承包，家庭拥有土地的使用权、收益权、处置权，承担着对集体和国家的责任。而集体拥有土地的所有权，集体的责任是做好其代理工作。这就出现了一个问题，就是家庭与集体权责不对等。"交够国家的，留足集体的，剩下的都是自己的"，这是农民对承包内容的理解，农民的朴实解释却道出了问题所在，"交够国家的，留足集体的"强调的是农民对集体与国家的责任，集体关心的是国家税收、集体提留。那么，集体对农民的责任呢？国家的责任又在哪里呢？在承包法中，规定了集体的义务，包括"维护承包方的土地承包经营权，不得非法变更、解除承包合同；尊重承包方的生产经营自主权，不得干涉承包方依法进行正常的生产经营活动；依照承包合同约定为承包方提供生产、技术、信息等服务；执行县、乡（镇）土地利用总体规划，组织本集体经济组织内的农业基础设施建设；法律、行政法规规定的其他义务"。国家的确是规定了集体的义务，但是由谁来监督集体的行为呢？在笔者的调查中发现，把土地承包给农民后，集体并没有很好的按照承包法规定的去履行自己的义务，除了调整承包土地、发放土地证、收取承包费用等，其他大部分时间，农民只是在自己的承包土地上进行劳作，而与集体没多大交集。国家和集体对农民责任存在明显的缺失。

其次，通过承包这种方式，将集体土地产权进行了重新分配，改变了集体垄断土地产权的局面。

承包权的实现是分割土地产权的前提。这场产权分配的主导者是国家。国家给予了农民得以重新分配土地产权的资格，这个资格就是承包权，一方面它是由国家制度提供的，就像是市场进入的资格认证，承包权是国家对农民占有土地的许可；另一方面则是它意味着农民占有土地、自主经营土地，并且可以与集体、国家分享土地收益。承包权既是政治资格，同时也是经济权利。

因此，承包权是在国家限定条件下的土地产权。国家是制度提供者，承包权依赖国家权力而存在。在强大的国家面前，农民没有讨价还价的余地，因此，国家对承包权制定了诸多限制，这些限定条件包括产权范围的限制、时间的限制、国家和集体义务的限制。由于国家在法律上确立了实行家庭承包制的合法地位，承诺三十年不变，那么在国家认可的时间期限内，农民实际上就是承包地的合法产权者。但同时，国家规定农村的土地，包括宅基地和自留地、自留山等都是属于集体的，集体土地所有制是不能被动摇的，也就是说，虽然农民享有土地产权必须建立在集体土地所有制的前提下。集体把土地承包给农民，保留了土地所有权，因此具有土地收益权和土地处置权。国家对农民承包权的限制无疑传递给农民这样的信息，即土地是国家和集体的，土地的最终所有权和处置权也是国家和集体的。

此时，农民与集体形成了新型的关系。以前，农民是集体的小细胞，生产和生活都要服从集体的安排，现在，农民从集体中半脱离出来。然而，农民的使用权受到承包时间的限制，农民从土地上得到的收益必须上交一部分给国家和集体，农民并不能任意处置土地，必须在国家政策的严格规定下行事。国家始终"垄断"产权，这种"垄断"的结果就是"所有权残缺"，即"完整的所有权权利束中的一部分被删除"。"所有权残缺"造成两个恶果：一是农民收入与成本不对等，农民辛苦劳作一年，真正装进自己荷包的只占总收入的一部分，这不利于充分调动农民生产积极性；二是土地利用的低效率，土地的价值没有得到完全体现。产权分割的实质是"国家侵权"，通过产权分割，国家获得了租金，但是，这部分租金来自农民。

不过，家庭责任制在农村的实行带来了农民生活的变化。主要表现在两个方面：一是农业生产力得到了大发展。"党的十一届三中全会以来，我国的农村改革取得了举世公认的成就，农作物大幅度增产，乡镇企业异军突起，农村经济飞跃发展，农民生活显著改善。"[①] "从 1978 年以后，农业总产值以每年平均 9% 的速度递增。农村的劳动生产率也明显提高。在 5 年的时间里，农村人均收入翻了一番[②]"。二是农民获得了经济自由。

---

① 余国耀：《关于深化农村改革重点的问题——家庭联产承包责任制长期不变是党在农村的基本政策》，《人民日报》1992 年 4 月 24 号第 5 版。

② 莫里斯·梅斯纳：《毛泽东的中国及后毛泽东的中国》，四川人民出版社 1989 年版，第 608 页。

对于农民来说，解放前是租地主的土地，向地主交税，实行家庭责任制后，农民承包国家和集体的土地，向国家和集体交税，无论是前者还是后者，农民只要在交完税后，就可以在自己租或承包的土地上按照自己的意愿进行自由经营，自负盈亏。

二 组织视角下的家庭承包制

家庭责任制以家庭为承包单位。家庭责任制的生成根源在农村，深受农民的欢迎，但是没有国家的承认和推行，家庭承包制也不能在短时间内就成为中国农村土地经营制度。家庭承包制是一种诱发性制度变迁，与强制性制度变迁不同的是，它更强调的是社会自身的发展动力。可是，当国家力量进入社会后，国家与社会从来都不是两个互相隔离的主体，国家是超社会的，社会并不是超国家的。尤其在中国，国家是社会发展的主导力量。"尽管最初规定采用'责任'制是以自愿为原则并主要用于集体化农业失败的比较穷的农村地区，但实际上责任制的推行很快成为强制性的"①，本是自愿性的家庭承包逐渐变成强制推行，每个农村都要实行，每个农民都成为承包的主体。这样一来，集体便以人口或者以人口、劳动力为标准将土地平均分配给村民。土地分配是以农民为主体，土地承包以家庭为单位。既然土地是按照人头平均分给每个人的，那为什么不以农民个体同时作为土地承包单位呢？

（1）实际有效的生产单位

家庭承包责任制让家庭经营这种生产方式再次站在历史舞台上。家庭经营历史悠久，最早可追溯到家庭的出现。在封建社会，家庭经营是占社会主导地位的生产方式，也就是小农经济。《辞海》把小农经济解释为"建立在生产资料私有制和个体劳动基础上，以户为单位从事农业生产活动的一种经济形式。"可见，生产功能是家庭的基本功能和主要功能，而家庭是生产的基本单位和载体。集体化时期，家庭经营被"三级所有，队为基础"所取代，家庭仅仅是一个生活体，丧失了生产的功能。直到

---

① 莫里斯·梅斯纳：《毛泽东的中国及后毛泽东的中国》，四川人民出版社 1989 年版，第606 页。

家庭承包责任制的实行，才让生产功能重新回归到家庭。

家庭经营是符合我国的基本国情的。引用马克思的经典论述，就是生产关系一定要适应生产力的发展，同样，家庭经营这种生产方式是适应我国现阶段农村生产力的。我国农业还属于小农经济的范畴。小农经济具有这样几个特征：以家庭分散经营为生产方式；生产工具比较简单、落后；市场化程度低；是一种自给自足的自然经济。这无疑是当时我国农村的真实写照。与小农经济相契合的就是家庭经营，人民公社的瓦解从反面证明了我国农村生产力还很落后，人为的超越当时生产力发展注定是要失败的，只有回归家庭经营，才是农村发展的正确选择，这也是我国农村生产力发展水平的客观要求。

"所谓家庭，是指夫妇子女等亲属所结合之团体而言，"家庭是一个集合体，由两人或两人以上的个体组成，而且这些个体是通过血缘关系、姻亲关系紧密结合起来的。家庭作为基本的生产单位，符合农业生产自身的特点和要求。首先，农业生产具有周期性、季节性，需要生产者随时根据天气的变化、农作物的生产情况调整劳作时间和劳动强度，以家庭这种小社会单位作为经营主体，可以发挥家庭在农业生产方面的灵活性。家庭既是经营主体，又是生产主体，一方面，能够直接及时掌握生产的信息，另一方面，能够根据生产的需要随时调整经营策略；其次，农业生产具有分工性和整体性。农作物的生长具有阶段性，在农作物生长的不同阶段，所需劳动种类和劳动数量都不同，例如水稻种植，在插秧、收割这两个阶段需要大量的人力，在施肥、除虫等阶段需要的劳动量较小，这就要求在农作物生长的不同阶段中，需要不同的劳动协作，以家庭为单位的内部分工正好满足这一要求。自古以来，男耕女织不仅展现了社会画面，更蕴涵着深层次的经济含义。有研究表明，两口之家即男耕女织这种组合最经济有效，当然，这种研究是纯经济研究，没有考虑其他社会因素。但男耕女织恰恰说明了以家庭为基础的劳动分工是与农业小生产相适应。农业小生产的"小"在于规模小，生产简单，不需要复杂的劳作技术和生产工具，但光凭一个人又很难完成所有生产，这时，家庭自然成为最佳选择，能分能合，家庭能根据实际劳动需要进行合理的内部分工。家庭"合"的功能又与农业生长的整体性相一致。农业收入是以农作物最终收成为计量的，是家庭内部成员共同协作的成果。但由于农作物生长的季节性、周期性、阶段性，个体劳动收入无法量化，由家庭统一支配农业收入，家人共同消费，可以解决劳动收入量化的难题。再次，除了生产功能、生活功能这两个基本功能以外，家庭还有一项重要功能，即教育功能，社会上没有任何一个机构提供农民职业培训，耕作技术等农业生产技术都是通过家庭的教育功能，由上一辈传给下一辈，代代相承，个体基本上是通过家庭习得生产技术，而小农生产只含有少量或没有现代因素，基本上依靠传统生产技术，个体较容易从长辈那里学到并掌握农业知识，家庭的延续性与农业生产的持续性合为一体，即生产的目的是生活，而生活的根基在于生产。

（2）最小且有效的生产单位

家庭承包制是一种个体经济，家庭是这种个体经济的主体。但不能忽视的是，家庭承包制还有一层含义，即发挥个体经济的积极性，也要发挥集体经济的经济性，集体经济的地位，尤其是政治地位并不因为个体经济的出现而发生较大改变，国家也是一直都在强调着集体经济的重要性，毕竟集体经济始终是正统经济，是社会主义经济的重要组成部分。家庭由几个农民组成，依靠血缘关系结合成一个集体，这种特殊的生产组织形式可统可分，它是个体经济，但同时也是一种容量最小的集体经济。

家庭承包土地，受制于我国的自然环境。我国的基本国情是人多地少。以家庭为承包单位，可以化零为整，将全家每个人的土地集中起来，形成小规模种植。家庭承包也是基于传统。自农业社会以来，家庭是农业社会的基本单位，作为生活基本单位的同时，家庭也是基本的农业生产单位，事实证明，家庭是一种有效的农业生产单位，这是农民的经济理性选择。大包干后，家庭经营获得的巨大成功、农民对家庭承包的渴望让中国共产党相信，家庭承包是正确的改革之路。

国家愿意把土地承包给家庭，一是基于大包干的成功，一是家庭承包的社会主义性质。在社会主义国家，土地私有是一个敏感的政治经济话题。土地是国家最重要的生产资料，也是最重要的资源和财富，如果土地私有，社会主义国家的性质如何得以体现？私有与社会主义本身是相互冲突的，虽然国家承认私有经济是我国经济的组成部分，但是公有制的主体地位是不容动摇的，私有经济的发展也必须建立在公有制为主的基础上。尤其对于土地而言，土地私有化更是违背了社会主义的原则。把土地分配给个人，个人承包土地虽然不等同于土地私有，但是这种个体经济还是很容易与土地私有联系起来，更何况当时"文革"刚刚结束不久，中国共产党对社会主义的认识仍受到过去意识形态的负面影响。家庭承包就不同于个体承包，家庭可以说是个体，但更多的是一个小集体，家庭成员共同拥有土地，共同劳动，共同享有财产，可见，家庭的共有性质明显多于个体性质。另外，国家承包土地给家庭也是出于国家治理的需要。以家庭为单位比个体为单位更容易实施治理，便于贯彻执行国家的意志。新中国成立后，我国的税收是建立在查田定产的基础上的，查田定产则是以家庭为最小统计单位的，因此家庭承包土地使得国家新的税收体系与旧的税收体系保持一致性，保障国家税收体制在农村改革后的正常运转。

因此，无论是自然条件的限制、意识形态的束缚还是国家统治的需要，家庭承包土地成为决策者的选择，也是中国历史的选择。

（3）生产自由与发展自由

家庭承包责任制实现了生产自由。家庭承包土地以后，只要完成"留足国家的，交足集体的"这个任务，国家和集体不干涉家庭的农业生产。生产自由表现在几个方面，一是自由安排劳动时间，农业生产不同于其他生产，对劳动量的需求是一个变量，时多时少，农民可以根据不同农作物生长需要自由安排劳动时间，而不必像人民公社时期要按点上工，按点下田，再没有人在广播里喊着要你上工了；二是自由种植农作物，农户在确保实现对国家和集体的任务以后，可以自由种植自家需要的农作物。以前，国家为了满足工业发展和城市居民生活需要，强制性要求农民种植国家指定的农作物，现在这种束缚彻底消失了，农民可以按照自己的喜好选择农作物；三是自由开展副业，副业是农村家庭生产的一部分，这是由我国的国情和农业的特点决定的，由于我国人多地少，一户家庭承包的土地有限，导致农业生产需要的劳动量局限在小范围之内，再加上农业生产的季节性，使得家庭中有一部分劳动力是闲置的，农民有部分的闲置时间，勤劳的农民利用这部分闲置时间养猪、养鸡，或纺纱织布，或外出打零工，这些副业增加了家庭的收入，是家庭生活的经济安全域，一旦因天灾人祸，从农业生产中无法得到可靠的收入时，家庭副业弥补了农业的空缺，确保农户度过生存危机，家庭承包责任制让家庭副业再次红火起来，农民的收入渠道增多，农民的生活水平得到明显提高。

　　生产的自由只是农民个体解放的一个方面，但是生产的自由却极大地促进了农民行为的自由。如果说中华人民共和国的成立，让中国贫苦的农民翻身做主人是一次人的解放，那么家庭承包制则是让农民实现了再解放。马克思是这样定义人的解放的："任何一种解放都是把人的世界和人的关系还给人自己。"从马克思对解放的阐释中，可以知道人的解放就是个体能够主宰自己、主宰自己与世界的关系、主宰自己与其他个体的关系。同时，这里也延伸出了另一层含义，那就是个体的意志与行为的统一，只有实现了这个充分必要条件，个体方能成为自己的主宰者，方能实现行为的自由。在家庭承包制之前，农民受到各种各样的束缚，人身并不自由，突出的表现在强依附性上。在封建时代，地主是农民重要生活来源的提供者，农民依附于地主。农民不仅要向地主交纳地租，逢年过节去地主家帮工，而且还要巴结好地主，以便可以长期租借土地。在土地改革初期，由于害怕地主把租种的土地收回，出现了农民包庇地主、不敢揭发地主的现象，农民的心底对地主是存有仇恨的，有谁愿意被剥削呢，但是迫于生存的压力，农民只能是压抑心中的恨，这刚好说明了农民对地主的强依附性，这种依附性限制了农民行为的自由。新中国成立后的短暂时间里，土地个体私有使得农民摆脱了对其他个体的人身依附。随着集体化的开始与深入，农民又被强制组织到集体中，农民对集体的依附取代了农民对地主的依附。在集体之下，生产是计划好了的，农民只是依照层层上级的指示进行生产。除了生产，生活上农民也不能自主，生产结束后要开会，学习社会主义思想，进行思想改造，一切有悖于社会主义的思想都是落后的。在政治高压之下，谁都害怕一不小心就成为阶级敌人，人人自危。家庭承包制打破了农民对集体的依附。虽然土地是集体承包给农民的，但是与租借地主土地不同，农民土地承包是国家法定的权利，只要是农村集体的成员，都可以承包集体的土地。农民只要按照承包合同履行自己的承包义务，如向集体交纳必要的费用，合理使用承包土地等等，就可以自由自在的生活了。笔者在调查的过程中，向农民问及农村最大的变化是什么，很多农民尤其是经历过中国社会变革的老一辈，他们的回答是现在比以前自由多了。

　　如果说生产的自由开启了农民的自由之路，那么行为的自由让农民向发展自由迈进。从生产领域开始，农民能够实现意志与行动的统一，农民根据家庭的偏好和自然条件，想种什么就种什么，怎么种、如何使用家中劳动力都是农民自己说了算，集体和国家再不能像以前那样干涉他们了。实现了生产自由的农民，有了更多的空闲时间，或是外出打工，或是进行娱乐活动。农民的职业也多元化了，有些农民农忙在家务农，农闲时则外出打工，从事建筑行业、运输业、服务业等各种行业。去外地打工的农民摆脱了地域的限制，繁华的城市让农民见识了农村以外的另一番天地。此时，农民不再只是面向黄土背朝天，而是扮演了多重角色，种田不再是农民生产生活的唯一选择路径。就业的多元化让农民的生活方式发生了极大的改变，农民收入水平的提高使得农民有了更多的余钱进行消费，电饭煲、电视机、电话、手机、摩托车等现代化的电器进入了越来越多的农民家庭里，农民的生活水平得到了很大的提高，很多农民已经从满足温饱的需求上升到更高层次的需求。电气化同时扩宽了农民与外界的沟通渠道，加强了农民与外界的交流，信息的多元化丰富了农民的思想，农民越来越成为有个性的独立个体。

三　制度视角下的承包制

无论是封建农民小土地所有制，还是土地改革时期短暂的农民土地私有，都存在一个共同的问题，那就是制度保障的缺失。那些明文规定保护农民土地所有的国家法律法规在强权面前，往往形同虚设。制度建设与民主建设是并行的两个主体，民主的形成需要完善的民主制度相配套，而制度的确立则需要民主的政治环境。在强权存在的国家中，制度非常容易成为花瓶一般的摆设，极其脆弱。正是如此，地主方能轻松的掠夺农民的土地，甚至是侵蚀国家的土地；家庭承包制就与以往土地制度不同，在土地制度的建设与保护上，农民的土地利益得到了切实有效的保障。

（1）实质性的权利

家庭承包实行后，农村土地的所有权没有改变，在法律上，集体是农村土地所有权的合法拥有者，农民只有承包经营权。从表面上看，家庭承包制没有改变土地所有制，但实际上，农民改变集体土地所有权的一维主体为二维主体，农村土地所有权随着土地所有权束中其他土地产权的让渡而转移。

　　集体和农民在签订土地承包合同的那一刻起，决定了双方各自的权利和义务。过去，集体是集土地所有权、使用权、收益权、转让权为一身，随着家庭承包制度的实行，除了土地所有权以外，其他的都成为农民的合法权利。当然，集体作为土地的发包方，有权对土地的使用情况进行监督和管制，主要是防止土地资源的破坏。相对于权利而言，集体承担了更多的义务，一是不能干涉农民的生产经营，不能非法变更、解除合同；二是为承包方提供生产、农业技术、农业信息等服务；三是组织人力、物力进行农村基础设施建设。由此看来，集体一改集权者的身份，扮演着"守夜人"、服务型组织的角色。当然，这种角色转化是否成功还值得怀疑，有的集体利用手中的职权滥用土地，在农民的承包地上建茶叶加工厂，这显然违背了国家对集体的职责限定，但至少国家的意图是明确的，一方面国家通过集体监督农民的用地情况；另一方面让集体承担部分国家责任，为农业的发展提供必要的服务和支持。对集体权利的削弱，相应地增强了农民的权利，农民得到了土地使用权、收益权、承包经营权流转权、继承权。这里，重点谈下承包经营权、流转权和继承权。这两个权利都指向了承包经营权，承包经营权可以继承，也可以转让。《土地承包法》规定承包人在承包期内得到的承包收益，按照我国的继承法规定可以继承；如果是承包林地的承包人死亡，那么他的继承人可以在剩下的承包期内继续承包。事实上，不仅仅是林地，所有承包地都具有可继承性，因为这里的承包人往往是家庭，家庭本身具有延续性，土地承包给了家庭，不管家庭内部如何变化，只要这个家庭不分割开来，土地承包权始终是这个家庭的。家庭延续性决定了土地承包的可继承性。承包经营权流转权可以等同于转让权，土地流转主要有转包、出租、互换、转让等方式，流转的双方自由协议流转的方式、费用、年限等具体内容，集体并不干涉，只要不触及土地农用这条红线即可。现在在农村，大量农民外出务工，村内闲置了一部分土地，有些家庭把土地给其他人耕种，并不收取费用，只是仍保留名义上的承包权，因为国家是根据承包资格来发放农业补贴的，承包权可以为他带来一笔收入。

　　承包经营权，分开来说，是承包与经营两个词语。农民与集体签订承包合同，集体把土地的使用权让渡给农民，在承包期内，在合同条款的限制下，农民能够自由使用土地。受到的最大限制是土地只能用于农业生产，由于中国的土地市场还未形成，再加上中国土地的稀缺性，这条限制对于靠种田养活自己及家人的农民来说，只是合同中一句极为不起眼的话，并没有多大实际意义。在承包土地后，农民便"依法享有承包地使用、收益和土地承包经营权流转的权利，有权自主组织生产经营和处置产品。"这些权利的实现，农民事实上已经是土地的主人。权利过渡的过程，是社会主义改造时期土地产权变化的翻版，但这次是逆时针运转。在社会主义阶段，也是从土地的经营权开始，农民首先丧失的就是土地的经营权，进而是支配权、收益权的其他土地产权。从这个角度来看，承包经营权也可以理解为农民承包土地的经营权。家庭承包制对农民生产积极性的激活，并不直接来自自由经营，而是能够看得见、摸得着、用得到的实实在在的农业收入。这些的源头在于对经营权的承包。土地经营权的归属决定了土地收益的分成流向，虽然说农民、集体、国家分享土地收益的宏观格局没有改变，但微观层面上有了巨大的变化。人民公社时期，土地所有权在集体和国家手中，国家和集体占有土地收益的大部头，在国家和集体得到满足后，剩下的才分给农民。有时农民分得的农业产出还不能填饱肚子。农民承包土地经营权逆转了这一局面，国家和集体的利益首先得到满足，但他们此时分到的土地收益只是很小的一部分了，农民成为土地收益的最大占有者。这里，还有一点变化之处，国家和集体对土地收益的分成，表面上看都是归因为土地所有权的占有，但是，农民承包土地，向国家和集体上交的那一部分农业收益，不是土地所有权的体现，而是土地所有权转让的费用。农民交给国家的是农业税，自从农业社会以来，每个国家都收取农业税，这是国家权力的体现。而农民交给集体的农业收益，主要用于维持集体经济的发展以及其他集体事业，它是社会主义国家农民对集体的责任，也可以说是社会主义优越性的体现，即集中力量办大事。这些都共同说明了家庭承包经营权是农民的实体性权利，切实的让农民享受劳动的果实。

（2）自然式的权利

承包经营权作为农民的实体性权利的同时，也是农民的自然权利。自然权利指的是这样一种权利："人一生下来就具备，它是上天赋予的，不能转让给他人，也不能被他人剥夺。"美国的《独立宣言》开篇对自然权利作出了解释："人人生而平等，他们都有从他们造物主那边赋予了某些不可转让的权利，其中包括生命权、自由权、和追求幸福的权利"。可见，自然权利是人的最基本权利，包括生命权、平等权、自由权、财产权等，就像人生来要吃饭和睡觉一样，这些权利是随着生命个体的出生而自然生成，不容侵犯。自然权利学说的代表者洛克对自然权利进行了深刻的分析，他认为自然权利的核心是财产权，在自然状态下，上天给予了每个人平等的生命，同时也赋予了每个人通过占有财产来维持生命延续的权利。财产权是生命权的重要保障，也是国家的主要目的。洛克在《政府论》中，详细阐述了这种观点，"我认为政治权利就是为了规定和保护财产而制定法律的权利，"国家制定法律不是限制人们的自由，而是促进人们能够自由的追逐合法利益。国家利益与公众利益是一对矛盾体，有着冲突的一面，也有和谐的一面。从国家出现的那刻起，国家利益就作为独立的个体而区别于公众利益。以洛克为代表的西方政治学家们，花费精力致力于自然权利的研究，如此追求自由、民主、仁爱的社会，恰恰反映出当时社会国家利益超越公众利益的现实。国家的独立性、超社会性使国家利益可以超越公众利益。新中国成立后在国家利益的号召下，国家利益、集体利益高于一切，全国人民紧勒裤腰带，砸破铁锅，饿着肚子炼铁；在国家利益的驱使下，中国政府把农村大量的资源转移到城市，大搞工业化建设，却损害了农民的利益，城乡二元体制给中国农村、中国农民造成了长远的伤害。对个人利益的忽视、对公众利益的替代，是当时中国犯的大错误。

承包经营权是个人权利的回归。个人利益从国家利益、集体利益中脱离开来，从模糊的概念变成明确的法律实体。国家承认农民个人财产的合法性，开始注重维护农民个体合法权利，这意味着国家利益主动向公众利益靠拢。在国家法律的保护下，土地承包权成为农民的自然权利。土地承包权培育了农民的财产权，农民的财产权从土地承包经营权的确立开始。《中华人民共和国土地承包法》规定，凡是农村集体经济组织的成员，就具有土地承包的权利。在集体化的改造下，可以说中国农民被划分到一个个农村集体中，这样一来，这种资格认定也就没多大意义了，基本上人人都具备土地承包的资格。国家在承认集体中个体承包土地的合法权利的同时，承诺"任何组织和个人不得剥夺和非法限制农村集体经济组织成员承包土地的权利"。这里的组织和个人包括国家机关和国家工作人员，

"国家机关及其工作人员不得利用职权干涉农村土地承包或者变更、解除承包合同。"更为关键的是,《土地承包法》第二十六条明确规定"承包期内,发包方不得收回承包地,"发包方是农村集体组织,而集体代表了国家,也就是说,国家和集体在承包期内,不得任意收回承包地,即使因为国家建设等原因,需要占用承包土地,国家和集体必须给予农民相应的土地补偿。由此,承包权成为农民的自然权利,农民有选择承包或者不承包土地的自由,除了农民本人,任何组织和个人都不能非法剥夺。①

四 结束语

家庭承包制的出现,扭转了国穷民贫的局面。人民公社之所以走向末路,归结于这种体制让农民受苦、让国家受损。而家庭承包制却促成了国家与农民的双赢:在极大的积极性下,农民通过自己的辛苦耕作,完成国家和集体的任务后,能够自由享受劳动的果实;国家从低效的计划管理中淡出,得到了稳定的税收和农民的拥护。自土改后,中国农村大地再次焕发出活力。在为改革鼓掌叫好的同时,也看到家庭承包制只能让农民脱贫,却难以使农民致富。中国的改革始于农村,但家庭承包制后,改革的重心返回到城市。城市在国家的一系列放权让利的政策下,经济迅猛发展,城乡差距愈来愈大。在巨大的差距面前,农民不安于低水平的经济生活。但是,家庭承包制阻碍了农村前进的步伐。"我们就那点地,搞精耕细作、加大投入不划算,承包出去又怕打工万一挣不了钱,回家来别说吃饭,连个烧的草都没有,真是'种田吃不饱、打工扔不下'"②,这是农民说的一句实在话,现在,承包的土地对于许多农民来说已经形同鸡肋,食之无味弃之可惜。对家庭承包制的质疑并不是近几年的事,早在90年代,因为我国粮食曾连续四年徘徊,引起对家庭承包制的怀疑。当时主要有这么一种反对意见,认为家庭经营规模过小,不适合农业大生产。这也是现今认为家庭承包制最大的问题。"1989年以来粮食生产又节节上升,1990

---

① 〔英〕戴维·赫尔德:《民主的模式》,中央编译出版社1998年版,第396页。

② 华中师范大学中国农村问题研究中心:《中国农村调查——百村十年观察2008年卷》,西北大学出版社2008年版,第52页。

年突破 1984 年纪录，1991 年虽然遭受严重水灾，粮食生产仍然超过 1984 年。"① 90 年代粮食生产事实说明家庭承包制是适应我国的农村发展水平的，十几年过去了，家庭承包制出现了很多问题。有些问题是由于家庭承包制的先天不足，有些问题是由于家庭承包制的历史局限性。

家庭承包制并没有改变国强民弱的社会总体格局。国家的放权让利是以保障国家税收为前提的。正如我们看到的，家庭承包制规定了农民对国家的种种责任，农民只有在完成这些责任之后，才能取得部分收益。而且，放权让利是有限度的，即国家始终把土地产权牢牢握在手中，农民从国家那里得到的是残缺的所有权，农民不得不依附国家。国家和农民都从家庭承包制中得到了好处，但是国家与农民的利益地位是不对等的，农民利益的得失取决于国家的让利。国家与农民之间处于一种非均衡的双赢，不仅仅是利益分配的不均衡，也体现在权责的非均衡。家庭承包制强调的是农民对国家的义务和责任，但国家对农民的责任却无从体现，在家庭承包制的制度设计中，没有将国家对农民的责任细化和具体化。

家庭承包制与市场经济的非兼容。家庭承包制出现的大背景是集体生产的计划经济时期。当时中国农村的生产力还处于低水平，因此，人民公社建立的超前生产关系无法适应生产力，人民公社的失败在情理之中。家庭承包制适应了农村较低的生产力，取人民公社而代之。随着市场经济的形成和完善，中国生产力取得大发展，而家庭承包制却无法与市场经济实现完美兼容。张雪梅在其研究中发现，"现行的家庭承包制难以将一些外部利润如规模效益、较少的交易费用、较低的市场风险、蛛网现象的避免等内部化"，究其原因，小农式的分散经营难以实现规模经济，所有权残缺制约了资源的优化配置。家庭承包制以家庭为承包单位，但是按照人口或劳动力数量进行平均分配，把大块的土地条块分割，再考虑到中国人多地少的具体国情，集中到家庭的土地往往是由几小块零散的土地组成，这样的规模限制了现代农业的发展。笔者曾经在湖北洪口村进行过调研，洪口村共有耕地面积 1200 亩，而洪口村人口有 2216 人，这样人均耕地不到一亩。另外，洪口村地处丘陵地带，耕地分散，地虽少但是块数多，分到

① 余国耀：《关于深化农村改革重点的问题——家庭联产承包责任制长期不变是党在农村的基本政策》，《人民日报》1992 年 4 月 24 号第 5 版。

手中的一亩地可能由四、五块地组成，而且这四、五块地还是分散在各处。再加上所有权的残缺，家庭承包制制约了农村土地市场的发展和农民收入水平的提高。

家庭承包制存在的问题就跟它的历史作用一样明显，尤其是经过几十年的发展，与快速发展的经济社会似乎有点格格不入。然而，正如笔者一直强调的是，任何制度都是在特定的环境下形成的，并随着环境的改变而改变，或者经过调整而不断发展，或者是无法适应新的环境而逐渐退出历史舞台。我们在审视家庭承包制的时候，应该看到家庭承包制的深层次意义。国家与农民关系的再造、农村经济的大发展、农民生产和生活的自由，这些都是家庭承包制给农村带来的变化。经济的发展只是变化的一个部分而已，绝对不是全部。经济问题固然很重要，但农民从经济发展中成为真正的社会个体却有着更为深远的影响。

责任田：土地制度变迁中的国家与农民关系

【导读】"责任田"兴起于 20 世纪 60 年代的安徽。在我国全面开始人民公社运动后，盲目的浮夸和"大锅饭"再加上 60 年代的天灾造成的粮食减产，使整个国家国民的生存面临严重的威胁。为寻求粮食增产的方法，各地纷纷探索增加农民农业生产的积极性的办法。而"责任田"作为其中最有效的方法在全国范围内迅速蔓延。"责任田"确实提高了粮食的产量，但其性质却也随着阶级斗争的激烈而遭到怀疑。安徽"责任田"的兴衰随着毛泽东同志的态度变化而变化。终于，在 1962 年伴随着责任田的推行者曾希圣的撤职而被彻底否定。但在上世纪 70 年代粮食出现危机时再次被农民所推行，并最终随着家庭联产承包责任制的确立，成为我国基本土地政策的基础。

"责任田"一词为人们所知源于 20 世纪 60 年代安徽。由曾希圣于 1959 年所提出的《关于推行包产到队、定产到田、责任到人办法的意见》一文而来。"责任田"既是"包产到队，定产到田，责任到人"的简称，它结束于 1962 年 3 月安徽省委通过的《中共安徽省委关于改正"责任田"办法的决议》，前后共历经三年的时间。在家庭联产承包责任制确立后，为了照顾广大农民依恋土地的传统心态，在一定程度上实现生产要素的优化组合，有些地方实行了"双田制"，即"口粮田"加"责任田"。前者只负担农业税，不缴纳承包费，一般不负担国家定购任务，充分体现土地的社会福利功能。而后者"责任田"则要向国家交纳农业税、向集体交纳土地承包费、承担国家粮食定购任务。因此也有的地方将其称为"任务田"或者"租赁田"。

两个时期的"责任田"虽然在历史背景和具体实施过程有些差别,但其本质是相同的,都是为了完成国家的粮食任务,即对国家的粮食负责,因此称为"责任田"。"责任田"是实施包产到户这种生产责任制中的一种对土地占有的方式。因此,在本文中将"责任田"一词定义为农民向集体承包的需要缴纳土地承包费并承担一定的粮食征购任务和农业税的土地。随着粮食征购任务的结束,税费制度的改革,农民不再需要向国家缴纳定量的粮食和农业税,"责任田"的意义也随之消失。

代替责任田的是家庭联产承包责任制,是指农户以家庭为单位向集体组织承包土地等生产资料和生产任务的农业生产责任制形式,即集体将土地使用权和经营权出租给农民,农民在交足国家和集体的粮食任务以后,剩余的都是自己的。"家庭"是指该制度的生产单位,即指以家庭为生产的单位。"联产"是该制度的具体实施方法,指完成交给国家的任务是与产量相联系的。"承包责任制"是对该制度的性质规定,是一种生产责任制的形式。它是在反对人民公社"土地公有、集体经营"的情况下形成的一种"土地公有,独立经营"的农业生产责任制形式,以包产到户为主要的表现形式。我国的家庭联产承包责任制是在 1979 年的农业生产责任制基础上快速发展起来的一种生产责任制度,是在安徽"责任田"的基础上发展起来的,其发展过程和安徽的"责任田"十分相似,也是在经历了天灾之后面临粮食减产的生存危机,农民在这种危机下自发寻求的一种出路。

家庭联产承包责任制最终被认可,而安徽的"责任田"却在经历了数次曲折后最终夭折,这和当时的政治背景有重要关系。安徽"责任田"出现于阶级斗争激烈的时期,作为一个新生事物很容易就被卷入了姓"资"姓"社"的问题中。而家庭联产承包责任制是在人民公社瓦解,一切以经济建设为重的时期出现的。其中毛泽东和邓小平二人对"包产到户"的态度也起到了决定性的作用。安徽的"责任田"作为"包产到户"确立过程中的第一次尝试,虽然夭折,也为最终家庭联产承包责任制的确立起到了垫脚石的作用,因此两者是同一个事物在不同时期的两种形态,其本质是相同的,都是属于农业生产责任制的范畴。

一 "责任田"的出现

"责任田"一词的首次出现，是在 1956 年 9 月 9 日《人民日报》的一篇题为《转变》的文章中。文中对"责任田"一词的提及是一笔带过，重点在于关注家庭副业的问题。

新中国成立初的土地改革，完成了我国农地私有制。当时虽然农民对生产资料拥有所有权，但并不享有直接的支配权和处分权。由此可见，农民对土地的所有权实际是一种有名无实的私有，真正的权力属于集体，导致农民积极性的挫败。为了促进农民生产积极性，在 50 年代初期，河北、山西、黑龙江等省就曾出现过短期包工的形式，即农业生产合作社把农业生产的任务交给农业生产队，生产组去做。有些生产队或生产组又继续承包给了农户或个人。虽然只是短期的承包，却大大提高了农民种田的积极性。1953 年前后，在浙江省，山西省都曾相继出现过包工包产责任制的形式。这种包工包产的形式极有生命力的在我国多个省市成长起来。山西省 80% 的农业合作社都使用了不同形式的责任制。河南 30 个县的 92 个合作社，仅有 24 个仍在采用记工分的形式，其他的也都采取了各种各样的包工包产形式。1956 年的中国正处于社会主义改造的关键时期，当时高度集中的计划经济体制尚未形成，我国农业合作社处于初级阶段，这个阶段的特点是集体经营性质合作社与农业生产责任制并存。因此，根据时间，再结合当时的情况，可以认定该本文中的"责任田"应当就是 20 世纪 50 年代早期出现的农业生产责任制形式的简单称呼，并非后来的安徽"责任田"。

据《人民日报》1958 年 8 月 6 日的一篇名为《人人都管事　事事有人管——庆城社是怎样实行社员参加管理合作社的　中共双城县委农村工作部》报道，该社早在 1957 年的春天就实行过"责任田"的办法。具体做法是将任务和权力明确下放到各组，在日常生产行动中明确任务，个人分工，相互协作。此时的"责任田"已具备了安徽"责任田"的下放权力、明确任务的基本要素。

由以上这些，我们可以肯定，"责任田"最初的模型并非在安徽首创，也并非由曾希圣所创。我国上世纪 50 年代先后出现的各种形式的包工包产，其实正是"责任田"的前身，而曾希圣应当是把"责任田"规范化的第一人。

在我国的正式文件中，"责任田"一词的首次出现是在 1961 年 4 月 27 日发布的《中共安徽省委关于试行包公包产责任制情况的报告》中，文中指出"按劳动定额包工到户，并按劳动低分承包田间管理工（也叫"责任田"）"①。安徽省委随后又在同年 7 月向中共中央提交了《中共安徽省委关于试行田间管理责任制加奖励办法的报告》。在报告中，将"责任田"的具体做法做了详细的说明，并针对"责任田"的性质做了讨论，认为其只是社会主义集体经济下的一种合理的管理办法，一没有改变生产资料的集体所有性质；二没有改变集体形式的劳动方式。并且基于以上两点，加上国家可以从农民交给国家的粮食中提取部分给予贫困者以补贴，因此更加不会造成两极分化。文件还对"责任田"的效力及其可能出现的问题做了推测和分析。该文件是对"责任田"这一事物的第一次综合性的分析和评价。

"责任田"是在我国当时的特殊国情下产生的。1953 年，粮食的减产导致了全国粮食的紧缺，为了有效分配有限的粮食，统购统销开辟了自己的时代。然而如何统购，变成了问题。种粮收粮均由农民自己完成，我国农民普遍有屯粮的习惯，要农民自觉的交出所有的粮食几乎是不太可能的。于是农业的集体经济时代来临了，通过合作化运动，便可以将农民的生产活动组织起来，这也是符合我国社会主义道路的。将农业生产活动组织起来，劳动成果的分配也由集体统一支配，粮食便不会再经过农民之手。国家通过这种方式彻底控制了农民的劳动成果。对自己的劳动生产和劳动成果没有了自由支配权利的农民失去了种田的积极性。粮食产量受到了影响。"浮夸风"和"大跃进"使国家失去了对我国粮食产量的真实情况的掌握。在人民公社大食堂里吃了几个月的"大锅饭"以后，我国的粮食终于几近空仓了。

1959 年，我国的粮食总产量 3400 亿斤，只有 1958 年的 85%，而到

---

① 《农业集体化重要文件汇编》（1958—1981）中共中央党校出版社，第 503 页。

了 1960 年我国粮食总产量 2870 亿斤，比 1959 年又减产了 15%。① 此时我国的粮食供应已经出现了严重的缺口，农村人口出现了大量非正常死亡的情况，各个地方都在寻找提高粮食产量的方法。在这个粮食出现紧急问题，关系到整个国家安危的关键时刻，安徽的"责任田"的出现成为了当时国家和人民的救命稻草，在关键的时刻重新点燃了农民农业生产的积极性。

二 "责任田"的发展

1958 年的"大跃进"导致了以"放卫星"为特征的"浮夸风"的盛行。"卫星"越放越大，越放越多，到最后遍及全国。于是对于农作物产量的统计数据也不断攀升。尽管"大跃进"中出现的"浮夸风"看起来大家都不会相信，农民作为农业生产者，对亩产的情况应该是了如指掌，但即使如此，它的出现确实在一定程度上激发了农民生产的积极性，使农村出现了一股热火朝天的新气象。这种假象也蒙蔽了许多领导人的眼睛。使得中国共产党的许多领导人也开始感觉到农村的生产关系已经不适应生产力发展的需要，开始寻求生产关系的变革。加上毛泽东对共产主义社会的热衷，于是人民公社应运而生。人民公社不仅仅是一个称谓的问题，它也意味着我国农村社会经济体制发生了深刻的变革。

农业生产"卫星"放的过多、过高，人们对粮食产量的真实情况已经失去掌控，整个国家陷入了"粮食多的吃不完"的幻影当中。于是在各地的食堂都开始敞开肚皮吃，有的地方一天五顿，有的地方一个月平均每人吃掉五六十斤粮食，甚至连吃饭也放起了"卫星"。终于到了 1958 年的冬天，问题出现了。"大锅饭"逐渐吃空了所有的粮食，粮食开始出现严重的缺口，有的地方食堂甚至已经出现了断粮的现象。

与此同时，公有制经济下农业生产的效率低下更使得缺粮的情况雪上加霜。人民公社中激励机制的缺乏导致了农民出工时出现了偷懒、装病等各种消极的生产情况。由于多劳的不能多得，又没有相应的惩罚机制，农

---

① 凌志军：《历史不再徘徊——人民公社在中国的兴起和失败》，人民出版社 1996 年版，第 36 页。

民的生产效率越来越低。管理上的混乱又无法有效防止平均主义，农业生产也陷入了一片混乱中。

从 1958 年年末，我国开始进入粮食短缺的时代。到 1959 年的春天，北京以外的地区纷纷呈递粮食告急的报告，缺粮的呼声迅速的在全国蔓延开来。这些地区中还包括了河南，山东，安徽，湖南重要粮食产区。终于到四月初，一些政府觉得再也没有办法隐瞒实情，粮食的实际产量远远不是公布的数字，而比该数字低了 90%。全国各地均出现了大量因饥饿而死亡的人，在安徽等遭受自然灾害的地区更加严重。从 1959 年至 1961 年的三年间，"保守估计，因营养不良而死亡的约 1500 百万人"。而在一篇署名金辉的研究报告中得出的结论，竟是"最低也有 4500 百万人"。后来林毅夫也在其发表的论文里说，农业危机导致的死亡人数超过了 3 千万，另外，因为缺粮还少出生了 3300 万人。这些触目惊心的数据足见当时我国农民的生活状态。为了生存，各地都在找寻解决平均主义的办法，其中以 60 年代安徽出现的"责任田"最具生命力和影响力。

讲到"责任田"的产生和发展的背景，不能不提到当时国家存在的严重的阶级斗争背景。关于"社会主义"和"资本主义"的争论影响着当时所有的事情。利用对资本主义的批判完成高度平均的社会主义，成为维护计划经济体制的一种极为有效的工具。任何事物都有可能被打上走资派的标签。对社会主义本质的狭隘认识，对资本主义的极端排斥与反对，决定了安徽"责任田"失败的命运。

当时，曾希圣作为安徽省第一书记，首先提出"按劳动底分包耕地，按实产粮食记工分"。安徽省委根据曾希圣的意见，最终推出了《关于推行包产到队、定产到田、责任到人办法的意见》，简称"责任田"。为了防止落入"走资派"之嫌，最开始只有试验，没有进行推广。但是由于该方法能够有效地调动农民的种粮积极性，在很短的时间里，安徽全省搞"责任田"的生产队达到了 39.2%。"责任田"从此在安徽大力发展起来。这种田间管理责任制的具体做法是：包产、包工、奖赔。

其中，包产是指各生产队由干部、老农和积极分子组成评产小组，按照土壤的肥沃程度和不同的作物品种，评定产量，在分别定出夏季和秋季的产量任务，提交社员大会讨论通过，这样以确保包产的指标能够更加落实。生产队除去非包产部分（开垦荒山、荒地等）计算出包产总数，上报生产大队。生产大队组织评产委员会，对各个生产队的包产指标，作物品种加以审查，对不合理的指标进行调整和改动，尽力做到公平，产量由生产队和个人共同保证完成。这样，集体的责任便与个人的责任心紧密的结合在了一起，使得人人关心产量。

包工是指，评定小组根据劳动定额，按照田地的不同条件和不同作物所需要的大农活和小农活，计算出属于大堆包产范围的用工数，加上耕畜饲养工、农具保管工和其他必不可少的包工，得出全生产队的包工总数。再根据用工数把大农活包产到组，小农活包产到户，建立严格的包工责任制。

所谓大农活是那些需要集体做的技术性强的农活，其具体做法是：有生产队根据大农活需要，组成固定和临时的作业小组，划分地段，实行小段季节和常年包工，在作业小组内，根据每个社员劳动的数量和质量评工分。小农活则是根据社员家庭能够承担田间管理农活的能力承包一定的田间管理工，这就叫做田间管理责任田。

奖赔是指全奖全赔。如果是超产则按照大小农活的用工比例全部奖给社员，既不提交给大队也不提交作为生产队的积累。超产全奖的具体做法一种是按照实际超产数来计算，比如一亩地定产了300斤，而实际产量为340斤，超产40斤。如果大农活占了全部用工的40%，则可以奖励其16斤。小农活占全部用工的60%，则可以奖励其24斤。另一种是按事先评定的超产数来计算。设一亩地同样定产为300斤，社员评定预期超产40斤，大农活占用工40%，即应奖16斤，共计应完成316斤，这个316斤就是承担田间管理责任田的社员应当完成的数量。减少赔偿，首先需要找出减产的原因，分不同的情况进行处理。如果是由于田间管理没有做好而减产的，应该由负责田间管理的社员来负责赔偿。如果是由于天灾减产，则生产队会根据实际受灾程度适当减少包产指标。但如果是因为大农活做得不好而减产，则由承担相应责任的社员来负责赔偿。

这种"责任田"的具体做法是实行常年的承包。社员对"责任田"进行承包和田间管理，除了在特殊情况下需要对"责任田"做出必要的调整之外，一般都不会有所变动。这样做不仅有利于对土地的维护和保养，有利于土地固定，农民还可以充分利用季节之间的空隙，种植一些副产品。固定了土地，农民的产量权责分工明细，无需对农民的农业生产过程进行监督，便可以知道其劳动过程，也大大节省了人力的监督投入。烦琐的评工记分方法除了耗用了大量的人力之外，在评工分的过程中，由于人为因素较多，很难做到客观统一的标准，这样就容易引起社员的不满。这部分被节省出来的人，又可以投入到农业生产过程中去。也使评工分评到半夜说不清楚的问题得到了有效的解决。

根据试验的情况，曾希圣给"责任田"总结出了如下优点：

（一）包产比较落实；（二）包产指标增加；（三）出勤率大大提高；（四）参加农业生产的人数增多；（五）麦田管理有显著加强；（六）男女老少积极积肥；（七）积极修添农具；（八）搞私有的减少。[①]

在曾希圣看来，这种做法和"国六十条"中所说的"实行严格的田间管理责任制""有的责任到组，有的责任到人"是完全符合的。这种方法既不是"包产到户"更不是"分田单干"。

事实证明，安徽试行责任田的效果是显著的，在首个试行"责任田"的南新庄，全队的粮食包产指标由 8.7 万斤增产到 10.7 万斤。经过毛泽东同意后，安徽省开始进行"责任田"的试点。从 1961 年 3 月到 10 月，仅仅半年的时间里，实行"责任田"的生产队便由 39.2% 猛增到了84.4%。1961 年，实行了"责任田"的地区的粮食产量比 1960 年增产五六成，增产高的地方甚至达到两倍以上。据 1961 年 10 月安徽有关部门对36 个县的调查，实行"责任田"办法的 36 个生产队，粮食平均亩产达284 斤，比上年增产 38.9%，而另外 36 个没有实行"责任田"的生产队平均亩产只有 270 斤，只比上年增产 12%。[②]

安徽省的农业生产办法吸引了全国各地的纷纷效仿，湖南省委下发《关于借冬天给社员生产的通知》。河南省委实行了借地给农民种的办法。浙江、贵州、陕西、河北、广西、福建均采取了各种各样的包产到户的做法。在全国范围内蔓延开来的包产办法使得农民的积极性空前高涨，农业生产特别是粮食生产得到恢复和发展，农村开始重现生机和活力，出现了一派欣欣向荣的景象。

---

① 《当代中国农业合作化》编辑室编：《建国以来农业合作化史料汇编》，中共党史出版社1992 年版，第 649—650 页。

② 唐正芒：《新中国粮食工作 60 年》，湘潭大学出版社 2009 年版，第 175 页。

由于其性质的模糊，无法避免有"单干"之嫌。在当时那个对社会性质极度敏感的时期，只要有点"私"的嫌疑，就必定会被当成是"复辟资本主义"。于是乎，其生死也随着毛泽东的态度几度命悬一线。终于在1962年初的"七千人大会"上，由曾希圣任第一书记的安徽省由于在"大跃进"和人民公社中"五风"运动严重，其遭到了撤职的处分，其所推行的"责任田"也被连带地批判。新的安徽省委自成立后便开始着手纠正"责任田"，并于当年三月通过了《中共安徽省委关于改正"责任田"办法的决议》。该决议认为，"责任田"出现了严重的单干倾向，使公社中出现了两极分化的苗头，并在一定程度上削弱和瓦解了集体经济。安徽省委在同一天发出了《关于改正"责任田"办法的决议》，文中对"责任田"做了彻底的检讨和否定。北戴河会议之后，这一场以"责任田"形式为开端的包产到户风波彻底被瓦解。

三 "责任田"的延续：家庭承包责任制

安徽"责任田"虽然被强行纠正，但效率却是有目共睹的，因此，安徽的农民依然对其念念不忘。依然深信只有"责任田"才能拯救他们。随着毛泽东的逝世，"文化大革命"的结束，"以阶级斗争为纲"的精神终于从人们关注的焦点中转移出去。此时农民所关注的已不是新"六十条"中所说的"打击资本主义势力的进攻"，而更关注其中所说的"建立严格的农业生产责任制"。于是包产到户便随着"建立严格的生产责任制"的进程愈演愈烈。

自1979年春起，各种形式的生产责任制在全国各地广泛兴起。而中央关于农业管理制度的态度开始发生了动摇。在《中共中央关于加快农业发展若干问题的决定》一文中，由原来的"不许包田到户，不许分田单干"的表达变为"不许分田单干"，并指明"除某些副业生产的特殊需要和边远山区、交通不便的单家独户外，也不要包产到户"。从"不许"到"不要"足以看出中央关于包产到户态度的明显改变。根据农业部人民公社管理局统计的数据统计，仅到1980年1月，全国实行了各种形式的生产责任制的生产队已经占全部生产队的84.7%。其中，实行定额包工责任制的占 55.7%，实行各种联产承包责任制的占总数的 9%①，包产到户依然被很多人认为"有滑向单干的危险"被加以严厉的批评。就在这个时候，邓小平对包产到户做出了肯定的评价。在 1982 年的 1 号文件中，包产到户、包干到户正式被界定为社会主义集体经济的范畴之内。到1982 年底，全国实行联产承包责任制的生产队已占全部生产队的 92.3%，而到 1983 年末，这一比例已经达到了 99.5%。其中 97.8% 是实行的包干到户。以包干到户为主要形式的家庭联产承包责任制成为了我国农业经营的主要方式。

在家庭联产承包责任制中，有"口粮田"和"责任田"之分，"口粮田"是人人都必须有的，它是为农民提供粮食来源的保障。"责任田"则承担了国家粮食征购的任务和缴纳农业税的任务，在完成国家征购任务后，剩下的都是农民自己的。据推算，口粮田约占总承包地面积的一半左右。这样的形式极大地调动了生产者的劳动积极性和主动性。

家庭联产承包责任制中的"责任田"与安徽"责任田"中的责任田在本质上是相同的，都属于农业生产责任制的范畴，都是一部分承担了国家"责任"，另一部分归农民自己所有。但由于时期的不同，安徽"责任田"带有相应的奖励和惩罚措施，而家庭联产承包责任制中的"责任田"并没有。因为安徽实行"责任田"时期，我国的粮食严重缺乏，如何增产是一个迫在眉睫的问题，这个背景下的"责任田"更加注重粮食的产量，而家庭联产承包责任制时期则并没有这样紧迫的背景。安徽"责任田"的"责任"主要强调的是粮食的实物责任，即对国家交纳粮食，而家庭联产承包责任制的"责任田"则强调实物征购和税收同等重要。

在人民公社时期，农民以其有限的力量承担了整个国家国民的生存重担。家庭联产承包责任制成立后，农民的责任变为有限的责任。这个有限的责任曾给了农民极大的鼓舞，提高了生产效率。然而在经历了 30 多年的改革开放后，农业资金流向工业，为我国工业化提供了大量的积累，使我国经济发展有了翻天覆地的变化，可农民的责任却从未减轻。由于工业占据了农村大量的剩余价值，我国的农业发展 30 年来一直处于停滞阶段。相对于工业化导致的城市发展，农民的负担实际上加重了。农民的生产积

---

① 朱荣、郑重等主编：《当代中国的农业》，中国社会科学出版社 1992 年版，第 310 页。

极性也由最初分得土地时的热火朝天变的默然。20 世纪 80 年代中后期，农民负担问题逐步突出，引起了中央的高度重视，城乡差距逐渐成为制约我国经济发展和社会和谐的重要因素。改革开放以来，我国的基尼系数呈直线增长的趋势，从 1978 年的 0.18 到 1990 年的 0.34，从 1994 年的 0.37 到 2004 年的 0.465。而造成基尼系数不断加大的原因中，城乡差距成为了最主要的因素。土地维持农民生存的同时，也成为农民被索取的根源。

改革开放以后，我国经济迅速发展，年轻的农村人开始离开土地外出打工。农业已不能成为他们致富的工具，反而成为了他们贫困的根源。农民纷纷开始挣脱土地的束缚，寻找能获得更多利益的途径。农业税费的繁重，加上农资的高价，农产品的"价格剪刀差"，还有所谓的"三提五统"更是让一些家庭入不敷出。许多地方仅留下些老人儿童在家留守土地。有些劳动力较充足的家庭更是全家外出打工，土地没有人耕种和管理，就干脆直接抛荒。在农民眼中交税是应该的，对缴纳提留资金，也没有异议。但农民的真正的负担在于交完税以后，还有许多说不清道不明的负担项目，搭便车收费，乱罚款等，这些成为了农民负担的根源。所以农民有一说："头税轻，二税重"加上长期以来的农产品价格剪刀差，使农民的收入也变得极其微薄。在改革开放 30 年的时间里，国家通过价格剪刀差等途径从农村获取了 6000—8000 亿元。这些资金推动了我国的工业化进程。然而随着工业化进程的提升，农村的落后就日趋突出，城乡之间的差距到达一定的程度便开始阻碍工业化进程，农村的发展问题便开始成为我国发展的首要问题。

于是，如何加快农村农民的发展的问题便提上日程。从 1990 年到 1998 年，中央着重解决除国家税收之外对农民的各种收费、罚款和摊派问题，并先后下发了《农民承担费用和劳务管理条例》《关于切实做好减轻农民负担工作的决定》等文件规范农村的收费问题。农村的乱收费问题得到了控制，农民的负担大大减少。1998 年 10 月，国务院成立了农村税费改革工作小组，开始将工作重点由制止乱收费逐步地向税费改革转移，为实行税费改革做准备。2000 年 3 月，在中共中央所颁发的《中共中央、国务院关于进行农村税费改革试点工作的通知》中，决定将试点定在"责任田"和"大包干"的发源地——安徽。这一改革后，农民除了交纳 7% 的农业税和 1.4% 的农业税附加之外，不再承担任何其他的费用。在总结了安徽、江苏等地试点经验的基础上，2002 年，国务院决定将试点范围扩大到 20 个省市，并及时明确地提出了目标和具体的要求。到 2003 年，全国所有省市区全面推开农村税费改革试点工作，中央财政用于农村税费改革的转移支付达到 305 亿元。从 2004 年开始，农村税费改革进入新的阶段，中央明确提出了取消农业税的目标。当年 3 月，温家宝总理在政府工作报告中，宣布中央将于五年内取消农业税的决定。由此，农村税费改革由"减轻、规范、稳定"的目标转向逐步降低直至最终取消农业税。从"交皇粮"到"交公粮"，我国的农民终于跟缴纳了 2600 多年的"皇粮国税"道别。"责任田"不用再承担农业税形式的"责任"，农民身上的"责任"终于消失。

与此同时，在 2004 年 1 月，中共中央下发《中共中央国务院关于促进农民增加收入若干政策的意见》，同年在我国的 29 个省市区实行了该补贴。补贴总额达 116 亿元，使 6 亿农民受惠，其中包括：种粮补贴、良种补贴、农资综合补贴和农机购置补贴。此时的农民不仅不用因种地缴税交费，还可以按照承包地的亩数，每亩领取相应的补贴，补贴按照承包地的亩数计算。曾经租种国家的这部分地是国家获取农民剩余价值的凭证，而今农民同样以此为凭证获得国家的补贴。至此，"责任田"的任务便由农民对国家的责任转变成了国家对农民的责任。国家承担起改变因工业化进程中所导致的农业落后，农民贫穷的责任。

曾经农民完成国家粮食征购和税收任务的"责任田"，如今其"责任"全部取消了，农民对国家不再承担任务。家庭联产承包责任制中的"责任田"指农民必须向国家缴纳的土地承包费并承担一定的粮食征购任务和农业税的土地。当责任田不需要再承担责任，两田制的"责任田"和"承包地"也不再有区别。粮食直补更是标志着"责任田"的农民责任被国家责任所替代了，而种地无需再纳粮，农民曾经心中天经地义的责任也开始逐渐消失了。

四 "责任"何来？

农业是第一产业，是维持整个国家国民生存的基础。农业首先解决的是国民的吃饭问题，"民以食为天"，吃饭问题是一切问题的根本和前提，只有解决了农民的吃饭问题，才能够为国家的稳定提供现实基础。同时，它是国民经济的基础，只有第一产业发展了，才能够有剩余的资金发展工业。

（一）国民的"口粮田"

粮食是国民生计的头等大事，关乎的不仅仅是国民的吃饭问题，同时还是保证国家稳定、经济发展的基础。粮食同时还是国家发展工商业和农业经济的基础。因此粮食对我国国民经济至关重要。粮食的首要任务是解决国民的生存问题，"口粮田"是家庭联产承包责任制中为农民提供生存所需粮食的承包地。而家庭联产承包责任制的两田制中的"责任田"是承担了国家粮食征购的任务，为国家交纳粮食。这些粮食最根本的任务就是养活我国的国民。因此，"口粮田"为农民提供粮食，"责任田"为国民提供粮食。

新中国成立之初，我国的农业基础相当薄弱，当时我国的粮食产量几乎处于崩溃的边缘。如何解决国民的吃饭问题是当时我国面临的首要问题。新中国成立后，虽然我国的粮食产量有所增长，但其增长幅度远远比不上城市人口的粮食消耗增长。1958 年至 1977 年，是我国粮食生产的漫长徘徊期，这个时期，粮食生产的增长低于人口增长的速度，于是人均占有量便下降。当时许多地方已经出现抢购粮食的现象。

虽然我国的粮食产量在增长，但对粮食需求的增长远远超过了粮食本身的增长。新中国成立初期，我国的城镇人口为 5765 万人，占当时全国总人口的 10.6%。到了 1953 年，城镇人口已增加到了 7163 万人，占全国总人口的 12.5%，增加了 1398 万人。而新中国刚成立的几年时间里，我国的粮食产量一直在增长，土地改革的完成大大激发了农民的农业生产积极性。到 1952 年，全国粮食总量达到了 3278 亿斤，比 1949 年增长了 44.8%。

但到了 1953 年，这种现象出现了转折。当时我国出现了大面积的灾荒，导致了粮食的迅速减产。根据当年粮食部在《关于运粮救灾的报告》中的统计，当时河南省的 99 个县中，重灾县达到 39 个，河南省减产了二三十亿斤粮食。而安徽省当年的减产则达 70% 之多。1953 年，全国共有受灾农田 35463 万亩。我国农民都是刚从战争年代走过来，深深感受过没有粮食吃的苦日子。储粮备灾的思想在农民中一直都普遍存在，粮食的减产使得农民更加积极的囤积粮食。因此国家的粮食收购任务远远不能达标，城市里的人无粮可吃，开始了粮食的抢购。

为了度过这一难关，国务院下令批准统购统销。至此，粮食的买卖成了政府垄断的权利。农民必须依照政府规定的数量和品种将自己的劳动成果统统卖给国家。为了避免农民隐瞒产量藏匿粮食，便对农村粮食进行收购而出现了合作社运动。农民加入了合作社，其全部生产活动及生活消费便全部由政府掌管了。因此，通过合作社，全体农民的生产活动，消费活动便全部由国家掌管了。农民全部劳动成果被支配在很大程度上挫败了农民种地积极性，粮食产量反而下降。"责任田"的出现是为解决农业生产积极性的问题，征购的粮食是为解决国民的吃饭问题。

（二）农民的"救命田"

1959 年至 1961 年的自然灾害，使得原本就减产了的农村处境更加的糟糕。许多地方的农民都出去逃荒了，甚至包括有的村庄里的村干部。当时弥漫在全国范围内的饥荒已夺取了许多人的性命。毛泽东终于决定建立以生产小队为基础的三级所有制，将权力一定程度地下放，即"三级所有，队为基础"。干部终于决定将土地分给农民自行耕种了。以安徽的"责任田"影响力为最大。种地是农民毕生的职业，只要有土地，农民就不怕饿死。农民为"责任田"起了另一个更加形象的名字——"救命田"。土地给了农民，农民就像抓住了救命稻草，生产积极性空前高涨。他们在庄前屋后的空地扩种瓜菜，利用每一块能利用的土地扩大口粮的生产。没有耕牛，他们就靠犁耙等基础的农具，开荒地，披星戴月辛勤劳作。实行了不同形式的"责任田"的地方，都能看见一派热火朝天的景象。

由于当时缺粮的情况十分严重，"责任田"能够增产，这就赢得了毛泽东的同意。在安徽大力被推行的"责任田"，一年之内粮食增产了五六成。农民不仅自己吃饱了，还多出了许多粮食能够用以支援灾区。安徽"责任田"的成功成为了全国各地效仿的对象。各种形式的生产责任制在全国蔓延开来，河南省的借地度荒也收到了不错的效果，减少了荒芜的土地，促进了生产的恢复，帮助农民度过了生产生活的难关。贵州省在

1961 年便实行了联产承包责任制。福建龙岩也实行了包产到户，将大的农活包到组，小的农活包产到人，超产归己，减产则赔。既给农民一定的压力，也给了农民希望。此外，浙江，江西，陕西等许多省都采取了各种生产责任制将土地和粮食生产任务交给农民自己负责。有了劳动自由和对劳动成果的一定支配权，农民劳动的积极性比起在人民公社中的表现，空前的高涨，同时也激发了农民的责任心。"责任田"在我国顺利度过 20 世纪 60 年代的缺粮危机中起到了"救命田"的作用。

（三）工业化的"责任田"

除了为国民的生存提供粮食以外，农业对整个国民经济的增长还起着十分关键的作用。根据库兹涅茨的观点，首先，非农业部门的扩大在很大程度上都是依赖于农业而发展的。农业为这些非农业生产部门提供了最早的制造原料。农业的这个作用被库兹涅茨称为"产品贡献"；其次，在经济发展的早期阶段，农业人口必然是占到了其中的绝大多数，这些人又是市场的组成部分，这样市场的大部分人也都是农业人口。这便是库兹涅茨所谓的"市场贡献"理论；再次，农业的重要性会随着经济的发展而逐渐降低，其地位将被工业和服务行业所替代。经济的发展也会使得剩余劳动力从农业向非农业部门转移，剩余资本也从农业向非农业部门集中，这一点贡献被库兹涅茨称之为要素贡献；最后，农产品的出口或进口可以对平衡国际支付做出贡献，这一点便是外汇贡献。

工业化代表着经济的发展达到了一定的水平，工业化的过程是一个资本迅速从农业向工业转移的一个过程。国内学者把工业化定义为"机器大工业在国民经济中发展并取得优势地位的过程，它推动整个国民经济的技术改造，使生产日益社会化，产业工人队伍不断扩大，城市迅速发展"。[①] 一个国家的工业化进程一般可以分为工业化的前期、中期和后期三个阶段。在我国，工业化进程是分两步走的，工业化初期的以农补工阶段和后期的以工促农阶段。通常后者被称为反哺阶段。自改革开放以来，我国的经济一直保持着快速稳定的增长。到 90 年代的后期，我国的各项指标均达到或者超过了一般的反哺阶段的指标。2005 年通过的废除农业

---

① 《简明社会科学词典》上海辞书出版社 1984 年版，第 45 页。

税的决定，正式宣布了我国反哺阶段的开始。

农业剩余是许多国家工业化的资本来源。在我国成立之初，百业待兴，更是只能从农业中寻求原始积累。对于这个问题，陈云就曾有过这样的话："中国是个农业国，工业化不可能不从农业上打主意。"薄一波也曾认为，中国作为一个经济落后的农业大国，要求农民提供发展工业所需的积累是不可避免的。

对农业剩余的过分榨取，会影响农业的发展后劲，由此可能影响农业发展并进而引发经济发展的危机。但是纵观人类社会的工业化进程，无法忽视这样的一个事实：工业化也是促进农业生产率增长和农业现代化的必要条件。不断进步的工业经济在支持农业研究能力，支持农村教育和农业生产教育等方面，促进了农业生产率的增长。随着工业化的持续推进和总体经济的不断进步，农业在总体经济中的地位也会发生根本性的改变。农业在三大产业中的支柱地位将会随着经济的发展，比重不断下降。但农业为经济发展提供原始积累的重要性不容忽视。而农民作为农业的主体力量，其在农业发展中起着关键的作用。古人云"国家兴亡，匹夫有责"。国家的兴亡，与每一个公民都有责任。因此，为了大局考虑，在我国工业化发展至关重要的时期，农民作为我国的公民，便有责任为我国工业化进程提供原始积累作出力所能及的贡献。

农民在我国的工业化进程中承担了最大的责任。根据国务院农村发展研究中心的数据，在我国的计划经济时期（1953—1978），仅农产品价格剪刀差这一项，农民为国家贡献了7000多亿元。而这个期间，我国的固定资产总额也不过9000亿元。农民为工业化提供的原始积累的程度可见一斑。在1978年到2005年间，通过纳税途径，国家从农民身上所获得的净收入达19061.95亿元，平均每年680.78亿元。农村通过财政渠道外流的资金是逐年稳定增长。这与我国政府的重点发展工商业的偏向有关。在从农村流出的资金中，绝大部分流入了工业中。在建国初期，为了改变我国工业基础落后的情况，采取了资金向工业倾斜的"以农兴工"战略，大大促进了我国工业的发展，而农业的比较利益却在逐年下降。据统计资料表明，自1952年到1990年，工业通过农产品价格剪刀差从农业获取资金8707亿元，通过税收从农业获取资金1527.8亿元，通过储蓄从农业获取资金1404.8亿元，去掉国家对农业的投入，农业依然为工业积累了1

万亿元的资金。

　　基本上每一个国家的发展历程都要经历工业化这一重要阶段。工业化所需要的原始资本积累只能从农业中来，工业在汲取了农业的资金后，快速的发展和提高生产力。生产力的发展一方面反过来又重新促进农业的发展，另一方面又开始带动第三产业的发展。农业作为国民经济的支柱产业，其地位不可忽视，但随着经济的快速发展，农业在整个国民经济中的份额会越来越低。这是一个国家工业化过程中的必然趋势。

　　国家在工业化中要负全部的责任，从工业化前期向农业借助资金到后期将工业化的资金反哺农业，国家起到控制和调节的作用。农民的责任是在工业化的前期为其提供原始积累，这个责任以"责任田"的形式完成。到工业化后期，工业的责任便体现出来，以工业发展生成的资金来反哺我国落后的农业。家庭联产承包责任制的确立，在提高了我国农业劳动生产力的同时，这种能够持久保持的由农村流出的稳定资金流也成为国家稳定的一个重要保障。家庭联产承包责任制在稳定了农民心理的同时，也保障了国家经济发展的稳定环境。

五　"责任"何去？

　　在人民公社制度中，生产资料归农业生产者集体所有，并严格实行单一的财产主体制度和单一的分配制度。集体中的成员人人占有生产资料，换一个角度看待这个问题，人人都有可能意味着人人都没有。因为对产权没有独立的所有权，因此每个人都没有清晰的责任和义务。这是一种典型的供给主导型和强制型的制度变迁方式。这种制度安排失败的原因，就在于产权不明晰，缺乏必要的激励与约束机制。在这种集体所有的共有产权的形式中虽然看似每个成员都对共享的资源有所有权，但谁也无法界定哪一部分真正属于自己。由于这种共有的产权无法落实到每一个成员身上，因此只能是一种虚拟的产权。因此，正是在这种情况下公共财产的流失似乎与每一个人相关性都不大。在产品的分配上，平均分配取代了多劳多得，这使农民生产的积极性受到严重的压抑。

　　在人民公社制度下，国家对农村集体经济运行的控制主要是通过对农业生产的指令性计划、农产品的统购统销、限制自由交易、工分制度和户籍制度对农村人口的择业、迁徙、改变社会身份等设置了种种的束缚和限制，从而无偿占有和调用农村的劳动力、资金。国家是农村集体经济组织生产、交换、分配和消费各个经济环节的决策者和实施的组织者。

安徽"责任田"首先解决了土地产权不明晰所导致的问题。在以下几点上也有所创新，从而提高了农业生产的效率：

1、使劳动力和生产资料得到了充分的利用。"责任田"给农民带来的积极效应使原来不参加生产的老年人和十几岁的孩子都下田干活了，人民公社时期的懒散习惯完全消失。不仅如此，农民为了能够生产更多的粮食，更加想方设法充分的利用土地，连田埂上都种了庄稼。除此之外，农民也更加的爱护土地，利用土地闲置的时候给农地施肥。

2、分工明确，使农民种地更加认真，农活的质量显著提高。大小农活有了明确的分工，发挥了彼此之间的相互监督的作用，使农活的质量有了显著的提高。且人民公社时期，高度集中的经营体制，对农民进行高度集中的统一管理，农民的劳动以生产队为单位，打破了以家庭为单位的生产模式，破坏了家庭的功能，同时，生产分工也受到影响。安徽"责任田"重新以家庭作为基本的生产单位，家庭承担相应的责任，这更有利于农业生产中劳动的凝聚力。

3、废弃了评工分的计酬方式，创立了按劳动和按效率分配的计酬方式，更激发农民的积极性。这种分配方式对人民公社的平均分配进行了彻底的否定，工分制并不能充分体现劳动质量和经济效益。

责任田与家庭联产承包责任制相比，主要区别有：

一是试验与制度的关系。"责任田"是试验，而家庭联产承包责任制得到了国家法律的认可。安徽"责任田"是作为试点出现的，它的规模和影响都受到国家的控制。这也注定了安徽"责任田"的曲折及最后被强行取消的命运。家庭联产承包责任制中的"责任田"与安徽"责任田"相比，得到了国家的支持与肯定，其规模和影响远远大于安徽"责任田"。

二是利益分享机制不同。安徽"责任田"更加重视对农民的管理和奖励，在完成"责任"后超产的产量，是交由生产队分配的。生产队根据超产的情况予以一定的奖励。而家庭联产承包责任制的"责任田"在完成国家的"责任"后，剩下的都是自己的，省略了由生产队负责和管理的环节。

三是在农民与国家之间形成明确的契约关系。"责任田"中即使农户分配到个人，农民依然是统一起来管理的，对农民的生产和分配均由生产队安排。家庭联产承包责任制则是农民与国家之间直接的契约关系，国家将土地给农民租种，农民在使用了土地的同时给予国家一定的劳动成果作为土地的使用成本。

作为农业和土地经营的基本制度，"责任田"的农业生产方式有利于以极低的交易成本解决"包产到户"以后国家、集体和农民之间的关系，协调三者之间的利益冲突，为农民的家庭原始积累创造了最初的途径和方式。"两权分离"的经营模式和产权结构，使集体既能够通过对土地所有权的占有，来调整集体的成员占有公平的农地，在资源有限的情况下尽量做到对每一位成员的公平分配。这些使"责任田"成为我国农地制度变迁过程中一个重要的里程碑，是制度创新过程中出现的一个高水平的制度均衡。

不过，"责任田"在改变我国农业生产管理制度的同时也改变了我国的农业生产关系。

首先，"责任田"改变了我国的农民与土地的关系。我国两千多年的封建社会都是农民被土地所束缚，或者农民被通过身份的控制束缚于土地之上。传统社会中的农民被牢牢的绑定在土地之上，成为国家索取的对象。"责任田"之后，虽然集体拥有土地的所有权，但土地真正的主人是农民，农民享有了土地的支配权收益权。这是国家在经济权利上的一种让步。通过对劳动产品的部分占有来控制土地，再通过对土地的控制来间接的约束农民。这种间接的约束给了农民很大的人身自由，也给了农业生产很大的弹性。农民可以根据自己的实际情况来决定和安排自己的劳动时间，一切向效率看齐。没有劳动时间的硬性约定，大家种地的时候就踏踏实实的种地，杜绝了偷懒、磨洋工等懒散和搭便车的行为。农民可以支配自己的农业生产活动，决定自己的劳动时间。将农民与土地的关系变被动为主动，农民对土地有了较大的自主权，对农业生产效率的提高起了积极的作用。

其次，"责任田"改变了国家与农民的关系。在传统社会，国家通过田赋来实现对农民的剥削。"责任田"是农民与国家政策的一次互动，使农民获得了与国家平等的权利。农民通过"责任田"向国家表明什么才是合适的生产方式。家庭联产承包责任制中的"责任田"体现的是农民作为我国的公民，为国家所应承担的责任。

最后，"责任田"改变了农民与集体的关系。在我国传统社会，农民是以家庭为单位进行生产，人民公社时期，土地归集体所有，高度统一的集体经济完全束缚了农民的自由，个人被牢牢的绑定在集体之中，农民也失去了一定的生产自由。而"责任田"则在集体经济的基础上给每个人分了一定的任务，有效防止了集体经济责任不明的弊端。

与此同时，国家与农民的关系也逐步从纯粹的付出与索取发展到了一种较为均衡的状态。

首先体现了国家经济权利的让步。真正提高农民农业生产积极性的是责任田背后的分配方式。在我国的传统社会里，农民对土地只有使用权，沉重的赋税剥夺了他们的收益权。而"责任田"对劳动产品仅仅部分占有，而剩余的部分归农民自己所有，这使农民看到了希望。为了获得更多的剩余价值，许多农民便开始利用土地收割后闲置的土地开展副业，或者利用闲暇的时间圈养牲畜。这样农民的劳动和成果具有了统一性，也极大地促进农民生产积极性，从而提高了劳动的产量。通过农民对国家上缴一定的收入后便可占有剩余的价值，这与封建社会中打破公田与私田的界限，在以"私"为主导的背景下获取"公"的利益有相同的意义。农民虽然只占有使用权，但在获得了收益权以后其实已经拥有了所有权的大部分权利。在农民能承受的范围内征购，实现国家工业化和财政收入的需要。留给农民适当的劳动成果，使农民能够享受到劳动带来的成果，看到致富的希望，保持农业生产的积极性。国家与农民在各自利益范围内均有所退让，而达到了当时社会下的一种平衡状态。可以说是国家对农民索取的一次让步。

其次体现了国家政治权利的让步。我国的制度改革基本都是从国家上层到下层的改革，国家根据需要制定改革的措施和目标。由于距农民的生活较远，国家很难把握改革实施中的具体情况，很多政策的制定也不合乎实际的需要，也常常出现有悖于目标的情况。人民公社就是一个很好的实例。对现实的把握错误，对社会主义理解的局限，使人民公社这个想象中美好的事物到农村中去最后变成了"浮夸风""放卫星"。"责任田"是从农民中自发发展起来的，相对国家而言，农民更清楚需要什么样的改革才能符合实际发展的要求。"责任田"在当时的情况是形式所需要的。在经历了数次起伏后，国家最终让步，确立了以包产到户为主要形式的家庭联产承包责任制。这预示着农民已不再是被动地接受国家政策的安排，而是开始积极的参与拯救自己的命运。国家政治权利的让步使农民通过"责任田"获得了更多的经济和政治权利。

万元户:经济变迁与政策选择的视角

【导读】"万元户"的出现,是农村经济社会发展变化的结果,政府的肯定、政策的支持塑造了其集时代精华于一体的光辉形象。在媒体的宣传下,"万元户"成为农民富裕的传声筒,传遍千家万户。本文通过对"万元户"从出现到消退的历史梳理,展现农村经济社会转变与发展的脉络,揭示经济制度变迁下的政策选择,从社会历史发展的语境下理解时代性关键词的真正内涵,并从中透视当代中国农村经济变迁。

"万元户"是改革开放至今 30 年间出现又消失的词汇,没有原始的界定。从它作为新词语使用的线性运动轨迹来看,从开始出现到最终家喻户晓都离不开中国特有的社会环境和政治背景,更是农村经济发展巨变的历史性产物。因而,单从字面上来理解"万元户"的内涵是不够的,因为它不止是反映与"万元"这一数字相对应的专属群体,而是从历史语境中更多地折射出与之相应的文化内涵和时代背景。

从辞源来看,"万元户"的缔造与"万"所蕴含的文化内涵有关。"万"极言多,"万岁""万寿无疆""万古长青"这些万字开头的词语并不指代事物实体,而是一种美好愿望的表达。在笔者采访"万元户"的过程中了解到,当年被誉为"万元户"的家庭实为"科技示范户",并没有万元的收入。"万元户"的缔造可以说契合了农民对万元收入的美好向往。

不同历史时期的"万元户"具有不同的内涵。改革开放初期,政府"让一部分农民先富起来"的政策产生了"劳动致富户""科技示范户",他们是首批"万元户";20 世纪 80 年代中期,农村商品经济的壮大发展使"万元户"成为衡量当地经济发展的标杆，涌现出越来越多的"冒尖户"和"专业户"，他们成为万元户的主要群体；随着农村经济改革的推进，20世纪90年代中后期农户人均家庭收入已越过"万元"线，随之而来迅猛发展的私营经济涌现出一大批收入动辄十万，甚至百万、千万的民营企业家和资本投资者，"万元户"迅速从富的象征转变为穷的暗示，从此不再被人们提及和使用。

本研究从经济变迁与政策选择的视角，分析"万元户"产生、发展和消退的始末，继而从社会历史发展的大语境下来解读时代性的关键词。本研究探讨的主要内容包括：①党的方针政策调整，特别是十一届三中全会以来党在农业政策方面的改变以及影响农民走上富裕之路的其他主导因素；②政策层面的推动，政府对万元户的评定、表彰以及推崇等；③"万元户"产生的背景，包括宏观的政治背景和经济条件以及"万元户"如何成为一面社会求富旗帜代名词的过程。

本研究立足于个案调查，通过政策文献梳理和文本数据整理以及相关媒体报道来搜集"万元户"的资料，主要包括十一届三中全会以来的重要会议、中央领导人的重要讲话、万元户的统计数据和资料以及各大报纸、电视媒体和杂志对万元户的采访报道等。实证材料以湖南省新宁县的"万元户"为主，选取的农民代表有：①改革开放前因为单干家庭副业被抓的新宁县盆溪村村民唐友生；②改革开放初期靠勤劳致富的邓定源。他曾参加过县致富大会，被邵阳市科技协会授予"科技示范户"的称号，是当时村里唯一的万元户；③新宁县盆溪村村民田振清和湖北襄樊堰河村村民游邦立，他们不仅是20世纪80年代的致富代表，也是随着中国农村改革激流勇进的农民企业家典型。

一 催生：集体主义的退潮

20世纪50年代初兴起的农业合作化是中国共产党领导的又一次社会性运动。这场以生产关系变革为主题的集体主义运动在初期给人们带来的喜悦，诱发了人们对社会主义制度的幻觉。1958年4月，中共中央《关于小型农业社适当地合并为大社的意见》下发后，全国各地掀起一场小社并大社，大社合并成更大社的热潮。人民公社化运动在这种大跃进的推

动下迅速膨胀。以"一大二公""政社合一"的高度集中和高度平均主义
为基本特征的人民公社制度，不仅在变革的方向、速度上超越了生产力发
展水平的限度，且由于其单一的所有制结构不允许私有经济成分的存在，
农户家庭作为生产经营单位被否定，农民成为单纯的集体劳动者。在严格
的工分制下，平均主义的"大锅饭"和"穷光荣"的旧观念使农民的积
极主动性像被禁锢的双腿停滞不前。

1978 年 11 月 12 日，中央工作会议把邓小平 1978 年 9 月提出来的实
现党的工作重心转移提上议程。邓小平发表《解放思想，实事求是，团
结一致向前看》的重要讲话，着重强调经济民主，指出当前最迫切的就
是要开动脑筋，想办法创造财富。"在经济政策上，我认为要允许一部分
地区、一部分企业、一部分工人农民，由于辛勤劳动成绩大而收入先多一
些，生活先好起来。一部分人生活先好起来，就必然产生极大的示范力
量，影响左邻右舍，带动其他地区，其他单位的人们向他们学习。这样，
就会使整个国民经济不断地波浪式向前发展，使全国各族人民都能比较快
地富裕起来。"①

"先让一部分人富裕起来"的讲话掀起了会议的高潮，也成为指导各
行业的能手迅速走上致富通道的风向标。随后，具有里程碑意义的十一届
三中全会主要围绕如何把农业生产搞上去的问题，讨论了《关于加快农
村发展若干问题的决定（草案）》和《农村人民公社试行条例（试行草
案）》两个文件，适当地放宽了对自留地、家庭副业和集市贸易的限制，
旨在恢复农业生产和提高农民个人收入。1979 年 9 月，中共十一届四中
全会讨论通过《关于加快农业发展的若干问题的决定》，《决定》总结了
20 年来党在领导农村经济上所犯的错误，统一了全党在农业问题上的认
识，并规定了 25 条农业政策和措施，其中包括鼓励和支持社员自留地、
自留畜、家庭副业和农村集市。②

1982 年 1 月 1 日，中共中央转发《全国农村工作会议的纪要》，指出
全国农村 90% 以上的生产队建立了不同形式的农业生产责任制，肯定了

---

① 《十一届三中全会以来历次党代会、中央全会报告、公报、决议、决定（上）》，中国方
正出版社 2008 年版，第 10 页。

② 同上书，第 23—36 页。

"两包"都是社会主义集体经济的生产责任制。① 《纪要》还强调，必须执行"决不放松粮食生产，积极开展多种经营"的方针。② 这个文件是新中国成立后的关于农村工作的"一号文件"，其重大意义不仅在于结束"包产到户"长达 30 年的争论，更重要的是进一步放宽农村政策。

"一号文件"下发后，双包以排山倒海之势在全国各地迅速蔓延。同年 6 月，实行双包的生产队已达 71.99%。1983 年中央"一号文件"正式确立"家庭联产承包责任制"的学名，时年全国农村包产到户的比重已达 95% 以上。家庭联产承包责任制作为我国农村的一项基本制度被确定下来。"③ 我国农村经济体制改革以家庭联产承包责任制的普遍建立为基石，它的兴起意味着集体主义思想的退潮和人民公社制度的终结。"1983年，一万二千七百零二个人民公社宣布解体。实行包产到户的生产队占总数的百分之九十八。1984 年，又有三万九千八百三十个人民公社宣布解体。1985 年，所余二百四十九个人民公社宣布解体。至此，在中国，人民公社及其下属生产队不复存在。"④

两个农业文件的下达、家庭副业的开放以及"一号文件"的产生、人民公社体制功能的削弱持续稳定地鼓舞了农民的经济自信。曾被集体副业费困扰的唐友生，在 1979 年不仅重新做起采松脂的家庭副业，还承包集体 2 亩地，收入空间较集体化时期的劳动收入成倍扩大。1980 年，2 亩地共产粮食 1300 斤，粮食收入 100 多元，采松脂所得副业收入 200 元。⑤ 从全国范围来看，"一搞包产到户和包干到户，到 1984 年，粮食就增加到4000 亿公斤。同时，农业总产值增长 68%，农民人均收入增长 166%。"⑥

家庭联产承包责任制恢复了以家庭作为基本生产经营单位的地位。以

---

① 中共中央文献研究室编写组：《中国 1978——2008》中央文献出版社、湖南人民出版社 2009 年版，第 56 页。

② 郑德荣、韩明希、郑晓亮：《中国经济体制改革纪事》，春秋出版社 1987 年版。

③ 陈元吉等：《中国农村社会经济变迁（1949—1989）》山西出版社 1993 年版，第 491—500 页。

④ 马立诚、凌志军：《交锋——当代中国三次思想解放实录》，湖北人民出版社 2008 年版，第 104 页。

⑤ 据盆溪村村民唐友生回忆

⑥ 郑德荣、韩明希、郑晓亮：《中国经济体制改革纪事》，春秋出版社 1987 年版，第 272页。

户为单位的组织形式取代了"三级所有，队为基础"的单一的集体化经营，实行"统分结合"的经营体制，也意味着财产性收入核算单位的变化，农民成为生产利益的主要享有者，"以追求货币收入最大化为现实目的"。[①] 与人民公社化时期不同，生产队的跳跃式管理凝固了农户生产经营和收益分配的自主权，以队为基础的农业收入核算单位是建立在集体性收入对个人收入的压制性分配基础之上的。家庭联产承包责任制的兴起不仅在农业生产上调动了农民的积极性，从集体经营到分户经营更为家庭作为经济细胞和社会细胞重新注入了血液，是生产责任的转变也是产权的蜕变。个人生产责任的增加是私人产权获取补充的前提，更是对财产性收益提供造血功能的强大动力所在。分户经营下的农民不仅是农业生产的主人，也是劳动利益的享有者。随着时间的推移和党有利的政策出台，中国农民创造万元的奇迹不再是神话。

1980 年 4 月 18 日，"万元户"这个新词首次出现在新华社播发的通讯《雁滩的春天》。报道说，"兰州市郊雁滩人民公社滩尖子大队一队社员李德祥家有六个壮劳动力，1979 年从队里分了一万元，社员们把他家叫'万元户'。"[②]

1980 年 11 月 17 日，新华社又以传真形式向国内外发出"万元户"的照片。照片上那位满面春风、抬着缝纫机进家的就是全国媒体首次曝光的农民"万元户"——赵汝兰。他是山东省临清县的一个植棉户。当时赵家有 10 个劳动力，实行家庭联产承包责任制后，按人口承包了 21 亩土地，自己又开荒 9 亩，30 亩地都种了棉花。科技改良后，他们家用上了山东省棉花所新研制的"鲁棉一号"良种，每亩 110 公斤，共收 3300 公斤，多数是超售的，每斤 2.6 元，收入 17160 元。[③] 这个数字对当时所有人来说都是激动的，"我们连算了三遍，第一遍是公社财粮助理用算盘打出来的，纯收入应是 13200 元，第二遍是我用钢笔在纸上的，是 11239元，第三遍是我们同时算的，又扣去剩下 5 亩未收而价格可能将为二级棉

① 邓大才：《社会化小农：动机与行为》，《华中师范大学学报》，人文社会科学版 2006 年5 月第 3 期。

② 中共中央文献研究室本书编写组：《中国 1978—2008》，中央文献出版社、湖南人民出版社 2009 年版，第 28 页。

③ 李锦：《大转折的瞬间——目击中国农村改革》，湖南人民出版社 2006 年版，第 140 页。

花的，纯收入为 10239 元，我们便用了这个数。"①

赵汝兰是新华社记者李锦发现并最先报道。在李锦回忆为什么要找一个收入过万元的农民进行报道时这样说道，"党的农村政策的落实，使农民迅速富起来，这无疑是应该报道的新闻，寻找一个收入最高的典型报道在当时是很有意义的。在学习中央文件时，曾经传达过邓小平的让一部分人先富起来的思想，而'万元户'正是一部分人先富起来思想的体现。"②而刚刚改革开放的中国，在集镇、县城依靠小本经营迅速致富的人很多，可能已出现数万以上收入甚至更多的富裕户，但这些被视为"投机倒把"之类不能予以报道，也难以为人们的思想接受。③经过慎重考虑，最终选择赵汝兰为代表的农民"万元户"进行报道，既紧密结合党的劳动致富政策，又对新闻媒体具有普遍的指导意义。

1982 年，中共十二大提出"翻两番，奔小康"的经济建设的宏伟目标，胡耀邦在《全面开创社会主义现代化建设的新局面》的报告中指出，"为实现上述经济发展目标，最重要的是要解决好农业问题"。④"劳动致富"作为施政纲领在十二大通过。

1982 年的秋收，湖南出现第一个万元户——张明尧，他因生产粮食 1 万斤，送售肥猪 1 万斤，总收入 1 万元的突出成果，成为望城县有名的"张三万"。报道称，党的十一届三中全会的召开和鼓励一部分农民先富起来的政策给了他无比的信心。1980 年，一次去县城参加模范生产队的经验成为他一生中重要的转折点，回来没多久，45 岁的张明尧成了村里承包养猪场的第一人，当年养了七十头猪，不仅还清了 1979 年家里欠下的 1300 多元的债和 2200 斤粮欠款，还盈余 1000 多块。第二年，他将整个养猪场买了下来，办起了饲料加工和农产品购销站，成为了远近闻名的万元户。⑤"1982 年，县里召开代表会，要发展养殖业、种植业，作为全

① 李锦：《大转折的瞬间——目击中国农村改革》，湖南人民出版社 2006 年版，第 140 页。

② 同上书，第 136 页。

③ 同上书，第 137 页。

④ 参见胡耀邦《全面开创社会主义现代化建设的新局面——在中国共产党第十二次全国代表大会上的报告》，《十一届三中全会以来历次党代会、中央全会报告、公报、决议、决定》，中国方正出版社 2008 年版，第 136 页。

⑤ 参见《长沙晚报》1982 年 11 月 16 日。媒体资讯：湖南新闻联播《我看大历史（二）》：寻访湖南第一个万元户，2008 年 11 月 3 日。

县第一家靠养猪起家的'万元户'张明尧被推做典型。"①

"万元户"一经发现是作为典型被政府推选出来的，就是被选为致富代表参加表彰会议。1982 年 11 月 27 日，湖南新宁县县政府在县人民大会堂召开农民致富表彰会议，会议肯定了 10 个农户光荣致富的事迹。这 10 个农户是经过省、市调查队的考察从各乡镇挑选出来的致富代表。邵阳市科学技术协会授予他们"科协技术示范户"的荣誉称号，号召大家向他们学习致富经验。②

邓定源，家里排行老二，人称源二爷，是此次全县评定的 10 户农民之一。他出生于 1930 年，土改时被划为贫农。现年 80 高龄的他回忆起当年的殊荣仍记忆犹新："实行承包责任制后，我家种了 3 亩地，还包括我老兄的 4 亩，一共 7 亩田，粮食收了 7000 斤，家里就我和老伴两口人，不要存多少口粮，卖掉的稻谷收入有 600 多元。还种了些柑橘树，收成有万把斤，卖了 5000 多块钱，他们当时算钱的时候不够一万元，就把卖的萝卜、红薯加上，还有家里的猪牛羊，一共万把块。"对于当年县里的嘉奖，邓定源说："我是县里正式挂牌的万元户，省里和邵阳市的领导都到我家里调查过。"他指着墙壁上红色陈旧的"科技示范户"的牌子，郑重其事地说："我们村的万元户只有我一个，其他的都是没挂牌的，假的。"问及村民对当时选万元户的看法，人们说："县里说在我们村选个'万元户'，把各家各户的收入报到队里，大家都嫌麻烦，就把源二爷推荐上去。"③

各地召开的致富表彰会议源于农村经济改革的大好形势和"劳动致富"的政策宣讲，"万元户"无疑是对这一政策的重要渲染。在"让一部分人先富起来"的政策感召下，农村的抓富问题提上日程。"我们总算是敢于提出抓富的问题来了。在广大农村，很多同志正在为这件大事操心，忙着作发动和组织工作。有的地方搞得很热闹，敲锣打鼓，披红戴花，开

---

① 《寻访长沙第 1 个万元户》，当代湖南网站 http://www.nowhn.com/html/58/n—13858.html，2008—10—20

② 据邵阳市科学技术协会提供的资料

③ 材料根据新宁县水头乡村民邓定源和他儿子的口述史编写

起'比富大会'，声势不小。"① 所谓的"比富大会"是这样的，"把几个生产队或大队拉上台，摆生产门路，谈经济收入，表示今后决心，提出计划指标；然后，领导表态，宣布某某队或某某人是致富的样板；最后总结讲话，号召向富裕进军。"②

万元户不仅是致富样板，也被称为"万字号"的富裕户，出现在帮助困难户致富队伍中。《人民日报》发表评论员文章"富裕不忘国家不忘集体不忘他人 十二个万元户借款扶贫"。这十二个万元户被称为"万字号"的富裕户拿出四万多元帮助困难队和困难户发展生产。三中全会以后，党的富民政策使吉林省怀德县永发公社西立一队粮食年年丰收，许多社员成了富裕户。其中，于海庭、于海琴、倪思孝、张发、李义、郭殿成等12户余款过万元。这些"万元户"先后拿出37000多元借给邻近的困难队，购买化肥、农药、饲草和农用机械，发展生产。1981年夏，于海庭、于海琴兄妹俩，听说公社中心小学扩建校舍缺少资金，立即拿出2300元借给学校，改善教学条件。③ 这些富裕农民帮助困难户一起致富的行为受到领导肯定和群众赞扬。

"万元户"的一举一动成为政府关注并宣扬的亮点。河南省郑州市郊区沟赵乡第一个购买飞机的农民"万元户"郭元英被推选为1984年国内十大新闻人物之一。党的十一届三中全会后，生产队实行大包干，郭元英承包了集体的纺织配件厂。由于经营有方，厂里年年盈利，他自己收入也逐年增加。1983年，郭元英在中央"一号文件"的鼓舞下，大胆创办了全乡第一个家庭工厂——沟赵郭庄纺织配件厂。1983年和1984年，他的家庭工厂产值达4万多元，扣除成本和每年上缴国家3000多元税金后，两年纯利润3万多元。郭元英富了后，拿出1.9万元买了这架飞机送给乡政府用于全乡的农田施肥、治虫等。④

"万元户"既是农民新富阶层的领头羊，又是当地政府彰显改革硕果的成绩单。以"万元户"的数量作为衡量地区经济发展的硬性指标，在

---

① 范康：《不能用搞政治运动的方式搞经济——从"比富大会"想到的》，《半月谈》1980年第9期，第10页。

② 同上。

③ 《人民日报》1982年1月15日第1版。

④ 《1984年国内十位新闻人物》，《半月谈》1985年第1期，第18页。

一些地方还实行了"万元户""承包责任制"。某县主管农业的一位副书记提出这样的指标:今年全县要增加五百个"万元户"。如实现这个指标,年终给予物质奖励;无特殊原因完不成任务,扣本人工资的百分之五。①

二　成长:与商品经济握手

推崇致富的大好形势使很多地方的"万元户"遍地开花。这不仅得益于当地政府对万元户的重视,更受益于政府扶持农业发展和保护"冒尖户""富裕户"的农业政策。1984年中央一号文件的精神是把农村改革提上一个新台阶,即从自然经济向商品经济的跨越。以调整农村产业结构和取消农副产品统购统销制度为标志,当代中国农村改革迈出了第二步——发展有计划的商品经济。由此,把开拓有着8亿农民的广阔农村市场作为各级政府和经济部门极为重要的任务。

然而,改革开放是"摸着石头过河",万元户的成批涌现是政府所始料未及的。对于这样的"冒尖"行为,中国农民可谓尝尽苦头,前有谈合色变,后又谈包色变,现在是谈"富"色变。万元户的"冒尖"是否符合国情,"冒尖"是不是社会主义,到底可不可以"冒尖"?这些问题是当时社会和舆论媒体讨论的重点话题。《湖北日报》发表评论员文章,题为《朱伯儒与万元户》。朱伯儒是"当代雷锋",是共产主义思想的模范实践者,而"万元户"是劳动致富的实践者。文章指出宣传朱伯儒与宣传万元户并不冲突,不是一种倒退,也不是腐化,至于有些人对宣传"万元户"不理解,那是因为"富则变修"的幽灵还在吓唬人。②

怕"富"、想"富",又妒"富"的复杂情绪交织在一起。有人形象地比喻成"红眼病"和"白眼病",称当时不仅有看到别人富而自己不会富的"红眼病",还有不能正确理解党富民政策的"白眼病","白眼病"患者对致富的农民总是看着不顺眼,喜欢用姓"社"还是姓"资"的问

---

① 禾工:《莫搞如此承包》,《今日谈》1983年5月17日第1版。

② 参见刘振雄:《纪念改革开放30周年》之二村变,《楚天都市报》2008年2月27日。原载《湖北日报》1983年5月25日。

题刁难他们。在"白眼病"流行的地方，农民发展商品生产的努力往往受到阻碍和压制。农民要买辆机动车，办个证、申请执照是非常困难的。① 致了富的个体户，不仅怕政策变，还怕得了"红眼病"的人。众所周知，"傻子瓜子"创始人年广久，是被邓小平多次点名并收入《邓小平文选》而闻名全国的"中国第一商贩"，他一时辉煌又几度坎坷，他因邓小平的一句话而化险为夷的传奇经历回应了"冒尖"的敏感话题。

年广久，1937年生，自幼家庭贫困，靠做小生意谋求生计。1963年因贩鱼被说成是投机倒把而被判有期徒刑一年；"文革"时期卖板栗被说成是"牛鬼蛇神"，被关了20多天。但这样的折腾经历丝毫没有吓破他做生意的胆。随着十一届三中全会的春风为农民指出的致富之路，1980年，年广久毅然站在风口浪尖上做起了生意。善于经营算计的他，以薄利多销的策略、货真价实的口碑很快打出了"傻子瓜子"的品牌。排队买瓜子的人络绎不绝，赚的钱多得用麻袋装。1982年，靠小作坊生意得以致富的傻子瓜子已经发展成雇工经营，是制作和销售瓜子并具有生产规模的个体工商户。

从1982年到1984年，个体工商户与国营企业的经营就像跷跷板的两头，个体户强力发展的另一端是国营企业的低谷。个体户的雇工经营是否是资本主义的雇工剥削，个体私营经济的存在方式已经上升为社会主义性质的理论问题。雇工经营、财气逼人的"傻子瓜子"又一次踩在风口浪尖上。② 这样的"冒尖"户、个体"万元户"该不该打压，成为社会各界争论的焦点。事情闹得不可开交时，1984年10月22日，邓小平发话"前些时候那个雇工问题，相当震动呀，大家担心得不得了。我的意见是放两年再看。那个能影响到我们的大局吗？如果你一动，群众就说政策变了，人心就不安了。你解决了一个傻子瓜子，会牵动人心不安，没有益处。让傻子瓜子经营一段，怕什么？伤害了社会主义吗？"③

"傻子瓜子"最终没有打压，而起到很好的示范作用。"很多人总认

---

① 官伟勋、刘效仁：《"红眼病""白眼病"都该治》，《今日谈》1984年6月25日第1版。

② 参见《傻子瓜子创始人三次入狱邓小平一句话无罪释放》，《南方都市报》2008年3月24日。

③ 《邓小平在中央顾问委员会第三次全体会议上的讲话》，《邓小平文选》第三卷，第91页。

为'冒尖'和'共同富裕'有矛盾,同社会主义原则不搭界。其实,共同富裕,是波浪式前进,不是军事操练中的'齐步走'、大家整齐划一地同时到达富裕境地。现实的共同富裕之道,只能是一部分人、一部分地区先富起来,然后带动、影响更多的人、更大的范围也富起来,这才符合事物发展的规律。许多农村由穷变富,不正是走的这条道路吗?有第一个万元户,才有第二个、第三个……万元户。倘若不许冒尖,见谁冒尖就眼红,就砍,那必然还是回到大伙一块贫困的'社会主义'。这种'社会主义'人们领教得够了,早已如实地斥之为'假社会主义'。……让我们以最大的热情欢迎人们冒尖,再冒尖吧!"①

可以说,这一阶段中国的经济改革由于"左"倾思想的回潮呈现纷繁复杂的局面。中央仍顶住有关压力,对"傻子瓜子"这样的"冒尖"万元户持支持态度。《关于一九九一年农业和农村工作的通知》(中发[1990]18 号)提出,"要保护种养专业户和个体工商户的合法经营。对私营企业,要加强引导、监督、管理、兴利抑弊,并保护其合法权益。"中央这一态度,保住了"冒尖"户、个体"万元户"来之不易的发展局面,为其进一步发展提供了条件。《关于进一步加强农业和农村工作的决定》(中发[1991]21 号)首次明确提出判断,"以集体经济为主体的多种经济成分并存的格局已经形成。"②

三 替代:私营经济的兴起

农村个体私营经济的发展是农村经济发展的新形式,从最初允许少数人从事个体经营到决议通过个体经济成为我国公有制经济的有益补充,推动了我国经济所有制结构的重大调整,也使农村经济所有制改革发生了深刻变化。农村个体、私营经济的从业人员大大突破了万元资金的原始积累,"万元"在私营企业和个体企业的发展中只是起步资金。

在这个逐步开放的经济转轨阶段,层出不穷的农民企业家和先机者抓

① 钟怀:《谈"冒尖"色变》,《人民日报》1984 年 7 月 23 日第 5 版。
② 陈锡文、赵阳、罗丹:《中国农村改革 30 年回顾与展望》,人民出版社 2008 年版,第123 页。

住时代脉搏，不断形成滚雪球式的财富积累，成为"万元户"的替代群体。人们不再以"万元户"为荣，当初众星捧月、奇货可居的"万元户"在大家看来已是"一万两万贫困户，十万八万不算富，百万才是刚起步，千万以上才是富"。

农村个体和私营经济的发展经历了一个艰难曲折的过程。1978 年到 1986 年，从对社员自留地、家庭副业和集市贸易的不乱加干涉，到允许少数持证外出从事个体经营、鼓励劳动者个体经济的适当发展，可以说农村个体和私营经济处于一个起步发展的阶段；到 1988 年以后，出现了农村个体和私营经济发展的低谷，1989 年"左"倾思想的回潮，个体和私营经济发展得到的支持明显减少，发展环境恶化，虽然这一阶段对个体、私营经济的发展并未否定，但较前几年的发展形势相比，发展速度明显减缓。"1989—1991 年，私营企业的数量从 106.94 万个减少到 84.9 万个；从业人员数从 883.75 万人减少到 776.74 万人。个体企业数、从业人员虽然有所增加，但同样面临发展明显减缓的压力"。① 这一阶段是农村个体和私营经济曲折发展的阶段。虽然中央对合法经营的种养专业户和个体工商户采取重点保护的态度，但"左"倾思想的束缚，姓"资"还是姓"社"的问题仍然是罩在谋求发展、致富求新的改革先锋者头上的紧箍咒。

1992 年，被誉为"东方风来满眼春"的南方谈话带来了中国改革的第二次思想解放。"三个有利于"标准的提出，"社会主义也要有市场的"的精辟论断解除了个体、私营经济者头上的紧箍咒，冲破了长期以来姓"资"还是姓"社"的争论，对肯定个体、私营经济的正面作用并为其进一步发展提供了强有力的政治支持。1992 年 10 月党的十四大提出了建设社会主义市场经济体制的改革目标，并明确提出"以公有制包括全民所有制和集体所有制为主体，个体经济、私营经济、外资经济为补充，多种经济成分长期共同发展，不同经济成分还可以自愿进行多种形式的联合经营。""国家要为各种所有制经济平等参与市场经济竞争创造条件，对各

---

① 陈锡文、赵阳、罗丹：《中国农村改革 30 年回顾与展望》，人民出版社 2009 年版，第 124 页。

类企业一视同仁"。① 这样个体、私营经济的合法性得到进一步明确肯定，发展环境大为改善。党的十四届三中全会通过的《中共中央关于建设社会主义市场经济体制若干问题的决定》正式提出以公有制为主体的多种经济成分共同发展的发展方针，并鼓励个体、私营经济的发展。

这样，个体私营经济再次步入高速发展的轨道。在这过程中开始出现"百万元户"便是这一新变化的体现。一些把握国家政策、紧跟时代步伐的先机农民企业家崭露头角。山东省博兴县兴福镇出了 100 多个百万元户。其中拥有 200 万元以上的达 31 户。农村经济发展以每年 57% 的速度急剧上升，农民人均存款达 2870 元，居山东省乡镇最前列。1985 年前一直处于贫困状态的兴福镇以厨房设备生产为龙头发展外向型经济，以家庭工业从事第二、三产业。"万元户贫困户；十万元刚起步，二三十万不算富，过了百万是个数"，是兴福镇的口头禅。正是因为"一人富熟人跟；一群富带全村"的局面才使得兴福镇产生了百户百万元户的鼎盛局面②。

从全国范围来看，"1995 年，个体、私营企业单位数分别为 1944.33 万个和 96.02 万个，比 1991 年增加 15.78% 和 13.09%；个体、私营企业从业人员数分别为 5972.37 万人和 874.35 万人，比 1991 年增加 43.95% 和 20.31%；个体、私营企业完成增加值分别为 4379.68 亿元、856.23 亿元，比 1991 年增加 4.83 倍和 3.24 倍；完成总产值分为 21322.78 亿元、10988.27 亿元，比 1991 年增加 6.14 倍和 12.68 倍。"③

党的十五届三中全会通过《中共中央关于农业和农村工作若干重大问题的决定》，要求采取灵活有效的政策措施，鼓励和引导农村个体、私营企业的更大的发展。并对他们在生产、投资方面的合理需求给予贷款支持。正是由于政策环境的改善和经济政策的扶持，农民企业家如雨后春笋出现在个体、私营经济高速发展的轨道上，下面是笔者实地调查两个农民企业家成长的个案。

---

① 中共中央文献资料室编：《中共十三届四中全会以来历次全国代表大会中央全会重要文献选编》，中央文献出版社 2002 年 12 月 1 版，第 157 页。

② 李锦：《大转折的瞬间——目击中国农村改革》，湖南人民出版社 2006 年版，第 327—328 页。

③ 陈锡文、赵阳、罗丹：《中国农村改革 30 年回顾与展望》，人民出版社 2009 年版，第 125 页。

　　案例一： 位于湖南省西南部的新宁县崀山镇是重要的脐橙出口和加工基地，坐落在崀山国家风景区名胜腹地的宝丰园艺中心是一家承担全县主要优质脐橙生产、育苗与出口加工的大型园艺民营独资企业。宝丰园艺中心拥有固定资产200多万元，占地面积340多亩，成龄丰产脐橙树1万多株，年产量都稳定在50万斤以上。苗圃100亩，年出圃优质苗木200万株以上。年加工销售出口水果2000吨，年生产和销售产值920万元，年利润260万元。这家民营企业建于1994年，其创始人田正清是新宁县崀山镇盆溪村的农民。

　　1980年，田正清说他的第一桶金是《湖南科技报》，就是从这份报纸上他看到科技养猪致富的信息，便毅然带上自己攒下全年积蓄去学养猪新技术。经过一年的考察学习之后，他办起了养猪场，后来发展成村里最早的万元户和科技示范户。

　　一个偶然的机会，田正清到香港明星花卉进出口公司工作。知识的积累、经验的丰富加上他对市场的观察和思考，他毅然辞职开办了自己的公司。经过十几年的打拼和发展，他创办的宝峰园艺场取得了辉煌的成绩：宝丰园艺场的脐橙连续三年获得省优质水果评比金奖，并创造了自己的品牌"宝丰牌"，田正清本人也获得多项殊荣。2000年，他被县委、县政府评为"乡土人才资源开发科技致富带头人"，并获"邵阳市劳动模范"称号；2001年被评为全省"十佳百优青年星火带头人"、全市"十佳青年星火带头人"；2002年在全国农村青年工作会议上被授予"全国农村青年创业致富带头人"荣誉称号。①

　　案例二： 湖北襄樊市五山镇堰河村村民游邦立是当地有名的茶庄老板，他凭借自己20多年的茶叶技术经验在当地建立了富有名望的天艺茶庄，并代理经营和销售湖北名茶"玉皇剑"。1986年，初中未毕业的他就开始接触茶生产，掌握了茶叶的生产知识。堰河村特殊的地理环境使茶叶成为当地的支柱产业。生产责任承包制的确立和中央政策对个人投资的肯定后，意气风发的游邦立看中茶叶市场，决定投

---

　　① 根据新宁县盆溪村村民田正清的口述史和新宁县县团委和科技局的材料《脐橙园里的丰收者——记湖南省新宁县青年农民田正清》编写

入 1000 多元承包集体茶园 5 亩，开始小规模的茶叶生产。

做了十年的茶叶生意后，游邦立凭借丰富的经验和过人的胆识，决定加大生产投入。那时村里大面积的茶场负债累累，无人问津。游邦立不仅愿意承担茶场的全部债务并向农村信用合作社贷款 12 万加大投入。在随后五年的发展当中，事实证明游邦立当时对市场的判断是正确的。2002 年，茶场成立了天艺公司，注册资金 50 万，所创造的天艺牌茶叶在当地颇具影响力。当问及游邦立在致富创业的过程中影响他最关键的因素是什么，他毫不犹豫地说到："机遇与能力。"这个机遇既是党的政策大环境，也有自己谋发展的愿望。①

上述两个案例显示，继家庭联产承包责任制的推行后，党中央对致富农民的高度评价和肯定给了更多农民信心，让他们在自身决策中谋发展和求富裕，宽松的致富政策让更多有能力的农民改变种地致富这一原始单一的渠道，凭借自己的胆识、能力和经验走上致富的快速通道。正如游邦立说："如果没有改革开放的好政策，我只是种着一小块地的农民，如果没有党的致富政策，我就不会当上茶庄老板，这些都是党的政策在影响我。当然个人能力也是关键，没有本事和经验茶庄就做不大。我每天都会看《参考消息》，了解国内外大事，每年都会去广州、福建那边参加茶叶交流会，这些都有利于我对这个行业经营状况的了解。任何事情都是在发展中求生存，只有发展才是硬道理。"

从个体私营经济起步培养市场经济主体的"兴福现象"到诸多乡镇企业和农民企业家的出现，均折射了中国经济体制改革的一个方向。"1997 年 1 月 1 日《乡镇企业法》正式公布实施，标志着个体、私营企业的合法权益得到法律的保护。当年 1 月 14 日，国务院专门召开全国乡镇企业工作会议，对促进乡镇企业的发展进行了部署，对个体、私营经济起到了明显的推动作用。"② 1997 年 9 月 12 日，中共十五大在北京召开，以江泽民为核心的第三代领导集体，在高举邓小平理论的伟大旗帜下，决议

---

① 根据湖北襄樊五山镇堰河村村民游邦立的口述史编写

② 陈锡文、赵阳、罗丹：《中国农村改革 30 年回顾与展望》，人民出版社 2009 年版，第 125 页。

把建设有中国特色的社会主义事业全面推向 21 世纪，把以公有制为主体、多种所有制经济共同发展作为我国社会主义初级阶段的一项基本的经济制度确立下来，并随后上升为国家法律，有了明确的制度性保障。

从家庭财产的积累和收入水平两个指标的变动来看，到 1980 年代中期，万元户已不再稀罕。1984 年 3 月 25 日，京郊农民养鸡万元户孙桂英买小轿车的新闻见报后，立即在社会上引起强烈反响。这是轿车第一次走进农户。1981 年 9 月，48 岁的孙桂英开始养鸡 1000 只，年后结算平均每只鸡的纯收入 7 元，再加上其他的庄稼的收入，已是个万元户。第二年，她把鸡群扩大到 2200 只，但当时政策对商品生产的不完全肯定让她有些犹豫。后来万里、胡启立等中央领导同志的到来和肯定以及胡耀邦在《人民日报》上对发展个体养鸡的批示使她坚定了信心。1983 年她新建两栋鸡舍把鸡群增加到 5000 只，随着鸡场规模的扩大也增加了运送饲料和生蛋的压力。1983 年年底，她买了一辆东风 140，淘汰了自己原来那辆机动三轮车。①

轿车在当时还是高档的生活消费资料，第一个买轿车的农民无疑是新鲜的。1979 年，"四大件"（自行车、缝纫机、收音机、钟表）仅在城镇居民中供应。现在看来已经普及的彩色电视机，直到 1985 年农村居民家庭平均每百户才拥有 0.8 台，黑白电视机平均每百户拥有量是 10.9 台。②当时拥有这种高档消费品的农民家庭主要集中在先富起来的万元户，而从农民能够买上轿车的荣耀事件来看，早期的这批万元户已经完成一个阶段的财产积累。

从对 37422 户的农户调查的数据来看，1985 年农户收入普遍提升，见下表：

类别	户数（户）	占总户数比重（%）
100 元以下	2756	7.24
100～150 元	3310	9.03
150～200 元	3666	10.00

---

① 《半月谈》1984 年第 8 期。

② 数据来源：1978—2006 年历年农村居民家庭平均每百户主要耐用消费品年末拥有量，中华人民共和国国家统计局统计数据 http://www.stats.gov.cn/tjsJ/

类别	户数（户）	占总户数比重（%）
200～300 元	7585	20.69
300～400 元	6054	16.51
400～500 元	4114	11.22
500～600 元	2758	7.52
600～700 元	1875	5.11
700～800 元	1231	3.36
800～900 元	812	2.21
900～1000 元	592	1.61
1000 元以上	2015	5.49

（数据来源：中共中央书记处农村政策研究室资料室编：《中国农村社会经济典型调查（1985 年)》，中国社会科学出版社 1988 年版，第 10 页）

"如果将农户的收入分高、中、低 3 个档次来看，大体上是人均收入 200 元以下的低收入户和 500 元以上的高收入户各占总户数的四分之一，人均纯收入 200 元至 500 元的中等分收入户占总户数的一半。户均纯收入 1 万元以上的有 295 户，占 0.8%。扣除天津大邱庄的 91 个'万元户'，则占 0.56%。"[1]

从 406 例万元户的财产统计发现（数据来源 1985 年 8 月 1 日——1985 年 12 月 31 日以来的人民日报、光明日报、大众日报、经济日报、四川日报等有关万元户的所有通讯报道和三户实例）：① 2 万元以下 307 户，占 75.6%；② 2.1 万—10 万元 84 户，占 20.7%；③ 10.1 万元—20 万元 9 户，占 2.2%；④ 20.1 万元以上 6 户，占 1.5%，可见他们的财产大都分布在 1 万—10 万元之间。[2]

据对全国 4 万余户居民家庭记账调查和相关资料测算，1996 年全国城镇"万元户"已达到 6642 万户，占全部城镇居民家庭的 76%。同年，全国城镇 10 万以上的居民家庭中，广东省占 55%，为 106 万户；上海占

---

[1] 中共中央书记处农村政策研究室资料室编：《中国农村社会经济典型调查（1985 年)》，中国社会科学出版社 1988 年版，第 10 页。

[2] 胡聪：《406 例"万元户"的调查》，《经济问题探索》1986 年第 10 期。

9.41%，为 18 万户；浙江占 6.13%，为 12 万户；江苏占 5.24%，为 10 万户；山西、吉林、江西、贵州、宁夏等地比例很小。年收入 3 万—10 万元的家庭中，广东仍为第一，占 32.65%，为 204 万户；上海第二，占 9.15%，为 57 万户；江苏占 7.18%，为 45 万户；浙江占 6.54%，为 41 万户。年收入 1 万—3 万元的家庭分布比较平均。[①] "2007 年全国农民人均纯收入达到 4140 元，创 1997 年以来的年度最大增幅。从这个意义上说，中国农民的家庭收入已总体越过了'万元'线。"[②] 80 年代后期"万元户"已不足为奇。从"万元户"的发现到"万元户"的隐遁，新闻搜索的历史长达 17 年之久，直到 1997 年万元户的新闻还在零零散散地出现，1998 年，"万元户"的新闻从公众视野中消失了。

四　结论及评论

"万元户"见证了 17 年的中国农村经济改革纵深，历经集体主义的退潮、商品经济的发展以及私营经济的兴起三个阶段，无疑是当代中国农村经济变迁的关键词，蕴含着丰富的时代内容。改革开放之初，"万元户"作为富裕的标杆是农民的精神向往和追求。政府的催生塑形、媒体的颂扬高歌以及政策的有力支撑，形成了"万元户"遍地开花的局面。"万元户"是政府的政策选择、制度安排和农民追求相契合的结果。从它出现、成长到最终被替代的生命轨迹可透视当代中国农村市场化的飞跃。"万元户"犹如一张历史名片，注解了中国农村经济改革的历程，也让世界了解到，中国农民是这场经济变革的"弄潮儿"。

（一）万元户：政策选择、制度安排与农民追求

"万元户"是政府的政策选择、制度安排和农民追求相契合的结果。20 世纪 70 年代末的中国农村正在经历新中国成立后的第二次制度变迁，与第一次强制性财产制度变迁的土地改革不同的是，这次制度变迁的动力

---

① 任才方：《"万元户"不再稀罕——城镇家庭万元户近八成》，《中国统计》1997 年第 8 期。

② 《8 大"热词"折射中国农村改革 30 年之变》，新华网，2008 年 10 月 15 日。

主要源于中国贫困农民的自发创造，国家对农民自发创造的结果予以承认和支持并最终以制度形式确认下来形成诱致性制度安排。在制度安排的集合中农民自发性的创造是集合中的新元素，而正式制度的安排与政府政策的选择紧密相关，随之改变的是农民的经济行为。从计划经济体制到市场经济体制的转变是中国政府不断参与导向并与农民要求不断契合的过程。

政策是决策主体立足于一定政治理想围绕既定政治或经济目标制定出的计划，表现为纲领、决议、方针、会议纪要和报告等。"政策自然不会脱离制度框架。政策从属于制度，在制度框架中生成和运用。但政策的特性决定了它并非被动的适应制度，它也不仅仅只是有利于制度框架的完善，它还会积极或消极地在制度框架内发生变量，最终促使制度变迁、达到制度创新。"[1] 当代中国改革从计划经济体制到市场经济体制的跳跃，是一系列连续性和整合性的政策选择达成并推进的，是一个循序渐进的过程。

从政策目标的角度来看，第一阶段（1978—1982）从人民公社体制的削弱到分户经营的回归。政策目标直指农村经济改革，搞活农村经济，让农民生活富裕起来，政策思想已由原来的"限富""卡富"转变为提倡和鼓励"致富"。继 1978 年两个农业文件《关于加快农村发展若干问题的决定（草案）》和《农村人民公社试行条例（试行草案）》的推行，1979 年 9 月，中共十一届四中全会正式通过了《中共中央关于加快农业发展若干问题的决定》，《决定》适当地放宽了对自留地、家庭副业和集市贸易的限制，还放宽了包产到户的限度，纠正了分配上的平均主义，提出可以联产计酬，拓宽了农民的收入渠道。1980 年，农业生产责任制形式逐步呈现多样化，农民开始适度发展多种经营，农民收入有了较大幅度的提升。1982 年家庭联产承包责任制的建立更加确保了农民致富的信心。

在这一阶段，极少数农民成为"万元户"的消息不胫而走，作为政府喉舌的媒体对"万元户"的造势更加宣传了党的富民政策。"万元户"的不可思议让所有人对中国农民刮目相看，极力突出了政府改革的特效，"农民都成了万元户，没有什么不可能"成为大家奔走相告的新闻。政府政策的转变体现在富裕农民身上，富裕农民的打造体现在"万元户"上。针对农民这种翻天覆地的变化，政府选取"万元户"的典型作为反映党

---

① 朴贞子、金炯烈：《政策形成论》，山东人民出版社 2008 年版，第 4 页。

的好政策而大加宣传。在中央文件"求富"精神的号召下，当地政府为万元户披戴红花，开致富大会，"万元户"成为中国经济文化生活中一面颇具政治感召力的旗帜，号召大家走富裕之路。经过宣传，农民怕"富"的担忧被国家政策化解，只求如何更快走向富裕，向万元户看齐。集体主义退潮后，农民拥有了土地承包经营权、更多的自留地和家庭副业的劳动时间，他们的收入增长的速度令人惊讶。中国政府利用"万元户"这面旗帜既宣传了改革之初在农村取得的骄人成效，也昭示"贫穷才是社会主义"的时代一去不复返。

第二阶段（1983—1992）政策目标旨在发展商品经济。从1982年到1986年，中央以"一号文件"的形式下达关于解决农村问题的命令和决策，形成推进农村经济发展史上的重要的党中央的"五个一号文件"。从政策思想上以保护和支持专业户、重点户为主。农村改革的初显成效使经济改革逐步迈向第二个台阶，即在稳定和完善生产责任制的基础上，有计划地发展商品生产。中国市场经济体制已略显雏形，商品流通渠道的拓宽，商品经济发展中的经营主体——专业户和个体户迅速抬头，中央对这种新生力量给予积极支持，要他们"带头勤劳致富，带头发展商品生产，带头改进生产技术"。1984年以专业户为主要标志的农村商品生产空前活跃。大约占全国总农户10%左右的专业户创造了比当地一般农户高出几倍、几十倍的劳动生产率和商品率。1978年，农民所生产的农副产品中作为商品出售的只占35.6%，1983年已升到40.5%。其中商品生产率已由1978年的20%左右提高到现在30%以上。① 1985年，中国农村经济已逐步走上商品经济和多种经营的轨道。1985年11月22日，新华社的报道说，"全国已涌现出425万多个符合统一标准的专业户和810多万个个体工商户。"②

在这一阶段不断拓展的商品市场，壮大了商品生产者的队伍，万元户不断涌现，以专业户和个体户为主体成为市场上的主力军。然而他们的财富积累扩大了两极分化的差距，但中央对个体企业和私营企业兴利抑弊的

---

① 参见方向新：《农村变迁论——当代中国农村变革与发展研究》，湖南人民出版社1998年版。

② 曹绍平：《我国农村以合作经济为主体多种经济形式多种经营方式并存的格局基本形成》，《新华社建社75周年纪念文丛（1981—1985）》

态度顶住了"左"倾思想回潮的压力，保护了像"傻子瓜子"这样一批"冒尖"万元户来之不易的发展局面。从中央对"允许一部人先富起来，发展生产，走向共同富裕"的重申到地方党支部围绕致富所做的工作带动了又一批万元户的成长。1990 年《关于一九九一年农业和农村工作的通知》提出保护个体和私营企业的合法权益，个体、私营企业的发展得到了政策上的明确支持。

第三阶段（1993—1998）社会主义市场经济体制的改革目标正式确立。在农村，主要任务是按照建立社会市场经济的目标和要求，全面深化改革，进一步确立农户的经营主体地位，建立和完善市场体系。中国农村进入了一个重要的历史转折阶段。其重要创新表现在打破国营收购部门长期垄断经营的局面，全面放开农产品经营渠道，允许不同的经营主体进入流通领域参与市场竞争；积极推进农产品和农业要素市场体系建设。在已有的农村经济改革成就的基础上，农村市场经济体制进入深入和完善阶段。1997 年 1 月 1 日《乡镇企业法》正式公布实施，标志个体、私营企业的合法权益得到法律上的保护。2007 年，中共十六届三中全会通过的《关于完善社会主义市场经济体制若干问题的决定》，对建设完善的社会主义市场经济体制进行了全面部署，提出树立科学发展观和建设社会主义新农村的重大战略构想，为完善社会主义市场经济体制提供了理论指导。

如果我们以过程作为解释政府农业政策的变项，即通过动态的过程展示农业政策的选择和制定，那么政府和农民行为逻辑便会跃然纸上。[①]

"政策本身不能增加农业资源，但可以改变生产要素配置的环境和相对价格，从而影响农业发展的方向、速度和效率。"[②] 有关政策安排通过改变所有制的内容和结构以及对价格和市场的干预，界定了农民的损益程度和范围。正确合理的政策总是带来农业的繁荣、农村的发展和农民收入的增长。[③] 从上图我们可以看出，政府政策的制定和调整与其作用对象的要求与支持以期出现的政策效果之间的相互联系，各项相互依存的农业政策的集合便形成农业政策结构。"在农业政策结构中，每一项具体政策都

---

① 李成贵：《中国农业政策理论框架与应用分析》，社会科学文献出版社 2007 年版，第 57 页。

② 同上书，第 2 页。

③ 同上书，第 3 页。

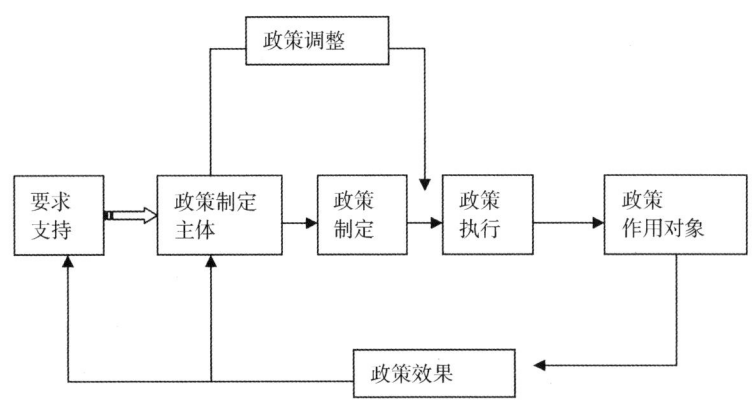

起着维持和平衡整个政策体系的作用，当某项政策的性质发生变化时，其他各项政策以及整个政策体系都会受到压力并发生变化。换言之，一项政策安排的作用和效率极大地依赖于其他有关政策的存在。"[1] 成功的农业政策必须达到政策体系在结构上的均衡和协调。

由此可见，1978 年以后的中国农村改革是以政策调整为先导推进的各项制度改革，为达到一定的政策目标而追求的农业政策结构均衡状态。每一项农业政策都是在有利于市场经济制度框架的完善下，积极地在制度框架内发生量变，从制度集合中选出一项促使各方利益均衡的政策安排，最终促使制度变迁，通过解决社会经济问题到达满足社会需求的目的。

（二）万元户：当代中国农村市场化的飞跃

市场化是从计划经济到市场经济进行体制转轨的一个分阶段的动态发展过程。在中国这一特殊对象的环境中，市场化是指资源从计划配置为"体"向市场配置为"体"的根本性转变，以及由此引起的各微观经济主体行为与政府职能等一系列经济关系与上述转变相适应的过程。[2]

中国经济改革发轫于农村，以家庭联产承包责任制为主体的土地经营制度拉开了中国农村市场化的序幕。"家庭联产承包责任制的建立，实现

---

① 李成贵：《中国农业政策理论框架与应用分析》，社会科学文献出版社 2007 年版，第 53 页。

② 冯旭芳：《农村市场化理论与方法》，中国经济出版社 2006 年版，第 22 页。

了农业微观组织的再造和土地使用与经营制度的变革，确立了农户家庭经营的主导地位，实现了土地所有权与经营权的分离，并因此满足了农民对土地经营的真实权利。"① 中国农民获得了财产权利和身份自由的双重解冻，并有力推动了农村商品生产的积极性，实现了农业结构调整和农村生产力的历史性飞跃。生产经营自主权的恢复使农户成为独立的商品生产者，在保证完成承包任务和国家征购任务的前提下，其生产经营活动基本上由市场导向，这改变了农业的单一经营格局，推动农业商品化的大发展。

"在 1978—1996 年间，农作物种植业占农业总产值的比重由 76.7% 下降为 57.8%，林牧渔业的比重由原来的 23.3% 上升为 42.2%，后者上升了 18.9 个百分点；粮食作为占农作物总播种面积的比重由 1978 年的 80.4% 下降为 1996 年的 73.9%，经济作物的比重相应地由 9.6% 上升到 20.9%"② 林牧渔业比重和经济作物比重上升是农业商品经济发展的重要信号，在不断以市场为导向的环境下，农户经营投入和产出自给性比重的不断缩小与我国农村商品率的大幅度提高相对应。"1978—1996 年，农产品综合商品率由过去的 30% 提高到 60% 以上，即使农民自给部分数额较大的粮食产品，近十几年来也有显著提高。从 1978 到 1990 年，粮食商品率相应地由 16.4% 上升到 35.7%，粮食商品率的提高和市场化程度的加快迅速增加了农民的收入。"③

农民收入的高低与农村经济市场化进程紧密相关。从传统计划经济体制和政策高压下的收入紧缩步入到由市场来决定的收入开放阶段，带来了由原来不可想象的家产万贯到"万元户"遍地开花的兴盛之象。"万元户"从出生到成长以及最终被替代的生命轨迹代表了当代中国农村市场化进程中农民收入曲线的变化④。

第一阶段（1978—1984 年）：农村市场化改革启动与万元户的出现。这一阶段农村实行了以农村家庭联产承包责任制的推广和普及为主要内容的改革，极大地解放了生产力，调动了农民生产积极性，促进了农民经济

---

① 方向新：《农村社会变迁》，湖南人民出版社 1998 年版，第 40 页。

② 同上书，第 44 页。

③ 同上。

④ 以下阶段的划分主要参考冯旭芳：《农村市场化理论与方法》关于中国农村市场化的演进以及市场化与农民增收的阶段性特征。

快速发展。"1978—1984 年，中国农业总产值平均每年增长 7.6%（按 1978 年价计算），粮食产量增长 4.9%，农村居民人均纯收入由 133.6 元增加到 355.3 元，增长 1.66 倍，平均每年递增 17.7%，扣除物价因素仍高达 15.9%。这一期间，农村贫困人口减少了 2/3，以年平均 16.4% 的速度递减，农民收入已由实物为主转向以货币为主。1984 年，货币收入的比重上升到 58.1%，人均 206.3 元，比 1978 年增长 2.7 倍。"[①] 而以种植业为主的经营大户或生产粮食之余还经营林牧渔等家庭副业的农户，收入超常规增长的比例更高。万元户的出现是农民收入超常规增长的直接结果。

第二阶段（1985—1992 年）：农村市场化全面探索与万元户的成长。"这期间农民收入增长的特征是跌宕起伏，有的年份增长 9.3%（如 1988 年），有的年份则为负增长（如 1989 年为 -1.6%），总的趋势是增速减缓。从 1985 年到 1988 年，拉动农民收入增长的主要力量来自收购价格提高和农民经济结构调整，以乡镇企业为代表的农民非农产业的迅速发展对农民收入增长的贡献约为 42%。"[②] 1985 年，中国农民社会经济典型调查报告中显示，36667 户的农户中户均纯收入 1 万元以上的有 295 户，占 0.8%（扣除天津大邱庄的 91 个"万元户"，则占 0.56%）。[③] 这一阶段各地万元户的数量在不断增加，继深圳渔民村成为全国第一个万元户村之后，还出现了像天津大邱庄和华西村这样密集分布万元户的村庄，有了"万元村""万元乡"等新名词。在新华记者李锦所调查的西北部农村，1984 年陕西白集村收入过万元的户达 64 户，占总户数的 17%。[④] 但这一阶段仍伴随个体"万元户"发展的不稳定因素。

第三阶段（1992—1996 年）：农村市场化体制建立与万元户的替代。"1991—1996 年，农民收入反弹回升，年增长 5.6%。据估计，这期间粮食产量增长对农民收入的贡献率为 22%，农产品价格提高对农民收入增长的贡献率为 28%，另外，农村外出务工人数增加，非农收入成为农民收入的重要来源。农民收入增长中 35% 的新增收入来自农村非农产业发

---

① 冯旭芳：《农村市场化理论与方法》，中国经济出版社 2006 年版，第 173 页。

② 同上书，第 174 页。

③ 见数据图表，中国农村社会经济典型调查（1985 年）

④ 李锦：《大转折的瞬间——目击中国农村改革》，湖南人民出版社 2006 年版，第 226 页。

展和农民工外出打工。"① 改革带来了百业待兴之势，农村各产业待兴，随着市场经济体制的深入，农村非农产业迅速发展。家庭联产承包责任制实行扩大了农民资源配置空间，可使他们从优化配置资源中根据不同的行业收益进行自由择业，可利用农业生产淡季选择支配家庭剩余劳动力去从事非农产业生产和经营活动。"在农业社会总产值构成上，农业产值所占比重急剧下降，从 1978—1995 年，农业产值所占比重由原来 69.5% 下降到 23.1%，而非农业产值所占比重则由 30.5%s 上升到 76.9%"② 农民非农收入的增加改变了农民收入的结构，从以农业收入为主到多元化的整合收入的转变为更多的财富先机者带来了收入膨胀，从农民的收入来源看，"来自集体统一分配的收入由 1978 年的 70.2% 下降到 1984 年的 13.5%，来自家庭经营的收入由 22.4% 上升到 77.4%。"③ 从当时农户收入的三个档次来看，人均纯收入 200 元以下的户，来自家庭经营的收入占 80%，其中来自第一产业的收入占 90%；人均纯收入 200 至 500 元的户，来自家庭经营的收入占 83%，其中来自第一产业的收入占 85%；人均收入 500 元以上的户，来自家庭经营的收入占 65%，其中来自第一产业的收入占 74%。④ 这种状况除了反映家庭经营收入所占的地位外，还说明收入水平越高，来自第二、第三产业的收入越多。从当时最先出现的万元户来看，他们首先是以家庭经营为主的农业经济，后来随着商品经济的需要和多种经济形式的发展，他们主要从事非农经营，在后来成批涌现的万元户中，多以专业户和个体工商户为典型。农民新增收入的主要增加已不是种植业，而是养殖、加工等行业。原来以年收入万元鳌居荣誉榜首的"万元户"被月收入上万元的后起之秀悄然替代。"万元户"在这个白热化的财富激增时代过时了。

（三）一张值得珍藏的历史名片

"万元户"的生命轨迹注解了改革开放后农村经济思潮的变化，印证

---

① 冯旭芳：《农村市场化理论与方法》，中国经济出版社 2006 年版，第 174 页。

② 方向新：《农村社会变迁》，湖南人民出版社 1998 年版，第 50 页。

③ 同上。

④ 中共中央书记处农村政策研究室资料室编：《中国农村社会经济典型调查（1985 年）》，中国社会科学出版社 1988 年版，第 13 页。

了农民从贫穷到富裕的转变的历史，改写了农民是"时代弃儿"的新篇章。从集体主义时期的"割资本主义的尾巴"到改革开放后对"致富"的高声呐喊，"万元户"是农民成为中国第一代富人的身份证明。这张名片使用于农村经济体制改革的转型期，是认识中国经济发展历程的窗口。

改革开放初期，形势尚未完全稳定下来。传统观念的影响和新中国成立后党对农村经济政策的复杂变化让人们对忽如一夜春风来的致富政策心有余悸，对政府政策没有信心，对个人致富的看法也是抱着远远观望的态度。在《半月谈》1981 年第 5 期编者按中这样写道："现在我国的形势好不好？请注意农村。三中全会的路线是不是正确？请注意农村。"我国是世界上农民人口最多的农业大国，这场肇兴于农村的体制变革会有怎样的输出效果，农村的反应和变化是关键。在一定程度上，农村是市场经济体制改革的练兵场，农民则是练兵场上的士兵。

党的政策一出台，农民成为人们关注政策效果的焦点。从一系列政策层面对农民家庭经营活动的松动，到保富、"让一部分人先富起来"的政策声明，领导层面的政策决定就是期待看到农民富裕的政策效果。"万元户"无疑成为政策的传声筒，回应了党的政策有效性。"万元户"成为一个先富农民的代名词，这个闪亮的新词语不仅昭示着中国从计划经济体制到市场体制改革的原始冲动，其后也凸显了话语主体的身份和地位。

万元户从一个民间的词汇到被官方采纳接受的政治话语，不仅证明万元户所代表的富裕农民的经济身份，也是他们政治地位提高的表征，是民间话语权到政治话语权的转变，也是中国农民政治身份的突破。成为万元户的中国农民不是登上党政报刊的封面，就是被评为国内外新闻人物，万元户的一举一动都成为政府关注的焦点和宣传的亮点，并引起国外媒体的广泛关注。"'万元户'这个专用称号传到国外后，却给翻译带来困难。由于国情不同，如果按字面直译的话，也不理解，所以国外媒体采用了一个西方更通用的名词进行意译，即'New Richer'，如按字面直译成中文，就是'新富阶层'。"[①] 日本媒体称这是中国富裕农民的代表，也表明中国农村改革的成功。

---

① 李培林：《试析新时期利益格局变化的几个热点问题》，《人民日报》1995 年 4 月 12 日理论版。

"大梦谁先觉，曲折顺时移"。这批改革致富的先锋就像第一个吃螃蟹的人，从开始的小心谨慎、胆战心惊到站在改革浪尖上享受美味的食蟹人。"万元户"犹如一张名片，不仅向外界散播出中国农村经济改革的信息，也让大家了解到农民是这场经济变革的弄潮儿。诚然，"万元户"随着时代前进的步伐和经济的发展已经结束了它的生命意义，但它在中国农村经济社会变迁史上有着不可磨灭的作用。正是由于成千上万的"万元户"的涌现才推动了中国经济改革的快速前进。"万元户"的历史名片不仅展示了农民的身份，名片背后政府的倾力打造更见证了这段轰轰烈烈的中国农村经济革命史。

敬老院：人民公社时期的集体养老实践

【导读】本文以我国东北部地区北佬壕村敬老院的形成和发展为线索，追溯在人民公社这一特定历史时期敬老院的建立及运行过程，还原历史原形，详细地从老人们的衣、食、住、行等方面阐述其在敬老院内的基本生活情况。在此基础上，进而以理论与实际相结合的方式探寻人民公社时期敬老院对老人的"敬"如何体现，以及以集体的模式进行养老是如何运行的。

关于"敬老""养老"的问题，在中国古代就已经存在。中国古代儒家思想就提出了安老、敬老、养老的实施方法。孔子（前551年—前479年）提出："老者安之，朋友信之，少者怀之。""安老"是孔子的重要社会思想。为我们所熟悉的"老吾老以及人之老，幼吾幼以及人之幼"便有着充分的体现。除此以外，孟子提倡"天下有善养老，则仁人以为已归矣。"他把养老与"友善""仁人归矣"联系起来，并推崇"养老敬贤""敬老慈幼"。可见养老、敬老的思想有着长久的历史渊源与积淀，但是随着时代和社会的发展，以及与经济发展应运而生的文化思想的发展，中国对于养老、敬老的方式发生了变化。而这样的变化在中国是从农村开始发生的，农村自古以来奉行的是"老有所依、老有所养"，于是家庭式养老一直在长时间内占据着主要的位置。一直到新中国建立后经济、社会发展到一定的程度，养老制度和形式发生了一系列的变化，慢慢地开始出现了集体养老、社会养老等新型养老方式。在历史上，族产和庙产等具有统筹管理、集中供养的功能，而到了1958年农村人民公社化运动的兴起，出现了"五保户"这一类社会群体，为了对"五保户"实行集中供养，便在全国各地的农村兴办了一批敬老院。于是，从这时开始在社会中能够发挥集中供养功能的组织又增添了一个敬老院，这便是中国农村敬老院最早的发展起点。1978 年以来，随着农村实行家庭联产承包责任制和集体经济的发展，农村敬老院得到了进一步的巩固和发展。直至 1988 年，全国农村已有敬老院近 36665 所，有 756 个县（县级市）在乡镇普遍兴办了敬老院。然后，从 1958 年至今，我们可以看到农村敬老院的发展呈现出一个开口向下的抛物线的走向，在 20 世纪八九十年代达到鼎盛后，开始呈现下降的趋势。在这一趋势的发展过程中，农村有些敬老院名存实亡，形同虚设；有些已经消失，不复存在；而有些则转换成了其他形式的养老组织。

已有的关于敬老院的研究，多是探讨农村敬老院的发展模式，以及与其息息相关的养老保障政策的理论和实践研究，对敬老院懈怠发展或停滞不前的功能作用进行反思，而对敬老院这一社会养老组织形式，其最初特别是人民公社时期敬老院形成的过程、形成的原因、运作管理的具体流程，以及院内老人们真实生活原貌等，这些方面的研究几乎没有涉猎。

笔者之所以想要涉足人民公社时期的敬老院这一范畴领域进行初步研究，始源于农村实地调研。在调研的过程中，听到村民提到了人民公社时期的养老保障令他们印象十分深刻，有的村民甚至提到："那时候的敬老院真是办得不错，就连邻乡的老人也有想上咱们敬老院来住的"，这样的话语使得我对人民公社时期的敬老院产生了浓厚的兴趣，想要探究当时的敬老院是如何运行和管理的，可以得到农民普遍的认可，并且至今仍旧记忆深刻。

带着这样的想法，笔者从敬老院这一词汇本身入手，实地调查享誉全国的海选第一村，重新找到当时经历过人民公社时期敬老院的农民，其中涵盖有当时敬老院的建设者、管理者，还原历史原貌，重塑当时敬老院的真实形成和发展过程，以宏观政策与微观个案结合的方法，找寻人民公社时期敬老院的影子，在弄清当时敬老院建立的原因、过程以及运行的基础上，从而探究人民公社时期是如何实践集体养老的，国家宏观政策是怎样对其进行关怀的，国家权力对于乡村的建设有着怎样的作用。

个案简介。北佬壕村地处梨树县东南部，距梨树镇 7.5 公里，距梨树县 10 公里。人民公社时期，北佬壕村行政单位上属于梨树公社（如今的梨树县），由于响应全国兴办敬老院，"建立一社一院"，北佬壕村村民可以申请入住的敬老院为梨树公社敬老院。该院建立于 1977 年 10 月 20 日，起初由于公社领导的不够重视，敬老院领导不够尽职尽责，敬老院头两年的办院成效十分不理想。为了紧跟党的号召，办好敬老院等福利事业，梨树公社对敬老院的领导人进行了更换，更换的人选也是经过了多方考虑和综合分析后所落定的。在此基础上，梨树公社敬老院还进行了迁址。之所以迁址是由于原址的敬老院地理位置比较偏僻，使得出行入院都变得十分不便捷。加之一开始选择院址是考虑到院附近有一个水塘，可以方便老人垂钓游玩，殊不知由于敬老院领导人员和工作人员的工作疏忽，造成了院内老人不幸坠入鱼塘溺水身亡的悲剧。为了提高敬老院这一福利事业的创办水平，公社上下领导一致商讨决定迁移敬老院。本文主要探讨的是迁址以后的敬老院，这个敬老院位于公社的主干道上，交通便利，无论是院内老人出行，还是运输院内所需的各种物品都显得更加方便。在迁址的基础上，还对敬老院进行了改造和扩建，进一步提高了敬老院的硬性条件，使得院内环境和硬件设施都更加优美和完备。

随着公社领导的重视、公社的资金与物质的支持，以及认真选派的敬老院院长的认真工作，使得梨树公社敬老院慢慢有了起色，在 20 世纪 80 年代中期达到了顶峰。当时的梨树公社敬老院环境越来越优越，入院人数不断增加，吸引了其他公社、各市、各省乃至国外创办敬老院，或者创办类似于敬老院职能的组织中工作人员的注意。他们纷纷前往梨树公社敬老院进行参观学习，梨树公社敬老院也受到了众多媒体的关注，人民日报还专门刊登了梨树公社敬老院开展工作的优异成果，倡导全国各个地方的敬老院向它学习。这些报道和关注导致的结果就是，梨树公社敬老院必须要不断地提升自己敬老院的各方面条件，提高院内老人们的生活水平，这样的政治和舆论环境一方面给梨树公社敬老院的管理运行提出了更高的要求，造成了更大的压力，但也从另一方面为敬老院的快速发展提供了有利条件和支持，公社和县财政局的大力支持是保证敬老院旗帜性作用的关键因素。

后来，随着人民公社的解体，集体经济逐渐被家庭联产承包责任制所代替，政社合一、工农商学兵为一体的局面逐渐消失，这也使得人民公社时期的敬老院所具备的许多特征随之减退。特定的经济形式决定了特定的敬老院的创办和运行形式，经济制度的瓦解和改变必然会导致公共福利事业形态和本质的转变。梨树公社敬老院逐渐变为如今的梨树县福利院，直接接受县民政局的管制，县民政局每年向敬老院发放一定金额的拨款，用于福利院的各项开支。福利院内老人们的生活质量也较之人民公社时期敬老院而下降，院内的老人们不再像人民公社时期敬老院里的老人那样共享公社的集体事业成果，他们的被尊重程度大幅度降低，更谈不上能够享受比一般村民更为优越的生活条件。"敬"老的思想和行为在如今院领导和服务人员的心中越来越淡漠。

一　建　立

敬老院的产生并不是偶然的，它是随着生产的发展和人民公社的成立而出现的，是"五保"工作的进一步发展，也是广大群众的要求。在当时广大农村实现了公社化的大背景下，随着人民公社的各种集体福利事业的发展，敬老院也在不少地方举办起来了。那么，究竟笔者研究对象北佬壕村敬老院是如何建立起来的呢？通过实地调查，笔者了解到北佬壕村当时所隶属的梨树公社敬老院是于 1977 年 10 月 20 日成立，是人民公社时期政策号召"办好敬老院"的产物。在找寻到该村人民公社时期担任敬老院院长年限最长的马院长，以及了解当时敬老院建设和运行的相关村民的基础上，还原了当时建院的真实历史过程，从而将北佬壕村敬老院的由来大致总结如下：

（一）响应上面号召："一社一院，得把老人集中起来管"

这里所谓的"上面"就是指国家出台的有关办敬老院的政策方针。其实远在抗日战争期间，各个抗日根据地就曾经通过救济、互助等形式，对年老无子女依靠、生活困难的人给予照顾和帮助，妥善地安排了他们的生产生活，使他们与大家过着同样吃得饱、穿得暖的生活。随着革命的胜利，随着农业合作化的胜利实现，生产发展了，人民的生活水平提高了，也有了进一步照顾好那些年老无子女依靠的人的生活的条件。当时国家也有针对性的出台了一些章程来引导农村建立敬老院，如在《高级农业生产合作社示范章程》第五十三条中就规定："农业生产合作社对于缺乏劳动力或者完全丧失劳动力，生活没有依靠的老、弱、孤、寡、残疾的社员，在生产上和生活上给以适当的安排和照顾，保证他们的吃、穿和柴火的供应，保证年幼的受到教育和年老的死后安葬，使他们生养死葬都有依靠。"① 其次，在《一九五六年到一九六七年全国农业发展纲要（修正草案）》第三十条中规定："农业合作社对于社内缺乏劳动力、生活没有依靠的鳏寡孤独的社员，应当统一筹划，制定生产队和生产小组在生产上给以适当安排，使他们能够参加力能胜任的劳动；在生活上给以适当照顾，做到保吃、保穿、保烧（燃料）、保教（儿童和少年）、保葬，使他们生养死葬都有指靠。"②

而随着人民公社的成立，它比农业生产合作社有更大的优越性，也就具有更多的条件，为无子女依靠的老人们提供一个较好的生活场所，度过幸福的晚年生活。所以党的八届六中全会《关于人民公社若干问题的决议》中明确提出："要办好敬老院，为那些无子女依靠的老年人（'五保户'）提供一个较好的生活场所。"③ 当时的政策规定是以每个人民公社为单位建立敬老院，做到一社一院，于是北佬壕村当时所属的梨树公社也无一例外的开始筹备建立梨树公社敬老院。

（二）争做先进公社："咱社必须搞个先进敬老院"

访谈对象：马姜，男，73 岁，现北佬壕村 11 队，人民公社时期属于梨树镇，梨树公社。

人民公社时期，敬老院因为有了政策下达和引导，逐渐同每个公社办社是否先进挂钩。根据马姜回忆所说，当时他作为梨树敬老院任命年限最长的院长，该敬老院是 1977 年 10 月 20 日成立，前面历任的两届院长，担任的时间较短，均为一年左右，工作态度和个人作风也较有问题，这便使得敬老院一开始的工作开展得并不顺利。在当时为了提高各个公社办院的积极性，梨树县决定定期对各个敬老院进行走访式工作检查，将检查结果予以评比，并且最终以名次先后顺序公布每个敬老院的办院情况。在当时，第一次的检查历时 14 个月之久，针对梨树县 32 个公社的 32 个敬老

---

① 摘自《高级农业生产合作社示范章程》，第五十三条，1956 年。
② 《一九五六年到一九六七年全国农业发展纲要（修正草案）》，1957 年。
③ 关于人民公社若干问题的决议，1958 年。

院进行了规模较大的工作检查，北佬壕村所属的梨树公社敬老院排全县最后一名。这样的结果导致县领导给予了梨树公社领导严重的批评，提醒相关领导需要重视对敬老院的建设工作。

上级领导直接的批评指正，无疑对于下级工作内容的开展具有较大的影响作用。"给领导扣帽子"的结果便是领导必须铆足了劲狠抓敬老院的工作。① 在这样的情况下，公社领导决定施重力加强敬老院的建设，力争要将梨树公社敬老院办成全县最先进的敬老院。公社领导的重视给敬老院的建立和发展带来了更多的支持和方便，对敬老院的建立和完善起到了积极的作用。可见敬老院是否能够在更加有利的条件下得以发展，与上级领导的重视程度有着紧密的联系。上级领导工作方向的倾斜，可以为敬老院的创办和发展提供良好的权威支持和政策支持。

（三）适应公社化形式需要："老人也要同生活同劳动"

访谈对象：李长林，男，60岁，现北佬壕村1队，人民公社时期曾担任政治队长。

人民公社办敬老院并不是偶然事件，它是人民公社化形势发展的需要，也是老年人的迫切要求。人民公社化旨在实行"组织军事化、行动战斗化、生活集体化、管理民主化"②，分散居住的无子女依靠的老人也是涵盖其中，这样做一方面可以将这些老人照顾得更好，另一方面也是响应人民公社化的要求。李长林回忆当时1队老人们的生活情况时说道："一部分老人，虽然他们是'五保'对象，衣食不缺，但他们都是老人，在生活料理上仍然不便，甚至有的是发米给他，他也做不了饭，分布匹给她，她也缝不了布。另一部分老人，虽然有儿有女，但儿女自身参加集体劳动挣得的工分很少，自身都难糊口，更甭说是照顾老人，白天劳动，也没有时间看管老人。"③ 所以建立一个能将分散的老人集中敬养的场所就成了一件很有必要的事情。

也就是说敬老院是公社化的敬老院，人民公社的兴起和发展主推集体

---

① 摘自北佬壕村老人的访谈。

② 刘正：《当代中国的湖南（上册）》，中国社会科学出版社。

③ 摘自北佬壕村李长林老人的访谈。

式的生活模式，老人也不例外。老人一方面因为对社会做出过重要贡献应当被尊重，被集中提供一种相对"优越"的生活条件，另一方面也是适应了人民公社体制的需要，迎合了人民公社时期劳作的特殊形式，老人的劳动能力不断减退，对于生产队的贡献逐渐减少，某些身体素质较差的老人甚至还会影响生产队整体的工作效率和工作成果。敬老院的建立可以体现公社时期对老人的重视，老人在当时具有较高的社会地位，"敬"老的思想普遍存在于社员当中，同时也以一种集中供养的形式解决了老人劳动能力减退的问题。

（四）享有财力分配："公社、县民政局各筹一部分"

访谈对象：翟国良，男，75 岁，现北佬壕村 4 队，曾任 4 队生产队队长，如今的 4 队是由人民公社时期生产 1 队、2 队、11 队、合并而成，在当时翟国良老人负责管理该队 60 多户农民，思想较先进，说话比较中立，不偏不倚。

北佬壕村敬老院的建立和完善有其独特的外部条件。当时梨树公社敬老院在马姜院长的带领下，经过修整和改进，1975 年的全县大检查中一跃成为全县第一，并开展得如火如荼，后来成为了全吉林省敬老院中的第一，为此当时吉林省省委领导还专门为梨树公社敬老院送来金匾，肯定马姜院长的工作，并鼓励其将认真办好敬老院的精神发扬下去，力图将敬老院办得越来越好。

在当时，树立典型是引导广大人民开展各项工作非常有效的一种方法，因为得到了各方领导的重视，也为敬老院的建立和完善带来了更多财力上的分配和支持。"县领导提出要求是，咱们的敬老院不仅要办起来，还要办得好！"[1] 对于起初敬老院的基础建设，资金主要是来源于公社共筹的方式。"建敬老院的钱是归各生产队的公益金提留出来的。每年队里的总收入其中 5% 提留出来作为公益金，10% 作为公积金，先提公益金再提公积金。这公益金就是用来修建敬老院啊、学校等等。"[2] 从这里可以看出，在公社这一特定背景之下，随时都可能调动大队或者生产队的资金

---

[1] 摘自北佬壕村马姜老人的访谈。

[2] 摘自北佬壕村翟国良老人的访谈。

和物力，这样的行为有着建设集体事业这样收到一个很好的依托，在当时看来可以说成是集体事业的需要。

随着敬老院办得越来越远近闻名，它的办院水平受到了各方的关注，为了继续发扬旗帜性的作用，能够保住公社荣誉，敬老院又准备进行扩建，为的就是能将梨树公社敬老院建设成为一个先进的、一流的敬老院，让老人们在敬老院中的生活过得更加舒适方便、丰富多彩。为此当时的梨树公社的相关领导提出敬老院建设的费用采取"公社给筹一部分，县民政局给拨一部分"的方式，力争尽全力建设好敬老院，将"上面"宣传的"办好敬老院"的工作贯彻落实，有助于集体主义意识的成长。

（五）拥有人力支持："四类分子来修院，不给钱给记分"

访谈对象：马姜，男，73 岁，现北佬壕村 4 队，人民公社时期属于梨树镇，梨树公社。1980—1995 年担任梨树公社敬老院（人民公社解体后更名为梨树敬老院）院长，经历了人民公社时期敬老院的重建、扩建和整体的管理工作，从他的口中笔者了解到了一个真实、活灵活现的敬老院，十分感谢这位老人的配合与支持，在访谈时仍然能感受到谈及人民公社敬老院那段时光他的骄傲与兴奋，这一段经历成为他人生最为光彩的记忆，也为笔者的论文增添了鲜活的素材。

在谈及敬老院建院和扩建时人力是如何供应时，马院长这样说道："我们这个公社是 14 个大队，118 个小队，当时要扩建敬老院就从队里边儿抽人。比如说我敬老院需要 20 工，你这大队有 8 个小队，那就 8 个小队往下摊，按土地摊，按劳力摊。土地多的，就多摊点，少的就少摊点。来的人还是给 10 个工分，出来的人都不吃亏，在家干是 10 分，在这干也是 10 分。"

从马院长的谈话中，我们可以得到一些讯息，人民公社时期的梨树县（梨树公社）内部体制是实行的"三级管理，两级核算"①，也就是说管理形式依次是公社、大队、小队分级管理，而核算则是采取公社、大队两

---

① 黄荣华：《革命与乡村农村地权研究：1949—1983》，上海社会科学院出版社 2006 年版，第 23 页。

级核算。在调集建院人力时，是按照每个小队所占土地面积的大小，来决定分摊到每个小队劳力的多少。敬老院的建设和后来的扩建也得益于公社的集权体制，这一体制决定了在当时梨树公社有权随时调动村里的劳动力为公社事业服务，这一点同当时全国其他许多公社的情况是大致相同的。但有些不同的是其他有些"公社有权随意地甚至无偿地调动村里的劳动力"①，而梨树公社仍然是以计算工分的形式来给予被调动者劳动报酬。对于这一点马院长也表示道："出来的人都不吃亏，在家干是 10 分，在这干也是 10 分。"

至于谈及记工分，当时梨树公社对于此有着自己的计量和统计方法。"首先一个生产小队还有专门的记分员，然后还会有一个记工单，一篇一个人名（一篇上面记载一个月的生产情况），上面涵盖有日期、姓名、工种、工分等内容。工分采取一天一记，一个月汇总。大部分时间都是一天以 10 分为满分，一个月 300 分为满勤。但若社员中有的完成任务不达标的，队长会要求他们返工，若不返工，根据他们的工作态度和完成的质量扣去相应的工分，一般扣五厘到一分。"② 以此看来，被调集来修敬老院村民也是没有什么抵触情绪的，在农民看来，只要他们的利益没有受到损害，不会因为变工而影响到他们所分得的粮食总量，他们大都不会有多大异议。况且被调集修敬老院，一方面可以免于生产队长的监工，另一方面还降低了被扣除工分的风险，因为只要参与就可以挣得 10 分，这又何乐而不为呢。况且在当时修建敬老院是国家下达的政策和任务，是建设集体事业的一部分，没有人愿意在这个时候抵抗这种工作分配，让人怀疑自己的政治态度和立场，所以只要公社下达调配命令，小队都会配合抽人保证敬老院建设的充足人力。

从这一点可以看出，当时社会阶级的划分在一定程度上为敬老院建立和发展提供了劳动力支持，可谓是起到了"一箭双雕"的作用。一来可以通过分派四类分子进行福利事业的劳力工作，从而对他们进行一种再教育。将四类分子从广大社员中专门抽出来进行劳动，可以形成四类分子与其他社员社会阶层的差别性，让四类分子和广大社员进一步切身体会应该

---

① 张乐天：《告别理想》，上海人民出版社 2012 年版，第 59 页。
② 摘自北佬壕村吕发老人的访谈。

坚定的保证自己正确的政治立场；二来，仍然对于四类分子给予同广大社员相同的劳动回报，是为了从实际生活中让他们感知党和社会主义的优越性，让他们感受即使自己因为社会阶层被定为四类分子，但是党和社会主义依然以宽容的胸怀接纳他们，这也是从思想上给予四类分子的一种洗礼，从而更有利于促进公社内部的安定团结，保证集体事业有条不紊地持续前进和发展。

二　入院标准

（一）哪些人能够进

哪些人可以入敬老院，是举办敬老院首先要解决的一个问题。

1. "无儿无女的可以进"

按照党的八届六中全会"关于人民公社若干问题的决议"的精神，入敬老院的人主要是无子女依靠的老年人。这些老人是缺乏劳动力或完全丧失了劳动能力的人，他们家里无亲人照顾，公社化以前就享受"五保"待遇，由农业生产合作社照顾他们的生活，公社化以后，吸收他们到敬老院，不仅是他们的要求，也是公社的责任。

在走访过程中，从曾经担任过小队队长的张琛口中听到了这样的故事，让笔者对当时敬老院为无儿无女的老年人提供的帮助有了更全面的认识："当年（人民公社时期）有一个72岁的徐玉清大爷，他的老伴苏兰英也已经70岁了。家中无儿无女，一直以来老两口都过着孤苦伶仃、相依为命、无依无靠的日子。由于年迈，也无法上地里干活，挣不到工分挣不到钱，日子过得十分凄惨，总是勉强糊口，有时遇到天气恶劣，还要受冻挨饿。冬天晚上睡觉常常是上顶棉褥，下垫柴草。在这样的困境下，苏兰英老人还患上了胃病，偏偏祸不单行，后来双目也失明了，老两口的日子真是举步维艰。见此状况，张队长主动提出说将二位老人送往公社的敬老院。入院以后，每年都会有新发的棉衣，每顿也是按时开餐，可以说是要吃有吃，要穿有穿，有病不出院也有人替你医治。"①

---

① 摘自北佬壕张琛老人的访谈。

从这一真实的故事，我们可以看出，人民公社时期的敬老院对于鳏寡孤独的老人的确起到了很大的帮助和照料作用，相比之前分散的"五保"有了更大的好处。虽然在农业生产合作社进行"五保"时，会派专人将粮米送到家，柴火送上门，但是他们年老体弱，又没有亲人在身边照顾，无论是生活细节上还是精神依靠上都感觉到孤独寂寞。也就导致即使有米有柴，但由于体弱多病或是行动不便，也会出现吃不上饭、喝不到水的情况，甚至于发生了突发事故也会无人知晓。人民公社办的敬老院能够将无子女依靠的老人组织起来集体生活，使他们的生活有了更可靠的保障。有专人负责领导和组织，有专人负责照顾他们的日常生活，也便于老人之间相互帮助，大大减轻了分散居住、独自居住的困难。梨树公社敬老院对于无儿无女的老人入住敬老院所定的收费标准是一次性缴纳450元每人，费用由老人所属的小队承担，老人一旦入院，今后有关老人的所有事宜连同丧葬一律由敬老院管理负责。

2. "有儿有女大门也敞开，得自费"

按照当时建院的原则来说，有子女依靠的老人是不建议大量吸收的。因为，一方面老人能和子女或是亲人居住在一起是最好的生活方式；另一方面如果不控制入院的老人人数，会出现院内居住床位困难的现象，同时增加了敬老院工作人员和领导的工作负担和责任。但是据现居北佬壕2队，人民公社时期曾担任过小队队长的王良生回忆道，"咱们队当时有对老头老太太，老头快有80岁了叫衣进生，老太太也70好几了，咱们都管她叫包太太。他俩有个闺女，那闺女找了个医生嫁到外面去了，完了包太太上闺女那给照看孩子去。那时候有个东西叫雷管嘛，那小孩就把那雷管给拿出来了，正好小孩身边有个火盆，那小孩就拿那雷管在火盆里戳弄，就把手指头给崩了。后来姑娘和姑爷回来瞅着就生气了，让你哄孩子把孩子给哄成这样了。完了就不要她了，就把她给赶回来了，那她回来了又不能干活，后来就跟敬老院商量看能不能把俩老人给安排在敬老院。那他们是有闺女的，敬老院一开始不同意，后来我们队也出面帮忙调解，后来就想出个办法说，入院也可以但是费用要自理，于是他们的闺女就一次性把入院的钱都给交了，然后就跟着丈夫回自家去了，俩老人就一直呆在敬老院，最后死也是死在敬老院里的。"①

这个故事听完以后难免叫人心酸，但在这个故事背后我们了解到的是，农村作为一个特定的区域形态，依然有着"熟人社会"的特质，建院即便是有制定的规章制度，但也免不了情理的部分。这样的做法其实也正是达到了当时国家倡导人民公社大办敬老院的目的，为的就是能给公社的老人提供一个优良的养老环境。而随机的将交费方式由小队负责改为自费，无儿无女的入住是 450 元每人，自费入住的是 600 元每人。

这里可以看出，此项入院规定恰如其分地映衬了集体体制、集体生活的特点，另一方面也再一次凸显了人民公社的敬老院是一种福利性质的集体组织，是为了给广大符合入院规定的老人们提供一个良好的安度晚年的场所，它不以盈利为目的，也不会因为更大的利益诱惑而轻易改变其相关规定。入院的规定更多的是要站在院内广大老人们的利益来考虑，严格维护敬老院的福利性特征。

3. "丧失劳动能力的可以进"

这里所谓的丧失劳动能力，就是说已经无法正常每天上地里出工的人，这样的人大多是身体残疾或是有缺陷的。在这个时候，是否无儿无女，是否年事已高不再作为首要考虑能否入院的标准。当然，怎样可以定义为丧失了劳动能力便成为了生产队领导和敬老院领导着重考虑的部分。一方面，生产队领导负责帮助想要或者是需要入院的人递交申请到大队，然后再由大队向敬老院申请，最后敬老院批准以后方能入院，再加之生产队领导最熟悉本队村民的具体生活情况，他们在帮村民提交申请之前会依照其具体情况来判别是否符合申请要求；另一方面，敬老院接收到申请书后，会从申请书的填写内容和递交申请的大队领导那里进一步了解申请入院人的真实情况，再依照敬老院的现实条件和有关规定作出决定。

以下实例便可以充分地说明敬老院对于"丧失劳动能力"的人有着自身的考核标准。现为北佬壕村 6 队村民的吕发，在人民公社时期担任该队的生产队队长，当笔者与其谈到如何判别"没有劳动能力"时，他向笔者阐述了这样两个他亲身经历的例子："咱们队当时有一对亲哥俩，一个叫杨玉山，一个叫杨玉平。哥俩当时都差不多 75 岁了，年纪大根本干

---

① 摘自北佬壕村王金生老人的访谈。

不了活了，每天也出不了工，甚至连日常生活都有些无法自理。这么着我们生产队一商量，就说把哥俩送到敬老院去得了。想到说一来哥俩的生活可以更加有保障，二来说实在的也为咱生产队减轻了负担。"听到此处我不免问到："当时生产队是不是也算了个明白账呢？"吕发老人笑着说到："的确也是这么回事儿，送到敬老院一次性交了费用，吃喝拉撒直到安葬都有敬老院管，搁家里吧一个是不能劳动给生产队增添了负担，二个是也考虑到他俩的安全，万一在家里出了个什么事，咱们队里还得负责，心里也会过意不去。"

从这里我们可以看出是否符合"丧失劳动能力"这一入院标准，与其劳动能力，换言之就是其对生产队、大队乃至公社的贡献力度是息息相关的。老人入院，在一定程度上是自身意愿和生产队对其生产能力进行考核的双向行为逻辑，甚至于在现实情况中，无儿无女、鳏寡孤独与丧失劳动能力相比被弱化了。在当时的背景之下，优先考虑的还是公社的生产效益，集体经济的特殊性质更是促使了对一个人劳动能力考核的强化。入院与否，入院前后对生产队劳动成果产生的影响是至关重要的。

（二）哪些人不能进

为了保证敬老院工作的顺利开展，给院内的老年人提供良好的居住和养老环境，在执行入院标准的同时，也要严格控制没有达到入院标准的人趁机入院，享受集体养老的"好处"。具体哪些人是不能入住敬老院的呢，通过调查大致可以分为以下三类：

1. "有传染病、有精神病的"

患有精神病、传染病（如麻风病等）的人是禁止入院的。对于这一点，上文提到的人民公社时期担任敬老院院长年限最长的马院长，还有着较为深刻的印象。据他回忆，在他担任院长期间，就曾有某小队队长找到他说情，希望能够把他们队的一位患有轻微精神病的村民送进敬老院。队长向马院长反映此人经常在村里闹事，很多村民都表示不满，想着敬老院有专门的看护人员，哪怕多出点钱也愿意只要能够同意入院。马院长告诉笔者，当时他了解到这种情况后，果断地拒绝了这个小队长的请求，原因是要以敬老院大多数老人的利益为主，将类似这样的老人收入敬老院，会扰乱敬老院其他老人的正常生活，甚至有可能打乱敬老院一直有序的工作节奏。

2. "无儿无女但有劳动能力的"

在这里，笔者便想到在调查访问过程中，现居住在北佬壕村 2 队的王金生——人民公社时期 2 队的生产队队长，给笔者讲述了一个想以"丧失劳动能力"为理由入住敬老院，但是被敬老院拒绝批准的例子。"以前 2 队的有个人叫赵大山，他自己写了个申请说有一只手残疾了不能劳动，交给他们队长想让队里帮着他申请一下。后来递到敬老院没给批，说是院领导了解到虽然他一只手残疾但还是有一定的劳动能力，还能下地干活，达不到入院条件。后来一直过了好几年，直到他岁数大了活也干不了了，自个儿在家也不能做饭了，敬老院才批准，队里才把他给送到了敬老院。"

事实证明，在当时即使是无儿无女，但仍具有一定劳动能力的老人，也没有将他们过早的吸收入院。人民公社的工农业生产很繁忙，青壮年男女劳动力都投入了紧张的生产劳动，而一些辅助劳动，如托儿所、幼儿园、食堂、种菜、饲养等工作，还需要辅助劳力来担负。如果敬老院把有劳动能力的老人过早的吸收进去，虽然也可以搞些生产，但不能满足公社的迫切需要。这样不但影响了公社的生产，增加了公社的开支，不符合办敬老院的原则；对这一部分老人来说，也不能充分发挥他们的积极性，其中的有些人也会感到不满意。

3. "快要死了的"

之所以会有这一条禁止入院的规定，是因为敬老院还负责老人的送终事宜，如果将即将离世的老人吸收进敬老院，从经济方面来看是加大了敬老院的负担。据了解，当时敬老院为老人送终大多是火葬，因为土葬费用更高，"土葬还得买坑，不买就会有人罚你"。但是即便是火葬价格也不菲，全部办下来的费用要远远高出一个老人入院时需要缴纳的费用。如此算来，敬老院是做了"赔本买卖"。另外，从当时人民公社兴办敬老院的初衷出发，吸收即将离世的老人也是不符合的，敬老院更为主要的责任是承担起照料丧失劳动能力的、鳏寡孤独的老人们的晚年生活，让他们有饭吃、有衣穿、能保暖、能娱乐，可以在集体的氛围中度过一个相对幸福的晚年。还有一点，是从敬老院在劳动人民心目中的形象和口碑出发加以考虑的，如果说让快要离世的人进院，那么在大多数人看来就会觉得敬老院怎么"招一个人就死一个人"，这无疑会动摇群众对敬老院的信赖感，甚至于怀疑建立敬老院的必要性。

可见梨树公社敬老院的入院标准还是从实际出发加以制定的，是在国家政策引导下结合自身实际而产生的。毕竟作为一个集体化的组织机构，在承担它自身义务和责任的同时，也要保证有足够的经济支持来为维持机构的正常管理和运行。毕竟老人入住敬老院的费用是采用全包制的，即一旦交费入住则包管终身事宜，同时公社每年拨给敬老院的款项数目也是一定的，这些都要求敬老院要有严格的管理条例和对经济收支的管理。

4. "五类分子共产党不养活"

人民公社时期的敬老院历经了"文化大革命"这一特殊时期，多少也会带有阶级的色彩，在执行入院标准时也会将阶级路线贯彻其中。其中就明确指出地主、富农、反革命分子、坏分子和右派分子这五类人，是坚决不准收吸收入院的。因为在当时，敬老院是被定性为劳动人民敬养自己老人的地方，假若工作中不注意，五类分子中的个别人混入敬老院里生活，既不符合政策要求，群众也会有意见，而敬老院也因此不再成为大家尊敬的地方，也就与敬老院的"敬"字相违背。如果发生这样的情况，应立即清理出去。在这五类人中，如果有的确是无依无靠、年老体弱和丧失劳动能力，人民公社可以适当的安排，但是不能吸收他们进入敬老院。

可以看出阶级划分在当时还是十分被重视的。笔者向敬老院马院长提问到"当时五类分子如果情况十分困难是否也可以考虑让他进敬老院呢？"马院长的表情立刻变得非常严肃且谨慎，似乎这是一件非常有原则的事情，不容质疑和侵犯。他斩钉截铁地告诉我说："那是肯定不可以的，绝对不收，五类分子共产党能养活他吗？"即使是集体经济背景下的敬老院也依然带着阶级色彩，集体的"集"建立在统一的阶级立场之上。

5. "本社可以进，外社不让进"

在调查中，我访问到一名抗美援朝的退伍军人及他的妻子，他们现在居住在梨树县北佬壕村，但当时他退伍之后先是到了梨树县临县的一个村庄，在那个村里他们没有亲戚，朋友也不多，更没有机会当选村干部，对生活状态不满意。最让他不满的是他的住房，由于房子常年漏风漏雨，他患上了严重的类风湿关节炎，每到寒冷天气或者变天时，便疼痛难忍，甚至不能下床。当初建房的时候正值三年自然灾害，没有钱建房，但是又赶上娶媳妇，于是自己随便糊了个土房子，"那时村里真的很穷，饭都吃不饱，还有饿死人的，我娶媳妇村里没有资助一分钱，也没有得到什么补贴。后来听说附近梨树公社的敬老院办得好，想着离我们村也近，加上我打仗落下的毛病，腿也瘸了，耳朵也聋了，就想能够和老伴住到梨树公社敬老院去，结果申请被拒了，说是只要本社的村民，外社的一律不让进"。

后来我将这个情况向马院长求证，他告诉我说："的确是这样的，因为这是上面的规定，而且我们必须优先考虑安排好我们社老年人的生活，毕竟敬老院可容纳老人的数量是有限的，如果外社的人也可以住我社的敬老院的话，这样床位占满了，我们社的老人就无法入住了"。这样看来，在人民公社时期，县与县之间工作分工的划分比我们现在还要清晰，在人们的思想中集体化就是公社化，把自己公社的各项事业办好了，就是支持了国家集体化事业。

通过以上所阐述的"哪些人能够进"和"哪些人不能进"，我们可以将两者做一个比较性的分析，从而试着总结出敬老院的入院标准。从本质来说可以归结为这样三个部分：

1. 对集体事业贡献程度的判别。"有传染病的""精神病的""快要死了的"这些虽然从表面上规定了入院社员必须满足的一个身体状况，但是从本质上来讲它还是在衡量入院者所具备的对集体事业的贡献程度或者说是对集体事业发展的一个影响程度。敬老院也是集体事业的一个部分，是一项福利性的集体事业，这种福利性的给予是建立在入院者基本对敬老院有一定的贡献力，即使说不能再为敬老院做出贡献，那么起码不能成为阻碍敬老院集体事业发展的一个因素。另外"无儿无女的但有劳动能力的"敬老院也不批准入院，这就更加证明了只要社员还具备为集体事业创造价值的能力和条件，就不能被批准入院的。从这两个分析我们可以看出，对集体事业的贡献程度可以分为两个层次来看待。第一个层次是对整个小队、大队、公社乃至是社会主义事业的价值创造力。只有在某个社员基本丧失了这种价值创造力，他才具备了符合入院的标准。同时他还受到了第二个层次的约束，那就是即便这个社员已经丧失了第一个层次中所说的价值创造力，但他还必须满足对敬老院这个福利性集体事业的贡献力，这种贡献力并不等同于第一个层次所说的贡献，从某种程度上来说只要他能够不妨碍敬老院稳步、长期、和谐的发展就可以看做是对敬老院福利事业的贡献，如若该社员还能偶尔在院内参加一些工作量不太大的劳动活动，为敬老院副业的生产活动尽一份力，那也算是对集体事业的一种贡献了。

2. 对阶级成分的明确划分。北佬壕村所属的梨树公社敬老院并不是在国家一开始提倡大办敬老院的时候就成立的，当时各方面的条件，尤其是经济条件还不成熟，所以梨树公社一直迟迟没有创办敬老院。直到1977年10月20日，才真正成立了自己公社的敬老院。这时其实是一个比较尴尬和困难的时间段，"文化大革命"刚刚结束，遗留的问题依然没有完全解决，人们还处在一种对于国家政策指令不完全清楚明了的阶段，所以很多规定和制度也大多选择了循规蹈矩，摸着石头过河，不敢有太大、太新的变更。所以，阶级成分依然被看做是入院的标准之一。这种做法其实还是从社会主义事业这个大方向出发的，要让占大多数的贫下中农看到社会主义对他们的"照顾"，这种"照顾"就是为他们展现了一幅晚年生活的美好蓝图，让他们感觉到自身阶级成分所带来的好处和优越性。这样一来，便可以团结绝大多数的力量，给予绝大多数人以努力奋斗、不断创造价值的动力，从而使得社会更加安定，人心更加团结，社会主义事业的发展可以蒸蒸日上。

3. 对社员身份的清楚界定。虽说敬老院是国家倡导创建的福利性集体事业，但在一开始文件规定中的"一社一院"便在无形中将每个敬老院以自己所归属的公社划分开来。再加上后来为了调动每个公社办院的积极性所开展的各种形式的检查评比活动，使得大家对于我院敬老院和其他院敬老院有了一个清楚的界定。这一点在公社领导人和敬老院相关领导人的身上表现更为突出，因为他们不同于公社的一般成员，他们需要站在整个公社的集体事业的发展角度来加以衡量。敬老院院长明确说到的"本社可以进，外社不让进"就充分说明了这一点。也可以从中看出所谓当时的集体事业，其实在基层的实施当中更多的是被划分成了各个公社的集体事业，大多数的村民其实是从自己所属公社这个集体事业的发展来考虑的，有利于促进自己公社发展的便是对集体事业有利的，凡是影响自己公社集体事业开展的，比如他社的社员想要到我社来共享敬老院的福利这是不被允许的。国家通过以公社为单位来划分建立敬老院，是希望这样的组织形式更加有利于敬老院工作的开展和管理，这种有利性也的确在建院办院的过程中有所体现，但另一方面也将社员身份做了明确的界定，将敬老院这一福利事业划分为每个社的福利事业，于是便无形中影响了公社敬老院相关入院规则的制定。

（三）哪些人没有进

1. "队里不给批，不给出钱的"

想要入住敬老院，首先要向小队递交申请，有的村民文化程度不够，会由小队工作人员代为执笔，申请内容要写明申请入院的原因以及自身现在的实际情况，小队队长会将申请表上交到大队，然后大队认可后再交到公社，公社再递交到敬老院给予审批。一旦审批符合入院条件，申请人所属的小队队长便会亲自带着需要入院的村民到敬老院，并且缴纳其入院的费用。从这个申请入院的流程便可以看出，如果队里不给批，申请表根本就不会上交到敬老院审批，那么村民就不可能得到入院的资格，除此之外，入住敬老院的经费是由入住村民所属的小队负责的，是从小队的公益金中提留出来的，如果小队拒绝为某村民承担入院的经费，那么该村民也无法入住敬老院。据调查得知队里不给批，或是不给出钱，大多是因为觉得申请人达不到入住敬老院的条件，纯粹是为了逃避劳动，想要"沾队里的光去敬老院享福"，对于有着这类思想的人要严格控制，在集体化生产生活的氛围下，队里干部一般对各个村民的具体情况十分了解，所以想要"钻空子"的村民往往并没有机会入住敬老院。

2. "有儿有女不愿自费的"

考虑到公社时期集体化生产的需要，梨树公社敬老院在一定程度上放宽了入院的条件限制，比如子女因工作、生产的关系，无力照顾老人，老人也愿意入院，那么公社是可以有条件吸收入院的。这样可以解除子女对老人的挂念，安心工作和生产。对此敬老院采取的是临时收容的办法，就是子女外出远地劳动时进敬老院，子女回来时回家，或者是白天入院，晚上回家。有子女的老人入院后的费用，除公社供给部分外，由他们的子女承担。或者像上文提到过的，虽有儿有女但儿女不愿再承担供养义务的，在老人自愿的情况下，可一次性缴纳入院费用，老人各方面的照料由敬老院代为完成。但是无论是采取何种方式，都必须要自觉地缴纳相关的费用，如果说有儿有女而且还不愿意自费的，这些人最后是不允许进入敬老院的。

3. "不愿受管制、喜欢自由的"

无依无靠的老年人的确需要照顾，并且值得同情，他们大多是因为战争、自然灾害或是医疗条件有限失去了亲人。但这其中也不乏年轻时作风不正，或是有小偷小摸行为的人，正因如此年轻时没有能够组建家庭一直单身导致无儿无女，有的即使成家也因秉性成形，难改恶习而导致家庭破裂，或是在没有生儿育女之前便家庭破裂，或是即使生儿育女也最终落的个妻离子散，这样的人往往性情古怪，不愿受人管制，一辈子习惯于自己的生活方式。而敬老院是有规章制度的，院内的生活也是有规律的，就连出院探亲或是活动也是有时间限制的。所以不愿接受管制的一部分人，即使他们无儿无女，最终也没有入住敬老院。

另外一部分则是虽然无儿无女，或是基本丧失劳动能力，但他们不习惯敬老院有规律有规章的生活方式，不习惯集体生活，感觉就算条件差一点总是呆在自己家里比较"自在"，加之他们的生活并没有窘迫到难以维持生计的程度，经济条件还能负担生活所需，最终也是没有入住敬老院。

三　运　行

（一）制度安排

安排好老人的生活，是办好敬老院的主要标志。只有老人的生活比在自己家里过得好，才能体现出敬老院确实是给无子女依靠的老年人提供了一个较好的生活场所。要安排好老人的生活，首先需要确定老人的生活标准。怎样确定老人的生活供给标准呢？当时梨树公社各领导同敬老院相关领导一同商讨认为：应当从公社当前的生产水平和群众的生活水平出发，既要经过主观努力尽可能地满足老人的生活需要，也要本着勤俭办社的精神，适当地加以确定。老人的生活供给标准不能偏低，也不能太高。生活标准偏低，显示不出广大群众对老人的尊敬，不能体现敬老院是老年人较好的生活场所，对于劳动了一辈子为社会创造过财富的老年人来说也是不应当的；生活标准太高，超出当地一般群众的生活水平过多，也会脱离群众。所以，一般来说院内老人的基本生活水平稍高于群众的生活水平，这是适当的，群众也是同意。通过实地调查，笔者了解到人民公社时期梨树公社敬老院老人的基本生活情况如下：

1. 衣："一棉一鞋两单衣"

这一点主要是要保证老年人衣被齐全。当时全国各地敬老院对老人衣被的解决，大体上有两种办法：一种是按人规定，每年发若干单衣、鞋、袜，两年或三年发一次棉衣，五年发一床棉被；一种是根据老人需要，缺什么补什么。梨树公社敬老院采取的大致是第一种办法，"一开始是两到三年发一件棉衣，五年左右发一床棉被，到后来敬老院办得好了基本是一年一件棉衣，一双鞋子，然后是两件单衣。一般棉衣棉被根据老人的身体情况都会做得厚一些，而且是在入冬前就做好了，这样可以保证老人暖暖和和过冬。"①

可见，院内的生活较之于老人们以前的生活来说，的确是有所改善，起码不会再受冻挨饿，基本的温饱问题都可以得到保证。所有的衣物都是采取集中式统计数目，然后统一发放的形式，由敬老院统一管理和执行，老人们无需再为严寒担忧。

2. 食："馒头大米饭，一顿两菜"

考虑到老人牙齿不好、消化力弱、行动困难等特点，梨树公社在敬老院修建并设立了专门的老人食堂。食堂为老人提供的饭菜基本是早上吃馒头，中晚吃大米饭，一顿两个菜，多以土豆白菜为主，这些菜都是敬老院菜园里自己种的，成本低无需外出购买，而且还干净卫生，供应量也可以达到并且无需时常外出购买，节约了人力、物力和时间。到了周末，还得给老人们改善生活，这个时候便会再加上两个菜，一个汤，基本可以保证每个礼拜改善一次伙食，改善的时候一顿吃的是四个菜一个汤。

3. 住："两人一间，按性别分开"

当时梨树公社敬老院共建了 43 间房屋，专门提供给老人们做宿舍，一间房屋住同性别的两个人。考虑到让老年人能够度过一个幸福的晚年，敬老院还专门设置了老年夫妻间，凡遇到是一对夫妇入住敬老院的，院长会将他们安排住在一个房间。在敬老院办得最如火如荼的那几年里（1985 年至 1988 年）院内共住有老人 48 人，其中夫妇有 3 对。老人住的

---

① 摘自北佬壕村马姜老人的访谈。

房屋干净整洁，由于地处东北特殊的地理和气候环境，床铺都修为"炕"，以保证冬暖夏凉。房屋质量也是有保证的，会定期做一些检查，特别是在雨季来临之前，这样便可以做到不透风不漏雨，在入冬以前还会将炕生上火，睡起来十分暖和，能够抵御严寒。

4. 行："平日不出门，一月一天假"

老人们在敬老院的安全保证性，也是办好敬老院的衡量指标之一。既然生产队或者是老人选择入住敬老院，就说明了对敬老院的信任。一般入住敬老院的老人都是年迈、基本丧失了劳动能力的，甚至有些可能已经出现行动不便或是神志不清，这就在一定程度上要求敬老院要做好对老人的看管和照顾工作。为了保证敬老院所有老人的安全，做到公平对待、一视同仁，最终梨树公社敬老院制定出了"平日不出门，一月一天假"的出行制度。简单来说，就是日常生活中如无重要事情或是特殊情况，是不让老人们出敬老院的大门的，为此敬老院还专门对各个老人出入敬老院的具体境况进行了安排和记载。当月家中有特殊情况或是需要走亲访友的老人，可提前告知敬老院的工作人员，那么工作人员会对这部分老人的出行日程做一个优先安排，尽量做到满足老人们走亲访友的要求。在老人出敬老院探亲当日，工作人员还会对出院的老人做一个登记，记下该老人出院的日期和时间，若是可以自行回家的老人，工作人员便会告知他们记得准时返院，来回路途中注意安全；若是有些老人路远或行动有些不便，但确实是需要外出的，敬老院还会派人送老人回家，并叮嘱其亲友记得将老人送回敬老院。

对于这一点的安排，据敬老院院长马姜反映，虽说有些身体硬朗的老人对于平日不让他们出敬老院这一点有所异议，但是考虑到既然是集体养老，那么就要保证大多数老人的安全，从总体上来说老人们对此规定还是持赞成态度的。马姜老人还补充说到，"老人们对这每月出院一次的事情是非常重视的，因为他们大多无儿无女，虽然在敬老院的确可以解决他们的温饱问题，在生活上给他们以保证，但他们的心灵还是十分渴望亲人的关怀，所以老人们每逢自己出院的当天都会显得尤其高兴和期待。"

如果遇到某位老人当月已经出院过一次，但是突然因为特殊事情必须再次出院回家怎么办？这种情况，老人可以向敬老院的工作人员说明真实情况，提出再次出院的申请，一般敬老院的工作人员都会设身处地的考虑老人们的要求、顾及他们的感受，批准他们再次出院。当然，工作人员也会对此情况做一个详细的记录，以保证各项工作有条不紊地进行。

从以上不难看出，北佬壕村所属的梨树公社敬老院在衣、食、住、行各个方面都为院内老人尽可能地提供了良好的条件。老人们在敬老院享受的生活水平同公社里的普通社员相比，是略高一点的。在调查访问中笔者了解到，很长一段时间，大家上公社食堂吃得都是粗粮，菜式也十分单一，大多以红薯和土豆为主。在粮食方面，梨树公社领导一直贯彻执行敬老院老人的生活要略高于普通社员，老人们虽然每天体力的消耗不抵年轻人，但是分得的粮食量却大大高于普遍的社员。社员们吃粗粮的时候，老人们已经达到了细粮化。之所以老人们生活中衣、食、住、行各方面的水平都会高于普通社员，是由当时的政策导向和思想观念所决定的。由于梨树公社敬老院越办越成功，变得远近闻名，受到了县级、市级、省级乃至国外的关注，使得它成为了梨树公社成功开展集体事业的一面旗帜。在这样的情况下，公社领导自然会加大对敬老院的关注和投入，这使得梨树公社敬老院老人们的生活水平比较高，并且较为明显地优越于普通的公社社员。另外，这种现象也是与当时普遍村民的思想观念息息相关的，在人民公社时期，老人们具有较高的社会和历史地位，人们大多认为之所以能够享受现有的生活成果，是与祖祖辈辈老人们的努力和智慧分不开的，尊老、敬老，让老人在晚年享受相对优渥的生活，是大家一致认为应该做到的事情。老人们经过岁月的积淀和日常常识的积累，使得他们在村中享有较高的地位，并且村民们大多认为这是人类自然应该遵循的规律，老人们今天受到大家的尊敬，等到自己年老的时候也会享受同等的待遇。

（二）分工保障

要把敬老院办好，还必须有一套与之相适应的组织机构，来管理敬老院的日常事务和照顾好老人的生活。敬老院的组织机构的设置，应根据敬老院的规模和人数的多少，本着精简的原则，配备领导干部和服务人员。梨树公社敬老院由于规模较大，人数较多，所以院组织机构所配备的人员也较多，为的就是能够服务好院内老人们的方方面面，保证他们在敬老院的生活水平。

首先是院长统筹管理。对于院长的选择，也经历了几次改变。梨树公社敬老院上任的院长并不是上文一直提到的马姜院长，实则是与笔者调研点北佬壕村相邻的 QJ 村的名叫张远付①的村书记，由于发生了老人在院旁的池塘钓鱼不幸坠入池塘淹死的事件，在其任职期间被更换了。第二任院长也是离北佬壕村不远的泉眼沟子村的村书记，名叫孙清，这位院长在敬老院干了一年多，在其任职时，梨树县举行了一次历时 14 个月的全县大检查，一共检查了县内 32 个敬老院，结果由孙清管理的梨树公社敬老院最终评比排名最后一名，使得北佬壕村所属生产大队队长在公社总结会议上受到了领导的严重批评，于是大队队长立即做出了撤掉孙照清敬老院院长职务的决定，最终找到了北佬壕村的马姜，指定他来担任梨树公社敬老院的院长。当时的马姜，是北佬壕村 11 队的队长，工作一直干得很出色，得到了领导的一致肯定，大队队长考虑到此人政治可靠，有较强的工作能力，并且愿意为人民服务，正好是一个十分适合担任敬老院院长的人选，于是便将马姜调任为梨树公社敬老院的院长。结果事实证明，经过一番深思熟虑后选定的院长人选，果真是让敬老院的情况有了很大的改善。马院长上任后，便努力熟悉工作，统筹管理院内各个方面的大小事务，制定各项规章制度，很快便取得成效，在次年的全县敬老院大检查评比中一跃荣获全县第一名，不仅为大队争了光，而且也是对其工作的一种肯定，肯定的是他切实能从老人们的实际出发，体恤他们、帮助他们，让他们享受到在敬老院集体养老的各种好处。就这样，马院长一干就干了 16 年之久，敬老院在他的带领下屡创新高，越办越好越红火，后来还成为了享誉国内外的优秀敬老院的楷模！

其次是会计管理账务。敬老院内会计是不可或缺的一个职务，既保证院内各项资金的进出清楚明了，又保证各项事务的收支能够平衡运行，确保院内资金取之于民用之于民，都落实在了敬老院的每一项工作之上。大至县民政局、公社的拨款数目，修建敬老院、敬老院置办各种设施，以及每次新进老人的入院费用等，小至每次外出采购药品、食品、饲料、种子的费用等都要做好详细明了的记载，这样才能保证每个款项都恰如其分的运用到了敬老院的运行当中，每一分钱都是在为院内的老人们提供物质支持。

---

① 由于此人不佳的工作历史，此处已做技术化处理，为化名。

再次是保管员保管粮库和药物。梨树公社敬老院还专设了保管员一名，他的工作任务主要是负责看管好院内粮库所囤积的粮食和药房所放置的所有药品。别看他的工作内容比较单一，工作任务较为简单，但是他的存在是十分必要的。因为保管员所保管的东西恰恰是对于院内老人们来说最重要的东西，那就是饱腹和健康。只有保障了粮库粮食和药房药物的数量，才能让老人们饿了不缺粮食吃饭，病了不缺药品治疗。

复次是服务员照料日常生活。院内共有服务人员5名。对于敬老院的工作人员来说，服务员的工作是最辛苦的，同时也是最重要的，因为他们负责着老年人每天生活的方方面面，因而对服务员个人的素质品行和工作能力的要求也是很高的。首先，他们要树立为老人服务的思想，不嫌累，不嫌脏，不嫌麻烦，要有对老人如同对父母的思想，关心老人像关心自己的亲人一样；其次，他们要掌握和熟悉老人的特点和个性，以及生活习惯，以便根据老人们的不同特点进行工作，并逐步与老人建立起深厚的感情；最后，对生活不能自理的老人和生病的老人，更要照顾周到，做到嘴勤（多问）、腿勤（多看望老人）、手勤（多帮助老人，如洗衣、端大小便），并经常与老人谈心等等。这5名工作人员分别固定负责8到9间房间的老人。这样可以保证分工明确，指定到人。长期固定的服务对象能够让每个服务员和与之服务的老人建立起熟悉、亲切的关系，并且更利于服务员掌握和了解所服务老人的特质和现实情况，真正从老人的需要出发，让他们感受到集体养老的温暖，感受到在敬老院被尊敬的快乐。

最后是厨子负责做菜和买菜。在当时各个地方的敬老院，厨子（此为北方的称呼，南方多叫"炊事员"）的人选大致有以下几种挑选方式：一是照看老人的服务员兼任；二是由公社选派会做饭菜的社员担任；三是由院内老人自己推选身体比较好、会做饭菜、又愿意担任炊事工作的老人担任。对于厨子的要求就是，能热心为老人服务，并能经常虚心地征求老人对饭菜的意见，进而满足老人的口味需求。梨树公社敬老院的厨子是公社选派的社员来担任的，不仅负责做菜，每次上集市去买菜、采购也由他驾驴出行完成，保证敬老院食品的供应量。每天到了饭点，厨子做好饭菜以后，就会以吹笛的形式通知老人们到食堂就餐，这种方法是厨子自己想出来的，因为当时没有喇叭或者是广播之类的传声工具，加上自己略懂一点吹笛，便想出用这种方式来作为开饭的一个提醒。这也不乏是一种创新，让敬老院也多了几分音乐的气氛，老人每天一听到美妙的笛声，便知道可以去食堂品尝可口的饭菜了。

另外，还有专门的卫生员给老人看小病。这里提到的卫生员，名叫付玉华，是个小姑娘，她同时也是院里的一名服务员，她因为略懂医疗知识，所以身兼两职。作为卫生员主要是保证院内的老人能够小病不出院。也就是说老人们遇到头疼脑热等小病时，她能够为老人们开一些对症的基本治疗的药物，让老人们在敬老院就能把小病给治疗了，避免行动不便的老人们还得车旅劳累的上医院去看病。除此之外，敬老院的卫生室与县里的医院建立了医疗关系，要是遇到较严重的病例，敬老院会立即将老人送到县里的医院进行治疗。另外，院里每年定期的还会将老人集体送到县医院进行身体健康情况检查，并向老人们讲解卫生常识，预防传染病的发生。

配备充足的领导班子和服务人员是要努力办好敬老院的一种表现。力图完善敬老院的管理流程，保证用于敬老院各个方面资金的安全，保管好敬老院的公共财物，保障院内老人们日常生活的水平，维护院内老人们的身体健康，这些都是敬老院从细小甚微的地方想要让老人们在院内感觉到自己是被"敬"的种种实施办法。敬老院之所以为"敬"，并不是需要政策和口号多么的响亮，而是要能够从生活中细小的方面着手，从老人们日常生活最需要的地方入手，想他们之所想，急他们之所急，这样才能够真正体现出人民公社时期"敬"老的实质作用。

四　老人生活

在制度安排和分工管理下，我们更为关心的问题是，这些制度和措施最终都落到了老人生活上面吗？通过实地调研和总结，我们认为，这里的老人生活很幸福。主要表现在四个方面，分别是生活花样多、福利多、关照多，并且还有保障。

（一）花样多

敬老院在安排好老人物质生活的同时，还有必要根据老人的爱好，开展文娱活动，满足老人在精神生活上的需要。这些老人在旧社会，物质生活没有保障，更谈不上有什么精神生活了；解放后，老人在物质生活上得到了改善，但由于分散居住，行动困难，很少能够参加群众性的文娱活动，精神上还是比较单调的。老人住进了敬老院，大家以集体的形式生活在一起，便有条件开展一些文娱活动，使老人们的生活丰富多彩，心情舒畅。

1. 游娱室里设备全

敬老院专门在离老人居住的房间较近的地方修建了游娱室，专供老人们休闲娱乐使用。游娱室的面积相当于老人居住房间面积的三倍之大，里面设备齐全。墙上挂满了花鸟虫鱼、风景优美或是反映当代时代性的壁画，室内摆放着桌子和折叠椅。桌上摆放着为了方便老人们阅读学习所订的一些报纸、画刊、小人书等，除此之外还专门为他们购置的象棋、纸牌、扑克等游戏工具，供老人们在茶余饭后空闲的时候，可以下下棋、斗斗纸牌、打打扑克、看看书报，随意消遣。置备这个游娱室的费用不多，但却能给老人们增加不少乐趣。

除了修建游娱室供老人们娱乐消遣以外，敬老院还会偶尔举办一些户外活动，让老人们锻炼身体。比如在院子里套圈，也就是将一些小的东西摆放在地上，然后发给老人一些用木条捆成的小圈儿，然后让老人们站在一定的范围之内，用扔掷小圈儿的方法去套摆放在地上的东西，套中的东西便可以作为奖励归老人所有。这个游戏十分得到老人们的喜爱，首先开展起来不用受场地的限制，而且游戏本身没有太大的难度，基本上可以保证每个老人都能参与进来。另外，因为有一些小东西作为"诱饵"便能调动老人们参与游戏的积极性，在娱乐的同时也活动了筋骨，并且还加强了老人们之间的交流联系，增进了感情，愉悦了心情。

2. 晚间定期放电影

随着梨树敬老院办得越来越好，别的县、市、省甚至是国外的专家来参观的就越来越多，于是敬老院的建设水平和开展工作的情况就越来越受到领导的重视。为此还专门为敬老院配备了一台18寸大的黑白电视机，自从有了这个电视机，老人们的文娱生活更加丰富，敬老院会定期在游娱室里播放电影，一般是安排在周末的某一天，游娱室里摆满了椅子，顿时就像一个小影院一般。慢慢地，敬老院有台电视机的消息传遍了全县，于是每到周末放电影的时候全县的人都会跑到敬老院来观看，真是让敬老院的气氛一下热闹了不少。那个时候能够看上电影是一件非常了不起的事情，所以乡亲们也是十分好奇，这也成为了村里面街知巷闻的一件事情。后来县里干脆还将这18寸的黑白电视机置换成了20寸的彩色电视，这在当时全国的敬老院里面都是屈指可数的。可以说，那个时期梨树公社敬老院内的硬件设施、老人们的生活环境和水平真是达到了空前优渥的程度。

3. 铲草、锄地练身体

敬老院到底要不要开展生产劳动？梨树公社还专门就这个问题连同敬老院的相关领导一道进行了讨论。会上大家大致有这么三种看法：一种认为敬老院是老人养老的地方，一点生产也不应该搞；一种认为举办敬老院可以发挥老人劳动潜力，大搞生产，达到生产自给；还有一种认为敬老院可以搞些简单的生产活动，增加老人生活乐趣，促进老人身体健康。最终经过大家的讨论，认为养老院是老人养老的地方，并没有错，但一点生产不搞却是不正确的，因为老人们一辈子都是劳动过来的，突然叫他们一点劳动都不做了，他们会感到很不习惯，而且长期不做些轻微的劳动对身体其实是没有好处的。有些老人的身体状况不好、行动不便，不劳动可以理解。而另一种观点认为敬老院是一个生产单位，要大搞生产，也是错误的。举办敬老院的目的是给老人一个较好的生活场所，初衷不是要把老人集中起来给我们创造生产成果，带来社会财富，这样的话敬老院就失去了本来的意义，变成"生产院"了。那么，认为敬老院可以开展一些简单的生产活动的想法是可行的。这不仅是老人的要求，更重要的是，通过一些简单劳动，能够丰富生活内容，使老人生活更加愉快，偶尔的铲铲草、锄锄地，能够活动筋骨、增强体力，使老人延年益寿。

那么，抱着敬老院开展生产是为了使老人生活得更好加强锻炼身体这个目的，敬老院的生产应该是能搞多少就搞多少，不应该把它当作一般的生产单位来要求。老人是否参加生产劳动也是完全自愿的，能参加而又愿意参加的就可以参加，不能参加或者不愿意参加的就不要勉强。开展什么样的生产劳动，也要根据老人的体力和技术特长来决定，不开展老人力不能及的劳动。最终梨树公社敬老院根据自身院里的特点，决定让老人们可以参加的生产劳动包括：园艺、饲养和加工等性质的劳动。比如懂得栽种花草树木的老人，公社可以提供种子，然后老人们负责栽种和培植；以前在家就养过或是有兴趣养殖鸡、鸭、猪、牛、羊的老人可以帮着一起饲养一些牲畜；除此之外比如磨豆腐等这些加工性质的工作，若是体力跟得上也可以参加进来。但是无论是什么性质的生产劳动，前提都是老人自觉自愿的，不会勉强他们去做，只要是参与劳作了，无论劳动量大小、劳动产出多少、劳动时间长短，敬老院都会给予一定的报酬作为奖励和鼓励，一般是一次劳作 5 毛钱。

那么敬老院这些生产劳动的收入如何处理呢？实际上，由于敬老院并不是一个生产单位，所以它自身生产的收入并不多，因此，一般情况下，都不用上交给公社，而是交由敬老院自己处理。梨树公社敬老院将这些收入一部分以劳作奖励的形式发给老人，一部分就用于再生产和敬老院集体福利，比如自己养的鸡、鸭、鱼、猪等可以作为改善老人生活之用。

4. 凉亭、长廊可休闲。

梨树公社敬老院能够越办越好也离不开公社的支持。为了使敬老院持续发扬典范的作用，公社和县民政局给予了大量资金支持，在后来敬老院的扩建过程中还花费了近 3.3 万元为敬老院修建了三个凉亭外加一个长廊，使得敬老院的生活环境越来越优美，俨然一个小公园一样舒服怡人。这个长廊是和老人们的起居室无缝连接的，这样，无论是风吹雨下，老人们进出房屋都不会被淋湿，依然可以活动自如。到了夏天还可以在凉亭下乘凉，避免了烈日的酷晒，老人们在凉亭、长廊里下下棋、唱唱小曲儿、聊聊天，日子是过得怡然自得。

从"老人生活花样"多可以看出，敬老院为了缩小让老人们在院内与他们居住在家的落差感，尽可能从老人们的角度出发，去丰富院内老人的生活。无论是放电影，还是花费不菲的费用新修凉亭和走廊，都是为了让老人们在敬老院住的更加顺心、舒适。从这些便不难看出，当时院内老人们的地位还是比较高的，满足老人的需求、提高老人的精神愉悦程度和舒适满意度都是对老人们一种尊敬的表现。

（二）福利多

敬老院"敬"老，除了体现在院内有充足的服务人员和多样的生活内容以外，还体现在老人们在院内的福利也颇多。这些福利都是在保证老人们基本生活之余，额外发放的福利。

1. "每月三元零花钱"

院内的老人们几乎是没有经济来源的，队里把他们送到敬老院来，一次性付清了入院的费用以后，也不再给他们任何福利。而老人们大多是无儿无女的，即使还有些亲戚也大多关系单薄。所以，为了使得老人们能够有自由支配的空间，使他们能够在遵守敬老院各项管理以外，能够做一些自己喜爱的事情，敬老院马院长便想出每个月给每位老人发放 3 元零花钱的主意。每个人的 3 元钱都是从他们入住敬老院时一次性缴纳的 450 元钱里面扣除的。老人们拿着这些钱，爱抽烟的可以买点烟抽，想吃点什么的可以自己买来吃，或是生活上想添补点什么都可以自己随意打点，这样的举措也让老人们十分欢喜。

2. "春节还有压岁钱"

发压岁钱在春节可是少不了的，大多是发给老人们图个吉利和喜庆。在敬老院里，为了让老人们减轻对亲人们的思念，缓解他们孤单寂寞的感受，每逢春节，县民政局还要求敬老院给每个老人发 10 元压岁钱，图个好彩头的同时也是为了让老人们乐一乐，多感受一下节日的喜庆。不仅老人们有压岁钱，连院长在内的所有工作人员也都有，这也是对院领导和工作人员工作的一种肯定和鼓励。

3. "老人生活得改善，一日三餐别重样"

一开始老人们的生活也没有达到"一日三餐别重样"的标准，后来因为敬老院远近闻名了，经常会有周边其他县的敬老院，市里、省里的领导来参观，于是梨树人民公社的领导就提出要求，要让敬老院做到"一日三餐别重样""一个礼拜一改善，四个菜一个汤"，以此表现梨树公社敬老院办得十分好，公社是紧跟国家的政策指引，积极的操办社会主义集体事业，这也得到了很多领导的赞许和肯定。于是，老人们也跟着得到了实惠，早上是粥和馒头，中午就变成菜和米饭，总之是力图做到内容丰富，餐品不重复。到了每个周末还要改善伙食，原本每天的两个菜，变成四个菜还外加一个汤，老人们的生活是越过越好，使得很多有劳动能力的人都想通过某种途径住到敬老院来，以便可以得到院外享受不到的福利。

4. "老人福利胜社员"

在人民公社时期，大多人都认为老人是应该被尊敬的，他们用一辈子的劳动对社会做出了贡献，修建敬老院就是为了保障他们的晚年生活，是对他们所作贡献表示尊敬的一种形式。大多数群众都表示说："前人栽树，后人乘凉，乘凉的人不能忘记栽树的人，这些老人过去吃过苦，现在生活好一点是应该的。"所以，老年人在敬老院的生活供给水平稍稍高于公社社员，在当时是可以为大多数人所接受的。主要表现在：

(1) "社员苞谷面，老人吃粗粮""社员吃粗粮，老人吃细粮"

建院初期，大约在 20 世纪 70 年代末 80 年代初，公社提出敬老院老人们的生活供给标准，应当稍高于当地一般群众的生活水平，如果敬老院的老人的生活水平比群众低了，这对曾经为社会付出过劳动、有过贡献的老人来说是不合适的，而且也不能向广大群众显示晚年的幸福生活愿景。当时公社社员们的生活水平都还很低，每餐都是吃苞谷面，为了体现敬老院里老人们较为"优越"的生活水平，老人们吃的已经是高粱米小米这些粗粮，这在当时来说是十分被照顾的。随着敬老院办得越来越好，很多县里的领导，如县民政局的局长都过来视察工作，并且向敬老院院长提出了更高的要求，希望他能够越办越好，保持在全国先进的旗帜作用。慢慢地，等到社员们依稀看是达到吃粗粮的生活水平的时候，敬老院又被"上头"要求要达到老人细粮化，也就是说要保证老人们每餐吃的是大米、白面等。

(2) "社员口粮最高 520 斤，老人每人必须 600 斤"

不仅在老人吃的种类上要与公社社员区别对待，给予他们更优越的福利，在口粮的分配数额上也要区别对待，保证老人们享受更好的生活水平。在人民公社时期进行的是集体生产，粮食是按人口定量的。公社、大队、小队三级划分，以生产小队为基础，每个生产队队员一年到头所分得的粮食数量，是要根据其所属生产队所获粮食的总量来决定的。生产队粮食多，那么就能够分得高标准的粮食量，要是当年生产队粮食总量收成不好，那么每个人只能分得低标准的粮食量，要是遇到自然灾害或是天气恶劣的现象导致当年粮食收成减产，连每个队员最低标准的粮食量都不能供给时，这个时候国家会给予返销，保证每个队员每年能分得最低标准的口粮，以维持温饱。在当时，公社社员口粮标准一律平等，高标准是每人一年 520 市斤，低标准则是每人一年 360 市斤。而敬老院的老人，他们每天消耗的劳动力肯定远远低于成天在地里干活的群众，并且年事已高的老人大多对于食物的需求量会低于正值青壮年的年轻人。但是，即使是这样的情况，公社给予敬老院每个老人的口粮定量是每年 600 市斤，这个数字比社员所分得的最高标准的粮食量还要多出较大一部分。可见公社对于敬老院的老人们是相当重视，给予了他们很多的照顾和优越的福利。

（三）关照多

1. "院长必须陪过年、一同游戏庆春节"

俗话说"每逢佳节倍思亲"，这句话是对敬老院老人一个十分贴切的写照，尤其是到了中国人最重视的春节期间，老人们对亲人的思念会愈发强烈。为了照顾老人们的感受，让他们能在春节里感受到节日的喜庆和温暖，梨树县民政局领导向敬老院提出了让院长必须同老人一同欢度春节的要求，为的就是能够将敬老院营造出一种大家庭的温暖，弥补这些孤寡老人没有亲人陪同过节的孤单。于是，每年农历三十那天，敬老院会将饲养了一年的猪杀掉给老人们做菜，厨子也会专门精心准备一些菜肴，有时还会和老人们一同包饺子，力争能够奉上一顿丰盛的年夜饭。年夜饭吃完以后，院长和工作人员还会准备一些小游戏和老人们一同玩乐，以此共度祥和的欢乐节。就这样，每年除夕"三十"，年年有敬老院领导及工作人员都不能与自己的家人共度春节，他们只能等到大年初一，再匆匆忙忙赶回自己的家里，看望自己的亲友。他们的这种"牺牲"和"成全"是一种舍小家顾大家的表现，是对敬老院老人们的关怀和照顾，希望能用自己力所能及的行动去让这些孤寡老人减轻晚年无儿无女陪伴身边的失落感。

2. "专为老两口修单间"

敬老院对于老人们生活上的关照常常是表现在很多细微之处的，敬老院原则上是两人共住一个房间，同性别的被安排到一起。但是考虑到有夫妻双方一同入院的情况，敬老院还专门为老年夫妇设立的单间宿舍，这样不会让他们觉得到了敬老院生活会不习惯，即使是入院过集体养老的生活，仍然能够像在家里一样感到方便舒适。

3. "老人代表表民意、院委会共同来商讨"

在敬老院，为了能够及时、准确的了解老人们的思想动态，掌握老人们最真实的需求，决定在院内的老人中选出一名老人代表，由他来向院领导传达老人们的思想和意见。老人代表是所有老人共同推选出来的，是老人们共同值得信赖的人选，一般与老人们的关系比较融洽，且在老人当中有一定的威信，说话较有分量，最重要的是老人们愿意将自己内心最真实的想法告知于他，这样老人代表便可以成为院内所有老人与敬老院工作人员之间的一道桥梁，起到很好的沟通和传达作用，这也为敬老院开展工作提供了方便。不仅选出了老人代表，敬老院还专门成立了院委会，就是由敬老院院长、保管员、会计以及老人代表组成的一个组织机构，这个组织主要是商讨和决定院内的大小事务，管理敬老院的各项工作。

别看老人代表只是院内老人们中的一员，他的作用却不容小视，他可以代表老人们的声音，表达民意。甚至是细微到每次上集市去采购食品，出行的人除了会计和厨子以外还要叫上老人代表。之所以叫上他，是因为在要去采购食物之前，老人代表会先去到老人们中间询问老人们近期有什么想吃的菜品，然后再把大家的意见归总起来，等到上集市采购的时候可以有针对性地购买，从而满足老人们的需要，让老人们能够吃得满意、吃得舒服。不仅这样，老人代表还可以充当敬老院工作人员"传话筒"的作用，有时院里下达一些政策或是规定，可能宣传不够及时或全面，这时老人代表就可以发挥他的作用，在与老人们闲谈之时将相关的政策或规定讲给老人们听，并且将老人们对于这些政策或规定的反应及时地反馈给敬老院院委会，以方便下一步工作的开展。

4. "每年都要庆生日"

老人们对自己的生日是重视的，虽说很多老人嘴上说年纪大了，没有过生日的必要，实际上在老人生日的时候，适当庆祝一下，对老人来说是一个很大的安慰。但是院内老人最多的时候达到了43人，如果每年给每个老人都过一次生日的话，也是一笔不小的开支，这对于当时敬老院的经济条件是不允许的，并且当时社会大环境倡导的是勤俭节约，反对铺张浪费，大操大办都是不被提倡的，所以针对这些现实情况，院长想出了一个办法：每到一位老人的生日时，就给这位老人10个鸡蛋，他想要怎样吃这些鸡蛋可以随时告诉厨房，厨子会按照老人的意思为他烹饪。办法一出，便受到了老人们的欢迎，但是时间久了却显现出了一些问题。因为每次只要有老人领取生日鸡蛋，保管员都会在本子上做好相应的记载，后来保管员发现，有些老人出现了重复领取鸡蛋的行为，问到他们时，他们便称自己记性不好，忘了自己已经领过鸡蛋了。这类的事情一出，工作人员们便觉得也许这种给老人庆生日的方法不够恰当，因为的确有些老人真的因为年事已高，再加上身体不好，会出现记忆力减退的现象。但是其中也不乏有些老人想以此方法来钻空子，为自己谋得多一些福利。

后来，院委会坐在一起商讨了一下，"本来给老人庆生是为了博他们高兴，事情发展成这样便失去了它本身的意义，倒不如咱们弄得简单一点，不是有些老人记不住自己的生日了么，干脆咱们选个好日子作为老人们统一的生日，今后啊，大家每年都一起过一个生日，这样不仅可以节约开支，也避免了很多误会的可能性"，敬老院马院长最后向大家提出了这样的建议，建议一经提出得到了大家的一致赞同。于是，敬老院的老人们有了大家共同的生日，每年一同庆生，生日当天仍旧是发鸡蛋给每个人，大家各自可以提出自己想怎么吃这些鸡蛋，想蒸着吃厨房就给他蒸，想炒着吃厨房就给他炒，甚至于有些老人想把鸡蛋留到下一次探亲的时候带回去都是可以的。

（四）保障多

1. 退院有保障："退院还管油、米、面"

敬老院从建院之初就切实贯彻"入院自愿、出院自由"的原则，以此来妥善处理面对的各种具体问题。老人们是自己向小队提出想要入院的想法，然后由小队帮忙申请的，有的即使是小队想要送某个老人入敬老院，也是在与之商量得到老人同意的前提下才提交申请的。所以说老人入院是全凭自愿的。同样的，进了敬老院是不是就像签了终身合同，失去自由了呢？显然不是这样的，如果有些老人进入敬老院以后发现自己不太习惯，或是因为各个方面的原因不想住在敬老院，那么他是随时可以出院的，只要向院长提出出院申请，说明具体情况便可。在梨树公社敬老院就出现了一位老人入院后又要申请出院的情况。

据现北佬壕村6队村民吕发老人回忆，人民公社时期他曾任北佬壕村6队队长，他们队有一个叫刘纪发的村民就是入了院又要求出院回到队里来的，并且所有的入院出院过程他都比较清楚。"刘纪发打小因为他妈妈没照顾好，给弄瞎了。后来年纪虽然不是特别大，但是眼睛看不到留在生产队也帮不上忙，队里就给他送到敬老院去了。结果去了以后说是在那生活的不习惯，每天还要推磨，比呆在队里还累，就想能退院回到队里来。回来以后吧才知道，其实说累只是个幌子，人家每天就让他干20分钟活能有多累啊，主要是他自己在敬老院学会了算命，他想出来算命挣钱，他在那成天的在院里给那些老头老太太们算命，人家院里的领导怕他传播封建迷信思想，就同意他退院了。后来那瞎子靠算命还没少挣钱，之后还给说了个媳妇嘛，不过后来又离婚了，最后死的时候还是一个人，就死在自个儿家。但敬老院好就好在，那瞎子自打回了队里，人敬老院还是一直给他供着油、米、面啥的，所以说啊，当时入了敬老院还是有福利的，怎么说当时也是要发展福利事业嘛。"① 可见，在当时只要能够入敬老院，可以说就是生产小队为其买了一份保障，至少人生剩余的日子里最起码的生活温饱是不用发愁了，并且敬老院提供的保障水平还比公社稍高。

2. 送终有保障："院里负责火葬"

敬老院对于院内老人的保障是从该老人入住敬老院之日算起，一直持续到他离开人世之时，就连老人的送终也是包括的，真正意义上做到了对老人的"养老送终"。敬老院对于过世老人的安葬是采用的火葬方式，这种方式在当时是不为大多数人所接受的，农民自古以来对于土地的依恋之情是不可改变的，即使是时至今日在农村仍然还有很多农民是选择土葬。但是为什么敬老院要选择火葬呢？其原因主要是出于经济上的限制。在调查走访过程中笔者了解到，在当时土葬的费用是要远远高于火葬的，想要土葬，首先得买一块用于埋葬的土地，村民口中俗称"买坑"，不买一旦被公社发现会受到处罚。"买坑"的钱还不少，如果有人脉关系是2000多元，如果没有则要高达3000多元。买完坑以后还得买棺材，又是一笔不小的花费。与之对比，火葬的费用就少了很多，500元到600元即可。这样一算来，敬老院选择火葬的原因便一目了然。

3. 民主管理有保障："建立制度维护权益"

敬老院是老人共同生活的大家庭，在这个大家庭中，有许多"家务事"需要管理。要处理好许多事情，单靠敬老院的几个干部是很难办到的，这就需要依靠院内老人大家来做。这就是上文提到的，推选老人代表，建立院委会的必要性。从老人自身的角度出发，民主化的管理敬老院的相关事务。除了民主管理，敬老院还制定了很多保障敬老院老人权益，维持敬老院合理运营的规章制度，有了制度就有了参照的标准，有了标准

---

① 摘自北佬壕村吕发老人的访谈。

就可以对敬老院的事务进行规范的管理，只有管理规范了，秩序才可以良好，在良好的秩序里老人们方方面面的生活才能被照顾到、被考虑到。

（1）建立生活作息制度

在生活方面，主要是规定统一的吃饭时间。除个别老人身体的特殊情况，需要将饭送到房间就餐外，大多数老人都应该按时吃饭，养成规律，这样对老人的身体也是有好处的，也便于更好地、更有计划地安排老人的饭菜。为此梨树公社敬老院采取的是开餐时由做饭的厨子吹笛提醒大家就餐，大家统一进入食堂吃饭。起床和睡觉也制定了一个大致的时间范围，但并不是死板的规定，主要是考虑到每个老人作息的习惯不一样，规定一个大致的时间范围可以避免有些老人的作息行为会影响到其他老人。

（2）建立卫生保健制度

为了保证敬老院和老人的干净卫生，建立一些制度是十分必要的。院里规定每天清扫一次环境卫生，一个月进行一次大扫除；就餐时每个老人有固定的碗筷，食堂餐具会定时进行消毒；每个月定期将老人送至县里的医院给老人做身体检查等。这些制度对保障老人身体健康，预防疫病感染，都是有好处的。

（3）建立思想学习制度

老年人年纪大了，一般不宜进行正规学习。但是，有些老年人还是愿意知道国家大事，也愿意对公社和敬老院的工作提出他们的意见。因此，也需要采取适当的方式组织他们学习，征求他们的意见。敬老院规定每天集体读报一次，每两个星期召开一次座谈会议，让老人们可以自由发言，说说自己的想法，相互交换一下意见。另外，敬老院的工作人员也会对老人们进行思想上的动员，"爱护敬老院一草一木""院就是你家、以院为家"等这样的内容都是会反复出现在座谈会上的。

（4）建立财务制度

敬老院的财务工作，一般说来虽不是很多，但对一些零星的开支，也需要建立必要的财务制度。比如：敬老院的开支，要向公社领取和报销，这就需要建立领报手续；敬老院的共有财产和老人带进院里的生活资料，也需要登记保管。这些都说明了敬老院建立财务制度的必要性。敬老院对于财务工作，做了如下规定：①一切收支都要有正式单据，笔笔有据可查，账账有凭单；②一切开支都要按照公社规定的供给标准执行，精打细算，节省开支，做到年初有预算，年终有决算；③院内各种物资妥善保管，领用和购买各种用品，要经过一定的审批手续。

敬老院建立的这些制度，一般都是经过院务管理委员会研究提出，交给老人充分讨论通过后实行的。通过以后，敬老院将各项条例抄写下来张贴了院办公室和游娱室里，平时无论是工作人员还是老人都可以随处看见相关制度，养成遵守制度的良好习惯。之所以订立这些制度，主要是为了使老人的集体生活过得愉快，而不是给老人过多的限制。因此，在不影响集体生活的情况下，敬老院会给予老人更多的方便，时刻注意照顾到每个老人的特点。

可见，敬老院在制定院内制度时，都采用了老人们可以接受的方式，让大家能够尽可能参与进来，制度内容的制定都考虑到了老人们的实际需要，为的就是维护老人们在院内的利益，解决老人们在院内所面临的一些问题。让没有和自己的亲人居住在一起的老人们也不会丧失话语权和表达权，他们依然能够像在自己家中一样，表达自己的需要和不满。而敬老院的实际行动也向我们证明了，只要是在条件允许的范围里，会竭尽可能地维护院内大多数老人们的利益，满足绝大多数老人们的需求，这正是"敬"老的一种表现。只有真的从思想上想去尊敬院内的老人，领导和服务人员才会设身处地想要去满足老人们的需求，体谅他们的心情，提高他们对院内各项事务的参与度，让老人们有强烈的主人翁意识，只有这样才真正达到了创办敬老院的初衷，这个福利性的集体组织才真正地对得起敬老院这个"敬"字，才真正地履行着其应有的职责。

五 进一步探讨

笔者通过对人民公社时期北佬壕村所属公社敬老院的建立、运行以及敬老院内老人生活的基本情况，做了细致的描述。但是，有一个问题始终困扰着实践者，那就是集体运作的逻辑问题。按照集体行动逻辑进行分析，北佬壕村所属的梨树公社敬老院在第一任和第二任敬老院院长的带领下，的确出现了公共秩序混沌无序、公共政策执行失范等问题，如本文以上章节中所提到的，出现了老人不慎落入钓鱼池塘淹死的事件，在全县的敬老院评比检查中也是最后一名，这些都是敬老院集体管理所出现的漏洞和问题。为何后来出现好转，有重要领导前来视察，甚至是引来国外 6 个国家研究养老福利事业的工作人员前来参观？

根据敬老院马院长的回忆，当时第六届全国人民代表大会常务委员会副委员长王任重同志到吉林省视察工作，在视察的过程中偶然听到工作人员介绍说吉林省梨树县梨树公社的敬老院办得好，于是王副委员长临时做出更改行程安排的决定，提出一定要亲自到梨树公社敬老院去看一看。这次视察对于马院长来说是终生难忘，因为从梨树县成立以来，从来就没有接见过这么高级别的领导人物，第一次来竟然是为了参观敬老院，可见当时梨树公社敬老院一定是办得相当好，才会达到这样的效果。

不仅如此，紧接着又吸引了来自英国、美国、法国、德国、日本、朝鲜等六个国家的代表前来敬老院参观，声称是看了报纸和新闻宣传了解到中国有一个办得十分出色的敬老院，他们希望亲自过来考察一下，进而了解不同国家制度和经济制度下福利事业开展的方法。

敬老院行为逻辑结果的转变有其深刻的原因。从经济背景来看，敬老院最"风光"的时候是 80 年代中期，这个时候人民公社已经由濒临解体到完全解体，集体经济被家庭联产承包责任制所替代，集体经济逐渐瓦解导致公社的公益金大大缩水，一度影响了敬老院的财政状况。但紧接着，1985 年人民公社退出了中国的历史舞台，农村重新恢复了乡、镇人民政府，敬老院也由公社管理转变为县民政局管理。如此一来，敬老院的各项资金来源不再和公社集体经济效益挂钩，转而直接由国家拨款扶持。再从政府职能来看，以实现公共利益为目标的政府规制有利于克服公共管理的危机。梨树公社敬老院办院水平不断提高，得到各个地方乃至国外福利事业机构的关注和肯定，是与政府规制的效用紧密相连的，政府规制是创造性地实现对公共利益整合、维护和分配的行动。① 具体到梨树公社敬老院，表现为当敬老院通过不断更换院长初获优良成效以后，得到了上级领导的重视，公社时期便加大公益金提留给敬老院的力度，鼓励敬老院更好、更快的发展，以此能够与当时国家倡导的搞好集体福利事业的政策相吻合，同时也能够让公社社员们感受到献身集体事业，努力劳动的美好愿

---

① 参阅［德］哈特穆特·毛雷尔：《行政法学总论》，高加伟译，法律出版社 2000 年版，第 6—7 页。

景。公社时期结束以后，县民政局作为政府机构不断加大资金投入和对敬老院制度、管理模式的引导，诸类政策不仅有计划地改造了乡村社会，也有计划的改造了乡村社会里的敬老院。使得梨树县敬老院在全国敬老院面临公社解体纷纷缩水减少时，却探寻出了自身独特的一套发展模式，这与国家政权的渗透是不无关系的。政府规制的合理安排，使得敬老院在短时间内并没有按照集体行为逻辑的客观规律进行发展。

另外，人民公社时期，梨树公社敬老院的发展规模和结果是公社本身和上级政府内外合力、共同努力的结果。一方面，公社自身需要达到当时国家所布置的任务和要求，需要达到集体经济时期各项事业发展壮大的规模和成效；另一方面，上级政府不断加大投入和关照，是为了坚固梨树公社敬老院这一集体组织在吉林省的典型性地位。在当时全国兴办敬老院的背景下，能够创办出一个受到全国乃至国外关注的敬老院是十分不易的，需要充足的财力、物力和人力的支持与保证。政府大力的投入也是为了保证其有利、先进的政治地位。这样共同合力的发展，使得历史阶段中典型性的集体组织得以形成，这样的组织具有双向性的优势特征，即集体组织与上级政府之间是相互依赖、相互促进的。

综上，首先，人民公社时期，敬老院的养老实践有其自身的特殊时代性特征，它是集体化大生产、集体所有制经济下的产物，所以它必然带有明显的集体色彩。虽然现在社会中也存在一些组织机构名为"敬老院"，但是如今的敬老院并未能更真正履行到"敬"老的职责，这与人民公社时期的敬老院有着本质上的区别。这样的敬老院之所以只出现在集体化时期，是因为敬老院各个方面的运行和管理方式需要得到政社合一这种政治、经济集体的制度支持。集体化时期，家庭功能的逐渐削弱，使得农民对集体的依赖更加强烈，衣、食、住、行乃至养老都被打上了集体的烙印。敬老院能够顺利地开展，敬老院对于老人们的敬重，制定出院内老人们可享受略高于普通社员生活水平的政策，能够得到集体中经济、政治和思想上的支持，所以切实敬老的敬老院只出现在集体化时期。

其次，为什么人民公社时期、集体化背景下出现的是敬老院而非养老院呢？要想解开这个谜团，首先我们要从"敬"和"养"的语言本性出发，推及出他们所代表的社会现象的缘由。"养"从其本义出发是"抚育，供给生活品"的意思，换言之就是为某个对象提供生活的必需品，是一种物质需求的满足。而"敬"更加强调的是一种精神和态度上的表达，是在物质需求得到满足前提下的精神需求的满足。了解两个字字义上的差别，便能帮助我们更加清楚地理解建立敬老院而非养老院的缘由。敬老，是对老人敬重的一种表达，这说明在思想上，农民普遍认可老年人在社会当中的权威地位和历史贡献，他们与生俱来的对老人怀着一种恭敬的态度。集体化时期，需要的就是调动农民集体创造效益的积极性，要想达到这样的效果，首先需要使农民融入到集体化的生活氛围当中，所以既要保证对老人们的尊敬，不能因为参加集体事业的建设而忽略了几千年来对老人们赡养的传统；又要适应集体化生产生活的现状，建立一个敬老院便是众望所归。这样将老人们集中起来供养的组织也必须遵循"敬"老的传统思想观念，才能让大多数的农民和老人对其抱有起码的信任感和认同感。同时，敬老院内老人们的生活给他们提供了未来生活的美好蓝图，让他们对集体事业更加抱有希望，充满信心，敬老院成为了农民全身心投入集体事业建设的助推器和定心丸。所以，在集体化时期建立敬老院而非养老院有其需求和必然性。

最后，笔者还有一些问题想要提出来和大家共同探讨，经济的不断进步带来的是老年人社会价值认同感的下降，在经济飞速发展的同时，老人们对社会的贡献和价值逐渐弱化，这也似乎使得某些沿袭了很久的传统观念渐渐被人们所遗忘。这样的变化也使得带有人民公社时期明显时代特征的组织——敬老院，变得一去不复返。经济的发展，并没有给广大人民带来如同人民公社时期的那种认同感和对晚年生活的安全感，人们往往是在创造经济成果和社会价值的同时，也在为自己年老时社会功能的减退而担忧。如何能够建立有效的养老保障机制，或者是能够建造一个真正意义上"敬"老的福利性组织机构，这是否值得留给我们如今的学者去思考呢？

农转非：国家建构下的农民身份选择逻辑

【导读】 建国初期，出于国家整合和社会秩序重建的需要，国家采取了城乡二元的户籍管理制度，由此出现了"农业户口"与"非农业户口"的差异，并通过资源配置的不同来体现，导致了农民身份认同危机和城乡户籍壁垒。于是，国家对人口从农村向城市流动的严格控制与农民实现"农转非"的愿望形成了一对矛盾。农民仅能通过招工、上学、结婚、征兵等实现"农转非"，于是，争取这些机会就成为了实现"农转非"的独木桥。不过，国家经济体制转变和市场发挥调节的作用，淡化了农民的"农转非"意识，并在一些地区出现了逆向选择。但是，长期以来的城乡分治致使城乡之间依然存在资源配置不平衡所导致的社会矛盾，在诸多方面影响社会经济发展和稳定。城乡一体化必然是未来城乡社会发展和治理的方向。

"农转非"一词是在社会发展当中演化而来的新生词汇，由"农""非""转"这三个语素构成。我们首先从各个语素来对它的词义进行分析。"农"在《新华字典》①中的含义除了作姓氏讲，主要有两种含义：(1) 种庄稼，属于种庄稼的；(2) 种庄稼的人。从词性上来看都作动词，指代行为定义，即《汉书·食货志》所载"辟土植谷曰农"，现代汉语多用作名词，指农业，农民。"非"的含义主要有三：(1) 不，不是；(2) 不对，过失；(3) 责怪，反对，如非议，无可厚非。在"农转非"这个词中，非指不，不是的意思，即指代不是"农"。"转"既是"农"与"非"的连接词，是核心语素。根据含义，"转"的用法共有16种，其中

---

① 《新华字典（第五版）》，商务出版社 2005 年版。

主要包括，（1）回转，转动；（2）情况变化；（3）转移，辗转；（4）丢弃；（5）迁官转任；（6）移动，迁徙；（7）离去，离开；（8）卖等。多用作动词，表现人与事物的行为变化。

"农转非"一词产生于我国计划经济时期，从政策的角度去定义，就是由农业人口转为非农业人口。其中"农"是指农业人口，而"非"就指非农业人口，"农转非"本应指人口类型的转变。由于我国实行城乡二元的户籍制度对身份的界定，农业人口与非农业人口的划分就是以其具有的户籍作为标准。具有农业户口的人口被划分为农业人口，而非农业人口则是指具有城镇户口的居民，因此"农转非"过程的直接表现就是由农业户口转为非农业户口，这就是"农转非"一词的基本含义。

但根据词源学的理论分析，我们可以看到，在语言的实际运用中，并非制度定义的那么简单。在"农转非"当中，"农"与"非"是起到定性作用的词汇。"农"可指一种行为，也可指根据行为对人的定义。农是种庄稼的人，也就是说，不再种庄稼也就不能称之为农，也就从"农"到了否定面"非农"。很明显，是户籍制度将"农"与"非农"的定义从行为、职业转变到了身份，内在含义也包括了国家在这个身份上附着的资源配置和分配机制。同样"农转非"当中的"转"，也蕴藏了多层次的含义。除了一般定义的转移，我们还可以看到有丢弃，离去的含义，丢弃"农"而得到"非农"；也有指移动，迁徙的行为的含义，从"农"的领域走向"非农"的领域，由"农"的生产生活方式转变为"非农"的。

事实上，语言的运用中，"农转非"不仅指从农业人口转为非农业人口，而且也指一种过程。这是丢弃旧的身份、获得新的身份的过程；也是从农业生产中脱离的过程；还是离开乡村、走向城镇生活的行为过程。

然而，"农转非"的基本含义虽然呈现着一个过程，但它却不是一个自然选择的行为过程。"农转非"一词曾在国务院发布的《关于严格控制"农转非"过快增长的通知》当中被定义为："包括通过招工、参军转干、升学、军人家属随军等所有从农村迁移到城镇、户口由农村户口转变为城镇户口的人。"① 其中针对"农转非"中"转"的资格、途径、方式等都给出了明确定义。限制的力量不言而喻。正是外在力量的作用，"农转

---

① 《关于严格控制"农转非"过快增长的通知》。

非"不仅是出于个人的意向和行为选择，更多的意味着一种资格。于是这种资格成为了"农转非"这个词汇对于社会影响的主要原因。所以，"农转非"就是居民由农业人口转变成为非农业人口的必经之路。由于户籍制度对于农业户口转为非农业户口的限制，使人们无法自主选择户籍及其改变，因此限制了农民进入城市，阻止了农业人口变成非农业人口。所以有经济学家认为这是阻碍生产要素的流动，也有法学家分析此类户籍制度的建立限制了农民迁徙和居住的自由。

虽然政府文件中正式使用"农转非"一词是在1977年，但是实质上的"农转非"是从户籍管理制度对于身份的区分与流动的限制开始的。早在1958年，全国就已经以国家主席令形式颁布了《中华人民共和国户口登记条例》①，并经人大常委会通过。以立法形式明确规定了户籍制度的方方面面，也正式确立"农业户口"与"非农业户口"的二元户籍形式，成为"农"与"非"区分的标志。从此有了"乡下人"与"城里人"，身份差别也随着不同户籍性质附着在每个人身上，甚至这种差别还是具有世袭性的。"农转非"正式在这种差别定义中产生，并经历了变迁后而消逝。那么，国家建构如何导致"农转非"的形成与演变？具有怎样的政治作用和社会特征？

与此同时，这种身份二元结构除了身份符号的差别，更重要的是与身份相伴的几乎所有资源配置的不同和广泛的权利的不公。就像宫希魁先生所述："从生命伊始到生命终了，从吃喝住穿到婚丧嫁娶，从职业选择到职业流动，人的尊卑贵贱、身份等级，无不与户口紧密相连。"② 农民无法得到"城市人"所用的"购粮证"和"购油证"，无法拥有粮食、蔬菜和副食的补贴，无法争取分配工作、公费医疗、劳动保障和福利公房等资格。更不用说较高的社会认同和社会地位，那几乎是望尘莫及。城乡二元结构的覆盖面越来越广，城市与乡村的资源差异日益扩大，城市人和农村人的权利差别更为明显。正因如此，强化了农民实现农转非的内在愿望和行为动力。那么，国家如何在身份差别的基础上配置资源和分配权利，以至于实现国家整合的同时却导致城乡二元分化？这样的社会二元结构又怎样导致社会分化和文化转型，同时如何影响农民的心态与行为选择？

---

① 《中华人民共和国户口登记条例》，《人民日报》1958年1月10日。

② 宫希魁：《中国户籍制度的扭曲及校正》，《甘肃理论学刊》1993年第04期。

一 背景与形成

中国的户籍制度从封建王朝沿袭至今，最早可追溯到公元前375年，从历史上的第一个国家夏朝开始就已经出现。户籍通过对身份的认证，实现了国家的政治统治与社会治理。最初的户籍制度是国家进行封建统治的工具，目的是登记人口和土地。现代国家理论认为人民、领土和主权是一个统一国家的三要素。从夏朝开始，户籍制度就是国家统治的重要制度，随着历史长河延续至今。封建社会的户籍制度是为中央集权统治所服务的一种社会制度，是维持中央政权和维护封建统治的重要手段。人口与户数不仅作为封建社会朝代繁荣与否的象征，而且由于我国的传统农业是自然经济下的个体小农经济，所以当时的户籍的存在更多是为了征调赋税的需要，并非重点着眼于人口，同时也是国力的展现和军事力量的储备。

就传统社会的户籍制度的性质，有学者将其定义为"三个共存"，包括：性质等级性与平等性共存，封闭性与开放性共存，宗法血缘性和地缘行政性的共存。[①] 在封建等级制度的阶层划分基础上，等级性作为传统中国户籍制度的核心特征，是为了维护封建统治而存在的。

随着千年的封建制度被打破，不仅具有封建特性的户籍制度不复存在，传统中国的社会结构也被彻底打破。土地改革之后，中国乡村社会出现了高度的政治认同，之后逐步走向了大一统的乡村社会格局，没有了农民与地主的区分。同时，城乡之间体系也被重新整合，新的户籍制度在国家整合中重新构建社会结构和社会文化。"农转非"就是在这样的新的国家制度与社会结构中慢慢孕育。

（一）背景

现有的一些研究，往往将"农转非"归因于1958年国家颁布的《中华人民共和国户口登记条例》，认为正是对于城市户口与农村户口这种二元户籍模式的立法，确立了国家长期实行城乡二元的户籍制度，并最终导致城乡二元社会结构，从而使"农转非"应运而生。事实上，单纯的条

[①] 王威海：《中国户籍制度——历史与政治的分析》，上海文化出版社2006年2月版。

例只是一种形式，不能忽略了制度层面的意义，更不能脱离制度产生和发展的政治社会条件。可以说，从有了二元户籍制度的那天起，也同时诞生了"农转非"。

而所谓户籍制度，是用于管理户口或与此相关的一套政治、经济和法律制度，其主要功能是用来管理个人身份、资源配置以及财富分配。户籍制度是国家针对身份、资源及其分配等要素而建立起来的社会制度与规则。而在建国初期形成的户籍制度，不仅处于特殊历史时期和特定的政治经济环境下，而且出于国家对于社会整体性建构的需要。由此建立的户籍制度不仅是一种社会制度，也具有政治制度的性质。"农转非"的出现是建立在二元户籍制度的基础上，是"农"与"非"这两种社会角色划分而导致社会分化的产物。正如帕森斯认为"制度可以叫做负责的制度化的角色整合，这种整合在所谈及的社会系统中具有战略性结构的意义。"①因此，对于农转非由来的研究，不得不深入制度层面，以及在制度形成的政治社会环境下进行考察。

1. 秩序重建与社会控制

一方面，20 世纪上半叶，对于中国民众来说是一个苦闷辛酸的时代，他们的生存受到战争的威胁，生活也无法得到保障。饱受战火纷争惊扰的民众，最迫切需要的正是安定和平的生活。因此社会秩序是新政权建立之初所面对的最重要的社会需求。此时的社会制度的出台，都带着政府与民众对于安定社会秩序的共同期待。另一方面，通过革命所建立起来的新政权，还要面对战争所带来的混乱的社会经济秩序。所以还在新政权建立之前，毛泽东就要求中国共产党的干部学习城市的管理，准备将工作重心由农村转向城市。果然在新政权建立时，中国的城市就面临着公共秩序混乱、生产停滞、通货膨胀严重、失业现象明显等诸多问题。所以当时城市建设的首要任务就是社会秩序的重建。再一方面，土地改革的实现，使中国民众对新政权产生了强烈的政治认同，希望新的国家政权彻底打破传统的社会结构，重塑崭新的社会秩序。尤其在经历了社会主义改造之后，国家整合的目的之一就是将社会主义国家的力量延伸到社会之中，建立社会主义新秩序。

---

① TalcottParsons：《TheSocialSystem》，Routledge&KeganPaulLtd. 1991.

基于以上的分析可以看到，为了巩固国家政权、加强城市建设和经济发展、维护社会稳定，新政权建立之初国家制度安排的目的是社会秩序的重建。同时，秩序的构建需要社会控制，需要国家建立政治权威。因此随着社会秩序建设的深入，国家制度安排就成为社会控制的重要手段。因此城乡二元的户籍制度和社会结构也是在对人口与流动的控制中开始形成的。就实现社会控制的过程来说，既有说服动员，也有强制性的制度安排。说服动员是共产党在革命时期就具有的工作方法，在新政权建立之初得到了继承。包括对于公共秩序的建立，也是将户籍管理与说服、动员相结合的。除了对于"反革命分子"的强制控制以外，普通民众行动还是具有自由权利的。这一点在 1950 年《城市户口管理暂行条例》中就可以体现。《条例》出台的目的也是维持社会秩序，保障人民居住迁徙自由，这也是最初的户籍登记管理制度。此时的控制方式主要是说服城市无业或失业人口回乡从事农业生产，并且劝说农村剩余劳动力安心务农，不要盲目涌入城市。

这一时期，户籍管理系统的建立以及对于人口流动秩序的维护，在一定程度上缓解了通货膨胀与失业等城市社会问题，实现了国家对于公共秩序的重建，巩固了国家新政权。但是这些将剩余劳动力过多依赖农业生产来消化，减少城市负担来发展城市的做法，为城乡分治潜伏了危险。

2. 计划经济与统购统销

新政权建立之初，政治精英们是有雄心建立大一统的社会主义新秩序的，试图通过国家权力和全民动员来实现乌托邦理想式的平均社会。但由于当时国家所面临的内忧外患的局面，加上经济基础薄弱的现实问题，国家只得以身份符号来控制和分配短缺的社会资源，却无形中造成了城乡分配的差异和身份二元化的趋势。1953 年我国初次建立了户籍管理制度，目的在于为即将进行的全国人大代表普选和即将展开的工业建设做准备。同年 4 月展开了第一次全国人口调查登记，随后在 1954 年农村也建立起简易的户口登记制度，并于 1955 年建立起全国统一的城乡户籍登记。这样的制度安排在国家资源匮乏、经济基础薄弱的时期，有利于集中和动员社会资源，维持社会稳定和控制社会流动。但当它遭遇诸如粮食供应紧张、城市就业压力大、财政负担过大等矛盾时，就开始受其影响，发生演变。

但是，随着城市建设和工业生产逐渐得到恢复，国家开始进行社会主义改造，同时借鉴苏联模式，发展以重工业为重点的工业建设。但是此时国家经济基础薄弱，发展重工业所需要的大量生产要素投入，只得依靠工农业产品之间的"剪刀差"来获得。计划经济体制下重工轻农的战略导向使国家需要通过"剪刀差"来获得工业发展的积累，同时城乡发展的地位也明显倾斜。同时随着城市工业化建设的展开，大量农村剩余劳动力进入城市，投入城市建设当中，城市规模和人口数量都大幅上升。但是城市人口的生活保障问题直面国家资源稀缺的现实问题。1952 年就开始出现粮食购少销多、供不应求的情况。而后国内粮食供给不足情况愈加严重，国外市场的粮食进口也遇到封锁，粮食市场秩序一度混乱。

国家开始大规模有计划的经济建设的同时，针对粮油棉布等生活必需品实施计划供应。但是对其供应对象，规模和范围的控制，需要以严格的人口控制来保证。因此，户籍管理和人口迁移流动都被列入国家计划管理之中。最初计划供应粮食的范围除了县以上城市和农村集镇，还要覆盖缺粮的经济作物产区人口，也要保障一般地区缺粮户和灾区的灾民。按这个范围供应，吃商品粮的人口接近 2 亿，超过全国总人口的 1/3。[①] 反而导致了农村人口大量流向城市，加重了城市粮食紧张。在当时的户籍登记中，两年间户籍转移就达 7700 万人口。于是国家于 1955 年 8 月出台定产、定购、定销的策略和方法，规定粮食凭城镇户口发放票证，按人定量供应，而农村吃粮则自行解决。[②] 从此，粮食与生活必需品供应就与城镇户口紧密连接起来。

1955 年 11 月，国务院《关于城乡划分标准的规定》发布，确定人口统计指标按照"农业人口"与"非农业人口"划分。从此，伴随着计划经济体制下"统购统销"政策的实行，"农"与"非"的城乡身份差异逐步形成。"统购统销"政策在中国实现了 32 年，也从粮食开始将城乡身份间的差异推展开来，程度和范围越来越大。

---

① 殷志静等：《中国户籍制度改革》，中国政法大学出版社 1996 年版。

② 肖冬连：《中国二元社会结构形成的历史考察》，《中共党史研究》2005 年第一期。

1949—1957 年户籍制度演变过程

时间	法规制度	内容
1950 年	《关于特种人口管理的暂行办法》	特种人口管理
	《城市户口管理暂行条例》	城市常驻人口登记和管理
1953 年	《全国人口登记调查办法》（政务院）	常住人口的六项调查和登记
	《中共中央关于粮食统购统销的决议》	规定粮食收购和计划供应的范围
1954 年	内政部、公安部和国家统计局联合通告	普遍建立农村户口登记制度
1955 年	《建立经常户口登记制度》（国务院）	人口和户口变动登记和管理
	《市镇粮食定量供应暂行办法》	粮食供应、粮票和粮油转移证管理
	《关于城乡划分标准的规定》	"农业人口"和"非农人口"的划分
1956 年	首次全国户口工作会议的三个条件	确立户口管理的三项任务

此后的户籍管理的相关制度都是在计划经济体制的背景下，出于人口控制和资源分配的需要。直到 1958 年颁布的《中华人民共和国户籍管理条例》，正式立法明确了中国户籍管理制度。"农业户口"与"非农业户口"的划分成为法定制度，是现实意义上"农转非"出现的标志。虽然当时的户籍管理并没有强制控管"农业户口"与"非农业户口"之间的迁移和转变，当时的"农转非"只能算是表面意义上的户籍转换方式，其内在涵义还未真正表达。但是更深层意义上的"农转非"也在城乡身份差异和资源分配差别中酝酿。

3. 逆城市化逻辑与控制

到 1957 年底，第一个五年计划基本完成，我国工农业生产得以恢复和快速提高，人们生活秩序恢复，生活水平也相应提高。但是国家不得不面对城镇人口增加所带来的城市压力。从 1952 年到 1957 年底，城市职工总数从 1603 万增加到 3101 万。[①] 这使得城市有限的就业机会再度减少，无法完全满足安排城镇新生劳动力就业的需要。

这些城镇新增人口很大一部分是从农村流入城市的人口，从狭义上来看，这些人属于这一时期的"农转非"人口。他们一方面是国家计划从农村招入城镇的劳动力，进入工厂或者矿山工作；另一方面他们是被优于

---

① 《中国统计年鉴（1983 年）》，中国统计出版社 1983 年版。

农村的城市经济收入和机会所吸引，自发进城的农村剩余劳动力。他们中间，部分被城镇企业接纳，而另一部分就形成了城市"盲流"。这是国家偏重工业建设投入，忽视农业投入的原因造成的。

1956 年，全国职工人数比前一年增加 224 万人，远远超过了 84 万人的国家招工计划。[①] 同时，从农村迁入城市的"农转非"人口占新增城市人口的 56%，城镇人口比重提高到 15.4%。[②] 按照当时实行的户籍管理制度，这些企业吸纳的农村劳动力也都转为城镇户口，纳入城市人口。因此，政府感到压力，开始限制城乡人口迁移和流动。其中，1958 年颁布的《条例》，就有一条规定是关于人口迁移限制的，"公民由农村迁往城市，必须持有城市劳动部门的录用证明、学校的录取证明或者城市户口登记机关的准予迁入的证明、向常住地户口登记机关申请办理迁移手续。"[③] 它并没有明确禁止农村人口向城市转移的意图，但是在之后的实际运行中，它成为了行政部门限制人口迁徙自由，控制资源占有权利的法律依据。《条例》也促成了对于农村人口迁入城市的审批权力从迁出地转为迁入地。这有利于增加政府对于"农转非"的控制能力。

实际上，"大跃进"时期，国家大力发展工业时，很多项目匆匆上马，不得不从农村招收职工，或者以合同工、临时工的形式纳入城市工业建设，城市人口继续增加。1958 年工业和建筑业就从农村招入 1000 多万新职工。[④] 另外还包括工人家属从农村住进城市，他们可能不找工作也不用成家，那么就不属于正常户口登记和迁移，也就不享受国家计划分配的资源和粮食。这是一种非正常途径的情况。

陆益龙先生认为，当时的户口登记条例隐含了政府决策的一种悖论，即是工业发展和劳动力需求的矛盾，农业增长和外向发展的矛盾。[⑤] 政府认为限制"农转非"是可以防止劳动力外流、保证农业增长。但同时，农业劳动力增加、还扩大工业市场。因此城市的工业建设需要农村劳动力，但是政府还是阻止大量的"农转非"，除了出于粮食计划供应和基础

① 国务院：《中华人民共和国中央人民政府大事记（第四卷）》，第 142 页。
② 马洪、孙尚清：《中国经济结构问题研究》，人民出版社 1981 年版，第 505 页。
③ 《中国统计年鉴（1985 年）》，中国统计出版社，第 185—186 页。
④ 赵德鑫：《中华人民共和国经济大记事》，河南人民出版社 1989 年版，第 945 页。
⑤ 陆益龙：《户籍制度——控制与社会差别》，商务印书馆 2003 年版。

设施不足的考虑外，这种阻止"农转非"和压缩城市规模的逻辑就是不要城市化的工业化。

1959 年开始的粮食减产导致农村出现饥荒，城市粮食也出现危机。因此国家在 1961 年出台的《关于减少城镇人口和压缩城镇粮油销量的九条办法》，即是为了应对粮食危机，加强农业生产的政策举措。《办法》要求城镇人口三年内减少 2000 万。此后所有企事业单位开始裁员，裁减对象多是近几年新招于农村的工人。政府动员这些人尽量回村，要求人民公社配合安置。1961 年到 1963 年，全国城镇人口平均每年递减 4.41%。[①]同时国家开始采取新措施严防"农转非"，也就是只有国家工作人员身份才能进入城市，获得城市户口。这可以说是第一次"反城市化"的运动。

而第二次"反城市化"逻辑的体现就是"文化大革命"期间的"上山下乡"运动的展开。让城市的学生到农村里插队落户，"接受贫下中农再教育"。这次政治情绪强烈的集体行为不仅是为了培养社会主义接班人的教育，也是政府对人口控制的暂时制度，以缓解城镇资源压力。从 1955 年远赴黑龙江垦荒的北京青年志愿垦荒队被国家树为典型开始，"上山下乡"运动一直延续到 70 年代。"文化大革命"期间，城市 1/10 的人口都被"下放"到了农村，大约迁徙 1600 多万人。这样大规模的从城市向农村进行人口大迁徙，被学者称为"逆城市化"的人口策略，在人类历史上都是罕见的。

国家在进行社会主义建设的过程中采取限制农民进城、企业裁员、学生下乡的政策，除了意识形态上的表现，很大程度上是国家为了缓解资源紧缺，减轻城市压力下的举措，但是这些政策无不透露出当时国家建设的一种反城市化逻辑。因此，虽然产生了工业化与劳动力需求之间的悖论，国家还是采用了严格人口控制的制度，主要原因包括：第一，当时国家需要利用工农之间"剪刀差"来积累大力发展工业的资本，所以限制农村劳动力外流；第二，为了保证城市的粮食和农副产品供应，需要农村劳动力来保障粮食生产，促进粮食增产；第三，国家财政投入偏重重工业，不利于扩展就业范围和渠道，农村劳动力进城会增加城市人口就业压力。也有人认为阻止农民进城，限制"农转非"，是马克思主义思想观念中对于

---

① 《中国统计年鉴（1983 年）》，中国统计出版社 1983 年版。

工人阶级的偏爱导致的。但是这并不是正统的马克思主义重工轻农思想，而是经济发展策略不符合当时国情所致。[①] 农业基础不稳固的时候就大力发展重工业，势必导致工农城乡之间发展失衡。

（二）初步形成

在过往的研究中，一般将《中华人民共和国户籍管理条例》看作是中国户籍管理制度的里程碑，很多人将它看作是城乡二元户籍身份系统形成的标志。[②] 严格来说，《条例》的影响是间接的，它并非和现实生活中运行的户籍制度完全一致，对城乡户籍做出严格区分，对户口转变和迁移实行严格控管。因为当时颁布《条例》的主要目的是为国家计划经济控制服务，用于建立全国统一的出生、死亡、迁移和人口变更登记。事实上如果没有计划经济下的粮油供应和其他政策的作用，没有与户籍相关的资源和权利的刺激，单纯的《条例》也许无法对公民身份系统和社会结构产生如此大的影响。

实际上，真正意义上的城乡二元的身份系统并非只是因为城乡户籍区分的本身，而是由于户籍区分的背后有着身份的差异，形成了这种特殊的户籍身份制。

马克斯·韦伯认为，身份就是建立在几种因素之上的由法律法规认可的一种制度体系。这几种因素主要是生活方式、教育过程，或者因为出身和职业而获得的社会声望。因此，《条例》只是对这种身份制度进行了法律认可，但实际导致这种国民身份差异的主要原因就是国家在国内外条件和环境的影响下，通过制度安排将户籍与国民享受的资源和权利进行了联结，同时城市或者农村户籍成为了界定国民具有不同身份的符号。

建国初期对国家稳定与社会秩序做出贡献的户籍管理制度，由于户籍"农"与"非"的区分而改变了形态和意义，而国家制度安排就是促成这一区分的主要原因。最初国家为了便于统一实行计划经济，从而将"农业户口"与"非农业户口"分开，为"非农业户口"提供商品粮保障。

---

① 陆益龙：《户籍制度——控制与社会差别》，商务印书馆 2003 年版，第 128 页。
② ［德］马克斯·韦伯著《社会学文集》，阎克文译，人民出版社 2010 年版。

这也是户籍与资源分配的相关性最初表现，是户籍成为国民的身份符号，更是因户籍不同意味着身份差异的开端。从此，"农转非"不仅意味着改变户籍，更是身份转变的象征，"农转非"它所具有的更深层的意义开始显现。

这里不得不提，有学者认为在"文化大革命"期间，户籍的符号特征弱化，国民的身份符号从城乡户籍转向阶级成分。实际上，这两种通过人为划分的符号来界定国民身份的方式，可能具有一定的内在一致性。首先，无论是户籍划分还是阶级成分划分，都是在资源稀缺的条件下，借由"符号"发挥控制作用，起到稳定社会秩序的作用。另外，两者都产生了巨大的社会效应，使不同身份的群体产生隔阂，缩小了人际交往的范围，降低了社会整合程度。

这些人为的身份界定标准是制度安排中建立的"符号"，阶级成分如此，城乡户口同样如此。因而在"反城市化"进行工业化建设的逻辑的影响下，"农转非"几乎从出现的那天开始，就伴随着"控制"与"限制"的国家制度并被纳入政府行政管理范围，它是国家制度安排的产物。然而，国家对于"农转非"的控制与限制，不仅显现和引发了国家发展的诸多矛盾，也激发了国家制度安排与农民愿望之间的矛盾。特别是在计划经济体制后期，当"城镇户口"与更多的资源和权利捆绑，城乡户籍不同所意味的国民身份差异越发得明显，强化了农民对于身份差异的意识，农民的身份认同明显减弱，从而通过改变户籍来改变公民身份的愿望就更加强烈，这种矛盾也明显了。"农转非"从来都不仅仅是改变户籍，更重要的是改变身份。

二　运　行

"农转非"是由国家制度安排的二元户籍身份体系衍生而来，"户口"成为了公民身份的符号，而符号的出现势必导致社会分化。当社会分化出现两极差异时，这种分化会被外力强化和加大。由于户籍身份差异所导致的社会分化会因为这种差异变得显著而加大，社会分化的加大又反过来导致身份认同的危机。这很可能是促使农民实现"农转非"的内在原因。

（一）二元社会结构

从 1958 年城乡二元户籍制度导致"农转非"的产生开始，"农转非"就进入了国家制度安排与农民愿望之间的矛盾与博弈之中。但面对强大的国家权力，农民只是力量薄弱的群体，只能在国家愈演愈烈的"农转非"控制制度中，争取一丝机会。其实，早在 1956 年到 1958 年，国家就曾经四次发出指示，用以防止农村人口盲目外流，也就是劝阻所谓的"盲流"进入城市并且动员其回乡。1958 年的《条例》之后，居住和迁徙自由的说法不再出现在宪法中。1964 年 8 月，国务院批转的《公安部关于处理户口迁移的规定（草案）》将城市的大门彻底向农民关闭。特别是该文件中出现的两个"严加限制"，不仅严格控制人口从农村迁往城市、集镇，还控制了集镇向城市的迁移。"严加限制"指的是要严格限制从农村前往城市、集镇，严格限制从集镇迁往城市。国家正式对"农转非"实行严格控制，此后城镇人口虽然有所增长，但所占人口出现下降。

国务院在 1977 年批转的《公安部关于处理户口迁移的规定》更是提出中国共产党在社会主义时期的一项重要政策就是严控市、镇人口。这个规定不仅进一步强调对于人口迁入城市的严格控制，同时也是"农转非"这个词汇第一次出现在国家正式文件中，它的意义已经迈入另一个阶段。从此，"农转非"这个表达从"农业户口"转为"非农业户口"的含义的词汇，也因为成为官方用语，而被广泛应用于官方文件和社会用语中，包括后来人们不仅用它指户口转变，也指代其他很多方面"农"向"非"的转变，都是基于这个基础之上的词汇用法的拓展与演变。

另外，之后发布的关于认真贯彻这个规定的意见当中，具体规定了"农转非"每年从农村迁入城市的"农转非"控制指标不得超过非农业人口的 1.5‰。"农转非"的严格限制，使得每年只有极少数人能转变户籍来改变身份。

将 1958 年至 1978 年看作是国家对于户籍的固态凝固时期，是城乡社会和户籍管理的研究取得的共识。笔者认为，这个时期对于户籍转变和人口迁移来说，也是凝固时期，是"农转非"最为艰难的时期。在计划经济体制下，经济与社会的方方面面都在国家的计划之下，为了便于计划和统筹，对于人口流动的封锁几乎是必然的制度选择。

然而，这个时期对于我们研究"农转非"有着重要意义。随着这个时期的制度演变，城乡户籍不同所带来的差异也从粮食、收入逐渐扩展到了行动、福利、子女身份等诸多方面的差别。正是这个阶段城乡身份之间的差异迅速加大，城乡身份二元结构逐步形成。

城乡二元身份结构的形成，极大丰富了"农转非"这个词汇的内涵。农民对于自身身份认同出现危机，对于实现"农转非"所能得到的收益预期更大了，这是农民对它的追求行为的内在动因。同时，这是国家对于"农转非"的限制最为严格的时期，所以即便农民通过各种途径实现"农转非"，但最终实现的大多还是农村社会的精英。对于那些没能实现"农转非"的农民来说，他们的内在愿望和行为动力却在不断积累，因此国家政策一旦对他们"开口子"，他们的激烈行为也不难解释了。

（二）资源配置的身份差异

"农转非"在农村乃至整个中国社会中曾经产生巨大的效应，就是起源于户籍身份的差异。但促使农民转变行为的不仅仅是身份符号的出现，更直接的力量是两种身份之间的差异以及社会差异。同时，也是社会差异导致了社会分化，而资源配置的不同就是社会差异形成的主要原因。同时，在国家对"农转非"严格控制的时期内，资源配置的差异也是身份差异的主要表现，也是农民身份认同的影响因素，更是农民改变身份的主要动力。

亚当·斯密将国家财富分解为土地地租、劳动工资和资本利润三个部分，可是他却没有阐述社会财富应该如何进行社会分配。后来的福利经济学家在研究社会公平中的分配公平时，也存在争论的观点。越来越多的研究将权力格局的分析引入对社会分配研究，包括马克斯·韦伯的分层理论以及伦斯基提出的"分配制度的动力学"理论。他们认为，权力将可能决定一切的社会分配。

实际上，各种制度也就是资源在分配时所需要遵守的规则。无论市场调节还是国家干预，资源分配制度都制约着资源分配的方式。只是在计划经济体制下，资源分配具有更多国家干预的因素。因此，在计划经济时期形成的资源分配模式是最初形成城乡户籍身份差异的主要因素之一。市场经济体制，也依然会有国家干预和市场共同作用。

　　这里的资源指的不仅是一般意义上的自然资源和物质资源，还包括社会资源。也就是说，农民通过"农转非"所能得到的资源，除了物资、收入、福利等实际收益以外，还应包括获得这些实际收益的机会和权利。当然，农民在实现"农转非"后，所能获得更多的社会资源也可以在获得更多自然资源和物质资源的过程中体现出来。当然，不同类型的资源只要有优劣差异，就具有对农民的内在吸引力，它们也就只是农民对于城镇户籍预期收益的不同方面。因此，这种预期收益会随着任何一种资源类型的配置差异扩张而增大，只是在不同时期的资源类型会有所不同。

　　很明显，资源配置身份差异是呈现一个随着时间推移，逐步增大的过程，所涉及范围也增大了。具体来说，两种户籍身份从最初的职业和区域的不同，扩展到粮食、收入的不同，直到发展成为城乡身份在生活方方面面的差异。

1949 年以后城乡户口之间的差别

时期	城乡户口差别的表现
1949—1952	分工、住所
1953—1957	收入、粮食供应
1958—1965	地位、收入、粮食供应、福利、行动自由度
1966—1976	福利、子女身份、收入
1977—1984	地位、声望、收入、粮食供应、福利、就业、子女身份、教育、行动自由度
1985—1991	地位、声望、收入、粮食供应、福利、就业、子女身份、教育、生活条件
1992 年后	地位、收入、福利、就业、子女身份、教育、生活条件

　　分工与居住。新政权刚建立的阶段，打破了旧的社会格局和重新建构的社会秩序，使得城乡之间比传统沿袭的差异甚至还有所缩小。农民阶级和工人阶级作为国家政权的基础，都是新中国建设的力量。农民实现了"耕者有其田"，生产积极性高昂，同时城市存在失业问题，生活风险相对高于农村。此时，城乡之间的差距不大，农民和工人的不同主要是职业和居住的区域不同：农民从事农业生产，居住在农村；工人投入工业生

产，居住在城市。此时，城乡流动也是相对自由的。

粮食与收入。从 1953 年的第一个五年计划开始，计划经济的制度安排开始发挥作用。农村实行统购统销的粮食制度，城市粮食采取定量供应。基于压低农产品价格和增大城市定量粮食供应的城乡差别，"城市人"的待遇开始优越于"农村人"。平价商品粮不仅为城市人提供了粮食保障，也变相的拉大了城乡收入差距。这一时期，粮食是城乡身份最主要的资源差异。

福利与子女身份。尔后在粮食和收入差异的基础上，福利和子女身份的差异又表现出来。从粮票到各种票证，城市人口的生活保障和国家补贴息息相关。国家配给城市人口的物资和补贴也逐步扩大到各个方面，至今也是消除城乡壁垒的障碍。同时，由于户籍身份的继承，使城镇人口的子女也就自然获得城市户籍，而农民子女则继续留在土地上，在国家对于"农转非"的严格控制中挣扎。这一点也影响了婚姻观念和配偶选择，这种影响直至今日也没有消除。在"文化大革命"期间，户籍特权和差异有所削减，取代它的是家庭成分，当时贫下中农和工人家庭成分可以受到参军、提干、就业、上大学等多方面的优待。

就业与教育。就业和教育上的差异可以追溯到城乡身份出现之初。就业差异的根本就是在机会与待遇两方面的身份差异。一方面，国家要求在招工的时候优先招用城镇人口，对于农村人口向城市流动的严格限制。另外，国家计划"统分"政策，为城镇人口解决了工作问题；另一方面，往往环境好、技术强、待遇高的工作都只招收城市居民，农民进入城市工作就只能以临时工、合同工的形式，从事那些城市人不愿意做的、流动性高、较为辛苦的工作。同时，相比正式职工，临时工在报酬上是不平等的，也没有相应的福利保障。教育上的身份差异也是在改革开放之后更为明显。主要原因有三点：第一，国家对于城乡教育的投入差距较大、重视程度不同；第二，社会精英的城市化，使得农村师资力量薄弱、教育质量较差；第三，学校选择与户籍挂钩，使农民子女无法选择更为优质的教育环境。于是，农民子女无法得到优质的教育，考上大学的人明显较少，成材率较低。

地位、声望与生活条件。改革开放之后，城乡之间的资源差异加大，不仅表现在城乡收入方面，还有住房，医疗、福利、教育、就业等多方面的差异加大。同时，这种城乡资源差异还体现在地位、声望和生活水平的差异。除了个人收入水平的差距导致生活水平差距之外，国家投资兴建的大量公用设施也只是针对城市建设和提高城市人口生活条件。而这些都是农村人口所无法享受到的。"城市人"也能享受到更多的国家重视和社会尊重，很多人成为社会精英阶层。

我们可以发现，按照时间演变，各个时期的城乡资源配置差异所涉及的方面，都较前一个时期有所扩展，除了"文革"时期。同时，每个方面的资源配置差异，都随着时间发展而增大。另外，收入差距是城乡资源配置差异的核心表现。

城市职工工资水平

年份	1978 年	1979 年	1980 年	1981 年	1982 年
平均工资（元）	614	668	762	798	802
全民	644	705	803	812	836
集体	505	542	624	642	671

农村家庭收入

年份	1957	1978	1979	1980	1981	1982
家庭规模（人）	4.85	5.74	5.66	5.54	5.50	5.46
人均收入（元）	72.95	133.57	160.17	191.33	233.44	270.11

从上表我们可以看出，城乡收入差距始终明显。而收入差距说到底还是资源配置差异导致的。我们可以从各方面的表现看出，国家通过户籍控制对城乡采取有差异的资源配置，加大了城乡差距，使得城乡身份差异显著。这种显著的身份差异不仅造成了社会分化，而且差异本身从自然资源向物质资源，再向社会资源的转变，将会导致社会文化的转型，激化农民身份认同的危机。因而，农民对于资源的追求，也会以追求户口的形式表现出来。

虽然"户口"本身不具备资源的特征，但是由于附着在"非农业户口"上的资源配置优势和特有权利，使得"非农业户口"本身就变成了一种资源。当制度安排限制"农转非"时，这种户口资源成了稀缺资源，农民追求它的内在动力有增无减。

（三）"农民"身份认同危机

实际上，城乡差异自古有之，但是从未明确地建立城乡差异的身份系统。当农民身份和城市居民身份由于户籍的不同而被区别认定，也就明确了城乡身份的差异，形成了"城市人"与"农村人"两类社会群体，这也就导致了建立在户籍身份区别基础上的社会分化。国家出于计划经济的制度安排，将自然资源、物质资源和社会资源也进行了二元配置，进一步导致了资源的身份附着。因此，资源的身份附着性质和二元配置方式，势必促使社会进一步分化，也使得处于弱势的农民群体对于身份认同产生危机。

从上一节我们分析可知，二元模式涉及资源配置的诸多方面，此时社会已经形成二元身份系统。曾有学者指出，截止到改革开放，城乡身份所体现的资源差异涉及方面有 14 个之多。笔者认为，此时不仅城乡身份之间资源配置差异显著，社会分化明显，而且城乡身份之间的关系也影响着农民身份认同，导致"农转非"意义的进一步演变。

从划分到身份：农民与工人的关系从最初基于区域和职业的划分，到以城乡户籍来划分身份界限，"农民"已经不再只是一个居住在农村的群体，不再只是一种职业，而是一个从出生就注定的具有天赋性质的身份。这个身份并非因为后天的行为角色而获得，比如教师、母亲这样的身份，它是先天继承的，不仅没有选择的权利，而且还同时获得与身份相应的权利、资源及约束。因此，"农转非"不是意味着职业改变和居住环境的改变，而是意味着身份转变，以及打破身份附着的一切差异，追求社会公平。

从迁徙到晋级：天然的"农转非"是人口从农村迁徙到城市的自然流动，是劳动力这种生产要素的正常流动，也是工业化发展必然导致的城市化现象。人口迁徙本是国家公民应该具有的基本权利，是经济市场的正常现象，是社会变迁的必然结果。但是城乡户籍划分对于身份进行区别界定的同时，制度安排又赋予身份有差异的资源配置，因此所导致的社会分化是基于身份优劣差异的。"农民"身份成为二元身份社会中的弱势阶层而处于劣势。农民对于"农转非"的需要不再仅仅是出于自然迁徙的需要，而是包含了农民对于改变社会阶层的渴望和需求，"农转非"象征着农民在二元身份系统中的"晋级"。这一点在改革开放对人口迁徙限制放开之后，农民依然看重"农转非"的表现就可以看出。

从物质到非物质：户籍制度安排下，"农"与"非"的差异从是否享受商品粮的定量供应开始，从物质差异延伸到非物质差异。农民实现"农转非"的目的不仅在于城市里具有生活物资的保障、优于农村的收入水平和国家提供的补贴，而且还包括教育、就业、医疗、养老保险、失业救济等诸多方面的城市优势。而后更是扩展到追求城市身份具有的更高社会地位与声望，这一点在改革开放之后的"买卖户口"现象中得到体现。对于农民来说，城镇户口的价值和"农转非"的意义，从物质性的粮食补贴等向非物质性的社会地位和社会声望转变。这是城镇户籍优势资源附着的扩展，是二元身份建构的深化，也是社会转型的体现。

从制度到社会：城乡二元户籍身份制是特定历史时期国家制度安排的产物，资源与身份的联系也是为了便于计划经济的统筹安排。但是随着城乡二元身份体系的固化，社会分化加大，城乡身份之间不仅有制度安排下的资源配置差异，还有了社会文化导向下的身份差异。"农村户口"与"城镇户口"相比，没有后者的居住环境、稳定收入、国家保障与其他优质生活条件。这些本是国家制度安排导致的或加大的身份差异，带来了社会文化的转型。城乡身份之间的差异开始延伸至社会地位和社会威望。"城市人"对拿着农业户口的人普遍带有歧视性的眼光，视其为"乡下人"。农民进城不仅无法享受附着在户籍上的城市优势资源，还背负了城市阴暗面的屈辱。就像文艺作品中表现的"还盲流呢，那离流氓就不远了！"，就是对当时这一社会文化极大的讽刺，也是社会文化对农民身份歧视的侧面印证。社会文化转型使得"农村户口"成为了社会地位较低的"二等公民"。

基于城乡二元社会结构上的城乡身份的关系转变，直接导致了城乡社会文化的转型，城镇居民的身份优势明显。主要来自于国家制度安排、资源配置方式、社会文化形态这三方面的影响，农民的身份意识也容易受其引导而转变。实际上，城乡身份并非具有敌对性的身份认同，但是身份认同的方向可以被视为一种正面优先身份的指示标志。明显的，对于农民来说，城市人身份认同就是一种优先身份的标志。相反，农民身份在弱势的社会形态下，身份认同蕴藏危机。这两种身份认同的反差积累的能量，只要外生力量一旦弱化，就会爆破式地释放出来。

（四）"农转非"的开端

基于户籍身份形成的城乡二元社会结构并没有随着经济体制转型而快速改变，"农转非"也只是随着国家经济发展而渐进式演变。中国共产党的十一届三中全会制定了渐进主义的改革策略，更多的是思想上的转变，而非企图快速彻底的改造社会结构和秩序。因此改革之初，户籍制度与"农转非"政策都没有明显的放松；相反，由于知青返城和高考开展，出现大批城乡间的人口迁移，国家为了维持社会秩序，出台了控制"农转非"指标的政策。《公安部关于处理户口迁移的规定》中关于要严格控制每年农业户口转为非农业户口不超过该非农业人口的 1.5‰ 的规定，就能说明国家在改革初期保持了对"农转非"的限制。

"农转非"的控制是国家对于城市发展和资源分配控制的手段，在决策者看来是必要的社会控制手段。但是随着商品经济的发展和城市的发展，除了考虑城市资源的稀缺，还要考虑进城人口所扮演的城市发展所必需的劳动者与消费者的角色。因此从 80 年代开始，"农转非"的"口子"首先面向知识分子打开。各级政府给予知识分子优惠政策，其中就包括配偶和子女户口随迁的户口政策。那些户口优惠政策主要针对中高级知识分子和科技人员，部分工作在艰苦岗位的工人也可以享受。

"农转非"指标上升到 2‰ 用以落实优惠政策。但是户口对于城市经济发展的制约作用还是越发明显，城市人口无法满足工业化发展对于劳动力规模加大的需要。同时，农村实行"包产到户"后，出现大量农村富余劳动力，需要向外扩展就业。因此，出现临时工、合同工这样的中间形式，使得农民进城工作，享受劳动法保障权益，但是户籍的差别使其与正式职工还有本质区别。

农村富余劳动力在"农转非"限制下，只得另寻出路。在中西部地区，农民只是个人流动，而不经过身份转变，从而导致很多大城市出现"民工潮"。但是当时户籍依然与粮食供应相挂钩，农民在城市干活，都还需要自带口粮。因此农业户口的农民进城不仅十分麻烦，而且也提高了成本。

另一条出路就是乡村工业化道路。费孝通先生认为，户籍壁垒造成农民无法向城市集中，使得农村劳动力向自办工业转移，把工业拉进农村。① 乡村工业的发展使得农村地区的集镇也空前发展，对于长期在集镇办厂或者务工的农民，国家准许落常住户口，发给《自理粮户口簿》与《加价粮油供应证》。"自理粮户口"也是一种介于农业户口和非农业户口之间的户籍。

1992年以后，全国各地开始出台各种各样的户籍改革办法，"农转非"的"口子"开得更大了。但是户口依然是各地政府的控制方式，只是出现了资源交换形式，以户口吸引投资。1993年，从上海开始出现蓝印户口，各地也出现类似形式可以实现"农转非"。只要按各地政府要求投资或者购房者达到一定数额时，就可以申请蓝印户口，一定年限后就可以转为该城市常住户口。但其中已经出现明显的资源交换和权利不公，对于大多数农民来说，依然望尘莫及。

与此同时，各地以集资为由向社会公开"卖户口"，以几千元的价格公开售卖"城镇户口"，出现了地方政府的"户口财政"，同时也滋生腐败。这一行为在当时引起巨大反响，也引发了农民购买户口的热潮。但中央政府对此现象极力反对，下发了《关于坚决制止公开出卖非农业户口的错误做法的紧急通知》，对这一现象紧急刹车。

在户籍的演变当中，实际上是身份符号价值化的过程，这个价值化过程是通过迁移手续的明码标价体现出来的。其中包含的价值实际上是资源配置和身份权利，但是由于这些价值是由政府权威来通过户籍来界定的，因此户籍交易可以说是权利与权力的交易。

1993年粮票的取消，正式标志着粮食供应与户口的脱轨，农民的流动不再受到口粮的束缚。农民流动的自由度快速提高，但是并未改变城乡身份差异和二元结构。农业户口与非农业户口之间依旧存在着资源差异和权利不公，特别表现在医疗、教育、养老等方面。因此，随着市场经济的快速发展和社会形态的演变，也逐渐出现了包括农民工问题、留守儿童问题、农村养老问题等诸多社会问题和社会矛盾，究其根本就是城乡二元结构的产物。

---

① 费孝通：《从实求知录》，北京大学出版社1998年版，第179页。

三　农民选择

城乡二元社会结构下，城乡身份具有差异性的资源与权利，使得社会分化和文化转型，农民身份认同产生危机。这种身份认同危机产生了改变身份的能量，在农民内心向上积累。随着身份差异的扩大，这种能量越积越多，形成强烈的势能，一旦有机会突破，就会转变成为行为的动能，付诸于争取"农转非"指标的行为中。

在国家制度所规定的范围内，从农业人口转变为非农业人口主要是由于上学、招工、当兵、征地等四种原因。另外，特殊情况的国家给予政策照顾性的指标。但在不同方式、不同时期产生的不同影响力，也根据社会变迁不同阶段的农民偏好性。本章着重分析在几个不同阶段分别产生较大社会影响力的变迁方式中，农民对其选择的逻辑和行为表达。

（一）"招工"：劳动力换取商品粮

国家政权最初建立之时，农业人口可以自由向城市流动，在此时期，人口基本呈现自然迁徙状态。但随着城市工业化建设的开展，农民也随之大量涌入城市，他们中间很多人进厂成为工人。整个50年代，城市人口大幅增加，主要原因就是工厂以大规模展开工业建设的契机，从农村大量招工。

直到国家计划经济体制的深入，户籍制度对于农民向城市迁徙的控制和"农转非"指标的严格限制，城市的工厂开始收紧农村招工指标。早在1956年，国家要求企事业单位招工要遵守先城市后农村的原则，限制了对农村人口的招聘。之后针对农村的招工，很大程度因为户籍限制而受到控制。

单位职工平均每年增长速度

类别	1953— 1957 年	1958— 1965 年	1966— 1978 年	1979— 1981 年	1953— 1981 年
城镇集体所有制单位职工	95.1%	8.3%	4.0%	7.8%	17.6%
全民所有制单位职工	9.2%	5.4%	5.5%	4.0%	5.9%

从上表可以看出，从1953年至1957年，城镇单位职工每年增幅极大，几乎成倍增长，经过陡降之后多年趋于平缓。在大量增长的几年里，从农村招工是工厂增员的主要途径。之后特别是"文化大革命"期间，由于上山下乡等运动的进行，使得城镇集体所有制单位职工增加幅度极小。同时由于国家招工政策对于农业户籍的歧视，使得农民进入工厂的机会就更加难得。

即便如此，对农民来说，城市还是极具吸引力，特别是具有较高的收入，还可以享受商品粮和其他福利待遇的优势。城市工人的身份也就成为出于商品粮追求的一个目标，也就是"吃皇粮"。同时，招工进厂的"农转非"方式也被视为资格要求较低的一种方式，这与当时工厂生产技术含量不高有关，这使得进城农民的工作岗位多为操作性工作、难度不大、技术性不强的类型。工厂内部采取"传帮带"的师傅制培训制度，也使得工厂对于工人的教育程度要求不高。在农民看来，身体好、能干活也就基本具备进厂做工的要求。另外，工厂对于招工情况也缺乏明确的制度和计划。这些原因不仅使得农民极力通过"招工进厂"来改变身份，从而享受国家工人待遇，而且不惜到处托关系、想办法。

笔者在与陈主任的访谈中，他对这段经历感触良多。1954年出生的他现在即将退休，已经是某企业办公室主任。1972年，刚刚18岁的他听说村里有人家的亲戚从城里回来探亲，说是单位正在招人，可以带几个孩子上城里干活去。陈家觉得这是个可以去城里当工人的好机会，再说都是一村的亲戚应该会照顾，就决定去拜托人家。但是为带谁去，家里还开了家庭会议来讨论，最后因为陈主任年纪合适，又是男孩子，家里决定把这个机会给这个不擅长农活却很灵光的小儿子。陈主任清楚记得，家里拿了五元钱去拜访这个城里的亲戚，这对于他们家可是一大笔钱，为了能请他带儿子去城里，也帮忙在单位打点谋个好岗位。

之后陈主任跟着亲戚来到城市，在单位食堂谋了个职，从打杂开始学做饭。凭着自己的勤奋和聪明，他完成了成人教育学业，转向行政岗位，之后走上了企业管理岗位。虽然并不是每一个招工进城的"农转非"孩子都能取得像陈主任一样的成绩，但当时"农转非"的选择至少是可以实现"吃皇粮"、拿工资的目标，再回农村探亲时的身份和声望也完全不同了。

因此，在经济与制度的背景下，尽管"招工指标"紧缩，但是只要有进厂的机会，还是可以吸引到大量农民，这一点在临时工制度上也得到印证。就算没有招工进厂的指标，只要工厂需要人，哪怕是没有正式编制和保障的临时工、合同工，也是农民积极争取的机会。哪怕进入企事业单位从事最脏、最累，城市人不愿意做的工作，他们也能忍受承担。这与许多人长期对于商品粮的期望相符合，哪怕是临时工也可以算是城市人、也是有单位的人，也是有希望成为正式职工的人。

（二）"高考"：知识转变户籍身份

1977 年 12 月 15 日至 17 日，"文革"后的首次高考具有了划时代的意义，高考从此成为众多学子改变身份的"独木桥"。1977 年，国务院转批教育部文件中规定："凡是工人、农民、上山下乡与回乡知识青年、复员军人、干部和应届毕业生，只要符合条件都可报考。"① 同时，大学招生恢复统一考试，择优录取。1977 年冬天和 1978 年夏天，大学招生考试报名人数达到 1160 万，这几乎是空前绝后的数字，当年的招生率为5.8%。1977 年至 1979 年这三年间，一共招收 88 万人，这一批被称为"新三届"的大学生也是"文革"后的第一批幸运者。

在这批"新三届"大学生当中，农民身份报考的人数占总人数的 1/3，还有 1/3 是准农民身份的知识青年和兵团战士。他们是切实感受过城乡二元社会结构的现实，因此户口意识深植于他们的个人存在追求和价值观当中，他们是高考这座改变农民身份的独木桥上的先行者。时至今日，这一批大学生已经都年逾半百，早已成为城市居民的一分子、行业发展的佼佼者和国家建设的中流砥柱。但是对于当年通过高考带来身份改变和人生发展的经历，依然记忆犹新。

在笔者的访谈中，大学任教的周老师这样回忆他的经历："家里穷没办法，那时真的是饭里面沾点酱油就是一餐饭了，别说吃油了，连看书都点不起油灯，哪里有点光就去借着看书，眼睛就是那时候用坏的。"周老师记得那时候家里困难，学校给他最高的补（助）学金，可是自己每月

---

① 1977 年 10 月 12 日，国务院批转了教育部制定的《关于 1977 年高等学校招生工作的意见》。

还要交三块钱，光是这三块钱都是家里的负担。可生活即便困难，他还是想方设法找光源看书、背单词、记公式。现任国企干部的宋处长也曾经饿着肚子学习，他说那时候他家离学校有几十公里，每个月就背十五公斤面到学校去做口粮，可是正在成长期的年轻人根本不够吃，到了月末就得饿肚子或者吃稀粥，为了节省口粮几乎不吃早餐。

"吃点稀饭，看一天书，头都发晕。"有多少为了考取大学寒窗苦读的农民子弟，都经历过艰苦的生活条件和学习环境的磨砺。但是无论生活多么艰难，刻苦学习的劲头只是有增无减。从一定程度上说，这些能通过考上大学来改变身份的农民，是诸多农村人口中的幸运者，国家恢复高考也就是他们一生中难得的机遇。因此，无论条件再艰苦，许多农民也会为了考上大学而刻苦学习。从此之后，高考也成为了农家孩子改变身份和命运的独木桥，很多人艰苦学习的源动力就是为了踏上这座桥而改变身份。

在这样激烈的竞争面前，也出现了不少令人惋惜和辛酸的事例，比如《长江日报》报道过的农村女孩陈艳萍，她因为1984年高考失利的巨大压力导致患上间歇性神经病，无奈被父母关进铁笼。还有关于高考失利导致农村孩子自杀的案例，对于他们来说，通过高考改变身份的吸引力甚至大于了生命的价值。还有那些因为高考失利而选择一次次复读再考的农村孩子们，无不都是表露出高考的动力背后蕴藏着的巨大压力。

高考为农村孩子搭起了"农转非"的独木桥，虽然竞争激烈，但是因为那一头连接着的城市和城市身份而显得耀眼绚丽，使得这座独木桥具有极大吸引力。同时，高考的独木桥有其特殊的特性而成为农家孩子坚定的选择，包括高考的决定性、平等性、指向性等。

决定性。多少人为了改变农村户口，转变农民身份而进入城市，他们或者艰难进厂谋个工作，或者成为城市"盲流"，但是每当城市人口控制政策再次收紧时，他们就不得不面对裁员、劝返等境遇。与此相比，高考对于改变农民身份几乎是一劳永逸。户口因为考上大学而转为非农户口，从此脱离农民身份，就算毕业后从事农村工作，身份却再也不会回到农民身份。因此，高考对于农家孩子的身份转变具有决定性作用，一次考试决定其一生的身份与命运。

平等性。农村孩子自从出生就面临着诸多不公，身份的差异使得他们所处的环境、生活的条件、所能获得的各种社会资源都明显劣于城市孩子。同时，其他"农转非"途径中的权利不公也阻断了很多农家孩子"农转非"的道路。因此，某种程度上说，高考是一种相对公平的获得"农转非"资格的方式。虽然受到教育水平等诸多限制，农家孩子考上大学的机会少之又少，但通过考试的平等竞争、还是为很多孩子燃起了希望。

导向性。高考不仅是从农村走向城市的独木桥，也是高等教育的入口。农家孩子经过高等教育的洗礼，有能力走向社会更高阶层，从而获得更高的社会地位和声望。通过高考的胜利可以实现"农转非"，意味着获得城市户口，以及户籍上附着的与农村有巨大差异的城市资源。更重要的是高考这个途径带来的不仅是资源，而是较为优质的城市资源。使得农家孩子可以一夜成为"城市人"，而且还有机会进入城市的较高阶层，这是通过高考实现身份转变所具有的导向性。

高考对于农家孩子另一吸引力就是"考户口"，这一点通过高考的特性展现出来。一旦考上大学，就能够以最体面、最公平、最直接的方式实现"农转非"，成为城市精英。因此，也有学者认为，国家通过招工、上学等方式给予"农转非"指标，是将农村精英向城市转移的过程。这个过程一方面选拔了农村精英进入城市建设，另一方面也有利于维持农村社会稳定。

（三）"增容"：资源交换城市资格

非农业户口在国家对于"农转非"的严格控制下，成为了一种社会稀缺资源，成为了农民进入城市的门槛。城乡二元结构不断深化的过程，也是非农业户口的吸引力不断增大的过程，它成为社会文化中颇具价值的个人指标。但是农业户口向非农业户口的迁移和转变是受"农转非"指标控制的，国家对于"农转非"指标只有数量限制，却没有获得者的标准限定。因此，"农转非"指标的给予往往是酌情而定，有时容易被权威所界定，成为政治资本。因此，从"农转非"出现起，就存在不同形式的"特殊户口"，从而滋生腐败。在改革放开之后，户口的限制弊端明显。虽然户籍的改革做过诸多尝试，却也走过许多弯路，出现了"增容户口"甚至"买卖户口"现象，农民也显现出极大的参与热情，但是一度陷入混乱。

很长一段时期，由于国家对于"农转非"的严格控制，办理迁移证或者调令的指标有限，而且办理手续复杂，最多需要盖9枚公章。有人为了想获得招工进厂名额而"农转非"，有人夫妻分居为了解决夫妻一方户口。有人上大学调职也希望顺利的办理非农业户口。有人为了指标，有人为了手续，都不得不给有关领导或部门请客、送礼，运用这些"软办法"以求尽快解决。对于迫切希望实现"农转非"的农民来说，有时是不计成本的代价。

从蓝本户口的出现开始，一些"农转非"方式就成为了资源与资格的交换，权力与权利的交易。包括城市增容费、变相买卖、投资入户、买房入户、蓝印户口等各地政府的户籍措施，使农民可以依靠投资、买房来获得非农业户口，获得进入城市定居的资格。实际上，这就是用农民的资本与政府的资源之间的交换。虽然没有"明码标价"来的直接，但是也已经是"以物易物"的一种买卖形式了。

交纳城市增容费。从80年代中期开始，全国各地开始征收城市增容费。1984年天津市政府规定对成建制单位迁入，按每人1万元征收城市建设补助费。这可能是全国最早征收增容费，只是各地名称不同而已。在1987年上海市城市增容费标准是郊县1万元、新市区2万元、老市区4万元，4万元的标准也是当年全国最高的。到了90年代中期，城市增容费的价码不断上升，1996年大连市对人口迁入市中心的几个区须缴纳增容费最高达到每人5万元。也有以其他名目向迁入人口收取费用的，如征收教育基金附加费、城市扶贫基金等。

买卖城镇户籍。在一些中小城市，城市增容费曾经一度成为地方财政收入的来源之一。80年代中期开始，截至1993年，全国共出售各种城镇户口300多万个，收入达250亿元①。1988年国务院办公厅发出《关于制止一些市、县公开出卖城镇户口的通知》。然而在地方经济利益的驱动下，问题并没有真正得到解决。直到1998年，广西玉林市政府还在《玉林市农业人口转非农业人口管理暂行办法》中，强调坚决杜绝出卖非农

---

① 韩俊：《当代农村经济形势透视与近代改革思路》，《中国农村经济》1994年第1期。

户口的错误做法，可见在一些地方出售户籍的做法依然存在。

投资买房入户。政府为了吸引投资，城镇户籍成为奖励条件之一。1984 年广州市为了吸引投资，规定凡在广州市区投资 30 万—60 万美元（不同投资领域起点不同），可以办理 1 人农转非。直到 2000 年，贵州省六盘水市还在通过这种方式吸引投资。1988 年广东省政府规定，华侨用侨汇购买 50—70 平方米住宅可照顾一名亲属实现"农转非"。之后随着房地产行业在各地的火热，海南省、湖南省、贵州省也都有地区实行过相关措施。

蓝印户口。蓝印户口是一种介于正式户口与暂住户口之间的户籍。拥有蓝印户口的人基本上可以享受正式户口的利益，但要经过若干年后才能够转变为正式户口。蓝印户口本来是一种架构于户籍之间的一种中间手段，但是也变成了地方政府资源交换的手段。最早采用蓝印户口以中小城市居多，在相当部分城镇中，给购买者办理蓝印户口已成为推销商品房的方式之一。最早设置蓝印户口是山西省，对投资者的要求相当高，如在城市需要投资 100 万，在乡镇企业需要投资 30 万等。1992 年后，全国各地纷纷效仿，并且把适用范围扩大化。

实际上，改革开放之后实行的几种户籍改革方式，还是以交纳城市增容费等变相买卖户口的方式引起最为广泛的社会反应。毕竟投资入户和最初的蓝印户口对于经济投入的要求太高，不是一般农民所能接受。

因此，各种变相买卖户口的现象一度在全国很普遍，一般地市级以上的城镇户口售价在 5000—10000 元，县级则是 2000—5000 元。这样直接向社会出售城镇户口的方式，极大地丰富了地方财政。这是地方政府紧握进入城市的资格，以户口为资源与农民的货币资源的交换。非农业户口这样的直接售卖，虽然引起了农民的极大热情，但是花费多年积蓄购买户口的农民心里也充满无奈。

办理户籍登记本应是社会性、公益性的工作，可是却变成了有关部门为了自身利益，与农民作出的非正常高昂交换。在城乡二元结构和"农转非"严控的背景下，这样的情况很难避免，而农民只能是无奈地选择。从最初的"找关系""走后门""想办法"到城市户口的"明码标价"，对于农民来说都是不小的代价，可是很多人却依然趋之若鹜，不惜请客、送礼，还是资本投入，都只是为了换取一张城市户口。

四 从"农转非"到"非转农"

实际上，最初建立城乡户籍管理制度的重要目标和功能之一，就是控制人口的迁徙和流动。然而，随着市场经济的发展和农村管理制度的变革，国家逐步放开了对于农民流动的限制。1993 年，国务院草拟了《国务院关于户籍制度改革和决定》，试图取消依据商品粮供应来划分户籍性质的做法，同时废止"农转非"制度。虽然这个草案最终没有颁布实施，但是可以看出，国家意识到当时二元户籍制度和"农转非"制度对于农民的流动限制已经不适应社会发展。同时，国家开始着力于研究小城镇户籍制度改革，并从 1997 年开始推行试点改革，为符合条件的农业人口办理试点镇的城镇常住户口。从此，国家逐步放松了小城镇户籍，更是在 2000 年出台文件规定："从 2000 年起，凡在县级市区、县人民政府驻地镇及县以下小城镇有合法固定住所、固定职业或生活来源的农民，均可根据本人意愿转为城镇户口，并在子女入学、参军、就业等方面享受与城镇居民同等待遇，不得实行歧视性政策"。[①] 至此，国家政策已经不再通过行政干预限制"农转非"。

与此同时，国家政策的变迁，使得影响农民流动行为的因素也产生了变化，主要是流动自由化、就业市场化和社会价值多元化。对于农民来说，这些并未彻底改变基于城乡身份的二元社会结构，甚至随着城乡经济差距加大而导致了新的身份差异和社会矛盾。但在国家对于非农业户口的限制逐步放松的同时，他们对于追求非农业户口的热情也慢慢消退了。这是由于经济体制转变和市场调节的作用，削弱了户口的控制能力。"农转非"意识的淡化也体现了农民选择理性。

特别是近几年来，许多地方都泛起了一股"非转农"的逆城市化发展潮流，人们纷纷把曾经引以为傲的城市居民户口转为农业户口，转变身份做起"农村人"。这里面的人群身份复杂，既有大中专应届毕业生，也有已是城市户口而在城市或乡镇工作的市民。他们中大多数曾经是农村背景，当年的"农转非"到如今的"非转农"。

---

① 国务院：《关于促进小城镇健康发展的若干意见》2000 年 6 月。

　　有学者认为，我国"非转农"群体主要包括四种类型：第一，原来是农业户口，通过各种办法转成了非农业户口，现在又想转回农业户口的；第二，大学生回乡落户农村，以浙江台州为典型；第三，原来属于非农业户口，后转为农业户口的群体；第四，进城打工半年以上及在镇里读书的农村孩子而被列入城镇人口。其中的第三类，应该说是非农业户口转为农业户口又转为非农业户口后，再次要求转为农业户口，是非常少见的。而第四类是统计的时候算做城镇户口，而其户口并没有从农村迁出，可以不算一类。因此，我国目前非转农群体实际上主要包括两种类型：第一，曾经的"农转非"现在想"非转农"；第二，想回乡创业、落户农村的农村大学生。也就是说绝大多数"非转农"的人，实际上是农民把户口转为城市户口后又再次转回为农村户口。换句话说，"非转农"的主体其实是农民。

　　从流向来看，"非转农"的人主要是流向这样几种情况：第一种是集体经济比较好的富裕农村。这些地方有发达的集体经济，或者有临街商铺出租等，每人每年可以获得分红。人们正是看好这些红利才办理"非转农"的；第二种是即将或正在拆迁的农村。随着高速公路、铁路、大型水库、核电站等基础设施的兴建，许多农村面临土地征用与房屋拆迁。而现在征用拆迁赔偿与补偿都是直接和户口挂钩，多一个户口就多一份赔偿与补偿；第三种是城市近郊的农村。城郊的农村由于紧靠城市，受城市经济的直接辐射，一般都比较富裕，同时随着城市化的发展，城市的版图越扩越大，城郊将来很有可能被划归城市，紧跟着就是土地征用与房屋拆迁。而这种土地征用与房屋拆迁的标准比起前面的第二种来又要高出许多。上述分析不难看出，"非转农"绝大多数都是流向富裕农村。

　　昔日"农转非"门槛很高，今日"非转农"门槛虽不高，也不是畅通无阻的。除了正常婚迁人员和未落实工作单位的复员军人、大中专（含技校）毕业生可按规定将户口迁入农村外，对其他申请往农村迁移户口的人，需经村民自治代表大会讨论通过，由迁入地公安机关核发户口准迁证，办理户口迁移手续。对于大学毕业生把户口回迁到原籍农村，有的地方起初还不容许，后来因失业大学生越来越多，国家又鼓励大学生到农村工作与创业，就陆续接受大学毕业生"非转农"了，但是有条件。这是现在大多数地方政策的基本框架，不同地区还有一些不同条件限制，手续繁多，国家尚无统一规定。有的乡村还根据自身情况，制定了一些土政策，来决定哪些人可以办理非转农回到村委会，哪些人不可以。而在办理整个非转农的过程中，村委会的意见起着决定性作用，一般都是村委会开具接收证明，当事者才能到户籍所在地办理户籍迁出手续。由于国家没有统一的政策规定，各个地方自行制定政策，"非转农"的办理政策各地都不一样，人为操作性很大。越是富裕的地方，"非转农"的情况越多，其实现"非转农"的门槛也越高。

无论是"农转非"还是"非转农"，都是劳动者依据其转移方式所带来的成本和收益所作的理性选择。这种分析与康纳德·博格提出的劳动力转移的"推力—拉力"理论相一致。首先，从成本方面分析，这里所说的成本既包括由转移或不转移带来的实际经济成本，还包括它们带来的机会成本以及劳动者所承受的心理成本；其次，从收益方面分析包括由转移或不转移带来的实际经济收益和劳动收入，还包括由它们带来的心理收益。其中，最大的变化就是城市户口的贬值，与之对应的是农业户口的增殖。

城市户口的贬值主要是由于城市生活的较大压力和城镇户籍上附着的资源缩减，导致身份优势弱化；同时，城市还面临房价增长过快的问题。并且，城市生活的消费结构与农村不同，每天都要负担基本的生活开支，同时服务费用的开支也较高于农村，购不起房的同时还要面对城市相对而言较高的消费水平。城市住房的不断增长和较高的消费水平一并提升了城市生活成本，特别对中低收入者来说，城市生活面临的是生存压力。改革开放之后，城市户籍失去了包括商品粮在内的许多计划经济配置下的资源优势。国家针对城镇户籍社会保障的财政倾斜减弱，同时相对加大了农村福利保障的财政投入和政策支持。由于城市户籍的优势和特权逐步减少，同时城市生活的巨大压力成为"非转农"形成的推动力。

而农业户口的增值空间颇大，首先在于农村经济社会的发展和农村资源的预期收益的提升。农村的发展首先是经济的发展。国家竭力扩大农村投入，优化调整产业结构，提高生产效益，增加农民收入。同时，农村基础设施建设的不断改善，改善了农民的生活环境，提高生活质量。农村免费义务教育、新型农村合作医疗等社会福利和保障的建立也体现着农村的发展。农业户口的增值与农村蕴藏的巨大资源息息相关，包括土地、森林、水利、矿产、草场等方面在内的农村资源往往是根据户籍来享受收益权。只有具有农业户口才能在集体中获得分配。典型的例子就是农村户口同土地紧密联系在一起，土地一旦升值将带来可观的收益。随着城市规模不断扩大，城乡结合部及城中村的土地就可能会被征用，那将是巨大收益。

以上分析可以看出，城市与农村在发展和演变之后的格局已经发生了变化，对于影响农民改变身份的城乡推拉作用，已经打破了原来的方向，而向农村倾斜。当农村生活质量和保障提高，同时还具有潜在收益的资源，一些过去转为城市户口而失去土地的人，就希望通过"非转农"来重新获得包括土地在内的农村资源，特别是依靠城市户口生存困难的人。实际上，"农转非"向"非转农"的演变是城乡推拉作用力的改变，是农村资源收益与预期提高的表现，也是户籍对个人的控制力量减弱的体现。

五　从身份走向契约

"农转非"意识淡化的本身就是城乡身份意识的淡化，是由身份走向契约的曙光。城乡二元社会结构的建立是由于城乡二元身份系统所导致的社会分化。这种国家建构下的社会分化实际上是国家通过身份建构所传达的城乡分治观念。时至今日，它与国家经济与社会发展之间的矛盾已经尤为突出。

其实社会分化本身是一种社会进步。首先，因为社会分化的实质是社会分工，是社会分工原则在社会成员构成方面的体现，它对社会成员有机构成发挥了有益的改善和调整作用；其次，社会分层在一定程度上起到了对社会成员的"激励"作用。近年来，国家已经初步运用市场机制调整了各阶层社会分工关系，保障生产要素的充分流动，为经济发展和社会结构调整带来活力。但是作为社会结构的基本格局，城乡二元社会结构始终没有得到根本改变。

但是，改革开放后，计划经济的人口控制及相关制度大大减少，农民可以自由的选择就业和流动行为，大批农民实现了现实意义上的"农转非"，开始从农村进入城市工作生活。同时，新型的社会群体形成，促进社会结构在城乡二元的基础上进一步分化。但是在城乡二元结构的限制，使得这些具有农民身份却生活在城市的新型社会群体陷入尴尬境地。一方面，他们一定程度上摆脱了农民身份的限制，与土地分离进入城市，打开了城乡壁垒的裂缝，城乡一体化格局的发展方向显现；另一方面，他们依然受限于城乡二元社会结构的牵绊，使得他们在流动迁徙的过程中，进入了城乡之间的"真空带"，陷入管理和保障的缺失。因此，市场经济加大了社会成员在流动、分化上的余地的同时，也使身份的约束和社会作用弱化，也对社会关系契约化提出了要求，也就提供了成长的土壤。

我国民主和法制建设仍处于较低的发展水平，除了有历史传统和政治生活本身的原因以外，也有社会成员构成方面的因素。社会分化为契约关系提供"生长点"。其一，农民阶层内部的分化瓦解了中国社会非民主、非法制因素的社会根基。小生产无疑是一种不利于民主和法制因素生长、壮大的土壤。随着这个封建政治文化主要载体的不复存在，政治生活中的专制势力、顽固势力赖以生存的基地动摇了。事实上，中国农民特别是较开放地区的农民接受现代民主观念之快令人难以置信，有的学者把这一变化称之为中国历史上"从未出现过的最令人欢欣的伟大奇迹"[1] 并不为过；其二，随着社会分化加大，阶层之间界限的清晰化，阶层独立意识开始强化，不论是在国家长期控制管理的城市与乡村两种社会体系，还是刚刚分化出的新型群体。同时，社会成员之间的联系均开始呈现流动化、松散化、灵活化，这虽有增加不稳定因素的一面，但更有利于人们淡化身份差异，相对自主地表达各自的意见和利益要求的一面。同时，这一变化还会促使社会成员更多地依靠契约保护自己，而不再是较多地依靠身份与其所配置的资源与权利来获得保障。

恩格斯在《家庭、私有制和国家的起源》一书中，曾讲过这样一段引人注目的话："英国的法学家享·萨·梅恩说，同以前的各个时代相比，我们的全部进步在于 from status to contract（从身份到契约），从过去留传下来的状态进到自由契约所规定的状态，他自以为他的这种说法是一个伟大的发现，其实，这一点，就它的正确而言，在《共产党宣言》中早已说过了。"[2] 也就是马克思、恩格斯在1848年所阐述过的思想，梅恩

---

① 王颉：《改革中的阶级结构的变化和对策之我见》，《社会学研究》1987年第2期。

② 《马克思恩格斯选集》第4卷，人民出版社，第74页。

在 1861 年又以他自己的方式做了法制史角度的阐述，而恩格斯于自己的晚年（1884 年）则对这个思路做了总结性的肯定。身份，是指生而有之的可以成为获得财富和地位的依据；契约，是指依据利益关系和理性原则所订立的必须遵守的协议。用契约取代身份的实质，是人的解放，是用法治取代人治，用自由流动取代身份约束，用后天的奋斗取代对先赋资格的崇拜。恩格斯明确肯定了这种转变的历史进步意义，同时今天中国的身份制度导致的城乡二元社会分化所激发的社会矛盾，也证实了我们加快步伐实现城乡一体化、向"契约社会"过渡的必要，显现了恩格斯这一判断的生命力。

三提五统:国家、集体与农民关系视角下的历史变迁

【导读】"三提五统"不是既有词汇,而是约定俗称,是三项村提留和五项乡统筹的简称。1992年《农民承担费用和劳务管理条例》的出台明确规定了村提留和乡统筹的具体内容,其中,村提留包括公积金、公益金和管理费三项。而五项乡统筹是农民向乡一级政府所缴纳的费用,用于农村两级办学、计划生育、优抚、民兵训练、修建乡村道路等民办公益事业。从历史来看,这些费用的产生都有它的合理性和内在逻辑,特别是"三提",伴随着合作组织始终。但是,随着时代的发展特别是乡镇体制改革,它逐渐成为农民负担的根源。而随着农村体制改革的进一步深入,特别是农业税的取消,乡镇财政体制的改革,它又逐渐消逝于历史的轨道之中。

"三提五统"不是既有词汇,而是约定俗称,是三项村提留和五项乡统筹的简称。1992年《农民承担费用和劳务管理条例》的出台明确规定了村提留和乡统筹的具体内容。其中,公积金用于农田水利基本建设、植树造林、购置生产性固定资产和兴办集体企业①,实际上是集体建设的一项重要生产资本,用于集体的扩大再生产,为大规模集体的发展奠定基石。公益金用于"五保户"的供养和特别困难户的补助,合作医疗保健以及其他集体福利事业。依据《农村五保户供养工作条例》中规定的农村中没有劳动能力的、没有生活来源的、没有法定扶养义务人的老年人、

---

① 《农民承担费用和劳务管理条例》1991年12月7日国务院92号令发布,《中国农业会计》1992年第2期,第8页。

残疾人以及未成年人可以享受保吃，保穿，保医，保住，保葬这五项保护制度。很明显，公益金用于与农村居民生存利益直接相关的福利性事业，体现了对人基本权利的保障。而管理费，则用于干部报酬和管理开发。村组织的正常运行和发展离不开干部的管理与监督，公积金中生产事业，公益金中的福利事业等各项事业的展开和完成都需要干部具有良好的管理素质和先进的管理理念。因此，管理费是保障公积金、公益金投入的各项事业能够正常开展的一个重要的前提条件；公积金是保障集体经济发展的生产性资金，离开了公积金的投入，集体生产停滞不前，陷入没有生产的发展"内卷化"[①] 状态；公益金是保障集体社会发展的保障性资金，离开了公益金的保障，农民的最低生活需要得不到满足，农村社会就无法维持正常的稳定。如下图：

管理费集体发展 { → 公积金集体生产发展集体经济发展 →
　　　　　　　　{ → 公益金集体生存保障集体社会发展 →

实际上，公积金、公益金、管理费并不是在包产到户之后才有的，早在民国时期已经出现。而且，它的产生与发展离不开合作组织的产生与沿袭。最早的公积金、公益金和管理费是组织的资本，能够为组织的发展带来新的动力。国家主导下集体中的公积金、公益金和管理费除了继续体现组织资本的特性外，更重要的是它不仅仅限于集体内部的发展，还作为集体的一项重要积累为国家工业化的发展提供了强大的资本基础。这也就意味着，集体提留不仅对集体的发展具有重要意义，而且还影响到整个国家工业化的实现。

"五统筹"是农民向乡一级政府所缴纳的费用，用于农村两级办学、计划生育、优抚、民兵训练、修建乡村道路等民办公益事业[②]。"五统"的出现同样是具有历史沿袭性的。在人民公社时期，"办社会"、建"新

---

① "内卷化"即过密化，最早是黄宗智在其著作《长江三角洲小农家庭与乡村发展》中提出的，后经杜赞奇在《文化、权力与国家——1900—1949 年的华北农村》中发展。

② 《农民承担费用和劳务管理条例》1991 年 12 月 7 日国务院 92 号令发布，《中国农业会计》1992 年第 2 期，第 8 页。

村"的构想就几乎在一夜之间成为人们的现实。国家用于社员保障的资金是从集体的公共积累中提取的，其中很重要的原因就在于国家需要社员的共同生产为国家提供工业化发展的资本积累。改革开放之后，国家逐渐从传统的农业型国家向工业化强国转型，农业从国家财政的主导力量逐渐成为基础性产业。国家为了经济的更快、更强发展，而落后的生产力不足以担负庞大的地方财政支出，于是在政社分离后、对广大农村地区实行自收自支、分灶吃饭的财政管理体制。这种体制上的转变，让"三提五统"成为基层政府运转的成本，逐渐演变成"以农养政"的成本源泉。

在国内，"三提五统"更多的是出自报告中，而有关"三提五统"的学术研究很少见。在中国期刊网上查阅相关资料，也都是只是提及而已，进行专题研究的只有十几篇文章，并且均是将"三提五统"视为一项费用，讨论其征收过程中难度大、困难多的原因，最终寻求改革方法这样的思路探讨的。对"三提五统"进行深入研究的代表性成果是张岸元、白文波的《乡村"三提五统"的理论、政策与实践》，文中指出了"三提五统"的经济租本质，认为在社会主义制度下，土地的所有权和经营权（使用权）同样是相分离的，基层乡镇政府、村委会作为土地的所有者有权向土地使用权的拥有者——农民征收经济租，该经济租的表现形式就是"三提五统"①。不过，其他有关"三提五统"的文章，是把"三提五统"作为向农民征收的一项费用，分析实际收取的困难及原因。

本文主要是从历史变迁的角度，通过对"三提五统"从其产生到消亡的分析，探讨国家与农民的关系变化。本研究的基本思路是：首先，阐释"三提五统"的产生由来，是基于合作组织的需要；接下来，主要分析人民公社时期"三提"在集体分配中的重要地位；然而，人民公社内部的矛盾导致了公社全面消亡，在人民公社后期，国家从政策上对农民生产、经营做出了调整，从集体的统一经营转变为分户经营，但是用于集体扩大再生产功能的"三提"却在人民公社后仍然在集体经济消亡中得到沿袭。这种沿袭使得"三提"背离了它最初存在的意义，而转变为游离于集体经济之外的基层政府的财政来源。正是由于"三提"不合理的沿

---

① 张岸元、白文波：《乡村"三提五统"的理论、政策与实践》，《战略与管理》2000年第1期，第38页。

袭，导致了之后一系列农民问题的出现。所以，接下来着重分析"三提五统"政策下农民与基层政府的行为。由此得出，"三提"的沿袭实际上也是国家制度上的安排。同时，它也是农民负担的根源所在。这就是接着要探讨的内容，即分析税费改革的实际效用。在最后部分，将就此探讨一些未来的设想及规划问题。

在分析框架上，围绕着三个主线展开。一是以合作社的发展为脉络，揭示"三提"变化过程中农民与组织之间的关系；二是以国家转型为依据，凸显"三提五统"出现后农民与集体之间的关系；三是以社会变迁为线索，反映"三提五统"消逝后国家与农民之间的关系演变。

一 "三提"的产生

一般说来，"三提"包括公积金、公益金以及管理费三项提留款。最早的"三提"出现于民国二十年（1930）间的合作组织，如民国初期华北以赈灾捐助为主要活动的互助组织，通过简单的手续和较低的利率，为社员提供信贷业务，帮助贫困的社员解决生活、生产方面的困难；基于梁漱溟的"乡村建设理论"的生产合作社，组织农民在一起进行生产劳动，大力发展农业，带动了经济的增长。当然，这些组织主要是民间的，或者是自发的。

源于国家推行的合作组织始于民国时期的乡镇保合作社，初期以信贷为主，逐步向生产、消费功能方向发展。1934年的《合作社法》中指出合作社的主要功能包括信用、保险、供给供销。后来逐步增加了保障性功能，依靠合作社的力量，创造出工业、农业以及农民的生活产品，对农民因疾病、灾害产生的困难给予生活方面的保障。信用合作社由1938年的85.9%下降到1945年的38%，而以生产、消费为主的合作社逐渐从之前的仅仅5.7%和0.4%，上升到1945年的22.9%和14%。[①] 乡镇保合作社体现了"政社合一"的雏形。

"三提"是合作社的盈余分配。不同合作社的盈余分配有不同的规

---

① 中国供销合作社史料丛书编辑室：《中国供销合作社史料选编（第3辑）》，中国财政经济出版社1991年版，第470页。

定。信用合作社的盈余分配主要包括公积金和营业费发展费两大块。公积金占 1/4，用于还债，即"补偿无法收回的债权和其他特别债务以及向社外借款时作为抵押"。营业费和发展费占 3/4，营业费用于保障合作社下一年度的政策运营，发展费用来发展组建其他的合作社，扩大合作社的规模。如果合作社解散，那么合作社盈余中的公积金就用于建立新的合作社，如果在一年内新社未得以成立，那么公积金就要上缴给总会，用于地方公益事业。① 这时的公积金是用于偿还合作社的贷款，而发展费和营业费实际上也只是资本之间的转移，并没有将资本投放到合作社的规模扩大上，它仅仅是让农民可以用较低的利息来获取贷款，避免了农民受高额放贷的剥削。

生产合作社的分配就加入了对社员劳动的分配。其分配先在总社和分社两级之间进行，然后再对社员分配。分社是村合作社，主要是负责社员入股进行生产。总社是合作联合会，主要负责对分社的产品进行检验、销售等。再扣除各项营业费之后的农产品收入就为合作社的盈余。"合作社盈余中先以年利率 6 厘抽出总社股本利息，所余金额中 20% 作公积金，10% 为公益教育金，5% 酬劳职员，65% 按运销额比例返还各分社。各分社再以年息 6 厘抽出分社股本利息，余额的 20% 作公积金，10% 酬劳职员，70% 按运销额返还社员"。② 这时出现了以教育为其用途的公益金，生产合作社让农民可以有了入股生产的权利，并且在农业生产结束时可以获得一定的意义上的生产报酬，农民参与到合作社的分配当中。

民国合作社对盈余的分配包括公积金、公益金以及理事薪金。"合作社盈余除依次弥补累积损失及付息外，应提存总额 20% 以上为公积金，10% 以上为公益金，10% 为理事及事务员薪金。"对于公积金、公益金以及理事薪金的具体限额以及用途在之后的《合作社社法施行细则》中作出了规定。由于这一时期，信用合作社仍占主导地位，将以信用合作社来说明。《信用合作社章程》中指出合作社税后

---

① 潘劲：《民国时期农村合作社的发展与评价》，《中国农村观察》2002 年第 2 期，第 31 页。

② 王慧民：《农村合作》，香港大华书局 1935 年版，第 203 页。

的盈余，先是要弥补累积损失，然后合作社与社员之间进行分配。合作社的分配有四项，40%以上的公积金，公积金只用于弥补损失；社股股息；公益金，扣除前两项之后的剩余的5%，用于发展合作社合作教育以及其他公益事业；理事及监事酬劳金，这一比例按规定不超过当年提取公积金的5%。社员交易分配金，不得低于15%。乡镇保合作社在"三提"提取比例上有所不同，分配方式与信用合作社大致相同。除弥补损失及按股付息之后的盈余分为20%公积金、10%公益金、10%理事薪金和40%社员分配。

对合作社成员的分配体现了合作社"按交易额返还"①的制度，也反映出农民对合作社的生产劳动义务。农民通过加入生产合作社进行生产劳动，然后统一获得盈余分配。为了保障农民劳动生产的顺利进行，合作组织还要提供相应的基本福利性保障，从而激励农民的有效生产活动。农民参与到合作社盈余分配中，类似于企业的生产方式，逐步体现出农民对合作社的权力与义务关系。

公积金、公益金以及管理费在合作组织的运转当中具有不同的意义。公积金，最初用于补偿合作社的损失，保障合作组织的正常运转；公益金，最初用于发展教育，而后扩展到其他公益事业，保障农民的利益；管理费，由初期的营业费发展费演变为后来的理事薪酬，实际上都是支付组织内部的管理者、监督者的费用。但是，通过深入细致的分析发现，公积金、公益金不仅是组织的成本，更能够给组织创造出更多利润的资本。公积金在组织发展的过程中，逐渐开始重视其对生产的投入，作为一种扩大再生产的成本，公积金能够增加组织生产盈利，具有组织资本的运转效应。管理费，虽然是组织的交易成本，但通过对管理者管理过程，管理方式的投入，可以大幅度改进组织的管理监督，提高组织效率，从而增强组织生产力，这同样也反映出组织资本的特性。公益金从成本收益的角度来说，是组织的非生产性收益性，但也是在组织成员中消费掉了，公益金作为成员的消费，能够给成员带来利益，起到激励组织成员的作用，进一步提高了组织的生产。组织效率增加，有利于合作组织的凝聚力的增强。从

---

① "按交易额返还"是指合作社的盈余有部分按成员与合作社的成交量比例返还给利润社员。

这个意义上来说，"三提"实际上是组织资本，因此，"三提"不仅仅是组织的成本耗费，更可以带来比"三提"更多的利益，对组织的长期发展具有重要的积极意义。

另外，从"三提"与组织成员的关系来看，"三提"是组织资本，组织成员是人力资本，组织成员通过劳动可以为组织带来新的利润。这说明，"三提"与组织成员实际上都具有资本创造价值的特性。而增加对组织成员技能培训、教育等方面的投入能够带来比"三提"投入更大的利润，对人力资本在经济增长及社会发展方面的重要作用，不少西方学者都做出过精辟论断，亚当·斯密、大卫·李嘉图、萨伊、马克思、舒尔茨、贝克尔等都对人力资本的积极作用表示肯定。

二 "三提"的成型

如今意义上的"三提"成型于农业合作化时期。而这一时期的集中体现就是人民公社的建立。

1958 年，合作社与基层行政区划结合成了一起，形成"政社合一"的人民公社政权体制。人民公社作为国家的基层政权体系，与最初的合作社的建立意义相背离，不仅改变了传统的农民加入自愿性原则，同时也改变了合作社的服务性质，从而转变为一种满足国家行政建设需要的工具，使集体这一组织得到了政权上的合法化。生产资料集体所有，集体决定了分配、收益等农民生产、生活的各个方面，农民仅是被动接受集体的分配，并为集体劳动，保障集体国家的利益。

"三提"是从集体收益中提取的重要经费，参与到集体分配中。在农业生产合作的初级阶段，农民还可以通过生产资料的入股获取红利，但是到高级阶段，就全面取消了。但从总体上来看，都是在国家、集体、个人三者之间的分配，首先是上缴国家的农业税收；其次是提取集体提留；最后剩下的再按评工记分的形式分配给农民。农民对于分多少完全没有决定权，所有的利益分配都必须服从集体的安排，一切利益分配都必须在以国家、集体利益保障的大前提下进行。

集体化时期的"三提"包括生产费（包含管理费）、公积金和公益金三项。集体提留是集体提取的重要经费。

生产费是集体用于基本生产费用支付，初级阶段不仅包括"种子、草料和社内肥料的开支，向外购买肥料、农药的费用，修理农具、医治耕畜的费用，生产管理费等"，而且还包括了"租用社员的耕畜、农具的报酬，生产管理费等"。生产管理费是干部用于生产的管理费用，按规定不能够"超过全年生产总值的1%"①。之后在高级合作社和人民公社期间，对干部的个人分配有补贴工分，生产队干部的补贴工分，控制在"生产队工分总数的百分之一以内"②，这项费用就没有包括在生产费当中。也就是说，在高级合作社以及人民公社时期，生产费是全部用于集体生产的耗费。

公积金在初级阶段用于基本建设和增加生产费，包括"购买耕畜、农具和副业工具，修整土地，保持水土，兴修小型水利，垦荒，造林等"③；高级阶段用于"扩大生产所需要的生产费用、储备种籽、饲料和增添合作社固定财产的费用"④；人民公社阶段用于"生产队兴办基本建设和扩大再生产的投资"⑤。从公积金的用途来看，从最初的保障基本建设到后期进行扩大再生产的投资，公积金在集体经济发展中的地位更显重要了。资本运转的速度越来越大，不过这也是个逐步发展的过程，最显著的就是体现在公积金从初级社初期的5%，高级社的8%，到人民公社时期的10%，这也说明国家对公积金这一集体重要资本的重视，公积金成为保障集体进行基本生产以及扩大再生产的重要的生产性资金。

对于公积金的提取也包括特殊情况，例如如果是经营经济作物收入水平较高的合作社，提取公积金的比例就可以相对增加，可达12%。而对

---

① 中国共产党中央委员会1953年2月15日：《关于农业生产互助合作的决议》，载于《农业集体化重要文件汇编》上册，中共中央党校出版社，第98、100页。

② 《农村人民公社工作条例（修正草案）》中发〔61〕423号，1961年3月，载于《农业集体化重要文件汇编》下册，中共中央党校出版社，第462页。

③ 《农业生产合作社示范章程草案》1956年3月17日，载于《农业集体化重要文件汇编》上册，中共中央党校出版社，第497页。

④ 《高级农业生产合作社示范章程》1956年6月30日，载于《农业集体化重要文件汇编》上册，中共中央党校出版社，第575页。

⑤ 《农村人民公社工作条例（修正草案）》中发〔61〕423号，1961年3月，载于《农业集体化重要文件汇编》下册，中共中央党校出版社，第458页。

于收入不多的合作社要在保证国家和社员利益的情况下，公积金可以少留，如果遇到灾荒年份，也可以不留①。这样的规定巩固了国家对合作社政策的地位，保障了社员利益的均衡化。

公益金主要是用于发展合作社的文化福利事业。在初级社阶段开展公共卫生工作和社员家庭卫生工作；组织农忙托儿所，解决女社员的困难；在女社员生孩子的时候给以适量帮助；对那些生活严重困难，遇到不幸的社员给予帮助②。到了高级社阶段，文化福利事业的范围进一步扩大，延伸到社员学习文化知识，培养爱好，增进娱乐方面，还强调了改善社员的居住环境③。并且在《高级农业合作社示范章程》还独设一条对于缺乏自我劳动能力的社员的保障，规定五十三条"对于缺乏劳动力或者完全丧失劳动力、生活没有依靠的老、弱、孤、寡、残疾的社员，在生产上和生活上给以适当的安排和照顾，保证他们的吃、穿和柴火的供应，保证年幼的受到教育和年老的死后安葬，使他们生养死葬都有依靠。对于遭到不幸事故、生活发生严重困难的社员，合作社要酌量给以补助。"④ 而到了人民公社时期，公益金作为社会保险和集体福利事业的费用，有了其明确的适用范围"医疗、教育、娱乐"，保障范围又有进一步的扩大，还包括了优抚功能，增加了对"生活有困难的烈士家属、军人家属和残废军人"的优待以及"因公负伤的社员的补助和对于因公死亡的社员的家庭⑤"的抚恤。

公益金从起初到人民公社时期，功能从最初的对社员生活的基本保障到后期覆盖到了医疗、文化、教育以及娱乐等和社员生活息息相关的各个方面，在一定程度上给予了社员良好的生活保障，让他们能够更加积极地投入到集体劳动中去。对于军人、烈士以及家属的优抚的政策在

---

① 《农村人民公社工作条例（修正草案）》中发［61］423 号，1961 年 3 月，载于《农业集体化重要文件汇编》下册，中共中央党校出版社，第 463 页。

② 《农业生产合作社示范章程草案》1956 年 3 月 17 日，载于《农业集体化重要文件汇编》上册，中共中央党校出版社，第 497 页。

③ 《高级农业生产合作社示范章程》1956 年 6 月 30 日，载于《农业集体化重要文件汇编》上册，中共中央党校出版社，第 575 页。

④ 同上。

⑤ 《农村人民公社工作条例》中发［61］423 号，1961 年 3 月，载于《农业集体化重要文件汇编》下册，中共中央党校出版社，第 465 页。

很大程度上体现出政党的政策取向性，是"以占全人口百分之九十以上的最广大群众的目前利益和将来利益的统一为出发点""合乎最广大人民群众的最大利益"。① 随着公益金职能范围的扩大，公益金在农产品收入中提留的比例也是逐年增长，初期仅占1%，而到人民公社时期已占到了10%。

公积金和公益金作为集体的公共积累逐年增长，与集体的发展特点是密不可分。合作社从最初的自愿、农户之间的仅仅是经济生产上的简单互助到后期发展的政治权力下无所不包的全面合作，不仅是在经济，而且延伸到了政治、文化、教育、医疗等方方面面。这就是具有政社合一特性的人民公社，即管理政权和调节经济于一体，实行严格的计划主义体制，将广大农民束缚在集体主义的全面控制下。国家权力的不断扩张，深入到广大农村地区，过去农民的责任只有纳粮，其他便没有人来管，一切都是听人民自生自灭。② 而如今国家将权力集中，并构造出集体的政权对各种资源加以垄断，从而控制整个社会，可以说国家最重要的就是对农产品资源的垄断。③ 公积金、公益金都是从农产品中提取出来的，除了国家规定的税收外，公积金、公益金的比例是在逐年增长，也就意味着国家对农产品控制的进一步深入。

从财产权利上来看，生产费、公积金和公益金都来自于农产品收入，而农产品收入离不开农民的生产劳动，农民理应是农产品收益的享有者。实际上，国家对农产品的高度垄断就让农民失去了获得收益的权力。正如杜润生所说，"在历史上，农民从来拥有从事多种经营、配置自有资源的自有。但是在人民公社时期，农民的这种自由权利却受到剥夺。"④ 然而，集体提留，重在"集体"二字，对于集体的发展具有重要意义。

---

① 毛泽东：《毛泽东选集》第3卷，人民出版社1991年版，第864，1096页。

② 孙中山：《三民主义》，岳麓书社2000年版，第89页。

③ 徐勇：《现代国家乡土社会与制度建构》，中国物资出版社2009年版，第272页。

④ 杜润生：《杜润生自述：中国农村体制变革重大决策纪实》，人民出版社2005年版，第98页。

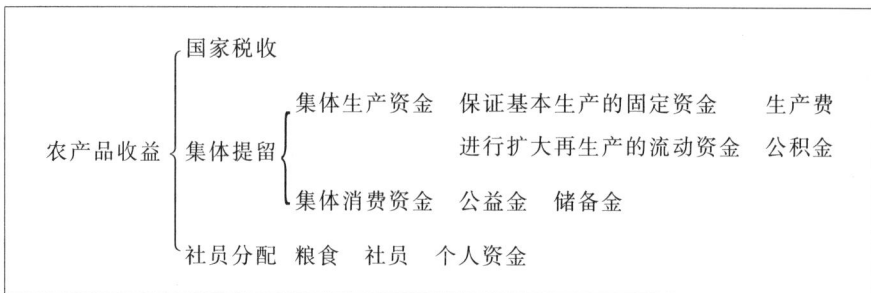

集体生产资金，作为集体所有的生产资料，每个参与集体劳动的社员，都理应有权使用，在某种程度上可以说社员是生产资料的主人。然而，实际上，对于生产资料每个社员其实是不能够随意使用，怎么使用、必须统一服从集体的安排，生产什么、生产多少、怎么生产，社员无权选择。这样一来，生产资料似乎又好像不属于社员了，完全成了集体所有了。一方面，在合作社之间也是不能够随意调动的，比如合作社就只能用自己的生产资料，不能用别的集体的生产资料，这就在一定程度上表明了集体的生产资金归所在的集体所有，社员无权占有；另一方面，在集体劳动产品的分配上，除去农业税以外，集体的收入先要留足给集体，集体的有了保障之后，接下来才有个人的所得。这些都反映出集体生产资金的本质是集体所有。

同样，集体消费资金作为集体所有的消费资料，每一个集体社员都可以享受。集体拥有的医疗设备，社员如果生病的话都可以去治疗。集体所建的学校，每一位适龄儿童都可以去学习。集体的消费资金是集体所有下的社员基本保障，本质上也是一种集体所有。

集体生产资金和集体消费资金虽然都是属于集体所有，但性质不同。由于生产资金投入到集体经济的再生产中，并且通过不断的再生产，规模还可以再不断扩大，也就是资本运转效率高，投资回报快。集体消费资金中的公积金主要是用于集体的扩大再生产生产资料的购买上，但是公益金主要用于社员的福利保障，这部分难以再生，作为消费品在集体中耗费掉了，这样一来，在合作社发展的阶段，主要是以生产为主，使资本不断扩大再生，而到合作社的成熟阶段，就有更多的资本可以让社员享受到更多更好的福利了。因此，集体的生产资金以及集体消费资金中的公积金在公共积累中占有主导地位，对合作社的发展起决定作用。一般来说在初期，集体消费资金中公积金留存的比例比公益金比例要大也就是基于此，在后期，集体公益金比例会不断加大。因此，可以说，公积金是集体生产资金的扩大再生产的表现，而公益金是集体消费资金扩大再生产的表现。

在农产品收益一定的前提下，集体提留的提取比例就会直接影响着社员分配。一般遵循的原则是在"保障公共积累有一定比例增长的前提下，逐步增加社员的收入。①"集体提取40%，社员分配60%，这个比例会随着生产水平和收入水平变化有灵活的调整，"每人分配在一百元以上的，扣留可以多于百分之四十；收入水平较低的，比如每人分配在五十元以下的，扣留可以少于百分之四十。分配给社员部分的增加幅度一般应根据生产增长的幅度而增加，比如以上一年度实际分配为一百，今年生产总收入增长了百分之十，分配给社员的部分也可以增加百分之十，但社员每人平均收入已经达到一百元以上的就可以少于百分之十，每人平均收入不足五十元的就可以多于百分之十；生产总收入如果增长很大，比如增长半倍或一倍以上，一般就不应再按生产增长的幅度来增加社员分配部分了，在这种情况下，每人平均收入已达一百元以上的就应适当控制，少增加一些，每人平均收入在五十元以下的就可以多增加一些。"② 采取这样的政策，一方面是保障了社员能够逐步增加收入；另一方面，也防止了收入差距的扩大。

集体提留的比例，不仅影响到社员分配，而且还关系到集体的生产和消费。一方面，集体的生产和消费又都离不开社员的参与，与社员的利益密切相关。集体公共积累中的公益金就影响到社员的消费，而社员的生产劳动直接决定了农产品效益，农产品效益的大小就关系到集体提留的比例，进而影响到社员的消费。在一定程度上，积累和消费之间既相互联系，又相互制约，都是来源于社员的生产劳动，积累的程度决定了消费的水平；另一方面，又表现出矛盾性，积累多了就影响到社员的分配，制约着消费。积累和消费又共同影响到集体收入的增长。应该说积累是基础，可以在劳动力不变的情况下，通过扩大生产规模，改进生产资料的性质来

---

① 《农村人民公社工作条例》中发〔61〕423号，1961年3月，载于《农业集体化重要文件汇编》下册，中共中央党校出版社，第457页。

② 《中共中央关于农村人民公社分配工作的指示》1960年5月15日，载于《农业集体化重要文件汇编》下册，中共中央党校出版社，第333页。

提高生产效率，从而使生产性资金带来更大的效益，增加集体的收入。所以往往重视对生产性资金的积累也就在于此。消费资金虽然在人们的生活中消耗掉了，但是却起到了催化剂的作用，能够调动广大社员的劳动积极性，形成强大的生产动力，对劳动产品的积累具有重要的积极意义。马克思就说过："消费和生产之间具有同一性，它们互相依存，互不可缺。"[1]

自农村地区合作化运动以来，就非常重视处理好集体积累与社员消费之间的关系。"人民公社应在生产发展的基础上逐步增加积累，但也不要一下子积累过多""要尽可能使农民能够在正常年景下，从增加生产中逐年增加个人收入。[2]"规定"生产队、和生产大队，在今后若干年内，一般地不从生产队提取公积金和公益金"[3]。各地按照上级指示做好集体的积累工作，处理好集体与社员之间的关系。

以河南省长葛县和尚桥人民公社为例。和尚桥公社于 1958 年 8 月由 32 个农业生产合作社合并而成，共有农户 7328 户，35777 人，15083 个劳动力，占总人口 42.4%。耕地面积 72651 亩，耕畜 3366 头。该社 1957 到 1958 年的分配情况。[4]

	1957 年		1958 年	
	金额（万元）	比值（%）	金额（万元）	比值（%）
总收入	281.0	100%	933.4	100%
农业税收	28.8	10.2	34.0	3.6
生产费	43.9	15.6	65.2	7.0
管理费	0.2	0.7	0.3	0.3
公积金	23.4	8.3	540.9	57.9
公益金	5.6	2.0	18.7	2.0
社员分配	179.1	63.7	273.9	29.3

---

[1] 中共中央马克思恩格斯列宁斯大林著作编译局：《马克思恩格斯选集》第 2 卷，人民出版社 1995 年版，第 95 页。

[2] 《高级农业生产合作社示范章程》1956 年 6 月 30 日，载于《农业集体化重要文件汇编》上册，中共中央党校出版社，第 462 页。

[3] 同上书，第 464 页。

[4] 数据来源于苗月生：《长葛县和尚桥人民公社收益分配情况调查》，《中国统计》1958 年第 21 期，第 6 页。

和尚桥人民公社从1957—1958年公共积累比例的大幅增加与这一时期中央的政策是密不可分的。人民公社确定8%的公积金比例，中央就在1958年《全国人民代表大会常务委员会关于适当提高高级农业生产合作社公积金比例的决定》中指出要"适当地增加农业社的公共积累"，认为"增加农业合作社公积金的比例，不但是需要的，而且是可能办到的"，实行的前提就是"必须坚持以不断发展生产和社员收入逐年有所增加"①，依据实际情况合理确定比例。正如马克思所说"扣除多少，应当按照现有的资料和力量来确定。②"公社从1957—1958年公积金和公益金的比重都得到增加，而管理费的比重下降。这样的变化趋势证实了马克思在《哥达纲领批判》中的预言"同生产没有直接关系的一般管理费用一开始就会极为显著地缩减，并随着新社会的发展而日益减少"用来满足共同需要的部分一开始就会显著地增加，并随着新社会的发展而日益增长。"③这也正是社会主义劳动产品的分配特点。在农业合作社的收入分配上，要兼顾国家、集体、农民三者之间的利益关系。毛主席就曾明确指出："对于国家税收，合作社的积累，农民的个人收入这三个方面的关系必须适当，经常注意调节其矛盾。"④

分配原则以及政策在实际中通过确定适当的提留比例来反映，和尚桥人民公社1958年的公共积累部分具体分配情况⑤：

公积金540.9万元，占总收入57.9%。在公积金中首先要留足一年的储备粮，每人全年按500斤计算，共1779万斤，折算现金142.3万元。其次还清国家的贷款和欠债32.2万元。向县办工业投资160万元。公社可以实际运用的公积金为206.4万元。这部分资金用于：

1. 购买动力、交通运输和各种农业机械设备，共62.4万元。

2. 购买化肥、农药用8.1万元

---

① 《全国人民代表大会常务委员会关于适当提高高级农业生产合作社公积金比例的决定》，《甘肃政报》1958年第2期，第31页。

② 马克思：《马克思恩格斯全集》第19卷，人民出版社1995年版，第12页。

③ 同上书，第33页。

④ 毛泽东：《关于正确处理人民内部矛盾的问题》，《人民日报》1957年6月19日。

⑤ 苗月生：《长葛县和尚桥人民公社收益分配情况调查》，《中国统计》1958年第21期，第7页。

3. 购买耕畜 3.4 万元

4. 公社办工业投资 5 万元, 小型水电站投资 3 万元, 合计 8 万元

5. 为改善社员居住条件修建房屋共 40 万元;

6. 剩余 84.5 万元作为下一年度生产发展的积累。

公益金共 18.7 万元, 占总收入的 2%。这部分资金用于社员福利"六包": 包医疗．包嫁娶、色妇产、包埋葬、包教养、包养老。

1. 医疗费。每人每年平均 2.4 元, 共 85384 元

2. 嫁娶费。全年共 400 人嫁娶, 不分男女, 每人 10 元, 共 4000 元

3. 妇产费。全社共 10 个妇产院, 每台设备 110 元, 共 1100 元 (产妇秋盒另有补助)

4. 丧葬费。5—11 岁儿童每人 5 元, 此岁以上每人 8 元, 死亡率 0.4%, 共需 1000 元

5. 教育费。每大队一个幼儿园, 每台设备 50 元, 共 1500 元, 学龄儿童 3850 人, 每人每年 5 元的设备、书籍及文具等费用, 共 19250 元, 共 20750 元

6. 养老费。全社 31 个幸福院, 每个设备 50 元, 共需 1550 元。此外, 剩下 73000 余元作为其他文化福利事业费备用。

在公积金中, 和尚桥人民公社在扩大农业生产、提高生产率, 以及改善农民居住环境这两项上投入比重最大, 分别达 62 万和 40 万, 占到了公积金总量的 1/5 以上。这与笔者在之前分析的公积金在农业生产中的重要作用是一致的。公益金中医疗费投入的比例最大, 明显高于其他几项, 其次是对教育的投入。

在这里还出现了一个疑问, 就是剩余的 84.5 万元的公积金以及 7.3 万元的公益金用处不明, 由于集体的公共积累每年都会从农业生产中提取, 集体的提留会不断增加, 也就意味着这部分实际剩下来的公积金和公益金会在以后的人民公社的发展中不断增多, 公共资产的增多将会出现集体与农民之间利益分配的瓶颈。

在农业部人民公社管理局 1979 年对全国 339 个生产大队的收益分配情况调查中,[①] 公社普遍存在开支大, 浪费严重的现象。而问题多集中在

---

① 农业部人民公社管理局:《一九七九年农村人民公社三百三十九个大队收益分配情况调查》,《农业经济问题》1980 年第 09 期, 第 29 页。

集体的提留上，公社提留中的非正常开支高达 17.7 万多元，占到总费用支出的 11.3%。

其一，集体提留中生产费的使用不当，这部分占到非正常开支的 80.3%，主要表现为生产资料名义下的大量浪费。在江苏省某公社就担心虫害降低棉花产量，不切实际，多施农药，导致公社农药费支出就比上一年增长 62.6%。对于公社购买的生产资料，也出现以高价买入而质量较差的物资，这部分开支让公社蒙受损失 3 万余元。公社的生产资料由于缺乏严格的监管制度，出现物资丢失、社员乱用的现象，造成损失近 2000 余元，而在全国 14 个省的调查中，还存在用集体提留请客吃饭的现象，支出比例占到了 8.9%。

其二，集体提留中的公积金、公益金管理不健全。1979 年公积金的非正常性支出占该年公积金的 10.7%，达 26084 元。公益金的非正常性开支占 25%，达 10161 元，① 相当于每户 7 元用于这些非正常支出。由于集体对公共积累没有严格的管理体制，造成不少公社储备粮变质，亏损 64.2 万斤，平均每个生产大队亏损近 2000 斤。集体储备的粮食在集体的名义下或高价出售，赚取利润；或借给社员，用以应急；或接待客人，集体吃喝。另外，生产队的提留中有一部分要交由县级，用于县级的政府的基本建设，各级从生产队提留的粮食平均为 2030000 多斤，由此带来了生产队的沉重负担。②

三 "三提"+"五统"

人民公社体制内部的矛盾直接导致了集体经济的低效率，政权体制濒临解体。有效激励不足成为集体低效率的主要原因。一方面，国家占有土地，对产权有着绝对的控制，带动了经济增长，同时也引起经济衰退。这就陷入了"诺斯理论"的怪圈，"国家的存在是经济增长的关键，然而国家又是人为经济衰退的根源，这一悖论使国家成为经

① 农业部人民公社管理局：《一九七九年农村人民公社三百三十九个大队收益分配情况调查》，《农业经济问题》1980 年第 9 期，第 29 页。

② 同上书，第 30 页。

济史研究的核心。"① 另一方面，农民个人投入与收益没有直接联系，不愿意出工，劳动生产难以发展。正如黄宗智的研究所得，在长江三角洲，几十年的集体化还是不足于摆脱"没有发展的增长"②。其结果是，人民公社解体后，实行家庭联产承包责任制，"交够国家的，留足集体的，剩下自己的"就成了包产到户后的农产品分配体制。这意味着，虽然农民从集体的统一劳动中脱离出来后，但是，其生产剩余仍要交给集体一部分，并且要留"足"。在这一时期，生产的发展同样还是建立在国家、集体利益最大化的前提下的。

另外一个情况是，分户经营取代集体经营的方式下，过去集体的公共积累逐步成为集体中企业的资金，而原来作为集体扩大再生产的公积金逐渐转变为对集体的建设，包括用于农田水利、植树造林、购置生产性固定资产和兴办集体企业③，这些与农民的个体经营几乎没有直接联系。过去无所不保的人民公社时期的公益金，逐渐转变为对集体的社会保障，包括"五保户"的供养、特别困难户的补助、合作医疗保健以及其他集体福利事业④。由于集体组织生产的意义消失，集体兴办福利以促进生产的动力就会相应减弱，过去那种直接性的、对等性的、必须的生产激励逐步减少，农民看不起病的还是看不起，没钱上学的依旧是没钱，仅靠公益金保障也无法促使劳动生产的提高。管理费完全取代发展生产的生产费，说明人民公社后期，"三提"更多是用于集体，即促进集体组织的正常运行和发展，为农民提供一个稳定的乡村社会环境。

针对人民公社后的集体提留方式，人民日报 1982 年 9 月 26 日报道，过去的"集体提留，包括公积金、公益金，耕牛农具保值金，行政管理费，干部报酬，烈军属、五保户和民办教师等各类人员的补贴，以及需要由生产队统一支付的生产费用，过去是在年终分配时，由生产队统一扣留、统一管理、统一使用的"；而向家庭联产承包责任制转变后，"集体

---

① 道格拉斯·C. 诺斯：《经济史中的结构与变迁》，上海三联书店，上海人民出版社 1994 年版，第 20 页。

② 黄宗智：《长江三角洲小农经济与乡村发展》，中华书局 1992 年版，第 11—12 页。

③ 《农民承担费用和劳务管理条例》1991 年 12 月 7 日国务院 92 号令发布，《中国农业会计》1992 年第 2 期，第 8 页。

④ 同上。

应提留的现金、实物，由生产队一次计算到户，订入合同，列表造册，在夏秋两季社员出售粮油时，由粮站按合同规定指标代收，公社财务小组统一结算，统一管理。除干部报酬、烈军属、五保户、民办教师等人员的补贴和行政管理费，按规定由公社统收统付外，其他公共积累，一律分队立账，专户存入信用社，存折归队，公社管理。"① 并且规定生产队不得随意动用集体资金。这种方式改变了过去生产队对集体资金的绝对分配权，削弱了其对财权的直接掌控。

于是，就有了现在我们经常所言的"五统"，它是乡村五项统筹的简称。为了发展地方公共事业，乡一级通过资金筹集制度向农民收费的方式，具体来说，用于办学、计划生育、民兵训练、优抚、修路等公共事业②。统筹的方式筹集经费发展地方公共事业，早在人民公社时期就已初见。中共中央1958年在农村中普遍开展社会主义和共产主义教育运动的指示中指出："公社的公共积累除了用来发展本社的生产事业和福利事业以外，还应该有一部分交由县以上的机关统筹举办地方性的和全民性的生产事业和福利事业。"③ 也就是说统筹是来源于集体的公共积累，是集体提留开支的一部分。之后，随着农村承包责任制的推行，1982年的《全国农村工作会议纪要》中央一号文件指出"生产大队、生产队作为集体经济组织，……签订和执行经济合同，完成征购任务和集体提留；照顾烈属军属和安排困难户的生产、生活等。……同时，作为基层政权，特别是公社、大队还要做好社会救济、教育卫生、计划生育、民兵训练、治安保卫、民事调解等各项工作，保护社会主义经济，保证国家法律、法令的执行。"④ 1983年底，农村全面实行政社分家，人民公社体制解体。对于农村教育、计划生育、民兵训练、优抚、交通等各项公共事业经费，"各地可根据农民的经济状况，由乡人民代表大会定项限额提出预算，报县人民

---

① 赵希龙：《改革社队财务管理适应大包干责任制滁县地区试行"集体提留队筹社管"》，《人民日报》1982年9月26日。

② 《农民承担费用和劳务管理条例》1991年12月7日国务院92号令发布，《中国农业会计》1992年第2期，第8页。

③ 《关于今冬明春在农村中普遍开展社会主义和共产主义教育运动的指示》1958年8月29日，载于《农业集体化重要文件汇编》下册，中共中央党校出版社，第74页。

④ 《全国农村工作会议纪要》，载于《人民日报》1982年4月6日。

政府批准,由基层统筹使用"①,并规定每年统筹一次,不再从集体提留中开支。统筹费最高限额由各省、自治区、直辖市依据实际情况确定。第二年秋,中央政府下发《关于制止向农民乱派款、乱收费的通知》,进一步指出"乡和村兴办教育、修建公路、实施计划生育、优待烈军属、供养五保户等事业的费用,原则上应当以税收或其他法定的收费办法来解决。"② 通过实行收取公共事业统筹费的办法来建立控制农村公共事业经费筹集和使用的制度。1990 年国务院下发《关于切实减轻农民负担的通知》规定农民向乡村集体上交提留和统筹费是农民应尽的义务。1991 年国务院颁布的《农民承担费用和劳务管理条例》首次以法律的形式明确了村提留乡统筹的性质、用途及收取标准。

乡统筹实际体现"办社会"的特性。因为,教育、生育、民兵训练、优抚、修路这些公共事业本质上来说,是属于公共产品。根据公共产品理论,具有非排他性和非竞争性的产品理应由国家来提供。乡统筹在性质上属于"集体经济组织范围内全体农民所有",其中,道路建设属于国家基础设施建设;乡镇优抚是社会保障制度建设的一项内容,是农村社会的需要和国家对农村社会应负的责任;计划生育是国家的基本国策,是国家提出的要求;民兵训练是保家卫国和维护社会治安的需要,是国家的责任;普及义务教育更是国家的义务,培养包括农村孩子在内的也是国家的责任,乡村学校建设、教学设施的改善和教师报酬的支付都是国家以及各级政府财政预算的范围。

应该说,村集体的"三提"和办社会的"五统",属于国家建设项目,理应由国家财政来供给,但国家为了继续推行工业化发展的需要,实现赶超经济的发展,不得不将旧体制遗留下来,机构庞大的地方政府放权,实行"划分收支、分级包干"的财政体制。在地方,特别是县以下的基层政府,通过向农民筹措资金的方式来维持政府的基本运转,出现了"以农养政"的局面。"三提五统"实际上演变为继农业税后的对基层政府的"二税",具有强制性的特点。"三提五统"在基层政府与农民力量

---

① 《中共中央关于一九八四年农村工作的通知》,载于《人民日报》1984 年 6 月 12 日。

② 《关于制止向农民乱派款、乱收费的通知》中发［1985］21 号,1985 年 10 月 31 日,载于《中华人民共和国国务院公报》1985 年第 31 期,第 1044 页。

悬殊的博弈下，逐渐成为加重农民负担的重要根源。

首先，"三提"逐渐背离用于生产发展的资本积累性质，农民负担呈显性化。在合作组织中，收取"三提"的主要目的是为了组织的发展。农民通过合作组织紧密联系在一起，并且有进退组织的自由，也就是说，满足农民的共同需要才有合作组织，合作组织提取"三提"也是为组织成员更好的服务，体现需求性、服务性。在人民公社时期，尽管农民不能随意退出公社，必须绝对服从集体、国家的领导，为集体劳动，但是农民还是通过公社体制紧密联系在了一起。集体提取"三提"最重要的是基于国家的工业化发展目的，但也确实建立在保证农民基本生产、生活需求基础之上，也正是这种自上而下的绝对分配让农民的个体利益需求呈隐藏化，个体负担呈隐性化。人民公社体制解体后，个体利益不断得到凸显和表达，获得了土地经营权的农民得到了生产上的激励，然而这种激励效应仅仅是短期的，不久，随之承包到户的还有各项的费用，于是开始有"农民负担"一说。农民脱离了基于组织生产合作的集体，逐渐回归到分散的、隔离的农户经营状态。农民在这一时期，必然疏远了与集体的生产联系。取而代之的是农民与集体之间的契约关系，农民通过承包集体的土地租种，在农民获得农业收入时，要将一部分剩余交给集体，上交给集体的这部分剩余即为"三提五统"，逐渐转化为了农民的负担之一。

其次，"三提五统"从本质上来看是农民交与土地所有者的经济租。我国宪法和有关法令对农村土地的所有权问题有明确的规定。1982年制定的宪法第十条规定，"农村和城市郊区的土地，除由法律规定属于国家所有的以外，属于集体所有；宅基地和自留地、自留山也属于集体所有。"① 1986年全国人大常委会通过的《中华人民共和国土地管理法》，作了如下说明"集体所有的土地依照法规属于农民集体所有，由农业生产合作社等农业集体经济组织或村民委员会经营、管理，已经属于乡镇农民集体经济组织所有的可以属于乡镇农民集体所有。村农民所有的土地已经分别属于两个以上农业集体经济组织所有的，可以属于各该农业集体经

---

① 《中华人民共和国宪法》1982年12月4日，载于《中华人民共和国国务院公报》1982年第20期，第855页。

济组织的农民集体所有。"① 这表明土地归集体所有，相应的土地的所有者为乡镇基层政府及村委会组织，由农业集体经济组织进行经营、管理。另外，土地集体所有的性质确定不变，但是经营权可以从所有权中分离出来，让农民获得经营权。农民在获得经营权的同时就不得不向土地所有者缴纳租金。因此，"三提五统"实际上是土地集体所有权的代表——基层乡镇政府、村委会向土地使用权的拥有者——农民征收的经济租。② 之所以有经济租，是因为土地制度变迁后生产资料的集体所有制依然存在，这也意味着农民依旧未能获得土地所有权，而仅仅是生产经营上的自主，土地集体所有使得土地所有权与经营权从过去的两权合一转变为两权分离。在资本主义体制下，"私有制下土地所有者会要求土地所有权在经济上有所实现，这种实现的形式就是地租。"③ 在公有制土地集体所有的条件下，经济租就成为土地所有权在经济上的实现形式。在土地所有权归属集体的情况下，农民为了能从土地所有者那里得到土地的经营权，就必须向土地所有者支付经济租，而集体则通过从农民那里索取经济租来实现他对土地的所有权。经济租是建立在权力之上的，是集体所获得的租金。正是由于集体"带有身份色彩和强制性的政府"的特性赋予了它国家的权力。其表现形式就是基层政府对农民征收的行政性收费，成为强制性获取农民财产的方式或手段。

再次，"三提五统"是占主导地位的基层政府与农民之间的博弈。来源于农民剩余的"三提五统"，其征收离不开基层政府的参与。"三提五统"作为农民承担费用具有强制性，国家通过立法的形式强制执行，并且还规定征收标准、额度、方式。依据国家1991年颁发的《农民承担费用和劳务管理条例》，国家规定以村农民净收入为依据计提乡统筹费，不得超过上年农民人均纯收入的5%，村提留占"三提五统"费的比重应在一半以上。"三提五统"实行全年统筹统收制度，由村集体和乡镇政府收

---

① 《中华人民共和国土地管理法》1986年6月25日，载于《中华人民共和国国务院公报》1986年第17期，第532页。

② 张岸元、白文波：《乡村"三提五统"的理论、政策与实践》，《战略与管理》2000年第1期，第38页。

③ 马克思：《资本论》第3卷，人民出版社1972年版，第714页。

取，实行预决算制度，定限额管理。① 在农民与基层政府的博弈之间，基层政府具有绝对优势地位。这样的规定也就是不论农民愿不愿意，在法律法规的范围之内就必须得交。如果农民拒绝缴纳的话，必要时会受到强制措施并进行强制征收，有甚者更处于罚款和拘留。尽管强制性是收取费用中一种有效的手段，但是在一定程度上可能会让农民产生抵触、引发社会矛盾，威胁到社会的稳定发展。

最后，"三提五统"成为乡镇财政的来源，采取自收自支。人民公社后期，国家逐步向地方放权，实行经济上的"包干制"②。上级政府调配给乡镇政府的财政资金极为有限，所需要的大部分开支，包括政府部门的运转、在编人员的工资补贴、乡村公益事业的建设等经费都是由乡镇政府向辖区内的农民通过"三提五统"的方式进行筹集的。1994年的分税制改革之后，农业税成为地方政府，主要是县政府的收入来源，而"三提五统"则成为乡镇政府以及村集体组织的资金保证。为了确保乡镇基层政权正常运转和农村社会公益事业健康发展，缴纳"三提五统"便成为了农民的一项义务。与此同时，农民也从集体那里享受到公益性事业的权利。除了管理费以外，"三提五统"其余的开支理应都是用于基层政府、集体的基本建设和农民的生活保障。如果农民能感受到实实在在的利益，才能够安心缴纳"三提五统"，反之，农民交了费，却感受不到福利，那么农民的交费意愿就会大大降低，甚至产生抵触、反抗情绪。由于旧体制遗留下来的人员庞大的基层政府队伍，对管理费的支出大幅度增加。在财政的包干制度下，"三提五统"既而演变为基层政府的财政重要支柱。

四　扩大化及后果

（一）重复收

在国务院1992年《农民承担费用和劳务管理条例》中，规定"村提留和乡统筹费主要按农民从事的产业和经济收入承担。承包耕地的农民按

---

① 《农民承担费用和劳务管理条例》1991年12月7日国务院发布，《中国农业会计》1992年第2期，第9页。

② 在地方范围内将事权任务下放，实行目标责任制度，损失和得益由各级政府自行承担解决的办法。

其承包的耕地面积或者劳动力向其所属的集体经济组织缴纳村提留和乡统筹费。"① 从而，确定了农民按承包地或者劳动力来确定"三提五统"的标准。

一方面，按地收还是按丁收的标准不固定性，使"三提五统"政策在实际执行的时候出现偏差，有按土地征收的，有按丁征收的，也有按人地比例进行征收的。最后在实际的操作过程中，村干部往往是按户收取，也就是按人头收费。对于家中没有劳动能力的小孩以及不种地的农民都无例外的收取，在这样的实际征收中，"三提五统"实际上是增多了。

另一方面，《条例》所规定的"三提五统"不得超过上一年农民人均纯收入的5%的这种分层制的做法，却在一定程度上产生了"劫贫济富"的马太效应，使得落后地区的贫困农民负担更重，更加贫困，造成贫富差距的扩大。因此，就有不少学者对分层制表示了怀疑。经济学之鼻祖亚当·斯密就曾指出，分层制这种比例税不仅会影响农民的生产积极性，还制约了农民对生产资本和人力资本的投入，这些无疑都是不利于农业的经济发展②。事实证明，农民从集体规模经营的方式中解脱出来的同时，又陷入了"小农"的困境之中，无力对农业进行投资，生产无法扩大，农业的发展面临巨大的挑战。

比如在某个乡镇，农民人均收入为1000元，那么按照5%的上限比例来计算提留，全乡农民人均50元，而这50元对于收入在2000元以上的农户来说，占2.5%，而对收入只有500元的农户来说，占到10%，这就出现农户与农户之间负担不合理的状况。同一个乡，有些农民感到负担重，很重要的一个原因在于穷村穷户与富村富户上交的绝对额都是一样，贫困农户感到承受不起。

而这种分层制的征收方式给农民带来危机的同时，却在让基层政府受益。由于征收的"三提五统"是以上年农民人均纯收入为标准，这也就意味着，随着农民人均收入的增长，"三提五统"将会不断增加，而其征

---

① 《农民承担费用和劳务管理条例》1991年12月7日国务院发布，《中国农业会计》1992年第2期，第8页。

② 亚当·斯密：《国富论》，陕西人民出版社2001年版。

收主体的基层政府直接获利。

（二）加码收

"三提五统"是由"乡镇基层政府以及村集体组织"负责征收。在实际过程中，是乡镇政府将"三提五统"的任务指标下发到各行政村，村干部根据每个农户所承包的土地数以及劳动人口数，计算出每户应交的"三提五统"数额。确定了每户应缴额后，再由村干部挨家挨户的上门索要。对于那些不交的农民，乡政府会动用一定的行政权力，来迫使农民必须交。村干部将收取来的"三提五统"根据乡镇规定的比例，从中提取部分，也就是"五统"交由乡政府支配，"三提"留做集体使用。

在这里，由于收费权力下放到乡村两级，这种权力的扩大就为政府组织"寻租"提供了可能性。政府收取"三提五统"的初衷是为了建设集体，提供乡村公共服务，保障农民生活的稳定。然而，在基层政权组织缺乏有效的监督的情况下，有的乡政府利用手中的权力加大"三提五统"的任务指标，下达到村级，村干部不仅要考虑到征收的成本，还妄图实现村组织利益的最大化，他们又会利用手中的权力将"三提五统"的任务扩大分摊到农民头上。在乡村从农民那里获利的背后，县级政府也开始涉足来分享这一既得利益。地方政府层层加码的剥削，唯有将"三提五统"这块地方政府的"蛋糕"越做越大，这使得"三提五统"到农民这里变得名目繁多，多的高达100多项，压得农民无法喘息。根据国家农业部的统计数据显示，1995年向农民征收的"三提五统"费比上年增长48.3%，各种乱收费也比上年增长52.22%。

来自人民日报2000年7月5日的一篇报道，湖北省沙洋县某乡镇政府由于虚报农民人均纯收入，通过教育集资方式，将提留统筹款命名为教育集资费、教育附加费和学生平安保险费，向该地区中小学生摊派提留款，规定春季先每人交100元，待夏收后再加码收。在农民每户交齐了135元的教育集资费后，又通过巧立名目向每位中小学生多摊派近千元的教育集资款。并且对于交不起这项费用的学生，予以勒令退学的处罚，乡镇政府这种加码收取提留款的做法，给当地农民带来了沉重负担，使人均一年纯收入不足 1500 元的农民更加窘迫。[①]

（三）违规收

"三提五统"无疑成了农民负担的主要根源，因此迅速成为农村改革的重要环节。税费改革时期，国家加大力度严查各类收费，对于不合理的收费坚决予以取缔，还将名目繁多的收费化繁为简。试点改革中，通过向农民公示的形式将合理的收费名目及限额都做出了明确的规定，对规定以外的收费农民有权不交，并有权上诉。尽管在这种严密的监管制度下，一些地区仍旧变着法子向农民收费，出现违规收费行为。如轰动一时的砀山县"程庄事件"。

砀山县地区的农民负担一直都很重，1999 年农民人均负担达到上一年人均纯收入的 13.2%，远远超过了国家政策规定的 5% 上限。2000 年安徽广泛宣传试点改革工作，通知、布告让农民基本了解改革的情况，然而就是在这样的试点工作中，砀山县程庄镇无视中央和省里的政策，仍然擅自增加 36 元的人均负担。更有甚者，镇里对于不交这 36 元负担的农民采取的是送到镇政府私自开办的"思想政治教育学校"中进行"教育"。实施"教育"的方式更是达到令人瞠目的地步，不仅进行变相体罚"把大家赶鸭子似的轰到操场上，去晒太阳，还逼着一个个绕着圈子跑步，跑慢了就遭痛骂，甚至受到体罚"，还人格侮辱，"把所有人集中起来，责令父子兄弟之间相互往对方的脸上扇巴掌，巴掌必须真扇，且要扇出声，不听响不算，一次规定三十下。"[②] 如此之暴行，引发全镇农民的集体上访，终于在省政府的高度重视下，这一事件才得到了严肃查处。还有类似的"干部扒粮"事件，一些地方官员擅自增加收费项目的行为，激化了干群矛盾，造成恶劣的社会影响，对于国家政权的稳定起到了巨大的冲击。

在试点改革的进行中，安徽省物价局展开了一次涉农收费专项调查，调查中发现不少地方"地方收费的项目少则十几项、几十项，多则又是

---

① 周光辉、张瑞华：《湖北沙洋县烟垢镇，竟然向学生摊派提留款》，《人民日报》2000 年 7 月 5 日。

② 陈桂棣、春桃：《中国农民调查》，人民文学出版社 2004 年版。

上百项；收费的部门已经涉及到了教育、土地、司法、民政、供电、财政、税务、工商、卫生、公安等等；收费的内容也涉及到上学、建房、结婚、生老病死、出售农副产品等等。"①

按照"省政府《致全省农民朋友的一封信》上的规定，农民建房除由土地管理部门收取五元土地证书的工本费而外，不得再收取其他任何费用，但有些地方农民在办理建房审批手续的过程中，交纳的费用项目之多、标准之高，再次叫农民无法承受，不但要收土地证工本费，还要收取征地管理费、土地有偿使用费、权属变更费、造地费、开垦费、受益金、耕地占用税、建筑营业税等一干子税费。农民经批准在自己承包的土地上建一所房屋，各种费用需 1000—3000 元，有的竟高达 5000 元以上！此外，有的农民外出务工办身份证，要被收取户籍证明费或身份证递卡费；农民结婚时，还要被强制收取咨询费等多项有偿服务费；明明是国家投资的农网改造，农民不但要出义务工、小工费甚至要出施工人员的伙食费……"②

"三提五统"的扩大带来了双重影响。首先，从它自身合法性的角度来看，它把一项正常的税收逐渐演变为农民的负担，并且负担程度不断加重。正常的税收，应当是在保证农民基本生产和生活需求基础上进行的。根据马克思的扩大再生产理论，人们生产经营所得的收入，要减去生产资料的消费和维持再生产的生活资料的消费之后，剩下的才是劳动者所创造的剩余价值。③ 这部分剩余价值要权衡国家、集体以及个人的利益，一部分要维持国家政府部门的正常运转，一部分则要投入到社会的扩大再生产中。因此，农民能够承担的限额就是要能够维持农民的基本生活需求和简单再生产，以及提高农民生活水平和扩大再生产。因此，农民负担等于农民承担限额。

农民承担限额④ = 总收入 – 生产资料消耗 – 生活资料消耗 – 生产资料消耗 × 生产费用增长速度 – 生活资料消耗 × 生活提高水平

在"三提五统"的政策下，交完国家的、留足集体的后，剩下才是

① 陈桂棣、春桃：《中国农民调查》，人民文学出版社 2004 年版。

② 同上。

③ 马克思：《马克思恩格斯选集》第 2 卷，人民出版社 1972 年版。

④ 吴祥玉：《农民负担的经济学分析》，《农村经济》2000 年第 7 期，第 15 页。

自己的。对于一个纯农户家庭来说，主要的经济来源除了基本的种田收入，就是养些家禽。曹锦清在《黄河边的中国》一书中的详细描述了农户的账目明细，普通农户一年的"三提五统"费以及以资代劳费用，共计 858 元，负担率达 14.9%，除去生活费外，全年仅有 200 多元的净收益。而贫困农户的负担率却达到 20.98%，入不敷出。[①] 如果是种田收入，收入甚微，一般纯收入不超过 500 元，笔者依据农户的回忆前几年的种地收入情况。

种植	投入	产出	纯收入
4 亩水稻	化肥 480 元，种子 160 元，农药 80 元，收打 240 元，共 960 元	亩产 1200 斤，每斤 0.4 元，自用 1000 斤，共 1520 元	560 元
3 亩油菜	化肥 60 元，种子 30 元，农药 30 元，收打 60 元，共 180 元	亩产 120 斤，每斤 1.5 元，共 540 元	360 元
1 亩玉米	化肥 60 元，种子 40 元	亩产 800 斤，每斤 0.5 元，共 400 元	300 元
1 头猪	1300 元	1600 元	300 元
20 只鸡	800 元	1120 元	320 元
合计	3040 元	4500 元	1840 元

从表中可以看出，在没有请用工的情况下，该农户四口人全年共收入 1840 元，人均纯收入仅为 460 元。那么农民负担有多少？他们每年要上交多少呢？在此，笔者根据国家税务总局农税局课题组对全国 12 个省区）60 个县（市、旗）125 个乡（镇）情况的调查可以看到[②]，"三提五统"以及各项派生出来的费用使农民负担不断加重，甚至入不敷出。

---

① 曹锦清：《黄河边的中国》，上海文艺出版社 2000 年版，第 103—108 页。

② 国家税务总局农税局课题组：《农民负担与农业税制改革问题》，《税务研究》2000 年第 4 期，第 25 页。

单位：元

项目		1990 年	1993 年	1995 年	1996 年	1997 年
各项农民负担合计		100.00	100.00	100.00	100.00	100.00
农业税收	农业税	18.29	20.80	18.92	20.06	19.71
	农业特产税	1.24	1.30	2.47	2.76	3.16
	屠宰税	0.54	0.56	0.62	0.70	0.79
"三提五统"	村提留	18.57	17.05	16.30	15.48	16.42
	乡统筹	16.38	15.73	16.56	16.74	17.25
派生费	集资摊派	9.44	10.70	13.99	14.80	12.66
	义务工折算	35.55	33.87	31.15	29.46	30.01

其次，农民的行为也经历了一个由积极向消极转变的过程，从初期的"自觉交"，到中期的"拖着交"，再到最后的"拒交"行为的出现，与之有着直接的关系。

家庭联产承包制实行后，初获土地经营权的农民生产积极性分外高涨，积极响应"交够国家的，留足集体的"的国家政策。在土地经营权从无到有的巨大转变过程中，农民的积极性得到有效激励，从而使农民顺应国家安排，支持国家政策，因此，在大包干体制推广的初期，农民表现出对生产的极大热情，随着产量的不断提高，农民自觉缴纳国家、集体的税费。

不久，农户个体经营的缺陷开始逐渐暴露。由于分散经营，生产上的独立性决定了无法形成像集体化时期的大规模生产，农业生产率停滞不前。农业收入一直处于自我维持状态，仅仅是保证了基本的生活需求。而在这个时候，各种摊派、集资，农村建设的各项费用都压到了农民身上，农民交完国家的之后，还要缴纳各种费用，农民所剩无几。农民没有剩余，自然就无法对农业进行投资，包括改进生产工具，增加劳动力，提高生产率等方式，也就更不可能运用机械化的规模生产。农业生产陷入过密型增长。农业生产无法提高，一方面影响农民收入的增长；另一方面就降低了农民的生产积极性。农民收入无法增长，还要面对源源不断的税费，农民利益得不到保障，陷入恶性循环的发展态势。可以看到，在大包干实行后的没多久，许多地区又开始探索合作组织的道路。

农民收入无法增长，但是摊派到农民身上的费用还是要交。在农业生产无法带来利润，而费用又不断增长的情况下，农民是能拖就拖。然而弱小的农民又怎能抵抗来自国家强大的政权力量？大多数人还是会选择拖着交。更多是农民开始涉足其他能够带来利润的行业，选择打零工、兼工，甚至出现了80年代后期的大量农民外出打工现象。在笔者的调查过程中，种地不挣钱已经成为农民普遍的共识，对于一个普通的农户家庭来说，种地仅仅是为了保障全家人基本的生活需求，农户还会养些鸡鸭，都是自己吃，而这些农业生产大部分都是由家中的老人来完成的。家中的中青年，只要还有体力能够出卖劳动力的，都选择出去打工，有的在外地打工有稳定的经济基础的，还将全家都搬离了农村，出现了不少家家户户锁大门的现象。农村种地的越来越少，对于"80后"，"90后"的一代农民来说，他们绝大多数都没有种地的经验，如今农村的田地仅靠一些老人来维持耕作，大量土地出现抛荒的现象。但是无论农民走到哪里，承包地的上交费用还是不能少，于是不少在外打工的农民将家中的土地请人代耕。

农民在城市中的境遇也不是一帆风顺的，更多的时候他们是被遗弃的一群人，被遗忘在城市的角落，成为城市的"边缘人"。尽管农民在城市中地位极其卑微，不受重视，但是为了增加收入，让家里人的生活水平提高，他们往往是忍气吞声，成为最有耐力的沉默羔羊。

大量农民外出打工，土地抛荒现象等问题的不断发生引起了国家对农民利益的关注。就在国家决定推行税费改革工作的一段时间，农村地区出现越来越多的拒交、抗税现象。在笔者的调查中，农民在2000年出现的拒交现象尤为显著，全村欠税款任务达500万元。随之而来的，就是乡镇政府和村组织陷入了严重的财政和债务危机。

据湖南当地的村干部反映，80年代初，全村拖欠拒交农业税费的只占1%，随后，拖欠拒交的逐渐增多，90年代中期增加到10%，20世纪初，特别是税费改革期间，拖欠拒交现象呈显著增长，全村拖欠拒交税费的农户高达50%，这也为乡村税费收取工作带来相当大的困难。

在被问及拖欠拒交的原因时，有农民表示"家里太困难，确实交不起"。这部分农民主要是村里的纯农业收入者，他们有的常年都入不敷出，对于人均200多元的税费负担，全家每年就要承担近千元，而仅仅依靠种地的纯农户，收入更是寥寥无几。这种绝对额征收，使村中的贫富差距逐渐扩大。村里一农户表示，家中 6 亩责任田用于种水稻，全年共收获稻谷 3600 斤。交国家公粮 400 斤，全家自用 1200 斤，剩余 2000 斤。而种 6 亩水稻共花费种子 180 元、农药 240 元，化肥 840 元，共 1260 元。但是稻谷不值钱，2000 斤稻谷最多也只能卖 1500 元不到。农民辛辛苦苦一整年，仅靠种地却只有 200 元的收入，而这么微薄的收入有哪有能力再交的起不断增加的"三提五统"？

另有农民表示，"这费年年都在交，年年增多，却不知道怎么用了。"农民负担监督卡上写明农民交村提留和乡统筹的各项名目，但是寻访许多农户都反映，交了这提留统筹款，读书还是读不起，村里道路仍是没人修，学校房屋不垮塌是没人会管，村里的建设好几年都没人搞，更别提对贫困难户的保障了。加上不少乡村干部用提留吃喝，私吞公款的现象频繁发生①，让农民对收取"三提五统"更是呈消极态度。收了"三提五统"，却不为农民办实事，农民不愿将自己辛辛苦苦挣来的血汗钱拿去供养政府人员。这项费用在不少地区都是一笔糊涂账本，看看乡村建设几乎没有改善，农民实际问题解决不了，农民自然就会反感交这项费用。有些见到来收费的干部就躲，或者以各种方式拖欠，以此表达自身的不满情绪，维护自己的权益。

五　改革与取消

1985 年，"大包干"在全国范围内掀起改革的第二次浪潮，农业任务分配到户。获得了生产经营权的农民热情高涨，积极性提高，带来了农业生产经济的快速发展。然而，就在农民刚刚感受到改革成果，以农村基层政权向农民筹措资金的各种名目的收费纷纷向农民伸手，包括"集资""捐献""赞助"等多达几十种，随之而来的各种教育集资、摊派费用接踵而至，压得农民无法喘息，农民负担不断加重。就在这一年秋，中共中央、国务院下发了《关于制止向农民乱派款、乱收费的通知》，规范了乡

---

① 《人民日报》公开报道多则关于干部私吞提留统筹的现象。王春兰：《河北献县淮镇北街"馋嘴干部"吞吃统筹提留款》2001 年 4 月 12 日。《饭店老板收提留抵顶干部吃喝账》2001 年 1 月 15 日。《擅自增加提留肆意吃喝送礼村支书寿国文》1996 年 4 月 15 日。《史庄村干部贪污提留款》1990 年 10 月 16 日。《大吃大喝提留款农民忧虑谁来解》1988 年 3 月 16 日。

统筹，指出"一切要从群众利益出发"，要"建立控制农村公共事业经费筹集和使用的制度，通过立法程序，严格规定筹资的范围和限额，并实行预决算制度和财政监督。"① 该通知还对民兵训练、民工建勤、农村教育事业等问题作出规定。要缩减民工训练规模，不能借农村筹集资金向农民要钱建立民兵训练基地。对农村教育事业的发展，既要重视，又要量力而行，切实加强监督管理。1990 年春，某些地区和部门又向农民摊派、集资、收费，三乱带来农民负担的增长，远远超过农民人均收入的增长，超出了农民的负担能力。国务院随即出台《关于切实减轻农民负担的通知》，通知进一步界定农民合理负担的项目和使用范围，将上交"三提五统"确定为农民承担的基本义务，规定不准以任何形式向农民摊派。同年 9 月，中央为制止"三乱"，即乱收费、乱罚款和各种摊派，颁发《关于坚决制止乱收费、乱罚款和各种摊派的决定》，对现行收费、罚款、集资进行全面清理，坚决禁止"三乱"。1991 年 12 月，国务院 92 号令《农民承担费用和劳务管理条例》（以下简称《条例》），首次以法律的形式确定了农民承担村提留乡统筹的义务，以及村提留、乡统筹的标准和使用范围，确立了农户与集体之间的利益关系。1993 年 3 月，中共中央办公厅、国务院办公厅《关于切实减轻农民负担的紧急通知》，除《条例》规定的村提留乡统筹外，其他各种涉及"农民负担费用的摊派、集资、达标活动和行政事业性收费"一律停止并进行清理。几个月后，两办再次联合下发《关于涉及农民负担项目审核处理意见的通知》，对涉及农民负担的142 项分类作出取消、修改、执行的决定。次年 6 月，两办向全国转发农业部、监察部、财政部、国家计委、国务院法制局《关于 1993 年农民负担检查情况的报告》的通知，主要是农业部、监察部、财政部、国家计委、国务院法制局共同组成国务院农民负担检查组，对全国 18 个省（自治区）、54 个县（市）、107 个乡（镇）、215 个村和 2014 户进行抽查，检查这一年来国家出台政策的执行情况，指出了农民负担中仍存在的问题，要进一步加强监管力度和法制建设。为了规范农民负担监督管理，1995 年 6 月，农业部、监察部下发《关于全面推行农民负担监督卡制度

---

① 《关于制止向农民乱派款、乱收费的通知》1985 年 10 月 31 日，载于《中华人民共和国国务院公报》1985 年第 31 期，第 1043、1044 页。

的通知》，将农民承担的"三提五统"义务写进农民负担监督卡，制止非法收费行为，切实保障农民利益。1995 年 12 月，国务院办公厅《关于严禁在农副产品收购中代扣代缴各种款项向农民乱摊派的通知》规定，"乡村提留统筹费实行全年统算统收制度，由村级集体经济组织和乡人民政府收取，要坚持预决算制度，严格实行定项限额管理，不准平调、挪用"。①1996 年 3 月，两办再次转发《农业部监察部财政部国家计委国务院法制局关于当前减轻农民负担的情况和今后工作的意见》的通知，对提留统筹资金统一实行管理制度，狠抓各种违规收费行为。同年 12 月，中共中央、国务院做出《关于切实做好减轻农民负担工作的决定》，提出"五个决定""两个加强"，表明解决农民负担问题的紧迫性、坚决性、强制性。决定还第一次对各地税费改革试点予以公开肯定，指出"从根本上解决农民负担问题必须坚持深化改革，对有些地方进行的负担分流和一些粮食主产区进行的税费改革探索，可以继续试验"。②尽管国家的决心、力度之大，农民负担仍然超过历史。为了进一步规范农民收费，1998 年农业部制定了《关于全面推行农民负担一定三年不变管理办法的通知》，农民承担的村提留乡统筹总额不得超过 1996 年的预算额，实行一定三年不变。同年 7 月，两办再次发表《关于切实做好当前减轻农民负担工作的通知》，根据当前的农民增收减缓的情况规定村提留乡统筹的上限，同时还对"三提五统"折成粮食计征的改革方法予以肯定。与此同时，各地的改革也在自发进行当中。然而这些都没有能够制止各种集资、摊派、收费向农民伸手，农民负担更是有增无减。

在 21 世纪到来之际，农民负担问题在全国范围内达到空前爆发，各地因负担问题发生的恶性事件屡见不鲜。中央对此高度重视，在这一时期更是频繁下达各种减负文件。1999 年 3 月，国务院办公厅转发《农业部、监察部、财政部、国家计委、法制办关于 1998 年农民负担执法检查情况报告的通知》，继 1993 年后再一次对全国 5 省、10 个县的 240 个农户进行的随机调查，仍存在变相收取提留统筹费的情况。仅 5 个省就发生农民

①《关于严禁在农副产品收购中代扣代缴各种款项向农民乱摊派的通知》国办发明电 [1995] 37 号，1995 年 12 月 11 日，载于《四川政报》1996 年第 2 期，第 15 页。

②《关于切实做好减轻农民负担工作的决定》1996 年 12 月 30 日，《人民日报》1997 年 04 月 01 日。

负担恶性事件 7 起。同年 5 月，国务院办公厅对乡村举债发出《关于彻底清理乡村两级不良债务的通知》，规范乡村债权行为。2 个月后，国务院办公厅又一次转发农业部、监察部、财政部、国家计委、法制办《关于做好当前减轻农民负担工作的意见》，进一步表明严格规范收费管理、加大乱收费行为治理的决心。2000 年，中央计划在全国推行大刀阔斧改革的同时，又连续发出三个关于减轻农民负担的《关于进行农村税费改革试点工作的通知》。

国家政策的频繁出台并未能有效遏制乡村的乱收费现象，农民负担不断加重。据资料记载，1991 年，全国农民人均纯收入只比上年增长 9.5%，而同期农民人均的"三提五统"却增长了 16.7%。在 1993 年五部委对农民负担问题联合调查中，发现被调查的 18 个省（自治区）中，就有 11 个省发生"致死人命、殴打致伤致残、较大规模干群冲突等恶性事件"。国家农业部统计，1995 年向农民征收的"三提五统"费比上年增长 48.3%，各种乱收费也比上年增长 52.22%。[①] 农民负担问题引发的矛盾日益尖锐，直接影响到国家和地方的稳定和安危。1988 年 10 月，中央农村政策研究室和国务院农村发展研究中心，联合中国社科院、人民日报等部门，展开"中国农村十年改革理论研讨会"。1992 年邓小平同志南方讲话，提出在农村改革中，要敢于试验，敢于冒险，要有"闯"劲，推动了地方性试验改革。此后，不少地方政府开始根据地区实际情况，在国家政策的允许范围内摸索进行相应的改革。

既"大包干"后，安徽成为改革的活跃地区。税费改革第一人何开荫从 80 年代开始就致力于农村改革研究，提出"交足国家集体的，剩余都是自己"的改革设想。几经周折，1993 年 1 月 1 日，安徽涡阳县新兴镇率先试行实行税费"大包干"，即税费提留全额承包，每亩承包费全年为 30 元，税费提留一次收清，不再进行摊派或加收。此改革一出，便得到人民群众叫好，新兴镇人均负担一下子比 1992 年同期减少了 37%。然而好景不长，此试行方案由于遭人大代表质疑合理不合法而几近夭折。但是，却为地方改革开了一个好头，各地也开始探索改革之路，河北省委政研室杨文良，税费改革又一重要人物，潜心研究公粮制的改革模式，写成

---

① 国家统计局农村社会经济调查总队，《统计局年鉴》，社会科学文献出版社 2004 年版。

《正定县公粮制改革试点实行草案》。在三个乡范围进行试点，农民由实物税取代现金税，一次性收取，不再加收的原则。综合几个地区的实际，安徽太和县决定1994年1月起实施《关于太和县农业税费改革实施方案的报告》，确定税费统筹，折实征收，费用包干，一定三年的原则。并且对违规收费行为，农民有权上诉举报。这一报告获得了上级的同意，这才拉开了基层税费改革的序幕，太和县这个拥有人口139万，耕地175万亩的县成为税费改革史上的第一县。1993年底，关于农村税费改革理论研讨会第一次在北京召开，来自各地的专家学者对河北"公粮制"试点予以高度评价，改革势头迅速在全国范围内蔓延。

1998年6月，国务院令出台《粮食收购条例》，明确规定"除农业税外，粮食收购时不得接受任何组织和个人的委托、代扣、代缴任何税费"①。这里的组织显然涵盖了各地政府，个人则指负责收取税费的乡村干部。这一条例的出台，与各地正进行的公粮制，税费合一的试点改革相矛盾。下级服从上级意味着，河北5年来的已扩大到37个县市的公粮制改革探索将寿终正寝。与此同时，全国7个省60多个试点的税费改革也都停止了步伐，几年来的艰辛改革扑了场空。

然而，正处在进退维艰的时候，1998年9月，改革开放20周年时期，江泽民总书记在安徽合肥的重要讲话为改革之路带来了新的契机。特别指出"改革和规范农村税费制度，探索减轻农民负担的根本之策。"这是中国共产党的总书记首次确定农村税费改革的试点工作，强调"各地要按照中央统一部署，从当地实际出发，继续大胆探索和实践。"② 总书记的讲话为改革提供了动力，推动税费改革的前进。这一时期，《广西日报》刊登了朱镕基总理南下考察的讲话，他认为，"农村中的提留、统筹等费用是目前腐败的原因之一。有些地方以这些'三提五统'费用为借口，加收各种名目繁多的费。政府年年喊钱不够用，农民天天怨负担重。这个事不能拖了，你们要多做调查研究，及时解决。"改革已经迫在眉睫。③ 同年10月，财政部部长项怀诚、农业部部长陈耀邦、中央财经领

---

① 《粮食收购条例》1998年6月6日，载于《农村合作经济经营管理》1998年第8期，第4页。

② 《江泽民总书记在安徽考察》，《人民日报》1998年9月26日。

③ 《广西日报》1998年10月13日，朱镕基南下考察时的讲话。

导小组办公室副主任段应碧，组成"三人小组"，对中国农村税费改革提出了具体的实施方案，包括"方案起草""论证修改""试点实践"三个阶段，并还确定了具体的时间。1999 年 3 月，朱镕基总理在全国人大九届二次会议的政府工作报告中表示了改革的力度和决心。"抓紧制定农村改费方案，并付诸实施，从根本上解决农民负担过重的问题。""三人小组"编纂《关于农村税费改革有关重大政策问题的调研报告》随之出台。

各地从悄悄的试点到中央的探索，税费改革成为继土地改革、家庭承包制改革的第三次重大改革，改革气势空前高涨。在各地轰轰烈烈的改革探索中，最具典型的有三种模式：安徽太和的"大包干"模式，河北正定县的"公粮制"模式以及湖南武岗的"费改税"模式。这三种模式都是针对不合理的收费行为而来的，取消"三提五统"，及各种向农民收费的行为，通过实物或者现金的形式，税费一次性收取，不再加收原则。

2000 年 3 月，中共中央、国务院《关于进行农村税费改革试点工作的通知》，安徽省成为国务院农村税费改革工作小组确定的首个试点省，改革试点的主要思路是，"三个取消，一个逐步取消，两项调整，一项改革"。具体说来，就是"取消乡统筹费、农村教育集资等专门面向农民征收的行政事业性收费和政府性基金、集资；取消屠宰税；取消统一规定的劳动积累工和义务工；调整农业税和农业特产税政策；改革村提留征收使用办法。"①

取消乡统筹费这一条目，原来所包括的五项农村两级办学、计划生育、优抚、民兵训练、修建乡村道路的民办公助事业经费统一由国家财政支出，纳入农业税收范畴。而原来的三项村提留，即公积金、公益金和管理费，改革后将不再执行扩大集体经济生产作用的公积金废除，经费由"一事一议"来筹集。公益金和管理法列入农业税附加。简单来说即为"一正一附，一事一议"原则。"正"即农业正税，按以 1998 年前 5 年农作物的平均产量确定常年产量和最高不超过 7% 的差别税率来依法征收。

---

① 《关于进行农村税费改革试点工作的通知》中发〔2000〕7 号，载于《中国改革农村版》2002 年第 1 期，第 16 页。

"附"即农业税附加，规定其比例不得超过正税的20％。[①] "一事一议"则是对乡村兴办公益所需资金采用的筹集方式，通过村民大会民主来决定。

（一）"二税"规范

"三提五统"改革之一就是将"五统"划入农业税收，"三提"中的公益金和管理费并入了农业税附加。农业税附加，即地方自筹款，是地方政府基于地方公益事业的需要，按农业税一定比例加征的税额。依据《农业税条例》地方附加一般是不超过纳税人应缴农业税额的25％，在经济作物获利较高的地区，比例最高不超过30％。[②] 税费改革将"三提五统"并入农业税附加，赋予其合法征收地位，使其成为法定征收的税款，强制力度无疑是大大超过其原有的意义。改革后与利益密切相关的就是农业税及其附加。农业税附加的征收是以不超过农业税正税的20％为标准的，也就是说农业税附加的确定是基于农业税制度之上。我国的农业税制一直沿用的是1958年以来的通过计税土地面积、常年产量以及规定的税率来核定农业税收标准。税费改革根据近些年来农业的变化对这三个标准作出了相应调整：对于计税土地面积，规定"以第二轮土地承包用于农业生产的土地为标准"，并及时调整发生变化的土地。对于常年产量，规定"以1998年前5年农作物的平均产量为标准确定，并保持长期稳定。"对于农业税率，则实行最高不超过7％的差别税率。[③]

计税土地是法定征收的农业税土地面积，不可以随意变动。用农民与基层政府签订的第二轮土地承包面积作为新阶段的征收依据，能够更加真实地反映农民承包状况，基本做到与农民实际承包土地面积相符。但是村里由于修路、办学等公益性事业而占用的土地，如果没有及时办理手续，依照规定是不予减免，这样村组织、乡镇往往会出现土地上的空缺部分，

---

① 《关于进行农村税费改革试点工作的通知》中发〔2000〕7号，载于《中国改革农村版》2002年第1期，第16页。

② 《中华人民共和国农业税条例》1958年6月3日，载于《建国以来重要文献选编》第十一册，中央文献出版社，第355页。

③ 《关于进行农村税费改革试点工作的通知》中发〔2000〕7号，2000年3月2日，载于《中国改革农村版》2002年第1期，第16页。

与县政府的核查定额不一致。在笔者调查中，县政府划分到乡镇的计税土地为 10 多万亩，乡镇划分到村里的是 9.8 多万亩，相差 2000 亩，乡政府为了确保空缺土地的税额，只能够转向农民，提高每亩税额，来保证农业税款的征收。

常年产量不仅取决于自然环境，如土质、气候、阳光等条件影响，而且还受到劳动者经营环境，如劳动者对农业生产投入、改良、生产资料、劳动时间强度等等因素影响。由于农业受自然环境影响较大，具有不稳定因素。对于不同地区受自然环境影响会有所不同，实际征收过程中会造成较强的操作性，对于常年产量是否具有准确反映性就值得商榷。这就出现了一些地区在实际收取过程中提高常年产量，大大偏离农民实际产量的情况发生。安徽肥东县三清村自行确立"计税常产"以每亩 1043 公斤的高产计税，使得村民人均负担大大超出了税改前，农民生活更加艰难。违背了税改减轻农民负担的初衷。

农业税附加是以不超过 20% 正税的限额征收的，这里按 20% 的附加，7% 的农业税，实际上附加就是 1.4% 的常年产量。此时的农业税为8.4%。长时期的事实表明，自古"十一而税"是最有利于加强农民稳定的征税点，同时也保障了国家财政的正常收入。

改革后，农业税及附加由财政部门统一征收后，农业税纳入财政预算，附加属于集体资金，实行乡管村用，专款专用。农业税附加用于村组干部工资、村办公经费、五保户供养三项支出。以下是笔者在湖南临湘市调查的村庄对农业税附加用途的规定。

村干部工资。村干部享受定额补贴仅限于村支书、村主任、村会计三人。[①] 工资分为基础工资、考核工资和其他补贴三部分。基础工资按村大小确定[②]，占工资总额 40%；考核工资按完成上级各项任务的情况来确定，其比例不得少于工资总额的 50%；其他补贴视村企业经营收入、发包及上交收入、其他收入及费用支出情况确定，当年收不抵支的村取消这

---

① 依据湖南村级组织财务管理办法，村干部原则上控制在 3—5 人，2000 人以上的村不超过 5 人，2000 人以下的村原则上定为 3 人，每一个村民小组只设一名组长，村干部可兼任村民组长，每村固定补贴人数不超过 3 人。

② 依据湖南村级组织财务管理办法，固定补贴人员工资大型村最高限额每人不得超过 6500元，中型村每人不得超过 5500 元，小型村每人不得超过 5000 元。

项补贴。定额补贴人员工资总额不得超过当年人均纯收入的 1.5 倍。

村办公经费是用于村级行政管理的经费，包括办公费、差旅费、水电费、取暖费、电话费、报刊费等项目。对于这项非生产性支出，要坚持"量力而行""量入为出"的原则。其中办公费、差旅费、取暖费以节约原则来确定。电话费采用包干办法，超支不补。报刊费不超过 800 元。

五保户供养。对于村内符合五保户①条件的农户提供生活保障金。供养主要包括保吃、保穿、保医、保住、保葬五个方面。提供日常所需的粮食用油；提供必备衣物、被子；对生活不能自理的人员提供适当的护理费；提供基本条件的住房；提供基本的丧葬费用。一般每人每年为 1200元。

对农业税附加用途的规范，确实起到了专款专用的积极效应。然而，据有关人员的调查②，88% 以上的村级组织都存在支出缺口。农业税附加仅维持干部工资和五保户供养。村组织财政中的非生产性开支仍然较大，譬如报刊费实际上每年就达 3000 元—5000 元，远远超出了规定的 800元。尽管政策规定村级不设招待费，但事实上，这项支出在村组织财政运转中的比例相当高。再加上财政补贴有限，许多村组织财政危机仍然非常突出。

（二）"一事一议"："费"改的艰难尝试

税费改革的另一项新举措就是将"三提"中的公积金废除，改为"一事一议"。包产到户后，用于集体经济扩大再生产的公积金逐渐失去了提取意义，提取的不合理直接导致使用上的问题层出。税费改革后，对于集体所需要的经费，通过"一事一议"来向农民筹措。具体说来，在村级组织内农田建设、兴办水利、道路修建、植树造林等有关集体生产、公益事业所需资金可以通过"一事一议"来筹集。遵循"量力而行，群

---

① 五保户是指《农村五保供养工作条例》中的五保供养对象，主要包括村民中符合下列条件的老年人、残疾人和未成年人：一是无法定扶养义务人，或者虽有法定扶养义务人，但是扶养义务人无扶养能力的；二是无劳动能力的；三是无生活来源的。法定扶养义务人，是指依照婚姻法规定负有扶养、抚养和赡养义务的人。

② 强国省：《对农业税附加适用情况的调查和思考》，《财税与会计》2003 年第 11 期，第13 页。

众受益、民主决策、上限控制、使用公开"的原则。应该说，"一事一议"在推进乡村自治建设方面具有重要的积极意义。

"一事一议"遵循的村民自愿原则，农民能够直接表达自己的意愿，最终的决定权不再是村干部或者是少数有势力的集团，而是村民依据自身需要来做出决定。因此，在村民有共同的意愿前提下，才能发起"一事一议"。在召开村民会议或村民代表会议时，规定要有本村 18 岁以上村民的半数参加或者本村 2/3 以上农户代表参加，所做出的决定要经与会人员的半数通过才能有效。"一事一议"难操作，往往变成"一事无成"。在笔者的调查中也证实了这点，大部分的问题都集中在这个"议"上。

其一，"议"的前提难达成。议的前提是要有发起人，要有村民的共同意识。然而在村中，每个村民都有自己的观点，很难达成一致。譬如在修路这项公共事业上，村民意见不一。由于道路设置不一，甚至不少还是跨村跨组，部分村民表示所修道路与自己家离得太远，直接收益性太小，不愿出这个冤枉钱。对于邻组邻村的村民来说，就更难以控制他们的态度。一种事不关己的政治冷漠态度在税费改革中表现尤为明显。改革后，农民对于收费的合法性认知有所改变。过去对村里的各项收费虽然心理有所抵触，但最后仍然不得不交。改革后，对各种乱收费，农民有权可以拒交，农民对由村干部发起的"一事一议"的收费意图持怀疑态度。"会不会又用去吃喝了"这种对于干部收费行为的定势思维，让农民在税改后自然地排斥"议"的行为，直接造成"难议"的出现。

其二，"议"的过程难操作。向农民筹资的决定要有村中一半的村民或者 2/3 的村民代表参加，通过到场人员的半数表决后才能视为有效。一方面，如今在村中，过半数的农民都外出打工，以增加家庭收入，异地打工的人数还在逐年增多。为了降低成本，外出务工人员一般过年才回家一次，对于"一事一议"很多无法参加，只能是"只议不决"；另一方面，"议"有严格的程序。即便是能够通过村民的有效表决，村民委员会还要经过一系列繁杂的手续才有可能实施：首先要将筹集资金的项目内容、项目收支预算、项目数额等内容填入《村级兴办集体公益事业申报表》，申报表必须要有村民会议的表决签字方才有效。再将申报表的原件和三份复印件上交到镇政府审批，另外还要到县级农民负担监督管理部门备案。审批程序烦琐，行政效率低下，一般说来，申报表在村——乡镇——县——

乡镇——村这个过程中少则耗费半个月，多则数几个月。面对许多与农民生产生活密切联系的问题就显得鞭长莫及。经过层层审批后，如果允以执行的，将申报表留存在县级监管部门一份后，其余两份分别返至镇和村，如果不予通过的，则将申报表全部退回，村组织的筹资行为不许施行，这样就导致"决而难行"的局面。

其三，"议"的结果难展开。村中规定"一事一议"的上限为每人每年15元，并且不能反复收取，对全村1500的总人口来说，筹集到的资金不过20000多元，想要解决村中道路、用水、桥梁等农民生产生活的必需品可谓是杯水车薪。"一事一议"成空谈，使村中公益事业的展开异常困难，相当多的乡村出现公共环境恶化的现象。

在这"一正一附"和"一事一议"的改革实践下，农民负担在短期内的减负效应相当明显。来自安徽省审计厅对全省17个直辖市62个县85个乡镇的税改调查显示，2000年安徽全省负担减少16.9亿元，农民人均负担由123.9元下降至83.1元，减幅33%，全省农业税、特产税及附加共计36.6亿元，比改革前减少11.6亿元。同时，负担的降低大大改善了干群关系，缓和了社会矛盾，稳定了社会秩序。过去素有"安徽上访第一县"之称的安徽怀远县，1998年还发生因农民负担问题上访事件289起，1999年改革试点的推行，上访事件已降至5起。

安徽的试点改革不仅对"三提五统"进行了改革，还对向农民征收的费用及限额做了明确规定。包括"一事一议"筹资费、中小学收费、建房收费、婚姻登记收费、计划生育收费、水利工程收费、农机监理收费经省政府批准执行的7项收费。还对每项收费的范围和标准进行规范。"一事一议"筹资费，每人每年不超过15元。中小学收费，对于贫困县实行"一费制"，非贫困县实行杂费、教材费、作业费、住宿费四项费用限额制。建房收费，仅收取每本5元的土地证工本费。婚姻登记费，仅收取结婚证工本费（精装本9元，简装本2元，农民自愿选择）。计划生育四项费用。水费实行实用实收制。农机监理费包括号牌费、证照费、考试费以及年审费四项。[①]

据调查，改革实行期间，安徽怀远县一农户家全年种地纯收入达到了2320元。该农户一家四口人，拥有四亩五分耕地，全部种小麦，收割后

---

① 安徽省人民政府：《致全省农民朋友的一封信》，2002年6月。

还种了 2 亩花生和 2 亩玉米，偶尔种些棉花和芝麻。小麦亩产 650 斤，共收 2600 斤，按收购价每斤 0.52 元，共计 1380 元。2 亩花生 1000 斤，折合 1000 元。2 亩玉米 1100 斤，折合 500 元左右。根据他家耕地面积、计税常年产量、税率和现年粮食收购价格，该农户应交纳农业税收 214.64 元，包括正税 178.87 元，附加税 35.77 元。另外公益事业"一事一议"不超过 15 元，总共税费不到 230 元。统筹费取消了，特产税按"不重复征收，就低不就高"原则征收了，农户对除此之外的收费，都有权拒绝交纳。①

这种"一道税，一口清"的方式，确实有效减轻了农民负担，改革的"费改税"，使得过去的"三提五统"不具合法性意义，由其带来的"无底洞"的"三乱"也无处可藏，失去合法地位。对这些不合法收费，农民可以坦然选择拒交。然而，就在 2003 年，农民税费负担呈现出一次明显的反弹，有关部门对 100 个县的监测调查结果显示，2003 年农民人均直接负担的各种税费比上年增长 6%，其中收费、集资、罚款等增长高达 21%。② 究其根源，应该说还是改革"三提五统"下的名目巧设，"三提五统"向乱收费转移的趋势明显。过去乡村的公益事业支出都是通过加重收取"三提五统"等费用来解决，改革后，特别是在农民建房，结婚登记，中小学收费，计划生育等方面都出现了名目繁多的超标收费、变相收费、违规收费。比如农民建房，在办理手续之前，要向水利部门交砂石费、水资源费等。结婚登记，一些地方的妇幼保健部门搞婚前检查时搭售百元以上的保健药品。基层政府打着"有偿服务"的旗号，把经济行为变成行政行为，让农民为政绩工程买单。③

"税改费"的归并税费的改革方式，短期之内的确可以"治标"，但是无法治本，时间一长，便会呈现出比改革前更恶性的结果，使得与改革的初衷往往大相径庭。这样的教训在历史上并不少见。中国自古就有"明税轻，暗税重，横征杂派无底洞"的弊端，唐代的"两税法"，明代"一条鞭法"，清代的"摊丁入亩"，几个朝代典型的都是采取将各种暗税

---

① 《南方周末》2000 年 9 月 21 日关于安徽怀远县宋家全农户的调查。
② 曹海涛：《防止农民负担反弹》，《经济日报》2003 年 3 月 1 日。
③ 同上。

"合法化"的方式，这种方式恰好为巧立名目开辟了条件，这样每进行一次赋税改革，就又派生出各种形式的乱费，农民负担却在这一次次改革中不断加重，这就是黄宗羲所说的封建赋税制度的"积累莫返之害"。① 被秦晖称之为"黄宗羲定律"，对于并税式的改革要慎用，不能单纯依靠并税改革来解决农民问题，而是要进行相应的综合配套改革。

（三）"一税"的终结

税费改革带来的最大影响就是基层政府。对于大部分县乡政府而言，财政收入主要来源于以农业税为主的税收收入以及"三提五统"的预算外的收入。而预算外的收入往往是存在最多问题的资金。税费改革一下子将基层的预算外资金大大减少，基层政府没有了预算外资金的来源，财政收入大幅度减少，基层政府除了设法完成上级的任务指标外，其他包括乡村干部工资、维持政府组织运转的经费、乡村公益事业的展开都陷入财政困境。

造成乡镇财力减弱的重要因素就是税费改革后的农业税增长不足以填补原来的"三提五统"收费的空缺。对乡镇机构和村组织出现的收支缺口，中央财政通过转移支付的方式给予适当补助，以维持乡镇基层政权组织正常运转和农村社会稳定。

农村税费改革转移支付额根据税费改革前各市州乡村两级办学、计划生育、优抚、乡村道路修建、民兵训练、农村教育集资与村级基本支出等统计数据，按照因素法来核定各市州以上各项经费开支的标准需求和税费改革后收入减少额以及省对市州转移支付系数计算确定。计算公式为：②

某地区转移支付额＝乡镇转移支付＋村级转移支付＋教育集资转移支付

其中：

该地区乡镇转移支付＝（该地区乡村两级办学经费＋计划生育经

① 黄宗羲：《明夷待访录·田制三》中提出的关于封建赋税制度的三害："田土无等第之害，所税非所出之害，积重难返之害。"即：不分土地好坏都统一征税；农民种粮食却要等生产的产品卖了之后用货币交税，中间受商人的一层剥削；历代税赋改革，每改革一次，税就加重一次，而且一次比一次重。

② 湖南省财政厅、湖南省农村税费改革办：《农村税费改革省对市州转移支付的办法》2002 年 5 月 31 日。

费＋优抚经费＋乡村道路修建经费＋民兵训练费＋其他统筹支出＋屠宰税减收＋农业特产税政策性减收—该地区农业税增收）×该地区转移支付系数

某地区转移支付系数 =（该地区农业税等四项收入占其财力比重÷全国平均农业税等四项收入占地方财力比重×权重＋该地区人员经费和基本公用经费占其地方财力比重÷全国平均人员经费和基本公用经费占地方财力比重×权重）×中央财政负担系数。

从上述财政转移的计算公式中，不难发现，对乡镇转移支付实际上是按照过去"五统"中所设名目为依据的。税费改革后，对乡镇转移支付成为维持乡镇财政正常运行的最主要来源，然而实际上，在税费改革的五年里，中央财政转移支付资金仅为1600亿元，远远不能满足乡镇每年上千万的财政需求。与此同时，县级政府为了规范控制乡村级组织，对"事权"做出新的调整，主要是进行"以县为主"的乡镇在编工作人员工资改革，包括中小学教师以及乡镇机构人员工资财政上的改革。

税费改革前，农村义务教育以及乡镇工作人员开支是乡镇财政支出的重要部分。农村义务教育经费，包括中小学教师工资、代课费、校舍维修费等等。"从全国乡镇一级财政供养人员结构看，党政机关人员占15%，70%以上人员都是教师编制。每个乡镇实际工作人员达230人，其中主要是农村中小学教师，全国共有690万人。"[1] 面对如此庞大的农村中小学教师队伍，改革前还可以靠乡镇收取"三提五统"等费用来维持，改革之后，就全部转向依靠中央的财政支出。在中央实施向地方财政转移政策的同时，地方政府主要是县级政府对辖区内的事权范围作了调整，将"三权"[2] 移交由县级相关部门来负责管理，即"三权县管"，实行县级管教育人事、管教学管理、管工资发放。主要是改革中小学教师工资发放，解决中小学校舍危房问题。中小学教师工资的发放，改为统一由县级财政部门将工资每月按时打入教师相应的银行账户上。这样一来，中小学教师就不再和乡镇财政有联系。随后，这样的工资改革又进一步扩展到乡

----

① 赵阳：《农村税费改革：包干到户以来又一次重大制度创新》，《中国农村经济》2001年第6期，第45—51页。

② "三权"即过去乡镇政府一级的人权、事权、财权在改革后都统一交由县级政府来监管。

镇的所有在编人员，其工资均实行"以县为主"的形式来统一发放。解决中小学校舍危房改造，也是由县级财政部门直接将补助的款项拨给县教育局，再由县教育局发放到学校。

"以县为主"的工资发放形式的财政改革，起到了一定的积极作用。一方面，有利于解决教师、政府工作人员工资拖欠问题；另一方面，能够保证上级转移支付的资金能够切实分配，有效落实教育经费。但同时却给乡镇政府带来了尴尬的局面，县级将原本由乡镇发放工资的权力收回。中小学教师工资、乡镇干部工资在改革后都直接来源于上级的财政补助。而据估计，用于发放乡镇中小学教师工资的经费占过去"五统"至少50%。这也意味着县级收回事权的同时，也将中央大部分的财政转移支付保留在了本级，那么下拨到乡镇一级的资金将更为有限。财政转移支付中配套改革实施的结果，县级相关部门收回了过去乡镇的部分事权，不少部门都由此跳过乡镇一级政府行事。乡镇财政来源逐渐减少，上级财政转移支付的资金经县级调配后下放到乡镇的数额极为有限，乡镇财政陷入空壳状，乡村建设难以发展。

随着税费改革的深入，可以看出，基层政府的财政来源大幅度减少，与此同时，在事权上，县级政府收回了原本属于基层政府管辖的教育、干部工资等，改为"以县为主"，这从表面上来看是减少了乡镇的重大事权负担，而实际上也意味着来自国家的财政转移支付大部分都停留在了县级。乡镇面临的就是几乎没有财政来源，面对乡村公益事业也难以展开，乡镇可有可无，形同虚设。而在广大的农村地区，乡镇基层政府是与农民有着最直接联系的一级机构组织。而乡镇政府所扮演的角色是提供乡村公益事业，稳定乡村社会秩序。财政转移政策设计的初衷是为了解决税费改革后带来的乡村政府的财政危机，但是随之而来的配套改革却逐步成为政权"上移"的推动力，事实上，逐渐向集权式改革倾斜。而这种改革带来的结果是乡镇政府一级的虚设，地方自治难以推行展开。这可能是税费改革留给今后农村的一大难题。

农民负担:历史变迁的视角

【导读】"农民负担"早在 20 世纪 50 年代就出现在党和政府的工作文件中,经过 80 年代的初步凸显和 90 年代的高位运行,"农负"逐步演化成全社会普遍关注的焦点问题。作为一个动态的概念,"农民负担"的界定和规范始终处于"百家争鸣"的状态。学者们从不同领域,针对某一特定视角对"农负"问题进行了广泛的探索和研究,亦取得了丰硕的成果。就其国家与农民分配关系的实质,理论界也已经达成共识。本文正是基于此前提下,尝试对"农民负担"作一阐释。从"皇粮国税"至"农民负担"问题,离不开深厚历史背景中的长期积累过程。"农负"内涵和外延的演变始终与国家、社会发展历程紧密相连。文中试图在历史长河中截取三个断面,以贯穿其中的三个核心变量为线索,把"农民负担"的三个维度作标准,去把握和描述"农负"问题。通过对比分析,弄清"农民负担"问题的走向,折射国家和农村社会的变迁和发展。

"农民负担"不仅是一个经济学术语,更是一个具有政治、社会意义的关键词。从 20 世纪七、八十年代起,它就经常出没于报端,为世人所熟识。但直到今日,关于其含义的界定和规范仍处在"仁者见仁,智者见智"的境地。

目前,"农民负担"的含义分为以下几种:第一,法律条文规定的:农民依法依规具有缴纳税款、"三提五统"及"两工"的义务和其他费用[①];

---

① 根据 1993 年 7 月颁布的《中华人民共和国农业法》,1992 年国务院下发的《农民承担费用和劳务管理条例》。

第二，根据属性又可分解为：显性和隐性，合理与不合理，合法与不合法，直接和间接，常规与非常规等类型①；第三，特指税外收费，如"三乱"等。以上种种均共同反映出"农负"问题的实质：农民收入或净产值支配过程中，国家、集体和个体农民利益占有的数量和地位关系②。或者说，它有一个量的界定和质的规范，测定出农民的承受力与体感。本文所采用的概念基于生存、生存和发展三个维度③。

"农民负担"是一个动态的概念，依生于具体的政治、社会、经济背景，并随之发展与演变。这就意味着，在研究中我们将采用历史性的分析方法，结合时代特点，从中找出一条主线，并始终加以贯穿。与此同时，"农民负担"也是一个整体的概念。它涵盖中国农村、农民、农业的总体概况，加之我们国家地域广大，影响因素众多，仅凭典型的个案不足以反射出全部的事实和面貌；同时，史料庞杂凌乱甚至缺失不全，概况和抽取都存在着相当的难度。基于此点，这里尽可能地采用文本实证的方法，尽可能维持原有的风貌。

另外，"农民负担"的实质在于体现国家、农民或中间组织的分配关系。在利益格局中，双方或多方的互动是很活跃的。这就需要以不同的视角来考量国家、农民相互的行为选择及隐藏背后的逻辑动机。除了借助国家与社会的宏观框架之外，本文亦在微观中折射，使其相得益彰。根据以上的研究方法与框架，本文尝试依循以下思考路径来串联全部：一是性质的角度，即从"皇粮国税"到"农民负担"，在三个历史时期中是逐一演变的，通过对比可以更清晰地展现这一量变到质变的过程；二是历史的角度，梳理农民负担的形成与消退；三是国家与农民的角度，甚至是与某个中间组织的分配关系，并由此我们可以将之放大至宏观、国家的视角。

一　传统型：农业财政的定律

我国自古"以农立国"，农为国之本。五千年的中华文明史，在某

---

① 陶勇：《农村公共产品供给与农民负担》，上海财经大学出版社 2005 年 7 月版。
② 刘勇智：《农民负担问题试析》，《中州学刊》1986 年第 3 期
③ 《列宁全集》第 23 卷，第 279 页。

一层面上就是中国的农业文化史。农业劳动被看作是财富的起源，"农业劳动（包括单纯采集、狩猎、捕鱼、畜牧等劳动）的自然生产率是一切剩余劳动的基础"[①]。在当时社会生产力水平的条件制约下，农业成为古代国家的根基所在。对国家而言，"诸侯之宝三，土地、人民、政事"[②]。国家、农民通过土地这一媒介，形成了最为坚实和牢固的人地关系。政府凭借土地垄断权与国民财富的分配权，"合理合法"地收取赋税，我们习惯称之为"皇粮国税"。"税"从禾，说明古代最初的赋税与农作物紧密相连。它是传统国家的财政基础，"农业财政"即源于此。

1. 租与税的厘定

"溥天之下，莫非王土；率土之滨，莫非王臣"[③]。国家授给农民田土，并不是无偿的。农民成为编户，要承担对应的租税。"十五税一或三十税一"，指的是国家的赋税。税是"国家机器存在的经济体现"[④]，主要分为田赋和人头税。前者是对农业生产活动的课税；后者以丁或按法定的标准户（床等）服劳役或缴纳定量的布帛凌娟，甚至现金。

"租"，是"土地所有权的阶级体现"[⑤]。在《辞海》中，它指土地所有权借以实现的经济形式，土地所有者依靠土地所有权从使用其土地者那里获得的收入。依据不同的境况，我们要具体分析"租"所确切指代的含义。一类是地主收取的"地租"；另一类是政府征收的赋税以及在一般赋税以外收取的"田租"。"或耕豪民之田，见税什五"[⑥] 是上述的第一种情况；"而豪民侵凌，分田劫假，厥名三十，实什税五也"[⑦] "假与民，收其税入也"[⑧]，甚至曹魏的屯田等，是第二种情况。

虽然国家赋税中包含"田租"，但我们也不能因此就认为"地租"与"田租"是同一种性质。赋税，是"国家的强制征课"，其实施者是国家

---

① 《资本论》第3卷，1975年版，第712—713页。

② 《孟子·尽心下》。

③ 《诗经·小雅·北山》。

④ 《马克思恩格斯选集》第3卷，第22页。

⑤ 《资本论》卷3，37章，第714页。

⑥ 《汉书·食货志》。

⑦ 《汉书》卷99，《王莽传》。

⑧ 《汉书》卷7，《昭帝纪》。

政权。而"租"的实施主体是"土地所有者"，即地主。"租"带有租金的性质，"税"则属于国家税收范畴。在征收对象上，"税"涵盖地主在内的全体国民；"租"更多的针对租地的农民。

事实上，国家的赋税就其实质内容来看，是绝对地租的一种再分割。如果片面"强调国家所征调的一份国税，忽略了私租，就把阶级剥削的实质掩盖去了一大半"①，所以必须"从事实的全部总和、从事实的联系去掌握事实"②。"租"成为我们了解国家、地主、农民间分配关系的"金钥匙"。

2."租"的形态与成制

历史上有土地私有制时，就同时存在着租佃制度。自战国起，"田里不鬻"即被打破。地主通过收缴地租榨取农民剩余劳动。地租，按一般发展顺序，有劳役、实物和货币三种形式。但在演化过程中，纯粹的形态少有。"各种不同的地租形态会在无穷无尽的不同的结合中互相结合起来，并由此成为不纯的，混合的"③，其本质是一致的。

劳役地租，又叫徭役、劳动地租等，通称力租。地主凭借土地所有权和超经济强制，迫使"农民以其在地主土地上的劳动创造剩余产品"④。此外，农民（农奴）还无偿承担各种杂役，"夜警资为救护，兴修赖其筋力，杂忙赖其使令"⑤。商代的"助"法，周朝的"籍"，以及"公事毕然后敢治私事""雨我公田，遂及我私"⑥，反映的就是这种情况。"直接生产者为自己的劳动和他为地主的劳动在空间和时间上"⑦分开了。屯田制、占田制、均田制之下的租调或租庸调，也带有劳役地租的特征。

实物地租，又称产品地租，是封建社会发展到较高阶段的产物。自战国时期确立地主经济后，实物（单一的谷物或其他农产品、家庭手工业

---

① 赵俪生：《中国土地制度史》，齐鲁书社1984年第1版，第177页。
② 《列宁全集》第23卷，第279页。
③ 《资本论》卷3，第1038—1039页。
④ 《论马克思、恩格斯及马克思主义》，第36页。
⑤ 《实证录》卷2，《小民生计》。
⑥ 《诗·小雅·大田》。
⑦ 《马克思恩格斯全集》第25卷，第892页。

产品等）长期是地租的主要形式。"农民在自己土地上生产剩余产品，并因受'非经济的强迫'而将其交给地主"①。实物地租的分配方法主要有分宜制（按农田收获物的一定比例交纳地租）和定额制（按照土地面积计算，向地主交纳固定数量的产品地租）两种。早在战国，"或耕豪民之田，见税什五"。曹魏屯田采取"兵持官牛者，官得六分，士得四分；自持私牛者，与官中分"②。直至明代，主佃对半分成仍最为普遍。唐均田制下，采用定额佃制，或是以豆计算，每亩二斗五升至三斗七升五合；或是以粟计算，每亩二斗五升至六斗八升③。到清代乾嘉年间，定额租占实物租的 60% 以上，从而占据主要地位。据测算，租额一般要占常年农田收获量的 60%—70%④。

货币地租也称"钱租"。它由实物地租发展而来，是其转化形式，作为实物地租的补充。在战国时期，就曾出现过以金代租的现象。隋唐时期也有货币地租，特别是唐代实行户税（按户等征收货币税）。据记载，天宝中，户 890 余万，税钱约 200 贯。宋朝时，货币地租在学田中推广，有金花银与银差。宣德八年（1433），平米（正米加耗米）4 石合银 1 两，即每石作价 2 钱 5 分。乾隆时期，货币地租已占到全部地租额的 28% 左右。嘉庆时期，这一比重增至 34.9%。同一时期，押租制盛行，其租额超过总地租的 20%—50%，甚至更多。⑤ 农民"以转化为货币的剩余产品的形式，提供剩余的强制劳动"⑥。

3. "租"的成因：土地分配关系

在各个社会形态中，不同的土地所有权都要在经济上得以体现。地租就是土地所有者凭借土地所有权而获得的收入。是以"土地所有权本身

---

① 《晋书·傅玄传》

② 周腾吉之：《吐鲁番出土的佃人文书研究》，第 83——86 页。

③ 蒋福亚：《略谈汉唐间的租佃关系》，《农业经济史研究》，1999 年，引自国学网中国经济史论坛，http://economy.guoxue.com/article.php/3685

④ 攀树志：《中国封建土地关系史》，人民出版社 1988 年 8 月版，

⑤ 参照《租佃关系和地租形态的演变》，华夏风韵，2009 年 7 月 15 日，http://www.hx-fy5000.com

《马克思恩格斯全集》第 25 卷，第 898 页。

马克思《资本论》卷 3，人民出版社 1975 年版，第 851 页。

⑥ 《马克思恩格斯全集》卷 25，人民出版社 1971 年版，第 695 页。

已经产生地租"①。土地所有权体现人和土地在社会生产上的关系，"前提是一些人垄断一定量的土地把它当做排斥其他一切人的，只服从自己个人意志的领域"②。

氏族社会是人类历史上最早的社会形态，"这个'太古'时代，建立了全部以后的更高的发展的基础"。受生产力水平的局限，"生产是共同进行的，共同的产品，除储存起来以备生产的部分外，都根据消费的需要陆续分配"。

领主制土地关系，作为中国封建土地关系的原生形态，是由氏族社会末期的农村公社土地关系转化而来。土地公有是其显著特征。在分配关系上，"夏后氏五十而贡，殷人七十而助……其实皆什一也"。农民皆以 1/10 的税率缴纳贡税和助耕公田，负担是均等的。即有受田的权利，也有对国家的义务。

随着铁农具的使用和牛耕的出现，生产力水平得到提高。"井田制"中的"公田"和"私田"使用状况发生变化，各诸侯国，如齐（"相地而衰征"）、晋（"作爰田"）、鲁（"初税亩"），先后进行税制改革。公元前 216 年，秦商鞅"令黔首自实田"，以用来作为收取赋税的标准。沿袭多年的帝王定制随之改变，"井田制"被废除，私人可以任意买卖田地。兼并，这一封建土地私有制度的恶果开始显现。"今农夫人其税于大人"③的出现，标志着地主制土地关系形成。

土地买卖合法后，土地兼并现象日盛，以至于"强者规田以千数，弱者曾无立锥之居"④。公卿贵族通过占有"公田"，进而转化为私有土地。军士"战得甲首者益田宅，五甲首而隶役五家"⑤。原本同为"编户齐民"的百姓阶层也出现了分化。通过土地的市场置换，一些富有者逐渐跻身于上流社会。这些皇室贵族、官僚缙绅共同构成了封建时代特权地

---

① 《马克思恩格斯全集》卷 20，人民出版社 1971 年版，第 127 页。

《马克思恩格斯全集》卷 19，1963 年版，第 449 页。

《墨子·贵义》。

《通典·食货·田制》。

② 《通考·田赋考》。

③ 《通典》卷一，《食货》。

④ 《通典》卷三，《食货三》"乡党条"引关东风俗传。

⑤ 《晋书》卷 26，《食货志》。

主阶层，享有减免赋役负担的权力。地主利用宗法宗族制和手中的特权，通过隐匿田亩、拖欠田赋等方式向农民转嫁税赋和任意增加地租。农民的土地日益集中于豪强家族，他们凭借手中世袭的"官家之惠"和耕地所有权，收取"太半"之租，将与"百一"之官税[①]所形成的差额尽归囊中。

4. "租"的结果：荫庇制

地主制经济形态具有地主、商人、官僚三位一体的特征。特权地主享有合法收纳荫户、附户及免除赋役的特权。自东汉豪强地主的出现开始，这种状况一直得到延续和加强。至魏晋，宗主制督护关系建立起来。民间形成以宗族为中心的区域居住模式，往往几十家构成一户。迫于土地兼并的压力，越来越多的农民挟田地加入其中，此即为带产投靠，以求荫庇。最终，"一宗将近万室，烟火连接，比屋而居"。

两晋南北朝时期，户口登记与赋税簿籍合一，成为纳税的依据。乡村投靠之风更盛。凡贵势之家，依附农户动辄百数。"占田制"实行后，官员按品级可荫附亲属和劳动力"多者及九族，少者三世"。直至后来，"免奴为客"以事生产。

唐中叶以后，田制松弛，政府不再强力抑制土地兼并。据载，德宗初年，主、客户合计约三百余万户，其中浮寄户数量达到一百二十余万。及至宋朝，此风愈演愈烈。太宗时，平常百姓家，已是"三分内二分客"。仁宗时，浮客户、佃户等徒附数大大超出主户的总额。

荫庇制度带来严重的社会经济问题，"富豪兼并，广占阡陌，十分田地，才税二三"。地主通过"赋从租出"转嫁和增加地租，或隐匿田亩摊派赋税，甚至佃完主赋。政府课税的基础日形缩小，税源枯竭。在人口与耕地既定的情况下，总税量出现分流，直接影响到政府的国库收入。为了维持同等程度的支出，政府不得不进行赋税改革。从杨炎的"两税法"

---

① 《通鉴》卷111，引胡三省注，原条："晋纪安帝、隆帝三年十月，……发东土诸郡免奴为客"。

杜佑《通典》卷40，《职官典》。

《三朝北盟会编》，第一卷，《赵普：谏伐燕书》。

攀树志《中国封建土地关系史》，人民出版社1988年8月版。

形容封建社会中，在税改前后，由轻徭薄赋到税苛沉重的历史规律。

到宋王朝的"方田均税法""经界法"，由明代的"十段锦法""一条鞭法"至清朝廷的"摊丁入亩"，都没有解决土地兼并和"租"的根源问题。税率被逐步提高，农民生活日渐艰难。这就是史学界称谓的"黄宗羲定律"①。

重税之下，是农民生活的相对贫苦。以自耕农为例，汉朝时，假定一五口之家，能劳作者二人，受田约百亩。以亩产三解（石）②为准，则百亩之田共计收获三百石。在岁入中，除去什一之国税三十石，加上衣、食、住、行之日常必须，再考虑到春秋祭祀、病老死丧之费，开支用度已然是捉襟见肘。根据《食货志》所载，农民一年收入也仅够基本生活费用。是以有"民三年耕，则余一年之畜（储备）"③之说。

唐朝在土地制度上延续北魏的均田制。依唐律规定，凡十五岁以上的男子都可授予露田（不栽种桑树）40 亩，而妇女能得到 20 亩，奴婢按从良计算。按当时的生产力估算，亩产一石左右④。唐代实行租庸调制。依赋役令，每一人丁上缴租粟 2 石；调绢、绵、布、麻在量上各有定数；不服役者，每日庸 3 尺⑤。武德六年，将农户以资产数定为三等，后又改为九等。以此作据，征收户税，自 500 文至 4000 文不等。垦田纳税每亩 2升，官税 5 升，地租约一石或五斗⑥。由此观之，除却租税，农民剩余亦有限，在 8 石左右。相比与秦汉，生活水平并没有得到提高。

南北宋时期，自耕农人均耕地 30 亩左右。无论是北方陆田还是南方水田的产量，大体维持在一石左右，与唐代相差不大。依"一口日啖米二升"测算，同等家庭规模下，五口老小年需口粮约 21 石 6 斗；沿唐正赋和丁役，折合两税 3 石。结果，自耕农之家年入剩余 5 石 6 斗。

明清之际，南方的生产力超越北方，江南成为国家税粮重课的首选。明朝，亩均税率约在 1 斗 5 升以上，南方更接近 3 斗；官田每亩约四斗至

---

① 形容封建社会中，在税改前后，由轻徭薄赋到税苛沉重的历史规律。
② 《后汉书·仲长统传》，载："……计稼墙之人，今亩收三解（石）。"
③ 《汉书》卷 24，《食货志》。
④ 《牧庵集·杨公神道碑》："（亩）岁收粟一石。"
⑤ 《旧唐书》卷 48，《食货志（上）》：其中凌娟 2 丈，布 2.4 丈，绵 3 两，麻 3 斤等。
⑥ 《支戌志》卷 6，《田父吟》。

一石以上，江南课米高达 3 石①。清初，农家用于生活消费的支出共计 32.6 两白银，含基本衣食住行等日常必需。清后期，农民的生活开支同比上升到 58.31 两。仍以五口之家通例，年收获稻谷约 92 石，除去生产环节的成本、损耗以及赋役，余粮 82.3 石，折合银计 41.2 两②。至清末，农户竟入不敷出。

这大抵是古代自耕农真实的生活水平。至于依附民，他们虽然不承担国家的赋税徭役，但要应对地主的沉重地租和力役，终日不得休息。况且，地主常常将国家的赋税转嫁给依附农。由汉至唐，租率一直保持在 50%—60% 左右。明清时期，租佃关系更为成熟，私租较以往更为沉重。一亩大概收粮一石到三石之间；而私租竟重至八九斗，甚至一石二三斗③。因此，他们的生活水平甚至比自耕农还要低。据资料显示，自耕农仅国家税赋就占收入的 30% 以上；佃农负担量占比达到 50%—70%④。农奴就更像是物化的工具，生活水平自然无从保障。生存成为农民最大的目标。

二 传统工业型：隐形的背后

经过中国共产党人和农民群众的浴血革命，新的社会主义国家在战争的废墟中建立。土地是农村人民几千年的诉求，在这一刻终于得到了实现。获得平等地权的农民，很快焕发了生产的活力，农村生产力显著提高，生活水平明显改善。

中华民族近代以来的屈辱历史以及外力的影响，促使共和国的缔造者们富民强国的愿望愈发强烈。随着国民经济的逐渐恢复，工业化建设被提上议事日程。在"一穷二白"经济环境下，自力更生动员和抽取农业资源成为党和政府的最优选择。据测算，直至 1949 年，农业产值在工农业

---

① 况钟《况太守集》卷 7，《请减秋粮奏》。

② 张妍：《清代农家收支研究》，中华文史网，2006—4，http：//www.historychina.net/

③ 顾炎武：《日知录》卷 10，《苏松二府田赋之重》。

④ 卜风贤：《传统农业时代乡村粮食安全水平估测》，《中国农史》2007 年第 4 期。

总产值的比重达到 69.9%；在国民收入结构中，农业收入同比占 68.4%[①]。1952 年，人均国民收入也仅有 39.74 美元[②]，农村人口比例达到 87.5%，农业劳动力人口比重在 83.5% 左右。全国的积累资金仅为 130 亿元，其中生产性积累约 66 亿元[③]。在这样的背景下，我国工业化的初始资本的主要来源只能由农业提供。

工业的进步需要农业的支持，国民经济的持续稳定增长和发展，仍然离不开稳固的农业基础。马克思曾不吝言辞地评价道，"农业劳动是其他一切劳动得以独立存在的自然基础和前提"。据估计，在整个"一五"期间，国家财政收入中来自国外贷款仅有 36.47 亿元，占总收入的 2.7% 左右。同期，工业收入在国家财政中的占比约 44.5%，包括轻工业的 25.3% 的贡献率；农业占据 14.9% 的比重[④]。如果将轻工业原料绝大部分取材于农业的事实计算在内的话，实际上农业收入的比重还会更高一些。可以这样说，国家实际上是将农业所创造的一部分国民收入，通过价格等市场手段，"流入"工业支援工业化。也就是说，在工业化进程中，农业和农民为工业化的成就做出了巨大的贡献和牺牲。

农业为工业提供资本积累的过程，实际上就是有效利用农业剩余的过程。"农业剩余"，指农业的总产量在扣除农民在生产和生活中对农产品总消费之后的剩余部分。我们又可以将其分成两类："绝对剩余"和"相对剩余"[⑤]。前者是以自愿消费为前提，而后者具有政策的性质，带有国家计划的痕迹。我们将讨论的是后者。

1. "剩余"的获取

赶超型工业化战略的特点，就在于以转移农业剩余为基础，优先发展重工业。在国民经济尚处于恢复期，且无法依靠外援的背景下，广袤的农村与有限的农业剩余便成了国家工业化最可靠的资金来源。一套完整的政

---

① 贺耀敏：《党在建国初期的工业化战略与农业合作化关系研究》，《教学与研究》1991 年第 4 期。

② 当时的汇率是 1：2.617

③ 李佐军：《剖析阻碍我国城市化的深层原因》，2010—2—22，http：//www.hbzyw.gov.cn 《马克思恩格斯全集》卷 26，人民出版社 1973 年版，第 28—29 页。

④ 柳隋年等：《中国社会主义经济简史》，黑龙江人民出版社 1985 年版，第 110—111 页。

⑤ 武力：《试论建国以来农业剩余及其分配制度的变化》，《福建师范大学学报》（哲学社会科学版），2004 年第 3 期。

策体系的构建，使政府对除农民基本生存消费之外的全部农业剩余，进行控制和强制索取成为可能。

俗话说，"皇粮国税，天经地义"。农业税，是国家对一切从事农业生产、有农业收入的单位和个人征收的税种，俗称"公粮"。农业税在中国历史上源远流长。最早的记载，始于春秋鲁国的"初税亩"。此后，农业税始终是我国农业财政的支柱，政权统治的基础。对于农民而言，这就是一项义务。中华人民共和国成立后，中央人民政府颁布"新解放区农业税暂行条例"。1958 年 6 月，一届人大通过了《中华人民共和国农业税条例》。

农业税（含农林附加税等）作为农业收入中被剥离的一部分剩余，是我国农业提供工业化积累资金的一种基本方式。据统计，1950 年，农业税占当时财政收入的 39%。1952 年，农业增加值占国民收入的50.5%，其中农业税 25.5 亿元，占财政收入 13.8%[1]。尽管在整个国家税收收入中，农业税份额屡有起伏，但基本稳定在每年 30 亿元左右。

我国地大物"薄"，资源有限，特别是相对于庞大的人口基数，耕地占有量较少。农民的温饱问题尚没完全解决，农业剩余必然通过市场转移到农民自身的消费中。这在一定程度上减少了农业对工业化的资金贡献。"统购统销"政策，作为筹集工业化所需资金的主要形式，适时出台。据估算，从 1959—1984 年，国家用低价收购的办法从农村取得粮食共约1.25 亿公斤。统购与市场零售平均单位价格相差在 48 元—61.4 元/吨之间，其总差额约为 2500 亿元[2]。

"除了直接的农业税以外，就是发展……轻工业的生产，……去同农民的商品粮食和轻工业原料相交换，为国家积累了资金"[3]。这种计划价格制度，即工农产品剪刀差，成为我国工业化资本积累汲取农业剩余的主要方式。1953—1978 年间，农民通过低价出售农产品和高价购买工业品间接多付出的货币额，即剪刀差约为 3375.6 亿元[4]。

———————————

① 傅光明：《农业税收的制度变迁》，《经济研究信息和体制改革》（中国人民大学书报资料中心）2006 年第 4 期。

② 温铁军：《中国农村基本经济制度研究》，中国经济出版社 2000 年版，第 175—176 页。

③ 《毛泽东选集》第 5 卷，第 182、183、274 页

④ 李微：《农业剩余与工业化积累》，云南人民出版社 1996 年版，第 302—303 页。

通过以上方式，自 1950—1978 年，国家抽取农业税和剪刀差总额达 6000 亿元以上。除去财政支农 1 577 亿元，政府转移剩余净额约 4 500 亿元。在一定程度上，农业提供的资金甚至远超同期固定投资的总额。正是基于此，我国在工业化开始后，竟然获得了与发达国家相媲美的高达 30% 的积累率。① 这不得不说是一个奇迹。

2. "剩余" 索取控制权

国家对农业"剩余"任意汲取，涉及到国家与社会（主要指农村农民）在资源分配上的互动关系。通过行政资源，国家政府将土地、资本及劳动等价值源泉收归统一进行收益分配。在实践中，信息掌握量的极不对称，产生出"剩余"收益的分配和索取控制权的配置问题。

"剩余"，经济学意义上，是"准租金"，或净现金流量。剩余索取权，指集体生产中的监督者（国家或集体）对其投入（土地、劳动等要素）产生净收益的要求权②。就是说，国家或集体具备占有从国民收入总量中减去固定契约性报酬（如工分等）后结余的全部剩余收益的权力。这种"最后的索取权"实质上反映出收益分配的优先序列。尤其在拥有如何处置"剩余"的资产权力（即"剩余"控制权）条件下，额外的剩余收益出现。

控制既然能带来收益，国家在产权制度的安排上就会倾向于获取更集中的索取权和控制权。统购统销政策的核心，是在流通领域以较低的行政定价，获取与市场价格间的差额。利用工业成本（工资、原料等）的缩减，这部分超额利润以利税的方式转化为工业的积累资金。统购统销的本质就是截取剩余，交（卖）粮意味着纳税。分散的个体小农经营形态，使收购的难度加大，增加了运行成本。合作社（人民公社）就成为了保障统购统销顺利实施的组织形式。它既保证了农业剩余批量性的转移，又弱化了农民与国家间的利益冲突。

通过国家政策的强制调节，土地作为最基础的生产资料，从私人流转向国家或集体所有。政府实现了对农民从生产到生活，由经济至社会的全面控制。这样，身为收益当事人的农民，成为被索取利益的对象。而集体

---

① 肖冬连：《中国二元社会结构形成的历史考察》，《中共党史研究》2005 年第 1 期，第 26—31 页。

② 冀县卿等：《剩余索取权、剩余控制权与中国农业阶段性增长》，《江海学刊》2009 年 1 期。

掌握了土地资源的分配等部分所有权，便成了国家剩余收益的代理人。农民在人民公社化时期，几乎丧失了任何剩余索取权和控制权，无偿地将用于生产经营乃至生活消费的"剩余"输出给国家，进而被转移到工业化进程中。农村和农民变为整个工业化资金积累链条上不可或缺的关键一环。

3. "剩余"的根源：土地产权制度

农民的土地问题一直是中国革命要解决的核心问题。从中国共产党成立到建立中华人民共和国，土地改革运动始终贯穿于中国共产党这20余年的风雨历程中，它起到了激发广大农民参与革命斗争最具影响力的号召作用。因此，中华人民共和国成立后，中国共产党迅速在解放区内实行土地改革。

1950年，《中华人民共和国土地改革法》通过，总则明确规定："废除地主阶级封建剥削的土地所有制，实行农民的土地所有制，……为新中国的工业化开辟道路。"到1953年，全国4.55亿农业人口的地区完成了土地改革，农业总人口的90%实现了"耕者有其田"[1]。农民获得了土地的控制权与支配权，建立了"农民个体私有，家庭自主经营"的土地制度。截至1952年，我国的农业总产值484亿元，比1949年增长48.4%；人均国民收入同步增长58%，达到104元[2]。

伴着工业化战略的启动，农民土地产权关系随之发生了剧烈地变动。1952年，全国各地成立了约4000个农业生产合作社[3]；1953年，农业合作化运动全面展开，确立了集体所有集中经营的农地制度；1957年底，农业集体化基本完成。至此，农民失去了土地等生产资料的所有和经营权，但仍保留少量自留地和小型农械。

1958年末，全国农村共有人民公社23384个，农户参与率达90.4%[4]。人民公社化基本实现，完成了以口粮需要为基础的公社收入分配制度。农民的劳动报酬则来源于基于农户完成劳动质量和数量的"工

---

[1] 国家统计局：《伟大的十年》，人民出版社1959年版，第29页。

[2] 国家统计局：《中国统计年鉴1984》，中国统计出版社1984年版，第29、132页。

[3] 薄一波：《若干重大决策与事件的回顾》上卷，中共中央党校出版社1991年版，第194页。

[4] 当代中国农业合作社编辑室：《建国以来农业合作化史料汇编》，中共党史出版社1992年版，第500—503页。

分"。农民没能保住自己的最后一块自留地。人民公社（合作社），作为政治经济功能合一的中间组织，被赋予了控制土地等生产资料的权力。

土地所有及经营形式的改变，并没有带来良好的收益。1958—1978年，中国农业总产值增加 1000 亿元，年增长率 2.32%。其中，粮食总产量增加了一亿吨左右，人均粮食占有量每年仅增长 0.5 千克①。同比，农业劳动生产率由解放初的 1.66% 减至 -0.19%②。农业生产形势严峻。

1952—1978 年，我国主要农产品的产量有了一定幅度的增长。特别是 1952 年，全国粮食总产量达到创纪录的 3278 亿斤。"一五"时期，农民积累量也扩大了将近一半，在农业国民收入中的占比上升了 5.4%③。这是工业能够从农业和农民手中获取"剩余"，以扩充工业发展资金的基础。但在生产导向性的生育政策的推动下，我国的人口出现了飞速地膨胀。建国 30 年间，农村人口和劳动者数约增加 3.1 亿，增比 64.5%；劳动力同期增幅 85.4% 左右④。同期相比，人均农产品占有量并没有得到增加，甚至有所缩减。

1952—1978 年主要农产品产量、人均占有量统计

（单位：万人、万吨、千克）

年度	人口数（万人）	农产品总量（万吨）			人均农产品占有量（千克）		
		粮食	棉花	油料	粮食	棉花	油料
1952 年	57482	16392	130.4	419.3	285	2.27	7.29
1978 年	96259	30477	216.7	521.8	317	2.25	5.42

数据来源：综合夏永祥等《农民收入、农民负担与结构调整》，中国农业出版社 2004 年 4 月版；何理《中华人民共和国史》，中国档案出版社 1995 年版，第 55 页。

1953 年，第一个"五年计划"展开，工业化战略正式启动。农村群

---

① 国家统计局：《中国统计年鉴 1984》，中国统计出版社 1984 年版，第 23、29、141、167 页。

② 国家统计局：《1978——2000 年农村居民贫困状况》，http：//www.stats.gov.cn/tjsj/qtsj/ncjjzb/t20021022—38944.htm

③ 叔仲：《我国人口与就业问题》，《人民日报》1958 年 6 月 6 日，http：//lib.ccnu.edu.cn/view/show—149.aspx

④ 根据肖冬连：《中国二元社会结构形成的历史考察》，《中共党史研究》2005 年 1 期中的数据换算而成。

众响应国家号召，积极支援国家城市工业建设。1952 年，中央实征 388
亿斤细粮，这也是历年之最。1953—1954 年，政府从农民手中以农业税
的形式拿走 275 亿斤粮食。1957 年，国家征收约 394 亿斤（含增加的地
方附加）[①]。在统购统销政策下，农民手中的 80%—90% 的余粮被低价收
购。人民公社以后，农民完全丧失了独立经营实体的地位。集体成为独立
核算单位，实行"先扣除，后分配"的体制。自留地经济被"割了资本
主义尾巴"。农民的主要收入来自于"以劳动的贡献为基础的分配形
式——工分"[②]。而当时，一个农民一天的工分收入才只有 8 分钱[③]。

由于政府过度抽取农业"剩余"，农民的生活水平始终徘徊于温饱
线。1978 年，农业人口平均粮食消费量也仅有 442 斤，贫困人口达 2.5
亿[④]。每个农业人口的市场价值购买力大约 74 元[⑤]。除了向国家交纳农业
税以外，还要从总收入中扣除公积金、公益金和社务管理费等项支出。以
1957 年为例，大约相当于同年全国农业税征收额（正税和附加）的 1/10
左右。

1958—1978 年农民收入、税收、提留统计

（单位：元/人、元、%）

年度	税收	集体提留	农民承担	人均收入	农民承担比
1958	7.62	8.98	16.6	83	20.0
1965	5.81	8.03	13.84	100	13.8
1972	4.37	9.61	13.98	116	12.1
1978	4.03	13.04	17.07	134	12.7

数据来源：夏永祥等《农民收入、农民负担与结构调整》，中国农业出版社 2004
年 4 月版。

---

① 以上数据均来源于互联网，整理而得，无忧会计网，http://www.51kj.com.cn
② 林毅夫：《制度、技术与中国农业发展》，上海三联书店 1992 年版，第 6—31 页。
③ http://weiyang.blog.hexun.com/4189819_d.html
④ 国家统计局：《1978——2000 年农村居民贫困状况》，http://www.stats.gov.cn/tjsj/qtsj/
ncjjzb/t20021022—38944.htm
中共中央书记处研究室经济组编：《经济问题研究资料（1981）》，中国财政经济出版社 1983
年版，第 3—4 页。
⑤ 《中国统计年鉴（1955）》，第 156 页。

综上所述，整个传统工业时期，税收量持续下降，集体提留等显著上升。尽管三年自然灾害夺去了数以万计的农民，但他们的负担感并不是很强烈。这源于各种公共负担并不直接承载在农民个人家庭之上，而是寓于集体之中，没有显露出来。在"暗税"的挤压下，农民的生存空间并未得到扩展。

三 "政策型"：反弹的逻辑

随着十一届三中全会的召开，我国在社会、政治、经济等诸领域掀开了崭新的一页。十一届三中全会标志着中国从此进入了改革开放和社会主义现代化建设的高速发展期。之后，《中共中央关于加快农业发展若干问题的决定（草案)》的讨论和试行，有力地推动了农村改革的进程。

土地政策及其生产经营方式的革新，并未改变土地集体公有的产权关系。我国现行的法律也没有明确说明集体资产的所有权和代表指向。农村农业的"公共利益空间"诱使各种利益主体，尤其是拥有资源控制权的基层政府和部门，致力于获取这块"蛋糕"。服务于各级政权的利益分配结构形成。

自80年代初期至1994年，我国先后对财政分配体系作了一系列的改革。中央和地方在利益的博弈中，造就了县乡财政空转的困局。特别是分税制的实行，只是规范了预算内财政收入的运作方式，忽略了对预算外、制度外资金的管理和监督。这样产生了一种"驱赶"效应：地方政府将预算外、制度外财政作为主要的创收点，代替了规范的财政预算①。

在急剧增加的负担压力下，农村、农业、农民陷入到危险的境地。为了社会政治的稳定和经济的持续增长，国家出台了连续的减负政策。伴随政策绩效的边际递减效应，农民负担始终处于波浪起伏的状态。2006年，党中央和国务院决定取消延续2600余年的农业税，农村、农业和农民步入新时代。

其中，影响最大的是撤社建乡。随着人民公社的退出，灵活高效的乡镇政府成为国家行政在乡村社会的代言人。家庭联产承包责任制建立后，

---

① 周飞舟：《分税制十年：制度及其影响》，《中国社会科学》2006年第6期。

基层政权组织和管理体制不断得到强化，形成乡（镇）、村、组三级联动。地方政府通过扩张内设机构和干部队伍，加大了参与农业经济分配的力度。在获取部门利益的驱使下，乡镇规模不断扩大，乡镇政府的行政行为出现"异化"。现有财政体制的事权与财权的不统一以及不完善，给了乡级基层政府将支付压力转嫁于农民的机会和动力，特别是体现乡镇职能的"七站八所"逐渐嵌入到农民的日常生产和生活之中，导致农民负担的基数不断被提高。

就物品而言，经济学上将其分为（准）公共品、俱乐部产品和私人物品。公共物品具有效用的不可分割性、消费的非竞争性以及受益的非排他性。因此，"搭便车"现象比较常见。作为公共品提供的主体，政府需要补偿公共物品或服务的成本。税和费便成为补偿手段。

收"费"由来已久，它是社会、经济、政治、生活等综合效应的产物。作为一项机动性资金，费在一定程度上推动了经济和社会事业的发展。中华人民共和国成立初期，为了调动地方建设和事业发展的积极性，中央下放了十分有限的机动财力。各级政府、部门与单位因地制宜，因势利导，确实办了很多社会或民心工程。全社会的公共利益离不开合理的收费活动。

"费"之所以成为农民"人人喊打"的负担，源于 60 年代以来中央日益宽松的资金管理政策。各级地方政府职能部门日益依赖以方便灵活为特色的收费项目，其名目繁多程度令百姓忍无可忍。乱收费成为社会的一大公害，严重影响了农村社会的生产生活。

1. "费"的属性

"税"可以理解成国家为根据其实现职能的需要，凭借政治权力的强制性，按照法定标准，无偿地获得财政收入的方式。"费"指国家机关为居民团体或其他组织提供某种服务时所收的费用。它是社会对国家机关付出义务或某些特定事项管理成本的一种补偿。税和费都是参与国民收入分配的形式。为了加以区分，我们将采用"税外收费"的概念。

"税外收费"是指政府及其行政事业部门，在税收之外依据一定的标准向社会收取各种费用的统称①。与税收形成对比，费具有有偿性和非

---

① http://portal.gd-n-tax.gov.cn/web/vfs/zq/content/ContentTemplate.jsp? CategoryId = 2079&ContentId = 57704&siteName = zq

（半）强制性的特征。它是一国财政非税收入中的重要组成部分，依据属性可大致涵盖行政性收费、经营性收费和事业性收费等非税收入。我们将之归类于规费与使用费两种基本形式。前者是以政府提供特定服务或特定管理，如户籍、教育、司法等行政规费；后者则以政府直接提供的公共产品和服务为形式，如学费、服务费等。

税与费，虽然在定义、特征等属性上有相当的差异，但对于国民收入而言，两者存在一定程度的互补性。税收因其强制性、无偿性和固定性等特点，往往起到调节国民经济分配及保障公平与效率的功能。税费则在提供特定服务或行政管理等范围内发挥一己之长。税和费的定位，我们可以将其形象阐释为"首发队员"与"替补队员"的关系。

税服务于公共产品，费针对于准公共品或私人物品，他们具有支付与受益的非对称性和对称性。与公共品相比，准公共物品具有收益外溢程度相对小的特点。地方政府往往提供兼有私人性质的此类物品或服务。因此，在中央政府级次，税收是主导；在地方政府，收费占据支柱地位[1]。而且，数据显示，地方政府的级次越低，对收费收入的依赖性就越大。以至于，"杂费无底洞"成了乡镇基层常见的景象。据不完全统计，经国务院和各级政府批准并实行的基金、行政事业收费项目将近400个大类，涉及1000余种项目[2]。地方部门自行设立的门类更是无法统计。地方税外收费（大部属预算外收入）总额已与财政预算内资金呈并驾齐驱之势。据测算，1993年，收费占财政收入的比例是43.41%；1996年，这一比重上升到63.86%[3]；"费挤税"局面已形成。

2. "费"的演进

在我国政府收入体系中，预算内有规范税收，预算外游离着大量非税收入。费作为税收的补充部分，于国家财政而言同样重要。政府总收入相当于预算内、预算外和制度外三项收入的总和。在税收水平一定（即固定性）的情况下，各级政府收入状况更大程度上依赖预算外和制度外收入。

收费，在中国古而有之。周朝时，当赋、贡两项正税无法支持用度

---

① 邓力平：《关于税费改革的四点看法》，参见《费改税：经济学界如是说》，第136页。
② 郭成军：《浅谈税外收费的影响与对策》，《河南税务》1998年第7期。
③ 王存：《中国收费问题研究》，中国财政经济出版社2008年2月版，第17页。

时，国家就采用加派罚布等十余种收费项目的办法①。中华人民共和国成立之初，我国主要财政收入来源于各项税收、企业以及其他收入。工业化战略实施后，企业等工业收入成为国家财政的主要来源。改革开放时期，尤其是经历了1983年、1984年两步"利改税"和1994年"分税制"，税收确立了在财政收入中的主导地位。自十一届三中全会以后，我国开始了"以经济建设为中心"的发展征程。但资金的短缺始终是制约国家进一步发展的瓶颈。为解决基础设施建设和基础产业资金的不足，我国于1983年开征"能源交通重点建设"基金。1989年，国家开征预算调节基金以缩小财政赤字。1991年开征教育附加费。② 中央政府打开了"收费"的大门。

1986年，国务院发布《关于加强预算外资金管理的决定》。预算外资金被统一口径：包含了事业和行政单位管理收入，地方财政的工商税与农业税附加等。1993年，国家再次调整预算外资金的统计方式。1996年，国家机关事业单位和社会团体提取和使用预算外财政资金的权力进一步被增大。行政事业单位和地方财政"收费"被激活。预算外范围已扩展到十余种的税收附加及上千种事业性收费项目。

乡镇是联系城乡、政府与农村社会的主要渠道和纽带。同时，它也是我国财政级次最低的基层政府。在"千斤重担人人挑，人人头上有指标"的行政性分权体制下，乡镇政府开始"另辟蹊径""上面开口子，下面出票子"的政策性支出刚性增长。"几十顶大盖帽管着一顶破草帽"现象屡见不鲜③。为了政绩，"三拍（拍脑袋、拍胸脯、拍屁股）""三公"消费等不负责任的行政行为司空见惯。

"搭车收费"被层层加码。"三提五统"的范围越来越广，数量越来越大。"人民教育人民办""要想富，先修路"，这些事业性或公益性的准公共品本该由政府和社会共同承担。但最终落脚点却是，"部门出点子，领导拍板子，农民掏票子"④。

① 王军：《历史上的税费改革及其启示》，《人民日报》，转引自人民网，2000年5月16日，http://www.people.com.cn/GB/channel7/36/20000516/65613.html

② 高培勇：《中国税费改革问题研究》，经济科学出版社2004年版。

③ 陈桂棣，春桃：《中国农民调查》，人民文学出版社2004年版，第174页。

④ 同上书，第199—200页。

在市场经济的大潮下，地方政府的"泛本位利益"形成，"自利化"倾向严重泛滥。达标、集资、摊派、罚款等行为迅速扩张。单位"小金库"急剧膨胀。行政机构纷纷办实体，加上原有的"七站八所"，共同打着"为民服务"的旗号上门收费，乱收费现象越来越多。农民成了最后的"埋单者"，无怪乎民间流传着，"两眼一睁，忙到熄灯，一年到头一场空"。

3. "费"与农民负担

20 世纪 70 年代末，我国率先在农村领域实行改革，突破了原有的经济和管理体制。农民取得了生产和分配的自主权，得以克服劳动"大呼隆"等平均主义的弊病，并迅速激发了他们的生产热情。在改革开放的新形势下，农民的经济收入和生活水平得到了明显的改善。到 1984 年，全国粮食产量总计 40730 万吨，农民的温饱问题基本解决。同期，农民家庭人均纯收入大幅增长，达到 355.33 元[①]。

1978—2001 年农民收入统计

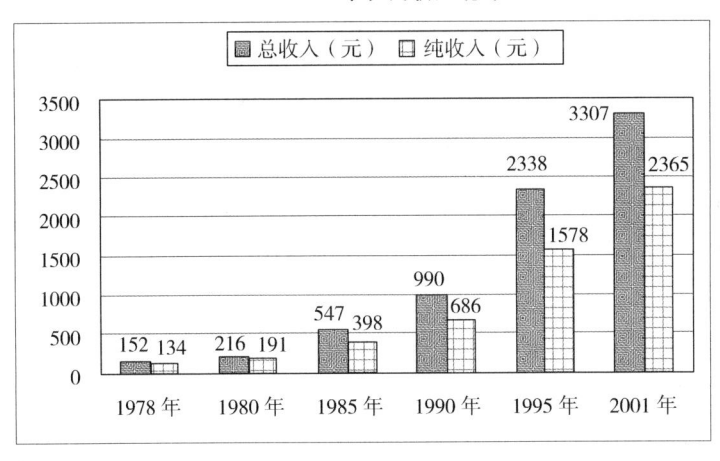

图　农民人均年总收入和纯收入（元）

资料来源：整理《中国统计年鉴》，《中国农村统计年鉴》中的数据

人民公社瓦解后，原有的经营形式由"大一统"转变为以农户为单位。相伴而生的，农村经济的分配方式也发生了相应的变化。农民家庭要直接

---

① 国家统计局：《奋斗的四十年（1949——1989）》，中国统计出版社 1989 年版，第 366 页。

向国家和集体缴纳收益。集体时期的公共负担渐次表现为直接的个体感受。1983 年后，我国建立了乡镇政权，形成了乡镇级财政。农民的双层负担开始显露。"政社分开"改革过程中，地方基层政府沿袭了人民公社的行政惯性，将集体经济与政府财务划二合一。这样就保留了原先的各项提留，并纳入了乡镇财政的筹资范围。随着改革开放的展开，我国经济建设进入到快车道，资金的需求量增大。在社会、经济的双重转轨期，政府承担的各方面职能越来越多。财政收入与支出的巨大缺口，促使各级政府多渠道地开发财源。财政管理体制从高度集中型转变为分权型，激活且扩大了行政事业单位"自利"的冲动与自主权。地方政府被赋予了收取规费的权力。

农民是农业经济活动的主体，又是农业部门利益的载体。农业的进步离不开农村其他各项事业的同步发展。但实际情况是，国家预算远远无法满足巨额的资金投入，乡镇财政更是无暇顾及。农民只能自己担负起原本属于国家与社会的责任。自 1984 年起，农民要按田亩交纳"农业四税"及其"附加""村提留"（公积金、公益金和管理费等），"乡五统"（用于乡村公路建设、防汛、义务教育、计划生育等），以及"两工"（义务工、积累工）等。

据统计，从 1978—2001 年，农民农业人均负担金额由 15.42 元增加至 671.10 元；农业税负担率起伏不大，大致维持在 2%—3% 左右；农民的实际负担值（主要包含农业税外的"三提五统"等）远远超出这个数据。2001 年，我国农民实际负担比率达到 36.55%，同期比 1978 年提升 24.95 个百分点[①]。

1978—2001 年农民负担统计（仅限农业产业内部）

（单位：元/人，%）

年度	人均农民负担（元/人）	农业税负担率（%）	农业实际负担率（%）
1978	15.42	2.79	11.96
1980	21.23	2.04	12.43
1983	21.10	1.68	8.69
1985	16.44	1.65	5.22

---

① 胡书东：《中国农民负担有多重——农民负担数量及减负办法研究》，《社会科学战线》2003 年第 1 期。

年度	人均农民负担（元/人）	农业税负担率（%）	农业实际负担率（%）
1990	85.42	1.75	14.33
1993	216.83	1.83	26.89
1994	322.86	2.45	29.25
2000	622.02	3.27	35.38
2001	671.10	3.30	36.55

数据来源：节选《中国农民负担有多重——农民负担数量及减负办法研究》，第88页。

90 年代，农村"三乱"（乱收费、乱摊派、乱集资）泛滥开来。1987—2000 年，政府税外收费从 4894.58 亿元增长到 25576.15 亿元。地方政府非税收入比重，自 1994—1998 年，基本维持在 70% 以上[1]。税外规费的发展速度大大超过农民人均纯收入的增幅。有资料表明，2000 年的农民负担总额中，农业税与教育集资、乡村收费、"三乱"分别占到 28.2%、41.2% 和 30.6%。同年，李昌平直言总理，"农民真苦，农村真穷，农业真危险"[2]。

4."费"的政策导向

"交够国家的，留足集体的，剩下都是自己的"，作为家庭联产承包责任制的核心，此种分配制度受到了广大农民的欢迎。但事实上，它的集体所有制性质决定了具有与人民公社相对应的统筹制度。而"三级所有，队为基础"的收益分配方式极易产生税、租、费分配关系的紊乱[3]。这是导致农民负担不断加重的根源之一。

为了理顺上下的分配关系，1980 年我国实行"划分收支，分级包干"的"分灶吃饭"体制。这种按行政隶属关系进行的收支格局，形成了支出的"倒逼机制"。地区分割使地方和企业的利益链条日趋坚固，中央财

---

[1] 参照《中国统计年鉴（2002）》，《中国财政年鉴（2002）》。

[2] 《一个乡党委书记的心里话——给朱总理的信》，http：//xz8.2000y.net/mb/2/Read-News.asp？NewsID=286725

[3] 马晓河：《我国农村税费改革研究》，中国计划出版社 2002 年版，第 17 页。

政收入占比不断下降，调控能力减弱，区际分化严重①。1983 年，财政部公布《关于对国营企业征收所得税的暂行规定》，利改税在全国试行。1984 年，国家推行以税代利，对企业开征 11 个税项（含 4 个地方税种）②。此后，1985 年和 1988 年又经历了两次调整与变革。

"撤社建乡" 所造就的庞大乡镇财政体系，让基层面临着巨大的压力。分权改革使得地方政府相应增大了经济决策权，拓展了可支配资源的范围。"条块" 成为追求利益的权力和行为主体。"服务就是收费" 的 "自利化"③ 现象蔓延。1980—1985 年间，农民农业税的支出约占纯收入的 4.15%，占农业产量的 2.96%④。援引有关部门数据，同一时期的 1983 年，农民税外费负担相当于农业税的 4.4 倍，占当年人均纯收入的 8.07%。到 1992 年，这一比例上升到 10%⑤。鉴于农民负担的显著增加，中央于 1984 年、1985 年、1990 年、1993 年连续颁发制止和减轻农民负担的紧急通知。"农民负担" 充分引起了政府的高度重视。但 1991 年《农民承担费用和劳务管理条例》却意外地使 "农民负担" 合法化。

1994 年，国家再次进行分配体制改革，分税制正式施行。"中央、省级、地市财政都好过，县乡财政没法过" 局面加剧。地方财政的占比由 1993 年的 80% 下降到 1994 年的 45% 左右⑥。据国务院发展研究中心 2002 年调查，由乡镇、县、省、中央财政负担的比例分别是 78%、9%、11% 和不足 2%。财权上收，事权下移，地方政府转嫁收费已成必然，农民负担节节攀升。1994 年，收费占农民税费总额的 75.9%；1994—2000 年，这一比重始终保持在 65%—76% 之间。

在农民负担恶性增长压力下，中共中央和国务院从 2000 年实行农村

---

① 赵云旗：《中国分税制财政体制研究》，经济科学出版社 2005 年 5 月版，第 247—248 页。

② 来源于中国网，引自 http：//www. sina. com. cn，2009—8—20。

③ 徐勇：《服务下乡：国家对乡村社会的服务性渗透——兼论乡镇体制改革的走向》，《东南学术》2009 年第 1 期。

④ 据 1980—1986 年《中国农村统计年鉴》《中国统计年鉴》《农业经济资料》等有关数据计算。

⑤ http：//www. datanx. org/nxinfo001/ShowArticle. asp？ ArticleID＝892

⑥ 周飞舟：《分税制十年：制度及其影响》，《中国社会科学》2006 年第 6 期。http：//www. datanx. org/nxinfo001/ShowArticle. asp？ ArticleID＝892

税费改革。五年时间，全国农民负担总额依次为1259.6亿元、1200.9亿元、1030.5亿元、869.3亿元和581.7亿元。人均负担从141.42元下降到64.40元。"两工"与"一事一议"西州劳由人均16.3元降到2.1元①。各项指标数据表明，农民的税费负担已大为减轻。2006年，农业税被废除，意味着对农业和农民专门征税的历史结束。从此，我国与国际接轨进入到一个新时期。

综上所述，从"农民负担"出现到高位运行，直至缓解等一系列过程，都与政府的政策紧密联系。仅以政策的实施和绩效的角度，农民负担增减交替，可以说是"增也政府减亦政府"。

四 历史与镜像

一如硬币的两面，农业税的功能也具有双重性。国家承担对外抵御侵略、对内保障社会稳定的职能，必须有强大的财政资金做保证。税收同时兼有调节、促进社会经济的恢复与发展的功用，特别是在重大天灾人祸或政权更迭情况下，更具平抚民心、缓和矛盾的奇效。这些"贡""赋"或"租"等，成为民间生产生活的一部分，有"天经地义"之说。

中华人民共和国成立后，农业收入仍然占据着国民经济的重要地位。特别是在经济恢复期，农业财政在国家总收入的占比一度达到40%。我国继续沿用农业税制，并于1958年通过《中华人民共和国农业税条例》。正是凭借农村、农业及农民"乳汁"的灌溉，处于夹缝中的新生政权在"一穷二白"的背景下，开始了工业化的发展征途。统计显示，从1949—2003年，农业税征收总额达3945.66亿元。通过一系列配套政策的协助，"三农"对中国工业的贡献值超过6000亿元②。

自八九十年代以来，农民更是承受着日趋严重的"税外收费"的滋扰。"农民负担"问题一度成为关系国计民生的重大威胁。国家逐步将"减负"工作搬上议事日程。2005年12月，关于废止《中华人民共和国

---

① 周飞舟：《分税制十年：制度及其影响》，《中国社会科学》2006年第6期。http://www.datanx.org/nxinfo001/ShowArticle.asp？ArticleID=892

② 刘华堂、都吉峰：《告别"皇粮国税"后的思考》，《辽宁税务高等专科学校学报》2007年第4期。

农业税条例的决定》获得通过。此举结束了我国长达2600余年的"皇粮国税"历史,"农民负担"问题进入到一个新阶段。

(一)从"皇粮国税"到"农民负担":"租""剩余""费"的沿承

由古至今,我国的政治、经济、社会的变迁都与土地制度的更替紧密相连。马克思说过,"土地是人类伟大的实验场所,是提供劳动工具和劳动材料的仓库,是社会的住处和基础"①。人与人的关系正是以土地为中介而发生的。不论是远古的"社稷"制度,近现代的"税费"体制,还是目前被普遍关注的"农民负担"问题,土地关系总是背后最深层次的逻辑动力。

从商鞅废井田、开阡陌的变法,到秦始皇一统后"使天下黔首自实田"②的诏令,土地私有制代替了"公有共耕"。租佃关系亦随之出现。封建社会形成地主土地、农民小土地和国有土地所有制的综合共存体。尽管在整个历史时期存在着名田、屯田、占田、均田等土地制度,但以土地私有制为基础的租佃关系一直占据封建经济的重要地位。西汉中期,"或耕豪民之田,见税什伍"③表明租佃关系几近明朗。东汉时,租佃关系进一步发展,以致"豪人之室,连栋数百,奴婢千群,徒附万计"④;魏晋南北朝"荫庇制"盛行,"浮客"等依附农在北方"或千丁共籍,或百室合户"⑤,在南方,"多庇大姓以为客"⑥;至隋唐时代,1/3的国人靠租佃为生⑦;宋朝亦然,客户约占人口总数的1/3⑧;明清,租佃制进一步发展,产生"永佃制",有"田底""田面"权之分。因此,"租"成为研究"农民负担",乃至整个古代农村经济过程中,一个不能回避的问题。

---

① 马克思:《政治经济学批判大纲》(第三分册),人民出版社,第91页。

② 《史记·秦始皇本纪》。

③ 《汉书》卷24,《食货志》。

④ 《后汉书》卷49,《仲长统传》。

⑤ 《晋书》卷127,《慕容德载记》。

⑥ 《南齐书》卷14,《州郡志》。

⑦ http://economy.guoxue.com/article.php/3685

⑧ 加藤繁:《宋代的主客户统计》,见《中国经济史考证》,商务印书馆1963年版,第279—280页。

土地问题始终是中国革命首要解决的核心任务。自从社会主义国家建立，我党就着力实践这一民主纲领的目标。1949—1952 年，国家实施"耕者有其田"的土地改革。农村实现了土地分散私有、分散经营的所有制格局。工业化战略提出以后，配合"一化三改"的路线方针，1953—1958 年，中央先后进行了农业合作化、集体化和人民公社化的三步跨越。"一大二公"的国家、集体所有制确立。由"一五"开始，我国实行了历经 20 余年的重工业化建设。为了弥补工业资金的不足，政府沿袭农业税制度，并通过高度集中的计划体制和行政力量，动员和汲取农村社会的大量"农业剩余"。从 50 年代开始，我国逐渐形成以"统购统销""人民公社"及其"二元户籍"等为代表的行政计划体系。农村"剩余"被过度地抽取，农民生活困苦。

十一届三中全会以后，国家决策层认为，"搞了包产到户效果很好，变化很快"。1982 年，中央以"一号文件"的形式，第一次明确了"各种责任制都是社会主义集体经济的性质"[①]。我国政府采用诱致性制度变迁的方式，确立了家庭联产承包责任制。农村农民的生产热情得到极大地调动，产生了巨大的政策绩效。同年，《宪法》规定恢复原来的乡、镇、村体制，以作为土地制度体系的配套措施。"开放搞活"后，我国由计划经济体制向市场经济体制转变，社会也处于转型期中。各种利益主体逐渐被激活。在当前财政体制运行不畅的情况下，制度外、预算外收入——"费"，在国民收入及支出的比例急剧增大，大有"以费挤税"之势。

税费是国家的衍生物，在政治经济生活中承担着补偿公共品或服务成本的功用。它是维护国家机器正常运转的保障。由"皇粮国税"至"农民负担"，这是一个量变到质变的过程。"租""剩余""费"无疑是整个"质"的飞跃步骤中不可或缺的三个核心变量。

"农民负担"既是客体主观的体感，也具有可供操作的"量"的标准。作为一种客观的存在，它广泛遍布于整个包含农业经济的各个领域，国家或政体。少数民族有句俚语，"种粮要出负担"，反映出农业社会要

---

① 参见《邓小平文选》，人民出版社 1986 年版，引自《杜润生自述：中国农村体制变革重大决策纪实》，http://epaper.dahe.cn/hnrbncb/htm2007/t20070108_797180.htm

始终面临负担问题。根据"农民负担"自身的内涵与外延，我们将其划分为三个维度：承受力（农民的主观体感）、富余度（量的界定与衡量）[①] 以及合法性。根据农民的生存状态，我们又可制定出相应的三个界限：生存（临界值），简单再生产（常态）和扩大再生产（最优化状态）[②]。

纵观以上分析的三个历史阶段，我们可以看出，农村农民的生产状态似乎一直维持在临界值与常态之间。中国古代农民起义之所以此起彼伏，政权更迭之频繁，最根本的源头在于农民要争取一个较好的生产条件和生存环境。一旦超越了最高界限，就像"一个袋子里的马铃薯"[③] 的农民，也会聚集起来进行反抗；及至人民公社时期，农民被附着在土地上和体制内，生存与简单再生产仍是他们追求的目标；改革开放以后，农民逐渐实现了温饱，生存的空间增大。但"三乱"等一定程度上抵消了农民的收入增长，"货币压力"依然沉重。农民挣扎于"生存"和"生产"的界限之间。换言之，在"农民负担"的三个维度内，承受力与富余度呈现一种动态平衡。那么，为什么直到 70 年代中后期，"农民负担"问题才被提出来呢？我们不得不从合法这一维度，在国家体制形态上找出端倪。

（二）"农民负担"的镜像：国家与农民的身影

在中国，"国家"的观念就是"天下"。自古有云，"修身，齐家，治国平天下"。而西方"国家"的概念，侧重于政治，指"在国家疆域内建立政权并凭借一系列制度实施权威的政治社会"[④]。马克斯·韦伯进一步将概念发展为，"在既定领土内成功地要求对物质力量的合法使用实行垄断的人类社会"[⑤]。鉴于不同历史条件下国家与农民分配之间的互动关系，我们可把从中折射出的国家体制形态描述为帝国、全能型和威权或有限政治三种类型。

---

① 吴振鹏，柳敏：《对农民负担的界定》，《江西财经学院学报》1989 年第 12 期。
② 刘勇智：《农民负担问题试析》，《中州学刊》1986 年第 3 期。
③ 马克思：《资本论》第 1 卷，第 397 页。
④ 燕继荣：《政治学十五讲》，北京大学出版社 2004 年版，第 45 页。
⑤ 吴志华：《政治学原理新编》，华东师范大学出版社 1998 年版，第 40 页。

关于古代国家的形态研究，侯外庐最初使用"城市国家"这一概念①。田昌五将自秦汉以后的国家划分为"封建帝制时代或帝国时代"②。综观之，"帝国"形态的标准在于对其领域内的农民如何进行统治和分配，这集中反映了国家与农民的关系问题。"帝国"最重要的特征就是中央集权。也就是说，国家行使权力最主要的方式是专制。

皇权专制始终是中国传统政治制度的核心，其始作俑者是秦帝。经过历代君王的强化和完善，"帝权至上"理念成为具有中国特质的强权文化。皇权丝毫不受法律的限定，一元化、绝对化深入骨髓。在国家内部，权力系统呈金字塔式结构。黄仁宇先生曾形象地把这种社会结构称为"潜水艇夹肉面包"③"溥天之下，莫非王土；率土之滨，莫非王臣"说明了古代土地制度是国有和私有的混合体。"帝"既是国家的象征，又是天下最大的土地私有者。授田制是王权对土地所有权垄断的外在表现。官僚机构的设置乃是皇帝向全民收税的需要。通过完善的社会协调和支配机制，国家实现对社会和民众的控制。农民对于强权的统治、赋役的征收等问题只有默默忍受的权利。

随着政府体系的高速膨胀，财政支出与赋税收取的规模也超常规地增长。地主将"税"转化为"租"，苛捐杂税以"变法"的名义变得合法，这就是"黄宗羲定律"。国家有了阶级，社会分离出了阶层，而"租税"结构更是强化和固化了此种国家形态。皇权及其官僚附属阶层完全实现了对土地所有权、收益权的控制。在农民的眼中，缴纳租税就是"完纳皇粮"。

自古，"皇权止于县政"。农民过着日出而作、日落而息的自然经济生活。进入近代社会，高度集权的体制不仅没有得到改观，反而更加强化。国家与农民的关系由松散变得紧密。清末新政时期，国家政权就试图

---

① 侯外庐：《中国古代社会史论》，人民出版社1955年版，转引自王震中：《邦国、王国与帝国：先秦国家形态的演进》，第28页。

② 田昌五：《中国历史体系新论续编》，山东大学出版社2002年版，转引自王震中：《邦国、王国与帝国：先秦国家形态的演进》，第29页。

③ 黄仁宇：《万历十五年》，生活·读书·新知三联书店2006年版，第307—308页。

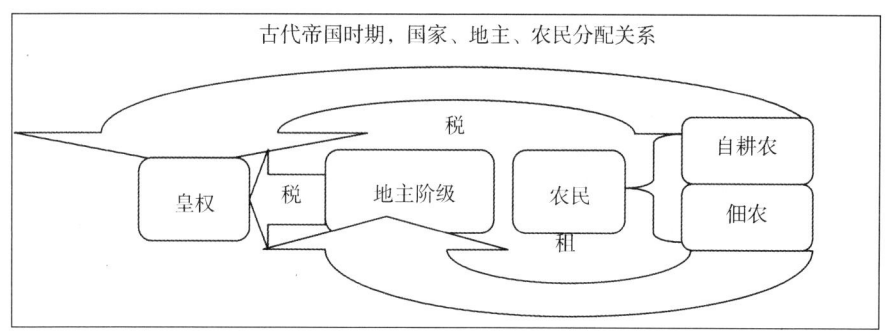

深入乡村社会。但"综合型"权力文化网络①的存在，使其陷入"政权内卷化"。国民政府通过设立党支部，在行政级次上建立起了县、区、乡、保甲体制。但从运行的效果来看，政府对乡村的整合始终没能完全实现。

1949年，中华人民共和国成立。在行政区划上，中央政府延续了县、区、乡的三级设置。国家设立基层政权机构，一般会基于几个方面的考虑：需要，能力和具体的社会结构或环境②。处于国际封锁、敌视状况下的新生政权，迫切需要组织广大的农民自力更生，实现富国强民的现代化建设。中国共产党首先选择了发展重工业，以改变落后的面貌。面对外无援助、内无积累资金的情况，国家只能从农村汲取大量的经济资源。中国共产党在革命时期树立的巨大威望，使把政权力量延伸到乡村农户的设想变为现实。在这一历史进程中，权力的下移、深入与渗透推动着农村社会的变迁。"国家工业化的话语背景"是此时期各项政策、制度、战略决定的基础③。

亨廷顿认为，在现代化过程中，"政治高度稳定的国家，至少相伴一个强大的政党"④。伴随中国共产党在乡镇建立党组织，中国迈进了党政合一的政权形式。中华人民共和国成立后，分散自立的小农经济为基础的

---

① 杜赞奇：《文化权力与国家——1900—1942年华北农村》，江苏人民出版社1988年版，第218—226页。

② 尹业香：《矛盾、改革、出路——农村人民公社以来体制与制度构建之反思》，《学术论坛》2005年第10期。

③ 陈益元：《动员、控制、自治：建国后中国共产党农村基层政权形态研究述论》，《农业考古》2005年第5期。

④〔美〕塞缪尔·P.亨廷顿：《变化社会中的政治秩序》，生活·读书·新知三联书店1989年版，第377页。

政治经济体制被强大的以集体化和计划经济做保障的国家体制所取代。人民公社，作为党组织贯彻其政策的制度化工具，便于国家持久地控制和渗透农村①。国家政权就这样延伸到了乡村社会中的家庭层面，农民被戴上了某个阶级的标签②。人民公社化以后，国家一体化得到最大程度的完善。国家的职能已由政治统治转向于对价值和财富进行权威性分配，其实现的途径就是尽可能地控制经济、文化和社会资源。③

随着行政命令式资源动员体制的全面实施，"泛政治化"的"全能主义"模式于 50 年代后期在中国扎根、膨胀。在这种模式下，行政权力可以随时地、无限制地侵入到社会每个角落，并予以控制。④ 在高度的计划体制中，政党收归了一切社会权利。行政成为领导、协调、控制资源的唯一方式，其目的是为了国家的战略。这种政治权力组织使资源汲取型体制成为推动国家战略实施的基石。分散的小农亦被整合，成为国家体制内的一部分。

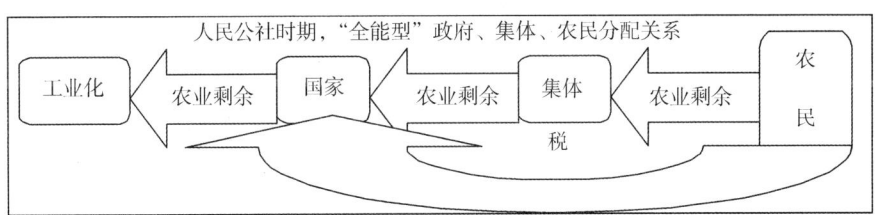

人民公社时期，"全能型"政府、集体、农民分配关系

十一届三中全会以后，党的工作中心发生了转移，经济建设成为政策的重心。以党主导国家和社会为特征的极权体制⑤被打破。家庭联产承包责任制为核心的农村改革全面展开。国家与农民、农民与土地的关系得到很大程度的改善，释放了农村的生产力。农民的自主经营权被激活，经济和政治的双向体制改革正逐步推开。"全能主义"进入退潮期，我国步进"后人民公社"时代。

自六七十年代以来，东亚国家迎来了经济高速发展的黄金时期。众多

---

① 吉尔伯特·罗兹曼：《中国的现代化》，上海人民出版社 1989 年版，第 453—492 页。

② 费正清：《伟大的中国革命：1800—1985》，国际文化出版公司 1989 年版，第 261 页。

③ 徐勇：《现代国家的建构与农业财政的终结》，《华南师范大学学报》2006 年第 2 期。

④ 皱谠：《二十世纪中国政治》，牛津大学出版社 1994 年版，第 3 页。

⑤ 林尚立：《当代中国政治形态》，天津人民出版社 2000 年版，第 322 页。

发展中国家不约而同地选择了以"威权主义"推动现代化的发展道路。胡安·林兹曾把"各种非民主和非极权的政治体系"定义为威权政体①，其特征是往往采用非市场和超经济的手段发展国民经济。威权国家以政府主导型代替政治动员，依靠国家的力量推动经济的快速崛起。因此，威权是介于集权和民主之间的温和专制。外部经济的飞速发展和自身战略任务的双重刺激，迫使我国现代化的发展不得不求助于强大的国家力量。"强国家弱社会"为特征的社会结构促进和强化了这种格局。由于制度变迁中的"路径依赖"性，我国频繁借助于国家政策的效用来调动经济的引擎。20 世纪 80 年代后，我国进入了经济的高速发展阶段。

公社体制的解体，昭示着社会控制与基层政权管理方式的转变。体制内分权的结果是从"全能政治"过渡为"威权"和"有限政治"②的混合体。一方面，乡镇政权代替了人民公社在农村领域撤出后的"体制真空"。社会快速发展所带来的公共事务日发增多，基层政府的权力和职能范围也相应扩大，从而造成机构与人员的急速膨胀。伴着国家分权改革在经济领域的深入，基层政权面临着本级财政空转的局面；另一方面，市场经济主体确立后，国家的干预方式从微观转入宏观。"放权让利"在实现农业生产力飞跃的同时，也逐渐激发了地方政府从制度外汲取社会利益的动力。基层政权行为出现经营化、异质化的倾向。他们与民争利，在管理上和竞争中极易发生错位、缺位与越位现象。国家在此阶段缺乏体制内的强大整合能力，使得中央权力在乡村社会"符号化"和"空壳化"③。在多元利益主体交叉的体制结构中，重新归于分散的农民无疑处在弱势地位。

五　后续的讨论

自 20 世纪 70 年代中后期，"农民负担"问题就被摆上了中央政府的

---

① 鲁敏：《从东亚看威权政体发展的阶段性和决定因素》，《河北理工大学学报》（社会科学版）2010 年第 1 期。

② 张劲松，纳麒：《从全能政治到有限政治：国家与社会关系的重大调整》，《思想战线》2006 年第 6 期。

③ 陈益元：《后公社时期的国家权力与农村社会：研究回顾与展望》，《中国农史》2006 年第 2 期。

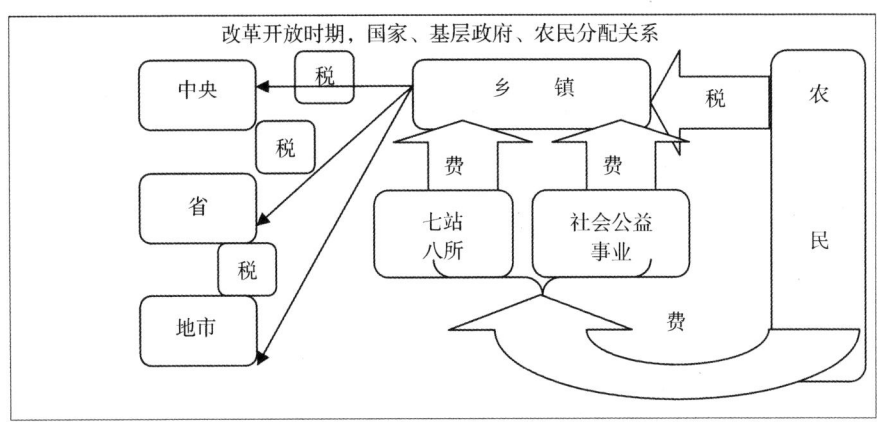

议事日程。《关于转发湖南省湘乡县委报告的批示》表明了中央领导层的态度。农民不合理负担的轻重直接影响到农民的生产积极性，农村的稳定以及农业发展。如果"三农"关系处理不好，社会主义的"四个现代化"也就无法实现。到80年代末，"农民负担"问题日益突出。党和政府更加高度重视。

自1985—1999年，国家着重解决税收之外的涉农收费、罚款及摊派问题。十年间，党中央先后下发了《关于制止向农民乱派款、乱收费的通知》（1985）、《关于切实减轻农民负担的通知》（1990年）、《农民承担费用和劳务管理条例》（1991年）、《关于进一步做好农民负担和劳务监督管理工作的通知》（1992）、《关于切实做好减轻农民负担工作的决定》（1996年）等文件。[①]

1998年，国务院成立农村税费改革小组。2000年，中共中央、国务院联合下发《关于进行农村税费改革试点工作的通知》。安徽省成为第一个改革试点，由此拉开了农村税费改革的序幕。在这一阶段，农民只承担7%的农业税和1.4%的农业税附加，实现"税外无费"。2003年，国家全面推广。2004年，温家宝总理明确提出5年内取消农业税，并施行"两减免，三补贴"政策。当年，农民人均税费降幅达44.3%，仅农村义务教育一项，直接减轻农民经济负担70多亿元。2005年，中央政府力争

---

① 参见新华社：《共和国的足迹——2006年废除农业税》，中国农业信息网，2009—10—14。http://www.agri.gov.cn/jjps/t20091013_1364360.htm

实现农民全年人均纯收入增长5%，减负118亿元的目标。2005年，27个省区市全部免征农业税，人均减幅93%。[①] 同年12月，十届人大十九次会议决定，从2006年1月1日起，正式废止农业税。

农业税的取消，使亿万农村群众得到看得见的实惠。"无税、少费、双补"的农民真正体会到了"无'负'一身轻"的感觉。"农民负担"——这个曾被国家、社会、农民争相关注的关键词，将要伴随着农业税的废止而退出历史舞台。代之而起的是，农村贫困和农民增收问题。2010年1月31日，《中共中央、国务院关于加大统筹城乡发展力度进一步夯实农业农村发展基础的若干意见》出台，这已是我国连续第七个有关农业的中央一号文件。这足以显示出党和政府对减贫工作与农民增收问题的极度关注。而民间也提出了取消农业税后的"四盼"[②]。

据统计，我国年度贫困人口的存量呈下降趋势。从1978—2003年，贫困人口由2.5亿减为2900万。但同时，2001—2006年，我国贫困人数降速152万，减幅相当于90年代的1/3[③]。可见，减贫的压力依然巨大。

反观增收，家庭联产承包责任制确实释放了农村生产力，农民农业收入有了较大的增长，但它所带来的绩效也在逐步缩减。1978—1987年，农村农业总产出约5.77，投入4.35，生产率达到4.99。到1994年，总产出下降到4.23，总投入增加至4.83，生产率减为3.05[④]。农业体制内的生产潜力已得到最大程度的挖掘。

农村公共物品及服务的缺乏，是影响减贫任务的一个重要因素。农村

① 综合《实施"两免一补" 去年减轻农民负担70多亿元 中西部农村35万名因贫辍学学生重返校园》2006年4月26日；《力争全年农民人均纯收入增长5% 降税减轻农民负担118亿元》2004年3月7日；《五年内取消农业税切实减轻农民负担——访中央财经领导小组办公室副主任陈锡文》2004年3月6日；《巩固税费改革成果防止农民负担反弹》2003年5月11日；等相关资料，人民日报，http://lib.ccnu.edu.cn/view/show—149.aspx

周明助，郑民助：《取消农业税 农民有四盼》，《人民日报》2005年7月19日，http://lib.ccnu.edu.cn/view/show—149.aspx

② 谢金鹏：《经济增长、收入分配与中国农村贫困问题研究》，西北大学硕士论文，2008年6月，第39—42页。

③ 瞿商：《新中国农地制度的变迁与绩效》，《中国经济史研究》2010年第10期。http://economy.guoxue.com/article.php/22699/3

④ 张彩丽：《加大农村公共服务投资力度》，《人民日报》2002年10月14日，http://lib.ccnu.edu.cn/view/show—149.aspx

基础教育、基本医疗卫生等公共服务的提供，以及水利、道路、通讯等基础设施的兴建，都有助于农村人口的脱贫。与城市相比，政府对农村的支付只占总支出的 10%—15%，这与 70% 的人口占比相差过于悬殊①。税费的取消，同时也意味着乡镇财政失去了赖以运转的全部制度外、政策外收入。在当前财税体制下，乡镇级负债情况有增无减。根据农业部 1999 年统计，截至 1998 年底，全国乡村两级的实际债务达到 3259 亿元，其中乡级债务高达 1776 亿元，平均每个乡镇负债为 408 万元。作为地方公共物品及服务的供给主体，乡镇能否在少量的"一事一议"基础上，依靠国家的转移支付来妥善处理此类问题，尚值得商榷。

在市场经济中，工农产品的价格鸿沟依然存在。特别是全球经济一体化浪潮下，国际农产品的汹涌冲击业已构成农民增收减贫的一股不容忽视的阻力。综合以上种种，如何抵御和杜绝"农民负担"的转移与重现，是摆在中央政府面前的一道任重而道远的现实问题。也许，温家宝总理给出了答案，"我们在开始进行税费改革的同时，就始终在考虑和探索一系列相关的综合改革"。

---

① 贺军伟：《乡村债务问题的现状、成因及对策》，《经济要参》2002 年第 45 期，转引自：《官民合作体制："乡政自治"——乡镇政府改革思路探讨》。http://www.bosspaper.com/glxlw/gmhztz－xzzz－xzzfggsltt—3453.html

撂荒:历史变迁中的农民选择

【**导读**】"撂荒"是在社会、经济和自然等因素的综合作用下，土地生产经营者对已经使用过的土地在一定时期或一定程度上的放弃，导致土地资源的浪费、部分浪费或未充分利用。早在我国封建时代，它就已经在历史中大规模出现，主要受人口关系变化及王朝周期特别是战争的影响。在改革开放初期，由于农民选择度的扩大及农业税负承担过重，导致了大面积的撂荒行为。这是农民无奈的选择。然而，随着市场社会的发展，农民的就业机会增多，农民的理性增强，在综合考虑到成本与收益之后，一些农民在效益最大化支配下，选择放弃土地耕作，形成了新时期的撂荒行为。虽然它是社会发展过程中不可避免的现象，然而，这个问题始终有悖于我国的粮食安全问题。因此，如何有效解决这个问题，如何处理好社会资源的合理性配置，都有待我们进一步的思考。

在中国农村发展史中，撂荒只是偶尔闪现的浪花。但实际上，自古以来，无论是在人少地多的阶段还是在人地矛盾日趋激烈的现在，撂荒始终存在，尤其在2001年前后，发生了我国粮食主产区大范围的耕地撂荒，以至于它成为了农村当时流行的时髦词汇。然而，《辞海》里没有"撂荒"一词，因此，对它的解释只能具体化。首先看"撂"，它有三种解释：一作放、搁的意思；一作弄倒解释；还有一说为抛弃。其次是"荒"，一般构词为"荒地"，有广义和狭义之分，广义的荒地指可供开发利用和建设而尚未开发利用和建设的一切土地，主要包括宜农、宜林、宜牧荒地；狭义的荒地指宜农荒地，即宜于耕种而尚未开垦种植的土地和虽然经耕耘利用，但荒芜而停止耕耘不久的土地。显而易见，耕地撂荒的荒地对应的是狭义的荒地。

国内学者对于"摞荒"也尚未有统一的定义，多从社会学的角度出发，认为其是"抛荒""弃耕""丢荒"等的同义表述。李孔俊认为，土地"抛荒"是指曾经被耕种而现在不被继续耕种以致荒芜的土地[①]；文华成也持类似观点，他认为耕地摞荒是指农民因某种原因不愿意耕种或者因旱涝灾害，致使耕地荒芜一季或一季以上的现象[②]，农民外出打工把土地转包或委托给他人代为耕种、未导致荒芜的土地，以及自然灾害造成的暂时性的空白田都不属于摞荒现象。但张斌、徐邓耀与翟有龙等人却认为，耕地处于未充分利用状态时也是一种隐性抛荒，所以将耕地抛荒界定为"由于生产经营者主观原因放弃而造成的耕地处于闲置或未充分利用的状态"。[③]

国外的学者对于"摞荒"的定义更广一些，除了社会学的角度，还从自然科学角度出发，部分学者认为"摞荒"也包括人为的"休耕"，随着土壤的频繁使用，肥力流失，一定年限后，土壤肥力不足，农产品产量下降，为了保证土壤使用的长期性，在土地资源丰富的地方，农民会人为地休耕，使其恢复肥力。

结合国内学者对"摞荒"的综合定义，笔者以为"摞荒"是在社会、经济和自然等因素的综合作用下，土地生产经营者指对已经使用过的土地在一定时期或一定程度上的放弃，导致土地资源的浪费、部分浪费或未充分利用。这里有三个侧重点，第一，"摞荒"行为的客体指的是已经使用过的土地，对于一直荒废未用的土地不在摞荒之列，也就是说在狭义"荒地"的基础上进一步缩小了其定义的范围；第二，摞荒指的是对土地一段时间以上（一季以上）的抛弃，在季节交替间，土地有短暂的闲置期，从其定义上来说，并不构成"摞荒"；第三，摞荒主要侧重于对土地资源的浪费，假定土地被部分利用，但是没有得到最佳利用，仍被认定是

---

① 李孔俊：《土地抛荒的经济学视角》，《广西教育学院学报》2002 年第 5 期，第 82—84 页。

② 文华成：《四川丘区农村耕地摞荒问题研究》，《农村经济》2003 年第 10 期，第 18—20 页。

③ 张斌、徐邓耀、翟有龙等：《耕地抛荒的定量化评价方法》，《贵州农业科学》2003 年第 31（5）期，第 43—44 页。

一种浪费，近几年我国部分地区的农民将双季稻改成单季稻，实际上也是对土地的一种撂荒行为，归为隐形撂荒。

整理国内外撂荒研究资料，可以看出，国外研究多从自然科学角度出发，重点探讨撂荒的实际后果，并找出问题结症；而国内研究多从社会学角度出发，站在国家高度，分析撂荒的自然原因和较浅层面的经济因素。两者的研究还有一个共同点，都是从某个时间横切面上分析撂荒，并没有认识到撂荒的历史延续性，这正是此研究的切入点。

按上述思考，本研究拟分两阶段，第一阶段简要分析自然经济与封建王朝统治下，周期性撂荒产生的根源、发展及其消失的始末；第二阶段主要分析在人地关系变得紧张的前提下，自然经济向市场经济转变的重要时期，社会转型还未跟上经济体制改革步伐的20世纪末以来，非常规性撂荒产生的原因、发展、消失、再起的内在逻辑，借此分析转型时期政府政策安排和经济体制改革双重变迁的过程。

要诠释好"撂荒"的深层逻辑，笔者从以下几个方面着手搜集材料：第一，政策文献数理。主要包括中央一号文件、地方政策以及可调查到的领导人讲话及相关文件，在梳理过程中突出政策选择和安排；第二，文本数据的梳理。主要对历代人口和土地变化数据的收集，20世纪末以来农村农民的税费负担变化数据、农民收入构成数据的整理，包括撂荒的统计数据和资料；第三，关于撂荒个案的调查。笔者挑选了中部地区粮食主产区某个村的7个农户家庭为个案，从实证研究的经验性解释出发，对个体行为选择进行有意识的分析，选取有时代性又有连贯性，具有典型代表性的农民进行个案补充；第四，媒体报道。20世纪末的撂荒报道几乎各大报纸都有报道，进行广泛而全面的搜索，从报道的时间性出发，把握撂荒发生的时间、空间以及规模规律，基本理顺今年我国耕地撂荒的整体规律。

在此，对选取的个案做一个简短的介绍。本研究选取了湘北阜安村为研究对象，位于湘北沅江市共华镇北部，赤磊洪道草尾长河顺村而流，市级公路横贯全村，水陆交通十分发达；属亚热带湿润季风气候，光热充足，降水适中，平均气温16.9℃，年均降水量1322毫米，无霜期276天。阜安村属典型的洞庭湖冲积平原，地势平坦，土地肥沃。全村人口 2124 人,556 户,16 个村民小组。耕地面积 3002 亩,土种有水稻土、红壤、潮土、紫色土等,适合种植水稻、苎麻、柑橘、芦苇、林木等;得益于洞庭湖水系,水产十分丰富,以青鱼、草鱼、鲢鱼、鳊鱼居多,产量丰富。过去阜安村以农业为主,近年来,在上级党委和政府的正确领导和大力支持下,调整产业结构,拓宽发展路子,全村的经济实力实现多元化发展,人均收入增加较快,2008 年,全村人口纯收入超过 5500 元,与"空心村"外出打工人员年均纯收入基本持平。今年,该村领导层继续加大产业调整力度,试图借金融危机务工人口回流之利,吸引村民常驻,发展村庄经济,实现村庄与城市、与市场的无缝对接,实现村庄城市化。

一 "无力种":被迫摺

在漫长的封建社会中,与农民关系最紧密的,除了熟人社会的人际交往外,当属"养家糊口"的土地。封闭的市场、落后的生产力、弱风险抵抗力,使农民经营面临着三种风险:一是自然灾害导致粮食产量的不确定性;二是社会动荡;三是政府决策的不确定性。这些复杂的因素,共同影响和制约着农民的行为,但无论社会如何动荡,自然灾害如何严重,国家政策如何变动,在没有充分的市场交换条件下,土地是农民唯一的"保命手段""不关乎生死,不舍弃土地"。据此判断,导致摺荒的因素就是劳动力资源与土地资源的不平衡,也就是说只有在劳动力资源相对土地资源匮乏的情况下,在落后的生产条件下,农民无力耕种更多的土地,才可能放弃部分土地。

按照一般成年人的劳动能力,一对配合密切的成年夫妻最大耕种面积为 20 亩,折合为人均 10 亩,再考虑到整个社会的人口构成,老年人与儿童耕作能力远不及成年人,人均最大耕种面积将远远低于 10 亩。也就是说,当土地的人均拥有量大于 10 亩(实际情况可能仅是 5—6 亩),就很有可能出现自然性的摺荒事件。因此,要判断是否存在摺荒,就要对历代人口与土地进行比较。先来看一份数据:

年份	人口（100万）	耕地面积（100万市亩）	人地比率
2	55.13	506	9.15
140	47.27	506	10.7
1393	60.55	522	8.62
1776	267.4	989	3.7
1812	360.44	1025	2.84
1851	428.71	1215	2.83
1893	385	1245	3.23
1913	430	1365	3.17
1933	500	1470	2.94
1957	647	1680	2.6

表中数据显示，在1393年以前，人均耕种面积大于8.62，也就是说在明朝之前，土地人均占有量远大于最大耕种量，这就是撂荒发生的充分条件。那么导致人地不均衡发展的原因是什么呢？前文中提到，我国历代土地面积保持着缓慢地向上增长，而人口变动极其之大。这就引出了下一个问题，人口发展的非均衡因素又是什么呢？

影响人口增长的因素主要有以下几个方面：一是经济因素，其主要表现是决定了人口的增值条件和生存条件，改变人口的出生率与死亡率。一般的情况下，人口与经济发展是成正比的，经济越发展，人口自身再生产的动力越强，直到临近经济发展所能提供的消费总数；二是文化因素，主要影响人口的自然增长。我国历代，主张人口增长的思想一直占据支配地位。《诗经》里便有许多诗篇歌颂"则百斯男"、多子多福、子孙绵绵的思想；春秋时期思想家就曾鼓吹富国强兵必先增加人口；齐桓公曾下令"丈夫二十而室，妇人十五而嫁"（《国语·齐语》）；孔子亦认为"有人此有土，有土此有财"（《礼记·大学》）；甚至到了秦汉，主张人口增长的思想更加盛行，南朝周朗宣称治国者"不患土之不广，患民之不育"（《宋书·周朗传》）；三是医疗卫生因素，通过改善医疗卫生状况提高出生率和降低死亡率；四是自然因素，包括生态环境、战争等，对人口数量的影响最大。一旦发生天灾或者战争，人口数量急剧下降，经济衰退，社会停滞。

以表中数据为基础，对照上述观点，可以基本判定我国历代人口增长缓慢甚至出现负增长的主要原因出于自然因素，更确切地说是自然灾害和战争。我们用一组历史事实来证明这个结论。

"秦末农民战争，从西元前195到前205年西汉立国初的十年间，中国从2000多万人口，到原来的万户大邑只剩两三千户，消灭了原来人口的70%……西汉末年发生更始、赤眉之乱，汉平帝元始二年（西元2年），人口数5，959.4978，到光武帝建武中元二年（西元57年），降到2，100.7820，减少了65%以上……西元156年（汉桓帝永寿二年）人口5，647.6856万，经过黄巾起义、董卓叛乱、三国混战，到公元265年，三国人口总计才不到757万，一百年战乱，使人口减少了将近90%……东晋十六国南北朝南朝464年（宋孝武帝大明八年），人口数4685501，至589年陈灭亡时，人口数才200万……史之乱755年（天宝十四年），人口数5，291.9309万，到760年（肃宗乾元三年）1，699.3806万，5年时间，损失率将近70%！巢之乱唐武宗会昌五年（845年）时有495.5151万户，后周世宗（955—960年）仅120万户，到宋初为200万户，损失率76%……明末农民战争及清兵入关1620年（明光宗泰昌元年），人口数5，165.5459万，1651年（清顺治八年）1，063.3326万，减少了80%……"①。

伴随战争而来的大面积疾病、自然灾害更是加剧了人口数量的变化，导致人口的急剧减少。东汉末年从公元204—219年，中原地区瘟疫凶猛。特别是建安二十二年（217），因瘟疫横行，死人尤多。张仲景曾言"余宗族素多，向逾二百，自建安以来，犹未十年，其亡者三分之二，伤寒十居其七"；曹丕更言："家家有伏尸之痛，室室有号泣之声，或合门而亡，或举族而丧者。"从1109—1234年，"疫死者半""开封大疫，诸门出枢90余万人。"明代万历、崇祯至清康熙年间，即1580—1663年，疠疫流行，死亡枕籍。最严重的是1641年，南北两直隶，山东、安徽、浙江、贵州、湖南等地疾疫大作，山东东明县"春二月瘟疫大作，有一家死数口者，有一家全殁者，白骨山积，遗骸遍野"。1643年的瘟疫，"有疙瘩瘟、羊毛瘟等，呼病即亡，不留片刻。八、九月间，死者数百万…至霜雪

---

① 杜佑：《通典·卷7》。

渐繁，势始渐杀。"

以上历史资料证明，战争与自然灾害、重大疾病的肆虐是导致我国历代人口波浪型发展的决定性因素，而战争的结果往往是朝代的更迭。而新朝代建立之初，往往是人口波动的低谷，一个朝代的结束期，对应的总是这个波动周期的高峰期。

清朝以后，由于人口基数大、社会相对稳定，我国的人口剧增，从1887 年不足千万的人口增长到 1949 年的 5.4① 亿人，人口增长超过 10倍！中华人民共和国 1949 年后成立，人口增长速度进一步加快。截至1979 年，我国人口达到 9.8 亿人，是清初期人口的 10 倍；与此相反，土地的增长缓慢，甚至出现负增长的情况尤其是 1949 年以后，耕地面积呈非线性递减的趋势，清初我国耕地面积 989 百万市亩。国家统计局 1949年统计显示我国耕地面积 1468.22 百万亩，耕地面积增加不到一倍，人口增长却超过 10 倍，到 1968 年，全国可耕耕地面积 1523.30 亩，仅比 1949年增加不到 1 亿亩，而此时的人口 2.3 个亿！

人地比率随着人口的暴增而急剧下降，清朝初期，耕地与人口的比率维持在 4 左右（1776 年，3.7），到了清覆灭的时候减少到 3.17（1913年），到了现代，尤其是 20 世纪 60 年代，耕地人均占有率降到 3 以下，进入 80 年代，耕地人均占有率进一步下降，到 1986 年仅 1.94，1989 年仅 1.88。"人多地少"成了我国的基本国情之一，人地关系越来越紧张，自然性撂荒自此从我国历史上绝迹。

二 "没法种"：只有撂

1978 年是中国历史的分水岭。随着"解放思想"的号角吹起，我国经济体制改革轰轰烈烈的开展起来，家庭联产承包责任制、乡镇企业、个体户、万元户……一个个新鲜富有时代特色的词语涌现出来，工业发展起来了，国民经济总产值提高了，农民收入增加了……而随着经济改革取得的重大成效，政治体制改革也就逐渐地被提上日程，政党分开、权力下放、改革人事制度、改革政府工作机构等等……只是，政治体制改革不如

---

① 数字来自国家统计局统计资料，下文同。

设想中完美进行，反而加重了改革负担。先行的经济体制与落后的政治体制相碰撞，农民受到两方的挤压，面对越来越狭窄的求生之路，不少农民无奈之下选择离开土地，造成农地摞荒。其原因复杂多样。

首先，农民具有了择业的自由。家庭承包责任制指的是农户以家庭为单位向集体组织承包土地等生产资料和生产任务的农业生产责任制形式。其实质是国家、集体与农民围绕土地签订合同关系，以按劳分配的原则激励农民创造性地使用土地。从政治角度考量，家庭联产承包责任制的本质是国家针对土地权利的下放，是一种自由权利的回归。这种自由包括了经营方式的自由以及经营自由。然而，这种自由也足够当时的农民创造出非凡的价值，数据表明，农民的积极性极大的提高，中国农业产值极具攀升，粮食匮乏等问题迎刃而解，国家政权得到巩固加强……对农民来说，家庭承包责任制也带来了深远的影响；从经济上来说，农民获得了一定程度的经营自主权和个人财产权，逐步成为农村经济生活的主体。伴随着这组权利的赋予，农民拓宽了经济行为的选择面，不再局限于集体生产时的工分地，也不用再偷偷种植"自留地"，只要舍得干、懂得干，保证国家和集体所有之后，多出部分可以收归私有，国家有责任保证个人的财产私有权；同样，农户也可以不用局限于土地生产，越来越多的经营方式也随着而生。选择权的回归，使得农民经济行为的逻辑变得复杂化，每个农户的经济行为背后可能存在着完全不同的逻辑方式，这就给部分农民最终选择摞荒埋下了伏笔，一旦触发这些农民行为的内部逻辑，他们便会以摞荒作为回应方式。

其次，农民有了流动的自由。在逐步实现生产自由的同时，国家也逐步开放了居住和迁徙的自由，为农民脱离土地，实现经营的多样化提供了空间。进入 80 年代，伴随着劳动力从土地上的解放，国家对户籍管理出现松动，对于农民进城务工、经商的政策放宽，乡镇企业异军突起，推动农村人口的非农化转变。在这样的背景下，城乡分割的户口迁徙政策和一口一簿的户口管理方式开始松动，流动限制"开口子"，城乡流动日益频繁和简单。经济体制的改革，推动了农民权利的增长，经营的自主使得农民在是否继续从事农业生产上具有自由选择权，而流动的自由又为农民脱离土地提供了前提条件，随着市场化向农村的扩张，农民越来越深刻感受市场的魅力，深受市场的吸引。与此相反，渐渐升温的政治体制改革却带来了完全相反的效果，改革越深入，农民越深刻地体会到政策的压力，从而推动农民逐步走上撂荒的道路。

再次，负载于耕地的重税与薄收形成了一定的压力。在"压力型体制"[1] 下，国家一面降低税收，一面又默许了附加税、制度外收费的存在，尤其是在分税制改革以后，基层政府财、事、权的分离，更助长了制度外收费、乱摊费的发生。最终，不堪其苦的农民选择放弃土地，进军城市。

为了恢复"文化大革命"期间长期遭受破坏的农业经济，调动农民积极性，促进农业发展，改革初期，国家降低农业税。1975—1978 年，农业税实际负担率为 4.4% — 4.9% 之间，特别是 1979 年和 1980 年分别下降了 3.5% —3.3%。以 1975 年作基期（1975 年农业税实际负担率为100），农业税实际负担率 1976 年和 1977 年均为 100，1978 年为 89.80，1979 年为 71.43，1980 年为 67.3。[2] 1981—1994 年，国家进一步降低农业税的征收，1980—1983 年，农民农业税负担占纯收入的比例在 3.71% —3.92% 之间，1984—1985 年在 4.12% —4.94% 之间，5 年内年均为 4.15%。农民的农业税占农业产量，1981 年为 0.19%，1982 年为 2.96%，1983 年为 3.04%，1984 年为 2.93%，1985 年为 2.3%，5 年内年均为 2.96%[3]。

但是，农业税的降低反而促进了"二税、三税、四税"的滋生与强加。在压力型体制下，具体到县级，其运作模式可分为两块：一块是"块块"，是县级压力的主要部分。以县委为中心推动工作，县内各种正式机构参加，根据县委的工作计划分配工作任务，展开工作；另一块是"条条"，各职能部门完成县委下达的任务同时，也要执行上级主管部门下达的任务指标，由于上级主管部门为非直接领导关系，独立性不明显，但是拥有在管辖领域内的执法权力，基层政府不得不如实完成相关任务。负责税收的部门也面临着这样的双重压力，又将这种压力放大后施压在农

---

① 荣敬本等：《从压力型体制向民主合作体制的转变——县乡两级政治体制改革》：中央编译局出版社 1998 年版，第 1 页。

② 财政部：《中国农民负担史》第 4 卷，中国财政经济出版社 1994 年版，第 361—362 页。

③ 据 1980—1986 年《中国农村统计年鉴》《中国统计年鉴》《农业经济资料》等有关数据计算。

民的身上，以至于税费任务越来越重，二税三税四税横生，农民负担不降反升。1976—1980 年间，农民农业税外负担在"文化大革命"的基础上继续加重。

湖南省湘乡县不合理的杂项负担有 9 大类，合计 1559 万元，人均负担 22.5 元，相当于国家税收的 4 倍多……山东昌邑县不合理的负担有 13 项之多，1975—1977 年合计 1900 万元，人均负担 32 元……高密县因承担挖河工程，全县 27 万劳动力占用了 15 万人，增加社员负担 1002 万元，户均负担 70 元。①

1981 年开始，农民的税外负担急剧加重，特别是乱收费。1990 年，"三提五统"和其他收费全国总额为 381 亿元，占税费总额的 81.24%；1991 年，该数字增至 248 亿元，占税费总额的 82.63%；1992 年又升至 484 亿元，占总额的 80.27%；农民人均承担的税费额 1990 年为 55.8 亿元，占农民收入的 9.3%；1991 年为 60.8 亿元，占农民收入的 8.9%；1992 年为 71.1 亿元，占农民收入的 10%。②

山东省 1984 年对 99 个乡调查出农民不合理负担 11 类 96 项；江苏南通市有 98 项 18 194 万元；宁夏青铜峡市邵西村竟然就多达 36 项 98 214 元；吉林东辽县宴平乡有 24 项 72312 元……据有关部门统计，1983 年全国农民不合理负担约 210 亿元，相当于当年农业税 47.4 亿元的 4.4 倍，每人平均 25 元左右，相当于当年人均纯收入 39.77 元的 8.07%，其中乱收费占总负担的 19.05%……有的地方远远高于这一比例，据 1984 年有关调查，河南禹县文殊乡陈东村不合理负担和摊派占农民总负担的 22.8%，宁夏青铜峡市邵西村为 26.9%，辽宁省铁岭县凡河乡长沿沟村为 29.2%，江苏省南通市为 30% 左右。③

1994 年为了加强中央宏观调控能力，聚拢财政实力，推行分税制改革，中央收回财权，下放事权。基层政府失去大部分制度内收入，为了填补基层政权体制改革带来的机构臃肿、费用膨胀等造成的财政缺口，将部分制度外供给方式制度化，同时，更进一步填充空虚的财库以维持基本运

---

① 赵云旗：《中国当代农民负担问题研究》。

② 韩俊、江文涛：《农村税费改革前农民负担状况及其原因》，国务院研究中心《调查研究报告》2006 年第 26 期。

③ 赵云旗：《中国当代农民负担问题研究》。

转，造成"三乱"问题更加严重，农民负担也达到了不堪重负的地步。1997 年，全国清理出涉及农民负担的项目累计 17389 个，其中县乡两级清理出的项目占清理总数的 80%。据政府公布的统计数据，截至 2000 年，农民承担的税费总额达 1359 亿元，比 1990 年的 469 亿元增长 1.89 倍。其中，农业税收负担增长 4.28 倍，村级提留增长 0.62 倍，乡级统筹增长 1.29 倍，其他收入增长 4.70 倍，农民人均负担增长 2.01 倍，农民税费负担占农民收入的比重大约上升到 7%—12% 之间。有关专家估计，2000 年农村的其他乱收费可能在 724 亿元—1 086 亿元之间，远比以上统计数据高；农村税费总数在 1809 亿元—2171 亿元之间，农民税费负担在 225 亿元—269 亿元之间，农民承担的税费负担占农民收入的比重大约在 10.2%—12.2% 之间。

1994 年以来农民总体税费负担变化表

（单位：亿元、元/人、%）

年份	税费总额	农业税	农业税站税费总额的比重	提留统筹及其他费用	收费占税费总额的比重	收费占农业税比重	农民人均承担的税费额	税费负担占农民收入的比重
1994	958	231	24.1	727	75.9	314.7	112	12.2
1995	1155	278	24.1	877	76	315.5	134.3	11
1996	1248	369	29.5	879	70.4	138.2	144.4	9.2
1997	1379	397	28.8	982	71.2	147.4	159.2	8.3
1998	1399	399	28.5	1000	71.5	295	161	7.7
1999	1363	424	31.1	939	68.9	221.5	156.6	7.2
2000	1359	465	34.2	894	65.9	192.3	168.4	7.6
2000 年比 1994 年增长（%）	41.9	101.3		23			50.4	

由此可见，1994—2000 年，税费都在大幅度增长，农民负担达到 1949 年以来最高的时期，农业税费尤其是二税三费四费的增长使农民达到无法忍受的程度，因农民负担引发的恶性事件逐年增加。

与此同时，一方面农民负担日益严重；另一方面农民的收入增长速度又面临着缩水的危机。出于好意出台的农产品保护政策，无论在实施上还是在保护范围的变更上，都重挫了农民的积极性，城乡收入差距进一步拉大，工农产品的价格差日益明显，面临着收入与支出双重打击的农民，最终不堪忍受，以弃耕作为对抗的武器。

1990 年 7 月，国务院发出《关于加强粮食购销工作的决定》，要求各地在以县为单位完成国家征购任务后，对继续愿意交售余粮的农民不能拒收限收。该决定将粮食收购压力转给基层政府，面对空虚的国库，纷纷转移压力，抛出"白条"，农民辛苦劳作一年，按时交售粮食，得到的结果常常是拿不到款；1998 年全国粮食流通体制改革工作会议后，省级政府被确定有权力确定粮食定购价和保护价，其结果是政府大幅度的削减定购价格，普遍下调定购价和保护价。

在湖南省，定购粮食计划由 28 亿公斤调减到 18 亿公斤，调减幅度为 38.08%，早稻定购价每 50 公斤由 65 元降为 57 元、保护价由 56 元调整到 50 元，中稻定购价由 65 元调为 63 元、保护价由 68 元降至 58 元，农民因为定购数量减少一项人均减收 26 元，因为定购数量和定购价格"双减"人均减收 31 元。[①]

《关于进一步完善粮食流通体制改革政策措施的通知》的下发，粮食保护适用的区域和保护水平再一次被调整，享受保护的区域和粮食品种不断缩减。2000 年起，长江流域及其以南地区的小麦、玉米种植不再受鼓励，造成粮价一跌再跌。这种突然的转变给种植户带来沉重的打击，弃耕地明显增多。

转型时期，国家职能转变不能迅速到位，导致社会最底层的农民成为这一特定历史时期的全部压力的承担者。一方面，他们承受着政策变更所造成的社会压力；另一方面，又不得不承受市场经济下国家宏观调控失败所带来的经济压力。就像夹在向中间挤压的两块砖头里，所能呼吸的空间

---

① 张红宇：《正确看待农村土地摆荒现象》，2000 年。

越来越小。为了满足最基本的生存需要，他们不得不突破已有的生存方式，向更广大更莫测的市场寻求帮助，而不管这份求助是否能得到回应。在这一点上，他们的理性更像是被社会所挤压出来的，而非自我发现的，一旦政策立马调整，给予他们在农村更大的生存空间，这部分迈向城市的农民或许会迅速缩回农村，在最有保障的土地上继续几千年的生活方式，然而，我国政策最终并没扭转，于是这些被解放的劳动力形成流动大军，涌向市场的各个角落。

与此同时，社会也为他们提供了广阔的天地，使得捆绑农民手脚的最后束缚得以解开，推动农民经营方式的多元化，直接结果就是农民收入行为和收入结构出现巨大的变革。其中，最重大的变化就是农户兼业化格局渐渐形成，极少数的农户甚至完全脱离农业生产，加入城市工业的行列。据国家统计局农调总队的抽样调查，1987 年我国专业农户占全部农户的 24.4%，其中东部地区 17.9%，中部地区 27.9%，西部地区 21.2%；兼业农户 1 型（以农为主，兼营他业，且农业收入大于非农收入的农户）占 67%，兼业农户 2 型（以非农产业为主，兼营农业，且非农收入大于农业收入的农户）占 10.6%，且兼业农业所占比例每年都在增加。

收入结构也单纯地从第一产业开始向第一、二、三产业共同构成转变。1978 年，农民从事第一产业所得收入占农村居民生产性纯收入的 91.5%，从事第二、三产业的收入占 8.5%。到 1997 年，农民家庭纯收入中，农业生产性收入降低到 63.6%，其中粮食收入仅占 27.5%，农林牧副渔多种经营收入占 40%，从事第二、第三产业所得收入上升到 36.4%，非农收入逐渐成为农村居民收入的重要来源。

"以前哪，诶们（我们）都赚工分，个个都差不多啦，但是后来几就不同哒撒，哈呢（他们）有的跑得街上（城市里）做点小生意，有的开始养猪啊养鸭子啊，哼快滴（很快地）带跟里（袋子里）全是钱哒。我们村里有个姓曹的，开了个柳编厂啦，只（仅仅）几年的时间，中央都喊哈（他）克（去）开会哒类，回来还港（说）是劳动模范啦，后来就看见哈盖新屋，好大的哦，又拖回来么子电视机啊，还是彩色的呢，搞得全村的人亚哈（晚上）都到哈屋门口等电视看……只有我们这点只种地滴，还住茅屋……"①

这些统计数字和朴实的语句无疑都在传递这样的信息：农民的就业范围已经不再是单纯地在农村（这里指土地），这个范围已经扩大到了城镇甚至城市，农民的收入也不再依靠种植业，已经向第二产业、第三产业靠近；农村内部出现分化，农民的行为逻辑变得不再一致，由于兼业和非农经营给农民带来了无限生机和机会，部分勇敢的农民开始跳出农村，走向城市。据《人民日报》报道，80 年代后期，大量农村剩余劳动力从种植业中脱离，纷纷进入城市务工经商，演绎了中国当代历史上有名的"民工潮"运动。90 年代，我国加快了工业化、城市化发展速度，农村高学历者、有一技之长之士，包括种植业能手等技术人士也纷纷加入了流动的大军。据统计，1992 年，我国流动人口接近一亿，作为流动主体的农民，打破了"不离土""离土不离乡"传统格局，掀起了 90 年代大规模的撂荒运动。

（一）撂荒分布的基本规律

税改前，我国农村撂荒存在一定的时空规律，从时间断面来看，撂荒呈现出阶段性、周期性规律；从地域分布来看，沿海经济发达地区最早出现弃耕撂荒现象，中西部粮棉基地农户弃耕发生的时间稍晚，撂荒就像夏风，从东南沿海一路刮向中西北部。

1. 时间规律。从 20 世纪 80 年代末到 2006 年农业税改革期间，耕地撂荒呈现周期性波动，主要有三个阶段组成：

第一阶段：20 世纪 80 年中后期，农村经济体制发生变革，农民的生产热情被激发出来，粮食也年年丰产，市场的吸纳能力反倒显得不足，国家相应的调控政策也没有出台，粮食和农产品相对过剩的问题开始凸显；此时，中央出台了鼓励农村发展二、三产业发展和转移农村劳动力的政策，农村一些思想开放、有一技之长的农村"能人"外出务工，部分耕地撂荒。此时在农村的剩余劳动力还很充足，抛荒现象很快消失。

第二阶段：20 世纪 90 年代初，粮食生产继续大丰收，粮食过剩问题愈加突出，粮价在国家宏观调控下在低点徘徊，种田的比较效益低，而

---

① 村民刘大爷访谈记录

邓小平南方讲话带来的经济升温造成农民外出打工的机会倍增，耕地撂荒再度发生。直到1995年土地二轮承包政策的落实以及粮价上升，农民收入增速加快，一些外出务工的农民回乡，持续三年之久的撂荒才渐渐消退。

第三阶段：分税制后，一方面，农村"苛捐杂税"暴增；另一方面，市场波动也带来了负面影响，农业生产增产不增收，农民甚至无法负担起自身生活所需，撂荒横生。

2. 空间规律。无论是从全国范围来看，还是从区域来看，在空间分布上，撂荒都存在一定的规律，大致可以从以下两个角度来解释。

第一，从全国范围来看，东部沿海地区撂荒发生最早，逐渐向中西部地区转移。20世纪90年代初，由于市场最先冲击沿海地区的农村，浙江、福建、广东等地区农民思想转变很快，农村出现小面积、暂时性的撂荒。而这时的中西部农村还没遭受市场强烈的洗礼，农民对土地的依赖及信赖使得撂荒少见。随着市场化在广度和深度上的浸入，90年代中后期，中西部地区农村的农民也受到市场的吸引，农村劳动力向东部沿海发达地区转移，许多农村开始出现空心村，撂荒屡禁不止。相反，这时的东部农村，由于土地扭转迅速，土地价值上升，土地利用率高，撂荒少见。

第二，从区域内部来看，又存在着以下几个规律：一是自然条件相对较差、基础设施相对落后的地区撂荒更严重。这里的农民抵抗自然风险和政策压力的能力相对低弱，环境的轻微改变足以击倒日常生活的维持；二是城市郊区撂荒比农村撂荒更严重。主要是因为郊区的农民更容易感受到城市与农村之间、非农产业与农业生产之间的经济差异；三是粮食主产区比经济作物产区弃耕现象更严重。

（二）撂荒的规模

国家对于撂荒没有做专门的统计，因此笔者很难整理出全国的撂荒面积，只能从基层工作者和学者笔下寻找撂荒规模的影子。因此，本节在内容上仅作参考。

历年各地区耕地撂荒规模略表

时间	地点	规模（亩）	占调查耕地面积比例（%）	户数（户）	占调查农户比例（%）
1990	巢湖市	3918			
1991	巢湖市	5133			
1992	巢湖市	18360			
	安徽 16 县	346600		115300	
1993	湖北 30 个村	165400	4.6	928	
1994	浙江省	9000000	35.93		
1995	内蒙古赤峰市	4000000	23.53		
1997	山西驿马乡	3000	9.13		
1998	湖南沅江、南县	20080	26.95		
	湖南三市	233700	2.33	104900	3.34
	湖北车市村	977			
	湖南衡阳	47862	0.93		
1999	江西省	650000	2		
	湖北省		3.39		
	湖北车市村	1027	53		
	湖北荆州	500000	8.4		
2000	湖北省		5.18		
	巢湖市	245000	6.1		
	安徽 310 个村民小组	1589.9	2.54	11017	
	湖北荆州	930000	15.6		
	湖北监利	410000	23.7		
2001	安徽 311 个村民小组	1471.9	2.35		
	安徽省	1490900			
	江苏省		21.4		
	福建将乐县	11040	7.7		
	四川 50 个村民小组	144	1.8	103	
	陕西旬阳县	31635.75		5462	

时间	地点	规模（亩）	占调查耕地面积比例(%)	户数（户）	占调查农户比例（%）
2002	四川 382 户农户	28399	8.16		
	湖北 32 个村	5219	11.6		
	湖南常宁市	200000	35.6		

资料来源：据谭术魁：《中国耕地撂荒问题研究》，科学出版社 2004 年版，第 35—51 页整理。

根据笔者整理的基本数据，从全国范围来看，20 世纪 90 年代以来全国常年撂荒面积占耕地面积的 2%—4% 之间，季节性撂荒占撂荒耕地 70% 以上，明荒占撂荒面积的 2% 左右，暗荒占撂荒面积的 50% 以上；粮食主产区撂荒情况相对严重，撂荒面积占耕地面积 10%—13% 之间（谭术魁，湖北、湖南、浙江撂荒调研）；从时间上来看，1997 年是撂荒的分水岭，1997 年以前，撂荒情况相对轻微、分散和短暂，而 1997 年以后，明荒和全荒的情况越来越多，撂荒愈演愈烈。

（三）撂荒的后果

在农业税改革之前，我国耕地撂荒还没引起国内外学者及政策研究者的高度重视，一是自改革开放以来我国粮食总产量节节攀升；二是传统观点认为农民与土地关系密切，不太可能出现耕地撂荒。因此，撂荒带来的粮食产量增值下滑以及对市场粮食价格波动的负面效果也未得到重视。

第一，撂荒的直接后果是耕地资源浪费，粮食产量下滑。图 3.1 显示从 1980—2002 年中国农作物重的播种面积出现过三次下滑，这与前文中提到的三轮撂荒相符。1984—1985 年，播种面积下降 0.4 亿 hm^2；1994 年与 1990 年相比，播种面积减少了 0.4 亿 hm^2；此后，耕地面积稍有回升，然而从 1998 年开始，第三轮撂荒带来的土地荒废使得作物播种面积急剧减少，直到 2002 年，作物播种面积下降到 1.04 亿 hm^2，远低于 1980 年的耕地规模。土地资源的浪费严重影响着农业生产，也给我国粮食安全带来了隐患。

第二，由于粮食总产量的减少，打乱粮食供给平衡，造成农民理性偏差，进一步推动耕地摺荒。粮食主产区往往先满足本地区粮食供应，而粮食主销区则会出现"市场断粮"，在供求关系作用下，粮价上涨，打乱粮食市场秩序。在市场不完善的情况下，国家不得不介入，一旦宏观调控出现失误，将进一步导致市场紊乱。

三 "不愿种"：最好摺

国土资源部最近公布的调查数字显示，2006 年全国耕地面积已减少到 18.27 亿亩，人均耕地面积由 2003 年的 1.59 亩骤降为 1.39 亩，仅为世界平均水平的 40%。2003—2004 年，一些地方普遍存在大面积的耕地摺荒现象。根据安徽省巢湖市的相关调查，该市目前农村耕地抛荒面积约 1.6 万公顷，占承包耕地总面积的 6%，其中常年抛荒的耕地达 8666.7 公顷，季节性抛荒耕地达 7333.3 公顷，分别占抛荒面积的 54% 和 46%。[1]

随着市场经济的日益发展、政治体制的日趋完善，作为中国人数最多的群体——农民也积极地融入到这场社会变革中。迈入 21 世纪，随着农村市场的活跃，自主、平等的观念也深入人心，农民的生活、生产、交流等行为都随市场的变动而转变。一方面，国家乡村自治进程推动社会资源逆流回农村，"以农养工"转变成"以工促农"，国家政策向三农倾斜，历史上第一次出现了"耕者不纳税、国家反补钱"的现象；另一方面，市场化、机械化解放了农业生产力，农民有更多的时间和机会从事副业或者外出打工，非农收入成为农民家庭收益的主要组成，从文化角度来看，传统的文化观念已经淡薄，原有的"不离土不离乡"的传统逐渐被"离土不离乡""离乡又离土"所取代，"落叶归根"也被"在哪安家，哪就是根"所替代；经济上，随市场经济创造出的多元产业，尤其是最近几年兴起的高科行业，创造了更高的市场价值，相对而言，农产品虽然也有所升值，其比较利益却显得单薄无力，面临货币压力的农民，更加理性地衡量农业与工业、农业与服务业之间的利益差距，选择更适合的就业环境。

---

① 曹志宏、郝晋珉、梁流涛：《农户耕地摺荒行为经济分析与策略研究》，《农业技术经济》2008 年第 3 期。

20 世纪 90 年代人口流动和耕地撂荒带来的社会危机，正面冲击着国家、集体与农民的利益关系。为了改变因农村税费关系导致的乡村治理失序，重建国家在农村的合法性，2000 年开始，中央在安徽等地逐步推行农村税费改革，实现"三个取消、一个逐步取消、两个调整、一项改革"。即取消乡统筹费；取消行政事业性收费和政府基金、集资；取消屠宰税；调整农业税税率，全省农业税最高税率不超过 7%；适当调整农业特产税，实行一个应税品种只在一个环节征税，农业税和特产税不重复征收；改革村提留征收和使用办法，采用农业税附加方式收取，附加比例最高不超过改革后农业税的 20%。2006 年，全国范围内全面取消农业税，同时，发放惠农补贴，出现了我国历史上第一次农村农业资源的回转，国家对农民的关系从"赢利型经纪人"转变为"保护型经纪人"，加强了农业与国家的关系，改变了乡村治理结构。

在"国退民进"的同时，农民的传统观念也在市场化浪潮中翻滚转变，"在商品经济的海洋中，农民为买而卖的旧观念也不断受到'钱中生钱'的新观念的冲击，销售行为中的自我倾向渐渐为非我的行为所代替"。[①] 脱离土地观念的牵绊，农民的经济行为变得越来越会计算和比较，不再采用"糊口策略"，而是以"经济理性人"形象把追寻发展放在第一位，也不再充当城市"过客"，而是力图拓展自我空间，成为城市一员。

受市场化改革的影响，农民内部出现了分化，按照就业类型来分，分化为两类主体：非完全务农农户和务农农户。前者又包含两类主体，一类是完全脱离农业生产的农民，一般称之为经商农户，这类农户为市场生产社会产品，受市场供求关系约束的，主要从事承包、养殖、建筑、运输等非农产业；另一类是从事农业生产又从事非农业生产，就是前文中提到的兼业农户；务农农户，顾名思义指的是纯农户，他们专事农业生产，不离村不离土，生活基本自给，较少参与市场活动。本章的研究重点是前一类农户，也就是非完全务农农户，撂荒行为主要发生于这类农户身上，但是务农农户也不可忽视，他们是潜在的撂荒者，也是巩固农业生产的中坚力量。笔者选取了中部粮食主产区的一个乡村作为观察点，了解当今撂荒农民的行为动机，透析社会撂荒的深层逻辑。

---

① 沉石、米有录：《中国农村家庭的变迁》，农村读物出版社 1989 年版。

（一）经商农户：社会地位与经济收益

如今，中国的农村，以副业当主业的农民占据农村人口的一大半，他们为市场生产产品，经济行为受到国内国际市场供需变化的影响。活跃在市场经济中的农民通常都是乡村社会的佼佼者，他们一般具有几个共同的特征：信息灵通、脑瓜好使、对市场信号反应灵敏。这类农民是我国撂荒大军中的主要力量，他们撂荒的形式一般是全撂，也就是完全放弃土地，任其自由荒废，国家发放的农业补贴也无法制激其农业生产积极性，按照他们的观点，之所以选择撂荒，是因为以下两个方面：

一方面，农民的社会地位低下，他们渴望改变自身以及后代的社会地位，得到更多的社会认同。按照陆学艺对中国人阶层分级，农民被排到社会的最底层，"他们生活水平低、生活质量差、工作环境恶劣、享受政治民主的权利最少，对国家经济发展做出过较大的牺牲，对国家经济的发展有不可磨灭的贡献，却较少受到尊重。"[1] 对于这些有经济头脑的农民来说，赚钱养家糊口并不是困难的事，市场的开放让他们有更多的选择余地，创造更多的剩余财富，种地，只是就业选择中的一种。但是，长期的二元社会结构，他们背负"二等公民"的身份标签，遭受市民"鄙视"的目光和差别待遇，即使近些年来"农民"渐渐倾向于一种职业称谓，但是沉重的社会自卑感迫使他们离开土地离开乡村的愿望越来越强烈，他们渴望更高的生活品质、渴望获得更多的社会认同和社会地位。

"我们屋里 1997 年开始搞运输，开始只有我一个人出克（去）搞，不晓得搞得成气（成功）啵，屋里要婆婆子（老婆）种田，怕得到时机（时候）搞不成还可以回来混口饭恰（吃）。后来发现各杂事（这个事）搞得啊，满赚钱滴，两年下来我买车的本钱哈（全）归笼（回笼）哒，还赚哒点，继续搞类，结果越搞生意越好啊，比在屋里种田赚得多得多（多很多）咯，后背几（后来），我喊哒妹夫啊侄儿子啊一起搞，从我们

---

① 陆学艺：《当代中国社会各阶层研究报告》，"当代中国社会阶层研究"课题，2001年。

乡到沅江，又从沅江到长沙，一路搞发哒。……跟街上打牌的朋友混起（聊天）的时机，满不好意思港原来是乡里滴，有钱哒别个还是看不起我们哦，港我们乡里人总是带点农民味。气死哒，我就想不要让我崽呀儿（孩子）也被别个港（说）是乡里人，决定要搬得街上克，反正现在连户口都改了，如果不是老娘在乡里，才不回类……"①

另一方面，经营非农产业的比较收益远高于农业生产，趋利性驱使他们选择离开土地。如果说强烈的城市愿望是他们离开土地的内在动力，那么，追求较高的比较收益则是他们离开土地的直接原因。按照这些农民的计算，经商、从事专职副业所获得的年收益远远大于单纯的农地耕作，而且，在副业经营上越成功，能够从事农业生产的时间就越少，相比较，不如专心经商，致使耕地被撂，从事农业生产成为他们心中职业排序的最后一位。

"我算了一笔账滴，我、我婆婆子（老婆）、我崽呀儿（孩子，这里指儿子）三个人都在外面做事，我跟婆婆子开杂（个）小宾馆，一杂房间60块一晚上，我们搞哒10杂，一年扣掉租金、水电还有乱七八糟的费用，剩得四、五万，崽呀几打工一个月2000，剩得千把块一个月，一年下来，我们纯赚得最少4万块，种田赚得果多（这么多）啊？而且住得街上方便得多，要么子（什么）有么子……屋里的田放得哦理（那里）了，有人愿意种就种，不种算哒……"②

这几年农民外出打工，每月可挣几千块，而在家种地，吃苦受累不说，一下来除了喝的吃的没有花的。如此巨大的反差，怎能不使农民心动？于是，他们老带新、亲串邻，成群结队，走出家园，进入城镇。有的干脆把村里的住房一垛，举家迁入城镇。据乡政府的不完全统计，全乡进城经商、打工的农民有700多人。③

（二）兼业农户：温饱与安定

对兼业农户来说，行为标准的量尺并不是利益最大化，他们追求

---

① 与原阜安村村民李某访谈记录。

② 与阜安村村民刘某访谈记录。

③ 常振亮、陈军林：《对农村土地撂荒问题的调查》1995年第2期。

的是温饱与安定的双收益，可以说是比较看重效用。这类农民选择了在生活的乡村附近就业，主要由两种人群构成：第一，20 世纪 80 年代进城的"第一代"农民。他们大部分北上内蒙古或南下广东，主要搞基建、做生意，年纪渐渐大了，有了回乡养老的打算；第二，年轻的服务业工作者。这群人年纪集中在十几到二十出头，接受了初等教育后学习一门技术，经过半年至两年的专业训练，有闯劲又缺乏经验。

"第一代"农民工年纪集中在 50—60 岁，早期进城赚了足够的钱，基本没有后顾之忧，回到农村养老，满足延续千年的落叶归根心理。从事农业生产，对于这个群体，主要是为了打发时间以及潜意识对土地的"珍惜"。在他们的意识里，种地是应该的，毕竟要尊重土地的养育之恩，至于对土地是否要充分利用，那得根据自身喜好来决定，太累的事（指种地，相对于其他工作来说）不值得去做。这种对待耕地的消极态度，使得他们在农业生产上投入不高，造成了对土地的隐性浪费，是我们研究的撂荒行为的一种。在"第一代"农民工中还存在着这样一个群体，他们回到农村的同时还把工作带回了农村，成为目前农村市场的专业技术人员，像建筑工与电工等，他们一边从事主业，同时也把农业生产当做副业来经营，这个群体的意识里，农业生产只是副业，也就无需专门拨出时间和精力经营，一般做到播种收割就可以了，他们不愿在土地上浪费太多时间和精力。在这一点上，他们的行为逻辑与后文中将描述的年轻服务业工作者比较接近。

"……出克（去）几十年，钱我也有哒，回来开杂（个）小店，就当养养老，地也种哒一亩，冒么子（没怎么）管，收得好多是好多，反正不够了还可以克买……种地太俩（累）哒，不是满想搞……"①

"现在粮食对我们来说，真的不重要了，有了发不了财，没有也饿不死。我家 3 亩地，年年还是种，只是冒得（没有）以前那么上心了。屋里劳动力也不多，请人帮忙又要花钱，再加上农药、化肥，不太好搞类，产量反正也就那咋（个），如果不是屋里人想恰（吃）自己种的，我也不

---

① 莫警：《对当前农村耕地大面积撂荒的思考》，《企业家天地》（理论版）2008 年第 1 期。

想搞各（这）块地了……"①

兼业农户的第二类，也就是年轻的服务业工作者。这个群体有着显著的特征，年纪偏小，又处在脱离父母抚养的阶段，他们脱离土地的愿望强烈，像经商农户一样追求更高的社会地位和自我实现的空间，然而他们却又不像经商农户那样拥有丰富的社会经历和经济实力。一方面，他们等待离开乡村的最佳时机；另一方面为了保证生活，他们又不得不适当从事农业生产，以防备缺乏工作机会时所遇到的经济窘境。很明显，这个群里虽不满足土地所带来的经济收益和社会收益，但又不得不依赖土地的有限供给，他们是兼业农户中对土地依恋程度最低，最具有完全撂荒势头的群体。在考虑到种地的劳动强度、劳动投入和产出的比值等多重因素后，这类农民一般都不会选择完全利用土地，他们对待土地的态度是——满足自家人消费。因此，他们通常表现为"季节性抛荒"或者抛"暗荒"，也就是将两季稻改成单季稻或者降低管理成本、任由耕田自由发展——"人种天收"。

"有么子好种的嘛……别个随随便便上杂班一个月拿几千块，我凭么子还要在屋里种田呢，而且还要俩（累）得死，有得恰就可以哒撒，我还要拿哈出克卖钱搞呢子，反正发不得财……有机会当然要出克啵，起码也到长沙克撒，一个月搞得三千块，也勉勉强强咯……"②

总的来说，兼业农民仍旧耕种着土地，但是对土地的依恋程度不高。在农业生产投入方面维持着较低水平，消极地对待土地以及土地产出，造成耕地的不充分利用，属于撂荒中的"暗撂"和"半撂"。耕地对于这群农户来说不是必然的存在，有了不会增加多少收入，没有也不会导致生存出现巨大的问题。这群人的行为主要由享受生活稳定的效用决定。只要生活环境不出现巨大的改变，这群人将继续维持着目前的生活状态。一旦外部环境稍微向不利于农业生产的方向偏移，这部分人将是耕地全撂群体新的主力军。

---

① 与村民陈姐访谈记录。
② 村民小李访谈记录。

（三）务农农户：市场风险与耕种风险

现在的农村，还有部分农户家庭，既不外出打工，也不进行本地业务，只种田，养养家禽，种点蔬菜。与前面提到的非完全务农农户相比，这类农民生产农产品的目的不仅仅是满足自我需要，更是再生产的物质积累。虽然在农产品的消耗上他们类似于传统经济模式，但是在社会生活、交往、消费上无疑被卷入到市场大潮中。

这组农民是农业生产的主力军和中坚力量，他们是土地最后的留守者。但是，没有行动并不代表他们内心没有想法，对于这些农民来说，之所以还种田，一是遗留的"土地情怀"；二是看中国家近年来的政策。最重要的是他们还不能适应市场的风险性，因此在目前的情况下，在市场与农村（土地）中，他们的天平仍倾向于农村。

农民的"恋土情节"实质上是对农地生存保障功能的依赖，因为缺乏特殊技艺，时刻担心市场的波动和风险，害怕自身在市场化竞争中沦落为牺牲品。有了土地，他们不用担心生存危机，土地，是他们规避风险的保障。但是这样的土地，用他们自己的话来说，就像一块"鸡肋"一样食之无味、弃之可惜。

"我们也不是很想种地滴，冒得（没有）办法啦，屋里只有我跟婆婆子（老婆），两个人又冒得么子本事，身体也老噶哒（人也老了），也冒得要赚好多钱的想法，养活自噶（自己）就可以哒，现在一亩地也补得百把块，婆婆子还卖点小菜，勉勉强强过得日子啦，只是类，个咋（这个）肥料啊、农药啊越来越贵哒，上面补的钱差不多都丢到里面克啦，看下一年不种，么得（可能）还落得（省得）几个钱咯哦……"[①]

国家的农补政策，又让这些无任何其他谋生手段的农民对土地有了一丝特殊情怀，只是国家对农民的农补优惠最终并没有落实到农民手上，而是以价格转移的方式转移到原材料供应商手中。面对飞涨的原材料价格以及农业生产的低收益，这个群体也表现出对土地的无奈和脱离倾向。

---

① 与村民王大爷访谈记录。

"但是种一亩水稻一般产 500 公斤，收入 480 元，种子、农药、花费等物耗 115 元，请人一犁一耙 120 元，栽种 80 元，收割 120 元，这三项 320 元。每亩生产物化成本和劳动力成本将超过 500 元以上……如果有其他出路，实在不想种……"①

规模化经营呢？这里所指的规模化是捡起其他农民撂荒的土地，依靠机械化耕种，达到相对较高的收益。可惜的是，农民同样也不愿走这条路。第一，土地非私有，种植别人的土地只是替对方养好土地，一旦对方收回土地，得不偿失；第二，农业补贴直接对土地产权所有人，土地经营者无法获得农业补贴，相反还要支付产权所有人一定租金，不划算；第三，种地比较收益低，即使扩大种植面积，收益有限，不如从事其他行业。这些精明的计算，直接导致了农村撂荒土地的二次利用困难，"撂者恒撂"，撂荒情况难以改善。

务农农民是当今农村土地最后的固守者，在传统观念里，土地比市场更具有保障性和安全性，但是这不能表明务农者是心甘情愿留在土地上。实际上，通过大量访谈，这些务农者的心理很一致——种地是无奈之举，而非心甘情愿。如果国家和市场给其创造其他更稳定的谋生机会，他们的选择往往会更实际、更理性。

如果说 20 世纪 90 年代农地撂荒以撂暗荒为主的话，那么，进入 21 世纪以来，农村耕地撂荒最显著的特点是越来越明荒化。一方面是农村青壮劳动力离乡的越来越多，越来越远，回乡机会难，更无暇顾及家中田地，留守人员也无力耕种，只能任其耕地撂荒；另一方面，市场范围越来越广，农村也出现农产品销售点，即使不种田，农民一样可以通过市场买到所需农产品和其他日常消耗品，且农产品的市场价格在可接受范围内，懂得"偷懒"的农民也不想再辛苦种田。由于资料数据不详细，无法确切估算近几年农村抛荒的程度，但是可以从一个县的情况来管中窥豹，从侧面反映近几年我国的整体撂荒情况。

---

① 与村民李哥访谈记录。

湖南省祁东县耕地摺荒情况表 （单位：亩）

乡镇	水田面积	摺荒面积		
		2005 年	2006 年	2007 年
粮　市	10000	450.2	485.24	592.37
河　洲	21577	304.5	314.5	334.26
归　阳	24440	89.6	98.6	119.5
鸟　江	20174	154	145	150.5
金　桥	26403	28	25.6	21.56
白鹤铺	22961	210.5	220.3	235.57
洪　桥	20421	298	306	316
过水坪	27344	262.8	272.17	294.47
灵　官	23017	307.6	327.58	372.85
双　桥	26694	45	40	42.75
风石堰	26589	37	42	49.1
白地市	34786	348	342	344.43
马杜桥	4838	296.5	306.3	360.5
黄土铺	24331	28	30	35.28
石亭子	23665	150.6	160.2	154.37
官家嘴	12249	165.4	170.8	72.75
步云桥	25696	50	54.9	64.3
砖　塘	22827	204	214	224
蒋家桥	19462	35	36.5	34.6
太和堂	27097	84	81.48	82.98
城连墟	15797	26	30.6	35.59
凤歧坪	4454	302	320	319.2
四明山	880	49	58	60.22
合计	465702	3925.7	4081.77	4417.15
所占比例	100%	0.85%	1.04%	1.09%

注：数据来源于祁东县新闻网

表中数据很明确的反映了祁东县自 2005 年以来耕地撂荒（明荒）的情况，从最初的 3925.7 亩发展到 2007 年的 4417.15 亩，占耕地面积的比例也从 0.85% 增长到 1.09%，净增幅 0.24%。

另外，根据肖顺连等学者对湖南省永州四镇十二村的调查推算，2008 年，我国平均撂荒率在 5%—10%[①]之间，经济发达地区与粮食主产区的撂荒率更高，部分乡村撂荒率甚至高达 70%[②]。蒋育林对湖北省长阳县 9 个村民小组撂荒情况调研后指出，该地 2007 年平均撂荒率 6.75%，部分耕地较多的村民小组撂荒率高达 22.62%[③]；常德农经网报道，2008 年四川武胜县乐善镇红星村抛荒 100 多亩，撂荒率高达 21.3%；2008 年湖南省耒阳市被调查的 35 个村水田抛荒面积占 13.3%，最严重的 7 个村抛荒面积占 28.8%[④]……

无论是税费改革还是连续提高粮价，农村撂荒问题并没有得到根本性的解决，这主要由以下几点原因造成：第一，农产品市场价格不具备吸引力。2008 年 2 月，国家提高了稻谷和小麦的最低收购价，3 月在此基础上再次提升收购价格。一个多月连调两次价格，国家寄希望于通过调高粮食价格提高农业生产的积极性，然而，农业产品是日常消耗品，弹性系数小，需求量大，不可能将其价格提升到奢侈品行列，这就决定了其永远无法超越工业产品的市场价值，不能创造比较收益，农民，特别是有知识有技能的农民在两相比较下更倾心于第二、三产业；第二，粮食补贴的恶性转移。农业补贴原本是对农民辛苦劳动的一种补偿性手段，其实质是起到安慰民心的作用，然而，伴随农业补贴而飞涨的原材料价格直接转移了农补，农民种田积极性倍受打击，借用农民朴实的话表达就是"辛辛苦苦干一年，只赚口粮不赚钱；吃亏受累白忙活，不如退田讨清闲。"[⑤]农民越来越不喜欢耕种土地，在后税费时代看来，其危害已不仅仅是农村人口的流失，更是世界性的粮食危机。

第一，农业空洞化。目前农村撂荒的直接原因是劳动力缺乏，留守的

---

① 肖顺连，彭楚潇等：《耕地抛荒状况一瞥》，《中国土地》2009 年第 7 期。

② 谭术魁：《中国耕地撂荒研究》，科学出版社 2004 年版。

③ 蒋育林：《长阳县撂荒严重》，中国统计。

④ 张东轩：《关于耒阳市耕地抛荒问题的思考》，《湖南农业科学》2008 年第 6 期。

⑤ 常振亮，陈林军：《对农村土地撂荒问题的调查》2005 年第 2 期。

农民在年龄和生理上都无法适应农业生产的强度，农地撂荒。2008年年底爆发的金融危机也没能促使农民工回乡创业，据华中师范大学农村研究中心的统计调查，2008年年底受金融危机影响返乡的农民占全部农民工的72.5%，而第二年的留乡比例仅占13.4%[①]，大部分农民情愿在异乡大中城市中再觅就业机会也不愿意回乡从事农业生产，在他们的职业规划中，早已没有农业这一行。

第二，世界性粮食危机。一方面，工业的快速发展促使其争夺农业资源，导致原本充足农产品储备出现"饥荒"；而另一方面，农村劳动力普遍离乡，农业出现空洞化。在机械化远不能实现农业生产充足化的前提下，谁来种地？谁来保证粮食安全？越来越严重的撂荒问题将导致世界性粮食危机。

四　结论与反思

从古至今，农民撂荒体现了"自然逻辑——制度逻辑——市场逻辑"的演化过程，具体行为变迁是从"耕地高效化——生存最大化——行为多元化"。农户行为受国家政策与市场发展的双重影响，从不同时期撂荒背后的逻辑可以推断，国家强制力量向市场自发力量让步，撂荒从被动性行为转向主动性行为。撂荒，是制度变迁的路径依赖中不可能缺少的环节，在未来，这种趋势更无可避免，国家要做的，不是强制性扭转撂荒行为，而是以更合理的方式规划、引导土地利用和农民行为。

（一）撂荒的历史脉络及发展趋势

从时间维度来看，封建皇朝呈周期性更迭，是历史发展的必然规律，与此相对应，是人口的膨胀与萎缩，以及人口结构幼龄化——稳定化——老龄化的周期性变化。耕地总量是基本维持不变的，人口是影响人地关系的关键变量，无论是战争，还是天灾，抑或是人为的圈地运动，人口相对耕地上下浮动。前文中提到，在生产水平基本维持不变的情况下，劳动力劳作水平是有限的，人均分得的耕地面积一旦大于其所能耕种的最大水

[①] 《中国农村调查2009年上卷》，华中师范大学出版社。

平，撂荒便成为自然而然的事情。因此，伴随皇权更迭，历史上撂荒事件也呈现出周期性变化。进入近代，人地关系趋于紧张，农民对土地的依恋越来越重，影响农民放弃土地的因素早已转变，伴随国家力量对农村的强势渗入，农民的一言一行都受到国家政策的约束和引导，为了加快社会经济的发展，实现赶超的目标，农村成为为国家发展提供免费资源的后花园。政策上的不平等待遇，以及逐渐开放的市场，对处于转型时期的农民来说，都是一枚枚举足轻重的炸弹，掀起的改革浪潮，也促使农民的理性增长，为了摆脱来自社会和经济的双重压力，农民举起手中仅剩的武器——"农田"，做出无声的反抗。21世纪开始的税费改革，终于从根本上扭转了农民与国家的传统关系，摆脱了政策负担的农民面对愈演愈烈的经济浪潮，不得不小心计算，仔细衡量。当所有人都能从市场中赢取利益时，靠天吃饭显得多么不符合经济哲学，经过市场化洗礼的农民也开始追求利润和货币，致使农村土地经营者纷纷离开土地，以谋求更高的收益更好的发展。

从空间维度来看，当代撂荒行为更具有空间规律，从全国范围来说，撂荒从东部沿海向中部内陆蔓延，这主要是受到市场开放的冲击，改革开放最早从沿海地区改革，农民"经济人理性"也随着觉醒，沿海城市成就了中国最早的"万元户"，也出现了有报道以来第一例撂荒。随着市场化的进一步完善，中西部的农村也被市场所包围，感受市场化的冲击，而此时，沿海地区的农村土地流转成效斐然，土地利用率高，撂荒高潮向中部地区转移，农民为了追求更好的发展空间，纷纷涌入沿海城市，中西部农村开始出现空心村，土地撂荒一年年严重。

前文中，笔者谈到农民行为受到"自然逻辑——制度逻辑——市场逻辑"的牵引，在逐渐完全市场化的今天，农民作为社会资源也承受着市场规律的作用。撂荒，仅仅是市场对劳动力资源自由配置的结果。国家在乡村治理中退居幕后，采用一系列的政策手段和经济手段试图将离土农民重新吸引回乡村定居，取消农业税、惠农补贴、加快土地流转等。但是，事实证明，土地，尤其是中西部地区的土地，在不能私有、土地潜在价值不高的背景下，对农民的吸引力几近于无。

2008年的世界经济危机，从金融海啸开始，席卷了我国沿海地区所有的实体经济，导致沿海工业崩溃，大量外出务工者被迫返乡，中国农民工失业人数超过 3000 万人。同年，国务院对农民工返乡进行调研，其结果证明，虽然经济危机导致不少农民工选择回乡发展，但是，绝大部分农民工仍然坚持外出务工，即使是留下的农民，很大部分也仅是从沿海一线城市退回家乡的二线城市，回家务农对他们来说是件"无法适应的事"和"根本没有想过的事"①。

家庭承包制限制了农民拥有的耕地量，现行的土地流转机制也不能促使土地的私有化，农民没有动力经营土地，而金融危机也没有从根本上改变农村劳动力资源缺失的现状。按照市场化路径，农产品社会价值永远低于工业产品的社会价值，劳动力资源受市场规律作用配置到更能创造价值的领域去，土地只是农民温饱的最后选择。因此，在中国目前的社会现状和经济实况下，摆荒行为是不可能完全抑制住的，劳动力缺失可能成为导致第四轮摆荒的根本原因。

（二）国家与农民关系的转变及规避摆荒的路径思考

摆荒的"自然—制度—市场"发展路径，深刻反映着国家与农民关系的历史变迁。按照诺斯的观点，国家决策理性追求的是政治支持最大化和经济收益最大化双重标准，按照这样的标准，国家在农民面前要扮演好保护者和资源攫取者的双重角色。

在整个古代，小农经济是封建统治的经济基础，是皇权运行的基石。农民一直是国家资源的供给者，然而皇权拥有者往往只懂得扮演资源的攫取者，却忘了农民对封建国家强劲的约束力。众所周知，小农经济是低水平的脆弱平衡，农民承受自然灾害的能力很弱，遇到大一点的天灾人祸，农民就面临流离失所被饥饿折磨的命运。"人并不总是一声不响地饿死"②被生存愿望所驱动的农民"铤而走险"、奋起反抗推翻政权。战争的结果是人口的大量减少，造成耕地的摆荒。

进入新中国，为了巩固统治，通过政权建设深入到农村，国家与农民的距离紧密无间。1978 年以前，国家制订了以人民公社、统购统销和户籍制度"三驾马车"为主要内容的农村社会主义计划经济制度，高度控

---

① 2009 年笔者调研时的访谈记录。
② ［美］萨缪尔森：《经济学》，1982 年。

制了农民社会，形成了强国家、弱社会的治理结构。社会被国家——农民的两级格局所笼罩，一方面有利于加强农民对国家的认同；另一方面也增加了农民抵制和反抗的意识。1978 年改革开放，国家逐步放权，"国家——基层政府——农民"的三级格局替代"国家——农民"的两级格局，国家财税压力不直接施加于农民身上，基层政府在上级"绩效考察"的重压下，将社会负担转嫁给农民，同时为了维持自身的运转和扩大，进一步放大了来自上级的经济压力。面对越来越重的税费负担，作为弱者的农民只有举起手中有限的武器——耕地作出微弱的反抗。

取消农业税之后，基层政府被悬浮于乡村社会之上，原本的三级格局又开始转向"国家——农民"的两级格局。只是这次，国家不再作为资源的汲取者，更多的扮演着社会保护者的角色。作为初生的保护者，政府宏观调控和保护力度还不能及时显现出效果。随着市场浪潮的越滚越大，农民深受市场的冲击，由于劳动果实并不直接等于通用财富，劳动强度不能公平地转变成个人财富，高度分散的小农在没有完全得到国家给予的保护时，转而放弃"费力不讨好"的农业生产。

关于规避撂荒，学者意见纷纷，笔者以为，站着客观的立场来看，撂荒是市场资源配置导致社会分工的直接后果。不可否认，在市场条件下，农地以及农地创造的农业价值要远远低于工业、甚至第三产业创造的社会价值，而农民也是有理性的，懂得在市场中寻找最符合效用的行为方式。尽管不是每个人都追求"利润最大化"，但是经济计算却是不可缺少的考量因素。改变农地及其产品相对较低的社会价值，才是规避撂荒的根本途径。如何提高农地以及农产品价值呢？这就涉及到目前学者们争论不休的两个问题——土地流转与农产品市场开放。

第一方面关于农地问题，2010 年 18 号文件提出几条原则：一、土地转包的主体是承包农户，避免企业和其他单位代替农民转包土地；二、自愿的原则；三、有偿的原则。这就将争论集中到了两个问题上。其一，农地农用时是否允许买卖；其二，农业的经营到底走以自耕农为主的道路还是走农业资本主义的道路，也就是资本主义规模经营道路。

农地产权包括所有权、承包权和经营权，对于第一个问题，要问的是农地买卖的是土地的哪项权利。农地所有权归农民集体所有，不参与市场流转，承包权归农民个人所有，也不参与流转，那么能在市场流转并产生经济价值的就是农地的经营权，如何稳定农地经营权就是第一个问题的关键。笔者以为农地经营权可以以股份形式实现流转，也就是将农地折成股份，农民将经营权以股份的形式出让给实际经营者，并按股权获得分红。折股量化能促进农地从实物形态的流转转向更高层次的价值形式流转，一方面避免农地经济价值不高出现耕地撂荒；另一方面实现承包者与经营者互利双赢。

第二个问题实质上考虑的是农地市场的发展方向。从经济学角度来说，走资本主义大规模经营所能获得的经济效益要大于以自耕农为主的承包制，但是从社会学角度考量，资源的过度集中有可能造成资源争夺危机。笔者认为，随着社会化的深入和完善，土地规模化利用是资源配置的内在要求，是社会经济发展的必然要求，是我国土地利用不可逆转的发展趋势，如何在这种大趋势下保证社会的稳定是国家和政府首要考虑的问题。

第二方面，农产品市场的开放问题，主要是粮食市场的开放问题。2008 年，全球爆发粮食危机，粮食安全问题引起了国内学术界的高度关注。中国是否存在粮食安全问题，如何保证中国的粮食安全，成了争论的焦点。比较具有代表性的观点认为中国粮食自给率高，近年粮食丰产，储备足，目前还没有粮食匮乏的危机。但是从长远动态的视角来看，我国劳动力价格上升引起了农业萎缩、农业相对非农产业比较效益低、运输流通成本上升导致供求脱节、市场分割等。伴随着市场的深化，各种负面问题相继暴露。之所以我国能幸免于粮食危机，很大程度上是因为我国农产品市场还未完全开放。

粮食作为国家的根本，市场化道路明显要滞后于其他产品，粮食市场的开放道路漫长而曲折。20 世纪 80 年代中期，国家开始对粮食安全政策进行改革，逐步实现从计划向市场化转变。1985—1993 年，从统购统销制度逐步向定购统销与议购议销的双轨制度以及国家宏观调控下的市场流通制度转变，迈向粮食市场化的第一步；1993—2000 年，双轨制度回归，为保证国内粮食市场的相对稳定，政策上先后实行"保量放价"政策和"省长负责制"，经济上反复调节农产品市场价格，期间农民收入波动变大，也导致个别农民离开农村离开农业转向市场化生产行业；2001 年开始加快粮食购销市场化进程，到 2004 年彻底实现粮食购销市场化。这些转变，都是在国家引导和控制下进行的，是国家宏观政策和经济手段结合的产物，粮食市场的开放也被控制在了国家允许的范围内。从全局来看，我国的农业市场依然处于"半市场化"，城市化与工业化所吸收的人口仍然有限，相当规模的人口仍旧必须依靠农业来谋生，在这种硬性约束下，"市场化"赋予农民的除了畸形、狭窄的农业发展道路外，还使农户行为出现"逆反农业倾向"，也就是说出现厌倦农业生产的行为，农业生产倒退。21世纪初，大规模爆发的农民撂荒以及世界各地出现的粮食危机都是对此最好的诠释。

2000年，开始试点的农业税费改革以及粮食补贴、价格补贴等政策，依然停留在粮食安全的表层，不能从根本改变农户行为、生产主体、市场结构等问题。国家死死抓着粮食价格这条线，粮食不能像其他产品一样受到市场价格作用，不能实现相对价值。一方面，从好的方面来说，确实保证了粮食市场的稳定，维护社会的和谐；另一方面，国家政策上的优惠政策不可能永远持续下去，目前，粮补政策已经面临这样的难题：粮食收购量整体下降，越来越高的粮食收购价，给国家带来了较大的经济负担，粮食提价的幅度越来越小，而农民对依托政策的粮食收购期望程度越来越高，而粮食价格的上涨，等于是将粮食消费费用转嫁给其他行业和消费者，又引发其他行业产品价格的增长。一旦国家顺应农民的期望，加速提高粮食价格，必然导致其他行业产品的大幅度涨价，CPI上升过快，进而有可能引发通货膨胀，不利于国民经济发展和社会健康稳定。这就像一个恶性循环，无论改变哪一环节，都有可能导致社会不安、经济失衡，这也是不遵守市场规律所要面临的风险。笔者认为，真正开放农产品市场，顺应市场规律，同时培养农民作为市场人的自我风险意识，调整市场结构、改变农户行为模式才是解决因市场闭塞或政策干预过大可能造成的隐患的良好途径。

总的来说，撂荒是社会发展过程中不可避免的现象，体现着因发展而导致的社会化分工。如何调剂好社会化分工过程中劳动力资源的合理配置，才是社会稳定与经济增长和谐发展的根本。

海选:农村民主的尝试与思考

【导读】"海选"不仅是反映社会现象的语言事实,还是我国 90 年代初期政治生活中农民创造性的发挥,标志着村民自治质的突破,表达了中国农民对自由与民主权利的渴望,展现了中国农民具有理性选择的能力以及中国政治发展的力量。"海选"这一注解农民思想变迁的时代标签,从出现到发展至今,不断展现着农村政治生活的变化和发展以及社会发展对民主的渴求。可以说,海选的产生是特定时代背景下的现实需求,既有农民创造性的发挥,也有基层政府与国家的推动,是上下结合的产物。"海选"的产生与发展轨迹注解了村民自治后农村政治的变化,印证了农村从威权型政治到民主政治的转变历程。

"海选"不仅是一个反映社会现象的语言词汇,也是中国政治改革的催化剂,还是一个注解农民思想变迁的时代标签。本文通过对"海选"的出现到发展至今的历史梳理,展现农村政治生活的转变和发展的脉络以及社会发展对民主的渴求。海选的产生是特定时代背景下的现实需求,既有农民创造性的发挥,也有基层政府与国家的推动,可以说海选是上下结合的产物。"海选"的产生与发展轨迹注解了村民自治后农村政治的变化,印证了农村从威权型政治到民主政治的转变历程。最后,本文也进行了延伸性思考,认为海选有助于促进当代中国政治体制改革与政治发展,对政治民主也有积极的意义,但是要向更高层次上发展还需要一段时间。

一　由　来

提起海选，我们不能不提到吉林省四平市梨树县梨树镇的北老壕村，也不得不想到20世纪90年代这一社会大背景，因为正是在这一地点，这一时期，海选让不少农民满怀希望。

位于东北平原的一个看似普通的村庄，究竟有什么样的魅力让海选在这里率先发起？据此，我们不得不深入了解北老壕村的特点。

首先，村庄独特的人口构成。北老壕村具有东北地区人口构成的共性——杂姓聚集，同时也具有自己的个性。北老壕村居民中一部分为清朝康熙、雍正、乾隆年间从山东，安徽等省招募来梨树垦殖定居的移民；另一部分为中日甲午战争以后沙俄统治的七年中，辽宁省居民不堪欺压掠夺，逃到北老壕定居的移民。北老壕村的姓氏较为复杂，如：苏、赵、徐、惠、刘、于、王等等，每一个姓氏不超过40个人，最大的于姓也只有38人，所以北老壕村的事务基本不受宗族势力的影响。

其次，历史传统的影响。东北地区曾经是清朝发祥地，以游牧民族为主的清朝创立的八旗制度，由满洲贵族们掌握着政治权力，但是重大决策由贵族共同讨论决定。这种小范围的共同讨论决定在一定程度上也是民主的表现，为以后民主的发展做了铺垫。东北移民的过程也是多民族交汇，多样式文明融合的过程，这些历史形成了东北文化善于交往、敢于创新的传统。自古以来，中国人的心中都有一只专制的"老虎"，人人都想当头，往往在议而不决的时候，人们（村民）更愿意推举一个意见领袖替他们做主，而不是从程序来寻求答案。

最后，文档保存习惯。在北老壕村存档的材料中可以发现，和村庄事务有关的文件和档案保存完好，而且笔者从材料中发现，北老壕村的矛盾比较突出，其中有的是关于上访的材料，有的是村民之间矛盾与纠纷的处理意见，有的是揭发检举信。看了北老壕村的资料，不能不让人感到意外，这么多的材料完整的整理保存下来是要花费不少工夫的，这是村里的一贯做法。当然材料里也有很多没有解决的问题。据了解，最初保存这些资料的目的是想着以后有机会解决这些遗留问题，这样不经意的积攒就把村里的很多资料都集中到一起保存下来了。

为了弄清"海选"的社会背景，我们非常有必要了解一些关于村民自治的情况。村民自治作为中国特色的基层民主形式，是1980年以后随着村民委员会在中国广大农村的普遍建立而发展起来的，是农村经济体制改革的产物，也是民主政治建设的重要成果。

中共十一届三中全会以后，农村地区实行家庭联产承包责任制，这一政策的实行极大调动了农民的生产积极性，给了农民充分的自主权，但是农村原来的管理机制瘫痪，一些地方的生产、生活、社会秩序出现许多问题，经济关系的变革从根本上动摇了原有的人民公社体制。在1982年新宪法颁布以前，一些地方就自发建立了一批村级管理机构。一开始这些机构名称不一，组织机构也不健全，其最初目的就是把农民组织起来，制定村规民约，实行群众联防，制止了赌博、偷盗、乱砍滥伐等现象，维护农村正常的社会生活秩序。所以，这一类组织的最初功能是维持社会治安和维护集体的水利设施，后来才逐步扩大为对农村基层社会、政治、经济生活中诸多事务的村民自我管理。

农民自发建立的这种新的基层政治组织形式最终获得了国家的承认。在中央政府的支持下，1982年宪法将村民委员会和居民委员会一起列为群众性自治组织。1982年12月颁布的《中华人民共和国宪法》第一百一十一条明确规定："城市和农村按居民居住地区设立的居民委员会或者村民委员会是基层群众性自治组织。"根据这一规定，村级管理结构的名称统一为村民委员会。新宪法确认了村民委员会的法律地位，从而指明了农村社会管理实行村民自治的基本方向。

1987年11月《中华人民共和国村民委员会组织法（试行）》颁布，该法对村委会的性质、地位、职责、产生方式、组织机构和工作方式以及村民会议的权力和组织形式都做了比较具体的规定。根据组织法，村民委员会是村民自我管理、自我教育、自我服务的群众性自治组织，其成员由村民直接选举产生，任期三年。《中华人民共和国村民委员会组织法（试行）》的颁布使村民自治作为一项新型的群众自治制度和直接民主制度以法律的形式得到了确立。1988年《村委会组织法》开始试行，标志着包括村级直选在内的中国的村民自治开始启动。到1998年，《村委会组织法》正式通过，从而结束了长达十年之久的试行期。

二 历 程

目前，理论界普遍认为，1986 年的北老壕村的村民直选是海选的萌芽和雏形，平安村的一些选举程序与北老壕村的选举相比更成熟、更完善，一般就把平安村的选举定格为真正的海选。

1. 北老壕"海选"萌芽

实行大包干后，农村虽然进行了政权组织体制改革，但是农村基层组织或基层政权正逐渐走向软弱涣散，国家实现自己意志的能力不断削弱。20 世纪 80 年代中期，农村人民公社制度逐步瓦解，农村改革的边际收益出现递减，农民增收乏力，可是国家对各项事业的投入变得越来越大，农民的负担不断加重，由此引发农村干群矛盾紧张。此时尽管已经以村民委员会代替了生产大队，村民自治也开始了，农村选举也发生了，但是，一方面村干部仍由乡里任命和指派，农民选举村干部的自由度很少，这些村干部只对上负责而不对下负责；另一方面乡镇以及不少的村干部仍然沿用人民公社时期的管理办法，惯用行政命令的手段为其主要的工作方法。这一时期的改革也改变了国家对政治权力和经济权力的垄断，地方干部开始胆大妄为，在物价上涨、税收增加的同时，干部腐败问题也日益突出，严重损害了农民的利益，农民和干部之间的关系以及上级干部和下级干部之间的关系不断紧张。

鉴于上述原因，不少农民要求查村里的帐，管村里的事，一方面这是出于维护自身利益的需要，另一方面经过一段时间村民自治的实践后，农民的思想观念不断更新，民主意识有了觉醒并不断提高民主呼声越来越高，权力意识、参与意识越来越强。其实，农民既关心经济，也关心政治。对尚未解决基本生存问题的农民来说，政治或许是一个虚无缥缈的东西。然而 1978 年以来，中国大部分农民已解决温饱问题，特别是在家庭联产承包责任制使其获得经济地位和相应的自主权之后，对切身利益的关注和保护，必然会诱发和强化其政治上享受民主权利的意识。针对农民自主与民主意识的提升即民间力量的发展，政府必须做出相应的调整来平衡两者的关系，更何况可以利用农民（社会民间）的力量来制约与监督乡村干部的行为。农村呼唤民主，这既是时代的需要，也是历史的抉择。

　　这一时期的北老壕村，与上述大环境不相上下。"干部工作作风漂浮，深入实际少，说的多，做的少，布置的任务多，检查落实的少，靠大轰大翁。各社都存在危房和草荒地的问题等。村干部以权谋私，收了几户外来户，减少了社员的土地，也减少了社员的收入。大吃大喝铺张浪费，这是当前不正之风在我村的突出表现，这些吃掉了积累，吃散了群众的心。"① 的确，在 1982 年北老壕村实行"大包干"后，粮食产量随后几年都有很大增加。经济是发展了，但一些新的矛盾和问题却出现了，主要是各种收费造成干部与群众之间的矛盾，有很多村民去县里上访；村里的领导班子也不团结，很多工作不好开展。再加上当时的村主任是乡里面指定的，已经连任多年，在经济上存在着问题，村民都有很大意见，在这种情况下，北老壕村的村民就萌生了民主选举村干部的要求，村民希望上面撒手让老百姓自己"整"一把，别再由上级指定。

　　"1986 年 6 月，梨树县人民政府根据吉林省民政厅党组《关于在基层整党中认真搞好村民委员会和居民委员会建设的通知》精神，下发了《关于在整党中整顿村民委员会的通知》。10 月，梨树县成立'村委会整顿补课试点指导小组'。12 月 15 日至 26 日，由中共梨树县委整党办公室、县民政局、梨树乡党委、政府组成的北老壕村村委会整顿补课试点小组，历时 12 天，对北老壕村委会进行了整顿。"② 正是在这个时候，一场前所未有的选举在北老壕轰轰烈烈地发生了。梨树县委和乡党委就根据村民的意愿，确定了两条选举原则："不定调子、不划框框、不提名候选人"和"选正人、选能人、不要求完人"，充分相信群众，由他们选出自己信得过的人。据了解，当时北老壕村的村民几乎都投了票，最后选出了46 名村民代表，再由这些代表推选村委会成员。这样，梨树县第一个由村民民主选举产生的村民委员会就诞生了。

　　总结"海选"在北老壕萌芽的原因，笔者认为，1986 年梨树县着手实施基层政权建设试点工作是其一，北老壕村当时的人口、土地、农作物产量在梨树县是数一数二的大村，经济能力还不错，再加上村里的各种矛

---

　　① 村庄原始资料：《北老壕村党支书发言材料》1986 年 8 月 15 日。
　　② 余维良：《梨树县村民自治大事记》，中国选举与治理网 http：//www.chinaelections.org/NewsInfo.asp？NewsID＝38147

盾突出，村里班子乱了，干群关系也很紧张，使得上级政府高度重视，这是其二，于是县里才决定在北老壕村搞试点选举。在笔者调研期间，也有不少村民这样说："说到'海选'的产生啊，当时我们北老壕在梨树县是属于经济比较好的村，村里还算富有，一方面县里觉得村里有这个经济实力，才在北老壕村搞试点的；另一方面，苏书记的亲戚在镇上当官，有些关系，综合这两个因素，'海选'就在北老壕产生了。"

北老壕村的这次民主选举，是由户代表推选候选人，虽然不是由全体村民直接选举，但是它首先提出了"不定调子、不划框框、由村民提名推荐候选人"的做法。这种做法把提名推荐权还给了选民，毕竟也是民主选举了村委会干部，确实是一次直接民主的尝试，是"海选"的萌芽，它的影响是不可估量的。

2. 平安村"海选"诞生

新发展的"海选"意味着直接选举，这也是目前农村普遍流行的思想。1986 年，北老壕村的选举还只是由村民代表投票选举，并不能称得上是真正的"海选"，只能说是"海选"的萌芽，真正意义上的"海选"产生于梨树县双河乡的平安村。这从余维良[1]的文章中可以找到依据："1986 年，北老壕村的做法的确是一次直接民主的尝试，是海选的萌芽，而 1992 年平安村的选举是没有候选人的预选，首创了海选经验。"

1988—1989 年，梨树县组织的第一届村委会选举，借鉴并完善了北老壕村的选举办法。但当时也不是"海选"，还是有候选人的选举。1991年 12 月 11 日，中共梨树县委办公室、梨树县人民政府办公室联合发出关于印发《梨树县村民委员会换届选举工作方案》的通知 [梨办发（1991）33 号]。《方案》规定：全县村委会换届的时间从 1991 年 12 月中旬开始，至 1992 年 1 月底结束，统称为梨树县第二届村委会换届选举。[2] 就是在这第二次村委会换届选举的过程中，由于双河乡平安村的一次选举纠纷，"海选"真正诞生了。

为了搞好这次换届选举工作，双河乡党委和政府专门制定了《双河

---

[1] 余维良：《"海选"故乡的选举历程——梨树县村委会四次选举的考察》，中国农村村民自治信息网

[2] 余维良：《梨树县村民自治大事记》，中国选举与治理网

乡村民委员会换届选举工作方案》，并根据《吉林省实施〈中华人民共和国村民委员会组织法〉（试行）办法》的第十三条规定，提出村民委员会成员的候选人由村党支部、村民小组或者有选举权利的村民 10 人以上联名提出。在双河乡召开的村委会换届选举的动员会上，当时乡党委书记李发强调：这次换届选举不定调子、不划框子，海阔天空的选。① 平安村位于梨树县城的东北部，交通便利，但经济基础较差。在第二次换届选举过程中，平安村变得不平安起来，历史上首次没有候选人的预选在平安村拉开帷幕。起因是平安村在选举过程中对确定候选人发生了分歧：关于候选人的确定，该村出现了两种提名方式，即村党支部提名和村民 10 人以上联名提名。村民不认可村党支部提名的候选人，村党支部和乡选举指导小组也不认可村民推荐的候选人。由于双方都认为自己提出的候选人是最恰当的，都不希望自己提出的候选人被调整掉，最重要的是都不想放弃自己的提名权。结果，双方各持己见，调解也无济于事，于是有村民提出候选人就得我们自己提名，上面定的我们不服气。《中华人民共和国村民委员会组织法》规定：村委会干部由村民直接选举产生。既然是直接民主，村民就应该有确定候选人的权利。根据村民意愿以及有关法律规定，最后县里决定，借鉴北老壕村村委会换届选举的做法，把确定候选人的权利完全交给村民，让村民直接投票，不确定候选人。这样，真正的无候选人的"海选"就产生了。这次平安村的选举，首创了"海选"经验，有 4 人竞选村委会主任，四轮选举中选民均在秘密状态下填写选票，这些都为村委会开展竞争选举、设立秘密投票处作了有益的尝试。

三　制度化与推广

1. "海选"被认可

海选的产生既是时代的呼唤，也是农民的需要。基于 90 年代的时代背景与北老壕实际情况，海选在这里率先发起，这是历史的必然。1986 年 12 月，北老壕的选举方法被广泛采用并逐步发展壮大，不能不说是奇

---

① 余维良：《"海选"故乡的选举历程——梨树县村委会四次选举的考察》，中国农村村民自治信息网

迹。1987 年 1 月 2 日，中共梨树县委整党办公室、县民政局、梨树乡党委以及政府组成的指导小组对作为试点的北老壕访查调研完之后向县委、县政府做了正式汇报，明确提出了民主选举中不由上级政府进行定杠、划框、提名操作，强调了由村民先预投票确定候选人，然后再进行正式投票选举和毛遂自荐做法的重要意义，并且建议政府肯定北老壕的试点经验，以及把经验逐步在各乡镇进行推广和实验①。梨树县的这一规定，就正式肯定了北老壕的做法，并有意加以推广。

北老壕村村民创造的"海选"，最初的典型特征就是村民直接提名候选人，虽然只是提名候选人，从某种程度上讲，这也算是直接选举的一个方面。我国于 1987 年颁布的《中华人民共和国村民委员会组织法（试行）》第九条明确规定："村民委员会主任、副主任和委员，由村民直接选举产生。"对直接选举的肯定，也就是认可了海选的做法，国家从法律上的肯定为以后直接选举奠定了基础，并提供了制度性的保障。

1988 年 8 月 20 日，梨树县人民政府《批转县民政局〈关于贯彻执行村委会组织法的实施方案〉的通知》［梨政发（1988）61 号］。《通知》要求各乡镇人民政府搞好村民委员会的直接民主选举，制定和完善村民委员会各项工作制度。这就是梨树县村民委员会第一届换届选举。从梨树县的第一届村委会换届选举来看，更加认可了海选的方法，并在北老壕经验的基础上加以改进，这就进一步证明了海选的可行性。

1989 年 12 月 19 日，梨树县委、县政府召开了全县第三批贯彻实施《村委会组织法》的会议。在会上，祝国治书记特别强调：这次属于第三批实施贯彻《村委会组织法》的村庄，必须在搞好村民委员会民主选举的前提下，紧紧抓住八个环节的注意点。这八个环节就不赘述，值得注意的是这次会议仍然强调"直接民主选举"，也是对海选方式的一种鼓励。

1991—1992 年的梨树县第二届村委会换届选举，海选的做法得以推广，并在平安村的选举中进一步改进，海选的发展至此基本完善。虽然此时海选没有大面积铺开，但地方政府的态度已经很明确：不加反对，有意支持。

---

① 余维良：《梨树县村民自治大事记》，中国选举与治理网

1994 年 11 月 29 日，梨树县委、县政府在霍家店村召开了"全县村委会第三届换届选举工作会议"。会议上，作为试点的北老壕村详细介绍了其村选举过程的工作经验，在全县村委会第三次换届选举安排工作上，白惠东县长提出：在总结前两次换届选举的民主经验上，按照《村委会组织法》的规定，这次在民主方面应比前两次更有突破，并且提出了五个突破点，第一个突破点就是"全部用'海选'的方法来民主的确定村委会候选人"。

1995 年 7 月 6 日，民政部参阅文件印发了《梨树县村委会第三届换届选举的新突破》考察报告［民阅（1995）11 号］。在考察报告中详细描述了梨树县村民选举村民委员会的积极热烈场面，并且提到了梨树县各乡村选举中全面采用"海选""预选""竞选"秘密填写选票等新的创新性方法，对于民主选举具有促进作用。

1998 年 6 月 23 日至 7 月 3 日，梨树县村委会第四次换届选举试点工作在霍家店村进行。经过这次试点，创造了"不指定候选人直接海选的办法"，并且在全县各乡村之间进行推广。

"集体不是从来就有的，然而农民个体是从来就有的。对我国来说，农民有着基础性的地位及作用。[1]"农民的基础性地位不但起到了应有的基础性作用，而且正是由于农民创造的海选、村民自治，引起了相关部门的重视，"农民自主与村庄自治的结果，只能是国家从管理者角色到监管者和保护者角色的转变。[2]"从北老壕走出的海选，是农民的自主性创造，它在民间发展壮大，由官方加以肯定和认可，充分说明了农民的自主性创造得到了上下一致的认可。

2. 扩及全省

用"海选"来确定候选人的方式被肯定之后，吉林省在历次村委会换届选举中，一直在努力进行完善并加以推广。1991 年末至 1992 年初的第二届村委会换届选举中，梨树县只有不到 10% 的村庄采用"海选"方式提名候选人。但是，由于得到农民的大力支持，"海选"迅速得到普及

---

① 刘金海：《产权与政治：国家、集体与农民关系视角下的村庄经验》，中国社会科学出版社 2006 年版，第 283 页。

② 同上书，第 289 页。

和推广。到 1994 年末至 1995 年初的第三届选举中，"海选"的办法已经在全县普遍实行。到 2000 年第五次换届选举的时候，吉林省已经全部实行了"海选"提名确定候选人的制度。

随着"海选"在梨树县的推广，其选举程序也在逐步完善。时至 1992 年，吉林省已进行了两次村委会换届选举，梨树县实行"海选""五公开""三不三直接"的经验被总结推广，起到了很好的示范效应，也引起了民政部领导的重视。1993 年，《人民日报》等首都十几家新闻单位的记者组成采访考察团，对梨树县村委会的"海选"情况联合采访，集中宣传，产生了强烈的辐射效应。在 1994 年的"海选"中，竞选演讲、选民登记、秘密填票等方法一一出台；到了 1997 年，梨树县第四届村委会换届"海选"，简化了选举过程，取消"海选"候选人这一环节，一次性在选票上写明职务，选票半数以上生效，得票多者胜出。

吉林省进行第二次村委会换届选举时，采用"海选"方式进行选举的村仅占全省村庄数量的 3%。在第三次的换届选举中，"海选"率上升到 15.8%，有了提高。吉林省在 1997 年进行的第四次换届选举时，大力宣传并推广了"海选"提名确定候选人这种方式，至此，海选在全省得到普遍采用，而且省政府发文要求：各地的"海选"面所占比例必须达到 60% 及以上。最后实践表明，"海选"高于原计划 25 个百分点，以"海选"方式为提名确定候选人的制度在吉林省得以基本确立。

2000 年，吉林省人大常委会审议通过了《吉林省村民委员会选举办法》，该文件对提名确定候选人的办法做了统一规定："村委会的候选人员必须由该村有选举权的村民进行直接投票提名产生"。这样，就全面实行了确定村委会成员候选人的制度。

3. 名扬四海

吉林省的"海选"做法，传到国家民政部，民政部感到十分兴奋，这真是个创举，全国还没有先例，接着就来考察，然后就是记者、专家、教授、官员不断来参观学习。这么大的阵容，真把海选捧红了。

对于梨树海选的发掘和推广，有一个特殊人物，就是美国《新闻周刊》驻京记者弗兰克·吉布尼。对中国民主比较关注的吉布尼，于 1992

年 11 月末，在当时民政部基层政权建设司农村处处长王振耀陪同下来到梨树县，并对其中的 4 个村庄进行了考察。1993 年 2 月 12 日，吉布尼的文章《在农村开辟新天地》发表，中国的农村选举引起了海内外的密切关注。① 随后几年，先后有美、英、日、加、印、丹等十几个国家的使馆官员、学者或议员代表到梨树县参观考察。许多境外记者前来采访并进行了客观报道。美国《华盛顿邮报》记者在报道中说："民主开始在农村扎根，这对一个有十亿农民的国家来说，意义重大。"加拿大《环球邮报》在报道中写道："目睹这一选举的一群西方人说，这是他们在中国见到的最好的选举""村民自治，民主直选，给中国农村带来一个全新的政治局面。②"

其实，在海选的发展史上，1998 年是一个更加特殊的年份，因为这一年让更多的中国人知道了海选，这一年让全世界了解了海选，这一年让"海选"更加灿烂辉煌。就在这一年 3 月，美国卡特中心到梨树县考察，当他们目睹了农村的激烈竞选和选民们按照自己的意愿投票的事实后，团长罗伯特说："如果西欧、美国一部分人来看看，一定会改变对中国人权的看法。"一位西方外交官到这里考察后说："选举组织得这样好，这样民主，令人吃惊。③""7 月，中共中央政治局常委、全国人大常委会委员长李鹏来到梨树县霍家店村考察村民自治情况，并就贯彻和修改《村委会组织法》召开了座谈会，广泛地听取各方面人士提出的意见。考察结束时，李鹏委员长对梨树县的村民自治情况和村民委员会选举给予了充分肯定和高度赞扬。之后，美国驻沈阳领事馆领事和美国共和研究所亚洲中东部主任波尔先生、民政部副司长王振耀、村民自治课题组及中国社会科学院、北京大学、中国人民大学、中央党校、华中师范大学等专家、教授，河北省迁西县学习团、中央电视台四套、七套节目摄制组，吉林电视台等新闻单位，先后来到梨树县实地观摩、观察、录制、学习村委会第四次换届选举情况。7 月 27 日，中央电视台四套节目摄

---

① 一陶：《海选发源地：草根民主的崎岖路》，http：//www.chinaelections.org/newsinfo.asp? newsid = 160200

② 邵干、潘永顺：《"海选引起关注"》，《农村天地》1998 年第 10 期，第 5 页。

③ 同上。

制组，在郭家店乡四棵树村实况录制了该村第四换届选举，并向全国和全世界播放。"① 如此盛况，开创了中国选举史上的先河。"梨树海选"让农村民主在整个神州大地茁壮成长，让全世界更加了解中国的农村和农民。

四 演变与扩大

1. 海选含义的演变

最初产生的"海选"，与现在我们所理解的"海选"有些不同。那时候，海选只是在已经确定的候选人的基础上进行投票，然后确定出正式候选人，且这些候选人的产生是按照等额选举原则由得票数多少来确定的，所以，当时的海选实际上是一次预选，并非候选人的一种提名方式，意义也不完整。梨树县头三届村委会选举，由"海选"产生，发展到全县实行"海选"，又演变成为"海选"模式，总结了一套农村基层选举程序和选举制度。

1994年，吉林省进行第三次换届选举，省里统一了海选的说法，省换届选举文件规定：海选是独立的提名确定候选人的一种方式，指由超过一半的本村有选举权的村民，依据票数从高到低的顺序并按照差额选举的原则，选出正式候选人。同时，文件还规定各地都要有一定比例的海选。之后，海选就成为一种提名确定候选人的方法。到第四次换届选举的时候，梨树实现了"五统一""五坚持"和"五改革"，尤其是以"海选村委会成员"替代"海选候选人"，村民直接选举村委会，进行无候选人的选举，创造了具有中国特色的梨树选举模式。经过这次选举，"海选"由一种提名候选人的方式发展成为一种直接选举模式，这的确是一次具有历史意义的大胆尝试。景跃进教授对"海选"进行的对比，有助于我们更清楚地认识海选，为了便于区分，他还将原先意义的海选称为"老海选"，新的发展称为"新海选"②。

---

① 余维良：《梨树县村民自治大事记》，中国选举与治理网
② 景跃进：《海选是怎样产生的》，《开放时代》1999年第3期，第18页。

比较内容	"老"海选	"新"海选
运用方式	一种群众自发创造的候选人提名方式，用于整个选举过程的提名环节。	县政府在总结基层经验的基础上制定的选举方式。
选举程序	选举过程由提名候选人、预选以及正式选举三个环节构成。	通过海选来提名候选人已经失去了意义，新海选去掉了这一环节，把提名候选人、预选和正式选举组合起来成为一个整体过程。
复杂程度	至少通过三次选举的方式来确定村委会班子成员。	减少选举次数，最快可以通过一次选举就能产生村民委员会。
选举成本	投票次数较多，增大选举成本和花费村民大量时间来选举，影响他们的参选率和投票的质量。	降低选举时间和人力成本，提高选举投票的质量，起到减轻选民心理负担的作用。
民主程度	在提出参选人名单过程中，可能由村民代表协商或投票对名单进行压缩，过程一般不公开，民主程度较低。	由选民来确定最后的选举结果，完全是权力内生，外来因素影响很小，所以民主化程度有了很大的提高。
是否切合实际	程序比较僵硬，不论初选状况怎么样，都必须按照选举规定的情况完成整个程序。	选举程序具有很大的灵活性和变动性，由实际情况来确定需要进行投票的次数。

　　2004年湖南卫视举办大型选秀节目"超级女声"时，将对选手们的层层筛选称为"海选"。到2005年，因为"超女"节目的火爆，央视的《梦想中国》、新疆卫视的《星空舞状元》、广东南方电视台的《敢拼才会赢》等节目纷纷登场，一时间"海选"在全国流行开来，成为一个十分火爆的词汇，而不再仅仅局限于政治领域。这一阶段，"海选"以各种选秀的形式频频亮相，在媒体和娱乐界里声名大噪，突出的是参与选举投票的人和参选者的数量都多。这一时期，"海选"一词被广泛复制、传播，进而得以迅速的发展。

　　"海选"在发展的同时，其词义也进一步引申发展，除了直接选举村官这一含义外，"海选"已成为各种选拔活动的第一道程序，不再仅仅突出参赛人数多，而逐步成为"初选"或"初试"的代名词。

海选一词在使用的过程中，受欢迎的程度不断提高，不只在政治领域，在其他领域都有新发展。从政治领域走向选秀舞台，从参加投票的人多到选举人和被选举人都多，它的词义在渐渐泛化。如今海选在政治领域依然保持它最初的含义，"一种不提名候选人的直接选举方式"，但在其他领域则淡化了政治意味，有了更宽泛的意义和普适性的特征。如今的"海选"不仅走进了选秀节目，其对象也在发生变化，不再是只局限于人了，商品也开始进行海选了，海选正在众多领域被众人使用。海选的高频使用，令人们由新奇到熟悉，再到习以为常，"海选"的政治色彩也慢慢在淡化。

2. 海选应用范围的扩大

"海选"一词，从产生到发展，从政治领域到其他众多领域，不但是词义本身的意义在发展，而且词语的使用范围也在变大。以人民日报为例，1998年6月至2004年12月31日，用到该词的文章有53篇。从"超女节目"起，还迅速延用到了其他需要选择、竞争的场合。凡是"大范围选举或选拔""从极多的人中选出"都可称之为"海选"。2005年6月至11月，全国各地媒体发表了成百上千篇标题中用上"海选"的文章，涉及的面极为广泛，其使用范围也进一步扩大，根据相关研究，我们将其总结为几个方面：

第一，"海选"体现为一种号召力，鼓动全民参与，并在数量庞大的参与者中选拔佼佼者，比如：《红楼梦》海选报名超12万（北京电视台网，2006年10月9日）。这是目前"海选"一词使用最广泛的一项，这里的海选，其核心义项已经由"选举"转变为"筛选""挑选"，它的使用范围也超出了政治领域而浸透到商业、娱乐等领域。

第二，海选指比赛的第一阶段，现在的比赛都是一个由多到少的过程，而海选则体现了参与者众多，因此"海选"可用于指比赛的第一阶段，如：本次选拔大赛赛程共分为报名海选、复赛、晋级、决赛及颁奖四个阶段（北京青年报，2011年1月3日）；此次海选是环球旅游大使大赛北京赛区海选第一站，比赛设海选、复赛及总决赛三大环节（中国网，2010年8月）；

然而，人们对海选的这一层意思存在理解上的差异，有人认为海选实际就是"初选""初赛"；有人认为"海选"指的是"初赛"之前的阶段，而不是正式比赛；有人则认为"决赛"之前的所有比赛都叫"海选"。尽管存在差异，但由于"海选"所包含的范围非常广阔，所以，将"海选"看作某种比赛的第一阶段是其以后稳定发展的方向。

第三，"海选"是一种选举或竞赛的方式，比如：由京探网、新京报、百度等联合举办的"超级宝宝秀"在富力广场一层大厅举行首轮海选。（新京报，2010年11月21日）；湖北宜昌首届红歌会首轮海选落幕，300名选手晋级，第二轮海选正在进行，参赛选手已破千人（中国新闻网，2011年4月27日）；武汉赛区的首场海选活动在武汉万隆4S店火热启动。（长江商报，2011年4月26日）。

社会上也有"海选初赛"与"海选复赛"的说法，在这里，"海选"有一种强调的意味：在内容上强调的是参与的人数多，在形式上则是利用流行语来吸引大众的眼球，但这也符合语言使用的与时俱进。

第四，海选就是选拔。比如：海选市民明星达人可上央视星光大道（成都日报，2010年11月21日）。在这里"海选"就是选拔的意思，从众多市民中选拔佼佼者参加星光大道。

就目前掌握的资料分析看来，海选的前两种意思用得最广泛。海选的火热运用，与人们的认知心理和所处的社会背景等因素密切相关。从人们的认知心理讲，"海"具有十分鲜明的形象色彩意义，它和"选"连用，更赋予选生动形象的意蕴，海选比直选、普选等更具有直观性，内涵也更丰富。另外，"选"的范围也在逐步扩大，实现了由政治领域向其他领域的跨越。从"海选乡镇长""海选县长"等称呼，到"海选十杰市民""海选企业经理""海选文学大家"等政治意味淡化的新兴事物名词，海选的运用领域不断扩展。紧接着，"海选"被全面引入到媒体和娱乐领域，"超女海选""海选模特""海选快乐达人""海选演员"等大量海选新义应运而生。发展到此，海选原来的"选举"意味开始淡化，逐渐引申为各类人才的"选拔"。从"选举"到"选拔"，是一个不小的跃迁。海选的对象也在发生变化，从人到物，从具体到抽象，比如"海选卡通""海选火车站设计方案"等等。从这一连串的变化，可以看出，"'选'作为构词语素似乎形成了'选举—选拔—选择→选'这样一条完整的词义引申链。^①"

海选这一词汇的轨迹不仅是一个从无到有的过程，而且还是一个从潜到显的过程^②。源于北老壕的海选，开始只在政治领域这一特定范围内使用，它由最底层的农民所创造，得到基层政府与国家的支持，因此它也是上下结合的产物。"海选"由原始的政治意义上的直接选举方式扩展为众多领域普遍存在的一个热门词汇，特别是在报纸、网络等大众传媒中，越来越多地被社会所认同和接受。

随着改革开放的深入及现代化的发展，新兴事物不断涌现，人们遣词造句上也追求时尚、突出个性。在物质生活水平提高的同时，人们对精神生活的追求也越来越积极。一方面，人们对参与民主政治的热情不断高涨，希望通过"海选"，选出真正有能力的村干部来为自己谋福利；另一方面，人们对先进文化的追求也激情似火，需求层次提高，品味提升，只有那些经过层层选拔、严格筛选的"精英""精品"，才能最大限度地满足人们的需要，海选的流行正好顺应了人们对于精神的渴望。

"海选"一词经历了三个使用阶段：第一个阶段，在中国农村村委会的选举过程中使用，海选由"提名候选人"到"直接选举村官"，强调的是参加投票的人数较多；第二个阶段，在大众媒体和娱乐界的众多选秀活动中使用，突出的是投票者和参选者本身的人都多；第三个阶段，在许多大型选秀活动和多种场合中使用，"海选"已成为整个选拔过程的第一道程序^③。海选在人们的交流中自我复制、传播而得以生存，并在社会中得到广泛应用，且在交际中发挥积极的作用，表明了其复制能力强，能融入社会语言中不断复制和传播。"一般来说，流行语总是属于某一特定的时代或时期，流行语要想具有长久的生命力，必须要经过社会认同和规范作为新词、新语、新义进入了语言功能系统^④。"这一创造性的用法恰好符合人们共同的社会心理需求和对公正民主的追求，符合社会发展的潮流和

① 罗树林：《"海选"新义》，《语文学刊》2006 年第 2 期，第 152 页。

② 王莉宁：《流行语"海选"一词的意义及其发展》，《桂林师范高等专科学校学报》2007年第 1 期，第 75 页。

③ 杨文全、程婧、鲁科颖：《说"海选"》，《语文建设》2005 年第 12 期，第 53 页。

④ 伍金辉：《从语言模因论看"海选"流行的必然性和趋向》，《湖南科技学院学报》2006年第 10 期，第 250 页。

趋势，因此，必然具有强大的生命力。

五　意义三论

"海选"这一富有中国特色的热门词汇，是在村民自治的过程中被创造出来的新词汇，是在政治领域的新尝试。1987—1998 年这十年间，中国政治体制改革率先在农村实现突破，海选的出现更是这一改革的生动体现，"海选"无疑是中国农村改革的关键词，它蕴涵着丰富的时代内容。

（一）"民主"意义

在中国，农村民主化的发展与村民自治是密不可分的。村民自治是一种由村民直接参与决定同村民利益密切相关的村级公共事务的民主制度，是一种基层直接民主形式。在农村，村委会作为村民自我管理、自我教育、自我服务的基层群众性自治组织，其功能多，作用突出。从生产到流通的社会化服务等问题，很大程度上都由村委会承担或主持协调。这正是基层民主和自治在经济文化落后的农村比在经济文化发达的城市更有成效的奥妙所在。同时也表明，民主不仅是一种具有崇高人文价值的政治信仰，更是一种能够给人们带来具体利益，因而更为人们乐于接受的一种实实在在的政治形式。[①]

农民也在实践的过程中逐步认识到了村民自治的好处，并接受了这种做法。广大农民开始认识到，村委会的干部只能从票箱里"跳出来"，是民主选举产生的，而不能从某个领导人的口袋里"掏出来"。[②]

海选是在东北黑土地上产生的对基层民主选举模式的一次实践，是一种政治创新，它从无到有，对比过去组织安排有很大的进步。尤其是直接选举的方式让农民拥有更多的自主权，这对村民自治的推进无疑是有益的探索。但是，海选的发展与推广却离不开政府的宣传与支持。海选的产生得益于国家基层政权民主化的试点，实际上同农村社会的进步并没有直接

---

① 金太军、施从美：《乡村关系与村民自治》，广东人民出版社 2002 年版，第 261 页。

② 张厚安：《村民自治：中国农村基层民主建设的必由之路》，《河北学刊》2008 年第 1 期，第 115 页。

关系。我们知道，农村基层政权民主化是自上而下强制推行的，迄今已达20年之久。王斯福①曾经提到塑造中国村庄的两种力量，一是传统的力量，这种力量是村庄在历史上形成的，是自然的，主要存在于自然村中，这种力量自下而上地建构着村庄的认同；另外一种力量是行政的力量，这种力量自上而下地形成村庄的认同。

海选的产生与发展也是这两种力量交互作用的结果。农村是一个熟人社会，在选举的过程中，难免会出现一些关系力量。但是，"农民并不天然地有亲疏、远近之分，他们只是从自己的利益上判断是非。"海选的发展也体现了这一规律，从海选最初的产生来看是自下而上的建构，后来其推广主要是行政力量在主导，逐步地发展为一种选举模式。源于北老壕的"海选"，经过20多年的发展与改进，在吉林省已经规范化为固定的模式，每次选举，都是由三轮投票产生选举结果：第一轮海选；第二轮筛选；第三轮差额选举即正式选举。海选的这一变化发展逻辑正是自下而上的成长与自上而下的铺开相对应的。

"民主是一个复杂的发展过程，它与一定社会的政治、经济、文化发展水平相适应，并且只能随着社会总体的发展而发展；在任何国家，民主的发展都是双重取向的，即发展的广度和深度；就选举而言，发展的广度就是选举权的范围大，发展的深度就是选举更为直接。"② 从广度而言，海选本身就是一种发展，就深度而言，"海选"创造的直接选举方式是对中国民主纵向发展的实践，因此，海选的产生体现了民主化的双重取向。对于中国的民主化进程来说，"一方面必须重视为民主创造外部条件，另一方面更不可忽视经济发展过程中的民主形式实践，通过在民主形式实践中建立民主规则和程序，训练民众，为民主创造内在的条件，逐步实现由形式化民主到实体性民主的转换。这便是村民自治给予我们的启示。"③

吉林省海选的制度化与推广，是逐步展开的，海选的程序与操作方法在吉林基本是统一的。但在具体实施过程中，每个乡镇、村的具体情况又不一样，在实际选举的时候就产生了不同的结果：有的村欢迎海选，有的

---

① 王斯福：《什么是村落》，《载人类学与民俗研究通讯》2000 年第 3 期。

② 林尚立：《选举政治》，香港三联书店 1993 年版，第 16 页。

③ 徐勇：《中国民主之路：从形式到实体——对村民自治价值的再发掘》，《开放时代》2000 年第 11 期，第 61 页。

村提起海选就愁眉苦脸；有的人说海选好，有的人认为"海选"完全是走过场。海选也是政府积极推广的选举制度，对它很多人是"不识庐山真面目"，看不清认不明其究竟怎样，所以村里往往会有上有政策，下有对策的做法。以《村组法》为例，《村民委员会组织法（试行）》是在众多争议和阻力中出台的，其内容表述也比较模糊，尤其是在争议较大的地方没有给出明确界定。比如，虽然规定"村民委员会主任、副主任和委员，由村民直接选举产生"，但并没有给出具体的选举原则。所以大部分地区的情况是，名义上实施村民选举实际上仍由党支部或乡镇政府提名或任命村委会成员，但是政策上的模糊性也给了地方较大的自主性和创新空间。在这一政策的运行中，很多地方追求的只是一种结果，并不在意过程的实施。"虽然说任何选举都要有结果，没有结果的选举是失败的选举。但是，也并非所有有结果的选举都是成功的，只有那些其结果能得到社会认同的选举，才是真正成功的选举。真正成功的选举，关键并不在于结果如何，而是在产生这种结果的制度、程序和操作方法如何。"①

《村民委员会组织法》的政策原则和操作规程仍然存有较大争议，在基层的落实过程中也出现了一些问题，但是这部正式法规的出台给"民主选举"提供了法律保障。"民主选举、民主决策、民主管理、民主监督"被写入1997年的十五大报告。直接选举这种制度形式开始在中国农村地区普及，这种以直接选举为基础的基层民主成为我国民主政治建设的一个特色。

（二）"政治"意义

选举制度是民主制度中的一项基础和关键性的制度。它是民主政治的起点。不论是直接民主还是代议制民主，都要以选举作为过程的起点。没有选举，整个过程就不能够运转。同时，选举也是公民参与政治事务的重要途径和形式，公民通过选举和罢免代表来参加政治生活，监督权力者的活动，以防止权力滥用和专断行为的发生。因此，选举制度是衡量一个国家民主化制度的重要标志。"海选"作为选举制度的一种模式，在中国政治民主建设和政治发展中具有不可忽视的作用，但是要客观辩证地看待

---

① 林尚立：《选举政治》，香港三联书店1993年版，第202—203页。

"海选"带来的影响。

其一，海选对政治民主有积极的意义，但向更高层次上发展还需要一段时间。

海选在中国的发展，是特定时代背景下的客观需求，它也需要不断发展和完善，而且在其成长和发展的过程中也存在一些弊端，因此它不可能一蹴而就。民主选举村民委员会是村民自治的题中之意，是对过去由上级任命村干部这一传统的否定，也是村民民主权利的最直接体现。中国是个农业大国，大部分人口在农村。村级民主选举的实践有利于培养农民的民主价值观，对于中国的进一步民主化有着深远的意义。再进一步说，基层民主的巩固与发展，有助于社会的安定与进步，这对政治民主的发展也起到积极的促进作用。

改革开放之后，我国的政治民主建设取得了长足的发展，选举方式的多样化发展与改革，不仅提高了公民的民主素质，还提升了公民的民主技能，而且改善了干群关系，稳固了党与政府执政的合法性。但是，从目前的形式看，我国的民主化选举还存在一些有待突破的瓶颈，我国的民主化程度还不完善，民主化任务依然艰巨。

尽管民主不是万能的，但如果没有民主，社会必然会倒退，"海选"亦如此。中国的民主化进程必须从中国的实际出发，真正做到以老百姓的需要为出发点，否则，民主便缺乏生命力。曹锦清教授指出，"中国乡村的民主建设可以分两路进行，一是建立有效的制度，给为民做主提供保障；二是在行政村一级推行直接民主制。我们理应真心实意培育广大村民的自我做主精神，一旦村民学会自我做主，便无需替他们做主了……所以，判断村民能不能自我代表，最好的方法是让他们在村范围内行使他们的民主权力，通过村级公共事务的管理，培养他们所缺乏的合作协商能力，然后逐级向上扩大。"[1] 徐勇教授也指出，发展乡镇民主的条件正在逐步成熟[2]。因此，要想使海选在中国大面积推广，并向更高层次上发展是可能的，只是目前条件还不完全成熟，需要经过一段

---

① 曹锦清：《黄河边的中国》，上海文艺出版社2000年9月版，第77—78页。

② 徐勇：《延伸与扩展：乡镇民主的启动与突破》，《探索与争鸣》2009年第4期，第24页。

时间的探索。1998 年 12 月，四川省遂宁市市中区步云乡率先将"海选"的方式引入乡镇选举，由全乡农民直接选举乡长，这也是一次伟大的尝试。

中国的农村选举与村民自治制度具有十分丰富的内容，尽管目前村民选举具有这样或那样的缺失或不足，但是其民主性依然存在，这是不可否认的。农民以理性而实用的态度参与村庄选举，改变了村庄权力合法性的来源。在任何国家，民主都不是一件一夜之间可以完成的事情。民主意识、程序意识的形成，特别是民主选举程序的建立和完善需要一个相当长的过程①。

其二，海选有助于促进当代中国政治体制改革与政治发展。十一届三中全会之后，在政治上，我国提出了要通过政治体制改革的方式，不断推进我国的政治发展。政治发展是一个向政治民主转变的过程，而民主是政治发展追求的主要目标。从农村基层做起的直接选举，对国家与社会、国家政治制度的变革究竟会带来什么样的影响？综合来看，我国基层民主的快速发展增强了百姓的自治意识和民主意识。自下而上的农村民主发展是农村生产关系变革的延续。同时，自下而上的民主也得益于自上而下的改革，中央和地方政府同样能够成为基层民主的推动力量。

我国实行村民自治之后，农民是以"村民个体"的身份进入到农村政治这一领域的，与过去的以家庭为单位相比较，这种从整体到个体的转变，使个人民主权利得到承认。在这个过程中，人们希望能透过村民自治，来实现民主选举、民主决策、民主管理、民主监督，更希望能在村民自治的基础上，逐步提升自治的层级，以期促进中国的民主发展。从这种意义上讲，海选本身是没有什么问题的。但在目前形势下，仅仅依靠它无法解决农村政治民主问题，更别说解决我国政治民主问题。要想促进我国政治体制改革和政治发展，只把希望寄托在基层民主建设方面是远远不够的。不过，从我国政治民主发展的路径看来，通过基层民主建设来推动民主政治的整体发展，是符合中国社会发展的内在逻辑的，具有很强的现实基础和发展条件。

---

① 刘丹著：《乡村民主之路：中国农村基层直接民主的发展及其法制化》，长沙：湖南人民出版社 2001 年 6 月版，第 127 页。

（三）"时代"意义

"海选"的产生与发展轨迹注解了村民自治后农村政治的变化，印证了农村从威权型政治到民主政治的转变历程，体现了农民创造性智慧的新应用。这个标签适用于农村政治体制改革的转型期，"海选"尚属星星之火，但这星星之火迅速就发展起来，慢慢壮大成燎原之势。

这段历史对中国农村政治体制改革与政治发展有着重大的影响，也是更加深入地了解中国政治发展历程的一扇窗口。这一源自民间的新词汇，不仅展现了农民的政治智慧，而且是农民在社会政治大变革中角色和身份的转变，它反映了农民主体地位的增强。同时，"海选"从一个民间词汇到被官方认可的政治话语，不仅证明"海选"所代表的农民的政治身份，也是他们政治地位提高的表征，是民间话语权到政治话语权的转变，也是中国农民政治身份的突破。

与"海选"有关的人物、村庄不是被报道，就是被成名，同时，与"海选"相关的一切活动都成为政府和媒体关注的焦点和宣传的亮点。孙国清、费允成、陈永喜、北老壕、平安村等这些人名和村庄名可谓名震一时。"海选"这一新鲜名词也引起国外媒体的广泛关注。1998 年前后，先后有十几个国家的官员、议员、学者代表等到梨树县参观考察，除此之外，也有很多境外记者前来采访并且做了报道。"一个曾多次考察中国农村选举制度的西方专家，怀着极大的兴趣观摩了某地的选举过程，他说：'选举若要是自由的，公民必须有本人的真正的选举；选举若要是公平的，任何人都不能享有潜在的有利条件。中国的选举合乎这些条件的要求：这里有保密的、供个人使用的选票，有数名候选人竞争一个职务，透明、公开地监票计票。'"①

"海选"的诞生，是农村社会政治发展变化的结果。几千年来，中国农民对民主和自主权是渴求而不可即，简直不敢相信村民自治造就的"海选"而引起的民主就出现在自己身边。直到媒体和政府的宣传肯定了"海选"作为农村民主的正面角色，"海选"才开始从中国农村显露出来。

---

① 梁彩恒：《村民的一票——从河曲县村委会选举看农村民主建设》，《人民日报》评论部主办视点专栏（版名：地方新闻·视点）1998 年 6 月 14 日第 4 版。

政府的肯定，政策的支持塑造了集时代精华于一体的"海选"，它在媒体的宣传下成为农村民主的传声筒传遍全国各地。

"海选"犹如一个时代标签，不仅向外界散发出中国农村政治改革的信息，也让大家了解到农民是这场政治民主化的主角。这批率先发起"海选"的村庄与人物就是引起农村民主化的开路先锋，从开始的小心谨慎、胆战心惊到后来的大胆实施、逐步推广，给我们留下了宝贵的财富与经验启示。随着时代前进的步伐和社会的发展，"海选"的意义更加丰富，使用范围在扩大，使用频率在增加，它在中国农村政治社会变迁史上有着不可磨灭的作用。"海选"的时代标签不仅展示了农民的智慧，标签背后政府的倾力打造见证了那段发生在中国农村的轰轰烈烈的政治革命史。

"海选"的原则、方法、程序已逐步趋于理性和成熟，选民充分享有选举权和被选举权，选举过程更公正和选民参与更广泛。"海选"在村委会选举过程中的问题是不可避免的，每一新生事物的发展并不是一帆风顺的。民主发展至此，现在只能是扩大了，根本回不去。"海选"已成为大趋势，不是谁愿不愿意的事。磐石市民政局专管农村选举的王科长认为："农民素质完全适应民主，现在农民的法律、维权意识都很强。村民代表很重要，一定要把好这一关，因为村民代表素质相对高些，但从目前看来，村民代表发挥的作用不大。其实海选本身没啥问题。要说有问题，是《村民委员会组织法》有问题，其中规定的三年任期太短，而且其法律地位不伦不类，与现实社会脱节。吉林现在推广的'海选'，候选人推选程序太复杂。这些问题不解决，'海选'的进一步推进就不容易。"

有的农民也认为，现在再下派是不可能的，这个上边也有一定考虑。下派民主就都没了，中国的"海选"在世界出名，外国总统都全民大选，中国也就是在村里这一块，镇里都不敢搞全民选举。某农民这样说到："镇上选举的时候，镇里进村整几个代表，让这几个代表去镇上选举镇长和副镇长，这几个代表还得先被告知不许选差的。一个村这几个代表就是一个代表团，一般都是先召集团长给团长开个小会，告诉团长把你这几个人整好啊，你这目标不能整差了。其实就是告诉这几个代表让你咋写就咋写，这几个代表连副镇长叫啥名都不知道，让你写谁就写谁，不就这回事嘛。在镇里这旮子都不敢让老百姓选，也就是在村里这旮子体现个民主，中国的民主也就这么回事。"

选举是民主的根基，但民主不能止于选举。基层民主搞得好不好，应该让人民群众来评判，让实践的效果来检验。对农村基层民主建设而言，民主选举迈出了第一步，但还不是全部。中国是一个农业大国，农民的数量又占绝大多数，家庭联产承包责任制对中国经济体制改革所起的巨大推动作用，已是有目共睹，"海选"对政治民主以及政治体制改革的推动力也引起关注，我们完全有理由这样说：没有农民的奋起，就没有今天的中国[①]。

---

① 史卫民：《公选与直选：乡镇人大选举制度研究》，中国社会科学出版社 2003 年 3 月版，第 1 页。

计划生育:人口再生产的国家化

【导读】 受中国传统生育观和土地制度的影响，长期以来农民的生育行为都处于一种自然、无序的状态。随着时间的推移，这种无计划地人口增长给中国社会的稳定和发展带来了诸多问题。在意识到人口危机这一问题后，我国开始在全国范围实行计划生育政策，从制度控制和社会控制出发，对农村家庭的生育时间和生育数量进行计划，借助宣传教育改变农民的传统生育观念，取得了一定成效。面对国家全能主义的行政体制，农民的生育行为走向两个极端，要么是自觉遵守计划生育政策，服从计划生育，要么是违反计划生育政策，进行计划外生育。从宏观层面来看，经过30多年的实践，我国人口再生产类型实现了质的转变，由原来的高出生、低死亡、高增长转到低出生、低死亡、低增长。从微观层面来看，计划生育在有效控制人口增长的同时，也给农村地区的家庭经济、人口结构和人口素质等方面带来影响。

"计划生育"一词中的"计划"主要是指人口计划。根据计划期限长短的不同，人口计划分为长期计划（10年或10年以上）、中期计划（5年）和短期计划（年度计划）三种类型。根据计划实施区域范围的不同，人口计划又可分为全国计划、地区计划（省、自治区、直辖市及其所属的市、地、县）和基层计划（农村基层的乡、村和城市基层的街道、居民委员会）三类。各类计划相互衔接、相互协调，形成了一个完整的人口计划体系。

长期人口计划具有战略性质，主要是国家根据经济社会发展需要，制定长期、远景的人口发展目标。长期计划主要是通过人口预测看人口发展趋势；中期人口计划主要是指五年计划，是近期实现控制人口任务的指南；短期人口计划，即年度人口计划是国家根据上一年人口控制情况，制定的本年度人口控制工作的具体任务。中期和短期人口计划可称为近期计划，是人口计划的主要形式。其内容比长期计划要求更为具体，在计划期限内，对每年出生人数、出生率、出生孩次、自然增长人数、计划年度末人口总数等都有详细的要求。长期计划与近期计划相互区别，又存在联系。一方面，长期计划和近期计划的要求与内容各不相同；另一方面，长期计划与近期计划又相互联系。长期计划是近期计划的依据，为近期计划指明方向；近期计划是长期计划的基础，为实现长期计划提供保证，两者不可偏废。

全国人口计划的内容由国家计划生育委员会与有关部门协商确定，提出全国人口计划的总体要求，由国务院批准下达。它是在一定的历史条件下根据党和国家的方针、政策制定的全国人口有计划增长的控制指标，是编制整个国民经济计划的依据，是各省、市、自治区生育计划的总体计划。以1980年为界，全国人口计划的主要内容发生转变。1980年以前，全国人口计划的主要内容是全国及分省、自治区、直辖市的期末人口总数和自然增长率；1980年以后，人口计划的内容增多，包括总人口数、分胎次率、计划内和计划外生育人数、出生率、自然增长率等。特殊情况下设总生育率等指标，并按城、镇、乡分别统计。

地区人口计划通常是指各省、直辖市、自治区以及市、县的人口发展计划。它是根据全国人口计划的总体要求，结合本地实际情况由地区自行制定的。地区人口计划是全国人口计划的组成部分，是国家人口计划的具体实践单位，必须保证完成国家下达的规划指标。

基层人口计划包括农村基层人口计划和城镇基层人口计划两类。农村基层是指乡以下，城镇基层是指街道、居民委员会和机关、厂矿、学校等单位。基层人口计划是根据本地、本单位的具体情况，如人口的年龄结构、性别构成、育龄夫妇数量等来制定的。它是人口计划中最具体的计划。

虽然中国人口计划根据不同情况包含不同的计划内容，但在编制人口计划时，不论是哪一类人口计划，计划期末的人口总数始终是计划的主要指标。人口总数是表明计划期末全国、地区或基层单位人口增长的规模。这一指标是国家制定国民经济其他各项计划的出发点和基础数据。总之，中国的人口计划内容不是一成不变的，它随时间、地区、任务的不同而有所不同，根据实际情况来调整其基本内容，以适应人口控制的需要。

一 由 来

计划生育属于人口政策。而所谓人口政策，简单来说，是指一个国家（或一个地区）的政府为干预、调节人口变动和人口发展过程而制定的法令和措施的总和，或提出的作为措施基础的原则。[①] 人口政策就其本身性质而言，属于上层建筑，是统治阶级的意志在人口领域中的集中体现，它建立在一定的社会经济制度的基础之上。[②] 自 1949 年新中国成立以来，我国的生育政策随着国情的发展不断调整，历时几十年，过程一波三折，最终形成计划生育政策。

中华人民共和国建立初期，人口发展一度处于自发的、非计划的状态。中央政府没有提出明确的人口政策，而且禁止绝育、严格限制人工流产和节育等行为起到了鼓励生育的作用。1950 年 4 月，中央人民政府卫生部和中国人民革命军事委员会卫生部在《机关部队妇女干部打胎限制的办法》中，规定"为保障母体安全和下一代之生命，禁止非法打胎"。[③] 1952 年 12 月，《限制节育及人工流产暂行办法》指出"凡违反本办法自行实施绝育手术或人工流产者，以非法堕胎论罪，被手术者及实行手术者均由人民法院依法处理"。[④]

1953 年，我国进行了第一次全国人口普查，调查显示总人口突破 6 亿，人口自然增长率高达 23‰。次年 5 月，在部分机关干部的要求下，邓小平作出批示："我认为避孕是完全必要的和有益的……应采取一些有效的措施"。[⑤] 同年 11 月，卫生部发布《关于修改避孕和人工流产暂行办法》和《关于改进避孕及人工流产问题的通报》，对自愿节育行为表示认

---

① 刘铮主编：《人口学辞典》，人民出版社 1986 年版，第 43 页。

② 同上书，第 370 页。

③ 杨魁孚、梁济民、张凡：《中国人口与计划生育大事要览》，中国人口出版社 2001 年版，第 2 页。

④ 彭珮云主编：《中国计划生育全书》，中国人口出版社 1997 年版，第 59 页。

⑤ 同上书，第 461 页。

可，12 月，刘少奇在关于节制生育问题座谈会上指出，人口增加后困难会很多，不光是家庭有困难，社会和国家也会出现困难。1956 年初，《1956—1967 年全国农业发展纲要（修正草案）》规定，要在少数民族地区以外的一切人口稠密的地方，宣传和推广节制生育，以减少因为子女过多导致家庭负担过重、人口素质停滞不前的问题。9 月，《关于发展国民经济第二个五年计划的建议的报告》首次正式申明中国政府赞成适当的节育。在接见南斯拉夫妇女代表团时，毛泽东提到："社会的生产已经计划了，而人类本身的生产还是处于一种无政府和无计划的状态中。我们为什么不可对人类本身的生产也实行计划呢？我想是可以的。"①

1957 年 7 月，马寅初在《人民日报》上发表《新人口论》，提出控制人口的主张，引起强烈的社会反响。同年，我国人口从 1949 年的 5.4 亿增长到 6.5 亿。也就是说新中国建立仅仅 8 年时间，我国人口就增加了 1.1 亿。无计划生育使我国很快迎来第一次生育高峰期。1950—1958 年短短八年间，年均出生人口 2075 万，年均净增人口 1244 万。妇女总和生育率居高不下，一直维持在 6 左右。1962 年，《中共中央、国务院关于认真提倡计划生育的指示》出台，标志着今天广为人知的"计划生育"这一概念被正式提出和提倡，并引向政策范畴。

二 何为"计划"？

1982 年，党的十二大报告明确提出："实行计划生育是我国的一项基本国策。"同年 12 月颁布的《中华人民共和国宪法》第二十五条规定："国家推行计划生育，使人口的增长同经济和社会发展计划相适应。"现行《宪法》第四十九条明确规定："夫妻双方有实行计划生育的义务。"无论是政策规定还是法律规范，都是国家从制度层面对农民的生育行为进行控制。2001 年，第九届全国人大第二十五次会议通过了《中华人民共和国人口与计划生育法》，标志着国家通过法律形式确立了计划生育这一基本国策的法律地位。为推进基层计划生育民主管理、民主监督，保障群

---

① 杨魁孚、梁济民、张凡：《中国人口与计划生育大事要览》，中国人口出版社 2001 年版，第 12 页。

众的知情权、参与权和监督权，维护群众的合法权益，2008 年 9 月，国家人口和计划生育委员会、中国计划生育协会印发了《计划生育村民自治规范》。

随着计划生育的实行，生育决策权由家庭转移至国家。作为计划生育工作实施主体的国家规定了家庭生育的时间、生育数量和生育间隔，并且有权对不符合计划生育政策的家庭生育行为进行法律制裁和处分。

（一）控制初婚年龄

1950 年和 1980 年的《婚姻法》都对最低法定年龄作出明确规定。1950 年，我国颁布了第一部《中华人民共和国婚姻法》，规定婚姻自由，提倡男女平等。婚姻法规定最低结婚年龄为男 20 周岁，女 18 周岁。1963 年，三年困难时期后的补偿性生育高峰期造成生育率猛增，国家开始提倡晚婚，规定初婚者年龄男满 28 岁、女满 25 岁以上属于晚婚。但是现实中，早于晚婚年龄结婚的现象普遍存在。1980 年，新《婚姻法》颁布，结婚年龄规定为"男不得早于 22 周岁，女不得早于 20 周岁"，并将晚婚年龄各向后推 3 年，控制在男 25 周岁以上，女 23 周岁以上。结婚年龄直接影响妇女的生育年龄，结婚时间越早，生育的时间也会相对越提前。而总和生育率是考察平均每个妇女一生中生育多少个孩子的指标。就个人而言，在不受外界限制和干扰的情况下，妇女结婚越早，那么她在一生中生育孩子的数量也就多。从整个社会人口的发展来看，妇女结婚越早，那么人口再生产周期也越短，人口增长频率也越快。

根据 1982 年全国 1‰人口生育率抽样调查，1949 年以后城乡女性平均初婚年龄均低于当时最低法定年龄。1949 年，我国妇女平均初婚年龄最低，为 18.57 岁，其后缓慢上升，到 1979 年达到 23.12 岁。其中，1949—1970 年，平均婚龄上升较慢，22 年只上升 1.62 岁。1971—1979 年，平均婚龄上升速度加快，短短 8 年就上升了 2.83 岁，这与 70 年代初国务院成立计划生育领导小组，大力提倡晚婚晚育是分不开的。从 1980 年开始，我国妇女的初婚年龄始终维持在 22 岁左右，上下波动不大。

（二）计划人口数量

一方面，制定国家人口计划。1970 年 2 月，周恩来在全国计划会议上提出"70年代人口要注意计划生育"[1]。同年6月,周恩来在接见卫生部军管会全体人员时的谈话中更加明确地指出:"计划生育属于国家计划范围,不是卫生问题,而是计划问题。你连人口增加都计划不了,还搞什么国家计划!"[2] 由此,计划生育正式纳入国民经济发展计划,成为国民经济计划的重要组成部分。1971年,国务院对人口进行计划,提出在"四五"计划期间,逐年降低人口自然增长率,到1975年将一般城市人口自然增长率降到10‰左右,农村降到15‰以下。1973年,国家提出"晚、稀、少"的方针。同年7月,国务院成立计划生育领导小组,开始每年编制人口计划,对各地人口增长制定计划、提出要求。1980年9月,在第五届全国人民代表大会第三次会议上,正式宣布实行计划生育政策,提倡一对夫妻只生育一个孩子,家庭生育计划有了国家政策性规定,以便尽快控制人口增长率,在本世纪末将全国总人口控制在12亿以内。1996年3月,全国人大八届四次会议批准的《国民经济和社会发展"九五"计划和2010年远景目标纲要》规定:"九五"期间,人口自然增长率要控制在年均1.083%。

另一方面,计划家庭生育数量。1978年10月,中央转批《关于国务院计划生育领导小组第一次会议的报告》,进一步明确了"晚、稀、少"的内涵,即"晚"是指是女23周岁、男25周岁结婚为晚婚,"稀"是指生育间隔为3年以上,"少"是指一对夫妻生育子女数最好一个最多两个。1982年,中共中央一号文件强调:"我国人多地少,控制人口,保护耕地是我们的重大国策。"同年,中共中央十一号文件提出:"我们党和政府的各级领导和广大干部必须有针对性地向全体人民进行长期的、深入的、坚定不移的宣传教育,让越来越多的人真正懂得开展计划生育、控制人口增长的重大意义以及这个任务的迫切性、艰巨性,逐步变成大家的自觉行动。"[3] 并具体规定:除特殊情况经过批准外,城镇居民,国家干部、职工、一对夫妇只生育一个孩子;农村普遍提倡一对夫妇只生育一个孩

① 史成礼:《中国计划生育活动史》,新疆人民出版社1988年版,第157页。
② 同上书,第136页。
③ 中共中央、国务院:《中共中央、国务院关于进一步做好计划生育工作的指示》(中发【1982】11号)。转引自史成礼:《中国计划生育活动史》,新疆人民出版社1988年版,第18—20页。

子，某些群众确有实际困难要求生二胎的，经过审批可以有计划地安排。严令禁止生三胎。同时，将少数民族地区也纳入计划生育政策推行范围。续提倡晚婚、晚育、少生、优生，控制人口数量以此提高人口素质。1984年4月，中共中央批转国家计划生育委员会党组《关于计划生育工作情况的汇报》，重新调整了规定，提倡在农村推行一孩政策，同时根据实际情况开放生育二胎条件。1989年2月，在全国计生委主任会议上，国务院对现行的计划生育政策作出全面阐述，明确了农村的"独女户"可以生育二胎。

在国家进行生育控制后，我国人口增长的速度得到控制，人口总和生育率整体呈下降趋势。以江苏省为例，从1950年到1990年，总和生育率随着经济基础和上层建筑的不断变化，历经几次起伏。40年间，全省有11个年份综合生育率超过5，其中最高的一年是1963年，达到6.66。

1950—1990年江苏省历年总和生育率　（单位：个）①

年份	总和生育率	年份	总和生育率	年份	总和生育率	年份	总和生育率
1950	3.91	1960	3.66	1970	4.61	1980	1.61
1951	4.31	1961	3.15	1971	4.05	1981	2.02
1952	5.23	1962	5.49	1972	4.21	1982	2.14
1953	4.80	1963	6.66	1973	2.71	1983	1.73
1954	5.46	1964	5.30	1974	2.54	1984	1.61
1955	5.45	1965	5.43	1975	2.23	1985	1.58
1956	5.06	1966	5.53	1976	2.18	1986	1.80
1957	5.92	1967	4.37	1977	1.97	1987	2.04
1958	4.87	1968	5.22	1978	1.88	1988	1.71
1959	3.97	1969	4.56	1979	1.82	1989	1.94
						1990	2.01

1950—1958年，江苏省迎来第一个生育高峰期，总和生育率基本在4.0到5.0之间波动。这一时期正值国家第一个五年计划，国民经济逐渐

---

① 江苏省地方志编纂委员会：《江苏省志·人口志》，方志出版社1999年版，第351页。

恢复，人民的生活重回正轨，加之国家鼓励生育，结婚和生育人数不断增加。1959—1961 年，是三年经济困难时期，人民生活水平显著下降，妇女生育行为受到极大影响。这一时期的总和生育率始终徘徊在 3 左右，生育率陷入低谷。同时，持续地"饥荒"使得死亡率高于出生率，人口出现负增长。1962—1972 年，江苏省进入第二个生育高峰期，总和生育率每年都在 4 以上，年平均值高达 5.12，这一高峰期持续了 10 年之久。这既是三年困难时期后的补偿性生育的结果，又是"文化大革命"期间的计划生育无政府状态所导致的。1973—1985 年，在意识到人口危机的情况下，国家提出计划生育政策，开始推行"晚、稀、少"的生育政策，提倡"一对夫妻只生一个孩子"，计划生育工作得到严格执行。在国家主导下，总和生育率由 1973 年的 2.71 下降到 1985 年的 1.58，人口增长速度得到有效控制。1986—1990 年，受上一次生育高峰期的影响，那一时期出生的人陆续进入婚育年龄，总和生育率出现回升，在 2 上下波动。加之 1985 年后，对农村独女户实行"开口子"政策，即允许农村独女户可以再生一个孩子，生育数量有所增加。

三　宣传与组织

计划生育是政府领导的一项移风易俗的艰巨任务，其目标是破除人们千百年来延续下来的传统生育观念，重塑与现代化发展要求相适应的新型生育文化。在移风易俗的过程中，仅有国家和地方性政策法律法规等硬性规定和约束还远远不够，如何让农民知法懂法，并心甘情愿的按照制度规范行事呢？

（一）计划生育标语

在农村，标语是最重要的政策宣传工具。农民文化水平普遍很低，读不懂长篇大论的政策文件，但是短短几个字的标语能朗朗上口，很容易被他们熟记。20 世纪 50 年代开始，各行各业开展工作一般都惯性地提出标语，一项工作如果没有标语，似乎就意味着不重要、不紧迫，大家干起来也就不积极、不认真。农村中普及面最广、保留时间最长的标语当数计划生育标语。70 年代，计划生育作为我国的一项基本国策，在全国各地被

"疯狂"地刷上墙，计划生育标语随处可见，并且反映出极强的时代性。

早期的计划生育标语表达生硬，且带有强烈的革命性。如 20 世纪 70 年代的"深入批林批孔，提倡晚婚节育""为革命实行晚婚和计划生育""放手发动群众，大搞群众运动，掀起实行晚婚和计划生育的新高潮"等等。进入 80 年代，随着社会的发展和人民文明程度的提高，计划生育标语去革命化，形式更加多样。1982 年，《公开信》一经发表，其中的一句"只生一个好"凭借着思辨与不生硬的口吻迅速获得社会的普遍认可，随即被刷上墙并广泛流传。至今，许多地方仍保留着这条标语。这一时期标语的共同特点是简洁有力，多选取当前政策、法律、法规中的一句话，如"实行计划生育是我的一项基本国策""晚婚晚育，少生优生""降低人口数量，提高人口素质"等。但是，80 年代初期亦是计划生育实行最为严格的时期，计划生育工作完成的好坏直接与基层干部政绩考核挂钩，实行计划生育"一票否决"制。为了按期完成人口计划任务，村内领导在宣传无效的情况下往往会采取强制性手段治理超生行为，这一点也反映在计划生育标语中，如"该扎不扎，房屋倒塌；该流不流，扒房牵牛""一人超生，全村结扎""谁不实行计划生育，就叫他家破人亡""普及一胎，控制二胎，消灭三胎"等等。可见，当时农村计划生育工作的艰巨。90 年代以来，以往"硬口号"类命令式的宣传标语逐渐减少，取而代之的是更加人性化的"软口号"类标语，如"生男生女一样好""少生快富奔小康""女儿也是传后人"等等。20 世纪以来，计划生育的标语也与时俱进，涌现出如"以计划生育为荣，以重男轻女为耻""科学生育营造家庭幸福的港湾""少生优生，靓丽人生""爱护人口环境、共建美好家园"等等。

经过多年的宣传，如今计划生育这项基本国策在农村已经家喻户晓。农民多子多福的传统生育观念逐渐转变，新的生育文化正在形成。在许多地区，特别是经济较发达的中东部省份的农村，农民生育的意愿不再像以前那样强烈，自愿只生一胎的农民增多。

（二）计划生育宣传月

1982 年 12 月 6 日，中共中央宣传部、中国人民解放军总政治部、国家计划生育委员会、卫生部、文化部、广播电视部、全国总工会、共青团中央和全国妇联等九大部门联合发出关于开展全国计划生育宣传月活动的通知，掀起了计划生育宣传的高潮。通知指出为了有效地控制来年的人口增长势头，开创计划生育工作的新局面，从 1983 年元旦到春节期间，将以农村为重点，首次在全国范围开展计划生育宣传月活动。

中央"十二大"确定了人口控制的目标，在以后 18 年内全国每年净增人口数必须控制在 1037 万，年平均自然增长率不能超过 9.5‰。这是根据我国长期以来在人口问题上所获得的经验教训和人口现状而作出的重大战略决策。这个任务非常艰巨，但又是必须完成的。所以，中央要求计划生育工作不能有丝毫的松懈，尤其是前十年。这关系到我国社会主义物质文明和精神文明建设的大局，更关系到国家、民族的根本利益和长远利益。正是在这种现实压力和需要下，1983 年 1 月 1 日，全国计划生育宣传月活动正式全面展开。根据"十二大"的精神，计划生育宣传月活动的主要内容是：一是以农村为重点。结合农业生产工作的年终总结，做好计划生育工作年终总结。生产队和生产大队要召开群众会议，在总结上一年计划生育工作的基础上做好下一年的人口计划；二是使计划生育这项基本国策家喻户晓，通过各种宣传方式提升农民对计划生育政策的认知度。干部要同群众一起算好国家、家庭和个人这三笔账，通过对比解放初期与当前农民的人均耕地、人均口粮、人均收入等账，使农民自觉响应政策号召；三是宣传教育要落实在实行计划生育的行动上。全国各地除少数民族外，对于已经生了两个孩子的育龄夫妇，要动员其采取永久、安全、有益健康的节育措施，杜绝生三胎，其目的是：使各级领导干部加深对实行计划生育重大战略意义的认识，真正做到"两种生产一起抓""两种责任制"一起建立；使党员和团员干部真正做到"三带头"，即带头宣传、带头实行计划生育，带头破除封建思想；使广大群众，特别是农村的每一对育龄夫妇都知晓政策，懂得避孕、节育、优生等常识，自觉坚持晚婚、晚育、少生、优生，有效落实节育措施；发现和培养计划生育的积极分子，建立一支计划生育的骨干队伍和宣传网点，使计划生育工作常态化、制度化。在计划生育宣传月期间，宣传方式也不拘一格、形式多种多样，发挥了很好的宣传作用。一是面对面的宣传，各级党政军主要领导亲自向干部、群众进行宣讲；二是新闻宣传，报刊、电台、电视台发表社论、评论以及新闻报道，展开"地毯式"的宣传；三是文艺宣传，有线广播、电影、电视、幻灯、戏剧、曲艺、音乐等宣传单位，运用各种文艺形式形象、生动地进行宣传。

为了迎接首次计划生育宣传月活动，四川省积极行动，在全省 18 个地区和大部分县都成立了计划生育宣传月活动领导小组或办公室。通过培训使计划生育工作的技术人员和宣传骨干熟悉计划生育方针政策，懂得人口理论的基本知识和避孕、节育常识。温江地区和所属各县正在对 1200 多名节育技术人员进行培训和考核。各县和公社还普遍培训了基层宣传骨干，要求做到每个生产队有二至三名宣传骨干。这个地区还制作了宣传计划生育的《梁嫂与秀才》等幻灯片 113 部，印制了包括小戏、曲艺等文艺节目在内的文艺专辑 6000 本。① 1983 年 1 月 2 日的《人民日报》头版对全国计划生育宣传月活动第一天的盛况做了报道："……今天早晨开始，从北京到边疆，从沿海城市到内地集镇，人们纷纷行动起来，组成成千上万的计划生育宣讲团、宣传队和计划生育技术工作队，乘坐五彩缤纷的宣传车或徒步，深入大街小巷、村落社队，向群众宣讲人口问题的严重性，宣传计划生育和工农业年总产值翻两番的关系，帮助群众开展算账对比活动，逐一落实计划生育和节育措施……"②

（三）计划生育协会

1980 年 5 月 29 日，中国计划生育协会成立，它是在世界上人口最多的国家中，以倡导人民群众计划生育、生殖健康为目标的全国性、非营利性的群众团体。自成立以来，坚持全心全意为广大育龄群众服务的宗旨，在组织群众自我教育、自我管理、自我服务的同时，动员和协调社会各方面的力量，把计划生育同发展经济、提高生殖健康水平、建设文明幸福家庭相结合，千方百计帮助群众解决生产、生活和生育中的实际困难。计划生育协会是在我国计划生育工作方式由行政管控转向干群共管下应运而生的，开创了行政管理与群众工作相结合的计划生育管理新道路。

随着中国计划生育协会的成立，地方各级协会也在探索中相继成立。

---

① 《四川各地为计划生育宣传月作好充分准备》，《人民日报》1982 年 12 月 29 日第 3 版。

② 《以农村为重点进一步落实计划生育措施首次全国计划生育宣传月活动全面展开》，《人民日报》1983 年 1 月 2 日第 1 版。

计划生育工作的重点在农村，难点也在农村，难就难在农民的思想观念难扭转、计生干部的强行管理难奏效。计划生育政策执行之初，由于农民传统观念阻力大，行政部门不得不采取强制性手段进行控制，造成干群关系紧张。"征粮收款、刮宫引产"是基层计生干部工作职责的真实写照。干部下乡，特别是计生干部进村，村民们唯恐避之不及，生怕惹上麻烦。当时，村民们闻"计划生育"色变，连家中的小孩都会被吓住。在吓唬小孩时，用一句"抓计划生育的来了"比什么都管用。中国共产党的力量在于群众，群众的力量在于组织。如果不把群众很好地组织起来，其积极性和责任感就难以充分发挥出来。随着农村村民自治的实施，计生工作的方式和理念也发生转变，逐渐从控制型、命令型、政府管理转向服务型、选择型和村民自治。于是，20 世纪 80 年代末到 90 年代初，农村计划生育协会纷纷成立，成为了党和政府联系群众、做好群众思想工作的一条重要渠道和纽带。1988 年，山东省淄博市渭二村成立计划生育协会，开始了对计划生育实行民主管理和民主监督，见下文：

渭二村计划生育协会章程（摘要）①

1、本协会以马克思列宁主义、毛泽东思想为指导，坚持四项基本原则，贯彻执行党和政府的计划生育方针。为村两委搞好计划生育当好参谋和助手。

2、本协会的宗旨是团结、组织全社会力量来支持和参加计划生育工作，积极维护人民的总体利益，并积极参与民主管理和民主监督，控制人口增长，提高人口素质。

3、本协会坚持依靠会员开展服务活动。用民主说服、启发、引导的方法进行工作。

4、根据村两委对计划生育工作的要求，组织会员带头实行计划生育，开展群众性的自我教育，自我管理。

5、宣传马克思列宁主义人口理论，宣传党和政府的计划生育方针政策，宣传避孕节育和优生、优育、优教科学知识，提高群众实行计划生育的自觉性。

---

① 渭二村志编纂委员会：《渭二村志》，中华书局 2001 年版，第 67 页。

6、全心全意为育龄妇女提供各种服务。为育龄妇女排忧解难。

7、及时反映会员的意见和要求，参与民主管理，民主监督，发挥桥梁和纽带作用。

8、组织计划生育研讨会、报告会和培训会员。

渭二村计划生育协会章程明确了计划生育协会的宗旨、作用、工作内容、工作方式和目的。其中，宗旨是团结、组织全社会力量来支持和参加计划生育工作，积极维护人民的总体利益，并积极参与民主管理和民主监督，控制人口增长，提高人口素质。作用是协助村两委搞好计划生育。工作内容是组织会员带头实行计划生育，宣传人口理论、方针政策、避孕节育和优生优育知识，为育龄妇女提供服务，向村委会反映会员意见和要求、组织相关活动。工作方式是依靠会员带头开展服务活动，用民主说服、启发、引导的方法进行工作。目的是实现计划生育村民自治。农村计划生育协会是农民自己的组织，会员是农民中的一员，在工作中充分发挥了村民自治的作用。在农村，计划生育协会有其先天的优势。一方面，计划生育协会可以随时了解村民的意愿和要求，及时反馈给党支部和村委会。由于地缘因素，会员与农民大都非亲即友，朝夕相处，对农民的想法和要求最了解；另一方面，会员能够在日常生活中发挥潜移默化的作用，如在茶余饭后、田间地头，随时随地做思想工作，达到"心不慌、脸不红、说说笑笑思想通"的效果。

2002年，杨魁孚、肖万钧、王景水在浙江调查时深感农村计划生育协会的重要成效。通过对浙江10个县、100个农户的调查，他们那里的计划生育工作已经出现新的局面。一是低生育率一直保持稳定水平。在过去一年中，这50个村没有一户出现计划外生育。近十年来，人口出生率稳定地控制在10‰以下，人口自然增长率控制在5‰以下。育龄妇女平均生育孩子1.1人，45%的家庭领取了独生子女光荣证；二是农民的婚育观念有了明显转变。千百年来，"多子多福、传宗接代"的旧思想基本破除，"少生优生、幸福一生"的新型生育观念正为人民所接受。计划生育由政府"要我计划"变成了"我要计划"；三是做好"两种生产"一起抓。这些村的计划生育协会将计划生育与脱贫致富有机结合起来，开展了以"少生优生、富裕文明、健康幸福"为目标的新家庭计划活动。农民的生活水平逐渐提高，有农民感叹道："计划生育搞得好，小康生活来得早"。这样的成效在山东省沂南县和庄村也得以体现。山东省沂南县和庄村，以前是个经济贫穷、生育失控、治安混乱的落后村，1988 年计划生育协会成立后，在党支部的领导下，协助村委会动员全村群众参与计划生育和民主法制、精神文明建设，开展"学雷锋、讲奉献、我为和庄添光彩"和评选文明幸福家庭等活动，激发了广大群众的荣誉感和上进心，全村面貌大变，已连续 12 年无计划外生育，人均收入达 3000 多元，成为"小康村""文明村"。[①]

四 "计划"的实施

作为一项基本国策，计划生育政策可谓是"长寿政策"，广泛而持久地实施了 30 余年。同时，计划生育政策也是一项"高效政策"，自实施以来，使我国的人口再生产类型发生了历史性转变。中国人口出生率由 20 世纪 60 年代中期的 40‰下降到 21 世纪初的 15‰以下，同期人口自然增长率也由 30‰下降到 10‰以下。总体来看，中国人口高速增长的势头已经减缓，妇女总和生育率稳定在"更替水平"之下，人口再生产类型也实现了从高出生、低死亡、高自然增长转向了低出生、低死亡、低自然增长。可以断言，如果没有计划生育政策的强势推行，中国人口再生产转型将会推迟几十年。

然而，计划生育政策在全国范围的贯彻实施并非千篇一律。1984 年，在分析了当时中国计划生育实际情况之后，中共中央强调要把计划生育政策建立在合情合理、群众拥护和干部好做工作的基础上。为进一步完善计划生育政策，提出在农村有控制地放宽政策，以"开小口子"的方式来堵住"大口子"。同时，要求根据不同地区的经济、文化、人口构成和计划生育工作开展情况等条件，从实际出发，因人而异、因地制宜，实行分类指导。具体来说，一是少数民族比汉族宽松；二是农村比城市宽松；三是边远、人口稀少地区比人口密集地区宽松。

---

① 姜春云：《充分发挥计生协会作用做好群众思想政治工作——纪念中国计划生育协会成立二十周年》，《人民日报》2000 年 5 月 31 日第 5 版。

（一）民族差异

中国是拥有 56 个民族的大家庭。由于历史原因，少数民族地区发展滞后。因此，在 1949 年以后国家对少数民族地区实行区别对待，制定了许多不同于汉族地区的政策法规，其中包括生育政策。为保存少数民族的延续性，我国对少数民族实行鼓励的生育政策。

20 世纪 50 到 70 年代，我国对少数民族积极推行"人口兴旺"的生育政策。一个民族要发展，首先需要有一定的人口数量和劳动力。有了人口再生产才能保证物质资料再生产，同时物质资料再生产反作用于人口再生产，为人类生存提供最基本的生活和生产资料，使民族延续。1971 年至 1981 年，在全国广泛推行计划生育政策的影响下，对少数民族地区的人口控制也提上了议事日程。1982 年至今，因地制宜地提出少数民族计划生育政策。如规定人口在一千万以下的少数民族地区，允许一对夫妻生育第二胎，个别的可以生育第三胎，绝不允许生育第四胎。

少数民族的人口控制政策主要体现出两大特点：一方面，因地制宜采取措施。根据国家提出的政策要求，结合各地区民族自治的基本原则，有权决定本地区开展计划生育时间、要求和措施等。另一方面，区别对待、分类指导。在计划生育政策上，不仅汉族与少数民族之间存在差异，各少数民族之间也各不相同。少数民族地区的计划生育工作不仅在时间上晚于汉族，在空间上也更加宽松和灵活，实行"适当放宽""区别对待"的生育政策。例如，规定夫妻双方为少数民族可以生育二胎的有 10 个省（市、自治区）；可以照顾生育三胎的有内蒙古自治区和福建省；可以生育四胎的有新疆维吾尔自治区；江西省对少数民族生育政策限制较严格，规定双方均为少数民族且居住在县以上人民政策确定的少数民族聚居区的家庭生育了一胎的，可以再生育第二胎；江苏省、湖北省对于少数民族生育问题没有做出明确规定。

目前，全国各省、自治区、直辖市对少数民族制定的生育政策总体可以分为三类。第一类是五个自治区和少数民族聚集的云南、贵州、青海等省份的少数民族生育政策。第二类是吉林、辽宁、黑龙江、河北、浙江、湖北、湖南、广东、海南、四川、甘肃等省份的少数民族生育政策。第三类是北京、天津、山西、上海、江苏、安徽、福建、江西、山东、河南、陕西等省（市）的少数民族生育政策。

内蒙古自治区规定：夫妻双方均为蒙古族的可以生育两个子女。非城镇户籍的蒙古族人，经过批准可以生育第三胎。提倡达斡尔族、鄂温克族、鄂伦春族人少生优生，并对想要节育的家庭提供技术服务。蒙古族、达斡尔族、鄂温克族、鄂伦春族以外的其他少数民族，一对夫妻只可生育两个子女，禁止生育第三胎。广西壮族自治区规定：夫妻双方均为人口在一千万以下的少数民族，如瑶族、苗族、侗族、仡佬族、毛南族、回族、京族、彝族、水族、仫佬族等，经过批准可以有计划地生育第二胎，但生育间隔不得少于4年。西藏自治区规定：对于藏族和其他少数民族干部、职工和城镇居民，提倡一对夫妻生育两个子女。对于农牧区的少数民族不限制生育数量，只提倡晚婚晚育、优生优育。如有自愿实行计划生育的，给予技术指导。宁夏回族自治区规定：夫妻双方或一方是少数民族的职工、城镇居民和农民，均可生育两胎；一些山区的少数民族农民可以生育第三胎。新疆维吾尔自治区规定：城镇少数民族居民一对夫妻只可生两个子女，农牧民一对夫妻可以生育三个孩子。符合特殊条件的夫妻可以多生育一胎。云南省、贵州省、青海省对于少数民族的生育政策大致相同：少数民族可以生育两胎，有特殊情况者可以酌情再生一胎。对总人口数稀少的民族，不限定生育指标。

吉林、辽宁、黑龙江、河北、浙江、湖北、湖南、广东、海南、四川、甘肃等省份有一个共同点，就是有少数民族集聚区，建有少数民族自治州或自治县。一般地，这些省份规定少数民族夫妻可以生育两胎。譬如，浙江省规定夫妻双方均为少数民族的，经过批准可以按计划生育第二胎；夫妻双方均为农业户口的农民、渔民，若一方为少数民族且具有两代以上户籍的，经过批准也可以按计划生育两胎。吉林省规定：夫妻双方均为少数民族的允许生育两胎，但生育间隔要4年；夫妻若有一方是少数民族的，可以生育两胎，但生育间隔要达到8年。

北京、天津、山西、上海、江苏、安徽、福建、江西、山东、河南、陕西等省（市）的共同点是都属于少数民族杂居地区，当地在制定计划生育政策时都考虑了少数民族的特殊性。如北京、上海、天津这三个直辖市规定在符合一定条件的情况下，少数民族夫妻可以生育二胎；其他省份规定夫妻双方是少数民族的经批准可以生育第二个子女。

（二）城乡差异

独生子女政策与广大农村地区群众的生育意愿差距甚大，使得计划生育政策在执行的过程中遭遇重重困难。为此，1982 年 10 月，中共中央办公厅、国务院办公厅联合转发了《全国计划生育工作会议纪要》，其中明确了为照顾某些有困难的农村家庭生育二胎的十种情况：独生子女结婚的；重新组合的家庭，一方原来只有一个孩子，另一方为初婚的；男子到独女户家结婚落户的；婚后多年不育，抱养一个孩子后又怀孕的；第一个孩子有非遗传性残疾，无法成为正常劳动力的；兄弟中只有一人有生育能力的；两代或三代单传的；残废军人；夫妇均为归国华侨的；边缘山区和沿海渔区的特殊困难户。1986 年 12 月，中共中央再次对农村的独女户放宽条件，规定间隔若干年后，独女户可以生育第二胎。1988 年 3 月，中央政治局常务委员会原则同意国家计划生育委员会起草的《计划生育工作汇报提纲》，提纲提出有条件地放开二胎政策，城镇民居，国家干部和职工，除特殊情况经过批准以外，一对夫妻只能生育一个孩子；乡村某些确实有实际困难的，包括独女户，要求生育二胎的，经批准可以间隔几年后生育第二胎；但是决不允许生育第三胎。

20 世纪 80 年代中后期到 90 年代初期，全国各地结合本地实际，先后颁布了地方性计划生育条例，计划生育政策出现多元化。这一时期，农村人口计划生育政策大致有三类情况：第一类是一对夫妻只能生育一胎，并严格控制照顾生育二胎的情况，规定比例不得超过 10%。如北京、上海、天津、江苏、四川五个省份实行这一政策。第二类是独女户可生育二胎。如河北、山西、辽宁、浙江、山东、河南、湖南等 18 个省、自治区实行这一政策。第三类是基本允许生育两胎，如宁夏、青海、广东和海南等。

（三）地区差异

以"政策生育率"[①] 这一项指标为依据，有学者对全国 420 个地区（地级市）1999 年统计数据进行分析，揭示了中国生育政策的多样性。由

---

① "政策生育率"是指一个地区如果完全按照计划生育政策的规定生育，该地区平均每个妇女终身生育的孩子数。

下表可见，西部地区实际执行二孩和三孩政策的比例远高于东部地区和全国平均水平。西部地区执行二孩和三孩政策的比例分别为 22.2% 和 4.2%，远高于东部地区的 4.3% 和 0.3% 及全国平均水平的 9.7% 和 1.3%。而东部地区有超过一半的人口执行 1.5 孩政策，42.0% 的人口执行一孩政策，西部地区执行一孩和一孩半政策的人口则相对较少，分别为 39.4% 和 34.2%。由此可见，西部地区在计划生育政策在实际执行中确实比东部地区宽松。

按实际执行生育政策类型的人口分布　　　　（单位：%）①

	1 孩政策	1.5 孩政策	2 孩政策	3 孩政策
东部	42.0	53.4	4.3	0.3
西部	39.4	34.2	22.2	4.2
全国平均	35.4	53.6	9.7	1.3

然而，由于我国幅员辽阔，各地区自然地理条件差异大，这在无形中为东西部人口自然变动划开了界限，制定区别对待的计划生育政策也在情理之中。例如 80 年代中期的陕西省，由于自然条件相对恶劣，所生孩子的存活率相对较低，平均子女的死亡率相当于上海市的 2.5 倍。

陕西省与上海市妇女平均生育子女数及存活状况比较

（单位：个；%）②

	平均生育子女数	平均存活子女数	子女死亡率
陕西	2.80	2.53	96.43
上海	1.54	1.48	38.96

从各地的执行情况来看，现行计划生育政策可以归纳为以下四种类型：第一种是一孩政策，即严格执行独生子女政策。实行这一政策的地区包括全国城镇居民和北京、天津、上海、江苏、四川、重庆等 6 省（市）的农民；第二种是一孩半政策，即若第一胎为女孩的，允许生育第二胎。实行这一政策的地区包括浙江、安徽、福建、江西、河北、河南、湖北、

---

① 郭志刚等：《从政策生育率看中国生育政策的多样性》，《人口研究》2003 年第 5 期。

② 中国人口情报中心：《中国人口资料手册》1986 年版，表 22。

湖南、广东、广西、山西、辽宁、吉林、黑龙江、商定、贵州、甘肃、内蒙古等 19 个省（自治区）的农民；第三种是二孩政策，即经批准可以生育第二胎。实施这一政策的地区有海南、青海、云南、宁夏、新疆等 5 省（自治区）的农民；第四种是三孩以上政策，实施这一政策的地区有黑龙江、海南、云南、宁夏、新疆等地区的人口稀少的少数民族、牧区少数民族农牧民、边境地区少数民族居民、前两个孩子均为女孩等特殊情况，可以照顾生育第三胎；新疆少数民族夫妻再婚前合计只生育三个子女的，经批准可以再生育一个孩子；西藏自治区对藏族农牧民没有生育数量的限制。

实行不同的生育政策必将导致不同的政策后果，中部地区的广东省与西部地区的四川省就是两个较为典型的案例。四川省的经济社会发展水平明显落后于广东省，根据 2000 年人均 GDP 情况，四川省人均 GDP 为 4452 元，广东省的人均 GDP 为 12885 元，两者相差甚远。但由于政策制订和实施力度不同，从获得的成效来看，四川省比广东省明显。见下表，从 1990—2000 年两省的多孩生育率来看，除 1998 年以外，四川省的多孩生育率远低于广东省。从独生子女领证率来看，四川省也是遥遥领先于广东省和全国平均水平。分析可知，这种差距一是与两省份实行的生育政策有关，四川实行的是一孩政策，而广东实行的是一孩半政策；二是与两地计划生育的执行力度有关。

1990—2000 年主要年份四川、广东与全国计划生育执行情况对比

（单位:%）①

年份	多孩生育率			独生子女领证率		
	四川省	广东省	全国平均	四川省	广东省	全国平均
1990	9.89	29.12	19.32	27.81	8.84	18.40
1992	4.78	22.46	12.03	30.42	9.36	19.20
1994	6.85	17.51	9.50	32.45	9.61	20.31
1996	6.86	18.12	6.58	35.33	9.45	21.67
1998	5.51	5.14	4.69	37.42	9.10	21.73
2000	6.10	12.66	5.88	37.73	15.27	22.24

---

① 庄亚尔、张丽萍：《1990 年以来中国常用人口数据集》，中国人口出版社 2003 年版，表 4—7 和表 4—14。

五 农民生育行为选择

面对国家硬性的计划生育政策和基层政府软硬兼施的计划生育工作方式，农民的生育行为呈现出两极分化：一种是农民遵守计划生育政策，自觉实行计划内生育。在婚育新风的影响，农民渐渐转变婚育观念，不再盲目生育，生育行为日趋理性；另一种是农民违反计划生育政策，超生现象屡禁不止。这类农民传统生育观念根深蒂固，节育意识淡薄，重男轻女的思想依然严重。

（一）计划内生育

由于现实生活和精神生活的需要，中国农民有着"早生、多生、生男"的根深蒂固的传统生育观念。1978 年改革开放以后，农民的社会经济地位和生活水平普遍提高，生活需求也发生变化。特别是 20 世纪末期以来，部分地区农民的生育偏好及行为发生了较大的变化，农民从"多生"转向"少生"、从"生男"偏好转向"男女无所谓"。[①] 究其原因主要是以下几点。

第一，农村社会养老保障体系开始建立，改变了传统社会养儿防老的家庭养老模式，对子女养老的需求逐渐减弱；第二，农村和农业现代化的发展改变了传统社会的农耕方式，农业生产的机械化程度显著提高，减少了农业生产对劳动力尤其是男性劳动力的需求，弱化了农民生育的性别偏好；第三，在有多个儿子的家庭，兄弟间相互推诿，不愿赡养老人的情况时有发生，这更加坚定了只生育一个儿子的意愿。如果只生育一个儿子，那么这个儿子就必须担负起赡养父母的责任，而不能将责任推脱给其他人。此外，随着婚姻观念的更新和妇女地位的提升，女儿出嫁后仍然与父母保持密切联系，同样可以担负起照顾父母的责任，这也在一定程度上打消了农民非生儿子不可的心态。

由此可见，农民的生育行为已经从"非理性"转向"理性"。理性就

---

① 邓大才：《农民生育偏好与行为：社会解构模型——对当今部分农民生育偏好及行为逆变的一个解释》，《社会科学研究》2008 年第 5 期。

是讲求生育的成本和收益，传统生育偏好和行为使生育成为"吃亏不讨好"的事情，这是一个理性的人不会选择的事情。1989 年《人民日报》上就刊登了关于农民转变生育观念的文章《生产发展了　文化提高了　观念转变了　义堂村 19 名妇女不要二胎娃》：在村办企业工作的 38 岁张淑梅说："俺不要二胎娃，有人说你咋这么傻？别人托后门找路子还弄不到二胎指标呢。俺早就拿定主意只要一个孩。如今日子好过了，别说有一个女儿，就是没有孩子，老了也不用发愁。再说俺和孩子他爸都在村办企业上班，还想趁年轻多干点事。哪有精力再养孩子。"① 28 岁的何春菊，有个 4 岁的女孩，也退了二胎指标。她说："俺常听广播、看电视，村里也经常组织学习，知道咱国家面临人口危机，困难大。青年人应该响应号召，为国分忧。俺起初退指标还怕公公想不通，没想到老人却来做我们的工作，劝我们退了。"②

　　我国对实行计划生育政策的奖励措施有：一是免费提供避孕药具。避孕药具由医药、化工部门的工厂生产出来后，通过各级避孕药具管理站分发到县，再通过基层计划生育工作人员、医务人员和医药商店分发到育龄夫妇手中；二是免费实行节育手术，并予以奖励。接受节育手术的人，按照国家规定可以享受带薪假期：放置宫内节育装置 2 天，输精管结扎 7 天，输卵管结扎 21 天，人工流产根据月份为 14—30 天。此外，各地、各基层单位还规定给接受节育手术者数量不同的现金奖励和营养品；三是奖励终身只要一个孩子的夫妇。奖励内容包括：延长产假；发给《独生子女父母光荣证》，并且可以按照国家和省、自治区、直辖市的有关规定享受独生子女父母的奖励，一般每月 5 元；多承包土地或减少包产指标；按两个孩子分住房或宅基地；独生子女医疗优先或免费；独生子女入托、入园、入学优先或免费；招工优先；优先照顾独生子女父母进乡镇企业工作；收购农副产品，发放贷款，销售化肥农药等照顾独生子女家庭；其他奖励。但是，由于独生子女奖励强度有限，对家庭的激励效果不明显，尤其是在农民生活水平大幅度提高的情况下，独生子女奖励对于控制人们生

---

① 《生产发展了文化提高了观念变化了义堂村 19 名妇女不要二胎娃》，《人民日报》1989年 12 月 4 日第 3 版。

② 同上。

育行为的改变作用更加有限，因此，计划外生育仍然屡禁不止。

除了经济处罚以外，政府处罚计划外生育的方式主要是控制稀缺性资源的供给。1979 年，山东省日照市计划生育委员会制定的《关于鼓励计划生育的试行规定（讨论稿）》① 中充分展现了政府控制稀缺性资源的处罚手段。

2. 考核干部、发展党团员，评选先进，调资、晋级等都要把是否做到晚婚和计划生育作为政治思想表现的内容之一加以考核。

3. 一对夫妇只生一个孩子并采取节育措施保证不再生育者，发《独生子女证》。其孩子入托、入学、看病，在费用上给予照顾……并由所在单位或大队发给只生一胎的育龄妇女奖金 5—10 元。

4. 只生 1 个孩子或按间隔生 2 个孩子，产期 56 天照发工资或记工分。

5. 在机关、厂矿、企事业单位安排住房优先照顾只生两个孩子和晚婚者，对只生一个孩子的，享受两个孩子的住房待遇。对农村社员婚后只生 2 个孩子特别有女无儿户，其建房时，生产大队应优先给予解决住宅基地所需材料和劳力。

6. 对只生一个孩子和按间隔只生 2 个孩子的，其子女符合劳动就业、招工、征兵条件者，应优先安排一个。对只生两个孩子的干部、职工，可以不上山下乡，对已经下乡的，可优先召回安排工作。

7. 对有女无儿户，可享受其女儿和女婿直系亲属待遇，有女无儿职工，其女婿享有职工顶替的权利，农村社员，享有财产继承权，并有赡养父母的义务。

8. 农村选派社员搞工业、副业及社办工业时优先照顾计划生育好的社员。只生一个孩子的，其子女口粮分配享有同成年人一样的待遇。

……

---

① 日照市计划生育委员会档案，永久 1979 年，卷 16：《关于鼓励计划生育的实行规定（讨论稿）》1979 年 2 月 9 日）。转引自郑卫东：《村落社会变迁与生育文化——山东东村调查》，上海人民出版社 2007 年版，第 143、144 页。

12. 对自留地及社员口粮分配等政策有关政策，都要有利于计划生育，三胎以上分宅基地按两个子女数分。

在这份文件中，政府用于制约人们生育的稀缺性资源范围几乎包括了日常生活的各个主要方面，如选干、入团、评优、子女入托、入学、就医、生育服务、住房分配、农村宅基地、就业、招工、征兵、农村自留地、口粮分配等。倘若这些资源被剥夺了，那么一个家庭的基本生存就会遭到影响。

为了更加深入细致地了解农民的生育行为选择逻辑，笔者对江西省上饶县新田村农民的生育情况进行了实地调查。通过调查农民的生育数量、生育间隔、生育意愿、对计划生育的看法等，得出以下几个基本结论：第一，计划生育政策是影响农民生育数量的主要原因；第二，农民的传统生育观念有所转变，不认为孩子越多越好，但至少要有一个儿子；第三，养育儿子的成本太高降低了农民对儿子数量上的需求；第四，城市化促使农民生育数量减少，生男偏好减弱。以下是笔者与两个村民的访谈记录：

案例一：徐 X，69 岁，女。

笔者：奶奶，您好！您有几个子女？

徐 X：七个。一个儿子，六个女儿。都成家立业了，大女儿去年都有孙子了。在我那个年代，差不多都是生六七个，多的还有十来个的。

笔者：您好福气呀！有儿又有女，现在是跟儿子一起生活吧？

徐 X：是呀。就这一个儿子，不跟他跟谁呀？呵呵。女儿也很孝顺，但毕竟都成家了，是别人家的人了，有的还在外地，离得远，也不方便走动。过年过节她们都会回来看我们老两口。趁现在还走得动，我们偶尔也会去她们家小住，帮她们带带孩子。

笔者：大女儿今年多大岁数啊？

徐 X：大女儿 50 岁了，正月过的生日。她也好福气，有两个女儿一个儿子，三个小孩都结婚生子了。她是我抱养的。57 年（指1957 年，下同）的时候，我生了第一胎，是个女儿，7 个月大的时候不知道什么原因就死了。后来，隔了好几年我都没有生，61 年的时候抱养了现在的大女儿。63 年我才又生了一胎，也是个女儿。她现在是医生，过得很好。

笔者：您是哪一年生的儿子？

徐 X：生了大女儿之后，隔了一年我又生了一个女儿，当时的想法是一定要生个儿子，我老伴是两代单传，不能让家族断后啊。还好 66 年生了个儿子。后来我还生过一个儿子，是在 70 年，当时因为疳积，送到医院也没治好，死的时候还不到 2 岁。当时我很难过，和大女儿一起用板车拉回来的时候，一路哭，我的命真不好。后来我又生了 3 个女儿，最小的是 78 年的，属马，当年我就做了结扎。

笔者：您为什么要结扎？

徐 X：我记得村里的计划生育好像从 60 年代就开始了，那时候主要是宣传计划生育的好处，开会的时候总是要说，那时候我们都还不认识，上面也不强制。所以，生几个的都有。我最小的女儿是 78 年，那一年的计划生育抓得很紧①，村里要求 40 岁以下已有 3 个孩子以上的妇女都要去做结扎，不去不行。当时我已经怀孕三个月了，考虑到这个情况，他们没让我流产，让我带胎去做了结扎。其实，我也不想生，中间做过几次人流，还上过环。那些年，生育没有计划，我两三年就生一个，连续生对身体不好，而且也不能劳动，那时孩子都还小，全靠我老伴一个养活，很不容易。后来，老伴总说一个儿子还是少了，想让我再生两个，我又取了环。之后连生了两个女儿，怀小女儿时我已经 37 岁了，那时家里已经有 6 个孩子了，再多了不好养啊。和老伴商量之后，我们决定不生了，刚好村里要求结扎，我没多考虑就去做了。

笔者：您有那么多儿女，孙子孙女也很多吧？

徐 X：孙子孙女也不算多。在城里工作的都只生了一个孩子，有男孩有女孩。两个在农村的女儿生的多一点，一个生了三个，一个生了两个。儿子在镇政府上班，不能多生，也只生了一个孩子，是个儿

① 1978 年，中共中央转发《国务院计划生育领导小组第一次会议的情况报告》（中发 69 号文件），明确了"晚、稀、少"的内涵，提倡"一对夫妇生育子女数最好一个，最多两个。生育间隔三年以上"，标志着计划生育工作进入到提倡"独生子女"政策阶段。

子。现在我家是三代单传，希望孙子长大成家以后生两个，现在多了也难养，但要有一个儿子，这样我们家的香火才能传下去。

案例二：陈 X，34 岁，女。

笔者：大姐，您好！您有几个孩子？

陈 X：就一个男孩，今年 14 岁了，上初中。

笔者：您还打算再生吗？

陈 X：不生了，一个就够了。

笔者：为什么不生了啊？我看村里其他人家都是两、三个孩子。

陈 X：有一个儿子就行了。再说，国家也不让生。第一胎是女儿的才能再接着生。他们有两、三个的，大部分是罚了款的。超生一个就要罚几千块钱，而且有的交了钱还上不了户口，"白人"变"黑人"，等到小孩上学的时候就麻烦了。花那么多钱去生一个小孩，不划算啊。

笔者：如果没有计划生育，您还愿意再生吗？

陈 X：不计划也不生了。现在孩子不好养啊，负担一个都有困难，别说两、三个了。现在养孩子不像以前，吃的、喝的、穿的都靠家里产，不用花什么钱就能把孩子养大。现在不一样了，干什么都得花钱，特别是上学。我儿子上初二，现在学费不收了，但是其他的钱收得更猛了。什么书本费了、资料费了、校服了，都是十几、几十的交。有时候一个月得交几次，再加上在学校的饭钱，一年下来要一千多。我们种田的农民，一年能挣几个钱啊，大部分都花孩子身上了。等孩子长大要结婚了，还不得给他们建个房子。现在我们村里娶个媳妇少说要花十几万。你说生那么多儿子干嘛？到头来累的是自己。

笔者：看来您的观念还是挺新的，您婆婆不会劝你再生吗？

陈 X：她前几年也劝过我，说是好事成双，再生一个，不管是男是女，都好。那时候我在镇上的厂里打工，两班倒，一心想着多赚钱，没心思生小孩，我不愿意生，老公也支持我。后来我就结扎了。现在婆婆也理解了。

笔者：现在村里偷生的还有吧？

陈 X：有肯定还是有，不过比以前少了。村里面要求生了两胎的都要做结扎，出去打工的也要有计划生育证明。这个抓得蛮紧的。这几年，村里关于计划生育的宣传和服务也多，再加上出去打工的年轻人思想更开放了，大家对生孩子看得更开了。但是还是有一些家庭，为了生儿子，东躲西藏的，也罚了款，我觉得那是他们想不开。

（二）计划外生育

1989 年，全国生育节育抽样调查表明：80 年代以来，中国大陆上平均每年都有 900 万计划外出生的婴儿，其中计划外二孩和多孩各约占 2/5，20 岁以前早育的一孩约占 1/5。① 即使国家采取了较为严格的计划生育管控，但是在根深蒂固的传统观念作用下，农民仍然想尽办法超生，以对抗国家权威。

1. 躲避："超生游击队"

20 世纪 80 年代末，农村中流传着这样一句顺口溜："有职有权的，弄虚作假——巧生；腰缠万贯的，不惜重金——买生；无权无钱的，东躲西藏——偷生。"这生动形象地描绘了当时农村的超生现象。农民为了生男孩，不惜舍家弃田，拖儿带女四处流浪，以躲避计生人员的监管。像这种东躲西藏、借人口流动无计划生育的育龄妇女就被称"超生游击队"。1989 年 5 月 10 日出版的《人民日报》报道：贵阳市 8 万多暂住人口，女性中的育龄妇女占了 82%；浙江省 1987 年计划外出生的婴儿中，80% 是流动人口所生。② 1990 年，乌鲁木齐市郊雅玛里克山区有一个光明村（原名盲流村）1000 多人口，其中只有一家有户口，其余的全是到这里超生的流动人口；一位河南籍妇女已经在这里连生了 6 个女孩。③

1989 年，我国对农村的独女户"开口子"，计划生育工作不像前几年那么严格，超生现象有所回升，耍出了许多新的超生"高招"。有的家庭

---

① 艾笑：《全国生育节育抽样调查表明计划外出生儿年均九百万》，《人民日报》1989 年 3 月 16 日第 2 版。

② 李北陵：《管管"超生游击队"》，《人民日报》1989 年 5 月 10 日第 4 版。

③ 李忠辉：《忧虑的超生》，《人民日报》1990 年 2 月 28 日第 6 版。

实行转户口超生，在生育了一个孩子后，如果夫妻双方有一方的老家属于照顾二孩的地区，就把户口迁到婆家或是娘家挂起，然后再光明正大地生二胎；有的家庭为了多生，干脆以迁户口为由，把户口本放在自己的包包里，这一以来，两头都没了户口，谁也管不了，就可以放心地超生，这叫做"包包户口"超生；有的家庭夫妻双方长年在外务工，未婚生育后，将孩子托人照顾，回老家后才去办理结婚手续，正式领取生育证，在无计划超生后又有计划地生一个；还有的家庭为了生男孩，将刚出生的女婴送人后，想办法拿到新生儿死亡证明，以便可以继续生育。

2. 交钱：生育权成为商品

随着时间的推移，计划生育政策在农村的实施越来越被异化，"只要交钱就可以生"，生育权成为一种商品。一方面，村干部可以光明正大的收缴罚款，为村庄创收，缓解村经济压力；另一方面，村干部考虑到农民根深蒂固的传统观念，出于"熟人社会"的压力，通过放松管制，做个人情，以便在选举村干部时拉得更多的选票。这种一举两得的买卖，村干部乐意，村民满意。由此，村民与村干部之间便形成了良好的默契，每当上级来人检查计生工作之前，村干部都会提前通知，让超生户"该躲的躲，该藏的藏。"

也许有人认为，随着人民公社体制的解体和家庭联产承包责任制的实行，村干部的权力日渐萎缩，其在村庄内的权威也不如从前。其实，事实并非如此。村干部依然掌管着相当数量的村集体经济资源和上级赋予的行政职能，掌控着村庄内部重大决策的话语权。为了多生育子女，村民们也要向村干部拉关系、走后门，有送钱的，有送礼品的，罚款金额也是可以"讨价还价"的。当上级来检查时，村干部提前通知做好准备，这一下就足以省去几千块钱了。

随着农村生活水平的提高，经济处罚在农村的威慑力已大大削减。对于经济条件较好的农民而言，交纳几百乃至数千元的罚款在他们的生活中只占一小部分，用金钱换取生育权还是很值得的。现在有些超生户，常常是商量好了，备足了罚款才生的，生育权已成为一种商品，山东省西关村于1994年拟定的对计划外生育的处罚细则中对各种超生情况的经济处罚规定如下：

西关计划生育委员会关于对计划外生育的处罚细则①

为了有效地控制人口增长，杜绝计划外生育，完成人口目标责任制，根据《牟平县人民政府4号令》（1990年12月10日）第七章处罚范围，结合西关的实际情况，对计划外生育特作如下罚款标准：

一、非婚生育者，罚款10000元。

二、计划外生育一胎者，罚款1000元。

三、计划外生育2胎者，罚款10000元。抢生计划外二胎（即有一女孩，间隔时间不到者），抢生一年以内者，罚款2000元；抢生一年以上（含一年）两年以下，罚款3000元；抢生二年以上（含二年）三年以下，罚款4000元。除此，按抢生年数以此类推。

四、多胎生育者，加重处罚。超生三胎者罚款30000元，超生四胎者罚款40000元，以此类推。

五、抱养孩子须经公安、民政、公证处办理公证手续，否则视为计划外生育。抱养未经批准，已有一个女孩抱养二胎者罚款5000元；已有一个男孩抱养二胎者，罚款10000元；多胎抱养者，加倍处罚。

六、躲藏计划外抢生者罚款10000元，躲藏计划外超生者罚款20000元；躲藏多胎生育者，加倍处罚。

七、窝藏、包庇计划外生育者，罚款2000元。

八、流动人口、暂住人口出现计划外怀孕，所在单位及时上报计划生育委员会，共同做好工作。否则，出生后按窝藏、包庇计划外生育对象处罚标准进行处罚。

九、本《规定》自本文下达之日起执行。

3. 耍赖：农民的"强武器"

胆小的农民选择躲避的方式超生，有钱的农民采取交钱的方式超生，而有些又没钱又粗暴的农民通常利用耍赖的方式实现自身利益最大化。这些农民大多是生活贫困的超生大户，既交不起罚款，家中又没有值钱的东西。在计划生育管控严密的时期，计生干部下乡检查工作，发现有超生不缴费的，则会"抄家"，将超生户家中的值钱的生产工具或是家具家电等

---

① 西关村志编纂委员会：《西关村志》，齐鲁书社2001年版，第35页。

强行搬走，以威胁农民。而对于一些家中已因为超生而一贫如洗的家庭，他们天不怕、地不怕，"要头一颗，要命一条"，罚钱他们拿不出，搬东西也没东西可搬。都说"有钱的不怕罚，没钱的罚不怕"，所以，农村中逐渐产生了这样一群以耍赖、耍狠的方式进行超生的农民。

关于耍赖、耍狠，坊间流传着一个让人哭笑不得的故事：某村一个超生大户已生了6个女儿，男主人非要生到一个儿子才肯罢休。一天县里的计生干部进村检查，户主毫不掩饰地将孩子全部叫出来站成一排，然后拎起一把斧头理直气壮地问计生干部："这六个都是我生的，你们说哪个不该生，我就把哪个砍了！"计生干部当即被农民的无赖行径吓住，转身就走了。斯科特在《弱者的武器》一书中指出，农民利用心照不宣的理解和非正式的网络，以低姿态的反抗技术进行自卫性的消耗战，用坚定强韧的努力对抗无法抗拒的不平等，以避免公开反抗的集体奉献。而像耍赖、耍狠这类行径可谓是弱者的强武器，他们以生命相要挟，对抗国家权威。

六　生育"计划"的后果

我国农民的生育行为经历了这样一个演变过程：无计划——家庭计划——国家计划。国家计划主要是依靠行政命令和强制干预进行的，国家不但计划家庭的生育时间，而且控制家庭的生育数量。在这种生育"计划"下，农村和农民家庭的一些情况发生了变化。

（一）家庭规模缩小

家庭规模缩小，使家庭中孩子数量减少，儿童负担系数下降，为家庭节省大量的抚养费。除了因病致贫，子女的抚养和教育支出也是导致农民贫困的一个重要因素。第一，多子女抚养使城乡差距越拉越大。1978年开始，我国对计划生育实行因地制宜、分类指导，城市的计划生育工作抓得比农村严格。而就在同一时期，我国城乡的差距开始拉开，这与城乡家庭抚养子女个数不无关系。那时城乡家庭子女个数比例在1∶2——1∶4之间。一方面，经济差距与经济总量有关；另一方面，多子女也在不断吞噬着农民家庭经济增长和生活改善的机会；第二，当前教育投资已成为家庭中最重要的一项支出。据2006年2月8日《中国青年报》报道：零点调查与指数数据共同发布的《2005 年中国居民生活质量指数研究报告》,指出教育支出已经成为城乡居民致贫的首要原因。贫困人群中有近一半的人家庭贫困是因为家中有正在上学的孩子。

孩子多会给家庭带来生活和生产双方面的压力。在农村,曾经发生过因为孩子多而碗筷不够,全家人分批吃饭的事件。一方面,孩子多了,各种生活成本也相应增加。江玉珍是广东省揭阳县陈寮大队贫农社员,她说在旧社会她有六兄妹,加上父母两人,家中一共有九口人。1943 年,潮汕饥荒,父亲和最小的弟弟饿死,大哥逃往南洋,二哥和二姐相继被卖掉。全家九口人只剩下四口人。因生活所迫,她被卖去当了童养媳,成了家。"过去,我爱人患病,不能参加集体生产劳动;我也因孩子小,没法走出家门,结果每年都要超支。"[①] 另一方面,由于孩子的拖累,家庭生产的劳动力和资金也出现短缺。如今,很多农村妇女反映,孩子生多了,会对身体造成不利影响,而且因为要照看孩子,使得自己无法从事生产劳动,家中生产和生活的重担全部压在了丈夫的肩上。可想而知,一个人养活一大家子是多么不容易。此外,有些家庭一心要生男孩,家中的积累被超生罚款一点点耗尽,已没有资金投入生产,导致生活陷入困境。通过实行计划生育,有效缓解了农民多生的行为,家庭规模得以缩小,减轻了家庭的生活压力。

(二) 农村性别比高居不下

2007 年 7 月 6 日,《人民日报》指出,我国已经成为世界上出生性别比例失衡最为严重、持续时间最长的国家。全国第六次人口普查数据显示,当前中国性别比例为 118.06。而广大农村地区性别比例失衡现象更为严重,有不断上升的趋势。农村男女性别比升高主要有经济、文化、社会等方面的原因。首先,在农村地区,生男孩是重体力劳动和传统生活方式的需要。实行家庭承包责任制后,农业生产回到以家庭为单位,对劳动力的需求增加。男孩不会因为结婚而退出家庭生产活动,保证了对家庭的长期贡献;其次,生男孩是农村家庭养老的需要。在农村,儿子承担着赡养父母的主要责任。如果没有儿子,老年后的生活将变得艰难;最后,生

---

① 江玉珍:《批判旧观念计划生育好》,《人民日报》1975 年 4 月 14 日第 3 版。

男孩是保护家庭利益的需要。在法治程度相对较低的农村社会，家庭和家族之间的纠纷和冲突往往无法依靠法律手段解决，"人多势众"在其中起着重要作用。如果家庭中男子数量多，那么家庭的安全感则更强。

吉登斯曾提出："大量有意图的行动产生了未预期的后果。"[①] 计划生育政策的实行就是一个例证。不可否认，计划生育政策在缓解我国人口危机中发挥了巨大的作用，使人口发展模式在短短几十年时间发生了重大转变。从这个意义上来看，计划生育对社会的发展起到了正效果。然而，农民受"多子多福""传宗接代""养儿防老"等传统思想影响，在国家计划生育政策限制生育数量的情况下，农民为了追求其自身利益最大化，倾向选择违法、违规、违章等行为来实现其目标，带来了政策制定时所没有预期的农村性别比异常的社会后果。

农村现行的"一孩半"政策实际上助推了多生男孩的行为。虽然"一孩半"政策符合当时农村生产力发展要求，满足农民的需求，但是其引发的农村性别比例失调问题是该政策的不必然后果。仔细分析"一孩半"政策，不难发现其中隐含了"重男轻女"倾向，其目的是让第一胎是女孩的家庭可以按规定再生一胎。那么如果第二胎还是女孩怎么办呢？所以，农村超生现象屡禁不止。为了避免被惩罚，有的家庭把刚刚生下的女孩偷偷送人或是遗弃，还有的通过孕后性别检测选择性地流产。于是，"弃婴""溺婴"在农村不足为奇。运用简单的推理可以验证"一孩半"政策是导致农村性别比例失调的直接原因。假设在严格执行"一孩半"政策的情况下，100对夫妻，按照概率来算，有50对第一胎生育男孩，之后不再生育。剩下的50对夫妻在第一胎生育女孩后还有一次机会可以生育，其生育的概率是1/2，也就是说将再生育25个男孩。这样一来，这100对夫妻所生孩子的男女性别比例高达3∶1。当然，当育龄人群被扩大后，这一比例将会缩小很多，但是其表现出来的男女比例失衡问题仍然会很明显。

（三）老龄化问题明显

老龄化是指人口结构中，老年人的比重上升，青年人比重下降的一种

---

① 吉登斯：《社会的构成》，生活·读书·新知三联出版社1998年版，第72页。

动态变化过程。经过 30 余年的生育计划，我国出生率得到有效控制，青年人的数量增长缓慢。同时，随着医疗卫生水平和人民生活水平的提高，老年人的寿命延长，使得老年人数量越来越多。根据 2009 年《中国第二次全国农业普查资料汇编》相关数据统计计算可得，全国农村按户籍人口计算，60 岁及以上的农村人口有 82425282 人，占农村总户籍人口的 12.5%。国际上将 60 岁以上人口占总人口达到 10% 或 65 岁以上人口占总人口的 7% 以上作为国家或地区进入老龄化的标准。可见，中国农村已进入老龄化时代。

我国农村人口老龄化有四个特征：一是老龄化速度快。主要表现在人口老龄化速度高于人口增长速度。据联合国统计，国外较早出现人口老龄化的国家，65 岁及以上的人口占总人口的比重从 5% 上升到 7%，一般要 40—100 年左右的时间。[①] 65 岁以上人口比重从 7% 上升到 14%，法国用了 115 年，瑞典用了 85 年，美国约 70 年，英国和德国各用了 45 年，而我国预计约只需要 25—30 年[②]；二是老龄化与农村经济发展不同步，存在"时间差"。从发达国家的人口老龄化经验来看，人口老龄化与社会经济发展具有一致性，即"先富后老"，老龄化是伴随着经济社会的高度现代化而生产的。而我国农村人口老龄化与经济发展反差很大。大多数农村的情况是"先老不富"；三是农村老龄化速度快于城市。这主要是因为：首先，在计划生育的作用下，农村生育率下降的幅度快于城市，潜力大于城市；其次，在"民工潮"的影响下，农村青壮年劳动力纷纷涌向城市，使农村老年人成为农村人口的主体；最后，农村医疗卫生条件大大改善，老年人的死亡率降低，寿命延长；四是农村家庭养老仍是主导。2010 年，华中师范大学中国农村研究院"百村观察"项目组对当前农村的养老情况进行了调研。调查数据显示（见下表），当前农民仍以依靠子女和自己养老为主，社会养老方式少有问津。在 705 户 60 岁以上老人中，依靠自己养老的农户数量最多有 276 人，占比接近总有效样本的四成，达到 39.1%；依靠子女养老的老人数量也很多，有 269 人，占比为 38.2%。

---

① 高和荣：《走进新世纪的中国农村养老》，《西北人口》2002 年第 1 期。

② 王献之：《中国人口老龄化的成因、特征及对策》，《河南教育学院学报》1998 年第 1 期。

也就是说，目前有高达 77.3% 的农户都选择在家庭内部解决养老问题。相比之下，选择社会养老保险方式的老人数量极少，只有 80 人，占比略超一成，仅为 11.3%。

农村 60 岁以上老人主要养老方式统计　　（单位：户;%）①

养老方式	样本户数	占有效样本的比重（%）
依靠子女	269	38.2
依靠自己	276	39.1
依靠社会养老保险	80	11.3
其他	80	11.3
合计	705	100.0

按照现行农村计划生育政策，家庭规模不断缩小，这极大地削弱了农村家庭养老的能力。当前，农村独生子女数量逐年增长，使得"四二一"，甚至是"八二一"结构的家庭形式大量存在。在这样的家庭中，一对成年的独生一女夫妇一般要负担至少四位老年人的养老问题。不论是在经济上还是在精力上，对他们而言都是难以承受的。然而，中国社会的"二元结构"特征决定了农村人口向来是被社会保障所忽视的弱势人群。如何实现农村老有所养问题，是当前农村工作面临的重大难题。

七　艰难的抉择？

成立 60 多年来，我国用一代人的时间实现了发达国家用四代人完成的人口再生产类型转变，步入低生育水平国家的行列，创造了世界人口发展史上的奇迹；人类发展指数跃升至世界第八十一位，跻身国际中上发展水平，成为联合国千年发展目标中提速最快的发展中国家。② 毫无疑问，这个奇迹的产生离不开计划生育，如果没有计划生育，人口大国的转身恐怕要推迟几十年。

---

① 华中师范大学中国农村研究院"百村观察"项目 2010 年抽样调查数据。

② 李晓宏：《人口大国的转身——访国家人口计生委主任李斌》，《人民日报》2009 年 9 月 18 日第 6 版。

我国著名人口学家马寅初先生曾毫不避讳地指出：中国人口问题的一大症结就是"人口数量过多"与"人口质量过低"的两不相称。据原教育部资料，中华人民共和国成立前，全国人口中80%是文盲半文盲，全国学龄前儿童入学率只有20%。[①] 据1982年的人口普查，我国总人口有10.16亿，出生率为21.09‰，死亡率为6.9‰，自然增长率为14.49‰，人口规模庞大。而全国12岁以上文盲半文盲人口有2.36亿，接近全国总人口的1/4。面对人口多、底子薄的人口国情，20世纪70年代末，我国拉开了改革开放和计划生育的序幕，将经济发展与人口发展紧密联系起来，通过30余年的探索与实践，实现了我国人口"质"的转变。

第一，人口数量得到有效控制。通过实行计划生育，我国累计少生4亿人，有效缓解了人口对资源缓解的压力，大大提高了居民人均收入，创造了40年的人口红利期，对经济增长贡献率高达1/4。我国已由高出生、低死亡、高增长的传统人口再生产类型成功转型为低出生、低死亡、低增长的现代人口再生产类型；第二，人口素质得到显著提高。计划生育的实行使我国人口生存和发展状况得到改善。我国人均期望寿命从1949年的35岁提高到74岁，达到中等发达国家水平；15岁以上人口的平均受教育水平从改革开放初的4.5年提高到8.5年，高于发展中国家平均水平；文盲率从1949年以前的80%下降到4.08%；绝对贫困人口从1978年的2.5亿减少到4000万左右；第三，婚育观念发生较大转变。随着计划生育工作的开展，我国人口初婚年龄逐渐增加，总和生育率逐渐下降。据2006年全国人口变动情况抽样调查，2005年我国平均初婚年龄为24.61岁，其中男性为25.86岁，女性为23.49岁。城镇妇女平均初婚年龄由1965年的22.57岁增加到2005年的24.34岁，总体上实现晚婚。农村由19.30岁增加到22.64岁，提高了3.34岁。人口总和生育率也由1949年的6.14降至2005的1.34，大大低于总和生育率为2.1的替代水平。在生育观念上，传宗接代、养儿防老也已不再是人们结婚生育的唯一目的。

然而，大多数学者认为，以控制人口增长过快为主要目标的计划生育政策已不合时宜，应当与时俱进地进行调整，开放二胎政策。2009年底，计划生育政策的副总设计师田雪原在《人民日报》发文表明了立场，他

---

① 袁永熙主编：《中国人口（总论）》，中国财政经济出版社1991年版，第37页。

指出近 30 年的实践证明，当时对人口变动和发展趋势的判断是正确的，制订的政策是成功的。但当 20 世纪 90 年代中期我国进入低生育水平阶段后，人口政策应与时俱进地进行调整。他建议，夫妇一方为独生子女者，允许生育两个孩子，农村现在可以实施，城镇可从"十二五"开始实施①。中国科学院—清华大学国情研究中心主任胡鞍钢认为我国人口政策目标应由控制人口数量转为调整人口结构和提高人口素质。他指出人口增长已不再是我国资源环境的主要压力来源。在计划生育政策下，当前我国社会正面临"少子化"和"老龄化"这两大挑战，妇女总和生育率低于正常生育更替水平，导致少儿人口大幅下降，而人口老龄化②则会减少有效劳动力的供给，加大社会风险。作为一项公共政策，计划生育执行了 30 多年，已超越了公共政策的一般年限。易富贤在《大国空巢》里坚定地提出应当停止计划生育，他说中国人的生育意愿并不是人们想象中的那么强烈，即使放开管制，人口也不会暴增。而另一些学者基于经济、资源、环境等因素考虑，始终坚持一胎化政策。在侯东民看来，老龄化所产生的劳动力不足问题是不存在的，当前出现的"民工荒"实则"用工荒"，是劳动力相对短缺问题。

　　面对众说纷纭的专家观点，笔者认为，作为中国社会变迁中的一个"关键词"，计划生育已完成了它的历史使命。在新的形势下，计划生育的形式和内容应求新求变。作为一种国家行为，计划生育的形式应当转变。在 20 世纪五六十年代，国民经济正处于恢复起步时期，人口无序、高速的增长并未引起国家的足够重视。进入 70 年代，全国人口突破八亿，国家认识到严峻的人口形势，开始对人口再生产实行强制干预，不但计划人们的生育时间，而且控制生育数量。在这种强势的行政手段下，我国人口数量得到有效控制，人口压力得以缓解。当前，我国的人口现状和社会经济发展水平足以允许对计划生育进行调整。调整并不意味着不计划，而是要换种方法来计划。计划生育应当从"控制型管理"过渡到"服务型管理"，在农村尤其要发挥好计划生育村民自治的作用。同时，在完成国

---

　　① 田雪原：《新中国人口政策回顾与展望》，《人民日报》2009 年 12 月 4 日第 7 版。

　　② 据 2010 年全国第六次人口普查数据显示，我国 60 岁及以上人口占总人口的 13.26%，65 岁及以上人口占总人口的 8.87%，这两项指标同时表明我国已进入老龄化社会。

家宏观计划的前提下，还给家庭更多的生育决策权。作为一项国家政策，计划生育的内容可以更新。"人口特区"山西翼城用25年的时间证明了开放二胎不会导致人口暴增。如今，翼城的人口增长率、性别比例等各项人口指标都优于全国水平。"人口生育有其自然规律，这并不以人的意志为转移。生活模式是什么，就决定了人家自觉地生几个孩子。"① 当前我国一些大城市老龄化程度较高，"丁克家庭"逐渐增多，适当地更新现行计划生育政策，放宽二胎已是大势所趋。

---

① 陈鸣：《翼城人口特区一个县尘封25年的二胎试验》，《南方周末》2010年10月14日第2版。

留守儿童:农村家庭功能分割下的养育困境

【导读】"留守儿童"是中国社会特定的政治背景和经济环境下的产物。在中国二元经济结构下,传统家庭功能在劳动力转移的过程中被分割,导致了生产功能和教育功能空间分离,这种社会背景下,产生了留守儿童这个特殊群体。在近二十年来的经济发展背景下,尤其近十年,中国农村留守儿童已经成为一个巨大的弱势群体,其学习问题、生活问题以及心理问题都引起专家、学者和社会的广泛关注。

1994 年,学者上官子木在《"留守儿童"问题应引起重视》一文中首次提出"留守儿童"这一概念。这个概念与当时的"留守男士""留守女士""留守老人"等相对应,主要指父母因为劳务输出而不能自行照顾、由上一代来抚养的孩子。

随着我国城市化、工业化进程的加快,农村青壮年人口外出数量的继续攀升,农村留守儿童的数量还有持续增长的趋势。2000 年,0—17 周岁留守家乡的儿童在全体儿童中所占比例为 21.72%,而到 2005 年达到 28.29%。[①] 由此可见,农村留守儿童已非常普遍,而且规模增长十分迅速。预计到 2012 年,留守儿童占全体儿童的比例会达到 30%以上。

近年来,"留守儿童"作为一个面临突出问题的群体,引起了全社会的关注。2005 年以来,国内相关专家、学者对这一特殊群体的研究十分广泛,各个高校、研究机构和研究所关于留守儿童的学术研究文章层出不穷。总体来看,这些研究主要涉及产生背景、存在问题和应对措施三个方面;而鲜有研究以留守儿童为中心,探讨父母外出对其学习、生活、心

---

① 《全国农村留守儿童状况研究报告》,全国妇联,2008 年。

理、情感等方面的影响，揭示"留守"在成长过程中可能带来的各种成长风险。

作为社会转型时期产生的特殊群体，不同类型的留守儿童在生活现状、学习能力、心理状况等方面都呈现出较大差异。在将其作为一个整体来分析共性问题时，不能忽略其自身因素、区域因素或者其他因素的影响。因此在研究留守儿童问题和制定相关政策时，必须考虑留守儿童的异质性和留守问题的多元性，从多个维度来展示留守儿童的生活现状。这样，才更加有针对性，对问题的认识更加深入。

区别于已有的研究，本项研究主要从两个方面着手，一是对现象及问题的整理；二是实地调查研究。调查对象为贵州省遵义市金钟村，该村由三个自然村合并而成，地形为山地、丘陵和盆地组合的山原地貌，村内尚无国道或省道通过。村内农户1300多户，人口6158人，男女比例基本持平；基础设施较为完善，电力等设施基本满足住户生活需要。金钟村常年在外出务工人数有600人，占全村人数的9.7%，务工后返乡创业70人；村内有小学2所，教师40人；村里共有学生950人，其中小学生680人（占学生总人数的71.5%），初中生230人（占24%），高中生30人，大学生10人。笔者问卷调查主要针对常年外出务工的600人进行，其中，留守孩子85名，男孩48名，女孩37名；另外，笔者还选择了部分留守儿童的父母、临时监护人做了个案访谈，收集访谈资料。

一　出　现

由于历史原因和国际环境的影响，我国在发展初期大力发展工业，城市现代部门和农村传统部门在经济发展中处于不同的地位，逐渐形成了城乡二元经济结构。我国社会经济"城乡二元结构"的出现，导致农村和城市发展的不平衡，这种经济结构使农业生产难以持续增长，农民收入受影响，同时还使城乡收入和消费水平差距不断拉大。随着现代工业的发展，机械化生产在农村逐步普及，有限的生产要素负荷不了过多的劳动力，大批的劳动力从农业中释放出来。在这种社会背景下，农民不得不选择背井离乡到城市寻求新的机会，从而形成了中国特有"民工潮"，而"留守儿童"，就是这个劳动力转移的过程中相伴出现的。

通常，农村家庭功能的实现都是依赖于家庭成员的主要角色，传统家庭结构模式下，他们不仅要承担生产功能，同时也要承担对后代进行养育引导的功能，这是传统家庭功能的实施模式。家庭实现其功能需要其有整体性，传统家庭的生产、教育以及心理安全等功能的实现都是在个体成长过程中实现的，这些功能伴随个体社会化，并且是一个潜移默化的转移过程，不能在短期内实现。

随着社会化进程加快，农村家庭中的主要劳动力出于改善家庭经济的原因，从利益角度出发，选择与家庭成员分离，背井离乡，流向城市，力求改善家庭生活现状。而他们都是承担实施家庭功能的主要成员，这就带来了很大的问题。

儿童的需求，是父母打拼的重要动力。与城市父母一样，儿童也是农村父母生活的中心。在城乡二元分割的现实社会中，农村父母对子女最大的期望就是跳出农门、离开农村，到城市去寻找更好的出路。为了孩子的更好的生活条件，他们愿意舍弃与家庭成员一起生活的机会，到城市寻求更多的机会，这样一来家庭就成了真正意义上的"松散家庭"。

为了儿童的未来，外出父母将人生中最富有创造力的时光奉献给了城市，儿童的成长耗尽了家庭的人力资本和物质资本。传统意义上实施家庭养育功能的都是家庭成员中的主要成员，即是向外流动的主要劳动力。由于家庭养育功能的实施前提是共处，而他们外出务工后，就无法再承担对其后代的养育功能，而只是承担了家庭的生产功能。这种情况下，传统农村家庭的功能结构被打破，父母只能对家庭的生产作出贡献，而在养育孩子、引导孩子方面能做的太少，无法对孩子实现传统家庭意义上的养育功能。家庭的生产功能和养育功能在空间上进行了分离。这个空间分割，使家长只能尽量从物质上满足孩子，而不能对其进行教育和引导。孩子的成长阶段需要家庭创造有利于其生活的环境，成长过程应该伴随父母的引导和教育，这种家庭整体功能被割据和家庭教育功能的缺失导致农村孩子理应获得的接受父母教育、引导的权利被剥夺。留守孩子在这种情况下出现，他们不得已与父母分离，只得在家留守，过早地承担起大人的责任。由此，中国农村逐渐形成了这一特殊的留守儿童群体。

家庭的养育功能与生产功能分割甚至功能缺失，带来农村留守家庭的养育难题，这不仅反映在空间上显而易见的困境，更大程度上反映为留守儿童在情感上和心理上的困境。主要表现在两个方面：

一是家庭教育功能的弱化和缺失。家庭是儿童成长的第一环境，良好的亲子教育氛围有利于培养出身心健康的下一代。父母在外，亲子关系疏远，这对于留守儿童的成长产生了诸多的不利影响。父母外出后，家庭功能发生分割，孩子的教育问题陷入尴尬境地。

首先，留守儿童的成长情况缺乏必要的监护，缺少孩子成长所需的正常家庭氛围。无论是爷爷奶奶还是亲戚或其他的临时监护人，对留守孩子的关注只停留在吃饱穿暖的问题上，很难从情感上给予正确的指导和约束。这样"重养而不重教"的监管方式，使孩子处于放任的状态，在情感和心理需求方面难以得到满足，不利于其身心健康发展。

其次，家庭教育是孩子性格特征、行为方式、价值观念形成的重要因素。在价值观、人生观、思想认识形成的关键期，家庭教育的作用对他们有着深刻的影响。但是，这期间由于父母外出，不能履行应有的家庭教育职责，导致留守儿童的家庭教育不足甚至缺位。在孩子成长的关键期，其父母错失了陪伴孩子成长的过程，使孩子不能接受正常的家庭教育和父母引导，对其身心发展产生一定的负面影响。

再次，相比于其他儿童，最明显的是，留守儿童受到的父母教育多的是间接的、非面对面的。父母只能通过电话或者信件等方式与孩子交流，而不能在身边陪伴其成长，这样一来，家庭教育的实施效果受到严重影响，家庭教育的功能弱化甚至缺失。留守儿童在生长发育的关键时期，没有获得父母在思想认识和价值观念上的引导，缺乏情感上的关爱，导致容易产生思想和价值观认识的偏差，心理发展不够健康。同时，由于承担监护责任的监护人忙于家里繁重的农活、年龄过大、观念陈旧、文化素质普遍不高等原因，很少对孩子在学校的学习情况进行了解、对其课后学习进行监督和辅导，留守儿童容易错失最佳的学习机会。从现有监护人对于留守儿童的教育方式来看，无论是父母监护还是祖辈监护，都容易走入儿童教育的误区，要么对于儿童过分严厉，要么过分溺爱，这两种教育方式都容易对留守儿童产生不好的影响。

家庭教育完成的前提是父母在身边，而对于留守家庭来说，家庭教育的实施不完全，其生活的环境也缺乏家庭教育的文化氛围，从而造成留守儿童受教育环境相对于非留守儿童的差别。作为一个特殊的群体，留守儿童成长的特殊性也造成了他们所受到家庭教育的特殊性。因此，父母和监护人更需要讲究适当的家庭教育方式，不应让其成为留守儿童成长的障碍。

二是家庭教育的不合理。父母的外出从某种程度上可以锻炼孩子的独立能力，但是从大量实例来看，父母外出给孩子的成长带来的不利因素占主要部分。父母作为家庭的一分子，对于不能陪伴在孩子身边，通常会因为内心的愧疚，而采取各种方式对孩子进行弥补，而多数情况就是物质补偿。再加上隔代监护人的溺爱，多种因素影响下，孩子很容易形成自私任性、以自我为中心的极端性格。一方面，家庭教育功能的缺失使得留守孩子不能接受应有的教育和引导，对其整个发展过程都有影响，因此家庭教育不合理是留守儿童成长过程中可能出现问题的根源之一。例如孩子零花钱增多，自己支配的自由度提高，这些都可能导致孩子出现沉迷于网络等不良习惯，形成错误的享乐主义人生观。范方和桑标用研究证实，留守儿童亲子教育的替代导致了家庭环境的恶化，而不良的家庭环境容易引起或诱发儿童不良人格因素，同时行为问题和学业不良也对不良人格因素产生强化、加剧的作用;[1] 另一方面，学校教育的缺位更加使留守孩子的教育问题在留守家庭和学校之间出现巨大的"教育真空地带"。中国现有的农村教育制度导致农村教育资源不足、农村教育环境恶劣，农村学校也没有能力专门为留守儿童配备专门的陪护教师。总的来说，留守孩子的教育面临着家庭教育不合理，学校教育跟不上的尴尬境地。

二 现　状

（一）基本情况

确定留守儿童规模，对研究这一群体的情况意义重大。但是由于对概念的认识不同、统计口径的不一致，目前关于农村留守儿童规模的估算还是众说纷纭。综合一些较为权威的调研报告，主要有：（1）李庆丰、孙宏艳等著《"留守儿童"发展专题》中指出，6—14 岁的留守儿童有 6755

---

[1]　范方、桑标：《亲子教育缺失与儿童问题行为——欠发达地区农村家庭教育的调查和思考》，《青少年研究》2002 年第 1 期。

万，而以 18 岁为界则达 7918 万；（2）段成荣、周福林等人在《我国留守儿童状况研究》中指出，以 2000 年人口普查抽样数据为依据测算，我国 14 岁以下留守儿童规模达到 2290 万人。与这个数据相接近，根据联合国儿童基金会《2006 年世界儿童关爱报告》估计，2006 年中国农民工子女数量达到 4300 万人，其中 2300 万人是留守儿童，2000 万人是流动儿童；（3）在《全国农村留守儿童状况研究报告》中，根据 2005 年全国 1% 人口抽样调查的抽样数据，可以确认 0—17 周岁留守儿童在全体儿童中所占比例为 21.72%，据此推断，全国农村留守儿童约 5800 万人，其中 14 周岁以下的农村留守儿童约 4000 多万人；（4）在一些媒体报道中所使用的留守儿童的数量也不尽相同，少则 1000 万人，多则 7000 万人。

这些数量的不同，原因是对留守儿童定义的不同。本文研究针对 16 周岁以下留守儿童，以后的标准，2006 年中国的留守儿童 2000 万人的估算比较合理，并且中国官方机构和引用中也是使用这个数据。而目前对于留守儿童准确的数据还比较缺乏，笔者根据近年来中国经济高速发展的情况，推断留守儿童的规模应该在 4000 万人左右。

另外，虽然对留守儿童的数量有着不同的观点，但是有一点共识，就是留守儿童的规模庞大，而且随着中国经济的持续发展，这一群体的数量还将持续增长。留守儿童问题已经不是个别地区、省份的问题，而是全国都普遍存在的问题。并且由于中国农村劳动力转移的长期性状态，农村"留守儿童"这一特殊的社会群体还将在一个较长的时期内存在，也必然会是一个持久存在的人口群体。与 2000 年留守儿童在全体儿童中所占比例为 21.72% 相比，2005 年留守儿童的比例已经达 28.29%，[①] 而这一比例还在进一步扩大。

（二）分布特征

1. 与经济发展状况相关

段成荣和周福林利用 2000 年人口普查的资料得出留守儿童地区分布情况。根据其结论，各个地区的经济发展状况不同，相应的留守儿童的分布也呈现区域特征。笔者选取各省市占全国留守儿童数量比例最多的十个

---

① 《全国农村留守儿童状况研究报告》，全国妇联，2008 年。

省市进行分析。如下表：

留守儿童的地区分布①　　　　　　　　（单位：%）

省份	该省留守儿童 占全国留守儿童百分比	该省留守儿童 占本省儿童的百分比
四川	14.94	18.71
广东	10.28	11.62
江西	8.45	19.38
安徽	7.58	11.55
湖南	7.46	12.53
海南	6.58	22.32
重庆	6.22	16.76
湖北	5.92	10.40
江苏	4.68	7.41
贵州	4.41	9.55

从表中可以看出，四川省留守儿童数量最多，达到 14.94%，四川本省留守儿童的数量占全省儿童数量的比重也很大，达 18.71%；其次是广东和江西，广东省留守儿童的数量占全国留守儿童总数的 10.28%，江西省全省留守儿童数量占全国留守儿童数量的 8.45%。四川、广东、江西、安徽、湖南和海南等 6 省的留守儿童在全国留守儿童总量中所占比例为 55.29%，达到全国留守儿童总数的一半以上。从地区上看，以上十省大部分省份属于经济发展欠发达地区。四川、湖南、重庆、贵州等地属于西南地区，是国家大力扶持发展的重点省份。这些地区经济发展落后，青壮年都向经济较发达的沿海城市打工谋生，因此在这些省份形成了大规模的留守儿童群体，这也是由经济发展状况决定的。在四川、重庆、海南等地，留守儿童的数量占本省留守孩子数量的比例高达 20% 左右。在广东、江苏等经济发达地区也有较高比例的留守儿童数量，这是因为虽然广东等地这几年发展比较迅速，不仅吸引全国各地的流动人口前往就业，本省内

---

① 段成荣、周福林：《我国留守儿童状况研究》，《人口研究》2005 年第 1 期第 29 页。

部的经济发展也不均衡，导致人口流动活跃，也产生了较高比例的留守儿童数量。

2. 义务教育阶段儿童构成留守儿童的主体

留守儿童的年龄是研究留守问题的重点，只有对各年龄阶段留守儿童的数量有充分的了解，才利于研究解决留守所带来的各种问题。根据段成荣、周福林的数据显示，全国留守儿童的男女性别比例相当，各年龄阶段的留守儿童分布也较均匀。

全国留守儿童的性别年龄构成① （单位：%）

年龄	男性年龄构成	女性年龄构成	男女合计构成	性别比
0	4.69	4.24	4.48	129.06
1	4.50	4.51	4.51	116.56
2	6.05	5.53	5.81	127.72
3	6.49	6.00	6.26	126.38
4	6.27	6.48	6.37	113.02
5	7.46	7.05	7.27	123.69
6	7.07	6.65	6.88	124.23
7	6.91	7.35	7.11	109.78
8	7.45	7.07	7.28	123.21
9	6.98	7.17	7.07	113.67
10	8.46	8.88	8.65	111.26
11	7.65	8.08	7.84	110.58
12	7.26	7.46	7.35	113.80
13	7.01	7.80	7.37	105.11
14	5.73	5.73	5.73	116.95
合计	100	100	100	116.82

从表中可以看出，全国留守儿童男生女生各占 53.88% 和 46.12%，

---

① 段成荣、周福林：《我国留守儿童状况研究》，《人口研究》2005 年第 1 期第 29 卷。

男生略多于女生，性别比为116.82。从年龄段来看，各年龄段分布比较均匀，但总体上，适龄上学儿童的数量是留守儿童的主体，其中5—14岁这个阶段中留守儿童的数量基本保持稳定。

3. 留守家庭结构类型多样化

父母外出后，留守孩子的临时监护人因人而异。如果是父母一方外出，孩子就与在家的父亲（母亲）一起留守；如果父母都外出，一般是交给祖父祖母，让孩子与其一起生活；此外也存在交给外祖父母、朋友或者其他亲戚之类的留守情况。张清扬、宋剑在《我国农村留守儿童的总体现状分析》中将留守家庭结构分为六种情况。

留守儿童的家庭结构类型构成（总体结构）（％）①

留守儿童的家庭类型	该类留守儿童家庭在全部留守儿童家庭中所占比例（％）
儿童单独留守	4.41
与父亲单独留守	2.46
与母亲单独留守	7.37
与父亲和其他家庭成员一起留守	8.04
与母亲和其他家庭成员一起留守	25.96
与父母以外的家庭成员一起留守	51.76
其中：隔代留守家庭	20.60
合计	100

表中显示，留守家庭结构呈现多样化，达到六种情况之多，很多留守儿童从婴儿期就开始了留守生活。留守儿童和父母以外的家庭成员留守形成的留守家庭比例最高，达到51.76％，主要是由亲戚、朋友或者是外祖父母充当临时监护的角色，其中与隔代留守的比例占到20.60％之多；其次是与母亲和其他家庭成员一起留守，比例为25.96％。根据经验和常理推断，受中国传统"男主外，女主内"思想的影响，如果是父母单方外出，通常是父亲外出、母亲与孩子在家留守，这个推断得到了研究数据的支持。

---

① 段成荣、周福林：《我国留守儿童状况研究》，《人口研究》2005年第1期第29页。

留守儿童的家庭结构类型构成（父母外出情况）（％）[1]

家庭结构	男	女	0—5 岁	6—11 岁	12—14 岁	15—17 岁	总计
单亲外出留守	46.90	47.39	44.70	42.37	49.56	57.63	47.14
双亲外出留守	53.10	52.61	55.30	57.63	50.44	42.37	52.86
合计	100	100	100	100	100	100	100

从父母外出情况将家庭结构分为单亲外出和双亲外出。其中单亲外出留守的比例为 47.14％，双亲外出留守的比例为 52.86％。单亲外出留守的家庭中，以 15—17 岁的留守儿童比例最高，达到 57.63％。双亲外出留守的家庭结构中，以 6—11 岁的留守儿童比例最高。这些孩子都处在中小学阶段，是个人的人生观、价值观形成的重要阶段，能否正确引导留守儿童的学习和生活，对他们的成长尤为重要。

4. 留守儿童父母外出距离远、周期长

在外地务工地点选择方面，父亲和母亲选择省外的比例最高，分别为 78.6％ 和 80.7％。

留守儿童父母外出务工地点（％）[2]

	本县市	省内其他县市	省外
父亲	4.3	12.9	78.6
母亲	3.8	11.4	80.7

上表中显示，选择本县市和省内作为务工地点的比重较低。70％ 以上的父母在外省市务工，主要原因是本地资源少、薪资低，而经济较为发达地区就业机会多、报酬高。

留守儿童父母每年外出务工时间（％）[3]

	6—8 个月	8—10 个月	10—12 个月	刚外出
父亲	9.9	17.4	72.1	0.5
母亲	8.6	17.8	73.2	0.3

---

[1] 张清扬、宋剑：《我国农村留守儿童的总体现状分析》，《硅谷》2009 年第 18 期。

[2] 叶敬忠、潘璐：《别样童年》，社会科学文献出版社 2008 年版，第 79 页。

[3] 同上书，第 80 页。

从上表中可以看出，父亲母亲外出周期较长，最短为半年，最长为一年，甚至几年。其中，父亲外出半年以上的比例72.1%，母亲外出半年以上的比例73.1%。可以明显看出，父母外出务工时间一般都选择一年，这也是节省成本的一种有效方式，但这也导致了父母与孩子沟通不畅，情感不深，对孩子的生理和心理的成长也疏于引导，这是父母外出对于孩子成长最大的影响。

5. 农村留守儿童初等教育基本得到保障

农村留守儿童学业完成情况构成（%）①

学业完成情况	6—11 周岁		12—14 周岁		15—17 周岁		总计	
	男	女	男	女	男	女	男	女
未上过学	3.02	2.97	0.47	0.65	0.67	0.96	1.75	1.82
在校	96.20	96.13	96.45	95.88	80.31	79.38	92.58	92.01
毕业	0.64	0.79	2.24	2.41	15.70	16.68	4.59	5.10
肄业	0.05	0.02	0.26	0.44	1.19	1.27	0.37	0.44
辍学	0.06	0.06	0.54	0.61	2.08	1.66	0.67	0.61
其他	0.02	0.03	0.04	0.01	0.06	0.04	0.04	0.03
合计	100	100	100	100	100	100	100	100

从上表中可以看出，绝大部分农村留守儿童在校念书。男孩和女孩在校的比例分别为92.58%和92.01%，未上过学的男孩比例为1.75%，女孩为1.82%，男孩和女孩比例差异不大。各年龄阶段的留守儿童的在校比例总体呈下降趋势，说明在留守儿童在成长的过程中，因各种原因不上学的比重在增加。总体上看，留守儿童的基础教育基本得到保障，同时辍学率也呈上升趋势，这一问题应该引起重视。

（三）"富"了家庭却"负"了孩子

父母在外打工承受家庭的经济压力的同时，相比同龄儿童，留守儿童在家也要承担更多生理和心理压力。他们不仅要照顾好自己，甚至还可能

---

① 《全国农村留守儿童状况研究报告》，2008 年。

需要逆向监护生病或者出现意外的监护人，这些都是留守儿童成长中所承担的为改善家庭经济条件而付出的代价。

1. 外出务工利于改善经济条件

父母外出，孩子留在家里，这是衡量各方面利弊后做出的选择。对留守儿童来讲，他们的"留"是被留，"守"是无奈。尤其是对于婴幼儿时期就开始留守生活的留守幼儿来说，这更是一种残忍的选择，他们从小就要面对比同龄孩子更多的困难和挫折。笔者在抽样调查中发现，93%有人外出打工的家庭经济情况有所改善，甚至出现一个情况：随着家庭经济状况的逐渐改善，父母仍然一方会选择留下在家照顾孩子。85%以上外出务工的父母都认为他们外出务工后，家庭的经济条件有所改善，但是为保证孩子的教育和其他支出，这些收入还远远不够。因此他们认为，必须继续外出务工，才能保证给予孩子更好的生活条件。

2. 留守儿童的劳动负担增加

在农村，孩子并不是一个弱势群体的概念。尤其是对留守儿童，他们不仅要面对与同龄孩子相同的学习压力和生活困扰，更多的时候还要面对无处倾诉的心理压力。尤为重要的一点是，留守儿童在干家务活和照顾监护人等方面的负担也很重。

留守儿童在家承担劳动情况（%）①

	干家务活	干农活	照顾监护人
祖辈监护	30.8	10.5	8.0
母亲监护	41.9	6.8	10.8
父亲监护	45.5	9.1	18.2
亲戚监护	42.9	21.4	7.1

表中可以看出，留守儿童在家要承担的劳动负担较重，尤其是由父亲监护的留守儿童，有45.5%的留守孩子经常做家务，9.1%的留守儿童经常干农活，18.2%的留守儿童要经常照顾监护人。这是因为妻子外出后，不适应干家务活丈夫需要孩子的帮助才能完成家务活和农活。与母亲一起留守的儿童相对来说任务轻一些，41.9%的留守孩子需要干家务，6.8%

---

① 叶敬忠、潘璐：《别样童年》，社会科学文献出版社2008年版，第99页。

的留守孩子需要经常干农活。在家庭只有一位监护人时，家务和农活的重担都会加大，不管是由于父母的安排还是孩子为父母分担的原因，留守孩子都要承担不轻的劳动负担。如果留守家庭的老人身体不好或者病重，留守孩子还需要照顾好老人和父母，对留守的监护实际上变成了逆向监护，这对于留守孩子是一个很大的考验。

3. 富了家庭却"负"了孩子

外出打工的父母，将为孩子提供较好的经济条件作为外出赚钱的动力，却忽视了关注孩子的成长发展。近年来，不少地区和省市出现留守儿童犯罪或遭遇各种危险，也从一定程度上说明，家庭经济环境的改变没有给孩子带来更好的心理成长，"富了家庭却负了孩子"的情况频频出现。

如上所述，留守儿童在家除了承担学习等任务外，还得承担起一部分家务，加重了负担。一般来说，如果父母外出，祖父母都是孩子临时监护人的首选，这是由于血缘关系会使得老人对孩子照顾得比较周到，但是出于各种原因，当祖父母不能照顾孩子的时候也可能选择让亲戚进行照顾。通常在这种情况下，留守儿童不仅需要适应新的环境，还要承担更多的农活，不能拥有同龄孩子正常的学习娱乐时间，这对留守儿童的学习、生活及社会交往方面都会产生消极的影响，不利于成长发展。

家庭教育是一种无形的教育，父母对孩子的教育是潜移默化的，亲子之间的接触是面对面、无时无刻的。在父母外出后，孩子失去了传统家庭中"慈母严父"教育的教育模式，这种空间阻隔形成了孩子与父母沟通的一堵高墙。在父亲、母亲或者亲戚的监护下，这种亲子关系实际上处于一种断裂状态。即使父母能经常打电话与孩子交流，也仅限于身体和学习上的关心，很少能与孩子进行情感沟通。因此，依靠电话联系来弥补亲子关系、进行亲子交流的效果是微乎其微的。在调查中，笔者碰见过这样的实例，孩子与父母分别太久后，甚至会与父母无话可说，也没有联系父母的渴求。由于父母缺位、缺乏亲情和关爱，留守儿童的心理健康发展容易出现阻碍，极其容易出现性格孤僻、自卑、叛逆等极端性格，出现社会交往困难等心理问题甚至品行问题。

父母外出务工是无奈，孩子在家留守也是无奈。虽然父母从某些方面也意识到自己外出对于孩子的成长有不利影响，并且本身在外务工也是很辛苦的事情，但是在衡量各方面利弊之后还是选择外出，这也是一个无奈之举。在很多同龄孩子被父母照顾得细致周到的时候，留守儿童还要像成年人一样承担起家务和农活等家庭重担，这不仅对于一个儿童来说是很大的挑战，对父母来说也处于左右为难的境地。

三 "别样童年"与"问题儿童"？

（一）"别样童年"

1. 有效监护缺失

根据《中华人民共和国民法》，监护人是指对无行为能力或限制行为能力人的人身、财产和其他一切合法权益负有监督和保护责任的人。未成年人的监护人顺序为：第一是父母；第二是祖父母和外祖父母；第三是兄弟姐妹；第四是愿意做监护人且经过未成年人父母所在单位或者居民（村民）委员会同意的其他密切关系的亲属和朋友；第五是没有以上监护人的，由未成年人父母所在单位或者居民（村民）委员会或者当地民政部门做监护人。从法律上说，父母外出后，也还是孩子的合法监护人。临时监护人指的是由于父母外出，暂时取代父母照顾孩子生活起居、教育儿童的人，一般为父母中的一方、祖父母、外祖父母或者亲戚朋友等。叶敬忠、熊亚等人根据监护人与留守儿童的关系，将监护类型分为隔代监护、单亲监护、上代监护（亲戚或邻居监护）、同辈监护（兄姐或自我监护）四种。① 单亲监护、隔代监护的留守家庭较多，上代监护、同辈监护数量不多，其中单亲监护又以母亲监护为主。

在孩子碰到学习生活的困难时，与各种监护类型的监护人交流方式和频率不同。在笔者调查的过程中发现，在给留守儿童生病照顾和就医方面，极少留守儿童会得到亲戚或者邻居的帮助。如下表，"其他"主要指医生到家为留守儿童诊治的情况：

---

① 熊亚：《公共政策视野下的农村留守儿童教育问题探讨》，《江西教育科研》2007年第1期。

留守儿童生病时照顾人员的情况调查（％）

监护类型	监护人	自己去就诊	其他
总体	68	26	6
祖辈监护	70.1	23.7	6.2
母亲监护	75.3	23.3	1.4
父亲监护	75	25	0
亲戚监护	28.6	57.1	14.3
自我监护	0	57.1	42.9

数据来源：根据对遵义市金钟村留守儿童问卷调查资料整理。

从表中可以看出，总体上，留守儿童生病就医时监护人陪同的情况较多，其次是自己去，也有一些留守儿童忍住不去看病，很少部分的留守儿童在生病时能得到邻居或者亲戚的探望和照顾。留守儿童生病时，在祖辈监护、母亲或者父亲监护的情况下，监护人还是能及时陪同孩子去医治。亲戚监护时由临时监护人带去看病的比例较小，大部分都是自己去，这部分的比例达到57.1％，这种监护类型下的留守儿童自我独立能力需要更强，能够有自我监护的能力与意识。留守儿童行为能力还不健全，自己照顾自己的生活还很困难，在笔者调查的这些留守孩子中，很多只能在这种压力中"被长大"，从小就承担起成年孩子才能担负的重担，这些困难对留守孩子来说都是巨大的考验。

2. 学习成绩受到负面影响

对孩子来说，学习情况受很多因素的影响，它可能跟学习者自身的情况有关，包括年龄、兴趣爱好、学习态度等，但是也受其他方面的影响，如监护人的文化程度、对留守孩子的辅导情况等方面。笔者主要以父母外出前后留守儿童学习的变化情况来考察父母外出对留守儿童学习的影响程度。如下表：

父母外出前后留守儿童的学习对比情况（％）

	上等	中上等	中等	中下等	下等
父母外出前	19.7	32.8	39.4	7.3	0.7
父母外出后	12.4	21.2	50.4	15.3	0.7

数据来源：根据遵义市金钟村留守儿童问卷调查资料整理。

如表所示，留守儿童在父母外出务工之后学习成绩为上等和中上等的比例，都要低于父母外出前的比例。父母外出务工以后孩子的学习成绩中等以上的比例为84%，低于父母外出以前的比例91.9%。从整体上看，在父母外出务工之后，留守儿童的学习成绩整体上略为下降。前文已提到，这些情况跟留守儿童父母外出后环境发生变化有关，父母外出后，家务负担变重，学习压力变大，对心理也有影响。这些都是影响留守儿童成绩变化的主要因素之一，也是留守儿童在家留守面临的重大难题之一。

3. 心理影响较大

调查中发现，与非留守儿童相比，留守儿童的某些性格现状和特点并不乐观，具体表现在以下方面：（1）留守儿童的自闭性较强，与父母、同龄人、监护人都疏于沟通；（2）与非留守儿童相比，留守儿童倾诉心事的渠道较少，较多留守儿童表示经常不愿意和别人说话交流；（3）只有不到四成的留守儿童认为自己变得勇敢和独立，相当一部分留守儿童并不是积极地改变自己去适应新的状态，而是出于生活各方面发生的变化而被迫独自处理和面对生活中的难题和挑战；（4）留守儿童表现出更加强烈的孤独感。问卷调查显示，87.3%的留守儿童认为在父母外出后，自己内心的孤独感比非留守状态下更加强烈，得不到父母的关爱是他们产生这种内心感受的主要原因；（5）在面对困难时，留守儿童较非留守儿童更容易放弃，意志较薄弱，缺乏克服困难的决心。

此外，不正确的监管方式容易导致留守儿童的学习兴趣降低、生活压力增大；不被重视感易使留守儿童在生活、学习中的思想、行为选择走极端。他们的心理压力主要来自于对生活现状的挫败感和焦虑，以及对父母在外务工的担心。

4. 成长风险增加

父母外出虽然改善了家里的经济条件、为留守儿童提供了更好的物质保障，但是他们长期与子女分离，无法给孩子细致的照顾和应有的父爱母爱，也不能给孩子更多的情感关怀和正确的安全教育，跟同龄孩子相比，在这种条件下生活的留守儿童面临更多的成长风险。农村留守儿童的现状不容乐观，安全情况不容忽视。在对遵义市金钟村的调查中发现，在过去的两年里，该村30%的留守儿童受过不同程度的伤害，有52%的伤害是由于儿童好动导致的摔伤、碰伤、划伤，但是还有30%的留守儿童受过烫伤、咬伤、落水等较为严重的事故。这多是由于一方面监护人忙于家务活、农活，无暇顾及孩子的安全，造成了留守孩子监管的真空状态；另一方面留守儿童处于好动阶段，且自律性差，对一些较危险的事情缺乏理性的判断。两个原因结合在一起，很容易导致发生类似的人身安全事故。

（二）是否"问题儿童"

留守儿童是社会和学术界最早开始关注的留守人口群体。农村留守儿童作为一个现象，得到越来越多的提及和关注。"留守儿童"作为一个词汇进入人们的视野，本来只是一个从人口学角度来表述，但是在其发展的过程中，这个词语失去了它原来中性词义，而衍生出了新的含义。不少人提及留守儿童，都带有诸如"问题儿童、不懂事、没人管教、出格"等等贬义的色彩——留守儿童群体已经逐渐被标签化了。

留守儿童群体的标签化是社会各方面力量共同作用的结果，是社会对留守儿童群体认识逐渐产生偏差的过程。一方面，媒体是推动留守儿童进入人们视野最重要的工具，由于其行业的敏感性，大多偏向于挖掘负面的消息。如《中国青年报》2004年10月25日《留守子女渴望亲情：来自中国第一镇的调查》指出每年被父母留守在家的留守孩子将近7000万人；《光明日报》在题为《农村"留守儿童"问题亟待解决》的报道中指出各地农村留守儿童不会少于千万，在内容上，这些报道主要是体现父母外出后孩子生活的凄苦状况；另一方面，媒体报道使用个别极端的案例，以唤起对留守儿童问题的重视。如《合肥晚报》2006年5月25日刊登的《留守少年—无人管教偷窃》的文章，以及其他各类媒体报道的新闻现象在引起读者兴趣的同时，也使得读者从报道中对留守儿童的认识就会发生偏离，片面的将留守儿童等同于问题儿童。在人们的印象中形成对留守儿童的思维定势，影响了人们对这一群体的认知和评价。但是，极端的案例毕竟是少数，不应使我们轻易得出"留守儿童是问题儿童"的消极结论。

事实上，留守儿童的问题只是一种可能性的表达，出现明显问题的儿童不占多数。在问题的成因上，家庭教育的缺失是其主因。留守儿童父母的缺位可能会导致家庭教育功能的缺失，而家庭教育功能的缺失和缺位对留守儿童的成长会产生负面影响。但是，这种潜在的可能性并不是在每个留守儿童的身上都会反映出来。同时，个体个性的发展并非只有家庭一个影响因素，学习、社区等都是儿童成长的重要环境，这些环境对留守儿童的影响也是不容忽视的。

留守儿童并不等同于问题儿童。"留守"只是一种现象，一种状态，留守本身不会直接造成留守儿童出现行为偏差问题。通过调查发现，留守儿童的问题行为大部分反映为不良的行为习惯，例如不爱学习、不懂礼貌等；少数的留守儿童会有自私孤僻等行为模式。由于留守造成违法犯罪、给社会带来极坏影响的是极个别现象。总体来看，留守儿童的问题大都只表现于不良的生活习惯，大部分是行为习惯上轻微的群体不适应；而所谓"问题儿童"则不同，表现为一系列的生理和心理症状，往往不能与人正常交往，不能适应社会。实际上，调查中发现，问题儿童的问题具有强烈的针对性。也就是说，与留守儿童相比，问题儿童大多表现为严重地不适应社会。

儿童成长是一个漫长和复杂的过程，在这个过程中，一些儿童可能表现出某种问题，如因为家庭教育的缺失导致对社会的不适应。正常成长的儿童也会出现各种各样的问题。只有那些倾向于经常性自我封闭，不能与同辈群体或者其他群体进行正常交往的孩子才被认为具有与社会隔离的倾向。很显然，大多数留守儿童是不存在这些问题的，只有那种在心里和行为上出现极大问题的儿童才能叫做问题儿童。

相对于同龄孩子，农村的留守儿童由于父母不在身边，每天遇到的问题往往得不到及时解决。在儿童成长过程中，亲情缺失本身就是对留守儿童正常情感需求的伤害。离开父母后，留守儿童可能出现种种不适应和不良的社会习惯，例如上网打架、撒谎骗钱、不爱学习等，但这毕竟是少数，大部分留守儿童表现出来的不适应性只是暂时的。留守儿童的问题与"问题儿童"的问题在表现及成因上是不同的，在问题的程度上也有明显的差异，这些都表明，留守儿童不等同于"问题儿童"。因此，应正确认识留守儿童群体存在的问题，不能低估其面临的困难、夸大问题的严重性而给留守儿童贴上标签。

（三）是否"问题少年"？

在农村留守家庭中，儿童仍然是家庭的中心，父母和其他的家庭成员对其倾注了大量的爱心和精力。与城市同龄儿童相比，他们身上多了份坚强和无奈。在城乡二元结构分割的现实情境下，农村儿童的父母最大的愿望就是希望孩子能跳出农门，离开农村，到城市去有更好的发展，而实现这一期望的主要途径就是好好学习，努力考上大学。父母能为孩子所做的，就是竭尽全力提供更好的物质保障，使孩子有更多学习和深造的机会。这样看来，在农村留守儿童的家庭中，似乎一切都是围绕留守儿童进行。但是，儿童是家庭的中心，却不是关注的中心，成长教育的细节容易被忽略。因此，对于农村的父母来说，他们更需要关注的是儿童成长的点滴。关注孩子成长中的变化，才有利于孩子的健康成长。

留守孩子在家艰苦生活的同时，父母也在城市奔波劳累。无论是来自农村哪个角落，他们的目的都是为了孩子。年复一年，当父母辛苦打拼终于能够为孩子上大学或者成家攒下积蓄的时候，他们也渐渐老去，把人生的黄金岁月留在城市。这些不再年轻的父母回到家乡，或者赋闲，或者务农，或者养老，已经不能再为这个家庭创造价值。曾经留守的孩子们也渐渐长大，或追求学业完成父母的奋斗目标，或继续父辈的道路打工、求职。新一轮的人口流动开始，这些生长在农村、成长在农村的孩子再次选择到城市去寻找他们的生活方向。

笔者调查的金钟村有十个大学生，数量之多在该地区的农村是比较罕见的。这些考进城市念大学的孩子都是村里乡亲羡慕的对象，也是村里父母教育孩子的典范。农民外出务工的主要目标是将孩子送出农门，在孩子们获得更好发展的同时，父母的付出也得到了最高的价值体现。笔者走访了这十位放假在家的大学生，他们当中六名是儿时留守在家或者有过留守经历的留守儿童。20 世纪 90 年代，他们的父母就已经外出为生活和孩子的前途努力，他们是中国的第一代留守儿童。他们的健康成长说明，留守是一段不可磨灭的成长经历，但影响个体成长的因素很多，留守并不是影响人生道路走向的唯一因素。调查中还发现，村里的留守孩子虽然儿时顽皮好动，除个别因为意外夭折以外，其他的都健康成长至今，大部分孩子没有考上大学，重复父母当年的务工之路。他们对未来仍然充满希望，努力为自己的未来拼搏着。

可以看出，留守儿童成长过程中的影响因素多样化并且复杂，他们的未来并不都是令人担忧的。大部分留守儿童和普通孩子一样继续深造学习，只有极少的部分才会出现犯罪、误入歧途的极端方向，不能因为个别案例就对群体将来呈消极态度。

调查中发现，年龄大一些的留守儿童并不喜欢别人这么称呼自己。这是因为他们从报纸和电视上了解到，外界对这个群体存在相当一部分的消极评价。"在生活中，我们的确是留守儿童；但是在情感上，我们排斥这样的称呼。"这句话反映了他们的心声。

案例：郑 X，21 岁，贵州某大学大三学生。家里兄妹三人，自己老三。哥哥姐姐已成家。父母从她小学二年级开始外出，同哥哥姐姐和爷爷奶奶共同生活近 10 年后父母没有再外出。

笔者：小时候留守在家的经历对你以后的生活有没有影响啊？同期留守的孩子现在情况如何？

郑 X：我们那时候留守在家的孩子还挺多的，具体人数我也不太记得了。我和哥哥姐姐在家，我的情况和别的孩子没有很大的差别，哥哥姐姐在学习和生活上都很照顾我。爸妈一般一个月能回家一趟，村里的孩子大多打成一片，没有太大的隔阂。只有少数几个不太爱说话。我们交流比较少。同期和我差不多大的孩子外出打工的打工去了，成家的都成家了，还有我十个考上大学的。只有一个孩子在四岁的时候在湖边玩的时候出意外了，其他的都挺好的。

笔者：在村里，大家是不是都很羡慕你们十个考上大学的孩子？

郑 X：呵呵，是的呢，尤其第一个考上大学的时候，在村里更轰动，村里孩子的父母都要我们向那个哥哥学习，我能考上大学，家里人都很开心，尤其是爸妈，我是家里的第一个大学生，爸妈都觉得这些年得付出有回报了。当时还请了很多亲戚邻居来家里做客。我也很开心，能到市里继续读书，为以后的发展打下一个好的基础。虽然村里大学生不多，但是现在父母都鼓励孩子们好好读书，不管付出多少艰辛，只要孩子有能力，爸妈都竭尽全力的供孩子上学。

笔者：现在上大学的经费足够么？遇到的困难多吗？

郑 X：我上大学的学费是助学贷款的，生活费主要是爸妈提供，有时候哥哥姐姐也会给钱花。平时周末节假日我也和寝室的同学结伴

去找点兼职做做，生活上没有太大问题，以后毕业上班了家里的环境
会更好一些。

笔者：你怎么看外界对留守儿童的这个群体的认识？

郑 X：我自己而言，我不喜欢别人这么称呼我，而且我的一些好
朋友也不喜欢被这么称呼。我们也是长大一些才在报纸和电视上才看
到被这样称呼的，也了解外界对留守儿童这个群体的评价，大部分都
是消极的。但是我想说，在生活中，我们的确是留守儿童，但是在情
感上，我们排斥这样的称呼。因为这个称呼被附加了太多的否定评
价。我希望大家能正确认识这一群体，我们与别的孩子没有什么差
异，甚至说在某些方面比别的孩子强，我们最需要的是正确的认识、
健康的环境和公平的机会。

由此可见，留守儿童问题产生的根本原因是父母缺位。父母长期外出
造成家庭教育管理弱化、亲子互动缺乏，造成留守儿童出现一定程度的问
题。但是任何儿童的成长都不是仅仅受到家庭环境单一的影响，学习、社
区以及更复杂的社会环境都是塑造和改变留守儿童性格和行为的重要因
素。很多留守儿童表现出来的优秀品质与其良好的家庭教育、学校教育以
及社区环境都有很大的关系。留守儿童在成长过程中的确面临家庭功能分
割的情况，但是并不意味着留守儿童一定会出现种种问题。对于留守儿
童来说，在其成长过程中会受到多种因素的影响，留守并非是决定其成
长的主导因素。留守只是成长过程中一段时间的状态，他们在此期间面
临了更多的困难和挑战，大部分的孩子都顺利的渡过并健康成长。留守
儿童会不断努力使自己充实、坚强，以面对更美好的明天，没有继续上
学的留守儿童选择重复着父母生活的轨迹，继续成为一名流动务工人
员。这种成长后产生的差别和分化是跟自己青少年时期在学习上的努力
相关，不与留守这种经历有必然联系。因此，别样童年成长后都会产生
各种多样的生活方式。将留守儿童与问题儿童画等号是对这一群体认知
的不足，是片面的行为。大众应该认识到，留守儿童不仅需要关爱和帮
扶，更需要被正确认识和评价。媒体对于留守儿童问题的宣传也应该要
客观适度，正确区分留守儿童和问题儿童，保证给予每个孩子公平的自
我成长和发展的机会。

四 发展趋势与可能的解决方案

（一）发展趋势

留守儿童是在中国转型的过程中的特殊产物。在经济发展过程中，由于"农村推力"和"城市引力"双重作用，劳动力向城市流动。家庭中的主要成员一般是实施家庭教育功能的主要角色，当其选择与其他成员分离，到城市务工后，家庭经济功能和养育在这个经济发展过程中从传统的家庭功能中分离出来，出现了空间隔离，导致留守儿童这一群体的出现。留守过程中，外出父母承担巨大的工作压力，留守儿童在家承受过多的生活压力。家庭教育的作用无可替代，这个潜移默化的过程是需要很长时间的教育和引导的。虽然外出务工能为孩子创造更好的生活条件，但是留守儿童的父母错失了陪伴孩子成长这个关键的过程，对孩子的教育缺少了引导和疏通。临时监护人也可能因为各种原因不能行使自己的监护职责，并且容易出现监护不当的情况。同时，家庭教育的缺失还可能成为孩子形成正确的人生观、价值观的一大障碍。虽然留守儿童未来并不一定是成为问题儿童，但是孩子的初步教育也即是家庭教育的缺失会使得这种可能性增加。

长远来看，中国农村劳动力的区域流动将是一个长期存在的社会经济现象，而留守儿童也会是这个历史浪潮中的一个重要支流。总体来看，留守儿童群体在长期内将会存在，并且随着经济发展生活压力增大，父母会进行他们认为的理性选择而外出务工，因此，留守儿童的群体数量将会继续保持一定的增速而稳中有增，一方面是城市吸纳劳动力的能力有限，不能无限度吸纳从农村到城市务工的农民工；另一方面，经济发展，生活压力增大，更多的农民工会继续选择外出务工这条生存道路。加上目前城市还能有继续提供工作机会的能力，农村父母会继续外出，留守儿童这一特殊群体将在一个较长的时期内持续存在。伴随着农村劳动力转移的长期性状态，农村留守儿童也必然会是一个持久存在的人口群体，而相应问题的解决已不可能一蹴而就。在调查过程中，笔者调查得知，金钟村的89%父母都愿意继续外出，当中也不乏持观望态度、准备有机会就外出的父母。

（二）可能的解决方案

针对留守儿童群体现状，国家政府、社会组织等都在积极研究探索，以寻找解决留守儿童面临的生活、教育、身心发展等问题的有效途径。留守儿童这一群体的存在，究其深层次的原因，与中国目前社会转型、流动人口问题、教育发展不平衡问题等有内在关联性。因此这一问题的最终解决也有赖于以上问题的解决和消除，这是一个长期的过程。现阶段需要家庭、学校、国家、社会、NGO 等各方面共同努力，构成系统化的支持不仅十分需要，而且极为紧迫。

首先，留守儿童的家庭结构与非留守儿童的家庭结构有明显不同。家庭功能分割，使得家庭教育断裂是留守儿童群体产生的直接原因，因此从家庭功能的改善入手，是保障留守儿童健康成长的前提。笔者在调查中发现，各种类型的监护方式都存在"重养不重教"的状况，因此留守儿童的父母和监护人必须首先在认识上有所提高。他们的认识发生变化，就能在一定程度上对其子女的教育，实现正常社会化有所作为；其次，父母对孩子的教育期望要切合实际，教育方式要适当。父母期望对孩子的教育期望过高过低都不利于孩子成长，过高会给孩子带来过重的心理负担，过低会使孩子没有奋斗目标，得过且过，要提高家庭教育的科学性，提升家庭教育效果。另外，对临时监护人的选择也要慎重，应该努力寻找有能力和精力照顾孩子的监护人；再次，外出父母要经常与孩子练习，增进亲子间的交流沟通，父母离家后应该尽量增加联系，强化联系的纽带，同时在交流过程中，除了关心学习、身体情况外，要多倾听子女的心声，仔细体会子女内心、情感的变化，多与家里的监护人和学校教师联系，及时了解孩子在家庭、学校的品行情况，对孩子的成长情况有深刻的理解；最后，家庭临时监护人要意识到自身的责任，不仅对孩子的养育，还要创造良好的家庭氛围，让孩子生活在充满家庭气息的氛围中，加强对其学习、交友等课外生活的监管，促使其形成良好的品行、习惯和较好的道德素质。同时，应该加强学校教育和家庭教育的合作，融合彼此的优势，增强两者教育力度。在学校合作中，针对留守儿童监护人积极性不高的情况，要采取多种形式，吸引他们加入到教育活动中，使学校和家庭之间形成良性互动。

在父母都外出务工不能对留守儿童进行家庭教育，临时监护人也不能起到教育引导作用的情况下，家庭功能减弱，学校作用上升。在学校全面推行寄宿制，可以对留守儿童的行为进行引导和规范。前文指出，无论是哪种监护模式，都存在一定的放任自流现象，留守儿童存在或多或少缺乏监管，比如放学后容易结伴上网、看电视等。如果实行寄宿制，学校能通过严格的规章制度对留守儿童放任行为进行约束，经过长期的约束和规范，内化学校的规章制度，从而使他们遵守校纪校规、社会道德及国家法律，养成良好的、有规律的学习生活等行为习惯。学校实行寄宿还能在课余时间对学生进行有效的指导，留守儿童能在教师的引导下复习和预习，而且有广泛的时间阅读课外书籍，从而扩大其知识面。同时，通过实行寄宿制，营造集体生活的环境，让留守儿童有"家"的感觉。在寄宿生活中，教师能对学生思想、行为、心理等方面出现的问题及时发现进行引导教育，从而在一定程度上弥补亲情的欠缺。寄宿制还创造了与同学共同学习、交往的机会。他们一起生活、学习、彼此影响，建立深厚的友谊，形成同学间和谐的生活气氛，这十分有利于留守儿童的身心健康发展。

在实行寄宿制的过程中，需要做好以下工作。一是资金保障，由于留守儿童的家庭经济条件有限，学校资金的缺乏，普遍实现寄宿制出现困难，笔者认为在这种情况下，要多方筹集资金保障寄宿制的硬件条件的完善，还要想方设法寻求社会力量的帮助，鼓励热心群众捐助资金，以缓解农村学校解决留守儿童出现的难题；二是加强寄宿制学校的管理，包括教育主管部门的监管和寄宿制内部学校的管理，这需要教育部门出台相关的政策和规定，强化对留守儿童的责任和管理，学校还要加强内部管理、健全岗位责任制，以及安全管理、生活管理、卫生管理等各方面的制度保障，建立留守儿童发展档案，及时发现留守儿童的心理健康问题，塑造留守儿童健康的人格，使之形成良好的心理和正常的情感。

解决农村留守儿童的教育问题，必须大力发展农村经济。和谐社会是一个内部诸因素相互作用、相互影响并产生良性互动和可持续发展动力的系统。构建和谐社会，必须统筹城乡发展，消除计划经济体制下的二元结构的影响。为此，要大力推进农业产业化和农村工业化，提高城镇化水平。这样一来，更多的农民就可以当地就业，从而使更多的孩子可以享受家庭的温暖与关爱。同时，还需要改变不合理户籍制度，建立农民工子女入学"绿色通道"。在农民工大批进城打工的情况下，我们必须从政策上保证农民的利益，改革户籍制度，逐步弱化乃至取消与户籍相联系的各种制度，从而保障劳动力的合理流动，使农民工有条件带着子女外出打工。政府要尽量减少农民工子女进城读书的费用，建立农民工子女入学的"绿色通道"，充分利用目前城市由于学校生源不足，教育资源闲置的状况，尽量接收留守儿童。实施子女同父母同行，对其教育实行"以流入地政府管理为主，以全日制公办学校为主"的政策，尽最大可能地确保留守儿童不再留守。

当群体内部力量自己无法解决问题的时候，国家介入进行体制保障就尤为重要。留守儿童缺乏独立的能力，欠缺行为能力，不具有自我保护、自我救助的能力，这时国家力量的支持就很重要，国家制定法律是保护留守儿童权益不受侵害的外在权威。当前，我国已经形成了《未成年人保护法》为重点的有关留守儿童成长、保护与发展的法律及相应的法规政策，但是保障儿童权利和利益的法律体系存在较多的问题，特别是针对留守儿童的监护问题、权益被害后将如何救助等保护问题，尚无有效的制度设计。因此，完备的保护未成年人权益的法律体系十分重要。

充分发动社会各方力量，关心帮扶农村留守儿童。一是可以创办例如"留守儿童托管中心""留守儿童乐园"等场所，让留守儿童放学、放假离校不离教，离校不离管；二是建议将农村留守儿童工作纳入新农村精神文明建设的重要内容，强化村社对留守儿童的服务功能，加强村社对本村本社留守儿童的教育、管理工作；三是建议充分发挥村社基层党组织和广大党员的积极作用，将留守儿童工作纳入基层党组织保持共产党员先进性、联系群众、服务群众的重要内容，建立基层党员"一对一"联系制度，加强对留守儿童的帮扶救助；四是继续开展"代理父母"等关爱活动；五是留守儿童生活的农村社区，可以成为关爱留守儿童的有力主体和行动空间，村支部和村委会成员要发挥带头作用，帮助留守家庭，在劳动互助、农产品信息传播等方面为这些家庭提供便利，尤其要对贫困的留守家庭给予关注和帮扶。在社区中积极宣传关注留守人口的相关政策，使得社区成员积极投入到关爱留守儿童的行动中来。

非政府组织可以弥补政府对农村留守儿童群体救助的不足。农村留守儿童是社会转型时期的产物，在短期内很难消除，在对该群体的救助中，政府发挥主导作用，但也存在以下不足。农村社会保障制度的制定和完善还需要一个较长的时期，政府的财政投入在提供社会福利、解决社会问题等方面还存在问题。另外，政府还缺乏在市场经济条件下解决各种社会问题的经验、手段和技能，特别是在解决农村留守问题上经验、能力不足。而各种非政府组织与基层联系紧密，有较强的使命感，能够通过各种服务灵活有效地满足农村居民特别是农村留守儿童的各种需求，从而弥补政府在农村留守儿童群体救助上的不足。并且政府介入范围有限，非政府组织服务范围更广泛、方法更多样化，能聚集的力量也更强大，可以通过各种途径促进留守儿童的身心健康成长，如非政府组织可以组织专业人士如心理医生、志愿者等对留守儿童进行教育、引导；可以将较大年龄的孩子组织起来发挥他们的潜力，以各种形式参与到服务他人与社会的队伍中来，从而锻炼他们自强自立的能力，增强其社会责任感。

留守儿童是一个特殊的群体，这一群体的产生和存在有其深厚的历史原因和社会背景，留守这一经历虽然是只是其成长的一段时期，但是因为是在儿童成长的初期和关键阶段，所以对儿童的成长产生了极为重要的影响。对于留守儿童来说，生活不仅受到家庭经济条件、教育方式等内在环境的影响，也受到自然环境和社会环境的影响。不同地区在地理环境、经济、社会、文化等因素上的独特性，也使得留守儿童这个群体内部呈现出地区间的差异。在学习、生活、情感、需求以及理想方面均可能呈现多元性特征。从整体需求来看，他们更渴望得到父母的关心和爱护；更渴望得到现有监护人的理解；更渴望兄弟姐妹的认同和支持；更渴望同辈群体的交流；更渴望教师的指导和帮助；更渴望学校丰富自己的生活。并且这种需求在不同年龄阶段需求强度反映不同。因此他们是一个需求具有多样性的群体，也应该是一个多样性的群体。从某种意义上来说，留守儿童承担了中国现代化建设所付出的代价，接受了经济发展带来的一定的负面后果。对于这一有特殊需求的儿童群体，我们要从他们的现实需求出发，创造父母和孩子多交流的机会，提高现有监护人的认识，引导同辈群体正确认识这一群体，改善学校的设施，针对性的为留守儿童提供学习条件等，最大程度上为这群体的健康成长创造条件。因为从某种程度上来说，我们社会整体发展附加给他们的代价，每个人都应该为这一群体的成长做出努力。留守群体的问题不是一个简单的农村家庭问题，而是一个需要政府和社会高度重视的社会问题。问题的解决不是一朝一夕的事，因此我们不能停止努力，为了孩子的未来，要积极探索，努力寻求解决之道，让留守孩子也能与非留守一样幸福成长。因为农村留守儿童和其他孩子一样，也是民族的希望，祖国的未来，他们能否健康成长关系着国家的前途，这一群体的健康成长，不仅仅需要家庭的积极努力，还需要政府、学校以及社会的支持，共同为留守儿童的健康成长创造条件。

后记

　　这是一项多人合作的成果。既有老师，也有研究生；既有校内的专职研究人员，也有校外的兼职研究人员；既有德高望重、学富五车的前辈，也有懵懂起步、初生牛犊不怕虎的后生。在研究方法上，既有规范性的研究，也有实证性的分析；既有逻辑的推理与演绎，也有事实的陈述与归纳；既有顺势而为的故事情节，也有曲折蜿蜒的动人心弦。在研究内容上，既有大家耳熟能详的名词，也有镶嵌其中的隐形话语；既有我们熟悉的历史，更有一些鲜为人知的典故。在研究目的上，既有重现昨天的历史，也有给人反思的案例；既有微观的发现历史，更有宏大的理论主旨……桩桩件件，都指向了当代中国农村发展的历史。这是一段人生沉浮的故事，这是一段大起大落的历史，这是一段必将载入史册的历史图画。

　　当然，这还是一项连续性的工程。昨天，我们立下了一个宏愿，希望能够搞清楚和弄明白，我们的根在哪里？今天，我们完成了一件半成品，在多方努力和合作下，汇聚成了一个初步的历史摹本。然而，历史还在继续，我们也还在发展，但依然留下了未竟的事业。首先，我们无法穷尽所有的关键词汇和政策话语，也无法确定选取的这些词是否就是关键词，我们只是在尝试，我们只是在努力，我们只是在尽我们最大的努力！其次，我们的努力都只是建立在已有专业和基础的前提上，学识浅薄或者视角狭窄，有可能成为苛求的理由，但是，它们仍然都是我们不断思考的动力；再次，我们的研究无法统一，正如历史是多棱镜似的一样，我们只是尝试能够从不同的角度来审视它；最后，我们的付出并不期望一定能够得到回报，但是，我们一颗只求真实再现历史的心扉，仍然不断地激发着我们再接再厉。

　　这项研究始于 2006 年的华中师范大学中国农村研究院的学术规划，

由徐勇院长设计提出，并在 2009 年度设置教育部人文社会科学重点研究基地重大项目，由我负责执行，历经 8 年，终于在 2014 年有一个初步的结果了。

这项研究工作分为三类：一类是围绕当代中国农村发展史中的理论点和兴奋点，由研究者个人根据其学术兴趣或爱好，在理论与历史的探讨中，自主地探讨问题和解决问题；二类是在学术规划下的关键词研究，在拟定大纲的基础上，自主地从事相关研究；三类是以我为主指导下的研究生的研究工作，由我提供关键词库，研究生根据兴趣和基础自主选择，然后确定研究内容和框架，并提交给硕士生指导小组讨论通过。所以说，这项研究是集体合作的结果。针对前两类成果，在与总体格式与框架保持一致的基础上，经过调整后全文纳入。针对后一种研究成果，在重新厘定提纲、目录和内容的基础上，经过重新修改后才纳入其中。

按照行文顺序，著作者及初稿提供者依次如下：导论（刘金海）、工作队（刘金海）、阶级成分（李海金）、翻身（杨乐乐，硕士论文）、行政村（陶康，硕士论文）、互助组（罗金莲，硕士论文）、生产合作社（路泓，硕士论文）、供销合作社（蔡娥，硕士论文）、生产大队（徐立强，硕士论文）、社队企业（吴森）、民兵（李小娟，硕士论文）、贫协（郭圣福）、有线广播（刁小行，硕士论文）、统购统销（邱福林，硕士论文）、生产计划（关青，硕士论文）、生产队长（宋静，硕士论文）、工分（吴森）、上工（刘金海）、偷懒耍滑（刘欢迎，硕士论文）、瞒产私分（徐勇）、自留地（胡艳萍，硕士论文）、大包干（郭娥，硕士论文）、社教运动（鲁子问）、四清运动（舒晓萌，硕士论文）、大寨工（鲁小亚，硕士论文）、合作医疗（甄崴，硕士论文）、劳动模范（张莉莉，硕士论文）、民办教师（赵莎莎，硕士论文）、赤脚医生（赵璇，硕士论文）、家庭承包制（陈亚菊，硕士论文）、责任田（秦苏芳，硕士论文）、万元户（李卓琦，硕士论文）、敬老院（何昌勤，硕士论文）、农转非（张婷，硕士论文）、三提五统（戴欢欢，硕士论文）、农民负担（张健，硕士论文）、撂荒（曹艳芳，硕士论文）、海选（冯松鸽，硕士论文）、计划生育（胡雅琼，硕士论文）、留守儿童（穆兰，硕士论文）在此对他们及前期工作致以真诚的敬意！

在该著即将付梓之际，还要特别感谢中国社会科学出版社的冯春凤老师！她不仅是我的三本著作（《产权与政治》《山村经济》《社会化小农》）及这本编著的责任编辑，更是我学术成长之路的支持者和见证人。感谢她的长期关注和倾力支持！

　　由于我们水平有限，有些研究及观点尚待拓展；由于时间有限，编辑错漏之处难以避免，敬请专家、学者及读者批评指正。

刘金海

2017 年 7 月 30 日